KANT DESPUES DE KANT

KANT DESPUES DE KANT

EN EL BICENTENARIO
DE LA
CRITICA DE LA RAZON PRACTICA

JAVIER MUGUERZA
Y ROBERTO RODRIGUEZ ARAMAYO (EDS.)

INSTITUTO DE FILOSOFIA DEL C.S.I.C.

tecnos

Impresión de cubierta:
Gráficas Molina

Josefa Valcárcel, 27 - 28027 Madrid
ISBN: 84-309-1712-8
Depósito Legal: M-16887-1989.

Printed in Spain. Impreso en España por Unigraf, S.A.
Avda. Cámara de la Industria, 38. Móstoles (Madrid)

INDICE

IV. ESTETICA Y TELEOLOGIA

V. INTERPRETACIONES Y CONTRASTES

VI. EN DIALOGO CON KANT

NOTA DE LOS EDITORES

El presente volumen recoge las Actas del Seminario sobre Kant que, organizado por el Instituto de Filosofía del Consejo Superior de Investigaciones Científicas con ocasión del bicentenario de la *Crítica de la razón práctica,* celebró sus sesiones, semana tras semana, desde el 19 de octubre de 1987 al 30 de mayo de 1988.

Deseamos expresar nuestro reconocimiento a los profesores Felipe González Vicén y José Luis L. Aranguren, a cuyo cargo corrieron, respectivamente, la lección inaugural y la conferencia de clausura. El primero de ellos, imposibilitado de asistir por problemas de salud, no quiso dejar de enviarnos su contribución, que rememoraba aquella otra lección inaugural dictada en la Universidad de La Laguna hace ya cuatro décadas y de la cual surgiría luego su magistral estudio sobre *La filosofía del Estado en Kant* (la lectura de dicho texto, en una sesión del Seminario que congregó a buen número de filósofos del Derecho discípulos suyos, se convirtió en un merecido homenaje a su persona). En cuanto al segundo, y como no podía por menos de acontecer tratándose de Aranguren, concibió el texto a la manera de un colofón crítico, que cerraba nuestro Seminario con una saludable y estimulante invitación a reflexionar críticamente sobre el propio desarrollo del mismo y, en general, sobre el sentido de la actual renovación del interés hacia la obra ética de Kant.

Queremos asimismo dar las gracias a todos los participantes en el Seminario, incluidos aquellos que por razones ajenas a su voluntad no han podido hacernos llegar por escrito sus colaboraciones, y de modo muy especial al público asistente, cuya activa intervención en los coloquios que siguieron a todas y cada una de las sesiones no nos ha sido desgraciadamente posible recoger aquí.

Vaya también nuestro agradecimiento a Ana Lizón y a cuantos compañeros del Instituto —como es, señaladamente, el caso de José Gómez Caffarena, Manuel Francisco Pérez López y Reyes Mate— nos ayudaron y animaron en la edición de estas Actas. Quede igualmente consignado que esta última no habría podido llevarse a cabo sin una oportuna ayuda económica del Ministerio de Cultura. Y añadamos, por fin, que la paternidad —o maternidad, para ser exactos— del título de este volumen se debe a Concha Roldán.

JAVIER MUGUERZA Y ROBERTO RODRÍGUEZ ARAMAYO
Instituto de Filosofía del C.S.I.C.
Madrid, octubre de 1988

LECCION INAUGURAL

1. EL DERECHO DE RESISTENCIA EN KANT*

por FELIPE GONZÁLEZ VICÉN
(Universidad de La Laguna)

Señoras y señores:

Hoy hace casi exactamente cuarenta años del día en que inicié el curso académico 1946-1947 de la Universidad de La Laguna con una lección que versaba sobre la filosofía jurídica y política de Kant. Son muchos cuarenta años y muchas las horas de reflexión para que yo pueda afirmar hoy en día que me ratifico en todo lo que aquel día dije, pero sí, en cambio, puedo reafirmarme en las observaciones que hice sobre uno de los temas predilectos del pensamiento político de Kant: el derecho de resistencia. Sobre este tema voy también a ocupar la atención de ustedes durante un breve espacio de tiempo.

1. Y comencemos por el principio. ¿Qué es el derecho de resistencia? Derecho de resistencia se llama al supuesto o imaginario derecho que asiste a un pueblo para no obedecer en determinados casos las disposiciones emanadas del poder central. Es un derecho de origen claramente pactista, porque su última supuesta fundamentación se halla en la existencia de un pacto entre el pueblo y el detentador del poder central, por el que éste se obliga a ejercer en determinado sentido su actividad legislativa y administrativa, de tal manera que, en otro caso, el pueblo puede negarle obediencia. Desde que asoma por un momento su torpe faz en las últimas páginas de la *Ilíada*, este supuesto derecho va a jugar un papel determinante en la vida política de Occidente. El Bajo Imperio, los Estados germánicos, los conglomerados de la Edad Media con sus innumerables centros de poder, todos ellos experimentan de una manera u otra los efectos del derecho de resistencia tradicional.

2. Pero el verdadero efecto culminante del «derecho» de resistencia coincide con el gran cisma religioso en Europa. A la figura, siempre problemática, del príncipe perjuro se añade ahora la figura perfectamente definible del príncipe herético. Las diferencias religiosas se ventilan con las armas y las matanzas se suceden una tras otra.

---

* Con la autorización del autor, se añade al presente texto el procedente de su obra *La filosofía del Estado en Kant,* La Laguna, 1952, pp. 92-98.

Es como si se hubieran extraído del olvido las terribles palabras de Urbano II: «quien mata a un excomulgado, no comete crimen alguno, ni es tampoco reo de pena alguna», y fueran izadas como divisa de toda una época. Las matanzas siguen a las matanzas. La más conocida entre nosotros es la de la Noche de San Bartolomé, pero crímenes semejantes y más atroces aún se los encuentra repetidos por todos los Estados, en los que una mayoría protestante o católica tiene en sus manos las riendas del poder: Lyon, Augsburgo, Wittenberg, Colonia, Marsella. Esta tensión feroz desemboca en las guerras de religión, las más cruentas y asoladoras que ha padecido el continente.

3. En medio de toda esta confusión, van a surgir la palabra y el concepto que decidirá el futuro de Europa. Es la noción de que en todo grupo humano existe un centro de poder absoluto que dicta normas de conducta inapelables e irreversibles para sus súbditos. Es decir, la noción de soberanía, que J. Bodino va a formular de una vez para siempre. Es el final del derecho de resistencia. «Dios establece leyes para la naturaleza como el rey dicta leyes para sus reinos», escribirá Descartes. Más aún, el soberano sigue siéndolo aun cuando cometa todas las maldades, impiedades y crueldades imaginables, ya que por definición y siendo el creador de todas las leyes, no puede nunca causar *iniuria* a sus súbditos. O como diría Calvino, aunque se trate del peor de los reyes posibles, los súbditos le deben la misma reverencia que a un buen rey. El pueblo inerme carece de todo derecho frente al soberano y de todo medio para hacerlo valer. Es el espectáculo que nos ofrecerá la Europa «de los Estados». Una Europa compuesta de grupos «soberanos», es decir, jurídicamente herméticos frente a los demás, cada uno con sus intereses propios, y enfrentados unos a otros por razón de estos intereses.

4. Refutado así definitivamente en el plano jurídico-positivo, el «derecho» de resistencia pasa a ser el objeto predilecto de la especulación iusnaturalista de los siglos siguientes.

La justificación iusnaturalista del derecho de resistencia tiene lugar de la manera tradicional: se lleva a cabo la construcción de una entidad intelectual válida y se entiende como predicado inexcusable de ella la institución que se trata de justificar. En el caso del derecho de resistencia se parte del análisis del hombre con sus derechos innatos e inalienables.

Como dirían los revolucionarios franceses de 1789: «El fin de toda asociación es la conservación de los derechos naturales e imprescriptibles del hombre. Estos derechos son la libertad, la propiedad, la seguridad y la resistencia a la opresión.» Hoy sabemos, gracias, sobre todo, a G. Jellinek, que el modelo de esta «declaración» hay que buscarlo en los *Bills of Rights,* las Constituciones, las Ligas de Plantadores de los nacientes Estados de Norteamérica, de cuyo estado de ánimo nos habla claramente la Declaración de Maryland (1776), en la que se tiene por «absurda, esclavizadora y destructora del bien de la humanidad» toda negación del derecho de resistencia a la opresión.

El esquema es siempre el mismo. El hombre, dotado por naturaleza de ciertos derechos imprescriptibles, se une con sus semejantes para la constitución de una asociación dotada de un poder supremo que asegure el goce pacífico de aquellos derechos. Caso de que el poder supremo no cumpla lo establecido, es lícita la rebelión contra él.

5. Esta es la situación con que se encuentra Kant, cuando, tras muchas vacilaciones, vuelve sus ojos, ya al final de su vida, al problema constitutivo del Estado. También Kant comienza su reflexión por el hombre en sí, pero, a diferencia de sus antecesores, no parte del hombre dotado de derechos innatos que trata de proteger por la constitución contractual de un grupo humano dotado de un centro supremo de poder, sino que parte de su propia antropología. Según esta antropología, el hombre pertenece a dos mundos, el primero de los cuales es el mundo de la naturaleza. Como tal, el hombre es cosa entre cosas, un objeto más entre los múltiples objetos que nos rodean. Como tal, el hombre está sometido inexorablemente al mecanismo de las leyes naturales, no conoce más que lo que éstas le permiten ni tiene más libertad que los deseos o movimientos de ánimo que le van imprimiendo a través de los sentidos el universo de sensaciones a que se halla expuesto.

Pero el hombre es algo más que eso, cosa entre cosas. De los objetos que nos rodean tenemos el conocimiento que los sentidos nos brindan de ellos. Del hombre, es decir, de nosotros, poseemos un conocimiento sensible, pero además un conocimiento directo e inmediato, por pura «apercepción». Este conocimiento inmediato nos muestra al hombre, no sólo como una cosa más, sino como una esencia racional e inteligible. Como tal, el hombre puede obrar según un criterio objetivo o ideas conocidas por su entendimiento y propuestas como fines a su voluntad. Ello significa que el hombre es libre en sentido trascendental, es decir, que no obra tan sólo en virtud de influjos psíquicos o materiales, sino que él mismo se determina idealmente. El hombre es libre, porque es el único animal que puede plantearse fines ideales.

Con ello quedan establecidas firmemente las bases sobre las que se va a asentar la teoría del Derecho kantiano. Que la libertad tiene que ser, es decir, que el hombre tiene que poder cumplir los fines que él mismo se propone racionalmente, es un postulado de la razón. Ahora bien, si la voluntad no determinada racionalmente, es decir, si el mero arbitrio se opone a la realización de la libertad, ¿en qué situación nos vemos? En la situación en que, según Kant, hace su aparición el Derecho. El que la libertad tiene que ser es un postulado de la razón. Y el que la razón sea, es decir, el que la ley moral pueda ser cumplida exige, también por parte de la razón, que el mero arbitrio, es decir, la mera voluntad aún no determinada idealmente, sea limitado para que la libertad sea. Y es en este sentido, por eso, que Kant define el Derecho como aquel «conjunto de condiciones en cuya virtud el arbitrio de cada cual puede coexistir con el arbitrio de los demás según una ley general de libertad».

Es evidente que frente a un Derecho así entendido, desde el concepto de libertad trascendental, no sólo es inútil, sino incluso contradictorio, plantear el problema del derecho de resistencia. ¿Cómo puede tenerse en cuenta ningún derecho que destruya el conjunto de condiciones precisas para la existencia de la libertad trascendental? O como dirá significativamente Kant en uno de sus últimos opúsculos: la existencia de la peor constitución es mejor que la falta de toda constitución, porque ello significa la anarquía. La posición de Kant es, por eso, unívoca y persistente en este punto. Espigando en sus obras se pueden encontrar frases a cual más contundentes. El pueblo —nos dice— no posee nunca un derecho de resistencia frente al poder público ni puede ejercitar contra éste ninguna clase de coacción. Más aún, el poder público posee frente a sus súbditos sólo derechos y ninguna obligación. El origen del poder político no puede ser objeto de investigación por parte de los súbditos, cuandoquiera que de la investigación pueda surgir la menor duda acerca del deber de obediencia debido.

Y con esto llegamos al final de nuestra breve disertación. A Kant, como a Hegel y a muchos otros filósofos, se les ha malentendido desde un principio. A Kant se le ha tildado de defensor y partidario de toda tiranía. Para convencerse de lo contrario basta con leer el resto de la obra kantiana, y sobre todo, su correspondencia particular. Entonces se ve que su pensamiento entero se halla presidido por esa vieja palabra que aún hoy enciende nuestros ya viejos corazones: la palabra *libertad*.

* * *

Dos son los puntos de vista desde los cuales tiene lugar la construcción del derecho de resistencia en la Edad Moderna. En su orto, durante las guerras de religión y muy especialmente entre los monarcómacos, la fundamentación del derecho de resistencia parte del Derecho positivo tradicional; bajo la apariencia de categorías jusnaturalistas, como el pacto social o la soberanía popular, lo que alienta siempre es la apelación a los derechos y privilegios consagrados por el Derecho histórico y la constitución misma del Estado estamental dualista. Esta fundamentación, que se repite en las luchas políticas inglesas bajo los Tudores, y en la independencia de las colonias norteamericanas, cede el paso, en los siglos XVII y XVIII, a una instrumentación puramente jusnaturalista del derecho de resistencia, por la cual éste aparece como la defensa frente al poder político de un orden natural conocido y definido por la razón. En la teoría del Derecho y del Estado kantiana quedan eliminados por definición estos dos supuestos en la construcción conceptual del derecho de resistencia. La construcción jusnaturalista porque Kant no conoce ya un Derecho superior al Derecho positivo, y es en este último donde se agota toda conceptuación jurídica; la construcción histórica porque Kant, aun reconociendo la sola realidad normativa del Derecho positivo, entiende a éste no como un fenómeno histórico concreto en el tiempo, sino sólo en su forma pura, en su mera condición de orden general y cierto de la convivencia haciendo abstracción de todo contenido posible. Nada tiene, por eso, de extraño que en la filosofía política kantiana no se encuentre punto alguno desde el que llegar a la afirmación ni comprensión del derecho de resistencia del pueblo frente al ejercicio ilegítimo del poder político. Las formulaciones de Kant son numerosas, especialmente a partir de 1793, y discurren todas en un sentido único. «Toda resistencia contra el poder legislador supremo [...], toda rebelión, es el mayor y más punible delito en una comunidad, porque es un delito que destruye sus mismos fundamentos»; y es ésta una prohibición, sigue diciendo Kant, de naturaleza absoluta, que no tolera excepciones ni aun en el caso de la usurpación o en el de la tiranía. En el Estado todos sus miembros tienen derechos que pueden hacer valer coactivamente frente a los demás con la sola excepción del soberano, «el cual, teniendo el monopolio en el ejercicio de la coacción, no está él mismo sujeto a ella»; o, como se lee en otro lugar, «el soberano tiene frente al súbdito toda clase de derechos, pero ninguna obligación exigible coactivamente». Más aún, la obediencia al soberano es un deber moral y religioso, de tal manera que el sometimiento al poder establecido es «tan incondicionado jurídicamente que sólo el investigar sus títulos de legitimidad [...] con el fin de resistirle si se halla algún defecto en ellos, es ya de por sí un acto punible».

Estas afirmaciones, contrarias a la conciencia política de la época, y formuladas, además, en el momento en que, por primera vez, el derecho de resistencia era incorporado al Derecho positivo en la *Declaración de derechos* francesa, provocaron una violenta crítica contra Kant y, lo que es más significativo, el intento por parte de los juristas kantianos de paliar o desvirtuar el sentido indudable de las frases estampadas por Kant. La mayor causa de perplejidad para los contemporáneos al juzgar la doctrina kantiana sobre el derecho de resistencia era el hecho conocido del entusiasmo manifestado por Kant frente a los grandes movimientos populares de su tiempo, el levantamiento de Irlanda, la rebelión de las colonias norteamericanas, la Revolución francesa, hasta el punto de que se le acusó repetidamente de jacobino y pudo difundirse el rumor de que había sido invitado por la Asamblea Constituyente francesa para colaborar en el proyecto de Constitución en debate. Este hecho, motivo de tanta polémica para los contemporáneos, es, empero, precisamente la clave que mejor puede llevarnos a la comprensión del sentido que reviste la doctrina kantiana del derecho de resistencia dentro de la totalidad de su filosofía política.

Lo mismo, en efecto, que en la determinación de aquel concepto del Estado que constituye el objeto de la especulación filosófica, también aquí nos sale al paso no una contradicción o una inconsecuencia, sino sólo una doble perspectiva en la consideración de uno y el mismo problema. Cuando Kant se pronuncia positivamente por los movimientos revolucionarios de su época, se enfrenta con ellos desde el punto de vista del progreso general de la humanidad y en relación con el fin último de ésta, es decir, lo que hace es emitir un juicio de naturaleza histórica acerca de un acontecer también histórico. Consideradas, en cambio, la revolución o la resistencia al poder no como un hecho histórico concreto, sino jurídicamente, es decir, como un mero concepto pensable con categorías determinadas por la noción del Derecho, el problema que surge es otro esencialmente distinto. El presupuesto de toda conceptuación jurídica en la filosofía kantiana es, en efecto, la existencia de un orden cierto e inviolable de la vida en común, es decir, de un orden individualizado y garantizado por una instancia suprema. Desde este supuesto, que es el supuesto mismo de la posibilidad del Derecho, no es posible concebir un «derecho» a la revolución, ya que ello equivaldría a reconocer la existencia de un poder que, en determinados casos, podría resistir a aquella instancia que por definición tiene que ser suprema e irresistible para que pueda darse en absoluto un orden jurídico. «La sumisión incondicionada de la voluntad popular a una voluntad soberana es el hecho [...] que instituye un Derecho público.» Permitir una resistencia contra este poder supremo significaría una contradicción en sí, ya que, en tal caso, este poder dejaría de ser supremo, es decir, dejaría de ser el poder que determina lo que en sentido público debe ser o no Derecho, un principio que se da ya *a priori* en la idea de una constitución estatal en absoluto. A esta imposibilidad de concebir tal «derecho» sin negar, a la vez, la existencia de un Derecho como orden de la vida en común, se refiere también Kant al describir el cometido peculiar que incumbe al jurista en tanto que jurista: «El jurista busca las leyes de la aseguración de lo mío y lo tuyo [...] no en su razón, sino en las leyes hechas públicas y sancionadas por el poder supremo. De él no puede exigirse la prueba de la verdad y justicia de las mismas, ni tampoco la defensa de las objeciones aducidas en su contra por la razón. Sólo las leyes positivas hacen, en efecto, que algo sea justo, y preguntar, por eso, si también estas leyes son justas es algo que el jurista debe rechazar como impertinente. Sería ridículo querer sustraerse a la obediencia de una voluntad externa y suprema por el hecho de suponer que ésta no coincide con la razón. El carácter del gobierno consiste, en efecto, precisamente en que no deja a los súbditos la libertad de juzgar sobre lo justo e injusto según sus propias ideas, sino sólo según los preceptos del poder legislativo.»

Es decir, que el problema de la resistencia al poder no es tratado por Kant desde el punto de vista ético e histórico de su posible justificación o no justificación, sino sólo como un problema de lógica jurídica. Su condena de toda revolución no encierra, en realidad, un juicio valorativo, sino que es otra forma para expresar su convicción fundamental de que, partiendo de la idea del Derecho como un orden cierto de la convivencia, un «derecho» de resistencia es un contrasentido en sí mismo, meras palabras sin contenido alguno. Es una convicción que se alimenta del nuevo sentido que se despierta en la época por el valor formal del Derecho positivo, y que los juristas de la primera generación kantiana iban ya a expresar categóricamente. «El pueblo —dirá, por ejemplo, Fries— no tiene ningún derecho a la insurrección y el soberano ningún derecho en contra. Partiendo de la idea del Derecho no puede hablarse de insurrección, pues ésta no es una relación del pueblo con el soberano dentro del Estado existente, y por la que se trata de derribar el fundamento de todo el Derecho válido hasta entonces en la sociedad, e incluso el gobierno mismo. En la insurrección no tiene lugar una contienda jurídica, sino una lucha regida por la violencia [...]. En toda insurrección, y en toda represión de ella, se trata sólo de un problema de fuerza.»

Con ello queda bien de manifiesto hasta qué punto yerra la crítica que tradicionalmente ha venido haciéndose a Kant por su actitud frente al derecho de resistencia del pueblo. Toda la ideología política kantiana, su lucha por la liberación de los siervos en tierras prusianas, su alto sentido de la dignidad humana, convertida por él en centro y punto de partida de la especulación ética, hablan en contra de una interpretación que hace de Kant el defensor de la tiranía estatal. Como ya ha sido observado, si se examinan más de cerca los textos kantianos, «el supuesto absolutismo del Estado se revela tan sólo como la omnipotencia impersonal de la ley o del Derecho, la cual es, por principio, necesaria para hacer posible la misma idea del Estado». Esto, que podría documentarse con numerosos pasajes de la obra de Kant, aparece con singular claridad, sobre todo, en una anotación póstuma, en la cual se define la libertad civil como «aquel estado en el que nadie está obligado a obedecer más que lo que la ley dice»; de tal suerte «que el poder ejecutivo está limitado por esta última, pudiéndosele resistir por medio del juez». Aquí, en que la resistencia no es un simple hecho, algo situado fuera de las formas de conceptuación jurídica, sino un proceso dentro del ámbito formal del Derecho, Kant la aprueba, es decir, la incorpora a su propia doctrina.

Con su crítica al derecho de resistencia y a su fundamentación tradicional, Kant pone de relieve, una vez más, el profundo cambio que experimentan en su obra las categorías jurídicas elaboradas en el curso de los siglos anteriores. Mientras que para la ciencia jurídica del jusnaturalismo lo esencial es el contenido de la ordenación que rige la convivencia, para el nuevo sentimiento vital que alcanza vigencia histórica con el triunfo de la burguesía, el carácter de «justo» o «injusto» del orden de la vida en común retrocede ante su carácter de certeza e inviolabilidad, es decir, ante aquel carácter que, independientemente de su materia, hace del Derecho el marco formal permanente de la actividad individual, y, en general, del libre juego de las fuerzas sociales. Este marco cierto y permanente tiene como cometido no imprimir un rumbo determinado a este juego de los intereses encontrados, sino asegurar aquella esfera dentro de la cual puede tener lugar.

I. KANT Y LA ETICA

2. LIBERTAD Y EXPERIENCIA

LA FUNDAMENTACION DE LA LIBERTAD MORAL EN LA CRITICA DE LA RAZON PURA

por FERNANDO MONTERO MOLINER
(Universidad de Valencia)

I. LA LIBERTAD COMO *RATIO ESSENDI* DE LA MORALIDAD

Es bien sabido que la *libertad* es la Idea trascendental en que se centra el sistema kantiano de la razón práctica. Todas las nociones que entran en juego en el ejercicio de la voluntad moral presuponen necesariamente la existencia de una libertad que hace al hombre responsable de sus actos. Como dice Kant escuetamente en las primeras páginas [1] del «Prólogo» de la *Crítica de la razón práctica,* «es la condición de la ley moral» (V, 5). Y en una nota al pie de la misma página insiste: «La libertad es la *ratio essendi* de la ley moral..., pues si no hubiera libertad alguna, no podría *encontrarse* de ningún modo la ley moral en nosotros.»

Pero es también sobradamente conocido que la libertad no es un hallazgo exclusivo de la filosofía moral de Kant, protagonizada tanto por la *Fundamentación de la metafísica de las costumbres* como por la *Crítica de la razón práctica:* Ya aparece en la *Crítica de la razón pura* con motivo de la discusión de la «Tercera antinomia». Es decir, se constituye como Idea trascendental dentro de un tratamiento que no tiene una motivación ética, sino cosmológica. La Tercera antinomia se plantea, en efecto, dentro de la dilucidación trascendental de lo que signifique el *mundo* como «la *unidad* absoluta de la *serie de condiciones del fenómeno*» (A 334 / B 391). Y, dentro de este planteamiento, surge la alternativa entre la «Tesis» que sostiene que «la

---

[1] En lo sucesivo se localizará los textos de la *Fundamentación de la metafísica de las costumbres* indicando la página en que se encuentran en el volumen IV de la edición de la Real Academia Prusiana de las Ciencias de 1911. Los textos de la *Crítica de la razón práctica* serán localizados en las páginas correspondientes del volumen V de la misma edición. Y los de la *Crítica de la razón pura* aparecerán, como es habitual, precedidos de las letras «A» o «B», según que pertenezcan a la primera o segunda edición, respectivamente, de dicha obra.

causalidad de la naturaleza según leyes no es la única de la que pueden derivar los fenómenos todos del mundo, para explicar éstos hace falta otra causalidad por libertad», y la «Antítesis» de que «todo cuanto sucede en el mundo se desarrolla exclusivamente según leyes de la naturaleza» (A 444 / B 472), en las que tiene una clara vigencia el principio de causalidad.

Por de pronto, este planteamiento interesa en la medida en que abre para la libertad un campo doctrinal distinto del que concierne a la naturaleza causalmente determinada. Es decir, la pone al margen de los *fenómenos* que llenan la *natura materialiter spectata.* Pues la causalidad que se defiende en la «Antítesis» sólo tiene plena significación si se cumple en una diversidad fenoménica. Por consiguiente, el planteamiento cosmológico que preside la aparición de la libertad dentro de la «Tesis» de la Tercera antinomia sirve para dejar a esa libertad fuera de la estricta naturaleza que se gobierna por una causalidad determinante de lo fenoménico.

Por tanto, estas primeras indicaciones abren la posibilidad de que la libertad, planteada como alternativa opuesta a un mecanicismo universal imperante en la Naturaleza, constituya el fundamento de una forma de actividad que fuese simplemente distinta de la propia de los fenómenos naturales regidos por la causalidad. O, dicho de otra manera, que la eticidad que se centra en la Idea de libertad opere con una racionalidad, la de la razón práctica, que sea ajena a la racionalidad que gobierna la Naturaleza *formaliter spectata* desde el punto de vista de la causalidad y constituida *materialiter* por los fenómenos.

Pero es importante consignar desde un comienzo que en las obras dedicadas al estudio de la razón pura práctica Kant se propuso ante todo fijar los *fundamentos de la moralidad,* sin entrar en una mayor precisión sobre los diversos preceptos y normas que llenan sus máximas. «La presente fundamentación —dice en el «Prólogo» de la *fundamentación de la metafísica de las costumbres*— no es más que la investigación y asiento del principio supremo de la moralidad, que constituye un asunto aislado, completo en su propósito, y que ha de ser separado de cualquier otra investigación moral» (IV, 392). Es decir, su propósito no fue desarrollar una «Metafísica de las costumbres» que precisara los múltiples preceptos morales que pueden encauzar la conducta humana. Y, como dice más adelante en la misma obra (IV, 388), mucho menos consistió en una «Antropología práctica» que indagase los «caracteres» que se perfilan en la conducta moral. O una «Psicología» que atendiese empíricamente las «acciones y condiciones del querer humano en general» (IV, 390). Por otra parte, su búsqueda de ese «principio supremo de la moralidad» estuvo guiada por la convicción de que la ley, como «fundamento de la obligación, tiene que llevar consigo una necesidad absoluta». Y que, por tanto, ese «fundamento» no podría ser hallado en la «naturaleza del hombre o en las circunstancias del universo en que el hombre está puesto» (IV, 389), pues es evidente que esa naturaleza y esas circunstancias son variables o, cuanto menos, no manifiestan la necesidad y universalidad que caracterizan al deber moral. Por consiguiente, la índole necesaria y absoluta que ha de privilegiar a la obligación moral y a la legalidad que la formule en forma de *deber* se coloca desde un comienzo en el campo opuesto de una experiencia que, aunque esté sometida a principios universales y necesarios, los concernientes a la *natura formaliter spectata,* registra también leyes particulares, conceptos empíricos, impulsos y tendencias que son contingentes. Es manifiesto que todo ello coincide con la aparición de la libertad en la *Crítica de la razón pura* en una «Tesis» que tenía en el lado opuesto la «Antítesis» del conocimiento empírico determinado por la causalidad. Es decir, el planteamiento cosmológico que depara la posibilidad de *pensar* la libertad como una espontaneidad opuesta a la determinación causal que halla cumplimiento en la experiencia sintonizaba con los supuestos de que la conducta moral que esa libertad ponía en marcha se caracterizasen también por una universalidad y necesidad que eran ajenas a la contingencia de los elementos empíricos (fuesen los de las situaciones objetivas que motivasen aquella conducta o los que se despliegan en las actividades humanas dominadas por impulsos, tendencias, pasiones, etc.).

Pero esa pureza con que se plantea la libertad se refuerza considerablemente cuando se atienden los principios éticos que han de ser puestos en juego por la voluntad que impulsa la conducta moral. En efecto, a partir del momento en que Kant distingue las acciones que poseen valor moral porque se ejercen «por deber», frente a aquellas otras que carecen de ese valor, insiste en que ello se debe a que éstas se efectúan realmente a instancias de las inclinaciones que anulan nuestra libertad, es decir, nos convierten en esclavos de impulsos suscitados por beneficios ocasionales. En ellas la voluntad es arrastrada por la satisfacción que origina el cumplimiento de unas tendencias de índole empírica. Por el contrario, lo que decide la bondad de un acto voluntario que se realiza «por deber», si no es la peculiaridad de los objetos que constituyen sus fines, es la pura formalidad de su legalidad, la *universalidad* de las normas que presiden su realización. Dicho de otra manera, una máxima que no sea capaz de mantener una absoluta universalidad, que se contradiga a sí misma cuando pretende valer universalmente, carece de una genuina legalidad moral. Por consiguiente, lo que caracteriza a ésta no es la fuerza de los impulsos que nos mueven o la satisfacción que pueda generar su logro, sino la pura universalidad de su práctica. Toda inclinación, impulso o deseo son de suyo particulares y subjetivos, valen en circunstancias especiales para sujetos particulares. Por tanto, sobre ellos no se puede constituir una legislación que valga universalmente, para todo sujeto racional. Y obviamente, los conceptos que integren los principios morales «no pueden ser abstraídos de ningún conocimiento empírico» (IV, 411), pues ello los vincularía con tendencias subjetivas, válidas sólo para unos determinados individuos. Es decir, adolecerían de una contingencia que está reñida con la universalidad que ha de tener una legislación moral. Por consiguiente, desde un punto de vista ético, «la voluntad es una facultad que no elige más que lo que la razón, independientemente de la inclinación *(Neigung)* conoce como prácticamente necesario, es decir, como bueno (*als Gut*)» (IV, 412). Pero «es prácticamente bueno lo que determina a la voluntad por medio de representaciones de la razón y, consiguientemente, no por causas subjetivas, sino objetivas, esto es, por fundamentos que son válidos para todo ser racional como tal» (IV, 413).

Por tanto, la libertad que se atribuye necesariamente al sujeto que obra moralmente no lo sitúa sólo en un plano de racionalidad opuesto a la causalidad que encadena los fenómenos en la naturaleza categorialmente constituida. Corresponde a una voluntad que opera con autonomía frente a las incitaciones que obedecen a impulsos propios de cada individuo y de sus situaciones particulares. Pero también la *felicidad* cae dentro de ese ámbito de lo que Kant llama en el «Prólogo» de la *Crítica de la razón práctica* (V, 8) la «vida» o la «voluntad patológicamente afectada» (V, 19). Pues la felicidad corresponde a lo que satisface al «amor a sí mismo»: «La conciencia que tiene el ser racional del agrado de la vida y que acompaña sin interrupción toda su existencia es la *felicidad,* y el principio que hace de ésta el supremo fundamento de determinación del albedrío es el principio del amor a sí mismo *(Selbstliebe)*» (V, 22). La felicidad, en efecto, se multiplica y diversifica tanto como los sujetos que la disfrutan, se diferencia con los objetivos que la realizan. Y, en definitiva, coarta la libertad al esclavizar a la voluntad con los afanes que impulsan nuestro deseo de ser felices. No sólo no puede deparar una legislación moral absolutamente universal, sino que anula la libertad que está implícita en la responsabilidad de la conducta ética. La aparente universalidad del «anhelo de felicidad» que todos sentimos enmascara realmente una pluralidad de tendencias subjetivas y de afanes particulares (V, 27-28).

Por consiguiente, «la ley fundamental de la razón pura práctica» debe expresar ante todo esa absoluta universalidad de los principios morales. O, lo que es igual, manifiesta la *autonomía* de la voluntad que se impone a sí misma la condición de la moralidad, superando los alicientes que nos seducen desde el mundo empírico en circunstancias vigentes para individuos particulares. La *universalidad* de lo ético significa tanto como *autonomía* de la voluntad o *libertad* de la razón práctica que sólo acepta las normas que provienen de su misma racionalidad y que no derivan de los motivos que le llegan, en forma de inclinaciones patéticas, de los objetos empíricos que llenan su vida.

Pero este formalismo de la moral kantiana responde, en definitiva, a un valor fundamental, el que tiene la misma *humanidad* como *fin en sí mismo.* «Sólo el hombre y con él toda criatura racional es *fin en sí mismo*», dice en el Capítulo «Sobre los motivos de la razón pura práctica» (V, 87). Y una página después lo precisa: «Tal es la naturaleza del verdadero motivo de la razón pura práctica; no es otro que la ley moral misma, en cuanto nos hace sentir la elevación de nuestra propia existencia suprasensible...» Es decir, lo que ha estado motivando esa autonomía de los imperativos morales, la apelación a la libertad como fundamento de la moralidad, es la *persona* como valor supremo. Pues la sumisión ante los incentivos que nos llegan en forma de tendencias o impulsos empíricos lleva consigo la renuncia a la dignidad del hombre. Pero, evidentemente, no se podía tratar de la dignidad de una humanidad que se recluyese en la propia individualidad, la que puede ser comprendida como centro de unos intereses egoístas. Pues éstos arrastrarían fatalmente el reconocimiento de la sumisión del hombre ante los beneficios que obtuviera de sus propias pasiones. Por tanto, no sólo era la propia voluntad individual la que tenía que ser valorada por encima de los impulsos que la hicieran esclava de unos logros circunstanciales, sino que toda voluntad, todo sujeto humano tenía que valer como *fin en sí mismo* ante sus semejantes.

Es decir, el sujeto moral, bajo el título de *persona,* no sólo es el ejecutor, como razón pura práctica, de una moralidad que cristaliza en principios universales. La moralidad que en ellos se cifra es también manifestación del valor de la persona que los practica y es motivo de su normatividad en la medida en que ésta no puede sacrificar su dignidad convirtiéndola en mero instrumento de otros fines. Por ello dice en la *Crítica de la razón práctica,* al final de apartado «Sobre los postulados de la razón práctica en general» que «en el orden de los fines el hombre (y con él todo ser racional) es *fin en sí mismo,* es decir, no puede ser utilizado como medio por alguien (ni siquiera por Dios), sin ser fin al mismo tiempo; por tanto, es cosa que se sigue de suyo que tiene que sernos sagrada (*heilig*) la humanidad en nuestra persona, porque el hombre es el *sujeto de la ley moral...* Pues esta ley se funda en la autonomía de su voluntad como voluntad libre...» (V, 131). Pero es en la *Fundamentación de la metafísica de las costumbres* donde puede hallarse un testimonio más rotundo de esa fundamentación de la moralidad regida por el imperativo categórico, es decir, por la universalidad de las normas, en el valor intrínseco de la *persona.* En efecto, pocas páginas después de haber formulado el imperativo categórico con respecto a la voluntad humana añade: «Sí... ha de haber un principio práctico supremo y un imperativo categórico con respecto a la voluntad humana, habrá de ser tal que, por medio de la representación de lo que es necesariamente fin para todos, porque es *fin en sí mismo,* constituya un principio *objetivo* de la voluntad y, por tanto, pueda servir de ley práctica universal. El fundamento de este principio es: *la naturaleza racional existe como fin en sí mismo*» (IV, 428). Y termina formulando el imperativo categórico con una explícita alusión al valor intrínseco de la persona: «El imperativo categórico será, pues, como sigue: *obra de tal modo que uses la humanidad tanto en tu persona como en la persona de cualquier otro siempre como un fin al mismo tiempo y nunca sólo como un medio*».

II. LA «SIGNIFICACION» DE LA LIBERTAD

Haciendo un balance provisional de lo que hasta aquí se ha avanzado, se podría decir que tanto la *persona* como las *tendencias e impulsos* que, con signo distinto, aparecen en la concepción kantiana de la razón práctica poseen una dimensión axiológica que desborda el planteamiento de la «Tercera antinomia» expuesto en la *Crítica de la razón pura.* Y, sin embargo, a pesar de ese aditamento estimativo, la antinomia persiste dentro de la perspectiva de la razón práctica: La *libertad personal* corresponde a una interpretación estrictamente racional; es algo puramente *pensado,* lo mismo que la *libertad* entendida como «causalidad espontánea» que aparecería en la «Tesis» de la antinomia en la *Crítica de la razón pura.* Y, como fundamento de la moralidad, se opone a las tendencias o inclinaciones empíricas lo mismo que la libertad cosmológica de la «Tercera antinomia» se opone a los fenómenos causalmente encadenados. Se puede decir que la normativa moral, condicionada por la libertad que es fundamento último de la conducta práctica, se mueve en un plano antagónico a todo lo que llena la experiencia sometida al principio de causalidad. Pues los impulsos y las inclinaciones pasionales (que son fenómenos experimentados en el «sentido interno») son parte del mecanismo natural causalmente constituido. Por consiguiente, su inoperancia dentro de la normativa ética para decidir por sí mismos o por la felicidad que les acompañe lo que es propiamente la moralidad, coincide con el marco deparado por la «Tercera antinomia» de la primera *Crítica,* aunque, lo mismo que la libertad que se les opone, posean un talante estimativo y axiológico que no aparecía en dicha Antinomia cosmológica. Y en ambos casos, sea dentro de la perspectiva ética o de la que concierne a la Idea del «mundo», la libertad pertenece al ámbito de lo que sólo puede ser *pensado* por la razón pura.

Pues bien, aunque sea de modo muy esquemático, quisiera apuntar que la *semántica* kantiana consagrada a la *significación* de los conceptos prácticos confirma la vinculación que se acaba de proponer entre la *libertad* como Idea meramente cosmológica y como fundamento de la moralidad. O, dicho de otra manera, que su *significación ética* constituye una variante de la *significación trascendental* (o *lógica*) que poseen los conceptos puros del entendimiento y las Ideas trascendentales. Es decir, opuesta a la *significación empírica* que facilitan los fenómenos a cualquier concepto.

En efecto, a lo largo de la *Crítica de la razón pura* Kant apela con frecuencia a una «referencia» que ganan los conceptos cuando hallan cumplimiento objetivo mediante un material fenoménico. Y, de una forma que puede parecer extraña a nuestra terminología semántica actual, la menciona indistintamente con los términos «*Bedeutung*», «*Sinn*» y «*Beziehung*», que podrían ser traducidos respectivamente por «*Significación*», «*Sentido*» y «*Referencia*», siempre que tengamos presente que, en cualquiera de los tres casos, prevalece esta última acepción, es decir, la de «*referencia denotativa*». Así, en el Capítulo sobre «El esquematismo de los conceptos puros del entendimiento» dice que los *esquemas* de dichos conceptos son «las verdaderas condiciones que pueden proporcionar a estos conceptos una referencia (*Beziehung*) a los objetos y, por tanto, una significación (*Bedeutung*)» (A 146 / B 185). En la página siguiente precisa que «esta significación (*Bedeutung*) les viene [a los conceptos] a partir de la sensibilidad, que realiza al entendimiento, al mismo tiempo que lo restringe». Pero en el Capítulo sobre el «Sistema de todos los principios del entendimiento puro» aclara que «la extensión de los conceptos más allá de *nuestra* intuición sensible no nos sirve de nada... Sólo nuestra intuición sensible y empírica puede darles sentido y significación (*Sinn und Bedeutung*) (B 148-149). Y unas páginas más adelante precisa que esa «significación» y «sentido» consisten en la «referencia» (*Beziehung*) que los conceptos poseen cuando su objeto es *dado*, es decir, se hace presente con una *donación* que en el sistema kantiano sólo puede ser empírica: «Si un conocimiento ha de poseer realidad objetiva, es decir, ha de referir (*Beziehen*) un objeto y tener en él mismo significación y sentido (*Bedeutung und Sinn*), debe ser posible que se dé el objeto de alguna manera» (A 155 / B 194-195).

Pues bien, en la *Crítica de la razón práctica* aparece también el término «significación» *(Bedeutung)* en relación con los conceptos morales. Pero, si éstos han de dar cuenta de una moralidad que no puede ser definidad en función de los impulsos empíricos, su *significación* no puede consistir en ésta que hasta aquí ha aparecido íntimamente relacionada con los fenómenos. Por ello dice Kant en los *Fundamentos de la metafísica de las costumbres* (IV, 425) que, «si el deber es un concepto que ha de tener significación *(Bedeutung)* y legislación real sobre nuestras acciones, no puede expresarse más que con imperativos categóricos y de ningún modo con imperativos hipotéticos». Con otras palabras, la *significación* del «deber» no puede depender de las tendencias empíricas que constarían en los «imperativos hipotéticos» y que harían de ese *deber* una forma de conducta válida tan sólo para saciar unos intereses particulares. Esa significación restringiría el *deber* a la vigencia de imperativos hipotéticos determinados por motivos empíricos. Anularía su significación como concepto central de una Etica que mantiene ante todo la universalidad de los principios morales.

Por consiguiente, la *significación* de los términos éticos no puede hacer *referencia* a ningún elemento empírico, sino sólo a la misma actividad de la voluntad práctica, a las intenciones que la animan ajustadas a las normas universales de la moralidad. «En relación con el principio supremo de la libertad, los conceptos prácticos *a priori*... no necesitan esperar intuiciones para adquirir *significación (Bedeutung)* y ello se debe a este notable motivo de que ellos mismos producen la realidad de aquello a que se refieren *(sie sich beziehen)* (la intención de la voluntad)» (V, 66).

Sin embargo, también en este caso la *Crítica de la razón pura* deparaba una posibilidad para respaldar la vigencia de la *significación moral,* con independencia de todo motivo empírico. Se trata de que los conceptos puros y las ideas trascendentales disponen de una significación pura, llamada a veces «lógica» (así en A 147 / B 186) y otras «trascendental» (A 243 / B 305) que consiste en el simple «pensamiento» o «juego de representaciones» por las que se propone una objetividad en abstracto, es decir, desprovista de la donación concreta facilitada por el material sensible asumido por ella. Por consiguiente, es una *significación* que, lo mismo que la propia de los conceptos morales, funciona independientemente del cumplimiento fenoménico, mencionando sólo las puras estructuras objetivas de lo que es *pensado* mediante los conceptos puros del entendimiento o las ideas trascendentales.

Y, no obstante, Kant se cuida de marcar una interesante diferencia entre esta *significación trascendental* y la que concierne a los conceptos morales o, dicho con más amplitud, a los que están en juego en la actividad práctica de la voluntad. Lo apunta en el comienzo de «El canon de la razón pura», al decir que «sólo emplearé el concepto de libertad en una comprensión práctica y prescindiré de su significación *(Bedeutung)* trascendental...» (A 801 / B 829). Lo que con ello se indica es que esa *significación trascendental,* que pudo servir para precisar las objetividades propuestas por los conceptos puros del entendimiento o por las ideas trascendentales, ha quedado desbordada al entrar en juego los intereses de la razón práctica. Como ya se advirtió antes, la *libertad moral* no significa simplemente la «causalidad espontánea» que inicia *motu proprio* una serie de acciones causales, es decir, la que había sido propuesta en la «Tesis» de la «Tercera antinomia»: Su acepción moral arrastra consigo toda la carga estimativa que gira en torno al valor supremo de la *persona* que con ella se realiza. Es, por tanto, una *libertad* que justifica la autonomía de la moralidad, la universalidad de sus preceptos. Y esto es mucho más que la pura idea de «una *absoluta espontaneidad* causal que inicie *por sí misma* una serie de fenómenos..., esto es, una libertad trascendental» (A 446 / B 474).

Sin embargo, a pesar de esta importante matización, la *libertad moral* sigue siendo una *idea* que es *pensada* con una *significación* que no halla ni puede hallar un cabal cumplimiento empírico. Y que *significa* esa «absoluta espontaneidad» que decide la autonomía del imperativo categórico, aunque así se enriquezca con unas connotaciones axiolólogicas que estaban ausentes de la pura idea cosmológica o de su estricta *significación trascendental.*

III. LA «REGULACION» DE LA EXPERIENCIA PASIONAL

Pero esta situación se complica si se toma en consideración el «uso regulador» de las ideas que Kant expone en las Secciones octava y novena del Capítulo dedicado a «La antinomia de la razón pura» y, sobre todo, en los Apéndices que cierran «La dialéctica trascendental» (titulados «El uso regulador de las ideas de la razón pura» y «El objetivo final de la dialéctica natural de la razón humana»). Su temática reaparece en el Capítulo «El canon de la razón pura», situado ya en las postrimerías de toda la obra. Pues lo que con todo ello se plantea es una vinculación positiva entre las ideas trascendentales (entre las que, por supuesto, se incluye la *libertad*) y la experiencia. Se trata, por tanto, de una afinidad entre la libertad y lo empírico que puede contradecir lo que hasta aquí se ha venido apuntando.

En efecto, las ideas trascendentales carecen de la vinculacióPn con lo empírico que es propia de los conceptos puros del entendimiento: No esperan un cumplimiento sensible que haga presentes los objetos por ellas pensados como algo *dado* realmente en la experiencia. Y, sin embargo, si se atiende los textos de la *Crítica* que se acaba de mencionar, tampoco se puede decir que sean totalmente ajenas a lo empírico. Ciertamente, según Kant, la tradición metafísica no tuvo en cuenta esa relación con la experiencia que, bajo el título de «uso regulador de las ideas», se va a examinar. Los metafísicos especulativos las utilizaron para intentar lograr un conocimiento absoluto de las cosas, incurriendo en ilusiones dialécticas tan pertinaces como inútiles. Pero, frente a ese ilusorio uso dialéctico, desde las primeras páginas del Apéndice «El uso regulador de las ideas de la razón pura» Kant propone un «uso apropiado» (A 643 / B 671) que sigue siendo «inmanente» a lo que podemos conocer en la experiencia, puesto que permite regularla. En efecto, ese «uso regulador» de las ideas puede «favorecer en todo caso el conocimiento empírico del entendimiento sin poder, en cambio, obstaculizar tal conocimiento» (A 681 / B 709). Se trata, por tanto, de un «uso correcto» de las ideas trascendentales que hace posible «descubrir cuál es su verdadera dirección» (A 642 / B 670). Es cierto que ésta no puede consistir en una «constitución» de los objetos empíricos, que ya habían realizado los conceptos puros del entendimiento. Pero ello no impide que las ideas posean «un destacado uso regulador e indispensablemente necesario» (A 644 /B 672), puesto que desemboca en una *sistematización arquitectónica* de la razón humana: «Por sistema entiendo la unidad de diversos conocimientos bajo una idea» (A 832 / B 860). Y unas páginas después precisa que los *sistemas* obedecen a dos ideas fundamentales, las de *naturaleza* y *libertad:* «La legislación de la razón humana posee dos objetos, naturaleza y libertad, y, consiguientemente, incluye tanto la ley de la naturaleza como la ley moral, primero en dos sistemas distintos y, finalmente, en un único sistema filosófico. La filosofía de la naturaleza se refiere a lo que *es,* la filosofía moral sólo a lo que *debe ser*» (A 840 / B 860).

Pero lo que importa subrayar es que la experiencia no queda fuera del uso «apropiado» o «correcto» que Kant atribuye a las ideas al realizar su misión sistematizadora. En lo que concierne a la idea de *Ente supremo* o *Intellectus archetypus,* que constituye el fundamento de la *Crítica del juicio* y que ya había sido anticipada en diversos momentos de la *Crítica de la razón pura* (en especial en el Apéndice sobre «El uso regulador de las ideas de la razón pura»), los *conceptos empíricos* y las *leyes particulares* ofrecen el material que puede ser ordenado *como si* una inteligencia suprema hubiera dispuesto el orden teleológico de las clasificaciones de las especies y géneros o de una legislación universal. Se trata de un material empírico que ya había sido determinado por los conceptos puros del entendimiento, pero que posee una regularidad que *excede* la que había proporcionado los «criterios empíricos» para el uso de esos conceptos. Es evidente, por ejemplo, que el concepto empírico de cualquier sustancia encierra una variedad fenoménica, la que es peculiar de su índole específica o genérica, que rebasa lo que en ese mismo material fenoménico justifica, por su «permanencia cuántica», su enlace mediante la mencionada categoría. Así como las leyes particulares añaden unas determinaciones sensibles, las que caracterizan la experiencia formulada mediante cada ley, que también exceden lo que objetivan los conceptos puros que estén en juego en cada caso. Por ello dice Kant que «desde el momento en que se refieren a fenómenos empíricamente determinados, las leyes particulares *(die besondere Gesetze) no pueden derivarse totalmente* de las categorías, si bien todas aquéllas estén sujetas a éstas. Es necesario que intervenga, además, la experiencia para conocer las leyes particulares» (B 165). Por su parte, a la idea de *mente (Gemüt), alma* o *sujeto pensante* corresponde un material empírico menos definido, el que presenta el *sentido interno.* Pero también éste, en tanto que manifiesta el curso fluidizo de los fenómenos, caracterizados *sólo* por su estricta sucesividad temporal, facilita una base empírica que depara una intuición fenoménica de la mente (B 37), bien entendido que sin darla a conocer como un «objeto en sí» (B 69). Pues bien, si las ideas trascendentales de *Ente supremo* y de *mente* cuentan con este respaldo empírico, ¿cuál puede ser el que corresponda a la idea de *libertad*?

Adviértase que no se trata de que haya ciertas experiencias que faciliten un *conocimiento* genuino de esas ideas, salvándolas de su lejanía como dimensiones absolutas de las cosas, es decir, superando su *trascendencia* sobre una experiencia categorialmente constituida. El orden de los conceptos empíricos y de las leyes particulares sólo justifica el *supuesto* de que un *Ente supremo* sea el fundamento último de su ordenación específica y de su unidad legal en la totalidad del mundo. Lo mismo que la sucesividad temporal de los fenómenos, que capta el sentido interno, sólo delata la existencia de una *mente* que, como «identidad oculta» o «facultad básica» (A 649 / B 677) sea la «raíz» de la coherencia que muestran en su mera sucesión. Por consiguiente, lo que se busca ahora es alguna forma de experiencia que, *excediendo* también la constituida por las categorías o conceptos puros del entendimiento, depare un campo fenoménico que revele de alguna manera la existencia de la *libertad*, en la medida en que pueda ser *regulado* por ella.

Y, por otra parte, se trata de una búsqueda justificada por los mismos textos kantianos. Así, en el Apéndice sobre «El objetivo final de la dialéctica natural de la razón humana» se dice que «la idea no es, en realidad, más que un concepto heurístico, no ostensivo; no indica qué es un objeto sino cómo hay que *buscar,* bajo la dirección de ese concepto [es decir, de la idea], qué son y cómo están enlazados los objetos de la experiencia en general» (A 671 / B 699). Se trata del «enlace» que corresponde a la unidad sistemática o arquitectónica que es regulada por las ideas. Y la *libertad* no queda excluida de esa función *heurística:* Expresamente es aludida unas páginas adelante como la «causa determinante» que permite «considerar la serie de los estados *como si* se iniciara en términos absolutos (en virtud de una causa inteligible)» (A 685 / B 713). Pues bien, ¿cuáles son esos «estados» que pueden ser pensados *como si* fuesen efecto de una «causa inteligible», es decir, de la *libertad*? Ahora bien, sean los que se quiera, hay que tener en cuenta que deben cumplir una condición que ya ha sido registrada con motivo de los fenómenos que hacían posible el uso regulador de las ideas de *Ente supremo* y de *mente* (a saber, los *conceptos empíricos* o las *leyes particulares* y el *sentido interno,* respectivamente): que sean un *excedente* de la materia fenoménicamente asumida por los conceptos puros del entendimiento. O, con otras palabras, que sean un tipo de fenómenos caracterizados por una estructura que *exceda,* que caiga fuera de lo que suscita propiamente el uso de dichos conceptos puros.

Esta eficacia de las ideas como «principios reguladores del uso sistemático del entendimiento en el campo de la experiencia» es recordada más adelante, dentro ya de la «Doctrina trascendental del método» (A 771 / B 799). Y precisamente hacia el final de esta parte de la *Crítica de la razón pura,* alude Kant con más claridad a la existencia de ese material fenoménico que debe ser «regulado» por la idea de *libertad:* «...Si las condiciones del ejercicio de nuestra voluntad libre son empíricas, la razón no puede tener a este respecto más que un uso regulador, ni servir más que para llevar a cabo la unidad de las leyes empíricas; así, por ejemplo, en la doctrina de la prudencia sirve para unificar todos los fines que nos proponen nuestras inclinaciones en uno solo, la felicidad; la coordinación de los medios para conseguirla constituye toda la tarea de la razón» (A 800 / B 828). Y, de un modo más enfático, dice unas páginas después: «La libertad práctica puede demostrarse por experiencia, puesto que la voluntad humana no sólo es determinada por lo que estimula o afecta directamente a los sentidos, sino que poseemos la capacidad de superar las impresiones recibidas por nuestra facultad apetitiva gracias a las representaciones de lo que nos es provechoso o perjudicial, incluso de forma remota» (A 802 / B 830). Ya en la Sección 9.ª de «La antinomia de la razón pura» (titulada «El uso empírico del principio regulador de la razón con respecto a todas las ideas trascendentales») se había apelado al «deber» como una prueba de la causalidad de la *libertad* en relación con los fenómenos (A 547 / B 575), insistiendo en que «la razón parte del supuesto de que puede ejercer causalidad sobre todas esas acciones, ya que, en caso contrario, no esperaría de sus ideas efecto empírico alguno» (A 548 / B 576). Y no está de más que se advierta que en diversos lugares de la *Crítica de la razón práctica* se alude también a esa posibilidad de que la libertad se manifieste fenoménicamente. Así, en la «Aclaración crítica a la analítica de la razón pura práctica» se dice que la «causalidad libre», que es propia del «albedrío», «expresa su carácter en sus fenómenos (las acciones)» (V, 100).

Pero lo que importa destacar es que los textos de la *Crítica de la razón pura* que se ha citado permiten identificar cuál es el material empírico que puede ser *regulado* por la idea de libertad, es decir, que justifique ese uso «apropiado» y «correcto» que puede tener y que, en la medida en que se someta a su regulación, puede constituir un testimonio empírico (todo lo indirecto que se quiera) de su eficacia causal. Consiste en las «inclinaciones» que pueden ser reunidas por la «felicidad», las «impresiones recibidas por nuestra facultad apetitiva», «las representaciones de lo que nos es provechoso o perjudicial». En una palabra, ese conjunto de inclinaciones, tendencias e impulsos, motivos todos ellos de índole empírica, son lo que puede ser regulado y ordenado por la libertad y que, por su sometimiento a la misma, «la expresa ... en sus fenómenos (las acciones)». Ahora bien, en la medida en que producen placer o dolor, en tanto que contribuyen a la felicidad o a la desgracia, *exceden* lo que sea la experiencia determinada por los conceptos puros del entendimiento. En efecto, fueron claramente excluidos de ella en las «Observaciones generales sobre la estética trascendental»: «Todos los elementos de nuestro conocimiento pertenecientes a la intuición *(se exceptúan, pues, los sentimientos de placer y de displacer y la voluntad, que no constituyen conocimientos)*[2] incluyen sólo meras relaciones de lugar en una intuición...» (B 66). Se trata, por tanto, de un *excedente* de la experiencia categorialmente constituida, lo mismo que lo eran los conceptos empíricos y las leyes particulares o el sentido interno en relación con la idea de *Ente supremo* o con la idea de *mente.* Pues, ciertamente, para conocer un material empírico como una «sustancia» o como una «causa» y un «efecto», es decir, enlazado por unas categorías que le den rango objetivo, poco importa que nos plazca o desagrade, que despierte impulsos placenteros o dolorosos. Las tendencias que así se originen, los sentimientos y pasiones correspondientes, *exceden* lo que en esos mismos fenómenos puede ser asumido por los conceptos puros del entendimiento para ser objetivado. Precisamente ese *excedente* fenoménico es el que debe ser *regulado* por la libertad. Y, sin embargo, esos impulsos y sus ingredientes pasionales habían quedado excluidos del tratamiento ético de la libertad. Desde el punto de vista de la moralidad, ésta había sido drásticamente depurada de todo condicionamiento pasional que pudiera ser considerado como un fundamento de la eticidad.

Por consiguiente, nos hallamos ante una aparente incongruencia entre el planteamiento del *uso regulador* de la idea de la libertad previsto en la *Crítica de la razón pura,* que la propone como una idea capaz de *ordenar la experiencia pasional* y de manifestarse de alguna manera en ella, y, por otra parte, la libertad postulada en la *Crítica de la razón práctica,* aparentemente contrapuesta a todo el dominio de las inclinaciones y tendencias que culminan en el sentimiento de felicidad. Pero, para agravar más el asunto, hay que tener en cuenta que esa contraposición entre la libertad y la experiencia de los impulsos que se manifiesta en la vida emocional tenía su precedente en la misma *Crítica de la razón pura,* que en la «Tercera antinomia» había planteado la incompatibilidad entre un conocimiento natural de las

---

2 El subrayado es nuestro.

cosas empíricas, regido por el principio de causalidad, que revelase la condición absoluta del mundo, y el supuesto de que en éste hubiera, también en su dimensión absoluta, actividades espontáneas, ejercidas por sujetos poseedores de una voluntad libre.

IV. LOS SENTIMIENTOS MORALES, LAS INCLINACIONES Y EL DEBER

Sin embargo, voy a sugerir que no existe tal incongruencia entre dichos planteamientos. Que, en rigor, corresponden a planos o perspectivas distintos. Es decir, que la posibilidad de que la idea de libertad ejerza un «uso regulador» sobre la experiencia, de manera tal que se pueda hablar de su manifestación *en* esa misma experiencia, no contradice el punto de vista de la «Tercera antinomia», según el cual la idea de libertad tiene su antítesis en una experiencia regulada causalmente. Ni contradice tampoco el principio fundamental de la *Crítica de la razón práctica* de que la libertad, que fundamenta el imperativo categórico y la moralidad de nuestra conducta, no puede estar condicionada por ningún motivo empírico.

En efecto, comenzando por este último problema, hay que recordar que lo dilucidado estrictamente con él es la *fundamentación* de la moralidad. Y lo que se propone con la *autonomía* de la razón práctica, es decir, de la conducta humana regida por el imperativo categórico, es la *libertad* de la voluntad frente a los impulsos empíricos. Lo que así sostiene Kant es que una razón práctica, *en tanto que* pone como condición suprema de la moralidad la *validez universal* de las normas éticas, no puede obedecer a tendencias que, por su índole empírica, sean privadas y subjetivas en determinados individuos. Es decir, ha de ser una razón que opere con libertad frente a cualquier condicionamiento empírico que la haga egoísta, una razón que sólo obedezca al valor universal que tiene por sí misma la humanidad de cada sujeto racional. El empeño de Kant es, por tanto, poner de manifiesto que todo cuanto cae en el campo de la felicidad y que se nutre de inclinaciones individuales no puede ser el *fundamento* de una Etica que ha de caracterizarse por la universalidad de sus normas. Por consiguiente, sólo una voluntad que sea libre frente a toda inclinación empírica puede ser el *fundamento* de la moralidad definida por el imperativo categórico. Ahora bien, todo ello no excluye que la voluntad esté también solicitada por impulsos y tendencias de índole sensible. La autonomía de la razón práctica no significaba que operase en un espacio etéreo en el que no hubiera más motivo que la pura formalidad del imperativo ético. Pues, en definitiva, esa libertad tenía que ejercerse en unas situaciones empíricas que originasen las tendencias que tenían que someterse al dictado de la razón para alcanzar un valor moral. Lo único (y no era poco) que Kant quiso poner de manifiesto es que ese condicionamiento empírico, por apremiante que fuese para conseguir la felicidad o cualquier clase de bienestar, no podía constituir formalmente la moralidad de los actos humanos.

De modo similar, el antagonismo entre la «Tesis» y la «Antítesis» en la «Tercera antinomia», es decir, entre las ideas de *libertad* y de *naturaleza causalmente constituida,* no significaba su total incompatibilidad. Ambas alternativas, desde el punto de vista regulador de la experiencia, eran sólo dos posibilidades ideales, que no pretendían tener un cabal cumplimiento empírico, ni estar avaladas por una intuición intelectual que calara hasta su ser absoluto. Usando la terminología del Apéndice titulado «El objetivo final de la dialéctica natural de la razón humana», sólo eran «conceptos *heurísticos*» que no indican *qué es* un objeto, «sino cómo hay que *buscar,* bajo la dirección de ese concepto, qué son y cómo están enlazados los objetos de la experiencia en general» (A 671 / B 699). Con otras palabras, Kant no pretendió que ninguna intuición intelectual o empírica, que ningún razonamiento pudiese probar radicalmente la existencia de causas libres en su ser absoluto, ni el condicionamiento causal de *todos* los fenómenos en su *ser en sí.* Por tanto, la posibilidad de *pensar* que determinado hecho hubiese sido producido libremente, justificando así el *factum* de la moralidad de su realización, no excluía la posibilidad de que se indagasen sus posibles causas dentro del campo de la experiencia. Más aún, era admisible que los componentes empíricos de esa experiencia (fuesen propiedades materiales o impulsos humanos) invitasen, por su propia regularidad, a efectuar esa pesquisa, lo mismo que el *hecho* de la moralidad que se expresa en la índole normativa de nuestros actos, solicitase que su ejecución fuese interpretada desde el supuesto de la libertad. Pero, en definitiva, este supuesto no excluía que el componente empírico de esos actos fuese investigado causalmente, siempre que ello no interfiriese en la perspectiva moral que sobre ellos se proyectara. Y es que la imposibilidad de llevar ambas indagaciones hasta la índole absoluta de las cosas, de conocerlas de modo absoluto mediante un discurso puramente racional o por medio de una experiencia exhaustiva, es decir, la insuficiencia de una y otra investigación para alcanzar un conocimiento pleno de todo cuanto llena el mundo, dejaba abierta la posibilidad de que ambas fuesen mutuamente compatibles como proyectos heurísticos, aunque en campos distintos: En e de la moralidad o en el de la ciencia de la naturaleza.

Todo ello facilita la posibilidad de que se admita que la libertad tenga un *uso regulador* con respecto a la experiencia. No se tratará de una *regulación* que anule los derechos que reclame la investigación causal de los actos humanos, que suprima su aplicación en aquellos casos en que la trama fenoménica cumpla satisfactoriamente la legalidad basada en el principio de causalidad. Se tratará más bien de una *regulación* que operará en aquellos espacios de la experiencia, referentes a la conducta humana, en los que el encadenamiento causal no se despliegue fenoménicamente con la adecuada evidencia. Y se tratará también de una *regulación* que asumirá ante todo los aspectos pasionales de la experiencia, sus tonos afectivos, que *exceden* o desbordan lo que concierne a una explicación causal.

Pero interesa también destacar que esa *regulación* de la experiencia pasional está presente en toda la *Crítica de la razón práctica* y que inserta en ella una constribución de lo empírico que es decisiva para comprender su desarrollo temático. En efecto, es manifiesto que la dilucidación formal del imperativo categórico y de la autonomía de la libertad no es el único tema que llena sus páginas. Los impulsos y las tendencias de raigambre empírica, la vida pasional o, como dice Kant eligiendo un término del que no es fácil eliminar un tono peyorativo, lo «patológico», es decir, lo que nos afecta emotivamente, no es simplemente un conjunto de fenómenos ausente en la determinación de la moralidad. Queda, ciertamente, excluido del nivel de los *fundamentos* de la conducta ética en cuanto tal. Pero queda retenido y con manifiesta relevancia en tanto que constituye el material sobre el que opera la libertad de la razón práctica. Es verdad que Kant destacó con insistencia obsesiva la importancia del fundamento *a priori* de la moralidad, definida por la universalidad de las leyes éticas. Y que relega a la «crítica de la razón especulativa» la «explicación de la posibilidad de los objetos de la facultad del deseo» (V, 45). Pero ello no significa que esos «objetos de la facultad del deseo» queden eliminados sin más del estudio de la moralidad. Por el contrario, al terminar el Capítulo «Sobre los motivos de la razón pura práctica», dice claramente que, una vez se ha fijado en «la pura ley moral» el motivo verdadero de la razón práctica considerada éticamente y se han esclarecido los conceptos de lo absolutamente *bueno y malo (Gut und Böse)* a la luz de los principios prácticos *a priori* regidos por el imperativo categórico, se puede abordar el tema de «la relación de la razón pura práctica con la sensibilidad y de su necesario influjo sobre la misma cognoscible *a priori*, es decir, del *sentimiento moral (vom moralischen Gefühle)*» (V, 90). En todo caso, hay que lamentar que, como el propio Kant dice, atareado con los problemas de los «principios *a priori*», no se ocupara con el suficiente detenimiento de esa segunda parte del problema moral, es decir, del «influjo» *(Einflusse)* de la razón pura práctica sobre la sensibilidad.

La inclusión de las tendencias o impulsos en la *Crítica de la razón práctica* ofrece dos modalidades: la que los incorpora a los motivos propiamente éticos, aunque los subordine a la instancia suprema del imperativo categórico, y, en segundo lugar, la que los considera como un componente pasional de la conducta humana que ha de ser reprimido por la voluntad que actúa por deber.

Es cierto que, al iniciar el Capítulo «Sobre los motivos de la razón pura práctica», Kant dice que «todas las inclinaciones juntas..., cuya satisfacción se llama entonces felicidad, constituyen el *egoísmo (solipsismus)*» (V, 73). Y que por ello deben ser alejadas del motivo fundamental de la eticidad, es decir, de la libre voluntad que opera por deber en cumplimiento del imperativo categórico. Sin embargo, esa voluntad ética no puede operar en un vacío emocional. Por ello hace suyas determinadas inclinaciones pasionales, a las que despoja de su carácter subjetivo o egoísta (lo mismo que los conceptos puros del entendimiento desposeían a los fenómenos de su primaria subjetividad, convirtiéndolos en determinaciones objetivas de las cosas conocidas). Así, en el Capítulo 2.° de la *Fundamentación de la metafísica de las costumbres* (IV, 435) habla de unos «sentimientos morales» *(Gesinnungen)* que, como la «fidelidad de las promesas», la «benevolencia por principio (no por instinto)», *manifiestan* las máximas de la voluntad. Y unas páginas más adelante (IV, 44) dice que el «sentimiento moral» *(das moralische Gefühl)*, aunque no dé una pauta universal del bien y del mal, «está más cerca de la moralidad y su dignidad», pues atribuye inmediatamente a la virtud una satisfacción y aprecio.

Por consiguiente, Kant no tiene reparos en reconocer que la conducta moral, instigada y guiada por la pura voluntad ética, está constituida por unos sentimientos que son asumidos como motivos adicionales al que radica en la estricta formalidad del imperativo categórico y en el valor intrínseco del sujeto humano. Por ello admite que hay un «amor propio racional» concordante con la razón pura práctica (V, 73). Y el mismo «respeto» *(Achtung)* que despierta en nosotros el «fundamento de determinación de nuestra voluntad» es considerado insistentemente como un «sentimiento moral» *(moralisches Gefühl)* que la misma ley despierta en nuestra sensibilidad. Es «la moralidad misma, considerada subjetivamente como motor *(Triebfeder)*» de la razón pura práctica (V, 76).

Probablemente la inserción de la misma felicidad en el orden moral sea lo que más extrañeza pueda despertar, puesto que, como antes se indicó, Kant la considera como la satisfacción producida por «todas las inclinaciones juntas», equivalente al «egoísmo *(solipsismus)*». Sin embargo, ese trato peyorativo lo merece la felicidad sólo en la medida en que haya sido valorada como el Bien supremo, determinante último de la moralidad. Cosa muy distinta es si se la interpreta como un sentimiento resultante de la práctica de la normativa ética. Por ello dice Kant en el apartado dedicado a la «Aclaración crítica de la analítica de la razón pura práctica» que la «*distinción* entre el principio de la felicidad y el de la moralidad no es ... inmediatamente una *oposición* entre ambos; y la razón pura práctica no quiere que se deba *renunciar* a las pretensiones de la felicidad, sino sólo que, tratándose del deber, no se las tenga en cuenta» (V, 93). Con otras palabras, el *deber* no ha de ser definido en función de la felicidad. Pero asunto muy distinto es que la práctica de la virtud acomodada al deber produzca felicidad. Y entonces, desde este punto de vista, el tratamiento que Kant otorga a la felicidad no puede ser más encomiástico. Así, en el Capítulo 2.º de la «Dialéctica de la razón pura práctica», dice que la virtud no es sin más «el Bien completo y acabado *(das ganze und vollendete Gut)* como objeto del deseo de seres racionales finitos, pues para serlo se requiere también *felicidad*... Ahora bien, en cuanto la virtud y la felicidad constituyen conjuntamente la posesión del supremo Bien *(das oberste Gut)* en una persona y en cuanto, además, estando la felicidad repartida exactamente en proporción a la moralidad (como valor de la persona y de su dignidad para ser feliz), constituyen ambas [es decir, virtud y felicidad] el sumo Bien *(das höchste Gut)* de un mundo posible, es decir, el completo, el acabado Bien» (V, 110).

Pero la vida pasional que gira en torno a las tendencias, inclinaciones, impulsos, etc., no sólo tiene esta presencia positiva en la explicación de la razón práctica y de su moralidad. Juega también un papel fundamental en una faceta negativa, que completa la valoración positiva que Kant ha adjudicado a la formalidad moral dictada por el imperativo categórico. Se trata de que toda la legislación que ésta regula o es asumida por la exigencia de universalidad de las intenciones éticas carecería de sentido si no hubiera un dominio de tendencias o impulsos que debiera ser sometido o sacrificado a instancias de su mandato. Es decir, ahora es cuando ciertas inclinaciones y tendencias conservan todo su valor egoísta y, por tanto, manteniendo la subjetividad que les hace ser inmorales, funcionan como contrapunto de la moralidad centrada en el deber. Pero esto no quiere decir solamente que haya un plano de impulsos que corra paralelo al de las prescripciones morales y que deba ceder a sus exigencias. Lo que importa destacar es que la misma *significación* de los términos morales encierra una connotación de esos impulsos, como dominio que ha de ser reprimido en aras de la moralidad. Es decir, Kant no se limita a hacer constar de continuo que la razón práctica produce sentimientos de placer o dolor al incidir en la vida afectiva que envuelve nuestras tendencias pasionales o al enfrentarse con los impulsos sensibles, sino que, al definir el «deber» se ve obligado a dejar constancia de su carácter coactivo con respecto a la vida pasional. Por ello dice en el Capítulo «Sobre los motivos de la razón pura práctica» que «el respeto hacia la ley es la conciencia de una *libre* sumisión de la voluntad bajo la ley, unida sin embargo a una inevitable coacción *(Zwange)* de todas las inclinaciones *(Neigungen)* sólo por la propia razón... La acción, que es objetivamente práctica según esa ley, con exclusión de todos los fundamentos de determinación por inclinación, se llama *de-*

ber (Pflicht), el cual, por esa exclusión, encierra en su concepto una *compulsión (Nötigung)* práctica, es decir, una determinación hacia ciertas acciones, por muy a disgusto que ocurra» (V, 80). Por consiguiente, aunque la libertad de la razón práctica y la autonomía que la define en tanto que principio moral corresponden a un mundo inteligible en el que el *deber* ha de ser definido por medio de la pura inteligibilidad de una legislación válida para todo sujeto humano, sin embargo todo ello acaece en una conducta que también está condicionada por apetencias e impulsos empíricos. Y, en la medida en que éstos supongan motivos que primariamente valen como subjetivos y privados para cada sujeto, tienen que ser dominados en nombre de la universalidad de las normas éticas. Por tanto, en la misma significación de éstas ha de quedar inscrita esa referencia a los impulsos que la libre racionalidad práctica ha de controlar o dominar, dentro de una atmósfera emocional en la que coinciden la *satisfacción* por el deber cumplido y el *dolor* suscitado por los impulsos frustrados.

Se puede decir, por consiguiente, que la *Crítica de la razón práctica* envuelve una experiencia pasional que constituye el contrapunto obligado para el ejercicio de la libertad que actúa a instancias de la universalidad formulada por el imperativo categórico. Es cierto que, a diferencia de la *Crítica de la razón pura,* el repertorio de las inclinaciones empíricas no depara los criterios para el uso de los conceptos morales. Es la misma razón práctica la que, con absoluta autonomía, impone las normas de la moralidad. En relación con ella lo empírico sólo ofrece sentimientos de respeto, satisfacción o felicidad que *sigan* al cumplimiento de los principios morales, o impulsos que deban ser *dominados* por la legalidad ética. Pero, en cualquier caso, la actividad libremente ejercida de acuerdo con la universalidad que impone el imperativo categórico, carece de *significación práctica* si no cuenta con esa contrapartida de la vida «patológica» que la acompaña, es decir, del conjunto de los impulsos y tendencias que son motivados por las circunstancias particulares de la existencia humana y por el dinamismo que impulsa su trato con las cosas.

Esta proyección de la razón práctica sobre las pasiones, las tendencias y los motivos empíricos, hace comprensible aquel texto de la *Crítica de la razón pura* que decía que «la libertad práctica puede demostrarse por experiencia» (A 802 / B 830). Y confirma el «uso regulador» que la idea de *libertad* puede tener sobre la «experiencia interna» de esos impulsos o pasiones. Es decir, los *regula* sometiendo su *sucesión temporal* (que es lo que constituye la «condición inmediata» —A 34 / B 50— del sentido interno) a los dictados de una moralidad libremente instituida por la razón práctica. Así la libertad puede ser postulada como una idea trascendental que significa la índole absoluta del sujeto humano, pero que explica el *factum* de la moralidad y se manifiesta por medio del espectáculo de los impulsos que reprime en beneficio de esa moralidad o de los sentimientos morales que suscita.

Se podría preguntar ahora, para terminar, si esa función reguladora de la idea de libertad sobre la experiencia pasional hubiese ganado claridad admitiendo una *intuición intelectual* que diese cuenta de la *iniciativa* con que la razón práctica controla y domina los impulsos que llenan nuestra experiencia o decide su conducta moral. Pero, en rigor, esa pregunta rebasaría los límites del sistema kantiano. Nos llevaría probablemente a la interpretación que Fichte hizo de la libertad, creyendo seguir fielmente al propio Kant. Es decir, a un terreno que desborda el campo temático a que ha querido someterse esta conferencia.

3. LA COHERENCIA DE LA FILOSOFIA MORAL KANTIANA

por JOSÉ GÓMEZ CAFFARENA
(Instituto de Filosofía del C.S.I.C.)

No es superfluo el preguntarse si es coherente la filosofía moral de Kant. Ni está clara la respuesta positiva. En las páginas que siguen voy a plantearme la pregunta de un modo —espero— más completo de como lo hice en dos ocasiones anteriores (artículo de 1978 [1], capítulo 4.° de *El teísmo moral de Kant* [2]). La respuesta que voy a proponer es favorable a una coherencia compleja. Espero que, aunque discutible, no resulte infundada.

I. OBJECIONES RECIENTES A LA COHERENCIA

Tomo en consideración, fundamentalmente, dos, tal como emergen de dos escritos de índole y espíritu muy diversos: los de Lewis Beck y Agnes Heller.

Para el primero, en su conocido y excelente *Comentario a la Crítica de la Razón Práctica* [3], es adventicio todo el desarrollo relativo al «supremo bien» que centra la *Dialéctica;* y no resulta conciliable con aquello que hay que tener por núcleo más genuino e indudable de la ética criticista, tal como resulta de la *Fundamentación de la Metafísica de las Costumbres* y de la *Analítica* de la *Crítica de la Razón Práctica.* Estas ideas, publicadas por primera vez en 1960, dieron lugar en los quince años siguientes a una polémica vivaz, que no puede darse por cerrada.

Posteriormente, Agnes Heller, en su ensayo recogido como capí-

---

1 José Gómez Caffarena, «Respeto y utopía, ¿"dos fuentes" de la moral kantiana?», *Pensamiento,* 34 (1978), pp. 259-276. El acudir al término «utopía», como contrapuesto al tan típicamente kantiano de «respeto», me vino sugerido por la relevancia que Bloch da al carácter utópico del *summum bonum. (Utopissimum* llega a llamarlo. Ver *Das Prinzip Hoffnung,* 20. En la edición de Stuttgart, 1959, p. 368.)

2 José Gómez Caffarena, *El teísmo moral de Kant,* Cristiandad, Madrid, 1983, pp. 163-197.

3 Lewis White Beck, *A Commentary on Kant's Critique of Practical Reason,* The Univ. of Chicago Press, 1960, pp. 242 ss. Las respuestas más serias a la tesis de Beck han sido las de J. R. Silber y K. Düsing (ver notas del artículo mío citado en nota 1).

tulo 2.° en el libro *Crítica de la Ilustración*[4], ha hablado de una «primera» y una «segunda» ética de Kant. La opción de la autora es claramente favorable a la segunda, que encuentra expuesta en la *Metafísica de las Costumbres* de 1797; que correlaciona con una nueva sensibilidad para la historia y los hechos sociales —la Revolución francesa ante todo—, de la que fue Kant dando muestra progresiva en los escritos dedicados a esos temas desde finales de los años ochenta.

A lo que apuntan ambas críticas de la ética kantiana —entre sí tan diversas— es al fondo de lo que se ha llamado su «rigorismo» (cuyas manifestaciones extremas son juicios sobre ciertos casos y la doctrina de la necesidad de hacer «el deber por el deber»); fondo que consiste en el *sentido estricto del formalismo*. Beck querría conservarlo en su pureza frente a la debilidad con la que el mismo Kant lo habría impurificado mediante un subrepticio retorno al eudemonismo en la figura del «supremo bien». Heller, en el extremo opuesto, querría redimir a Kant desde Kant: al Kant inhumanamente rigorista desde el Kant hecho más humano por la vida.

II. UNA HIPOTESIS DE COHERENCIA LAXA: ¿«DOS FUENTES» DE LA MORAL KANTIANA?

Ruego se me disculpe por subjetivizar un tanto la exposición del tema, tomando como hilo conductor mi propia evolución ante él. Esto es, desde luego, más cómodo para mí; pero además espero ayude a la claridad. Voy, pues, a presentar muy sintéticamente, tras lo más esencial de la posición de Beck, la respuesta que en mí suscitó con ocasión de un seminario que dirigí en el Instituto Alemán de Madrid en 1974 (aniversario 250 del nacimiento de Kant), respuesta que publiqué en el artículo de 1978: «Respeto y Utopía, ¿"dos fuentes" de la moral kantiana?»

La crítica de Beck se centra, como he dicho ya, en el concepto de «bien supremo» *(höchstes Gut)*, clave del libro segundo de la *Crítica de la Razón Práctica;* de esa «Dialéctica» que tan patentemente busca forzar la analogía con la contraposición «Analítica/Dialéctica» de la *Crítica de la Razón Pura*. Si, como Beck, deshacemos la consistencia del concepto-clave, toda esa parte pierde su sentido; con lo que quizá deje al desnudo, según una acusación ya dirigida a Kant por otros muchos, un deseo de reabrir a la religión la puerta que se le había cerrado en la Dialéctica de la Razón Pura.

Beck llega a afirmar que «supremo bien» «no es un concepto prác-

---

[4] Agnes Heller, *Crítica de la Ilustración,* Península, Barcelona, 1984, cap. 2.°: *La «primera» y la «segunda» ética de Kant* (pp. 21-96).

tico»[5]. Valga aceptarlo, aunque en un sentido diferente y decir que, mejor, es *una idea;* pero, ¿por qué no práctica?[6]. Lo más fundado que invoca Beck en su ataque es la ambigüedad de la que parece ser consciente el mismo Kant. «Bien supremo» aúna, como es sabido, suma felicidad con la «dignidad» *(Würdigkeit)* para tenerla. En ésta consiste precisamente la moralidad; y Kant, conforme a lo que había dicho en la Analítica y ahora repite, mantiene que ahí reside el único «fundamento de determinación» *(Bestimmungsgrund)* moral. ¿Añade, entonces, algo el hacer del «supremo bien» un *«objeto» moral*? En cuanto incluye la moralidad, es cometer tautología; en cuanto incluye la felicidad, es recaer en el eudemonismo. Pero Beck debe conceder que Kant no es tan coherente consigo. Tanto en este contexto como en otros, anteriores y posteriores, extiende al «supremo bien» la fuerza de la obligación; le parece que, sin ello, la ley moral quedaría como vacía.

Quizá todo depende del valor que se conceda a la distinción que establece Kant cuando mantiene que el «supremo bien» es *objeto* moral, pero no del imperativo sino de la libertad informada por el imperitivo. Habrá que tener en cuenta esa distancia, así marcada. Alguna vez (en la Introducción al libro *La Religión en los límites de la mera razón*) la ha expresado como «síntesis *a priori*» desde la ley moral hasta el «hacer del supremo bien posible en el mundo nuestro último fin»[7]. Por aquí puede, probablemente, defenderse la posición kantiana frente a su comentarista crítico. Pero, por lo pronto, lo más evidente es que tal es la posición kantiana.

Eso autoriza a quien busque a Kant por Kant a disentir de Beck, es decir, a buscar claves de comprensión más flexibles. La que yo intenté en 1978 arrancaba de una relectura de la Analítica de la Razón Práctica hecha desde una lectura más exacta de la *Fundamentación de la Metafísica de las Costumbres.* Es en este contexto donde se presenta el «formalismo» al parecer estricto: el relieve prevalente de aquella formulación del imperativo categórico que pide simplemente que cada máxima del agente moral sea medida por el canon de la universalizabilidad: «actúa siempre de manera que puedas querer que tu máxima se torne ley universal». Parece ser la voz de la razón que nos pide no contradecirnos. ¿No hay más en ese contexto?

---

5 *A Commentary...* (ver nota 3), p. 245.

6 «Práctico» —recordemos— es definido por el mismo Kant como «lo que es posible por la libertad» (KRV. A 800, B 828). Es obvio que así concibe Kant el supremo bien (derivativo): debemos «buscar fomentarlo» *(zu befördern suchen,* por ejemplo, KPV. Ak., V, 125). Es cierto —hay que conceder a Beck— que Kant es algo impreciso en su lenguaje y «maximiza» la idea del supremo bien, desde una definición inicial más simple hasta la equivalencia con «el mejor mundo» (*die beste Welt,* cfr. *ibíd.).*

7 *Die Religion...,* Ak. VI, 6, nota.

Es muy claro, absolutamente claro, que hay más; y en ese *más* puede encontrarse la clave de un acortamiento de distancias con los pronunciamientos sobre el «supremo bien». No se trata de una u otra afirmación aislada. Aquello a que quiero referirme concierne a la misma esencia argumental del capítulo 2.º de la *Fundamentación*. En múltiples pasos de su argumentación Kant muestra no darse por satisfecho con la primera fórmula del imperativo, aquella que sería la estrictamente formal, al contener sólo el dicho criterio de universalizabilidad. Kant declara a éste, con toda explicitud, necesitado de justificación:

> «No hemos llegado aún al punto de poder demostrar *a priori* que tal imperativo realmente existe... ¿Es una ley necesaria para todos los seres racionales juzgar siempre sus acciones según máximas tales que puedan querer deban servir de leyes universales?» [8]

Como es conocido, busca Kant la respuesta a esa pregunta en la condición de «fin en sí» que tienen los sujetos personales humanos (y, si los hay, los demás seres racionales). Ahora bien: retrotraer así el criterio formal (1.ª fórmula) a su justificación en que hemos de «actuar de modo que la humanidad sea tomada en cada uno siempre también como fin, nunca como puro medio» (2.ª fórmula), erigiéndonos de esa manera en colegisladores, todos para todos, a través de la conciencia de cada uno (3.ª fórmula, de la «autonomía» o del «Reino de los fines»), equivale a admitir que el formalismo *no es* formalismo *estricto;* que siempre hay ya en él algo de lo que aparece más plenamente en la orientación al «supremo bien»: la presencia determinante de un tipo de «fin» que no es simplemente subjetivo, sino que se impone al sujeto moral como «dotado de valor absoluto» [9]. (Veremos después cómo puede reconstruirse la teoría kantiana integral de los fines de la acción.)

Admitamos, por lo pronto, que resulta obligada una rectificación del concepto más difundido del «formalismo kantiano». Esto era lo primero que quise poner de relieve en 1978. Subrayé también para la debida relevancia de lo dicho, que todo ello queda recogido —contra lo que puede aparecer a primera vista— en la fórmula consagrada en la Analítica de la Razón Práctica: puesto que la palabra-clave de ésta

---

[8] *Fundamentación...*, Ak. IV, 425, 426 (trad. García Morente, pp. 78, 80). A cada nueva lectura me resulta más claro que el discurso kantiano de la *Fundamentación* conduce la «primera fórmula» a la «segunda» como a su fundamento; y que en ésta se encierra, por tanto, la clave de la filosofía moral de ese escrito. Como digo más adelante, cabe aún entender la «segunda fórmula» sin toda la envergadura utópica que contiene el «supremo bien»; pero es más obvio entenderla de modo que la incluya.

[9] «Sin esto, no habría posibilidad de hallar en parte alguna nada con *valor absoluto;* mas, si todo valor fuese condicionado y, por tanto, contingente, no podría encontrarse para la razón ningún principio práctico supremo». *Ib.*, IV, 428 (trad. 83-84).

no es «ley universal» (con la cual simplemente deban conformarse nuestras máximas) sino «*legislación* universal» (que puedan constituir nuestras máximas, lo cual es tenernos por colegisladores, según la 3.ª fórmula de la *Fundamentación*)[10].

Pero, como todas estas reflexiones, aunque muestran que los pasajes estrictamente formalistas están desbordados en el mismo texto kantiano, no los anulan, la principal propuesta de mi artículo de 1978 era la hipótesis de ver la ética kantiana como procedente de una *doble* inspiración. Sugerí la ventaja de aplicarle el constructo bergsoniano «fuente de la moral». «Respeto» y «utopía» —propuse— podrían ser los nombres de las hipotéticas «dos fuentes». Esto no es decir que hay en Kant dos éticas. De modo análogo a la propuesta del autor de *Les deux sources,* las aguas de la doble fuente se mezclan. ¿Cómo se relacionan las presuntas «dos fuentes» kantianas con las descritas por Bergson? No es difícil percibir una real cercanía de la moral kantiana del «supremo bien» y su espíritu *utópico* con la «moral abierta» bergsoniana. No coinciden, en cambio, la «moral cerrada» del instinto sociógeno descrita por el vitalista francés y la ética kantiana del *respeto.* La búsqueda por Kant de un origen racional de lo moral fue muy criticada por Bergson[11], que pensaba que el origen sólo puede ser o supra o infrarracional. (El «respeto» sólo podría ser, en todo caso, una «fuente» intermedia entre las dos bergsonianas.)

¿Es plausible mi hipótesis? Se me objetó pronto que apelaba a algo muy poco kantiano, al retrotraer la reflexión ética a condiciones prerreflexivas, a la moral vivida. Pero esta objeción no es muy fuerte: podemos tener buenos motivos para intentar comprender a Kant desde perspectivas posteriores. Mejor es eso que hacerle decir lo que no dijo o desdecirse de lo que dijo. Mi hipótesis se acredita por su resultado si permite evitar la amputación propuesta por Beck. Frente a la coherencia estricta de una moral del respeto tomada unilateralmente, es ventajosa una coherencia laxa que permite armonizarla con la moral utópica. Pienso aleccionador ver cómo la dualidad puede descubrirse incluso en la fórmula que nos ha permitido aproximar el formalismo al espíritu del «supremo bien». En efecto, como destaqué al final del artículo de 1978, siempre cabe distinguir:

> «a) Reino de los fines, como comunidad de los que, por el respeto ante el valor absoluto del ser personal, se comprometen (como colegisladores)

---

10 Es insustituible el cotejo de los textos originales:

Handle so, dass die Maxime deines Willens jederzeit zugleich als Princip einer allgemeinen Gesetzgebung gelten könne. (V, 30).	...das der Wille durch seine Maxime sich selbst zugleich als allgemein gesetzgebend betrachten köne. (IV, 434).

11 Henri Bergson, *Les deux sources de la morale et de la religion,* PUF, París, 1969, pp. 86 ss.

a nunca tomarse como puros medios; clave suma de una moral del respeto; b) Reino de los fines, como comunidad de los que, por solidaridad desbordante, se comprometen a buscar su bien integral, el mayor bien posible del universo: arranque de una moral utópica» [12].

III. REVISION DE LA HIPOTESIS EN PERSPECTIVA DIACRONICA

Ya ese primer intento de armonización contaba de algún modo con la convicción de que la filosofía moral kantiana ha de buscarse en un *corpus* más amplio que el que constituyen los dos clásicos escritos de 1785 y 1788. Pero, de hecho, me faltó en mi primer intento suficiente perspectiva. Quedé también ligado, como Beck, al prejuicio de que «lo más genuinamente kantiano» es lo más subrayado en esos escritos, es decir, el formalismo, que propende a ser estricto aunque no acabe de serlo: la moral del respeto.

¿Es eso justo? En todo caso, es parcial y precipitado. Hay que situar la ética de los años ochenta entre los esbozos anteriores y los desarrollos posteriores. Algo hice, con respecto a lo anterior, al reasumir el tema de las «dos fuentes» en el capítulo 4.° de *El teísmo moral*. Voy ahora a recogerlo, pero no simplemente; en algún punto lo completaré.

A dos conclusiones es relativamente fácil llegar. En primer lugar, la presunta «segunda fuente» puede ser tenida por más kantiana si se mira el orden cronológico de aparición (hasta el Canon de la Razón Pura de 1781). En segundo lugar, la «primera fuente», vista más atentamente en su contexto en *la Fundamentación* destaca fuertemente la relación a la legalidad de la Naturaleza; lo que matiza de modo peculiar su sentido y alcance.

1. La ética del «supremo bien», más originaria en Kant

Paso a desarrollar algo más el primer punto. Puedo aquí dejar en simple mención aquel resultado del «impacto Rousseau» que se muestra ya en 1766 con la evocación de «una *unidad moral* y una constitución sistemática, según leyes puramente espirituales» para el mundo de los seres racionales «en dependencia de la *regla* de la *voluntad general*» [13]. Es obvio reconocer ahí el antecedente del «*corpus mysticum* de los seres racionales» (Canon) [14] y del «Reino de los fines» *(Fun-*

[12] *«Respeto» y «utopía»...* (ver nota 1), p. 273.

[13] *Träume eines Geistesseheres erläutert durch Träume der Metaphysik,* Ak., II, 335.

[14] *Crítica de la Razón Pura,* A 808, B 836.

damentación)[15]. Recorriendo las Reflexiones sobre moral, se encuentran, mucho antes de los primeros indicios de preocupación por el formalismo, expresiones de la búsqueda de una síntesis correcta de felicidad y moralidad. En esos contextos, la moralidad es denominada «dignidad de ser feliz». Cómo llegar al «bien supremo» (nombre ideal de esa síntesis) lo propone, mejor que el epicureísmo (felicidad es moral) y el estoicismo (moral es felicidad), el cristianismo con su neta diferenciación, sólo escatológicamente reconciliada[16].

Soy consciente del límite del argumento que estoy usando. Podría argüirse en contra que toda esa sería una «ética precrítica», posteriormente superada. Pienso, sin embargo, que en la filosofía moral kantiana no hay la ruptura que en la teórica; y que la reaparición posterior del tema (en la Dialéctica de la Razón Práctica) impide el descartarlo como precrítico e invita a armonizarlo con el formalismo.

Es quizá en 1769 cuando encontramos una primera emergencia en el *Nachlass* de fórmulas de imperativo. La universalidad es asignada a lo jurídico frente a una formulación más sencilla, altruista, de lo ético:

> «La regla ética suena así: haz aquello que te parece ser bueno para otro; la del derecho suena así: haz aquello que concuerda con la regla general de las acciones en tanto en cuanto cada uno hace lo que piensa que es bueno para él» (R.6670).

Gérmenes de formalismo, sólo gérmenes, van apareciendo a lo largo de los años setenta. Por ejemplo: «Busca tu felicidad bajo la condición de una voluntad universalmente válida... Esta regla —añade— no muestra el camino para la felicidad, sino que lo restringe» (R.6989). «Haz aquello que te hace digno de respeto, merecedor de honor; es decir, acciones que puedan aspirar a la aprobación de todos, si fueran universalmente conocidas» (R.7071). «No deshonres el valor de la humanidad en tu propia persona» (R.7074). El comentario que se ocurre es que estos gérmenes, que sabemos conducirán a un desarrollo relativamente independiente, crecen por lo pronto en el *humus* previo de la moral del supremo bien.

Es ya en los años ochenta cuando encontramos en las Reflexiones

---

[15] *Fundamentación...* Ak. IV, 433 ss. (trad. 90 ss.).

[16] El tema es frecuente. Ver, por ejemplo: 6584 (de entre 1764 y 1768), 6601, 6606, 6607, 6624..., 6872, 6874, 6876, 6894, 7060, 7199 (ya de los años ochenta). Etc. (Ak. XIX). En las *Lecciones de moral* ocupa un papel muy destacado, como encuadramiento histórico del desarrollo (ver, por ejemplo, Ak. XXVII, 247 ss., 101 ss., 482 ss. En la traducción de Roberto Rodríguez Aramayo y Concha Roldán Panadero, *Lecciones de Etica,* Crítica, Barcelona, 1988, pp. 43-48. No es exagerado decir que fue, de este modo, *el tema moral central* para la reflexión filosófica de Kant hasta bien entrados los años ochenta. Que aun después no perdió relieve lo muestran, además de las *Críticas,* las *Lecciones* (ver Ak. XXVII, 482 ss., recensión Vigilantius fechada 1793-1794).

expresiones más cercanas a las de los escritos críticos. Por ejemplo: «La moralidad es la legalidad interna de la libertad en tanto en cuanto es para sí misma ley» (R.7197). O bien la contraposición de «Autonomía» (de la «pura voluntad») a «Heteronomía» (de «lo sensiblemente condicionado») (R.7240). Aun entonces, jamás aparecen expresiones del formalismo excluyentes, sino, más bien, síntesis con la moral del supremo bien. El tema de los «fines en sí» se va desarrollando tan relevantemente en estos textos como el de la universalizabilidad:

> «La dignidad de la Humanidad en su propia persona es la personalidad misma, es decir, la libertad; ya que él es sólo fin en sí mismo por cuanto es una realidad que puede ponerse fines a sí mismo. Las realidades irracionales, que no pueden hacer eso, tienen sólo el valor de un medio» (R.7305).

De por ese tiempo es una larga «hoja suelta» (R.7202) que elabora un pequeño tratado sobre la felicidad, más completo y maduro que los de escritos publicados. En otra nota afín (R.7199), insinúa esta pauta sintética: «La moralidad consiste en las leyes de la producción de la verdadera felicidad desde la libertad»; que aclara así en una adición: «(la libertad) es causa de la felicidad a través de la concordancia del albedrío universal»; lo cual en el mismo contexto se aclara así: «(cada uno descubre que) debe restringir su propia felicidad por condiciones, por cuanto es causa de la felicidad universal o, al menos, no debe verse opuesto a los otros como causa de la suya».

Concluyamos: en cuanto podemos captarlo *in statu nascenti,* el formalismo kantiano es una reestructuración de la ética del supremo bien, que va progresivamente destacando la relevancia de lo absoluto del valor moral, en contraste con la subordinación de los móviles al amor de sí mismo que se da en la simple lógica de la felicidad. Si la ética kantiana no puede ser llamada eudemonística, siempre aparece ligada a la eudemonía, cuya vigencia antropológica nunca deja de reconocer. Desde estos análisis, aparece la que llamé «segunda fuente» como más originaria y en modo alguno eliminable del kantismo.

2. Presencia de la Naturaleza en el formalismo

Otro punto en el que pienso hay que progresar sobre mi primera formulación de «las dos fuentes» mira al significado que adquiere el formalismo, cuando se relee la *Fundamentación* en la perspectiva diacrónica que he evocado. Junto a cierta continuidad se percibe una ruptura. (Nuevo resulta, valga decir de paso, el famoso «el deber por el deber». No he encontrado huellas anteriores; y es interesante destacar que aparece precisamente como centro de la descripción del «conocimiento moral vulgar» en el primer capítulo. Resulta obligado preguntarse por su origen. ¿Es razonable pensar que Kant evoca el clima de su adolescencia, del que, más bien, se habría olvidado algo al filosofar? No sabría responder.)

Lo más nuevo de la *Fundamentación* es, sin duda, la relevancia otorgada al criterio de universalizabilidad. Aparece ya en el dicho capítulo primero en conexión con el axioma de «el deber por el deber»; y presta, como sabemos, la fórmula primera para el «imperativo categórico», una vez que el capítulo segundo ha hecho ver su necesidad. ¿Cómo hemos de comprenderlo? ¿A qué se debe su surgimiento? Es obvio poner este brote del formalismo, que aparece en el escrito de 1785, en relación con el avance que para Kant ha supuesto la redacción, cuatro años antes, de la *Crítica de la Razón Pura*. Kant, que antes había sido mucho más acogedor para el papel del sentimiento en lo moral [17], parece dominado ahora por la preocupación de hacer lugar a la razón. Y *ésta es el órgano de lo universal*. Excluir la particularidad de los móviles sensibles («materiales»), equivale a destacar el carácter «formal» del imperativo moral. Es dejar a la razón, universal, toda la competencia. Kant ha deseado, sin duda, contar con la limpidez y contundencia de lo lógico. El que pudiera mostrarse de una máxima de acción que resulta lógicamente contradictoria al intentar universalizarse, sería lograr el más brillante estatuto para la Etica [18].

Pero es muy dudoso que eso ocurra alguna vez [19]. Lo más intere-

---

17 Ver, por ejemplo, las notas de Herder correspondientes a las clases de Etica de Kant en los años sesenta (en Ak. XXVII, 3 ss., 16, etc.).

18 Se adivina ese *desideratum* en expresiones como las que leemos en Ak. IV, 424 (trad. 76): «...porque tal voluntad sería contradictoria consigo misma». Pero es menester atender al hecho de que, en ese mismo contexto, la contradicción está referida a la elevación de la máxima al rango de «ley natural».

19 De haber algún caso, sería el que Kant ejemplifica en la promesa; que podría generalizarse a los demás usos de la institución lingüística. Es contradictorio, sin duda, querer las reglas de esos usos y no quererlas, *al mismo tiempo y bajo el mismo respecto*. Ahora bien, ¿alcanzaría la contradicción a quien quisiera la vigencia *general* de dichas reglas y, al mismo tiempo, la *excepción en su caso*? Pienso que no. Me resulta convincente la contraargumentación que hace L. Kolakowski (pensando destruir con ella todo el intento kantiano, lo que muestra desconocimiento de su integridad y estructura, pero acertando, al menos, en mostrar la inconsistencia de la apelación lógica subyacente en la fórmula de la universalizabilidad): «No soy en absoluto inconsecuente si prefiero que otra gente siga reglas que yo no quiero cumplir [...]. Siempre puedo, sin contradecirme a mí mismo, rechazar los argumentos de quienes traten de convertirme [...], porque puedo responder coherentemente que no me preocupa la conducta de los demás, o que quiero positivamente que obedezcan las normas que yo me niego a observar» (*Si Dios no existe...*, 1982, Tecnos, Madrid, 1985, p. 190.) Cabe aún apostillar esta referencia añadiendo que, paradójicamente, lo más nuclear de la filosofía moral de Kant cumple, a su manera, la condicional de Dostoiewski *tal como la entiende y asume Kolakowski* en la obra citada: una cierta connivencia con lo sagrado de aquello que puede validar la conciencia moral.

sante que revela la lectura atenta del capítulo segundo de la *Fundamentación* es que Kant, de hecho, no apela a la pura lógica, sino a la coherencia lógica de las máximas con una determinada concepción de la Naturaleza. En los cuatro conocidos ejemplos (suicidio, promesa, cultivo de los talentos, ayuda al prójimo), la inaceptabilidad de la máxima se deriva de que no sería asumible en una Naturaleza armónica. No en vano ha hecho Kant preceder tal ejemplificación por el párrafo, tan breve cuanto absolutamente decisivo, que aclara que «la universalidad de la ley por la cual suceden efectos constituye lo que se llama Naturaleza en su más amplio sentido (según la forma); esto es, la existencia de las cosas en cuanto que está determinada por leyes universales» [20]. Lo que le ha conducido a reformular el imperativo (en la que Paton llama fórmula 1,*a)*: «Obra como si la máxima de tu acción debiera tornarse, por tu voluntad, ley universal de la Naturaleza».

Por haber caído en la cuenta de esto, denominé en *El teísmo moral* la inspiración ética del formalismo riguroso (es decir, la «primera fuente de la moral kantiana») no logicismo sino «natural-racionalismo», «un cierto spinozismo ético sin respaldo ontológico» [21]; netamente contrapuesto, aun así, al espíritu de solidaridad humanista que se anuncia algo después en el mismo capítulo de la *Fundamentación* con la ya recordada apelación al valor absoluto, de fin en sí, de la humanidad en cada ser personal.

No sé si lo recién dicho resultará decepcionante para los que todavía hoy ven primariamente en Kant al ético rigurosamente lógico (cautivado, apostillaría yo, por el señuelo de la lógica). Pienso que es sano ahondar sin piedad en esa decepción y hoy creo deber añadir a lo que escribí hace cinco años: ¿qué da de sí, después de todo, el criterio de la universalizabilidad, incluso subordinado a la idea de Naturaleza? Un método para determinar prohibiciones y permisos; pues sólo mostrará *qué no puede ser universalizado.* No es poco, pero tampoco es todo lo que necesitamos. Es criterio necesario, pero no suficiente. Por el capítulo de lo permisible se prestaría a la elaboración de un largo catálogo de trivialidades [22]. Por el de lo prohibido, su aportación puede ser más valiosa; pero, en cualquier caso, deja todo confiado a la capacidad del agente de concebir correctamente ese conjunto llamado «Naturaleza».

Pero, renunciando a insistir demasiado en los aspectos teóricos de posible objeción, lo importante es que el criterio de universalizabili-

---

[20] *Fundamentación...* Ak. IV, 421 (trad. 72). Las palabras *Natur* o *Naturgesetz* aparecen cuatro veces en la discusión del primer ejemplo, una en la del segundo, dos en la del tercero y tres en la del cuarto (Ak. V, 422-423; trad. 73-76).

[21] *El teísmo moral de Kant* (ver nota 2), pp. 191 y 196.

[22] A. Heller (*o.c.,* p. 59) cita en este sentido a Simmel.

dad no resuelve los problemas morales verdaderamente relevantes. Kant no logra hacer plausible por este criterio que sea «deber en sentido amplio» algo tan elemental como la ayuda al prójimo necesitado. No resulta muy convincente el que la omisión de tal ayuda no podría ser erigida en ley de la Naturaleza. Menos aún si recordamos que el mismo Kant había escrito el año anterior que «la Naturaleza quiere más bien discordia» y ha hecho, consiguientemente, al hombre «insociablemente sociable», insociable en su misma sociabilidad[23] —en contraste, supone en dicho contexto, con lo que el hombre percibe como mandato moral, es decir, ser sociable y no egoísta...—.

3. Un sentido más amplio para el formalismo

No es mi intento —¿hará falta decirlo?— demoler el formalismo kantiano. Querría acertar a reenfocarlo para destacar su valor. Pienso que lo esencial es concebirlo *tal cual es en su integridad;* es decir, reconducido como a lo más fundamental al valor absoluto de la humanidad en los seres personales (lo que incluye una no pequeña presencia de la «segunda fuente»). El motivo humanista sí determina, en la confrontación con él de las máximas del agente moral, opciones como la antes discutida de la ayuda al prójimo necesitado.

Ya concedí que Kant, en los primeros pasos del discurso del capítulo 2.° de la *Fundamentación,* como también en el artificioso despliegue de la Analítica de la Razón Práctica, aparece seducido por el ideal de dotar a la Etica de una fuerza más puramente lógica; que intentó un formalismo estricto, en que todo pudiera quedar definido por «la *forma* de la universalidad». Y debo añadir que Kant nunca ha reconocido explícitamente el fracaso de tal intento.

A mi entender, esto se explica porque el intento del formalismo *se realiza,* después de todo, *en lo más esencial.* Ya que, en vez de articularse como una pluralidad de valores o de deberes (tomados de una consideración empírica de la realidad humana), la Etica que consigue Kant es unitaria: en ella, la multitud de posibles máximas de acción queda sometida a un *criterio único aunque complejo,* y éste es el que le da la «*forma moralitatis*». La universalizabilidad según un ideal de Naturaleza es un criterio que, aunque no formal-lógico, es unitario; y es útil en la determinación de lo moralmente rechazable. Es también criterio unitario la —para Kant, como sabemos, más básica— asunción de una colegislación autónoma de realidades noumenales (las personas humanas); colegislación que resulta más fecunda para orien-

[23] *Ideas para una historia universal en clave cosmopolita* (1784), 4.° principio (Ak. VIII, 20; trad. de R. Rodríguez Aramayo, Tecnos, Madrid, 1987, pp. 8-9).

tar las máximas de un proyecto moral en los aspectos positivos. (Estos, si bien sólo deberes «en sentido amplio», es decir, tales que no pueden exigirse acumulativamente dada la finitud del sujeto moral, constituyen la parte más relevante de su proyecto.)

El comprender así el formalismo, como radicado en la exigencia unitaria que nace del carácter de fin en sí de cada ser personal, explica mejor que ninguna otra versión la contraposición buscada por Kant con el eudemonismo: pues en éste —cabe decir— el único absoluto es el propio sujeto; y el principio sumo es el «amor de sí», la *Selbstliebe.*

Y desde esta manera de ver se hace también claro qué es el «supremo bien»: no es sino la idea totalizadora del objeto del proyecto moral —de eso que acabo de denominar sus aspectos positivos—. Pues, si bien (como ya recordé antes) el imperativo de los fines en sí es susceptible de una interpretación minimalista que no exceda el ámbito de la moral del respeto —bastará subrayar unilateralmente el «nunca como puro medio»—, pide, más bien, la interpretación maximalista que extraiga del «siempre como fin» todas las consecuencias de una moral solidaria y utópica. Con lo que el formalismo, bien entendido, no queda en el puro respeto.

IV. LA COHERENCIA DE LAS «DOS FUENTES» EN LA *METAFISICA DE LAS COSTUMBRES* (1797)

Todo lo que llevo dicho puede explicar mi contumacia en mantener la hipótesis de «las dos fuentes de la moral kantiana», aunque matizada cada vez más complejamente. Recapitulo. La «segunda fuente», cifrada en el «supremo bien», es más antigua. La «primera», que produce el formalismo, brota con fuerza en los años ochenta; al tener el formalismo la clave argumental en el tema de los «fines en sí», nunca es pura sino que incluye elementos de la «segunda». De todos modos, la emergencia del formalismo origina en 1785 un soterramiento temporal del tema del «supremo bien»; cuando éste reaparece en la *Crítica de la Razón Práctica,* lo hace netamente segregado del formalismo («Dialéctica» vs. «Analítica»). Es el momento en el que las dos fuentes se distancian más, el que ha podido dar lugar a que muchos juzguen incompatibles sus productos y declaren unilateralmente los primeros como «los kantianos».

1. ¿UNA «SEGUNDA ÉTICA KANTIANA» (A. HELLER)?

La reflexión sobre todo el tema puede ahora enriquecerse con la aportación, tan diversa, de Agnes Heller y sus «dos éticas» de Kant.

La primera es el formalismo, entendido de modo estricto. Una segunda encuentra la autora en la *Metafísica de las Costumbres* de 1797. Voy, pues, a centrarme en esta última obra kantiana y, sobre todo, en la introducción a su segunda parte, *Comienzos metafísicos de la doctrina de la virtud.*

Prescindo de discutir los indicios que encuentra Agnes Heller para correlacionar lo propio de esta «nueva» ética con la repercusión en Kant y en su filosofía de la historia de los acontecimientos políticos de los años noventa. Sinceramente, tales indicios me parecen frágiles. Mi hipótesis, en todo caso, es que no se trata en este nuevo estadio kantiano de una nueva ética, sino de una mayor prevalencia de la «segunda fuente». Hay que constatar una sorprendente ausencia literal del término «supremo bien»[24]. Pienso que, no obstante, la *Doctrina de la virtud* nos da claves importantes para comprender la relación de esa idea con el formalismo e ilumina así la coherencia, real aunque compleja, de la filosofía moral de Kant.

No es Agnes Heller una estudiosa especializada en el texto kantiano como tal. Esto pide leer su contribución buscando lo esencial, sin detenerse en tal o cual detalle discutible. Lo esencial está en que ha captado y puesto de relieve el clima hondamente humano de la básica orientación ética del último libro de Kant. La autora lo pone en contraste irreconciliable con el formalismo; pero eso se explica porque participa de la generalizada versión unilateral de éste.

Aun así, no es simplemente negativo el juicio de la Heller sobre el formalismo: le resulta una «ética esencialmente democrática», «de la libertad en igualdad»[25]; y su inhumanidad le parece, en parte al menos, atribuible a la prevalencia de un «concepto burgués de felicidad». Lo que juzgo a la vez gran acierto y parcial desenfoque en el análisis de la autora está en lo que dice después, a propósito de la segunda fórmula del imperativo (que, en su enumeración, es la cuarta). La apelación a la humanidad «siempre fin, nunca puro medio» le resulta «de

[24] En el «fragmento de catecismo moral» que inserta Kant en la breve «Doctrina del método» que cierra la obra (VI, 480-482) reaparecen casi todas las expresiones más típicas con las que a lo largo de su vida había expuesto Kant la idea del «supremo bien». Pienso que es la índole eminentemente didáctica del texto la que le ha aconsejado evitar lo que habría sido un tecnicismo filosófico innecesario. (Análogo sentido didáctico puede ser el que haya aconsejado un cambio de más relieve. En la presentación del postulado de Dios, no se destaca el carácter postulatorio ni se menciona la «fe racional», sino que se aduce una compendiosa alusión a la teleología física. Es oportuno recordar que Kant, que denunció la insuficiencia argumental de ésta, mantuvo también que expresaba «la prueba más antigua, más clara y más apropiada a la común razón humana», *Crítica de la Razón Pura,* A 623, B 651). Una traducción y comentario de este *Catecismo moral* por R. Rovira puede verse en *Pensamiento,* 42 (1986), pp. 225-233. En R. 7315 (Ak. XIX, 311) leemos un esbozo análogo, algo más extenso, pero sin el final del texto publicado en la *Metafísica de las Costumbres.*

[25] *Las dos éticas de Kant* (ver nota 4), pp. 34-36.

origen innegablemente material»[26]. Cuando, por otra parte, «la idea de la humanidad, que nos obliga como una ley a las personas humanas en tanto que seres racionales, es la única fuente posible de moralidad»[27]. Bajo la presunción de que el formalismo *estricto* es lo propiamente kantiano en ese tiempo, concluye Heller que en la cuestión «se trata de una *inconsecuencia genial*» (subrayado de la autora)[28].

Puede ya suponerse por dónde va a ir mi apostilla. Más que de «inconsecuencia genial» hay que hablar de complejidad del formalismo, mayor de la que perciben los que quieren atenerse a la primera intención kantiana. Más que de «origen material» (propiamente hablando) de la consideración de los seres personales como fin en sí, hay que hablar de mayor complejidad de la noción kantiana de «fin» *(Zweck)*. Es precisamente hacia la articulación de esta última complejidad hacia donde voy a orientar mi buceo en los *Comienzos metafísicos de la doctrina de la virtud*. Espero así confirmar en parte y en parte mejorar lo que escribí en *El teísmo moral* bajo el epígrafe «Fin y felicidad en la antropología kantiana del hombre moral»[29] como prólogo a lo específicamente ético de los escritos de los años ochenta.

2. El sistema kantiano de «fines» de la acción

En esos escritos —cabe resumir— era *Zweck* para Kant pieza esencial de su filosofía sobre la dinámica del deseo y de la acción específicamente humanos; pero, de entrada, sólo en el ámbito premoral. Es algo del orden empírico, que tiene que ver con la obtención de la felicidad. (Llega a aparecer, en el importante capítulo de la Analítica «sobre los motores de la Razón pura práctica», la expresión *das Ganze aller Zwecke*[30], con un sentido no muy diferente del que en la Dialéctica tendrá el segundo elemento del «supremo bien», aquél que lo hace *consummatum*.) Es en total contraste con esa consideración de «fin», como aparece desde el capítulo 2.° de la *Fundamentación* la noción de «fin en sí mismo», que conocemos bien. Y está presente en la Analítica de la Razón Práctica, aunque menos frecuentemente[31].

Pero es importante subrayar lo siguiente: también en el sistema premoral de los fines y la felicidad propia había un «en sí», al que

[26] *Ib.*, p. 50.
[27] *Ib.*, p. 55.
[28] *Ib.*, p. 58.
[29] *El teísmo...*, p. 174.
[30] *Crítica de la Razón Práctica*, Ak. V, 87 (trad. García Morente, 127).
[31] Con expresividad inequívoca aparece en el mismo pasaje aludido en la nota anterior. Está también presente a través de la apelación a la colegislación.

todo quedaba referido, a saber, *el propio sujeto.* A este respecto es absolutamente claro el Teorema 2.° de la Analítica: «Todos los principios prácticos materiales... pertenecen al principio universal del amor a sí mismo *(Selbstliebe)* o felicidad propia» [32]. La irrupción de lo moral en el ámbito premoral consiste en que, frente al único principio de la *Selbstliebe* emerge como «en sí» —y esta vez se le denomina «fin en sí»— el conjunto de los seres personales. Es la interiorización kantiana de la intuición rousseauniana.

Ahora bien, es fácil ver qué extremo es el contraste de los dos usos de *Zweck:* en el caso semánticamente primero, se trata de una realidad aún no existente que el sujeto anticipa al sentirse atraído, para después realizarla a través de los medios conducentes. Era un esquema claro desde Aristóteles y seguido por los escolásticos *(primum in intentione est ultimum in executione).* Pero a esto, que llamaban «finis *qui*», contraponían el «finis *cui*»: aquel (sujeto) en cuyo favor se intenta y se realiza el «finis *qui*». Creo que este precedente ilumina la contraposición kantiana. Es propio de los escritos kantianos de los años ochenta considerar como *empíricos* todos los fines de la acción humana, en contraste con los «fines en sí», *noumenales.* El teorema 1.° de la Analítica enuncia que «todos los principios prácticos que presuponen como fundamento de determinación un objeto (materia) de la facultad de desear, son empíricos» [33]. Lo que se contrapone a «formal» es convertible con «empírico», es decir, premoral.

Entiendo que esta tesis resulta, tácita pero innegablemente, rectificada en la *Metafísica de las Costumbres.* En 1797 habla Kant sin el menor empacho de «fines como objeto» del albedrío —y no provenientes por vía sensible—. Precisamente aquí radica la diferencia que establece entre la Doctrina del derecho y la de la virtud. Mientras la primera «sólo tiene que ocuparse con la condición *formal* (subrayado de Kant) de la libertad exterior» [34], «la Etica, por el contrario, proporciona aún una *materia* (subrayado de Kant), un objeto del libre albedrío, un fin de la razón pura que es representado al mismo tiempo como fin objetivo-necesario, es decir, deber para el hombre» [35]. La definición de «fin», repetida varias veces en ese contexto, es: «objeto del albedrío» [36]; y la Etica misma es definida como «sistema de los fines de la Razón pura práctica» [37]. Sólo como advertencia para evitar confusiones se añade: «Aquí, pues, no se trata de fines que el hombre se proponga según los impulsos sensibles de su naturaleza,

32 *Ib.*, V, 22 (trad. 37).
33 *Ib.*, V, 21 (trad. 36).
34 *Metafísica de las Costumbres,* Ak. VI, 380.
35 *Ib.*
36 *Ib.*, VI, 381, 384-385, 388-389.
37 *Ib.*, VI, 381.

sino de objetos del libre albedrío, objetos que él *debe* proponerse como fines» [38]. Añade aún que puede contraponerse la «teoría de los fines técnica (subjetiva), propiamente pragmática», a la «teoría de los fines moral (objetiva)». Vemos que el cambio semántico es tan radical que ahora el término «objetivo» es reservado para lo moral, a lo que antes se exigía excluir el «objeto». Como ha destacado muy oportunamente Agnes Heller [39], ahora también se ha hecho central la noción de «albedrío» *(Willkür)* como distinta de «voluntad» *(Wille)*, frente a la fluctuación terminológica de los escritos anteriores. Añado, por mi parte, que eso contribuye a poder dar por «objetivos» los fines morales. Y subrayo algo muy importante: se trata de fines *que se propone realizar* el agente moral; distintos de los «fines en sí» que *constituyen* el reino de los agentes morales.

3. «FINES QUE SON DEBER»

Kant ha acuñado la expresión «fines que son al mismo tiempo deber» como clave de su *Doctrina de la Virtud*. Comprenderemos bien que intenta rellenar el hueco que destacamos en la presentación del formalismo: a saber, que es poco lo que podía decir para los problemas morales más relevantes, los que conciernen deberes positivos. La fundamentación, sumaria en extremo, que hace en la Introducción no dejará satisfecho al lector exigente: *supone* que ha de haber imperativo categórico y no alude a la justificación que hizo en los escritos de los años ochenta. Hay otro defecto: no distingue de modo plenamente explícito «fines en sí» y «fines que nos proponemos». Veamos estos dos párrafos que se complementan; tratemos de captar su mensaje de fondo sin dejarnos enredar en detalles.

> «Debe darse un tal fin (el "fin que es deber") y un imperativo categórico que le corresponda. Ya que, puesto que hay acciones libres debe también haber fines, a los cuales aquéllas se dirijan como a su objeto. Entre estos fines deben también darse algunos que al mismo tiempo (es decir, según su concepto) sean deberes. Puesto que, si no se diera ninguno de ese tipo, y ya que ninguna acción puede haber sin fin, todos los fines valdrían para la razón práctica siempre sólo como medios para otros fines y sería imposible un imperativo *categórico;* lo cual destruye toda Etica» [40].

> «El concepto de un *fin que al mismo tiempo es deber,* concepto que pertenece con propiedad a la Etica, es el único que fundamenta una ley para las máximas de las acciones, por cuanto subordina el fin subjetivo (que tiene cada uno) al objetivo (que cada uno debe constituirse). El imperativo: "tú

[38] *Ib.,* VI, 385 (*debe:* subrayado de Kant).
[39] *Las dos éticas...,* p. 89.
[40] *Metafísica de las Costumbres,* Ak. VI, 384.

debes constituirte como fin esto o aquello (por ejemplo, la felicidad de los otros)'', concierne a la materia del albedrío (un objeto). Ahora bien, puesto que no es posible ninguna acción libre sin que el agente se proponga al mismo tiempo un fin (como materia del albedrío), caso de que no haya ningún fin que sea al mismo tiempo deber, la máxima de las acciones como medio para los fines contendrá sólo la condición que la cualifique para una posible legislación universal; por el contrario, el fin que es al mismo tiempo deber puede constituir como ley el tener una máxima tal —mientras que para la misma máxima es ya bastante la mera posibilidad de estar en concordancia con una legislación universal [41].

Lo último es claro y es importante. Viene a reconocer Kant que la formulación estrictamente formal del imperativo categórico sólo sirve para encontrar deberes negativos, ya que sólo exige una aptitud de la máxima, *si la hay,* pero no *que la haya.* En cambio, la atención a los fines *exige que de hecho tengamos* máximas con fines conforme al criterio moral; llega, pues, hasta los deberes positivos, el terreno moral más relevante. La expresión «constituirse (algo) como fin» *(sich zum Zwecke machen)* es todavía ambigua: pues puede referirse tanto al «fin en sí» que son los seres personales («constituirse» equivale, entonces, a «asumir como») cuanto a los fines de acción («constituirse» equivale entonces a «proponerse»). El ejemplo que Kant pone es de este último tipo, en una de sus formulaciones más genéricas posibles, formulación que repite con frecuencia en este contexto: la «felicidad ajena» es un resumen de cuanto debemos hacer con vistas a los otros; así como, respecto a uno mismo, el resumen es «la propia perfección» [42].

Pero la presencia y relevancia de estos fines objetivos de acción que nos proponemos en favor de los otros (o de nosotros mismos en el caso de nuestro perfeccionamiento) no hace olvidar que su exigencia dimana de la dignidad de «fin en sí» que tenemos como personas. He aquí, por ejemplo, cómo ésta viene a expresarse en un pasaje posterior:

«Pero el hombre, considerado como persona, es decir, como sujeto de una razón moral-práctica, está elevado por encima de todo precio; pues, como tal *(homo noumenon),* ha de ser estimado como fin en sí mismo y no sólo como medio para los fines propios de otros o incluso para sus propios fines; lo que es decir que posee una *dignidad* (un valor interno absoluto), por la cual obliga a *respeto* a todos los otros seres racionales del mundo y puede estimarse en pie de igualdad con cualquier otro de ellos» [43].

Es, como vemos, una enérgica reafirmación de la 2.ª fórmula de la *Fundamentación* que hace comprender bien de dónde brota la obli-

41 *Ib.,* 389.
42 Cfr. *ib.,* 385 ss.
43 *Ib.,* 434-435.

gatoriedad, que ahora se inculca, de hacer nuestros los fines objetivos de otros, conducentes a su felicidad. Se hace presente dicha fórmula también en el siguiente pasaje:

> «El principio supremo de la Teoría de la Virtud es: actúa según una máxima de *fines,* tal que el tenerla pueda ser ley universal para todos. Según este principio, es fin el hombre, tanto en sí mismo como en los otros; y no es bastante decir que no está autorizado a utilizar ni a sí mismo ni a los otros puramente como medio (puesto lo cual todavía podría ser indiferente hacia ellos), sino hay que decir que es en sí mismo deber del hombre constituirse como fin al hombre en general» [44].

En este último pasaje queda definitivamente claro el sentido positivo, no minimalista, de la 2.ª fórmula de la *Fundamentación* —el que indiqué como adecuado a la «segunda fuente» de mi hipótesis. Asumir a cada otro ser humano como «fin en sí» conduce lógicamente a proponerse cada uno, como fines de su acción, en la medida de sus fuerzas, los fines que ellos se proponen. Esto, repito, es lo peculiar que aporta la *Metafísica de las Costumbres,* en el nivel de la básica concepción ética. (Y valga añadir, marginalmente, que el resto de su aportación, la recogida y sistematización de deberes, es muy decepcionante.)

V. CONCLUSION: DOBLE INSPIRACION DE LA ETICA DE KANT

Hagamos una ponderación conclusiva de su significado. Es comprensible que se haya hablado a su propósito de «segunda ética de Kant», porque hace innegable contraste con el formalismo entendido estrictamente. Pero pienso que los subrayados de mi exposición han podido hacer más plausible la hipótesis de que la innegable novedad no es total; y que, más bien, es resultado de una inspiración que se mostraba ya siempre presente en la filosofía moral de Kant, incluso en el formalismo (nunca tan estricto como intentó ser). Esta afirmación no sólo me conduce a la obvia conclusión de que hay que tener lo que llamamos «filosofía moral kantiana» como un proceso diacrónico (sin aislar en él las etapas ni forzar la interpretación de unas por otras), sino a una —discreta— insistencia en las ventajas de la hipótesis de la «doble fuente». Sólo dudo ahora si la metáfora bergsoniana es la más adecuada o sería mejor sustituirla por otra menos física y hablar, por ejemplo, de «doble inspiración».

Que —quizá ya antes pero sobre todo en el decisivo momento del

---

[44] *Ib.,* 395.

primer desarrollo de su filosofía moral, digamos entre 1784 y 1790— sintió Kant un potente atractivo por una comprensión de lo moral que tendía a identificarlo con la exigencia puramente lógica de la razón, me parece un hecho innegable. Es el período en que creó su Etica formal, que tiene la tendencia a ser estrictamente tal, pero que nunca lo llega a ser —para gozo o dolor de los lectores de Kant, según sus propias preferencias—. Hay que añadir, como sabemos: cuando más se acerca a serlo, tiene como referencia a la Naturaleza y su legalidad.

Pero hay un segundo hecho, no menos claro. Mucho antes del período indicado, también a lo largo de él y, sobre todo y con plena coherencia en los años posteriores —toda la década de los noventa, pues la inflexión está en la *Crítica del Juicio* [45]—, hay en Kant una inspiración ética muy diversa: según la cual, la exigencia moral brota de la solidaridad de los seres personales en la valoración de su dignidad y libertad. Esa inspiración origina el pensamiento de una colegislación en la que todos, a través de la conciencia de cada uno, se toman como «fin en sí», llevando esto hasta la consecuencia de tomar como propios cada uno, en la medida de sus fuerzas, los fines (lícitos) que para su acción se proponen los demás. Esto es algo claramente antitético con el espontáneo principio de la *Selbstliebe,* en el que se apoyan las éticas eudemonistas. Según un análisis que Kant elaborará en el primer libro de *La Religión en los límites de la mera razón* [46], hay que entender que se trata de una «disposición originaria» *(ursprüngliche Anlage)* al bien, característica del ser personal; más radical que la propensión *(Hang)* al mal, también radical, que el dicho libro quiere denunciar. Pienso que tal disposición debe, en consecuencia, entenderse afirmada como presente en la Razón pura práctica cuando la segunda *Crítica* apela, en el conocido y decisivo pasaje, al *Faktum der Vernunft.*

No se puede terminar, sin volver explícitamente a la idea utópica del «supremo bien», origen de toda la discusión. Pienso puede verse su raíz antropológica en la recién mencionada *Anlage.* No creo que, si se acepta mi interpretación, sea óbice su eclipse, relativo, en el li-

---

[45] En la *Crítica del Juicio,* el tema moral entra, como es sabido, en contexto teológico (apéndice al desarrollo sobre el juicio teleológico). El «bien supremo», clave de la postulación de Dios en la Dialéctica de la Razón Práctica, es reafirmado como tal, con la calificación que ahora le otorga su coincidencia con el «fin final» de la creación *(Endzweck der Schöpfung).* Ver sobre ello mis comentarios en *El teísmo moral de Kant,* págs. 125-127, 191-192 y 199-204.

[46] *La Religión...* Ak. VI, 27-28 (trad. F. Martínez Marzoa, Alianza, Madrid, 1969, pp. 36-39). Ver aún, del modo más explícito, VI, 36 (trad. 45), y VI, 45 (trad. 55). En este último pasaje es declarado «fuente de todo mal» precisamente «el amor a sí mismo», no en cuanto tal, sino en cuanto «aceptado como principio de todas nuestras máximas», es decir, en cuanto se hace excluyente.

bro de 1785. ¿Qué aporta a su respecto la *Metafísica de las Costumbres*?

Ya he admitido que el término tiene un nuevo eclipse en lo explícito. Pero el libro la contiene implícitamente, e incluso aporta algo indirecto, pero muy importante como aclaración de su estatuto. Recordamos la fuerza puesta por la *Crítica de la Razón Práctica* en la distinción, según la cual «fundamento de determinación» *(Bestimmungsgrund)* de la voluntad moral no puede serlo el «supremo bien» sino por razón de su primer elemento, la moralidad; en su conjunto es sólo «totalidad del objeto de la Razón práctica» [47]. Pues bien, esa distinción, que quizá resultaba infundada y rebuscada, podría quedar ahora aclarada en la luz que aporta la distinción entre los «fines en sí» y los «fines de la acción». Sólo los primeros, es decir, los seres personales *fundan* la obligación, como colegisladores que son. Pero el proyecto moral que así se genera para cada miembro del reino de los fines en sí, incluye el proponerse como fines propios, en la medida de sus fuerzas, los fines que para su acción se proponen los demás. Esto pertenece al objeto, no al fundamento de determinación. Y decir «supremo bien» es mencionar, en forma de *idea,* la totalidad incondicionada de unos y otros fines.

Es también obligado, al final de la reflexión, preguntar una vez más por el origen de esta fuente o inspiración utópica de la moral y de la ética kantianas. Ya he recordado la deuda con Rousseau. Pero, sin quitarle nada, creo que hay que tomar también en seria consideración la conexión posible de esa inspiración con el Evangelio en su vertiente moral (exigencia del amor). De entre las varias menciones explícitas que Kant le dedica, podría ser particularmente elocuente la que se contiene en el capítulo de la Analítica de la Razón Práctica titulado «de los motores de la razón pura práctica». En su complejo desarrollo —junto a expresiones de distancia que Kant marca, como siempre, entre el deber y el amor en su sentido más pleno— podría decir más de lo que a primera vista parece. Desde luego, no puede reducirse todo a una mención obligada, destinada a conectar su propio discurso con ideas que serían familiares al lector. Parece haber un reconocimiento de inspiración cuando se pone de relieve una relación estrictamente modélica:

> «Aquella ley de todas las leyes presenta, pues, como todo precepto moral del evangelio, la actitud moral en toda su perfección, del modo como, cual ideal de santidad inalcanzable por ninguna creatura, es, sin embargo, el prototipo al que nosotros debemos procurar aproximarnos y, en un proceso indefinido, igualarnos» [48].

---

47 *Ib.,* V, 108 (trad. 154).

48 *Ib.,* V, 83 ss. (trad. 122 ss.). Sobre cómo concibo la relación de la ética kantia-

Subraya, desde luego, Kant la inasequibilidad del modelo: lo propio del hombre no es la santidad sino el deber y la virtud, que se ejercen en vencer los obstáculos creados por el amor de sí. Pero las expresiones «ideal» y «prototipo al que debemos procurar acercarnos» *(Urbild, welchem wir uns streben sollen zu nähern)* no eran necesarias para la lógica de una simple alusión aclaratoria. Para mí son, por ello, el reconocimiento de una inspiración.

* * *

Termino ya. En mi lectura de la Etica de Kant persiste, como ha podido verse, la impresión de una duplicidad (a denominar de una u otra manera, es lo de menos), que obliga a mantener que la coherencia de la filosofía moral kantiana no es total. Pero que no obliga a hablar de incoherencia. El *corpus ethicum kantianum* tiene, a pesar de la dualidad de su inspiración, una coherencia real, aunque no estricta. Coherencia que proviene de la prevalencia de la segunda inspiración. La Etica kantiana es, en definitiva, un audaz humanismo, donde la exigencia que se enuncia para el ser humano sólo es igualada por la confianza que se le otorga.

---

na con lo que podría ser una ética cristiana (filosóficamente estructurada), puede leerse mi escrito «El Cristianismo y la filosofía moral cristiana», en V. Camps (ed.), *Historia de la Etica,* vol. I, Crítica, Barcelona, 1988, pp. 282-344. Presento las ventajas de elaborar esa filosofía como «formalismo del amor»; a partir, pues, del modelo kantiano. Pero, para que esto sea bien entendido, hay que tener en cuenta todas las precisiones que hago, sobre todo en las pp. 292 ss.

Valga, por otra parte, añadir que, aunque la persistencia de la herencia cristiana conduce a Kant a la reasunción postulatoria de la afirmación de Dios («teísmo moral»), el mismo Kant tenía este final por separable (cfr., por ejemplo, *Crítica del Juicio* Ak. V, 451-452) y es correcto, por tanto, dar una definición de lo nuclear de la filosofía moral kantiana en términos simplemente humanistas.

4. ANALITICA Y DIALECTICA EN LA RAZON (PRACTICA) KANTIANA

por Felipe Martínez Marzoa
(Universidad de Barcelona)

Empezaré con algunas consideraciones no acerca de la estructura inmediatamente observable de la *Crítica de la razón práctica* ni de alguna otra obra de Kant, sino acerca de la estructura que, según mi interpretación, subyace en el conjunto de la obra crítica. En particular, por las específicas limitaciones o autolimitaciones coyunturales de esta intervención, me referiré de entrada al grado de simetría que, según creo entender, existe entre la averiguación de las condiciones de la posibilidad del discurso cognoscitivo y la de las condiciones de la posibilidad del discurso práctico.

En ambos casos, el punto de partida es el reconocimiento de que se da en general la validez propia de cierto tipo de discurso: la validez cognoscitiva en un caso, la validez práctica en el otro. La validez, de uno u otro tipo, es algo con lo que el filósofo se encuentra, es un *Faktum,* pero este *Faktum,* cuando lo que digo esté escrito, se escribirá con mayúscula y con «k», para diferenciarlo del *factum* de *quaestio facti* frente a *quaestio iuris,* porque el *Faktum* del que ahora hablamos es un *ius,* una legitimidad, una validez, no un «hecho». La tarea de Kant es, en cada uno de los dos casos, el de la validez cognoscitiva y el de la validez práctica, averiguar *en qué consiste la validez,* cuál es la constitución o *possibilitas* de cada uno de los dos modos de validez, cuáles son en cada caso los elementos que constituyen esa *possibilitas,* es decir, las «condiciones de la posibilidad».

Quizá resulte un poco más polémica la determinación de cuál es en cada uno de los dos casos el *Faktum* que se encuentra en el punto de partida. Yo entiendo que en un caso el *Faktum* es el conocimiento, esto es: la experiencia, ciertamente considerada como validez, no como hecho psíquico, pero insistiendo en que el *Faktum* es la *experiencia* misma o, lo que es lo mismo, el conocimiento, mientras que el hallazgo de juicios sintéticos *a priori* es ya un primer paso dentro del análisis de las condiciones de la posibilidad; esto es expresamente dicho por Kant allí donde dice (*Crítica de la razón pura,* B 5) que se demuestra que ha de haber juicios sintéticos a priori por la consideración general de que, si no los hubiese, tampoco podría haber validez empírica. Pues bien, digo que, paralelamente, en el caso del discurso práctico el *Faktum* es la decisión misma, el que se tomen decisiones en general, mientras que el hallazgo de una «ley práctica» tiene lugar ya dentro de la averiguación de las condiciones de la posibilidad. El reconocimiento de la decisión, o del tomar decisiones en general, como el *Faktum* del que se trata, requiere algunas precisiones. En primer lugar, puesto que he dicho que el *Faktum* es un *ius,* una validez o legitimidad, no un «hecho», ¿en qué se concreta por lo que se refiere a una decisión este carácter de *ius,* de validez frente a mero «hecho»? Si la validez cognoscitiva es el carácter de determinación de la naturaleza, la validez práctica será por de pronto el carácter de determinación de la conducta; algo es una decisión (es decir, tiene validez práctica) en cuanto que es una determinación de mi conducta; y del mismo modo que para exponer el carácter de *quaestio iuris* de la cuestión del conocimiento en Kant se suele contraponer el problema de la validez al de la facticidad psíquica, esto puede ser útil también en el caso de la decisión; la facticidad psíquica, en efecto, no es *ni condición necesaria ni condición suficiente* para que haya una decisión. Que no es condición necesaria se documenta haciendo notar que el objeto de una decisión (esto es, lo que yo decido) es, ciertamente, una «acción», pero entendiendo esta palabra de tal manera que no se contraponga en absoluto a «omisión». De los términos de cualquier alternativa práctica, kantianamente no hay fundamento alguno para que llamemos a uno «acción» y al otro «omisión». Esto diferencia claramente la cuestión práctica frente a la *quaestio facti* psicológica, pues, desde el punto de vista de esta última, podría haber un fundamento para la distinción entre acción y omisión; muy frecuentemente, ciertas decisiones implican una tematización a nivel psíquico, mientras que sus contrarias no; por ejemplo, y por regla general, la decisión de quitarse la vida frente a la de conservarla, y en general las decisiones por así decir inhabituales; pero la habitualidad o inhabitualidad es una característica psicológica, no práctica en sentido kantiano; desde el punto de vista práctico, tanto lo uno como lo otro son decisión, dado que en ambos casos yo podría también optar por lo contrario; más aún: no es preciso, para que haya decisión, que yo tenga de hecho presente en la mente la posibilidad de lo otro; basta con que estén a mi disposición todos los elementos de juicio necesarios para poder representarme tal posibilidad, lo cual a su vez no es facticidad psicológica alguna ni implica tematización, sino que está (en el ejemplo citado) más que suficientemente documentado por el hecho de que yo realizo constantemente una serie de operaciones que no pueden entenderse si no es por mi decisión de conservar la vida. En cuanto a que la facticidad psíquica tampoco sea condición suficiente para una decisión, baste señalar que un «deseo» o una «inclinación» no constituyen en modo alguno decisión, cosa que, en un contexto kantiano, es de sobra conocida.

A cualquier consideración del grado de simetría que pueda darse entre la averiguación de las condiciones de la posibilidad del conocimiento y la de las condiciones de la posibilidad de la decisión, le es inherente la garantía de la irreductibilidad recíproca de ambos modos de validez, que incluye en particular, como irreductibilidad de la decisión a conocimiento, la garantía de que en ningún caso pueden conocimientos determinar unívocamente la conducta. Tal garantía es un punto absolutamente central, y, si no la hubiese, entonces no habría *de iure* decisión, pues la «decisión» sólo se debería a la facticidad de un insuficiente conocimiento, lo cual significaría que no habría en absoluto decisión como un modo distinto de *validez,* y en tal caso todo lo que estamos diciendo sobraría y seguramente sobraría Kant. Es este un punto que no voy a desarrollar, porque creo entender que al menos su inherencia al pensamiento de Kant no está en discusión.

El contenido de una decisión es siempre, según Kant, algo del tipo «en vista de las circunstancias A B C D, etc., decido X»; esto es lo que, supuesto que se hayan atribuido valores determinados a las variables, recibe en Kant el nombre de «máxima»; el *objeto* de la decisión puede entonces representarse como «X-en-el-contexto-A-B-C-D-etc.». Aunque cada máxima es contingente, lo que es constante es que en todo caso haya alguna. Kant insiste en que la máxima tiene *solamente la forma* de universalidad y no tiene ni pretende validez universal; esto no quiere decir sólo que en la conducta de otros o en la mía propia de otro momento quizá funcione otra máxima, sino que también quiere decir que, al actuar en algún caso de una determinada manera en virtud de ciertos datos, yo no «propugno» que se haya de actuar de tal manera en todos los casos en que los mismos datos ocurran, ni siquiera asumo compromiso alguno de actuar yo de la misma manera en el caso de que las mismas circunstancias volviesen a darse. Hay «meramente la forma» de universalidad; esta «mera forma» resulta ser lo único común a toda decisión y, por lo tanto, ella misma puede constituir la «condición de la posibilidad» del discurso práctico en general, pero para ello la exposición kantiana habrá de cumplir dos requisitos: primero, mostrar que esa «mera forma» es, en efecto, alguna condición o determinación, esto es, que admite determinados contenidos y excluye otros, y, segundo requisito, mostrar en qué sentido puede hablarse de una determinación *a priori* o necesaria de la voluntad, toda vez que no puede entenderse por tal un precepto que necesariamente se cumpla, pues esto haría de tal precepto una ley de la naturaleza y no de la voluntad. Kant trata de cumplir estos dos requisitos por así decir en un mismo y único paso del pensamiento; pues, al tratar de responder al primero mediante la mención de algún modelo de conducta, como la mentira, que *no se puede* enunciar en la forma de universalidad, a la vez cumple el segundo, por cuanto demuestra que, ciertamente, se puede mentir, pero no sin confirmar en el acto mismo de la mentira la validez universal de la norma que la rechaza. Menciono todo esto porque, a la luz de ello tal como se encuentra en la obra de Kant, quiero plantear la siguiente cuestión: cuando Kant efectivamente demuestra la incompatibilidad de ciertas conductas con la «mera forma de universalidad», ¿qué tipo de incompatibilidad demuestra?, o, en otros términos, cuando kantianamente se dice eso de que «la máxima de tu voluntad pueda valer como principio de una legislación universal» o que «puedas querer que tus máximas valgan universalmente», ¿qué quieren decir ese «pueda» o «puedas»?, mejor aún: ¿qué tiene que ocurrir para que podamos decir que se «puede» (o, por el contrario, que no se «puede») enunciar con carácter universal cierta máxima?

En relación con la pregunta que acabo de expresar, defiendo lo siguiente:

La fórmula kantiana «que la máxima de tu voluntad pueda valer como ley universal» debe interpretarse tomando el «pueda valer como ley universal» en el sentido de que de formular la máxima en cuestión como ley universal no resulte una contradicción; igualmente, cuando se expresa el mismo imperativo reclamando que yo «pueda querer» que la máxima de mi voluntad valga como ley universal, lo que se exige es simplemente que el «querer» eso como ley universal no sea una contradicción. En otras palabras: el «pueda» tiene significado «meramente lógico», precisamente en el sentido de lo que Kant llama «mera lógica» cuando con este término se refiere (en la *Crítica de la razón pura*) al principio de contradicción y a los juicios analíticos.

Esta es una interpretación con la que se estará o no de acuerdo, y en un caso como en otro habrá que asumir ciertas responsabilidades. Concretamente, el intérprete que defienda que el «pueda» en cuestión es algo más que «meramente lógico», debe considerarse obligado a explicar qué otras condiciones, aparte de la ausencia de contradicción, se requerirían kantianamente, según el intérprete en cuestión, para aceptar en el presente contexto que cierta ley universal «puede valer» o que yo «puedo querer» que valga. Pero, una vez que el intérprete hubiese explicado (supongamos que convincentemente) cuáles son esas condiciones, digamos J, K y L, entonces lo que habría hecho sería demostrar que, para Kant así interpretado, la determinación *a priori* del discurso práctico sería J, K y L junto con la exigencia de compatibilidad con la forma de universalidad, cuando lo que Kant en verdad dice es que esta última exigencia es la *única* determinación *a priori* del discurso práctico.

En otras palabras: si Kant no considera ninguna otra determinación *a priori* del discurso práctico que el imperativo de compatibilidad con la forma de universalidad, ello significa claramente que cualquier —por así decir— otra condición que pudiese entrar en juego a la hora de apreciar la conformidad o disconformidad de algo con esa determinación *a priori* habrá de ser una «condición» que Kant considere «vacía», pues de lo contrario la determinación *a priori* ya no sería *sólo* la que es. Y ese carácter de «vaciedad» es el que Kant atribuye siempre al principio de contradicción, esto es, a lo que llama a veces «mera lógica» y a los juicios analíticos. También en la averiguación sobre las condiciones de la posibilidad del conocimiento el principio de contradicción está continuamente presente y, sin embargo, no es considerado como una condición más ni como integrante de la *forma* (en el sentido específicamente kantiano de esta palabra), puesto que es vacío y no añade nada; por eso Kant excluye de la cuestión de lo *a priori* del conocimiento los juicios analíticos, derivables del mero principio de contradicción; esos juicios, para Kant, no son conocimientos, no porque sean otra cosa, sino sencillamente porque son vacíos. El principio de contradicción no es, según Kant, determinación alguna, porque es lo que podríamos llamar una tesis vacía o, para ser más exactos, la fórmula general de toda tesis vacía; por lo mismo, es también neutro con respecto a la distinción entre conocimiento y decisión, entre validez cognoscitiva y validez práctica, porque no es tesis alguna para la que se plantee problema de validez; y por ello es igualmente lo único que, a la hora de apreciar la compatibilidad de algo con la forma de un modo de validez del discurso, puede darse por supuesto sin que ello signifique añadir a dicha forma un principio más.

He puesto cierto énfasis en subrayar que, si el «pueda» de «que la máxima de tu voluntad pueda valer como ley universal» o «que puedas querer que etc.» significase algo más que la ausencia de contradicción, entonces se estarían introduciendo, además de la compatibilidad con la forma de ley universal, otras condiciones como determinantes *a priori* de la posibilidad de una decisión. Lo he hecho así porque pienso que precisamente esto, la suposición (explícita o no) de otras condiciones como constitutivas del «pueda», es la puerta falsa por la que el intérprete o lector de Kant pudiera introducir en la *analítica* de la Razón pura práctica elementos que sólo tienen sentido en virtud de la *dialéctica* de esa misma Razón, y porque voy a sostener una tesis contraria a la posibilidad de hacer esto, tesis para cuya presentación me será útil insistir en el paralelismo que al principio establecí entre el tratamiento de las condiciones de la posibilidad del discurso cognoscitivo y el de las condiciones de la posibilidad del discurso práctico; en un lado como en el otro, defiendo que no es admisible en términos kantianos retroactividad alguna de la dialéctica sobre la analítica, o, dicho de otra manera, que la dialéctica sólo tiene lugar cuando la analítica ya está terminada. Tendré que hacer algunas consideraciones casi telegráficas sobre el sentido general de ambas dialécticas (la de la Razón pura cognoscitiva y la de la Razón pura práctica) con el fin de destacar aquellos aspectos que más directamente conciernen a lo que pretendo exponer aquí.

En la parte general de la *Dialéctica transcendental,* Kant, a la vez que da una explicación de por qué ha de haber una tendencia a «derivar» los conocimientos unos a partir de otros (o sea, a partir de *Prinzipien*), expone también por qué esta tendencia *no* tiene ella misma el carácter de *condición de la posibilidad* de conocimientos ni de objetos de conocimiento. La «derivación» no es fundamentación ni añade conocimiento nuevo, sino que concierne sólo (permítaseme, para abreviar, una expresión imprecisa) a la ordenación de los conocimientos en un sistema; los *Prinzipien* no son en absoluto *Grundsätze.* Si tenemos varias fórmulas, M, N, O, etc., cada una de las cuales da cuenta de un conjunto de fenómenos, no hay ni más ni menos conocimiento que si exactamente la suma de todos esos fenómenos se «explica» a partir de una única fórmula, digamos T, de la que M, N, O, etc. resultan por incorporación de los datos que definen los particulares conjuntos de fenómenos a los que esas leyes se refieren; no hay ni más ni menos conocimiento, y, sin embargo, el hallazgo de la ley T es un avance; si no lo es en el sentido de que añada conocimiento nuevo, entonces ¿en qué sentido es un avance?; lo es justamente en el orden de la mencionada «derivación» de unos conocimientos a partir de otros, en la cual estos últimos funcionan como *Prinzipien.* Kant pone tanto interés en mostrar que esta tendencia a la «derivación» u ordenación de los conocimientos en un sistema es inseparable del discurso cognoscitivo como en demostrar que no es ella misma conocimiento ni condición de la posibilidad de conocimientos. De ello se infiere, según Kant, que, si ciertas representaciones resultan ser inherentes a ese proceder de la «derivación» o remisión a *Prinzipien,* tales representaciones estarán, ciertamente, en conexión con el discurso cognoscitivo, pero no tendrán ellas mismas validez cognoscitiva, ni como contenidos ni como condiciones de la posibilidad. La demostración kantiana de que efectivamente hay representaciones de esa índole empieza por constatar que el *Prinzip* contiene siempre una regla que establece una condición a la cual sigue un condicionado, y que esta regla es «premisa mayor» de un silogismo cuya «premisa menor» subsume cierto caso bajo la condición de la regla; es la misma tendencia a la «derivación» la que exige que tanto la propia relación de condicionamiento (premisa mayor) como el cumplimiento de la condición en un caso dado (premisa menor) deban a continuación ser considerados como los condicionados cuyas condiciones habrá que establecer, etc.; el que siempre se deba seguir este juego significa que ahí está, si bien *no* con validez cognoscitiva, la representación de la *totalidad de las condiciones para un condicionado dado,* o sea: la noción de *lo incondicionado.* Las diferentes representaciones en las que se expresa esta noción son las «ideas de la Razón», y la diversidad de las mismas responde a la diversidad de las maneras en que puede producirse o expresarse la propia relación de condicionamiento. Las tres «ideas de la Razón» de la

Dialéctica transcendental responden, tanto en lo que cada una de ellas contiene como en la «génesis racional» de las mismas, a cierta noción general que puede expresarse, por una parte, como la del conocimientos exhaustivo de un objeto cualquiera y, por otra parte, como la del objeto total; ambas expresiones valen para cada uno de los tres casos. La génesis racional de cada idea se entiende, en la *Dialéctica transcendental,* a través de la pregunta sobre en qué consistiría el conocimiento exhaustivo de un fenómeno cualquiera, consiguientemente a través de la mención de la «totalidad de las condiciones» para un condicionado dado, totalidad que constituiría lo incondicionado, y en los tres casos eso «incondicionado» resulta ser «el todo», la totalidad absoluta: una vez en cuanto totalidad de los estados y representaciones de un sujeto, otra vez en cuanto totalidad de los fenómenos, finalmente también en cuanto totalidad cualitativa.

Lo hasta aquí expuesto me permite ya explicitar la conexión entre lo que he dicho de las «ideas de la Razón» y cierta manera de leer el conjunto de la problemática kantiana. El problema de las *condiciones de la posiblidad* es el de *en qué consiste la validez* del tipo de discurso del que se trata; validez es el que algo valga acerca de algo; el primer algo se llama *kategoroúmenon;* el segundo, *hypokeímenon;* la *sýnthesis* que hay en este «algo acerca de algo» (*ti katá tinos*) se llama en griego *apóphansis,* y, cuando recibe en sí misma una expresión, se expresa con el verbo *ser.* No digo que el problema del ser sea el problema de en qué consiste la validez del discurso; lo que digo es que el problema de en qué consiste la validez del discurso es la versión moderna (ya desde Descartes) del problema del ser, y que, dentro de esta versión moderna, Kant introduce la novedad de considerar más de un modo posible de validez. Aquello en lo que consiste la validez cognoscitiva se llama en términos kantianos las condiciones de la posibilidad del conocimiento, y de tales condiciones se ocupa la ontología particular de lo ente como objeto de conocimiento, kantianamente llamada *Metaphysik der Natur,* en tanto que las condiciones de la posibilidad de la decisión, o sea: aquello en lo que consiste la validez práctica, es el tema de la ontología particular de lo ente como objeto de decisión, kantianamente *Metaphysik der Sitten.* Pues bien, lo que he señalado acerca de las «ideas de la Razón» podría ahora resumirse diciendo que las mismas se generan en cada caso mediante el tránsito de una cuestión de condiciones de la posibilidad de objetos en general a una cuestión de *objeto total,* digamos: de la cuestión del *ser* a la cuestión de *lo ente total.* La misma ambigüedad de la palabra «condiciones», ambigüedad que ha creado más de un problema a la exposición que yo mismo estoy haciendo, da testimonio de este paso, pues, si la fórmula kantiana «condiciones de la posibilidad» tiene, entendida según las claves que acabo de formular, significado ontológico y no óntico, en cambio la mención, que también acabo de hacer, de «totalidad de las condiciones para un condicionado dado», se refiere a condiciones ónticas.

Aludiendo a la «Dialéctica transcendental», he tratado de recordar cómo, partiendo de un determidado modo de validez del discurso (hasta aquí concretamente el modo de validez que llamamos «conocimiento»), ciertas representaciones se generan por el hecho de que se pasa de la cuestión de en qué consiste la validez del modo de discurso en cada una de sus tesis a la cuestión de cómo ha de ser el discurso total, o sea, del problema de en qué consiste la objetividad del objeto al problema del *objeto total.* Ha quedado indicado cómo la *validez* del tipo de discurso del que se trata (hasta aquí el conocimiento) *no* alcanza a esas representaciones resultantes del mencionado «tránsito a la totalidad», o, dicho en otros términos, cómo esas representaciones transgreden las condiciones de la posibilidad de la validez en cuestión. Ambos aspectos del asunto, a saber, el que esas representaciones efectivamente se generan y el que, sin embargo, no tienen validez ni como contenidos ni como condiciones de la posibilidad del discurso, constituyen el tema de lo que Kant llama la «dialéctica» del tipo de discurso en cuestión, y representaciones «dialécticas» es, pues, el nombre kantiano para las representaciones que se generan en ese «paso a la totalidad».

Volvamos ahora a la *Crítica de la razón práctica.* La tesis de que la determinación de la conducta no se produce según fines, sino que es ella misma en cada caso la determinación de los fines, o sea: la tesis de que la decisión no se basa jamás en que algo sea supuestamente un bien, sino que ella misma establece qué es en cada caso un bien, se concreta, en un plano ulterior dentro de la propia *analítica* de la Razón pura práctica, en que la determinación por el imperativo categórico es precisamente aquella en la que la voluntad no se deja determinar por ningún contenido, por ningún fin o bien, de manera que la necesariedad del imperativo categórico (sobre la cual ya antes hice algún comentario) puede expresarse también diciendo que, incluso cuando *de facto* la voluntad se deja determinar por contenidos, es ella misma quien se deja y, por lo tanto, en ese dejarse desmiente el dejarse mismo, puesto que esa dejación es ella misma una decisión.

No cabe, pues, entender una determinación de la voluntad en virtud de fines o de bienes. ¿Cabría quizá, inversamente, suponiendo la determinación de la voluntad meramente por el imperativo categórico, derivar de ello determinados fines?; en otras palabras: ¿hay algún fin tal que una voluntad determinada por el imperativo categórico hubiese necesariamente de proponérselo? En principio la respuesta sigue siendo negativa. Nada es un fin que la voluntad, en cuanto determinada por el imperativo categórico, necesariamente haya de proponerse. Sin embargo, puede aquí introducirse en la problemática del discurso práctico un giro homólogo del que para el discurso cognoscitivo he descrito como el paso a «lo incondicionado» en cuanto «totalidad de las condiciones para un condicionado dado». Se pasa entonces de considerar las condiciones de la posibilidad de una decisión en general a considerar que toda decisión está condicionada por otras que la subsumen, y así sucesivamente, con lo cual se apunta a la noción de una única decisión global, de la que todas mis decisiones particulares son aplicaciones a circunstancias concretas, o, lo que es lo mismo, pasaríamos de considerar las condiciones de la posibilidad de objetos de la voluntad en general a considerar la noción de un *objeto total* de la voluntad o fin total o fin último o bien total o bien supremo. Efectuado este cambio de problemática, la pregunta que acabamos de formular, acerca de si de la determinación de la voluntad meramente por el imperativo categórico podría derivarse necesariamente algún fin, habría cambiado de sentido, pues ya no se estaría hablando de que una u otra decisión esté determinada por el imperativo categórico, sino de una voluntad *global,* y ya no se trataría de fines determinados, sino de un único fin *total.* Del mismo modo que el objeto total al que se refiere la «Razón» como facultad de los *Prinzipien* y de las «ideas» no es en verdad objeto alguno de conocimiento, tampoco el fin total o fin último es en verdad fin alguno, pues no es algo que la voluntad efectivamente decida; es una extrapolación o globalización del mismo tipo que la representada en el caso del conocimiento por la noción de lo incondicionado como totalidad de las condiciones para un condicionado dado, o, más exactamente, es la misma extrapolación o globalización. El mencionado objeto total de una voluntad globalmente determinada por el imperativo categórico no tendría otra caracterización que la que se desprende de la propia noción de una voluntad tal, y lo que de esa noción se desprende es la conjunción de dos características en el querer de esa voluntad, a saber: querer *según* el imperativo categórico y querer *aquello que* se quiere (o sea, tener un contenido), por lo tanto querer que lo que se quiere se cumpla efectivamente; el objeto total de la voluntad, en el sentido en que nos estamos refiriendo a él, podría, pues, definirse así: que una voluntad determinada enteramente por el imperativo categórico, a la vez, alcance efectivamente sus fines; lo cual, expresado en los términos míticos que Kant emplea con frecuencia, es la conjunción de «virtud» y «felicidad». Nótese que no sólo la noción misma de un fin último u objeto total, sino incluso cada uno de los dos términos cuya conjunción desarrolla esa noción, es un referente meramente «dialéctico»; ambos términos, en efecto, resultan del «paso a la totalidad» o «paso a lo incondicionado» al que reiteradamente me he referido; la «virtud» no expresa el enjuiciamiento (desde el punto de vista del imperativo categórico) de la acción que yo ahora pudiera emprender, sino que califica la totalidad de mi conducta; igualmente, el término «felicidad» se refiere al cumplimiento de mis fines considerados como una totalidad.

Ha quedado reiteradamente expuesto que, no sólo para el conocimiento, sino también para la decisión, el paso «dialéctico» a la incondicionada totalidad de las condiciones para un condicionado dado *no* genera objeto alguno, no legitima (en el caso del conocimiento) tesis cognoscitiva alguna ni, en el caso del discurso práctico, decisión alguna. El «fin último» es, pues, algo distinto de un fin; la estructura gramatical es aquí engañosa, porque en este caso la palabra «último» no se limita a añadir una determinación, sino que trastrueca el significado de la palabra «fin». El «fin último» no es fin alguno, pues no es nada que el sujeto práctico pueda proponerse realizar. El «fin último» pertenece al discurso práctico en el mismo modo en que la «idea de la Razón» pertenece al cognoscitivo, es decir: ni como objeto, ni como condición de la posibilidad del discurso mismo (en este caso de la decisión), ni como condición de la posibilidad de objetos. Los elementos constitutivos de la noción del «fin último», esto es, de la noción definida por la conjunción de una voluntad enteramente guiada por el imperativo categórico y el efectivo cumplimiento de los fines de esa voluntad, son los «postulados de la Razón pura práctica». Pero «los elementos constitutivos de la noción» ya no quiere decir aquí en modo alguno «las condiciones de la posibilidad», porque no se está diciendo en absoluto que haya posibilidad. Todo lo que hay es una noción, a lo sumo una «posibilidad» en el sentido del racionalismo *escolar,* sentido que no es ni el de Kant ni el de Leibniz, sino aquel otro en el que la afirmación de «posibilidad» de algo resulta ser lo que Kant llama un «juicio analítico», esto es, una tesis vacía, la cual, por ser vacía, no es ni conocimiento ni ningún otro modo de discurso válido. Y esto kantianamente significa que no ha lugar a afirmar que lo definido como «fin último» sea algo posible.

Seguramente no es novedad alguna el que uno se ocupe de desmentir cualquier parecido, por lejano que pudiera ser, entre la génesis racional kantiana de los «postulados de la Razón pura práctica» y tipo alguno de «prueba» o legitimación, aun cuando se dé por entendido que en ningún caso sería de carácter cognoscitivo, de ciertas tesis. Creo, sin embargo, que no estará de más añadir algunas precisiones en esta línea. Ante todo, y sólo para que ciertos otros problemas no interfieran en lo que ahora quiero exponer, quede dicho que el término «libertad» no pertenece sólo a la dialéctica, sino también a la analítica de la Razón pura práctica, ciertamente con diferentes significados; no designa, pues, únicamente un «postulado de la Razón pura práctica», sino que también, y esencialmente *antes,* designa otra cosa, la cual, por cierto, ha aparecido algunas veces en mi precedente exposición. La «libertad» de la dialéctica (la libertad como «postulado de la Razón pura práctica») se relaciona con lo significado por «libertad» en la analítica aproximadamente como la «idea» de alma se relaciona con el «yo» de la apercepción pura, dicho sea con algunas evidentes concesiones a la brevedad y para pasar de inmediato a lo que era mi intención exponer ahora, a saber, tal como anuncié, unas también breves precisiones sobre en qué sentido la génesis racional de los «postulados de la Razón pura práctica» no tiene nada que ver con tipo alguno de prueba o legitimación.

En primer lugar, de cosas que ya he dicho se desprende que ninguna génesis dialéctica kantiana tiene carácter de prueba o fundamentación; en ese tipo de génesis no se legitima tesis alguna como parte de algún discurso válido; el paso a la «incondicionada totalidad de las condiciones para un condicionado dado», que constituye la marca esencial del razonamiento dialéctico, no pone de manifiesto ni objeto alguno ni condiciones de la posibilidad de objetos.

En segundo lugar, e igualmente importante, si alguien considerase la génesis de los «postulados de la Razón pura práctica» como algún tipo de prueba o fundamentación de ciertas tesis, la simple observación de la disposición argumentativa u orden de las razones en la presunta «prueba» conferiría a ésta un carácter rayano en el sarcasmo. En efecto, el punto de partida es (como hemos visto) la noción de una voluntad determinada enteramente por el imperativo categórico, es decir: determinada con total independencia de todo fin; sólo supuesta una voluntad así, se plantea la cuestión de cuál sería el fin total para esa voluntad, y de la noción de tal fin surgen los «postulados»; así pues, tanto el fin como los postulados tienen sentido sólo sobre el supuesto de una voluntad que se determina sin contar para nada con ellos; tienen sentido sólo sobre la base de que no se necesite en absoluto de ellos; podríamos quizá decirlo así: está de alguna manera legitimado para «creer» en Dios, en la inmortalidad, etc., solamente aquel cuya conducta no se modifique en nada en razón de que Dios exista o no o de que haya o no inmortalidad; esas creencias pueden tener algún sentido racional sólo cuando está radicalmente excluido que puedan servir para algo; se puede legítimamente creer en Dios y en la inmortalidad sólo cuando creer en esas cosas es lo mismo que no creer en nada.

Desearía que las precisiones que he hecho, en particular lo referente a la ilegitimidad de aplicar retroactivamente la dialéctica sobre la analítica y a que aquélla no legitima tesis (ni tesis cognoscitivas ni decisiones), no se interpreten en el marco de algún tira y afloja sobre la mayor o menor «importancia» relativa de una u otra parte de la obra de Kant. No se trata en absoluto de eso, sino del carácter específico de cada una de las partes y, por lo tanto, de la diferencia entre ellas, de qué es lo que pertenece a una y qué a la otra, y de qué particularidades, a la hora de entender y emplear este o aquel filosofema kantiano, se desprenden del hecho de que el mismo pertenezca a la dialéctica en vez de pertenecer a la analítica o viceversa. Este deslinde, bastante nítidamente expresado en las tres grandes obras críticas, no siempre se explicita (sino que a veces se da por supuesto) en algunos textos periféricos del propio Kant crítico, en particular referentes a los campos de la política y la historia, y pienso que se adelantaría mucho en la interpretación si la lectura de tales textos incluyese en todo caso la preocupación por delimitar en ellos, mediante una confrontación con las obras más centralmente críticas, qué elementos se fundamentan en la analítica y cuáles otros derivan de la dialéctica.

5. EL FORMALISMO ETICO COMO LOGICA DE LA CONCIENCIA MORAL

por RAMÓN RODRÍGUEZ
(Universidad Complutense de Madrid)

Son muchas las filosofías morales de la historia que parten de una concepción general de la realidad, que consideran válida, para, desde ella, explicar la vida moral y, de esta forma, construir —o destruir— un sistema de valores. En nuestro tiempo, tal concepción general suele poner sus fundamentos, más que en una ontología, en la psicología o la sociología. Pero el modo de proceder permanece sustancialmente idéntico: se trata de interpretar lo que podíamos llamar la «experiencia» moral a partir de claves suministradas por, *verbigratia,* una teoría de la acción, una psicología del deseo o por la propia organización social. La filosofía moral propuesta por Kant opera, a mi modo de ver, de manera rigurosamente opuesta: antes de toda interpretación, de toda teoría, es imprescindible la descripción y análisis de los datos de la «conciencia» moral y toda filosofía se justifica en la medida en que se atiene a lo que esos hechos revelan. El formalismo ético constituye un profundo esfuerzo, perfectamente pensado y medido, por hacerse cargo de la realidad de la conciencia moral.

Pero, ¿en qué consisten esos datos primarios? Deliberadamente he utilizado, en un sentido muy lato, las palabras «experiencia» y «conciencia». No hay, ciertamente, en la filosofía de Kant algo así como una fenomenología del hecho moral en su integridad, pero sí una muy explícita atención a ciertos elementos de él, que le sirven de ineludible punto de partida. Tales elementos se encuentran en lo que la *Fundamentación de la metafísica de las costumbres* llama el «conocimiento moral común y corriente» *(gemeine sittliche Vernunfterkentnis).* Es interesante observar que, mientras en la filosofía teórica el *factum* al que se apresta la consideración del filósofo lo constituye un momento del conocimiento *científico* —la existencia de proposiciones sintéticas *a priori* en la matemática y en la física—, en la filosofía práctica el «hecho» lo representa un elemento integrante del cotidiano «mundo de la vida», un saber moral que reside en la conciencia del hombre corriente. Kant lo declaraba con rotundidad: «no hace falta ciencia ni filosofía alguna para saber qué es lo que se debe hacer para ser honrado y bueno, y hasta sabio y virtuoso. Y esto podía haberse sospechado de antemano: que el conocimiento de lo que todo hombre está obligado a hacer y, por tanto, también a saber, es cosa que compete a todos los hombres, incluso al más vulgar» [1]. Los conocedores de los entresijos históricos del pensamiento kantiano saben el papel que el pietismo de su juventud y la influencia de Rousseau juegan en este *parti pris* por la conciencia moral común frente al criticismo ilustrado. Sea de ello lo que fuere, lo indiscutile es que este saber ético inmediato es el punto de arranque de la filosofía moral de Kant y sin su previo esclarecimiento resultan ininteligibles las tesis esenciales de su formalismo.

El núcleo de ese saber moral lo forma lo que Kant llama «el concepto de moralidad», es decir, la idea que la conciencia común tiene de lo que sería una conducta moralmente buena. No se trata, por tanto, de la experiencia moral en el sentido de la moralidad efectivamente vivida por los sujetos ni tampoco de la conciencia moral en sentido estricto *(Gewissen),* es decir, la aplicación a las propias acciones de la ley moral, sino algo anterior, el concepto de lo bueno y lo malo que subyace en todos los *enjuiciamientos* sobre la moralidad de las acciones que la conciencia vulgar realiza. La conciencia moral es, pues, antes que nada, un conocimiento de ese concepto de moralidad, conocimiento que engloba, como mínimo, estos tres elementos fundamentales: la idea de deber, un criterio del valor moral de la acción y un sentimiento, el respeto. Al menos en los dos primeros resulta necesario detenerse brevemente, si se quiere comprender que las tesis decisivas del formalismo kantiano no son otra cosa que un desarrollo explícito de lo implicado en esos datos. Tanto más cuanto que suele ser usual en la literatura filosófica considerar ambos momentos como tesis de la filosofía moral kantiana cuando, en realidad, para ésta son datos ofrecidos por el conocimiento moral prefilosófico, que ella se limita a analizar.

En primer lugar, la idea de deber. Que la conciencia moral está siempre unida a un particular sentimiento de obligación o de deber, no le parece a Kant otra cosa que un hecho evidente: en la misma medida en que unas acciones posibles son reconocidas como buenas o malas, llevan consigo la exigencia de ser promovidas o evitadas. Ese carácter normativo es una constante de la conciencia moral. Pero el deber que ésta reconoce como unido a la bondad o maldad morales tiene un rasgo absolutamente propio: la incondicionalidad, en el preciso sentido de que su fuerza exigitiva no aparece dependiendo de algo distinto de la propia acción debida. La distinción técnica imperativos categóricos-imperativos hipotéticos recoge una diferencia, más o menos oscura, que ya existe en el común sentido moral. Pues bien, éste estima que sólo los deberes de tipo incondicionado son los que tienen carácter moral.

---

[1] *Gr.,* IV, Ak. IV, 404.

Pero si esto es así, el filósofo debe tratar de desentrañar exactamente el significado de un deber incondicionado. Y esto es lo que Kant hace al establecer, sin darle especial relieve, el carácter rigurosamente legal, es decir, universal y necesario, de los imperativos categóricos.

Es evidente que en el concepto de deber se piensa una relación de necesidad entre la voluntad y la acción sobre la que el deber recae, necesidad que en los imperativos hipotéticos se encuentra mediada por la previa asunción por la voluntad de un determinado deseo. Pero el sentido de un deber que aparece como incondicionado implica otro tipo de necesidad, esa que Kant denomina absoluta. Necesario, nos dice el prólogo de la *Crítica de la razón pura,* es «aquello que es así y no puede ser de otra manera» [2]. Si aplicamos esto al plano del deber, una acción moralmente necesaria será aquella *que debe ser y no puede no ser debida.* Pero esto sólo se cumple rigurosamente en un deber no condicionado: si contemplamos un imperativo hipotético, inmediatamente nos apercibimos de que la acción objeto de deber puede no ser debida, con tal que la voluntad deje de querer la condición: la acción en sí misma no es necesaria. En un deber condicionado, el deber ser de la acción no implica necesariamente el no deber-ser de su contraria, que puede tornarse deber si se acepta otra condición que lo exija. Por el contrario, si una acción se muestra como deber puro y simple, esto es, categórico, no es posible, *sin contradicción,* considerar la acción opuesta como deber. El principio de contradicción hace que el deber ser incondicionado de una acción implique automáticamente el no deber ser, igualmente incondicionado, de su contraria.

Pero la necesidad estricta lleva siempre consigo la universalidad absoluta. Y esto es lo que acontece con los imperativos morales: en la medida en que aparece como incondicionado, el deber moral hace abstracción de todos los propósitos, deseos, tendencias, que el sujeto pudiera tener, en una palabra de todo lo que le individualiza y distingue; una mandato del tipo «no debes mentir» no hace acepción de sujetos particulares ni dice nada acerca de qué propiedades concretas deben poseer los sujetos para quedar afectados por el deber. Por tanto, se dirige a mí, no como un ser que tiene tales y cuales características, sino simplemente como un ser que tiene razón práctica, es decir, que es capaz de entender esa ley y querer conforme a ella, sin más consideraciones. Por ello dice Kant muy justamente que los imperativos categóricos «determinan la voluntad exclusivamente como voluntad» [3]. Un deber moral es entonces universal en el sentido de que vale, esto es, obliga, a todo ser dotado de voluntad, a toda razón práctica.

En segundo lugar, el valor moral de la acción. En la conciencia

---

[2] *KrV.,* B3.
[3] *KpV.,* Ak., V, 20.

moral, junto a la idea de obligación, se encuentra una opinión acerca de en dónde reside la calidad moral de una conducta. Kant, mediante el análisis de una serie de ejemplos, cree descubrir que la moralidad de una acción no estriba tan sólo en que constituya un deber, sino en que se realice por deber, de manera que el valor moral de las acciones puede recogerse en la célebre fórmula: «haz el bien, no por inclinación, sino por deber». Tal fórmula ha sido, ya desde Schiller, estimada como un rigorismo inaceptable y ha sufrido todo tipo de ataques —recuérdense, por ejemplo, las invectivas de Schopenhauer—. Pero ese supuesto rigorismo es puramente metodológico, es un procedimiento que Kant utiliza para discernir en qué momento de la motivación se encuentra, para la conciencia moral, el valor de la conducta. Al centrarse en ejemplos en los que hay una total ausencia de inclinación hacia la acción debida o incluso una tendencia contraria a ella, Kant no está proponiendo que el carácter moral consista en esa ausencia, sino tan sólo que en esos ejemplos se percibe mejor, por encontrarse aislado de toda inclinación, el fundamento del valor moral. Y éste consiste, tal como nos muestra la conciencia, en la acción por deber, esté o no acompañada de la inclinación.

La universalidad y necesidad de la ley moral no son, pues, una exigencia del racionalismo kantiano ni una *petitio principii* de su filosofía, sino dos rasgos envueltos en el sentido mismo de esos deberes morales que la conciencia común conoce. El filósofo se ha limitado a mostrarlo, a sacarlo a la luz, mediante un tipo de análisis que, en la intención de Kant, trata tan sólo de decir con precisión *lo mismo* que la conciencia vulgar, de manera intuitiva, ya sabe. El análisis del sentido de un imperativo categórico lleva a precisión filosófica lo oscuramente entrevisto por la conciencia corriente. Lo propio de este análisis es que no busca *explicar* la conciencia moral, es decir, resolverla en elementos que no puedan ser extraídos de ella misma, sino comprender íntegramente el significado de lo que ella ofrece. Por tanto, esa comprensión no puede consistir nunca en una alteración esencial de los datos de que se parte, sino en su explicitación y, ulteriormente, en su fundamentación. En este sentido, Kant no podría aceptar nunca una explicación genealógica de los imperativos categóricos que, al derivarla de determinados hechos sociales o psicológicos, los transforme subrepticiamente en hipotéticos. Y ello en virtud del mismo tipo de razonamiento que le impele a no aceptar la explicación humana del principio de causalidad: que altera su sentido, al hacer imposible la universalidad y necesidad que el principio muestra. Kant no parte de la sospecha inicial de que la conciencia moral sea una falsa conciencia, sino al revés, de su veracidad, y por ello su filosofía práctica consiste en preguntarse cuáles serían las condiciones necesarias para que la conciencia moral sea lo que efectivamente dice ser, a saber, conciencia de obligación en sentido estricto.

Lo mismo hay que decir del segundo de los datos, el criterio del valor moral de la acción. El concepto técnico, filosófico, de *Bestimmungsgrund,* mera traducción al alemán del latino *ratio sufficiens o determinans,* sirve para poner de manifiesto dónde, a los ojos de la conciencia corriente, reside el valor moral de una conducta. El rigorismo del «actúa conforme al deber por deber» no es una propuesta de una nueva moral ni un modo nuevo de enjuiciamiento, sino la fórmula rigurosa del sentimiento moral común de las gentes. Kant era enormemente consciente de ello; en una nota del prólogo de la *Crítica de la razón práctica* nos dice: «Un crítico —G. A. Tittel, que había publicado en 1786 el artículo *Über Herrn Kants Moralreform*— que quiso decir algo como censura de este trabajo (la *Grundlegung*) ha acertado más de lo que él mismo hubiera podido creer, diciendo que en él no se expone ningún principio nuevo de la moralidad, sino sólo una fórmula nueva. Pero, ¿quién querría introducir un nuevo principio de toda moralidad e inventar ésta, como quien dice, por primera vez? Como si, antes de él, el mundo hubiera vivido sin saber lo que sea el deber o en error constante sobre ello»[4].

Tras haber llevado al rigor del concepto los «datos» de la conciencia moral, empieza la tarea filosófica propiamente dicha. La filosofía kantiana, aplicada al hecho moral, concibe su trabajo con la misma nitidez que en el campo teórico: se trata de *determinar* y *exponer* con precisión el principio supremo que el concepto de moralidad supone y *justificar su validez.* Dos faenas estrictamente paralelas a lo que, respecto de la *Crítica de la razón práctica*, suele llamarse deducción metafísica y deducción trascendental de las categorías, y que expresan perfectamente el contenido del concepto kantiano de fundamentación.

La primera de las dos tareas expone lo que podíamos llamar el desarrollo de la lógica inmanente en los datos de la conciencia moral. El camino que conduce desde éstos al Imperativo Categórico como principio supremo o ley práctica fundamental y desde éste a la autonomía de la voluntad es un tránsito puramente lógico, un regreso analítico, como Kant define en los *Prolegómenos* a esta argumentación, desde lo dado hasta las condiciones necesarias de su posibilidad. Es una inferencia lógica que, por así decir, despliega y explicita el contenido del concepto de moralidad, sin añadir propiamente nada nuevo a lo que la conciencia presenta.

Como es bien sabido, las dos grandes obras kantianas de filosofía moral registran dos diferentes modos de efectuar este tránsito: mientras la *Fundamentación de la metafísica de las costumbres* establece el Imperativo Categórico directamente desde la conciencia del deber, la *Crítica de la razón práctica* llega a él mediante el rodeo de la crítica a las éticas materiales. Sólo al primer procedimiento le conviene ente-

[4] *KpV.,* Ak. V, 8.

ramente la idea de un regreso analítico desde lo condicionado —el concepto de moralidad— a su condición —el principio supremo—. El segundo, por el contrario, suele ser entendido por Kant más bien como un proceso progresivo o sintético desde los principios a los datos condicionados por ellos. Pero esta diferencia, aun siendo importante, es, respecto de lo esencial del razonamiento kantiano, más aparente que real, pues los resultados de la indagación en la conciencia moral están totalmente supuestos en el desarrollo de la *Crítica de la razón práctica:* la constante insistencia de la analítica de los principios en que las leyes morales han de tener validez absoluta, base de la argumentación que rechaza los principios prácticos materiales, carece de sentido si no se supone la universalidad y necesidad significadas por la conciencia del deber. El razonamiento de la analítica de la *Crítica de la razón práctica* tiene, pues, la estructura de una confrontación entre los principios prácticos materiales y los datos de la conciencia moral, de forma que éstos actúan como un cedazo que criba la suficiencia explicativa de los principios. El resultado bien conocido es que sólo un principio formal como el Imperativo Categórico es capaz de dar cuenta de lo que la conciencia moral implica.

La conciencia de la obligación moral como punto de partida y el tipo de inferencia que a ella se aplica determina el sentido que el Imperativo Categórico tiene como principio supremo. No se trata de un principio que enuncie el valor fundamental de un sistema moral, como el principio de la felicidad en el eudemonismo, el del placer en el hedonismo o el del amor en la ética cristiana, sino algo muy distinto: un principio que expresa simplemente la condición de posibilidad de un deber en general, la condición necesaria para que una exigencia tenga carácter categórico. Muy justamente dice Kant que al establecer este principio mostramos «lo que pensamos al pensar el deber y lo que este concepto quiere decir» [5]. Desde el momento en que se admite la existencia de una obligación moral, el Imperativo Categórico está supuesto como principio. Querer que la máxima sea ley universal es condición indispensable para que una voluntad pueda actuar por el deber de que tiene conciencia. Este es el sentido primario del Imperativo Categórico.

Pero con él no se expresa aún plenamente el *formalismo* del pensamiento kantiano. Que la filosofía moral de Kant es una ética formal es un tópico, sin duda verdadero, pero no siempre bien entendido. A mi modo de ver, dicho formalismo comprende estos dos puntos fundamentales:

1) En primer lugar, si consideramos una acción concreta que, de acuerdo con la ley moral, un agente realiza, podemos distinguir en ella una materia (la acción) y una forma (aquello por lo que se realiza

[5] *Gr.,* IV, 421.

la acción, el motivo). La doctrina kantiana estima que el valor moral de esa acción reside ante todo en su forma no en su materia. No basta para garantizar la moralidad con decir cuál es o en qué consiste la acción, sino cómo se realiza. Que la calidad moral de la acción proviene de la forma y no de la materia es un primer rasgo formalista, que, sin embargo, hay que convenir que pertenece no a la teoría kantiana, sino, como sabemos, a la conciencia moral. No es por tanto el momento decisivo de la ética formal.

2) Este se alcanza cuando, al situarnos en el plano de la ley moral (es decir, en un imperativo categórico), distinguimos también una materia y una forma de la ley. La materia es el objeto o acción mandado, la forma, la universalidad. Pues bien, el formalismo de la ética kantiana consiste en afirmar que la forma de la ley es fundamento suficiente para determinar la materia de la ley, es decir, que la forma —la universalidad— es la clave para decidir qué materia puede ser objeto de una ley, puede ser categóricamente mandada. Esta es la esencia del formalismo y supone un segundo momento, que, al revés que el primero, es ya propio de la teoría, de la reflexión sobre lo dado en la conciencia y, en este sentido, es característico de la filosofía moral de Kant, que, por ello, puede ser calificada con todo rigor de ética formal.

Ahora bien, tal formalismo es una posibilidad contenida en la idea misma del Imperativo Categórico. Pues éste, al establecer que toda máxima tiene que poder ser querida como ley universal, hace de la universalidad una condición restrictiva de los principios de conducta que una voluntad puede adoptar y brinda así un criterio para el reconocimiento de la cualidad moral de las máximas. Pero como toda máxima contiene un objeto o materia —no hay querer que no quiera algo—, decidir qué máximas son principios morales equivale a establecer qué acciones posibles para una voluntad son objetivamente debidas, esto es, son fines susceptibles de ser queridos, sin contradicción, por todo agente racional. Es, pues, su carácter de condición lógica de posibilidad de la conciencia de deberes estrictos el fundamento de que el Imperativo Categórico sea también criterio de moralidad [6]. La eficacia de tal criterio, como todo conocedor de la ética de

[6] Y ésta es también, en el fondo, la razón de que la segunda fórmula del Imperativo Categórico, la de la humanidad como fin en sí mismo, no contenga nada sustancialmente distinto de la primera fórmula, la de la universalización de las máximas. Considerar como principio supremo de la moralidad al imperativo que manda obrar de tal manera que la humanidad sea tomada, en la propia persona y en la de los demás, como fin en sí mismo no supone la introducción subrepticia de un principio material, proveniente de alguna inspiración ajena a la marcha lógica del pensamiento kantiano. Pues si la universalidad, esto es, la racionalidad, es la condición a la que ha de someterse toda máxima, todo objeto o fin para poder ser un fin moral, es entonces claro que

Kant sabe, es muy dudosa y ha suscitado innumerables discusiones que aún hoy no cesan. La cuestión de su aplicabilidad es problema delicado, que requiere atender a diversas circunstancias, pero que no afecta directamente a nuestro propósito de mostrar la lógica interna del formalismo. No obstante, es preciso reconocer que no se trata de una cuestión baladí, pues es indudable que Kant consideraba como la gran virtud del Imperativo Categórico su capacidad de ser criterio de moralidad.

El mismo carácter de tránsito puramente lógico que lleva desde el concepto de moralidad hasta el Imperativo Categórico conduce desde éste al punto culminante de la ética kantiana: la autonomía de la voluntad. Si la universalidad es la condición a la que ha de someterse toda máxima para ser principio moral, ello significa que la voluntad, al adoptar una máxima, no lo hace en virtud de las cualidades atractivas de la acción que contiene, sino por la calidad que dicha acción posee de ser objeto de una ley. Una voluntad que se determina de acuerdo con el Imperativo Categórico es una voluntad que pone condiciones a los objetos; lejos de moverse por su solo atractivo, los examina en busca de su racionalidad. La determinación por la racionalidad —es decir, por la legalidad, la universalidad— del objeto pone de manifiesto una independencia de la voluntad respecto del poder que los objetos pueden ejercer sobre ella. El reclamo de los objetos sobre la voluntad queda roto desde el momento en que se les pone la condición de la racionalidad: en vez de ser ese reclamo la condición para acoger la máxima, es la racionalidad la condición para ceder a él. Las inclinaciones naturales hacia los objetos dejan entonces de ejercer una influencia decisiva sobre la voluntad. Si la voluntad puede pasar los objetos de deseo por la criba de la racionalidad, es que es independiente de su atracción. Con ello hemos dado con la primera acepción de la idea de autonomía: la independencia respecto de los objetos del querer. Noción puramente negativa, pero que fácilmente

---

la naturaleza racional, en tanto que condición no condicionada, no se encuentra sometida a fines, sino que los sienta, los pone, y, por ello mismo, es lo único que puede ser considerado fin en sí mismo. La idea de la naturaleza racional como fin en sí mismo se halla necesariamente involucrada en la esencia del formalismo ético, de ahí que la segunda fórmula del Imperativo Categórico sea perfectamente equivalente a la primera. Kant mismo no deja lugar a duda alguna al respecto: «El principio: ''obra con respecto a todo ser racional —a ti mismo y a los demás— de tal modo que en tu máxima valga al mismo tiempo como fin en sí'', es, por tanto, en el fondo, idéntico al principio: ''obra según una máxima que contenga en sí al mismo tiempo su validez universal para todo ser racional''. Pues si en el uso de los medios para todo fin debo yo limitar mi máxima a la condición de su validez universal como ley para todo sujeto, esto equivale a que el sujeto de los fines, esto es, el ser racional mismo, no deba nunca ponerse por fundamento de las acciones como simple medio, sino como suprema condición limitativa en el uso de todos los medios, es decir, siempre al mismo tiempo como fin» (*Gr.*, Ak. IV, 437-438).

se ve que implica, como su reverso, el concepto positivo de autodeterminación, de autonomía en sentido estricto. Pues moverse no por el contenido atractivo del objeto, sino por la idea de universalidad, supone una voluntad que se determina por algo puramente racional, más aún, por lo racional por antonomasia —¿no señala Kant tantas veces que ley universal es signo inequívoco de razón?—. Una tal voluntad, como razón práctica, no extrae el principio que la mueve más que de sí misma, de su propia naturaleza racional. No se limita, como toda voluntad, a actuar por principios, sino que además sus principios son pura exigencia de racionalidad. Esta redundancia racional pone de manifiesto que la razón práctica no sólo racionaliza inclinaciones previas —lo que Kant llama razón al servicio de las inclinaciones—, sino que también origina principios. Regirse por principios en sí mismo originados es autonomía en el sentido pleno de la palabra.

Con la autonomía de la voluntad o, lo que es lo mismo, con la tesis de que la razón pura es práctica, culmina el proceso por el que Kant desenvuelve por entero los supuestos implícitos en la conciencia moral común. Aparece así mucho más de lo que ésta podía siquiera barruntar, pero no es menos cierto que la filosofía no ha hecho otra cosa que extraer, mediante la reflexión, lo que en ella ya estaba. Sin embargo, con ello no ha terminado la labor de la filosofía. Es necesario llevar a cabo la justificación de la validez del Imperativo Categórico y, aunque esta tarea rebasa ya los límites de lo que me había propuesto, es necesario detenernos un momento en ella, pues afecta directamente al punto de partida.

Al comienzo había dicho que la filosofía moral de Kant se justificaba por su atenimiento a los datos de la conciencia y que eran estos quienes hacían verdaderos a la teoría y no al revés. Sin embargo, al realizar la deducción trascendental del Imperativo Categórico, Kant la concibe no sólo como la explicación de su posibilidad, de por qué es válido, sino también como su asentamiento *(Festsetzung)*. «Tendremos que inquirir, dice Kant, enteramente *a priori* la posibilidad de un imperativo categórico, porque aquí no tenemos la ventaja de que la realidad del mismo nos sea dada en la experiencia y, por tanto, de que la posibilidad nos sea necesaria sólo para explicarlo y no para asentarlo» [7]. Parece, pues, como si estuviera más próximo a los principios *a priori* de la metafísica que a los de la matemática o de la física. Lo cual indica que los datos de la conciencia moral más que un hecho incontrovertible cuya realidad consta, son un testimonio dudoso, no lo suficientemente firme. Y así es. Son numerosas las ocasiones en que la *Fundamentación de la metafísica de las costumbres* insiste en que la moralidad y el deber podrían ser una quimera, una

[7] *Gr.*, Ak., IV, 419-420.

ilusión, un concepto vacío, etc. Esta posibilidad hace imprescindible no sólo el despliegue de lo en ellos contenido, sino el asegurarlos, el afirmarlos.

Ahora bien, ¿por qué le resulta a Kant dudosa la validez de la conciencia del deber? Hay, a mi modo de ver, dos razones que le llevan a sospechar, por así decir, de ella. En primer lugar, está esa dialéctica natural que, según Kant, enturbia el juicio moral de la conciencia y que es el resultado de la dualidad razón-inclinaciones que domina la concepción kantiana del hombre. En un texto típico de ese «rigorismo» del que hablábamos nos dice la *Fundamentación:* «El hombre siente en sí una poderosa fuerza contraria a los mandamientos del deber, que la razón le presenta tan dignos de respeto; consiste esa fuerza en sus necesidades e inclinaciones, cuya satisfacción total comprende bajo el nombre de felicidad. Ahora bien, la razón ordena sus preceptos sin prometer con ello nada a las inclinaciones, severamente y, por ende, con desprecio y desatención hacia esas pretensiones tan impetuosas y a la vez, al parecer, tan aceptables que ningún mandato consigue nunca anular. De aquí se origina una dialéctica natural, esto es, una tendencia a discutir esas estrechas leyes del deber, a poner en duda su validez, o al menos su pureza y severidad estrictas, a acomodarlas en lo posible a nuestros deseos e inclinaciones» [8]. Kant parece dar a entender que la eficacia de ese movimiento de oposición a la conciencia moral no estriba tanto en rechazarla cuanto en provocar dudas sobre su validez; de ahí la necesidad de una justificación que deshaga esas dudas. Y eso es precisamente lo que lleva a cabo la *Crítica de la razón práctica* al rechazar los principios prácticos materiales, que son aquellos que basan la *vis obligandi* de la moralidad en las inclinaciones.

Pero la razón más profunda es otra. Kant es plenamente consciente de que la autonomía de la voluntad implícita en la conciencia moral supone libertad en su sentido más radical, es decir, trascendental. Si el sujeto moral pudiera tener la experiencia de la efectiva determinación de su voluntad por la ley moral, sería tanto como poseer una experiencia de su propia libertad. Ahora bien, esto está taxativamente prohibido por la teoría kantiana de la experiencia, como muestra la tercera antinomia. La imposibilidad de disponer de una experiencia del influjo real de la ley moral —de la razón pura— sobre la voluntad, determina que el deber y el concepto de moralidad pueda ser una pura ilusión, un concepto vacío, sin verdadero arraigo, sin auténtico poder sobre la voluntad humana. De ahí que los datos de la conciencia moral no puedan sobrepasar la mera conciencia de una obligación y de un puro ideal de conducta. Mientras Kant creyó posible demos-

---

[8] *Gr.*, Ak., IV, 405.

trar la realidad de la libertad por una vía independiente de la conciencia moral —como testimonian la tercera parte de la *Fundamentación* y algunas reflexiones— la posibilidad de una justificación última de la moralidad estaba abierta. Cuando ese intento se reveló imposible, se hizo necesario acudir de nuevo a la conciencia moral y escrutar otra vez lo que ella ofrece. La paradójica doctrina del «*Factum de la razón*» es la expresión más evidente de que si la validez de la ley moral no estuviera dada en el hecho mismo de tener conciencia de ella, de ninguna otra parte podríamos extraerla. Por ello, el formalismo moral no es, en el fondo, más que un salir de la conciencia moral para, en el momento culminante, regresar a ella.

6. ¿UN DELIRIO DE LA VIRTUD? REFLEXIONES EN TORNO AL PROBLEMA DEL MAL EN KANT*

por DOMINGO BLANCO FERNÁNDEZ
(Universidad de Granada)

I. EL MAL DE OPOSICION REAL

En su *Ensayo para introducir en filosofía el concepto de magnitudes negativas* (1763), Kant se había propuesto remediar una negligencia en el pensamiento histórico de lo negativo, sin la que no se habría reducido el mal a carencia de ser. No negaba él con eso el mal-carencia, pero sí que no hubiera otro mal que el de nulidad de lo positivo, sí el reduccionismo por el que no se reconocía entidad al mal y se escamoteaba el problema de su realidad efectiva. Pues además de los males por defecto los hay que son magnitudes. Y este tipo de mal, al que se puede llamar un *bien negativo,* es más considerable que el mal-carencia. No dar al necesitado es un mal, pero mucho peor es robarle, que no es un mero no dar sino un *dar negativo*. Podríamos indicar algo semejante en cuanto al conocimiento, añade Kant, pues los errores no son una mera falta de verdad sino magnitudes mayores o menores, *verdades negativas,* igual que una refutación es una *prueba negativa*. Las magnitudes negativas son algo positivo en realidad, no son meras negaciones de magnitud aunque así lo sugiera la analogía de la expresión. No se oponen por contradicción (oposición lógica) sino con oposición real a la otra magnitud, la «positiva». La atracción negativa no es el reposo sino la repulsión. A una fuerza eléctrica negativa, dice, la llamamos «negativa» por relación a la fuerza opuesta pero, en cuanto a su realidad, es tan positiva como la fuerza eléctrica «positiva». Las magnitudes negativas lo son relativamente a otra magnitud opuesta pero no por relación a la entidad. Una deuda de —8 no es ausencia de capital, lo que sería el cero, lo mismo que la caída no difiere del ascenso como «no a» de «a» sino como otro movimiento igualmente real y positivo. Cierto es que nos resulta más conveniente considerar a la deuda como lo negativo por referencia a nues-

* Estas páginas están extraídas del libro *La oposición real y el Juicio reflexionante en M. Merleau-Ponty,* en preparación.

tros fines prácticos que contraría, pero en cuanto al ser no se trata de carencia sino de magnitudes reales sin las que no habría, como hay, oposición real. Tampoco la aversión es una carencia de deseo, en cuyo caso se confundiría con la indiferencia, sino su opuesto igualmente real. Nadie reduciría el odio a falta de amor. En cuanto al demérito, no es un cero del mérito, sino que es susceptible de mayor o menor magnitud, lo mismo que la culpa. La oposición real, por otra parte, no concierne exclusivamente a las acciones, sino también a las omisiones. En efecto, en el animal, puesto que no es movido a actuar bien por una ley moral interior, la omisión no constituye demérito sino mera negación por carencia de razón positiva (=0); por el contrario, un hombre que abandona a otro en peligro o en necesidad pudiendo socorrerle, ahoga en su interior la ley positiva que le manda socorrerle, y eso supone una acción interior real generada por móviles que hacen posible la omisión.

Esta reflexión conducía a Kant a dos conclusiones que, pese a la oscuridad que él mismo les reconoce, califica reiteradamente de capitales: 1.ª) En todos los cambios que sobrevienen en el mundo, la suma de lo positivo no aumenta ni disminuye (en cuanto que se la evalúe adicionando posiciones semejantes y sustrayendo unas de otras posiciones opuestas); y 2.ª) todos los principios reales del universo (si se adicionan los que concuerdan y se les restan los que les son opuestos) dan un resultado igual a cero[1]. Aunque la suma de lo positivo no pueda aumentar, aclara Kant, anticipándose a un posible malentendido, no se niega por eso la posibilidad de que aumente la perfección del mundo. Por dos razones: porque nada impide que crezca la variedad de lo real, y porque no todas las oposiciones reales tienen el mismo rango.

La *Crítica de la razón pura* integra el tema de la oposición real entre las condiciones para reducir la anfibología de los conceptos de reflexión. Se pone de relieve en este famoso Apéndice el rasgo de inmaterialismo que comportaba la reducción de mal a carencia. Leibniz habría ignorado lo sensible en cuanto fuente de conocimiento ajena al entendimiento e irreductible a sus conceptos puros, y por eso no habría sabido reconocer más oposición que la de contradicción. Las consecuencias metafísicas las destacaba Kant en el escrito inacabado *Sobre los progresos de la metafísica en Alemania desde los tiempos de Leibniz y de Wolff,* donde esclarece con un precioso símil la exigencia de atenerse al *realismo* de la oposición:

> «Puesto que al principio de razón suficiente no creía (Leibniz) poder someterle una intuición *a priori* sino que reducía esta representación a simples

[1] *Versuch, den Begriff der negativen Grössen in die Weltweisheit einzuführen,* Ak. II, 194-197.

conceptos *a priori,* he aquí la consecuencia que se siguió: todas las cosas, metafísicamente consideradas, fueron compuestas de realidad y de negación, de ser y de no ser, al modo como Demócrito componía todas las cosas, en el espacio universal, de átomos y de vacío; la razón de una negación no podía ser más que el hecho de que no haya ninguna razón para que alguna cosa sea puesta, para que determinada realidad exista; y así es como (Leibniz) produjo, al unir todo lo que se llaman los males metafísicos a los bienes de la misma especie, un mundo compuesto únicamente de luces y de sombras sin tener en cuenta que hundir una parte del espacio en la sombra exigía introducir en él un cuerpo, es decir, alguna cosa real que resista como pantalla a la difusión de la luz en el espacio» [2].

Resultaba así que el dolor sólo podía ser ausencia de placer y el vicio ausencia de virtud, ninguna realidad podía ser opuesta a otra realidad sino solamente a su falta. No se tenía en cuenta —sigue Kant— que, en la intuición espacial, una fuerza motriz puede oponerse realmente a otra fuerza motriz que actúa en sentido contrario, para lo cual había que admitir direcciones opuestas entre sí y éstas no son representables más que en la intuición y no en simples conceptos:

«Y así es como nació ese principio, que ofende tanto al buen sentido como a la moral misma, de que todo mal en tanto que fundamento =0, es decir, es mera limitación» [3].

---

[2] A propósito de este pasaje, Martial Gueroult hizo notar la importancia del Ensayo del 63 y de la noción de oposición real en la génesis de la doctrina de la ciencia. Fichte propone en la *Grundlage* (1794) la misma comparación: las síntesis de la W.L., escribe Gueroult, «no hacen más que operar la mezcla de luz y sombra de donde sale el mundo; pero esta serie de mezclas no es posible sino después de que el No-Yo ha detenido arbitrariamente la luz del Yo como una pantalla» *(L'Evolution et la structure de la doctrine de la science chez Fichte,* París, 1930, t. I, p. 255. El texto de Fichte corresponde a *Grundlage der gesamten Wissenschaftslehre,* ed. I. H. Fichte, *Sämtliche Werke,* I, pp. 143-144). A la pregunta «¿cómo son posibles los juicios sintéticos *a priori*?» está Fichte seguro de dar una respuesta plenamente satisfactoria justo porque la oposición del No-Yo al Yo limitable, tal como la sienta su tercer principio, es una oposición *real* al ser el No-Yo una *magnitud negativa:* «En el tercer principio, y de un modo completamente determinado, el No-Yo ha sido puesto como un *quantum;* ahora bien, todo *quantum* es *algo;* por consiguiente, también *realidad.* Sin embargo, el No-Yo debe ser negación —así, en alguna suerte, una negación real (una magnitud negativa)» (*Grundlage, S.W.* I, 110 y 114). Schelling dará un paso más, en su filosofía de la naturaleza, al sostener, no sólo que el yo se enfrenta al mundo, sino que opera desde él y es también naturaleza (invisible).

Esta es la vía que Merleau-Ponty ha reabierto a la altura actual: «Los hombres son "mestizos" de espíritu y de cuerpo, pero lo que se llama espíritu es inseparable de lo que aquéllos tienen de precario y la luz no iluminaría nada si nada le hiciese pantalla» (*Résumés de cours,* París, 1968, p. 27). Contra la misma ontología que Kant rechaza, la que compone el mundo con pura luz y sombra, con ser y no ser, y contra la reducción de los juicios a empíricos y analíticos, la solución está para él en no separar del yo lo que resiste a su espontaneidad, en reconocer el espesor y el peso de un cognoscente inscrito él mismo en el tejido sensible que se le opone realmente.

[3] Ak. XX, 7, p. 283.

Sin pretender agotar la relación de textos kantianos sobre la oposición real, es indispensable señalar que, al comienzo de *La religión dentro de los límites de la mera razón,* una larga nota disipa cualquier duda sobre el origen en el *Ensayo* del 63 de la que fue para su tiempo la doctrina más escandalosa del kantismo: la del mal radical en la naturaleza humana [4]. En apoyo de quienes creen que el hombre es bueno y malo a la vez, explica esa nota que el no-bien es lo opuesto al bien por contradictoriedad, pero que ese no-bien podía entenderse como la mera carencia de un principio del bien = cero, o como un principio positivo de lo que es opuesto al bien, es decir, como el «mal positivo». En el caso del placer y del dolor, dice, se da un término medio: el estado de indiferencia = 0. Entre la intención moral buena y la mala intención, en cambio, no cabe término medio porque la ley moral es en nosotros un móvil del libre albedrío y su neutralización en una mala acción implica una determinación realmente opuesta del libre albedrío, un móvil contrario (—a, cuya magnitud puede ser mayor o menor), un libre albedrío malo.

Al preguntarse, sin embargo, cuál puede ser la fuerza que incline al hombre hacia el mal, con una magnitud que llamamos negativa porque se opone a la ley moral pero que ha de ser positiva por su realidad, Kant descarta cualquier perversidad inherente a la razón misma. Querer el mal por sí mismo le parece propio de un ser diabólico, pero no del hombre. (Volveremos enseguida sobre esta *doble* respuesta.) Y como tampoco la naturaleza sensible puede ser en sí mala, concluye que la oposición sólo puede proceder de la subordinación de la razón a las inclinaciones particulares que debieran estarle subordinadas. El odio, la codicia, la envidia, el afán de dominación, la crueldad tendrán mayor o menor magnitud según el grado de la subversión de lo particular, y esta rebelión es «el mal radical» [5].

Perderíamos lo esencial de esta reflexión kantiana si diéramos una interpretación psicologista a esa inversión de la debida subordinación, aunque desde luego no excluye la dimensión psicológica. La *Religión* no se escribió para decir que las inclinaciones sensoriales y egoístas deben plegarse al mandato de la facultad anímica superior. Se conoce

[4] Goethe escribía a Herder el 7 de junio de 1793: «Kant, después de haber consagrado una larga vida de hombre a limpiar su manto filosófico de muchos prejuicios indignos, lo ha ensuciado ignominiosamente con la mancha infamante del mal radical» (cit. por Olivier Reboul, *Kant et le problème du mal,* Presses Universitaires de Montréal, 1971, p. 2). También Herder cubre de sarcasmos a Kant porque su filosofía de la religión llevaría la afirmación de una naturaleza pecadora del hombre más lejos que las propias Escrituras. Más mesurado en el tono, Schiller expresa en carta a Goethe (22 de diciembre de 1798) su inquietud y reprobación, si bien confiesa su impotencia para refutar los argumentos kantianos (cf. Jean-Louis Bruch, *La philosophie religieuse de Kant,* Aubier, París, 1968, pp. 75-76).

[5] *Die Religion innerhalb...,* Ak. VI, 36-37.

mal al enemigo, advierte Kant, cuando se lo busca en inclinaciones naturales indisciplinadas que se mostrarían al desnudo ante la conciencia de todos; precisamente, lo que hace tan peligroso al móvil que en nosotros subvierte la guía por la ley moral es el hecho de ser «un enemigo por así decirlo invisible y escondido tras la razón» [6]. El peligro de irracionalismo no viene tanto de una sumisión manifiesta de la razón al amor de sí mismo cuanto de usos de la razón que no se atienen a sus límites, que no han atravesado la trabajosa reflexión autocrítica de la razón misma y esconden sin sospecharlo, bajo la formal racionalidad de su dictamen, la arbitrariedad de una selección guiada por impulsos particulares.

II. ¿ES CONCILIABLE EL MAL DE OPOSICION REAL CON LA DOCTRINA DEL MAL RADICAL?

En una significativa observación de la *Crítica del Juicio* excusa Kant el politeísmo de los antiguos con este argumento: al no apercibir las pruebas en favor de un creador absolutamente perfecto, no podían concebir sino dioses muy distintos por su poder y por sus designios puesto que, por una parte, al observar la disposición de las cosas en la Naturaleza encontraban fundamento suficiente para admitir, más allá del mecanismo, las intenciones de ciertas causas superiores y, por otra parte, veían en el mundo muy mezclados lo bueno y lo malo, lo teleológico y lo disteleológico, lo conforme y lo disconforme a fin [7]. Unicamente el imperativo moral que encontramos con nuestra libertad anula el valor de esta hipótesis al entregarnos lo incondicionado, lo bueno sin impureza y sin limitación [8]. El formalismo de la ley permite a Kant creerla inmune a las condiciones de la experiencia con su mezcla de bien y mal:

> «Aun cuando jamás hubiera existido un solo hombre que haya obedecido de un modo incondicional esta ley, la necesidad objetiva de hacerlo no disminuye por eso ni deja de ser evidente de suyo» [9].

Como es sabido, el escrito de 1793 «Sobre el lugar común: eso puede ser justo en teoría, pero no vale nada en la práctica» estaba dirigido a prevenir el daño que ese dicho popular (impropio en todos los órdenes, porque ninguna teoría merece ese nombre si no da suficiente razón de lo real) podría causar cuando pretende aplicarse al orden mo-

---

6 Ak. VI, 57.
7 *Kritik der Urteilskraft,* A 400. Cf. *KpV* 253.
8 Cf. *KpV* 189 y *KU* A 461.
9 *Die Religion,* Ak. VI, 62.

ral, que se vería pura y simplemente anulado si las condiciones empíricas, es decir, fortuitas de la aplicación de la ley, llegaran a condicionar la ley misma. Desde luego, no porque el postulado de realización de la ley sea incondicional deja su cumplimiento efectivo de estar condicionado y limitado en todo momento. Pero el problema, para Kant, está en decidir si lo fáctico ha de servir de norma frente a la idea moral o si es en la idea donde hemos de hallar la unidad de medida para lo empírico, planteamiento ante el cual no cabe más que una respuesta: sólo el *a priori* del deber puro puede dar la pauta frente a lo real de experiencia [10]. Pese a que la convergencia de las voluntades en una voluntad común no sea más que una idea de la razón que no se ha realizado nunca en el pasado ni quizá pueda realizarse en el futuro, como Rousseau admitía para el ideal del contrato social, eso no resta un ápice de su realidad (práctica) indiscutible de obligación para el legislador al principio que debe regir la vida política y que no es otro, a juicio de Kant, que la tendencia a la unanimidad de los seres racionales:

> «Puesto que los deberes de virtud conciernen a todos los hombres, el concepto de una comunidad ética está siempre referido al ideal de una totalidad de los hombres, y en ello se distingue del concepto de una comunidad política. Por ello, una multiplicidad de hombres unidos en esta intención todavía no puede llamarse la comunidad ética misma, sino sólo una sociedad particular que tiende a la unanimidad de todos los hombres (e incluso de todos los seres racionales finitos) con el fin de erigir un todo ético absoluto, del cual toda sociedad parcial es sólo una representación o un esquema» [11].

El valor de la ley moral permanece intacto por dudoso que sea que ni en un solo caso la realidad conocida se haya sometido a ella [12]. La posible observación crítica de que, aunque no haya término medio entre buena y mala voluntad, sí habrá grados de valor en las decisiones en función de los resultados, no lesiona la suficiencia atribuida a la forma moral. Es la fe en la pura bondad de ésta la que lleva a postular las ideas de Dios y de inmortalidad, ideas que, a su vez, autorizan a polarizar toda la oposición bueno-malo en un proceso de progresiva victoria sobre el mal. La propuesta de comprensión de lo real (historia y naturaleza) en función del bien supremo se presume así dispensada de exigirse el realismo de esa concepción del fin. Lo cual significa que si algún desajuste subsiste entre el fin último y la concepción de lo real, será ésta la que habrá de modificarse en consecuencia, y de este modo viene a ser desactivado, tácita pero decisivamente, el

[10] Cassirer, *Kant, vida y doctrina,* F.C.E., México, pp. 436-437.
[11] Ak. VI, 96.
[12] Cf. *Grundlegung,* Ak. IV, 407-408 y 426-427.

concepto de oposición real. Cierto es que aun para la especie en su destino histórico, y no sólo para el individuo, sería imposible la coincidencia con el bien supremo, pero esta imposibilidad propia del acercamiento asintótico, como lo llama alguna vez Kant [13], no es sino una identidad diferida para el hombre hasta el infinito y efectiva en Dios. Por el contrario, imposibilidad en la oposición real significaba inseparabilidad de teleología y disteleología, o con otras palabras, exclusión de cualquier subrepción de hipóstasis del bien. También el mal que *Die Religion* reconoce como intrínseco a la naturaleza humana, pese a su proclamada radicalidad, podía reforzar la creencia en la pura bondad de la forma del mandato, puesto que el mal venía a ser reconocido precisamente en el conflicto entre el deber de universalidad y el amor de sí mismo, es decir, en la propensión subjetiva a subvertir la debida subordinación de las máximas; en algo, en suma, imputable al hombre aunque sea innato. La finitud deja de estar en la oposición *real* para alojarse en la razón *humana.* Así, con Dios y la inmortalidad se postulaba la reconciliación de lo universal y lo particular, del deber y la felicidad, en el ideal de la santidad [14]. Reconociendo al mal una universalidad subjetiva, *Die Religion* elude, con el conjunto del sistema kantiano, el problema de la coimplicación objetiva de bueno y malo en el imperativo de realizar la universalidad.

El ensayo del 63 no se refiere, sin embargo, al antagonismo entre la buena y mala voluntad del sujeto sino que cifra la perfección *del mundo* en la oposición real y excluye cualquier cambio que aumente la suma de lo positivo; era esta generalidad del entrelazamiento de bueno y malo en la realidad fenoménica la que permitía rechazar la reducción del mal a carencia o a la limitación de las criaturas, incluido el hombre [15].

Para pensar si este problema puede o no conciliarse con la doctrina del mal radical, no encontramos mucha ayuda en las monografías. De la constancia de la masa de bien y mal inherente a nuestra naturaleza, que Kant sostiene en *La disputa de las Facultades,* comenta Jean-Louis Bruch que «ne se rattache à rien dans le kantisme» [16]. Sorprende que este autor, que para un especialista como A. Philonenko «ha sido el más exacto entre los numerosos comentadores de Kant» [17], no conecte esa permanente igualdad en la masa de bien y mal con las conclusiones del Ensayo sobre las magnitudes negativas que el propio Bruch considera «sans doute le plus remarquable ouvrage de la pério-

13 Cf. Ak. VIII, 65 y VII, 324.
14 *Die Religion,* Ak. VI, 115, 134 s. y 151 s.
15 *KrV* A 273, B 239.
16 *La philosophie religieuse de Kant, op. cit.,* p. 169.
17 Philonenko, *L'oeuvre de Kant,* Vrin, París, 1972, t. 2, p. 54 n.

de précritique»[18]. Sorprende aún más que Eric Weil dé por sentada, como si fuera una obviedad, «la ausencia del mal en los escritos anteriores a *Die Religion*»[19]. El trabajo de Karl Jaspers sobre el mal radical en Kant no menciona el Ensayo del 63[20]. Y la confrontación de la noción del mal radical con la de oposición real se buscará igualmente en vano en el libro de Bohatec sobre la filosofía de la religión[21] que en los de G. Krüger y Victor Delbos sobre la moral[22]. Hasta un pasado muy reciente, hace notar Bruch, los estudios sobre la doctrina kantiana de la religión estuvieron en Alemania fuertemente comprometidos en controversias de fondo confesional o ideológico más que filosófico, y en cuanto a Francia ni siquiera fue objeto de ningún estudio sistemático por parte de los historiadores de la filosofía[23]. Y el caso es que tal vez no hay fuente de mayor desconcierto para los estudiosos de la filosofía crítica, comenta el propio Bruch, que esa «ambivalencia constante del pensamiento de Kant sobre el mal»:

> «Kant es a la vez un *Aufklärer* que confía en el progreso de la especie humana, y un luterano convencido del carácter radical y universal del mal»[24].

Ni siquiera se puede zanjar la discordancia atribuyéndole un optismo para la especie y un pesimismo para el individuo, puesto que Kant piensa que los progresos del género humano no acrecerán nunca la moralidad en su fuente sino que se reducen a los ámbitos subordinados de la civilización y de la cultura[25]; serán avances en los órdenes de la instrucción y de la educación, no en el de la necesaria «conversión de los corazones»[26]. En este verdadero cambio, que requeriría «un nuevo nacimiento», entiende Ricoeur que sólo la religión no dentro sino más allá de los límites de la razón permitiría a Kant esperar, puesto que la realidad del mal radical permanecerá siempre en el plano histórico como lo injustificable; por eso descarta Ricoeur como aparente la contradicción que algunos creen encontrar entre el pe-

---

[18] *La philosophie religieuse de Kant*, pp. 48-49.
[19] E. Weil, *Problèmes kantiens*, Vrin, París, 2.ª ed., 1970, p. 148.
[20] Jaspers, «Das radikal Böse bei Kant», en *Ueber Bedingungen und Möglichkeiten eines neuen Humanismus*, Reclam, Stugart, 1951. El libro de Takuji Kadowaki, *Das radikal Böse bei Kant*, Bonn, 1960, asocia esta doctrina con el ensayo sobre las magnitudes negativas (p. 72) pero no entra en el cotejo de ambas posiciones.
[21] *Die Religionsphilosophie Kants in der "Religion innerhalb..." mit besonderer Berücksichtigung ihrer theologisch-dogmatischen Quelle*, Hamburgo, 1938.
[22] Gerhard Krüger, *Critique et Morale chez Kant*, trad. fr., Beauchesne, París, 1961. V. Delbos, *La philosophie pratique de Kant*, P.U.F., París, 3.ª ed., 1969.
[23] *La philosophie religieuse de Kant*, p. 249.
[24] *Op. cit.*, p. 56.
[25] *Op. cit.*, p. 170.
[26] *Op. cit.*, p. 252.

simismo de la doctrina religiosa del mal radical y el optimismo sobre la especie que se desprendería de los escritos kantianos sobre la historia y sobre la cultura [27]. La contradicción no está entre los planos histórico y religioso sino en el sistema. Son los principales temas los que, como dice Bruch, están trabajados de contradicciones: la autonomía de la voluntad es puesta a prueba por el mal radical y sus secuelas, y «la fe en un progreso histórico resultante del desarrollo de las Luces y que expresaría la finalidad inherente a la historia humana es contrariada por la perennidad del mal en todos los niveles de la cultura» [28]. La oscilación y la incertidumbre son pues el fondo de esta filosofía en su conjunto:

> «Cogido entre el optimismo de la razón práctica, el optimismo histórico de la *Aufklärung* y un pesimismo antropológico fundado sobre una intuición religiosa del pecado, Kant sigue alternativamente vías divergentes: tan pronto parece creer en la realidad de la comunidad ética y del progreso religioso, tan pronto los recusa, y esta última posición, que rectifica la primera desmintiendo una esperanza natural del ser razonable, no podría ser eludida» [29].

No podemos convenir con Bruch, sin embargo, en cuanto a la posición clave que él atribuye a la doctrina del mal radical [30]. Creemos más bien que la doctrina del mal radical reforzaba el finalismo de la *Crítica del Juicio* vaciando de su realidad la oposición de magnitudes buenas y malas, como última tentativa para esperar más allá de la razón y contra toda razón («Señor, creo, pero ayuda a mi incredulidad»), para salvar en suma el fin supremo sin el que Kant no habría sabido justificar el valor de la existencia del hombre sobre el de los demás seres vivos. ¿Qué propone, en efecto, la escandalosa primera parte de *Die Religion* sino la reducción del mal a impotencia humana? Sobre este punto no hay desacuerdo entre los comentaristas. Sólo porque guarda silencio sobre la oposición real puede Bernard Carnois defender con un semblante de verosimilitud la coherencia de la doctrina kantiana en base a esta conclusión de que el poder de apartarse de la ley moral «no es en realidad más que una impotencia» y de que esta impotencia de nuestra libertad «es una negación que resulta de la finitud ineluctable de nuestro ser» [31]. Nos preguntamos cómo esas palabras manifestarían la coherencia interna del kantismo cuando testimonian un repliegue a la concepción leibniziana del mal como limitación.

---

27 Paul Ricoeur, Prólogo a O. Reboul, *Kant et le problème du mal,* pp. XV-XVI.

28 *La philosophie religieuse de Kant,* p. 247.

29 *Op. cit.,* pp. 243-244.

30 *Op. cit.,* p. 247.

31 B. Carnois, *La cohérence de la doctrine kantienne de la liberté,* Seuil, París, 1973, pp. 192-193.

Es el problema que plantea frontalmente Philonenko al observar que el mal radical «es la impotencia humana para erigir sus máximas en leyes universales, impotencia que comprobamos en la experiencia antropológica, pedagógica e histórica» [32]. El mismo término «radical», que en la tradición neoplatónica y agustiniana que llega hasta Leibniz habría ido asociado al significado de «limitación», según Bohatec lo habría tomado Kant de Baumgarten, y en éste aludía a la finitud original del ser creado. No extrañará la sorpresa de Philonenko:

> «Lo que es muy sorprendente es la recuperación de los temas leibnizianos en quien ha introducido la idea de *magnitud negativa*. El mal radical, lo hemos dicho, no es más que la impotencia humana para erigir sus máximas en leyes universales de la naturaleza. Esta impotencia es la limitación en el sentido leibniziano» [33].

Como muestra extrema de lo desconcertante de la posición kantiana sobre el problema del mal, cita Philonenko un largo texto de la *Doctrina de la virtud* en el que Kant parece intentar ¡una interpretación leibniziana de la oposición real! Este es el pasaje:

> «Si la virtud = + A, la carencia de virtud (debilidad moral) = 0 le está opuesta como lógicamente contradictoria *(contradictorie oppositum),* en revancha el vicio = —A le está opuesto como su contrario *(contrarie s. realiter oppositum).* Así, preguntarse si algunos grandes *crímenes* no exigen quizá más fuerza de alma que grandes virtudes, no es sólo plantear una cuestión innecesaria, es también plantear una cuestión chocante. En efecto, por fuerza de alma entendemos la fuerza de la resolución de un hombre en cuanto dotado de libertad, por consiguiente en la medida en que es dueño de sí mismo y se encuentra en el estado en que el hombre está *sano.* Pero los grandes crímenes son paroxismos cuyo aspecto hace estremecer a todo hombre sano de espíritu. La cuestión nos traería sin duda a esto: un hombre en un acceso de locura, ¿puede tener más fuerzas físicas que cuando se encuentra en su buen sentido? Esto es lo que se puede admitir sin conceder por eso a este hombre más fuerza de alma, si por alma entendemos el principio vital del hombre en el libre uso de sus fuerzas. En efecto, puesto que los crímenes tienen su principio únicamente en la fuerza de las *inclinaciones* que *debilitan* a la razón, lo que no prueba ninguna fuerza de alma, la cuestión propuesta sería bastante semejante a la de saber si el hombre golpeado por una enfermedad puede hacer prueba de más fuerza que en el estado de salud, cuestión a la cual se puede dar una respuesta francamente negativa, puesto que la falta de salud, salud que consiste en el equilibrio de todas las fuerzas corporales del hombre, es un debilitamiento en el sistema de esas fuerzas, que sólo puede permitir reconocer la salud absoluta» [34].

Las inclinaciones no son por sí mismas los crímenes pero éstos tienen su principio en la fuerza de las inclinaciones que *debilitan* a la

[32] *L'oeuvre de Kant,* t. 2, p. 224.
[33] *Op. cit.,* p. 227.
[34] Ak. VI, 384.

razón, y en esta limitación reside el mal radical. Así se alinea Kant con el leibnizianismo y, concluye Philonenko, «la grandeur négative est reniée» [35].

Kant no acertó a conciliar la oposición real con la incondicionalidad de la ley moral y la irrelatividad del bien a que nos obliga. El carácter negativo o positivo de una magnitud es relativo al signo positivo o negativo que atribuimos a la magnitud capaz de anularla; así se puede decir que una deuda es un capital negativo o que un capital es una deuda negativa, que el odio es un amor negativo o el amor un odio negativo, la aversión un deseo negativo o el deseo una aversión negativa. Lo que ocurre es que nos resulta más pertinente llamar positiva a una magnitud (el capital, el amor, el deseo) que a la otra (la deuda, el odio, la aversión) por su relación favorable o contraria a nuestros objetivos. Pues bien, desde la atomización de la experiencia sensorial que Kant acepta de los empiristas sin crítica, desde la arbitraria particularidad que supone en los impulsos sensibles, la relatividad de los fines empíricos por cuyas preferencias se atribuyen los signos + y — le exige una cuidadosa separación de la parte formal racional en nuestras acciones con respecto a la parte empírico-material [36].

Aunque Kant no es autor que se contente con repetirse, ni con aplicar simplemente a objetos nuevos su sistema establecido [37], parece incuestionable que sí cedió a una aplicación inercial de su primera crítica cuando se puso a la tarea de fundamentar la moral:

> «La segunda crítica en Kant —escribe Paul Ricoeur— toma prestadas de hecho todas sus estructuras a la primera; una sola cuestión regla la filosofía crítica: ¿qué es lo que es *a priori* y qué es lo que es empírico en el conocimiento? Esta distinción es la clave de la teoría de la objetividad y es pura y simplemente transportada a la segunda Crítica; la objetividad de las máximas de la voluntad reposa sobre la distinción entre la validez del deber, que es *a priori,* y el contenido de los deseos empíricos» [38].

No por eso subestima Ricoeur la fecundidad histórica del formalismo, ante todo para superar el relativismo de las éticas que obtenían sus principios elevando a ideas generales la comparación de las experiencias, pero también para dejar de localizar el mal en la sensibilidad y poner de una vez término a la confusión entre el mal y lo afectivo o pasional; por ambas razones conviene tomar en consideración esta advertencia suya: «No es posible permanecer dentro del formalismo en ética, pero sin duda es preciso haberlo alcanzado para poder reba-

---

35 *L'oeuvre de Kant,* t. 2, p. 230.
36 Véase el prólogo a la *Grundlegung.*
37 Bruch, *La philosophie religieuse de Kant,* p. 26.
38 *Le conflit des interprétations,* Seuil, París, 1969, p. 323.

sarlo»[39]. El signo de las acciones en cuanto a su valor moral no está a merced de preferencias contingentes y variables sino que es irrelativo, fijo, propio del acto por su sola conformidad o disconformidad con lo imperativo de la universalidad.

No hay problema en comprender que los intereses y los impulsos sensibles, como todas las fuerzas, en cuanto que parciales, resistan unos a otros y entren en oposición. En el enfrentamiento de las fuerzas no cabe la ilusión de unidad, ni síntesis superadoras de su oposición, cada una es por su diferencia con las otras: «Toda fuerza está en una relación esencial con otra fuerza. El ser de la fuerza es el plural; sería propiamente absurdo pensar la fuerza en singular»[40]. También en el orden moral guarda proporción a la magnitud del obstáculo la fuerza con que se moviliza la voluntad y se curte el ánimo. Habría puro artificio en preguntar qué resiste a la voluntad moral, como si hubiera que buscarlo con lupa, como si asumir la legalidad racional nos permitiese ignorar la inmensidad real de la iniquidad y el horror, la resistencia de los particularismos de que nadie mínimamente consciente absuelve a su persona y (aquí está lo decisivo) ¡de los que ni siquiera es razonable eximir *a priori* a nuestra propia comprensión de la legalidad racional que prescribe la universalidad! El obstáculo no sería tan arduo de remover, habíamos leído en *Die Religion,* si consistiera en inclinaciones naturales reconocibles como tales en su irracional infracción de un deber. Negaba ese libro que el principio de nuestra maldad pudiera estar en los impulsos sensibles pues, aunque anteponemos con harta frecuencia los móviles particulares al mandato moral, el impulso que sofoca el deber tiene que ser interno al albedrío, o de lo contrario no se nos podría imputar. No habría maldad en el hombre si no dependiera de su voluntad admitir como su máxima los móviles impulsores del amor de sí mismo opuestos a la ley. Ahora bien, de que sea en la libertad del albedrío donde ha de nacer la fuerza que resiste a la ley, ¿se deriva que el principio del mal esté en una perversidad de la razón que anule la obligatoriedad de su propia ley? La respuesta de Kant es inequívocamente negativa por lo que se refiere al hombre, pero en cuanto a la posibilidad de principio de una razón perversa registrábamos en él dos respuestas inconciliables que ponen de manifiesto una vacilación. Sostiene, por una parte, que es absolutamente imposible pensar un ser que obre libremente desligado de la ley moral adecuada a un ser tal; todo ser racional es fin en sí mismo por su autonomía legisladora. Pero, a renglón seguido, dice que una Razón que erija la rebelión contra la ley moral en móvil determinante del albedrío no sería humana sino diabólica. En el pri-

39 *Op. cit.,* p. 299.
40 Giles Deleuze, *Nietzsche et la politique,* P.U.F., París, 1962, p. 7.

mer caso, declara contradictorio ser racional y capaz del mal por el mal, metafísicamente imposible; en el segundo, se crea o no en la figura del Adversario, no lo considera impensable, la imposibilidad se vuelve meramente antropológica, es decir, fáctica. Tenía, por tanto, que someterse a la siguiente alternativa: o bien es posible situar en la razón misma la fuerza que se opone a la ley incondicional de la razón, lo que obligaría a admitir en el hombre el dualismo maniqueo de un principio santo y un principio diabólico; o bien se declara imposible, por contradictoria, la rebelión de la razón contra su ley, en cuyo caso el mal vuelve a ser reducido a la finitud humana. Si estaba excluido el tercero, la pugna en el pensamiento de Kant tenía que decantarse por la segunda opción, que significa el regreso a la posición tradicional. Y es en definitiva lo que ocurre, aunque Kant no sería el que es si su rendición fuese incondicional. Escribe, en efecto, que una voluntad «buena en general» no resulta incompatible con la maldad porque ésta «procede de la fragilidad de la naturaleza humana que no es lo bastante fuerte para seguir los principios que ha adoptado», pero liga esa fragilidad a la impureza que consiste en no separar los móviles impulsores según la norma moral, y atribuye esa indistinción de móviles a la mala fe por la que uno se engaña a sí mismo [41]. El móvil que subvierte la guía de la ley moral lo esconde la razón en la autoconciencia. Tal es, comenta Ricoeur, «la malicia que hace pasar por virtud lo que es su traición; el mal del mal es la justificación fraudulenta de la máxima por la conformidad aparente con la ley» [42]. Puesto que la razón hace para sí misma invisible el impulso que invierte la relación particular-universal, por más que reconozcamos la fuerza de las inclinaciones que debilitan a la razón, ¿no es en la autocomprensión de la razón en su legalidad donde ha tenido ya que operarse la subversión y donde habrá de encontrarse «el mal radical»?

Decíamos que el Ensayo del 63 aplicaba la noción de oposición real a la filosofía práctica y hacía ver que el demérito es magnitud negativa y no carencia de mérito, es infracción mayor o menor de la ley interior, y mayor o menor culpa. Pero el Ensayo no entraba en la especificidad del orden moral. Pues sin duda ambas magnitudes han de ser ya morales para que se dé realmente entre ellas oposición moral. Una persona que se dispusiera a cometer un crimen, haciendo acopio de coraje y determinación podría con su presencia de ánimo vencer el miedo, pero la repugnancia moral en cuanto moral no se vence por la fuerza de las afecciones o sentimientos psíquicos por los que sí se contrarresta un impulso biológico. La repugnancia moral cedería solamente en conflicto con la repugnancia de una infracción mo-

41 *Die Religion,* Ak. VI, 36-38.
42 *Le conflit des interprétations,* p. 299.

ral aún más grave, y aun así, según veremos, conservando aquélla intacta su magnitud. A diferencia de los dominios físico, biológico y psíquico, los opuestos morales pueden no estar en pie de igualdad por cuanto presuponen *la incondicionalidad* de la ley de universalidad, que subordina lo que es intercambiable (= tiene precio) a lo que tiene dignidad. Sería la destrucción de la moral tomar como guía suprema de la acción una ley de reciprocidad tal que equiparase el respeto a la dignidad con el desprecio a la indignidad humana y neutralizase aquel sentimiento por éste. Que la dignidad prevalezca incondicionalmente por la condena de sí mismo que dicta el que se ha hecho indigno por su acción, pone de manifiesto la *superior realidad* que el «debe ser» aporta sobre el «es», y que no se desmentirá por más concreción que exijamos al «debe ser» para que se haga viable, capaz de entrar al máximo en los hechos. El formalismo del Kant crítico intentará preservar de problematicidad lo universal de un reducto de idealidad pura, pero a costa no sólo de la indeterminación, sino de la interpretación irrealista del imperativo. Pues lo que hace falta comprender por encima de todo, como constitutivo del esfuerzo moral, de la voluntad misma, es la intencional asimetría de una real oposición orientada hacia un universal problemático[43].

---

43 Profundamente observa Ricoeur que la Teodicea presumía su elevación al punto de vista de la totalidad para decir: «Puesto que hay orden, hay desorden», pero que escondía la mala fe de no triunfar sobre el mal sino sólo sobre sus representaciones; la justificación no iba más allá de una retórica reducción del sufrimiento de los hombres a la siniestra farsa de un juego de luces y de sombras (*Le conflit des interprétations,* p. 308). Tampoco el reconocimiento dialéctico de la tragedia hacía más justicia al mal efectivo, pues «si el mal es reconocido e integrado en la *Fenomenología del espíritu* no es a decir verdad como mal, sino como contradicción», esto es, como oposición *lógica,* y era así como Hegel ahogaba la especificidad de todos los males en la función universal o «el trabajo» de *lo negativo* en orden al saber absoluto, en el cual el mal será no ya «perdonado» sino «superado» y nada quedará de lo injustificable (*op. cit.,* p. 309). El infinito divino que se revela en la historia humana asume y justifica en definitiva todo el mal de la finitud, y el pantragismo hegeliano se resuelve finalmente en teodicea.

En 1961, Merleau-Ponty había dedicado el que había de ser su último curso en el Colegio de Francia a confrontar al pensamiento dialéctico su planteamiento de oposición real a fin de hacer patente lo esencial de su posición. A diferencia de la dialéctica, advertía, la oposición real no admite síntesis superadora. Sigue siendo inmaterialista la pretensión de entender en su interdependencia la conexión de determinaciones del proceso real mientras la relación de lo positivo y lo negativo es pensada en términos de contradicción, porque así será inevitable que el dialéctico, por más «materialista» que quiera esa oposición lógica, acabe tomando por abolición de lo negativo la abolición de la representación de lo negativo. En Hegel, dice Merleau-Ponty, la «identidad de la identidad y de la no-identidad» subordina finalmente la diferencia: «Eso es inevitable desde que deja de ser experiencia y se vuelve *significación*» («Philosophie et non-philosophie depuis Hegel. Notes de cours», *Textures,* n.º 8-9, 1974, p. 125). De lo que se trata es de recusar como punto de partida la antítesis sujeto (interioridad)-objeto (exterioridad), a partir de la cual había pensado Hegel la identidad de sujeto y objeto.

Al menos, su formalismo protegía a Kant, en contraste con los dialécticos, de toda gnosis que pretendiera integrar el mal en el sistema del pensamiento especulativo. No existe razón comprensible para saber de dónde podría venir el mal. Nada arreglaríamos, desde luego, haciéndolo proceder de algún espíritu de rango superior al humano y anterior a él, advertía en *Die Religion,* pues quedaría por explicar de dónde le venía el mal a aquel espíritu. «En cuanto al origen racio-

---

Se diría a primera vista que lo que Marx rechaza es la reducción a significación de la experiencia humana, puesto que es para él la de un ser de Naturaleza *(Naturwesen)* equipado de fuerzas vitales, sensible y sufriente *(leiendes),* objetivo *(gegenständliches),* condicionado y limitado como lo están el animal y la planta, con los objetos de sus necesidades instintivas fuera de él, en flujo de sustancias entre su cuerpo y otros cuerpos, en intercambio con la Naturaleza por un trabajo que es intervención activa y transformación material. En estos pasajes de los Manuscritos del 44 Marx esboza una filosofía en la que, comenta Merleau-Ponty, «ya no hay hendidura materia-idea, objeto-sujeto, en sí-para sí, sino un solo Ser donde la negatividad trabaja. En consecuencia: la naturaleza no será definida como puro objeto, exterioridad, sino como "sensible", carnal, naturaleza tal como la vemos. Los seres naturales tienen relación interna preordenada unos a otros. El hombre no será definido ni como sujeto puro ni como fragmento de la naturaleza, sino por una suerte de emparejamiento *Subjekt-Objekt* de dos caras, relación a un objeto, u objeto activo, y por ahí como esencialmente relación al otro hombre, ser genérico *(Gattungswesen), Gesellschaft,* siendo esa relación transformación y prosecución de la relación natural del viviente a seres exteriores» (*Textures,* n.° 10-11, p. 168).

Un sujeto que no fuese él mismo objeto sería el ser único *(das einzige Wesen),* escribe Marx, no tendría ningún ser fuera de él, «pues tan pronto hay objetos fuera de mí, tan pronto no estoy solo, *yo soy otro,* otra realidad que el objeto fuera de mí. Para este tercer objeto yo soy, pues, otra realidad que él, es decir, soy su objeto» (Marx, MEGA, I, 3, 160-161. Cit. por Merleau-Ponty, *Textures,* p. 169). Por este énfasis en «el hombre empírico, en pie sobre la tierra firme», que es el hombre de la Naturaleza como la positividad simple de los orígenes, Marx cree captar en su plenitud el *Aufheben* histórico, la negación de la negación como realización del *wahre Wesen* del hombre, «*la verdadera disolución de la oposición* entre el hombre y la naturaleza, y con el hombre, entre existencia y esencia, entre objetivación y realización de sí mismo *(Selbstbestätigung),* entre libertad y necesidad, entre individuo y especie» (Marx, *op. cit.,* p. 114; Merleau-Ponty, *Textures,* p. 172. El subrayado es nuestro). El comunismo como negación de la negatividad histórica es el momento real necesario para el desarrollo histórico de la emancipación y de la apropiación del hombre por sí mismo: «Es el problema de la historia resuelto y se conoce como tal» (Marx, *op. cit.,* pp. 114 y 125; Merleau-Ponty, *Textures,* p. 172).

Las fórmulas eran pregnantes, pero algo decisivo faltaba para que el reconocimiento de la oposición real fuese más que una apariencia engañosa. Marx cree superar las oposiciones porque no son reales, y no pueden serlo porque lo que se desvanece en su filosofía es la realidad de lo negativo. Es lo que Jean Hyppolite reprochaba especialmente a la dialéctica «materialista»: «Es la naturaleza humana la que se manifestará enseguida tras la resolución de los conflictos históricos. La positividad es primera, la positividad será última, y esta positividad no debe tener ninguna fisura en ella, nada de negativo» (*Logique et Existence,* P.U.F., París, 1952, p. 239; cit. por Merleau-Ponty, *Textures,* n.° 10-11, p. 173). En Marx, confirma Merleau-Ponty, «el dominio de la negatividad está cercado desde ambos lados por Naturaleza e Igualdad consigo mismo» (*Textures,* p. 172). Marx hizo descender la negación hegeliana a la materialidad de los antagonismos sociales, pero sin dejar de generalizarla en un absoluto no-ser de

nal de la inclinación al mal, escribe Kant, permanece para nosotros impenetrable porque debe sernos imputado.» Y Ricoeur comenta: «Lo inescrutable consiste en que el mal que siempre comienza *por* la libertad esté siempre ya ahí *para* la libertad»[44].

A la segunda Crítica reprochaba justamente Ricoeur que se reducía a basar la objetividad de las máximas de la voluntad «sobre la distinción entre la validez del deber, que es *a priori,* y el contenido de los deseos empíricos»[45]. Pero, ¿no es el planteamiento por la oposición real el que mejor puede confirmar su conclusión de que la reflexión filosófica no se reduce a una simple crítica, que es «menos una justificación de la ciencia y del saber que una reapropiación de nuestro esfuerzo por existir»?[46] Precisamente, la ultimidad del no saber sobre el mal bastaría a disuadir de cualquier interpretación que circunscribiera la oposición real al mero plano fenoménico. En uno de los raros libros sobre el problema del mal en Kant que concede al Ensayo sobre las magnitudes negativas la atención que merece, dice Olivier Reboul que no sabemos si tras las oposiciones reales que son visibles en el mundo fenoménico se puede suponer una armonía escondida en el nivel de los *noúmenos,* puesto que no tenemos intuición de éstos y nos es imposible comprobarlo. Citábamos más arriba el pasaje de *Los progresos de la metafísica* en que Kant se enfrenta a Leibniz para negar que se comprendan metafísicamente las cosas cuando se las compone de ser y no ser. Pues bien, a propósito del mismo texto comenta Reboul que el conflicto, incomprensible en el plano de los puros conceptos, es una realidad que nos consta en el plano de los fenómenos, pero que el mal no es por eso un mero fenómeno, una apariencia que se desvanecería con la intuición de las cosas tales co-

---

lo humano: el de la esfera que es «la *pérdida total* del hombre y, por tanto, sólo puede ganarse a sí misma mediante la *recuperación total* del hombre» (Marx, «En torno a la crítica de la Filosofía del Derecho de Hegel»). No rompió Marx con la tradición metafísica que había reducido el mal a privación o carencia porque eludió el problema del estatuto filosófico de la negatividad (cf. Merleau-Ponty, *Textures,* n.º 10-11, p. 170, y n.º 8-9, p. 127), tanto en sus escritos de juventud cuanto en los de madurez. Es el suyo un planteamiento por «todo o nada» porque al proyectar lo négativo al plano lógico de la contradicción lo ignora precisamente en sus grados o diferencias de magnitud. Recuperarlo como tal en el sustrato de sus implicaciones reales es la tarea insoslayable, concluye Merleau-Ponty, para un pensamiento que sea efectivamente de lo concreto: «Le problème est d'avoir une conception du négatif qui ne transforme pas en abstractions nature, homme et histoire, d'un négatif qui soit dans leur tissu, et notamment dans celui de l'histoire» (*Textures,* n.º 10-11, p. 167).

Ahora bien, si donde tenemos que reconocer la negatividad es entreverada en los hilos del tejido natural y social en que ella «trabaja», hay que preguntarse si no se está por principio contribuyendo a extraviar el rumbo de la acción y del conocimiento humanos justo desde que se cree estarlos orientando hacia un telos positivo.

44 *Le conflit des interprétations,* p. 304.

45 *Op. cit.,* p. 323.

46 *Ibid.*

mo son en sí. Aunque la *Crítica de la razón pura* quedaba muda sobre este problema y la reflexión sobre la moral condujo a Kant a positivizar el noúmeno, Reboul interpreta que para el filósofo «il y a du mal dans l'être»: «Kant deja entender claramente que el principio del mal pertenece a las cosas en sí» [47].

Se conceda o no la última sentencia, lo que de esa lectura nos basta retener ha de poner de acuerdo a todo lector de Kant: 1.°) que en la divinidad ciertamente no podría haber oposición real (a no ser en la teomaquia politeísta); y 2.°) que ningún principio del criticismo autorizaría a excluir la oposición real del incognoscible absoluto que es el plano nouménico. El problema es precisamente si no tuvo que operar Kant una subrepción teológica en el noúmeno para excluir del imperativo la oposición. Además de en los fines particulares empíricos [48], ¿no tendrá que implicarse la posibilidad del conflicto en cualquier expresión que demos a la pura forma del deber, justo en la medida en que mediante ella saquemos a la forma de su indeterminación? Dicho más claramente, ¿no estará el imperativo categórico mismo abocado a la alternativa de no dar pautas para la acción o contener en sí mismo el claroscuro moral de ésta?

III. RAZON PRACTICA Y EXPERIENCIA MORAL

Pero la moral, ¿no es el rechazo del mal? ¿No es *el bien* lo que manda hacer incondicionalmente?

La respuesta es que sí, y que sin embargo no sabemos que mal y bien sean realidades escindibles una de otra. No nos es dado creer que sea posible la existencia de un telos puramente positivo. Lo que manda la moral como condición incondicionada de todo *éthos,* de toda vida responsable, es universalizar las condiciones que hacen posible la libertad y la dignidad, lo que ya por sí sólo parece imposible y quizá lo sea de hecho (que no por principio). Pero en ello no hay postulado de victoria sobre el mal, no hay subrepción del bien hipostasiado. En su uso teórico no menos que en el práctico, la razón no puede

---

47 O. Reboul, *Kant et le problème du mal,* Montreal, 1971, p. 54.

48 «Es imposible que un ente, el más perspicaz posible y al mismo tiempo el más poderoso, si es finito, se haga un concepto determinado de lo que propiamente quiere en este punto. ¿Quiere riqueza? ¡Cuántos cuidados, cuánta envidia, cuántas asechanzas no podrá atraerse con ella! ¿Quiere conocimiento y saber? Pero quizá esto no haga sino darle una visión más aguda, que le mostrará más terribles aún los males que ahora están ocultos para él y que tampoco podrá evitar, o impondrá a sus deseos, que ya bastante le dan que hacer, nuevas y más ardientes necesidades. ¿Quiere una larga vida? ¿Quién le asegura que no ha de ser una larga miseria? ¿Quiere al menos tener salud? Pero, ¿no ha sucedido muchas veces que la flaqueza del cuerpo le ha evitado caer en excesos que habría cometido de tener una salud perfecta?» (*Grundlegung,* Ak. IV, 418).

quererse a sí misma sin suponer y querer incondicionalmente las condiciones morales y jurídicas de su ejercicio, pero esta incondicionalidad es la de una implicación trascendental, nada tiene que ver con la exigencia de aproximación a la unanimidad social, ni a la verdad y el bien absolutos, ni a su unidad en el Ser necesario. Kant no distingue suficientemente nuestra necesidad de lo irrelativo en sentido trascendental, a salvo de la contingencia y particularidad empíricas, y la necesidad del Absoluto ideal trascendente. Ahora bien, la razón que se atiene a sus límites sabe que es indeterminable (inconcebible) la libertad en que se apoya su poder legislador teórico y práctico, y es consciente de la limitación que su radical no saber impone sin remedio a la buena voluntad. Pues al no poderse presumir exenta de mal la realización de los mandatos *a priori,* la razón crítica viene obligada a vincular la bondad de las intenciones al valor de la información y al acierto del balance o cálculo de los peligros. Kant no habría creído preservar la bondad de la buena voluntad pura de oposición si, al vaciarla de contenidos empíricos, su formalismo moral no hubiera deslizado otros contenidos ahora suprasensibles: los teológicos, en nombre paradójicamente de aquellos ideales de razón pura que, a diferencia de la libertad, *no sabemos.* Es por eso por lo que el imperativo categórico, que pone el valor moral interno a las acciones en su sola constitución formal, parecía entregarnos una bondad inmune al contagio de la experiencia con sus mezclas de bueno y malo, pese a que es *en el mundo sensible* donde la razón práctica manda *realizar* sus leyes. Decidida la absoluta bondad del *a priori* moral, un acto que obedece a cualquier deber incondicional no puede ser sino bueno, se sabe sin comprobación de los resultados; sería superfluo contrastar mi intención con la experiencia concreta para prevenir en ésta daños morales puesto que están descartados *a priori.*

De la desconexión entre experiencia y razón práctica suele culparse a la abstracción del individualismo kantiano, que habría llevado al extremo una tendencia, imperante desde Locke hasta Rousseau, a pensar el orden social y jurídico según el modelo del contrato entendido como libre acuerdo de voluntades individuales. En una severa crítica de la *Rechtslehre* kantiana, el jurista Michel Villey hace notar que, más que en ser obra libre de individuos, lo esencial del contrato está en la determinación de las complejas *condiciones objetivas* por las que viene a regular y a distribuir, más o menos satisfactoriamente, ventajas y obligaciones, arbitrando entre los intereses de las partes un equilibrio que pudiera además afectar a terceros o al conjunto del cuerpo social, en cuyo caso ni siquiera bastaría el acuerdo de las partes [49]. El filósofo que contempla el derecho desde el punto de vista

[49] M. Villey, «La doctrine du droit dans l'histoire de la science juridique», prólogo a Kant, *Métaphysique der moeurs. I: Doctrine du droit,* Vrin, París, 1971, p. 19.

del individuo en general, olvida que *ius,* aplicado a los casos de los particulares, significó desde el derecho romano la *parte* de riquezas, de honores y de obligaciones que debía corresponder a cada uno en relación con los demás [50]; incluso para definir el derecho de propiedad como esfera de acción abandonada al libre arbitrio del individuo, según hace Kant, había que estar ignorando las cargas que ese derecho comporta en su dimensión social. Desde la óptica individualista, la Justicia es simplificada hasta un enteco ideal de igualdad universal que no quiere saber nada del complejo entramado de deberes y derechos, de condiciones objetivas de la cooperación y de la organización social, del reparto concreto de bienes y cargas cuya regulación, imposible *a priori* (afinable solamente por sucesivas correcciones de errores y por acumulación de experiencias), hace de la justicia distributiva el verdadero objeto del arte jurídico [51].

Esta crítica es tan certera para la doctrina del derecho de Kant como para su filosofía moral, y sin embargo el error de origen no reside en el individualismo sino en la santificación del fin supremo que *a la existencia del mundo* daría la voluntad moral por la pura bondad de su forma. Por esta pureza formal, en efecto, el mandato de las leyes morales resulta independiente de cualquier contenido de la voluntad o del entendimiento:

> «El fin último que la ley moral nos impone realizar no es el fundamento del deber, pues éste está en la ley moral que, como principio formal práctico, dirige categóricamente, prescindiendo de los objetos de la facultad de desear (la materia de la voluntad) y, por consiguiente, de todo fin. Esta constitución formal de mis acciones (subordinación de éstas al principio de la validez universal), sólo en la cual consiste su valor moral interno, está enteramente en nuestro poder, y puedo hacer totalmente abstracción de la posibilidad o del carácter irrealizable de los fines que estoy obligado a realizar conforme a esta ley (porque ahí sólo está el valor externo de mis acciones) como de algo que no está nunca totalmente en mi poder, para no considerar más que lo concerniente a mi acción» [52].

Es la eliminación (en idea) de lo negativo la que dispensaría de analizar la experiencia. Por eso no era la óptica individualista lo peligroso de la *Moralität* kantiana, sino su alianza con el menosprecio de la información, alianza que se vuelve inevitable desde que se presume un universalismo preservado de oposición real, por más énfasis que pusiera el filósofo en defender la obligación de saber:

> «Un hombre puede aplazar la adquisición de un saber que debería poseer. Pero renunciar a ello (sea por su propia persona o, aún más, si es para la

[50] *Op. cit.*, p. 20.
[51] *Op. cit.*, p. 23.
[52] *Kritik der Urteilskraft,* A. 456 n.

> posteridad) eso se llama violar y pisotear los derechos sagrados de la humanidad» [53].

No son las invocaciones a la experiencia lo que falta en su filosofía práctica:

> «Toda filosofía moral descansa enteramente sobre la parte pura y, aplicada al hombre, no toma lo más mínimo del conocimiento de éste (antropología) sino que, como a ser racional, le da leyes *a priori,* las cuales, es verdad, exigen que la facultad de juzgar sea afinada por la experiencia a fin de poder distinguir cuáles son los casos de su aplicación o cómo hacerlas entrar en la voluntad del hombre e inclinarla para su ejercicio, ya que esta voluntad humana, ciertamente capaz de la idea de una razón pura práctica, pero afectada de tantas inclinaciones, no encuentra sin dificultad el poder de realizar la ley sobre la conducta *in concreto*» [54].

La razón, insiste Kant, no es lo bastante apta para dirigir con seguridad a la voluntad, en lo que se refiere a los *objetos* de ésta, que la razón por sí sola, sin *experiencia,* no puede hallar [55].

La moral obliga así al conocimiento de lo real fáctico tanto como a la buena voluntad. Pero es el mismo Kant el que compromete el recurso a la experiencia moral. Pues como, por una parte, de los datos empíricos no pueden obtenerse sino máximas que aciertan por término medio, y nunca reglas estrictamente universales, únicas que pueden servir de leyes a la voluntad; y, por otra parte, la realización de estas leyes no puede hacerlas chocar entre sí por el apriorístico argumento de que no se las podría declarar santas, vincular la conveniencia de aplicar una ley al conocimiento de las circunstancias sólo puede significar para Kant condicionar su validez. Si referimos la regla a la experiencia y la hacemos depender de ésta, escribe, entonces la disparidad (o diversidad: *Verschiedenheit*) en el juicio no tendrá límites [56]. Aquí, el «hacemos depender» se toma como «condicionamos», de modo que la «disparidad» en el juicio es sinónimo de arbitrariedad, y su condena es inapelable. Pero bien entendida, la necesidad de referir las reglas a la experiencia nos remite a una diversidad en el juicio que es principio de solución. Kant acierta al decir que no hay modo de objetivar el orden moral en reglas de razón pura práctica si entramos a considerar las circunstancias particulares de la acción, pero una cosa es que la moral no pueda *reducirse* a reglas (querer objetivar el orden moral en reglas sería como disolver en las representaciones el «yo pienso» que ha de poder enlazarlas) y otra cosa muy

[53] «Beantwortung der Frage: Was ist Aufklärung?», Ak. VIII, 39.
[54] Prólogo a la *Grundlegung,* Ak. IV, 389.
[55] *Op. cit.,* Ak. IV, 396 y 460 n.
[56] *KpV* 63-64.

distinta que no se deban sopesar las circunstancias incluso *sin reglas.* La recta aplicación de una ley moral nos responsabiliza, en efecto, de conocer los hechos en que ha de tener efecto, porque de esa ley puede derivar un mal en algún caso singular, no por causa de su singularidad sino por causa de otra ley, más grave en la ocasión, que quebrantaría si ajustase mi acto unilateralmente a un deber, por ejemplo, el de ser veraz. Unilateralmente, pues el mandato moral, en cuanto orden de *realizar,* abre en permanencia el compás de la atención a la pluralidad de exigencias que debemos ponderar simultáneamente.

No se rebajan las cotas de obligación de la voluntad porque la exigencia moral comprometa igualmente a *entender.* Pero hace inexcusable replantear los límites críticos en que ha de autocomprenderse la razón práctica para no incurrir en la *Schwärmerei* que Kant tenía por el mal en filosofía [57]. Nos ocupamos de este problema en el quinto y último apartado, pero antes urge prevenir un posible malentendido. Reconocer la oposición virtual entre los deberes abarcados por el imperativo moral para nada atenta contra la idea de dignidad.

El rechazo de la disyunción «o materia empírica (rapsodia de inclinaciones) o forma *a priori* de razón pura práctica», que es rechazo del *khorismós* entre el hombre fenoménico y el hombre libre, no necesita rebajar tanto a aquél ni santificar la voluntad de éste, pero tampoco impide reconocer en el sujeto humano algo sin común medida con cualquier valor que pueda disfrutarse o intercambiarse. Kant elogia a Juvenal por haber escrito que «el mayor de los crímenes es preferir la vida al honor y, para salvar la vida, perder las razones de vivir» [58]. Se multiplican los testimonios análogos, desde Grecia. ¿De dónde viene ese «respeto de sí mismo» del que Marx dirá que lo necesitamos más que el pan cotidiano? [59]. Sólo puede venir, enseña Kant, de que el hombre es el legislador, es la fuente de la ley, y sabe por eso que no puede ser sometido a ningún fin que no deba a su vez someterse a la ley que con su razón él se da a sí mismo [60]. Impugnar este principio en nombre de la razón sería como demostrar por la razón que no hay razón.

Supongamos por un momento que nuestro análisis pudiera aislar en nosotros el elemento moral, químicamente puro, de cualesquiera otras cualidades (creatividad artística o teórica, belleza, buen gusto, ingenio, inteligencia, simpatía, etc.) que, por hacer forzosa relación a la excelencia personal en el orden comparativo, no podrían ser re-

---

57 «Dogmatizar en el campo de lo suprasensible con la razón pura es un camino que lleva directamente al fanatismo en filosofía; sólo una crítica de esa facultad puede remediar radicalmente ese mal» («Was heisst...», Ak. VIII, 138 n.).

58 *KpV* 283.

59 Artículo del *Deutsche Brüsseler Zeitung,* 12-IX-1847.

60 Vid. *KpV* 156.

conocidas sin instaurar la desigualdad y la jerarquía, sin motivar en consecuencia las dos miserias del orgullo y de la humillación. Porque cree separar el momento moral dice Kant que, pese a que ninguno de los hombres valemos gran cosa, la humanidad debe sernos santa en la persona de cada uno, que la sublimidad de su autonomía llena el alma de una admiración y veneración siempre renovadas [61]. Pues bien, aun aceptando la hipótesis de ese análisis ideal, veríamos que la divisoria de lo empírico y lo racional no es la de lo mixto de bueno y malo frente a lo exento de oposición. Porque además de hacia mí mismo, la moral es obviamente deber hacia cualquier otro, por principio me está vertiendo a la alteridad, *es* versión a los demás, me entralaza con ellos y es conciencia de mí mismo en esa confrontación; ¿cómo no sería entonces juicio de los demás al mismo tiempo que de mis actos, cómo evitaría introducir también el relieve de desigualdades y, con ellas, de agravios, en cuanto al variable respeto por la dignidad racional que nos es común? Discernir lo justo de lo injusto, que es elevar y rebajar, ¿puede hacerse sin incluir el germen de la incitación de unas personas contra otras? Algo esencial faltaría en la recta voluntad si pasara por alto el potencial desigualador de los principios morales (incluido el mandato de igualdad, que al más igualitario le declara superior). Hacernos cargo de esta ironía de la norma en nada menoscaba la dignidad humana ni amengua el respeto incondicional a que obliga, sino que perfecciona nuestra razón práctica del único y paradójico modo que es posible: por el reconocimiento de su finitud.

IV. EL UNICO Y LA UNIVERSALIDAD

Un deber incondicionado lo es porque no se puede subordinar a ninguna otra cosa. Pero, ¿qué ocurre si el imperativo categórico recubre una «extensión» de deberes perfectos entre los que sea posible alguna oposición? La exigencia de veracidad, por ejemplo, es un deber que no admite excepción, pues incluso en aquellos casos en que no perjudica a ninguna persona en concreto, perjudica a la humanidad, advierte Kant, «porque descalifica la fuente del derecho» [62]. Ayudar a otro en necesidad es un deber contingente, meritorio. Sin embargo, en las circunstancias concretas del famoso supuesto de Benjamin Constant, *el Juicio moral* declara sin disputa más fuerte el deber de salvar al inocente de una muerte segura que el deber de ser veraz con su perseguidor. Para pronunciarse en favor del deber de veracidad, Kant imaginaba un desenlace en que el mentiroso contribuía

61 *KpV* 237 y 288.
62 Ak. VIII, 426.

involuntariamente al crimen, y por este artificio soslayaba Kant la dificultad. Un autor actual se duele de que «no tenemos respuesta cuando las obligaciones perfectas entran en conflicto. Quizá la teoría de Kant tenga una salida pero, en cualquier caso, dejó este problema sin resolver»[63]. Creemos, por nuestra parte, que lo más significativo está en que lo dejara *sin plantear*. La posibilidad de un solo caso en el que dos deberes perfectos vinieran a oponerse mutuamente creía Kant no poder admitirla sin contradicción, porque tener que transgredir uno de ellos era reconocerle una excepción y dejar de considerarlo perfecto.

Esta conclusión, sin embargo, no era inevitable. Benjamin Constant se sabía obligado a mentir para salvar una vida, y Kant rechazaba por principio cualquier excepción a la maldad intrínseca de la mentira, y lo que importa comprender es que *había que dar la razón a las dos*. Es obvio que salir de un apuro o ahorrarse un perjuicio no excusa una mentira, pero si por evitarla hubiéramos de contribuir a que se consume una grave injusticia, esa mentira podría en el límite hacerse moralmente obligada (en lo que tendría razón B. Constant) sin dejar de ser mala en sí misma (en lo que lleva razón Kant). No puede defenderse la verdad a costa de la persona pero ambas exigencias que la razón declara *de iure* indisociables, la vida las disocia *de facto*. El fondo de la dificultad está, decíamos, en que el imperativo moral cubre una «extensión» de deberes que pueden entrar en oposición, sin que por eso la voluntad pueda trocar realmente en buena la mentira humanitaria. Lo constitutivo del dominio moral reside precisamente en que la oposición entre las exigencias del imperativo es irreductible a la simetría o permutabilidad de las fuerzas que en la oposición real-natural se neutralizan unas por otras. La «extensión» de deberes no es *partes extra partes,* no es divisible, el imperativo es uno y el mismo cuando manda *a)* respetar cada foco racional como algo único y sin equivalencia, sin precio, que cuando manda *b)* no mentir, poner los medios para salir de la ignorancia y evitar el error. Puesto que es la *racionalidad,* indistinguible de la autonomía y libertad personal, lo que está en la raíz de la dignidad, al sentenciar que el respeto a la dignidad ha de prevalecer sin condiciones, a la vez que el respeto a las personas se está exigiendo el respeto incondicional a la verdad. Podemos reconocer una real oposición entre dos deberes hasta sacrificar en nuestra acción el uno por el otro, pero no podemos admitir que el más «fuerte» derogue la validez del que en la ocasión es más «débil», y tampoco podemos decidirnos en base a reglas generales. No puedo invocar el respeto debido a la verdad contra el respeto debido a la persona, pero si declarásemos la subordinación de aquél a éste y a sus consiguientes mediaciones (por ejemplo, a la

63 John Rawls, *Teoría de la Justicia,* F.C.E., México, 1978, p. 382.

abolición de la explotación del hombre por el hombre) estaríamos autorizando la implantación en la mentira por motivos humanitarios que muy pronto serán mentira.

La ley de universalidad prohíbe, para decirlo con Nietzsche, que los más alejados paguen nuestro amor al prójimo, rechaza cuanto se opone a la autonomía racional que nos permite a cada uno no sólo decir «yo soy único» sino serlo efectivamente, pero, ¿cómo ese mandato de universalidad contendría otro reconocimiento que el paradójico de «el único en general»? No se alcanza el fondo del problema ético mientras no se comprende que universalidad y unicidad son la una por la otra, que «racionalidad» implica la secesión y dispersión de las unidades autónomas en lo irreductible de su diferencia y de su parcialidad. El mandato racional es el de *hacer real* la universalidad, pero de cualquier sistema de reglas o de enunciados escapa lo real de experiencia, que siempre es más y es otra cosa. Con el proceso real sólo está en condiciones de medirse la racionalidad en ejercicio de un viviente que forma parte del proceso y en lo particular de esa pertenencia, desde su silencioso asistir a lo que ocurre, mide el alcance de teorías y obligaciones, o zanja una contraposición de máximas estableciendo un orden de prioridad. Sólo el único universaliza. La variedad interna al campo de la obligación se especifica en leyes en las que, sin embargo, nunca se agota. Ya la pluralidad de las reglas, por sí sola, abre márgenes de decisión *entre* ellas, de decisión que no es por tanto aplicación de una regla. Dirimir un conflicto entre leyes supone un juez que abarca la entera extensión del imperativo porque lo está midiendo a lo real y opta *in concreto,* pues el deber que ha de prevalecer en un caso, en otro puede ser el menos gravoso. Cierto es que también estos actos de arbitraje son a su vez susceptibles de objetivarse en reglas, pero lo que esto confirma no es la preeminencia absoluta de la legalidad objetiva, sino la presuposición mutua de las reglas y del Juicio personal que al aplicarlas conoce sin reglas su importancia comparada, y que es capaz de producir incesantemente nuevas reglas porque se confronta a lo real, a lo inagotable. En la estimación de si la gravedad de un conflicto de deberes autoriza la infracción de un precepto moral, el recurso a la capacidad de juzgar es irreemplazable, y la rectitud en tal supuesto es inseparable del *reconocimiento* de la transgresión y tiene por criterio la no resolución del drama interno, cuya *sinceridad* es lo inaprehensible en proposiciones, lo inobjetivable. La razón práctica no admite excepciones al imperativo, no convierte en bien el mal que la estricta aplicación de la ley vuelva inevitable, y para acertar en esa aplicación de nada serviría al individuo la formulación de una regla objetiva que a su vez tendría que saber aplicar sin reglas. Es preciso que la particularidad de su inserción natural e histórica le sitúe ya de algún modo, problemático y tácito, en lo universal. Aun el que ejerce la suprema tarea racional de extender la universalidad cognitiva o práctica no puede ser él mismo sino parte del tejido real, pero de esa irrepetible parcialidad ha de obtener toda ganancia en orden a la comprensión o a las relaciones del hombre con el hombre. En la realidad de ese particular-universal se concentran todas las dificultades de la reflexión ética.

Para Kant es fundamental comprender que «la *autonomía* de la voluntad es el principio de todas las leyes morales» [64], pero esa apertura de la autonomía es precisamente la que él obtura por su *referencia circular* de la ley moral a la realidad práctica entendida en función de un fin supremo cuyo concepto no puede proceder más que de nuestra ley moral.

V. DESREALIZACION DEL MAL Y DELIRIO DE LA VIRTUD

El valor objetivo que atribuye Kant a la ley moral, para distinguirla de cualquier otro principio subjetivo del deseo, no permite reducir su validación al consenso, al acuerdo intersubjetivo, sino que ese mismo *cogito* plural ha de atenerse a la realidad, puesto que la legisla. Del pensamiento sostiene en los *Prolegómenos* que no lo validamos por haber llegado a un acuerdo, sino que lo suscribimos en común por su validez ante lo real [65]. Y del valor de la vida del hombre dice una y otra vez que ésta en lo que él hace *(was er tut)* conforme a los fines de la razón, pues de faltar tal *hacer* aun la vida más placentera sumaría la irrealidad al vacío [66]. Si no se da *un delirio de la virtud,* si ésta no se eleva vertiginosamente sobre los límites de la capacidad humana y evita así sumarse a la clase general de las ilusiones, advierte en *Die Religion,* es «porque la actitud virtuosa tiene por objeto algo *real*» [67]. Ahora bien, una vez aceptado que la virtud se salva del delirio solamente por lo que hacemos en la realidad conforme a los fines de la razón, aún nos resta saber qué es lo que salva del delirio a nuestra representación de los fines de la razón.

En el soberano bien a cuya realización tiene que tender nuestra voluntad, según Kant, la virtud y la felicidad han de concebirse unidas, pero ningún enlace necesario y suficiente entre felicidad y virtud puede ser esperado en el mundo por medio de la observancia de las leyes morales, y «si el soberano bien es imposible según las reglas prác-

---

64 *KpV* 58.

65 Ak. IV, 298.

66 *Kritik der Urteilskraft,* A 407, B 411; cf. A. 392 n., B 396 n., y *Der Streit Der Fakultäten,* Ak. VII, 104.

67 Ak. VI, 172.

ticas, la ley moral que manda llevarlo adelante debe ser igualmente fantástica, tendente a fines imaginarios, por consiguiente falsa en sí misma» [68]. Esta es la antimonia de la razón práctica, que Kant atribuye al malentendido de tomar como relación de cosas en sí a fenómenos lo que no es más que una relación entre fenómenos. Denuncia la subrepción de sentimientos de felicidad en la conciencia de la virtud porque, considerando la intención virtuosa como forma de la causalidad en el mundo fenoménico, es falso que produzca la felicidad, aunque sí produce, según él, autosatisfacción *(Selbstzufriedenheit)*, y nos hace merecedores de la felicidad. Y como en la ley moral tengo un principio determinante de mi causalidad puramente intelectual (sobre el mundo sensible) que me manda contribuir cuanto pueda a la realización del soberano bien, responde que no es imposible que la moralidad de la intención tenga una conexión necesaria con la felicidad por la intermediación de un autor inteligente de la naturaleza. La razón práctica debe necesariamente representarse que la felicidad será la consecuencia de la moralidad, si bien este enlace de condición a condicionado pertenece enteramente a la relación suprasensible de las cosas [69].

¿Por qué no indaga Kant la posibilidad de que haya tenido lugar en lo suprasensible el *vitium subreptionis* que persigue tan lúcidamente en el fenómeno? Porque ha excluido el tercero entre la dilución de la moral en máximas empíricas, hipotéticas, o la salvaguardia de su incondicionalidad por la pureza formal del deber. No ve más salida que la segunda opción, a pesar de que le deja sobre el filo de la navaja. Por una parte, en efecto, el mundo no tendría para él valor alguno sin el fin supremo que la voluntad postula desde la irrestricta bondad de su «yo debo». Pero ¿significa esto que el problema de «para qué el mundo» desaparezca desde que sabemos que hay un soberano bien? Al contrario, si los hombres supiéramos que hay Dios, escribe, ¡el mundo perdería todo su valor incluso a los ojos de Dios! Por la razón de que si hubiéramos probado completamente a Dios, lo tendríamos siempre presente en su terrible majestad y nuestra conducta se vaciaría de libertad, puesto que sería en dependencia de esa exterioridad como evitaríamos la transgresión de la ley:

> «La mayor parte de las acciones conformes a la ley se cumplirían por temor, un pequeño número por la esperanza y ninguna por deber, y el valor moral de las acciones, únicamente del cual depende el valor de la persona y aun el del mundo a los ojos de la suprema sabiduría, no existiría en modo alguno» [70].

[68] *KpV* 205.
[69] Vid. *KpV* 205 a 215.
[70] *KpV* 265.

El valor que nuestros actos reciben del respeto desinteresado al deber no es ajeno, por tanto, a que «no tenemos del porvenir más que una perspectiva muy oscura y ambigua» [71]. Difícil posición: el mundo carece de valor para el hombre sin la conjetura de un Ser supremo a cuyos ojos (además de a los del hombre) el mundo carecería de valor si El no se escondiera al hombre. Dicho en términos menos paradójicos, el hombre aspira a la justicia en que coincidan mérito y felicidad, su racionalidad consistiría en necesitarla y en el mandato incondicional de contribuir a su realización, que en el orden fenoménico nada permite esperar pero sí mi creencia en la divinidad, que sería por eso *Vernunftglaube,* fe racional. ¿Basta decir entonces que debo activar esa ley luego he de poder, que «debo» luego «puedo»? Pero afirmar que el delirio de la virtud lo evitamos en la medida en que la virtud tiene por objeto algo real no es más que pedir el principio si por «real» mentamos lo que haría falta suponer para que no sea contradictorio el deber que impone la virtud. Es obviamente a lo real de experiencia a lo que tenemos obligación de atener nuestros actos:

> «Hay un principio moral que no necesita ser demostrado: *no se puede obrar cuando se corre el peligro de hacer algo malo.* Por consiguiente, el tener conciencia de que una acción *que quiero emprender* es justa, es para mí un deber incondicionado. (...) Acerca de aquella (acción) que pretendo realizar, debo no sólo juzgar y opinar que se trata de una acción que no es mala, sino también estar seguro de ello» [72].

Pero dado que no estaría seguro sin ligar la bondad de la intención a la lectura de la experiencia, ¿qué referencia doy a la forma del deber para estar seguro de su pura bondad? La distinción «fenómeno»-«noúmeno = X» permitiría sostener en el límite el valor de la obligación con independencia de que ningún hombre la hubiera seguido nunca, quizá incluso de que fuese inalcanzable, pero no autoriza a suponer un fin positivo. Es verdad que la recta voluntad no quiere componendas, tiene que desaprobar siempre la parte de injusticia que haya en una acción o en cualquier estructura social; pero tampoco quiere el bien en abstracto, quiere el bien *en la realidad de experiencia,* y lo que en esa realización hemos de componer más bien disocia que asocia virtud y autosatisfacción. En lo ilimitado de su aspiración, nada impide a mi voluntad invocar el referente perfecto en el orden de la idealidad. No será la idea «Dios», o la Idea del Bien, lo que pueda declararse extra-racional (es, al contrario, una idea que nadie se puede quitar de la razón), pero sí el juicio que expresa la creencia en

---

[71] *Ibid.*
[72] *Die Religion,* Ak. VI, 185-186.

su existencia, que es al que Kant llamaba *Vernunftglaube*[73], sí el juicio que expresa la creencia en la progresiva victoria sobre el mal. La posibilidad de aproximación a la pura justicia no se implica en la acción moral consecuente, pese a que no podamos no anhelar la justicia sin imperfección. La aspiración de la intención virtuosa es ilimitada en el sentido de que su resistencia se extiende a toda injusticia posible. ¿Puedo invertir entonces el signo de esta general negación y dar por sentado que la recta voluntad tiende a la justicia perfecta y que su bondad es por eso pura? Para que el rechazo intencional de todo lo injusto (la negación de esas negaciones) se dé por equivalente a la afirmación de la pura justicia (a posición de lo positivo), tal como querían los modernos dialécticos, entre lo justo y lo injusto o entre bien y mal no puede reconocerse más que oposición lógica. Una vez así reducido todo mal a limitación o carencia , disminuir la gravedad de las limitaciones sería lo mismo que acercarse a la supuesta identidad de los trascendentales (ser = bien). Pero, si evito la subrepción ontoteológica y no desrealizo el mal, de mi rechazo de toda injusticia determinada no se infiere que *el ideal* de la justicia perfecta pueda ser *objeto* de volición. Como sólo gratuita, acríticamente, se excluiría que la supresión de algún mal exija el sacrificio de un bien, como me es imposible asegurar que alguna vez erradicar las injusticias no significará implantar en su lugar otras nuevas (de menor o de mayor magnitud), nada más en un orden de pura idealidad declaro ilimitada mi voluntad de bien, de modo que si paso por alto la distinción entre el orden ideal —donde sólo cabe la oposición lógica— y el orden existencial en que hay direcciones y choques —oposición real—, esa declaración estará proponiendo a mi acción una entelequia desorientadora y será por eso un mal efectivo, un delirio de la virtud. Reargüir que hago manifiesta la irrestricta bondad de mi buena voluntad precisamente *al reprocharme* lo mixto de mis acciones o la profusión de males por cuyo alivio podría siempre hacer mucho más, ¿no sería el contrasentido de sentirme autosatisfecho por no creerme merecedor de autosatisfación? La respuesta, una vez más, está en la distinción real de ambos órdenes: si no es arbitraria sino racionalmente como el hablante quiere pronunciarse sobre la realidad de la que forma parte, entonces *la tensión* de Existencia e Idea ha de reconocerla ineliminable de la realidad en tanto que tensión absoluta, sin grados. De ahí que reconocer la realidad de los males que son magnitudes no signifique poner el ser del mal y el ser del bien en pie de igualdad. La tensión moral otorga a lo que es justo o bueno la superior realidad de lo que, además de ser, debe ser; con lo injusto o malo estaré obligado a transigir mientras no haya más que un remedio aún peor, pero tras

[73] «Was heisst...», Ak. VIII, 140-141.

esa responsabilidad inmediata persiste íntegra la voluntad de encontrar el modo de acabar con ello. Distinguir Idea y Existencia no es contraponer un «mundo inteligible» al sensible, porque la Idea remite a una positividad separada, autosuficiente que, siendo imposible por principio en términos de existencia mundana (por eso la tensión es absoluta, no admite reducción o limitación), no es más que el referente incognoscible del deseo de bien de la razón, de la misma razón autocrítica que prohibe tomar los deseos por realidades.La Idea de justicia, de bien, no es un conocimiento acerca de lo que deben ser los entes racionales, ni señala un *telos* al que el mundo humano deba aproximarse.

En la razón, la orientación moral exige discernir 1.º) el término de la Idea como imposible mundano, y 2.º) la ley cuya obligatoriedad incondicional se da por supuesta en cada pretensión de validez racional. El operar racional de cada uno implica inequívocamente su autonomía y, en consecuencia, el reconocimiento de la misma dignidad en todo ser racional en cuanto legislador al que se somete cualquier fin posible. Este principio es la tierra firme del criticismo: si no reconozco la autonomía del ser racional anulo mi propia interrogación. No la anulo, en cambio, porque ignore si es realizable el ideal de una felicidad proporcional al mérito. Antes bien, lo que mi libertad presupone es la oscuridad y ambigüedad del futuro; de otro modo, argumentaba Kant, el acto legal tendría la recompensa por móvil y dejaría de ser virtuoso. A la declaración de no saber corresponde la última palabra, se recurra o no al autor inteligente de la naturaleza. La claridad que la reflexión filosófica aporta a la razón común recae sobre el simple principio que ésta encontrará siempre en su uso: lo que implico desde que activo en mí la búsqueda sincera de una respuesta, a lo que quiera que sea, es el respeto a la razón en cada persona como fuente de la ley contra la que nadie puede hacer prevalecer la suya, ni la de la sociedad, ni la del Estado, ni siquiera —dice Kant reiteradamente— la de Dios [74]. Que, en cuanto racional, todo hombre necesita querer y pensar por sí mismo, lo presupongo al buscar en mi propia razón la piedra de toque de la verdad. No admitirlo es desautorizarme.

También este principio, no obstante, encierra en su formulación positiva el peligro de que puede hacer olvidar que no preguntaría yo algo si no me resistiera como problema (mayor o menor). La razón aspira a regir lo real por su ley (pretender que la filosofía kantiana se propuso interpretar el mundo en lugar de transformarlo sería una palmaria contraverdad); pero los criterios operativos no se perfilarían en la conciencia del agente moral si éste no hubiera ya pronunciado,

[74] *KpV* 156. Cf. *Die Religion,* Ak. VI, 154 n., 168-169 n.; y *KU* A 471, A 476.

al toparse con el dato, la repulsa de lo inaceptable. Lo cual quiere decir que, aunque algún difuso modelo general ha de guiarnos en ese trabajo corrector o rectificador de la realidad existente, nuestro conocimiento de lo que debe ser se va precisando a medida que articulamos racionalmente los criterios que se despiertan en nosotros al sentir en la *experiencia* de los acontecimientos lo que *no* debe ser.

7. EL CONCEPTO DE BIEN SUPREMO EN KANT

por GERARD VILAR
(Universidad Autónoma de Barcelona)

Creo que el título con el que ha sido anunciada esta charla indica con bastante precisión cuál va a ser el tema de la misma; y creo que lo hace, digamos, con precisión académica. Sin embargo, lo cierto es que hubiera podido llevar otros títulos más atractivos, aunque también es verdad que menos precisos. Por ejemplo, hubiera podido servir el epígrafe siguiente: «El Kant republicano»; o también este otro, por el que no ocultaré mis preferencias: «La otra ética de Kant». El objetivo principal de mi exposición consistirá en desgranar una argumentación acerca de porqué serían igualmente legítimos estos tres títulos, así como el porqué de mi inclinación por el tercero.

Por anticipar sumariamente mi punto de vista, diré que la tesis principal de mi exposición es que hay otra ética en Kant, más rica y compleja que la que suele denominarse «ética kantiana». Esta segunda ética es la que el filósofo de Königsberg desarrolla en la segunda parte de *Crítica de la razón práctica,* en la *Crítica del Juicio,* la *Religión,* la *Metafísica de las costumbres* y otros escritos menores de los últimos años, como es el caso de algunos textos de filosofía de la historia o de filosofía política. La primera ética sería la que Kant expone en la *Fundamentación* y en la «Analítica» de la segunda crítica. Esta ética sería comunmente señalada como la auténtica ética de Kant y se caracterizaría, como es sabido, por ser una ética deontológica, cognitivista en sentido débil, formalista, universalista, dualista y monológica. Su núcleo central sería, claro está, la teoría del imperio categórico formal. La segunda ética de Kant, que, por supuesto, presupone necesariamente la primera, consiste en esa teoría del imperativo categórico más la doctrina de los postulados y el bien supremo. Una primera y fundamental novedad de esta segunda ética frente a la primera es que junto al imperativo de universalizar nuestras normas de conducta (el imperativo formal) nos provee *a priori* de un imperativo material que dice: «obra de modo que promuevas el bien supremo en el mundo», entendiendo por bien supremo —a diferencia del bien meramente más alto, que es la virtud— la reunión de la virtud y la felicidad.

I. UN ITINERARIO PERSONAL

Debo decir sin más tardanza que esta tesis, así formulada, no es mía, aunque la hago mía, sino que la tomo de uno de los más originales estudiosos de Kant de los últimos lustros, a saber: el profesor israelí Yirmiahu Yovel, quien la ha desarrollado fundamentalmente en sus textos de 1972 y 1980. Espero no simplificar en exceso los sutiles argumentos de este ilustre filólogo. Sin embargo, debo también contar que hay un itinerario personal anterior al descubrimiento de la obra de Yovel y que precisamente lleva hasta él. Ese itinerario se inicia de modo accidental, cuando andaba yo buscando un tema para el segundo ejercicio de un concurso oposición para una plaza de ética. En esa búsqueda terminé descubriendo un Kant que desconocía, aunque mantenía relaciones con este autor desde muchísimos años atrás; dicho brevemente, descubrí que hay más ética en Kant de lo que pensaba. Ese itinerario mismo puede servirnos de hilo conductor para la exposición de mi tesis y la argumentación de la misma. Por el lado anecdótico, ese itinerario empieza cuando, buscando en las obras de Kant encontré, en la KU § 87, el siguiente pasaje:

> «La ley moral, como condición formal de la razón en el uso de nuestra libertad, nos obliga por sí sola, sin depender de fin alguno como condición material; pero, sin embargo, nos determina también, y ello *a priori,* un fin final que nos obliga a seguir, y ese fin final en el mundo el más alto bien posible mediante libertad. La condición subjetiva bajo la cual el hombre (y, según todos nuestros conceptos, también todo ser racional finito) se puede poner un fin final bajo las anteriores leyes es la libertad. Por consiguiente, el bien más alto posible en el mundo, y, en cuanto está en nosotros, el bien físico que hay que perseguir como fin final, es la felicidad, bajo la condición subjetiva de la concordancia del hombre con la ley de la moralidad, como lo que le hace digno de ser feliz».

Reflexionando sobre este pasaje, y otros parecidos que pueden encontrarse en esa misma obra y en otras de la misma época, me di cuenta de la presencia de una reintroducción de elementos claramente clasicistas en el marco de esa ética rabiosamente moderna que hallamos en la *Fundamentación.* Frente a ese paradigma de la ética deontológica, encontramos aquí la reintroducción de un elemento teleológico, aun cuando sea en la forma de un finl final *(Endzweck);* de esa ética de las puras reglas, parece que pasamos a un esquema en el que junto a las reglas aparecen los fines; encontramos, esto es, aquel esquema clásico tripartito de una concepción del hombre, una concepción de lo que el hombre debería ser si realizara sus fines, y los preceptos o reglas para pasar del estado de ser al de deber ser. Quizás el elemento más chocante de este segundo estadio de la ética kantiana sea la presencia de eso que he llamado anteriormente «imperativo categórico material».

II. LA CUESTION DEL PARA QUE

Y es que parece que el Kant maduro no pudo evitar esa cuestión siempre acuciante para todo hombre, a saber: la cuestión del para qué de la conducta moral —como de cualquier otro tipo de conducta—, cuestión que la predominancia de la pregunta por el porqué —verbigracia: ¿por qué hay que ser morales?— no ha conseguido, afortunadamente, borrar de la mente de los modernos y contemporáneos. Por cierto que Kant sostenía en la *Fundamentación* que «la voluntad de un ser racional... es lo único en donde puede, sin embargo, encontrarse el bien supremo y absoluto» (F, 39; Ak. IV, 401). Pero unos pocos años más tarde escribirá lo siguiente:

> «... sin ninguna relación de fin no puede tener lugar en el hombre ninguna determinación de la voluntad... un albedrío que no añade en el pensamiento a la acción en proyecto algún objeto determinado objetiva o subjetivamente (como objeto que él tiene o debiera tener), un albedrío que sabe *cómo* pero no *hacia dónde* tiene que obrar, no puede bastarse. Así, para la Moral, en orden a obrar bien, no es necesario ningún fin; la ley, que contiene la condición formal del uso de la libertad en general, le es bastante. De la Moral, sin embargo, resulta un fin; pues a la Razón no puede serle indiferente de qué modo cabe responder a la cuestión de *qué saldrá de este nuestro obrar bien,* y hacia qué... nuestra natural necesidad de pensar algún fin último que pueda ser justificado por la Razón para todo nuestro hacer (Rel. 20 s.; Ak. VI, 4 s.).

Reparemos en el hecho, sorprendente desde el punto de vista de un kantiano, de que Kant apele aquí a la «naturaleza humana» para la reintroducción de la teleología eudemonista, y ello no es accidental, ya que afirmaciones semejantes se encuentran también en la segunda *Crítica* —«la naturaleza humana está determinada a tender hacia el bien supremo» (202; Ak. V, 146)—, así como en otras obras y textos menores.

III. LAS RAZONES DE UNA MARGINACION

En definitiva, llegamos a donde les quería llevar: al punto de reconocer que hay más ética en Kant de lo que habitualmente se dice y se escribe y, para seguir con nuestro hilo conductor, más ética de lo que yo creía. Un hecho que me consuela, aunque el mal de muchos sea el consuelo de los tontos, es que no soy el único que atribuía a Kant una ética kantiana amputada en términos modernistas y liberales. Lo cierto es que hay toda una tradición que arranca de los neokantianos y según la cual esa idea parateológica de un bien supremo sería un añadido a la auténtica ética de Kant, o bien, en las posturas más radicales, se trataría de un concepto (o también de un «ideal» de la Razón, como el propio Kant lo llamaba) simple y llanamente contradictorio con la doctrina de la voluntad pura (o de la forma de la voluntad). Repasando la bibliografía existente sobre el tema, nos encontramos con la sorpresa de que los estudios filológicos o histórico-filosóficos sobre el concepto de «bien supremo» en Kant se pueden contar con los dedos, al menos hasta mediados del siglo XX. Si mi información, que no pretende ser completa, no está muy alejada de la realidad, en vida de Kant aparecieron tres artículos sobre el tema debidos a Schleiermacher (1789), Snell (1780) y Greiling (1795). Posteriormente, y hasta la Segunda Guerra Mundial, se produjeron un artículo, debido a Döring (1900), y cinco libritos, debidos a los nombres de Arnoldt (1874), Elsmann (1887), Hoeskra (1906), Zilian (1927) y Miller (1928). Por supuesto, ninguno de estos libros tuvo el menor efecto revulsivo sobre la hermenéutica kantiana dominante, y yo diría que para bien, aunque no pueda argumentarlo ahora. Y es que el cientificismo de los neokantianos, especialmente de los de la Escuela de Marburgo, no dejó lugar para un concepto como el de «bien supremo» en la lectura de Kant que imperó hasta la segunda posguerra. Un buen ejemplo de ello lo tenemos en H. Cohen, quien escribiría acerca de este asunto: «Schon die bloße Frage: wie ist das höchstes Gut praktisch möglich?» y a tal pregunta contestaba: «Ist vom übel. Es ist keine Frage mehr»[1].

Reparemos, además, en el hecho de que no sólo los neokantianos no tratan el tema; tampoco lo hace la derecha metafísica, de quien sería más esperable por la proximidad del tema a la religión. Así, no lo hacen, por ejemplo, ni Paulsen en su libro sobre Kant de 1898, ni G. Krüger, ni Heimsoeth, ni, por supuesto, Heidegger, etc. Lo cierto es que el tema viene impuesto desde fuera, concretamente desde los Estados Unidos, a finales de la década de los cincuenta. Quien descubre la veta es J. R. Silber, uno de los mejores especialistas norteamericanos en la obra kantiana pero, por lo que sé, sin más ambiciones filosóficas más allá de las meramente filológicas. Desde entonces ha tenido lugar un proceso de revisión del papel del concepto de bien supremo en la obra kantiana que ha producido una masa de literatura nada despreciable, aunque hoy por hoy todavía manejable, a diferencia de lo que ocurre con otros temas kantianos. Todos los estudiosos que han abordado el tema en estos últimos veinticinco años coinciden en reconocer o bien la existencia de dos éticas, o bien, cuando menos, la existencia de dos estadios diferenciados de la ética de Kant. Todos ellos coinciden también en que la primera es más antigua y prioritaria; las discrepancias aparecen en la valoración de la importancia de la segunda. En pro de la misma se han manifestado el mencionado

[1] *Kants Begründung der Ethik*, Berlín, 1877, p. 321; 1910, p. 351.

Silber, el también mencionado Yovel y otros autores como Düsing, Krämling o Zelding. En el campo contrario se encontrarían Beck, el conocido autor del comentario a la segunda *Crítica,* así como Murphy o Auxter.

IV. LA PRIMERA ETICA DE KANT

Vamos a repasar muy brevemente las características de la primera ética kantiana antes de entrar en detalle en el examen de la segunda. Como he anunciado al principio, en el sumario de esta charla, caracterizaré esta primera ética por seis rasgos. Naturalmente, en toda descripción hay siempre un factor de convencionalidad importante y estaría dispuesto a aceptar otras descripciones con otro número mayor e incluso menor de características. Diré también que para las cuatro primeras me baso, con algunas matizaciones importantes, en Habermas (1986).

1. El primero de estos seis rasgos, y los enumero sin ningún orden lógico o de otra índole, sería su naturaleza deontológica. La ética kantiana se ocupa sólo de los problemas de la acción correcta o justa, a diferencia de las éticas clásicas, que relacionaban todas las cuestiones con la cuestión central de la «vida buena». Los juicios morales aclaran cómo se pueden ordenar los conflictos de la acción mediante fundamentos racionales. Esta se ordena por normas de acción cuya validez viene dada por principios de reconocido valor obligatorio. De ahí que se trate de una ética deontológica.

2. En segundo lugar, se trata de una ética cognitivista en sentido débil. La ética de Kant entiende la rectitud de las normas o mandamientos por analogía con la verdad de los enunciados asertóricos o teóricos. Sin embargo, la «verdad» de las proposiciones de obligación no puede asimilarse a la validez asertórica, como hacen los intuicionistas (como Reid, Moore, Ross, Prichard o Ewing) o los defensores de las éticas de los valores (como Rickert, Windelband, Bauch, Scheler, Hartmann, Reiner o Hildebrand). Kant diferenció la razón teórica de la razón práctica. La rectitud normativa es un *análogon* de la verdad desde el punto de vista de la pretensión de validez. Por ello se puede hablar de «cognitivismo», aunque en un sentido débil.

3. Otro rasgo característico es el formalismo. La ética de Kant propone un procedimiento formal para determinar o justificar las normas de acción. El Imperativo Categórico es ese principio de justificación que apela a la piedra de toque de la universalizabilidad: lo que está moralmente justificado han de poder quererlo todos los seres racionales, pues representa un punto de vista imparcial (exactamente el punto de vista moral).

4. En cuarto lugar tenemos el universalismo. Llamamos así a una

ética que afirma que este principio moral, u otro parecido, no es sólo la intuición de una determinada cultura o expresión de una determinada época, sino que vale en general para todas las épocas y seres racionales.

5. El dualismo constituiría el penúltimo rasgo. En efecto, la ética kantiana afirma la doctrina de los dos mundos: el fenoménico y el inteligible, doctrina en la que al mundo fenoménico o empírico pertenecerían no sólo las «inclinaciones», sino también las instituciones del Estado y de la sociedad. Lo más característico de esta doctrina sería que estos dos mundos no sólo están separados, sino que son irreconciliables y se hallan en perpetuo conflicto: las necesidades e inclinaciones «patológicas» contra las exigencias racionales de la moralidad.

6. Por último, la ética kantiana se presenta como monológica. En ella el singular ha de encontrar en su fuero interno la prueba de sus máximas de acción («im einsamen Seeleleben», dijo Husserl). La soledad cósmica del individuo frente al universo de la que se habla al final de la *Crítica de la razón práctica,* y que recuerda ciertas afirmaciones parecidas de Pascal, expresa a nivel del *pathos* este rasgo singular. En realidad, la ética de Kant nos deja más solos y desamparados que cualquier otra, en algo muy parecido a una solidaria soledad a la que no es nada difícil extraerle una punta existencialista. Nada nos dice acerca de la *gute Leben,* ni de las virtudes, ni de las normas concretas.

V. LA PRIORIDAD DE LA PRIMERA ETICA

Pero volvamos ahora a la segunda ética kantiana. Esta presupone, como se ha dicho, la primera. En esto Kant no muestra la menor vacilación. Es tajante y claro, como en el pasaje de la KU leído al principio de esta charla (§ 87). Pero por si restaba alguna duda, sirva el siguiente texto de la KpV para despejarla definitivamente:

> «La Ley moral está ya incluida en el concepto del bien supremo como condición suma... la ley moral, ya incluida en este concepto y pensada con él y no algún otro objeto, determina la voluntad, según el principio de la autonomía. Esta ordenación de los conceptos de la determinación de la voluntad no ha de perderse de vista, porque, si no, sobrevienen falsas interpretaciones y se creen encontrar contradicciones donde, en realidad, se halla todo en el armonía más completa» (KpV: 156; Ak. V, 110).

Y aun este otro:

> «Para conciliar la filosofía práctica consigo misma hay que resolver primero la cuestión siguiente: En los problemas de la razón práctica, ¿debe em-

pezarse por el principio material, esto es, por el fin u objeto de la voluntad, o bien por el principio formal, esto es, por el principio fundado sobre la libertad, en relación exterior, que dice así: obra de tal modo que puedas querer que tu máxima deba convertirse en ley universal, sea cual sea el fin que te propongas? Sin la menor duda este último principio debe preceder al otro; es un principio de derecho y, por tanto, posee una necesidad absoluta incondicionada. El otro, en cambio, no es obligatorio sino cuando se admiten las condiciones empíricas del fin propuesto, es decir, de la realización. Aun cuando este fin fuese un deber —como, por ejemplo, la paz perpetua—, tendría que deducirse del principio formal de las máximas para la acción externa» (PP, 143 s.; Ak. VIII).

VI. EL IMPERATIVO MATERIAL

Sentado esto de una vez por todas, vamos al elemento más novedoso de esta segunda ética de Kant, esto es, la introducción de este concepto (*Begriff*) o ideal de la Razón que resulta en la formulación de un imperativo nuevo, el que llamaré Imperativo Material. Este Imperativo tiene, ciertamente, un precedente en esa famosa formulación de la KrV (B 836 s.), en la que se dice: «Obra de modo que te hagas digno de ser feliz». En ella, como se ve, Kant no desatiende este complemento material de la moralidad que es la felicidad. Aunque todo el énfasis esté puesto en la dignidad, la felicidad aparece aquí como la que debería ser justa consecuencia de la conducta moralmente recta y, por tanto, como aquello que cabe esperar como consumación de la misma. En cualquier caso se trata tan sólo de una formulación que tiene el carácter de precedente y cuya interpretación en este sentido reconozco como muy discutible. Sea como fuere, a partir de la KpV las formulaciones del Imperativo Material son abundantes y claras. Veamos un pequeño elenco de las mismas:

«Es *a priori* moralmente necesario producir el supremo bien por la libertad de la voluntad» (KpV 161; Ak V, 113). «El fomento del bien supremo ... es un objeto *a priori* necesario de nuestra voluntad, y está en inseparable conexión con la ley moral» (*id.* 162; Ak. V, 114). «*Debemos* tratar de fomentar el bien supremo (que, por tanto, tiene que ser posible)» (*id.* 175; Ak. V, 125). «La ley moral ordena hacerme, en el mundo, del supremo bien posible el último objeto de toda conducta» (*id.* 181; Ak. V, 181). «Estamos *a priori* determinados por la razón a perseguir con todas fuerzas el supremo bien del mundo, que consiste en la reunión del mayor bien físico de los seres racionales del mundo, con la condición suprema del bien moral, es decir, en la reunión de la felicidad universal con la moralidad conforme a la ley» (KU § 88). «La ley moral quiere que se haga el bien más alto que sea posible por nosotros» (Rel. 21; Ak. VI, 5). «Tenemos aquí un deber, pues, de índole peculiar, no un deber de los hombres para con hombres, sino del género humano para consigo mismo. Todo género de seres racionales está, en efecto, determinado objetivamente, en la idea de la Razón, a un fin comunitario, a saber: a la promoción del bien supremo como bien comunitario ... el supremo bien moral no es efectuado por el solo esfuerzo de la persona particular en orden a su propia perfección moral, sino que exige una unión de las personas en un todo en orden al mismo fin, en orden a un sistema de hombres bienintencionados, en el cual solamente, y por su unidad, puede realizarse el bien moral supremo» (Rel. 98; Ak. VI, 97). «... Otro fin para la voluntad del hombre: el de contribuir con todas sus fuerzas al *bien supremo* posible en el mundo (la felicidad universal del mundo entero unida a la más pura moralidad y conforme a ésta)» (TP 11; Ak. VIII, 279).

Este conjunto de citaciones podría multiplicarse tanto como se quisiera. Se habrá observado que hay formulaciones con matices sensiblemente diferentes, hasta el punto de que a veces no está muy claro que Kant estuviera hablando de la misma cosa. Bien, luego haremos las consideraciones y clasificaciones que estimemos pertinentes al respecto. Vayamos ahora al concepto central de todo este asunto, esto es, el concepto de *bien supremo, höchstes Gut* o *summun bonum*. En su origen escolástico, dicho concepto era de naturaleza metafísica, y no pertenecía, por consiguiente, al discurso práctico. Con él se designaba a Dios en el sentido platónico de *agathon*. Como concepto de la filosofía práctica no aparece hasta los siglos XV y XVI, en pensadores renacentistas como Suárez, Valla, Gassendi y Campanella. En estos autores, así como en importantes autores posteriores, como Hobbes, Locke, Descartes o Spinoza, el bien supremo es o bien aquello que proporciona la felicidad (general), o bien meramente aquello que es útil para la propia conservación. La historia de este concepto es, desde luego, muy larga y desgraciadamente aquí no podemos recorrerla. Yo les remito al excelente artículo de R. Spaemann en el diccionario histórico de J. Ritter, donde encontrarán con todo detalle la reconstrucción de la andadura de dicho concepto. A nosotros nos interesa fundamentalmente Kant, y a él vamos.

VII. LAS FORMULACIONES DEL BIEN SUPREMO

Kant distingue, al comienzo de la «Dialéctica» de la KpV, entre el *oberste Gut*, que sería el bien más alto o *supremum*, esto es, la virtud, esa intención de perseverar en la lucha por la realización del deber que es una condición ella misma incondicionada, y el *höchstes Gut* o bien completo y acabado, *consumatum*, por el que Kant designa la reunión de la virtud con la máxima felicidad posible. Por tanto, lo que a nosotros nos interesa es este último concepto, el de bien supremo, del que en la obra kantiana aparecen, para bien o para mal, muchas y muy distintas formulaciones. Con una intención más bien didáctica, estableceré una clasificación de ese conjunto de formulaciones en cinco grupos, a saber:

1. el b.s. *personal,* o como bien personal;
2. el b.s. *universal,* o como bien comunitario;
3. el b.s. *inmanente 1,* o como naturaleza moralizada;
4. el b.s. *inmanente 2,* o como Idea regulativa de la Historia;
5. el b.s. *trascendente,* o como recompensa de la vida futura.

Veamos, pues, algunos textos de Kant. Por lo que hace a la primera acepción del concepto podríamos traer a colación textos como éstos:

«En cuanto la virtud y la felicidad conjuntamente constituyen la posesión del supremo bien en una persona, y en cuanto además, estando la felicidad repartida exactamente en proporción a la moralidad (como valor de la persona y de su dignidad para ser feliz), constituyen ambas el *supremo bien* de un mundo posible, significa esto el completo, acabado bien» (KpV, 158; Ak. V, 110). Esta definición del concepto lo presenta, pues, como «una síntesis de los conceptos (de virtud y felicidad)» (*id.* 160; Ak. V, 113), referida a la persona individual.

La segunda definición tiene unos acentos más comunitarios. Así, por ejemplo, estos textos:

«Estamos *a priori* determinados por la razón a perseguir con todas fuerzas el supremo bien del mundo, que consiste en la reunión del mayor bien físico *(Wohl)* de los seres racionales del mundo, con la condición suprema del bien moral *(Gut),* es decir, en la reunión de la felicidad universal con la moralidad conforme a la ley» (KU, § 88). O este otro: «El supremo bien, ese fin de todos los deseos morales, puesto por la razón a todos los seres racionales» (KpV, 163; Ak. V, 115). O bien: «El supremo bien de un mundo posible» (*id.* 158; Ak. V, 110). O este otro: «Todo género de seres racionales está en efecto determinado objetivamente, en la idea de la razón, a un fin comunitario, a saber: a la promoción del bien supremo como bien comunitario ... el bien moral no es efectuado por el solo esfuerzo de una persona particular en orden a su propia perfección moral, sino que exige una unión de las personas en un todo en orden al mismo fin, en orden a un sistema de hombres bienintencionados en el cual solamente, y por su unidad, puede realizarse el bien moral supremo» (Rel. 98; Ak. 97 s.). Reparemos en que esta segunda definición, dado su acento comunitario, implica el deber de crear instituciones que encarnen o posibiliten el bien supremo, esto es, implica en realidad el paso a una *Legalität* en la que encontramos constituciones políticas republicanas radicales, un orden jurídico penal justo, una confederación mundial constituida en orden a asegurar la paz perpetua, etc. Además, esto es contemplado por Kant no como un acto puntual, sino como la obra acumulativa de muchas generaciones.

En cuanto a la tercera definición, hay que señalar que Kant la propone como ideal de la síntesis entre la naturaleza y la moralidad, síntesis que, como se sabe, es el gran problema de la filosofía moral kantiana y será el blanco de todas las críticas a la misma desde Schiller (en su famoso epigrama) en adelante. Veamos un par de textos:

«No puede, pues, ser indiferente a la Moral el que ella se conforme o no el concepto de un fin último de todas las cosas...; pues sólo así puede darse realidad objetiva práctica a la ligazón de la finalidad por libertad con la finalidad de la naturaleza, ligazón de la que no podamos prescindir» (Rel., 21; Ak. VI, 5). O, formulado en términos leibnizianos: «... La representación de un mundo, en donde los seres racionales se consagran a la ley moral con toda el alma, como un *Reino de Dios,* en el cual la naturaleza y la moralidad llegan a una armonía» (KpV, 180; Ak. V, 145). En esta tercera definición, Kant nos propone la síntesis de la Moralidad con la Naturaleza física y social, esto es, con lo que él denomina técnicamente la «experiencia». Como más de uno habrá notado, en esta definición encontramos una cierta resonancia del concepto leibniziano de la armonía entre los reinos de la naturaleza y de la gracia, cuestión ésta que trataremos brevemente en el comentario al próximo punto.

La cuarta definición, que no deja de ser una variante de la anterior —y se ahí que sólo las haya distinguido con un índice numérico y, en cambio, las haya referido a un mismo concepto, esto es, al concepto de inmanencia—, se nos presenta, acaso, como la más interesante desde nuestros intereses, en tanto que cabe interpretarla como la proposición de la Idea Regulativa de la Historia. El lugar común de esta definición es un largo texto de la KpV:

> «Esta ley debe proporcionar al mundo de los sentidos, como *naturaleza sensible* (en lo que concierne a los seres racionales), la forma de un mundo del entendimiento, es decir, de una *naturaleza suprasensible,* sin romper, sin embargo, el mecanismo de aquélla ... la ley moral ... es la ley fundamental de una naturaleza suprasensible y de un mundo puro del entendimiento, cuya copia *(Gegenbild)* debe existir en el mundo de los sentidos, sin quebranto, empero, al mismo tiempo de las leyes de éste. Aquélla podría denominarse *naturaleza modelo (natura archetypa),* que nosotros sólo conocemos en la razón, y ésta, empero, ya que contiene el efecto posible de la idea de la primera, como fundamento de determinación de la voluntad, *naturaleza copiada (natura echtypa).* Pues, en efecto, la ley moral nos transporta, según la idea, en una naturaleza en la que la razón pura, si fuese acompañada por la facultad física adecuada a ella, produciría el supremo bien y determina nuestra voluntad a conferir, al mundo sensible, la forma como de un todo de seres racionales» (Kpv, 68; Ak. V, 44).

En esta versión del concepto de bien supremo, hallamos, en primer lugar, formulada muy claramente la idea de que el deber de promover el bien supremo consiste no sólo en hacerse bueno uno mismo, sino en hacer el mundo entero bueno. Afirmación en la cual no sería muy arriesgado hallar un eco anticipatorio de determinados aspectos de los puntos de vista que más tarde defenderán Hegel y Marx (fundamentalmente ese paso del «yo» al «nosotros»). Por otro lado, también hallamos aquí una versión kantiana de la leibniziana armonía entre los reinos de la naturaleza y de la gracia, sólo que el papel del mal en ambos pensadores es notoriamente distinto —aunque reconozco que ése es un tema que requeriría un extenso tratamiento aparte—. Pues mientras Leibniz entendía que el universo contiene una determinada cuota de Mal que contribuye a la optimización del conjunto, y en este sentido este *quatum* de maldad debe ser constante en orden a la funcionalidad del sistema, en cambio, en Kant, el mal es sólo un catalizador transitorio que moviliza las fuerzas históricas a fin de realizar el fin final de la historia que es el bien supremo, de modo que en ese proceso el mal es aquello que el progreso histórico debe abolir; la historia es, pues, vista aquí como el proceso de liquidación histórica del mal, y el hombre como una especie de demiurgo o artista cuya obra sería la historia misma, de modo que el hombre estaría encargado de llevar el fin de la creación de la potencialidad a la actualidad —y no se olvide que esta concepción está muy fundamentalmente expuesta en la KU, cuya primera parte está dedicada al juicio estético y a la razón artística; de donde la importancia, que ahora no podemos justificar, del juicio reflexionante y del uso hipotético de la razón—.

Por último, la quinta de las definiciones que aquí hemos separado según nuestro peculiar *fundamentum divisionis,* pero que, al tiempo, es la que menos nos interesa, nos remite a un concepto trascendente del bien supremo, es decir, a un estado que no sería de *este* mundo, sino *del otro,* de la vida futura. El lugar común de la definición del bien supremo en este sentido se encuentra en el capítulo sobre el «Canon» de la KrV, en la división final sobre la metodología. En dicho pasaje se dice:

«Es, pues, la felicidad en exacta proporción con aquella moralidad de los seres racionales gracias a la cual éstos se hacen dignos de la primera lo que constituye el bien supremo de un mundo en el que debemos movernos en total comformidad con los preceptos de la razón pura práctica. Ese mundo es, claro está, de carácter meramente inteligible, ya que, por una parte, el sensible no nos promete semejante unidad sistemática de los fines respecto de la naturaleza de las cosas y, por otra, la realidad de ese mundo inteligible no puede tampoco fundarse en otra cosa que en el supuesto de un bien supremo y originario en el que la razón autónoma, provista de toda la suficiencia de una causa suprema, funda, mantiene y sigue el orden de las cosas de acuerdo con la más perfecta finalidad, orden que, aunque para nosotros se halle muy oculto en el mundo de los sentidos, es universal» (KrV, A 814-B 842). Otros pasajes del mismo texto son aún más explícitos en la medida en que en ellos se dicen cosas como que en realidad se trata de «un mundo futuro para nosotros» y que «esto sólo puede suceder en el mundo inteligible» (*id.* A 811-B 839»).

En la KpV hay también diversos textos en los que parece que más bien se apunta a esta acepción del concepto. Por ejemplo, éste en el que se habla de «la representación del mundo, en donde los seres racionales se consagran a la ley moral con toda su alma, como un *Reino de Dios*» (180; Ak. V, 128).

VIII. FUNCIONES DEL CONCEPTO DE BIEN SUPREMO

El concepto de bien supremo se nos aparece como cumpliendo una serie de funciones importantes en el marco de la filosofía práctica kantiana. La primera de ellas es la de *síntesis,* esto es, la de resolver en el plano práctico ese grave problema de toda la filosofía crítica: el problema de la radical separación entre lo *a priori* y lo empírico, y muy especialmente ese divorcio sorprendente y más que problemático entre el hombre fenoménico y el hombre nouménico. El concepto de bien supremo viene a proporcionar un horizonte de síntesis, un horizonte de reconciliación entre la libertad y la naturaleza, que es al tiempo una tarea para la voluntad. Al nivel de la intención, la buena voluntad, el bien moral puro *(Gute),* puede reconciliarse con el bien meramente sensible o natural *(Wohl);* a nivel de la acción, la buena voluntad, que se apoya en su mera libertad interior, encuentra un modo de externalizarse, de realizarse en la naturaleza exterior.

En segundo lugar, el concepto de bien supremo cumple también una función de *totalización,* es decir, de integración en un todo, no sólo de elementos heterogéneos que hay que sintetizar, sino de *items* separados de un mismo tipo que hay que integrar en una secuencia totalizadora. Eso es precisamente lo que ocurre con las acciones morales, las cuales, sin la referencia última al bien supremo, aparecen como actos atómicos, aislados, sin una estructura de continuidad, de proceso coherente y concatenado.

En tercer y último lugar, el concepto de bien supremo cumple el importante papel de *proveer un fin final objetivo* a la voluntad (ese Reino de Dios en la Tierra). Con él resuelve Kant el problema de la indeterminación de la voluntad humana en ausencia de toda referencia a un fin.

IX. EL SIGNIFICADO DE LA INTRODUCCION DEL BIEN SUPREMO

La introducción del concepto de bien supremo tiene en la filosofía práctica kantiana unas enormes implicaciones que alteran con mucho el significado de ésta si se la considera solamente como aquel discurso contenido básicamente en la *Grundlegung*. En orden a una mayor claridad de la exposición agruparé esas implicaciones en cuatro puntos.

1. En primer lugar, nos hallamos ante el paso de una ética formal, esto es, una ética en la que la razón práctica consistía fundamentalmente en un proceso formal, en una especie de algoritmo para evaluar la rectitud de las normas de conducta, y en la que la misma adoptaba, por tanto, una posición más bien pasiva, de reacción frente al mundo, frente a la necesidad puntual de la acción, de todo esto, digo, pasamos ahora a una ética con contenidos materiales en la que la razón práctica aparece como constructora de fines, y en la que la voluntad ya no es una mera voluntad pura, sino voluntad de bien supremo, con iniciativas positivas tendentes a la creación de nuevos órdenes y sistemas (por ejemplo, una educación moral, instituciones públicas libres, una iglesia «racional», etc.).

2. En segundo lugar, de un planteamiento ontológico individualista que se traducía en una perspectiva monológica en la que dominaba, por consiguiente, la ética personal y la moralidad interna, pasamos ahora a una ontología de acento social, a una perspectiva dialógica que tiene como consecuencia un giro hacia una ética más social, más comunitaria (un paso del «yo» al «nosotros», como he apuntado anteriormente).

3. En tercer lugar, el bien supremo, que en la primera ética de Kant aparecía sólo en su sentido trascendente, como un fin final inalcanzable, se nos presenta ahora como estado consumado de *este* mundo que *debe* ser realizado.

4. Por último, frente a un primer Kant «liberal», que cree que el progreso se debe a un plan de la naturaleza y en el que la voluntad presenta una estructura discontinua, compuesta por actos aislados cuya bondad se establece por su mera adecuación a la ley moral y el respeto a la misma, nos hallamos ahora ante un Kant «republicano» para el que el progreso es obra consciente de la razón práctica, en el que la voluntad es voluntad ordenadora del mundo y en el que la estructura de la razón humana exige un sentido ordenador de las acciones, una síntesis totalizadora.

X. LAS RAZONES DEL GIRO DE KANT

Una cuestión abierta a la interpretación es la de por qué complementa Kant su ética formal con esta ética material. Por lo pronto, ni siquiera está claro el significado del giro kantiano, pues, mientras para unos se trata de un giro hacia la metafísica *(Düsing),* para otros se trata de una etapa en el giro hacia la estética *(Marquard)* a la que le habrían llevado los sucesivos fracasos en el campo teórico y práctico. En mi modesta opinión, creo que Kant tenía dos motivos fundamentales para su «giro», que son los que articulan el significado del mismo. En primer lugar, su convicción, que nunca dejó de expresar, en todas las etapas de su pensamiento, de que la moral debía conducir a la religión, puesto que la ética de Kant surge de sus creencias religiosas pietistas y resulta incomprensible sin ese trasfondo religioso del que surge. En segundo lugar, el incremento de la consciencia política de Kant en los últimos quince años de su vida, consciencia excitada por los grandes acontecimientos políticos que siguiera tan de cerca como es sabido, y que le llevó (y en esto coincido con Yovel y Krämling) a un mayor realismo antropológico-cultural, a comprender en términos de ese realismo que, por ejemplo, «sin ninguna relación de fin no puede tener lugar en el hombre ninguna determinación de la voluntad».

REFERENCIAS BIBLIOGRAFICAS

Las obras de Kant se citan por la edición estándar de la *Königlich Preußischen Akademie der Wissenschaften* (Berlín/Leipzig, 1923, reproducción fotomecánica de 1969). La traducción de las citas se ha tomado normalmente de las siguientes ediciones:

— *Crítica de la razón pura* (KrV), Alfaguara, Madrid, 1978.
— *Crítica de la razón práctica* (KpV), Espasa-Calpe, Madrid, 1975.
— *Fundamentación de la metafísica de las costumbres* (F), Espasa-Calpe, Madrid, 1973
— *Crítica del Juicio* (KV), Espasa-Calpe, Madrid, 1977.
— *Teoría y práctica* (TP), Tecnos, Madrid, 1986.
— *La paz perpetua* (PP), Espasa-Calpe, Madrid, 1982. Hay también edición de Tecnos, Madrid, 1985.
— *La Religión dentro de los límites de la nueva razón* (Rel.), Alianza, Madrid, 1981.

BIBLIOGRAFÍA SECUNDARIA

ALBRECHT, M. (1978): *Kants Antinomie der praktischen Vernunft,* Olms, Hildesheim.

ARNOLDT, E. (1874): «Über Kants Idee vom höchsten Gut», en *Gesammelte Schriften,* vol. 2, Berlín, 1907, pp. 196-228.

AUXTER, T. (1979): «The Unimportance of Kant's Highest Good», *The Journal of the History of Philosophy,* 17 (1979), pp. 121-134.

BARNES, G. W. (1968): *Kant's Doctrine of the Heighest Good,* Ph. D. Harvard University.

—(1971): «In Defense of Kant's Doctrine of the Highest Good», *Philosophical Forum,* 2 (1971), pp. 446-458.

BECK, L. W. (1960): *A Commentary on Kant's Critique of Practical Reason,* Chicago University Press, Chicago.

BEVERSLUIS, J. (1974): «Kant on Moral Striving», *Kant-Studien,* 65 (1974), pp. 67-77.

BONACCORSO, L. C. (1968): «Considerazioni critiche intorno alla teoria dal "sommo bene" nella "Critica della ragion pratica"», *Sophia,* 36 (1968), pp. 273-280.

BOOTH, W. S. (1983): «Reason and History: Kant's other copernican Revolution», *Kant-Studien,* 74 (1983), pp. 56-72.

BRUGGER, W. (1964): «Kant und das höchste Gut», *Zeitschrift für philosophische Forschung,* 18 (1964), pp. 50-61.

COHEN, H. (1877): *Kants Begründung der Etnik,* B. Cassirer, Berlín, 1910, pp. 344-369.

DÖRING, A. (1900): «Kants Lehre vom höchsten Gut», *Kant-Studien,* 4 (1900), pp. 94-101.

DÜSING, K. (1971): «Das Problem des Höchsten Gutes in Kants praktischen Philosophie», *Kant-Studien,* 62 (1971), pp. 5-42.

ELSMANN, W. (1877): *Über den Begriff des höchsten Gutes bei Kant und Schleiermacher,* Erlanger Phil. Diss., Leipzig, 1887, 40 pp.

GÓMEZ CAFFARENA, J. (1983): *El teísmo moral de Kant,* Cristiandad, Madrid.

GREILING, J. Ch. (1795): «Darstellung einiger Schwierigkeiten in der Lehre vom höchsten Gute», *Philosophisches Journal einer Gesellschaft Teutscher Gelehrten,* 2 (Neustrelitz, 1795), pp. 283-305.

HABERMAS, J. (1986): «Moralität und Sittlichkeit. Treffen Hegels Einwände gegen Kant auch auf die Diskursethik zu?», en W. KUHLMANN (ed.), *Moralität Sittlichkeit. Das Problem Hegels und die Diskursethik,* Suhrkamp, Francfort, 1986.

HOEKSTRA, T. (1906): *Immanente Kritik zur kantischen Religionsphilosophie,* Heidelberger Phil. Diss., 1906, pp. 63 ss.

HOMSI, H. (1975): *Vernunft und Realität in der Ethik Kants, Europäische Hochschulschriften Reihe 20,* vol. 12, Berna y Francfort, 1975, pp. 181-203.

KRÄMLING, G. (1986): «Das höchste Gut als mögliche Welt», *Kant-Studien,* 77 (1986), pp. 273-288.

LAUPICHLER, M. (1931): *Die Grudzüge der materialen Ethik Kants,* Berlín, 1931, pp. 36-57.

MARQUARD, O. (1962): «Kant und die Wende zur Ästhetik», *Zeitschrift für philosophische Forschung,* 16 (1962), pp. 231-243 y 363-374.

MICHAELIS, Ch. F. (1800): «Über das moralische Bedürfniss der Religion», en A. HENNIGS (ed.), *Resultate, Bemerkungen und Vorschläge gennanter und ungennanter Schriftsteller aus dem Gebiete der Pädagogik, Religionslehre, Philosophie und Politik,* Altona, 1800, pp. 323-349.

MILLER, E. M. (1928): *Moral Law and the Highest Good (A Study of Kant's Doctrine of the Highest Good),* MacMillan, Melbourne,

MURPHY, J. G. (1965-66): «The Highest Good as Content for Kant's Ethical Formalism», *Kant-Studien,* 56 (1965-66), pp. 102-110.

PEITER, H. (1964): *Motiv oder Effekt. Schleiermachers Ethik als Lehere vom sittlichen Sein statt vom sittlichen Sollen unter besonderer Berücksichtigung seiner im Gegensatz zu Kant aufgebauten Lehere vom höchsten Gut,* (Ost-)Berliner Theol. Diss., 1964 (Masch.), pp. 119-134.

RODRÍGUEZ ARAMAYO, R. (1984): «El bien supremo y sus postulados (del formalismo ético a la fe racional), *Revista de Filosofía (CSIC),* 7 (1984), pp. 87-118.

ROSSVAER, V. (1982): «Kant's practical Philosophy», en FOLESDAL (ed.), *Contemporary philosophy. A new survey,* M. Nijhoff, La Haya.

SCHLEIERMACHER, F. (1789): «Über das höchste Gut», en W. DILTHEY, *Leben Schleiermachers,* vol. 1, Berlín, 1870. Anhang: «Denkmale der inneren Entwicklung Schleiermachers», pp. 6-19.

SCHULZE, G. E. (1795): «Rezension zur *Religion*», en *Neue allgemeine deutsche Bibliothek,* 16 (Kiel, 1795), pp. 127-163; texto anónimo ampliado: *Einige Bemerkungen über Kants philosophische Religionslehre,* Kiel, 1795 (reimpresión: Bruselas, 1973, *Aetas Kantiana,* 241), pp. 22 ss.

SCHWARTLÄNDER, J. (1968): *Der Mensch ist Person. Kants Lehre vom Menschen,* Kohlhammer, Stuttgart, 1968, pp. 119-219.

SILBER, J. (1956): *The Highest Good as the Unity of Form and Content in Kant's Ethics,* Phil. Diss., Yale University, 1956.

—(1959): «Kant's Conception of the Highest Good as Immanent and Trascendent», *Philosophical Review,* 68 (1959), pp. 469-492.

—(1959-1960): «The Copernican Revolution in Ethics: The Good Reexamined», *Kant-Studien,* 56 (1959-1960), pp. 85-100.

—(1962-1963): «The Importance of the Highest Good in Kant's Ethics», *Ethics,* 73 (1962-1963), pp. 179-197.

—(1966): «Der Schenatismus der praktischen Vernunft», *Kant-Studien,* 56 (1966), pp. 253-273.

—(1969): «Die metaphysische Bedeutung des höchsten Gutes als Kanon der reinen Vernunft in Kants Philosophie», *Zeitschrift für philosophische Forschung,* 23 (1969), pp. 538-549.

SMITH, S. G. (1984): «Worthiness to be Happy and Kant's Concept of the Highest Good», *Kant-Studien,* 75 (1984), pp. 168-190.

SNELL, Ch. W. (1790): «Über den Begriff von dem Guten überhaupt un von dem höchsten Gute Insbesondere», *Neues philosophisches Magazin,* 2 (Leipzig, 1790-1791) (reimpresión: Bruselas 1970, *Aetas Kantiana,* 5.2), pp. 466-495.

THODORACOPOULOS, J. N. (1973): «Crítica de la noción de bien supremo en Kant», *Folia Humanistica,* vol. 11 (1973), pp. 3-7.

WALHOUT, D. (1972): «Kant's Conception of Nonmoral Good», *Southwestwer Journal of Philosophy,* 3 (1972), pp. 7-19.

WARD, K. (1972): *The Development of Kant's View of Ethics,* Oxford.

WATSON, S. H. (1986): «Kant on Autonomy, the Ends of Humanity, and the Possibility of Moralily», *Kant-Studien,* 77 (1986), pp. 165-182.

WEGSCHEIDER, J. A. L. (1797): *Ethices Stoicorum recentiorum fundamenta, ex ipsorum scriptis eruta atque cum principiis ethices, quae critica rationis practicae secundum kantium exhibet, comparata,* Hamburgo, 1797, pp. 91-100.

WITSCHEN, D. (1984): *Kant und die Idee einen christlichen Ethik. Ein Beitrag zur Diskussion über das Propium einer christlichen Moral,* Patmos, Düsseldorf, 1984, pp. 187-194.

WOOD, A. W. (1970): *Kant's Moral Religion,* Ithaca.

YOVEL, Y. (1972): «The Highest Good and History of Kant's Thought», *Archiv für Geschichte der Philosophie,* 54 (1972), pp. 238-283.

—(1980): *Kant and the Philosophy of History,* Princeton University Press, Princeton.

ZELDIN, M.-B. (1971): «The Summum Bonum, the Moral Law and the Existence of God», *Kant-Studien,* 62 (1971), pp. 43-54.

ZILIAN, E. (1927): *Die Ideen in Kants Theoretischer und praktischer Philosophie,* Königsberg Phil. Diss., 1927, pp. 41 ss.

ZWINGELBERG, H. W. (1969): «Kants Ethik und das Problem der Einheit von Freiheit und Gesetz», *Abhandlungen zur Philosophie, Psychologie und Pädagogik*, 61 (1969), pp. 186-207.

8. UNA TOTAL BELLEZA MORAL

por VICTORIA CAMPS
(Universidad de Barcelona)

Llegar a tener una idea adecuada de *persona* ha sido, desde siempre, el objetivo de toda doctrina moral. Una idea, platónica, por supuesto, a la que quisieran dar forma los filósofos que se empeñan en la tarea de transformar al ser humano. Y para hacerlo hablan de *virtudes*. Pues la *areté* no es sino la perfección, la excelencia de una cosa: aquella serie de atributos o cualidades que la hacen ser plenamente lo que debe ser. La virtud, por lo tanto, apunta siempre hacia un fin. Un fin no realizado pero posible: el fin propio de cada cosa. Todo esto lo sabemos bien desde Aristóteles que fue quien nos legó el más completo y coherente tratado de las virtudes. Es cierto que las virtudes aristotélicas eran caducas, históricas, describían al buen ciudadano del siglo IV antes de Cristo, no al ciudadano de todos los tiempos. Esas virtudes las heredó y transformó el cristianismo inyectándoles fuertes dosis de espiritualidad. Y con el cristianismo pasaron a la Modernidad que, de una u otra forma, las integró en sus distintos credos y doctrinas. Sea como sea, el concepto de virtud se mantuvo siempre unido a la idea de *fin* —el fin del ser humano; recordemos: ¿para qué nos ha creado Dios?— y también a la idea —estoica y cristiana— de *autodominio,* el poder que debe ejercer cada uno sobre sí mismo para llegar a la perfección.

Kant no es una excepción. Su «Doctrina de la virtud» es el último capítulo de una ética que en ningún momento deserta de su punto de partida como ética del *deber.* Tan convencido está Kant de la mala voluntad de los hombres, que no puede pensar la virtud sino como obligación: *un fin que es al mismo tiempo un deber.* En efecto, «virtud» significa esfuerzo, autodominio, ascesis. Por causa del estoicismo y del cristianismo, la versión griega —*areté,* «excelencia»— ha cedido ante la latina —*virtus,* «potencia»—. Es decir, se ha interiorizado y espiritualizado la antigua virtud heroica de la fortaleza. Y dice Kant: «llamamos fortaleza *(fortitudo)* a la fuerza y decisión reflexiva de oponer una resistencia a un adversario poderoso, pero injusto, y cuando se trata del adversario con que se encuentra la intención moral en *nosotros,* la fortaleza es, entonces, virtud *(virtus, fortitudo mo-*

ralis)»[1]. Para los santos, no habría doctrina de la virtud, sino sólo una doctrina de las costumbres.

Decir que el ser humano es un fin en sí «significa que posee una *dignidad* (un valor intrínseco absoluto), por la cual fuerza al *respeto* de sí mismo a todas las demás criaturas razonables, y que le permite medirse con toda criatura de esta especie y estimarse en pie de igualdad»[2]. «Dignidad», «respeto» e «igualdad» son aquí las palabras importantes y relacionadas entre sí: sólo la persona digna merece respeto, y sólo la dignidad de todos y de cada uno permite considerar a los humanos como iguales. Puesto que todo habrá de reducirse a deberes, la dignidad es un deber, el respeto es otro deber, y el cumplimiento de ambos deberes pone de manifiesto la igualdad esencial de los seres humanos. Igualdad en cuanto a ese valor intrínseco —la dignidad— que es una obligación para todos. La dignidad, así, precede al respeto del cual es la condición. Pero veamos cuáles son esos fines que dan contenido a la dignidad.

Pues bien, esos fines-deberes que ha de proponerse cada cual como horizonte de su dignidad son dos: primero, mi perfección; segundo, la felicidad de los demás. ¿Cuál es el sentido de cada uno de ellos?

«Mi perfección» consistirá en llegar a ser una persona moral, cumplidora de lo que Kant llama «los deberes para con uno mismo». Llegar a ser lo que uno debe ser ejerciendo la llamada «libertad interior» que no es otra cosa que la facultad de autodeterminarse. Pues, si los deberes de derecho están unidos a una legislación exterior, los deberes éticos se distinguen de aquéllos por estar unidos a una legislación interior. Ahora bien, como sabemos, la ley interior no es cualquier ley, no es arbitraria. Es la ley que manda según el principio supremo de la moralidad, que es ahora el principio supremo de la doctrina de la virtud: «actúa según una máxima cuyos *fines* sean tales que proponérselos pueda ser para cada uno ley universal»[3]. Quiere decir esto que la libertad interior no autoriza a cada uno a hacer lo que quiere, sino *lo que debe.* A la persona moral no le está permitido degradarse y convertirse en cosa. Comportarse dignamente es atenerse a los principios de la libertad interior o de la moralidad, haciendo que éstos se impongan a los deseos. Por otra parte, el deber sólo lo es en tanto en cuanto lo es para todos. De igual modo, las virtudes son *unas,* una determinada manera de ser, unos valores que a nadie le es lícito dejar de acatar. ¿Nos obligan esas virtudes a conformarnos con un modelo de persona? ¿Puede decirse que la ley moral configura un tipo de persona al modo como lo hicieron las virtudes aristotélicas?

---

1 E. Kant, *Metafísica de las costumbres. Doctrina de la virtud.* Introducción XIV.
2 *Ibíd.,* Primera parte, libro I, sec. II, 11.
3 *Ibíd.,* Introducción, IX.

Antes de contestar a la pregunta tengamos en cuenta la precisión kantiana de que los deberes éticos son, necesariamente «obligaciones largas». Esto es, obligaciones laxas, abiertas a una casuística infinita. Puesto que el deber no legisla sobre las acciones, sino sobre las máximas de las acciones. Máximas que no pretenden sino forjar el concepto de una persona moral. «Los deberes para con uno mismo, considerado como un ser *solamente* moral (con abstracción de su animalidad) consisten en la *forma* del acuerdo de las máximas de su voluntad con la *dignidad* de la humanidad en su persona; es decir, en la prohibición de despojarse del *privilegio* de un ser moral consistente en actuar de acuerdo con principios, es decir, de acuerdo con la libertad interior, convirtiéndose así en juguete de los simples deseos, haciendo de sí mismo una cosa» [4].

Pero aun cuando se trate de «obligaciones largas», esos deberes para con uno mismo —esas virtudes— tienen unos nombres que Kant se dispone a enumerar. Son, en general, «deberes negativos», los vicios en los que nadie debería incurrir. Y son los siguientes: el suicidio, la impudicia, la gula —como deberes del hombre para consigo en tanto que animal—, la mentira, la avaricia y la falsa humildad —como deberes para consigo en tanto que ser moral—. Caer en cualquiera de esos vicios significa abandono, negación de la propia dignidad. Es indigno, asimismo, quejarse, gemir por los sufrimientos corporales, en especial cuando uno reconoce haberlos merecido; es indigno arrodillarse para adorar imágenes, son indignas las reverencias, los cumplimientos, la pedantería en el modo de tratar a los demás cuando ese trato no es una simple forma de educación sino la expresión de una falsa humildad. A la enumeración de los vicios que afean a la dignidad humana, sigue una triste casuística que es mejor no recordar, pues no contribuye sino a echar leña al fuego del tan justamente criticado rigorismo kantiano.

¿De dónde vienen esas virtudes? Dice Kant que se deducen del autoconocimiento racional. Pero, diga lo que diga, está a la vista que son puro reflejo del sentir moral de la época, a saber, la moralidad cristiana más tradicional con matices de austeridad pietista que no desdicen de la ascética moral del trabajo. Al Kant que presume de prescindir de la religión para construir una moral racional y autónoma se le viene abajo la teoría en cuanto empieza a dotar de contenidos los principios morales. Al Kant ilustrado del *sapere aude* se le oscurecen de pronto las luces de la mera razón. Pues, mayormente, los vicios que aquí señala no proceden del supuesto autoconocimiento racional: se encuentran en el catecismo y llevan el nombre de pecados capitales.

---

[4] *Ibíd.*, Primera parte, Introducción.

El segundo gran deber enunciado por Kant —deber para con los demás— es «*la felicidad de los otros,* ya que su fin es también el mío». Deber que cuenta asimismo con el precedente evangélico «ama al otro como a ti mismo». Y consiste, como es obvio, en el deber del amor y el deber del respeto. «El deber de amor al prójimo puede expresarse así: es el deber que consiste en hacer *míos* los fines de otro (en la medida en que no son inmorales); el deber de respetar al prójimo está comprendido en la máxima de no degradar a ningún hombre a ser simplemente un medio para mis fines (no exigirle a nadie que renuncie a sí mismo para ser esclavo de mis fines)» [5].

La fraternidad, ese valor revolucionario rápidamente relegado al olvido, viene impuesto aquí como segunda obligación. Obligación de respetar los fines de los demás humanos *siempre y cuando no sean inmorales.* El otro ha de ser digno, moral, si quiere merecer mi respeto. No obstante, esa condición moral no implica que sus fines deban coincidir con los míos. Aquí ya no se trata de esos fines esenciales que hacen a la persona moral y digna y consisten en la observación y cumplimiento del deber, de los fines que *igualan* a todos los seres humanos, sino de fines contingentes y distintos, los planes de vida o ideales de felicidad de cada uno. Fines que no son deberes, sino apetencias, deseos, preferencias, opciones. Eso es lo que hay que respetar y amar aun cuando difiera de mis propios intereses.

Tenemos, pues, dos tipos de fines. Unos impuestos como deberes, los que nos convierten en sujetos morales; otros, ajenos al deber, que responden a las diferentes visiones de la vida feliz o apetecible. Los primeros fines *debo* elegirlos por necesidad moral. La elección de los segundos depende sólo de mis preferencias, gustos o ganas de hacerlo. Digamos que el que me decida por casarme o permanecer soltera, tener o no tener hijos, desempeñar esta o aquella profesión o no desempeñar ninguna, ser católica o budista, todo eso no forma un cuerpo de obligaciones morales ni de fines necesarios. Sí, en cambio, es moralmente obligatorio que yo proteja mi vida, actúe sin engaño ni doblez, huya de la avaricia y de la gula, me comporte dignamente.

Si tenemos en cuenta que la «Doctrina de la virtud» constituye la segunda parte de la *Metafísica de las costumbres,* cuya primera parte es la «Doctrina del derecho», observamos que, en la opinión de Kant, la existencia humana atiende a tres tipos de reglas de conducta:

1) El derecho positivo, legislación exterior, que ejerce sobre nosotros una constricción heterónoma. Su cumplimiento nos hace buenos ciudadanos.

2) El deber moral —las virtudes— cuya determinación viene da-

[5] *Ibíd.,* Segunda parte, Introducción.

da por el ejercicio de la autonomía moral. Su cumplimiento nos hace buenas personas.

3) Las preferencias subjetivas ajenas a cualquier tipo de obligación. Su satisfacción nos hace felices.

Tanto las leyes externas como las morales posibilitan la realización individual de estrategias de felicidad, esto es, la realización del tercer punto. Si bien no podemos olvidar la advertencia kantiana de que la felicidad no es la consecuencia necesaria de la observancia de la ley moral. El cumplimiento del deber es condición necesaria pero no suficiente. Sólo en el caso de que el deber moral se cumpliera sin excepciones por parte de todos y cada uno de nosotros, sólo entonces la felicidad sería un hecho porque sería también un hecho «el reino de Dios sobre la tierra».

El conseguirlo está, pues, en manos del individuo: del buen uso de su autonomía moral orientándola hacia fines universalizables, y de la sujeción al mandamiento del amor y el respeto a los demás. En efecto, la moralidad reside en el segundo punto. Si el deber moral es cumplido por todos y cada uno de los individuos, habrá concordia, paz, fraternidad. Sobrará el derecho positivo. El bien de la sociedad —la sociedad buena— depende de que nadie se desvíe de su fin propio, de que nadie olvide la llamada del deber.

Entre las leyes de la justicia y los ideales de felicidad —entre la vida justa y la vida feliz—, Kant reconoce y subraya otro ámbito de mayor importancia, el de las actitudes personales, disposiciones individuales, lucha por mantener la dignidad. De nuevo, la máxima del «conócete a ti mismo» se instaura como motivo de una inagotable *paideia* moral. Esa autoeducación no puede ser otra cosa que la adquisición de unas disposiciones, unos hábitos, unas virtudes.

Pero en la especificación de las virtudes es donde la moral kantiana resulta más caduca y menos acertada. Con razón se ha tildado al texto de poco atractivo, poco elegante y poco retórico. Desprende un aburrido aroma catequético. Los nombres que Kant le da a la ética son desafortunados, por lo menos para nosotros. Ahí pierde altura la universalidad de los fines. Es evidente que, si hoy nos propusiéramos hacer una lista de virtudes, coincidiría muy poco con la de Kant. Porque los valores que hoy quisiéramos priorizar son otros. La gula, la avaricia, la falsa humildad quizá sean aún vicios, pero no los más execrables. Y el respeto debido a los demás debe incluir algo distinto al dominio del propio orgullo, de la tendencia a la maledicencia o a la burla.

Quiero retener de la doctrina kantiana la propuesta a favor del autoperfeccionamiento como primer deber moral. Y preguntarme por el modo en que debemos plantearnos en nuestro tiempo ese primer deber que no consiste en otra cosa que en el desarrollo y afianzamiento de la *dignidad* humana. ¿En qué sentido la dignidad es nuestro primer deber?

1. Esa dignidad ha de ir precedida del reconocimiento y materialización de unos derechos fundamentales. Derechos que, a su vez, implican la obligación de hacerlos realidad. Es preciso acercarse al techo de igualdad que ha de identificarnos como humanos. Hay que perfilar esa noción de *humanidad,* que no está hecha ni determinada ni definida, en la teoría y en la práctica. Y esa es una tarea no sólo jurídica, sino social e individual. Si a la mujer se le reconoce jurídicamente su no inferioridad con respecto al varón, su obligación es comportarse como no inferior —lo que no significa que deba parecerse al varón—. Si al judío o al negro o al gitano se le reconocen los derechos de todo ser humano, su deber es encarnar esos derechos. El reconocimiento de la dignidad ha de ir seguido del merecimiento de la dignidad.

Lo cual no significa que regresemos a una ética meritocrática. Carecemos de criterios de mérito. Y, como observa MacIntyre, éstos habrían de encontrarse en conceptos de virtud y no en otros conceptos más modernos como el de derecho o el de utilidad. Habría que identificar unos atributos, unas formas de ser como propias de la humanidad. Pero ese objetivo no sólo parece inviable, sino incluso no recomendable. La «libertad positiva» es, en la opinión de Berlin, un ideal imposible. Pues, ¿cómo hay que conjugar la idea de dignidad —deber universalizable— con la diversidad de formas de vida? Si la dignidad es autodeterminación, ésta debería dirigirse a hacer lo que prefiero y no a conformarme con un modelo de persona. A juicio de Berlin, nos encontramos ante un conflicto al parecer irresoluble: o prescribimos un fin unitario para la sociedad, o no evitaremos que los fines individuales colisionen entre sí. ¿Y cómo puede tenerse un ideal de perfección no prescrito por la sociedad?

Ocurre que la vía negativa es más fácil y segura que la vía positiva. Pues desconocemos lo que somos y cuál es nuestro fin. No sabemos cómo debemos o queremos ser. Pero sabemos que debemos construir una sociedad donde el respeto y el amor sean posibles. Sabemos qué hay que erradicar de nuestras vidas porque enturbia el calificativo de vida humana. Distinguimos antes lo que no nos gusta, lo que nos falta. ¿Hablar de esas faltas —zonas de penumbra— es hablar de virtudes o de vicios?

2. Creo que no se trata ni de hablar de virtudes ni de determinar fines. Sería difícil encontrar hoy unas actitudes, unos atributos o disposiciones que identificaran al buen ciudadano o a la buena persona. Quienes lo han intentado, han insistido en aquellas actitudes que, básicamente, nos imponen un modo de relacionarnos, de respetar a los demás. Es el caso de Agnes Heller cuando propone las «virtudes cívicas» de la tolerancia, el valor cívico, la solidaridad, la justicia, y las

«virtudes intelectuales» de la disposición a la comunicación racional y la *phronesis*[6].

A mi juicio, ese esquema de virtudes aristotélicas es insuficiente. Pues lo que hoy empaña nuestra dignidad como personas no es sólo la manera de ser para los otros y de tratar a los otros. Esas virtudes son, por supuesto, básicas, pero nada dicen sobre cómo librarnos de nuestros males específicos. Cómo responder a los varios retos de la sociedad, sean éstos de carácter político, jurídico, tecnológico, científico. Cómo reaccionar ante los conflictos institucionales, ante el progreso técnico, ante la imposición de las leyes de mercado, la transformación del trabajo y el ocio, las desgracias ecológicas y biológicas. Cómo defendernos de las *servidumbres* que ponen en peligro nuestra definición como fines en sí. Las virtudes demandan concepciones instrumentales, y no es posible responder con seriedad a la incógnita ¿qué es el hombre? Sí lo es, en cambio, considerar hasta qué punto y de qué modo cabe mantener la dignidad ante las diversas situaciones que salen al paso. No dando recetas ni elaborando una compleja casuística. Viendo tan sólo de qué forma nuestra circunstancia afecta a la comprensión y enriquecimiento de los derechos fundamentales. Lejos de pergeñar un ideal de persona abstraído del contexto en que nos encontramos, la perfección o la dignidad han de ser pensadas desde las necesidades y problemas derivados del estado actual de la ciencia, de la técnica, de la sociedad de consumo, de la uniformización de las formas de vida, y de tantas otras cosas que no permanecen iguales de una generación a otra ni a lo largo de una misma vida.

Más que lo que debemos llegar a ser, nos preguntamos de continuo qué podemos, queremos o debemos hacer con nuestras vidas. Preguntas que nacen de nuestra circunstancia social, histórica, política, cultural o biológica. No ¿qué somos? o ¿qué debemos llegar a ser?, sino ¿qué hacer? ante los desafíos, innovaciones y conflictos de la existencia.

3. Las respuestas —o simples reflexiones— sobre todo ello no han de ser universalizables. Sin duda, en ese nivel de la autoperfección, la moral no tiene otro remedio que ir a la zaga de la sociedad, de los imprevistos que demandan respuestas dignas de un ser humano. Esos imprevistos no son los mismos en todos los lugares ni en todos los tiempos. No se deduce de ellos una sola opción sino varias, y todas pueden ser aceptables y al mismo tiempo dejarnos insatisfechos. Porque los problemas nunca se resuelven del todo. Así entendida, la moral —como la razón— es la capacidad de hacer frente a situaciones inéditas. Pero no puede hacerlo anárquica o arbitrariamen-

6 Agnes Heller, «Citizien Ethics versus Civic Virtues», *International Review of Sociology,* 3 (1987), pp. 131-145.

te, aunque no aspire a la universalidad. Ha de procurar que cada respuesta, por diferente que sea, encaje en uno u otro derecho fundamental. En ocasiones, la dignidad se manifestará como afirmación de la diferencia; en otras, como corroboración de la igualdad. Es preciso encontrar la mediación entre el ideal rousseauniano de «hacer del hombre uno», y el relativismo de que hace gala *Le neveu de Rameau* cuando afirma que «cada cual tiene su dignidad». En pocas palabras, conviene saber oscilar entre la búsqueda y exigencias de identidades específicas y los universales irrenunciables.

Lo más recuperable de la doctrina de la virtud kantiana es el énfasis puesto en los deberes para con uno mismo como esfuerzo individual por labrar una personalidad moral y digna. Si el tal esfuerzo parte de una «buena voluntad», no puede conducir a contradicciones y conflictos irresolubles. Las teorías morales que hoy propugnan la vuelta a las virtudes piensan, sin duda, en la necesidad de formar el carácter, en la autoeducación. Para hacerlo, no hace falta especificar fines y metas: basta con que no se nos olviden los principios de la justicia y los derechos fundamentales.

4. Si la moral consiste en ese esfuerzo por dar forma y contenidos a la dignidad, el ideal del bien y de la belleza o la felicidad quedarán enlazados. Pues *la dignidad va más allá de la justicia:* cuenta con disposiciones que trascienden las normas de la vida justa. «El indigno» es un cuento de Borges donde se narra una traición: una traición, por supuesto, en complicidad con «la justicia». La dignidad no coincide con la justicia: va más allá de esos «mínimos» de la persona moral que intentan fijar conceptos como los de «bienes» o «necesidades» básicas. La dignidad apunta a ese *schönes moralischen Ganze* del que habla Kant en uno de los pocos momentos en que deja de oprimirle la coraza del deber, y se pregunta: «¿No valdría más para el bien del mundo en general que toda la moralidad de los hombres se limitara a los deberes de derecho, observados, sin embargo, con la escrupulosidad más extrema, y que la benevolencia, en cambio, se contara entre los *adiaphora* (cosas indiferentes)? No es fácil ver qué consecuencias tendría ello sobre la felicidad de los hombres. Pero cuando menos, en tal caso, le faltaría al mundo un *gran ornamento moral,* quiero decir, el amor de los hombres, que en sí mismo, sin contar con las ventajas (de la felicidad) es necesario para representar el mundo como una total belleza moral en su perfección» [7]. Esa belleza moral quizá no dotaría al mundo de un sentido absoluto, pero sí de un sentido más próximo a nosotros.

---

7 Kant, *ibid.*, Segunda parte, sec. I, cap. I.

9. *EX PUMICE AQUAM?*

por GILBERTO GUTIÉRREZ LÓPEZ
(Universidad Complutense de Madrid)

La dialéctica de la razón pura, en su uso tanto especulativo como práctico, se origina para Kant en su exigencia de la absoluta totalidad de las condiciones para un condicionado dado, que sólo puede hallarse en cosas en sí mismas. La ilusión, inevitable, nace del deseo de aplicar la idea de lo incondicionado a fenómenos que no son cosas en sí mismas y se delata por la contradicción de la razón consigo misma. Kant señala a este dogmatismo de la metafísica, con su presunción de progresar en el conocimiento puro mediante meros conceptos sin una previa crítica de la propia razón pura, como la fuente de toda la dogmática incredulidad *(Unglaube)* que contradice la moralidad. Antes, pues, que aceptar las infundadas pretensiones de la razón especulativa que le obligarían a negar la moralidad misma, Kant hubo de negar el conocimiento para hacer sitio a la fe *(Glaube),* manteniendo así la primacía de la razón práctica [1].

No es esta fe la que confiere su apodicticidad y su certeza dogmática al fundamento objetivo de la moralidad, pero el recurso a la moralidad muestra una analogía sistemática con el recurso a la fe en el ámbito de la revelación. Aun reconociendo lo insólito de la formulación, Kant habla de una «fe racional pura práctica». No se nos manda creer en la posibilidad *objetiva* de los dos elementos que integran el bien supremo —la moralidad y la felicidad proporcionada al mérito— no sólo porque una creencia mandada sería un absurdo, sino porque para establecer aquella se basta la razón pura especulativa. Pero, como ésta no alcanza a hacerla *subjetivamente* concebible según el orden natural de los acontecimientos, «entra en juego un fundamento de decisión de otra especie para inclinar la balanza *(den Ausschlag zu geben)* en su vacilación». Está en nuestras manos decidir *(in unserer Wahl steht)* el *modo* de pensar como posible la definitiva congruencia entre la virtud y la felicidad. Y «lo decide un libre interés de la razón pura práctica en favor de la aceptación (*Annehmung)* de un creador sabio del mundo [2]. Pero así como la fe revelada exige al

[1] *CRP,* B XXX.
[2] *CRPr,* Dialéctica, Cap. II, VIII.

creyente que desafíe las evidencias de la mera razón para asentir a la verdad revelada, el deber moral manda al agente desentenderse del curso del mundo empírico para asentir a su precepto. Y si, gracias a la fe, el creyente Moisés logró lo que Plauto reputa insensato —*aquam a pumice postulare*—, gracias a la ley moral el agente salva el hiato que separa dos esferas heterogéneas de la realidad y se traslada, en una literal *metábasis éis állo génos,* a un orden inteligible de la libertad, que es «independiente de la animalidad y aun de todo el mundo sensible».

En muchos casos el paralelismo entre ambos argumentos ilustra significativamente las intenciones de Kant. Por aducir sólo un ejemplo, Kant celebra que la inevitable antinomia de la razón pura, lejos de abocar a la humanidad al trágico destino de Sísifo, se convierta providencialmente en el error más beneficioso que jamás haya podido cometer la razón humana. Porque, al empujarnos a buscar y hallar la clave para salir de este laberinto, nos ha descubierto por añadidura «algo que no se buscaba y sin embargo se necesita, a saber: una perspectiva en un orden de las cosas más elevado e inmutable, en el que estamos ahora y en el que podemos en adelante atenernos, según preceptos determinados, a continuar nuestra existencia de conformidad con la suprema determinación de la razón» [3]. El esquema argumental es análogo al que empleara la liturgia medieval de la Pascua para ensalzar con lírico entusiasmo y dudosa ortodoxia el «ciertamente necesario pecado de Adán, que fue destruido por la muerte de Cristo y la feliz culpa que nos mereció tan digno redentor». Aun de los males la providencia sabe sacar bienes.

Pero Kant parece entender que la rigurosa analogía entre ambos argumentos permite trasladar a la firmeza del asentimiento subjetivo que el agente presta a la conclusión del silogismo práctico —la decisión moral concreta— unas características equivalentes a la apodicticidad y certeza que posee su premisa mayor —la máxima—. Las mismas que permiten al creyente prestar, mediante el acto de fe, un asentimiento firme a la verdad revelada. Esto se hace más patente si se acepta *pro hypothesi* interpretar la ética kantiana como el trasunto racionalizado de una inspiración básicamente soteriológica que muestra profundas semejanzas con otras filosofías morales como la estoica o, incluso, la versión tomista de la ética aristotélica. Pero que, a diferencia de esta última, resulta víctima de las aporías que suscita el dualismo ontológico y gnoseológico radical de la filosofía de su autor.

Una de las consecuencias de este dualismo, ontológico a la par que gnoseológico, es que el mundo sensible no tiene en sí mismo la razón de ser ni de su cognoscibilidad ni contiene el fundamento de determi-

3 *CRPr,* Dialéctica, Cap. I.

nación de la voluntad moral. Nada hay que esperar de las inclinaciones de la naturaleza humana ni de sus particulares propiedades para establecer la realidad del principio moral. Hablando metafóricamente podría decirse que sólo en la noche oscura del sentido nos es dado contemplar la virtud en su verdadera figura. Kant no afirma con esto que la naturaleza o el mundo empírico sean una mera ilusión o carezcan de bondad propia. Aunque el bien del mundo no es el bien supremo, entra con él como componente congruo y necesario del bien completo o integral, pero la realización de éste está condicionada a la existencia —postulada, no demostrable— de un creador del mundo.

Al determinar la diferencia entre lo que es objeto de la fe y de la visión, Santo Tomás acepta la caracterización de aquella como «sperandarum substantia rerum, argumentum non apparentium»: garantía o prenda de lo que se espera y prueba de realidades que no se ven. Como el creer es «cum assensione cogitare», la fe implica asentir intelectualmente a lo creído. Existen dos formas básicamente distintas de asentimiento. Una, cuando éste es movido por el objeto, bien de manera inmediata, como en el caso de la evidencia de los principios —*intellectus principiorum*—, o bien mediata, como en el caso de las conclusiones de un argumento —*scientia*—. Otra, cuando el objeto no se basta por sí para mover al asenso y se requiere «una cierta elección que voluntariamente se inclina a una parte más que a otra». Hay opinión cuando ésta se lleva a cabo «con duda y temor de la otra parte»; fe, cuando se hace «con certeza y sin ese temor» [4].

Como en el acto de fe interviene tanto el entendimiento como la voluntad, el objeto de la fe puede considerarse de tres maneras. En cuanto objeto del intelecto hay que distinguir entre «credere *Deum*» —Dios mismo «et etiam multa alia» como objeto material de la fe— y «credere *Deo*» —creer a Dios, verdad primera, como razón formal del objeto de la fe o medio por el cual se asiente a lo creíble. En cuanto el entendimiento es movido por la voluntad, hay que hablar de «credere *in Deum*», pues la verdad primera «se refiere a la voluntad en cuanto tiene razón de fin para esta» [5], ya que «por medio de ciertos efectos de la divinidad el hombre es ayudado en su tendencia a la fruición divina» [6], es decir, a la unión con Dios como *summum bonum* [7] y felicidad eterna [8]. Esta tercera consideración es la que hace de la fe una posesión anticipada —*prima inchoatio*— de las cosas qúe se esperan. De Dios proceden tanto el conocimiento de la verdad como

[4] *Summa Th.*, 2-2, q.1, a.4.
[5] *Id.*, q.2, a.2.
[6] *Id.*, 1, q.6, a.1.
[7] *Id.*, 1, q.6, a.2.
[8] *Id.*, 2-2, q.17, a.2.

la obtención de la bondad perfecta. Por la fe el hombre se une a Dios como principio del conocimiento de aquella; por la esperanza, en cuanto principio de la consecución de esta.

En la *Suma contra gentiles* (3, 48), tras haber probado que la felicidad última del hombre no se halla en esta vida, Santo Tomás se compadece de las angustias que padecieron ingenios preclaros como Averroes al comprender que la felicidad no consiste en el conocimiento especulativo, sino en la unión con la substancia separada, que erradamente creía posible de lograr en esta vida; o el propio Aristóteles, quien, consciente de que el único conocimiento posible en esta vida es el especulativo, se veía forzado a concluir que es imposible conseguir la felicidad perfecta. En la filosofía de Santo Tomás, en cambio, la insaciabilidad de la inteligencia limitada al conocimiento abstractivo —el *inquietum cor* agustiniano— no hace más que transparentar la existencia, en la naturaleza humana, de un deseo natural de ver a Dios por esencia puesto en ella por su propio creador. Pero al mismo tiempo cree que la inmortalidad del alma, racionalmente demostrable, nos permite afirmar que podremos acceder a la verdadera felicidad después de esta vida, liberándonos así de aquellas angustias. Existe una vía natural de acceso al conocimiento de la existencia del mismo ser que por la fe sabemos que nos garantiza la posibilidad de alcanzarle en cuanto bien supremo y último fin.

No por esto el principio cristiano de la moral merece para Kant el reproche de heteronomía, pues éste «no hace del conocimiento de Dios y de su voluntad el fundamento de las leyes morales, sino sólo del logro del supremo bien, bajo la condición de la observancia de las mismas» [9]. Pero, en cambio, para él el propio Dios y la inmortalidad del alma son meros postulados que ni son ni proporcionan conocimiento especulativo alguno. Son exigencias absolutamente necesarias de la razón pura en su uso práctico que, «una vez reconocido que la ley moral pura obliga irremisiblemente a cada cual como mandato y no como regla de prudencia», permiten «al hombre honrado decir: yo *quiero* que exista un Dios... persisto en ello y no me dejo arrebatar esa fe» [10]. También en este aspecto el mundo de la gracia ha quedado escindido del mundo de la naturaleza [11].

Pero, por lo mismo que el bien del mundo no es el bien supremo, no cabe parangonar ambos géneros de bien ni, propiamente hablando, elegir entre ellos como si estuviesen en los dos platillos de una misma balanza. La sentencia *fiat iustitia, pereat mundus,* como el propio Kant la interpreta en *La paz perpetua,* afirma que las máximas

9 *CRPr,* Dialéctica, Cap. II, V.
10 *Id.,* Cap. VIII.
11 *CRP,* B 839-840.

políticas han de fundarse en la idea moral del deber, cualesquiera fuesen las consecuencias físicas que de ello se sigan. Por mucho que se matice su aplicación indiscriminada por restricciones prudenciales, no hay duda de que la tesis que con mejor o peor fortuna sintetiza responde a su firme convicción de que el bien humano y todo cuanto pueda tener valor para la más íntima de nuestras inclinaciones ha de ser sacrificado antes que violar la ley moral. Algo que bellamente expresan las palabras de Juvenal cuando describen el mal supremo como *animam praeferre pudori et propter vitam vivendi perdere causas* [12]. Ni el mundo empírico contiene en sí mismo la razón última de su bondad ni ésta, aun siendo real, es el criterio o el todo de la bondad. El mundo natural no agota la totalidad de lo real [13].

Siendo justos con Kant es menester reconocer, como he hecho en otra parte [14], que el mundo empírico no corre mejor suerte en otras teorías morales que, en contraste con la kantiana, aspiran a fundamentarse en la experiencia. Cuando Hume afirma en el *Tratado de la naturaleza humana* que «no es contrario a la razón preferir la destrucción del mundo entero a sufrir un rasguño en mi dedo» (416) lo que pretende es demostrar la intrínseca irracionalidad de las preferencias empíricamente dadas. Pero precisamente por ello éstas se revelan como un déspota tan absoluto y originario —*sic volo, sic iubeo*— como parece serlo el deber moral, «que no encierra nada amable que lleve consigo insinuante lisonja, sino que exige sumisión» [15]. Conclusión ésta que sólo desconcierta a quienes habrían esperado del confesado propósito de Hume de naturalizar la ética mediante «la introducción del método experimental de razonamiento en los asuntos morales» [16], el reconocimiento, a la naturaleza y al único mundo real, de un estatuto ontológico más sólido.

El supuesto dualista kantiano, pues, escinde radicalmente el universo de la sensibilidad del de la racionalidad y el reino de la necesidad natural del de la postulada libertad de los agentes morales. Al sostener la estricta irrelevancia de toda consideración empírica, no ya para sentar el fundamento racional de la ley moral misma, sino ni aun para fundar la decisión concreta del agente moral, la argumentación de Kant evoca el razonamiento teológico que sustrae el acto de fe, como tal, a la secuencia de actos de conocimiento puramente naturales que lo preceden y hacen del creer un *rationabile obsequium* pero

[12] *CRPr,* Metodología.
[13] *CRP,* B 446-447 / A 418-419.
[14] «La razón práctica, de Hume a Kant», en E. Guisán (ed.), *Esplendor y miseria de la ética kantiana,* Anthropos, Barcelona, 1988.
[15] *CRPr,* Analítica, Cap. III.
[16] *THN,* Subtítulo.

no una conclusión lógica. Existe una notable semejanza entre la dialéctica de lo visible y lo invisible en el ámbito de la fe, que es por definición *de non visis,* y en el de la moral. El peor servicio que puede hacerse a éstas es quererla deducir de ejemplos aunque sean el del mismo Santo del Evangelio, puesto que incluso éste —a quien vemos— ha de juzgarse a la luz de la idea de la perfección moral —que no vemos—. Cuando se trata del valor moral no importan las acciones, que se ven, sino sus íntimos principios, que no se ven.

Como lo hacen observar los historiadores [17], al plantearse sistemáticamente las relaciones entre la racionalidad humana y la verdad revelada, la filosofía de inspiración cristiana osciló entre los polos extremos que representan, por una parte, «el racionalismo puro de Averroes y el fideísmo de Ockham, quien desespera casi completamente del poder metafísico de la razón» [18]. En el límite de la escisión entre el universo de la razón y el de la fe se halla la teoría de la doble verdad atribuida a los averroístas latinos como Siger de Brabante. Pero, sin llegar a tanto, ni siquiera los filósofos más reacios a recurrir a la fe en cuestiones de filosofía natural negaron jamás la posibilidad y aun la necesidad de que Dios revelase verdades accesibles de suyo a la mera razón subviniendo así a su debilidad en aquellos casos en los que apelar a la sola luz natural hacía imposible o tardío el hallazgo del camino cierto de la salvación. A pesar de ello, la tensión implícita en todo sistema dual de conocimiento hizo intrínsecamente inestable la coexistencia de razón y fe en el universo único de la filosofía. El motor de su evolución histórica como disciplina autónoma fue el empeño en diferir cuanto fuese posible, primero, y prescindir por completo, al final, del recurso a la fe.

Resulta bastante evidente el paralelismo de las relaciones entre razón y fe y las que Kant establece entre los imperativos de la razón pura práctica y lo que la mera razón —o, más exactamente, la experiencia— nos permite conocer de las condiciones naturales en la que los agentes actúan. La universalidad y necesidad con la que se presenta la obligación no puede extraerse de la observación de la naturaleza. La insistencia de Kant en la apodicticidad objetiva de la ley moral como fundamento de la certeza subjetiva de la máxima moral está ligada a su concepto del conocimiento como aprehensión de la *Gesetzlichkeit,* por la que necesariamente todo ocurre en la naturaleza o debe ocurrir en la libertad. Pero no se sigue que el carácter apodíctico de la ley moral haya de procurar al agente, además, la certeza de que la bondad de su acción concreta no depende en principio de

[17] Por ejemplo, Gilson, en *El espíritu de la filosofía medieval,* Emecé, Buenos Aires, 1952.

[18] *Id.,* p. 45.

sus consecuencias en el mundo real, de forma semejante a como la fe ofrece al creyente un conocimiento indudable y cierto de sus objetos que ni necesita ni tolera ningún recurso a la experiencia. En *La Religión...* afirma taxativamente que las leyes morales «ordenan absolutamente, cualquiera sea su resultado, e incluso obligan a abstraer absolutamente de él cuando se trata de una acción particular... Todos los hombres podrían tener bastante con esto si (como debieran) se atuviesen tan sólo a la prescripción de la razón pura en la ley. ¿Qué necesidad tienen de saber el resultado de su haber moral que el curso del mundo llevará consigo? Para ellos es suficiente hacer su deber, aun cuando con la vida terrena se acabase todo y en ésta incluso no coincidiesen nunca felicidad y dignidad» [19].

Preguntarse por el sentido que tiene hablar de certeza en materia de moralidad es plantearse de forma radical lo que se espera de una teoría ética. Desde las primeras páginas de la *Etica a Nicómaco* Aristóteles excluye el rigor y la exactitud *(akribeia)* de los asuntos morales, pues la propiedad más notable de éstos es su carácter errático: no en vano el término que la designa —*plane*— es el que sirve para distinguir los astros errantes —los planetas— de las estrellas fijas. Ciertamente el concepto aristotélico de exactitud no es intercambiable con el de certeza kantiano. Este mienta el carácter inconmovible del asentimiento que prestamos al principio objetivo de la moralidad; aquél, el grado de determinación con que podemos formular el principio para subsumir en él el caso singular.

Kant sostiene que «es suficientemente claro para cada uno lo que debe hacer para mantenerse en el carril del deber *(im Gleise der Pflicht)*» [20] sin necesidad *prinzipiell* de atender al curso de los acontecimientos. Kant formula, no obstante, la reserva de que ha de procederse «según reglas de sabiduría», pero resulta imposible concebir la formulación de estas reglas de forma que no implique examinar empíricamente a dónde conduce, en cada caso concreto, seguir el carril del deber. En *Sobre un presunto derecho a mentir por filantropía* el propio Kant aprueba la observación de Constant según la cual «siempre que un principio demostrado como verdadero parece inaplicable, es que ignoramos el principio intermedio que contiene el medio de su aplicación», pero éste «no puede encerrar sino la más precisa determinación de la aplicación de (aquél) a los casos que se presenten, mas nunca excepciones a él». La certeza de que goza el principio universal descendería así, a través de los principios intermedios, hasta la propia decisión singular del agente. Pero Kant no muestra la conexión sistemática de esos principios intermedios —las reglas de la sabiduría o de la política en su caso— con los extremos entre los que media.

[19] Ed. Meiner, Vorländer, p. 7.
[20] *La paz perpetua,* Meiner, p. 152.

Kant afirma que «estamos *a priori* determinados por la razón a perseguir con toda la fuerza el supremo bien del mundo, que consisten en la reunión del mayor bien empírico *(das Wohl)* de los seres humanos con la condición suprema del bien moral *(das Gute),* es decir, en la reunión de la felicidad universal con la moralidad conforme a la ley» [21]. Para el agente moral que ha de decidir en concreto esta determinación puede abocarle o bien a la paradójica certeza de verse obligado a lo imposible, o bien a aferrarse a la fe ciega de que ese fin se alcanzará por la mediación de un tercero distinto de él mismo y del mundo y que es quien da razón de la teleología inmanente a éste. Al menos así parece darlo por supuesto la exhortación, de resonancia inequívocamente evangélica, a «buscar primero el reino de la razón práctica y su justicia, y así vuestro fin *wird euch von selbst zufallen*». Lo bueno y lo malo pertenecen a series causales paralelas, pero la moral posee la providencial propiedad de que «cuanto menos subordina la conducta a los fines propuestos y al provecho apetecido, físico o moral, tanto más coincide con él», mientras que «lo moralmente malo tiene la propiedad inseparable de su naturaleza, de destruirse a sí mismo y deshacer sus propios propósitos... dejando sitio así, aunque con lentos progresos, al principio moral del bien» [22].

Para el creyente kantiano la fe racional práctica pura es una libre determinación de nuestro juicio que, incluso en los bienintencionados *(Wohlgesinneten)* puede tambalearse, pero nunca hacerles perder la fe [23]. Para el creyente sin más, Santo Tomás afirmaba que la fe es un acto del entendimiento que asiente a la verdad divina por imperio de la voluntad movida por Dios mediante la gracia [24]. Queda por analizar si el paralelismo entre ambos tipos de fe nos permitiría comprender en qué consiste, en el ámbito moral, el equivalente al infiel, al descreído o al que se resiste al don de la fe en el ámbito teologal. Pero entretanto, y por analogía con el proceso de des-creimiento que sufrió la filosofía, podría interpretarse la tradición del naturalismo desde Hobbes o Hume hasta Gauthier o Parfit en nuestros días como un intento no sólo de naturalizar la ética, sino de des-moralizar una naturaleza que incluye las acciones y decisiones tanto individuales como colectivas. Como un intento de explorar hasta dónde es posible diferir el recurso a la Moral o, incluso, si en algunos contextos es posible o necesario pasarse sin ella. Para ello es preciso mostrar si, cómo, en qué momento y para servir a qué propósito emergen de la naturaleza la moralidad, de la necesidad la virtud, del interés el deber o del egoísmo la cooperación. Algo así como extraer, sin la vara de Moisés, *ex pumice aquam.*

21 *CJ,* 88.
22 *La paz perpetua,* pp. 159-161.
23 *CRPr,* Dialéctica, Cap. II, VIII.
24 *Summa Th.,* 2-2, q.2, a.9.

II. EL PENSAMIENTO POLITICO-JURIDICO DE KANT

10. LECTURA KANTIANA DEL *CONTRATO SOCIAL*

por EDUARDO BELLO
(Universidad de Murcia)

Dos son los motivos principales, entre otros, que me han llevado al estudio de la relación Rousseau/Kant: el debate sobre «la modernidad como problema» (Foucault)[1], por una parte, y, por otra, la necesidad de repensar lo político desde nuestra propia actualidad.

Si la modernidad como proyecto inacabado tiene su punto de partida, según Habermas, en el siglo XVIII[2], ¿no serán Rousseau y Kant, tal vez, los autores más lúcidos de dicho proyecto, al menos por lo que a la *razón práctica* se refiere? O, si convenimos con Cacciari en que la modernidad es un proyecto aporético, ¿no habrá que preguntarse si las aporías constitutivas de la modernidad han surgido ya con el proyecto mismo, al menos en lo que a la filosofía política concierne? El estudio de la filosofía ético-política de J.-J. Rousseau y de su influencia manifiesta en la tesis de la primacía de la razón práctica kantiana aparece, pues, desde la necesidad de responder a estas preguntas, como una tarea ineludible. Pues bien, realizar dicha tarea tomando como punto de partida el análisis de la noción de *contrato social* de Rousseau y confrontando, además, la posición de éste con la lectura kantiana del mismo, ha sido uno de los aspectos de aquel estudio, cuyo resultado ahora me propongo exponer.

El segundo motivo —la necesidad de repensar lo político desde nuestra propia actualidad— no ha hecho sino remitirme al mismo punto de partida. Si es posible repensar hoy lo político, ¿cuáles son las claves o términos en los que hay que plantear tal problema? Si, como señalan Habermas y Rawls, la razón práctica ha de buscar una solución al problema de la justicia[3], ¿no es una de las claves de la acción política bien fundada volver a tomar conciencia del papel que ha ju-

1 «Seminario sobre el texto de Kant: "Was ist Aufklärung?"», en *La crisis de la razón,* Publicaciones de la Universidad de Murcia, 1986, p. 16.

2 «La modernidad, un proyecto incompleto», en H. Foster (ed.), *La posmodernidad,* Kairós, Barcelona, 1985, pp. 27-28. AA.VV., *Habermas y la modernidad,* Cátedra, Madrid, 1988.

3 J. Habermas, *ibíd.,* p. 28. J. Rawls, *A Theory of Justice,* Harvard University Press, Cambridge, 1971, tr. esp. en F.C.E.

gado y juega en ella la noción de *contrato social*? Desde esta perspectiva, más que hablar de «fin del contrato» como piensa Claude Gilbert [4], habrá que seguir hablando de «nuevas teorías del contrato social» [5] o, en todo caso, de «la interminable querella del contrato social» [6].

La lectura kantiana del contrato social, que propongo, carece de sentido si la consideramos simplemente como un debate más de la querella interminable. Pero adquiere, sin embargo, un relieve particular si, además de analizar su significado en el marco histórico/teórico de la filosofía política del siglo XVIII, retenemos la aportación decisiva de Rousseau y Kant como punto de referencia indispensable de las nuevas teorías del contrato social, en particular, y de las condiciones de posibilidad de una nueva filosofía política, en general.

I

Cabe anticipar la aportación de Rousseau y Kant afirmando, con U. Cerroni, que estos pensadores constituyen «los dos momentos teóricos en los cuales el iusnaturalismo concluye su *iter* y abren perspectivas nuevas para la ciencia social moderna» [7]. De otro modo, la *crítica* del iusnaturalismo en ambos tiene como consecuencia la *apertura* de nuevos espacios para la ciencia social jurídico-política.

¿Quiere decirse, entonces, que sólo cabe una lectura lineal de Rousseau a Kant? ¿Puede entenderse, acaso, que la lectura kantiana del «contrato social» sólo puede hacerse en términos de filiación? Nada más lejos de esta mera hipótesis. Como veremos, la interpretación que hace Kant de Rousseau no puede sino calificarse de *crítica* en el doble sentido de esta palabra: por una parte, como distancia teórica respecto de algunas tesis del ginebrino, por otra, en el sentido auténticamente kantiano de crítica trascendental incluso en el problema jurídico-político.

Que la lectura kantiana no es mero eco reiterativo, sino interpretación crítica desde una posición personal, se comprende mejor si distinguimos dos momentos, al menos, de la aproximación de Kant a la obra de Rousseau: el de la primera lectura, tras la publicación en 1762 del *Contrato social* y de *Emilio,* y el de la segunda, veinte años más tarde cuando Kant reflexiona sobre problemas de la razón prác-

---

[4] *Traverses. Politique fin de siécle,* 33-34 (1985), pp. 20-25.

[5] F. Vallespín Oña, *Nuevas teorías del Contrato Social: J. Rawls, R. Nozick y J. Buchanan,* Alianza, Madrid, 1985.

[6] S. Goyard-Fabre, *L'interminable querelle du contrat social,* Ed. de l'Université d'Ottawa, Ottawa, 1983.

[7] *Marx e il diritto moderno,* Ed. Riuniti, Roma, 3.ª ed., 1972, p. 264.

tica después de la muerte del rey Federico y bajo el eco resonante de los acontecimientos de la Revolución francesa. Del primer momento nos quedan sus *Bemerkungen* o «*Notas*» a las *Observaciones sobre el sentimiento de lo bello y lo sublime,* y algunas referencias más en obras de las dos décadas posteriores. Del segundo momento nos queda constancia fiel en las obras publicadas después de 1784, obras a menudo mal llamadas «menores» como son las que plantean el problema de la filosofía de la historia, el problema moral o el problema jurídico-político; por citar algunas: *Ideas para una historia universal en clave cosmopolita, Teoría y Práctica, La paz perpetua, El conflicto de las Facultades* (2.ª parte), etc., sin olvidar, claro está, *Doctrina del Derecho.* A estas obras del segundo momento nos referimos concretamente en nuestro estudio, «Lectura kantiana del contrato social».

El mismo Kant nos ha dejado, en sus «*Notas*» primeras, una indicación que permite rastrear en su obra posterior las posibles huellas de un pensador contra-corriente que le obsesiona tiempo ha: Rousseau. «Es necesario que lea y relea a Rousseau —anota hacia 1763— hasta que la belleza de la expresión no me perturbe más; sólo entonces podré captarlo mediante la razón» [8]. Aun así, aun leyendo a Rousseau por primera vez dejándose envolver por «la magia de su elocuencia», por su «rara penetración de espíritu» [9], Kant no sólo altera el ordenado plan de sus paseos, sino —lo que es más impresionante— también altera o transforma el orden de sus ideas, no en términos de revolución copernicana, sino de acuerdo a la original inspiración rousseauniana: «Ha sido Rousseau quien me ha desengañado» —confiesa [10]—. Como Hume del sueño dogmático, el autor del *Discurso sobre las ciencias y las artes* le ha desvelado la ilusoria superioridad del saber y, en consecuencia, le ha proporcionado un nuevo programa: no ya la pretensión de conocerlo todo, como erudito que desprecia al vulgo, sino hacer que el hombre tome conciencia de su lugar en el mundo y que comprenda lo que *debe ser* para *ser* un hombre [11]. Y, con el programa, una nueva tarea y un nuevo supuesto: «Rousseau —anota Kant— desea esencialmente una educación libre, *que forme un hombre libre*» [12]; y añade: pero, «¿de qué modo la *libertad,* en sentido propio (la libertad moral, no la libertad metafísica), constituye el principio supremo de toda virtud y de toda felicidad? [13].

---

[8] «Extrait des *Remarques* touchant les Observations sur le sentiment du beau et du sublime», en *Observations sur le sentiment du beau et du sublime,* ed. de R. Kempf, J. Vrin, Paris, 2.e ed., 1980, p. 65.

[9] *Ibíd.,* p. 65.

[10] *Ibíd.,* p. 66.

[11] *Ibíd.,* p. 72.

[12] *Ibíd.,* p. 67.

[13] *Ibíd.,* pp. 71-72.

Si bien se observa en este enunciado lo que será más tarde uno de los postulados de la razón práctica, es importante señalar al mismo tiempo que ésta, la *razón práctica,* se extiende ya desde ahora tanto a la vida moral como a la vida política y social, tal como se desprende de las «*Notas*» suscitadas por la primera lectura. En efecto, «subordinar todo a la libertad *(freie Willkür),* escribe Kant, es la mayor perfección». «Lo que es mucho más penoso y antinatural que el yugo de la necesidad, es *la sumisión* de un hombre a la voluntad de otro»[14].

Sin duda, resuena en estas líneas la tesis del *Discurso sobre el origen de la desigualdad.* Pero resuena igualmente la tesis del *Contrato social* en esta otra «Nota»: «Esta *libertad* comprende tanto la voluntad propia como la voluntad general *(voluntas communis hominum),* según la cual el hombre se considera al mismo tiempo de acuerdo con la voluntad general»[15].

Con todo, aunque «la adhesión de Kant a Rousseau es, en esta época, infinitamente más fuerte que sus reservas»[16], el pensador de Königsberg no oculta éstas en sus anotaciones. La primera divergencia es *metodológica,* pues, según Kant, «Rousseau procede sintéticamente y parte del hombre de la naturaleza; yo procedo analíticamente y tomo como punto de partida al hombre civilizado»[17]. La segunda divergencia es más compleja, y anticipa la reserva constante que se advierte luego en la lectura kantiana del contrato social; observa Kant: «Tiene razón Rousseau para criticar las instituciones históricas, pero éstas son el germen de aquellas otras que podrán ser buenas»; y añade: para combatir la injusticia no se ha de proceder según el orden de la naturaleza, es decir, bruscamente, sino únicamente según el orden de la constitución civil y por medio de la autoridad establecida[18].

Ahora bien, ¿no es precisamente la autoridad establecida, esto es, la monarquía, entendida como la única fuerza capaz de asegurar el orden legal, uno de los obstáculos que alejan a Kant del ideal constructivo de Rousseau?

---

14 G. Vlachos, «L'influence de Rousseau sur la conception du contrat social chez Kant et Fichte», en *Etudes sur le «Contrat Social» de J. J. Rousseau,* Société Les Belles Lettres, París, 1964, p. 461. J. Muguerza, «Contrato social y mito comunitario en Rousseau, Kant y Marx», en *Homenaje a J. A. Maravall,* 3 vols., Centro de Investigaciones Sociológicas, Madrid, 1985; J. Rubio Carracedo, «El influjo de Rousseau en la filosofía práctica de Kant», en *Esplendor y miseria de la ética kantiana,* ed. de E. Guisán, Anthropos, Barcelona, 1988.

15 V. Delbos, *La philosophie pratique de Kant,* PUF, París, 3.ª ed., 1969, pp. 160-161.

16 *Ibíd.,* p. 118.

17 «Extrait...», cit., p. 66.

18 Cit. por G. Vlachos, «L'influence de Rousseau...», p. 464.

Pero, ¿cuál es, en síntesis, el ideal constructivo de Rousseau? ¿Cuál la lectura kantiana de este ideal? Nos encontramos de lleno ante el problema central del presente trabajo. Nuestra propuesta de solución nos lleva a responder al problema planteado analizando sucesivamente, en primer lugar, la teoría del contrato social en Rousseau y Kant y, en segundo lugar, dos consecuencias de dicha teoría, a saber, la primacía del principio de la soberanía popular, y la constitución del Estado.

II

Es difícil apreciar la original aportación del *Contrato social* de Rousseau, si no lo remitimos a su historia efectiva. En efecto, el término mismo de *contrato/pacto* posee en el siglo XVIII una «polisemia vertiginosa» [19], ya que desde los monarcómacos y *Vindiciae contra Tyranos* a finales del XVI aparece en la mayor parte de los autores de filosofía política, tales como Althusius, Grocio y Spinoza, en los Países Bajos; Hobbes y Locke, entre otros, en Inglaterra; Pufendorf y la Escuela del Derecho Natural, en Alemania; Diderot (arts. de la *Enciclopedia:* «Droit naturel», «Autorité politique»), en Francia; Burlamaqui y Barbeyrac, en Ginebra.

En el marco de este vértigo semántico, Rousseau no se propone en el *Contrato social* una obra de «doctrina», sino de «investigación», esto es, no se propone divulgar la teoría contractualista sistematizada por Grocio y Pufendorf, y divulgada por los discípulos de éste y por los artículos de Diderot. Lo que Rousseau se propone, pues, es una obra científica en el campo concreto de la ciencia política, que desde Hobbes está necesitada de «palabras claras, depuradas, purgadas de toda ambigüedad» [20] y en el *Discurso II* leemos que los fundamentos del iusnaturalismo, tales como los conceptos de «naturaleza humana», «ley natural», están cargados de ambigüedad *(Prefacio)*. Lo que Rousseau se propone, pues, es algo así como lo que hoy llamamos «teoría crítica de la sociedad»: ¿Sobre qué bases está asentada la sociedad desigual? Más aún: ¿cuál es el origen de la sociedad? ¿Cuáles son las condiciones de posibilidad de una sociedad más justa? Lo que Rousseau se propone, pues, es investigar los fundamentos de toda *legitimidad* social y política y desenmascarar, al mismo tiempo, toda ilegítima organización socio-política: «Quiero averiguar —así comienza el *C.S.*— si en el orden civil puede haber alguna regla de administra-

[19] S. Goyard-Fabre, *L'interminable querelle du contrat social,* p. 211.

[20] Hobbes, *Leviatán,* ed. de C. Moya y A. Escohotado, Editora Nacional, Madrid, 1980, cap. V, p. 155.

ción *legítima* y segura, tomando a los hombres tal como *son,* y a las leyes tal como *deben ser*»[21].

Pero, ¿cómo debe ser, no ya la ley, sino el fundamento mismo del que emana la ley, para que ésta sea *legítima*? ¿Cómo debe ser un «orden social» tal que su legalidad posea al mismo tiempo título de *legitimidad*? ¿Cuáles son, en definitiva, «los fundamentos reales de la sociedad humana»? (Prefacio al *Discurso II*). Según Rousseau, ni la *fuerza,* que «no hace derecho», porque «sólo se está obligado a obedecer a los *poderes legítimos*»; ni el derecho divino, ni el derecho hereditario o paterno, ni el derecho de conquista, pueden dar lugar a un orden social que no sea el constituido por relaciones de dependencia o de esclavitud, por situaciones de injusticia y desigualdad, por el ejercicio del despotismo y la ausencia de legalidad.

Según Rousseau, pues, el fundamento del nuevo orden político-social sólo puede ser una *primera convención* denominada *contrato social,* esto es, «el *acto* por el que un pueblo es un *pueblo*»[22].

¿En qué consiste la original aportación de Rousseau? ¿En qué radica su concepción revolucionaria y crítica del iusnaturalismo (Verdross)? Sencillamente en esto: en que *una sociedad libre y justa* se funda sobre una primera convención —el *contrato social*—, que implica la transformación del derecho natural en *ley positiva:* la ley de la razón, que desde ahora se expresa en términos de *voluntad general* o *pública.*

La originalidad del nuevo contenido semántico del término «contrato social» se puede determinar también de este modo:

1) Rousseau no admite, como los iusnaturalistas, que la *sociabilidad* sea inherente al estado de naturaleza; la *sociedad,* para él, es producto histórico y cultural. El calificativo *social* es, pues, indicativo al respecto: designa el acto «convencional» por el cual «un pueblo es un pueblo», es decir, el acto fundacional de la sociedad civil.

2) En lugar de insistir en la «ley natural» de los iusnaturalistas, el *contrato social* funda otra legalidad, una legalidad convencional, cuyo fundamento es la primera convención, sin la cual la sociedad civil es imposible. Desde esta perspectiva, el *contrato social* en tanto que acto constitutivo del orden social, observa Goyard-Fabre, tiene valor de idea «principial» o de posición «criticista», y, si bien no consuma la revolución copernicana del derecho político, opera al menos como elemento de crisis y de ruptura de las categorías formales de la filosofía jurídico-política anterior[23].

[21] *Du contrat social,* en *Oeuvres complètes,* ed. de B. Gagnebin et M. Raymond, Gallimard (Pléiade), Paris, vol. III, 1964, liv. I, 3, p. 355 (tr. esp. en Alianza, p. 14). En adelante citaré esta edición mediante las siglas *O.C.,* seguida de la página de la edición española entre paréntesis. La cursiva es mía.

[22] *Ibíd.,* I, 5, p. 359 (p. 21). La cursiva es mía.

[23] *L'interminable querelle du contrat social,* p. 210.

3) La tesis de Rousseau, por otra parte, invalida la teoría contractualista de los iusnaturalistas, sistematizada por Grocio y Pufendorf: un fundamento trascendente, la premisa de la irrevocabilidad del contrato y, sobre todo, la teoría del doble contrato, es decir, la teoría del *pactum societatis* y del *pactum subjectionis*. Al afirmar que «no hay más que un contrato»[24], Rousseau podría estar de acuerdo con Hobbes —y de hecho lo está en la crítica del iusnaturalismo—; pero no puede coincidir con el constructor, en el *Leviatán*, «de una gigantesca máquina de la obediencia» (Bobbio) el que precisamente establece las bases más firmes de la libertad moderna: Rousseau. Para el autor del *C.S.* no hay, pues, más que un contrato, «el de *asociación*, y éste *solo* excluye cualquier otro»[25], porque sólo él «constituye el verdadero fundamento de la sociedad»[26].

4) Ahora bien, precisa Rousseau que para que el *contrato social* sea tal, no es suficiente con que tenga validez jurídica estrictamente formal. La figura del «pacto injusto», descrita en el *Discurso II*, ilustra los límites de un contrato que pretende legitimar desde el punto de vista formal una situación injusta. La desigualdad generada por el desarrollo de la propiedad llega a provocar tales tensiones, con riesgo de guerra y, por tanto, con riesgo tanto para la propiedad de unos como para la seguridad de otros, que el rico propone al pobre: «Unámonos para proteger de la opresión a los débiles, contener a los ambiciosos y asegurar a cada uno la posesión de lo que le pertenece»[27]. En tono de evidente crítica irónica añade Rousseau: «Todos corrieron al encuentro de sus cadenas, creyendo asegurar su libertad»[28]. Es importante observar que en este texto no se describe, de ningún modo, una anécdota histórica, que en este texto lo que se plantea es, ante todo, un problema de filosofía jurídico-política: se trata, en efecto, de un *pacto de asociación* válido jurídicamente, dado que la iniciativa del rico es aceptada por el pobre; pero se trata evidentemente de un «pacto injusto», esto es, de un pacto basado no sólo en la astucia, el engaño y los argumentos falaces, sino sobre todo en una situación de dependencia de extrema desigualdad. Como observa R. Polin, el desequilibrio de fuerzas en el punto de partida es lo que da origen no sólo a un contrato «insidioso y desleal», sino también a que la sociedad naciente no sea la sociedad civil de la igualdad, sino la «sociedad particular» del rico bajo máscara de legalidad[29]. «Tal fue, o debió de ser —concluye Rousseau— el origen de la sociedad y de las leyes»

24 *Du contrat social, O.C.*, cit., III, 16, p. 433 (p. 101).
25 *Ibíd.* La cursiva es mía.
26 *Ibíd., O.C.*, I, 5, p. 359 (p. 21).
27 *Discours sur l'origine et les fondements de l'inégalité, O.C.*, cit., p. 177 (p. 265).
28 *Ibíd.*, p. 177 (p. 266).
29 R. Polin, *La politique de la solitude. Essai sur J. J. Rousseau*, Sirey, París, 1971, p. 95.

(...) que «fijaron para siempre la ley de la propiedad y de la desigualdad» [30].

Lo que nos quiere decir Rousseau con la figura del «pacto injusto», no es sólo que *tout tient à la politique* [31], sino, sobre todo —anticipándose a Marx—, que el nivel jurídico-político de la estructura social tiene sus raíces en otra parte, en lo económico y en lo moral. De ahí aquella otra tesis, distanciándose de la de *El príncipe* de Maquiavelo: «Los que quieran tratar por separado la política y la moral no entenderán palabra ni de una ni de otra» [32]. De ahí también que el autor del *Contrato social* precise con claridad la interacción de estos diferentes niveles de la estructura social: *los objetivos principales* del poder político y en concreto del legislativo no son otros sino la *libertad* y la *igualdad;* «la *igualdad* —argumenta—, porque la libertad no puede subsistir sin ella». Y, aunque por la *palabra igualdad* —matiza— no haya que entender que «los grados de poder y de riqueza sean absolutamente los mismos» [33], no cabe duda de que Rousseau ha puesto el dedo en la llaga que padece la sociedad moderna, y ha abierto al mismo tiempo un nuevo camino a la ciencia social que tiene, en la noción de «contrato social», el nudo donde se entrecruzan los problemas jurídicos y políticos, los problemas éticos y los económicos. No cabe duda de que no otra es la base para una ciencia social que se tome en serio la fundamentación ética de lo político.

No cabe duda de que, si la exigencia de cientificidad de tal ciencia social debe algo a Rousseau, ello obedece no a la pregunta por el origen empírico de la sociedad civil, sino a su interrogación sobre el *problema lógico* de su *fundamento.* A tal interrogación corresponde el *estatuto epistemológico del contrato social,* que Rousseau acuña e interpreta Kant [34].

Para *Kant,* como para Rousseau, el *contrato social* no posee un carácter histórico, sino racional, no constituye el objeto de una verificación empírica, sino el punto de partida teórico de una nueva fundamentación político-social. Con todo, a pesar de esta coincidencia, ya advertíamos al comienzo que en Kant no se oye el simple eco repetitivo de la teoría contractualista del ginebrino.

Aunque, en los veinticinco años que siguieron a la publicación del *C.S.* [35], Kant mantuvo en su horizonte teórico a su autor, a partir de la década de los ochenta, dos nuevos acontecimientos —la muerte de Federico II y el resonar de la Revolución francesa— le conducen rei-

30 *Discours sur l'origine...,* cit., p. 172 (p. 266).
31 *Confes., O.C.,* vol. I, p. 404.
32 *Emile, O.C.,* vol. IV, p. 524.
33 *Du contrat social, O.C.,* II, 11, p. 391 (p. 56).
34 S. Goyard-Fabre, *op. cit.,* pp. 210 ss.
35 Abreviatura de la obra de Rousseau: *Du contrat social.*

teradamente a Rousseau. No se trata ahora de dejarse imbuir por «la magia de la elocuencia», sino ante todo de dejarse orientar por su «rara penetración de espíritu», a la hora de dilucidar los problemas que le llegan en tropel a la razón práctica: ¿Qué es la Revolución? ¿Qué es la Ilustración? ¿Hay algún «hilo conductor» que nos permita pensar la historia humana de una manera no empírica? ¿Dónde está la frontera entre lo legal y lo legítimo, que nos permita pensar las transformaciones sociales acaecidas en la Revolución o, en cualquier caso, antes de toda revolución? ¿Desde qué fundamento cabe pensar la sociedad civil?

De todos ellos, «el *mayor problema* para la especie humana (...) es la *instauración* de una *sociedad civil* que administre universalmente el *derecho*», nos dice Kant al formular el 5.° principio de *Ideas para una historia universal en clave cosmopolita*[36]. En este escrito de 1784, como en otros de este momento, no se menciona el término pacto o contrato. Sin embargo, en la explicación de cómo ha de ser la sociedad civil se expresa al menos el «espíritu» del contrato social, pues se trata de una sociedad tal que la *ley* (constitución) que regule las relaciones entre los hombres jurídicamente ha de hacer posible que la *libertad* de cada uno sea compatible con la libertad de los demás[37]. No obstante, persiste el problema de la *instauración* de dicha sociedad, esto es, el problema del fundamento último que permita dar el paso, como en Rousseau, del estado de naturaleza al de la sociedad civil.

Pues bien, al resolver tal problema se inspira Kant en Rousseau, pero en su solución va más allá de éste. En efecto, del autor del *Contrato social* toma la *libertad* como un principio *a priori* de la sociedad civil; pero entiende Kant que ésta, la sociedad civil, no es meramente un estado *social,* sino ante todo un estado *jurídico*. De ahí que nos propongamos interpretar la lectura kantiana como una «lectura normativo-jurídica del contrato social».

El elemento *jurídico,* subrayado ya por estudios como los de González Vicén, Goyard-Fabre y Cassirer[38], se observa en todo el desarrollo de la tarea kantiana de fundamentación de la sociedad política. Si «el mayor problema de la especie humana (...) es la *instauración* de una sociedad civil que administre universalmente el derecho», el

---

36 *Idee zu einer allgemeinen Geschichte...*, en *I. Kant Werkausgabe, XI,* Suhrkamp, Frankfurt, 1964, p. 39 (ed. esp. de R. Rodríguez Aramayo y C. Roldán, Tecnos, Madrid, 1987, p. 10). La cursiva es mía.

37 *Ibíd.*, p. 39 (p. 11).

38 F. González Vicén, «La filosofía del Estado de Kant», en *De Kant a Marx,* F. Torres, Valencia, 1984, pp. 11-97; S. Goyard-Fabre, *Kant et le problème du droit,* J. Vrin, Paris, 1975; E. Cassirer, *Rousseau, Kant, Goethe,* Princeton University Press, 1963.

principio de tal instauración debe estar muy vinculado a la noción misma de derecho. Así pues, para Kant dicho principio no es exactamente —como para Rousseau— la noción de contrato social, sino el concepto de *contrato originario.*

En el escrito subtitulado «Contra Hobbes» (1793) distingue Kant dos tipos de contrato: por una parte, el contrato social en el sentido general de *pactum sociale,* esto es, aquél por el que un conjunto de hombres se unen para formar una sociedad con vistas a un fin particular; y, por otra, el contrato en sentido específico o «de índole tan particular» que *la unión* entre los hombres no se lleva a cabo con vistas a un fin cualquiera, sino que *tal unión* es un fin en sí mismo: este segundo es el *pactum unionis civilis* o *contrato originario* [39]. Lo llama Kant «contrato *originario*», porque es «el único sobre el que se puede fundar entre los hombres una constitución civil, legítima para todos sin excepción, esto es, el único sobre el que se puede erigir una comunidad» [40].

Ahora bien, «contrato originario» no significa que se trata de un hecho histórico o empírico. No otro fue el error de Hume al criticar el contrato social. Consecuente Kant con su posición criticista afirma, al contrario, que «se trata de una *mera idea* de la razón que tiene, sin embargo, su indudable realidad (práctica)» [41], es decir, una *idea* que en cuanto tal tiene un valor *normativo* —en el sentido del idealismo platónico, como recuerda el mismo Kant— respecto de la realidad práctica, tal como se ha señalado desde Stammler (*Theorie des Anarchismus,* Berlín, 1894) y K. Vorländer («Kant und Rousseau», 1918). Es precisamente Vorländer quien ve en Rousseau un predecesor de la teoría kantiana del contrato como «principio regulativo a priori de la razón» [42].

Pero, ¿en qué sentido el «contrato originario», en tanto que *idea* de la razón, tiene efectiva realidad práctica? Responder a esta pregunta exige resolver al menos tres problemas: 1) si el concepto de derecho, implicado en la noción kantiana de sociedad civil entendida como estado *jurídico,* se deriva de la idea de contrato, o a la inversa; 2) si la noción rousseauniana de libertad es asumida por Kant en la sociedad civil fundada jurídicamente; 3) si esta sociedad civil en Kant supone, como en Rousseau, una exigencia de superar el estado de naturaleza.

1) Con relación a este último problema, supone Kant, como Hob-

---

[39] *Über den Gemeinspruch...,* en *I. Kant Werkausgabe, XI,* cit., p. 143 (tr. esp.: *Teoría y Práctica,* estudio preliminar de R. Rodríguez Aramayo, Tecnos, Madrid, 1986, p. 25).

[40] *Ibíd.,* p. 153 (p. 36).

[41] *Ibíd.,* p. 153 (p. 37). La cursiva es mía.

[42] *Reflex.,* Ak., n.º 7416, p. 368.

bes, Locke, Rousseau... un «estado de naturaleza» en tanto que condición justificativa del paso al *estado civil.* En *Rechtslehre* leemos: «El estado que no es *jurídico,* es decir, aquél en el que no hay *justicia distributiva* se llama estado de naturaleza *(status naturalis).* Aquél que se le opone (...) no es (como piensa Achenwall) el estado *social,* sino el estado *civil (status civilis)* o el estado de una sociedad sumisa a una justicia distributiva». Añade Kant: «Es necesario entrar» en el estado *jurídico*[43].

¿Por qué es necesario entrar (pasar a) en el estado civil, caracterizado por lo *jurídico*? Porque de otro modo hay que perder la esperanza de vivir en una sociedad donde sea posible la justicia (un tema cuya actualidad debemos a J. Rawls, precisamente vinculado también a la idea de contrato).

Es importante observar cómo argumenta Kant la necesidad de fundar una sociedad más *justa.* La «insociable sociabilidad» que caracteriza al estado de naturaleza no se debe, según Kant, a la guerra latente o abierta que supone Hobbes, no se debe a un hecho concreto observado históricamente, no se debe en fin a ningún fundamento empírico, sino a un concepto moral-racional inspirado en Rousseau. «El hombre ha nacido libre», se afirma en el Lib. I, cap. 1 del *Contrato social.* Luego, es inconcebible que en la sociedad fundada en el originario acto convencional los hombres renuncien a su libertad; si el contrato social no debe ser, como en Hobbes, Grocio o Pufendorf, un contrato de sumisión, lo que se ha de hacer no es renunciar a la libertad natural, sino asumir su limitación en función de la voluntad general entendida como ley pública universal. Pues bien, Kant lleva a su máxima expresión este principio de la teoría contractual de Rousseau. Si por algo se caracteriza el estado de naturaleza, no es tanto por el *temor* cuanto por la *ilimitada libertad,* esto es, por la carencia de toda garantía legal[44]. Este es el argumento que aduce Kant para justificar el paso al estado *civil* o *jurídico.* Si no es posible la justicia en el estado de naturaleza, no es porque cada uno pueda declarar la guerra o matar impunemente al otro, sino porque, *ausente la idea de derecho* como *criterio de justicia,* las apelaciones particulares encontradas no tienen más recurso que dirimir el conflicto en función del derecho del más fuerte.

De ahí que, si el conflicto está inscrito en la condición humana, el proyecto kantiano de su solución no se aproxime tanto —como veremos— a la tesis de la extinción de la autoridad y del Estado, cuanto a la instauración de un *orden jurídico-político* fundado en los principios de *justicia* y *libertad.*

---

43 *I. Kant Werkausgabe, VIII,* par. 41, p. 423.
44 *Ibíd.,* par. 42, p. 425.

2) «La *libertad* de cada miembro de la sociedad, en cuanto *hombre*» —sostiene Kant— constituye uno de los principios *a priori* en los que se funda el estado *civil* o estado *jurídico* [45]. Más aún: «el concepto de derecho externo en general procede enteramente del concepto de *libertad* en las relaciones externas de los hombres entre sí»[46]. Lo que quiere decir que, si «el principio de derecho tiene por nombre *libertad*, y no la felicidad, Kant toma sus distancias con relación a toda teoría utilitarista» —como observa Rodríguez Aramayo en su estudio [47]—. Quiere decir también que si el poder político de una sociedad organizada jurídicamente pierde de vista o abandona su primer objetivo —garantizar la libertad— para asegurar la felicidad del pueblo, corre el riesgo de adoptar la forma «del mayor despotismo imaginable», a saber, el de un *gobierno paternalista* que hace de los ciudadanos unos seres menores de edad, no sólo porque aguardan pasivamente el dictamen de cómo *deben* ser felices, sino sobre todo porque no se desarrolla en ellos, entre otros derechos, el derecho a *pensar con libertad*.

Que el estado *civil* o *jurídico* se funda en el principio *a priori* de la *libertad* quiere decir, sobre todo, que «el *derecho* es la limitación de la libertad de cada uno a la condición de su compatibilidad con la libertad de los demás, en tanto que esta compatibilidad sea posible según una ley universal» [48]. Si Kant asigna al derecho la tarea de hacer posible la coexistencia en la libertad externa, es que ha asumido —inspirándose en Rousseau— que hay que acabar con las otras formas de entender la coexistencia entre los hombres: aquélla, por ejemplo, en la que unos (siervos) *dependen* injustamente de los otros (señores). No hay, pues, otra solución para eliminar toda relación de dependencia ilegítima que superar el estado de naturaleza de la ilimitada libertad, como había propuesto Rousseau: «Hay que distinguir bien —leemos en el *Contrato social*— la libertad *natural* que no tiene por límites más que las fuerzas del individuo, de la *libertad civil*, que está limitada por la voluntad general» [49].

A esta voluntad general llama Kant *«voluntad unida del pueblo»*, en cuanto posibilidad de producir la *ley universal* que, en virtud de la idea de derecho entendido como «suprema condición formal» [50], constituye la *norma* o criterio de justicia y, al mismo tiempo, *regula*

---

45 *Über den Gemeinspruch...*, cit., p. 145 (p. 27).
46 *Ibíd.*, p. 144 (p. 26).
47 Estudio Preliminar a *Teoría y Práctica*, Tecnos, Madrid, 1986, p. XIII. Cf. O. Höffe, *Introduction à la philosophie pratique de Kant*, Castella, Fribourg (Suisse), 1985, p. 182 (tr. esp. en Herder).
48 *Über den Gemeinspruch...*, cit., p. 144 (p. 26).
49 *Du contrat social, O.C.*, I, 8, p. 365 (p. 27). La cursiva es mía.
50 *Über den Gemeinspruch...*, cit., p. 144 (p. 26).

la coexistencia plural de las libertades limitadas no sólo en virtud del contrato originario, sino también en función de una ley pública común.

3) Desde esta perspectiva podemos plantear ahora el primer problema de los tres enunciados, a saber, si el concepto de *derecho,* implicado en la noción kantiana de sociedad civil entendida como estado *jurídico,* se deriva de la idea de *contrato,* o a la inversa.

Si para Kant, como para Rousseau y Pufendorf, el problema del contrato es *un problema de derecho,* y no un problema histórico [51], la cuestión parece bien resuelta. En efecto, el calificativo «originario» con el que Kant especifica el contrato no posee un significado cronológico, sino ante todo *lógico,* esto es, expresa un *deber* derivado de la *razón práctica pura* entendida como razón legisladora, que Philonenko ha interpretado como la «cuarta fórmula» del imperativo categórico en base a este enunciado kantiano en *Rechtslehre:* «Obra externamente de tal modo que el libre uso de tu arbitrio pueda coexistir con la libertad de cada uno siguiendo una ley universal» [52]. Desde este principio universal del derecho, el «contrato originario» entendido como simple Idea de la razón, que tiene sin embargo realidad práctica, significa también que no ha de ser interpretado desde instancias empíricas, sino desde el punto de vista *normativo y jurídico;* de otro modo, en la Idea pura del contrato se determina la voluntad general *en su forma,* se descifra la *condición formal* de la legitimidad de toda ley pública, se aclara *el ideal* de toda legislación [53], es decir, el ideal que obliga «a todo legislador a que dicte sus leyes —escribe Kant— *como si* éstas *pudieran* haber emanado de la *voluntad unida* de todo *un pueblo*» [54]. Tal es «la piedra de toque de la legitimidad de toda ley pública» [55].

Ahora bien, la reserva kantiana del «como si» —«dictar leyes *como si* éstas *pudieran* haber emanado de...»—, en lugar de resolvernos de una vez por todas el problema planteado, no hace sino suscitar problemas nuevos: ¿Cómo se puede entender que la Idea pura del *contrato originario* se derive de la Idea de *derecho,* si éste a su vez se funda en principios *a priori* como el concepto de *libertad*? ¿No da pie este concepto de libertad a sostener con Goyard-Fabre [56] que el contrato originario constituye *el momento ético de lo político*? Si esto es así, si el contrato originario se reduce a ser el momento ético de lo político, ¿constituye la Idea de Derecho el momento o funda-

51 S. Goyard-Fabre, *L'interminable querelle du contrat social,* p. 236.
52 *I. Kant Werkausgabe, VIII,* Einleitung, par. C, p. 338.
53 *Reflex.* Ak., XVIII, n.° 7734.
54 *Über den Gemeinspruch...,* cit., p. 153 (p. 37). La cursiva es mía.
55 *Was ist Aufklärung?,* en I. Kant, *Werkausgabe, XI,* cit., p. 58.
56 *Op. cit.,* p. 239.

mento *jurídico* de la sociedad políticamente organizada? En cualquier caso, ¿cuál es la relación entre lo ético y lo jurídico o, mejor, entre lo ético, lo jurídico y lo político?

Intentaré una aproximación a estos problemas analizando dos consecuencias de la lectura kantiana del contrato social: el tema de *la constitución del Estado* y, concretamente, el *problema del origen del poder*.

III

Si la *sociedad civil* surgida del contrato se caracteriza por ser un estado *jurídico* tal que la libertad de cada uno sea compatible con la libertad de los demás, por un *orden social* definido por el sentido de la justicia pública, por una *comunidad política* en la que el interés particular se subordina al interés común, sabido es que dicha *sociedad civil* no es tal si en ella misma no radica el *poder de hacer* la *ley* que especifica el estado jurídico y crea las condiciones legales de la libertad, si en ella no radica el *poder de dirimir* lo que es justo o injusto, lícito o ilícito, si en ella no radica en fin el *poder de aplicar y de juzgar* la ley.

Pues bien, desde la perspectiva de la teoría contractual, ¿cómo entienden el *origen del poder* Rousseau y Kant? Con relación al autor del *Contrato social,* no cabe la menor duda: a él debemos la original y decisiva aportación a la filosofía política, que consiste en haber formulado y fundamentado la *primacía del principio de la soberanía popular,* de haber defendido este principio en un contexto histórico-teórico que no le era particularmente propicio. Respecto a Kant, sin embargo, tendremos que preguntarnos si se trata de una contradicción, o más bien de reserva, a la hora de interpretar dicho principio en su teoría política.

1. Recordemos brevemente algunas premisas de la *tesis de Rousseau.* Empeñado en eliminar *toda dependencia ilegítima* respecto de una voluntad particular (omnipotente, absoluta, paternal, tiránica o despótica) —origen de la esclavitud moral y social—, funda en la primera *convención* o *acto originario* la teoría de la «voluntad general» y, en ambas, la tesis de la *primacía del principio de la soberanía popular.* El concepto de «soberanía» es de J. Bodin, el de «soberanía popular» se encuentra ya en *Vindiciae contra Tyranos* (1579) y ha sido desarrollado por la tradición calvinista en el marco de la teoría del doble contrato, es decir, que en definitiva el poder del pueblo siempre estaba delimitado en función de la autoridad del gobierno. Corresponde, pues, a Rousseau la originalidad de haber afirmado la tesis de la primacía del principio, y de haberla fundado en la teoría de

un solo contrato, el *pactum societatis* o «acto por el cual el pueblo es un pueblo»[57].

Decir que el pueblo es *soberano* es declarar que en él radica la única posibilidad de ser el *autor* de su propia *ley,* ley que configura la República, la única posibilidad de que la voluntad general *se exprese,* la única posibilidad de *dirimir* lo que es voz común, y no palabra que disfraza un interés particular, como observa B. Baczko[58]. Decir que el pueblo es *soberano* en tanto que es *activo* es lo mismo que definir la *soberanía* como el ejercicio de la voluntad general: «Digo, pues —escribe Rousseau—, que no siendo la soberanía más que el *ejercicio de la voluntad general,* jamás puede *enajenarse,* y que el soberano, que no es más que un ser colectivo, *no puede ser representado* más que por sí mismo; el poder puede muy bien transmitirse, pero no la voluntad»[59].

Podíamos discutir los problemas implicados en esta definición de *soberanía.* Prefiero, en cambio, anotar algunos y limitarme a subrayar lo que considero la *aportación decisiva y original de Rousseau. a)* ¿Tendencias totalitarias en el «ser colectivo»? En el desarrollo de las asambleas periódicas se indica la voz común o general con el término «mayoría», no con el de «unanimidad». *b)* La soberanía es *inalienable,* como en Bodin, Locke o Montesquieu. *c)* Pero —contra el autor de *El espíritu de las leyes,* al que admira— *no es divisible;* de ahí la *crítica del gobierno representativo,* que otros retomarán desde otra perspectiva, como Kelsen; de ahí que el poder *ejecutivo,* según Rousseau, no sea más que un poder delegado y, en consecuencia, subordinado al *poder legislativo soberano:* «no es más que una *comisión* —escribe—, un empleo en el cual, simples oficiales del soberano, ejercen en su nombre el poder de que los ha hecho depositarios, y que él puede *limitar, modificar* y *recuperar* cuando le plazca»[60]. De ahí, en fin, que L. Colletti subraye la importancia histórica y teórica del *principio de la soberanía popular* haciendo suya esta valoración de O. von Gierke:

> Constituye el verdadero concepto fundamental de la teoría de Rousseau, «del que derivan como corolario todos los principios que él fue el primero en enunciar y que todos ignoraban antes de él; puesto que *eliminando el contrato de dominio,* le fue fácil acabar con todos los derechos del soberano; sólo quedaba en pie la ilimitada autoridad de la *asamblea popular,* que con una simple intervención anulaba todos los poderes constituidos y toda vigente constitución, y de la que consiguió todo su *programa de la revolución permanente*» (*Alhus.,* 1880).

57 *Du contrat social, O.C.,* cit., I, 5, p. 359 (p. 21).

58 B. Baczko, «La Cité et ses langages», en *Rousseau after 200 years,* edited by R. A. Leigh, Cambridge University Press, 1982, pp. 90 ss.

59 *Du contrat social, O.C.,* cit., II, 1, p. 368 (p. 32). La cursiva es mía.

60 *Ibíd.,* III, 1, p. 396 (p. 62). La cursiva es mía.

Subraya Colletti que «Marx y Lenin no han añadido nada a Rousseau, salvo el análisis (...) de las bases económicas de la extinción del Estado»[61].

2. ¿Contradicción o reserva en Kant? La teoría del poder de la filosofía política kantiana es muy singular. Por una parte, a la luz de la noción de *contrato originario,* se diría que su concepto de soberanía se aproxima o casi se identifica con el de Rousseau: se habla de «voluntad unida del pueblo»[62]. Por otra, leyendo más atentamente sus escritos, se observa lo que se podría calificar de distanciamiento sospechoso o, mejor, problemático con relación al principio rousseauniano. En efecto, lo que establece Kant como «piedra de toque de toda legitimidad» en 1793 lo encontramos formulado 10 años antes, en *Was ist Aufklärung* (1784):

> «La piedra de toque de todo lo que puede decidirse como *ley* para un pueblo, se halla en esta *interrogación:* ¿es que un pueblo hubiera podido imponerse a sí mismo esta ley? (...) Y lo que ni un pueblo puede acordar por y para sí mismo, menos podría hacerlo *un monarca* en nombre de aquél, porque toda *su autoridad legisladora* descansa precisamente en que *asume* la voluntad entera del pueblo *en la suya propia»*[63].

Lo más paradójico de este pretendido principio legitimador es que está enunciado en el mismo texto, en el mismo marco teórico, en el que se formula el proyecto *de emancipación* de toda tutela, particularmente de las tutelas de la Iglesia y del Estado. Lo paradójico es que la «piedra de toque de toda legitimidad» no legitima, esta vez, un poder fundado en el principio de la soberanía del pueblo, dado que este principio no se formula explícitamente. *A lo más inspira* —sirve de piedra de toque— *al legislador* —al monarca—, *que se interroga* sobre cuál sería la voluntad del pueblo al dictar una ley o, a lo más, «asume la voluntad del pueblo como propia». Pero, ¿quién juzga si el monarca se equivoca en su interrogación? ¿Quién garantiza si el monarca asume o no la voluntad del pueblo?

Evidentemente, sólo cabe afirmar que en este planteamiento Kant habla de un modelo ideal de soberanía o de una *soberanía ideal,* difícilmente conciliable con el *hecho* de la *autoridad real.* En Rousseau, en cambio, la única autoridad legisladora es el *poder que tiene el pueblo* de darse su propia ley; con relación a éste —veíamos— el poder ejecutivo sólo tiene un poder delegado, del que puede ser despojado en cualquier ocasión. Kant, aun proponiendo un *ideal de soberanía,* parece reservar el *poder real* para el jefe o monarca. Con el fin de

[61] L. Colletti, *Ideología y sociedad,* Fontanella, Barcelona, 1975, pp. 263-264.
[62] *Über den Gemeinspruch...,* cit., p. 153 (p. 37).
[63] *O. cit.,* p. 58. La cursiva es mía.

alejar toda duda, observemos esta misma posición en escritos posteriores. *Rechtslehre* (1797):

> «El *origen* del poder supremo es, para el pueblo, que le está sometido, *insondable* desde el punto de vista práctico, es decir, que el sujeto *no debe discutir* activamente acerca de este origen como de un derecho controvertible *(ius controversum)* con relación a la obediencia que le debe» [64].

¿Cuál es ese poder supremo? ¿Por qué el pueblo le está sometido? ¿Cuál es, pues, el origen de la soberanía en la filosofía política de Kant? Problema «insondable». Pero, ¿por qué no se puede, al menos, discutir sobre un problema público, puesto que años antes ha instado a «hacer uso público de la razón»?

En la 2.ª parte de la última obra publicada, *Der Streit der Fakultäten* (1798), Kant se mantiene en sus trece. Hablando de la constitución republicana como *forma política,* precisa que

> puede ser «administrado, en este caso, el Estado bajo la unidad de su jefe (el monarca) según leyes *análogas* a las que el pueblo *se hubiera dado* a sí mismo conforme a principios jurídicos universales» [65].

Por lo tanto, en Kant, el principio de la soberanía del pueblo es un *ideal.* Al monarca corresponde el poder *real,* cuyo origen es «insondable».

Pero la aportación de Kant a la teoría del Estado moderno no puede rebajarse hasta ese límite. Es necesario volver a su noción de *contrato originario,* para ver en ella el origen del «estado jurídico», esto es, del Estado. Es necesario ver, con González Vicén, que Kant deduce la noción de *Estado* «sin salirse de los límites de la noción de *Derecho,* en su carácter fundamental de condición para el ejercicio de la libertad» [66]. En este sentido, el *origen (ideal) del poder* es deducido de la Idea de Derecho, de tal modo que este concepto lleva implícito el *poder* capaz de delimitar eficazmente las esferas del obrar en las relaciones interhumanas, en tanto que posibilidad de la libertad efectiva.

Aun así, quedan problemas sin resolver: el problema de la ruptura, observa Polin, entre el pueblo *legislador ideal* y el monarca legislador *de hecho,* el problema tan debatido de si reforma o revolución, el problema del derecho de resistencia, etc. La ruptura indicada no se produce como efecto de la emancipación del pueblo, sino como una

---

64 *Allgemeine Anmerkung...,* par. A, *op. cit.,* p. 437. La cursiva es mía.

65 I. Kant, *Werkausgabe, XI,* cit., p. 361 (tr. esp. en Tecnos, Madrid, 1987, p. 91). El subrayado es mío.

66 «La filosofía del Estado de Kant», cit., p. 79.

distorsión, como un agujero de incoherencia en el sistema racional kantiano.

En realidad, podría descubrirse la discordancia del planteamiento kantiano *en el mismo concepto fundante* de la sociedad *civil* o estado *jurídico,* esto es, el «*contrato*», definido de modo diferente:

— en el *Contrato social,* como «el acto por el cual un pueblo es un *pueblo*»[67],

— en *Rechtslehre,* «el acto por el cual el pueblo se constituye en *Estado*»[68].

Mientras Rousseau establece inequívocamente el principio fundante del *poder del pueblo,* es decir, el principio que constituye al *pueblo* como tal, esto es, como *autor* de sus propias leyes y de su propio destino, Kant, aun queriendo remover el «obstáculo» del despotismo y de las tutelas, lo que hace es reforzar jurídicamente el poder del Estado: por el *contrato originario* se funda el *Estado* como un sistema de leyes, cuya autoría, interpretación y aplicación mediante la fuerza coactiva de la ley, corresponde, no al pueblo, sino al jefe supremo. ¿Y a quién corresponde el poder legislativo? La respuesta nos conduce al mismo problema. Un problema que, además, se detecta en la actitud de Kant frente al derecho de resistencia como síntoma, en cuya solución Kant se aproxima más a Pufendorf que a Rousseau, según Philonenko[69].

En definitiva, si el Estado como Idea, en Kant, es el *Estado jurídico* (González Vicén), el principio en el que funda el poder, no es el de *soberanía popular,* sino el de *soberanía legal,* que, en todo caso, se inspira en aquél[70].

IV

Llegados a este punto, quisiera terminar —para no cansarles más, no para concluir— retomando el problema planteado anteriormente: ¿cuál es, en la lectura kantiana del contrato social, la relación entre lo ético, lo jurídico y lo político?

1. Por lo que llevamos dicho, el orden *jurídico* tiene una función determinante en la filosofía política de Kant. Este dato, señalado coincidentemente por unos y otros, ha sido subrayado por Gonzá-

---

67 *Du contrat social, O.C.,* cit., I, 5, p. 359 (p. 21). La cursiva es mía.

68 I. Kant, *Werkausgabe, VIII,* cit., par. 47, p. 434. La cursiva es mía.

69 A. Philonenko, *Théorie et praxis dans la pensée morale et politique de Kant et de Fichte en 1793,* J. Vrin, París, 1976, pp. 43 ss.

70 G. Vlachos, *La pensée politique de Kant,* PUF, París, 1962; F. González Vicén, *op. cit.;* M. Castillo, «Peuple et souverain dans la philosophie juridique de E. Kant», *Cahiers de philosophie politique et juridique de l'Univ. de Caen,* 4 (1983), p. 165.

lez Vicén hasta el punto de entender que la *idea* de Estado es definida «sin salirse de los límites de la noción de *Derecho,* en su carácter fundamental para el ejercicio de la libertad». Más aún: Kant rompe con la tradición de la filosofía política —la de Wolff y Federico II, sobre todo— que asignaba al Estado la función o el *fin* de proporcionar el *bienestar* (la felicidad) a los súbditos; rompe, digo, con esta tradición por entender que se trata de una de las formas más sutiles del despotismo, a saber, el gobierno paternalista. Para Kant, en cambio, el Estado no tiene otro *fin* que el de garantizar el *orden jurídico* como único orden posible de convivencia [71].

El *supuesto* kantiano de este estado *civil-jurídico* o «constitución civil», derivada de la Idea de «contrato originario» (1.er art. definit., La *paz perpetua,* Tecnos, p. 15), no es otro que el llamado «imperativo categórico de lo político» [72], es decir, la *razón práctica pura legislando* según principios *a priori* —excluyendo, pues, todo fundamento empírico, llámese éste interés, deseo o felicidad—: *la razón práctica pura legislando* según principios *a priori,* tanto en el orden político como en el moral. La *ley de la libertad* es, en lo político como en lo moral, una *ley universal,* criterio último de toda actuación libre, de toda acción justa, de toda ley concreta.

— Desde esta perspectiva, cabe afirmar que Kant ha desarrollado más lo *legal-formal;* y Rousseau, lo *moral.* Pues mientras éste subraya en la sociedad surgida del contrato social, la *libertad civil* y, sobre todo, la *libertad moral* como «la única que hace al hombre auténticamente dueño de sí» [73], Kant define los principios del estado *civil-jurídico* en términos de «libertad legal» y de «igualdad ante la ley».

— Tal vez por ello, desde esta perspectiva, se ha acusado a Kant del *excesivo formalismo* que ha conducido al positivismo jurídico de Kelsen, el cual al desarrollar en exceso «el garantismo jurídico-técnico», esto es, el *problema jurídico* como tal, corre el riesgo de absorber el problema estrictamente político o el ético-político [74].

— Ahora bien, ¿no estamos en deuda con Kant por su aportación al desarrollo jurídico, cuyo planteamiento —difícil de juzgar objetivamente— ha abierto caminos nuevos a la ciencia social? ¿No hay que *revalorizar* con Kant (y con Rousseau: subtítulo del *Contrato social,* «*Principios* del derecho político») el *Derecho* como *instrumento de organización social:* ya para equilibrar las desigualdades, ya para racionalizar la libertad, ya para reorganizar la fuerza del poder, o para promover relaciones sociales más justas? [75].

---

71 F. González Vicén, *op. cit.,* pp. 79 y 87.
72 S. Goyard-Fabre, *L'interminable querelle du contrat social,* p. 236.
73 *Du contrat social, O.C.,* cit., I, 8, p. 365 (p. 27).
74 U. Cerroni, *Marx e il diritto moderno,* p. 265.
75 G. Peces-Barba, «El futuro del socialismo democrático», *El Independiente,*

2. Ciertamente, la objeción es inevitable. El derecho político, la filosofía política desarrollada por Kant es, en definitiva, la del *modelo liberal*[76].

El límite del formalismo legal, en efecto, se llama «liberalismo económico» en Kant. Del mismo modo que su concepto de «soberanía legal» no legitimaba, por ello, el hecho de la autoridad real; ahora, al definir el principio *a priori* de la igualdad jurídica, Kant *introduce ilegítimamente los prejuicios* del liberalismo económico: «Esta igualdad universal de los hombres en el Estado —escribe en 1793— (...) es, sin embargo, perfectamente compatible con la *máxima desigualdad,* cuantitativa o de grado, en sus posesiones»[77].

Con todo, ¿sería justo desdibujar los caminos abiertos por Kant, en el espacio del saber denominado filosofía práctica, sólo porque en lo económico no supo descifrar las consecuencias del modelo más avanzado de su tiempo? ¿Acaso no denunció los privilegios del señorío feudal, proponiendo por ello la sustitución de la prerrogativa *hereditaria* por el *mérito propio* a la hora de acceder a un puesto social? ¿Sería justo, en fin, olvidar que ha sido el liberalismo el primer movimiento emancipador del mundo moderno?[78].

Señalar críticamente los *límites del modelo liberal* constituye hoy una tarea ineludible. Pero ésta no debe hacernos perder de vista que corresponde a Kant, no menos que a Rousseau, el haber diseñado y marcado los trazos más fuertes del *proyecto moderno* que, según Habermas, debemos retomar y repensar. No podemos perder de vista, pues, que, a pesar de las *aporías* del proyecto moderno señaladas por Foucault y Cacciari, por Adorno y Horkheimer, las grandes palabras —libertad, igualdad, justicia social—, lejos de haber quedado en desuso, necesitan afinar y precisar su sentido a través de los incesantes debates, a través de las contestaciones sociales, en todos aquellos lugares donde hoy se repiensa lo político. ¿No son estas mismas palabras —junto con los términos «paz», «solidaridad», entre otros— los *nombres* de los *principios* que constituyen el *fundamento ético* de lo político?

3. ¿A través de *nuevas teorías* del contrato social? La *novedad,* desde luego —a pesar de Claude Gilbert, que sostiene la tesis del «fin del contrato», a pesar de que son los que *detentan más poder* quienes

21-11-1987, p. 7. Cf. E. Díaz, *Estado de derecho y sociedad democrática,* Taurus, Madrid, 8.ª ed., 1981, pp. 23 ss.

[76] G. Vlachos, *La pensée politique de Kant,* PUF, París, 1962; G. Solari, «El concetto di società in Kant», en *Studi storici di filosofia del diritto,* Torino, 1948, p. 266; A. Illuminati, *Kant politico,* La Nuova Italia, Firenze, 1971, pp. 123 ss.; O. Höffe, *Introduction à la philosophie pratique de Kant,* Castella, Fribourg (Suisse), 1985, pp. 224-225.

[77] *Über den Gemeinspruch...,* cit., p. 147 (p. 29). La cursiva es mía.

[78] E. Díaz, *op. cit.,* pp. 28-29.

más se resisten o más desfiguran el significado fuerte del *pacto*—, la *novedad,* digo, no consistirá (como nos lo recuerdan Rawls y Bobbio) en *proponer una teoría de la justicia* o una filosofía política de lo social, que no esté *al menos inspirada en el «contrato social»* [79].

El mismo Kant nos lo recuerda en una de sus tesis sobre filosofía de la historia:

> «No estaba equivocado Rousseau (...). El arte y la ciencia nos han hecho *cultos* en alto grado. Somos *civilizados* hasta el exceso (...). Pero para que nos podamos considerar como *moralizados* falta mucho todavía» [80].

No estaba equivocado Rousseau; ni tampoco Kant al interpretar la *intención* de su proyecto. Tal intención aparece explícitamente formulada en las primeras líneas del *Contrato social:*

> «Quiero *averiguar* si en el orden civil puede haber alguna *regla* de administración *legítima* (...): trataré de unir siempre lo que el *derecho* permite con lo que prescribe el *interés,* a fin de que la *justicia* y la *utilidad* no se hallen separadas» [81].

---

79 J. Rawls, *Teoría de la justicia,* FCE, México, 1978, p. 288; R. P. Wolff, *Para comprender a Rawls,* FCE, México, 1981, p. 72; N. Bobbio, «Contrato y contractualismo en el debate actual», en *El futuro de la democracia,* FCE, México, 1986, pp. 102-119.

80 *Idee zu einer allgemeinen Geschichte...,* cit., p. 44 (p. 17). La cursiva es mía.

81 *Du contrat social, O.C.,* cit., I, p. 351 (p. 9). La lectura que aquí se ofrece no ha podido ser confrontada con la de A. Levine, *The politics of autonomy. A kantian reading of Rousseau's «Social Contract»,* University of Massachusetts Press, Amherst, 1976.

11. EL CONTRATO SOCIAL COMO IDEAL DEL ESTADO DE DERECHO. EL DUDOSO CONTRACTUALISMO DE I. KANT*

por ADELA CORTINA ORTS
(Universidad de Valencia)

I. UNA CITA SISTEMATICAMENTE INSIGNIFICANTE

En su controvertido trabajo *Wohlgeordnete Freiheit. Immanuel Kants Rechts- und Staatsphilosophie* mantiene W. Kersting —entre otras— una sugerente tesis: el contractualismo de la tradición iusnaturalista, presente en la filosofía jurídica kantiana, no es en realidad sino «una cita sistemáticamente insignificante», porque en el contrato originario no ve Kant una fundamentación del estado, sino un ideal del estado de derecho y, con ello, una idea práctica de la razón que obliga al soberano. Se convierte así en un principio constitucional que trata de domesticar la omnipotencia estatal; omnipotencia que tiene por fundamento su necesidad jurídica. La fundamentación kantiana del estado no es, pues, contractualista, sino que se basa en el concepto *a priori* del derecho [1].

De este dudoso contractualismo kantiano nos ocupamos en el presente trabajo, en el que, partiendo de la noción kantiana del pacto de unión civil, intentaremos desentrañar la realidad que a semejante noción cabe y cuál es su misión en el seno de la problemática política. Pues bien puede ser que el presunto contractualismo kantiano no quede sino en un experimento mental, en un procedimiento para legitimar normas jurídicas, que refleje en el campo político la estructura de la razón práctica.

II. EL PACTO DE UNION CIVIL

El comienzo del segundo apartado del *Gemeinspruch*, en el que Kant intenta distanciarse de Hobbes en cuanto a la concepción de de-

* Este trabajo, incluido en un proyecto más amplio, ha sido realizado gracias a la concesión de una beca de la Alexander von Humboldt-Stiftung en la Universidad de Francfort. Me he ocupado más detenidamente en desarrollar esta tesis en mi estudio preliminar a I. KANT, *La Metafísica de las Costumbres,* Tecnos, Madrid, 1989.

[1] W. Kersting, *Wohlgeordnete Freiheit. Immanuel Kants Rechts- und Staatsphilosophie,* Berlín/Nueva York, 1984, pp 224 ss.

recho político, se ha hecho ya célebre por contener de modo paradigmático los elementos fundamentales de la idea kantiana de contrato social:

> «Entre todos los contratos por los que un conjunto de personas se une para formar una sociedad (*pactum sociale*), el contrato que establece entre ellos una *constitución civil* (*pactum unionis civilis*) es de índole tan peculiar que, aunque desde el punto de vista de la *ejecución* tenga mucho en común con los demás (que también están orientados a promover colectivamente un fin cualquiera), se diferencia esencialmente de todos ellos en el principio de su institución (*constitucionis civilis*)» [2].

Como es sabido, la diferencia radical entre el pacto de unión civil y los restantes pactos sociales estriba en la naturaleza del *fin* por el que se sella el contrato, porque en este caso el fin no se tiene, sino que se *debe tener*. El fin es un deber y condición formal suprema de todos los demás deberes externos, porque consiste en el derecho de los hombres bajo leyes coactivas públicas. Obviamente, no consiste en la felicidad (fin que todos tienen), sino en el derecho, en cuyo marco cada cual puede proponerse buscar la felicidad a su manera; porque si el fin del pacto fuera la felicidad, entonces el legislador penetraría en el fuero interno de los sujetos y caeríamos en un paternalismo que no se conforma con regular la libertad exterior, sino que trata de arrebatar al sujeto su autonomía.

Con todo ello Kant parece inscribirse de algún modo en la tradición contractualista, pero con algunas peculiaridades iniciales. En principio, la división del derecho no da lugar a un derecho natural y uno social, porque en el estado de naturaleza los hombres pueden formar sociedades, en las que no constituye un deber introducirse [3]. La división alumbrará, pues, dos partes: el derecho natural y el derecho civil, que Kant identifica respectivamente con el derecho privado y con el derecho público, ya que la sociedad civil tiene por meta garantizar mediante leyes públicas lo mío y lo tuyo.

En efecto, el deber de sellar el *pactum unionis civilis* está ya entrañado en el más elemental esquema de la clasificación de los deberes jurídicos, para cuyo bosquejo Kant se atiene a la clasificación de Ulpiano, aunque dando a sus fórmulas un sentido que él no pudo concebir: 1) *Honeste vive,* es decir, «no hagas de ti mismo para los demás un simple medio, sino sé para ellos al mismo tiempo un fin»; 2) *Neminem laede,* aunque debieras abandonar para ello toda sociedad; 3) Si no puedes evitar lo último, entra en una sociedad con otros, en

---

2 *Über den Gemeinspruch: Das mag in der Theorie richtig sein, taugt aber nicht für die Praxis* (=*Gemeinspruch*), VIII, p. 289.

3 *Metaphysik der Sitten* (=*MdS*), VI, p. 242.

la que cada uno pueda conservar lo suyo, en el sentido de que a cada uno se le pueda asegurar lo suyo frente a los demás. Desde estas tres fórmulas se divide el sistema de los deberes jurídicos en internos, externos y en los que contienen la deducción de los últimos a partir del principio de los primeros por subsunción [4]. El deber de sellar el *pactum unionis civilis* consiste, por tanto, en cumplir el deber de asegurar a cada uno lo suyo, que ya le pertenecía en el estado de naturaleza.

III. EL ESTADO DE NATURALEZA

La noción de estado de naturaleza en los siglos XVII y XVIII puede alinearse, *grosso modo,* o bien con la concepción hobbesiana de un estado de guerra, más o menos potencial, de todos contra todos [5], o bien con la concepción lockeana de un estado pacífico primitivo, que funciona conforme a la ley natural [6], o bien puede adscribirse a la posición intermedia de Pufendorf [7] o Hume, para quienes es un estado de inseguridad y temor mutuos. En lo que a Kant concierne, su planteamiento del estado de naturaleza depende del tipo de obra en que se realiza. Si se trata de una obra imaginativa, aunque acompañada de razón, el concepto de estado de naturaleza se elabora desde una perspectiva empírica. Pero si se trata de discernir las condiciones de posibilidad del derecho y del Estado, entonces Kant asume una perspectiva racional-práctica, desinteresada del mundo de la experiencia.

Ejemplo del primer caso es el *Muthmaßlicher Anfang der Menschengeschichte,* en el que nuestro autor se propone únicamente «recrear el ánimo» y «emprender un viaje de placer» [8]. Desde este deseo de esparcimiento, la imaginación, unida a la razón, bosquejará un posible comienzo de la historia de los hombres, por analogía con la actual experiencia que de ellos tenemos, y utilizando como ayuda el relato del *Génesis.* Filosóficamente interpretado, tal relato nos sitúa ante un hombre feliz, al que el instinto —la voz de la naturaleza— basta para su existencia pacífica, hasta que la razón le permite extender cognitiva y desiderativamente los límites del instinto [9]. Sin embargo, desde el punto de vista racional el concepto es muy otro, y el siguiente texto de *Die Religion* resulta paradigmático:

---

[4] *MdS,* VI, p. 237.
[5] *Leviatán,* cap. XIII.
[6] *Segundo Tratado del Gobierno civil,* cap. II.
[7] *Ius naturae et gentium,* c. II, § 7.
[8] *Muthmaßlicher Anfang der Menschengeschichte,* VIII, p. 109.
[9] *Ibid.,* 111. Vid. también G. Vlachos, *La pensée politique de Kant. Métaphysique de l'ordre et dialectique du progrés,* París, 1962, pp. 296-318.

«La tesis de *Hobbes: status hominum naturalis est bellum omnium in omnes,* no tiene más defecto que el de que debería decir: *est status belli,* etc. Pues aunque no se conceda que entre los hombres que no están bajo leyes externas y públicas dominen siempre efectivamente *hostilidades,* sin embargo, el estado (*Zustand*) de los mismos (*status juridicus*), esto es: la relación en y mediante la cual son susceptibles de derechos (de la adquisición y conservación de los mismos), es un estado en el que cada cual quiere ser él mismo juez sobre lo que es su derecho frente a otros, pero no tiene por parte de los otros ninguna seguridad por lo que se refiere a esto, ni él la concede a los otros, a no ser cada uno su propia fuerza; lo cual es un estado de guerra, en el que cada uno tiene que estar constantemente armado contra cada uno» [10].

A tenor de textos como éste se deja entender que el rasgo esencial del estado de naturaleza kantiano será la ausencia de ley, que comporta la falta de reconocimiento de los derechos naturales. Ausencia de reconocimiento y de seguridad en el ejercicio de los derechos parecen constituir, pues, la clave del estado de naturaleza.

Por su parte, la *Rechtslehre* incidirá en una peculiar característica en el bosquejo del estado de naturaleza, al afirmar que en él las adquisiciones de algo exterior —sea mediante ocupación o mediante contrato— no son sino provisionales: sólo la sanción de la ley pública garantiza su permanencia y legitimidad [11]. Sin embargo, no es menos cierto que la constitución civil sólo asegura a cada uno lo suyo, pero no se lo fija ni se lo determina:

«Por consiguiente, antes de la constitución civil (...) tiene que admitirse como posible un mío y tuyo exteriores, y a la vez el derecho de obligar a cualquiera, con el que podamos relacionarnos de algún modo, a entrar con nosotros en una constitución, en la que aquello puede quedar asegurado» [12].

En el estado de naturaleza el sujeto tiene derecho a defenderse de quienes quieran privarle de lo provisionalmente suyo, porque la voluntad de los demás excepto la suya es *unilateral* y carece de fuerza legal. La fuerza legal procede únicamente de la voluntad universal, pero quien defiende lo provisionalmente suyo está respaldado por el derecho que le presta coincidir con el establecimiento de una sociedad civil.

«En una palabra: el modo de tener algo exterior como suyo en el *estado de naturaleza* es la posesión física, que tiene para sí la *presunción* jurídica de poder convertirlo en jurídico al unirse con la voluntad de todos en una legislación pública» [13].

---

10 *Die Religion innerhalb der Grenzen der Bloßen Venunft,* VI, p. 97, nota.
11 *MdS,* VI, pp. 312 y 313.
12 *MdS,* VI, pp. 256 y 257.
13 *MdS,* VI, pp. 257. Vid. también §§ 8, 9 y 15.

Esta unión constituye el *pactum unionis civilis,* por el que la posesión provisional recibe seguridad legal a través de un poder coactivo. Ha cambiado la forma, pero no la materia de la posesión.

Cuál sea el *status* —histórico o racional— de dicho pacto, parece claro por la propia confesión kantiana de que no se trata de un hecho, sino «de una *mera idea* de la razón que tiene, sin embargo, su indudable realidad (práctica)» [14]. Como señala O. Gierke, negando realidad histórica al *factum* del contrato y confiriéndole sólo realidad práctica como idea de la razón, Kant separa la pregunta por el fundamento jurídico del Estado de la pregunta por el surgimiento [15]. Sin embargo, ¿qué significa la afirmación de que el pacto constituye una idea racional con realidad práctica? ¿Se trata de una idea legitimadora del Estado?

IV. REALIDAD PRACTICA DE LA IDEA DE CONTRATO

El contrato originario, por el que el pueblo se constituye en Estado se nos presenta —desde la perspectiva kantiana— como la idea de un acto [16]. ¿Qué tipo de realidad cabe otorgarle en el sistema de filosofía trascendental?

En principio, parece no incluirse en la clasificación que Kant hace en la *Crítica del Juicio* de las cosas cognoscibles [17]. Entre ellas cuenta nuestro autor las cosas *opinables,* que son objeto de conocimiento teórico posible, pero a las que no podemos acceder actualmente por la limitación de nuestras facultades; los *hechos (res facti),* entre los que se sitúan las propiedades que pueden exponerse *a priori* o por medio de la experiencia, y la idea de libertad, exponible en la experiencia por medio de leyes prácticas de la razón; por último, también son cosas cognoscibles las *cosas de fe (res fidei),* que deben pensarse *a priori* en relación con el uso de la razón práctica, pero son trascendentes a la razón teórica.

---

14 *Gemeinspruch,* VIII, p. 297.

15 O. von Gierke señala las siguientes peculiaridades en la noción kantiana de contrato: 1) sustituyendo la idea de contrato histórico por la de contrato racional, Kant separa la pregunta por el fundamento jurídico del Estado de la pregunta por su surgimiento; 2) en la medida en que Kant explica la entrada en la sociedad estatal como un mandato de la razón, prepara el tránsito a una teoría que sitúa el fundamento jurídico del Estado en su necesidad racional; 3) en tanto que interpreta la voluntad general como unión de las voluntades individuales, pero sustituye la suma de las voluntades empíricas por las racionales, destruye la interpretación del Estado como una sociedad individualista y termina postulando un dominio del poder estatal empíricamente dado, mediante los principios abstractos del derecho racional. (*J. Althusius und die Entwicklung der naturrechtlichen Staatstheorien,* Breslau, 1913, pp 120-122). Como veremos, estas afirmaciones precisan matización.

16 *MdS,* VI, p. 315.

17 *Kritik der Urteilskraft* (=*KdU*), V, § 91.

Esta triple división, referida a lo opinable, a los *scibilia* y a las cosas de fe, parece dejar la idea de contrato originario más allá del campo de las «*erkennbare Dinge*», porque no remite a ningún objeto teóricamente accesible (*conditio sine qua non* del conocimiento opinable), ni a propiedad alguna exponible en la experiencia (requisito indispensable de ciertos hechos), ni se identifica con ese concepto, trascendente en sentido teórico, pero que se refiere a un hecho en el campo práctico (la libertad), ni —por último— es citada por Kant entre las cosas de fe (bien supremo, inmortalidad del alma e idea de Dios). Sin embargo, el hecho de que se trate de «una idea de la razón que tiene, sin embargo, su indudable realidad (práctica)» incluye a la idea de contrato en el ámbito del «ficcionalismo» kantiano, celebrado por Vaihinger como una verdadera aportación al progreso del saber. La filosofía del *als ob* posee la fecundidad de las hipótesis científicas, que amplían las posibilidades heurísticas con tal de que se les utilice *como si* les correspondiera un objeto. Esta sería la tarea de las ideas racionales, sistematizadoras del conocimiento de experiencia en el ámbito teórico, y ésta parece ser —según Vaihinger— la tarea de las ideas que poseen realidad práctica [18]. ¿Funciona de este modo la idea de contrato? Esta parece ser la misión que le asigna —entre otros— uno de los mejores conocedores de la filosofía política kantiana: G. Vlachos.

1. El contrato social como idea regulativa

A juicio de Vlachos, Kant presenta su idealismo político como un aspecto particular de su idealismo noológico y, sin embargo, el camino seguido por el pensamiento kantiano ha sido justamente el inverso: el idealismo político ha determinado el noológico. Resulta poco probable que la filosofía kantiana haya esperado —piensa Vlachos— a deducir la idealidad del tiempo, el espacio y las categorías para elaborar la concepción del estado racional. Precisamente este concepto parece haberse ido elaborando progresivamente, sobre todo desde 1760 hasta la publicación de la *Dissertatio* en 1770, en relación con las corrientes políticas de su tiempo. Desde el punto de vista político, estos años serían más decisivos que todas las innovaciones aportadas por la primera Crítica al plan de la metafísica, aunque antes de la publicación de la *Crítica de la razón pura* Kant no ofreciera ninguna exposición sistemática de sus ideas políticas y sociales.

La Revolución francesa vendría a separar la política kantiana en

[18] H. Vaihinger, *Die Philosophie des Als Ob. System der theoretischen, praktischen und religiösen Fiktionen der Menschheit auf Grumd eines idealistischen Positivismus,* Leipzig, 4.ª ed., 1920.

dos períodos desiguales: el primero le precede y comprende la formación y las ideas esenciales del sistema; mientras que el segundo no contiene sino modificaciones debidas a la Revolución. En realidad, la distinción entre una fase pre-revolucionaria y una post-revolucionaria no puede considerarse más que como una subdivisión en el seno del idealismo trascendental, establecida por la *Dissertatio* (1770) y confirmada y desarrollada por la primera Crítica. Ya en la *Naturgeschichte* cree ver nuestro autor un anuncio de la concepción dialéctica de la historia y de la necesidad del Estado, en la medida en que el hombre se presenta como el ser vivo que con mayores dificultades alcanza el fin de su existencia, porque se lo impide la «máquina corporal» [19].

En definitiva, la tesis fundamental de Vlachos consistirá en afirmar que para Kant la filosofía es antropología [20], y que en los escritos de antropología anteriores a la *Dissertatio* ya están presentes todos los aspectos de la filosofía social y política, porque la clave vendrá constituida por la idea de finalidad natural, inmanente a la especie. La teoría kantiana de las razas es la primera pieza importante de la filosofía de la historia y el primer fundamento científico de la moral y la política trascendentales, porque la unidad biológica de las razas es unidad final, que anticipa de alguna manera la comunidad ideal de fines postulada por la moral [21]. Precisamente en las *Reflexiones sobre Antropología* la idea de sistematización aparece en el dominio de la historia a través de un conjunto de hipótesis biológicas y antropológicas, eminentemene finalistas. La prefiguración de las cuestiones prácticas se expresa en una de ellas del siguiente modo:

> «Se plantea la cuestión de saber si existe algo sistemático en la historia de las acciones humanas. Una idea las conduce a todas. La de su derecho» [22].

La historia sistemática —concluirá Vlachos— no es sino historia

---

[19] G. Vlachos, *op. cit.*, p. 14.

[20] También H. Saner interpreta la filosofía kantiana desde la perspectiva política, porque —a su juicio— qué y cómo se piensa tiene consecuencias políticas: la política se fundamenta en la razón, porque empieza con el uso de la razón y no con el acto político (*Kants Weg vom Krieg zum Frieden,* vol. I: *Widerstreit und Einheit,* Munich, 1967). Frente a la posición de Vlachos, claramente decidida a interpretar la filosofía de Kant desde la antropología, la teleología y la política, y frente a la de Saner, la postura de V. Delbos es sumamente moderada. Así, en *La philosophie pratique de Kant* (París, 1969) menciona distintas propuestas que interpretan la filosofía kantiana desde la moral, pero concluye por su parte: «il est certain qu'à divers moments de l'évolution de la pensée kantienne l'idée de fonder la morale, disons même telle morale, est intervenu comme facteur très important; mais cette idée n'a cherché à se convertir en doctrine que *médiatisée* par des conceptions purement théoriques dont plusieurs avaient un contenu originairement trop eloignée d'elle pour avoir été produites uniquement en sa faveur» (p. 55).

[21] G. Vlachos, *op. cit.*, p. 161.

[22] *Reflexionen zur Anthropologie,* XV, n.° 1420, 618.

teleológica, prolongada en teleología natural, antes de ser transmutada en dialéctica. Tal trasmutación vendrá ocasionada por la voluntad de Kant de situarse *entre el relativismo y el utopismo,* posición en la que jugará un importante papel la idea de contrato.

A juicio de Vlachos, tanto en 1770 como en 1781 la separación de los dos mundos tiene por meta preparar el acceso al mundo de las ideas y a la filosofía de la acción, pero también oponerse al utopismo: la idea —lo incondicionado— es inaccesible, pero ha de articularse teleológicamente en la historia. El idealismo se revelará, pues, como una concepción que intenta armonizar una verdad intuitiva con una verdad práctica: la idea intuitiva de que las instituciones históricas imperfectas son el germen del bien y la idea del imperativo categórico, prueba de la realidad del ideal [23].

El concepto de progreso procederá, pues, de una concepción antinómica de la experiencia histórica. Por una parte, el hombre es malo por naturaleza; por otra, desde los escritos de 1763 a 1770 hasta el *Conflicto de las facultades* trata Kant de mostrar que el género humano pasa de lo malo a lo mejor, guiado por una providencia. Se conjugan de este modo una psicología pesimista y una historia optimista: el individuo finito nunca alcanza la perfección, pero la naturaleza humana, en tanto que especie, no es sino un progreso hacia el bien. Esta dialéctica entre el individuo y la especie, entre la realidad humana finita y la idea de república perfecta que es menester encarnar en ella, mantendrá la filosofía de Kant en un permanente conflicto. Conflicto que viene a agravarse por un doble hecho: el de que en el derecho nos encontremos con una concepción personalista, difícilmente conciliable con la convicción de que el hombre sea un accidente pasajero en el seno de una especie infinita, y el hecho de que también en la política estallen conflictos, producidos por una política personalista que, movida por el ideal de humanidad, necesita —sin embargo— desarrollarlo en las instituciones. Precisamente esta dialéctica dará lugar al subtítulo de la obra de Vlachos, que su autor explicita del siguiente modo:

> «(Kant) mantendrá hasta el final la distinción entre un poder originario ideal y una soberanía ontológica efectiva. Su entusiasmo por el ideal de la libertad humana estará inicialmente viciado por la eterna presencia en su pensamiento, revuelto por los acontecimientos del siglo, del conflicto que opone, en el seno de la política personalista, la metafísica del orden y la dialéctica del progreso» [24].

Es dentro de este contexto donde cabe situar el sentido de la idea de contrato.

---

23 G. Vlachos, *op, cit.,* p. 194.

24 *Ibid.,* 363. El paréntesis es mío.

La idea de contrato sirve como un modelo de perfección para sistematizar la experiencia. Dado que tal idea no está destinada a un uso constitutivo de la experiencia, sino a uno regulativo, no sirve como criterio para legitimar regímenes políticos concretos. Sin embargo, firme en la idea de que Kant pretende mantenerse entre el utopismo y el tradicionalismo, piensa Vlachos que la idea de contrato puede utilizarse como criterio negativo para frenar posturas tradicionalistas [25]. Kant se enfrentaría a los utopistas, que bosquejan ideas a las que no proporcionan raíz alguna en la realidad, pero también a los reaccionarios —tipo Hume— que hacen de su relativismo una consagración de las instituciones y regímenes ya existentes.

A medio camino entre ambas posturas, uniendo la metafísica del orden con la dialéctica del progreso, la idea regulativa de contrato social no constituirá un ideal utópico concreto, ni legitimará los órdenes estatales existentes, sino que exigirá realizar en la historia lo que en ella se encuentra en germen.

2. La cuarta formulación del imperativo categórico

Menos optimista que G. Vlachos en lo que se refiere a la capacidad deslegitimadora de la idea de contrato con respecto a los regímenes existentes, A. Philonenko se esfuerza en mostrar —sobre todo, en el *Gemeinspruch*— la lejanía que existe entre Kant y Rousseau, la práctica identidad con Pufendorf, y la proximidad de Kant y Pufendorf a Hobbes [26]. Esta estratégica posición se revela en la concepción del estado de naturaleza, del contrato social, de la voluntad general y del derecho de resistencia.

En lo que al contrato se refiere, dos características, al menos, se desprenden directamente de él. Por una parte, su idea sirve como criterio para uso del soberano, ya que «la piedra de toque de todo lo que puede decidirse como ley para un pueblo se halla en esta interrogación: ¿es que un pueblo hubieran podido imponerse a sí mismo esta ley?» [27]. La filosofía del *als ob* hace su aparición en el ámbito práctico y presenta al legislador el criterio según el que debe legislar: la voluntad unida del pueblo, en la que radica la legitimidad de toda legislación.

Ciertamente, la idea de voluntad racional es la fuente del derecho racional y, por lo tanto, es legislación racionalmente legitimada la que podía haber surgido de la voluntad racional. El soberano, pues, a la

[25] *Ibid.*, 330.
[26] A. Philonenko, *Théorie et Praxis dans la pensée morale et politique de Kant et Fichte en 1793*, París, 1968, pp. 33, 43 y 54.
[27] *Was is Aufklärung?*, VIII, p. 39. Vid. también *Gemeinspruch*, VIII, p. 297.

hora de legislar, ha de utilizar como criterio de legitimidad la idea de lo que los ciudadanos habrían podido querer.

No son, pues, los ciudadanos quienes *efectivamente* sellaron un pacto originario, ni es su voluntad *efectivamente existente* la que legisla, sino que el legislador, poseyendo *a priori* la idea de contrato originario, expresivo de la voluntad racional unida del pueblo, es quien está legitimado para legislar y puede hacerlo sin error, ya que cuenta *a priori* con la idea de contrato [28]. Tales apreciaciones son las que llevan a Philonenko a interpretar el contrato originario como una cuarta formulación del imperativo categórico, que puede sumarse a las tres de la *Grundlegung,* y que ordena exclusivamente al soberano. Se trata de una orden moral, incondicionada, que reviste la forma negativa, peculiar de los deberes perfectos:

> «Lo que no puede decidir el pueblo (la masa total de súbditos) sobre sí mismo y sus componentes (*Genossen*) tampoco puede decidirlo el soberano sobre el pueblo» [29].

Puesto que el legislador tiene el deber de legislar *como si* el pueblo le hubiera otorgado su poder —pues *de facto* nunca lo ha hecho—, debe realizar un experimento mental en el que se atiene a un mandato moral. En definitiva, de la necesidad de cumplir una acción por respeto a la ley se siguen las fórmula del imperativo y, puesto que el gobierno es un deber específico, que no puede ser satisfecho más que por una persona —el soberano— la fórmula del contrato es la cuarta formulación del imperativo categórico, reservada a esta persona.

Ahora bien, que el contrato originario obligue al soberano a frenar su omnipotencia significa que podría y puede cometer injusticia. Y desde esta perspectiva Kant se enfrenta a Hobbes, ya que para éste «es cierto que quienes tienen poder soberano pueden cometer iniquidad, pero no injusticia o injuria en la auténtica acepción de estas palabras» [30]. Puesto que el soberano no ha contraído deber alguno con respecto al pueblo mediante contrato, ya que son los individuos quienes sellan entre sí el pacto y ceden sus derechos a un tercero [31], nunca puede el soberano cometer injusticia contra el pueblo. Kant y Pufendorf, por el contrario, creen que el gobernante puede elaborar le-

---

28 *Gemeinspruch,* VIII, p. 299.

29 *MdS,* VI, p. 329. El *Gemeinspruch,* por su parte, dice textualmente: «Mas el principio universal con que un pueblo ha de juzgar sus derechos *negativamente* (es decir, sólo acerca de aquello que cabría considerar que el supremo legislador no lo ha ordenado con su mejor voluntad) está contenido en esta sentencia: *lo que no puede decidir un pueblo sobre sí mismo, tampoco puede decidirlo el legislador sobre el pueblo*» (p. 304).

30 *Leviatán,* cap. XVIII.

31 *De cive,* c. 5-7 y 12; *Leviatán,* caps. XVII y XVIII.

yes en contra del pacto originario, aunque ello no dé al súbdito derecho a coaccionar al soberano.

Todo ello llevará a Philonenko a afirmar que el contrato social constituye para Kant el momento ético en la constitución jurídica del Estado: *gobernar tiene que ser obrar por deber*. Ahora bien, «lo que posee un sentido ético para el soberano poseerá un valor jurídico para el pueblo» [32].

En este sentido, la idea de contrato posee realidad práctica en cuanto compromete *moralmente* al soberano a legislar teniendo en cuenta la posibilidad de que el pueblo concuerde con ello, es decir, haciendo uso del «como si» en perspectiva moral. Pero el pueblo se compromete *jurídicamente* a respetar y cumplir la leyes propuestas por el soberano. La diferencia es clara: el soberano puede hacer uso de la coacción, precisamente porque los súbditos han puesto en sus manos la capacidad de coaccionar, mientras que los súbditos carecen del derecho de ejercer sobre él coacción alguna, puesto que el soberano es quien garantiza el uso legítimo de la coacción y se sitúa más allá de ella. Ello nos enfrenta, al menos en un comienzo, con tres problemas: el de la presencia de un posible *pactum subiectionis* en la idea kantiana de contrato, el del derecho de resistencia, y el de determinar qué expresa la idea de contrato como formulación del imperativo categórico.

V. VOLUNTAD RACIONAL Y ESTADO DE DERECHO

En lo que respecta al primero de los puntos, sabido es que la doctrina contractual mantuvo generalmente la doble forma «*pactum unionis-pactum subiectionis*» [33]. Rousseau eliminará el pacto de sumisión, porque concebirá que la institución del gobierno contiene una «comisión», en vez de un contrato. Sin embargo, la doctrina del contrato de dominio pervive en los textos de Kant y Fichte, según Gierke, aunque a través de la pregunta: ¿cuánto del contrato de dominio abandonado se introduce en el contrato social? [34].

Tal vez a esta pregunta deberíamos responder con Philonenko que Kant regresa a la noción de *pactum subiectionis* de Pufendorf, en la medida en que el contrato de sumisión constituye el contenido esencial del principio *a priori* de la igualdad, explicitado en el *Gemeins-*

---

[32] A. Philonenko, *op. cit.*, p. 53.

[33] Para una excelente exposición del surgimiento y evolución de esta doble forma de pacto vid. O. von Gierke, *op. cit.*, pp. 76-122; como también —entre otros— R. Derathé, *Jean-Jacques Rousseau et la science politique de son temps*, París, 1950, pp. 207-247.

[34] O. von Gierke, *op. cit.*, p. 92.

pruch en el sentido de que todos los miembros de la república son iguales en tanto que súbditos. Esta igualdad reside en el derecho innato de coaccionar a otro para que respete la libertad que, en tanto que hombre, me conviene y que viene expresada en el primer principio de una constitución republicana. La «perentoriedad» en la defensa de tal derecho sólo es posible si nuestro poder de coacción queda en manos de un poder soberano irresistible. La capacidad coactiva que excede la posibilidad de ser coaccionada se encuentra sólo en la persona del soberano, que representa la voluntad popular, y frente al cual no hay, en consecuencia, *derecho a resistir,* sino sólo la obligación de obediencia incondicionada. Incluso en el caso de que el jefe del Estado violara el contrato originario, imponiendo una legislación contraria al respeto a la libertad, el pueblo carece de derecho a resistir.

Y no deja de ser sintomático el hecho de que en la *Metaphysik der Sitten* Kant plantee el tema de la posible legalidad de la resistencia como el primero de los efectos jurídicos que se derivan de la naturaleza de la unión civil, ni que el apartado en que aborda tal problema se inicie prácticamente preguntando si un *pactum subiectionis civilis* ha precedido a la instauración del poder estatal o si, por el contrario, el poder ha precedido a la ley [35]. La respuesta a esta pregunta podría venir dada por una de las *Reflexionen:* «El pacto no es real, sino ideal, porque la coacción le es anterior» [36].

No cabe, pues, pensar en un pacto en virtud del cual el aparato estatal adquiere *de facto* el derecho de ejercer la violencia. Pero, ¿ocurre así idealmente? ¿Está contenido en el *pactum unionis civilis* un *pactum subiectionis*?

Así como Rousseau elimina en la noción del contrato social la idea de un contrato de sumisión e identifica a los dos posibles detentadores de la soberanía popular, de tal modo que el portador de la soberanía se identifica con su sustancia en la voluntad general, Kant mantiene la dualidad de los portadores de la soberanía —pueblo y soberano— que sellan un contrato, en virtud del cual el gobernante se compromete a legislar conforme a la idea racional del derecho: a legislar teniendo como piedra de toque la voluntad popular.

Por otra parte, en el texto de la *Metaphysik der Sitten* al que acabamos de aludir, Kant se esfuerza por destacar que resulta peligroso tratar de investigar el origen del estado, porque este género de investigaciones suele venir suscitado por el deseo de resistir al poder estatal, deseo cuya satisfacción violenta las leyes desde las que el ciudadano investiga y que, por tanto, debe ser castigado desde ellas.

---

35 *MdS,* VI, p. 318.

36 *Reflexionen zur Rechtsphilosophie,* XIX, n.° 7416, p. 368.

> «Una ley que es tan sagrada (inviolable) —dirá textualmente nuestro autor—, que es ya un crimen sólo ponerla en duda *desde el punto de vista práctico,* por tanto, suspender momentáneamente su efecto, se representa como si no tuviese que proceder de hombres, sino de algún legislador supremo e intachable, y éste es el significado de la proposición: "Toda autoridad viene de Dios", que no enuncia un *fundamento histórico* de la constitución civil, sino una *idea* como principio práctico de la razón: el deber de obedecer al poder legislador actualmente existente, sea cual fuere su origen» [37].

Naturalmente, un texto como éste ha dado lugar a múltiples reflexiones, la primera de las cuales consistiría en poner en duda la pretensión de Vlachos —ya mencionada— de que la idea de contrato, como idea regulativa, pueda cuestionar *efectivamente* los regímenes existentes. Más parece que la metafísica del orden prime sobre la dialéctica del progreso y que el poder actualmente existente quede inmunizado frente a cualquier oposición que no sea la de la pluma. La idea de contrato sólo moralmente obligaría al soberano, quien debería universalizar la ley, conforme a lo que todos podrían querer, pero desde su voluntad particular. Y el pueblo carecería de legitimidad para cualquier respuesta coactiva. El mismo Vlachos llegará a afirmar que el precio real de las concesiones que Kant ha consentido en relación con las soberanías históricas es un acercamiento cada vez mayor entre la idea de eficacia pragmática y la de legitimidad [38].

Pero, ¿significa todo ello la negación de un derecho natural de resistencia y la opción por la validez real del derecho positivo? La obligación de obedecer a tal derecho sería una obligación moral, una «obligación ética indirecta», en la medida en que «es una exigencia que me hace la ética la de convertir en máxima actuar conforme al derecho» [39], y en tal caso la moral vería acrecentado su contenido desde una instancia empírica que, de hecho, no se sometería al canon del

---

[37] *MdS,* VI, p. 319.

[38] G. Vlachos, *op. cit.,* pp. 349-363.

[39] *MdS,* VI, p. 231. Según F. Kaulbach, el deber ético indirecto pertenecería a un género intermedio entre la legalidad y la moralidad. Mientras que moral y derecho constituyen dos formas distintas de *Gesetz-gebung,* dos formas de exigencia de la legislación, el par moralidad/legalidad designa distintas posiciones del hombre en relación con la ley. Son, pues, posibles dos géneros intermedios. El segundo de ellos, la moralidad jurídica, pertenece a la esfera jurídica y, por tanto, al principio de la coacción externa, pero también al ámbito de la intención, en que el individuo es soberano. Puede haber, pues, un tipo de *«Pflichtgesinnung»* en el seguimiento de las leyes jurídicas; por ejemplo, la actitud de un ciudadano ante su constitución. Vid. F. Kaulbach, *Studien zur späten Rechtsphilosophie Kants und ihrer transzendentalen Methode,* Würzburg, 1982, pp. 56-59. De este concepto de obligación ética indirecta se ha ocupado también, entre nosotros, F. González Vicén en *La filosofía del Estado en Kant,* La Laguna, 1952, pp. 52-53. Por otra parte, el mismo González Vicén ha desencadenado una polémica en torno a la obediencia al derecho, en la que por el momento han intervenido Elías Díaz, Javier Muguerza, Eusebio Fernández, Esperanza Guisán, y en la que me he permitido participar.

imperativo: desde la voluntad de un legislador que *debe* atender a la voluntad general, pero puede no hacerlo, mientras que el pueblo debe obedecerle moral y jurídicamente en ambos casos.

W. Haensel, por su parte, rechaza semejante interpretación: un derecho que se opusiera a la razón no podría añadirse con ayuda del deber ético indirecto; la consecuencia de que Kant no parta del *factum* del derecho y del estado es precisamente que el derecho positivo no puede contradecir al natural, porque chocaría con la idea de legislación racional, y no podría exigir obediencia moral en tal caso [40].

La idea de *pactum unionis civilis* sería, pues, la idea de un procedimiento que, de igual modo que el imperativo categórico, pretendería garantizar la corrección de las decisiones tomadas desde él y, a la vez, prestaría a tales decisiones un halo sagrado: el de ser intocables por haber emanado de la voluntad racional —no de la voluntad efectiva— de un pueblo. El momento contrafáctico, necesario para prestar legitimidad a los consensos fácticos estaría de este modo presente [41], impregnando al derecho con ese carácter de intocabilidad, que le confiere su fuerza obligatoria. En el derecho racional se conservaría el halo de intocabilidad, procedente de su raíz religiosa o tradicional, a través de la noción expresiva de la razón práctica: a través de la noción de imparcialidad, a través de la idea de que una ley puede haber surgido de la voluntad unida del pueblo [42].

En este sentido, las actuales teorías morales procedimentales se pretenden herederas del contractualismo kantiano, en la medida en que la noción de imparcialidad constituye el núcleo de una razón práctica, que se expresa en la moral, el derecho y la política. La figura del contrato tendría como misión reflejar esta idea de imparcialidad, aplicable a la vida jurídica y política, que J. Rawls recoge en su *Teoría de la Justicia* en versión contractualista, L. Kohlberg acepta desde la idea de asunción ideal de *rol,* y la ética discursiva de K. O. Apel y J. Habermas plasma en el principio dialógico de la ética discursiva y en el principio de universalización [43]. Las leyes surgidas de las ma-

---

40 W. Haensel, *Kants Lehre von Widerstandsrecht,* Berlín, 1926, p. 55.

41 A. Cortina, *Etica mínima,* Madrid, 1986, pp. 184 ss.

42 J. Habermas, *Recht und Moral. Zwei Vorlesungen,* manuscrito inédito. La primera de las lecciones lleva por título «Wie ist Legitimität durch Legalität möglich?», y la segunda, «Zur Idee des Rechtsstaats». En ambas la posibilidad de obtener legitimidad a través de la legalidad y la cuestión del estado de derecho tienen como trasfondo la conexión entre moral, derecho y política, como formas de voluntad racional, como formas de razón práctica, entendida como imparcialidad, así como el trabajo del mismo autor «Wie ist Legitimität durch Legalität Möglich?», *Kritische Justiz,* Jahrgang 20, Meft 1 (1987), 1-16. Me he ocupado de ello en «Límites y virtualidades del procedimentalismo moral y jurídico», *Anales de la Cátedra Francisco Suárez,* n.° 28 (1988), pp. 43-63.

43 Según Apel y Habermas, la ética discursiva pretende superar el «empatismo» de Kohlberg y el «decisionismo» de Rawls, posibilitando el conocimiento moral, como

yorías parlamentarias pueden pretender legitimidad desde la idea de imparcialidad, desde la idea de que una ley puede haber surgido de la voluntad unida del pueblo. Es esta idea la que proporcionará un canon crítico para enjuiciar la realidad constitucional desde la noción de un Estado, que extrae su legitimidad de una racionalidad garante de la imparcialidad en los procedimientos legislativo y jurisprudencial[44].

argumentación. En estas tres posiciones se muestra que el derecho procedimental y la moral postconvencional de principios se remiten recíprocamente, evitando los inconvenientes de un iusnaturalismo material. Para la superación de las propuestas de Rawls y Kohlberg por la ética discursiva, vid. también J. Habermas, «Gerechtigkeit und Solidarität», en W. Edelstein y G. Nunner-Winkler (Hg.), *Zur Bestimmung der Moral,* Frankfurt, 1986, pp. 291-318.

Del procedimentalismo de Apel y Habermas me he ocupado en *Razón comunicativa y responsabilidad solidaria,* Salamanca, 1985, y en *Crítica y Utopía: la Escuela de Frankfurt,* Madrid, 1985; del de Rawls, en *Etica mínima,* pp. 169-195.

[44] Según Habermas, la idea de un estado constitucional, bajo el principio de imparcialidad, exigiría: 1) mostrar cómo es posible engarzar, mediante la teoría de la argumentación, la determinación de metas políticas, el discurso moral y el control de normas jurídicas, en la formación parlamentaria de la voluntad del legislador político; 2) aclarar cómo se distingue un acuerdo argumentativamente alcanzado de los compromisos negociados, y cómo la imparcialidad puede plasmarse en los compromisos; 3) mostrar cómo es posible institucionalizar la imparcialidad mediante procedimientos jurídicos en la regla de la mayoría, en el reglamento parlamentario, en el derecho electoral o en la formación de la opinión en la publicidad política; 4) por último, la aplicación presenta un problema peculiar, en la medida en que la forma semántica de la ley no permite al juez una aplicación unívoca; las interpretaciones acompañan siempre a la aplicación, y de ahí que en este momento la imparcialidad no se traduzca a través de la voluntad racional de lo que todos podrían querer, sino considerando si hemos tenido en cuenta todos los aspectos relevantes de la situación. Vid. *Recht und Moral:* «Zur Idee des Rechtsstaats».

12. «LO QUE ES VALIDO EN LA TEORIA ES ASIMISMO VALIDO EN LA PRACTICA»

(KANT Y LOS PROBLEMAS DE LA ALEMANIA DEL SIGLO XVIII)

por LUIS MARTÍNEZ DE VELASCO

Tratar de abordar la concepción política de Kant independientemente del cuerpo de su reflexión filosófica global nos condenaría, sin duda alguna, a una incomprensión absoluta, por mucho que la estructura del texto visible parezca avalar la hipótesis de que las no muy frecuentes observaciones kantianas acerca de la política se limitan a plasmar otras tantas claudicaciones téoricas con respecto a las condiciones socio-económicas imperantes en la Alemania del siglo XVIII. Parece que, en efecto, no existe articulación alguna entre una concepción moral desplegada a partir de un imperativo ético basado en el respeto incondicional al género humano y el establecimiento de una reflexión *ad hoc* con respecto a una estructura social como la alemana, fundamentada en un modelo económico casi feudal. Tal falta de articulación no puede justificarse teóricamente mediante la distinción entre el hombre como noúmeno, sobre el que recae la prescripción del respeto absoluto, y el hombre como fenómeno, condenado a soportar toda la negatividad de la historia, puesto que, como sabemos, toda la concepción ética de Kant se dirige justamente a la demolición del carácter *absoluto* de la mencionada distinción. Si el imperativo moral no exhorta a la fe ni al simple sentimiento sino a la provocación de acciones reales en el mundo sensible, no se comprende entonces cómo a partir de ahí se puede deducir una filosofía política tan contradictoria, y en ocasiones tan reaccionaria, como la kantiana. Es verdad que la presencia de unas condiciones socioeconómicas tan precarias como las existentes en el Imperio Alemán (y exacerbadas en la propia Prusia) juega un papel decisivo en la naturaleza de claroscuro que caracteriza a la reflexión kantiana en este terreno (y en idéntico sentido se desarrollan las explicaciones de Irgin Fetscher sobre Fichte y de Lukács y Marcuse sobre Hegel), sólo que ello no da lugar a una ruptura interna decisiva del discurso kantiano a la hora de orientarse hacia la reflexión política, a un simple «echar marcha atrás», puesto que, de ser así, no se entienden ni el continuado énfasis en el apoyo a la Revolución francesa o al proceso de independización de las colonias inglesas en América del Norte ni la permanente crítica a las concepciones idealistas de los Jacobi, Herder, Fichte, etc. En efecto, la hipótesis de la claudicación (sostenida por Werner Schneiders, Dieter Henrich o Gisbert Beyerhaus) tendría pleno sentido sólo si se pudiese mostrar que a partir de las nuevas posiciones ganadas por Kant tiene lugar una reformulación, y ahora en clave negativa, de valoraciones anteriores, y no es ése el caso. Permanece la antigua valoración positiva acerca de la Revolución francesa, por ejemplo, sólo que ha de convivir con una teorización claudicante, justamente aquélla que se dirige hacia estructuras sociales como las alemanas, mucho más atrasadas que las francesas. No resulta difícil captar la razón histórica de esta aparente fragmentación conceptual del sistema filosófico kantiano (el atraso social alemán) sólo que debemos partir de tal razón histórica y tratar de averiguar qué tipo de convivencia se da entre —por denominarlos así— el discurso heroico y el discurso prudente, es decir, exponer, por un lado, cómo incide la coyuntura histórica en la reflexión política kantiana y, por otro, qué mecanismos teóricos se ponen en marcha con el fin de albergar toda la contradictoriedad de una situación social que, con palabras de Fetscher, hace que toda idea mínimamente revolucionaria constituya, fuera de Francia e Inglaterra, una simple utopía.

* * *

Se ha comenzado diciendo que no es posible acercarnos a la reflexión política kantiana independientemente de su método filosófico, sólo que aquí se ha de apuntar lo siguiente: la relación existente entre el cuerpo reflexivo global kantiano y la concreta reflexión política no es, ni mucho menos, una relación lineal y transparente, o por lo menos no lo es en lo que concierne al discurso prudente. No hay, desde luego, excesivos problemas de interpretación si lo que queremos es abordar el estatuto de lo que se puede denominar *filosofía de la praxis* como discurso político directamente conectado con el imperativo categórico, puesto que tal discurso constituye, en principio, una construcción exactamente tan universal y apriorística como la prescripción moral que le sirve de fundamento. Que lo que vale en la teoría ha de valer también en la práctica o que la política debe someterse sin discusión a la moral, etc., constituyen nociones perfectamente reconocibles a partir de la pura proyección social del imperativo categórico, cuya incidencia factual en la historia es, como sabía el propio Kant, prácticamente nula. Ahora bien, la relación entre el sistema kantiano global y la concepción política prudente (donde se viene a renunciar a gran parte de la mencionada proyección social del imperativo moral) se aparta de la teorización práctica exactamente en la misma medida en que pasa a articularse sobre la razón pura teórica, concretamente sobre la teorización *a priori* acerca de la categoría de *posibilidad.* Ciertamente es en la *Crítica de la razón pura* donde habremos de buscar las categorías implícitamente utilizadas por Kant en su reflexión política, cuya versión prudente constituye la plasmación de una determinada intención transcendental negativa, a saber: no generar un discurso político ilusorio. Así, las categorías utilizadas en la reflexión política no son otras que las de posibilidad real, realidad objetiva y proceso mediador, categorías que se sitúan en interacción con la noción (ésta sí de orden eminentemente práctico) de deber moral en una relación cuya composición orgánica va decantándose hacia la categoría central de posibilidad en menoscabo de la noción de deber a medida que el discurso va acentuando su dimensión histórica concreta. En el límite, el *fiat iustitia pereat mundus* cede su lugar a la paloma que también en el terreno político concreto necesita del aire para poder volar.

Es sobradamente conocida la definición kantiana de posibilidad en su versión teórica: «Conocer un objeto —escribe Kant en la *Crítica de la razón pura*— exige poder probar su posibilidad. Pero como yo puedo pensar lo que quiera con tal de no contradecirme, es necesario algo más para dar a un concepto posible una validez objetiva, o sea, una posibilidad real, ya que la primera es simplemente lógica. Este algo más no necesita ser buscado sólo en el conocimiento teórico, sino también en la realidad». No es difícil captar el paralelismo formal entre el texto recién aducido y la siguiente afirmación kantiana: «Es dulce —escribe Kant en *El conflicto entre las Facultades*— imaginar constituciones políticas que coincidan con exigencias racionales, pero es desmedido proponerlas seriamente, y desde luego condenable incitar a un pueblo a que derogue la constitución existente». La noción fundamental subyacente en el texto recién aducido no es otra que la de *posibilidad histórica,* cuya eficacia negativa, como vemos, se plasma en la restricción a que se ve sometido el ejercicio de la razón por parte de la coyuntura histórica. En este sentido, se puede captar muy fácilmente la *voluntad de realismo* presente en dos reflexiones tan aparentemente dispares como son la reflexión teórica y la reflexión política, y ello no de un modo ocasional, sino como una consecuencia perfectamente lógica dentro del método filosófico transcendental. En efecto, si éste constituye, como recuerda Fichte, una reflexión dirigida hacia la legitimidad moral de los conceptos (es decir, hacia el hecho de si éstos expresan o no un interés de la razón), es comprensible que, aplicada al ámbito de la política, la reflexión kantiana genere en este sentido una metarreflexión nucleada en torno a la posibilidad real de una acción política cualquiera más allá de resonancias estéticas o de delirios de la imaginación. No resulta difícil, por otro lado, captar el motivo histórico de dicha metarreflexión: por oposición a la acción moral individual, que viene a agotar su sentido en una relativa inmediatez, la acción histórica posee una determinabilidad infinitamente más compleja, y ello de un modo especialmente dramático en el contexto social de la Alemania del siglo XVIII, donde las luchas religiosas y los aplastamientos a los movimientos campesinos pueden contar entre sus víctimas a centenares de miles de individuos. En este sentido, existe un innegable paralelismo entre los abusos metafísicos denunciados en la *Crítica de la razón pura* y los abusos políticos derivados de un dogmatismo idealista cuya negatividad reside, sin duda, en el menosprecio a la categoría de posibilidad real. Las repetidas enfatizaciones kantianas sobre la tolerancia y la prudencia, así como sobre las nociones de objetividad y de proceso constituyen otras tantas determinaciones generadas orgánicamente en el seno de su sistema en respuesta a problemas históricos reales y concretos.

* * *

Si, desde cuanto llevamos dicho dirigimos ahora la mirada a la interpretación kantiana de los sucesos revolucionarios de la Francia de los años 1789 y siguientes, parece que la dimensión posibilista de la reflexión política de Kant viene a desaparecer y a ceder su lugar a una concepción moral derivada directamente de exigencias éticas inmediatas, con lo que parece poder establecerse la hipótesis de una dualidad de fuentes: el discurso heroico partiría de la razón pura práctica, mientras que el discurso prudente lo haría desde posiciones teóricas puras. Allí, el deber ser; aquí, el poder ser. Sin embargo, esta dualidad posee un último fundamento unitario nucleado, según pensamos, en torno —una vez más— a la categoría de *posibilidad histórica,* es decir, en una previa reflexión teórica que permite en uno de los casos (pero que prohíbe en el otro) la activación de la propia reflexión moral, presentada a los ojos del lector como fuente originaria de la concepción política heroica y enfrentada, en su inmediatez textual, a la fuente posibilista. Pero sin olvidar que el propio texto kantiano nos habla de la lejanía del escenario francés y del carácter de simples espectadores de los pensadores alemanes (nociones que constituyen, por así decir, síntomas de la unidad de fundamento entre una concepción y otra, algo así como expresiones textuales que señalan y ocultan a la vez la existencia de líneas de cruce en el interior de la reflexión) la investigación acerca de las condiciones concretas en que tiene lugar la interpretación kantiana de los acontecimientos franceses nos pondrá en la pista de la naturaleza y los límites de su valoración de la Revolución del 89, teniendo en cuenta, una vez más, que la cuestión de la posibilidad de aplaudir dicha Revolución incluso en sus aspectos más violentos condenando al mismo tiempo toda revolución como algo injusto no puede solventarse apelando simplemente a la diversidad de escenarios y circunstancias, puesto que ello constituiría una determinación exterior a la propia reflexión en la que se genera esta aparente ruptura, lo cual es tanto como decir que no debe suponerse la existencia de dos matrices conceptuales allí donde realmente existe una sola. En definitiva, la pregunta de por qué no parecen influirse mutuamente la filosofía de la praxis y la filosofía política en el seno de una reflexión intencionalmente unitaria posee una respuesta compleja y exige, como se ha dicho más arriba, investigar la valoración kantiana de la Revolución francesa.

El gran mérito de Kant en este sentido es haber captado el *núcleo ético* de los acontecimientos revolucionarios del año 89 y siguientes, algo sólo posible desde una visión filosófica abstracta que, al no tener en cuenta las complejidades y negatividades históricas concretas, es capaz de articular el conjunto de los fenómenos históricos en una totalidad ética fundamentada en el interés de la razón. En consecuencia, la valoración kantiana de la Revolución francesa retiene exclusivamente los aspectos moralmente progresistas de un proceso llevado a cabo, como se nos dice en *El conflicto entre las Facultades,* por un pueblo lleno de espíritu, sólo que tal retención, al constituir la captación de un abstracto momento espiritual en que no aparecen ni la base socioeconómica del conflicto ni las implicaciones objetivas de las acciones políticas necesarias, permanece en la pura inmediatez ética de un deber ser realizado en la historia. He aquí la conocida expresión kantiana plasmada en *El conflicto entre las Facultades*: «No pudieron las recompensas monetarias hacer que los enemigos de los revolucionarios pudiesen alcanzar la tensión moral y la grandeza espiritual de éstos, y ni siquiera un sucedáneo del entusiasmo como es el honor en la vieja aristocracia militar pudo hacer nada ante las armas de aquéllos que tenían puesta su mirada en el derecho del pueblo». Toda una declaración a favor de los revolucionarios, como podemos ver, que viene a fundamentarse en una noción implícita cuya eficacia funciona como compensación a la ausencia de determinaciones históricas más concretas, pues en efecto la ininterminable serie de contradicciones, derrotas, traiciones y retrocesos existentes en el proceso revolucionario sólo puede ser abstraída desde una concepción monolítica basada no tanto, como podría parecer, en la abstracta noción de espíritu revolucionario, cuanto en la silenciosa presencia de la categoría de posibilidad histórica. Más cerca de la *Crítica de la razón pura* que de la *Crítica de la razón práctica,* toda la valoración positiva de los acontecimientos franceses (el hecho de denominar «espiritual» y no «delirante», por ejemplo, a la facción revolucionaria) se fundamenta *post factum,* una vez que la Revolución ha resultado triunfante. Pero no se trata de que la victoria misma de la revolución constituya para Kant la única prueba de su legitimidad moral (como sostiene, por ejemplo, Robert Spämann) pues ello equivaldría a concebir la reflexión política kantiana en términos de teoría exclusivamente empírica, perfectamente adecuada a los hechos, para lo cual sería necesario mostrar que cualquier resultado histórico es asumido y justificado sin fisuras ni desajustes al margen de su orientación progresista o reaccionaria, y no es ése el caso en absoluto. En primer lugar, porque los aspectos de la revolución subrayados por Kant son precisamente los de mayor contenido ético, y es en ese contenido precisamente en el que Kant cifra (aunque de un modo aparente) la necesidad de su victoria. En segundo lugar, porque, una vez derrotada la orientación inicial, Kant no duda en señalar la posibilidad de un resurgimiento del verdadero espíritu revolucionario, con lo que la categoría de posibilidad histórica se sitúa en un nivel lo suficientemente profundo como para no claudicar ante una negatividad momentánea. Y en tercer lugar, porque toda la actitud crítica de Kant para con las filosofías sentimentales se dirige, por lo que se refiere a la dimensión política del asunto, contra toda forma de aristocratización del pensamiento, por ejemplo, contra el oscuro sentimiento del genio de Fichte, o contra la verdad inaccesible al pueblo de Jacobi, etc. Se trata, en fin, de que la categoría kantiana de posibilidad histórica se cuida mucho de cerrar el discurso en una clausura fraudulenta donde la realidad agota todo el sentido de lo posible en su unidimensionalidad empírica. En este punto, la reflexión kantiana acerca de la Revolución francesa plasma, en su remate, la nostalgia de lo que pudo haber sido junto con la esperanzada apertura de un razonamiento, inquietante sin duda para cualquier interés restaurador, del tipo de «si fue posible una vez, volverá a repetirse».

* * *

La influencia de la filosofía de la praxis sobre la reflexión política se halla muy lejos de ser evidente, puesto que en el momento en que el objeto del discurso pasa a ser la fragmentada sociedad alemana del siglo XVIII, la dimensión posibilista de la reflexión pasa a un primer plano ocultando aparentemente la existencia de algo parecido a un imperativo categórico. Parece, en efecto, que la distinción entre fenómeno y noúmeno amenaza con consumar la ruptura definitiva en el interior de la propia reflexión kantiana, sólo que, como se ha dicho antes, la oculta unidad metodológica subyacente en la dualidad visible de discursos produce una serie de efectos teóricos que, al fundamentarse en la categoría de posibilidad histórica, conservan una cierta unidad conceptual en su proyección sobre dos escenarios históricos tan diferentes como son el francés y el alemán. En este último caso, son dos los efectos fundamentales que resultan de la mediación de la noción de posibilidad histórica ejercida sobre la atrasada sociedad alemana, a saber: por un lado, el establecimiento de un discurso político inmanente como visión esbozada y parcial de una posible ontología de la historia que sólo verá la luz con una reflexión de corte hegeliano y, por otro lado, la preservación de una apertura política que en su versión más prudente plasma en su seno una indestructible confianza en la, por emplear palabras de Zwi Batscha, transformabilidad interior del despotismo. Mientras el primer efecto se basa, como se ha dicho, en la categoría de posibilidad, el segundo recibe su fundamentación en la categoría de proceso.

En efecto, una de las determinaciones más esenciales del discurso político kantiano consiste en el rechazo de hipótesis espiritualistas (aquí se ve de nuevo la influencia de la *Crítica de la razón pura*) a la hora de explicar ciertos fenómenos históricos. La proyección sobre éstos de la categoría inmanente de posibilidad, cuya presencia viene a anular cualquier concepción teleológica idealista de la historia (aquí cabría citar, por ejemplo, la crítica a Herder) nos pone en contacto con una posición ganada ya en la *Crítica de la razón pura* y tematizada más tarde en escritos como *Sobre la utilización de principios teleológicos en filosofía* de 1788 y en la *Crítica del Juicio* dos años más tarde. Se trata, en esencia, de lo siguiente: la fundamentación filosófica de la categoría de posibilidad posee una naturaleza específicamente transcendental cual es la de unir al criterio empírico (por el cual la posibilidad real debe ser presentada en una experiencia objetiva) un criterio nucleado en torno al interés de la razón por mediación del cual la categoría de posibilidad histórica puede extenderse más allá de una experiencia objetiva hacia una experiencia posible con la condición de que tal extensión no responda a intereses subjetivos ilusorios (dicho en lenguaje trivial, se trata de no confundir deseos con realidades). En este sentido, el análisis de las condiciones históricas de una sociedad ha de cuidarse críticamente de proyectar sobre ella imágenes ilusorias hasta llegar a construir todo un aparato categorial *ad hoc* (por ejemplo, espíritu alemán, espíritu señorial, etc.) que represente no sólo la eternización de unas determinaciones históricas, sino sobre todo la anulación de una consideración moral del proceso histórico del que se trate. Es cierto que la reproducción de tipos antropológicos no es algo ajeno a la reflexión kantiana, pero es necesario subrayar que dichos tipos jamás poseen unas connotaciones históricas que permitan la definición social de los tipos descritos. En Kant las funciones sociales y las situaciones históricas pasan a poseer —con todas las limitaciones que se quiera— una clave de inteligibilidad inmanente que hace posible que incluso los aspectos más negativos de la sociedad alemana reciban una definición jurídica, nunca una definición metafísica. Pueden ponerse muchos ejemplos en este sentido, pero uno de los más sobresalientes, por su carácter a la vez inmanente y apologético, recae en el fundamental asunto de la propiedad privada, cuya apología renuncia, en consecuencia con el método crítico transcendental, a toda apelación a la teología. Conviene seguir un poco de cerca la teorización económica kantiana para observar, por un lado, cómo conceptúa Kant la incidencia de la economía en la estructura política de una sociedad y, por otro, cómo la renuncia a la transcendencia y en general a la teleología idealista produce una cadena de desconciertos teóricos a la hora de comprender y defender la existencia de la propiedad privada.

Este asunto constituye en Alemania uno de los más agudos problemas en el seno mismo de la ideología cristiana, cuya facción igualitaria y colectivista se opone abiertamente tanto al Papa como a la estructura eclesiástica alemana. Desde la condena del teólogo Jan Hus, quemado tras el Concilio de Constanza en 1415 por hereje e instigador de la secta taborita, para la que la pobreza apostólica pasaba necesariamente por la abolición de toda propiedad, hasta Thomas Münzer, muerto a hachazos por defender frente a Lutero la colectivización agraria y la violencia revolucionaria; desde la organización comunista de los anabaptistas de Münster, cuyo ideólogo, Sebastian Franck, sostiene que toda propiedad privada es impura e incompatible con los designios de Dios, hasta el misticismo de Bern Rothmann, para el que debe abolirse la propiedad privada, el trabajo por dinero y la práctica de la usura, etc., la crítica a la propiedad privada nace precisamente de la proyección coherente sobre la vida social de prescripciones de innegable procedencia cristiana, y ello justamente en el punto débil de esta ideología, su versión institucional, cuya astuta adecuación a los tiempos reclamaba, lógicamente, una lectura dogmática y selectiva de la Biblia. Pues bien, al margen de la enorme consistencia interior de los planteamientos colectivistas, el resultado histórico objetivo no fue otro que el desencadenamiento de feroces luchas religiosas y el sistemático aplastamiento de los movimientos campesinos, lo que vino a producir en el ambiente cultural de la Alemania de los siglos XVI y siguientes dos efectos antagónicos de decisiva importancia: por un lado, la sistemática identificación de la institución eclesiástica con la intolerancia y el terror y, por otro, la constante reivindicación de una lectura libre y subjetiva de la Biblia, lo que, andando el tiempo, posibilita el progresivo acercamiento de posturas cristianas tolerantes (por ejemplo, el pietismo) a planteamientos iusnaturalistas o, traducido a un lenguaje kantiano, la limitación de la religión a los límites de la razón. Ahora bien, la publicación en 1793 de la obra que posee el título mencionado (que, como sabemos, significó un serio encontronazo con el Estado prusiano) sólo incide en el asunto de la tolerancia y la subjetividad definiendo un modelo religioso del que está prácticamente ausente cualquier connotación de índole económica. La razón de ello bien podría residir en el hecho de que el filósofo de Königsberg trata de evitar por todos los medios incidir en la línea de mayor resistencia de la ideología cristiana oficial, es decir, aquel asunto que vino a provocar, según los escritores y poetas alemanes de los siglos XVI y XVII, las mayores y más crueles desgracias ocurridas en Alemania, sólo que en este sentido cabe al menos afirmar que tanto la defensa teórica de un espacio de tolerancia religiosa por parte de Kant como el hecho de hacer descansar su apología de la propiedad privada en un basamento iusnaturalista completamente alejado de moldes religiosos (es decir, en resumen, el hecho de defender la separación entre Iglesia y Estado) provoca que la filosofía kantiana, innegablemente conservadora en el asunto de la propiedad, se sitúe sin duda en unos parámetros teóricos adecuados al nivel teórico propio de un modelo reflexivo ilustrado, lo cual no es poco si tenemos en cuenta la virulencia con que levantó cabeza la ideología cristiana oficial a partir del derrumbamiento del Imperio napoleónico y del restablecimiento del Imperio prusiano (restablecimiento que, entre otras cosas, supuso la abolición de gran número de avances progresistas realizados entre 1807 y 1812).

Como se ha dicho, la apología kantiana de la propiedad privada responde a una intención transcendental de no recurrir a elementos religiosos para su establecimiento. Es verdad que, en este sentido, Kant desemboca siempre —sin excepción— en simples tautologías y misterios disfrazados de «postulados de la razón práctica jurídica», así como que sus análisis de los fundamentos jurídicos de la propiedad excluyen sistemáticamente a los desposeídos, con las consecuencias políticas implícitas en tal exclusión. Pero también es verdad que, por un lado, el fiel seguimiento de los planteamientos de Smith y Rousseau impide la clausura de la categoría de posibilidad en el sentido de que es posible cierta movilidad social entre los miembros poseedores de bienes, con lo que, como dice el propio Kant en su escrito *Sobre el dicho: esto puede ser válido en la teoría, pero no en la práctica*: «Sólo de la capacidad, la laboriosidad y la suerte debe depender cada miembro de la colectividad, pues otro tipo de diferencia no ha de ser tenido en cuenta en la ley general»; mientras que, por otro lado, la total incomprensión kantiana de los mecanismos económicos concretos que intervienen en el mercado no impide a este filósofo valorar los resultados negativos visibles de una manera rotundamente crítica, como por ejemplo unas líneas más abajo de la obra citada: «El peso de los votos para la cámara legislativa no debe adecuarse a la cantidad de posesiones sino al talento del poseedor, por lo que no se entiende cómo es posible que el gran propietario anule la voluntad de muchos pequeños propietarios con todos sus votos». En este sentido, tiene razón Fetscher al afirmar que «el ciudadano normal de Kant es el pequeño productor de mercancías. El gran propietario (capitalista) no sólo no juega ningún papel en el modelo social kantiano, sino que viene a ser concebido como una anomalía jurídicamente injustificable». Parece quedar claro, por ello, que Kant no entiende la producción de mercancías en su doble determinación de mecanismo de explotación y de proceso que desemboca inevitablemente en formas de propiedad grancapitalista, pese a lo cual permanece cierta conciencia crítica (bien que completamente abstracta e ineficaz) ante la negatividad de ciertos fenómenos emergentes. Ahora bien, si existe algún ámbito en que desaparece este residuo de conciencia crítica y se establece una apología tan opaca como reaccionaria, éste no es otro que la propiedad privada de la tierra, auténtico *vía crucis* económico de los filósofos alemanes.

A lo largo de los siglos XVI y siguientes, el denominado problema campesino provoca entre los intelectuales alemanes un profundo malestar. Prusia constituye, dentro del imperio alemán, un Estado autoritario que mantiene por la fuerza de las armas una doble orientación política: en el interior, una estructura económica prácticamente feudal sostenida por un aparato de Estado cada vez más poderoso, y en el exterior, una política claramente expansionista hasta el punto de que la siempre malograda unidad política alemana se ve condenada a plasmar a largo plazo el modelo militar prusiano.

Como se comprenderá, el contexto social aquí esbozado constituye un excelente caldo de cultivo para la elaboración de teorías apologéticas de índole teocrática. Y si a ello se añade la presencia de un rey como Federico II, que mantiene una aparente tolerancia en cuestiones formales (como cierta libertad de expresión, por ejemplo) en un contexto social cuasi feudal (el cultivo de los campos se realiza en Prusia *manu militari*), se entenderá fácilmente que no resulta sencillo (y aún menos tras las durísimas experiencias vividas años atrás) el establecimiento de una reflexión verdaderamente democrática que ponga en cuestión la base social misma del Estado prusiano, a saber, la concentración de los poderes económico, político y jurídico en la persona de los señores terratenientes, verdaderas piezas clave, junto con las instituciones eclesiástica, militar y funcionarial, del Estado prusiano. Es en este contexto en el que se desenvuelve la teorización kantiana acerca de la propiedad de la tierra, teorización que, en líneas generales, viene a reproducir, en clave filosófico-jurídica, las estructuras feudales imperantes.

Por lo pronto, Kant enfoca el asunto de la propiedad privada de la tierra desde el peor ángulo posible, el ángulo jurídico, pues ni puede apoyarse en una concepción propiamente teocrática nucleada en torno a la figura del príncipe como trasunto de Dios en la tierra, ni puede recoger los frutos de un análisis económico profundo, ya que aquí las no muy numerosas alusiones a Adam Smith resultan inservibles tal y como las utiliza Kant, sobre todo si tenemos en cuenta que éste apoya sus planteamientos en las definiciones más abstractas del economista escocés y ni siquiera recoge todo el potencial crítico de su concepción económica. De esta manera, la concepción jurídica kantiana acerca de la propiedad privada de la tierra constituye el motor oculto que anima su pensamiento y que funciona, pese a la apariencia contraria, como fundamento último de su concepción de propiedad privada en general. Sin embargo, podemos partir de esta última como si constituyera la premisa básica de la primera. He aquí la justificación kantiana de la propiedad privada en su obra *Metafísica de las Costumbres:* «La posibilidad de la propiedad es algo situado fuera de mí una vez hecha abstracción de todas las condiciones de la posesión empírica en espacio y tiempo (o sea, la posibilidad de una *possessio noumenon*), ya que esta última establece necesariamente el concepto mismo de propiedad privada aun sin posesión concreta, por lo que es una noción *sintética* y sirve a la razón señalando cómo es posible una propiedad aun por encima del concepto de propiedad empírica». En cuanto al fundamento transcendental de esta noción, afirma Kant: «La posibilidad de una propiedad así, y por tanto la deducción de su concepto, se fundamenta en el postulado jurídico de la razón práctica», afirmaciones que, como podemos ver, plasman en su interior toda la tensión conceptual proveniente del supuesto carácter sintético *a priori* de una estructura social independiente de cualquier planteamiento teológico pero desligada, a la vez, de todo fundamento histórico concreto. El siguiente texto resulta, en este sentido, absolutamente revelador: «No puede extrañar a nadie —escribe Kant— que los principios teóricos de la propiedad privada se disipen en la esfera de lo inteligible y no representen un desarrollo del conocimiento, pues el concepto de libertad con el que están conectados es incapaz de establecer una deducción teórica de su posibilidad y sólo pueden ser concluidos como un hecho a partir de las leyes prácticas de la razón». He aquí el marco teórico (en el fondo es el resultado) de la concepción kantiana de la propiedad privada de la tierra, cuyo carácter concreto parece agudizar aún más las contradicciones y misterios presentes en las definiciones abstractas recién aducidas, y cuya situación de aparente resultado sólo responde (y aquí se encuentra la clave de este asunto) a una determinada intención reflexiva cual es la de garantizar la propiedad privada de la tierra al margen, desde luego, de una cosmovisión teológica, pero muy alejada también, sin duda, de las concepciones propiamente liberales en que se incluyen sus dimensiones histórica y política. Alejado tanto de Richard Cantillon como de Adam Smith y David Hume, no es exagerado afirmar que la reflexión kantiana responde en este punto a moldes conceptuales cuasi fisiocráticos donde la propiedad sobre la tierra es concebida como un hecho indiscutible y donde la dimensión histórica concreta de la apropiación de la tierra responde, como vimos más arriba hablando de la propiedad en general, a un postulado de la razón práctica. En este sentido escribe Kant: «La adquisición de un objeto exterior, por ejemplo un determinado trozo de tierra, por medio de una voluntad unilateral es la ocupación, cuya posibilidad no puede comprenderse ni fundamentarse en nada, sino que constituye la consecuencia inmediata del postulado de la razón práctica». Son dos las determinaciones fundamentales a retener aquí. Por un lado, la ya conocida apelación a la existencia de un postulado de la razón práctica jurídica como fundamento del *factum* de la propiedad sobre la tierra. Por otro lado, aparece el término «unilateral» *(einseitig)* como determinación negativa de una propiedad adquirida originariamente no por medio de un contrato, lo cual resulta decisivo a la hora de entender la naturaleza auténticamente feudal de la reflexión kantiana en este punto, porque, además, dicha reflexión elimina *a priori* las dos únicas mediaciones transparentes que históricamente unen al hombre con la tierra, a saber: la violencia y el trabajo. De la primera afirma Kant: «La ocupación de la tierra por medios bélicos no constituye ni puede constituir ningún tipo de ocupación originaria»; mientras que la segunda es explicada así: «La primera labranza o el primer vallado, y en general el primer trabajo sobre una tierra no constituye ningún título de propiedad, pues la propiedad sobre los accidentes sólo presupone, pero no implica, la posesión jurídica de la sustancia. En consecuencia, todo el que ha aplicado su laboriosidad sobre una tierra que no era suya originariamente ha perdido todo su esfuerzo inútilmente». Nótese aquí cómo la anulación del trabajo como fundamento jurídico de la propiedad de la tierra viene a anular la única vía pacífica para la obtención de la misma por parte del campesinado, lo que, a su vez, hace prácticamente imposible una transformación racional de las viejas estructuras feudales imperantes en la Alemania de Kant. Como, por otro lado, se ha anulado también la mediación de la violencia (lo que provoca la absoluta incomprensión de los verdaderos mecanismos de la apropiación de la tierra por parte de los primeros *Junkers* alemanes y obliga a situar la primera ocupación en un terreno ahistórico como un puro acto aislado siempre desplazado hacia un hipotético origen); anulada, como decimos, la violencia y hecha abstracción de la compraventa, que no constituye un fundamento real de la propiedad sino sólo una transacción que presupone la existencia de dicho fundamento, sólo permanece la posibilidad de un mecanismo hereditario sobre una propiedad «cuyo ámbito de validez —escribe Kant— se extiende hasta allí donde lo hace la capacidad de poseer la tierra bajo control», determinación ésta cuya ambigüedad y falsa concreción (pues parece dar por supuesta la posibilidad abstracta de una *possessio noumenón* cuando en realidad no es más que su fundamento material) imposibilitan el establecimiento de una reflexión verdaderamente enraizada en la historia.

Ahora bien, la fundamentación jurídica sobre la propiedad de la tierra no es tan abstracta como para no retener una serie de implicaciones de tipo social y político cuya presencia determina objetivamente el carácter reaccionario de la reflexión kantiana en este asunto. Hay un momento donde dicha reflexión ha de «tomar tierra» e incidir en la historia, y es entonces cuando toda la teorización de Kant viene a reproducir con enorme exactitud las relaciones concretas entre el señor de la tierra y los siervos según un modelo feudal. En este punto la reflexión kantiana se limita a extraer las consecuencias sociales de una propiedad feudal sobre la tierra cuyo fundamento real e histórico ha sido enmascarado bajo una terminología escolástica, y así se nos dice que «en general, todo aquél que para mantener su existencia (o sea, alimento y protección) necesita estar a disposición de otro más que a la suya propia carece de personalidad ciudadana y su existencia es algo que, por así decir, se supone». Más concretamente: «La servidumbre pertenece, igual que un objeto jurídico, a la propiedad del señor, de modo que si escapa, el señor puede volver a reducirla a su poder por un acto de mera voluntad». La variación del tono empleado aquí con respecto al utilizado en el discurso heroico es inmensa, pero no debe olvidarse que el carácter abstracto e idealista de éste responde al hecho innegable de que el horizonte conceptual de Kant se halla limitado, de una manera insalvable, por la existencia de la propiedad privada, por lo que el asunto del derecho de los hombres defendido en la reflexión acerca de la Revolución francesa es situado en primer plano precisamente porque su carácter abstracto lo hace perfectamente compatible con una reserva mental en favor de la propiedad privada. En este sentido se verifica un interesante cruce de líneas en la crítica kantiana al revolucionario Danton en el escrito *Sobre el dicho: esto puede ser válido en la teoría, pero no en la práctica,* ya que la naturaleza ambigua del reproche reproduce la contradictoriedad objetiva del pensamiento de Kant, quien señala dos negatividades situadas en diferentes niveles, y en el límite, incompatibles: por un lado, la impaciencia de Danton por establecer inmediatamente una constitución que sólo constituye un principio racional regulativo y, por otro lado, una inaceptable pretensión de abolir toda propiedad privada. Lo esencial de la crítica, que recae sobre la orientación económica del proceso revolucionario, viene a enmascararse bajo una cuestión de ritmo de avance, lo que nos pone en contacto con el límite existente en la reflexión política kantiana, a saber: la acción revolucionaria no debe incidir bajo ningún concepto sobre el asunto de la propiedad privada, con lo que, como sostiene Ernst Bloch, nos encontramos ante una concepción girondina y moderada de la Revolución francesa, atenta exclusivamente a los aspectos superestructurales (espirituales, jurídicos) de dicha Revolución.

Pero, al igual que sucede en el *Contrato social,* la premisa de la que se parte encuentra a su vez un límite insalvable para su desarrollo, lo cual provoca, una vez más, un cierto desajuste reflexivo en el pensamiento de Kant. En efecto, instalado en una concepción burguesa liberal, Kant sostiene que «la igualdad general de los hombres en el seno de un Estado coexiste muy bien con la máxima desigualdad entre las cantidades de propiedad que poseen», pese a lo cual no deja de reconocerse una profunda negatividad política en esta supuesta compatibilidad al no poder permanecer más allá de un determinado límite, con lo que se acepta implícitamente aquella mediación entre política y economía constantemente negada, o mejor soslayada, en el texto visible. En efecto, la compatibilidad aducida no impide que Kant formule la siguiente pregunta: «¿Cómo hay derecho a que alguien posea más tierra de la que puede trabajar con sus propias manos? ¿Cómo han sucedido las cosas para que muchos hombres, que por lo general habrían podido adquirir una posición duradera, se vean en la obligación de servir a aquél para poder vivir?». La consecuencia de ello la extrae Kant con una honradez impecable: «La propiedad de la tierra no es más que un privilegio de clase que se encuentra en abierta contradicción con el principio de la igualdad». La contradicción es irresoluble, puesto que o bien Kant defiende una propiedad originaria de la tierra por el simple hecho de una primera ocupación y con el compromiso de trabajarla con las propias manos (reflejo embellecido probablemente de la ocupación de la tierra por parte de los primeros colonos en Norteamérica), con lo que no cabe defender a cualquier precio la compatibilidad entre igualdad política y creciente desigualdad económica ni menos aún la existencia de una servidumbre, o bien Kant defiende, en consonancia con planteamientos fisiocráticos, la tenencia de la tierra tal y como se da realmente en la historia, con lo que no se entienden las quejas acerca de la injusticia de esta situación. Verdadero entrecruzamiento entre una imagen embellecida de una tenencia de tierras de tipo *cottier* y una serie de efectos negativos producidos por la descomposición del modelo feudal de propiedad de la tierra, la reflexión kantiana se halla paralizada en un punto muerto, pues ni establece un movimiento «hacia abajo» para captar los mecanismos económicos subyacentes en la propiedad privada así como las mediaciones que los unen a efectos políticos, ni «hacia arriba», pues para su desgracia renuncia a todo el potencial crítico de su imperativo moral, lo que convierte a esta reflexión en un simple ejercicio apologético nucleado en torno a la propiedad privada sobre la tierra como su verdadera premisa y fundamento.

* * *

Sin embargo, pese a todo lo afirmado aquí, no puede negarse que existe una dimensión indudablemente progresista en el seno de la reflexión política kantiana, dimensión que descansa no sólo en la ya mencionada categoría de posibilidad histórica, sino también (y muy especialmente en el momento en que dicha reflexión adopta una perspectiva de largo plazo) en la fundamental categoría de *proceso.* No es posible concluir aquí, con Beyerhaus o Schneiders, que la teorización política kantiana conduce inevitablemente a la más completa inmovilidad social, puesto que, pese a la existencia de textos favorables a esta hipótesis, la preservación de una apertura posibilista como remate de la reflexión política hace posible la puesta en marcha —todo lo lenta y prudente que se quiera— de determinadas potencialidades evolutivas hacia la progresiva realización del ideal ilustrado. En efecto, si pensamos en la enorme transcendencia del concepto kantiano de publicidad *(Offentlichkeit),* captaremos que ésta constituye algo así como el cordón umbilical que une la estructura social imperante con una determinada racionalidad política. Por ejemplo, leemos en *La paz perpetua:* «Sólo concuerdan con el derecho aquellas máximas que admiten la publicidad». O en *El conflicto entre las Facultades:* «La prohibición de la publicidad impide el progreso de un pueblo a mejor». Ahora bien, si el objetivo político marcado (el progreso de un pueblo a mejor) plasma en su seno toda la ambigüedad presente en un modelo político burgués basado en la abstracta confianza en la consecución de la armonía social manteniendo en pie todas las contradicciones presentes en la sociedad, no menos ambigua resulta la naturaleza de la mediación propuesta entre lo real y el objetivo final, a saber: la acción educativa de los filósofos.

En efecto, tanto Gerhard Funke como Jürgen Habermas nos recuerdan que el ideal político kantiano es la consecución de un progreso humano universal, es decir, un progreso que no conserva en su seno ninguna huella de particularidad. En este sentido, no es posible en Kant ningún género de acción política (o sea, partidista), ya que el propio carácter universalizante de la noción kantiana de progreso no permite retener más que el aspecto particular (es decir, negativo) del partidismo sin llegar a captar (justamente porque la categoría de proceso no incluye ninguna noción de mediación política) su necesidad objetiva como superación real (aunque tan negativa como lo superado por ella) del concreto desgarramiento social existente. La única opción posible en Alemania lo constituye, según Kant, la clase de los filósofos, lo cual exige a su vez (y así lo hicieron con total consecuencia Kant y Fichte) la independización del intelectual con respecto al Estado, algo históricamente imposible por cuanto la figura del filósofo de esa época se va convirtiendo cada vez más en la de un funcionario del Estado. Sea como fuere, y al margen de la posible ingenuidad de Kant en este punto, es bien cierto que el apoliticismo del filósofo constituye la única vía reformista posible y permite, al menos, la ampliabilidad de lo posible mediante el ejercicio de una razón ilustrada en una especie de ostentación indirecta, de elipsis subversiva, de constante reivindicación de la racionalidad. Que todo ello haya dado lugar a un discurso ambiguo, titubeante y no pocas veces contradictorio es imputable, muy probablemente, a las difíciles condiciones a las que Kant tuvo que hacer frente en la Alemania de fines del siglo XVIII.

III. LA FILOSOFIA KANTIANA DE LA HISTORIA

13. COMUNIDAD ETICA Y FILOSOFIA DE LA HISTORIA EN KANT*

por CIRILO FLÓREZ MIGUEL
(Universidad de Salamanca)

I. ILUSTRACION Y RAZON

El concepto kantiano de ilustración puede ser considerado desde tres perspectivas, que nos permiten apreciar la complejidad del mismo. Desde una perspectiva hermenéutica, utiliza Kant el concepto de ilustración como un modelo de interpretación. En tal sentido, la ilustración sirve de paradigma a la hora de enjuiciar a los hombres y a las sociedades. La ilustración es la meta a la que aspira tanto el individuo como el género. En este sentido es la imagen modelo de la perfección a la que se aspira. De acuerdo con esta imagen modelo, podemos valorar los hombres y las sociedades.

La ilustración es también un acto moral que se refiere a la autonomía de los individuos con respecto a su obrar. Es el sentido que Kant da a este concepto al comienzo de su escrito *Respuesta a la pregunta: ¿Que es la ilustración?*

Pero, además de estos dos sentidos, el concepto de ilustración tiene también un sentido histórico en cuanto que significa un momento determinado de la historia: aquel en el cual vive Kant, que ocupa un determinado lugar en el conjunto del proceso histórico, el cual es interpretado por Kant desde el paradigma del progreso. «Luego, si se nos preguntara ¿vivimos ahora en una época ilustrada?, responderíamos que no, pero sí en una época de ilustración. Todavía falta mucho para que la totalidad de los hombres, en su actual condición, sean

---

* Traducciones castellanas de obras de Kant de donde han sido tomadas las traducciones de algunos de los textos que se citan en el trabajo: *Filosofía de la historia,* trad. E. Estiu, E. Nova, Buenos Aires, 1958; *Crítica del juicio,* trad. J. Rovira Armengol, Losada, Buenos Aires, 2.ª ed., 1968; *La Religión dentro de los límites de la mera razón,* trad. F. Martínez Marzoa, Alianza, Madrid, 2.ª ed., 1981; *Crítica de la razón práctica,* trad. J. Rovira Armengol, Losada, Buenos Aires, 2.ª ed., 1968; *La paz perpetua,* trad. J. Abellán, Tecnos, Madrid, 1985; *Principios metafísicos del derecho,* trad. G. Lizárraga, Madrid, 1873; *El conflicto de las Facultades,* trad. E. Tabernig, Losada, Buenos Aires, 1963; *Ideas para una historia universal en clave cosmopolita y otros escritos sobre Filosofía de la Historia,* trad. C. Roldán y R. Rodríguez Aramayo, Tecnos, Madrid, 1987; *Pedagogía,* trad. L. Luzuriaga y J. L. Pascual, Akal, Madrid, 1983.

capaces o estén en posición de servirse bien y con seguridad del propio entendimiento, sin acudir a extraña conducción. Sin embargo, ahora tienen el campo abierto para trabajar libremente por el logro de esa meta, y los obstáculos para una ilustración general, o para la salida de una culpable minoría de edad, son cada vez menores. Ya tenemos claros indicios de ello. Desde este punto de vista, nuestro tiempo es la época de la ilustración o "el siglo de Federico"»[1].

El elemento común a esas tres características kantianas del concepto de ilustración es el de razón; entendida ésta no como una facultad de conocimiento entre otras, sino como una disposición humana (la de la racionalidad), que debe ser actuada o realizada por el hombre en el tiempo, en la historia. El hombre es un ser *rationabile* y, como tal, está dentro de un proceso constante de realización y perfeccionamiento no solamente como individuo, sino también como especie a través de la realización de su dimensión social. La realización de la sociabilidad no sólo se cumple en el hombre como resultado de la finalidad de la naturaleza a través de sus mecanismos naturales e inconscientes (mano invisible); sino también a través del propio hombre como agente moral y transformador de la sociedad. Cosa que ocurre cuando el hombre se ha elevado a la dignidad de su autonomía merced a la ilustración como pensar libre. «Cuando la naturaleza ha desarrollado bajo esa dura cáscara la semilla que cuida con la máxima ternura, a saber, la inclinación y vocación al *pensar libre,* entonces, éste repercute gradualmente en el modo de sentir del pueblo (con lo cual éste es cada vez más capaz de la *libertad para obrar*) y, finalmente, hasta en los principios del gobierno, que encuentra incluso provechoso para él tratar al hombre, que es algo más que una *máquina,* conforme a su dignidad»[2].

---

[1] *Kants Werke,* Akademie Textausgabe, Walter de Gruyter, Berlín, 1969, t. VIII, p. 40.

[2] *Ibíd.* pp. 41-42.

Una idea fundamental en el pensamiento kantiano es la contraposición entre lo mecánico y lo moral. En el fondo de esa contraposición está el doble tipo de teleología: natural por un lado (mecánica) y práctica por otro (moral). Esta contraposición puede entenderse también como la contraposición entre naturaleza (sistema mecánico) e ilustración (sistema de seres morales). La lectura que aquí hago de Kant intenta poner de relieve la importancia de la ilustración como modelo de interpretación para apreciar la peculiaridad de la filosofía de la historia de Kant y el lugar de la misma dentro de su sistema en general.

Esta idea está muy bien planteada en la introducción al texto kantiano de la *Pedagogía,* de donde está tomado el siguiente fragmento: «Toda educación es un arte, porque las disposiciones naturales del hombre no se desarrollan por sí mismas. La Naturaleza no le ha dado para ello ningún instinto. Tanto el origen como el proceso de este arte es: o bien *mecánico,* sin plan, sujeto a las circunstancias dadas, o *razonado.* El arte de la educación se origina mecánicamente en las ocasiones variables donde aprendemos si algo es útil o perjudicial al hombre. Todo arte de la educación que procede sólo mecánicamente, ha de contener faltas y errores, por carecer de plan en que fun-

II. EL PARADIGMA KANTIANO DE LA TELEOLOGIA

Los dos factores que mueven el proceso humano de realización de la sociabilidad, y que son los motores del mismo hacia la perfección, son la naturaleza como principio y la ilustración como pensar libre, que crece en el seno mismo de la naturaleza bajo la protección del Estado. Esos dos motores del proceso humano hacia la perfección son una señal de la teleología que está en el fondo de la realidad, que es la que hace posible el surgimiento del mundo moral, como el mundo propiamente humano, poblado de leyes y de fines que el hombre se da a sí mismo por ser un ser dotado de libertad y autonomía.

En la *Crítica de la razón pura* ha considerado a la naturaleza como sistema mecánico; mientras que en la *Crítica de la facultad de juzgar* la va a considerar como un sistema de fines en cuanto que es un conjunto de seres organizados, que no pueden ser explicados adecuadamente de acuerdo con el modelo mecánico. «Por consiguiente, sólo la materia, en cuanto organizada, es la que implica necesariamente el concepto de ella como un fin natural, porque esta su forma específica es al propio tiempo producto de la naturaleza. Ahora bien, este concepto conduce necesariamente a la idea de la naturaleza entera como sistema regido por la regla de los fines, idea a la cual tendrá que someterse ahora todo mecanismo de la naturaleza según principios de razón (por lo menos, para ensayar por ellos el fenómeno de la naturaleza)» [3].

Dentro del conjunto de seres organizados de la naturaleza nos encontramos con el hombre como fin último de la misma. El hombre es el fin último de la naturaleza porque ésta lo ha dotado de unas capacidades dentro de las cuales destaca la racionalidad, que es la que va a posibilitar el paso de la naturaleza a la sociedad, paso que se lleva a cabo por medio de la cultura. «Lograr que un ser racional sea apto para cualesquiera fines (por consiguiente, en su libertad) se llama cultura; por lo tanto, sólo ella puede ser el fin último atribuido con causa a la naturaleza con respecto al género humano (no su propia felicidad en la tierra, ni siquiera el hecho de que proporcione el instrumento más excelente para poner orden y armonía en la naturaleza irracional exterior al hombre)» [4].

La cultura como fin último de la naturaleza es la que posibilita al hombre el arrancarse de la naturaleza y crear un mundo humano, en el que ya no rigen las leyes determinantes de la naturaleza, sino

---

darse. El arte de la educación o pedagogía necesita ser razonado, si ha de desarrollar la naturaleza humana para que pueda alcanzar su destino» (*Pedagogía,* 35).

[3] *Kants Werke,* V. § 67, pp. 378-379.

[4] *Ibíd.,* § 83, p. 431.

las leyes que el hombre se da a sí mismo y que configuran la realidad de la sociedad. «La condición formal única en que la naturaleza puede alcanzar este su designio final es aquella organización de las relaciones recíprocas de los hombres en que para impedir atentados mutuos a la libertad se da poder legal a un conjunto que se llama sociedad civil, pues sólo en ella puede lograrse el desarrollo máximo de las disposiciones naturales; pero, aunque los hombres fuesen lo bastante sabios para encontrarla y lo bastante cuerdos para someterse a su coerción, se requeriría aún un todo cosmopolita, es decir, un sistema de todos los Estados que corren el riesgo de perjudicarse mutuamente» [5].

La teleología kantiana es, por una parte, una dimensión fundamental de la naturaleza por medio de la cual ésta tiende a la creación de un mundo de seres organizados; pero es también una dimensión fundamental del hacer del hombre, que desde la perspectiva kantiana puede ser interpretado como un progreso constante hacia la configuración de un mundo moral. El progreso histórico como camino hacia un mundo moral es planteado por Kant como un ideal utópico que tiene en su base la sociedad civil, resultado de un sistema de leyes que los hombres se dan a sí mismos. Este primer eslabón del mundo moral está formado por un todo jurídico dentro del cual el ideal utópico se concreta en el respeto a la ley. En un segundo momento tendríamos el todo cosmopolita como la armonía de todos los Estados, que daría como resultado el ideal utópico de la paz perpetua en el ámbito de lo político. Y finalmente, una vez alcanzado el respeto a la ley en el ámbito jurídico y la paz perpetua en el ámbito político, el progreso histórico culminaría en la constitución de una comunidad ética según leyes de virtud. Una tal comunidad ética (regida por leyes de virtud) es el ideal utópico supremo de la razón como generadora de un mundo moral. Tal ideal es «tarea y deber para todo el género humano» y sólo podrá llegar a su cumplimiento, cuando los otros dos eslabones del mundo moral, el jurídico y el político, se hayan cumplido previamente. «La comunidad ética puede existir en medio de una comunidad política e incluso estar formada por todos los miembros de ella (como que, por otra parte, no podría en absoluto ser llevada a cabo por los hombres sin que esta última estuviese en la base). Pero tiene un principio de unión (la virtud) particular y privativo de ella, y por lo tanto también una forma y constitución que se distingue esencialmente de la forma y constitución de una comunidad política» [6].

---

[5] *Ibíd.*, § 83, p. 432.
La distinción entre «fin último» y «fin final» y la relevancia de estas ideas para los temas aquí tratados están muy bien estudiadas en Y. Yovel, *Kant and the Philosophy of History,* Princeton, U. Press, 1980, pp. 175 ss.

[6] *Kants Werke,* VI, p. 94.

III. UTOPIA KANTIANA Y REINO DE LOS FINES

Emprendamos, pues, el camino de la explicitación analítica de la utopía kantiana tal como la misma va configurándose en cada uno de los eslabones indicados del mundo moral, considerado como un reino de fines.

El mundo de la sociedad civil es el primer eslabón del mundo moral que el hombre se da a sí mismo y que supone *a priori* la autonomía de la voluntad y el imperativo de la ley a la que todo lo que ese mundo contiene está sometido. «Por cierto, es necesario que la voluntad tenga un motivo; pero éste no será cierto objeto propuesto, referido como fin al sentimiento físico, sino la ley incondicionada misma. La facultad por la cual la voluntad se siente bajo ella, como dependiendo de una obligación incondicionada, se llama sentimiento moral, y éste no es causa, sino efecto de la determinación de la voluntad. No hallaríamos en nosotros la menor percepción de ella si no nos precediese aquella obligación» [7]. El elemento fundamental de la concepción kantiana del mundo moral de la sociedad civil es la ley. Ella es la que legitima el paso del mundo de la naturaleza al de la cultura y el núcleo mismo de la sociedad civil y de todo el proceso histórico entendido desde la perspectiva del progreso. Estas ideas son las que pretende legitimar Kant en su breve, pero importante texto *Idea de una historia universal desde el punto de vista cosmopolita*. En este texto parte Kant de la teleología de la naturaleza para decirnos que las acciones humanas que son de las que se ocupa la historia en su narración tienen en su base la teleología de la naturaleza humana concretada en las capacidades naturales con que ha dotado al hombre y que ella tiende a realizar naturalmente. «Cualquiera sea el concepto que se tenga sobre la libertad de la voluntad, desde un punto de vista metafísico, las manifestaciones de la misma, es decir, las acciones humanas, están determinadas por leyes universales de la naturaleza, tanto como cualquier otro acontecimiento natural. Por muy profundamente ocultas que puedan estar las causas de esos fenómenos, la historia —que se ocupa de narrarlos— nos permite esperar que se descubrirá una marcha regular de la voluntad humana, cuando considere en conjunto el juego de la libertad. De este modo, lo que nos llama la atención en los sujetos singulares, por la confusión e irregularidad que impera en ellos, podría conocerse, sin embargo, como un desarrollo constantemente progresivo, aunque lento, de disposiciones originarias del género humano en su totalidad» [8]. Esta tendencia a la realización de las capacidades humanas constituye el núcleo del hilo con-

---

[7] *Ibíd.*, VIII, pp. 283-284.
[8] *Ibíd.*, VIII, p. 17.

ductor que lleva a los hombres a la creación de la sociedad civil y de los Estados, regidos por leyes que tienen su fundamento en la autonomía de la voluntad.

Para explicar la historia como un progreso constante hacia la perfección no basta la teleología de la naturaleza como podría parecer desprenderse de la «idea», sino que es necesario acudir al papel de la ley en el sistema kantiano y a la importancia de la razón práctica, que es en la que se asienta el deber del perfeccionamiento moral y la tendencia hacia el bien supremo, cosa que Kant explica muy bien en el *Dicho común*. «Además, yo había sostenido que ese concepto del deber no necesitaba poner como fundamento ningún fin particular; pero, sin embargo, introduje otra finalidad para la voluntad del hombre, a saber, la de producir, mediante todas las facultades, el supremo bien en el mundo (la felicidad conforme a deber también se vincula de modo universal, dentro de la totalidad del mundo, a la más pura eticidad)» [9].

El modo concreto de obrar por deber es el de obrar para satisfacer la ley; pero para que esto sea así el agente ha de obrar de forma completamente «desinteresada», cosa que sólo ocurre cuando el agente tiene como fin de su acción el bien supremo. «La necesidad de un fin último, propuesto por la razón pura y capaz de abarcar en un principio a la totalidad de todos los fines (un bien que, en el mundo, sea supremo y posible por nuestra cooperación), constituye una necesidad de la voluntad desinteresada, que se dilata, pasando por encima de la observación de la ley, hasta llegar a la producción de un objeto (el bien supremo)».

IV. PROGRESO HISTORICO Y FINALIDAD PRACTICA

El tratamiento kantiano de la finalidad introduce una novedad que es fundamental para comprender su planteamiento de la historia. Tenemos, por un lado, la finalidad de la naturaleza, que es una finalidad técnica, que adquiere su culminación en el fenómeno de la vida y en la explicación que del mismo da Kant por medio del concepto de organismo, que considera el medio como un elemento integrante del ejercicio o realización de las funciones del ser vivo. La explicación finalista de la vida da pie para hablar de una finalidad interna, que actúa, en palabras de Kant, inintencionadamente. Esta finalidad técnica e interna de la naturaleza tiene como elemento fundamental de su ejecución el desarrollo de las capacidades técnicas de los distintos organismos y está presente en la teoría kantiana de la historia en su concepto de «astucia de la naturaleza».

---

[9] *Ibíd.*, p. 279.

El ser humano, además de ser un ser natural, es un ser de razón y, como tal, libre y capaz de darse a sí mismo cualesquiera fines. Los cuales no vienen determinados por sus capacidades técnicas, sino por su determinación a la moralidad. Esta permite hablar de una finalidad práctica, no técnica, que mira a la realización del hombre como ser moral. El cual no sólo tiene la capacidad de obligarse a sí mismo por medio de la ley moral, sino que además puede proponerse como fin último a realizar a través de la práctica del bien supremo, que es un fin de la razón en cuanto razón práctica, no un fin de la naturaleza.

En este punto nos encontramos con una diferencia fundamental entre Kant y Rousseau, que puede aclararnos el planteamiento que nosotros venimos haciendo de la filosofía de Kant. El planteamiento filosófico rousseauniano es un planteamiento naturalista que tiene a la naturaleza como referente último fundamental, y desde ese referente interpreta el mal como un desorden y el bien como un bien político que busca el restablecimiento del orden natural. El planteamiento filosófico kantiano es un planteamiento moral que tiene como referente último la libertad y entonces el mal no es un problema de desorden, sino una tendencia presente en la naturaleza humana, entendida ésta en principio como «el fundamento subjetivo del uso de su libertad en general (bajo leyes morales objetivas), que precede a todo hecho que se presenta a los sentidos, donde quiera que resida este fundamento»[10]. De ahí que para explicar el progreso de la historia hacia la perfección no baste con acudir a la finalidad técnica de la naturaleza, sino que hay que tener en cuenta también la finalidad práctica de la razón, como el esfuerzo moral del hombre para hacer que el bien llegue a ser efectivo. «Para llegar a ser un hombre moralmente bueno no es bastante dejar que simplemente se desarrolle sin impedimentos el germen del bien que reside en nuestra especie, sino que también hay que combatir una causa del mal que se encuentra en nosotros y opera en contra»[11]. La finalidad práctica de la razón culmina en la virtud, que Kant no entiende como un hábito, sino como una fuerza que en el uso de la libertad trabaja por el triunfo del principio bueno y lucha contra las influencias de los principios malos. La doctrina kantiana de la virtud, que culmina su *Metafísica de las costumbres* es la que funda efectivamente la filosofía de la historia kantiana, entendida como el ámbito del desarrollo de las capacidades del hombre, la culminación de las cuales es su capacidad o disposición como ser moral. La doctrina kantiana de la virtud centra muy bien el tema de la finalidad como clave de la filosofía de la historia en el contexto general del sistema de los fines de la razón práctica. «No se trata aquí de

[10] *Werke,* VI, p. 21.
[11] *Ibíd.,* p. 57.

los fines que el hombre se da siguiendo las inclinaciones sensibles de su naturaleza, sino de los objetos del libre arbitrio, sometido a sus leyes, de las que él debe hacer un fin. Puede decirse que los primeros constituyen una teleología técnica (subjetiva) propiamente hablando pragmática, que contiene las reglas de la prudencia en la elección de los fines, mientras que los segundos constituyen la teleología moral (objetiva). Esta distinción es superflua aquí ya que la doctrina de las costumbres se separa claramente, siguiendo su simple concepto, de la doctrina física (es decir, de la antropología), esta última reposa sobre conceptos empíricos, mientras que la teleología moral, que trata de los deberes, reposa sobre principios dados *a priori* en la razón pura práctica» [12].

V. TEORIA DE LAS COSTUMBRES Y REINO DE LOS FINES

Esta concepción kantiana de la ley le permite a Kant superar la idea tradicional del bien común y, en consecuencia, superar la teoría moderna de las costumbres en su concepto de ley. Kant no ve la sociedad como el lugar de la realización del bien común, cuya idea sería entonces política. Para Kant el bien es moral o no es tal bien. Por eso para Kant tanto el legislador como todos los miembros de la sociedad a la hora de legislar tienen que tener en cuenta el deber que está implícito en la idea de bien supremo, el cual sólo puede llegar a resolverse en una visión cosmopolita del mundo social. Para Kant la ley no tiene en cuenta al hombre de las costumbres, sino al hombre de la razón, aquel que al obrar lo hace de acuerdo con el deber. En el planteamiento kantiano las costumbres no tienen carácter normativo. «Tocante a la concordancia de las acciones con la ley no hay ninguna diferencia (al menos no tiene por qué haber ninguna) entre un hombre de buenas costumbres *(bene moratus)* y un hombre moralmente bueno *(moraliter bonus);* pero en uno las acciones no siempre tienen —quizá nunca tienen— la ley como único y supremo motivo impulsor, mientras que en el otro la tienen siempre. Del primero se puede decir que sigue la ley según la letra (esto es, por lo que toca a la acción que la ley ordena); del segundo, en cambio, que observa la ley según el espíritu (el espíritu de la ley moral consiste en que ella sola sea suficiente como motivo impulsor)» [13].

En la *Metafísica de las costumbres* Kant no utiliza el término en el sentido empírico de los usos o los hábitos, sino que Kant va buscando el deber ser conforme al cual deben actuar los hombres [14].

---

12 *Ibíd.*, p. 385.
13 *Ibíd.*, p. 30.
14 *Ibíd.*, p. 214.

Las costumbres están fundadas en principios *a priori* que orientan el comportamiento del individuo de acuerdo a la razón práctica, el cual es mirado desde el punto de vista de la *Metafísica de las costumbres* como miembro de un «reino de costumbres»[15]. Las «costumbres» kantianas tienen que ser entendidas en sentido metafísico en analogía con el concepto de «reino de los fines». La teoría kantiana de las costumbres tiene que ver con la moralidad. «Se sigue que la formación moral del hombre tiene que comenzar no por el mejoramiento de las costumbres, sino por la conversión del modo de pensar y por la fundación de un carácter; aunque de ordinario se procede de otro modo, y se lucha contra vicios en particular, pero se deja intacta la raíz universal de ellos»[16].

Para Rousseau las costumbres son valores ético-políticos que pueden servir a otros hombres de ejemplo, idea que Kant no comparte. «Pero enseñar a *admirar* acciones virtuosas, por mucho sacrificio que puedan haber costado, no es aún el justo temple que el ánimo del educando debe recibir con relación al bien moral. Pues, por muy virtuoso que sea alguien, sin embargo todo cuanto bien pueda hacer es sólo deber, y hacer el deber propio no es nada más lo que está en el orden moral habitual, por lo tanto no merece ser admirado. Más bien es esta admiración una disonancia de nuestro sentimiento respecto al deber, como si obedecer a éste fuese algo extraordinario y meritorio»[17]. La relación entre ley y costumbre puede tener un significado político como en Rousseau o un significado ético como en Kant. En el primer caso, la virtud, actuando sobre la opinión, sirve de estímulo para otras actuaciones, cosa que no ocurre en el caso kantiano, en el que la virtud es mirada desde el punto de vista moral y está íntimamente ligada con el deber. El hombre puede mejorar y ascender al bien no tanto en la colectividad y en su relación con los otros, sino en el trabajo de la propia conciencia. Mientras que para Rousseau la esfera política es una condición necesaria para la regeneración de la humanidad, para Kant queda reducida al reino de la legalidad y, por lo tanto, a algo accesorio en relación con la auténtica renovación moral del hombre. La máxima del derecho que se cumple en la ley pública es la de la coexistencia de los arbitrios de cada uno en el respeto recíproco en-

---

15 *Werke*, V, p. 82.

«Deber y obligación son las denominaciones únicas que tenemos que dar a nuestras relaciones con la ley moral. Bien es verdad que somos miembros legisladores de un reino de las costumbres, posible por la libertad, y que la razón práctica nos representa para respetarlo, pero al mismo tiempo somos sus súbditos, no su soberano, y el desconocimiento de nuestra baja estofa como criaturas y la negación de la vanidad contra el prestigio de la ley sagrada es ya una apostasía de ella en espíritu, aunque por la letra la cumplamos» (*Crítica de la razón práctica*, 90).

16 *Werke*, VI, p. 48.

17 *Ibíd.*, pp. 48-49.

tre sí. La observancia de dicha máxima debe llegar a ser costumbre.

La realización del hombre racional se corresponde con la realización del bien supremo. ¿En qué medida una y otra realizaciones tienen lugar en el ámbito de la historia, e incluso en una determinada época histórica como puede ser la ilustración? En el planteamiento kantiano del reino de las costumbres hay que distinguir muy bien tres cosas. En primer lugar, la esfera jurídica; en segundo lugar, la esfera política y, en tercer lugar, la esfera moral. Entre estas tres esferas se da una articulación jerárquica que nos muestra el hilo conductor que ha de seguir la sociedad en su proceso de realización del hombre racional. El primer paso es el de la esfera jurídica, que es la de la constitución civil en la que el hombre se eleva a la categoría de ciudadano. La constitución civil hace que la esfera sea jurídico-política en cuanto que está configurada por unas leyes que hacen del Estado un Estado jurídico. Pero el proceso de la realización del hombre racional ha de concluir en la esfera moral, en la cual los hombres ya no se encuentran unidos por vínculos externos (leyes jurídicas), sino por vínculos internos (virtudes) que dan lugar a una comunidad. «Tenemos, pues, aquí un deber de índole peculiar, no un deber de los hombres para con hombres, sino del género humano para consigo mismo. Todo género de seres racionales está en efecto determinado objetivamente, en la idea de la Razón, a un fin comunitario, a saber: la promoción del bien supremo como bien comunitario. Pero, puesto que el supremo bien moral no es el efectuado por el solo esfuerzo de la persona particular en orden a su propia perfección moral, sino que exige una unión de las personas en un todo en orden al mismo fin, en orden a un sistema de hombres bienintencionados, en el cual solamente, y por su unidad, puede realizarse el bien moral supremo, y por otra parte la idea de ese todo, como república universal según las leyes de virtud, es una idea completamente distinta de todas las leyes morales (que conciernen a aquello de lo que sabemos que está en nuestro poder), a saber: actuar en orden a un todo del que no podemos saber si está como tal también en nuestro poder; así pues, este deber difiere de todos los otros por la índole y el principio. Se sospechará ya de antemano que este deber necesitará del supuesto de otra idea, a saber: la de un ser moral superior mediante cuya universal organización las fuerzas, por sí insuficientes, de los particulares son unidas en orden a un efecto comunal. Pero en primer lugar hemos de ir en general tras el hilo conductor de aquella necesidad moral y ver a dónde nos conduce» [18].

La existencia de una comunidad ética de acuerdo con leyes de virtud exige la existencia de Dios como soberano moral del mundo. Pero esa exigencia no quiere decir que la comunidad ética no pueda rea-

[18] *Ibíd.*, pp. 97-98.

lizarse en la historia. Creo que puede interpretarse el planteamiento kantiano considerando la comunidad ética como el bien supremo al que aspira el género humano y que opera como idea reguladora o utópica hacia la cual va aproximándose el género humano en el proceso histórico. La diferencia de Kant en este punto con relación a Rousseau y otros pensadores ilustrados radica en que Rousseau pone el fin de la historia en la realización de la comunidad política, mientras que el planteamiento kantiano apunta a una comunidad ética a la que debe subordinarse tanto el ámbito político como el jurídico. En el planteamiento kantiano es muy importante la separación que él establece entre estado y cultura, porque esta separación es la que Kant va a intentar articular en su teoría de la historia.

VI. FINES MORALES Y TEORIA DE LA HISTORIA

¿Cuáles son, en el ámbito de la moral, los fines que el hombre se pone y que posibilitan la formación de comunidades éticas? La perfección propia y la felicidad del otro. Se trata de fines éticos que tienen su realización en el ámbito temporal y que no tienen nada que ver con la religión.

Este planteamiento kantiano de los fines indicados en el ámbito temporal nos permite interpretar la historia como un proceso de realización de la cultura (primero de los fines) en cuanto desarrollo de las capacidades del hombre; y como un proceso de creación de comunidades éticas que hagan posible la felicidad de los hombres.

La historia en el sentido kantiano del término puede ser entendida como el espacio en el que llega a su perfección el hombre racional y se logra la realización del bien supremo gracias al esfuerzo humano de la virtud que Kant define de la siguiente manera: «es la fuerza moral de la voluntad de un hombre en el cumplimiento de su deber: y es una presión moral ejercida por su propia razón legisladora, en tanto que ésta se constituye a sí misma como una potencia ejecutiva de la ley» [19].

La historia kantiana puede ser también entendida como el paso del yo al nosotros por la mediación del reconocimiento del otro como integrador de las interacciones yo-tú. Este proceso tiene lugar en el tiempo y se logra por medio de la virtud y gracias al respeto como acto de reconocimiento de cada uno de nosotros como personas integrantes de una comunidad moral [20].

Esta última interpretación de la historia como el paso del yo al

19 *Ibíd.*, p. 405.
20 *Ibíd.*, p. 462.

nosotros tiene en su base la dialéctica entre la naturaleza y la libertad y encuentra el punto de articulación o paso *(Übergang)* entre una y otra en la virtud, que Kant no entiende en el sentido aristotélico de término medio, sino como una fuerza que orienta la existencia humana hacia la propia naturaleza del hombre para perfeccionarla en sus capacidades y hacia los otros para hacerlos felices. Esta teoría de la virtud como fuerza entiende que la naturaleza humana no es una esencia que determina totalmente al hombre, sino un conjunto de posibilidades que abren al hombre y a la especie humana hacia un más allá (utopía) de todos los límites que pueda fijar la naturaleza humana. «La virtud no puede ser el equilibrio de momentos finitos, sino que ella existe en la realización de un ser cuya naturaleza es en sí (para el filósofo) y para sí (para la conciencia misma) una nada que es necesario elevar a la esencia infinitamente» [21]. Por eso escribe Kant en la introducción a la *Doctrina de la virtud:* «Puede muy bien decirse que el hombre está obligado *a la virtud* (en cuanto que fuerza moral). Pues si se puede y se debe, hablando absolutamente, *presuponer* en el hombre la facultad de vencer por la libertad todas las inclinaciones sensibles que se le oponen, esta facultad, considerada siempre como fuerza, es una cosa que debe ser adquirida fortaleciendo el móvil moral (la representación de la ley) por la contemplación de la dignidad de la pura ley racional en nosotros, pero al mismo tiempo también por el ejercicio» [22].

La virtud para Kant es una praxis que nunca puede llegar a ser un hábito, ya que cuando eso ocurriera perdería la libertad que la constituye en su esencia, y de ahí su dicotomía de estar siempre en progreso y siempre en el comienzo. La virtud es el verdadero núcleo de la praxis para Kant y, como tal, nos permite leer la historia como un progreso constante hacia lo mejor; aunque eso mejor hacia donde progresa la historia es siempre algo abierto, ya que es la libertad del hombre en su verdadera efectividad. Desde esta perspectiva de la virtud como praxis y ejercicio puede leerse la filosofía de la historia de Kant como el escenario del conflicto entre el egoísmo (la naturaleza curva del hombre) y el respeto (el reconocimiento de una dignidad en los otros hombres). La curvatura de la naturaleza no tiene en Kant el sentido que le da San Agustín: que el hombre mira hacia la tierra y no hacia el cielo; sino el sentido que le da Lutero: que el hombre se curva hacia sí mismo, hacia su amor propio. Frente a la curvatura del egoísmo el respeto es la expresión de la rectitud de la naturaleza humana.

La curvatura de la naturaleza humana hace difícil la constitución de una asociación civil o Estado, como reconoce Kant en el sexto de

---

21 Y. Yovel, *O.C.*, pp. 51 ss.
22 *Werke,* VI, p. 397.

los principios de la *Idea de una historia universal.* «Aunque [el hombre], como criatura racional, desea una ley que ponga límites a la libertad de todos, la inclinación egoísta y animal lo incitará, sin embargo, a exceptuarse osadamente a sí mismo... Por eso, ésta es la tarea más difícil de todas. Inclusive su perfecta solución es imposible: la madera de que está hecho el hombre es tan curva, que con ella no se podrá tallar nada perfectamente recto. La naturaleza sólo nos impone aproximarnos a esta idea» [23].

Pero, aunque esa tarea es difícil, no quiere decir que sea imposible para el hombre, como reconoce Kant en *La paz perpetua* frente a los adversarios de la Revolución francesa, que defienden que son tales las debilidades de la naturaleza humana que es imposible atribuir sentido positivo a los logros de la libertad humana en el proceso histórico. «El problema del establecimiento del Estado tiene solución, incluso para un pueblo de demonios, por muy fuerte que suene (siempre que tengan entendimiento), y el problema se formula así: ''ordenar una muchedumbre de seres racionales que, para su conservación, exigen conjuntamente leyes universales, aun cuando cada uno tienda en su interior a eludir la ley, y establecer su constitución de modo tal que, aunque sus sentimientos particulares sean opuestos, los contengan mutuamente de manera que el resultado de su conducta pública sea el mismo que si no tuvieran tales malas inclinaciones''. Un problema así debe tener *solución.* Pues no se trata del perfeccionamiento moral del hombre, sino del mecanismo de la naturaleza» [24].

Esto que, aunque difícil, es posible conseguir en el nivel del derecho y del Estado, ¿puede también conseguirse en el nivel de la socialidad, de la comunidad? Al final de su *Doctrina del derecho* Kant nos da una pista para responder a esta pregunta. «Puede decirse que el tratado de paz universal y duradero es no solamente una parte, sino todo el fin del derecho, considerado en los límites de la simple razón; porque el Estado de paz es el único en que lo mío y lo tuyo están garantizados por leyes en medio de hombres que mantienen relación constante entre sí, y que, por consiguiente, viven reunidos bajo una constitución... ¡Qué cosa hay más metafísicamente sublime, si así puede decirse, que esta misma Idea que, por confesión de ellos mismos, alcanza un valor objetivo incuestionable e incuestionado; Idea que la experiencia confirma, y única que, no ensayada ni introducida en la práctica por la violencia de las revoluciones, es decir, por el trastorno de una constitución defectuosa..., sino por el contrario realizada por medio de una reforma lenta, insensible y según principios firmes, puede conducir a la paz perpetua al soberano bien político» [25].

---

23 *Werke,* VIII, p. 23.
24 *Ibíd.,* p. 366.
25 *Werke,* VI, p. 355.

El conflicto entre la naturaleza (curva) y el respeto y la consideración de la virtud como la fuerza que puede orientar la existencia de los hombres de modo que sus acciones tiendan progresivamente hacia un reino de fines, como comunidad de personas, cuyo respeto no les permite tomarse como puros medios, nos da una idea de la peculiaridad de la historia en Kant, que es quien marca los límites de la revolución copernicana tal como Kant la ha planteado en el terreno del conocimiento. Cuando el objeto de nuestro conocimiento son las acciones libres de los hombres, nosotros nunca podemos determinar *a priori* su resultado. «Quizá también se deba a la mala elección del punto de vista desde el cual observamos el curso de las cosas humanas, que éste nos parezca tan absurdo. Los planteas, vistos desde la tierra, tan pronto retroceden, como se detienen o avanzan. Pero, si trasladamos al Sol nuestro punto de vista, lo que sólo puede hacer la razón, su curso se percibe regularmente, según la hipótesis de Copérnico. Pero algunos, que por otra parte no son torpes, se empeñan en perseverar obstinadamente en su modo de explicar los fenómenos y en los puntos de vista una vez adoptados, aunque se embrollen hasta lo absurdo en los ciclos y epiciclos de Tycho Brahe. Pero, por desgracia, no somos capaces de colocarnos en aquel punto de vista cuando se trata de prever las acciones libres» [26].

Pero eso no quiere decir que no podamos encontrar acontecimientos que funcionen como «signos históricos» de que la humanidad camina hacia lo mejor. Ese es el caso de la Revolución francesa en tiempo de Kant. La historia para Kant no se cierra como un sistema en el que cada acontecimiento encontraría su justificación. La historia es, más bien, el espacio de la utopía en el que se desarrolla la libertad del hombre, cuya realización es una tarea infinita. El objeto de la historia no hay que buscarlo en ningún dato acabado y contenido dentro de la experiencia sensible, sino en el devenir mismo del tiempo en el que la racionalidad se va efectuando en la acción. Su efectividad y la de su objeto es su propia eficacia. «La virtud está siempre en progreso porque *objetivamente* considerada es un Ideal inaccesible hacia el cual nosotros tenemos desde siempre como deber el aproximarnos» [27].

---

26 *Werke,* VII, p. 83.
27 *Werke,* VI, p. 409.

14. ILUSTRACION Y CONFLICTO EN LA FILOSOFIA DE LA HISTORIA DE KANT

por ENRIQUE MENÉNDEZ UREÑA
(Universidad Pontificia Comillas)

I. INTRODUCCION

La Filosofía de la Historia de Kant comparte con el Materialismo Histórico de Marx y la Teoría de la Cultura de Freud un mismo esquema estructural de reconstrucción del desenvolvimiento de la historia de la Humanidad [1]. Los tres autores, y con ellos otros muchos encuadrados dentro de la misma tradición de pensamiento filosófico-histórico moderno, reconstruyen esa historia como progreso de ese gran Sujeto que es la Humanidad entera. Y como progreso en dos dimensiones: en la dimensión de la relación del hombre con la naturaleza externa, y en la dimensión de las relaciones de los hombres entre sí o de las normas y leyes que regulan su convivencia. La meta ideal hacia la que progresa el hombre en su relación con la naturaleza externa es, en todos los autores, la de un tipo de conocimiento y dominio de esa naturaleza, que pudiese acabar con todos los sojuzgamientos que ella impone a la Humanidad. La meta ideal hacia la que avanzan los hombres en la regulación de su convivencia es, también en todos los autores, la de una sociedad planificada en la que reinasen definitivamente, tanto en las estructuras sociales como en las conciencias morales, los valores de libertad, justicia, verdad, solidaridad, paz...

Un primer problema que este tipo de reconstrucción teórica ha de resolver, es el de la relación entre los progresos en ambas dimensiones. ¿Son ambos progresos independientes entre sí o están interrelacionados? ¿Domina el uno sobre el otro, están jerarquizados? Todos los autores coinciden en tres afirmaciones muy generales. En primer lugar, las lógicas de desarrollo en ambas dimensiones son independientes, es decir, el progreso técnico no trae de por sí progreso moral, ni viceversa. En segundo lugar, un cierto nivel mínimo de desarrollo

[1] Para un desarrollo más detallado de las ideas expuestas en esta ponencia, puede verse Enrique Menéndez Ureña, *La crítica kantiana de la sociedad y de la religión. Kant, predecesor de Marx y Freud,* Tecnos, Madrid, 1979.

en la dimensión de la relación con la naturaleza externa, que de ahora en adelante podemos llamar dimensión técnica, es condición necesaria para alcanzar un nivel satisfactorio en la dimensión de las relaciones de los hombres entre sí, que de ahora en adelante podemos llamar dimesión social. En tercer lugar, siendo ambos progresos constitutivos del desarrollo de la Humanidad, el que define en última instancia el grado de humanización es el progreso en la dimensión social.

Característica común también de las filosofías modernas de la historia es la conciencia de que ellas mismas son producto del estado de desarrollo en el que la Humanidad se encontraba ya en Europa. El hombre había progresado ya suficientemente sin haber impulsado él mismo con libertad y conciencia ese progreso, como para, de ahora en adelante, tomar en sus manos las riendas de la historia. Si la historia «se la habían hecho», habría de empezar a hacerla él mismo. Ya estaban conseguidas las condiciones objetivas para ello. Si la *teoría* filosófico-histórica se comprendía a sí misma como producto de la *praxis* histórica, esa *teoría* se comprendía igualmente a sí misma como impulsora de una futura *praxis* conscientemente transformadora de la realidad social que la había dado vida.

Las filosofías modernas de la historia nacen así con un interés eminentemente *crítico*. Pero el mismo hecho de intentar reconstruir racionalmente el curso histórico, fuerza a la razón crítica a mellar su propio filo y a tender peligrosamente a *mecanizar* ese curso. El teórico quiere, aunque sólo sea inconscientemente, *asegurar* en su modelo teórico del desarrollo histórico, el que ese desarrollo llevará ineludiblemente, más tarde o más temprano, hasta o hacia las metas ideales hacia las que de todos modos ya había avanzado hasta el momento. Habiendo nacido para poner en las manos libres y racionales de los hombres las riendas de su historia, luchan denodadamente entre esa tarea y su tendencia implícita a devolver nuevamente esas riendas a poderes que actúan «a espaldas del hombre». Esto es lo que podría denominarse *ambivalencia* de las filosofías críticas de la historia.

Esa ambivalencia se articula en los diferentes autores de diversas maneras. Vamos a terminar esta breve introducción situando la ambivalencia específica de Kant desde el trasfondo de su comparación con las propias de Marx y Freud.

La forma más fácil de mecanizar la historia es la de primar en el modelo teórico la dimensión de la relación con la naturaleza externa sobre la de las relaciones de los hombres entre sí. Esto es lo que ocurre de hecho en el Materialismo Histórico. La dinámica histórica aparece en Marx conjugada por la interrelación del desarrollo técnico-económico y del desarrollo de la lucha de clases. Es este segundo desarrollo el que se asienta directamente en lo que nosotros hemos llamado dimensión social, y pertenece a la historia de la libertad. Pero en su obra sistemática Marx traslada la dinámica del desarrollo histórico a la dimensión técnica, desglosando ésta en dos canales: el de las fuerzas productivas y el de las relaciones de producción, en la acepción restringida de este último témino. En definitiva la historia de la libertad queda *asegurada* en el modelo de Marx por la historia ineludiblemente *segura* de las fuerzas productivas [2].

En la Teoría de la Cultura de Freud el modelo varía respecto al de Marx. Freud concibe también el desarrollo histórico como un progreso en las dos dimensiones señaladas. Pero en su obra sistemática traslada la dinámica de la historia a la dimensión de las relaciones de los hombres entre sí, desdoblando ésta también en dos canales: uno montado sobre una concepción hermenéutica de los instintos, y otro montado sobre una concepción biologicista de los mismos. La dinámica del desarrollo de la cultura humana aparece en Freud ligada a una lucha de los dos instintos fundamentales: eros y muerte, conciliación y agresión. Contra su primera intención crítica, como aconteciera también en el caso de Marx, Freud inclina de hecho la balanza hacia la versión biologicista de los instintos, que es precisamente la que permitiría un tratamiento bioquímico o farmacológico de las neurosis. Y el dominio de esta versión en su aplicación a la cultura da como resultado una mecanización de la misma [3].

El modelo filosófico-histórico de Kant se asemeja más formalmente, en el punto que estamos considerando, al de Freud que al de Marx. Kant reconstruye la historia de la Humanidad, igual que Marx y Freud, sobre las dos dimensiones técnica y social. Y en su desarrollo sistemático, más cercano aquí a Freud, traslada la dinámica del desarrollo histórico a la segunda dimensión, desdoblándola igualmente en dos canales: el de la *legalidad* y el de la *moralidad.* El primero es mecanicista, mientras que el segundo se mueve dentro del terreno de la libertad. El primero se mueve por dinámica *conflictiva;* el segundo, por dinámica de la propia razón en creciente *ilustración.* La consideración de cada una de estas dos dinámicas por separado, y la de su interrelación, van a constituir el marco del resto de esta ponencia.

II. EL PROGRESO EN LA LEGALIDAD: LA DINAMICA DEL CONFLICTO

Kant es consciente del *interés* que le mueve a construir una filosofía de la historia. Es el interés de descubrir un hilo de racionalidad

2 Puede verse Enrique Menéndez Ureña, *Karl Marx, economista,* Tecnos, Madrid, 1977.

3 Puede verse Enrique Menéndez Ureña, *La teoría de la sociedad de Freud,* Tecnos, Madrid, 1977.

lógica y moral por debajo del curso aparentemente irracional y caótico de una historia humana tan llena de vicios, que le obliga a apartar de ella sus ojos con horror «para no cargarse con un vicio más, a saber: el del odio a la Humanidad» [4]. Es el interés por superar «la amargura que se apodera de uno inevitablemente cuando contempla el hacer y deshacer de los hombres en el gran escenario del mundo» [5]. La estructura fundamental de esa filosofía de la historia va a ser semejante formalmente a la estructura de la famosa «mano invisible» de Adam Smith. Al final del primer párrafo de su *Esbozo de una historia universal* encontramos ya apuntada la solución formal al problema planteado por la agresividad irracional que empapa la historia de los hombres: «Los individuos, e incluso pueblos enteros, no caen en la cuenta de que al perseguir sus propios intereses, actuando cada uno conforme a su antojo y frecuentemente los unos en contra de los otros, en realidad siguen y fomentan una finalidad de la Naturaleza, a pesar de que esa finalidad les es desconocida y de que, aun cuando la conociesen, no la sentirían como muy suya» [6]. Hacia el final de ese precioso *Esbozo* Kant nos concreta cuál es esa finalidad que la Naturaleza persigue ocultamente en la historia a través de los antojos y luchas de los hombres: «La historia del género humano se puede considerar, en general, como la realización de un plan oculto de la Naturaleza, encaminado al establecimiento de una constitución estatal interior y exterior perfecta, como la única situación posible en la que la Naturaleza puede hacer que se desarrollen plenamente todas las disposiciones que ella ha puesto en la Humanidad» [7].

Kant ha expresado así cuál es la *lógica* del desarrollo histórico en el terreno de la legalidad, es decir, en el terreno de las acciones externas de los hombres (prescindiendo del motivo moral de esas acciones) y de las estructuras legales que regulan su convivencia en las sociedades formadas por ellos. Comenzando por los griegos, continuando por los romanos y los bárbaros, y llegando hasta la Europa de su tiempo, Kant cree poder reconstruir una lógica de desarrollo político de los pueblos que apunta hacia aquella «constitución estatal interior y exterior perfecta» [8]. Pero una filosofía de la historia no sólo ha de dar cuenta de la *lógica,* sino también de la *dinámica* del desarrollo histórico. Es decir, no sólo ha de mostrar *hacia dónde* camina la historia, sino también cuáles son las *fuerzas* que la mueven. Y es aquí precisamente en donde Kant da la vuelta a aquel «hacer y deshacer» de los hombres en el escenario del mundo, como quien da la vuelta

[4] I. Kant, *Die Religion innerhalb der Grenzen der blossen Vernunft,* B 29.
[5] I. Kant, *Idee zu einer allgemeinen Geschichte in weltbürgerlicher Absicht,* A 387.
[6] *Ibíd.,* A 386 s.
[7] *Ibíd.,* A 404.
[8] *Ibíd.,* A 404-410.

a un guante. Esas luchas de unos contra otros, que en una primera mirada superficial le hacían apartar los ojos con horror, se convierten ahora en el *motor* de la historia racional y (legalmente) «buena». Kant da a ese motor un nombre: la *insociable sociabilidad*. Esa «insociable sociabilidad»

> «es la propensión (de los hombres) a entrar en sociedad, propensión que, por otro lado, está unida a una resistencia constante que pone continuamente en peligro de destrucción a esa misma sociedad. Esto se debe sin duda a la misma naturaleza del hombre. El hombre tiene una tendencia a *socializarse*. La razón es que en un tal estado (de sociedad) se siente más hombre, más realizado en el desarrollo de sus capacidades humanas. Pero, por otro lado, tiene también una gran tendencia a *aislarse*. Y la razón es que el hombre posee a la vez una característica asocial, consistente en querer ordenarlo todo conforme a su antojo. Por eso ha de esperar encontrar resistencia en todas partes, de la misma manera que él mismo, como muy bien sabe, está inclinado por su parte a ofrecer resistencia a los demás. Pero esa resistencia es precisamente la que le hace vencer su propensión a la vagancia y, movido por la honra, por el deseo de dominar o por la codicia, le obliga a intentar ganarse un puesto de primacía sobre sus compañeros, a los que no puede *aguantar*, pero de los que tampoco puede *apartarse*. Así se dan los primeros pasos verdaderos desde la incultura hacia la cultura, que consiste propiamente en el valor social del hombre. Así se desarrollan más y más todos los talentos, se moldea el gusto, e incluso, mediante una ilustración continuada, se pone el comienzo para la configuración de una forma de pensar que sea capaz, con el tiempo, de transformar las disposiciones naturales burdas del hombre en la distinción de ciertos principios morales, y de convertir así en un todo *moral* la pura reunión de los hombres en una sociedad unida *patológicamente* por la fuerza» [9].

La vuelta del guante ha sido, pues, perfecta: «las causas de la insociabilidad y de la resistencia constante de unos hombres contra otros, de las que se derivan tantos males, (...) revelan la disposición de un Creador sabio, y no la mano de un espíritu maligno que haya chapuceado en su obra majestuosa o la haya estropeado por envidia» [10]. Kant es aquí tajante. Podrían traerse varios textos como éste: «En la etapa del desarrollo cultural en la que todavía se encuentra el género humano, *la guerra* es un medio indispensable para impulsar la cultura hacia adelante» [11]. Por eso son inútiles todos los esfuerzos o anhelos humanos de conciliación, de paz, «antes de tiempo»: «El *hombre* quiere conciliación. Pero la Naturaleza sabe mejor qué es lo bueno para su *especie:* la Naturaleza quiere irreconciliación» [12]. El paralelismo de Kant, en estos textos, con el siguiente de Marx, es claro: «No se acaba de entender que este desarrollo de las capacidades de

---

9 *Ibíd.*, A 392 s.
10 *Ibíd.*, A 394.
11 I. Kant, *Mutmasslicher Anfang der Menschengeschichte,* A 24.
12 I. Kant, *Idee...*, cit. en nota 5, A 394.

la especie *hombre,* aun cuando al principio tiene lugar a costa del sacrificio de la mayoría de los individuos particulares y de clases enteras de ellos, llega finalmente a romper los antagonismos y a coincidir con el desarrollo del individuo particular. No se acaba de entender que, por lo tanto, el máximo desarrollo de la individualidad sólo se compra al precio de un proceso histórico en el que son sacrificados los individuos particulares» [13].

Dentro del paralelismo existente entre Kant y Marx, en sus visiones respectivas de la problemática relación individuo/especie, hay sin embargo una diferencia entre ambos, que va a jugar un papel importante en la filosofía kantiana de la historia. Kant no se resigna tanto como Marx a aceptar el sacrificio de la multitud de generaciones a las que ha tocado vivir antes de la época dorada: «Ciertamente es chocante el hecho de que las generaciones más tempranas parezcan realizar su penosa tarea únicamente en provecho de las venideras, (...) de modo que sólo las generaciones más tardías lleguen a poseer la dicha de vivir en el edificio en cuya construcción trabajaron (aunque ciertamente sin proponérselo) una larga serie de generaciones anteriores, que no pueden participar de la felicidad que ellas mismas prepararon» [14]. Va a ser en la dimensión de la *moralidad,* en donde Kant va a dar su respuesta a esta incómoda observación.

III. EL PROGRESO EN LA MORALIDAD: LA DINAMICA DE LA ILUSTRACION

En un pasaje de *La paz perpetua* Kant nos dice con toda crudeza hasta dónde puede llegar tan sólo el progreso movido por la dinámica conflictiva de la insociable sociabilidad: «(...) sólo se trata de llegar a una buena organización del Estado (...), en la que las fuerzas de unos estén de tal manera dirigidas contra las fuerzas de los otros, que se compensen mutuamente en su efectividad destructiva: de tal manera que el resultado caiga así del lado de la razón como si no existieran aquellas fuerzas, y así el hombre, aun cuando no pueda ser un hombre moralmente bueno, con todo se vea forzado a ser un buen ciudadano. Por muy duro que esto suene, esto sería posible incluso para un pueblo de demonios, sólo que éstos estuvieran dotados de razón» [15].

Pero evidentemente ésta no podía ser la meta que satisfaciese a Kant. Para el filósofo de Königsberg el hombre es esencialmente un

---

[13] MEW *26.2*, p. 111 (t. 2.º de las *Teorías sobre la plusvalía*).
[14] I. Kant, *Idee...*, cit. en nota 5, A 391 s.
[15] I. Kant, *Zum ewigen Frieden,* B 60 s.

ser moral, y sólo en la esfera de la moralidad puede encontrar por tanto su ideal: toda acción buena «que no esté injertada en una intención moralmente buena no es sino pura apariencia y miseria relumbrante» [16]. Kant va a construir entonces también en su filosofía de la historia, junto al progreso en la dimensión de la legalidad, un progreso en la dimensión de la moralidad. Y si la *insociable sociabilidad* constituía el dinamismo del primer progreso, la *ilustración* va a constituir ahora el dinamismo del segundo.

Recordemos en primer lugar la célebre definición kantiana de ilustración: «*Ilustración es la salida del hombre de su culpable minoría de edad. Minoría de edad* es la incapacidad de servirse del propio entendimiento sin la dirección de otro. Esa minoría de edad es culpable cuando la causa de ella no está en la incapacidad del propio entendimiento, sino en la falta de decisión y de ánimo para servirse de él sin la dirección de otro. *¡Sapere aude!* ¡Ten el valor de servirte de tu *propio* entendimiento! Esta es la consigna de la ilustración» [17]. En otro lugar menos conocido leemos esta definición más breve: «*Pensar por sí mismo* significa buscar el último criterio de la verdad en uno mismo (es decir, en su propia razón); y la máxima de pensar por sí mismo es la *ilustración*» [18].

Ahora bien, esta definición de «ilustración» es todavía insuficiente para poder ver en ella un *motor* de desarrollo histórico. El dinamismo propio de la ilustración es para Kant el dinamismo propio de la razón misma, que actúa y se desenvuelve con tal de que no se le pongan impedimentos: los hombres «van saliendo más y más por sí mismos de su brutalidad, a no ser que se maquine intencionadamente para que permanezcan en ella», escribe Kant en su breve tratado sobre la ilustración [19]; o en otro pasaje del mismo escrito: un público que discuta «llegará casi irremediablemente» a la ilustración «si se le deja en libertad» [20]. Kant está apuntando aquí hacia algo sumamente interesante y actual: la razón es razón *compartida,* la verdad se descubre y se hace en el *diálogo libre y crítico:* «la existencia misma de la razón descansa sobre esa libertad, ya que la razón no es en modo alguno dictatorial; su veredicto no es en todo tiempo sino expresión de la coincidencia de los ciudadanos libres, cada uno de los cuales ha de poder expresar, sin trabas de ninguna clase, sus dudas e incluso su veto» [21]. Por eso precisamente es *posible maquinar* intencionadamente contra la ilustración: «algunos dicen: el poder superior nos puede

16 I. Kant, *Idee...,* A 402 s.
17 I. Kant, *Beantwortung der Frage: Was ist Aufklärung?,* A 481.
18 I. Kant, *Was heisst: sich im Denken orientieren?,* A 329.
19 I. Kant, *Beantwortung...,* cit. en nota 17, A 492.
20 *Ibíd.,* A 482 s.
21 I. Kant, *Kritik der reinen Vernunft,* B 766 s.

quitar la libertad de *hablar* o la de *escribir,* pero la libertad de *pensar* no nos la puede quitar nadie por ningún medio. Pero ¿¡cuánto y cuán correctamente podríamos nosotros *pensar,* si no pudiésemos hacerlo en compañía de otros con los que tuviésemos un intercambio de pensamientos e ideas!? Por lo tanto se puede decir muy bien, que aquel poder externo que nos prive de *comunicar* públicamente nuestro pensamiento, nos priva también de la libertad de *pensar:* de esa única áncora de salvación...» [22].

Kant no exige, sin embargo, de los poderes públicos una libertad *absoluta* de discusión. El siguiente texto es quizás el más claro y sintético a este respecto: «Para impulsar la ilustración no es necesario más que una cosa: *libertad;* y el tipo de libertad más inocuo entre todo aquello que pueda calificarse como libertad: hacer siempre y en todo lugar *uso público* de la propia razón. Pero yo no oigo sino gritar por todas partes: *¡no razonéis!* El oficial dice: ¡no razonéis, sino ejecutad las órdenes! El funcionario de Hacienda: ¡no razonéis, sino pagad! El clérigo: ¡no razonéis, sino creed! (Sólo un único Señor en el mundo dice: razonad todo cuanto queráis y sobre todo lo que queráis; ¡pero obedeced!) Por todas partes encontramos, pues, una limitación de la libertad. Pero ¿qué tipo de limitación es la que obstaculiza la ilustración? ¿Y qué tipo de limitación no la obstaculiza, sino que incluso la impulsa? Yo respondo: el uso *público* de la razón ha de ser libre en todo tiempo y lugar, y sólo él puede traer ilustración a los hombres; pero el *uso privado* de la razón puede ser limitado muy estrechamente con frecuencia, sin que por ello se obstaculice sensiblemente el desarrollo de la ilustración. Por uso público de la razón entiendo el que hace alguien en cuanto «científico» ante el gran *público de los lectores.* Y llamo uso privado de la razón, al que hace alguien en cuanto está ejerciendo un *cargo*» [23].

Aunque Kant ve con claridad que aquellos que maquinan contra la ilustración lo hacen movidos por intereses de poder —la ignorancia del pueblo es la que más posibilita el ejercicio de un poder despótico sobre él—, se pronuncia también con toda claridad por una ilustración *desde arriba.* Si Kant critica duramente a los políticos que sojuzgan al pueblo y le impiden salir de su brutalidad, se muestra igualmente crítico con los «revolucionarios a destiempo», que solivantan al pueblo para ejercer después sobre él un nuevo despotismo [24]. Difícilmente podría expresarse de una manera más gráfica la ilustración «desde arriba», que con este texto: «Sólo aquel que, ilustrado él mis-

[22] I. Kant, *Was heisst...,* cit. en nota 18, A 325.
[23] I. Kant, *Beantwortung...,* cit. en nota 17, A 484 s.
[24] Véase I. Kant, *Der Streit der Fakultäten,* A 133; *Beantwortung...,* cit. en nota 17, A 483 s.

mo, no teme al oscurantismo, y dispone a la vez de un numeroso y bien disciplinado ejército para salvaguardar el orden público, puede decir lo que ninguna República se atreve a decir: razonad cuanto queráis y sobre todo lo que queráis; ¡pero obedeced!»[25]. No la revolución, sino el lento progreso de la ilustración, es lo que, según Kant, conducirá hasta la configuración de la sociedad como un todo *moral.* La *lógica* de desarrollo de ese camino coincide, en Kant, con la lógica de desarrollo de las religiones reveladas hacia la religión natural o de la razón[26].

IV. CONCLUSION: LA INTERRELACION LEGALIDAD/MORALIDAD EN LA HISTORIA

La presentación separada que hemos hecho aquí de los desarrollos en las dimensiones de la legalidad y de la moralidad no corresponde evidentemente a una separación de ambos tratamientos en la obra de Kant. En esta obra ambas esferas se entrecruzan no pocas veces, constituyendo el problema de su interrelación uno de los problemas centrales de la filosofía kantiana de la historia. Vamos a dedicar la última parte de esta ponencia a señalar algunos de los puntos más significativos de esa interrelación[27].

El punto de partida más adecuado para la discusión de la interrelación entre legalidad y moralidad, desde el interés filosófico-histórico, es quizás el de considerar la aparente contradicción existente entre el motor del progreso legal (la insociable sociabilidad) y tanto la finalidad (configuración de un todo moral) como el motor (diálogo libre y crítico que implica la ilustración) del progreso en la esfera de la moralidad. Para que quede suficientemente claro hasta qué punto ve Kant enraizada en el hombre la tendencia al conflicto con sus semejantes, en contradicción con lo que le pide la ley moral, escuchemos este nuevo texto, sacado del *Tratado sobre la Religión:* «Las necesidades del hombre son en sí mismas pequeñas, y su preocupación por satisfacerlas es moderada y tranquila. El hombre en realidad sólo es pobre (o se tiene por tal) en cuanto que se preocupa de que otros hombres le tengan por pobre y le desprecien por ello. La envidia, la codicia, la ambición de poder, y todas las demás inclinaciones hostiles con ellas entremezcladas, desequilibran rápidamente su naturaleza más bien sobria, *sólo por el hecho de que el hombre se encuentre en compañía de otros hombres.* No hace falta siquiera que esos compañeros estén

[25] I. Kant, *Beantwortung...,* cit. en nota 17, A 493.
[26] Véase mi estudio citado en nota 1, pp. 69-79.
[27] Para un desarrollo más detallado, véase *ibíd.,* pp. 80-128.

ya encenagados en el mal, y sean así ejemplos incitantes a él. Basta simplemente el hecho de que estén ahí a su lado, de que le rodeen, de que sean sencillamente hombres, para que se corrompan ya mutuamente en su disposición moral y para que se hagan malos los unos a los otros» [28].

Este texto es fruto de la misma terrible experiencia histórica que obligaba a Kant a apartar sus ojos del escenario del mundo, y a acuñar su concepto de la *insociable* sociabilidad. Lo que antes aparecía como causa del *progreso legal,* aparece ahora como expresión de una *corrupción moral* inseparable de la relación entre los hombres. Las dos construcciones kantianas del desarrollo histórico de la Humanidad parecen así ahora excluirse mutuamente. Pero en realidad esta contradicción desaparece cuando descubrimos cuál es el ensamblaje entre legalidad y moralidad en la filosofía kantiana de la historia, ya que ella es sólo consecuencia de la presentación separada que hemos hecho nosotros de ambas dimensiones, por razones metodológicas de nuestro análisis.

En primer lugar encontramos en la filosofía de la historia de Kant una relación «temporal» entre los progresos legal y moral. Primero la historia de la Humanidad va progresando culturalmente movida por el motor conflictivo de la insociable sociabilidad, va progresando por tanto «a espaldas de los individuos» como resultado no buscado por ellos, como resultado del «plan oculto de la Naturaleza». Ahora bien, este progreso legal *prepara* las condiciones para que los hombres entren en el proceso de la ilustración y comiencen paulatinamente a hacer su propia historia con libertad y conciencia, con *moralidad.* Recordemos aquí el final del largo texto definitorio de la insociable sociabilidad, que hemos citado antes: «así (...) se pone el comienzo para la configuración de una forma de pensar que sea capaz, con el tiempo, de transformar las disposiciones naturales burdas del hombre en la distinción de ciertos principios morales, y de convertir así en un todo *moral* la pura reunión de los hombres en una sociedad unida *patológicamente* por la fuerza» [29].

Pero, en segundo lugar, la relación entre legalidad y moralidad es más estrecha de lo que esa primera consideración temporal nos delata. Kant parece pensar en realidad que ambos progresos son inseparables el uno del otro. Aunque encontramos textos como el ya citado del «pueblo de demonios dotados de razón», Kant piensa que no es posible llegar a la constitución de una perfecta legalidad, si esa legalidad no está apoyada en la moralidad de los individuos que componen la sociedad de que se trate. A mi modo de ver, con la construcción

---

[28] I. Kant, *Die Religion...,* cit. en nota 4, B 128.

[29] Pueden verse más textos en mi estudio citado en nota 1, pp. 103-106.

de un mecanismo conflictivo que conduciría hasta la configuración de un todo legal perfecto, Kant está intentando mostrar que la sociedad humana, pese a la negativa experiencia histórica de todos los tiempos pasados, *es moralizable.* O dicho de otra manera más burda: la ley moral inscrita en los corazones de los hombres es perfectamente *realizable* en la vida social y política, ya que el cumplimiento de esa ley conduciría hasta la misma configuración externa (legal) que resultaría, y que de hecho va resultando históricamente, del comportamiento conflictivo (inmoral) de los hombres. Es precisamente la demostración de esa *posibilidad,* la que hace efectiva en los individuos la *obligación moral* de contribuir libre y conscientemente a la moralización de la sociedad en la que viven: la «intención de la Naturaleza», que actúa a través de la insociable sociabilidad, no es suficiente «para *profetizar* (teóricamente) el futuro real de ese estado, pero sí lo es, desde el punto de vista práctico, para hacer una obligación el trabajar por la consecución de ese fin (que no es puramente quimérico)» [30]. Respecto a la implicación mutua de legalidad y moralidad en la configuración y consolidación del todo social, sea traído como ejemplo un texto más: «La constitución estatal se apoya en definitiva sobre la moralidad del pueblo, y esta última no puede echar raíces fuertes sin una buena constitución estatal» [31].

Vamos a terminar volviendo sobre aquella ambivalencia típica de las filosofías modernas de la historia, que mencionamos en la Introducción. Es claro que, como ya indicábamos antes, esa ambivalencia juega en Kant precisamente entre las encrucijadas de la relación legalidad/moralidad. Que la *tendencia* es a asegurar el curso feliz de la historia de la Humanidad, con independencia de las actuaciones libres y conscientes de los hombres, aparece en el caso de Kant ya de una manera elemental: el tratado que se ocupa propiamente de una filosofía de la historia, reconstruye significativamente la lógica y la dinámica de esta última en la dimensión de la legalidad. La problemática fundamental del progreso moral en la historia de la humanidad, que es la problemática del *mal* o de la corrupción moral del hombre y de la pregunta por la posibilidad de su conversión, aparece privilegiadamente discutida en el tratado sobre la Religión [32].

No podemos entrar ahora en el tratamiento kantiano del problema del mal [33]. Simplemente voy a recoger un texto que nos ofrece la línea de respuesta al problema planteado por el pasaje citado en la nota 28:

---

30 I. Kant, *Zum ewigen Frieden,* B 66.

31 Citado en Z. Batscha (ed.), *Materialien zu Kants Rechtsphilosophie,* Suhrkamp, Frankfurt, 1976, p. 63.

32 Aunque también se tratan algunos aspectos del progreso moral en otros escritos, como el citado en la nota 30.

33 Puede verse mi estudio citado en nota 1, pp. 80-90.

> «Por mucho que el hombre aislado haya hecho por librarse del dominio del mal, éste le pone inevitablemente en el peligro de una recaída bajo su señorío. Sólo habría una solución para este problema si se pudiera encontrar un medio de erigir una comunidad que tuviese como única finalidad evitar el mal y favorecer el bien en el hombre; esta comunidad habría de erigirse en cuanto tal como una sociedad perenne y siempre creciente, orientada puramente a la conservación de la moralidad, y que uniera todas las fuerzas para enfrentarse al mal. El dominio del buen Principio —en tanto que los hombres pueden colaborar a ello, y por lo que nosotros podemos ver— no se puede por tanto alcanzar sino mediante la fundación y expansión de una sociedad ordenada según las leyes de la virtud y encaminada al favorecimiento de estas últimas. La razón pone la instauración de esa sociedad como tarea y como obligación para todo el género humano. Pues sólo de esta manera se puede esperar la victoria del buen Principio sobre el malo. La razón que dicta las leyes morales, aparte de las leyes que prescribe a cada uno como individuo, enarbola además una bandera de la virtud como punto de asociación para todos aquellos que aman el bien, para que se reúnan bajo ella y puedan así antes que nada tomar la delantera al mal que no cesa de hostigarles» [34].

Si la constitución estatal tiene que apoyarse, según Kant como hemos visto antes, sobre la moralidad del pueblo, esta última no puede reducirse a la suma de las moralidades *aisladas* de los individuos que constituyen el pueblo. Es necesaria una *asociación* explícita de los individuos *para el bien moral.* Si la corrupción moral estaba asentada en el tejido mismo de las relaciones sociales entre los hombres, solamente podrá ser superada en ese mismo tejido. Si el «estar juntos simplemente» corrompe a los hombres, éstos sólo podrán salir de esa corrupción si lo intentan también *juntos.*

Kant concibe esa «asociación» como un «Pueblo de Dios según leyes de la virtud» [35]. Lo más probable, y lo más coherente con toda su obra filosófico-religiosa, es que Kant esté pensando aquí, como ha formulado Gómez Caffarena, en «la secularización de la Iglesia en una *societas ethica*», en la que podrían converger «los verdaderos cristianos y los demás hombres de buena voluntad» [36]. En esta misma línea está mi interpretación de aquella «asociación» [37]. Hoy añadiría sin embargo algo más, aunque sin modificar sustancialmente la interpretación anterior. Es posible que Kant estuviese también influido aquí por su conocimiento de la Hermandad masónica, dada su estrecha amistad con los más relevantes masones de Königsberg, como fueron Th. Gottl. von Hippel, Joh. Gottl. Frey, su editor Joh. Jak. Kanter y su testamentario el pastor Wasianski [38]. Si esto fuese así, junto a

---

[34] I. Kant, *Die Religion...*, cit. en nota 4, B 128 s.

[35] *Ibíd.*, B 139.

[36] J. Gómez Caffarena, *El teísmo moral de Kant*, Ed. Cristiandad, Madrid, 1983, p. 218.

[37] Véase mi estudio citado en nota 1, pp. 114-118.

[38] C. Lennhoff, O. Posner, *Internationales Freimaurer-Lexikon*, Zürich, 1932, voz «Kant, Immanuel».

sus «atisbos» en el *Opus postumum* de una concepción que Krause desarrollaría algo más tarde en su filosofía *panenteísta,* como ha señalado Caffarena [39], Kant habría «atisbado» también la genial visión filosófico-masónica de la «Alianza de la Humanidad», que constituye el centro neurálgico de la filosofía práctica de Krause y, en concreto, de su filosofía de la historia y de la teoría de la sociedad plasmada en *El Ideal de la Humanidad* [40].

39 J. Gómez Caffarena, cit. en nota 36, pp. 149 y 158.

40 Véanse mis artículos: «Krause y su ideal masónico», *Historia de la Educación,* 4 (1985), pp. 73-95; «El fraude de Sanz del Río o la Verdad sobre su "Ideal de la Humanidad"», *Pensamiento,* 44 (1988), pp. 25-48.

15. EL AUTENTICO SUJETO MORAL DE LA FILOSOFIA KANTIANA DE LA HISTORIA*

por Roberto Rodríguez Aramayo
(Instituto de Filosofía del C.S.I.C.)

«El curso del mundo es una disposición de la Naturaleza, mas no un teatro de marionetas, ya que no se rige por decretos, sino por leyes» (Refl. 5.551, Ak., XVIII, 217).

Si la moralidad tiene o no cabida dentro de la filosofía kantiana de la historia es una cuestión ampliamente debatida. Ya en otro lugar tuvimos ocasión de revisar esta polémica e intentamos refutar aquellas lecturas que pretenden dejar a la ética fuera de las coordenadas de la reflexión kantiana sobre la historia [1]. En esta breve comunicación matizaremos ciertos aspectos de las tesis que hemos venido manteniendo en estudios anteriores [2].

Como es bien conocido, el planteamiento de Kant concede un enorme protagonismo a la Naturaleza, a esa Providencia que no se ha contentado con implantar en nosotros toda una serie de disposiciones na-

* Este trabajo viene a sustituir al que realmente fuera presentado como ponencia en el Seminario celebrado con ocasión del bicentenario de la segunda *Crítica.* Ello se debe a que aquel estudio, titulado «La presencia de la *Crítica de la razón práctica* en las *Lecciones de Etica* de Kant», resultó galardonado con el «Premio Agora» para trabajos de investigación sobre la *Crítica de la razón práctica,* teniendo por lo tanto que ser publicado en la revista patrocinadora de dicho concurso. Además, parte de los resultados obtenidos en esa investigación fueron asimismo rentabilizados por el prólogo a nuestra edición castellana de las *Lecciones de Etica* de Kant (Crítica, Barcelona, 1988), cuyo título es «La cara oculta del formalismo ético». Es evidente, pues, que en estas circunstancias no procedía su inclusión en estas Actas, a pesar de haber sido redactado en un principio para ellas. Por otra parte, la idea básica sustentada por el presente artículo se fue gestando en los coloquios del Seminario que da lugar a este volumen colectivo.

[1] Cfr. «La Filosofía kantiana de la Historia. ¿Otra versión de la teología moral?», *Revista de Filosofía,* 8 (1985), pp. 21-40.

[2] Nos referimos, además de al trabajo recién citado, a «El ''utopismo ucrónico'' de la reflexión kantiana sobre la historia», estudio introductorio a nuestra edición de I. Kant, *Ideas para una historia universal en clave cosmopolita y otros escritos sobre filosofía de la historia,* Tecnos, Madrid, 1987, pp. IX-XLIV, así como a «La Filosofía de la Historia en Kant: una encrucijada de su pensamiento moral y político», artículo publicado en VV.AA., *Eticidad y Estado en el Idealismo alemán,* Natan, Valencia, 1987, pp. 5-17.

turales orientadas a un mejor uso de nuestra razón, sino que también ha previsto unos mecanismos para llevar a cabo el desarrollo de las mismas. El antagonismo en el plano individual y la guerra en el interestatal se presentan como las dos caras de una misma moneda: la insociable sociabilidad. Esta constituye el motor de la cultura y del más bello orden social, tal como Kant lo expresara con su célebre metáfora de los árboles que crecen rectos en medio del bosque merced al antagonismo, mientras que lo hacen torcida y atrofiadamente cuando son plantados en solitario [3]. Es más, de no existir el acicate del antagonismo, «todos los talentos quedarían eternamente ocultos en su germen, en medio de una arcádica vida de pastores donde reinaría la más perfecta armonía, así como la frugalidad y el conformismo, de suerte que los hombres serían tan "bonachones" como las ovejas que apacientan, proporcionando de este modo a su existencia un valor no mucho mayor que el detentado por su animal doméstico» [4]. Si recordamos la tajante división kantiana entre personas y cosas (esto es, entre fines en sí mismos y meros medios), así como que esta última categoría instrumental abarca todo el reino animal [5], en contraposición al reino de los fines, integrado por todos los seres racionales, advertiremos que la afirmación anterior no podría revestir mayor gravedad; sin que el antagonismo hiciese aflorar nuestras disposiciones naturales, no detentaríamos —en opinión de Kant— un valor diferente al de los animales, pudiendo ser considerados, por lo tanto, como simples cosas o medios instrumentales. Así pues, en última instancia, nuestra condición moral dependería del antagonismo, que no es a su vez sino un designio de la Naturaleza.

Según esto, el papel jugado por el hombre en su propio progreso moral [6] no podría resultar más parco, quedando aparentemente to-

---

3 Cfr. *Idee...*, Ak., VIII, 22, *Pädagogik*, Ak., IX, 448 y *Moralphilosophie Collins*, Ak., XXVII.1, 468.

4 Cfr. *Idee...*, Ak., VIII, 21. En el contexto de su polémica con Herder, Kant escribirá: «El autor cree que si los afortunados habitantes de Tahití, destinados al parecer a vivir durante milenios en su pacífica indolencia, no hubieran sido visitados nunca por naciones civilizadas, se podría dar una respuesta satisfactoria a la pregunta de por qué existen; ¿acaso no hubiese sido igual de bueno que esta isla fuese ocupada con infelices ovejas y carneros, que poblada por hombres dichosos entregados únicamente al deleite?» (*Recensionen von I. G. Herders...*, Ak., VIII, 65).

5 «... el hombre tomó conciencia de un privilegio que concedía a su naturaleza dominio sobre los animales, a los que ya no consideró como compañeros en la creación, sino como medios e instrumentos para la consecución de sus propósitos arbitrarios» (*Muthmaßlicher Anfang...*, Ak., VIII, 113).

6 En efecto, únicamente gracias al antagonismo es como «van desarrollándose poco a poco todos los talentos, así va formándose el gusto e incluso, mediante una continua ilustración, comienza a constituirse una manera de pensar que, andando el tiempo, puede transformar la tosca disposición natural hacia el discernimiento ético en principios prácticos determinados y, finalmente, trasformar un consenso social urgido *patológicamente* en un ámbito *moral*» (*Idee*, Ak., VIII, 21).

do en manos de esa *Natura sive Providentia* —también llamada «Destino» en ocasiones [7]— que rige el curso de la historia. Este aserto puede verse fácilmente avalado por múltiples textos del Kant filósofo de la historia. Abramos, por ejemplo, el opúsculo titulado *Ideas para una historia universal en clave cosmopolita* y detengámonos en su preámbulo: «Poco imaginan los hombres (tanto a nivel individual como colectivo) que, al perseguir cada cual su propia intención, según su parecer y a menudo en contra de los otros, siguen sin advertirlo, cual hilo conductor, el designio de la Naturaleza, que les es desconocido, y trabajan en pro del mismo, siendo así que, de conocerlo, les importaría bien poco» [8]. De hecho, Kant no deja de mostrar su perplejidad ante este orden de cosas. «A este respecto siempre resultará extraño que las viejas generaciones parezcan afanarse ímprobamente sólo en pro de las generaciones posteriores, para preparar a éstas un nivel desde el que puedan seguir erigiendo el edificio que la Naturaleza ha proyectado; en verdad sorprende que sólo las generaciones postreras deban tener la dicha de habitar esa mansión por la que una larga serie de antepasados (*ciertamente sin albergar esa intención*) han venido trabajando sin poder participar ellos mismos en la dicha que propiciaban» [9]. Tanto el individuo como la especie parecen condenados a ejecutar un plan que les es desconocido y que llevarían a cabo de modo inintencionado, limitándose a edificar una mansión cuyos planos habrían sido diseñados por ese arquitecto apodado «Naturaleza». ¿No es ésta, por consiguiente, el único protagonista en toda la filosofía kantiana de la historia? Todo parece señalar en esa dirección y, sin embargo, no es así; no podía serlo.

A nuestro modo de ver, el verdadero arquitecto o, cambiando de metáfora, el auténtico «guionista» de la filosofía kantiana de la historia no es otro que el propio filósofo de la historia, tal y como demanda, por otra parte, la premisa de que sólo es posible una historia *a priori* «cuando es el propio adivino quien *causa* y propicia los acontecimientos que presagia» [10]. Veámoslo.

---

[7] En el ensayo *La paz perpetua,* al hablar sobre la garantía de ésta, se toman esos tres términos como sinónimos, como distintos apodos de un mismo concepto: «Quien suministra este aval es nada menos que la *Naturaleza,* en cuyo curso mecánico brilla visiblemente la finalidad de que a través del antagonismo de los hombres surja la armonía, incluso contra su voluntad; y por eso se le llama indistintamente *Destino,* en cuanto causa necesaria de los efectos producidos por leyes desconocidas para nosotros, o bien *Providencia,* en atención a su finalidad en el curso del mundo, como recóndita sabiduría de una causa más elevada que apunta hacia el fin final del género humano y que predetermina ese curso del mundo» (*Zum ewigen Frieden,* Ak., VIII, 360-361).

[8] *Idee...,* Ak., VIII, 17.

[9] *Ibid.,* 19. El subrayado es nuestro.

[10] Cfr. *Streit d. Fakultäten,* Ak., VII, 80. «A los profetas judíos les resultaba muy fácil predecir el carácter inminente, no sólo de la decadencia, sino de la plena desinte-

I. EL GUIONISTA Y SU PSEUDONIMO

F. Medicus se sirve del símil teatral utilizado por el propio Kant en más de un lugar, para demostrar que la filosofía kantiana de la historia naufraga ante el gran escollo de la más absoluta carencia de libertad. Al comparar la historia del mundo con una pieza de teatro, Medicus nos recuerda que una obra teatral sólo cobra pleno sentido a los ojos del espectador, a quien se le ponen de manifiesto todas las relaciones que permanecen ocultas a los personajes situados en el escenario. Los actores sólo comprenderían el guión en el caso de que llegasen a conocer todos los papeles del reparto, es decir, en tanto que se convirtieran en espectadores. Sin embargo, en el gran escenario de la historia todos seríamos meros actores, con la peculiaridad de no tener opción a tornarnos espectadores. Según Medicus, la propuesta de Kant consistiría en creer que nuestra interpretación individual cobra únicamente sentido en el conjunto de la representación histórica, donde participamos como actores para «la Providencia, que nos utiliza como marionetas suyas. El sentido histórico —concluye— es salvado a costa de la libertad humana» [11]. Desde luego, debe reconocerse que el argumento de Medicus resulta bastante persuasivo, pero también es verdad que comete un craso error, al olvidarse por completo del principal protagonista de cualquier pieza teatral, esto es, del autor del guión, olvido en el que, desde luego, Kant no incurre. Cedámosle por un momento la palabra para comprobar este extremo.

«No puede uno librarse de cierta indignación al observar la actuación del hombre en la escena del gran teatro del mundo, pues, aun cuando aparezcan destellos de prudencia en algún que otro caso aislado, haciendo balance del conjunto se diría que todo ha sido urdido por una locura y una vanidad infantiles e incluso, con frecuencia, por una maldad y un afán destructivo asimismo pueriles; de suerte que, a fin de cuentas, no sabe uno qué idea hacerse sobre tan engreída es-

---

gración de su Estado, ya que eran ellos mismos los causantes de tal destino. En su condición de líderes del pueblo habían agobiado a su constitución con tantas cargas eclesiásticas y sus corolarios civiles, que su Estado se volvió completamente incapaz de subsistir por sí mismo y, por descontado, de resistir a los pueblos vecinos; de ahí que las lamentaciones de sus sacerdotes habían de extinguirse estérilmente en el aire del modo más natural, dado que su pertinaz obstinación en la perseverancia de una constitución elaborada por ellos mismos, y a todas luces insostenible, les permitía pronosticar ese desenlace con absoluta infalibilidad. Nuestros políticos hacen exactamente lo mismo en su esfera de influencia, siendo igualmente afortunados en sus presagios... También el clero vaticina de vez en cuando la ruina total de su religión, mientras hace justamente cuanto está en su mano para que así ocurra, quejándose luego de la irreligiosidad que ellos mismos han provocado y que, por lo tanto, podían predecir sin contar con ningún don profético en especial» (cfr. *ibid.*).

[11] Cfr. Fritz Medicus, «Kants Philosophie der Geschichte», *Kant-Studien*, 7 (1902), p. 182.

pecie. En este orden de cosas, al filósofo no le queda otro recurso (puesto que no puede suponer en los hombres y su actuación global ningún *propósito* racional *propio*) que intentar descubrir en este absurdo decurso de las cosas humanas una *intención de la Naturaleza,* a partir de la cual sea posible una historia de criaturas tales que, sin conducirse con arreglo a un plan propio, sí lo hagan conforme a un determinado plan de la Naturaleza» [12].

La larga extensión de la cita sabrá ser excusada por el hecho de habernos proporcionado la clave que andábamos buscando. A poco que meditemos sobre el asunto, descubriremos que, bajo el pseudónimo de «Naturaleza», se esconde la identidad real del auténtico «guionista», que no es otro sino el filósofo de la historia. La Naturaleza providente de que se nos habla aquí no parece ser sino un trasunto de la razón pura práctica del filósofo en su vertiente elpidológica y prospectiva. El filósofo de la historia es quien, en definitiva, configura el cedazo teleológico donde deberá desenvolverse la trama del transcurso de las acciones humanas bajo el imperio del juicio reflexionante [13], trazando con ello el sentido de la historia. El es quien, en última instancia, recluta al antagonismo y a la guerra, para ponerlos al servicio de sus planes [14]. El filósofo de la historia de sesgo kantiano es aquel espectador del que nos hablaba Medicus hace un momento o, en otras palabras, es el autor del guión que debiera verse representado por la humanidad en su historia futura y, en cuanto tal, es el único capaz de apreciar los momentos estelares de la representación, aplaudiendo, por ejemplo, con ardiente entusiasmo la Revolución francesa en tanto que signo inequívoco del progreso moral de la humanidad [15]. Bien entendido —y es ésta una precisión que no suele

---

[12] *Idee...*, Ak., VIII, 17-18.

[13] Cfr. nuestro trabajo «Postulado/Hipótesis. Las dos facetas del Dios kantiano», *Pensamiento,* 42 (1986), pp. 237-238.

[14] Dentro del planteamiento kantiano la guerra recibe la misión suicida de propiciar justo aquello que acabará por erradicarla. «La *guerra* no es una empresa premeditada por parte de los hombres, pero sí es un proyecto intencionado por parte de la suprema sabiduría. Y, a pesar de las terribles penalidades que la guerra impone al género humano, así como de las tribulaciones, quizá aún mayores, que su continua preparación origina durante la paz, supone un impulso para desarrollar hasta sus más altas cotas todos los talentos que sirven a la cultura» (*K.U.*, Ak., V, 433).

[15] «... esa revolución —a mi modo de ver— encuentra en el ánimo de todos los espectadores (que no están comprometidos en el juego) una *simpatía* rayana en el entusiasmo, cuya manifestación lleva aparejado un riesgo, que no puede tener otra causa que la de una disposición moral en el género humano» (*Streit d. Fakultäten,* Ak., VII, 85). La Reflexión 8.077, considerada el borrador del escrito que se convertiría en la segunda sección de *El Conflicto de las Facultades,* comienza justamente por constatar el entusiasmo, universal y desinteresado, experimentado por preclaros espectadores de la Revolución francesa (cfr. Ak., XIX, 604), fenómeno que representaría un auténtico *factum* moral «sobre cuya realidad cabe invocar a todos los hombres como testigos» (*ibid.,* 612).

hacerse— que los procesos revolucionarios no entrañan en sí mismos moralidad alguna, siendo el filósofo de la historia, en su doble condición de guionista y espectador, quien puede sancionar o no moralmente dichos procesos revolucionarios desde su atalaya desinteresada y no directamente comprometida con el curso de los acontecimientos. He aquí el auténtico sujeto moral de la filosofía kantiana de la historia, cuyo dictamen articularía retrospectivamente el «guión» del devenir histórico.

II. EL ENTUSIASMO COMO «SENTIMIENTO MORAL»

El filósofo kantiano de la historia cuenta con una piedra de toque para comprobar si se halla o no ante un nuevo jalón del progreso moral de la humanidad; se trata del entusiasmo, que Kant define como «la participación *afectiva* en el bien» [16]. Para nuestro autor, «el verdadero entusiasmo se ciñe siempre a lo *ideal* y en verdad a lo puramente moral, como es el caso del concepto del derecho, no pudiendo verse jamás henchido por el egoísmo» [17]. Este vehemente sentimiento, que embarga al desinteresado espectador, invade igualmente a los actores, de modo que, si la victoria cayó del lado de los revolucionarios franceses, ello se debió precisamente a su entusiasmo, algo que resultaba del todo inasequible para los mercenarios contra quienes combatían [18]. Aquello que despierta «un entusiasmo tan universal como desinteresado ha de tener un fundamento *moral*» [19] —concluye Kant.

De este modo, cualquier espectador entusiasmado se convertirá, automáticamente, en un filósofo de la historia, capaz de sancionar el fenómeno histórico que le ha provocado ese entusiasmo como un jalón más del progreso moral. El entusiasmo aparece en el terreno de la filosofía kantiana de la historia como una suerte de sentimiento mo-

---

16 Cfr. *Streit:..*, Ak., VII, 86. La categoría kantiana del entusiasmo ha sido objeto de un reciente estudio monográfico; cfr. Jean-François Lyotard, *L'enthousiasme (La critique kantienne de l'histoire)*, Galilée, París, 1986, esp. pp. 58 ss.

17 *Ibid.*

18 «Sus contrincantes no podían emular mediante incentivos crematísticos el fervor y la grandeza de ánimo que el solo concepto del derecho insuflaba a los revolucionarios e incluso el concepto del honor de la vieja aristocracia militar (un análogo del entusiasmo, al fin y al cabo) se disipó ante las armas de quienes las habían empuñado teniendo presente el *derecho* del pueblo al que pertenecían y se habían erigido en sus defensores, exaltación con la que simpatizó el público que observaba los acontecimientos desde fuera sin albergar la menor intención de participar activamente en ellos» (*Streit d. Fakultäten,* Ak., VII, 86-87).

19 Cfr. *ibid.*, 87. Por supuesto, para ser calificado de moral, el sentimiento del entusiasmo ha de contar con las notas características de la moralidad: la universalidad y el desinterés.

ral que, «si bien es verdad que, como cualquier otro afecto, resulta reprobable de alguna manera y no puede ser asumido sin paliativos»[20], sirve de criterio al filósofo de la historia para comprobar que el derecho de la humanidad, el ideal de justicia en su sentido más amplio, acaba imponiéndose de un modo inexorable.

Gracias a este «sentimiento moral» que configura el entusiasmo, el filósofo kantiano de la historia puede asentarse en el sitial reservado tradicionalmente a la Providencia.

III. EL TRASFONDO ESTOICO DEL PLANTEAMIENTO KANTIANO

Ahora bien, como ya hemos sostenido en algún otro lugar[21], esta Providencia se nos antoja mucho más emparentada con el omnímodo e impersonal *factum* estoico, que con el Dios del cristianismo. La *mise en scène* llevada a cabo por el Kant filósofo de la historia no sabe prescindir del *attrezzo* proporcionado por la cosmovisión estoica.

En sus escritos políticos más relevantes Kant no dudará en invocar el célebre adagio de Séneca *fata volentem ducunt, nolentem trahunt*[22], con el ánimo de concederle plena vigencia en la esfera de la política, cuando menos en lo que atañe a los «dioses de la Tierra»[23], quienes quedarían de esta forma sometidos al imperio de la justicia, cuyo triunfo definitivo viene asegurado al reclutarse para su causa a sus dos acérrimos enemigos: el antagonismo y la guerra[24]. «La *Justicia* —escribió el autor de la *Metafísica de las costumbres*—, como el *fatum* (Destino) de los antiguos poetas filosóficos, se halla por encima de Júpiter y expresa el Derecho conforme a una férrea e inexorable necesidad»[25]. Es evidente que si este implacable Destino se halla por encima del mismísimo Zeus, no puede por menos que señorear también sobre los «diosecillos del Olimpo político», vendría a argüir Kant.

---

[20] Cfr. *ibid.*, 86.

[21] Cfr. «El ''utopismo ucrónico'' de la reflexión kantiana sobre la historia» (trabajo reseñado en la nota 2), pp. XXVII ss.

[22] Cfr. *Zum ewigen Frieden*, Ak., VIII, 365 y *Über den Gemeinspruch*, Ak., VIII, 313; cfr. «La ''revolución asintótica'' de la metafísica kantiana», estudio introductorio a nuestra edición de *Teoría y práctica*, Tecnos, Madrid, 1986, pp. XX-XXI.

[23] Así es como denomina Kant a los poderosos en su tratado sobre *Teoría y práctica*; cfr. «La filosofía de la historia en Kant: una encrucijada de su pensamiento moral y político» (artículo reseñado en la nota 2), pp. 7 ss.

[24] No olvidemos que éstas son las dos caras (ontogenética y filogenética, por decirlo así) de ese dios jánico que representa la insociable sociabilidad, forjadora del arte y de la cultura, así como, en último término, de la moralidad.

[25] *Met. d. Sitten*, Ak., VI, 489.

Como sabemos, este *fatum*, ese Dios supremo que encarna el ideal de la Justicia, conferirá una Gracia especial a sus adeptos: el sentimiento moral del entusiasmo. Los paladines del Derecho —en su sentido más amplio— no podrán hallar ningún rival que les arrebate la victoria en cuanto sean presas del entusiasmo [26], sentimiento que servirá asimismo al filósofo kantiano de la historia para sancionar moralmente un proceso revolucionario, cuando éste represente un hito en el progreso moral de la humanidad.

Ciertamente, no es éste el único préstamo que el estoicismo hiciese a Kant, cuya ética nos parece cada vez más deudora de la doctrina moral estoica de lo que habitualmente se piensa [27], pero sí era el aspecto que aquí nos interesaba resaltar.

* * *

Ahora podemos revisar críticamente aquella tesis defendida por Medicus, en virtud de la cual Kant habría salvado el sentido de la historia pagando un alto precio, cual era renunciar a la libertad humana en el devenir histórico, donde los hombres oficiarían como marionetas ante la Providencia. Debe hacerse notar que el propio Kant se defiende expresamente de esa acusación en una de sus reflexiones. «El curso del mundo —alega en forma de aforismo— es una disposición de la Naturaleza, mas no un teatro de marionetas, puesto que no se rige por decretos, sino por leyes» [28].

Quisiéramos cerrar estas líneas haciendo un par de apostillas a este lapidario texto. En primer lugar, recordaremos que bajo el término «Naturaleza» se esconde la identidad del verdadero guionista, del auténtico sujeto moral de la filosofía kantiana de la historia, que no es otro sino el propio filósofo de la historia, más conocido como Immanuel Kant. Este, por otra parte, se limitaría a hacer las veces de mero amanuense de la razón pura práctica en su vertiente elpidológica [29], transcribiendo puntualmente sus dictados.

---

26 Cfr. nota 17.

27 Invitamos al lector a estudiar detenidamente, por ejemplo, la Reflexión 7202 (texto al que consideramos una especie de maqueta de los problemas abordados por el formalismo ético). Allí queda bien patente la relevancia que tiene dentro del planteamiento kantiano un concepto de raigambre tan estoica con es el de la *autosatisfacción* o *contento con uno mismo (Selbstzufriedenheit)*. El *sentirse satisfecho con uno mismo* es definido en esta Reflexión nada menos que como «la condición formal de la felicidad» (cfr. Ak., XIX, 276-277) y, lejos de ser desechado, el análisis de esta problemática ocupará un lugar central en la *Crítica de la razón práctica* (cfr. *K.p.V.*, Ak, V, 117-118). Alguna vez nos gustaría llevar a cabo un estudio sobre la incidencia del estoicismo en la ética de Kant, siguiendo las huellas de J. M. Seidler, *The Role of Stoicism in Kant's Moral Philosophy*, Saint Louis, 1981.

28 Refl. 5551, Ak., XVIII, 217.

29 No en vano la esperanza fue la única debilidad reconocida por Kant a la ecuá-

En definitiva, la diferencia entre un teatro de marionetas y el gran teatro del mundo residiría —para Kant— en el hecho de que éste no debe regirse por decretos caprichosos y arbitrarios, sino por unas leyes inexorables, materializadas en los ideales de la Justicia y del Derecho universales, a las cuales ha de plegarse incluso el propio legislador, tal y como sentenciaba la divisa estoica del *semel iussit, semper paret*[30].

Este adagio estoico sirve precisamente de colofón al texto que hemos escogido como lema del presente trabajo y que acabamos de citar hace un momento. Curiosamente, la transcripción kantiana registra una variante bastante significativa, pues en su Reflexión el verbo «obedecer» aparece conjugado en la tercera persona del plural del presente de indicativo (*parent*). ¿Por qué? Desde luego, sería absurdo pensar que se trata de un *lapsus calami*. Una nota de *La paz perpetua,* donde se mantiene la forma plural[31], nos hace descartar decididamente esa hipótesis, Pero, entonces, ¿a qué puede responder esa corrección intencionada? Nos preguntamos si Kant no tendrá en mente a los «dioses de la Tierra», es decir, a los politicastros que no se someten a sus propias leyes. Un pasaje del borrador de la tercera sección de la *Religión* podría confirmar de alguna manera esta intuición nuestra. «El Estado —nos dice allí— es creado por el autor de la legislación (el autócrata) y, aunque éste pueda dictar sucesivamente leyes diversas (e incluso derogar las anteriores), cabe representarse su proceder como si hubiera dado todas esas leyes mediante un acto único de su voluntad, teniendo en cuenta todos los casos futuros. Tal y como Dios ha hecho en el ámbito de los seres irracionales: *semel iussit, semper parent*»[32].

De modo semejante, esa sabiduría suprema, alias Destino, Naturaleza o Providencia, de la que es portavoz el filósofo kantiano de la historia, ha determinado el triunfo final de la Justicia, sojuzgando su propia voluntad a ese designio. A fin y al cabo, el deseo más ar-

---

nime e insobornable razón: «... la balanza de la razón —leemos en los *Sueños de un visionario*— no es absolutamente imparcial y uno de sus brazos (el que porta la inscripción *esperanza de futuro*) cuenta con una ventaja mecánica merced a la cual aquellas razones, aun livianas, que caen en su platillo, hacen alzarse en el otro especulaciones de mayor peso específico. Esta es la única inexactitud que no puedo, ni tampoco quiero, eliminar» (*Träume...*, Ak., II, 349-350).

30 Séneca dejó escrito en el capítulo 5 de su *Providentia* lo siguiente: «El propio fundador y director del universo, que ha escrito la sentencia del destino, también lo acata; sólo mandó una vez, siempre obedece» (texto que es comentado por Leibniz en su *Teodicea*; cfr. GP, VI, 386).

31 Cfr. *Zum ewigen Frieden,* Ak., VIII, 361 n. Sorpresivamente Kant atribuye aquí este aserto a San Agustín, sin que nadie haya podido verificar cuál pueda ser su fuente o en qué textos se basa para hacer semejante aseveración (cfr. Ak., VIII, 509).

32 Cfr. *Vorarbeiten zur Religion...*, Ak., XXIII, 109.

diente de Kant se cifraba justamente en que cualquier legislador acatara su propia ley. En realidad, no es otra la clave de bóveda de toda su filosofía práctica, tanto en su vertiente política —tan imbuida en este sentido por la *volonté générale* de Rousseau—, como en su ética, donde la propia voluntad divina queda recostada en el lecho de Procusto de la moralidad [33].

[33] Dado que la voluntad divina no puede contravenir los dictados de la ley moral, tal y como demuestran pasajes como éste: «... el hombre (y con él todo ser racional) es *fin en sí mismo,* es decir, no puede ser utilizado sólo como medio por alguien (*ni aun por Dios*)...» (*K.p.V.,* Ak., V, 131; el subrayado del paréntesis es nuestro).

16. KANT: RAZON HISTORICA Y RAZON TRANSCENDENTAL

por SERGIO SEVILLA
(Universidad de Valencia)

Que el tema de que nos hemos de ocupar sea la filosofía de Kant es una elección afortunada, más allá de las conmemoraciones centenarias; es un acto de justicia de la propia historia efectual, necesario para ubicarse en la filosofía de hoy mismo. No trazaré un panorama explícito de esa historia efectual, lo que transformaría el objetivo de mi ponencia, pero me parece obvio que ésta no se entendería sin aquélla, y por ello comenzaré señalando los puntos clave de la recepción de un cierto kantismo de nuestro siglo, que motiva la elección de mi tema, los escritos de filosofía de la historia, y los puntos de vista que sobre ellos sostendré.

En un libro de 1980, *Kant y la filosofía de la historia,* trazaba Yirmiahu Yovel el panorama de una recepción de Kant que voy a citar textualmente porque lo considero aplicable a nuestro caso. Decía Yovel que «bajo la fuerte influencia neokantiana (originada en la escuela de Marburgo de Hermann Cohen) fui conducido a pensar que Kant había anunciado la muerte de toda metafísica, y que su contribución a la ética reside en su doctrina formal, excesivamente formal, del imperativo categórico. En cuanto a sus ensayos sobre la historia, si es que merecían alguna atención, habían de ser considerados incompatibles con el sistema» [1]. Con independencia de que yo no vaya a compartir en muchos puntos su solución, excesivamente hegeliana, al problema, encuentro tres aspectos destacables en su planteamiento. La bibliografía española sobre Kant comparte, en buena medida, esa valoración de Kant que Yovel describe. Quizá aquí era más necesario que en otras partes condenar la metafísica; quizá también necesitábamos pensar la historia desde coordenadas menos aporéticas que las de Kant. Esto último parece estar indicado en el hecho de que el notable artículo sobre el tema [2] del M. Sacristán de los años cincuenta,

[1] Y. Yovel, *Kant and the Philosophy of History,* Princeton University Press, 1980, p. IX.

[2] M. Sacristán Luzón, «Concepto kantiano de historia», en el colectivo *Hacia una nueva historia,* Akal, Madrid, 1976. El artículo fue originalmente publicado en *Laia,* 22 (1953).

no alcanzara una revisión acorde con sus posiciones filosóficas posteriores.

El segundo aspecto que destaco es la valoración generalizada de la incompatibilidad entre el autor de los ensayos sobre la historia, y el de la teoría trascendental y arquitectónica de la razón; de ese problema me ocuparé más adelante, no como cuestión de mera erudición, o de voluntad hermenéutica de salvar la coherencia de los textos, sino desde un prisma más sustantivo y próximo a ciertas polémicas actuales, a saber: el de la compatibilidad entre una teoría lógico-trascendental y una teoría histórico-reconstructiva de la razón. Pero he de hacer antes una tercera observación al texto de Yovel para mejor explicitar mis supuestos: la imagen global de Kant que expresa, y que hace depender de la escuela de Marburgo, sirve para caractizar un buen número de las lecturas académicas del kantismo en su conjunto, pero pasa por alto un aspecto decisivo de la historia efectual de los textos de Kant: lo que, en un sentido bastante estricto, podemos llamar su «recepción mundana» —esto es, la más próxima a los intereses de la racionalidad en cada momento—, y que forma parte indisociable de nuestra sensación de que el pensamiento de Kant está vivo, y de que tenemos necesidad de volver a pensarlo. Veo como ejemplos de esta recepción de Kant en la filosofía mundana a Kautsky y a Lukács, en las décadas iniciales del siglo, o a los mucho más recientes posicionamientos sobre Kant del Lyotard de *Le differend* o de *L'enthoussiasme. La critique kantienne de l'histoire* y, desde una posición opuesta, del Habermas que intenta sostener el proyecto histórico de la modernidad con una buena dosis de kantismo, desde *Erkentnis und Interesse* a *Der philosophische Diskurs der Moderne*.

No me ocupa en este momento pormenorizar los argumentos de esos debates, pero sí hacer una observación acerca de su sentido: la discusión sobre la filosofía práctica de Kant, especialmente la concepción de las conexiones entre razón práctica y razón teórica, ha sido piedra de toque para algo tan inserto en el corazón de la modernidad como los movimientos emancipatorios de comienzos de siglo, desde los enfrentamientos acerca de Kant y el socialismo que en 1904 acompañan al primer centenario de la muerte de Kant hasta, al menos, *Historia y conciencia de clase;* y, a la vez, y de forma no poco sorprendente, Kant aparece —fuera de su recepción académica— en el centro de la atención de los escritos de Adorno, Habermas, Rubert o Lyotard cuando se trata de precisar las tareas presentes del pensamiento filosófico, cuando se ha producido no sólo el hundimiento de aquel debate histórico de comienzos de siglo, sino incluso parece que vivimos esa «experiencia de muerte de la racionalidad», como Albretch Wellmer la ha denominado en un artículo brillante y profundo [3].

[3] A. Wellmer, «La dialéctica de Modernidad y postmodernidad», trad. cast. de Jiménez Redondo en *Debate,* 14 (1985).

Dos aspectos de este último debate sobre el kantismo van a interesarme ahora y a motivar un análisis de los textos kantianos sobre la historia: es la cuestión, a la vez académica y mundana, de la posibilidad de una teoría racional sobre la historia; cuestión no desligada, según intentaré mostrar, de las aporías que se producen en los textos kantianos cuando se intenta conectar la idea de historia, o la cuestión por el progreso, con el proyecto de una arquitectónica de la razón.

Paso a analizar el conjunto de aporías en su acepción literal, esto es, situaciones de incertidumbre o duda que el intento de pensar la historia produce en los textos de Kant, sin perder de vista que los esfuerzos, breves y dispersos, por hacerlo se prolongan desde 1784 hasta 1798, esto es, a lo largo del período crítico.

La primera situación de incertidumbre teórica se plantea en la *Idea de una historia universal...* [4] en torno a la cuestión de qué pueda ser una filosofía de la historia en su relación con el posible saber científico del historiador. Y ya la primera toma de posición del escrito es muy relevante para el tema por cuanto, desde el comienzo, Kant realiza tres operaciones de trascendencia teórica: en primer lugar, usa el término «Idea», con lo que define un espacio de reflexión para la filosofía de la historia, que propiamente hablando no existía antes de él y que, tras la influencia de Hegel en sentido contrario [5], tardará casi un siglo en reaparecer.

En segundo lugar, introduce la noción «historia universal», con toda su carga de oposición al particularismo de las historiografías narrativas y localistas, y con toda la fuerza de una propuesta de pensar la estructura evolutiva de la racionalidad de la especie humana, considerada, en su conjunto, como una unidad.

En tercer lugar, no puede pasarse por alto la afirmación de una perspectiva cosmopolita como una confirmación de los valores emancipatorios de esa modernidad ilustrada, que ha de liberar al hombre de su culpable incapacidad, según los términos de su bien conocida definición.

I. *STATUS* Y FUNCION TEORICA DE LA IDEA DE HISTORIA

No me interesa, por ahora, insistir en los dos últimos rasgos, pero sí es importante para mis objetivos analizar el primero. Al determi-

[4] I. Kant, *Idee zu einer allgemeinen Geschichte in Weltbürgerlicher Absicht,* ed. Weischedel de *Immanuel Kant Werkausgabe,* Band XI. pp. 33-50. Citaré de acuerdo con la traducción castellana de E. Imaz, F.C.E., México, 1978.

[5] En efecto, al definir la filosofía de la historia como «consideración pensante de la historia», Hegel la identifica con la historia científica y borra, desde la noción de

nar el *status* teórico de su propia reflexión, Kant elude la expresión volteriana «filosofía de la historia», que alude a una práctica de historiografía razonada, no meramente narrativa, pero sí dedicada al relato y al trato con los hechos. No es su objetivo lo que, más tarde, Hegel llamará historia pragmática. Su reflexión se sitúa en el *nivel de la idea,* es decir, en el nivel de lo que la sección primera de la *Dialéctica Trascendental* había definido cuidadosamente como «un concepto que está formado por nociones y que rebase la posibilidad de la experiencia»[6].

La reflexión kantiana sobre la historia abre un espacio teórico, que no es una elucidación sobre las condiciones de posibilidad de un saber fenoménico ya existente —la ciencia histórica—, sino que, bien al contrario, se propone encontrar «unos cuantos hilos conductores para una tal historia»[7] y deja a la naturaleza el cuidado de hacer aparecer a un Kepler o un Newton que explique el movimiento de los fenómenos según leyes determinadas. No extrañará mi insistencia en el hecho de introducir un ámbito de reflexión específico si se tienen en cuenta dos rasgos: el primero de los cuales es el hecho de hacer posible lo que nosotros llamamos una «filosofía crítica» de la historia, en vez de plegarse a la práctica de las filosofías materiales de la historia, que con tanta frecuencia no han sido otra cosa que ideologías; pero, si bien esa actitud es congruente con el giro copernicano y la concepción de la filosofía que le corresponde, el segundo rasgo tiene mayor carga problemática: Kant pretende establecer, desde el mero análisis de una Idea, condiciones favorables para la aparición de una ciencia nueva. Las tareas respectivas de la filosofía y la ciencia cobran un giro inverso al de la *Crítica de la razón pura,* y con la adopción de una perspectiva metodológicamente holista, en la que se nos señala la analogía con la estadística, Kant comienza proponiendo la posibilidad de una historia como ciencia de fenómenos: «Cualquiera que sea el concepto que, en un plano metafísico, tengamos de la *libertad de la voluntad,* sus manifestaciones *fenoménicas,* las acciones humanas, se hallan determinadas, lo mismo que los demás fenómenos naturales, por las leyes generales de la Naturaleza»[8]. La función de la filosofía sería eliminar los obstáculos epistemológicos que han impedido hasta el momento la aparición de una ciencia de las acciones humanas, apelando para ello a una de las funciones no negativas reservadas a las ideas en la primera crítica: «la de llevar al entendi-

«ciencia» del sistema, toda diferencia de *status* epistemológico entre el filósofo y el historiador propiamente dichos.

[6] I. Kant, *Crítica de la razón pura,* A 320, B 377. Cito la traducción castellana de P. Ribas, p. 314.

[7] *Idea...,* ed. Imaz, p. 41.

[8] *ibíd.,* p. 39.

miento en una dirección en la que éste, al ampliar al máximo su uso, se pone en perfecta armonía consigo mismo»[9]. Una lectura que se detuviera en este aspecto de la cuestión podría ver en Kant un programa, coherente con la primera crítica, propio de una filosofía crítica de la historia y, por añadidura, bien dispuesta a colaborar en la tarea de la unidad de la ciencia.

Pero todos tenemos presente, a la vez, que Kant ha sido invocado como precedente de la especificidad del método de las ciencias históricas, del espíritu o de la cultura. Y cualquiera podría recordarnos las vacilaciones de los pronunciamientos kantianos sobre esta cuestión. Si es cierto que la idea de historia, en 1784, espera de su hilo conductor que pueda «servir para explicar este juego tan enmarañado de las cosas humanas, o para un arte político de predicción *(zur politischen Wahrsagerkunst)* de futuros cambios políticos»[10], no es menos palmaria en 1798 la negativa a la posibilidad de predicción científica «según conocidas leyes naturales»[11], puesto que, cuando hablamos de progreso, no se trata «de la historia natural de los hombres», «sino de la historia de las costumbres».

1. Las aporías se presentan bajo la noción de naturaleza

¿A qué motivo teórico podemos atribuir esta situación aporética de los textos kantianos sobre el tipo de conocimiento que pueda ser la historia? Puede atribuirse la vacilación al uso equívoco que Kant realiza de un término crucial en esos escritos: el concepto de «naturaleza», de la explicitación de cuyo significado depende que Kant hable de un conocimiento, en sentido propio, o no. Cuando en el *Primer principio* de la *Idea para una historia...* se nos propone la teleología como hilo conductor, Kant parece estar apelando a la noción de naturaleza en un sentido crítico, esto es, «entendida como compendio de los objetos de la experiencia», y el supuesto de que las «disposiciones naturales» han de alcanzar un desarrollo completo puede ser interpretado de acuerdo con el principio de la finalidad formal de la naturaleza como principio trascendental de la capacidad de juzgar, expuesto en la tercera crítica en los términos siguientes: «Que el concepto de una finalidad de la naturaleza pertenece a los principios trascendentales, puédese advertir suficientemente por las máximas del Juicio, que son colocadas *a priori* en la base de la investigación de la na-

[9] *C.r.p.*, A 323, B 380; trad. cast., p. 316.
[10] *Idea...*, ed. Imaz, p. 63.
[11] *Ibíd.*, p. 95.

turaleza, y que, sin embargo, no se refieren a nada más que a la posibilidad de la experiencia, es decir, del conocimiento de la naturaleza, no solamente como naturaleza en general, sino como una naturaleza determinada por una diversidad de leyes particulares» [12], y da como ejemplo de tales máximas la *lex parsimoniae:* «la naturaleza toma el camino más corto», *lex continui in natura:* «la naturaleza no hace salto alguno, ni en la serie de sus cambios, ni en la combinación de diferentes formas específicas», o el principio de simplicidad teórica: *principia praeter necesitatem non sunt multiplicanda* [13]. Se trata de máximas del Juicio, que desde luego no son proposiciones de ninguna ciencia, ni tampoco principios metafísicos, o condiciones *a priori* del pensar determinante, «sino que presenta tan sólo la única manera como nosotros hemos de proceder en la reflexión sobre los objetos de la naturaleza, con la intención puesta en una experiencia general y conexa; por consiguiente, representa un principio (máxima) subjetivo del Juicio» [14]. La aceptación de la existencia de «disposiciones naturales» en la especie humana, que han de «desarrollarse alguna vez de manera completa y adecuada» (primer principio), podría ser parte de esa función de eliminar dificultades para la aparición del Newton de la nueva historia, que Kant atribuye a lo que nosotros llamamos filosofía crítica de la historia. Y ése viene a ser el mayor argumento de Kant a favor de su primer principio: «Si renunciamos a ese principio, ya no nos encontramos con una Naturaleza regular, sino con un juego arbitrario; y el desconsolador ''poco más o menos'' viene a ocupar el lugar de los hilos conductores de la razón» [15].

Pero la utilización por Kant del término «naturaleza» tanto en este escrito de 1784 como en los demás ensayos sobre la historia, dista mucho de atenerse a este significado preciso. Sacristán, en su mencionado artículo, señala, con gran rigor conceptual, otro uso no crítico del concepto que parece apelar al sentido esencialista que el término tiene en expresiones como «naturaleza del hombre». Pero no se trata sólo de la posible pervivencia de un concepto acrítico. Hay, a mi modo de ver, algo más, y más complejamente relacionado con el propio sistema crítico.

Nos encontramos, en efecto, con la acepción habitual, ya señalada, de la primera crítica, que alude al ámbito del conocimiento posible; y, en segundo lugar, y para el caso concreto de «finalidad de la naturaleza», la *Crítica del Juicio* nos aclara que no se trata ni de un

---

12 I. Kant, *Kritik der Urteilskraft,* Einleitung, V, p. 91, de la ed. Weischedel, Band X. Esta cita, como todas las demás de esta obra, está tomada de la trad. cast. de García Morente, Madrid, 1977, p. 81.

13 *Loc. cit.*

14 *Op. cit.,* p. 83.

15 *Idea...,* ed. Imaz, p. 42.

concepto de la naturaleza ni de un concepto de la libertad: «...es una máxima, o principio subjetivo del Juicio» [16]. Pero la propia *Crítica del Juicio* realiza un análisis de la teleología en el que ésta no es sólo el supuesto de un orden, en un ámbito determinado de fenómenos, para hacerlo asequible al conocimiento; es también la búsqueda de «un fundamento para la unidad de lo suprasensible, que yace a la base de la naturaleza, con lo que el concepto de la libertad encierra de práctico» [17].

Es, por tanto, el enorme alcance que la teleología tiene en la tarea de reconstruir la unidad de la razón, lo que, por una parte, al atribuirse a la estructura interna de la idea de historia vincula a ésta —como veremos— con los intereses últimos de la razón, expuestos en su canon; y, por otra parte, al haber de tener esa teleología un soporte natural en la especie humana —cuyo desarrollo histórico es un punto de cruce entre lo sensible y lo inteligible—, introduce ambas dimensiones en el significado del término «naturaleza» en los ensayos sobre la historia. El conflicto, para la idea de historia, de asumir ambas funciones se pone de relieve en la mera comparación del significado de teleología natural entre el primer principio y el segundo. En este último, hay un salto de cualidad. No opera sólo aquella teleología, de la que dice el primer principio que funciona como supuesto de un posible conocimiento científico, al afirmar: «En la ciencia natural teleológica un órgano que no ha de ser empleado, una disposición que no ha de alcanzar su fin, representan una contradicción» [18]. Es *también* lo que explica el, de otro modo anómalo, uso del término realizado por Kant, para decirnos que, si no entendemos la historia como un proceso que tiende a la realización de las disposiciones racionales de la especie, la ausencia de tal supuesto teleológico, progresivo hacia la autonomía, «cancelaría todos los principios prácticos y de ese modo la Naturaleza, cuya sabiduría nos sirve de principio para juzgar el resto de las cosas, sólo por lo que respecta al hombre se haría sospechosa de estar desarrollando un juego infantil» [19]. Esta «naturaleza», que es un sujeto de sabiduría y, aparentemente, de responsabilidad, introduce en la conceptualización kantiana una serie de dificultades, quizá mayores que las que resuelve: en primer lugar, da pie a una posible lectura en exceso literal, que la convierte en hipotética sustancia (en el sentido de substrato de disposiciones potenciales de desarrollo racional) y, a la vez, sujeto, dado que su eliminación «cancelaría todos los principios prácticos» [20], o, más activamente, es «la na-

[16] *C. del J.*, p. 83.
[17] *Op. cit.*, p. 74.
[18] *Idea...*, ed. Imaz, p. 42.
[19] *Op. cit.*, p. 43.
[20] *Op. cit.*, p. 43.

turaleza que en el tercer principio ha querido que el hombre logre completamente de sí mismo todo aquello que sobrepasa el ordenamiento mecánico de su existencia animal» [21], o también es esa naturaleza que, en el cuarto principio, se sirve del antagonismo social como medio para desarrollar «todas sus disposiciones» y, a pesar de que el «hombre quiere concordia ... la Naturaleza sabe mejor lo que le conviene al hombre y quiere discordia» [22]; es, en suma, la Naturaleza que delata «el ordenamiento de un sabio creador y no la mano chapucera o la envidia corrosiva de un espíritu maligno», en el fin del cuarto principio [23], y que, en el «Comienzo presunto de la historia humana» de 1786, resulta ser, de un modo, si cabe, más confuso, y, sin duda, fuertemente influido por Rousseau, sinónimo, a la vez, de «instinto» y de «voz de Dios» [24], se opone a la razón y a la cultura, como algo que ha de ser sometido y, finalmente reconciliado en la historia humana, acaba cediendo su papel rector del proceso histórico a «la Providencia que gobierna la marcha del mundo» en la *observación final* [25].

La confusión conceptual que un análisis de los usos del término «naturaleza» en contextos muy próximos provoca es difícilmente superable. Se explica, a la vez, la sumaria condena de los artículos sobre la historia, como escritos no coherentes con el sistema crítico, y la tentación opuesta —que hemos ejemplificado en la lectura de Yovel— de aproximar ese concepto a la substancia-sujeto hegeliana, «contradicciones» y «astucias de la razón» incluidas.

Pero ninguna de ambas soluciones contribuye gran cosa a iluminar el estado actual de la cuestión; las dos, por vías opuestas, invitan a abandonar la lectura kantiana, bien lisa y llanamente, bien sustituyéndola por el estudio directo de Hegel. Y lo que, a mi juicio, tiene un valor insustituible en esos escritos kantianos es justamente la claridad teórica con que podemos apreciar en su reflexión las aporías de esas filosofías de la historia que, uniendo en la noción de «progreso» racionalidad y libertad, teoría de la evolución social y valores emancipatorios prácticos, se han convertido en especialmente significativas de los problemas internos del proyecto de la modernidad.

---

21 *Op. cit.*, p. 44.
22 *Op. cit.*, p. 48.
23 *Loc. cit.*
24 I. Kant, «Mutmasslicher Anfang der Menschengeschichte», p. 87, ed. Weischedel, Band XI; ed. Imaz, p. 70.
25 *Op. cit.*, Weischedel, p. 99; Imaz, p. 84.

2. Las aporías, sin embargo, corresponden a la noción de Historia

Para poder ver de frente el problema, en toda su complejidad teórica, es preciso seguir reconstruyendo las piezas del rompecabezas. Como primera conclusión parcial, podemos ya decir que la polisemia del concepto «naturaleza» no hace sino expresar la enorme dificultad de pensar problemas de orden muy distinto entre sí, bajo una sola noción: la idea de Historia. Y no me refiero a la inmanentización de la Providencia como Razón que, en la estela intelectual de *La educación del género humano* de Lessing, Kant culminará en *La Religión dentro de los límites de la mera razón.* Pienso fundamentalmente en el intento kantiano de que la idea de historia responda, en cierta medida, a «todos los intereses de mi razón»: el especulativo, el interés práctico y el interés mixto, el interes de un «esperar» que «se refiere a la felicidad» [26]. Si, en efecto, la *Idea de una historia...* se limitase a facilitar una ciencia, desde el uso regulativo de la idea, en su función de extender el conocimiento a todos los fenómenos y, por tanto, también a las «acciones humanas» fenoménicamente consideradas, Kant se habría limitado a añadir una función más al giro transcendental: hubiera permitido que la reflexión filosófica no sólo expusiera las condiciones de posibilidad de un conocimiento científico, sino que también sirviese para facilitarlo allí donde la dificultad de los fenómenos necesitara de máximas del Juicio para hacer posible la aparición del Newton correspondiente. Es decir, Kant habría inaugurado el espacio teórico de la filosofía crítica de la historia. Pero la pretensión del proyecto ilustrado era mucho mayor: esa «idea de historia» que los hombres «ignoran», y «de serles conocida, no les importaría gran cosa» [27], según palabras también textuales, «debe constituir la meta de sus esfuerzos» [28]; y es esta última afirmación la que nos obliga a plantearnos qué pueda significar un análisis puro práctico de la razón, en este contexto de la historia, es decir, en un terreno en que ni hay un equivalente claro del «*factum* de la moralidad», a partir del cual enunciar postulados, ni hay tampoco un sujeto claro de responsabilidad, en caso de incumplimiento, por tratarse de la especie humana entera.

II. USO PRACTICO DE LA IDEA DE HISTORIA

Veamos ahora la forma tan rotunda en que Kant introduce la idea de historia en la dimensión (uso puro) práctica de la razón. El ideal

[26] Véase *Crítica de la razón pura,* A 804, 805; B 832, 833.
[27] *Idea...,* ed. Imaz, p. 40.
[28] *Op. cit.,* p. 43.

de perfección que encierra la idea de hombre exige una *duración* adecuada para su cumplimiento; puesto que este requisito no se da en el tiempo de la vida del individuo, es obligado suponer un *tiempo de la especie,* es decir, una duración histórica larga, que haga posible pensar el proceso evolutivo de realización de «aquellas disposiciones naturales que apuntan al uso de su razón» [29]. Según Kant, es preciso suponer «una serie incontable de generaciones que se transmitan una a otra sus conocimientos para que, por fin, el germen que lleva escondido la especie nuestra llegue hasta aquella etapa de desarrollo que corresponda adecuadamente a su intención». «Y este momento, por lo menos en la idea del hombre, debe constituir la meta de sus esfuerzos, pues de lo contrario habría que considerar las disposiciones naturales, en su mayor parte, como ociosas y sin finalidad; lo cual cancelaría todos los principios prácticos...» [30]. Esta extensa cita resulta ineludible para entender la estrategia teórica que Kant esboza bajo la noción de historia y las dificultades conceptuales inherentes a esa estrategia, que no afectan sólo al idealismo transcendental. La afirmación de Kant de la conexión entre la realización de las disposiciones racionales en un tiempo histórico-evolutivo de la especie choca, de entrada, con el carácter atemporal que sugiere la imagen arquitectónica de la razón. Pero, con independencia de los problemas que plantea la compatibilidad o no del enfoque evolutivo y el enfoque lógico-trascendental como procedimientos para trazar un mapa de la razón (problema nada simple, como muestra la contraposición al respecto Apel-Habermas), es cierto que Kant intenta analizar la virtualidad práctica de una idea de la historia por analogía con el mecanismo de los postulados de la razón práctica (recuérdese que el artículo es coetáneo de la *Fundamentación de la Metafísica de las costumbres*). Tomemos como modelo de mecanismo de postulación el de la inmortalidad del alma [31]. Las premisas éticas de que parte Kant son bien conocidas y las resume él mismo en el comienzo del apartado: «La realización del bien supremo en el mundo es el objeto necesario de una voluntad determinable por la ley moral. Pero en ésta es la *adecuación completa* de la disposición de ánimo con la ley moral, la condición más elevada del bien supremo. Ella, pues, tiene que ser tan posible como su objeto, porque está contenida en el mismo mandato de fomentar éste» [32]. En suma, para que la ley moral tenga sentido como mandato incondicionado, ha de ser posible pensar su realización perfecta, y sólo en-

29 *Op. cit.,* p. 42.
30 *Op. cit.,* p. 43.
31 I. Kant, *Kritik der praktischen Vernunft,* ed. Weischedel, Band VII y VIII; trad. cast. E. Miñana y García Morente, Madrid, 1975, p. 172. Las citas del texto están tomadas de la traducción castellana.
32 *Op. cit.,* p. 172.

tonces será justificada como «deber»; del mismo modo, sólo si es pensable «por lo menos en la idea del hombre» la plena efectividad histórica de sus disposiciones racionales específicas, tiene sentido pensar en ello como algo que «debe constituir la meta de sus esfuerzos»; hasta aquí nada sorprendente: el ideal ilustrado de Autonomía racional propuesto como ideal práctico supremo. Pero, dada la irrealizabilidad fenoménica de esa adecuación, Kant ha de suponer las nociones de duración y progreso como implícitas en la idea misma de perfección.

Ya en el caso del alma individual, se establece que ese cumplimiento supone «una perfección de la cual no es capaz ningún ser racional en el mundo sensible en ningún momento de su existencia. Pero, como ella, sin embargo, es exigida como prácticamente necesaria, no puede ser hallada más que en un *progreso* que va al infinito hacia aquella completa adecuación...» [33]; sólo ese progreso es el objeto real de nuestra voluntad. Y esa idea de progreso hacia la perfección «sólo es posible bajo el supuesto de la inmortalidad del alma» [34].

El hilo del razonamiento es análogo en el caso de la historia: si la plena realización de las disposiciones racionales de la especie no se considera como «la meta de sus esfuerzos», serían aquéllas «ociosas y sin finalidad; lo cual cancelaría todos los principios prácticos» [35]. Pero, a la vez que lo análogo, salta a la vista lo diferente: el progreso moral es «sólo posible, bajo el supuesto de una *existencia* y personalidad duradera en lo *infinito* del mismo ser racional (que se llama la inmortalidad del alma)» [36]; pero la idea de progreso histórico (aun en el caso de la finalidad sin fin) postula un tiempo distinto, a la vez, racional e histórico-fenoménico. No es sólo el tiempo empírico de los fenómenos pasados, sino el tiempo de todos aquellos fenómenos que resultan significativos desde el punto de vista del progreso de la racionalidad práctica —en el pasado, en el presente o en el futuro—. Lo cual introduce el problema añadido de establecer criterios de racionalidad para que una acción política presente contribuya al progreso racional de la especie en el futuro. Como veremos después, la idea de historia asume las tareas y dificultades tradicionalmente asignadas a la filosofía política. Pero ello, ¿con qué base en el sistema crítico?

La analogía a que me refería hace un momento, entre el postulado del alma y la idea de historia, no incluye sólo la diferencia en la naturaleza del tiempo supuesto: incluye también una dificultad en cuanto al uso mismo del mecanismo de la postulación. Si hay que entender, con la *Crítica de la razón práctica,* que un postulado es «una

33 *Loc. cit.*
34 *Loc. cit.*
35 *Idea...*, ed. Imaz, p. 43.
36 *C.r.prac.*, p. 172.

proposición teórica, pero no demostrable como tal, en cuanto depende inseparablemente de una ley práctica incondicionadamente válida *a priori*»[37], hay que entender igualmente que ésta lo es porque, sin ella, sería ininteligible el «*factum* de la moralidad». Pero resultaría, al menos, dudoso lo referido por la expresión correlativa «*factum* de la historicidad»; así como en la ética podemos partir de la existencia social fenoménica de los sistemas de normas morales, en la historia, en cambio, no podemos señalar los equivalentes fenómenos de progreso —y al decir esto, tengo presente el artículo de 1798, incluida la dificultad de explicar el «entusiasmo» que la Revolución francesa produce en el espectador, tema que analizaremos después—. Hay que concluir que la idea de historia es un supuesto, pero no estrictamente un postulado. Tanto más si consideramos una tercera diferencia en la analogía: las normas morales postulan la duración indeterminada y la existencia de libertad en la medida en que regulan acciones realizadas por un sujeto responsable bien delimitado. Pero no es ése el caso de la noción «especie humana», a menos que supongamos un sujeto universal hegeliano, a la vez necesario y libre, que el sistema crítico como tal no está en condiciones de postular.

Y la situación se hace aún más confusa cuando nos preguntamos por las relaciones existentes entre la «Idea» de historia y las tres ideas postuladas por la razón práctica. Voy a omitir, por razones de brevedad, las referencias a textos determinados —que, por otra parte, son bien conocidos y en número considerable—; pero, a lo largo de los ensayos, la idea de historia va siendo asociada por Kant no ya con el postulado de la inmortalidad del alma, como hemos visto, por ser el caso más problemático, sino también con el de la idea de libertad y el de la idea de Dios, lo que no hace sino añadir confusión al hecho de que ella misma, como idea, no tenga un mecanismo claro de postulación. Ello hace considerablemente aporético el funcionamiento del concepto de historia en su dimensión práctica. Se diría que Kant asigna demasiadas tareas a una sola noción que, en Hegel, acabará reuniéndolas todas, cargando así quizá con más peso del que un solo concepto puede soportar: de la historia se espera la realización de la racionalidad en el mundo social e, igualmente, la realización de la libertad y, en consecuencia, que ello suponga la perfección de la especie en la Tierra. La filosofía de la historia carga así con el peso de los ideales de la modernidad, filosófica y religiosa, y esto hace que la crisis de la primera se convierta en crisis de la segunda.

Pero si el planteamiento kantiano tiene una virtualidad especial es justamente en la medida en que sus dudas, sus vacilaciones, sus aporías ponen de relieve las dificultades conceptuales que ha de afron-

[37] *Loc. cit.*

tar una empresa semejante —es decir, una empresa que quiera mantener el proyecto de la modernidad, sin tomar el camino de las soluciones hegelianas, que se encuentran justamente en crisis—.

Y en este punto importa ser especialmente claro; las dificultades de integrar los ensayos de historia en el sistema crítico no son dificultades meramente de hermenéutica intertextual, o de coherencia interna del pensamiento kantiano; se trata de dificultades que encierra la propia noción de historia, que quiebra cuando se intenta pensar a través suyo una problemática a la vez heterogénea y globalizada. Intentaré ahora analizar esta temática en dos momentos decisivos de la argumentación kantiana: el noveno principio de la idea de la historia, en su relación con la *Crítica de la razón pura,* y el artículo sobre el progreso, como lugar de la absorción por la filosofía de la historia del problema de la racionalidad de la política.

1. La idea de historia y los intereses de la razón

La formulación misma del principio noveno hace explícitos los dos objetivos que en el esquema kantiano ha de cumplir la teleología histórica: el principio consiste en «construir la historia universal con arreglo a un plan de la naturaleza que tiende a la asociación ciudadana completa de la especie humana» [38]; el segundo, que «es menester también que lo pensemos en su efecto propulsor» [39].

Si bien el segundo propósito plantea el interés práctico del principio, el primero combina la dimensión teórica con la intención política. No hay duda de la prioridad del interés práctico sobre el teórico, pero éste no es desdeñable en la medida en que la aplicación de la idea al conocimiento del pasado de la especie «debería servirnos, sin embargo, como hilo conductor para representarnos como *sistema,* por lo menos en conjunto, lo que, de otro modo, no es más que un agregado sin plan alguno de acciones humanas» [40]. Pero el proyecto, en su conjunto, comporta —junto a esas indudables ventajas— una sospecha que Kant manifiesta: «Parece una ocurrencia un poco extraña y hasta incongruente tratar de concebir *una historia* con arreglo a la idea de cómo debería marchar el mundo si se atuviera a ciertas finalidades razonables; parece que el resultado sería algo así como una *novela*» [41].

Sería difícil expresar con más fuerza las dudas con respecto al *status* teórico de su propia propuesta. Quien así se expresa es, sin duda, el

38 *Idea...,* ed. Imaz, p. 61.
39 *Loc. cit.*
40 *Op. cit.,* pp. 61-62.
41 *Op. cit.,* p. 61.

autor del sistema crítico, y, congruentemente, a una nueva analogía con éste apela para resolverlas. Cuando Kant afirma la utilidad de la idea de historia no es a las meras consecuencias pragmáticas de la hipótesis a lo que se está refiriendo. No se trata sólo de que, desde la historia griega, podamos rastrear «un curso regular de mejoramiento de la constitución estatal en ésta nuestra parte del mundo», así como «un germen de ilustración» [42] que, a título de *signum rememorativum,* haga plausible —si bien nunca verificable— la idea de historia como desarrollo. Se trata de algo aún más importante: si hemos de salvar a toda costa el escollo de degradar la idea al *status* de una narración imaginaria es porque lo que, con ello, está en juego son los intereses últimos de la humanidad, es decir, los intereses de la razón. Dicho con un texto de «El canon de la razón pura», lo que está en juego es el ideal de la autonomía racional, esto es, «El objetivo final del uso puro de nuestra razón»: recordaré el texto, para ponerlo en conexión con la proposición novena de la idea de historia que nos ocupa: «La razón es arrastrada por una tendencia de su naturaleza a rebasar su uso empírico y a aventurarse en un uso puro, mediante simples ideas, más allá de los últimos límites de todo conocimiento, a la vez que a no encontrar reposo mientras no haya completado su curso en un todo sistemático y subsistente por sí mismo». (Obsérvese, siquiera sea de paso, hasta qué punto el ideal de perfección domina la actividad de la razón, tanto en la imagen arquitectónica como en la histórico-evolutiva.) «Preguntamos ahora: ¿se basa esta aspiración en el mero interés especulativo *(Spekulatives Interesse)* de la razón o se funda más bien única y exclusivamente en su interés práctico *(praktisches Interesse)*? Dejaré de momento a un lado la suerte de la razón pura en su aspecto especulativo y me limitaré a preguntar por los problemas cuya solución constituye su objetivo final —independientemente de que sea o no alcanzado— y en relación con el cual todos los demás poseen el valor de simples medios. De acuerdo con la naturaleza de la razón, estos fines supremos deberán tener por su parte, una vez fundidos, la unidad que fomente aquel interés de la humanidad *(Interesse der Menschheit)* que no está subordinado a ningún otro interés superior» [43]. El impulso que alienta en este texto a Kant a dejar de lado, provisionalmente, la suerte de la razón especulativa cuando lo que está en juego es el objetivo de que la razón complete su curso «en un todo sistemático y subsistente por sí mismo» y, por tanto, diseñe el contenido de ese «interés de la humanidad que no está subordinado a ningún otro interés superior» no es el único, ni el más importan-

[42] *Op. cit.*, p. 62.
[43] *C.r.pura,* A 797, 798; B 825, 826; trad. cast. pp. 625-626.

te, de los puntos de conexión de este texto con el del noveno principio.

Importa más señalar el carácter dinámico que delatan expresiones como «la razón es arrastrada», «no encontrar reposo mientras no haya completado su curso», «tendencia de su naturaleza» hacia «su objetivo final», etc. Se trata, por supuesto, de un dinamismo de orden lógico que tiende a la propia perfección; pero tiene su análogo histórico en la tendencia de la especie a realizar sus disposiciones racionales, y —sobre todo— ambos dinamismos están guiados y a la vez explicados y justificados por aquel «interés de la humanidad que no está subordinado a ningún otro interés superior». Lo que plantea de lleno el tema de la conexión entre la «utilidad» de la idea de historia y los llamados «intereses de la razón». Y a ellos apela Kant para salvar la idea de teleología histórica del riesgo de convertirse en novela. En efecto, en el principio noveno se intenta obviar esa dificultad exponiendo la conexión de la idea de historia con los tres «intereses de mi razón» expuestos en el conocido texto de la *Crítica de la razón pura*[44], que formula las tres cuestiones que dan sentido a la actividad de la razón. Desglosaré el texto de acuerdo con ellas.

Si suponemos el plan teleológico, viene a decirnos Kant, «se descubrirá un hilo conductor que no sólo puede servir para explicar *(Zur Erklärung)* este juego tan enmarañado de las cosas humanas, o para un arte político de predicción de futuros cambios políticos...»[45]. Llamo la atención sobre el interés expeculativo que Kant espera derivar de la ciencia histórica, que el plan hace posible, y que se pone de manifiesto en la expectativa, no sólo de sistematizar las acciones humanas, sino de poder «explicar» y «predecir». Con toda la carga de ambigüedad —de la que ya se ha hablado— que presenta en Kant el problema de qué tipo de ciencia realizaría ese Newton de la historia, una cosa es clara: la pretensión de esclarecer una idea de historia no sólo va guiada por el interés práctico de la razón en su ideal de autonomía, que hemos visto al explicar el principio segundo, sino también se mueve en la dirección señalada por la pregunta «¿qué puedo saber?». Una vez más el interés especulativo de la razón sigue al interés práctico, pero, en esta ocasión, no sin consecuencias cognoscitivas, si bien indirectas. El análisis detallado de esta conexión entre lo práctico y la posible constitución de una ciencia nueva de la historia nos llevaría demasiado lejos, pero baste enunciarlo para evocar las consecuencias del mismo en las filosofías dialécticas posteriores.

Pero todo esto no agota aún el rendimiento que Kant parece esperar de la idea de historia. Kant añade todavía que, desde ese supues-

44 *Op. cit.*, A 804, 5; B 832, 3; trad. cast., p. 630.
45 *Idea...*, ed. Imaz, p. 63.

to, «se puede marcar una *perspectiva consoladora de futuro* en la que se nos represente la especie humana en la lejanía cómo va llegando, por fin, a ese estado en que todos los gérmenes depositados en ella por la Naturaleza se pueden desarrollar por completo y puede cumplir con *su destino en este mundo*» [46]. Con ello, Kant vincula la idea de historia a la tercera de las cuestiones que expresan los intereses de la razón: «A saber: ¿qué puedo esperar si hago lo que debo?», cuestión que, como él dice, «es práctica y teórica a un tiempo, de modo que lo práctico nos lleva, sólo como hilo conductor, a dar una respuesta a la cuestión teórica y, si ésta se eleva, a la cuestión especulativa» [47]. La vinculación del tercer interés de la razón con la idea de historia no puede sorprender si tenemos en cuenta los elementos teóricos siguientes: en primer lugar, la ya explicada conexión entre la idea de perfección práctica y la noción de duración en el tiempo; en segundo lugar, que el propio texto de la *Crítica de la razón pura* aclara que: «En efecto, todo *esperar* se refiere a la felicidad y es, comparado con lo práctico y con la ley moral, lo mismo que el saber y la ley de la naturaleza comparados con el conocimiento teórico de las cosas» [48]. Esto es, en el ámbito del esperar hay que distinguir la ley pragmática de la felicidad y la ley moral, que tiene como motivo la dignidad de ser feliz. Nada se opone a que el principio de la esperanza se aplique a la especie y a «su destino en este mundo» [49].

Por último, es el propio Kant quien conecta ambos niveles en la idea de historia al afirmar que «semejante justificación de la naturaleza —o, mejor, de la *Providencia*— no es motivo fútil para escoger determinado punto de vista con que enfocar la historia universal» [50]. Los datos para una lectura hegeliana del tema están servidos; pero de nuevo insistiré en que no es la mayor o menor plausibilidad de ésta lo que nos interesa, sino, más bien, evaluar el significado de las dificultades para su ubicación en el sistema crítico. Y podemos hacer un balance provisional de éstas en los siguientes términos:

1. Si la idea de historia ha de responder al interés teórico de la razón, ¿cuál es la estructura de la ciencia que cabe esperar de ella?

2. Si es un supuesto primordial para no cancelar «todos los principios prácticos», ¿cómo se vincula con el interés práctico de la razón —supuestas las debilidades señaladas de la analogía con el mecanismo de los postulados y con su mismo contenido—?

3. Si ha de actuar, además de como arte político de predicción, como «perspectiva consoladora de futuro» acerca de nuestro «desti-

---

46 *Op. cit.*, p. 63. Subrayado mío.
47 *C.r.pura,* A 805, B 833; trad. cast., p. 630.
48 *Op cit.*, A 805, 806; B 833, 834; trad. cast., p. 630.
49 *Idea...*, ed. Imaz, p. 63.
50 *Loc. cit.*

no en este mundo», ¿qué conexión guarda con la política y con la utopía?

Ya he analizado cómo, a pesar del intento de vincularlas a los intereses que rigen el funcionamiento de la razón, Kant no acierta a hacer compatible la arquitectónica de la razón, trazada por la lógica trascendental, con las pretensiones teóricas y prácticas de la idea de historia. Es un tema sobre el que procedería una reflexión desde coordenadas más actuales, pero ésta no podría ser completa sin considerar la enorme tarea de filosofía política que Kant asigna a la teoría de la historia al vincularla al tercer interés de la razón.

2. La política y la utopía

Si bien los escritos kantianos sobre filosofía política son comparativamente escasos dentro de la totalidad de su obra, no cabe albergar muchas dudas acerca de la valoración prioritaria que Kant concede a ésta en el diseño global de la racionalidad. Ya en la primera Crítica, cuando rechaza las acepciones modernas (empiristas y racionalistas) del término «Idea», para preferir el significado platónico —con la pretensión expresa de llegar «a entenderle mejor de lo que él se ha entendido a sí mismo» [51]—, menciona la *República* como modelo de la forma en que el interés práctico de la Razón precede al interés teórico y lo guía. Allí mismo [52] se refiere a la tarea filosófica de elaborar criterios racionales para «una constitución que promueva la mayor libertad humana de acuerdo con leyes...» como una «*idea necesaria,* que ha de servir de base no sólo al proyecto de una constitución política, sino a todas las leyes». Y al sentenciar que «Es muy reprobable el tomar las leyes relativas a lo que *se debe hacer* de aquello que *se hace,* o bien limitarlas en virtud de esto último», afirma que el desarrollo de estas consideraciones «constituye, de hecho, la genuina dignidad de la filosofía», y respecto de ello el «conocer con exactitud el uso trascendental de la razón pura» constituye una tarea de «consolidar los cimientos».

Sólo una valoración de este tipo explica la conexión entre la utopía formal a que tiende el progreso histórico y el tercer interés de la razón. Y es por ello que un análisis de la idea kantiana de la historia requiere algunas consideraciones —ya obligatoriamente breves— acerca del artículo sobre el progreso y, dentro de él, sobre los textos que ofrecen alguna «perspectiva consoladora de futuro».

Ceñiré mis referencias al artículo de 1798, a dos textos determinados de los parágrafos 5 y 6 y a la nota 5, que pertenece al parágrafo 9.

---

[51] *C.r.pura,* A 314; B 370; trad. cast., p. 310.
[52] *Op. cit.,* libro I, Sección I de la «Dialéctica Trascendental», A 316, B 373 ss.

En el artículo sobre el progreso de 1798, Kant analiza las distintas posibilidades lógicas de concebir un orden histórico (terrorismo, eudaimonismo y abderetismo) desde el doble punto de vista de la plausibilidad empírica y de su efecto propulsor. Es evidente que la única que concuerda con el ideal de perfección de la razón es la tesis del progreso, pero, como afirma Kant, «No es posible resolver directamente la cuestión del progreso por la experiencia... porque nos las habemos con seres que actúan libremente, a los que se puede *dictar* de antemano lo que *deben* hacer pero de los que no se puede *predecir* lo que harán»[53]. Nótese la forma en que Kant abandona la pretensión teórica de una explicación predictiva «de futuros cambios políticos» e inserta su reflexión de forma decidida en la perspectiva de lo que podemos esperar racionalmente de nuestro futuro histórico, si lo impulsamos con criterios racionales. Pero ¿cómo se formulan éstos? Kant propone al menos dos requisitos que debe cumplir una «historia profética», es decir, un proyecto político para la especie humana que no sea meramente ideológico. Hemos de tener presente que el formalismo kantiano previene tanto al filósofo contra la formulación de programas políticos concretos, como contra el papel de moralista que propone códigos con mandatos materiales determinados. Ninguna de ellas es función de la filosofía práctica, después del giro trascendental.

Estos dos requisitos han de ser, por tanto, de orden relativamente formal y se enuncian de este modo. El primero dice que «es necesario que la historia profética del género humano ancle en alguna clase de experiencia»; el segundo, que ha de ser «pensable», conforme a las exigencias de la razón, esto es, de forma «compatible con la ley moral», y sin incurrir en el género de las utopías materiales como «la *Atlántica* de Platón, la *Utopía* de Moro, la *Oceana* de Harrington y la *Severambia* de Allais»[54].

El primer requisito expresa, ya en sus mismos términos, varias dificultades. No es la menor la de concebir la relación entre el progreso histórico y la experiencia, mediante la metáfora de un «anclaje» o un «ligamento». La metáfora nos dejaría con un criterio meramente negativo —a saber: la hipótesis no es verificable, pero no ha de ser contraria a los indicios fenoménicos— si no fuera porque Kant está refiriéndola a algún *tipo de experiencia,* es decir, está suponiendo que hay más de un tipo de experiencia —no sólo aquel sobre el que versa el conocimiento—, y que le lleva a rotular el siguiente apartado con una terminología que no es de extrañar que escandalice al asiduo lector de la *Crítica de la razón pura:* «De un hecho de nuestro tiempo que demuestra *(beweisst)* esta tendencia moral del género humano».

53 «Si el género humano...», ed. Imaz, pp. 101-102.
54 *Op. cit.*, p. 122.

Y aquí hemos de entrar en un análisis, para exponer la coherencia del cual hemos de olvidar, provisionalmente, cualquier lectura unívoca de la «piedra de toque de la experiencia». El hecho se ubica en la «manera de pensar» del observador externo a la Revolución francesa. El punto de vista es importante, no sólo por razones ideológicas, sino, fundamentalmente, de orden crítico. Situados en el ánimo de ese espectador, las «grandes transformaciones» demuestran un «carácter moral» del género humano, «cosa que no sólo nos permite tener esperanzas en el progreso, sino que lo constituye ya» [55]. Y tal demostración la lleva a cabo ese «hecho de nuestro tiempo» tanto «en virtud de su generalidad», cuanto «en virtud de su desinterés» (tomando esta última palabra en su sentido empírico). Esta última observación adquiere su pleno sentido e importancia si se tiene presente la siguiente distinción, realizada en la *Fundamentación de la Metafísica de las costumbres:* «Interés es aquello por lo que la razón se hace práctica, es decir, se torna en causa determinante de la voluntad... La razón toma un interés inmediato en la acción sólo cuando la universal validez de la máxima es suficiente fundamento para determinar la voluntad. Sólo este interés es puro. Pero cuando la razón no puede determinar la voluntad sino por medio de otro objeto de deseo... resultaría este último interés meramente empírico y no un interés puro de la razón» [56]. Por eso es importante, desde un punto de vista crítico, que el interés se suscite en el espectador y no en el agente, y por eso, «en virtud de su generalidad», demuestra un carácter moral, esto es, demuestra apuntar a un interés puro de la razón práctica.

Lo que, de todo ello, sigue siendo irreductible a la meticulosa teorización de la estética y la analítica trascendentales es esa noción de «algún tipo de experiencia», que en esta proposición se concreta en «la participación afectiva en el bien, el entusiasmo» [57], que puede ser considerado como sentimiento empírico (al igual que el interés) y, entonces, según Kant, «como todo afecto en cuanto tal merece reproche», o bien parece igualmente poder ser próximo a lo puro —«en virtud de su generalidad», es decir, de la de la máxima en que se apoye— y, entonces, da pie a Kant «para la siguiente observación, importante para la Antropología: que el verdadero entusiasmo hace siempre referencia a *lo ideal,* a lo moral puro, esto es, al concepto del derecho...» [58]. El anclaje en el mundo del derecho permite a Kant ofrecer los criterios formales con que la filosofía puede juzgar las constituciones y, de este modo, alcanzar «su verdadera dignidad». Y, a

[55] *Op. cit.,* p. 105.

[56] I. Kant, *Grundlegung zur Metaphysik der Sitten,* ed. Weischedel, Band VII, p. 97; trad. cast., García Morente, Madrid, 1967, p. 132.

[57] «Si el género humano...», ed. Imaz, p. 107.

[58] *Loc. cit.*

la vez, señalar rasgos empírico-sociales que hagan plausible en la experiencia la idea de progreso. En cuanto a los primeros —que constituyen la función utópico-formal de la razón, que tiende a responder a su tercera pregunta—, son dos en esta proposición: *a)* el derecho de cualquier pueblo a darse a sí mismo su propia constitución (lo que plasma en la legalidad el ideal de autonomía), y *b)* que sólo podemos considerar «en sí misma justa y moralmente buena» aquella constitución que tienda a evitar la guerra —y ello no por un irenismo ingenuo, sino como indicio fenoménico del principio de universalidad—.

De este modo, concluye Kant su razonamiento, «se podrá asegurar negativamente al género humano, a pesar de su fragilidad, el progreso hacia mejor, de suerte que, por lo menos, no sea perturbado en él» [59]. El segundo grupo de criterios está reseñado en la proposición 9, y se resume en una aproximación al buen funcionamiento de un Estado de derecho.

Pero ¿qué hacer con la afirmación de la existencia de una experiencia moral? la elemental precaución hermenéutica de suponer coherencia en los textos señala, a mi juicio, en una dirección única: Kant busca en el «hecho de nuestro tiempo» un *factum* análogo al de la moralidad, que le permita pensar unos criterios formales de racionalidad política, incluyendo a ésta como parte esencial de la idea de historia. Pero, una vez más, las dificultades teóricas de Kant con esa idea son ilustrativas para nosotros de los puntos de sutura —o de ruptura— del proyecto de la modernidad.

Brevemente dicho, pensar la política como parte de la filosofía de la historia obliga a suponer: *a)* que tiende a la perfección de la especie, aunque sea de forma regulativa; *b)* que ha de tener apoyo en una ciencia del pasado histórico; *c)* que, en consecuencia, ha de ser inseparable de una teoría general de la evolución social de la especie; *d)* que esta última no ha de limitarse a «lo que es», sino que ha de referirse a lo que «debe ser», para cumplir con el mandato de la primera crítica; *e)* que todo ello ha de ser convertible con una teoría general de la racionalidad, que dé cuenta de la estructura global de la misma, de sus condiciones de validez, y de sus intereses últimos.

La reconsideración del proyecto filosófico de la modernidad, a que, a distintos niveles de rigor teórico, asistimos, ha de valorar los logros y las renuncias que comporta aceptar o rechazar cada uno de estos objetivos para poder posicionarse, con responsabilidad y coherencia, ante la situación creada por su crisis. Y no es un elemento menor de esa consideración el estudio histórico-filosófico pormenorizado del proyecto de referencia, que, en más de una ocasión, contenía en sí mismo su propia posibilidad de autocrítica concreta.

---

[59] *Op. cit.*, p. 106.

Por ello el propósito de esta comunicación ha consistido en el intento de formular dónde están —y dónde no— los conflictos que surgen al pensar en la historia como una idea racional. Un estudio complementario sería analizar los problemas que surgen al trazar el mapa de la razón como una idea histórica. Lo que hubiera supuesto, en el caso de Kant, analizar la noción de «historia conjetural» o «supuesta». Estas, y varias otras cuestiones conexas, habrán de quedar abiertas para ulterior ocasión.

17. LIBERTAD E HISTORIA*

por MERCEDES TORREVEJANO PARRA
(Universidad de Santiago de Compostela)

El título que hace ya bastantes meses di a este trabajo era bastante general e indeterminado.

Con el tiempo, la selección de lo que he ido pensando ofrecer hoy, aquí y ahora, quiere ser una acotación drástica del terreno, que muy probablemente va a repetir o a hacer triviales muchas afirmaciones, si se tiene en cuenta el amplio contexto del ciclo, donde ya se ha acometido el estudio de la teoría kantiana de la historia, en varias ocasiones.

Ignoro totalmente los planteamientos que se hayan realizado al respecto. Pero, en todo caso, confío en que, siendo varios en la tarea, no habrá mucho peligro de que en su conjunto, o en nuestra confluencia, hagamos demasiada injusticia a Kant. De otra manera: como veis, quisiera protegerme en clarificaciones del asunto, complementarias en relación con la mía, pero que asegurarán, o han empezado a asegurar ya, la luz en este tema.

Voy, pues, a echar mi cuarto a espadas en el mismo; un tema, aparentemente apendicular de la filosofía kantiana, pero, en realidad, de una importancia capital para medir el significado de su pensamiento.

Creo que en él se concentra todo el sentido de su revolución copernicana, de esa inversión por virtud de la cual la filosofía se ha retrotraído en Kant —y esto la hace ser *Transzendentalphilosophie*— a ser un *escrutinio de la razón* (en sentido del genitivo objetivo), un examen del comportamiento de la razón en relación con sus objetos.

La diversidad de la relación con sus objetos determina la diversidad de sus usos, como bien sabemos, indicativos a su vez de la razón misma como sistema de intereses y propuesta de fines. El escrutinio necesitará, como bien sabemos también, dejar clara la interrelación de esos fines e intereses y su última unidad. A la postre, esta clarificación, que de una manera abstracta había comenzado preguntándose por la razón y sus hechos *(die Fakta der Vernunft)*, aunque para so-

* Se ofrece aquí la transcripción oral de la Sesión de Seminario, que en el ciclo correspondió a la autora. Se han añadido las notas indispensables relativas a textos kantianos.

meterla a juicio a ella misma, debería entregarnos, diríase que con una definitiva concreción, desvelado y clarificado, *al hombre.* «Qué es el hombre» es la cifra de las preguntas que pautan el desarrollo de la filosofía: *una antropología* diríase que quiere ser, que *tiene que ser,* el fruto de la investigación filosófica para Kant.

Estoy refiriéndome al famoso texto del *Canon de la Razón* de la *KrV,* o, más exactamente, al texto de la *Introducción* al curso de lógica, en donde aparece, tras la cuarta pregunta «qué es el hombre», la observación de que las tres primeras preguntas se refieren a la cuarta [*KrV,* A 805, B 833; *Logik* (Jaesche), AKK, IX, 25].

Mi intención es mostrar el *topos* de la filosofía de la historia kantiana, interpretándola como la expresión o tematización de esa Antropología (filosófica), entendida entonces como la función de integración misma del proyecto crítico.

Esta mostración debe vincularse a dos tipos de considerandos: *unos,* relativos al concepto, o los conceptos de lo práctico en Kant; *otros,* relativos al concepto o conceptos de lo antropológico, o de la antropología en Kant.

Pero antes una observación: si, como creo (y en estrecha relación con el sentido último de la comprensión kantiana de la filosofía), *historia* significa para Kant el modo necesario de realización de la racionalidad, *o* de *esa idea que se dice hombre,* la comprensión kantiana de la historia no es independiente de, o ajena a, la famosa tercera pregunta del Canon: «¿qué me está permitido esperar?», es decir, ¿dónde puedo situarme (si lo considero) respecto de lo que me aguarda o respecto de lo que voy a conseguir?

Sin embargo, a esta tercera pregunta, en el plan crítico, Kant ha dicho taxativamente que responde *la Religión (Logik, ibíd.).* Habríamos de preguntarnos entonces, para cerrar el tema, de qué manera el pensamiento sobre la historia en Kant tiene ocultos vínculos o correspondencias con esa otra doctrina más claramente conclusiva de la clarificación crítica que versó sobre *la Religión.* Pero este tema lo dejaremos abierto.

I. EL CONCEPTO DE LO PRACTICO Y DE LA PRAXIS EN KANT

El dúo práctico/teórico es un sistema de oposición kantiano de primer orden: una especie de puerta por la que se entra en la Crítica, casi tanto como aquella otra llamada así «puerta» por Kant, de la oposición empírico/puro, o de *a priori/a posteriori.*

En el prefacio de la segunda edición de *KrV,* de un modo general y básicamente orientador —sólo básicamente orientador—, Kant nos sitúa frente a los dos usos de la razón, a través de la consideración, en los conocimientos, de los dos modos de referirse la razón a su objeto: bien para determinarlo —el concepto del objeto— (conocimiento teórico); o bien para realizarlo (conocimiento práctico) (B, X).

Frente al orden teórico, que se sitúa en el terreno de lo que es, de lo que acontece, el orden práctico se sitúa en el de *lo que debe acontecer: etwas gerchehen soll,* dice Kant en muchas ocasiones [1].

Praktisch, se nos dice en el *Canon de la razón pura* (el lugar más adecuado para ello en la *KrV*), es «todo lo que es posible mediante la libertad» (A, 800; B, 828).

Utilizo, metodológicamente, el *Canon de la razón pura* como punto de partida de mi reflexión, porque es el lugar donde la crítica de la razón «decanta» la relación «productiva» o «efectiva» o real, de sí misma, a objetos, es decir, su carácter de órgano de... Una *canónica* de una facultad encierra los principios del uso legítimo de ella.

La Crítica ha mostrado que no hay un *Canon* del uso teórico de la razón en lo que se refiere al *contenido* de sus objetos teóricos. Respecto de su contenido hay sólo una *Disciplina* y, si se quiere hablar de *Canónica* en el uso teórico, ello se debe aplicar en lo relativo a *la forma* del conocimiento de los objetos.

Stricte, una *Canónica* de la razón remite al uso práctico, es decir, a objetos, sí, pero en cuanto provenientes de una voluntad o libertad (poco importa de momento la palabra); es decir, en cuanto la razón es facultad de desear *(Begehrungsvermögen);* esto es, en cuanto es principio o posibilidad de un *Tun und Lassen.* Se abre en esta perspectiva una nueva constelación de semantemas cuya relación con la del uso teórico está sutil y laboriosamente tejida por Kant.

Sin embargo, bajo el rótulo de lo práctico (y de la libertad) creo que debemos situarnos en una actitud de comprensión que voy a llamar «progrediente».

Empecemos por entender que esta oposición, enunciada de diversas maneras, nos «opone» —valga la redundancia— en un principio, el orden de la naturaleza, al orden *antropológico.* No quiero decir, en principio, el orden de la naturleza, al orden *de la libertad,* aunque pudiera decirse. Pero quiero simplemente ver de momento que, aunque la oposición, en su sentido último y fuerte, sea la de naturaleza/libertad *(stricte),* en principio, ese orden mentado por «libertad»

[1] La *Dissertatio de mundi sensibilis...* ya nos presentó en su § 9 una clara (precrítica) formulación sobre esta oposición, que se repetiría incansablemente de forma ya crítica, en la obra kantiana: «Theoretisch betrachten wir etwas, insofern wir nur auf das achten, was zu seinem Sein gehört; praktisch aber wenn wir das mustern, was ihm vermöge der Freiheit einwohnen sollte». «Was da ist/was da sein soll», aparecerá en la *Dialéctica Transcendental* (A, 633; B, 662). «Etwas geschieht/etwas geschehen soll», nos dice el *Canon de la Razón* (A, 806; B, 834); y podríamos seguir con citas similares cuanto quisiéramos.

es, en toda su fenomenalidad, el orden antropológico formalmente considerado; es decir, el de esa peculiar «realidad», entre comillas, cuyo «ser», entre comillas, consiste o se delinea, precisamente, como lo-que-se-distancia-de-la-naturaleza, se-opone-a-la-naturaleza, se dirige a ella nombrándola, y autonombrándose como un «yo» frente a ella; y por virtud de todo lo cual ella queda sobredeterminada en una nueva instancia: la de la finalidad, medida por el ser racional, como su fin último. Y he dicho ahora «ser racional». La razón define al hombre, y lo hace observador temeroso, al mismo tiempo que amo, patrón, utilizador del universo. La dinámica, o el juego de la naturaleza, encerrada en el encadenamiento férreo causal de lo que acontece (si es que le queremos dar un esquema o, mejor, interpretar en un esquema esa dinámica), disparado *ex se* ese juego en un proceso *homogéneo e infinito,* queda como bruscamente interrumpida e invertida por la emergencia de la racionalidad. «Invertida» en la medida en que el vínculo ineludible de la razón con el orden natural inflexiona, por así decir, aquella dinámica en nuevas relaciones causales fenoménicas que constituyen ahora, en ese camino de vuelta y en esa inflexión, el *handeln* en general, atribución propia y genuina del hombre [2].

Y permitidme que me detenga un momento aquí para considerar algo, por otra parte, tremendamente obvio y baladí: Kant se capta como formidable filósofo —al menos así me lo parece— cuando se percibe el pálpito de su fascinación por el problema de la filosofía, en donde este problema tiene su fuente. Los prefacios de la *KrV* o de los *Prolegómenos...* y sus confesiones sobre los tres grandes temas o intereses; aquella confesión de la segunda Crítica sobre «el cielo estrellado y la ley moral», son atisbos de eso fontal; pero yo diría que *ya* hay tras esas expresiones y contextos mucha elaboración o arquitectura filosófica personal e histórica...

Son los escritos menores, mucho más divulgadores en el tono directo de la filosofía en sentido mundano, los que son fascinantes, por-

---

[2] He comenzado ya a poner ante la vista el conjunto de «obras menores» kantianas que se conocen bajo el rótulo tópico de «filosofía de la historia, derecho, política». Voy a referirme concretamente a: *Idee zu einer allgemeinen Geschichte in weltbürgerlicher Absicht* (1784); *Mutmasslicher Anfang der Menschengeschichte* (1786); *Über den Gemeinspruch: das mag in der Theorie richtig sein, taügt aber nicht für die Praxis* (1793); *Zum ewigen Frieden. Ein philosophischer Entwurf* (1795). Todos en *Kleinere Schriften zur Geschichts philosophie Ethik und Politik,* ed. de Vorländer, Felix Meiner, Hamburg, 1964.

La ed. castellana de E. Imaz, *Filosofía de la Historia,* contiene las dos primeras, más la sección 2.ª del *Conflicto de las Facultades* (1978), sobre el Progreso, y *El fin de todas las cosas* (1794). El tercero, bajo el título *Teoría y Práctica* ha sido editado en castellano por Tecnos, 1986, trad. J. M. Palacios, M. F. Pérez López y R. Rodríguez Aramayo, quien aporta un estudio preliminar.

que nos asoman en su puridad al problema filosófico, y porque en ellos Kant se nos muestra fascinado: fascinado por el espectáculo del *hombre,* emergiendo, con la razón, del seno de la naturaleza, emancipándose de ella, *saltando* al orden heterogéneo, absolutamente *otro* de la libertad, produciéndose con ese salto, como ya he dicho, una suerte de convulsión re-organizadora de aquel orden.

La *razón* es para Kant, en su dimensión antropológico-existencial primera, un conjunto de «hechos» que se han hecho posibles como un «abandono del seno maternal de la naturaleza, cambio sin duda honroso, pero al mismo tiempo lleno de peligros», pues ha llevado a este animal que es el hombre al ancho mundo donde le esperan tantos cuidados, esfuerzos y males desconocidos *(Sorgen, Mühen, Übeln),* dice Kant en el pequeño escrito de 1786 (ed. Meiner, p. 55).

«La dureza de la vida hace que el hombre sueñe nostálgicamente con un paraíso donde retozar en tranquilo ocio y constante paz. Pero entre él y ese imaginado oasis de delicia se interpone siempre la incansable razón, inquebrantablemente afanada en el desarrollo de las capacidades depositadas en él» *(ibíd.).*

La imagen, tan ilustrada, por otra parte, de la emancipación, brota en Kant desde esta dimensión originaria para multiplicarse en nuevas aplicaciones. El «estado de naturaleza» aparecerá reiteradamente como un «esquema funcional» que provoca siempre de nuevo el postulado de la puesta por obra de la razón, es decir, de la superación incesante, porque siempre abierta, de naturalismo; con lo cual la razón decanta siempre y cada vez más su último sentido como incesante tarea *(Aufgabe),* como propuesta ininterrumpida de fines, como legisladora *(Gesetzgeberin).*

Y henos aquí ante el orden de «lo práctico» identificado en general como el orden antropológico y éste, a su vez, como el orden de la libertad.

Pero debo insistir, aunque está ya implícito en lo dicho: en este primario o más general contexto «orden de la libertad» sólo quiere decir aquello que identifica como *Grundcharakter* el orden emancipado respecto de la naturaleza: el hombre, donde se asienta la razón [3].

Libertad es, por tanto —y no olvidamos el texto citado del Canon—, por utilizar una palabra muy kantiana, el *Inbegriff,* el com-

[3] La nota *(Anmerkung)* que precede a la conclusión *(Beschluss)* del mismo escrito, *cifra* todo el asunto de «la historia humana» (en la ambivalencia de lo sucedido con el surgimiento de la racionalidad, como de lo por-hacer en consecuencia de ese surgimiento) en el Übergang —otra palabra expresiva y querida en el kantismo—, «aus der Vormundschaft der Natur in den Stand der Freiheit»; esos dos extremos son, en el contexto, describibles y descritos como el movimiento conceptual/temporal que va «aus der Rohigkeit eines bloss tierischen Geschöpfes-in die Menschheit; aus dem Gängelwagen des Instinkts-zur Leitung der Vernunft» (*ibíd.,* p. 55).

pendio o concepto que totaliza, identificándolo, el orden práctico; el cual, a su vez, en su fenomenalidad es el *orden antropológico,* mentándose con «práctico» y con «libertad», el conjunto de las condiciones que determinan en su totalidad ese mundo o ese todo de las relaciones (fenoménicas) atribuibles al hombre en su peculiaridad.

Libertad es, por tanto, el concepto que totaliza la comprensión de lo humano, en cuanto ello se opone a *Natur.* (Otra cosa, congruente con esto, pero distinta, es que *libertad* sea un concepto límite en la propia comprensión de «Naturaleza» y de *Erfahrung* tal y como pone de manifiesto y desarrolla la 3.ª Antinomia.)

Pues bien, en la *Arquitectónica de la razón* en la *KrV,* Kant ha establecido muy claramente las articulaciones de la *Natur* en cuanto se proyecta en ámbitos temáticos que se ofrecen al conocimiento filosófico (teórico). Lo de articulación no es arbitrario: Kant nos habla de una *Physiologie der reinen Vernunft,* que considera «a la naturaleza *(Natur),* es decir, al *Inbegriff* de los objetos *dados* ya sea a los sentidos o, si se quiere, en cualquier otra clase de intuición» —no intelectual, se entiende, pues entonces no serían *dados*— (cfr. A, 845; B, 873)[4].

Esta «fisiología» articula los conocimientos teóricos en Física racional y Psicología racional. De ello se derivan, por así decirlo, una Cosmología racional y una Teología racional, precedidas todas de una *Ontología,* que no es *Fisiología* propiamente, sino *Transzendentalphilosophie stricte.*

Perdónese este breve *excursos* de escolástica kantiana. La recuerdo para advertir que la Metafísica o Filosofía del orden práctico, en la Arquitectónica de la razón, ha quedado sin articular. La «Praxeología» correspondiente, o que debiera hacer *pendant* con la Fisiología de la razón pura, está reducida y resumida en una ciencia genérica y global: *Metaphysik der Sitten* (cfr. A, 841; B, 869).

Entre la *Libertad* como *Inbegriff* o Idea que preside el orden práctico y la *Metaphysik der Sitten,* que es el nombre global de la ciencia proyectada o promovida por esa Idea, no parece que haya posibilidad de articulaciones internas que proyecten ámbitos temáticos.

[4] Esa «cualquier otra clase de intuición» que Kant concede no puede nunca entenderse que pudiera ser en la mente de Kant intuición «intelectual», pues dejaría de ser objeto *dado* o de una *Natur,* el objeto de esa intuición. El concepto legítimo de intuición tiene un amplio espacio «modal», por así decir, en Kant. En ese texto lo que la concesión relativiza es «los sentidos». Decir «receptividad»-«sensibilidad» (o *darse* de objetos) no postula necesariamente *estos sentidos nuestros,* esta formalidad espacio-temporal que los constituye. Sensibilidad o *Sinnlichkeit* tiene en Kant un significado que trasciende el *concreto* de sentidos *(die Sinnen).* En la deducción transcendental de las categorías, en la 2.ª edición, esto queda tematizado claramente. El contexto de los §§ 20, 21, 22, 23, 26... profundiza esta cuestión. Metodológicamente, *Anschauung überhaupt,* debe distinguirse de *Unsere sinnliche Anschauung.* Cfr. § 23, su comienzo.

Kant no es inconsciente de esa diferencia respecto del uso teórico. La metafísica del uso práctico de la razón debe contener los principios que determinan *a priori* y hacen necesaria la acción y la omisión («das Tun und Lassen», dice Kant en una expresión intraducible para nosotros) (cfr. A, 841; B, 869). Pues bien, no hay articulación de la *praxis* porque *la moralidad* es la única legalidad de las acciones que puede determinarse totalmente *a priori,* según principios. («Nun ist Moralität die einzige Gesetzmässigkeit der Handlungen, die völlig a priori aus Prinzipien abgeleitet werden kann», *ibíd.*).

Kant continúa diciéndonos, taxativamente, que la metafísica de las costumbres es propiamente la pura moral, en la cual «keine Anthropologie», ninguna antropología, es decir, ningún condicionamiento empírico, puede ser establecido en la base («zum Grunde gelegt wird»). Reparemos y tomemos buena nota de esta afirmación (A, 842; B, 870), pues volveremos sobre este texto.

Y sin embargo —un sin embargo que creo que no debe contradecir, sino venir a confluir con lo que queda planteado— Kant ha articulado su comprensión del orden práctico y siempre, naturalmente, en relación con la idea de libertad. Hasta dónde y cómo es lo que quisiera plantear. Pues de esa articulación hay que dar cuenta en orden a nuestro tema.

De un modo esquemático/formal, y antes de toda articulación, por tanto, *Praxis,* se puede entender como aquella realización de algo (*Zweck),* es decir, de un fin y objetivo —es lo de menos que ello sea producto en la naturaleza, u otra cosa más sutilmente solo *ad bonum hominis*— que se piensa como consecuencia o efecto (*Befolgung,* dice Kant en alguna ocasión) de ciertos principios de proceder representados en general.

Acabo de reproducir casi la fórmula que, en un avanzado escrito, Kant utiliza para definirnos *Praxis:* un término, por cierto, que, como cultismo griego, hasta estas alturas había sido poco utilizado por Kant, o más bien nada (*Über den Gemeinspruch...,* de 1793)[5].

Pero me parece útil en la medida en que ahí se integran todos los componentes del orden práctico, o de la acción humana, racional y libre; el orden de las acciones de *una voluntad que se determina a obrar por motivos racionales,* pues motivos racionales deben ser llamados los «principios de proceder *representados* en general».

La *KrV,* en A, 802, B, 830 —Introducción del *Canon de la razón pura*—, nos presenta el asunto de la libertad, en el marco de la oposición naturaleza-razón de que partíamos más arriba, llamándolo «el

[5] «...heiβt...diejenige Bewirkung eines Zweckes Praxis, welche als Befolgung gewisser in allgemeinen vorgestellten Prinzipien des Verfahrens gedacht wird» (ed. Meiner, p. 69).

concepto de la libertad sólo en sentido práctico». Con esta cautela —«sólo en sentido práctico»— Kant delimita la cuestión respecto del problema de la libertad en sentido transcendental, como dice exacta y literalmente. *Libertad* es el albedrío *(Willkür)* independiente o independizado de la constricción *(Nötigung)* de los impulsos sensibles: es el albedrío determinado por motivos que sólo pueden ser representados por la razón («nun von der Vernunft vorgestelt werden»). E inmediatamente identifica esos motivos o *Bewegsursachen:* son leyes que deben decirse *Imperativos,* es decir, leyes objetivas de la libertad que nos dicen lo que debe acontecer («was geschehen soll»).

Cito textos del *Canon* porque metodológicamente quiero, para mi propósito, eludir términos de la *KpV* o de la *Metaphysik der Sitten* donde apareciera, en su destilación máxima o límite, lo práctico por antonomasia, que será *lo moral stricte.* Es decir, me interesan por su tono de generalidad.

No voy a entrar en el tema (que se podría plantear en el texto citado del primer capítulo del *Canon*) de hasta dónde es suficiente para explicar la libertad moral el concepto de libertad práctica que ahí se está manejando [6]. Concediendo que las descripciones que ahí se hacen no basten al concepto moral, estrictamente metafísico de libertad, es igualmente cierto que el contexto que antecede y el que sigue es lúcido respecto de lo más importante para el caso: la distinción entre leyes pragmáticas y leyes morales. El orden de la *Praxis* o de lo práctico —se nos invita a pensar— es *un todo,* en el que cabrá y se deberá «depurar», por así decir, el momento estrictamente racional, puro y, en definitiva, *moral.* (Cfr. A, 800; B, 828. En este contexto se nos ofrece, claramente ya, la perspectiva sobre un uso meramente regulativo *de la razón práctica* en la búsqueda de unidad de las leyes operatorias empíricas, es decir, propuestas por nuestra naturaleza sensible.) El contexto general del *Canon* muestra, por tanto, toda la complejidad que Kant ha advertido en el «estratificado» orden de la *Praxis.*

Si se hace un rastreo de las dos críticas, de la *Antropología* publicada en 1798 [7], de los escritos menores que tenemos a la vista, de las *Vorlesungen,* de cartas, de muchas de sus *Reflexiones,* queda claro, y es un tópico además, un triple nivel de la acción humana reconoci-

---

[6] Me remito en este punto al trabajo, clarificador y riguroso, de Ramón Rodríguez, «La libertad práctica. Un problema de la *Crítica de la razón pura*», *Aporía,* n.° 12, vol. III (1981), p. 71.

[7] La idea de una *Antropología,* que Kant está elaborando, data de 1773. Aparece en una carta a Herz, con motivo de la publicación de una *Antropología* de Platner. Su antropología quiere ser la clave de todo lo práctico, en la medida en que se remitirá «a la fuente de las ciencias, de las costumbres, de las habilidades... La sutil y sin salida *(auf ewig vergeblich)* investigación sobre las relaciones alma-cuerpo pierde sentido... *ganz wegfällt*» (Kant, *Briefwechsel,* ed. Meiner, p. 115).

do por Kant: Triple nivel en dependencia de la organización de las disposiciones depositadas por la razón en el hombre (como hemos oído más arriba): *en primer lugar,* nivel de la *habilidad,* relacionada con su disposición técnica; *en segundo lugar,* nivel de la prudencia, relacionada con su disposición pragmática; *en tercer lugar,* nivel o plano de la *sabiduría-moralidad* (Weisheit-Moralität), relacionada con su disposición moral. Habilidad, prudencia, moralidad, son las doctrinas que corresponden a la diversidad de *reglas racionales de procedimiento* que rigen la acción, en cada caso. Reglas, leyes prácticas, máximas, que determinan la acción en cada caso. La habilidad se dirige a las cosas exteriores, la prudencia a los hombres. ¿Y la sabiduría-moralidad?

Es evidente que debe haber respuesta, pero no es una respuesta paralela (como si de un nuevo ámbito exterior se tratara).

Pero determinemos un poco más. La calificación de *técnica* que recibe la habilidad atiende a que los principios de la acción, en ese orden, resultan del conocimiento de las cosas que proporcionan los diferentes saberes o ciencias. La calificación de *pragmática* que recibe la prudencia atiende a que los principios de la acción en ese orden resultan del conocimiento de los medios para la dirección de nosotros mismos —los hombres— en la consecución de nuestro propio bienestar, o felicidad. Habilidad (técnica) y prudencia (pragmática) se distinguen lógicamente, pero se dan la mano. Se entreveran necesariamente *de facto.* La segunda implica siempre a la primera. «Dirigir a los hombres según nuestros propósitos...» incluye, por supuesto, las instrucciones sobre cómo hacer uso de nuestras habilidades, o de nuestra habilidad.

El orden de la habilidad y el de la prudencia, aunque heterogéneos, resultan «prácticamente» coordinados en el horizonte de nuestros propósitos, cuya última intención como *Inbegriff* es *felicidad —Glückseligkeit—* [8].

Pero está el tercer tipo de acción ya mencionado, que se perfila por Kant con independencia de los anteriores y que es la acción moral: la acción moral determinada por «máximas» (*Freiheitsgesetze,* dirá Kant en oposición a *pragmatische Gesetze*) que reglan o imperan el obrar en orden no ya a la consecución de la felicidad, sino en orden *al ser digno de ella.* Esta formulación tiene algo de «relativizadora»

---

[8] El mismo contexto que venimos citando del *Canon* nos presenta compendiadamente la idea de Felicidad *(Glückseligkeit)* como la idea totalizadora, y reguladora, por tanto, de todos los propósitos prácticos, siempre concretos. Kant compendia ahí la doctrina de la *prudencia* como la tarea de concordar los medios para llegar a ella, proporcionando leyes que deben ser dichas pragmáticas, es decir, condicionadas por lo empírico, esto es, productos no de la razón pura.

de este ámbito del obrar, en la medida en que lo tematiza en función del concepto de felicidad, pero nada más lejos del asunto.

Pues en el actuar moral se trata de la acción en que el motivo determinante de la voluntad determina, no como una materia que se ofrece y es un supuesto ante la voluntad, a la que *sigue* la regla racional que impera la acción. Esa es la estructura de la acción en los casos anteriores. Allí el «imperativo» que determina a la voluntad es *hipotético,* en cuanto siempre condicionado por un *darse* de lo que se representa como fin, *Zweck,* etc. [9]

Este ser así de la acción, que podríamos llamar «ser a resultas», es lo que se expresa también para Kant diciendo que la sensibilidad nos «recomienda», nos presenta, los *Zwecke,* que nos son propuestos por nuestras inclinaciones.

Como contrapartida, en el actuar moral, el motivo determinante de la voluntad vale incondicionalmente, an-hipotéticamente (recordando la expresión platónica de la *República*); lo cual es lo mismo que decir que vale en, y desde, la razón misma y no desde contenido ninguno (que ella se represente *como dado*). Y aquí está el formalismo moral kantiano: el fundamento de la determinación de la voluntad sólo puede ponerse en *la forma* de una legislación universal. La razón pura tiene una determinación práctica que es *ley,* pero no puede darnos *objeto* alguno de la voluntad.

Y la ley no contiene fines. El «contenido» aquí, lo que está en el lugar de un *Zweck* en el caso de la ley, es su carácter de ley simplemente. Es justamente en este plano donde la regla que determina la acción se llama, con toda propiedad, simplemente *ley* [10].

Pero, puesto que se habla de una determinación de la voluntad sin dependencia de afección, se está asegurando «realidad objetiva», si bien práctica (es decir, no *ad modum objecti*), al concepto de una causalidad incondicionada, de una espontaneidad causal, originaria. Ese es el concepto de libertad transcendental, que apareció, como concepto problemático, en la Dialéctica y que ahora queda exigido prácticamente, o en su realidad práctica.

El orden, por tanto, de esta acción permite reconocerle al ser racional su pertenencia al mundo nouménico.

---

[9] Cfr. § 83 de *KU.*

[10] Hay un texto en la *Fundamentación de la Metafísica de las costumbres* donde la terminología kantiana, relativa a lo práctico, aparece ajustada al máximo. *Ley* es el nombre propio del imperativo moral; *Consejo,* el nombre propio de la regla pragmática que establece la *Klugheit; Regla,* simplemente el nombre del procedimiento que establece la habilidad: «Sie waren entweder *Regeln* der Geschicklichkeit, oder *Ratschläge* der Klugheit oder *Gebote* (Gesetze) der Sittlichkeit... Man könnte die ersteren Imperativen auch *technisch* (zur Kunst gehörig), die zweiten *pragmatisch* (zur Wolhlfahrt), die dritten *moralisch* (zum freien Verhalten überhaupt, d. i. zu den Sitten gehörig) nennen» (*Grundlegung...,* 416, 417).

He acabado describiendo muy sucintamente la estructura de la acción moral, en los términos más depurados, creo, que alcanza en Kant. Me he atenido a la formulación más formal del imperativo categórico, que aparece en la *KpV* (cfr. *KpV*, 72-87), algo lejana de aquella pre-formulación con la que he introducido el acercamiento a lo moral: el obrar de modo que se llegue a ser digno de la felicidad. Yo creo que la divergencia no importa, para mi propósito. Y quiero hacerla irrelevante en este momento.

Yo diría que esa referencia a la felicidad hace más evidente la integración de los órdenes de la *Praxis* humana en la comprensión global del asunto, en tanto que la última formulación hace más evidente la función analítico-reductiva o reflexivo-filosófica de depurar, o de presentar depuradamente, el carácter *puro* de la razón práctica. Pureza que tiene un nombre propio: *moral.*

En cualquier caso, lo que está claro es que esa distinción y perfilamiento de la heterogeneidad recíproca de los órdenes de la praxis —y podemos simplificarlos en la dualidad, o en la oposición dual orden pragmático/orden moral, u orden de la prudencia/orden moral— se hace en Kant con vistas a una elaboración y ponderación de los conflictos, o del difícil lugar, de esa realidad que llamamos hombre; de la escisión en que está implantada esa realidad que llamamos hombre.

II. EL CONCEPTO DE UNA ANTROPOLOGIA EN KANT

Quiero reflexionar unos instantes sobre lo que podría llamarse un desfase o un *décalage* entre la intención o el sentido antropológico de la filosofía kantiana (que hemos defendido al comienzo), y el encasillamiento terminológico y disciplinar al que Kant se ha sometido en la construcción académica de la filosofía. O dicho de otra manera: en la topología académica de los saberes la «antropología» ocupa un lugar no *stricte* filosófico, pues aparece como «ciencia empírica» lejos del sentido general antropológico —insisto— que ofrece su comprensión de la filosofía como *teleologia rationis humanae.* La antropología explícitamente elaborada por Kant queda recogida en el ámbito de la acción que hemos llamado pragmático. *Anthropologie in pragmatischer Hinsicht,* título con el que Kant publica sus cursos sobre esta disciplina, resulta ya desde su título bastante identificable por nosotros, después de nuestro recorrido por los sentidos de *Praxis* en Kant.

En efecto, ya en la *Arquitectónica* hemos visto la inarticulación de la filosofía moral en razón de su prioridad estricta. La metafísica del uso práctico de la razón (metafísica de las costumbres, o *der Sitten*) es propiamente *la moral* —y Kant dice redundantemente *die rei-*

ne Moral—. Inmediatamente, como si ello fuera la mejor garantía de esa pureza, Kant explicita que en la «metafísica» práctica o moral pura *keine Anthropologie* (keine empirische Bedingung) zum Grunde gelegt wird» (A, 841-842; B, 869-870).

¿Qué concepto de *Antropología* tiene Kant a la vista cuando de él se sirve para la puntualización? Un concepto cuyo lugar no está claro en absoluto. Por lo pronto, una mención a la «Antropología» aparece en la misma *Arquitectónica* en un preciso contexto que, en sustancia, se resume así: la postulada Psicología racional, una de las partes de la Fisiología de la Naturaleza, como hemos visto, debe compartir el terreno de la «fisiología inmanente» con una Física racional, de la naturaleza corporal. Aquélla, la psicología, debe entenderse como la física racional de la naturaleza pensante. Su objeto serán los fenómenos del sentido interno. Pero el singular carácter de estos fenómenos (no están sometidos en su *darse,* sino a la forma del tiempo, y no a la del espacio) hace a la presunta *psicologia rationalis* inconstituible como ciencia, al no ser posible la matematización de su concepto (como sí es el caso cuando se trata de la naturaleza corporal). La Psicología racional, presente y posible en la arquitectura de la razón, como ciencia de los fenómenos del sentido interno —despejados ya otros problemas paralogísticos respecto de la Idea de un ser pensante—, queda en el sistema de la razón constreñida a ser simplemente y sólo *psicología empírica.* Queda, por tanto, fuera del sistema de la razón pura. Sin embargo —dice Kant— puede concedérsele en el sistema un *Plätzchen* hasta que se desarrolle más; concédasele, digamos que por razones económicas, habida cuenta, además, de que no encontraría mejor parentesco en otro lado que en la metafísica. Más adelante, su lugar, como filosofía aplicada que es, será una *ausführliche Anthropologie:* una ciencia *pendant* de la *empirische Naturlehre.*

Puede fácilmente verse a través de esa simetría que la «antropología» ocuparía en Kant, de lleno, el ámbito empírico de la filosofía práctica, aunque de momento la hemos descubierto al socaire de un ámbito propio de la filosofía teórica y ahí la tenemos en una especie de rincón (A, 849; B, 877) [11].

Otro contexto de la *KrV* nos habla también de la Antropología, a saber: uno de los capítulos dedicados a la resolución de la tercera

---

[11] Los ámbitos empíricos de la filosofía (tanto teórica —*empirische Naturlehre*— como práctica —la *Anthropologie* que estamos viendo— no pueden, estrictamente hablando, considerarse «ciencias». El prefacio de los *Metaphysische Anfangsgründe...* (1786) reflexiona largamente sobre esto. La *Grundlegung zur Metaphysik der Sitten* (1785) plantea las cosas del mismo modo. Pero, pese al paralelismo, la distancia de «la parte pura» respecto de «la empírica» se plantea siempre con más agudeza en el orden práctico que en el de las teorías.

antinomia. Se desarrolla allí el reconocimiento del *carácter inteligible* de la razón como libertad transcendental, en compatibilidad con el *carácter empírico* de la voluntad determinada por ella. Desde la segunda perspectiva, todas las acciones del hombre se determinan o están determinadas, según naturaleza o según necesidad natural. En este respecto, el hombre es objeto de consideración y de observación «como hace la Antropología», dice Kant literalmente (A, 556; B, 578). Pero entonces, desde esta perspectiva, la objetivización del *hombre,* de su acción, significa su consideración como una «naturaleza», y la antropología que se avista no parece ser sino una «Praxeología naturalizada». Volvemos, pues, a presentir la tensión en la *Antropología,* entre lo que llamaríamos su asunto propio —las acciones humanas, la acción de una voluntad libre determinada a obrar— y el carácter *empírico* de esa acción. Diríase que las dos grandes ramas de la filosofía que proyecta la Arquitectónica (del uso teórico/del uso práctico) de la razón dejan ver su dualidad estricta sólo en un momento propedéutico. Más allá de él, el orden de la acción pierde, en cierto sentido, su identidad y se muestra como «orden de naturaleza».

Pero por supuesto que donde todo esto —esta tensión o ambigüedad— queda paladinamente claro y confirmado es en las obras centrales de la ética kantiana. La *Grundlegung der Metaphysik der Sitten* nos dice, confirmándonos la topología de la Arquitectónica: la filosofía práctica o Etica tiene su parte pura y su parte empírica. Aquí, la parte empírica podría llamarse especialmente antropología práctica —entiéndase pragmática— y la parte racional propiamente moral (*Grundlegung,* 388).

Hagamos cuentas entonces: creo que, siguiendo a Kant, se nos van cruzando dos líneas de consideraciones y afirmaciones que ya debemos presentar lo más claramente posible. Primero: Hemos intentado ver *sub ratione unius* el orden de lo práctico o del uso práctico de la razón. Lo hemos visto *presidido* por el concepto o, más justamente, *Idea reguladora* de la libertad; *estructurado* en general como relación a fines *(Zwecke),* según principios determinantes de la voluntad, que pueden decirse, en general *Imperativen; articulado* en diversidad de planos resumibles en dos: técnico-pragmático/moral.

Pero, al mismo tiempo, esa unidad, llamemos vertical (que tiene su esquema crítico-metodológico muy kantiano en la arquitectura de la razón, que simetriza sus dos objetos: *Freiheit und Natur;* que reconoce dos metafísicas o filosofías puras y sus correspondientes partes empíricas), esa unidad, repito, del orden práctico, está atravesada, ahora horizontalmente, por la escisión puro/empírico; y esta escisión en el orden práctico está tematizada en analogía con la escisión libertad/naturaleza.

Esto segundo es indudablemente casi más kantiano aún, entendiendo ese *más* desde perspectivas de pulcritud metodológico/filosófica.

Nunca nos excederíamos ponderando el tremendo celo kantiano por la oposición puro/empírico aplicado al orden práctico. Ese celo aparece clarísimamente, por ejemplo, en la *Grundlegung*, en unos términos duros para con cualquier intento de visión unitaria de la acción (del uso práctico), como es el caso de Wolff en su *Allgemeine Weltweisheit*, que queda citado como ejemplo de quienes no distinguen los fundamentos de la acción representados *a priori, meramente por la razón*, y que son propiamente morales, de los (fundamentos de la acción) empíricos, elevados por el entendimiento a conceptos generales mediante la comparación de experiencias (*Grundlegung*, Vorrede, 390-391).

A mi juicio, estamos en un punto crítico. Evidentemente, a lo que puedo entender, constituye un punto crítico (*il fulcro*, diríase expresivamente en italiano) para la explicación del uso práctico de la razón, la relación entre esos dos modos de representación que acaban de ser descritos; o, de otra manera, entre la determinación práctica de la razón en sí misma moral y la fenomenalidad práctica de la razón, que procede según fundamentos representados a través de la experiencia. Y quiero decir, cuidadosamente, a través de la experiencia para no perder de vista ese «elevados a conceptos generales» que acabamos de leer.

Pero no pienso entrar *in directo* ni de frente en esta cuestión. Nos llevaría muy lejos en problemas que aquí tienen doctores. Mi cometido es, además, más esquemático y más general. Permitidme una huida aparente para pedir ayuda al propio Kant, haciendo entrar en juego la cuestión de la historia.

III. LIBERTAD-HOMBRE-HISTORIA

Pues bien, yo creo, de entrada, que los escritos sobre la historia de Kant, aparentemente vagos y poco rigurosos, en los que se registra rápidamente el tufillo de un hombre a vueltas con las cuestiones de la ilustración, cumplen dos funciones de cara a la temática del uso práctico de la razón. *Primera:* refuerzan plenamente el sentido unitario, estrechamente unitario, de integración, de los niveles de la acción, reconfirmando con ello el sentido antropológico integrador de toda la filosofía kantiana. Y cumplen además otra función más determinada: la de elaborar lo que podría llamarse la esquematización del concepto de libertad moral-transcendental, a través de la *Idea de hombre*, que asume una función efectivamente reguladora de todo el conocimiento práctico. Con esto quiero decir que el concepto o, mejor, objeto *hombre* de la *Antropología en sentido pragmático* tiene principalmente, si se quiere, un significado fenoménico/natural; pero, más allá de esa antropología, la idea de hombre funciona como idea reguladora, totalizadora del orden de la libertad cuyo «esquema» nos presenta la Historia. Con lo cual, si esto es así, la idea de la «historia universal» cumple la función de dar representación intuitiva a la unidad sistemática, desde el punto de vista de los fines, que la filosofía reconoce como su sentido último. Sentido último que se encierra en el hombre, en su completa determinación; sentido último que hace de la filosofía también últimamente *Moralphilosophie*.

Kant ha dejado muy claro en la *Dialéctica Transcendental* y precisamente al inicio también de la *Arquitectónica* —tan aludida por nosotros— lo siguiente: «Nadie intenta instaurar una ciencia sin tener en la base una *Idea*. Pero, una vez que la misma se ha trabajado, muy raramente, el esquema o, si se quiere, la definición que dio al comienzo de la ciencia se corresponde con la Idea» (A, 834; B, 863); lo cual se dice, entre otras cosas (ese «raramente...»), para potenciar aún más la importancia de la Idea, que queda distinguida así del esquema de la misma que sirve de comienzo.

Esto, en buen kantismo, es obvio y se entiende fácilmente en su aplicación, en el uso teórico de la razón. Kant, además, ha desarrollado estos principios metodológicos precisamente en su aplicación en el uso teórico, en donde la Idea que «acota» siempre el ámbito de una ciencia totaliza, como *Inbegriff*, un campo de la experiencia. Una espléndida ilustración o, mejor, concreción de este tema la tendríamos, por ejemplo, en el Prefacio de los *Metaphysische Anfangsgründe der Naturwissenschaft*, varias veces ya aludido, y al que me remito.

Sin embargo, estos principios metodológicos, en el ámbito del uso práctico de la razón, no son tan fáciles de aplicar.

En primer lugar, porque el escrutinio de la razón (ahora en el sentido del genitivo subjetivo) es aquí muy singularmente autorreferente. Dicho de otra manera: en el escrutinio del uso teórico, la relación de la razón a sus objetos —y recuérdese que por aquí empezábamos nuestra reflexión— es para determinar su concepto. Ahí la razón, en cuanto subjetividad fundante, reconoce su «pureza» precisamente en el reconocimiento del límite de su principiar —sólo en cuanto a la forma— el objeto. El uso práctico de la razón, por el contrario, constituye la pureza misma, la genuinidad de la razón. La crítica de la razón teórica libera a la razón de ilusiones y *Hirngespinste*, de exaltaciones de autopresencia, y la «entrega», por así decir, al baño saludable de la experiencia. La *KpV*, sin embargo, centra a la razón celosamente en su intocable pureza, en el aseguramiento de su realidad, al margen de impurezas, es decir, de determinaciones «patológicas» que se la arrebatan.

Pues bien, por paradójico que parezca, es el caso que la libertad en el sistema kantiano de la moralidad funciona en su calidad de dato primario o, mejor, de implicación fundamental de la determinación práctica de la razón; y podría decirse que más tal vez como elemento básico, desde luego, de la estructura de la moralidad, que como Idea reguladora de todo ese orden, primando en su significación conceptual la dimensión categorial-analógica de *causa incondicionada* (idea cosmológica).

En contrapartida, los escritos sobre la historia nos devuelven otra vez la perspectiva en toda su complejidad. Si nos referimos al más conocido y citado de todos ellos (el de 1784), nos ofrece, en primera impresión, una especie de proyecto de historia desiderativa y prospectiva, en términos de previsión biológico-social-política, que se refiere a «la completa determinación del hombre».

Por eso, de acuerdo con el modo como hemos planteado el asunto, tales escritos debieran interpretarse, de manera rigurosa, en analogía con el ejemplo de la ciencia de la naturaleza citado más arriba, como constituyendo unos *primeros principios (prácticos) de una ciencia del hombre.* Con lo cual, si esto se nos permite, creo que habremos situado, metodológicamente, en su lugar propio la cuestión de la *relación interna y necesaria* de moralidad y prudencia-tecnicidad.

De hecho, la obra sobre la historia aludida, la *Idea de una historia universal en sentido cosmopolita,* está constituida como una serie de enunciados llamados *principios.* Y estos principios no pueden entenderse sino como aquellos principios a los que se remite —como a condición de posibilidad— la realización o construcción de la libertad.

Reducidos a sus mínimos inteligibles estos principios nos dicen unas cuantas cosas: que el hombre es un juego articulado de *disposiciones:* su concreción e interrelación constituyen lo que llamamos el esquema de la libertad. Que el cumplimiento de las mismas se realiza como disponibilidad *poseída* de las mismas por los sujetos. Que esa realización es el tiempo-de-la-libertad. Que la representación de esa realización se proyecta como el relato retrospectivo/prospectivo de la historia. Y no hay relato sin argumento.

De todas estas afirmaciones, la verdaderamente relevante y matriz es la primera, que es la que *compendia* lo que significa la naturaleza «histórica» del hombre. Es además la que nos retorna a nuestro punto de partida de la oposición naturaleza/razón. Pues, si al comienzo hablábamos de «razón u hombre» como lo-que-no-es-naturaleza, ahora ese concepto desvela el núcleo de su sentido: se trata del punto *cero* de un *conjunto de disposiciones* que han dejado atrás la necesaria instintiva cárcel dorada pero uniforme y férrea de la naturaleza. Y este negativo o envés no es indiferente.

Más allá de esto o, mejor, como el respecto que no es sino «la representación *a priori* de la intuición que le corresponde al concepto» (Hombre) está *el argumento o la novela,* la novela que aparece en esta historia, como Kant mismo dice: me refiero a la concreción que da Kant al cumplimiento de las posibilidades o disposiciones. La «novela» no cabe duda de que es susceptible de recibir otros argumentos.

Siempre recibiría alguno por quien intentara una historia filosófica (es decir, una ciencia *filosófica* del hombre): y lo recibiría en dependencia de las representaciones empíricas que constituirían en cualquier caso, el esquema de la Idea. Pero lo importante sobre su carácter de historia filosófica pende del principio metodológico enunciado: estar elaborada según un hilo conductor *a priori,* avistando la completa determinación del hombre; estar pensada en su efecto propulsor, es decir, estar pensada *desde* la intención final que la razón persigue.

Quiero decir que es la aplicación de ese principio metodológico la que da sentido a los elementos o momentos del esquema que configuran esa historia; y que Kant ha descrito representacional o empíricamente como:

— constitución de una sociedad civil perfecta,
— sociedad de naciones, y/o
— paz perpetua entre las naciones...

Es el *Inbegrif* de este respecto —digamos— material o empírico, el que Kant tematiza con el término «plan de la naturaleza», «intención de la naturaleza», donde evidentemente naturaleza, ahora, significa *razón.* (Y me remito a los *principios* finales de la *Idea de una historia universal en sentido cosmopolita.*)

El «cumplimiento» del plan de la razón queda regulado desde lo que estamos llamando el esquema de la Idea del hombre, que ejerce una función reguladora o regulativa, en la medida en que *todo el trabajo de la cultura* y *todo el arte* (es decir, aquellos ámbitos de la acción técnico-pragmática) pueden relacionarse con el contenido de la Idea.

¿Qué queremos decir con esto? Que la «historia filosófica» se convierte en medida de la experiencia histórica real o de la historia efectiva y experiencial. Los distintos momentos efectivos de la historia real permiten ser interpretados en su respecto de «progresivos» o «regresivos», al margen de su localización en la serie del tiempo. De hecho, la serie de los hechos históricos es más bien un completo caos desde el punto de vista de una experiencia de la libertad (moral).

Pero la medida que es la historia filosófica tiene su sentido primero desde la exigencia *incondicionada* de la libertad, implicando, por tanto, una visión del mundo bajo la primacía de la ley moral. Es éste un punto que nunca se ponderará bastante. La «creencia» kantiana en un progreso histórico —y esta frase es demasiado ambigua o indeterminada— significa sólo y nada más —pero nada menos— que la exigencia crítica de denunciar (al *modo como* hacía la Dialéctica transcendental en la *KrV*) la ilusión que lleva a derivar las leyes *sobre lo que debo hacer,* de lo que se ha hecho, o de limitarlas, por la fuerza de esto último [12].

---

12 Véase *KrV* A, 319; B, 375. Ahora, la denuncia de la ilusión es una rebelión contra un «realismo» conformista y falto de coraje moral...

La historia, en sus realizaciones, puede ser «experimentada» en relación con ese fin *(auf diesem Zwecke)* de la constitución civil perfecta, por ejemplo, como argumento o esquema de la idea, desde el punto de vista, entonces, del aumento de los productos de su legalidad en las acciones debidas. He aquí la perspectiva para hablar de *progreso.*

El examen de la historia efectiva (la tarea del historiador empírico) recibe así una orientación sobre *el punto de vista de su interés,* es decir, de lo hecho en pro o en contra del sentido cosmopolita.

En todo caso, esta perspectiva, aunque sólo negativamente —por el carácter nouméntico de la moralidad—, lleva al hombre, en su acción *a través de la cultura,* a la moralización: «El hombre está destinado por su razón a formar una sociedad con los hombres, y en esta sociedad, a cultivarse, civilizarse y moralizarse».

En este punto yo diría que estamos casi al comienzo del asunto. Dos «cabos sueltos», de los que soy muy consciente, volverían a replantear casi *a radice* el problema o los problemas que he querido abordar. Pero ¿qué otra cosa es la filosofía? En atención a ellos, mi charla sólo es el recordatorio de unos materiales, con una provisional organización u orientación de los mismos.

Uno de esos cabos sueltos es el del concepto de *Endzweck,* que funciona en el contexto que hemos desarrollado, en relación también con el del Bien Supremo. Queda abierto el tema que no es otro que el de la incidencia de la religión en todo este asunto.

El segundo: la profundización en el concepto de *progreso* tan importante para llevar a buen término el tema kantiano de la historia. Quede para la segunda parte de este día, en manos de tan excelente conocedor de Kant como es el profesor Navarro.

Muchas gracias.

IV. ESTETICA Y TELEOLOGIA

18. CAUSALIDAD Y TELEOLOGIA EN KANT

por FÉLIX DUQUE
(Universidad Autónoma de Madrid)

I. EL PRINCIPIO DE LA RAZON DETERMINANTE

Este trabajo intenta mostrar los rasgos generales del problema de la causalidad en Kant, desde su dependencia de posiciones racionalistas ancladas en el principio de *inteligibilidad* (derivación gnoseológica del Principio de Identidad) hasta su orientación a intereses que guían de antemano la ordenación del flujo de entidades heterogéneas. O, dicho en términos lógicos y de historia de la filosofía, a la vez: se trata de mostrar cómo en Kant llega a distinguirse, por fin, entre los sentidos de condición *(Bedingung)*, fundamento *(Grund)* y determinación *(Bestimmung)*. Ello arrojará alguna luz, según espero, sobre la temática de la estrechísima dependencia existente entre las determinaciones lógicas y la realidad acuciante de problemas vivos, entre los que brillan los de orden socio-político. Mi investigación se integra, pues, dentro de un movimiento más vasto, que intenta recuperar el sentido *lógico* de la problemática *real*, más allá de toda esterilizante concepción de la lógica como ciencia vacía de contenido (con lo que deja *eo ipso* de ser ciencia).

En Wolff encontramos un claro ejemplo del ambiguo estatuto del problema de la causalidad: por una parte, se acepta que se trate de algo centrado en la *existencia* de otra cosa. Por otra, la causa no se limitaría a poner en la existencia algo (como *Dasein*, pues), sino que lo determina de algún modo *(Sosein)*. El contenido lógico de la causa pasa al efecto. Veamos en efecto la definición:

> *Causa* est principium, a quo existentia sive actualitas entis alterius ab ipso diversi, dependet tum quatenus existit [*Da-sein,* F.D.], tum quatenus tale existit [*So-Sein,* F.D.] [1].

En la definición van pues mezcladas la dependencia real *(influxus physicus)* y la lógica *(dependentia stricto sensu);* como además se aprecia por la calificación misma de causa como *principio,* esa mezcolanza encubre una primacía efectiva por parte de lo lógico; en efecto:

---

[1] Chr. Wolffii, *Philos. Prima sive Ontologia.* Ed. et curavit J. Ecole, G. W. II, 3, Hildesheim, 1977 (§ 881, p. 652).

Principium dicitur id, quod in se continet rationem alterius [2].

Y la razón o fundamento *(Grund),* a su vez, tiene que ver con la *inteligibilidad* de algo, según resulta palpable en la definición del famoso *principium grande:*

Per Rationem sufficientem intelligimus id, unde intelligitur, cur aliquid sit[3].

Kant rechazará por circular la explicación de *ratio* mediante *cur* (que equivale en efecto a *quam ob rationem*), y por ambigua la de *sufficientis*[4], cambiando así no sólo el título, sino el sentido mismo del principio. Siguiendo a Crusius, Kant propone denominar a aquél *principium rationis determinantis,* definiendo al respecto *determinatio* como:

ponere praedicatum cum exclusione oppositi[5].

y *ratio* como:

Quod determinat subiectum respectu praedicati cuiusdam[6].

Ambas definiciones son capitales, y remiten una a la otra. En la primera, la posición del predicado, de una nota lógica conveniente a un sujeto, implica por un lado la *inhesión* de aquél en éste y, por ende, exige ya una razón *(Grund)* para que algo sea determinado de una forma y no de otra. Por otro, la *exclusión* implica la presuposición de un universo o espacio lógico (como la leibniziana *région des vérités éternelles*), entendido como una integralidad de oposiciones. En la segunda, la de *ratio* o fundamento, el tratamiento es *sintético* (frente al analítico de la determinación): aquí se señala el *nexo* de relación entre inhesión (ideal de absoluta unicidad) y exclusión (ideal de absoluta universalidad). Al respecto, es importante hacer resaltar dos puntos: en primer lugar, la problemática se ubica ya resueltamente en el ámbito lógico, no en el existencial; en segundo, el tipo de nexo de dependencia corresponde a un orden *abstracto* del tiempo: la *ratio* es en efecto, o bien *antecedenter determinans:*

---

2 *Op. cit.,* § 866, p. 645.
3 *Op. cit.,* § 56, p. 39.
4 *Nova dilucidatio,* I, 393. Se cita siempre por la ed. de la Academia, con la acostumbrada excepción de la primera *Crítica (KrV),* citada simplemente como A (1781) o B (1787).
5 *Op. cit., Sec.* II, *def.; prop.* IV (I, 391).
6 *Ibid.*

> cuius notio praecedit determinatum, h.e. qua non supposita determinatum non est intelligibile[7],

o bien *consequenter determinans:*

> quae non poneretur, nisi iam aliunde posita esset notio, quae ab ipso determinatur[8].

En ambos casos *(ratio cur et quod)* se aprecia que es el *antes* o el *después* lo que *determina* a su vez al fundamento, y que éste alcanza a la verdad de las *proposiciones,* no de sus referentes (a pesar de la confusión precrítica que aquí se da aún, al hacer de la *ratio cur* la *ratio essendi vel fiendi*).

De esta manera, la matización del principio de razón hace entrar la ulterior distinción entre *posibilidad real o realidad objetiva* (la antigua *ratio cur*) y *posibilidad lógica* (la antigua *ratio quod*): una distinción ya presente en el *Beweisgrund* de 1763. Mas lo que resulta así expulsado de la doctrina es el concepto mismo de *causa.* Y, por otra parte, la definición del fundamento como presupuesto de inteligibilidad de algo, si lo separa con razón de la causa, lo acerca en cambio peligrosamente al concepto de *condición.*

II. CONDICION Y FUNDAMENTO

El peligro se convierte por demás en patente identificación en manos de Schmid, cuyo famoso *Wörterbuch* sirvió de difusión (y de fuente de confusión) del kantismo en la última década del siglo XVIII. Para Schmid, condición y fundamento son sinónimos, sin más:

«*Condición:* requisito, fundamento, se llama a aquello que debe ser presupuesto para entender o concebir otra cosa»[9].

Es claro que esta definición equivale a la kantiana de *ratio cur,* citada en nota 7. Como también lo es que, de esta manera, las precisiones críticas parecen convertirse en un puro juego conceptual, sin conexión con el mundo (salvo, quizá, por el lado psicológico).

Y sin embargo, el propio joven Kant había apuntado —sin exponerlo abiertamente— una distinción entre *condición* y *fundamento,* a través del doble sentido de la *determinación.* En efecto, ésta es el resultado de la posición del fundamento, como sabemos. Pero también sabemos que tal posición depende de la exclusión del opuesto por

---

[7] *Ibid.,* I, 392.
[8] *Ibid.*
[9] C. Chr. E. Schmid, *Wörterbuch zum leichtern Gebrauch der Kantischen Schriften,* Jena, 1795 [3], p. 80.

parte del predicado, y que esa exclusión viene *presupuesta*. Tal presuposición es, exactamente, la *condición:* el contenido lógico inmediato a que se refiere el fundamento, y que es presuposición de éste. La condición *es previa* al fundamento, mas sólo se *conoce después* de haber sido puesta por éste la determinación [10], en cuanto que es aquello que permitía el paso del fundamento a través *(durchgängig)* de las determinaciones. El ideal de cierre lógico sería: entendido como una condición última (incondicionada), presente en un sujeto de inhesión máximamente concreto por intensión, el fundamento se despliega *omnimode* (de nuevo, en alemán: *durchgängig*) como determinación. La cosa, como *omnimode determinata,* queda perfectamente de-finida, recortada, y cumple así todas sus posibilidades. En una palabra: *existe necesariamente.*

Así, y por extraña paradoja, la cerrazón lógica de la argumentación conduce a una absoluta revaloración del concepto *existentivo* de causa, bajo el modelo del *ens necessarium* como *causa sui.* Mas ello depende de la identificación —tenida como obvia por un Schmid— entre fundamento y condición. Por el contrario, el criticismo genuino no se limita sólo a mantener separados esos conceptos, sino que da *razón lógica* de la necesidad de esa separación. En efecto, a partir de la etapa crítica, el camino *antecedenter determinans* (de lo condicionado a la condición) y el *consecuenter determinans* (del fundamento a la consecuencia) *ya no son* especies inversas de un mismo género: la *ratio.* Existencia y fundamento no son extremos de un mismo camino, y sin embargo coinciden, se dan a la vez en el problema de la *causa.* Ya es posible anticipar aquí que el lugar, el *tópos* de coincidencia es la *teleología:* en efecto, en la causa final la *condición es la consecuencia,* y el *fundamento lo condicionado.* Lo teleológico permite pues el paso entre el orden existencial y el gnoseológico, sólo que en Kant —como es sabido— ese paso es meramente subjetivo.

III. LA RELACION DE DEPENDENCIA

Es necesario, empero, proceder primero analíticamente, dividiendo el problema según los *respectos* sugeridos por el propio Kant: el lógico y el estético trascendental.

[10] Kant no define nunca qué sea «condición» (a pesar del uso constante del término). Yo he procedido aquí, más bien, a una derivación de esa definición a partir de los términos relacionados. La distinción (que repite obviamente la de la *ratio cur —essendi—* y *ratio quod —agendi—*) se presenta muy significativamente en el caso de la *libertad* y la *ley moral,* que intercambian sus funciones de fundamento y condición según sean vistas en el orden real-práctico (libertad como condición, ley como fundamento) o gnoseológico (razón inversa). Cf. *KpV, Vor.* (V, 4, nota).

En el primer respecto, el fundamento se da en una relación de *dependencia,* propia de una *lógica de subsunción.* Sólo esa relación hace del juicio pro-puesta, proposición, *discurso.* En efecto, pensar es conocer conceptos (B 94/A 69); y éstos son predicados de juicios posibles, cuyo referente —desde el punto de vista trascendental— es la representación de un objeto *aún* desconocido. Al respecto, hay tres posibilidades de establecer una *relación* entre el sujeto presupuesto y sus predicados, a saber: la inhesión, la subsunción y la clasificación. Y sólo en el segundo caso se encuentra la base lógica de los otros dos, ya que sólo en la subsunción la presuposición de la inherencia y la disyunción de la clasificación (es decir, la máxima concentración y la máxima dispersión) encuentran un *nexo,* un paso. Ambas son, en el fondo, casos extremos (extremidades) de la única relación básica: la *dependencia.* Por eso la expresión de ésta es el *juicio hipotético* que, en realidad, consta de *dos* juicios y establece por vez primera una verdadera proposición *(Satz),* es decir, la pro-puesta de una conexión entre la pura presuposición (el sujeto como fundamento) y la pura posición de determinaciones autónomas (las notas del predicado, aisladamente consideradas). En el juicio hipotético se da pues la verdadera relación: la consecuencia o inferencia no está en efecto ni en la prótasis ni en la apódosis, sino en la *conexión necesaria.*

Mas si esto es así, se advierte que el paso entre fundamento y consecuencia no puede ya, a su vez, ser garantizado por uno de los extremos: se pasa del uno al otro *a condición* de que *se dé,* dentro de la relación lógica, algo que ya no es lógicamente deducible. Tal paso es, justamente, la *condición* (no en vano está el entero edificio trascendental basado en las *condiciones de posibilidad*). Y si ahora devolvemos al tiempo (de donde fueron abstraídas las determinaciones antecedente y consecuente, guardando aún su huella) la relación de dependencia del fundamento, y la vemos como secuencia de causa y efecto, podemos establecer provisionalmente una definición de causalidad, diciendo de ella que es *la condición de lo que sucede.* No la condición *para que* suceda algo, pues entonces reducimos la relación a consideración abstracta —artificialmente aislada— de posibles fundamentos sin secuencia necesaria y llamados encima, para mayor equívoco, *conditio necessaria* (necesaria, una vez dado ya el efecto, pero sólo lógicamente posible vista desde la causa), sino la condición *de* la secuencia misma.

El genitivo puesto aquí de relieve apunta a un territorio prelógico (la génesis de la lógica), y nos lleva al segundo respecto; la estética trascendental.

IV. EL TIEMPO DEL YO

En efecto, *que* algo suceda depende de la *serie* y el *contenido* del tiempo: ambos son, pues, condición de una secuencia. En primer lugar, sólo en cuanto que *dos* cosas son vistas como *iguales* (e.d., como cuantitativas) pueden ser luego consideradas como siguiéndose una de otra. Han de ser primero, obviamente, vistas bajo la figura esquemática del *número* dos. La primera condición de la relación causal es, pues, la de la síntesis de lo homogéneo *bajo* (lógica de subsunción [11]) la presuposición de una identidad última. Esa presuposición es para Kant, como es notorio, el Yo. Desde este ángulo, bien puede decirse que: «Yo engendro el tiempo mismo en la aprehensión de la intuición» [12], es decir, al *enumerar* ésta. Y esa enumeración es en efecto posible porque la *unidad numérica* que dis-curre a lo largo de la serie es una unidad *prestada;* la *conjunctio,* que es notada primero como repetición de la unidad —para abrirse luego a otras formas de enlace—, es un *actus* de la espontaneidad de la facultad de representación (B 130).

Así pues, el Yo *(número numerante)* posibilita la reproducción serial: crea enlaces, prepara mundo, pues: «sin conciencia de que lo que nosotros pensamos es precisamente lo mismo que lo pensado hace un instante, toda reproducción en la serie de las representaciones sería vana» (A 103).

Mas esa serialidad no establece sino lugares posibles; es necesario atender al *llenado* de esos lugares, a su *contenido.* Ese contenido, como ya vimos, se refiere a un objeto todavía (i.e., en el respecto trascendental) desconocido, pero del que al menos cabe *anticipar* dos cosas: primero, que su materialidad apunta fuera de sí: a una sensación en general (cosa del sujeto —empírico—) al igual que su concepto (cosa del sujeto —trascendental—) es excéntrico: indica, da señales de un ser en el tiempo. Tal es la definición de *lo real* (*das Reale:* B182/A 143). Lo real, lo *positivo,* aquello de lo que algo cabe decir, es pues el resultado de un doble punto de fuga: la sensación y el concepto. Ambos presuponen como condición lo mismo: el *sujeto.* Mas éste, lejos de ser el *ens realissimum,* es pura negación de lo real, pura *idealidad.* En efecto, el sujeto *no* es el fundamento de sensación y concepto, sino la disyunción, la separación entre ambos. Es lo *sujeto a* (lo determinado por) ambos: la conjunción *(Verbindung)* se da gracias a una

---

[11] El entero esquematismo —condición protológica de la lógica de subsunción— es visto por Kant como *subsunción:* «Daher wird eine Anwendung der Kategorie auf Erscheinungen möglich sein, vermittelst der transzendentalen Zeitbestimmung, welche, als das Schema der Verstandesbegriffe, die S u b s u m t i o n der letzteren unter die erste vermittelt» (*KrV,* A, 139 / B, 178).

[12] *KrV,* A, 143 / B, 182.

cortadura previa, que debe *poder acompañar* a toda proposición con sentido (esto es: conjuntada, bien enlazada), pero que no se da en una verdadera proposición —la cual, en rigor, sólo es la del juicio hipotético, como hemos visto— sino en el anacoluto: *Ich denke.*

Una escueta advertencia: según va haciéndose más compleja la *conjunctio,* con el paso de juicios, categorías y esquemas, va escindiéndose en la misma medida la protocondición: el Yo, hasta la rotura final de paradójica coincidencia en la dispersión y como ella: el juicio *disyuntivo* tiene la categoría lógica de *comunidad,* esquematizada como *interacción (Wechselwirkung).* Cómo y por qué la disyunción expresa la comunidad es algo que Kant no pensó, pero que a Hegel daría justamente qué pensar (compárese al respecto el final de la lógica de la esencia con el paso del silogismo a la objetividad, en la doctrina del concepto, dentro de la *Ciencia de la lógica,* de Nuremberg).

Volvamos a la argumentación principal: hasta ahora conocemos, como condición de la relación causal, un tiempo que, como el newtoniano, *fluit uniformiter,* y que está *llenado* en diferentes grados de intensidad (es el tiempo reversible de la foronomía y dinámica clásicas). Mas, para poder distinguir entre un (necesario) antes y un (necesario) después, es preciso *ordenar* ese flujo, establecer una irreversibilidad *presente* en el tiempo, mas ajena a su índole cuantitativa. En suma, es preciso *calificar,* determinar al tiempo mismo (a su vez, una determinación de las cosas).

V. POSICION *AD LIBITUM* DE LO REAL

Hay aquí pues un retorno de la *cualidad* en el seno de la cantidad misma: una re-flexión de la determinación que establece hiatos, cortaduras; lo separado es ahora, por esa reacción, *heterogéneo.* Ese retorno es la *causalidad,* cuyo esquema (regla de construcción) es: «lo real, a lo cual sigue en todo momento *(jederzeit)* algo distinto cuando aquél viene a ser puesto a voluntad *(nach Belieben)*» (B 183/A 144). Esta definición, densa como pocas, produce al pronto perplejidad. Es *lógico pensar* que esa cortadura (establecimiento de heterogeneidad) no se puede deber ni al tiempo mismo (puro flujo, como acabamos de ver) ni al Yo lógico (pues él se limita a acompañar, como Yo idéntico, a las proposiciones, sin poder llenarlas de contenido) ni a lo real (pues éste corresponde a una sensación *en general* —o sea, del mismo *género* que cualquier otra— y su concepto apunta a *un* ser en el tiempo; algo indeterminado, en ambos casos, incapaz de establecer determinaciones, e.d. cortaduras). Es *natural imaginarse,* entonces, que la secuencia de distinciones (la heterogeneidad) se deba a las cosas mismas. Mas esa imaginación engaña: si esperamos a que sea la cosa la que establezca la distinción, *ésta nunca se dará* [13], porque la distinción misma presupone la contraposición entre lo positivo y lo negativo, lo real y lo otro, sólo dentro de la cual es dable *re*conocer semejanzas y disparidades.

Sólo queda, entonces, profundizar en el sentido de ese *nach Belieben*. Al pronto, parece que se trate de una mera arbitrariedad, de la cual difícilmente se seguiría la necesidad de la secuencia. Mas lo arbitrario sería pedirle a la filosofía transcendental el conocimiento de un objeto *dado*. Esta trata del modo de conocer *a priori* objetos en general, sean éstos los que fueren. La *ocasión* de la posición de lo real es aquí indiferente, *ad libitum:* lo que Kant quiere señalar con ello es justamente la *precisión del contenido* y la consiguiente atención exclusiva a la pura *forma* de presentación, por una parte; por otra, que esa ocasión no se debe jamás al arbitrio de la cosa (algo sin sentido, claro está), sino a los *intereses* que guían histórica y socialmente a los hombres a parar mientes en un rasgo (elevado a inicio causal) de la cosa, en lugar de otro. De ahí la posición *a voluntad*.

Ambos rasgos, forma e intereses, constituyen respectivamente la base y el fin del conocimiento de la *experiencia;* sin ellos, ésta se disgregaría en sueltos grumos de empiría, sin conexión entre sí y, por lo tanto, tan fugaces como la atención a ellos prestada. Por su medio, en cambio, es posible dar un paso decisivo hacia la comprensión del tratamiento de la causalidad en la *Analítica de los principios*.

El centro de nuestro problema se da en la *segunda analogía de la experiencia*. Puesto que estamos en un ámbito dinámico (conexión de cosas heterogéneas), no matemático (composición de lo homogéneo), la analogía nunca puede ser cuantitativa, sino meramente *cualitativa,* en cuanto igualdad de dos relaciones cualitativas (B 222/A 179), proporción cuyo modelo general es el siguiente:

Las percepciones presuponen la unidad de la experiencia
c o m o
la síntesis empírica presupone la síntesis trascendental.

Contra lo que parece, aquí la incógnita se da en el primer miembro. Trascendentalmente consideradas, las percepciones en cuanto tales no pueden ser anticipadas sino en su carácter de llenado intensivo (grado) de la intuición. Pero pueden ser pensadas por analogía con la síntesis empírica, esto es, la *conjunctio* de representaciones en un juicio,

[13] No es que se dé sólo en algunos casos, de los que no quepa luego la generalización lógica. El problema de la inducción aquí aludido es tan notorio como falso: *primero* hay que decidir qué sean *en general* «algunos casos», esto es, cómo lo *idéntico* por subsunción bajo una regla (e.d., cómo lo que hace al caso) pueda distinguirse *específicamente* (cómo se particularice: se haga «algunos»).

el que se quiera *(beliebigen)*. De nuevo, este *ad libitum* presenta el doble respecto de la precisión del contenido (empírico) y de realce del orden desiderativo y volitivo. Y dicha síntesis tiene a su vez como condición la unidad sintética de la apercepción: ese elemento de unidad que brilla en toda multiplicidad *(Mannigfaltigkeit)* y que yo capto en el *Yo pienso,* entendido como *potencia de la necesidad* (lo que *debe poder —muss ... können—* acompañar a mis representaciones: B 131). Este Yo potencial resulta así elevado a base analógica de toda experiencia, por expresarse en una proposición extraña: una proposición (lado lógico) que, siendo *empírica* (lado de la experiencia), tiene un referente que *agrupa* en sí los dos respectos: es *inteligencia* consciente de su facultad de enlace (B 158), y *existe,* sin poder decir otra cosa (puro *Daseyn,* contra el *Soseyn* presupuesto por Wolff en su definición de «causa») sino que yo soy: *nur dass ich bin* (B 157).

La muda experiencia del SUM es así garante (mas no formadora) de la causalidad en el mundo. Y ello porque el Yo *proyecta* sobre los objetos, no la simple identidad muerta, cuantitativa, de la repetición, sino la *relación reflexiva* de la identidad consigo en la distinción de lo otro (cuyo modelo puro es justamente el *Ich denke:* más que una proposición, la pro-puesta *ad libitum* de toda proposición). Por eso dice Kant que en la *autoposición* del sujeto como Objeto (en el retorno a sí de la autoconciencia) se halla la condición de posibilidad de que todo objeto (*Gegenstand:* objeto empírico, frente al *Objekt* anterior) constituya una unidad absoluta en relación consigo mismo (B 471/A 443).

Ahora, la analogía —y su valor capital para la causalidad— resulta palmaria: así como todo sujeto se relaciona consigo sólo al ponerse como Objeto (es decir, al salir de sí y verse como determinante de sí mismo), de la misma manera se relacionará todo objeto consigo como unidad sólo cuando reciba como respuesta los efectos que él mismo ha producido en otro objeto.

Adviértase que, así, la protocondición de toda causalidad está *en* el sujeto pero no se identifica con él: al contrario, es la tensión que separa irreparablemente la inhesión y la subsunción, el fundamento y la determinación: lo que hiende al sujeto y hace de él unidad sólo en cuanto que, *espontáneamente,* es *receptivo;* en cuanto que se prepara para la donación (un sujeto *súbdito,* por lo demás, en busca de un Monarca, al cual sólo y siempre *a tergo* presupone como Sí mismo: *Selbst*).

VI. LA REGLA DE LA CAUSALIDAD

De este modo, y ciñéndonos aún más al núcleo del problema causal, ingresamos en la llamada *segunda analogía de la experiencia.* En principio, como ya hemos indicado al aludir a la posición *a libitum,* Kant viene a afirmar contra Hume que la secuencia de percepciones en la aprehensión no es jamás *observada,* sino *hecha.* Nada hay en la empiría que permita hablar de sucesión. Ni siquiera lo hay en la intuición pura, matemáticamente considerada ya que, allí, el *orden* de los puntos o instantes es indiferente. Al contrario: hay que decir más bien que es el establecimiento dinámico de un orden (de una jerarquía y, por ende, de una heterogeneidad) el que posibilita después la *observación* de algo, pues «disponer metódicamente la experiencia no significa otra cosa que observar *(beobachten)*[14].

Ahora bien, esta acción de poner la sucesión podría entenderse como algo *enteramente* arbitrario (no una arbitrariedad inicial, suprimida en virtud de la necesidad de las consecuencias), como ocurre cuando recorro temporalmente con la vista la figura de una casa que sabemos por analogía inmóvil dada la recurrencia, en definitiva, de los enlaces perceptivos en las distintas secuencias temporales que para su descripción cabe hacer. Esta secuencia subjetiva (expresable en un juicio de percepción) ha de tornarse en *consecuencia objetiva* de fenómenos en el reconocimiento conceptual (y expresable en un juicio de experiencia). El ejemplo aducido es el del descenso de un barco por un río.

Está claro que esa objetividad no es algo dado a los sentidos. Al contrario, el ejemplo no es sino el resultado de la aplicación en lo empírico de una *regla* necesaria de aprehensión (B 236/A 191): no hay nada en la naturaleza que muestre la necesidad de una consecuencia. La regla, por su parte, es la condición general por la que puede ponerse de manera *uniforme* algo múltiple (A 113), esto es: por la que se pasa de la indiferencia de los contenidos *graduales* de las percepciones a su ordenación irreversible. Lógicamente hablando, se trata pues aquí del paso de un fundamento a una determinación. De nuevo, la única potencia necesaria de uniformización de lo heterogéneo cognoscible *a priori* es la del Yo (que se sabe *distinto* y a la vez *determinante* de las proposiciones —en otro caso, de las percepciones— a las que acompaña). Es la *autoposición* del Yo *(sujeto como objeto),* pues, la garante del sentido lógico de la regla de causalidad (adviértase por lo demás que, justamente por tratarse de una necesidad *potencial,* el Yo garantiza sólo la *regla* de la causalidad, mas no la *ley* de la misma, lo que implicaría la necesidad de la posición).

1. Rasgos de la relación causal

De esa pro-puesta del *Ich denke* se derivan en efecto los rasgos generales de causalidad:

---

[14] *Ueber den Gebrauch...* (1788), VII, 161.

1) *Irreversibilidad de la secuencia temporal* (asimetría de la flecha del tiempo). La direccionalidad de la secuencia viene propulsada por el Yo en cuanto que éste precede lógicamente a toda cosa (a la que otorga sentido) y se reconoce, siempre *a tergo* como condición última. En sí mismo experimenta el Yo esta irreversibilidad ya que, al entregarse a la corriente del tiempo por él mismo engendrado, la vacía y puntual cláusula lógica se distiende, *discurre* como sentido interno: el Yo tiene así, en cuanto yo, una historia, y en ella diferencia entre curso del tiempo *(Zeitablauf)* y su ordenación *(Zeitordnung)*.

2) *Conversión de la secuencia en consecuencia* (del *Folgen* en *Erfolgen*). Esta conversión no es sólo *modal* (algo que, como ya antes se insinuó, entregaría un mero elenco de condiciones externas, *sine quibus non*), sino *material* (condición interna, *suficiente o determinante)*. No se trata, pues, de ir de la condición a lo condicionado (es decir, de confundir la causalidad con una deducción lógica), sino de ascender *tentativamente* de lo condicionado a su condición, buscando la causa entre las distintas condiciones necesarias posibles. Este punto es capital, pues revela que el presupuesto último del juicio *determinante* —propio del uso científico del entendimiento— se halla en el juicio reflexionante —propio del uso subjetivo, *teleológico*, de la razón—. Y a su vez se pone de manifiesto la *relatividad irreductible* de toda determinación, es decir, la apertura de las series ascendentes (origen, en la Analítica, de la antinómica de la razón).

3) *Regularidad de lo consecuente*. Se deriva directamente de la posición de lo múltiple bajo una *regla*, y garantiza la repetibilidad no tanto de los resultados cuanto de los presupuestos (de las causas aducidas para la explicación de un fenómeno).

4) *Influjo real (reale Einwirkung)*. El que la posición (cortadura) de la causa en el flujo temporal tenga lugar *ad libitum* no significa en absoluto que aquélla sea algo que a su vez sólo arbitrariamente (ficticiamente) cabe considerar como causa. Lo cortado —ordenado— es el tiempo mismo. Que la sustancia sea la fuente de su obrar (B 250/A 204) es algo que, en definitiva, se sigue por mero análisis, ya que los efectos presentes en un fenómeno (p.e., la acción de una fuerza o el modelado técnico de un material) remiten a otro como a su origen, sin que éste aparezca más que *analógicamente*, a través de la modificación del fenómeno receptor: paradójicamente, es el *fenomenalismo gnoseológico* (no fenomenismo) el que garantiza la validez de la búsqueda —siempre relativa, analógica— de causas y sustancias en el mundo de la experiencia.

5) *Inversión de la concepción humana*. No es la repetición de lo semejante la que nos lleva, por costumbre, a la creencia en la causalidad *(post hoc, ergo propter hoc)*, sino al contrario: la secuencia temporal (la degradación de lo dinámico heterogéneo a mera sucesión cuantitativa) es el resultado de *desatender* conexiones necesarias, *vién-*

dolas como meras condiciones modales. Por tanto: *propter hoc, ergo post hoc.* A todo cuanto aparece ligado, *compuesto* (nivel matemático) en la experiencia se le *debe poder dar razón,* es decir: considerarlo como *conectado* (nivel dinámico). Al igual que ocurría ya notoriamente en Aristóteles, lo primero para nosotros (lo sensible) es lo último en cuanto a la Cosa (lo inteligible), y viceversa. Ello significa que la relación causal es siempre algo que incita a la *búsqueda:* dentro de la constitución de la experiencia, ella es un *principio regulador.* Hace, en efecto, *realmente posible* (no sólo lógicamente) la experiencia, pero no la hace necesaria (necesidad la hay sólo en la disyunción-clasificación, como sabemos).

2. La autoconciencia como condición incondicionada

A ello se debía nuestra insistencia en considerar a la causalidad (contra expresiones desaliñadas del propio Kant) como una *máxima* de la investigación natural, como una *regla* para pensar el mundo como series *abiertas* de condiciones, y no como una *ley de la naturaleza.* O si se quiere decir con todo rigor: la ley de —o más exactamente, *en favor de*— la naturaleza dice que ella es sólo campo de aplicación de *reglas* (aplicación que da como resultado las —mal— llamadas leyes empíricas o leyes particulares) cuya validez está siempre presupuesta en el resultado (e.d., cuya causa sólo aparece —fenoménicamente— en el efecto). Por eso era el juicio hipotético la única proposición de verdad: él es la expresión lógica de una regla trascendental, a saber, la propuesta *(Satz)* de una presuposición *(Hypothese).* Lo único presupuesto por analogía (base heurística de toda investigación) es que los fenómenos del tiempo anterior determinan *toda existencia* del tiempo siguiente (B 244/A 199).

Así, el famoso y potente *principium grande* queda degradado a mera *regla,* a saber: la de que «*podemos* hallar en lo precedente la condición bajo la cual se sigue necesariamente el caso» (B 246/A 201; subr. mío). Tal es el fundamento (sigue Kant) de la experiencia posible. Nosotros debiéramos matizar, más bien: tal es la hipótesis de trabajo —común— desde cuya presupuesta condición es puesta la posibilidad de la experiencia.

Esa condición se halla *en* la experiencia (es la que hace de las percepciones en agregado un sistema unitario), pero no surge *de* la experiencia, sino de la *autoconciencia,* es decir, de «la representación de aquello que es la condición de toda unidad, y que sin embargo es ella misma incondicionada» (A 401; subr. mío). El único derecho con que la autoconciencia puede arrogarse esa incondicionalidad última manifiesta *eo ipso* un exilio, la apatridia del Yo trascendental: la autoconciencia paga su ultimidad con su *carencia de mundo;* ella no pertenece al mundo, pero tampoco se deriva éste *causalmente* de ella (ello equivaldría a confundir al Yo con Dios: una confusión [mal]intencionadamente buscada por los fautores del *Atheismusstreits* contra Fichte, que no *querían* o no podían atender a la idea del *orden moral del mundo* defendida por éste [15]). La autoconciencia es el presupuesto del sentido del mundo, pero, justamente por ello, no *es* la Razón del mundo (como si se tratara de un neoleibnizianismo trascendental), sino un *libre dar razón* (dar razones) del mundo.

VII. EL INSTANTE DADO A TIEMPO

Consecuencia inmediata de lo dicho se halla en el hecho, *prima facie* paradójico, de que la *causa,* en cuanto tal, no es algo que suceda *en* el tiempo, sino aquello que corta, *ordena* por vez primera al tiempo mismo. La causa se da *instantáneamente,* a una con el efecto (si no, habría un intervalo vacío *—actio in distans—* entre ambos: algo que contradice el continuismo garantizado por el Principio de las anticipaciones de la percepción). La prioridad de la causa sobre el efecto es lógico-trascendental (ontológica), no temporal: sólo *fuera* de la relación causal es visto el efecto como posterior a la causa (ambos quedan artificialmente reducidos a dos cosas aisladas, depuestos de su verdad de ser miembros de una relación que *da* tiempo). Por eso dice Kant que «en el instante en que el efecto surge por vez primera es simultáneo en todo momento *(jederzeit)* con la causalidad [esto es: con la acción, F.D.] de su causa» (B 248/A 243).

La paradoja se hace aún más aguda cuando atendemos a la definición *negativa* que da Kant del instante *(Augenblick).* Esto no es sino el resultado de una *desatención* buscada: la negación de una sucesión; algo máximamente *abstracto,* pues. Repárese en este texto capital: «La aprehensión por medio meramente de la sensación llena solamente un instante (a saber *[nämlich]*), cuando yo *no* tomo en consideración la sucesión de muchas sensaciones» (B 209/A 167; subr. mío). Sólo así, sigue Kant, es lo real —que, recuérdese, era la base de la causalidad— *aprehendido como unidad.* Y esa unidad, considerada como causa, en el *momento* (*Moment:* variación de estado por una fuerza, aprehensión instantánea: B 210/A 169). Pero entonces, la causa como momento no es una cosa, no es una sustancia, sino una *variación instantánea* (correlato en el nivel físico de la definición lógica de la *determinación* como posición de un predicado con exclusión de su

[15] *Vid.* la exhaustiva recopilación de Werner Röhr, *Apellation an das Publikum..., Dokumente zum Atheismusstreit um Fichte, Forberg, Niethammer. Jena 1798/99,* Leipzig, 1987.

opuesto). Es más bien al contrario: la variación separa, *decide,* entre sustancia y accidentes (fenómenos estos últimos de un substrato siempre presupuesto). La variación, e.d., la manifestación de la causa, es el *límite* que, al mismo tiempo *(zugleich),* posibilita el *ordo et connexio rerum et idearum.* Tal es justamente la definición *positiva* del instante: «Puntos e instantes son solamente *límites* [de espacio y tiempo, F.D.], e.d.: meros emplazamientos *(Stellen)* de la restricción *(Einschränkung)* de aquéllos» (B 211/A 170; subr. mío).

Tomadas ahora en su conjunción ambas definiciones del instante y traducidas lógico-trascendentalmente, todo ello no quiere decir otra cosa sino que la causa (acción *en masse*) no es sucesiva, sino *condición de la sucesión,* es decir: *constatación de la asimétrica repetición de una misma unidad de medida (regulada), engendrada y determinada por los límites.* La regla causal *abre* el tiempo desde algo que está *en trance* (*in Begriff,* según la profunda expresión alemana) de serlo, pero sin llegar nunca a tiempo. El efecto no sigue a la causa, sino que es *su* consecuencia. Pensemos esto en toda su fuerza: la causa *se* sigue (reflexión), *se* continúa *en* el efecto, y *como* efecto. Ella es, pues, *identidad en lo otro.* Pero nunca regresa a sí (no es *causa sui*) en lo por ella condicionado, sino que se va extinguiendo en ello. La medida de esa extinción es la *duración:* el tiempo es el intervalo *abstracto* que media entre la acción-efecto *(Wirkung)* simultánea, que se da en el instante del inicio, y la pérdida de influencia *(Wirksamkeit)* que adviene al instante de ser considerado *ad libitum (nach Belieben)* el efecto como desligado de la causalidad y, por ende, como *posible* nueva causa.

Esta degradación sólo tiene sentido si es vista como una pérdida, en efecto, de la circularidad reflexiva (propia sólo de la autoconciencia) y una caída de ésta en la linealidad de la inercia (propia de las acciones mecánicas). Ello debería ser obvio, si no fuera por la beatería con que se acostumbra a hacer de Kant un *filósofo de* (o sea, en favor y en vista de) *la ciencia,* en vez de caer en la cuenta de que él, como todo *pensador,* ve a la ciencia como un *factum,* esto es, como algo hecho que precisa de explicación filosófica. La ciencia tiene sentido desde y por la filosofía, no a la inversa. En este caso concreto: la mecánica y dinámica clásicas, y su rasgo capital: la causalidad (y su privación: la inercia), son explicadas desde la *autoconciencia,* es decir, desde aquello que sólo *da razón* de sí al dar cuenta de lo otro. Es el Yo, en efecto, el que se de-limita a cada instante (sentido interno), haciendo surgir, por *negación* de esa puntualidad (la negación de una desatención y abstracción, esto es: la negación de la negación), la continuidad garante de la sucesividad. Y sólo por el Yo, que engendra (matemáticamente) al tiempo y lo ordena (dinámicamente) se garantiza la *ley fundamental (Grundgesetz)* de la naturaleza (o mejor: establecida en favor de algo así como naturaleza): la *lex continui in natura* (B 254/A 209). Dinamismo: una *misma* extensión (*das Substantiale,* el sustrato de lo real) puede tener *distinta* intensidad gracias a la cortadura de-limitante que la causa es. Inversión de la perspectiva: el fundamento (lo matemático: número y grado) de la experiencia es puesto por la condición de ésta (lo dinámico: causalidad). La constitución remite a la regulación. Y a su vez, lo dinámico remite a la sede del instante: la proto-posición del Yo como *espontaneidad de la receptividad,* como condición *(Bedingung),* incondicionada *(unbedingt)* por no ser cosa *(Ding),* sino lo abierto a ellas.

Cabe ahora preguntarse si en nuestra investigación hemos llegado ya, al fin, al agudo extremo que da razón de la causalidad. Así, desde luego, *parece.* Pero se trata en efecto de una apariencia. Pues queda sin explicar por qué, para ser receptivo (en definitiva, para *sentir*), es necesario presuponer una espontaneidad que no impone, sino que *acoge* (o, más bien, que se prepara a la acogida). Es necesario, en suma, ver al Yo como manifestación en el respecto teórico de una absoluta anticipación de sí en el mundo, de una absoluta *identidad en la alteridad.* Tal es justamente la única *causa de verdad:* la posición del Yo en el mundo como no siendo de ese mundo, esto es, como lo suprasensible que *se continúa* en lo sensible. Tal es, en definitiva, *la libertad.* Con ella iniciamos una segunda circunnavegación.

VIII. IRRUPCION DE LA LIBERTAD

La tesis aquí defendida es: Kant se ha visto urgido a (o mejor: estaba *interesado* en) degradar a *regla* su antiguo *principium rationis determinantis* para establecer como *ley* de la naturaleza algo que no es natural (lo cual no es sino una ilustración de la intención general: poner coto al saber teórico para dar lugar a la fe práctica: B XXX).

En efecto, resulta altamente significativo que, dentro ya de la Dialéctica transcendental, en el tercer litigio *(Streit)* de la razón consigo misma, reaparezca el adjetivo *hinreichend* («suficiente») para referirse a la ley natural. Dice así el pasaje (contenido en la prueba de la tesis): «Ahora bien, la ley natural consiste justamente en que nada sucede sin causa suficientemente determinada *a priori*» (B 474/A 446). Si tomáramos esta sentencia en todo su rigor, habría que concluir que, entonces, nada sucede, porque la suficiencia de la determinación no puede darse en la naturaleza y como algo natural (siendo los límites de todo ente natural algo variable y fugaz). Al contrario, lo que en la naturaleza se da es el regreso al infinito en las condiciones de la serie ascendente. La única razón suficiente sería aquélla que se determina a sí misma a la acción, sin estar condicionada por otro influjo.

Por eso es poco matizado y hasta inexacto lo que se nos dice en la antítesis, a saber que la libertad es una «especie particular de causalidad, esta espontaneidad» (B 473/A 445). Como si existiera el género causalidad, con las dos especies: física y libre, que coexistieran quietamente, adyacentes. Pero la espontaneidad no está al lado de la causalidad, sino que es su *Urbild,* su modelo. La única causalidad de verdad, la única que es *ley* y no meramente regla, es la libertad. Por eso, la fórmula general de la tesis no dice que haya *otra* causalidad al lado de la natural, sino que para *explicar* los fenómenos *todos* del mundo es necesaria la causalidad por libertad (B 472/A 444). Y ello porque solamente ésta es condición suficiente absoluta. Las demás clases de causalidad son estimadas según su capacidad de remedo de la autodeterminación.

Y al igual que, en el respecto teórico, el acceso a lo estrictamente filosófico se cumplía en el paso de la síntesis empírica a la trascendental, también aquí se prepara Kant a *dar razón* de un hecho: el de la libertad *práctica,* algo sentido en la experiencia misma como independencia de todo influjo físico (así pues, como la determinación de una exclusión). Este hecho, al pronto puramente negativo, tiene empero a la base la espontaneidad, e.d., la *libertad trascendental:* la capacidad para iniciar por sí mismo, en el instante, una serie de consecuencias. Aquí, el concepto de causa se arista y matiza con una precisión que en vano buscaríamos en el territorio teórico: la causalidad *natural* tiene una consecuencia necesaria, mas su fundamento no es sino un mero *fenómeno elegido ad libitum* por los intereses de la investigación y la práctica; del *deber,* en cambio, no se sigue necesariamente un efecto (de ahí la posibilidad de imputación y responsabilidad), pero su fundamento —la causa *(Ursache)* como cosa-originaria *(Ur-sache)*— es en cambio la necesidad *en persona:* el concepto (B 575-6/A 547-8).

Desde esta perspectiva superior *(Standpunkt),* la tercera antinomia se revela como mera apariencia: lo negado en la tesis y en la antítesis *no* es lo mismo, sino cada uno de los lados o respectos de la relación de causalidad; en la antítesis se atiende exclusivamente a la *consecuencia,* según una regla (necesidad externa), que establece —de abajo a arriba— que cuanto sucede procede necesariamente de algo (aun indeterminado); en la tesis, se atiende en cambio a la ley de generación del *orden* del tiempo (de arriba a abajo): espontaneidad como comienzo absoluto de una serie de variaciones de estados. Cada respecto remite al otro, pero la primacía corresponde al lado práctico: en él se da la presuposición de toda posición, lo *anhipotético* de Platón. Sin ello sería imposible pensar regulativamente las series causales y, por ende, la ciencia natural misma caería por su base.

En la experiencia se da sólo una necesidad *relativa.* La necesidad de la libertad es empero *suprasensible:* por eso su manifestación en las series del mundo es sólo posible. La causalidad física precisa de la libertad como guía y regulación; la libertad precisa de la causalidad natural para *darse realidad,* tiene que ser *explicable como si* estuviera injertada en la cadena determinista. Desde el lado de la naturaleza, ello entraña la *disponibilidad* de ésta para recibir la causalidad (correlato físico de la trascendental espontaneidad para la receptividad).

IX. REFLEXION DE LA LIBERTAD EN LA NATURALEZA

La causalidad natural encadena cambios según la representación de un Objeto (al límite, un Objeto trascendental: el sujeto agente que se considera a sí mismo como libre). Y su acción necesaria abre la experiencia *posible.*

La libertad realiza, establece cambios según el Objeto de una representación (la de la autoconciencia como Yo determinante, independiente de influjos sensibles). Sus efectos son posibles en la experiencia *real.*

Así pues, la primera causalidad es relativa, y tiene su condición última en la segunda: la autoconciencia (respecto teorético). La segunda, la libertad de acción *(Handlungsfreiheit)* es comparativa: es valorada según grados, y tiene su condición última de ejercicio en el Objeto de la primera: la libertad trascendental del sujeto agente (*Willensfreiheit,* libertad de voluntad); (respecto práctico).

Punto culminante, ahora, de la argumentación en Kant es la irreductible convicción de éste (frente a un Hegel y sus secuelas marxistas, especialmente engelsianas) de que es *imposible pasar objetivamente de una a otra causalidad* (lo cual no es sino otro modo de decir que no se trata de dos especies de un género, asumibles por ende en un fundamento común, sino que la causa natural es resultado de una *degradación abstracta* de la libertad). De esta posición estrictamente lógica se derivan consecuencias reales, y especialmente sociopolíticas, de alto bordo: nunca la naturaleza (en la que se procede de las partes al todo y el tiempo se distiende ordenadamente) llegará a ser convertida en libertad porque ella no es sino la imagen deformada, unilateral, de ésta (que procede del todo a las partes, y en la que el tiempo *se da* desde la intensidad del instante).

X. FUNDAMENTALIDAD DE LA FUERZA

Pero si, en su mutua remisión, ambas son irreductibles (e.d., no es posible su composición), sí es posible empero —pues sin ello no existiría experiencia alguna— *reflexionar* sobre un ejemplo de su *conexión* (enlace de lo heterogéneo), que en la empiría misma se exhibe. En general, no es posible conocer en ella, en cuanto tales, sustancias (el plural mismo es equívoco, como sabemos por la primera analogía de la experiencia), ya que lo en ella presente son sólo referentes de regulación. Lo mostrado en la experiencia no es en el fondo ni sustancia ni causa, sino la *transición* de una causalidad presupuesta a una sustancia, por esa causalidad puesta; es decir: la *fuerza (Kraft)*.

El estatuto de las fuerzas es en Kant fluctuante: a las veces lo entiende como relación entre sustancia y accidente [16]; otras, con más rigor, como causalidad de la sustancia (en el doble sentido del genitivo: lo que causa una sustancia, lo causado por ella: B 676/A 648; B 250/A 205). La fuerza es la conexión *(Verknüpfung)* efectiva de la causalidad, la base de las *realitates phaenomena* (B 329/A 273). Y en cuanto tal, en cuanto fundamento de las relaciones de las cosas en el espacio, las llamadas *fuerzas motrices* ordenan el *systema naturale,* el ámbito de la experiencia. Pero en cuanto que las fuerzas se explican igualmente como relación entre dos categorías, e.d., como *predicables* deducibles de la tabla categorial, remiten a su vez en definitiva a la protoposición del Yo como unidad sintética de las categorías, y son pensadas como despliegue de las *Grundkräfte* (fuerzas fundamentales: en alemán, las facultades básicas de representación, como el Juicio y la imaginación, son también *Kräfte,* fuerzas). Y de la misma manera que las causas exponen en el tiempo la necesidad (vana) de buscar una causa última (la libertad no es ya causa *del* mundo, sino *en* el mundo: determinación de sí, y, en cuanto tal, *condición última del mundo* por exclusión de éste [17], así también esas fuerzas (facultades) fundamentales incitan a la búsqueda de una *Grundkraft* originaria, búsqueda que, si alguna vez se creyera satisfecha y cumplimentada, conduciría irremediablemente a la *subrepción:* haber tomado un *ens rationis ratiocinatae* (B 347/A 291), una idea regulativa, por principio supremo de derivación (inversión del proceso: confusión del *regressus transcendentalis* con un *progressus* desde un *fundamentum inconcussum;* en definitiva, confusión entre condición y fundamento).

Ahora, los diversos hilos que hemos ido analizando se van anudando: recuérdese que la expresión lógica de la relación de dependencia era un juicio hipotético. Pues bien, la necesidad de esa idea regulativa es, dice Kant, puramente *hipotética* (ello es obvio: no expone sino la extrapolación asintótica de la causalidad). Su pro-posición primera es libre; lo que de ella se sigue, necesario: sin ella no habría entonces ninguna razón; sin ésta, ningún uso empírico del entendimiento (que es el que hace de la experiencia un todo coherente); sin éste, ninguna nota *suficiente* (*hinreichend:* recuérdese el principio de ra-

---

16 *Ueber den Gebrauch...,* VIII, 181.

17 Recuérdese la definición de *determinare* en la *Nova dilucidatio:* posición de un predicado (aquí, la libertad del sujeto) con exclusión de su opuesto (aquí, la necesidad natural). Cfr. *supra,* nota 5.

zón) de la verdad empírica y, sin ello, en suma, sería imposible presupone validez y necesidad en la unidad sistemática de la naturaleza (B 679/A 651).

Lo interesante es advertir que en esa propuesta originaria (siempre *a tergo*) de la *Grundkraft* coinciden idealmente fundamento y determinación: ambos extremos pasan sin resto el uno al otro. No se trata pues de una fuerza motriz, sino *formadora*[18]. Hay que pensar el edificio doctrinal kantiano *como si* de esta fuerza última dependiera la posibilidad de conexión entre naturaleza y libertad: por ende, ella sería la condición, de consuno, de la ciencia natural y la moralidad. Pues es por su medio como se construyen (de manera *análoga* al esquematismo) *modelos de traducción* de las determinaciones de la naturaleza en condiciones materiales de la libertad, ordenando el tiempo según una Idea de Totalidad.

Pero esta idea sería un concepto vacío sin objeto (*nada,* pues) si de ella no tuviéramos un *ejemplo* en la experiencia que nos da qué pensar, que nos incita a reflexionar: «Según su fundamento de determinación, nosotros conocemos empero fuerzas de este tipo a través de la experiencia y sólo *en nosotros mismos,* a saber, en nuestro entendimiento y voluntad como causa de la posibilidad de ciertos productos enteramente dispuestos según fines, a saber: las *obras técnicas (Kunstwerke)*[19].

Aquí, el ejemplo no es un caso de una ley dada (como en el juicio determinante), sino al contrario: algo puesto *(ex-emplum)* que incita a reflexionar sobre sus presupuestos. La *técnica humana* tiene a este propósito (paralelamente al estatuto de la fuerza) un doble sentido: 1) *teóricamente,* sus acciones son resultados de la aplicación a la naturaleza de la razón técnico-práctica que, en cuanto tal, no es sino la proyección en el mundo de la razón especulativa (que habla aquí, muy significativamente, como *imperativo hipotético*): sus decisiones obedecen al Juicio determinante; 2) *prácticamente,* sus acciones presuponen una naturaleza conforme a fines *(zweckmässig)* a los que, en cuanto naturaleza externa, parece sin embargo ajena. Lo extraño estriba en que ella *permita esa imposición.* ¿Cómo es posible pensar esa permisividad?

XI. LA SANGRE DEL ARTESANO Y LOS RENUEVOS DEL ARBOL DE LA VIDA

Falta en efecto una analogía última: de la misma manera que la espontaneidad de la autoconciencia es la condición incondicionada que

[18] Cfr. Joh. Fr. Blummenbach, *Ueber den Bildungstrieb,* Gotinga, 1782.
[19] *Ueber den Gebrauch...,* VIII, 181.

hace posibles la libertad práctica y, por ende, el determinismo causal, así también desde el respecto natural es preciso pensar una condición *correlativa:* que los fines se conformen a la actividad finalística *(Zwecktätigkeit)*. De acuerdo con ello la Naturaleza, como un Todo, es subjetivamente considerada como un Artesano que obrara sobre sí (pensemos, aristotélicamente, en el médico que se cura a sí mismo) en vista de fines propios: *Técnica de la Naturaleza*[20]. De esta manera, lo contingente de la naturaleza (la mera empiría) es visto como algo *sujeto* a una legalidad finalística que ya no sería ajena al territorio de aplicación. *Así la teleología es la reflexión de la libertad sobre la causalidad natural.*

Puesto que su *fuerza* estriba en un Juicio, en una decisión, esta última condición que es la teleología no es principio de derivación o determinación: al contrario, es la propuesta de posición de un Todo coherente (trasunto natural de la *omnimoda determinatio* como ideal de cierre de la lógica de subsunción), sobre el cual cabe luego cortar, excluir opuestos por la determinación *de cada caso*. De la teleología no depende nada (si así fuera, de la condición que es un juzgar, un separar, se haría un fundamento de unificación): pero todo se explica *a condición de* presuponer su validez; a saber, alcanzan sentido:

a) la *regularidad* del acontecer natural (y, en el plano científico, la posibilidad de repetición experimental);
b) la *determinación* de los fenómenos (o sea, la posibilidad de inhesión de notas en un sujeto presupuesto como *hypokeimenon:* una determinación universal se in-scribe y recorta en lo particular);
c) la *derivación* continua de los fenómenos (*casus datae legis:* lo particular se subsume *bajo* lo universal: posibilidad del método deductivo);
d) La *isomorfía* del tiempo (exposición *(Darstellung)* estética de lo lógico; la sucesividad —única dimensión— entraña el estar a cada *instante* fuera de sí: continua posición funcional de variables; posibilidad de matematización de lo empírico).

La pregunta última sería, ahora, si es absolutamente preciso pensar al artesano, al *technítés* de la naturaleza, como un *entendimiento extramundano*[21], y si de esta manera no rompemos más bien el presupuesto incondicionado, a saber: que el cuerpo de aplicabilidad no sea ajeno, distinto a la forma de la acción (problema análogo al de la continuidad de la causa *en* el efecto, cuando se trata de un acto libre).

Aquí, en mi opinión, llegamos a los límites del pensar kantiano.

---

20 *Vid. Erste Einleitung zur KU,* XX, 219.
21 *Ueber den Gebrauch...,* VIII, 182.

Lo que aquí no se toma en consideración es el sentido último de la metáfora del *artesano,* que obra según fines porque *necesita* de lo externo a él —pero modelado según exigencias propias, *ad libitum*— para seguir existiendo. La reflexión kantiana es unilateral: va siempre y sólo de la libertad a la causalidad natural. Pero para la *realización* de la libertad, para que ésta se encarne y tenga peso, influencia, es necesaria la *reflexión* de la naturaleza misma, y no su mera conformidad. Kant se pregunta sólo por la posible *extensión* de una máxima en ley, pero no por la opción del *contenido* de esa máxima (lo cual no es sino la *realización* del problema lógico de la relación entre denotación *(Umfang)* y connotación *(Inhalt),* como se aprecia por la sinonimia de los términos alemanes). Dicho abruptamente: Kant no parece haber atendido suficientemente a la *interiorización de la naturaleza* en el sujetó libre, es decir, al hecho de que la libertad se da como *condición* de relación de interdependencia entre deseos e inclinaciones, por una parte, e incitaciones externas, por otra. Es preciso reflexionar aún sobre ese último *bucle de retroalimentación.*

Es verdad que, en el *Opus postumum,* apunta Kant a una *Grundkraft,* la fuerza vital *(Lebenskraft),* cuya manifestación *(solicitatio)* serían los actos desiderativos de las sustancias corporales *(Begehrungen der körperlichen Substanzen,* XXI, 213). Con ello, se confiesa implícitamente que la espontaneidad de un ser corporal (y el hombre es *corporal, leiblich,* en grado excelente) para obrar según representaciones de Objeto a él pertinentes no *basta;* hay que preguntarse por esa *pertinencia* (*Zusammengehörigkeit,* en terminología heideggeriana). Y si, de nuevo, recordamos el *Leitfaden* de toda nuestra argumentación: la determinación como *posición de una exclusión de lo opuesto,* y la vida es vista como facultad de determinación, ¿qué contrario, qué opuesto es el que queda excluido de esa posición, sino la *muerte*? La vida es pues actividad de exclusión que necesita de la constante interiorización de lo opuesto: la carencia de vida —*Leiblosigkeit*—, la *inercia* que, junto con la persistencia, es la base de la ciencia natural [22]. Kant ha considerado, es verdad, los dos extremos: la libertad y la inercia (el determinismo de la naturaleza); pero ha olvidado el proceso dialéctico, el *lazo espiritual:* el bello vínculo exigido por Platón en el *Timeo* y por Goethe en el *Fausto.*

Y, sin embargo, en el propio Kant se hallan indicios suficientes de un camino intermedio, más fecundo que el de ese rígido enfrentamiento entre libertad y naturaleza, y más *natural* que el del paso sólo subjetivo del Juicio reflexionante. En efecto, en la tercera *Crítica* (*KU,* § 64) se habla de una *finalidad externa relativa,* sobre cuyo sentido bien podría haber reflexionado el regiomontano, en vez de verla como mera transición a la finalidad interna.

---

22 *MA, Mechanik. Lehrs.,* 3, *Anm.*

En efecto, la finalidad externa *relativa* (última y más alta aparición del problema inicial de la *relación*) expone el continuo restablecimiento natural del equilibrio por adaptación de cada ser a su entorno, según las exigencias del medio. Se da aquí un continuo trasiego, una *compensación* previa a la finalidad interna (movimiento cumplido en la individualidad) y externa (relación recíproca de fin y medios en los organismos). El espléndido símil ofrecido al respecto por Kant (la más bella de las *ideas estéticas,* la raíz de los mitos de Occidente, desde el árbol de la vida del *Génesis* al *Ygdrassil,* el roble del mundo, para los germanos) es en efecto el del *árbol,* una *totalidad sin unidad:* el término medio entre la unidad puntual del *sum* personal y el todo potencial sin unidad (las series del mundo). En él se dan, no sólo la correlación (de determinaciones) y la generación (de condiciones), sino también, y sobre todo, la regeneración, el *renuevo* por *injertos* (un símil que permite pensar la continuidad de la libertad *en* y *como* mundo).

Es más, la idea estética del árbol permite el paso reflexivo de la naturaleza a la sociedad, pensada como una *res publica* en la que cada miembro sería *fin en sí mismo* si y sólo si a la vez y en el mismo respecto fuera *medio* para la realización de la humanidad [23] en su persona y en la sociedad, de consuno.

Por eso dice Kant que se tiene en poco a la naturaleza como organismo cuando se la considera como *analogon* del arte (de la técnica, como antes vimos), pues entonces el artífice es pensado como ajeno a ella, y fuera de ella [24] (un reproche que habría que volver, pues, contra el propio Entendimiento extramundano propuesto por Kant). El símil aquí utilizado (contrapuesto al del árbol) es el producto típico de la época moderna (y tópicamente usado ya por Descartes, Fontenelle, Leibniz y tantos otros): el *reloj.*

Por el contrario, más ajustado sería pensar a la Naturaleza —dice— como una *analogon de la vida.* Y aunque asombrosamente afirma Kant que, hablando con exactitud *(genau zu reden),* ello no tiene analogía con ninguna causalidad de que tengamos noticia [25] —sin notar así que la causalidad por libertad conduce de inmediato (al fin, es su abstrac-

[23] Esta es una fecunda contradicción dialéctica presente literalmente en Kant, mas sobre la que no se ha reflexionado suficientemente, en buena medida a causa de la insistencia kantiana en el valor independiente de la finalidad en sí. Pero al menos un pasaje clave dice abiertamente otra cosa: «Dass in der Ordnung der Zwecke der Mensch... *Zweck an sich selbst sei,* d.i. niemals blos als Mittel von jemandem... ohne *zugleich und hiebei* selbst Zweck zu sein...», (*KpV,* V, 131; segundo subr. mío). No puede ser casual que Kant haya elegido aquí justamente las dos precisiones establecidas por Aristóteles para el principio de no contradicción: «al mismo tiempo, y en el mismo respecto». No se deja, pues, de ser medio cuando se es fin.

[24] *KU,* § 65, V, 374.

[25] *Ibid.,* V, 375.

ción) a la idea de vida, segun he intentado mostrar—, añade al punto una famosa nota sobre la Revolución Americana (entendida por algunos, con poco fundamento histórico, como referida a la Revolución francesa) en la que se alaba el establecimiento de magistraturas de acuerdo con el principio regulativo de la *Organisation*. Aquí, en efecto, en una *res publica* vista como organismo (que poco tiene que ver con la lamentable y espuria concepción de una llamada *democracia orgánica,* sufrida no ha mucho en nuestros pagos), encontramos la máxima expresión en el mundo de la armonía entre causalidad y teleología: frente a la rígida sujeción medieval al monarca (según la analogía, el alma rige al cuerpo como el rey a su reino) y el absolutismo de los inicios de la Modernidad (una causalidad *determinista:* el mandato se extiende a todos los engranajes por comunicación mecánica de presión y choque), Kant apunta así a una organización social en la que sólo cabe ser reconocido como *fin en sí mismo* en la medida en que se esté en conexión, como *medio,* con el cuerpo social, y en la que sea posible la interiorización de lo ajeno y extraño mediante *injertos* que revitalicen el conjunto: una *volonté générale* surgida por la continua reposición de diferencias y divergencias que se sirven de la causalidad mecánica para la realización de fines que, *por serles* propios, justamente superan su individualidad, y corrigen a su vez la tendencia inerte a la disgregación atomística. Seguramente, un sueño; mas quizá sea un sueño que no esté aún completamente *ausgeträumt*.

19. ESTETICA Y TELEOLOGIA EN LA *CRITICA DEL JUICIO*

por EUGENIO TRÍAS
(Universidad de Barcelona)

I

Se intenta, aquí, ilustrar algunos hitos de la búsqueda tradicional de un fundamento estético, con la intención de revelar el gran vacío que adviene cuando ese fundamento es radicalmente cuestionado, decidiéndose así el rumbo del arte en el seno del «movimiento moderno». Para ello se evocarán algunos de los pasos contados que conducen a ese vacío, iniciando una retrospectiva en relación a la *Crítica de la capacidad de juzgar,* de Kant, en la cual se abre esa grieta del «fundamento» aun en el mismo empeño por buscarlo y hallarlo.

¿De qué trata la *Crítica del Juicio* y cuál es la materia o el tema sobre el que gira o el objeto que se investiga en ella? Aquí comienzan las perplejidades, pues pocas obras de filosofía le parecen, a este respecto, tan desconcertantes. Parece como si se tratara de una obra sin tema y sin objeto, precisamente porque en ella hay varios, siendo difícil entender su estricta conexión. Es una obra sorprendente y misteriosa, un duro bocado para la exégesis y la crítica o para su correcta lectura y comprensión.

Se pueden entrever en ella varios centros de gravedad. Comienza siendo un tratado de estética, pero luego aparece un curioso tratado de biología y termina con una reflexión de gran altura en el más extranjero de todos los campos, la teología. ¿Qué tienen que ver las cuestiones relativas al arte y al gusto estético con los dilemas biológicos en torno a modelos mecanicistas o teleológicos para comprender los seres vivos, objetos de reflexión de toda historia natural o de lo que modernamente llamamos biología? Y por último, ¿qué tiene que ver todo esto, ya de suyo difícil de relacionar, con la búsqueda de alguna prueba indirecta relativa a la existencia de Dios?

La obra tiene tres lecturas posibles: 1) Cabe establecer el centro de gravedad en la *estética;* entonces la reflexión biológica daría un soporte al hecho artístico al trazar una analogía de fondo de éste con los «seres vivos». El objeto estético asume la *forma* de éstos. La reflexión, o el juicio reflexivo teleológico, en torno a la biología, desplegaría el contenido que subsiste como soporte de esa forma. El objeto estético asume sólo la forma de un organismo viviente: forma peculiar de lo vivo que es su inmanente finalidad, su organicidad e idoneidad, su *Zweckmässigkeit.* Idoneidad, adecuación consigo, entelequia, finalismo inmanente: eso será el ser vivo ante un posible juicio reflexionante teleológico. La obra de arte retiene sólo la forma de este contenido. El objeto estético se presenta ante el juicio estético como «finalidad sin fin».

2) Cabe establecer el centro de gravedad en la biología, en el juicio reflexionante teleológico. Entonces la estética es una reflexión previa y proemial que induce, a través de la forma y del placer ligado a la sensibilidad, un juicio del entendimiento relativo al contenido del ser vivo. La estética es *Estética trascendental* que, como en la *Crítica de la razón pura,* prepara una *Analítica trascendental* relativa a las leyes de la naturaleza (idóneas y adecuadas a las leyes de la razón). Sólo que aquí la naturaleza ya no es concebida causalística y mecanicísticamente, sino que es reflexionada, en el juicio reflexionante teleológico, como naturaleza viviente. Kant, aquí, abriría la brecha de la ciencia natural romántica. Desbordaría el mecanicismo racionalista en un concepto orgánico, vivaz y artístico de lo físico.

3) Cabe, por último, colocar como centro de gravedad la expansión teológica final: la *Estética* y la *Analítica* preparan ese acorde final o ese *tutti* orquestal teológico: pruebas estéticas e intelectuales de un posible modo por aproximarse a la existencia divina, premonitoria del giro romántico. Frente al Dios artesano platónico, frente al Dios Gran Arquitecto masónico y racionalista, frente al Dios relojero newtoniano y mecanicista, se abre la apasionante idea, idea regulativa, objeto de un juicio reflexivo, de un Dios Artista. Un Dios Gran Artista inspirador de las ideas estéticas que actúan como arquetipos, paradigmas o normas ocultas e inconscientes del obrar del genio, es decir, del sujeto creador, y del juzgar del sujeto cultivado y con educación estética, y cuya productividad genuina, cuya obra de arte específica, la constituye la naturaleza viviente, la naturaleza orgánica (finalísticamente concebida por el juicio reflexionante).

Se propone a quien desee leer esta maravillosa joya de la filosofía de Kant que piense en el nexo absoluto, en la relación intrínseca, en el anillo que forman estos tres centros de gravedad: se refuerzan mutuamente, se apoyan unos a otros, se soportan unos a otros, configurando un edificio de una arquitectura singular que levanta el vuelo sobre sólidos cimientos y que es a la vez una estética, una biología y una teología entrelazadas de inédita originalidad. Pero es sobre todo la búsqueda crítica y metódica de un *fundamento* (fundamento de la estética, de la biología y de la teología), lo que en el texto principalmente se debate.

La *Crítica del Juicio* arranca con una distinción entre dos modalidades de juicio: los *juicios determinantes,* que son aquéllos ya indagados en las dos críticas anteriores, los que especifican áreas objetivas de experiencia, demarcaciones o distritos de ésta, las áreas del conocer y de la praxis, o de la legalidad natural y de la legalidad moral, o de la ley causal y del imperativo categórico, y una nueva modalidad de juicios que se descubre al comienzo de esta Crítica y que le da a ésta su tema y su objeto de investigación, los llamados *juicios reflexionantes* o *reflexivos*. Esta obra unitaria, radicalmente unitaria, en la medida en que toda ella, desde el principio hasta el final, es una investigación, rigurosamente llevada a cabo, explorada metódicamente y de forma escalonada, del ámbito en el cual se despliegan los *juicios reflexionantes*. Por ello urge ante todo saber en qué consisten éstos.

El juicio reflexivo o reflexionante carece de un marco de referencia legal desde el cual brota y se expansiona. O mejor dicho, la ley de la cual deriva se desconoce. El juicio reflexionante sólo dispone de *lo que es del caso* en su crasa factualidad dada. Se atiene a datos singulares. Debe atenerse al dato singular, al caso, y debe *reflexionar* acerca de aquella posible «ley» que concede universalidad ejemplar y consensual al caso. Pero esa reflexión no trasciende ni desborda el ámbito de la subjetividad. No puede hipostasiarse en forma de ley objetiva o de área específica y regional desde la cual brota cierta experiencia de objetos. Esa reflexión parte del sujeto y vuelve a él. El juicio que brota en ese movimiento de la reflexión no especifica un área objetiva legal sino tan sólo el vacío jurídico al que sólo puede accederse como determinación posible de un caso singular-singularísimo.

Este vacío jurídico sólo puede ser rellenado por la apelación *ideal* a un consenso comunitario o a un *apriori* de convivencia en la cultura y la *Aufklärung*. Cierto «sensorio común» cifrado en la educación y el cultivo del ejercicio facultativo del discreto discernir constituiría quizás dicho *apriori*. El *apriori* del juicio reflexionante es *de derecho* la Ilustración, la *Aufklärung*. A ella remite toda la familia de los juicios reflexionantes. Porque se trata de una familia lingüística, o de una familia de juicios, dentro de los cuales destacan dos modalidades de juzgar. Ambas modalidades están hermanadas en el modo en que la una prepara a la otra o en que la segunda da un fundamento a la primera: son el *juicio estético* y el juicio *teleológico*, el *juicio de gusto* que discierne, dentro del orden azaroso y puntual de las sensaciones de placer y dolor, un objeto cualificable como *objeto estético* (lo bello, y también lo sublime) y un *juicio intelectual*, preparado por la indagación estética, que discierne acerca del sentido, orientación y finalidad *(telos)* perceptible en la naturaleza, en el supuesto postulado «orden del mundo», pero a partir de la manifestación de la naturaleza en objetos singulares que se nos ofrecen con su específica vivacidad y forma orgánica: los seres vivos.

Dentro del orden azaroso del placer y del dolor se descubre así un «placer de la inteligencia» que recrea aquella gran intuición platónica descubierta en el tardío diálogo del *Filebo:* el *placer y la inteligencia* pueden *mezclarse*, pueden llegar a formar mezcla *(meikton)* ya que existen placeres no motivados por el estricto interés sino que desbordan de éste en la forma de *placeres* intelectuales. El juicio estético kantiano se cobra, en referencia al gusto y al placer/dolor, un placer de estas características: *placer sin interés.* Este despierta, en interacción con el juicio, en razón de un objeto cuya ley inmanente y cuya finalidad no puede ser determinada. Pero sí en cambio puede captarse la *forma* de dicho objeto: será la *forma* de una finalidad, cuyo contenido se desconoce. Será la *forma* de una finalidad cuyo «fin» se ignora. Será la *forma* de un finalismo sin fin, de una idoneidad y organización interna que, sin embargo, carece de fin inteligible. La norma del objeto regula la forma del mismo como forma orgánica pero se desconoce la *norma* que determina el *contenido* de esa *forma.*

Ese *contenido* es explorado en la indagación del *juicio teleológico.* Este discierne cierta norma que sólo puede juzgarse de forma reflexiva: la finalidad y el orden del mundo en que se engarzan y articulan los seres vivos, la trama de organismos vivientes que en su compleja y sinuosa «evolución» y «metamorfosis» forma la gran sinfonía de una naturaleza captada reflexivamente como organismo viviente. El organismo vivo, el ser vivo, es el *contenido* del cual el juicio estático capta únicamente la *forma.* El ser vivo da a ésta su fundamento intelectual. Pero ese fundamento ya no puede ser captado de la forma. Ese contenido es objeto de otro juicio reflexivo, un juicio intelectual que no discierne en términos de placer/dolor, o que no se registra en forma de gusto estético o de placer de inteligencia sino como puro y simple juicio de la inteligencia. Pero dicho juicio sólo puede brotar preparado por el juicio estético placentero y desinteresado. Este muestra la forma. Aquél, el juicio teleológico, que así lo llama Kant, reflexiona sobre el sentido que posee el contenido de dicha forma. Dicho contenido es el ser vivo, el organismo vivo y singular, *este* ejemplar singular de animal o de planta. Y en última instancia, la naturaleza entera reflexionada como organismo viviente, como ser vivo, como gran *acontecer singular* o única sinfonía que se despliega en los amplios movimientos correlativos a la evolución de las especies, evolución anticipada por Kant en esta obra tardía.

Pero no acaba aquí la aventura indagadora del campo propio de los juicios reflexionantes. El *movimiento* reflexionante del juicio llega más lejos. Ese *movimiento,* que tiene por primera estación o primer peldaño la determinación y fijación de la *forma estética* de una finalidad desconocida y que tiene por segunda estación o segundo peldaño la determinación del *contenido* o del *fundamento* que puede reflexionarse en el sujeto en relación a dicha forma (el contenido finalístico de una naturaleza que ya no se concibe en términos causalistas o mecanicistas sino como organismo viviente), ese *movimiento* conduce a una gran culminación. Una culminación teleológica. Todo este movimiento es el movimiento de una *demostración, demostración* para la cual se han tomado toda suerte de precauciones crítico-trascendentales. Esa demostración, cuya premisa estética abre el cauce al término mediano, término medio de la demostración, que es el juicio teleológico, culmina y concluye en una conclusión para la que se han dado «pruebas» estéticas y teleológicas: la postulación de un Dios-Artista. Ese «Dios» se reflexiona como lugar vacío en términos objetivos pero como figura pensable en y desde la inmanencia del movimiento judicativo reflexionante. Un Dios-Artista que revelaría al Dios-Artesano platónico, al Dios Gran Arquitecto Masónico, al Dios «relojero» del modelo mecanicista y causalista que parece desprenderse de Newton y del propio Kant de la *Crítica de la razón pura*. Un Dios-Artista cuya existencia sólo puede ser discretamente reflexionada por el «discernir discreto», cultivado e ilustrado. Un Dios-Artista que delinea la figura del último fundamento y soporte que da forma al finalismo detectado en el objeto bello y sublime, que da norma (inconsciente y desconocida) a la remoción de *ideas estéticas* que promueve la productividad del *genio,* y que daría *causa productiva* a esa naturaleza orgánica que desde esta teología teleológicamente reflexionada puede concebirse como *obra de arte con contenido,* como finalismo, como ser idóneo consigo en la articulación de sus miembros o partes hasta constituir el todo orgánico que sería el «orden del mundo». Kant apura así la cuarta y quinta vía de la prueba de la existencia de Dios, canónica en la tradición tomista, tomando precauciones que abren la brecha radical y revolucionaria de lo que será la futura ciencia y teología de la naturaleza románticas. Apunta a un Dios que no es ya un artesano sino artista, que no es *inventor ingenioso,* sino *genio creador.* Un Dios que es norma y principio, *inteligencia arquetípica,* de arte y naturaleza. O que sanciona la identidad, que el romanticismo y Schelling postularán, entre la natural genialidad artística y la artística genialidad natural. *Natura sive Deus sive intellectus.* Naturaleza naturante, si quiere decirse así. Naturaleza creadora. O divinidad trascendente cuya obra de arte consiste en dejar que la naturaleza actúe según sus propias pautas creadoras, como si fuese un genio inmanente al devenir finalístico mismo del orden sinfónico que se despliega a través de la evolución misma de sus especies.

Se intenta aquí sintetizar el contenido de la *Crítica del Juicio,* de Kant, sin ahuyentar su intrínseca dificultad. Se puede advertir la complejidad temática que encierra. Muchos son sus puntos de interés con referencia a la estética. Se destaca ante todo el enroscamiento de la obra entera en torno a lo que en ella Kant denomina *juicio reflexionante.* En las páginas anteriores se ha intentado plasmar esa unidad que la obra adquiere en relación a esa modalidad de juicio o a ese «movimiento de la reflexión» del que se desprende una demostración (indirecta y sólo válida para el juicio subjetivo de la reflexión) de la existencia de Dios cuya premisa es la estética y cuyo término medio es la reflexión en torno al finalismo biológico de la naturaleza (teleología). De ello se deriva, como conclusión del silogismo, un «Dios-Artista» que abre la vía regia de la teología romántica de la naturaleza y del arte, la que transitará la *Naturphilosophie,* el idealismo objetivo romántico del primer Schelling y el idealismo mágico de Novalis. Esta teología, precedida por esa biología finalística sugerida por el concepto (subjetivo y reflexivo) de una naturaleza concebida como organismo abre asimismo lo que Gode von Aesch denomina, en un libro excelente, la ciencia natural romántica.

En Kant y en el romanticismo que prosigue y lleva hasta las últimas consecuencias los planteamientos de la *Crítica del Juicio* se advierte un último intento por fundamentar la estética en un concepto renovado de naturaleza y en soportar ambas, estética y ciencia de la naturaleza, en su fundamentación teológica. Por última vez en la historia de las ideas estéticas, esas que en Occidente tienen su origen reflexivo en el pensar filosófico griego y particularmente en Platón y Aristóteles, se intenta hallar una fundamentación a la estética en Naturaleza y Dios. Después del episodio romántico, y especialmente a través del idealismo absoluto de Hegel (y de las inversiones y subversiones de ese idealismo absoluto en la sociología crítica de Marx, en la metafísica pesimista de Schopenhauer, metafísica de la *voluntad,* y sobre todo en la metafísica de la *voluntad de poder* de Nietzsche), la estética pierde definitivamente ese doble fundamento. Deja de soportarse y de descansar en el cerco físico o en el cerco hermético. En Hegel la estética se deslinda radicalmente de la naturaleza. Se instituye como *teoría del arte.* Tiene por objeto *lo bello artístico.* La propia «belleza natural» se concibe como una proyección del espíritu sobre la naturaleza entendida como medio neutro (desde el punto de vista estético-espiritual). En cuanto a Dios, es sencillamente el *sujeto* de la historia del mundo, el *sujeto* que transmigra de país en país, de pueblo en pueblo y que se consuma y realiza como espíritu del mundo, espíritu mundial, *Weltgeist.* El arte es la forma sensible a través del cual se manifiesta de modo inmediato, en figura, esa Idea hegeliana que es el sujeto inmanente de las migraciones históricas: demiurgo de la historia y su progreso. El arte es, para Hegel, la tensa y difícil síntesis, la precaria armonía y adecuación entre esa Idea y la Forma sensible en que se manifiesta. En torno al conflicto que trama la existencia misma del arte en su evolución histórica, Hegel desglosa tres épocas, etapas o estadios de esa tensa relación, según el papel preponderante que ejerzan uno y otro de los términos (idea y forma) puestos en relación. Al principio la idea (de lo divino inmanente) se halla indeterminada y es captada por rudas formas sensibles (formas arrancadas de la elemental percepción de la naturaleza); es el primer estadio: Hegel lo llama *arte simbólico-oriental*. Existe, sin embargo, un «momento» (de cortísima duración) en el cual la idea y forma se compenetran radicalmente y son absolutamente *conmensurables:* es el momento del *arte clásico griego*, o del clasicismo ático. La idea se agota en la forma sensible que la manifiesta y ésta contiene y muestra la totalidad y plenitud del *contenido* de aquélla. Por una vez en la historia del arte y de la estética, forma y contenido se equilibran. La idea (de lo divino) sublima el rudo contenido naturalístico del estadio anterior en una forma ideal antropomórfica que se plasma regiamente en la gran escultura clásica griega. Pero ese momento es frágil y quebradizo. En seguida decae (en realismo y alejandrinismo) dejando vía abierta a un nuevo modo de captación formal de la idea de lo divino. Se entra así en el tercer y último estadio, al que Hegel llama *arte romántico-cristiano*. Ahora la idea de lo divino es demasiado rica, compleja y poderosa para poderse captar adecuamente a través de formas sensibles. La idea desborda toda forma. La idea se adentra en la interioridad radical del espíritu subjetivo. El Dios no habita ya templos y estatuas, como en la «religión estética» griega, sino que habita el centro del interior del sujeto, tiene su casa y su hogar en el corazón del hombre, no en su corporalidad atlética y olímpica, la que cantaba Píndaro y plasmaban Mirón, Plaxíteles o Fídeas. El Dios cristiano, como recalca Pablo de Tarso, no necesita templos ni estatuas. El interior del hombre, su corazón, constituye el verdadero templo y la verdadera estatua. El sujeto de la comunidad de creyentes, de la *ecclesia*, del ágora o asamblea de cristianos, ése es el verdadero templo del espíritu y la verdadera estatua de Dios. Como dirá más adelante Agustín de Hipona, «en el interior del hombre habita la verdad». En consecuencia, el arte deberá siempre reflejar, desde el cristianismo hasta la modernidad que el propio Hegel anticipa y vaticina, pasando por el episodio medieval, renacentista y postrenacentista, esa lentísima y milenaria agonía crepuscular del arte en la cual la idea espiritual, forjada por el cristianismo, es decir, por la religión del sujeto, se despide progresiva y melancólicamente de toda forma sensible, manifestando a través de esa misma forma sensible ese movimiento agónico de despedida. La forma y la figura sensible manifiesta entonces, como contenido del arte cristiano-romántico, esa nueva y compleja inconmensurabilidad de la idea espiritual. Se retuerce de forma *expresionista* manifestando su imposible adecuación a la idea o contenido que nos quiere transmitir. Desafía los soportes y cimientos mismos que la atan a la sensibilidad y a la tierra, levantando aéreas catedrales que expresan su desapego con relación a las fuerzas de la tierra y a sus centros de gravedad. Son gestos a través de los cuales, de forma por vez primera expresionista, se quiere captar lo *inconmensurable,* «lo que cerca está pero es difícil de apresar» (Hölderlin). Con el arte cristiano-romántico se inicia el apasionante tema, planteado por vez primera por Hegel en sus *Lecciones de estética,* de la *muerte del arte.*

«Muerte del arte» significa el desfondamiento de toda pauta o fundamento desde el cual puede establecerse el criterio de valor y de sentido que distingue las categorías estéticas (bello/feo). La estética, con el Movimiento Moderno, existe en el marco de ese desfondamiento o de esa «crisis de fundamentos»: el fundamento está vacío porque «Dios ha muerto». Esto es lo que a continuación se va a mostrar.

II

Podía situarse la modernidad bajo la advocación de aquella célebre frase de Nietzsche, «Dios ha muerto». Por consiguiente, el fundamento está vacío, el fundamento está tachado. Es característico de Mallarmé el hecho de que el Absoluto que se busca es precisamente aquello que no puede ser enunciado o que no puede ser dicho: lo inefable. La expresión de ese Absoluto exige un modo de presentación muy particular, que es por resta, sustracción o eliminación. Mallarmé se ve en la obligación de mostrar la página en blanco salpicada de unos islotes de significación truncada que en realidad el propio blanco anula en cuanto a su significación. Los últimos poemas de Mallarmé están mostrando esa página en blanco, pero esto que Mallarmé inaugura se encuentra acaso, tendencialmente, en todas las artes de la modernidad. Los métodos para llegar a ese cerco encerrado en sí, a ese «centro» que está tachado, pueden ser muy diversos: en el caso de Mallarmé se produce por sustracción de significación, por eliminación o bien por condensación, por creación de una especie de islotes, de frases literalmente sueltas que van salpicando el texto de tal modo que todas están intentando decir aquello que no puede ser dicho, que es precisamente lo que queda sugerido por la página en blanco. Una *ascesis* de idéntico carácter se descubre también al sujeto del método como *esencia* de la música moderna. En las *Variaciones opus 29,* de Webern, se puede advertir que toda la voluntad de esa música consiste en quedar absorbida en aquello que precisamente constituye el *límite* mismo de la música, un límite que en cierto modo es lo que abre la posibilidad misma del discurrir musical: el *silencio.* Se absorbe toda la composición en el silencio, pero de tal modo que ese silencio adquiere una especie de relieve y de *presencia* que es lo específico de estas microcomposiciones de Webern. Hasta el punto de que ese silencio de una manera extraña empieza a hablar, a cobrar sonoridad y presencia musical palpable. Así como la pintura a su modo también tiende al *blanco sobre el blanco,* en cierta manera el silencio de Webern se va modulando y va presentándose como una extraña gama de *silencios* (en plural). Las notas van quedando ahogadas y absorbidas en ese silencio, de manera que éste adquiere en cada variación una especie de presencia distinta. La música, en el caso de Webern (uno de los casos más específicos y característicos de la obra musical en la modernidad) pretende precisamente marcar esa referencia estética hacia ese lugar, lugar del límite, con el cual la música limita y que sin embargo es aquello que da sentido a toda la música, el *silencio,* revelador del cerco encerrado en sí mismo. Las *Variaciones opus 20* son *variaciones sin tema*, cosa inédita en la historia de la tradición musical; son variaciones en donde es imposible localizar el tema aquél que de alguna manera se va variando en cada variación. Es decir, únicamente lo que se encuentra es una especie de hueco, de hueco silencioso, que es lo que soporta o aguanta el variar de esas variaciones, que sin embargo *son* variaciones.

Por métodos distintivos y en artes diferentes sucede que esta búsqueda del Absoluto (es decir, de algo que no esté condicionado por nada) concluye en un límite radical. Lo mismo se halla en el terreno de la novelística y por un terreno quizá opuesto o inverso al que sigue Mallarmé en el campo de la poesía.

Sería el caso de Joyce. Lo que Mallarmé logra a partir de sustracción y resta, es decir, mostrarnos la página en blanco, Joyce lo logra por acumulación y multiplicación. En el fondo Joyce busca lo mismo, el *centro inaccesible*, al que nombra irónicamente con formulaciones escolásticas, tomistas; busca la «forma de todas las formas», o la «inteligencia que se piensa a sí misma», «Dios» en última instancia, pero ese Dios «que ha muerto» y cuya *sombra atrae al artista moderno*.

Todo el *Ulises* puede ser concebido como circunvalaciones en torno a esa especie de «forma de las formas» a la que no puede accederse. No es sugerido ese centro descentrado a través de la eliminación y de la resta, como ocurre en Mallarmé, sino por la multiplicación, por la suma, a base de contornos de frases y más frases que se van encadenando en una auténtica espiral a través de la cual, de pronto, emerge una especie de *epifanía* que nos revela ese «centro agujereado».

Pero con lo dicho no se han localizado aún todos los elementos del arte moderno o de la *esencia* del arte moderno. Podría seguirse esta pesquisa y esta búsqueda de ese *camino ascético* en otros artistas y en otros campos artísticos. Se ha aludido a la pintura y la alusión es válida para todas las artes plásticas. También en el campo de las artes plásticas y de la pintura lo que se busca es aquello que llamaba Marcel Duchamp de modo irónico (pero con esa *ironía afirmativa* que caracteriza a toda su práctica) la *dimensión «n»*, esa especie de *última dimensión* desde la cual *se proyectan* y *se despliegan* sus construcciones, especialmente el *Gran Vidrio*. El *Gran Vidrio* lo considera Marcel Duchamp una proyección de una dimensión «n», dimensión oculta del cerco encerrado en sí, dimensión que se concibe vacía (es propio de la modernidad que la transcendencia se piense vacía). Hasta podría decirse que toda la obra de Duchamp, y desde luego, todos sus *ready-mades*, son mostraciones, presentaciones, revelaciones (o *epifanías* en el sentido de Joyce) de esta dimensión última, dimensión «n», según la llama Duchamp. El problema es que el artista, cuando quiere de alguna manera designar esta especie de referente último de la obra de arte, designa el vacío. Esto es algo característico y notable y una constante de la modernidad en arte: cuando se radicaliza esta *ascesis estética* nos encontramos con el vacío. Eso le sucede al músico cuando quiere, como el *Doctor Faustus*, Adrian Leverkün, en la novela de Thomas Mann, compendiar una pieza musical en un solo acorde. O incluso ahogar ese acorde en el silencio. Sería ésta la última voluntad a la que aspira la música de Webern. O una poesía que nos deja ante la página en blanco. O una pintura, como la de Maliévich, que nos deja ante el *blanco sobre blanco*. Lo mismo podría encontrarse en todas las artes, que terminan en un horizonte letal. Pero letal por ascesis, por búsqueda de lo imposible, como es traer a presencia (absoluta y sin reserva) el cerco encerrado en sí.

Se diría, en conclusión, que no hay verdadera obra de arte moderna si este vacío final no queda sugerido. Es decir, si esta referencia *ascética* hacia un *más allá* o una *transcendencia* no tiene lugar, y por lo tanto esa tensión que ello conlleva, tensión *erótica*, y si esa tensión erótica en algún sentido no desfallece ante la imposibilidad de un empeño, que queda frustrado debido a que esa transcendencia que quiere ser revelada comparece al fin como vacío. No hay arte moderno sin esta tensión, sin la sugerencia de esta tensión. Ahora bien, con esto no se ha agotado la *esencia* del arte moderno. Se necesitan más rasgos para llegar a determinar la obra de arte moderna. O, mejor, se precisa de *síntesis* de varios rasgos.

Mientras el fundamento tiene esta característica de *vacía transcendencia*, el objeto tiene la siguiente característica: *tiene que ser un objeto desconsoladamente neutro y trivial*. Es más, este elemento neutro y trivial debe quedar específicamente subrayado: debe ser trivial hasta lo neutro. Quizás quien más lejos ha llevado este subrayado es Marcel Duchamp, que en algún sentido da el *paradigma* de modernidad en arte. El *ready-made* expresa esa voluntad *anestética*, la voluntad de eliminar lo estético, no ya lo bello, sino también lo feo, no ya lo sublime sino también lo ridículo; de llegar al neutralismo más absoluto en arte. Eso es precisamente lo que el *ready-made* expresa como símbolo: esta voluntad de desneutralización, voluntad de adecuación a objetos desconsoladoramente vulgares, de objetos que tienen una expresa vocación de insignificancia o en los que la dualidad entre lo significativo y lo insignificante queda neutralizado. Ahí se encuentra otro de los rasgos de la modernidad en arte.

El *Ulises* de Joyce puede ser releído como la enciclopedia de todas las banalidades, descritas y relatadas con una sorprendente minuciosidad. Páginas enteras centradas en una escena que, quizás, se reduce a la aparición del personaje, Stephan Dedalus, deambulando en torno a la playa, mirando si le espía alguien, porque lo que desea hacer (y al final hace) es hurgarse la nariz. Este pequeño detalle de la vida cotidiana del personaje ocupa un tiempo de narración que en la lectura es mayor al tiempo que se sugiere en la narración. La acumulación de detalles y elementos con los cuales es rodeada una escena de tal trivialidad es inmensa, infinita: se trata de captar lo Absoluto anonadado en la total insignificancia.

En la tensión entre este objeto completamente trivial y neutro y este fundamento completamente inaccesible y que se revela como una transcendencia vacía, en esta tensión, que es infinita (es una tensión *de abismo)*, en esa tensión circula, quizás, el rasgo más característico del arte moderno. Esa tensión se descarga con ironía y humor trágico. Habría arte moderno cuando esa tensión quedase sugerida, cuando en una obra (del género y del campo artístico que sea) está significado de algún modo este referente que es una vacía transcendencia inaccesible, pero está mostrado y plasmado como piel, como *pellejo*, como *lugar* en donde eso se muestra, y como *objeto*, en un ser desconsoladamente trivial. Esta tensión que dimana de ambos «polos magnéticos» es característica de la gran creación moderna: en esa tensión se aloja uno de sus rasgos definitorios, distintivos, el que distingue la obra de arte en su esencia moderna de la obra de arte previa a la modernidad. Es algo que no encontramos ni en el gran arte del siglo XIX, ni en siglos anteriores. Un arte que por vocación, todo él, descarga esa infinita tensión en un *gran chiste trágico*. El arte moderno tiende a promover una infinita descarga (humorística, irónica) de esa tensión en un audaz chiste trágico.

Es la sensación que puede tenerse cuando se entra en la aventura de Marcel Duchamp, cuando se penetra en el laberinto del *Ulises* de Joyce, cuando se leen los textos sueltos de Beckett, cuando se oyen las composiciones musicales de la escuela de Viena, o de otros grandes músicos como Stravinsky, Shostakovitch, etc., o cuando se sigue el hilo conductor de toda la gran pintura de la modernidad.

Es una inmensa *humorada trágica*. Es más, si no queda expresada esa vocación de *chiste absoluto tragicómico*, como en Kafka o en Beckett, no hay *suficiente* modernidad. El arte moderno es trágico, pero de tal manera que produce, en su recepción, una *hilarante sensación de despropósito*, que hace que en algún sentido se apodere del receptor una especie de risa enervante inevitable. Quienes hayan leído a Beckett sabrán lo que se está aquí señalando, lo mismo quienes hayan leído a Kafka o a Joyce. El *Ulises* de Joyce es una de las piezas de humor más grandes que se han escrito a lo largo de la literatura universal.

Se podría, pues, señalar como constante de *todo* el arte moderno (y como constante que atraviesa los campos artísticos y los géneros) el hecho de que nunca en el pasado ha habido tal cosecha de arte que hace reír de una manera desconsolada, porque en realidad esta risa no es sino el *décalage* entre esta vacía transcendencia que siempre se quiere significar y ese objeto, inmisericorde, a través del cual se quiere mostrar, como *pellejo*, eso a lo cual hace referencia. El desfase y la tensión, por así decirlo, se descarga a una hilarante manifestación de humor trágico.

Habría además un último rasgo que haría referencia no tanto al *pellejo* del símbolo ni a aquello significado en el símbolo (la *vacía transcendencia)* sino al lugar o espacio, *topos*, en donde ese *pellejo* se nos muestra y se nos revela. Ese *topos* es la *ciudad*, pero no la ciudad en abstracto, ni tampoco la *polis*, ni lo que *era* la ciudad, sino esa ciudad que se consolida, cristaliza y se configura precisamente en los albores de nuestro siglo. Sus precedentes los podemos encontrar ya en el siglo pasado. Walter Benjamin ha dedicado sus más hermosas páginas a la reconstrucción de la arqueología de la *gran ciudad moderna*. El arte moderno es un arte que en cierta manera elabora y construye esta tensión entre la *vacía transcendencia* y la *desconsolada facticidad* dentro de un ámbito que a la vez sugiere una cosa y la otra, que es la *Gran Metrópolis.* La *Gran Metrópolis* ha sido meditada muchas veces y desde muchos puntos de vista, técnicos, urbanísticos, estéticos. Pero la *Gran Metrópolis* podría pensarse aquí *como el cobijo de ese pellejo de la vacía transcendencia.* Un *cobijo* que *todo exhíbe* como absolutamente *disponible.* Se trata de que hay Gran Metrópolis cuando se sintetizan ciertas formas de ciudad que se desarrollan separadamente, la ciudad dormitorio, la ciudad industrial, la comercial, la ciudad museo, la ciudad capital política. La Gran Metrópolis sería como la síntesis de estas tres, cuatro, cinco unidades o tipologías de ciudad en el sentido más tradicional, que por otro lado son otras tantas ciudades, pero que no llegan o no acceden a ser. La Gran Metrópolis sería a la vez centro político, centro comercial, centro industrial, ciudad dormitorio, centro museístico, o de esparcimiento y de «gran representación». No es esta dimensión de la gran ciudad la que se quiere aquí señalar, aunque evidentemente se tiene presente, sino más bien la Gran Ciudad como el *ámbito* mismo en el cual esta *insignificancia* de los objetos en resonancia con los sujetos y esa *vacía transcendencia* queda expuesta, mostrada y exhibida con absoluta evidencia.

III

Se dibuja como un triángulo que describe los rasgos entrelazados de la obra de arte específica del Movimiento Moderno:

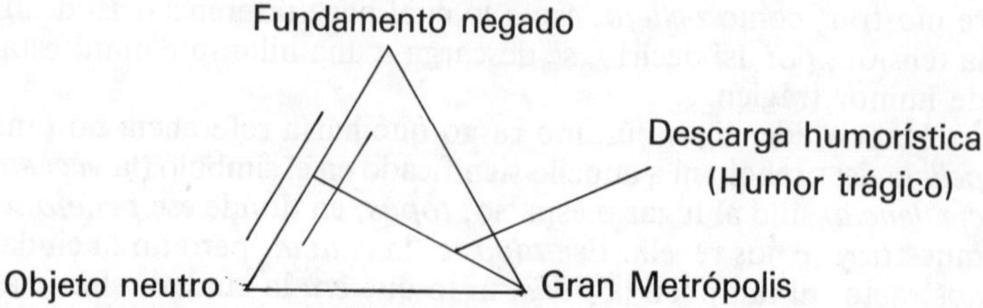

Este triángulo hace posible la emergencia de una *forma* que, mediatizada por los rasgos aquí apuntados, tiende inexorablemente a absorberlos en la pura inmaterialidad *abstracta* de su estructura inmanente, hasta el punto que es la forma, por ella misma, la que termina *determinando* todos y cada uno de esos rasgos:

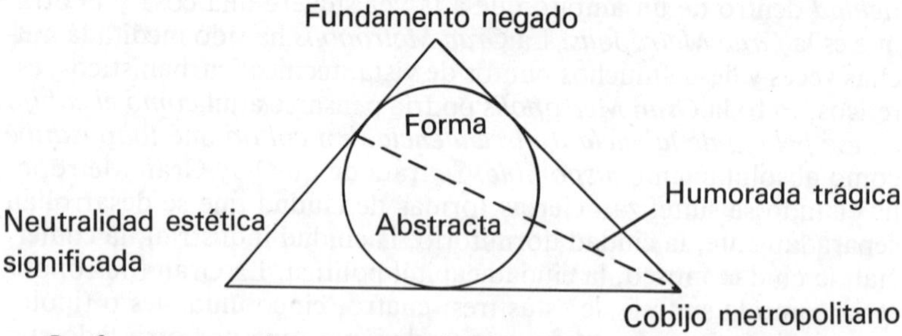

La forma, en su inmanencia absoluta, en la pura abstracción que se desgaja y separa del «sujeto» (creador o receptor) y del «mundo de vida» (cobijo convertido en la abstracción técnica de la Gran Metrópolis), es la que cuestiona todo «fundamento», dejando indiferente la determinación del «valor» estético (bello/feo) y propendiendo a una significación de lo «neutro». Es ella la que se destaca de un modo radical y absoluto, de manera que toda la *tejne* y *poiesis* del artista se centra en el desvelamiento radical, puesto a disposición, de esta norma inmanente formal, o de un código sintáctico y lingüístico, constructivista, que decide y determina de antemano los elementos compositivos de la obra. Con esta voluntad formalista o abstracta llega el arte a su absoluta «intención» de hacer disponible esa Norma (en rigor indisponible). Lo que así se expresa es la voluntad de absoluta revelación, en la que nada debe quedar vaciado y desustantivado. La obra de arte quiere ser una revelación (absoluta) a través de una forma (absoluta) que desvele (absolutamente) su propia Norma inmanente. Esta Norma es «decidida» por el propio sistema o «serie» que el artista libremente «elige», de modo «creador», como creación *ex nihilo*. La falta de «fundamento» se compensa, pues, con un decisionismo absoluto como «respuesta» a lo que adviene al cuestionarse el fundamento: la general indiferencia «neutra» en los valores, o el «nihilismo» (estético). La obra de arte moderna no puede dejar de expresar ese nihilismo y ese decisionismo que culmina en la pura abstracción del formalismo inmanente. Pero a su vez esa obra debe expresar el *alto precio* que debe pagar para realizarse: el radical dolor del sacrificio del ser replegado en sí, del aura y de lo sagrado, o del cerco encerrado en sí, de todo enigma y secreto: el sacrificio mismo del aparecer de lo bello y el sacrificio del *eros*. Es un arte que se coloca de espaldas a la belleza, que se orienta hacia «las flores del mal», que quiere traer al mundo lo siniestro y monstruoso, que tiene en las «pinturas negras» (Goya) su antecedente genial. Es un arte que responde a la santa locura *(zeía manía)* de tradición platónica con la *locura impía y demoníaca* de una rebelión contra todo lo sagrado, secreto, «aurático», que asume su orientación «técnica» hacia lo absolutamente disponible y que empuña su voluntad nihilista y decisionista. Pero que a la vez debe expresar el radical dolor y desgarramiento que ello conlleva: ese lado *trágico* que determina su propia voluntad «de comedia», su ironía afirmativa y su humorismo radical. Esa descarga humorística rompe la tensión infinita entre el fundamento negado («Dios ha muerto») y el desplome de todos los «valores» (bello/feo).

Por consiguiente, es la pura y abstracta *forma*, separada del «mundo de vida» y de la «subjetividad empírica» la que, desde sí, decide y determina los ángulos del triángulo: corrompe el fundamento hacia cuya «negación» se orienta, deja en neutra indiferencia el «valor estético» (bello/feo) del objeto, connota la *tejne* y la *poiesis* hacia la norma «elegida» que determina la combinatoria serial o el juego constructivista de los elementos que conforman la composición. Esta es pura composición, *Gestell,* síntesis o sin-tema (sistema) de esos elementos de antemano decididos por la norma que se elige y se decide (así como la norma dodecafónica o serial, o la Norma cubista o constructivista). En un primer momento se revela la negación de la forma estética tradicional orientándose el arte hacia esta negatividad de lo in-forme o atonal, hacia el reverso o forro de lo bello (lo siniestro y monstruoso). Pero finalmente se purifica ese «expresionismo» mediante el más desconsolado e implacable «neutralismo».

Y, sin embargo, la *limitación* de destino histórico-hermenéutico de esa orientación moderna debe quedar señalada y significada. Y la re-flexión *desde el límite* de esa orientación moderno-hespérica debe quedar «expresada», por lo que se impone una referencia *en la obra*, a eso que, en esa orientación, se presenta como ausencia y como falta. Ello exige significar *también,* mediante memoria o viaje hacia lo extraño, el destino contrapuesto, el tradicional o «griego», que debe quedar implicado y reflejado como desgarro y dolor *trágico*. La obra de arte moderna no puede realizarse con conciencia satisfecha. Debe quedar asumida en su dolor y su desgarro. De lo contrario no se realiza ni como obra de arte ni como obra moderna.

20. FRONTERAS ESTETICAS DE LA ETICA: EL IDEAL DEL AMOR PROPIO

por FERNANDO SAVATER
(Universidad del País Vasco)

«This one fact the world hates; that the soul *becomes.*»
R. W. Emerson

En el terreno moral se contraponen dos actitudes fundamentales: la de quienes sostienen que el comportamiento moral estriba en renunciar al instintivo amor propio y actuar de acuerdo con la Ley (humana o divina), el amor al prójimo o a la humanidad, frente a la de quienes creen que la moralidad consiste en *estilizar* y radicalizar hasta su plenitud el amor propio. Cada una de las dos posturas admite modulaciones cuyas diferencias no siempre son únicamente de matiz: compárese, por ejemplo, dentro de la primera, el contenido del Sermón de la Montaña con el formalismo kantiano o la compasicón schopenhaueriana, mientras en la segunda habría que avecinar incómodamente a Spinoza, Nietzsche y los varios utilitarismos. El propósito de esta nota es indagar la genealogía de esa contraposición básica de actitudes éticas y, asumiendo decididamente la segunda, explorar las raíces psicosociales del ideal del amor propio y mostrar su vinculación simbólica con los ideales de la valoración estética. En una palabra, trataremos de señalar las similitudes, préstamos y connivencias entre ética y estética.

En el imperativo moral —dejando ahora de lado su naturaleza hipotética o categórica— han coexistido en todas las épocas y en todas las culturas dos ingredientes: la interiorización de la norma social y el proyecto de excelencia personal. Esta coexistencia nunca ha sido del todo pacífica, sino que siempre ha conocido un más o menos acentuado vaivén de naturaleza dialéctica. Por un lado, la moral impone el respeto a lo colectivo y el doblegamiento de la autoafirmación individual en pro de la autoafirmación del grupo o incluso de la humanidad en su conjunto. Nótese que nunca se trata de pasar del *interés* al *desinterés*, sino de un interés más estrecho a un interés más general; o, si se prefiere, de un interés más frágil y comprometido —el del individuo— a un interés más seguro, estable y consolidado, el de la colectividad. El interés del individuo —es decir, aquello a lo que tiende su energía activa o voluntad— puede ser denominado de un modo muy genérico *inmortalidad,* en un sentido específico que más adelante detallaremos. En un primer momento, el individuo no se siente con fuerzas suficientes —con suficiente voluntad— ni siquiera para concebir la inmortalidad como una aspiración o destino personal; hace falta que se sienta arropado por la voluntad de inmortalidad colectiva, enchufado a la dínamo social que instituye y potencia la resistencia biológica y simbólica a la muerte. Por otro lado, en un momento posterior en el proceso de la genealogía ética, el asentamiento de la inmortalidad como empresa colectiva devuelve al individuo la plenitud de su deseo autoafirmativo, pero ya en cuanto proyecto o destino personal. Nietzsche sostuvo que fueron en primer lugar individuos destacados por su voluntad individual los que acuñaron en el grupo —como el artista graba en la cera o esculpe en el mármol— las dolorosas leyes de la inmortalidad comunitaria; una vez establecidas éstas, los individuos creadores resultaron un estorbo para el grupo por ser una excepción de las leyes gregarias por ellos mismos impuestas y se tendió a desmocharlos y a hacer reinar la nivelación; con el tiempo, el gregarismo creció tanto que volvió a dar ocasión para que brotaran en su seno individuos opuestos al nihilismo igualitario imperante y deseosos de excelencia propia.

Esta cuestión genealógica es tan difícil de dilucidar como la del origen del lenguaje y por los mismos motivos: no podemos imaginar a unos hombres sin lenguaje capaces de inventarlo ni a un lenguaje que precediese a los hombres y configurase su humanidad; del mismo modo, no podemos imaginar unos individuos cuya fuerza creadora de normas sea anterior a la determinación social, ni una colectividad cuyo código nada deba a la voluntad dominante de ciertos individuos excepcionales. No es un problema semejante al del orden causal originario entre el huevo y la gallina, sino más bien a la interrelación entre agricultura y sociedad sedentaria. Sea como fuere, toda ética de la excelencia individual interioriza y potencia los valores de un grupo, cuyos miembros aceptan un mismo marco axiológico, que define su competencia y delimita su competición, en tanto que las morales del bien común nunca dejan de proponerse como una vía abnegada hacia la perfección personal. Aunque en estas condiciones decidir una prioridad genealógica es opción que entronca más con el mito que con la ciencia experimental, no parece, en cambio, inverificable el apuntar ciertas tendencias evolutivas en el proceso de categorización moral. Las éticas transcurren de códigos indistintamente colectivos hacia otros distintamente personalizados, de la inatacabilidad sagrada de la norma a la puesta en cuestión y recreación subjetiva, de la fundamentación ancestral a la proyección histórica, del acatamiento del tabú al reconocimiento de la utilidad, de la exterioridad coactiva a la interiorización del deber, del predominio de la lógica de pertenencia (y exclusión) propia del grupo a la dinámica de la participación relativa y la apertura universal propias del individualismo, etc. Es decir, de la moral de *fusión necesaria* a la de *libre distinción*.

El proceso social por el que se ha producido una conciencia individual capaz de soportarse a sí misma sin pánico ni búsqueda inmediata de expiación ha sido sumamente trabajoso y dista aún hoy de estar concluido. Al comienzo, lo que individualizaba al sujeto era su *culpa*: el individuo no llegaba a segregarse de la colectividad más que por culpa suya y, claro está, a su costa y riesgo. El pecado distinguió a Adán y Eva de los restantes seres naturales del Jardín, y la marca de su crimen separó a Caín del resto de los hombres. Psicológicamente, esto continúa siendo en buena medida así, pero con el signo invertido: no es la culpabilidad transgresora la que individualiza, sino la individualidad la que, al autoafirmarse, es sentida primariamente como falta y transgresión. Desculpabilizar la voluntad individual ha sido precisamente la gran empresa de los pensadores morales modernos más directa y consecuentemente opuestos a la tradición cristiana, como Nietzsche o algunos psicoanalistas. Este proceso no consiste, por cierto, en retomar de nuevo sin más el eudaimonismo de la moral clásica, pues ésta desconoció precisamente la noción de voluntad en cuanto algo diferente al enfrentamiento entre instintos (o «pasiones») *versus* razón. El querer-ser humano no puede reducirse al ser natural ni al deber-ser sobrenatural. La voluntad individual se afirma tentativamente gracias a la energía recibida de la voluntad social capitalizada, pero esta afirmación es padecida para empezar como enfrentamiento y, por tanto, como amenaza de destrucción. Sólo en un campo la autoafirmación de la individualidad ha logrado tradicionalmente superar la culpa frente a lo colectivo por la vía de transformar la agresividad antiindividualista en admiración ritual: en el terreno estético. Más adelante volveremos sobre esto.

Como ya ha quedado señalado, toda moral tiene su raíz en la búsqueda decidida de lo más conveniente para el sujeto, de lo que más le interesa. En comunidades primitivas, el interés propio de cada cual no se desliga en modo alguno del de la comunidad, que sale garante de él. Sociedades más evolucionadas y, por tanto, menos homogéneas posibilitan socios cuyo interés propio ya no está tan directa y evidentemente ligado al de lo colectivo (del que sigue dependiendo, en cualquier caso, la gran mayoría de los intereses individuales). La voluntad —es decir, la capacidad activa de procurar la inmortalidad— comienza a ser experimentada en ciertos casos o en ciertos aspectos como aventura individual y no solamente como participación irremediable en un fondo energético común. Por «inmortalidad» no se entiende aquí la negación de la muerte ni la supervivencia espiritual después de la muerte, sino la resistencia institucional ante la desvalorización aniquiladora que la presencia permanente de la muerte impone a toda actividad humana. La inmortalidad no niega la muerte, sino que resulta una exigencia vital ante su irrefutable constatación: de tal modo que muerte es *vacío* y la inmortalidad reclama *plenitud*; muerte es *acabamiento*, y la inmortalidad busca *duración*, o *perpetuación*; muerte es *olvido*, y la inmortalidad quiere *memoria*; muerte es *despojamiento*, y la inmortalidad procura *propiedad*; muerte es suprema *indiferencia*, y la inmortalidad pretende *distinción*; muerte es *inacción*, y la inmortalidad se afirma en la *actividad* creadora; muerte es *disgregación* caótica, y la inmortalidad establece una *coordinación* ordenada; muerte es *insensibilidad* definitiva, y la inmortalidad no puede renunciar al *placer* y a la satisfacción... En una palabra, muerte es cese del *sentido* de una condición cuya humanidad estriba en tenerlo e inmortalidad es consolidadción del sentido frente a la muerte y pese a la muerte. Toda institución humana es, en un grado u otro, inmortalizadora y no hay más cultura que la pretensión de inmortalidad.

Las morales de grupo han denunciado la voluntad individual como incapaz de asegurar la inmortalidad y han aconsejado renunciar a ella en beneficio de la más potente voluntad colectiva; las morales religiosas han ordenado abjurar de toda voluntad individual o colectiva y obedecer exclusivamente a la única voluntad omnipotente, la divina («hágase tu voluntad y no la mía»); las éticas del amor propio o de la perfección personal recomiendan el refuerzo y afinamiento crítico de la voluntad propia como fundamento insustituible de la participación en cualquier proyecto social de inmortalidad. Sólo este grupo tercero puede ser llamado *autónomo*, frente a la heteronomía de los dos primeros. En la situación moral de la modernidad, coexisten representaciones de los tres tipos axiológicos, mezclados a veces en el mismo pensador o en el mismo código social de manera casi inextricable. Por lo general, se considera vulgarmente que sólo merece el nombre de «moral» la conducta que responde a los dos primeros tipos, es decir, los que renuncian a la voluntad propia en beneficio de la colectiva o de la divina, mientras que las éticas autónomas son tachadas de «egoístas», «inmorales» o «nihilistas». La mayor parte del esfuerzo estudioso de los que reflexionan sobre cuestiones morales sigue versando sobre cómo convenir y establecer la voluntad colectiva que ha de sustituir a la propia o, en menor grado, cómo reconocer la voluntad divina aplicada a cada caso concreto. La indagación en la voluntad propia de cada cual es considerada un subjetivismo peligroso que sólo puede ser afrontada por motivos terapéuticos, es decir, para *normalizarla* y curarla de su anomalía peculiar (al menos, tal ocurre en la mayoría de los casos): como ciertos licores demasiado embriagadores, la subjetividad no puede ser empleada más que a pequeñas dosis, por motivos clínicos y preferentemente en friegas externas...

Naturalmente, en la compleja y evolucionada sociedad en que vivimos la pretendida renuncia (o la puritana condena) al individualismo moral sólo funciona como una forma de hipocresía culpabilizadora. Obligado *en conciencia* a renunciar al interés propio en nombre de algún otro más general y elevado, el sujeto no aprende a vivir mejor sino sólo a mentirse a sí mismo de manera más edificante. Cuanto más se le predica que la moral consiste en renunciar al egoísmo o amor propio, menos capaz se siente de amar a los demás y someterse a normas sociales que se le presentan como directamente contrarias a su interés. De modo que supondrá que la moralidad es imposible (pues impone la renuncia al propio interés, tarea no sólo irrealizable en la práctica, sino incluso *impensable*) y que la sociabilidad no es más que una forma obligatoria de enajenación que hay que respetar en tanto no se pueda violar impunemente. Cuando en el secreto culpable de su conciencia el sujeto se confiese su apego a sí mismo, se propondrá como ideales de su amor propio los opuestos a la mitificación colectivista del renunciamiento cuya veneración se le ha impuesto. De este modo, logrará ser asocial o cultivar las modalidades más disarmónicas y predatorias de la sociabilidad sin acercarse por ello ni un ápice a la comprensión, reconocimiento y verdadera aceptación de su interés propio. Como ha señalado Erich Fromm, «resultado de ello es que el hombre moderno *vive* de acuerdo con el principio de autonegación y *piensa* en razón del interés propio. Cree que está actuando en favor de su interés, cuando en realidad su interés supremo es el dinero y el éxito; se engaña a sí mismo acerca del hecho de que sus potencialidades humanas más importantes permanecen estancadas y que se pierde a sí mismo en el proceso de buscar lo que supone que es mejor para él» *(Etica y psicoanálisis)*.

Este último aspecto es quizá el que requiere más atención, porque aparece de inmediato como un obstáculo cuando se establece que la ética autónoma parte y retorna siempre del amor propio. ¿A quién ama el amor propio? ¿No puede el sujeto creer que se ama a sí mismo —es decir, que procura lo que realmente es mejor para él— mientras se extravía en lo que le es más ajeno y aun dañino? Dadas las circunstancias sociopolíticas en las que vivimos, ¿no será quizá quien menos se obstine en la egolatría amorosa tan reiteradamente publicitada a nuestro alrededor quien tenga en realidad más posibilidades de hallar su verdadero contento? El ya citado Erich Fromm es el más accesible de los psicoanalistas que han afrontado explícitamente esta cuestión. En un párrafo en el que resuenan ecos claramente perceptibles de la diatriba heideggeriana contra el «*man*» («uno» o «cualquiera») inauténtico —lo que Edgar Poe llamaba «el hombre de la multitud»— y también de la teoría marxista de la alienación, Erich Fromm formula el siguiente diagnóstico: «*Nuestro problema moral es la indiferencia del hombre para consigo mismo*. Radica en el hecho de que hemos perdido el sentido del significado y la individualidad del hombre, que hemos hecho de nosotros mismos los instrumentos de propósitos ajenos a nosotros, que nos experimentamos y tratamos como mercancías y que nuestros propios poderes se han evadido de nosotros. Nos hemos transformado en objetos y nuestros prójimos también se han transformado en objetos» *(ibid.)*. El fundamento ideológico de esta situación se halla, según Fromm, en el desastroso antagonismo establecido por las morales heterónomas entre amor por uno mismo y amor por los demás. En realidad, estos dos tipos de amor no son alternativos, ni siquiera realmente distintos, porque la disposición activa y placentera a amar no es divisible: «si un individuo es capaz de amar productivamente, también se ama a sí mismo; si solamente puede amar a otros, no puede amar a nadie» *(ibid.)*.

Dado que lo propio del hombre es ser social, su amor propio (su fidelidad cuidadosa y emprendedora a sí mismo) no puede ser asocial ni antisocial, del mismo modo que como lo propio del hombre es ser corporal su amor propio no podrá ser desencarnado. A este respecto, el mejor análisis de los contenidos del amor propio y de los obstáculos que se oponen a su efectivo despliegue sigue siendo la *Etica* de Spinoza. No se trata de una actitud edificantemente optimista, sino de un pesimismo sereno: el amor propio incluye entre sus notas la disposición a la cooperación social, pero a cambio toda comunidad tiene como límite irremediable de su proyecto el amor propio de cada uno de sus miembros. La discordia es siempre posible y el conflicto interno, en las sociedades complejas, perfectamente inevitable. Sin embargo, el dictamen de Pascal («le moi est haïssable») nada resuelve; su planteamiento desesperado, recogido más tarde casi literalmente por Schopenhauer («En un mot, le moi a deux qualités: il est injuste en soi, en ce qu'il se fait centre du tout; il est incommode aux autres, en ce qu'il les veut asservir: car chaque moi est l'ennemi et voudrait être le tyran de tous les autres»), muestra solamente una de las caras de la moneda, que no puede ser contrarrestada más que desde la domesticación racional del yo que se sueña infantilmente omnipotente, pero nunca desde la edificante condena del necesario apego de cada cual a sí mismo. El más profundo hallazgo del amor propio no es el aislamiento hostil y depredador contra los semejantes, sino el vínculo libidinoso y cómplice que nos los hace imprescindibles. Henrik Ibsen, en su *Peer Gynt* —un poema dramático que no le cede en altura filosófica al propio *Fausto*—, desarrolla ejemplarmente lo que podríamos denominar *la paradoja del amor propio*. Peer Gynt es un vitalista aprovechado y defraudador que cree no pensar más que en sí mismo y utiliza descaradamente a todo el que se cruza en su camino para obtener inmediato beneficio. Ha centrado su yo en torno al dinero como instrumento de universal dominio, tal como él mismo explica: «El yo *gynteano* es un ejército de codicias, concupiscencias y deseos; el yo *gynteano* es un mar de ideas, exigencias y pretensiones... En pocas palabras: todo lo que hinche mi pecho y haga posible mi vida como tal. Pero lo mismo que Nuestro Señor necesita la tierra para existir como Dios del mundo, yo a mi vez necesito el oro para brillar como un emperador» (acto IV). Pero, cuando llega la hora de su muerte, descubre que va a ser fundido de nuevo en el crisol de la nada como alguien que ha carecido de un yo propio. Sus diversas aventuras y tropelías no le han confirmado ninguna sustancia, sino que más bien le han mutilado de la que tenía: ni siquiera logra un puesto como pecador en el purgatorio, pues también para merecer castigo hay que tener un yo propio... Finalmente, cuando ya su suerte está al parecer sentenciada, encuentra a Solveig, una campesina a la que amó y abandonó en su juventud. Peer Gynt le pregunta angustiadamente la respuesta al enigma que le acucia: ¿dónde ha estado él mismo —su yo—, el íntegro y auténtico, durante toda la perdición de su vida? Y Solveig, sonriente, responde: «En mi fe, en mi esperanza y en mi amor». Alguien ha guardado para Peer Gynt el yo que éste, en su atolondrado egoísmo, no había sido capaz de preservar.

La principal objeción contra la ética como amor propio, que ha sido formulada muchas veces y de diversas maneras (quizá la más ilustre para nosotros sea la de Kant), dice así: el instinto de autoconservación y autopromoción, de apego a sí mismo, es común por naturaleza a todos los hombres y aun a todos los seres vivos; entonces, ¿qué puede haber de meritorio y libre, es decir, de moral, en obedecer los dictados de tal impulso? A ello cabe responder: primero, la ética, cuando es pensada de modo consecuentemente inmanente, no puede hincar sus raíces más que en nuestros dispositivos llamados naturales (entre los que se hallan, por ejemplo, cosas como el lenguaje y la cultura); segundo, la libertad es la *estilización* y *afinamiento* (Spinoza prefería decir la comprensión justa) de lo necesario, no su refutación arbitraria; tercero, el mérito no es un valor generado por la renuncia bien intencionada a cualquier interés patológico, sino el reconocimiento de una eficacia de más amplias perspectivas. El amor propio no es el amor a nuestras propiedades, sino el amor *a lo que nos es propio*. Por supuesto, apropiarse de ciertas cosas y de cierta manera es cosa propia de los humanos, por lo que un determinado tipo afinado y estilizado de propiedad forma parte inconsútil de lo propiamente humano. Es decir, sin apropiación no hay humanidad, pero la apropiación no agota la humanidad. En cuanto a lo que propiamente nos es propio, no se trata de algo dado de una vez por todas y cerrado para siempre, que sólo cabría descubrir y acatar, sino más bien de algo que inacabablemente va llegando a ser a partir de lo que es, algo que hay que proponer y debatir. En el amor propio se encierra un *instinto* y un *proyecto*: la moral no consiste en sacrificar el primero al segundo ni en doblegar el segundo al primero, sino en transcribir, en términos cada vez más abiertos e intencionados, lo exigido por el primero en lo elegido por el segundo.

Aceptemos, para ilustrar este punto, las aportaciones menos ramplonas y también menos cabalísticas del psicoanálisis. Freud concibe el yo no como una unidad dada psíquicamente desde un principio, sino como algo que ha de ser más o menos trabajosamente desarrollado. El yo se va constituyendo por medio de la disciplina de la realidad a partir de las urgencias libidinosas llamadas inconscientes. Su formación incluye la amenazante tutela de un super-yo, instancia que reprime y normaliza socialmente con su presión mutilatoria las apetencias en principio desenfrenadas (en el sentido de ilimitadas, propias de una demanda que no se restringe ni siquiera para proponerse la determinación de un contenido) del afán infantil de omnipotencia. Todo nuestro psiquismo brota de la megalomanía primaria —incluso prenatal— de un dios antes de haber creado el mundo, cuya existencia llenaba por completo el cosmos inmateriamente material, situación divinamente unitaria, omnipotente, supuestamente autónoma, invulnerable, etc. Como bien ha dicho Bela Grumberger, «si Dios ha creado al hombre a su imagen, el hombre ha creado a Dios a su imagen prenatal» *(El narcisismo)*. El amor propio proviene de esta fase de transitorio y equívoco privilegio; nuestra esencial y traumática herida narcisista nos la inflige el nacimiento, es decir, la encarnación. Cada uno de nosotros es un dios que nunca logra reponerse del todo de la humillación de haberse hecho hombre, de convertirse en verbo hecho carne. Gradualmente nos va penetrando el cáncer de la fragilidad de nuestros poderes y el pánico a la impotencia total de la muerte tras haber conocido —tras haber *sido*— la pura omnipotencia intangible. Pero entre la omnipotencia divina y la impotencia letal está la *homopotencia*, el establecimiento simbólico de las capacidades humanas. Si antes del nacimiento somos dioses, después de nacer tendemos a ser *fanáticos*, en el sentido que daba Hegel a esta categoría: aquel que considera toda existencia positivamente ajena (es decir, no asimilable de inmediato a la propia) como un límite y pretende destruirla. La prensunción de divinidad y la propensión al fanatismo son invariables humanas que pueden ser culturalmente encauzadas, pero nunca extirpadas del todo del meollo de nuestra alma: el *pesimismo racional*, síntoma de cordura, proviene de la aceptación consecuente de este dato.

Lo que aquí estamos denominando «amor propio» tiene indudable relación con lo que Freud y tras él numerosos psiconalistas han denominado «narcisismo». Según Freud, el narcisismo es el complemento libidinal del egoísmo o instinto del yo, compañero del instinto sexual, que en un principio apoya la satisfacción del anterior para luego independizarse. En el narcisismo, la libido tiende a desinvestirse de los objetos y a volver regresivamente sobre el yo, intentando recuperar el beatífico autocontento de la primera infancia. El objeto exterior se introyecta para asegurar una satisfacción que en el mundo de «fuera» siempre está amenazada, lo cual puede llevar a una posición de escoramiento hacia gratificaciones irreales y comporta una dificultad para establecer relaciones adecuadas con las personas y las cosas. Pero Freud no presenta el narcisismo como un fenómeno patológico sin más connotaciones que las puramente negativas. Reconoce la necesidad de un determinado nivel no regresivo de narcisismo —un narcisismo digamos equilibrado, que no simplemente acumula toda la libido en el yo como objeto, sino que la revierte después sobre los objetos a partir de la consolidación libidinal del yo— como medio para asegurar la salud psíquica y aun para prevenir algunas enfermedades orgánicas, de las que nos advienen «por no querernos lo suficiente». Precisamente el síntoma fatal de una de las peores dolencias del alma, la melancolía, es una drástica disminución del amor propio. En el terreno sociopolítico, los individuos carentes de narcisismo y culpabilizados en cuanto agentes individuales son propicios a buscar en la formación de masas un *transgresor colectivo* que los descargue de su responsabilidad; al frente de esta nueva horda aparecerá un líder carismático —es decir, dotado de fuerte narcisismo— cuya personalidad maníacamente satisfecha presentará un atractivo irresistible para quienes no se atreven del todo a quererse a sí mismos (o sea, a querer por sí mismos).

La ambivalencia respecto al narcisismo mostrada por Freud no ha sido compartida por otros estudiosos del tema, el más destacado y lúcido de los cuales es probablemente Bela Grumberger. En su libro *El narcisismo*, Gruberger sostiene abiertamente que «se observa a menudo que cuanto más es capaz un hombre de invertir en su propio Yo en cierto modo, de más libido dispone para el mundo objetal». Considera el *narcisismo moral* como «la referencia del instinto de conservación al aspecto psíquico estrictamente individual del sujeto como tal», una definición que probablemente Spinoza no hubiera rechazado para el *conatus* del sujeto humano. En cuanto a la culpabilización del narcisismo, la tiene por una consecuencia indeseable de la influencia del Super-Yo colectivo bajo cuya férula vivimos, según la cual «la felicidad narcisista es vista como un pecado, cuando en realidad una vez asumida constituye el componente esencial y obligatorio de la madurez objetal más cumplida, y se prefiere aferrar inmediatamente su contrario, que es una cierta forma de la relación objetal conflictual fija a un cierto nivel». A fin de cuentas, los más severos censores del narcisismo lo recusan en nombre inconfesado de su narcisismo propio: se culpa al narcisismo del otro por no hacer suficiente caso del narcisismo propio y se reprocha al vecino el amarse tan concienzudamente que no le quedan tiempo ni fuerzas para amarnos a nosotros, como es su obligación... ¡desde el punto de vista de nuestro narcisismo! Es significativo que el primer momento de indignación virtuosa que suscita la propuesta de una ética como amor propio equivale de manera más o menos embozada a una protesta del tipo: y de mí entonces, ¿quién va a ocuparse? Tal suele ser, como ya lo señaló en su día Nietzsche, el verdadero contenido de la exhortación al *desprendimiento* o *desinterés*.

Freud habló de la formación de un *ideal del yo*, un dispositivo para conciliar el impulso narcisista con las restricciones amenazantes del super-yo. El ideal del yo reúne todas las restricciones que imponen al sujeto psíquico los padres, las instituciones sociales y el conjunto mismo de la realidad; pero, en lugar de ser vistas de una manera puramente negativa y castradora, son consideradas como un proyecto positivo que el propio yo se siente destinado a alcanzar. Sin embargo, también el ideal del yo puede funcionar como una fuente de aflicción para el sujeto, cuando se eleva excesivamente sobre la realidad efectiva del yo y le condena a perpetuo empequeñecimiento y autohumillación, como ocurre en la situación del melancólico. En el caso opuesto, el ideal del yo resulta más bien un yo ideal, es decir, una hipóstasis gloriosa del yo del sujeto que no reconoce ninguna de sus limitaciones ni carencias, con lo cual no se siente sometido a ninguna inhibición ni remordimiento: tal es la característica del tipo maníaco, en la terminología de Freud, peligrosamente apto para convertirse en líder de masas necesitadas de una identificación exaltada que compense las inmadureces narcisistas de cada uno de sus miembros. Se dan en el planteamiento del tema del ideal del yo por Freud una serie de sugerencias acerca de problemas éticos esenciales que merecen ser muy tomadas en consideración, aunque se trate, en parte, de una consideración crítica. El paso central es la formación evolutiva del sujeto moral por medio de una incorporación y ensalzamiento subjetivos de los valores socialmente aceptados; por decirlo con las acertadas palabras sintéticas de Agnes Heller, «el hombre llega a ser individuo en la medida en que produce en su Yo una síntesis, transforma conscientemente los objetivos y las aspiraciones sociales en objetivos y aspiraciones suyos particulares y *socializa* así su particularidad» *(Historia y vida cotidiana)*. Pero esta descripción puede sonar a algo demasiado pasivo, demasiado exteriormente determinado. A veces parece que el ideal del yo no es para Freud más que el acatamiento sumiso de una serie de limitaciones a las aspiraciones regresivas de omnipotencia narcisista infantil. Y, sin embargo, no debe olvidarse la dimensión fundamental de *empresa* —es decir, de elección y estímulo activo— que puede tener esta noción cuando se la considera de manera no restrictiva.

Me parece más adecuado hablar de *ideal del amor propio* en lugar de ideal del yo. Podría definirse el ideal del amor propio como *el trato que el yo quiere para sí mismo*. La palabra «trato» ha de tomarse en su doble sentido de «cuidado o relación con algo» y también «pacto, transacción»: el yo configura en el ideal de su amor propio la calidad y tipo de miramientos que desea para sí mismo y también establece el tratado a que quisiera atenerse en su inserción necesaria en la realidad social y natural. Su papel al fijar (al fijarse) en este trato no se limita sencillamente al acatamiento de la fuerza castradora de lo real pero vuelta a imaginar y sublimada como objetivo propio: ello equivaldría a poco más que pasar de la gloria de la omnipotencia a la glorificación de la impotencia. De lo que se trata, empero, es de instaurar lo que antes he llamado *homopotencia* o poderes de lo humano, en otras palabras, señalizar el ámbito efectivo de la creatividad (distinta de la creación por simple afirmación de la voluntad y también de la aceptación resignadamente abúlica de lo ya dado). El ideal del amor propio no es una sencilla y pasiva interiorización de los valores vigentes, porque entre la multiplicidad de éstos *selecciona*, *jerarquiza* y después los *reinterpreta* subjetivamente. Esta labor descarta unos valores, atrofia otros y los demás los perpetúa y potencia pero modificándolos con un sesgo personal. De aquí el sentido de culpable angustia que puede acompañar a la afirmación del ideal del amor propio, derivada de la agresión y enfrentamiento contra el mundo (social/natural) que la instauración del ideal comporta. Como todo ideal, es algo que *reclamamos* y algo que *nos reclama*, no simplemente algo que asumimos tal como se nos da. En cuanto que es algo que reclamamos, nunca puede ser identificado con nuestro yo actual, tal como sucede en la perversión maníaca; en cuanto que nos reclama, debe concedernos la posibilidad de avanzar hacia él y no la simple aniquilación de lo que ya somos, como sucede en el padecimiento melancólico. El ideal del amor propio es el trato que yo quiero para mí mismo, como se ha dicho, no el culto que yo me rindo a mí mismo ni la inmolación de mí mismo a la omnipotencia de lo real que me ha derrocado de mi trono infantil.

Aspecto esencial de la cuestión es señalar que el ideal del amor propio no interviene más que como mediación entre la voluntad pura y la acción efectiva, es decir, que nunca es el objetivo de lo que hacemos, sino una orientación, a menudo conflictiva, del hacer. Habría que recordar aquí cuanto sobre la categoría de *proairesis* dejó dicho Aristóteles, cuyo eco se escucha sin dificultad en este párrafo de Agnes Heller: «Los hombres no eligen nunca valores, del mismo modo que no eligen nunca el bien, ni la felicidad. Siempre eligen ideas *concretas,* fines *concretos,* alternativas *concretas*. Sus concretos actos de elección están, naturalmente, relacionados con su actitud valorativa general, del mismo modo que sus juicios lo están con su imagen del mundo. Y recíprocamente: su actitud valorativa se robustece en el curso de los actos concretos de elección» *(ibid.)*. Esta relación de interdependencia entre el ideal valorativo del amor propio y cada una de las opciones puntuales de la libertad, con su mutuo reforzamiento y también con su posible enfrentamiento culpabilizador, emparenta el juego moral autónomo con el otro campo principal de autonomía creadora humana, el artístico. Tanto la ética como la estética estudian el sentido y alcance de la práctica humana en sus facetas no estrictamente instrumentales, las que van más allá de los forzosos gestos dirigidos a asegurar la supervivencia. En ambos casos se imagina un ideal sumamente amplio y directamente relacionado con la libertad, en ambos casos el ideal reúne tradición e innovación, sociabilidad y desafío a lo comúnmente aceptado, homenaje y rebelión, objetividad y subjetivismo... Tanto el ideal del amor propio moral como el ideal artístico se fundan en el reconocimiento de lo humano por lo humano, pero conservan una dimensión irreductible de sanción íntima que desafía a la intersubjetividad en lo que tiene de exterioridad. Es decir, que la ética y la estética se apoyan en la comunicación, pero en ambas permanece un núcleo —el más significativo, por cierto— que resiste a la transparencia comunicativa y gracias a cuya opacidad secreta, precisamente, algo puede ser comunicado. En ambos casos los gestos electivos del sujeto apuntan siempre a la concreción del caso en cuestión y no a la procura directa del ideal, que se mantiene más bien como una instancia regulativa a la que le corresponde aprobar lo hecho o culpabilizar por lo cometido. Tanto en el terreno moral como en el artístico las preceptivas son posibles y aun beneficiosas, pero insuficientes: la sensibilidad y el gusto del sujeto son en ambos casos inconmensurablemente más importantes que la rígida sumisión a la norma o al canon. En los dos terrenos es posible el juicio crítico desde fuera o la valoración tomada según la opinión mayoritaria de los expertos, pero, en último término, la aprobación o rechazo del propio sujeto permanecen indomeñables y plenamente significativas: por mucho que la causa de los vencedores agrade a los dioses, la de los vencidos puede seguir contando con el terco refrendo de Catón. Ni uno ni otro ideal aparecen dados nunca del todo, sino siempre en formación, en proceso, en perpetua y viviente reinterpretación.

Ya hemos señalado antes que el interés que el individuo pretende asegurar es el de su inmortalidad, que no es mera supervivencia, sino vida al resguardo de la necesidad y a despecho del (des)fallecimiento: perduración de la intensidad, pertenencia a lo eterno. La forma más accesible —digamos la más *barata*, porque es la que menos cuesta, aunque no sea la de mejor calidad— de lograr este objetivo es la entrega efusiva a un grupo ya consolidado, a una tradición social, la identificación con un líder o con un pueblo, la fe en un Dios y en una religión salvadora en lo transmundano. Estas opciones tienden a suprimir el obstáculo más evidente para la inmortalidad, que es la fragilísima particularidad del sujeto individual. En último término, son fórmulas más o menos sofisticadas de la perduración en la *especie*, que destruye a los particulares pero conserva y reproduce indefinidamente lo genérico. Por otro lado, y esto es muy importante, ayudan a soportar la culpabilidad que siente el yo al afirmarse activamente y, por tanto, agresivamente frente a lo que le preexiste. *La culpa del individuo al obrar como tal es el presagio de la muerte que ha de castigar su finitud.* Ruptura con la matriz de la especie o el clan, amenaza de castración paterna o legal, enfrentamiento con la hostilidad numerosa de los demás, soledad ante las consecuencias nunca totalmente previsibles de la elección propia, desafío a la monstruosa naturaleza que se nos va cobrando de uno en uno... Pero otros sujetos no se afilian automáticamente a la vía de inmortalidad colectiva —o no del todo, no principalmente— y quieren conservar juntamente lo individual y lo específico, lo particular y lo genérico de su propia entidad. Es decir, se plantean el problema de dar un sello irrepetible y distinto a la fórmula de inmortalidad, requiriendo la complicidad y el sostén de la colectividad, desde luego, pero negándose a la vía despersonalizada de los que renuncian a su alma para salvarla mejor. Algunos fracasan en este propósito, porque no son capaces más que de plantear una demanda de amor estratégicamente equivocada: logran que los demás se interesen por su caso pero no para inmortalizarlos, sino para discriminarlos, compadecerlos, perseguirlos, temerlos o intentar curarlos. Tal es la condición de los neuróticos, de los grandes criminales y de los profetas de mensaje tan idioléctico que repele a los otros en lugar de convocarles. En cambio, los artistas (en cuanto o cuando son aceptados como tales) y las personas que optan por tomarse en serio la moral autónoma logran una cierta aceptación para su demanda particularizada de inmortalidad: *la estrategia de quererse a sí mismos para hacerse querer y de este modo ganar una cierta invulnerabilidad más allá de su finitud tiene en lo fundamental éxito;* aunque éste no pueda ser nunca absoluto. El artista y el hombre moral son mejores estrategas que el llamado «enfermo mental», afirman su peculiaridad, pero enraizándola de tal modo en lo específicamente humano que sus compañeros en el juego social sienten admiración o gratitud por ellos, no rechazo.

En su célebre parágrafo 59 de la *Crítica del Juicio*, Kant establece las analogías entre la belleza y la moralidad, aunque sin descuidar nunca sus importantes diferencias, y propone con cierta timidez lo bello como símbolo de lo bueno o, mejor dicho, del bien. Quizá fuese más significativo, empero, trazar un paralelo genealógico entre el *arte* y la *moral*. Nacen en la anónima sacralización animista, como propiciadores de las actividades esenciales de mantenimiento del grupo, vinculados a la tradición mítica; entre los griegos se convierten en la afirmación de valores armónicamente conjuntados de la *polis*, de los que son a la par símbolos y gratificación sensible; en el medievo se trascendentalizan ultramundanamente en una visión religiosa y jerárquica de la praxis humana; el renacimiento y después la revolución burguesa los individualizan cada vez más, van desatando sus vínculos con la comunidad orgánica, los someten a mecenazgos más azarosos y comerciales, enredan la responsabilidad de sus lazos con el poder político y la reforma social... En el siglo XX arte y moral han funcionado al servicio de los totalitarismos y de los nacionalismos o contra ellos, mientras se convertían en actividades cada vez más dignas de sospecha a ojos filisteos, que ya no saben si posiciones tan subjetivas merecen en realidad aún su ilustre nombre. Muerte del arte, muerte de la moral, confusión de ambos con la política, el negocio o la ciencia, rescate transitorio de los dos por los buenos oficios de los medios de comunicación, etc. Aún podría profundizarse y sutilizarse mucho en este paralelismo, que no tiene nada de gratuito. Y hasta no es disparatado jugar con determinados rótulos de la historia del arte moderno para describir algunas escuelas de pensamiento ético: el expresionismo nietzscheano, por ejemplo, o el cubismo de los oxonenses, el mitigado realismo socialista de Habermas y Appel, etc. Tanto el heideggerismo sacro de Levinas como ciertos arrobos neokantianos parecen indicar que volvemos en ética a alguna variedad de gregoriano moral; mientras que el neoutilitarismo y la ética del amor propio pertenecen más bien a la estética del *videoclip*. Pero dejémoslo aquí, pues la pendiente es peligrosamente tentadora.

Que la complicidad entre ética y estética en la *Crítica del Juicio* puede llevarse demasiado lejos es algo patente, remachado entre nosotros recientemente por Felipe Martínez Marzoa en su breve y preciso estudio sobre la obra kantiana. Pero en cambio Schiller, lector romántico de Kant, avanzó en sus *Cartas sobre la educación estética del hombre* en la dirección de aproximar ambos ideales en una noción no estrictamente común, sino más bien bicéfala: la belleza del bien, el bien de la belleza. Quizá la noción más importante a este respecto de la obra de Schiller sea la de *nobleza,* tan sugestivamente descrita en una nota a pie de página de las *Cartas*: «Noble es, en general, todo espíritu que posee el don de transformar el negocio más nimio y el objeto más pequeño en un infinito, por el modo de tratarlo. Noble es toda forma que imprime el sello de la independencia a lo que por su naturaleza es un simple *medio* para otra cosa. Un espíritu noble no se contenta con ser libre: tiene que poner en libertad a lo que le rodea, aun a lo inanimado. Ahora bien, la única expresión posible de la libertad es el fenómeno de la belleza». En estas líneas queda vigorosamente ceñido ese impulso que introduce lo infinito en cuanto toca, que independiza a lo que no comenzó siendo más que simple medio, que aspira a la libertad de liberar y no a la de simplemente complacerse en el estatuto pasivo de liberado. Su expresión es la belleza, pero no en cuanto contemplación sino en cuanto requerimiento perpetuo de lo más alto —es decir, de lo menos repetitivo y sumiso— que puede ser merecido y disfrutado. De este modo cabe afirmar, como conclusión, que el contenido del ideal del amor propio no es otro que la puesta en práctica de la nobleza.

V. INTERPRETACIONES Y CONTRASTES

21. LEIBNIZ: PRELUDIO PARA UNA MORAL DE CORTE KANTIANO

por CONCHA ROLDÁN PANADERO
(Instituto de Filosofía del C.S.I.C.)

En el marco de la polémica mantenida con Eberhard advertimos un profundo reconocimiento del pensamiento leibniziano por parte de Kant. Eberhard sostenía que los aspectos novedosos del criticismo kantiano no eran tales, ya que éste se limitaba a recoger algunas de las tesis fundamentales de Leibniz [1], punto de vista que el propio Kant intenta clarificar, esforzándose en probar que la doctrina leibniziana está ya en la dirección del criticismo [2] —aunque no pueda identificarse con éste— y que las tres grandes doctrinas del principio de razón suficiente, la monadología y la armonía preestablecida, bien entendidas e interpretadas desde el criticismo se avienen muy bien con su filosofía trascendental [3]. Es más, refiriéndose a la incidencia de estas cuestiones en la filosofía práctica, Kant añadirá que la teoría leibniziana de la armonía establecida no se limita a mostrar la concordancia entre almas y cuerpos, sino que también se extiende a mostrar la conformidad entre el reino de la Naturaleza y el reino de la Gracia, viniendo a coincidir este último con el kantiano reino de los fines, es decir, de los hombres sometidos a leyes morales, en cuyo seno se establecería la conciliación entre el determinismo del mundo natural y el mundo de la libertad exigido por la moralidad [4], tal y como Kant enunciara en la *Fundamentación de la metafísica de las costumbres*

---

[1] Para demostrarlo enumera siete tesis de la primera *Crítica* comparándolas con otras tantas entresacadas de la obra de Leibniz. Cfr. al respecto el magnífico estudio preliminar de Félix Duque a su traducción de I. Kant, *Los progresos de la metafísica desde Leibniz y Wolff,* Tecnos, Madrid, 1987, pp. XXVII ss.

[2] Cfr. I. Kant, *Über eine Entdeckung nach der alte neue Kritik der reinen Vernunft durch eine ältere entbehrlich gemacht werden soll* (1790), Ak., VIII, 187.

[3] Cfr. *ibid.,* 247-251.

[4] «... *daß* er jene vorherbestimmte Harmonie noch viel weiter als auf die Übereinstimmung zwischen Seele und Körper, nämlich noch auf die zwischen dem Reiche der *Natur* und dem Reiche der *Gnaden* (dem Reiche der Zwecke in Beziehung auf den Endzweck, d.i. den Menschen unter moralischen Gesetzen) ausdehnt, wo eine Harmonie zwischen den Folgen aus unseren Naturbegriffen und denen aus dem Freiheitsbegriffe, mithin zweier ganz verschiedener Vermögen unter ganz ungleichartigen Principien in uns und nicht zweierlei verschiedene *auber einander* befindliche Dinge in Harmonie gedacht werden sollen (wie es wirklich Moral erfordert)...» (*ibid.,* 250).

(1785), la obra en que su pensamiento ético se expresa con mayor claridad: «Nos consideramos como libres en el orden de las causas eficientes, para pensarnos sometidos a las leyes morales en el orden de los fines» [5].

Con este trabajo no pretendo suscribir la opinión de Eberhard ni de tantos otros neoleibnizianos que, incluso en nuestros días, rechazan el carácter novedoso de la perspectiva introducida por la filosofía transcendental en el desarrollo del pensamiento moderno. Sin embargo, me parece justo subrayar —y en esto coincidiría con el propio Kant— que en la filosofía leibniziana se encuentra el preludio de una sinfonía, cuya partitura será escrita más adelante por el filósofo de Königsberg. A mi modo de ver, la moral kantiana compartiría algunos compases con la melodía impresa por Leibniz a su doctrina de la libertad, entendida como determinación racional. Recordemos la importancia conferida por Kant al concepto de libertad, que debe presuponerse en todos los seres racionales, como clave indispensable para explicar la autonomía de la voluntad [6].

Cuando Kant se refiere al problema de la libertad en el contexto de su filosofía teórica, como es el caso de su escrito de habilitación *Principiorum primorum cognitionis metaphysicae nova dilucidatio* (1755) o de la propia *Crítica de la razón pura* (1781-1787), hace que cobren protagonismo, respectivamente, el concepto de «libertad de espontaneidad» —subrayado por Leibniz y Wolff— y la teoría de la «libertad de indiferencia o de equilibrio» —que Crusius pretendía resucitar para demostrar la primacía de la voluntad respecto a la razón [7]—. Sin embargo, en el terreno de la filosofía práctica, será el concepto de «autonomía» el que ocupe el lugar central al referirse a una libertad, cuya realidad ha quedado demostrada por una ley apodíctica de la razón práctica y se constituye en piedra angular de todo el edificio de un sistema de la razón pura. Como es bien conocido, según Kant, la libertad representa la *ratio essendi* de una ley moral que a su vez se configura como la *ratio cognoscendi* de aquélla [8].

Sin duda, el aspecto más estudiado de la relación entre las doctrinas de Leibniz y Kant acerca de la libertad se sitúa en el campo de la filosofía especulativa. Por ello, mi propósito es el de mostrar que, tras el planteamiento teórico de Leibniz en torno a la libertad, se esconde un interés fundamentalmente práctico [9] y ello le conduce a

[5] *Grundlegung zur Metaphysik der Sitten,* Ak., IV, 450.

[6] Cfr. *Grundl.,* Ak., IV, 446 y ss.

[7] Sobre el análisis de los conceptos de espontaneidad y libertad en el ámbito de la filosofía teórica de Kant, cfr. el trabajo de R. Finster, «Spontaneität, Freiheit und unbedingte Kausalität bei Leibniz, Crusius und Kant», *Studia Leibnitiana,* 14 (1982), pp. 266-277.

[8] Cfr. *K.p.V.,* Ak., V, 4.

[9] Evoquemos la confesión que hace Leibniz al comienzo de sus *Nuevos Ensayos,*

subrayar el concepto ético del «deber», enmascarado bajo la denominación de «necesidad moral». Mi impresión es que en Leibniz se hallan elementos suficientes como para considerarle una especie de pionero en la ruta conducente a la instauración de una autonomía moral, aunque también sea innegable que determinados presupuestos metafísicos le mantienen demasiado anclado en la tradición como para permitirle llegar por sí mismo hacia esa meta del formalismo ético, donde se subvierte la relación entre la teología y la moral.

II

La teoría leibniziana de la libertad pretende, por una parte, dar respuesta a los debates teológicos medievales —que todavía coleaban— en torno a las cuestiones de la indiferencia de equilibrio en la elección, el conflicto entre la libertad humana y la presciencia divina, así como la supresión del ser libre del hombre por medio de la concesión divina de la gracia; por otra parte, quiere suponer una solución al gran problema filosófico surgido en el siglo XVI, a saber, la cuestión de compatibilizar la libertad humana con el determinismo de la Naturaleza.

En ambos frentes, Leibniz intentará reconciliar ciertos elementos que —en su opinión— aparecían como contradictorios por no haberse planteado correctamente [10]. De esta manera, la previsión divina, por ejemplo, no afectaría a la libertad humana, si se distingue cuidadosamente entre lo necesario y lo cierto [11], de forma que los futuros contingentes pueden verse determinados, sin que ello suponga una necesidad irremontable, sino meramente hipotética, esto es, en el supuesto de que Dios lo prevea [12]. Ni tampoco plantearía serios inconvenientes a nuestra libertad la creación divina del mejor de los mundos posibles, no sólo porque Dios —en última instancia— pudiera haber creado otro mundo [13], sino porque su decreto no cambia la naturaleza de las cosas ni hace necesario lo que se mostraba como contingente en el universo de lo meramente posible [14]. Ciertamente, Dios pudo no crear nada o crear otro mundo, pero se hallaba *moralmente* obligado a crear lo mejor, siempre y cuando la bondad ideal de los

donde manifiesta una mayor inquietud por las cuestiones morales, frente a un Locke más polarizado por intereses especulativos.

10 Cfr. Quinto escrito a Clarke, § 2, GP VII, 389.

11 Cfr. §§ 282 y 310 de la *Teodicea* (GP VI, 284 y 300).

12 Cfr. §§ 36 y 37 de la *Teodicea* (GP VI, 123), así como *Causa Dei,* § 103 (GP VI, 454); Grua, *Textes,* 479, y Couturat, *Opusc.,* 520.

13 Cfr. § 234 de la *Teodicea,* GP VI, 256.

14 Cfr. *Disc.,* § 13 (GP IV, 438), *Teod.,* §§ 52 y 231 (GP VI, 131 y 255), así como *Causa Dei,* § 43 (GP VI, 445).

objetos le proporcionara una razón suficiente para ello [15] y, una vez que ha elegido, nada podrá apartarse de aquello que previó y reguló de una vez por todas [16]. Así las cosas, la previsión no destruye la libertad, porque Dios ya contaba con ella en su representación de lo posible, de forma que el despliegue histórico no tendrá lugar —contra la tesis de la «razón perezosa» [17]— actuemos o no actuemos, sino que cuenta con el presupuesto de la voluntad de los agentes racionales, en virtud de lo cual éstos ejecutan sus acciones libremente [18].

Según esto, la forma de conciliar previsión divina y libertad humana se cifra en la suposición de una voluntad libre, postulación que permite al hombre ser responsable inmediato de sus acciones; libertad que se identifica con el libre albedrío y posibilita la imputación moral de las acciones, a la vez que consigue salvar la justicia y bondad divinas [19]. En el mismo sentido que Tomás de Aquino [20], Leibniz quiere salvaguardar un tipo de libertad que permita alabar o culpar al hombre con sus acciones, otorgándose así sentido a las recompensas y los castigos [21]; pero hay algo que añade el enfoque leibniziano, y es la importancia conferida a la justificación de la bondad y justicia divinas, lo cual viene a constituir el inicio de una «teodicea» en la que el hombre ha dejado de justificarse ante Dios para someter a juicio a Este, viéndose en la necesidad de defenderlo [22]. El hombre todavía no ha alcanzado la mayoría de edad y no puede aún justificarse plenamente ante sí mismo, ante su propia conciencia, pero, sin embargo, se atreve a pedir cuentas a Dios. Por lo tanto, este concepto de libertad, antes que una ética verdaderamente autónoma, sólo fundamenta una suerte de jurisprudencia universal.

El libre albedrío representa, pues, a los ojos de Leibniz la *conditio sine qua non* imprescindible para que una acción merezca ser calificada como libre, viniendo a identificarse con la libertad de elección

---

15 Cfr. § 110 de la *Teodicea*, GP VI, 163

16 Cfr. Carta a Coste del 19 de diciembre de 1707 (GP III, 400).

17 Cfr. *Confesio philosophi*, AA VI, 3, 129; Grua, *Textes*, 457-458 y 481-483; *Teod.*, Pref. (GP VI 30-31), así como los §§ 55 y 59 (GP VI, 132-133 y 135); *Causa Dei* §§ 106 y 107 (GP VI, 554-555).

18 Cfr. *De libertate*, Grua, *Textes*, 287-288; cfr. asimismo los §§ 37, 53, 67, 124 y 132 de la *Teodicea* (GP VI, 123-124, 131-132, 139, 178 y 184), así como *Causa Dei* § 45 (GP VI, 445).

19 Cfr. el Pref. de la *Teodicea* (GP VI, 33).

20 Cfr. *Summa Theologica*, I, q. LXXXIII.

21 Cfr. §§ 269 y 323, GP VI, 277 y 308.

22 «Ahora empieza una tercera fase: la discusión en torno a la *justificación de Dios ante el hombre*. El primero en plantear abiertamente la cuestión fue Leibniz en su *Teodicea*, palabra que significa precisamente ''justicia (justificación moral) de Dios''. Y lo de menos es que el Creador salga por el momento, como efectivamente sale, justificado. Lo grave es la nueva actitud que este planteamiento revela: la época ''pide cuentas a Dios'', demanda a juicio a Dios para que demuestre su bondad. Justamente por eso ha sentido la pertinencia, más aún, la necesidad de defenderle» (J. L. Aranguren, *Etica*, Revista de Occidente, Madrid, 1958, p. 117).

entre varios partidos posibles [23] o con la voluntad desnuda, desligada del entendimiento [24]. Ahora bien, el libre albedrío en cuanto tal significaría la más pura indiferencia, un concepto quimérico como el representado por el asno de Buridán, lo cual no sólo atentaría contra los principios de individuación y de razón suficiente, sino que también conduciría a una total inactividad [25]. Como decíamos, el libre albedrío es —para Leibniz— una condición inexcusable de la libertad, mas no puede identificarse con ella. La verdadera libertad sólo hace acto de presencia cuando se actúa conforme a la razón [26]. Leibniz se inscribe así dentro de la tradición agustiniana, al distinguir entre *liberum arbitrium* y *libertas* [27]; mientras el libre albedrío designa la posibilidad de optar entre el bien y el mal, constituyendo una facultad de los seres racionales, la auténtica libertad constituiría en el buen uso de ese libre arbitrio y sólo tendría lugar cuando el conocimiento racional del bien se convierte en el motivo determinante de la elección [28].

De esta manera, junto al concepto meramente negativo de libre albedrío, que se conforma con la posibilidad de elegir o no elegir, o con la posibilidad de optar entre dos términos de una disyunción, Leibniz forjará un concepto positivo de libertad, entendida como «espontaneidad inteligente» [29]. Dicha libertad entraña tres elementos definitorios: 1) la *contingencia*, es decir, la exclusión de toda necesidad lógica o metafísica; 2) la *espontaneidad* con que nos determinamos, y 3) la *inteligencia* que envuelve el conocimiento distinto del objeto [30]. Sin embargo, sólo el último constituye la verdadera raíz de la libertad [31], ya que la contingencia se da en múltiples acciones de la Naturaleza [32] y la espontaneidad es compartida por todas las sustancias simples [33], aunque sea considerada más propia de los espíritus o almas racionales [34].

---

23 Cfr. el § 232 de la *Teodicea* (GP VI, 256).

24 Cfr. *Nouveaux Essais...*, II, 21, § 8 (AA VI, 6, 175).

25 Cfr. el § 303 de la *Teodicea,* GP VI, 296; cfr. asimismo la carta a Coste del 19 de diciembre de 1707, GP III, 401.

26 «Libertas est spontaneitas intelligentis, itaque quod spontaneum est in bruto vel alia substantia intellectus experte, id in homine vel alia substantia intelligente altius assurgit et liberum appellatur» (GP VII, 108).

27 Cfr. *Enchidrion,* XXXII y *Op. imperf. contra Julian,* VI, 11.

28 Cfr. *Nouveaux Essais...*, II, 21 §§ 47-50 (AA VI, 6, 195-199); cfr. igualmente la carta a Bernoulli del 2 de diciembre de 1695 (GM III, 27).

29 Cfr. nota 26 y Couturat, *Opusc.,* 25 y 498.

30 Cfr. § 288 de la *Teodicea* (GP VI, 288). Este punto ha sido tratado con más detenimiento en mi trabajo «Crítica de Leibniz al determinismo absoluto de Spinoza», *Revista de Filosofía,* 7 (1984), pp. 335 ss.

31 Cfr. *ibid.* y la carta a Jaquelot del 28 de abril de 1704 (GP III, 471).

32 «Il y a de la *contingence* dans mille actions de la nature; mais lorsque le jugement n'est point dans celuy qui agit, il n'y a point de *liberté*» (*Teod.,* § 34, GP VI, 122).

33 Cfr. *Disc.,* § 32, GP IV, 458 y *Teod.* § 291, GP VI, 289.

34 Cfr. la carta a Thomasius del 30 de abril de 1669, AA II, 1, 20.

En definitiva, según Leibniz, el hombre se convierte en un ser moral gracias a su razón, en virtud de la cual entra a formar parte de una sociedad gobernada por Dios como el mejor de los monarcas [35]. La distinción leibniziana entre los reinos de la Naturaleza y de la Gracia nos hace evocar prospectivamente la solución kantiana de una doble perspectiva fenómeno-nouménica, un paralelismo que se ve acrecentado cuando comparamos los papeles asignados a Dios en cada uno de estos reinos por ambos pensadores. El Dios Arquitecto de que nos habla Leibniz se parece bastante al Entendimiento artista kantiano, tal y como el Creador moral —alias supremo legislador del reino de los fines— de Kant se asemeja en sus funciones al Dios Monarca leibniziano [36].

El reino de la Gracia se halla enclavado en el mismo seno del mundo natural [37], pero su pertenencia al primero permite al hombre zafarse del determinismo natural —tal y como ocurrirá también en Kant—, siguiendo leyes más elevadas que el resto de los seres vivos, de forma que ningún cambio material pueda hacerle perder las cualidades morales de su personalidad [38]. El espíritu humano es capaz de superar por medio del comportamiento racional no sólo el determinismo externo a que se ven sometidos los cuerpos, sino incluso un determinismo interno, psicológico, que podría achacársele si poseyera únicamente espontaneidad, como el resto de las mónadas simples.

Es cierto que Leibniz empleó en ocasiones la expresión «autómata espiritual» [39] refiriéndose al alma humana, pero esto sólo puede te-

---

[35] «C'est pourquoy tous les esprits, soit des hommes, soit des genies, entrant en vertu de la Raison... dans une espèce de Societé avec Dieu, sont des membres de la Cité de Dieu, c'est à dire, du plus parfait état, formé et gouverné par le plus grand et le meilleur des Monarques» (*Principes de la Nature et de la Grace*, § 15, GP VI, 605). Cfr. *Monad.*, §§ 84 y 85, GP VI, 621.

[36] En el caso de Leibniz puede confrontarse, por ejemplo, el parágrafo recién citado de los *Principios* y con respecto a Kant los pasajes pertinentes se hallan en *K.U.*, Ak., V, 441 y 444, así como en *K.p.V.*, Ak., V, 145. Por lo que atañe a este aspecto del pensamiento kantiano resulta provechoso acudir al trabajo de R. Rodríguez Aramayo, «Postulado/Hipótesis. Las dos facetas del Dios kantiano», *Pensamiento*, 42 (1986), pp. 235 ss.

[37] Cfr. *Monad.*, §§ 86-88, GP VI, 621-622 y *Teod.*, § 118, GP VI, 168.

[38] «Cependant les Ames raisonnables suivent des loix bien plus relevées, et sont exemtes de tout ce qui leur pourrait faire perdre la qualité de citoyens de la societé des esprits, Dieu y ayant si bien pourveu, que tous les changements de la matière ne leur sçaroient faire perdre les qualités morales de leur personalité» (*Systeme nouveau...*, GP IV, 481).

[39] Cfr., por ejemplo, el § 52 de la *Teodicea* (GP VI, 131). Como es bien sabido, Kant se hará eco de ella en la *Crítica de la razón práctica* acuñando su célebre comparación con la libertad de un asador que, como todo ingenio mecánico, se mueve por sí mismo una vez que se le ha dado cuerda (cfr. *K.p.V.*, Ak., V, 97). En mi opinión, Leibniz suscribiría esta afirmación aplicada al comportamiento instintivo de los seres vivos en general, pero la conducta racional supondría un salto cualitativo que nos aleja

ner un sentido metafórico, destinado a subrayar la independencia existente entre el orden de las causas eficientes y el de las causas finales. Toda mónada simple actúa espontáneamente siguiendo su propia ley y movida por causas finales, pudiendo decirse que existe una conexión intrínseca (natural, mas no necesaria) entre cada individuo y los acontecimientos que le sucederán [40], pero el hombre es capaz de zafarse de esa especie de determinismo psicológico que implica el comportamiento instintivo (que, sin embargo, posee en forma de inclinaciones y pasiones) y otorgarse racionalmente sus propios fines, con los que, no obstante, coopera a los fines divinos de la creación [41]. Aunque no puede decirse que el hombre puede cambiar el curso de los acontecimientos, la razón introduce una perspectiva cualitativamente distinta [42], la del deber, que Leibniz identificará con la necesidad moral [43].

III

El gran avance del planteamiento leibniziano es dejar de considerar la verdadera libertad como un «poder hacer lo que se quiera», para empezar a definirla como «querer hacer lo que se debe», es decir, determinarse racionalmente hacia el bien. En Dios aparece esta libertad de forma absoluta, pues su perfección moral le lleva a determinarse siempre hacia lo mejor [44], y es precisamente por esto por lo que no puede hablarse de comportamiento ético en El. Sin embargo, en el hombre la razón es un motivo de actuación entre otros —pues también se ha de contar con pasiones e inclinaciones— [45], pudiendo por ello la libertad fundamentar el comportamiento moral, en cuanto que representa una tensión entre el ser (el sometimiento a pasiones e inclinaciones que se traduce en un conocimiento confuso) y el deber ser,

---

de cualquier tipo de mecanicismo, al introducirse la libertad en la serie de sus representaciones.

40 «Chacune des ces substances contient dans sa nature *legem continuatonis seriei suarum operationum* et tout ce qui luy est arrivé et arrivera» (carta a Arnauld del 23 de marzo de 1690, GP II, 136); cfr. asimismo *Disc.* § 13, GP IV, 436.

41 Cfr. *Monad.*, §§ 87-90, GP VI, 622-623.

42 Discrepo aquí con la interpretación de Ch. Axelos (cfr. *Die ontologischen Grundlagen der Freiheitstheorie von Leibniz,* Walter de Gruyter, Berlín, 1973, p. 246), para quien la libertad no sería sino el grado más elevado —pero cualitativamente idéntico— de la espontaneidad.

43 «La necessité morale est... une heureuse necessité qui oblige le Sage à bien faire» (*Teod.,* § 175, GP VI, 218-219). «Cette necessité est appelée morale, parce que, chez le sage, necessaire et dû sont des choses equivalents» (*Teod.,* Apéndice, GP VI, 386).

44 Cfr. *Disc.,* § 3, GP IV, 429; *Teod.,* § 234, GP VI, 256; y Grua, *Textes,* 254 y 301.

45 Cfr. la carta a Coste del 19 de diciembre de 1707, GP III, 402 y *Remarques sur le livre de l'origine du mal,* § 13, GP VI, 413.

haciendo que el comportamiento reflexivo del verdadero bien se convierta en principio determinante de la acción humana [46], lo que le permitirá a Leibniz afirmar que el sabio siempre actúa por principios y reglas [47].

Como cabe apreciar, una lectura atenta de Leibniz podría descubrirnos que su planteamiento ético preludia en más de un aspecto la instauración kantiana de una moral completamente autónoma. Aunque, por otra parte, resulte innegable la existencia de una nota discordante en las premisas de sus respectivas doctrinas, discrepancia básica que representa un abismo infranqueable entre ambos planteamientos. Y es que, con Leibniz, el hombre no ha alcanzado todavía esa mayoría de edad convertida por Kant en divisa de la Ilustración [48], viéndose obligado aún a tomar sus decisiones de la mano de Dios. Dentro del sistema leibniziano los fines del hombre se ven supeditados a los fines divinos de la creación. Sólo cuando el hombre deje de ser una mera idea de Dios para convertirse en una idea transcendental de su propia razón [49], se habrán puesto las bases que posibiliten la instauración de una ética plenamente autónoma.

---

[46] «Cependant cette prevalence des inclinations n'empêche point que l'homme ne soit le maitre chés luy, pourveu qu'il sache user de son pouvoir. Son empire est celuy de la raison» (*Teod.,* § 326, GP VI, 309).

[47] «Le sage agit toujours *par principes;* il agit toujours *par regles*» (*Teod.,* § 28, GP VI, 119).

[48] Cfr. *Beantwortung der Frage: Was ist Aufklärung?,* Ak., VIII, 35.

[49] «Dios no es un ser exterior a mí, sino un pensamiento dentro de mí. Dios es la razón ético-práctica autolegisladora» (*Opus postumum,* Ak., XXI, 145).

22. ROUSSEAU EN KANT

por JOSÉ RUBIO CARRACEDO
(Universidad de Málaga)

En un trabajo publicado recientemente [1] he presentado un balance pormenorizado sobre el estado actual de la discusión sobre el alcance y el sentido preciso del influjo de Rousseau en la filosofía práctica de Kant, que incluía la consideración crítica de buena parte de la bibliografía disponible, además de expresar mi opinión personal, en especial en lo referente a la filosofía política, puntualizando cinco discrepancias mayores entre ambos pensadores.

En este trabajo me propongo presentar, en cambio, un análisis más breve y directo sobre la proteica relación Rousseau-Kant, poniendo de relieve los aspectos más destacados del influjo ejercido por el ginebrino sobre el regiomontano, así como su recepción, siempre crítica y original por parte del último, remitiendo al trabajo precedente para la base documental subsidiaria.

Por lo demás, casi no haría falta precisar que la selección de influjos que presento no tiene ninguna pretensión sistemática (ni menos aún sistémica), sino que se trata de un elenco más bien empírico, pero suficientemente significativo, según creo, a partir de los propios textos kántianos que registran aquella influencia. En este trabajo introduzco, además, algunas matizaciones y otras consideraciones totalmente nuevas.

I. INFLUJO EMOCIONAL

Kant se sintió vivamente atraído por los escritos de Rousseau; se los procuraba de inmediato y los leía con avidez (si hemos de atender a una tradición, Kant únicamente habría modificado su horario habitual en dos ocasiones: el día que llegó la noticia de la toma de La Bastilla y el día que recibió el *Emile*). Tres obras le impactaron especialmente: los dos *Discursos* y *Emile.* También *La nouvelle Héloïse* y, en menor grado, el *Contrat social,* que Kant entendió siempre desde

[1] «El influjo de Rousseau en la filosofía práctica de Kant», en E. Guisán (comp.), *Esplendor y miseria de la ética kantiana,* Anthropos, Barcelona, 1987, pp. 29-74.

la clave interpretativa de las primeras. Un pasaje de las *Bemerkungen* refleja ingenuamente la fascinación que Rousseau ejerció sobre Kant: «La primera impresión que un lector sincero recibe de los escritos de Rousseau es que se encuentra ante una rara penetración de espíritu, un noble impulso de genio y un alma plena de sensibilidad, en tal grado que jamás ningún escritor, en cualquier tiempo o país, puede haber poseído semejante conjunto de dones» (AK, 20, p. 43). Poco antes se había recomendado disciplina intelectual para que «la belleza de la expresión no me cautive; sólo entonces podré disponer de mi razón para juzgarle» (AK, 20, p. 30).

Es más, el interés de Kant por Rousseau se desplazó hasta los detalles de su vida y carácter, como ha demostrado documentalmente Ferrari (1979). No deja de ser chocante esta atracción de Kant por un pensamiento y una personalidad tan distintos, en principio, y hasta ajenos, en apariencia. No hay que olvidar, sin embargo, su educación sentimental en el pietismo protestante. La lectura de Rousseau pudo ejercer, pues, además, un efecto catalizador imponderable. Queda claramente desautorizada, sin embargo, la tendencia de ciertos comentaristas que acentúan el carácter emotivo de su encuentro con Rousseau para trivializar después su relación intelectual.

II. EL SENTIDO DE LA DIGNIDAD HUMANA Y EL DERECHO DE LA HUMANIDAD

Todo apunta a que la primera gran «revelación» (o quizá «recordatorio», y de ahí su eficacia) que Rousseau hizo a Kant fue la igualdad esencial de los hombres, junto con la relativización crítica de la superioridad de los ideales ilustrados. Kant relata con ingenuidad el impacto de los dos *Discursos* en su espíritu impregnado de las Luces, «que ponía en el conocimiento el honor de la humanidad y menospreciaba a la plebe ignorante. Rousseau me abrió los ojos. Aquella superioridad que me cegaba se desvaneció; aprendo a *honrar a los hombres;* y me consideraría más inútil que el común de los trabajadores si no creyese que estas reflexiones pueden tener un valor para los demás, *estableciendo el derecho de la humanidad* (AK, 20, p. 44). Así pues, Rousseau aparece explícitamente vinculado por Kant como impulsor e inspirador de su proyecto crítico global, que define como el establecimiento del derecho de la humanidad, proyecto global al que haré referencia en el punto VIII.

Un texto de Herder, alumno de Kant en aquellos años, confirma plenamente esta impresión: «Con el mismo interés con que estudiaba a Leibniz, Wolff, Baumgarten, Crusius y Hume, con que escrutaba las leyes de la naturaleza en Newton, Kepler y los físicos, se aplicó a los escritos de Rousseau que acababan de aparecer, su *Emilio* y su

Eloísa, como a todo descubrimiento científico que acabara de conocerse; los ensalzaba y volvía una y otra vez a profundizar sin prejuicios en la *naturaleza y la dignidad moral del hombre*»[2].

III. ROUSSEAU, EL NEWTON DE LA MORAL

Pese a que algún crítico ha pretendido explicar la hondura del influjo de Rousseau por su convergencia sobre los tratadistas británicos del *Moral Sense,* todo parece indicar lo contrario: fue Rousseau quien, en el momento en que se desmoronaban sus certidumbres dogmáticas (como lo demuestra su obra contra Swedenborg, de 1766), le confirmó también la insuficiencia del planteamiento empírico-subjetivo en moral y le reveló la posibilidad de un enfoque objetivo de la naturaleza humana, la sociedad y la historia. Kant se muestra tan impresionado que llega a establecer un paralelismo entre la obra de Newton en física y la de Rousseau en moral: «Newton ha sido el primero en ver el orden y la regularidad unidos a una gran simplicidad donde, ante él, no parecía haber más que desorden y multiplicidad [...]. Rousseau ha sido el primero en descubrir bajo la diversidad de formas convencionales la naturaleza del hombre en las profundidades en las que se ocultaba, así como la ley secreta por la que, gracias a sus observaciones, la providencia queda justificada. Hasta entonces la objeción de Alfonso y de Manes mantenía toda su validez. Tras Newton y Rousseau, Dios queda justificado y en adelante la doctrina de Pope queda como verdadera» (AK, 20, p. 58).

Aunque un autor como Paton se ha esforzado en restarle importancia al texto, incidiendo más en un sentido literario y emocional que propiamente crítico en el paralelismo establecido por Kant entre Newton y Rousseau, lo cierto es que el pasaje es, a la vez, explícito y razonado. Otra cuestión es la intencionalidad apologética que Kant pretende conferirles. Pero es indudable que Kant les atribuye no sólo el mismo papel, sino hasta la misma metodología, que vincula la experiencia y la construcción racional. Por tanto, Rousseau le parece el organizador del mundo moral al modo como Newton organizó el universo físico: el orden constructo permite descubrir el desorden existente y estimula a combatirlo. De modo que hasta la intención apologética resulta significativa, aunque todavía apenas mencione el *Contrat;* porque, como apunta Cassirer, «el hombre deviene su propio salvador»[3], mediante su capacidad de construcción (o de reconstrucción) del orden social.

---

[2] J. G. Herder, *Briefe zur Beförderung der Humanität,* en *Werke,* ed. por Suphan, v. XVIII, p. 404 (carta 79). Subrayado mío.

[3] E. Cassirer, 1932b, p. 55.

Ello muestra, por otra parte, cómo Kant, pese a estar inmerso en la cosmovisión ilustrada, captó desde el primer momento el sentido crítico y relativizador de las nociones de progreso y de razón que resuena en los escritos de Rousseau (en cuanto ilustrado crítico que fue), mientras que sus colegas franceses (Diderot, d'Alembert, Voltaire, etc.) y británicos (Hume, entre otros) se mostraron totalmente desconcertados por el ginebrino, posiblemente por incapacidad de distanciarse de sus postulados ilustrados incondicionados. Kant, en cambio, entendió la obra de Rousseau ante todo como una investigación antropológico-social con intención moral: se trataba de reconstruir la naturaleza humana originaria, oculta tras las peripecias históricas, las brumas civilizatorias y la desigualdad social. También Schiller, Lessing y el idealismo alemán se atendrán a esta clave interpretativa. Aunque es obvio que, a la postre, es muy probable que Kant se hubiera otorgado, con toda sinceridad, el título de Newton de la moral a sí mismo, pues toda su obra está recorrida por aquel designio y aquella arquitectura newtoniana.

IV. RECONCILIACION PROFUNDA DE LO NATURAL Y LO CIVIL

Kant captó desde el primer momento el sentido unitario de la obra rousseauniana o, al menos, tendió siempre a interpretarla en tal sentido por encima de las disyunciones y paradojas que el mismo Rousseau dejó trazadas. Ello se comprende mejor si se tiene en cuenta que Kant iniciaba en aquel tiempo sus pesquisas antropológicas. Ahora bien, por entonces Kant entendía el estado de naturaleza en sentido histórico-empírico; de ahí su oposición a aceptar la pretendida excelencia de tal estado y, menos aún, su validez normativa. Pero descubre en Rousseau una intención profunda: la de salvaguardar lo auténticamente natural en la civilización (AK, 20, p. 31). Hay que tener en cuenta, por lo demás, que los dos *Discursos* pesan mucho más en las *Bemerkungen* que *Emile* o el *Contrat*.

Por la misma razón Kant aduce una diferencia metodológica: «Rousseau procede sintéticamente y parte del hombre natural. Yo procedo analíticamente y parto del hombre civilizado» (AK, 20, p. 14). Como señala Ferrari (1979, p. 184), Kant alude a su distinción entre los matemáticos (que proceden sintéticamente por construcción de conceptos) y los filósofos (que han de atenerse a la experiencia), según su obra de 1764. Sin embargo, el paralelismo que había establecido con Newton implicaba también una vertiente empírica, sobre la que se aplica el método reconstructivo, como Rousseau enfatiza en *Emile* (OC, IV, p. 550). Más adelante, Kant matizará mejor sus diferencias, como tendré ocasión de mostrar.

En efecto, tres textos seleccionados por Ferrari (1979, pp. 227 ss.), pertenecientes todos ellos al período de plena madurez, muestran el empeño con que Kant intentaba una interpretación unificada y coherente del ginebrino. En el primero de ellos, Kant se plantea cómo discernir el destino natural del hombre (que no es otro que el de una cultura más elevada, que sólo es posible en la sociedad civil). Para ello se propone resolver «las tres propuestas paradójicas de Rouseau»: *a)* los males derivados de la cultura (las ciencias y las artes); *b)* los males derivados de una civilización basada en la desigualdad, y *c)* los males derivados del método artificial de educar. Pues bien, según Kant, «todo el designio de Rousseau es éste: que el hombre obtenga el arte de reunir todas las ventajas de la cultura con todas las ventajas del estado de naturaleza [...]. En definitiva, el estado civil y el derecho de gentes. El primero consiste en la libertad e igualdad bajo la ley [...]» (AK, 15, p. 889).

El segundo texto, correspondiente a *Muthmasslicher Anfang der Menschengeschichte* (1786), es más explícito: Rousseau había planteado en sus *Discursos* «la contradicción inevitable entre la civilización y la naturaleza humana», pero «en su *Emile,* en su *Contrat social* y en otros escritos, trata de resolver un problema aún mayor: el conocer cómo ha de progresar la civilización para desarrollar las disposiciones de la humanidad en tanto especie moral, conforme a su destino, de modo que una no se oponga a la otra en cuanto especie natural» (AK, 8, p. 116). Los males sociales y la desigualdad, «de la que tan justamente se lamentaba Rousseau, resulta inseparable de la cultura mientras ésta no progrese siguiendo un plan» (*ib.*, p. 117). Plan que explicita en una de las *Reflexionen,* escrita por la misma época: «se impone establecer un plan: de educación, de gobierno, de religión, en el que la felicidad y moral serán los puntos de referencia» (AK, 15, p. 896).

El tercer texto corresponde a la *Anthropologie* (1798) y confirma la interpretación unitaria de Rousseau: la cuestión planteada por Rousseau era la de discernir la naturaleza originaria del hombre, no la de «retornar a los bosques». En sus dos *Discursos* y en *La nouvelle Héloïse* muestra los peligros de desviarse cuando se procede sin un plan, aproximativamente; pero «esos tres escritos [...] deben servir simplemente de hilo conductor en el *Contrato,* el *Emilio,* el *Vicario Saboyano,* para salir del laberinto del mal [...]» (AK, 7, p. 326).

En el mismo sentido ha de entenderse su famosa tesis sobre la «insociable sociabilidad» de los hombres, aunque en el contexto cosmopolita, como más adelante señalaré.

V. UNA EDUCACION LIBRE FORMA UN HOMBRE LIBRE

En los textos antes mencionados ha quedado constancia de que Kant confiaba a la educación —junto con el gobierno y la religión— un papel destacado en el «plan» normativo que habría de servir de «hilo conductor» hacia una civilización y un progreso sin desviaciones fatales. Aunque todo parece indicar que es a partir de 1770, coincidiendo, sobre todo, con el inicio de sus cursos de pedagogía (1776-1777), cuando Kant procede a transponer al ámbito de la educación moral el enfoque antropológico-político de Rousseau, no hay que olvidar que este enfoque está presente ya en las *Bemerkungen,* en las que puede leerse: «sólo la educación tal como la entiende Rousseau podría ayudar a reflorecer la sociedad civil» (AK, 20, p. 175), puesto que se trata de «una educación libre que forma un hombre libre, tal como desea Rousseau» (*ib.,* p. 167). También presenta algunas objeciones, en especial la posición artificial del preceptor rousseauniano (*ib.,* p. 29) y la dificultad de poner en práctica el modelo preconizado en *Emile* (*ib.*).

No obstante, parece claro que es, sobre todo, a partir de sus cursos pedagógicos cuando *Emile* se convierte en la principal fuente rousseauniana de inspiración, no sólo para la vertiente educativa, sino para todo el ámbito de la razón práctica (sin excluir incluso el ámbito epistemológico, como luego mostraré). En efecto, es en *Emile* —y luego en el *Contrat,* pero entendido siempre desde la clave interpretativa de *Emile*— donde se inspiró Kant para elaborar su principio de la autonomía práctica del sujeto, cuya revolucionaria aplicación a la educación, con ser tan relevante, marca sólo una exigencia universal de aplicación en todo el campo de la razón práctica. Aunque Kant destaque especialmente el papel de la educación: «es en el fondo de la educación donde reposa el gran secreto de la perfección de la naturaleza humana» (AK, 9, p. 444).

Esta especial incidencia sobre el factor educativo contrasta fuertemente con el papel escasamente relevante que otorga a la política, pese a que considera al «gobierno», juntamente con la educación y la religión, como uno de los resortes decisivos del plan normativo de civilización auténtica (AK, 15, p. 896). De hecho, resulta ya significativo que traduzca la *politie* rousseauniana por el «gobierno». En efecto, como luego se verá, Kant distinguirá entre el plano regulativo (el «ideal del derecho del Estado») y el plano social real, que es en el que el gobierno ejerce su acción predominantemente coercitiva. Hasta cierto punto, pues, es indudable que, al enfatizar lo educativo a expensas de lo político, Kant efectúa una desactivación de Rousseau, quien confiere a los procedimientos democráticos participativos y semidirectos (esto es, a la acción política de los ciudadanos) el papel más destacado en la vida social. Pero, por otra parte, no hay que olvidar que el

Contrat supone y asume el *Emile;* es decir, también Rousseau concede al proceso educativo —individual y cívico— un papel esencial en el auténtico proceso civilizador.

En realidad, Kant se muestra, a la vez, más cauto y más optimista que Rousseau. Más cauto, porque Kant no compartía su teoría sobre la bondad natural del hombre, aun cuando oscile en sus escritos respecto de la profundidad de su concepción del mal radical. En un texto de la *Anthropologie* escribe: «Rousseau no pensaba que el hombre debe retornar al estado de naturaleza, sino que debía echar una ojeada retrospectiva a partir del nivel actual. Admitía que el hombre es bueno por naturaleza (la naturaleza tal como se transmite por herencia), pero de un modo negativo, es decir, que no es malo por sí mismo y de modo intencional, pero está en peligro de ser contaminado más y más por guías inexpertos» (AK, 7, p. 326). Pero también más optimista, porque su visión de la historia y de la experiencia social no es tan sombría: el hombre se le ofrece «como una especie de seres razonables que se esfuerza, en medio de los obstáculos, en orientarse hacia el bien en un progreso continuo del mal» (*ib.,* p. 333). Y poco antes había precisado: «La especie humana *puede y debe ser* ella misma creadora de su felicidad; sin embargo, el hecho de que lo será no puede deducirse de disposiciones naturales *a priori*, sino de la experiencia y de la historia» (*ib.,* p. 328). Y es que, frente a la entropía social de Rousseau («si Esparta y Roma cayeron, ¡qué subsistirá!»), Kant exhíbe su optimista filosofía de la historia, completada con su teleología de la naturaleza.

VI. DEL CONSTRUCTO POLITICO NORMATIVO A LA RAZON PRACTICA TRASCENDENTAL

Pero Kant se interesa igualmente por la metodología de Rousseau. Lejos de ver en *Emile,* como la mayoría de sus contemporáneos, una fantasía arbitraria, Kant percibe claramente el procedimiento constructo de Rousseau y lo explica desde su propia epistemología crítica, que distingue entre «idea» e «ideal»; la primera es un producto de la razón, mientras que el segundo lo es de la imaginación: «la idea es una regla general, en abstracto; el ideal es un caso particular que someto a la regla. Así el *Emile* de Rousseau, con la educación que le da, *es una verdadera idea de la razón.* Pero no puede decirse nada determinado sobre el ideal. Se puede atribuir a una persona toda clase de cualidades magníficas, por ejemplo cómo sabe comportarse en tanto que soberano, padre, amigo, pero sin agotar el modo como se comporta en cada caso, como en la *Ciropedia* de Jenofonte. La causa de esta exigencia de completud *(Vollständigkeit)* es que, de otro modo, no podríamos tener un concepto de perfección. *Así sucede con la perfección moral.* La virtud del hombre es siempre incompleta. Sin embargo, nos hace falta siempre una medida para ver qué diferencia existe entre la incompletud y el más alto grado de virtud, y lo mismo sucede con el vicio. En la idea de vicio omitimos todo lo que podría reducir el grado de vicio. En moral es necesario presentar las leyes en toda su perfección moral y su pureza. Es diferente si se quiere realizar tal idea, y aunque no sea enteramente posible, resulta de la mayor utilidad. Rousseau confiesa en su *Emile* que tal educación de un solo individuo exige toda una vida, o la mejor parte de ella (AK, 28, p. 994, s.m.)[4].

Este texto resulta concluyente para demostrar cómo Kant se había percatado del sentido constructo normativo de Rousseau y cómo lo adapta a su propia epistemología. Ello permite conjeturar fundadamente por qué Kant meditó mucho más sobre *Emile* que sobre el *Contrat;* o, más exactamente, permite conjeturar que Kant leyó siempre el *Contrat* desde la clave interpretativa del *Emile.* De ahí la trasposición que realizó al plano moral de los principios políticos rousseaunianos de generalidad y autonomía como a su lugar propio y pertinente, ya que todo el ámbito de la razón práctica se rige por los mismos principios. Se equivocan, pues, los comentaristas que, como Riley (1982, pp. 125 ss.), insisten en trazar un abismo entre el contrato social rousseauniano, de naturaleza histórico-empírica, y la «idea de contrato social», que sería característica y exclusiva de Kant.

La atenta reflexión de Kant sobre la metodología constructiva de Rousseau se refleja bien en una lección de 1784: «Rousseau dice que hacen falta tres cosas para la construcción de una casa: 1.ª, la idea en la cabeza del arquitecto; 2.ª, la *imago,* la imagen de la casa que es sensiblemente diferente de la idea, pues las circunstancias no permiten la realización de la idea completa; 3.ª, la apariencia, tal como la casa aparece.» Y ofrece un buen ejemplo: «el moralista presenta la virtud en la idea; el historiador la presenta tal como la han poseído verdaderos hombres; y el poeta o dramaturgo la presenta sólo como aparece, simplemente como apariencia» (AK, 28, p. 1274)[5].

Ahora bien, esta precisión resulta esencial ya que para Kant son las «ideas de la razón» las que han de operar la conciliación del modelo natural y del modelo social, como afirma en una de las reflexiones sobre antropología de 1788-1789 (AK, 15, p. 617; n.º 1.417). En

---

[4] El texto es de 1783-1784. La misma tesis defiende en una lección de teología racional de 1784: «En moral las leyes deben presentarse en su mayor perfección y pureza, aunque sean inaccesibles para nosotros, por ejemplo el *Emile* de Rousseau es la idea de una educación perfecta» (AK, 28, 1233).

[5] J. Ferrari (1979, p. 226) hace referencia a una de las *Reflexionen,* anterior a 1770, en la que Kant distingue ya el concepto, la idea y el ideal sobre el mismo ejemplo citado en el texto (AK, 19, 105; Refl. n.º 1611).

sentido estricto, pues, Kant no ha procedido a moralizar la teoría política de Rousseau; lo que ha hecho, en realidad, es adoptar los principios de generalidad y autonomía como pilares sobre los que edificar el ámbito entero de la razón práctica. La tarea del ginebrino había sido la de construir la idea de educación humana y la idea de educación civil; Kant procedió a perfeccionar el proyecto rousseauniano desde el punto de vista epistemológico unificando ambos modelos en el marco trascendental de la razón práctica.

Parece poco sólida, pues, la hipótesis de Höffding (1898-1899) cuando distingue dos épocas muy diferenciadas en el influjo de Rousseau sobre Kant; la primera se habría producido en torno a 1762 y su traza se aprecia, sobre todo, en las *Reflexionen*; la segunda, en torno a 1783, centrada sobre el concepto de voluntad general en cuanto contrapuesto al de voluntad particular, cuyas trazas más perceptibles están en la doctrina kantiana de la moral y en su filosofía de la historia. El influjo de la primera época habría sido más aparente y superficial, mientras que el de la segunda contribuyó decisivamente a dar su forma definitiva a la ética de Kant. Los textos analizados permiten concluir más bien que se trata de un influjo continuado, aunque con diferentes inflexiones.

VII. EL VICARIO SABOYANO Y LA FILOSOFIA CRITICA

En un trabajo de 1922, Gurvitch afirma que el discurso del *Vicario Saboyano* (*Emile,* OC, IV, pp. 522 ss.) influyó directamente en el planteamiento kantiano de la moral, tanto en la superación del dogmatismo abstracto de Wolff como del sentimentalismo británico *(moral sense)*. En efecto, la tesis rousseauniana asevera que la justicia y la bondad no son términos abstractos, formados por el intelecto, sino verdaderos sentimientos del alma, esclarecidos por la razón. Y más adelante insiste el *Vicario Saboyano* en una dialéctica peculiar —que en otro estudio [6] he denominado «constructivismo rousseauniano»— entre la conciencia y la razón: la conciencia es la facultad moral que sirve de guía segura al hombre al modo de un principio supra-empírico e incondicionado (*ib.*, pp. 594-595), pero que ha de ser ilustrado por la razón, «que es la única que nos enseña a conocer el bien y el mal» (*ib.*, p. 288). Pero sin la conciencia el hombre sería «un entendimiento sin regla y una razón sin principio» (*ib.*, p. 599).

Como también señaló Cassirer, Kant acusa en *Beobachtungen* el influjo de Rousseau, especialmente en el pasaje en que presenta un

[6] J. Rubio Carracedo, *Democracia y legitimación del poder en Rousseau,* Crítica, Barcelona, en prensa.

esbozo de programa moral, donde reprocha a Wolff confundir en moral «lo bueno con lo verdadero», y concluye: «la verdadera virtud ha de reposar sobre principios que la hagan tanto más noble y sublime cuanto son más universales. Tales principios no consisten en reglas especulativas, sino en la conciencia de un sentimiento presente en el corazón de todos los hombres y que alcanza más allá de los principios particulares de la piedad y de la complacencia: el sentimiento de la belleza y de la dignidad de la naturaleza humana» (AK, 2, p. 311)[7].

Es probable, pues, como indica Ferrari (1979, p. 191), que haya sido Rousseau el primero en descubrirle a Kant el universo del puro deber moral al oponerse a la moral a la vez intelectual y utilitaria de la Ilustración.

Es más, en el mismo discurso del *Vicario Saboyano* pudo hallar una invitación general a la filosofía crítica. Su condena de la filosofía racionalista y, en particular, su alegato contra la metafísica (OC, IV, p. 577) y la reflexión sincera que ofrece sobre algunas certezas sobre la naturaleza del hombre (en especial, su alma inmortal), del mundo y de Dios, que avalan de alguna manera la exigencia moral, son un preludio de la razón práctica kantiana. En efecto, en tales páginas Rousseau plantea con nitidez la primacía absoluta de la libertad humana como condición de toda exigencia moral, lo que significa igualmente un precedente de la doctrina kantiana de la autonomía del sujeto moral.

El *Vicario* plantea igualmente el viejo problema platónico de la convergencia de la felicidad con la virtud, cuya desconexión real muestra la experiencia cotidiana, pero que resulta garantizada por la inmortalidad del alma y la existencia de un Dios justo y providente. Obviamente, en Rousseau resuenan Descartes y Malebranche, pero Rousseau presenta una elaboración personal que facilita el paso a la consideración kantiana de postulados trascendentales de la razón práctica.

Por lo demás, el problema moral lo presenta el *Vicario* como un conflicto permanente entre «la voz del alma» (conciencia) y «la voz del cuerpo» (pasiones), conflicto que procede de la dualidad de la naturaleza humana. La conciencia, guía infalible y universal, se traduce por un juicio que confiere «toda la moralidad de nuestros actos» (*ib.*, p. 595). Kant, en cambio, precisará que es la buena voluntad en cuanto «voluntad de obrar por deber», la que expresa en nosotros la ley moral; pero su canto del obrar por deber discurre paralelo al canto rousseauniano de la conciencia (*ib.*, pp. 600-601; AK, 5, p. 86).

---

7 Como es sabido, las *Bemerkungen* son las «anotaciones» manuscritas que Kant dejó en su ejemplar de *Beobachtungen über das Gefühl des Schönen und Erhabenen,* publicadas por primera vez en la edición Rosenkranz-Schubert, *Kants sämtliche Werke,* t. XI, según una selección de Schubert (1842). La edición completa es la de la Academia de Berlín, *Gesammelte Schriften*, t. 20, pp. 1-192, que es la que utilizo.

Por otro lado, Rousseau no deja de señalar que la conciencia moral exige para emerger la mediación social, ya que «el impulso de la conciencia surge del sistema moral formado por esa doble relación a sí mismo y a sus semejantes» (*ib.*, p. 600). Ahora bien, es claro que de estos paralelismos no se sigue una dependencia de Kant respecto de Rousseau, pues el regiomontano reelabora siempre conceptualmente los influjos recibidos y los traspone a su sistema trascendental. Lo que no quita para reconocer, como hace Ferrari, que «ciertas ideas esenciales de la ética de Kant se descubren ya en Rousseau» (1979, p. 249). Burgelin es todavía más explícito: en la obra de Rousseau no sólo «se esbozan los grandes temas de la razón práctica», sino que «sin la meditación de Rousseau resultan impensables la filosofía crítica, el idealismo alemán y Biran» (Burgelin, 1952, pp. 40 y 569). Pero, como concluye Ferrari, «si Rousseau despertó a Kant, Kant realizó, en cierta medida, a Rousseau» (1979, p. 253).

VIII. ROUSSEAU Y EL PROGRAMA GLOBAL DE KANT

Un extenso pasaje de las *Reflexionen* permite evaluar aproximativamente el impacto de Rousseau y su lugar, junto a otros influjos como el de Hobbes, en el programa global (antropológico-moral y jurídico-político) que se traza Kant en el período 1764-1768:

> «1. La indeterminación natural en la especie: la relación de sus poderes y de sus inclinaciones, y su naturaleza susceptible de adoptar toda clase de formas.
> 2. El destino del hombre. El estado esencial del hombre: si consiste en la simplicidad o en el máximo cultivo de sus capacidades y la mayor satisfacción de sus deseos. Si el grado de habilidad responde también a un fin natural: es lo que hay que investigar. Si debe cultivar las ciencias necesariamente. [...]
> 3. El hombre de la naturaleza considerado únicamente en sus cualidades personales, independientemente de su situación. Esta es justamente la cuestión: ¿qué es natural y qué depende de causas externas y accidentales? El estado de naturaleza es un ideal de las relaciones externas del hombre puramente natural, esto es, del hombre salvaje. El estado social puede constituirse también con personas de cualidades puramente naturales.
> 4. Emilio o el hombre civilizado. El arte o el cultivo de las fuerzas y tendencias que se avienen mejor con la naturaleza. Mediante él se mejora la perfección natural.
> 5. En el estado exterior. El contrato social (vínculo de los ciudadanos) o ideal del derecho del estado (según la regla de igualdad) considerado *in abstracto,* sin tener en cuenta la naturaleza particular del hombre.
> 6. Leviatán: es estado de sociedad que es conforme a la naturaleza del hombre. Según la regla de seguridad [...].
> 7. La alianza de los pueblos: el ideal del derecho de los pueblos como perfeccionamiento de las sociedades desde el punto de vista de las relaciones exteriores.

El contrato social o el derecho público como fundamento de la fuerza suprema. Leviatán o la fuerza suprema como fundamento del derecho público» (AK, 19, p. 98).

El pasaje demuestra cómo, frente a una opinión bastante generalizada, el pensamiento jurídico-político de Kant estaba básicamente configurado ya en una época tan temprana y cómo desde el primer momento se propone combinar la inspiración rousseauniana con la hobbesiana: la teoría política de Rousseau representa el «ideal del derecho del Estado» (o «idea», como precisará más tarde), considerado según la regla de igualdad (y de libertad, podría haber añadido), mientras que el modelo de Hobbes refleja la naturaleza histórica del hombre, según la regla de seguridad. Es más, Kant concluye ya entonces que el primer modelo fundamenta al segundo como el segundo lo hace con el primero, probablemente en el sentido de que el primero justifica al segundo y el segundo sostiene al primero. De donde aparece claramente cómo el sincretismo legitimista-realista de Kant es originario, y no meramente acomodaticio. Ninguno de los comentaristas que he consultado subraya suficientemente la importancia de este «programa» kantiano.

Lo más probable es que Kant, antes de leer al ginebrino, estuviera imbuido de la concepción hobbesiana del Estado, sobre todo a través de la versión que habían popularizado en Alemania los Jurisconsultos. La teoría rousseauniana del contrato social, con su énfasis en los aspectos legitimistas del poder estatal, provocó probablemente un reajuste de su concepción jurídico-político, además de la profundidad antropológico-moral procedente de los dos *Discursos* y de *Emilio.*

IX. «LIBERTAD MORAL» Y «VOLUNTAD GENERAL». SU TRADUCCION KANTIANA A LOS PRINCIPIOS DE AUTONOMIA Y UNIVERSALIDAD

Parece fuera de duda que Kant procedió a «moralizar» a Rousseau, esto es, a traducir los principios antropológico-políticos del ginebrino al ámbito moral; o, dicho con mayor precisión, Kant procedió a reelaborarlos en la base de su sistema crítico-práctico, de tal modo que su validez alcanzara a todo el vasto dominio de la «razón práctica».

Como antes indiqué, es casi seguro que Kant debió a Rousseau el despertar de su sensibilidad ilustrada ante los problemas de la desigualdad y de la injusticia social. Igualmente encontró en Rousseau la prioridad absoluta de la libertad en el sentido de autonomía personal y como expresión suprema de la dignidad humana, con la consiguiente igualdad radical de todos los hombres. Algunos pasajes de las *Bemerkungen* resultan harto expresivos: «se habla mucho de virtud, pero hay que erradicar la injusticia para poder ser virtuoso» (AK, 20, p. 151). Un largo pasaje, titulado expresamente «De la libertad», tras comentar la contraposición rousseauniana entre la dependencia de las cosas y la dependencia de los hombres, concluye: «nadie duda de que vale más morir que vivir encadenado» (*ib.*, p. 91) y nada le parece tan «penoso y antinatural» como «la sumisión de un hombre a otro hombre», en cualquiera de las formas de esclavitud (*ib.*, p. 88), ya que «el hombre dependiente no es ya un hombre, ha perdido toda la dignidad, no es más que un accesorio de otro hombre» (*ib.*, p. 94). Por eso, «la mayor perfección es subordinarlo todo a la libertad» (*ib.*, p. 144).

Kant apunta ya por entonces que la autonomía personal es condición de toda acción moral, incluso en una versión radicalizada: «quien impone hacer algo por obediencia cuando hubiera bastado para ello motivos internos, ese tal hace esclavos» (*ib.*, p. 66). Y esto es válido incluso referido a la legislación: «el grado del poder legislativo supone la desigualdad y hace que un hombre pierda por relación a otro un grado de libertad. Ello no puede suceder más que sacrificando su voluntad en beneficio de otro, y desde ese momento se hace esclavo respecto de todos sus actos. Una voluntad que se ha sometido a otro es incompleta y contradictoria porque el hombre posee espontaneidad [...]» (*ib.*, p. 65).

Como dejé antes apuntado, también el *Vicario Saboyano* planteaba con toda nitidez la primacía absoluta de la libertad como condición de toda exigencia moral, mientras que en el *Contrat* Rousseau insistirá más en la necesaria conexión de la libertad con la ley, a través del concepto de voluntad general. Pero en el *Contrat* Rousseau enfatiza —lo que frecuentemente no se le tiene en cuenta— no sólo la «libertad civil» (producto del contrato social, que compensa al hombre de la «libertad natural»), sino también de la *«libertad moral»,* por la que el hombre «obedece a la ley que él mismo se ha prescrito» (OC, III, pp. 364-365), del mismo modo que correlativamente la igualdad natural se transforma con el pacto en «igualdad moral y legítima». Este componente ético del modelo socio-político rousseauniano cumple un papel definitorio que previene de raíz toda veleidad totalitaria, como también ha subrayado Levine (1976).

Algunos comentaristas, los mismos que insisten en la disyunción hombre-ciudadano como la verdadera posición de Rousseau, han señalado que con el contrato social el concepto de «voluntad general» pasa a ocupar el papel que jugaba la libertad en el plano moral, dando lugar, por tanto, a la libertad civil. Pero estos autores olvidan el concepto antes apuntado de «libertad moral» del ciudadano que tiene justamente un sentido de autonomía personal. Y se olvidan de que si en *Emile* se plantea con nitidez la primacía incondicionada de la libertad como condición de toda exigencia moral, con la misma claridad se asevera la necesidad de la mediación social («el impulso de la conciencia surge del sistema moral formado por esa doble relación a sí mismo y a sus semejantes» (OC, IV, p. 600), doble relación que es desarrollada preferentemente en el *Contrat,* donde se examina las condiciones de la ley legítima, la que asegura a todos la justicia y la libertad (OC, III, p. 248), en la que se funden la virtud del hombre y la del ciudadano (*ib.,* pp. 360-361), que constituye «la voz del deber» (*ib.,* p. 364), que expresa la autonomía moral por la que el hombre es «verdaderamente dueño de sí», ya que «obedecer a la ley que uno se ha prescrito es libertad» (*ib.,* p. 365). Pues bien, la autonomía moral se justifica en Kant mediante un razonamiento paralelo (AK, 4, p. 432). Y lo mismo acontece con el análisis de la voluntad general subsiguiente al pacto, que prefigura «el reino de los fines», donde convergen hasta coincidir la universalidad, la libertad y la ley (*ib.,* p. 433).

Es notorio que el concepto de voluntad general es la clave de bóveda de la filosofía política de Rousseau, ya que, por una parte, le permite salvaguardar la autonomía personal en tanto que participante activo en la formación y decisión de la voluntad común, y, por otra, esta razón pública confiere a sus juicios una objetividad constructa que garantiza la racionalidad universalizable y reversible que los justifica. Todo parece indicar que Kant procedió a transponer los caracteres de la «voluntad general» rousseauniana a su concepción magistral del imperativo categórico. Ahora bien, como ha apuntado Muguerza (1984, p. 50), los dos caracteres distintivos de la ética (autonomía y universalidad) parecen inconciliables. Kant creyó poder conciliarlos en el plano nouménico, en el que se identifican voluntad (racional) y razón (práctica), lo que presupone que «la racionalidad está dada de una vez para siempre en lugar de ser algo que hayamos de construir nosotros mismos». De ahí que los enfoques discursivos hayan reemplazado el sujeto noumenal kantiano por la comunidad de sujetos, y la racionalidad transcendental por la realidad dialógica. Como ha escrito Apel, «en Kant la voluntad está relacionada con cualquier otra voluntd. Pero faltan lenguaje y comunicación. La auténtica interacción no puede ser pensada». De aquí que algunos neo-kantianos, que son al mismo tiempo neo-rousseaunianos (como es el caso de Rawls y, en cierto modo, de Habermas) tiendan a quedarse a medio camino entre el constructivismo dialógico de Rousseau (en asamblea pública y con fuertes requisitos procedimentales) y el constructivismo transcendental de Kant. En todo caso, todos suscriben la aseveración de Rousseau: «la voluntad general es la regla de lo justo y de lo injusto» (OC, III, p. 245).

No cabe duda de que Kant entendió siempre la voluntad general rousseauniana como un principio supra-empírico. Los pasajes más claros se encuentran en *Theorie und Praxis,* donde afirma: la voluntad general es «la única que determina lo que es justo entre los hombres, lo que —como expresión de la voluntad general— no puede ser más que único, y que concierne a la forma del Derecho y no a la materia u objeto al que tengo derecho» (AK, 8, p. 292). El texto evoca la tesis rousseauniana, mas le confiere una significación puramente formal. Pero poco más adelante la considera como una síntesis de los principios de libertad e igualdad: «En todo rigor, los conceptos de libertad externa, de igualdad y de unidad de la voluntad de todos concurren a la formación de este concepto por la humanidad» (*ib.*, p. 295).

Pero su carácter regulador es manifiesto en *Zum ewigen Frieden:* «La voluntad general del pueblo unificado, la voluntad de todos unificante y unificada en la medida en que cada uno decide lo mismo respecto de todos y todos lo mismo para cada uno» (AK, 6, pp. 313-314). Más adelante la identifica con «la Razón pura legisladora *(homo noumenon)*», en cuanto opuesta al *homo phaenomenon* (*ib.*, p. 335); es, por tanto, un «*a priori* de la razón» (*ib.*, p. 338), con lo que se ha consumado su trascendentalización. Por eso, en *Theorie und Praxis,* Kant eliminaba la deliberación pública rousseauniana y la sustituía por la idea reguladora en el legislador.

X. LA CONSTRUCCION DE LA SOCIEDAD JURIDICO-POLITICA

Como es sabido, Kant postergó la elaboración de su teoría jurídico-política hasta haber concluido su triple fundamentación crítica, así como su filosofía de la historia y de la religión. Por eso sus alusiones al contrato social se enmarcan en el ámbito de su prolongada reflexión antropológica y moral, antes de alcanzar el tratamiento sistemático de la *Rechtslehre* (1797). El influjo de Rousseau es patente en su formulación del contrato social: «El acto por el que el pueblo se constituye en Estado (o, más propiamente, la Idea de éste, la única que permite pensar la legalidad) es el contrato social originario, según el cual todos *(omnes et singuli)* abandonan en el pueblo su libertad exterior para reencontrarla como miembros de una república, esto es, como el pueblo considerado como Estado *(universi),* y no puede decirse que el hombre en el Estado haya sacrificado una parte de su libertad exterior innata a un fin, sino que ha dejado enteramente la libertad salvaje y sin ley para reencontrar su libertad en general en una dependencia legal, es decir, en un Estado jurídico, y por tanto completa, ya que esta dependencia legal procede de su propia voluntad legisladora» (AK, 6, p. 325).

Y es que, como antes dejé apuntado, Kant se percató de inmediato del carácter eminentemente constructo del contrato social rousseauniano; y, por su parte, acentuará dicho carácter, eliminando toda referencia histórica, hasta desembocar en la metodología transcendental. Ya en una de las *Reflexionen* (entre 1766 y 1769) insiste en que se trata de un «pacto ideal» (AK, 19, p. 368). Pero la explicitación más clara la presenta en *Theorie und Praxis:* es «un contrato originario, el único sobre el que puede fundarse entre los hombres una constitución civil, y por tanto enteramente legítima, y constituirse una república. Pero este contrato (llamado *contractus originarius o pactum sociale)*, en tanto que coalición de cada voluntad particular y privada de un pueblo en una voluntad general y pública (de cara a una legislación de orden exclusivamente jurídico), no es preciso suponerlo en modo alguno como un hecho *(factum)* (e incluso es imposible suponerlo como tal) [...]. Es, por el contrario, una simple Idea de la razón, pero posee una realidad (práctica) indudable, en el sentido de que obliga a todo legislador a dictar sus leyes como pudiendo haber sido emanadas de la voluntad colectiva de todo un pueblo, y a todo sujeto a considerar, en cuanto que quiere ser ciudadano, como si él hubiera concurrido a formar una voluntad de tal género mediante su sufragio. Porque tal es la piedra de toque de toda ley pública» (AK, 8, p. 297).

Resulta obvio que Kant desactiva considerablemente a Rousseau al trascendentalizar las exigencias legitimadoras del ginebrino, quien de ningún modo aceptaría como suficiente el exigir al legislador que se sitúe desde la perspectiva de la voluntad general, por más sinceramente que se lo propusiera. Y es que, como señalaba Apel, «la auténtica interacción no puede pensarse».

Por lo demás, tampoco Kant se muestra plenamente coherente en su construcción de la sociedad jurídico-política, sino que presenta resabios iusnaturalistas. Así en *Theorie und Praxis* señala los tres principios *a priori* que la sustentan (la sociedad jurídico-política) respecto de los derechos humanos externos: «1. La *libertad* de cada miembro de la sociedad, en tanto *persona*; 2. La *igualdad* de cada miembro con cada uno de los otros, en tanto *súbdito;* 3. La *independencia* de cada miembro de una comunidad, en tanto que *ciudadano*» (AK, 8, p. 290). Como M. Riedel ha señalado, los dos primeros principios son, efectivamente, *a priori,* pero el tercero, la «independencia» del ciudadano en cuanto *sibisufficientia* procede de la tradición iusnaturalista, que vinculaba el contrato con las estructuras histórico-tradicionales: la condición de ciudadanía exigía previamente la independencia social (Riedel, 1977, pp. 111 ss.). El mismo requisito se exige en la tradición liberal: para alcanzar la ciudadanía hay que ser independiente, al menos en el sentido de que su voluntad no depende de otro. Kant se muestra igualmente muy sensible a este requisito y señala que el siervo y el jornalero sólo pueden considerarse «peones de la comunidad» (AK, 8, p. 295).

Lo más sorprendente es que Kant parece ser consciente de la incongruencia del tercer principio y hasta concede que «la explicación del concepto de ciudadano en general parece ser contradictoria» (*ib.*,

p. 295, nota). Es más, en un pasaje paralelo de *Zum ewigen Frieden* (1795) Kant corrige su construcción: «1. Principio de *libertad* de los miembros de una sociedad (en tanto personas). 2. Principio de *dependencia* de todos con respecto a una única legislación común (en tanto súbditos); y 3. La ley de la *igualdad* de los mismos (en tanto *ciudadanos del Estado*) (AK, 8, p. 349). Esta construcción es más congruente con su constructivismo trascendental (pese a la opinión de J. Ebbinghaus, 1964); pero lo cierto es que en la *Rechtslehre,* Kant adoptó definitivamente la versión de *Theorie und Praxis.*

Es posible que haya pesado en ello su designio global de compaginar idealismo y realismo, es decir, la libertad fundante con la libertad jurídica concreta. La primera, de indudable raigambre rousseauniana, expresa la libertad como autonomía; la segunda, de raigambre liberal, expresa más bien la libertad negativa como ausencia de dominación o de interferencias. Esta disyunción, aun siendo coherente con su formalismo trascendental, es la responsable de la ambigüedad —y hasta de cierta esquizofrenia— entre su concepción del Estado de derecho y el Estado de justicia. Al final, tampoco Kant puede eludir la ambigüedad del tratamiento rousseauniano del poder estatal, que se había propuesto superar.

No voy a detenerme aquí en las notorias diferencias entre las respectivas filosofías políticas de Rousseau y Kant, ya estudiadas en el trabajo precedente (Rubio Carracedo, 1987, pp. 67 ss.). Baste decir que la mayor parte proceden del diferente talante (radical-legitimista en Rousseau, sincrético-legitimista en Kant) y de la diferente metodología (constructivismo deliberativo en Rousseau, constructivismo transcendental en Kant). Pesan asimismo demasiado sus respectivas y casi contrapuestas filosofías de la historia: la sociabilidad constructa de Rousseau queda abocada, en definitiva, a los procesos de entropía política, que la amenazan irremediablemente a través de la voluntad particular de dominación (en especial, del poder ejecutivo); la «insociable sociabilidad» de Kant (AK, 8, p. 20) se abre hacia una todavía lejana, pero irrenunciable, sociedad de naciones, que garantizará «una paz perpetua».

Lo cierto es que ambos se propusieron resolver el problema central de la filosofía política desde el punto de vista legitimista: el de reconciliar la libertad individual con la ley civil, la autonomía personal con la autoridad estatal. Tal cuestión, probablemente, es irresoluble en sentido estricto y constituye el drama incesante de la vida política en democracia. Kant intentó resolverla mediante su distinción entre libertad externa (legal) e interna (autonomía). Pero su tratamiento de la Revolución francesa revela expresivamente su persistencia: la revolución es condenable, pero hay que ser libres para realizar la libertad (Kryger, 1979, pp. 212 ss.). Tampoco Hegel pudo ofrecer otra solución que la meramente conceptual. Y Marx buscará su solución al propugnar una reconciliación de la sociedad política con la sociedad civil, acercándose de nuevo insospechadamente a Rousseau. En todo caso, las paradojas del ginebrino se han mostrado más reales que caprichosas; constituyen, tal vez, el mejor indicador de la autenticidad de una democracia seriamente planteada.

FUENTES Y BIBLIOGRAFIA

I. FUENTES

KANT, I.: *Gesammelte Schriften,* hrsg.: Bde. 1-22, Preussischen Akademie der Wissenschaften; Bd. 23, Deutsche Akademie der Wissenschaften zu Berlin; ab Bd. 24, Akademie der Wissenschaften zu Götingen, Walter de Gruyter, Berlín/Leipzig, 1934. (Sigla: AK).

ROUSSEAU, J.-J.: *Oeuvres complètes,* B. Gagnebin y M. Raymond (dirs.), Bibliothèque de la Plèiade, Gallimard, París. T. I: *Les Confessions. Autres textes autobiographiques,* 1959. T. II: *La Nouvelle Héloïse. Théâtre. Essais littéraires,* 1964. T. III: *Du Contrat social. Ecrits politiques,* 1964. T. IV: *Emile. Morale. Botanique,* 1969. (Sigla: OC).

II. BIBLIOGRAFÍA UTILIZADA

BARTHEL, E. P.: «Die Wurzeln der Ethik Kants in Rousseaus Glaubensbekenntnis», *Actes du XIe. Congrès Inter. de Phil. de Bruxelles,* Lovaina, 1954, vol. XIII, pp. 110-118.

BENRUBI, I.: «Rousseau et les grands représentants de la pensée allemande», en *J.-J. Rousseau,* Alcan, París, 1912, pp. 201-249.

BURGELIN, P.: «Kant, lecteur de Rousseau», en *J.-J. Rousseau et son oeuvre,* Kliensieck, París, 1964.

CASSIRER, E.: «Das Problem Jean-Jacques Rousseau», *Archiv für Geschichte der Philosophie,* Bd. XLI, 1932, pp. 177-213 y 479-515; v. ingl. *The Question of Jean-Jacques Rousseau,* Columbia Univ. P., Nueva York, 1954; 2.ª ed., 1967.

— *Rousseau, Kant, Goethe. Two Essays,* Princeton Univ. P., 1945.

DELBOS, V.: *La philosophie pratique de Kant,* P.U.F., París, 3.ª ed., 1969 (1.ª ed., 1905).

— «Rousseau et Kant», en *J.-J. Rousseau,* Alcan, París, 1912.

DERATHÉ, R.: *Jean-Jacques Rousseau et la science politique de son temps,* Vrin, París, 1950; 2.ª ed., 1970.

DEREGIBUS, A.: *Il problema morale in J.-J. Rousseau e la validità dell'interpretazione kantiana,* Giapichelli, Turín, 1957.

DIETERICH, K.: *Kant und Rousseau,* Tubinga, 1878.

DUGUIT, L.: «J.-J. Rousseau, Kant et Hegel», *Rev. de Droit Public* (1918).

EBBINGHAUS, J.: «Das Kantische System der Rechte des Menschen und Bürger in seiner geschichtlichen und aktuellen Bedeutung», *Archiv für Rechts und Sozialphilosophie,* L, n.º 1, 1964.

FESTER, R.: *Rousseau und die deutsche Geschichtsphilosophie,* Stuttgart, 1890.

GOYARD-FABRE, S.: «La signification du contrat dans la "Doctrine du Droit" de Kant», *Revue de Met. et de Morale,* n.° 2 (1973), pp. 189-217.

GUEROULT, M.: «Nature humaine et état de nature chez Rousseau, Kant et Fichte», *Rev. de Phil. de la France et de l'Etranger,* 131 (1941), pp. 379-397.

GURVITCH, G.: «Kant und Fichte als Rousseau-Interpreten», *Kantstudien,* 27 (1922), pp. 138-164; v. franc. en *Rev. de Met. et de Morale,* 4 (1971), pp. 385-405.

HÖFFDING, H.: «Rousseaus Einfluss auf die definitive Form der Kantischen Ethik», *Kantstudien,* 2 (1898), pp. 290-322; 3 (1899), pp. 41-104.

KAMBARTEL, F. (ed): *Filosofía práctica y teoría constructiva de la ciencia,* Alfa, Buenos Aires, 1978 (original: 1974).

KELLY, G. A.: *Idealism, Politics, and History. Sources of Hegelian Thought,* Cambridge Univ. P., Londres, 1969.

KRYGER, E.: *La notion de liberté chez Rousseau et ses répercusions sur Kant,* A. G. Nizet, París, 1979.

LATERZA LEMBO, V.: «Rousseau e Kant», *Giornale crit. della Fil. Italiana,* 29 (1950), fasc. 3, pp. 289-316.

LEVINE, A.: *The Politics of Autonomy: A Kantian Reading of Rousseau's Social Contract,* Univ. of Massachussetts P., Amherst, 1976.

MENN, M.: *I. Kants Stellung zu J. J. Rousseau,* Friburgo, 1894.

METZGER, W.: *Gesellschaft, Recht uns Staat in der Ethik des deutschen Idealismus,* Heidelberg, 1917, esp. pp. 45-64.

MUGUERZA, J.: «Entre el liberalismo y el libertarismo (reflexiones desde la ética)», *Zona Abierta,* n.° 30 (1984), pp. 1-62.

NOLEN, D.: «Les maîtres de Kant. Kant et Rousseau», *Rev. Phil. de la France et de l'Etranger,* 9 (1880), pp. 270-298.

OGGIONI, E.: *Kant empirista (1756-1766),* Trevisini, Milán, s.f., esp. pp. 231-266.

PASINI, D.: «La concezione della Storia in Kant», en I. KANT, *Saggi sulla Storia,* Giuffrè, Milán, 1955.

PASQUALUCCI, P.: *Rousseau e Kant. I: Critica dell'interpretazione neo-kantiana. 2: Immanenza e trascendentalità dell'ordine,* A. Giuffrè, Milán, 1974-1976.

PATON, H. J.: *The Categorical Imperative,* Hutchinson, Londres, 1946.

PHILONENKO, A.: *Théorie et praxis dans la pensée morale et politique de Kant et de Fichte au 1793,* Vrin, París, 1968.

— «Introduction» a I. Kant, *Doctrine du Droit,* Vrin, París, 1971.

— *L'oeuvre de Kant,* Vrin, París, t. 2, 1972.

POLIN, R.: «Les relations du peuple avec ceux qui le gouvernent d'après Kant», en *Rousseau et la philosophie politique,* P.U.F., París, 1965.

RAWLS, J.: «Kantian Constructivism in Moral Theory», *The Journal of Philosophy,* 77 (sept. 1980), pp. 512-572.

RIEDEL, M.: *Metafísica y metapolítica,* vol. 2, Alfa, Buenos Aires, 1977.

RILEY, P.: *Will and Political Legitimacy. A critical exposition of Social Contract Theory in Hobbes, Locke, Rousseau, Kant, and Hegel,* Harvard Univ. P., 1982.

SCHLIPP, P. A.: *Kant's Pre-critical Ethics,* Northwestern Univ. P., Evanston/Chicago, 1938.

VLACHOS, G.: «Influence de Rousseau sur la conception du contrat social chez Kant et chez Fichte», en *Etudes sur le Contrat Social de Rousseau,* Soc. Les Belles Lettres, París, 1964, pp. 459-476.

— *La pensée politique de Kant,* P.U.F., París, 1962, esp. pp. 52-72.

VORLÄNDER, K.: «Kant und Rousseau», *Neue Zeit,* nn. 20-22-23 (1918-1919).

WARD, K.: *The Development of Kant's View of Ethics,* Blackwell, Oxford, 1972.

VOSSLER, O.: *Rousseaus Freiheitslehre*, Vandenhoeck & Ruprecht, Gotinga, 1963.
WEISSEL, B.: *Von wem die Gewalt in den Staaten herrührt*, Berlín, 1963.
WILLIAMS, H.: *Kant's Political Philosophy*, Blackwell, Oxford, 1983.

23. MAIMON Y FICHTE: UNA INTERPRETACION POSTKANTIANA DE LA FILOSOFIA PRACTICA DEL CRITICISMO

por FAUSTINO ONCINA COVES
(Universidad de Valencia)

I. INTRODUCCION

Maimon solía comenzar o acabar sus libros con extensas alegorías. El mismo ayudaba al lector, en sus notas a pie de página, a descifrar el significado y desvelar los referentes de sus metáforas; ayuda que, para sus lectores coetáneos, resultaba superflua, pues los protagonistas de su puesta en escena eran fácilmente identificables. Siempre repetían los mismos actores en los papeles estelares y secundarios, y éstos tan sólo variaban su vestuario, acorde con los cambios en el decorado del escenario. El papel principal siempre estaba reservado para la filosofía o la metafísica. La destreza y el talento del resto de los participantes en la función eran juzgados según su capacidad para imitar, nunca emular, la cadencia de su voz, la solemnidad de sus gestos y la gracia de sus movimientos. Pocos merecían el aplauso unánime de los espectadores o, mejor dicho, del espectador, el propio Maimon, y solamente uno obtenía su aprobación, acompañada de inmediato por un mohín de reprobación y hasta de desaprobación. El público mostraba sus preferencias por este personaje, pero al mismo tiempo pensaba, y le gustaba expresar públicamente sus opiniones, que podía mejorar su arte si rectificaba alguna de sus habituales poses y lo hacía siguiendo las sugerencias del respetable. Pero el espectador no era un iluso y sabía que, aunque este actor u otros educados en su misma escuela alcanzasen un mayor grado de perfección, nunca podrían estar a la altura de la figura del reparto, la filosofía. Aquí profesaba un absoluto y radical escepticismo.

Al final del libro de sus aventuras, su autobiografía, nos ofrece Maimon un ejemplo de lo que acabamos de describir. Con el título de *El divertido baile* presenta una caricatura de la historia de la metafísica mediante la metáfora de un baile de máscaras. En este cuento aparece la metafísica encarnada en una dama de una belleza extraordinaria, pero endiabladamente esquiva, y los filósofos, desde los antiguos a los contemporáneos, son sus pretendientes. Ellos se afanan por obtener los favores de tan preciada dama, practican sus mejores artes y más refinados ardides para seducirla, pero fracasan sucesivamente en su objetivo de convertirse en su única pareja de baile. No obstante, alguien que esperaba su turno descubrió el secreto que disfrazaba a la inconquistable dama. A continuación reproduciré literalmente la narración de lo ocurrido:

> «Al fin les llegó el turno a los caballeros jóvenes, quienes, a pesar de bailar con más gusto y gracia, no obtuvieron un éxito mayor que el de sus predecesores. Renacieron entre ellos las viejas disputas y todo permaneció, salvo algunos pequeños detalles, como antes. Uno de los más agudos entre ellos no pudo soportar por más tiempo este *quijotismo*. Se dio cuenta de que la tan adorada dama era *un mero producto de la imaginación de sus compañeros,* cuya imagen podía incitar a algún caballero errante a acometer actos heroicos, pero que, sin la debida prudencia, también podría provocar toda clase de excesos. Mostró asimismo *cómo surgía* esa ilusión y los medios para preservarse de ella. Esto causó una gran sensación; se formaron diferentes partidos; algunos trataron de defender obstinadamente la existencia, en la que hasta entonces se había creído, de la dama; otros desistieron de tal empresa.
>
> Mi amigo..., que estaba presente, también participó en ese debate. No sólo manifestó su total adhesión a quienes pensaban que la dama no existía, sino que incluso declaró que se podía ser un buen caballero sin enamorarse de semejante *quimera*, y desafió a ambas partes a defender sus aserciones frente a sus críticas. Un individuo *enmascarado*, un cobarde miembro del *partido que negaba la existencia de la dama* y que acababa de leer el billete [1] que le requería para el desafío, no confiando suficientemente en sus fuerzas como para aceptar esa invitación, respondió a aquellos asistentes al baile que le preguntaban por el contenido de ese billete: ''No lo sé, la escritura es ilegible''» [2].

II. MAIMON Y LA FILOSOFICA TEORICA DEL CRITICISMO

Tal como recordaba anteriormente, siempre hay un personaje en las historias alegóricas de Maimon que merece, al menos, un elogio crítico. Es Kant. También siempre hay alguien denostado, censurado y continuamente relegado a una cada vez más lejana segunda fila, porque no ha sabido aprovechar sus oportunidades y ha decepcionado la confianza y las expectativas que el público había depositado en él.

---

[1] Se trata de un baile al que imaginariamente sólo se podía asistir mediante invitación. El billete hace las veces de dicha invitación y de la nota en la que se requiere la presencia de ese cobarde para el desafío.

[2] La traducción de *El divertido baile (Der lustige Ball)* ha sido publicada en *Er. Revista de Filosofía,* 5 (1987), pp. 185-197 (allí incluyo una extensa y actualizada bibliografía de y sobre Maimon). El texto pertenece al capítulo final de la autobiografía de Maimon: *S. Maimon's Lebensgeschichte. Von ihm selbst geschrieben und herausgegeben von K. P. Moritz,* Erster Teil, Berlín, 1792; Zweiter Teil, 1793 (en *S. Maimon, Gesammelte Werke,* hrsg. v. V.Verra, Bd. I, Georg Olms Verlagsbuchhandlung, Hildesheim, 1965, pp. 586-588).

Es un kantiano, el «cobarde« Reinhold. Un tercer personaje, desafiante y provocador, es habitual en estas lides ficticias. Es Maimon, trasunto en el caso que nos ocupa de ese «amigo» del narrador que emerge en el fragmento citado. Hasta 1793, año de publicación de la segunda parte de sus memorias, había mantenido una cálida y plácida relación epistolar con el primero; con el segundo, en cambio, su correspondencia fue tempestuosa, agresiva y vana. Esta última la incorporó con el título de *Correspondencia filosófica* al tercer tratado del libro *Incursiones en el territorio de la filosofía,* también aparecido en 1793 [3]. Aquí encontramos la clave para entender la hostilidad con que Maimon trata a Reinhold, pues entre ambos hay un contencioso sin acuerdo posible. Aquél impugnó la misma esencia del proyecto reinholdiano de sistematizar la Filosofía crítica a partir de un primer principio supremo y absoluto, el principio de conciencia o representación, puesto que, además de no cumplir con los requisitos que el propio Reinhold había establecido para cualquier candidato a tan alta dignidad, fracasaba en su intento de no dar cabida en su sistema, que él llamó Filosofía Elemental, a la cosa en sí. Este es el transfondo de la alegoría, del que después daremos más detalles. Antes de proseguir, y para que no parezca que nos olvidamos del otro hombre que encabezaba esta ponencia, hemos de señalar que Fichte ocupa un asiento privilegiado entre el público que asiste al imaginario espectáculo. Es un espectador interesado no sólo por lo que ocurre en el escenario, sino también por los comentarios del resto de los asistentes, y que no tardará en entrometerse en las polémicas que se suceden a su alrededor.

Maimon dirigió sus objeciones no sólo a la Filosofía teórica del criticismo, sino también a la Filosofía práctica. Aunque los trabajos acerca de este judío autodidacta son muy escasos, entre ellos proliferan los dedicados a su teoría del conocimiento, pero no existe casi ninguno que aborde su Etica y su Filosofía del Derecho. Desde hace apenas una década, disponemos de sus obras completas, y de este modo parece superado el problema, aunque quizá sólo fuera una excusa, de la dispersión de sus publicaciones de Filosofía práctica. Nosotros nos detendremos en aquellos artículos que influyeron más decisivamente en Fichte y que le instaron a separarse de la doctrina kantiana.

Volvamos al trasfondo del fragmento final de *El divertido baile.* La disolución de la quimera de la metafísica exigía arrebatarle el principal de sus atributos, la noción de cosa en sí. Ella introducía en el sistema crítico un elemento potencialmente perturbador y destructor de la revolución copernicana. La opacidad de la cosa en sí podía aca-

---

[3] La correspondencia de Maimon con Kant está publicada en *Gesammelte Werke,* Bd. VI, pp. 421-443 y con Reinhold en *id.,* pp. 446-448, y como parte de su obra *Incursiones en el territorio de la filosofía (Streifereien im Gebiete der Philosophie),* Berlín, 1793, en *Gesammelte Werke,* Bd. IV, pp. 213-266. Siempre citaré por la edición de Verra.

bar aniquilando, o simplemente reduciendo a su mínima expresión, la espontaneidad del sujeto, y reavivar de este modo el espectro del determinismo. Reinhold trató de no permitir la entrada en su Filosofía Elemental a esa noción fatal, pero, como sabemos gracias a Maimon y a Schulze-Enesidemo, fracasó, y la fragilidad de su principio de conciencia se hizo evidente ante la resistencia de la cosa en sí, que, en lugar de desaparecer, se convirtió en la fuente de la materia del concepto de representación. Ese fracaso equivalía a una victoria del dogmatismo. Luego apenas se había avanzado. Frente a ambos partidos, el dogmatismo y el criticismo, Maimon sostuvo un escepticismo constructivo. Si bien aceptaba las objeciones de Kant contra la metafísica dogmática como ciencia de las cosas en sí, denunció al mismo tiempo cuestiones centrales del criticismo, tales como los infundados presupuestos de la *Crítica de la razón pura* «quid facti» y «quid juris», el origen psicológico de la cosa en sí y el dualismo materia-forma, sensibilidad-entendimiento, *a posteriori-a priori*. Las dos primeras son las que más nos interesan para nuestro tema, puesto que en su elucidación intervendrán elementos que también usará en su análisis de la *Crítica de la razón práctica*. Además, hay un fuerte paralelismo entre los planteamientos teórico y práctico de la Filosofía maimoniana, y sus interlocutores son los mismos.

Podemos formular la distinción entre «quid facti» y «quid juris» del siguiente modo: El primer presupuesto de la Filosofía kantiana afirma que es un hecho *(Faktum, Tatsache)* que tenemos un conocimiento universal y necesario de la experiencia y, consecuentemente, una ciencia universal y necesaria de la naturaleza, es decir, juicios sintéticos *a priori;* pero este presupuesto, según los resultados de Hume, es completamente infundado y no ha sido demostrado. Según Maimon, a la Psicología le corresponde desvelar esa ilusión resultante de las leyes de asociación de la imaginación. Luego resulta vano plantearse la cuestión «quid juris», esto es, de la fundamentación (en el caso de los juicios sintéticos *a priori,* ¿cómo concebir su posibilidad?), ya que el hecho, cuya legitimación pretendía haber dado el kantismo, no existe. El se resiste a admitir acríticamente el hecho de las ciencias. Hay que reconocerle a Maimon la agudeza de su planteamiento. Kant se pregunta por el derecho *(quid juris)* con que concedemos validez objetiva a nuestros juicios sintéticos *a priori*, pero no por el hecho *(quid facti, Faktum, Tatsache)* de que así lo hacemos siempre. Kant presupone que estamos ya en posesión de proposiciones sintéticas *a priori* y se contenta con preguntarse por su posibilidad real. De este modo sólo alcanzamos a comprender las condiciones de posibilidad de un objeto real en general, pero no probamos que de hecho poseamos proposiciones de experiencia[4]. Por otra parte, denuncia asimis-

---

[4] Podemos encontrar diversas formulaciones de los problemas *quid facti-quid ju-*

mo Maimon la precariedad del tratamiento kantiano de la pregunta «quid juris», pues queda todavía sin justificar la materia, el dato sensible, que sólo se puede hacer comprensible si se deriva de lo *a priori*. Propone, por tanto, universalizar la cuestión «quid juris», lo que conducía implícitamente a un monismo, puesto que ya no se caracterizaba la realidad como algo exterior a la propia conciencia, y la sensibilidad quedaba integrada en el entendimiento mediante la idea de razón o entendimiento infinito.

La presencia de la cosa en sí es un peligro constante que amenaza cualquier filosofía con pretensiones sistemáticas y de cientificidad. La solución propuesta al anterior problema nos hace presagiar que ha de deshacerse de ella definitivamente. El concepto de cosa en sí es una ficción *(Fiktion)* y una ficción es el producto de una ilusión *(Täuschung)*. El origen de todas las ilusiones radica en tomar una conexión o enlace subjetivo de representaciones de un objeto, determinado por leyes psicológicas de asociación, por una serie objetiva inherente al objeto mismo. Aunque reconoce el mérito de la Filosofía crítica por haber descubierto la ilusión resultante del hecho de transferir el empleo de conceptos y principios *a priori* de los objetos reales de la intuición a las cosas en sí imaginarias, destaca su incapacidad para descubrir su fundamento psicológico[5]. Según Reinhold, del establecimiento de un principio único y primero, irreductible a otros y al cual se vinculan todos los demás, depende la forma misma de la filosofía como ciencia, su unidad sistemática. Este principio debía ser un *hecho (Faktum, Tatsache)*, es decir, no podía estar ligado ni a una experiencia determinada ni necesitaba de ningún razonamiento para ser reconocido como verdadero. Este hecho es el hecho mismo de la conciencia *(Bewußtsein)*, de la representación *(Vorstellung)*. El principio afirmaba que en la conciencia el sujeto distingue la representación del

---

ris en II, 342; III, 420, 459; IV, 71-75, 211; VII, p. VII-XII, 266. Remito a los volúmenes y páginas de las obras completas de Maimon, *Gesammelte Werke*, Hildesheim, 1965-1976.

5 Sobre los conceptos de ficción (en su sentido más general significa «una operación de la imaginación, mediante la cual una unidad no necesaria objetivamente es producida en la diversidad de un objeto»): *Diccionario filosófico (Philosophisches Wörterbuch)*, III, pp. 60-73; de ilusión en el sentido de *Taüschung* (resulta de «confundir la representación de un objeto con el objeto mismo, o de transferir un juicio sobre el objeto a su representación») y su diferencia en el sentido de *Schein* (consiste en «confundir el objeto con su representación, o en transferir un juicio sobre la representación a su objeto»): *id.*, pp. 145-157, 263-275; y sus relaciones con la noción de cosa en sí: *Incursiones*, IV, pp. 291-294. Maimon empleará también en esta obra el Método matemático de ficciones («Con respecto a una cierta determinación, un objeto variable según una regla puede ser considerado como si alcanzara el nivel máximo de su variación, esto es, como si fuera y no fuera a la vez el mismo objeto») como alternativa al resto de métodos propuestos, y poniéndolo en relación con la teoría kantiana de las ideas (*Incursiones*, IV, pp. 39 ss.).

sujeto y del objeto y la relaciona con ambos. El sujeto aportaba la forma de la representación y el objeto la materia, pero ésta, a su vez, era dada por la cosa en sí. Para los antikantianos, Reinhold incurría en el mismo fracaso que Kant, pues convertía la cosa en sí incognoscible en el fundamento del conocimiento [6]. Maimon rechazaba la validez universal del hecho de conciencia reinholdiano, porque se basa en una ilusión. Toda representación *(Vorstellung)* es la presentación o exposición *(Darstellung)* parcial de algunas notas de un objeto juntamente con la conciencia de que todavía hay otras notas no llevadas a consciencia. La imaginación permite que nos representemos objetos, sin lograr en cambio presentar todas sus notas (que constituyen el contenido de su concepto). Pero, como no podemos pensar el objeto sino como completo (esto es, reuniendo en su concepto todas las notas que constituyen su significado), surge la ilusión de que, puesto que no tenemos en cada caso sino representaciones (y ellas son siempre incompletas) de objetos, éstos son representaciones, y, como tenemos conciencia confusa de que el objeto debe consistir en una representación completa, sucumbimos a la ficción de que ésta debe existir fuera de esas representaciones parciales consideradas como imágenes de esos objetos completos (cosas en sí).

La teoría matemática de los infinitésimos es el instrumento conceptual del que se sirve para elaborar su teoría de los diferenciales de la sensibilidad:

> «Lo dado no puede ser otra cosa sino aquello presente en la representación cuya causa y modo de surgir *(essentia realis)* nos son desconocidos, es decir, no tenemos de ello más que una conciencia incompleta. Ahora bien, esta incompletud de la conciencia puede ser pensada como decreciendo —hasta hacerse por completo *nada*— en una serie infinita de grados, de modo que lo dado (aquello que, sin consciencia de la fuerza de representación, está presente) es meramente una idea del límite de esa serie, al cual cabe acercarse continuamente (como en el caso de una raíz irracional), pero que nunca se alcanzará» [7].

Según lo anterior, la cosa en sí ya no es una hipótesis necesaria para explicar la materia del conocimiento, ya que puede ser explicada en el interior de la misma conciencia como un estado de pasividad,

[6] Algunos textos importantes acerca de lo dicho sobre el Principio de representación o de conciencia de Reinhold los encontramos en sus obras *Versuch einer neuen Theorie des menschlichen Vorstellungsvermögens,* 1789, pp. 210 ss., 244, 248-249, y *Beiträge zur Berichtigung bisheriger Missverständnisse der Philosophen,* 1790, I. Bd., pp. 143 ss., 167, 184-188, 267 ss., 424 ss. El carácter problemático de la idea de *Gemüt* en Kant pudo justificar el proyecto reinholdiano (F. Montero, *Mente y sentido interno en la Crítica de la razón pura,* Crítica, Barcelona, en prensa).

[7] *Ensayo sobre Filosofía trascendental (Versuch über die Transzendentalphilosophie)* (1790), II, pp. 415-416, 419 ss.

que es un resto diferencial o infinitesimal. Apuesta por una «leibnización» de Kant o una «kantianización» de Leibniz, que no es ajena al apogeo que en Alemania está adquiriendo el neoleibnizianismo. Maimon define su doctrina como un *escepticismo empírico*, en cuanto la conciencia no puede afirmar nada de objetos reales de la experiencia y rechaza la legitimidad del conocimiento experimental como ciencia. La necesaria incompletud de nuestro conocimiento sólo es salvada mediante el recurso de una ficción. Pero también la caracteriza como un *dogmatismo racional*, en cuanto la conciencia perfecta consiste en la producción o construcción de objetos puramente intelectuales tal como acontece en las matemáticas [8].

III. MAIMON Y LA FILOSOFIA MORAL DEL CRITICISMO

Como antes dijimos, existe un paralelismo entre el planteamiento maimoniano de la filosofía teórica y el de la práctica, aunque esta última es más difícil de seguir, puesto que no está expuesta como tal y de manera sistemática en ninguno de sus libros, sino que se encuentra muy dispersa en artículos y apartados de diversas obras. No obstante, a pesar de tratarse de miembros dispersos de un cuerpo inexistente *de facto*, sí que es plausible su re-construcción, ya que forman parte (tomados aisladamente son partes de) de un gran plan que tiene como referencia la ética kantiana-reinholdiana. Repite aquí Maimon el proceder que empleó en su análisis de la *Crítica de la razón pura*, es decir, examinará en primer lugar los hechos *(Tatsachen, Fakta)* fundamentales presupuestos en la moral crítica, esto es, extenderá al ámbito práctico la distinción entre las cuestiones «quid facti» y «quid juris» y su correspondiente problematización. Junto a este aspecto meramente negativo o destructivo de su escepticismo, aportará una teoría ética alternativa, análoga a la del entendimiento infinito y los diferenciales de la sensibilidad; finalmente, efectuará el tránsito de la moralidad al Derecho Natural.

---

[8] *Id.*, pp. 432-434. La parte positiva se basa en el principio de determinabilidad, que reza así: «En un enunciado, el sujeto puede ser, sin el predicado, objeto de conciencia (esto es, lo determinable pensado como unidad de lo múltiple); pero el predicado (la determinación) sólo puede ser tal en combinación con el sujeto» (II, pp. 84-86, 377-378; V, pp. 78 ss.; VI, pp. 165 ss.; VII, pp. 102, 201 ss.). «Este principio se desdobla, a su vez, en dos: 1) en un principio para el sujeto en general: todo sujeto debe ser un objeto posible de la conciencia, no sólo en cuanto sujeto, sino también en sí; 2) en un principio para el predicado: todo predicado debe ser un objeto posible de la conciencia, no en sí, sino en cuanto tal predicado, es decir, en relación con el sujeto» (V, p. 78). Las únicas exposiciones dignas y accesibles en castellano de esta teoría de Maimon son las de E. Cassirer, *El problema del conocimiento,* III, México, 1957, pp. 105-158, y Félix Duque en su excelente «Estudio preliminar» a I. Kant, Los progresos de la Metafísica desde Leibniz y Wolff, Madrid, 1987, pp. LXXX-CXVI.

Las ideas principales acerca de estos temas aparecen en un artículo de 1794, publicado en la *Berlinische Monatsschrift,* y titulado *Ensayo de una nueva exposición del principio moral y deducción de su realidad*[9]. Sin embargo, habremos de acudir en no pocas ocasiones a sus obras anteriores, especialmente al *Ensayo sobre la Filosofía trascendental* (1790), al *Diccionario filosófico* (1791) y a las *Incursiones en el territorio de la filosofía* (1793) (y más esporádicamente a las posteriores a 1794), pues en ellas son definidos varios conceptos capitales que aquí emergen de nuevo. En lo que sigue, citaré algunos fragmentos de dicho artículo que pueden ser útiles para comprender sus objeciones a la ética crítica y su deducción del principio moral, tarea que irá precedida o más bien yuxtapuesta a la deducción del impulso ético a partir del impulso cognitivo y a la absorción del concepto de deber en el de verdad.

Aunque sea empezar casi por el final, resultará esclarecedor reproducir el *Sumario de la deducción del principio moral* del *Ensayo* de 1794 que resume y esquematiza los pasos que hasta aquí ha dado:

> «*Sumario de la deducción del principio moral:*
> Somos conscientes de un *impulso* irrefrenable al conocimiento de la verdad.
> El *carácter* esencial *de la verdad es la validez universal del conocimiento.*
> Por lo tanto, somos conscientes de *un impultos a hacer válido universalmente nuestro conocimiento.*
> Pero entonces, somos conscientes también de la *ley moral* como una *posible determinación* de la voluntad por la razón pura.
> Para explicar ahora lo anterior, universalizamos el primer hecho, y admitimos que no sólo tenemos un *impulso a hacer válido universalmente nuestro conocimiento,* sino también *nuestra voluntad*; a partir de lo cual se puede explicar el segundo hecho, esto es, la *ley moral.* Luego procedemos aquí exactamente según el método que se emplea en todas las ciencias (p. ej., en la ciencia natural), donde para *explicar ciertos fenómenos* se da a *un principio más universalidad* de la que suministra la *experiencia*» [10].

Para desarrollar este esquema hemos de retrotraernos al comienzo del artículo, donde Maimon insinúa que Kant puede haber incurrido en una «ilusión psicológica» que haría sospechosa la fundamentación que éste ofrece del principio moral. Recordemos que en obras anteriores había denunciado la incapacidad de Kant para descubrir el fundamento psicológico que permite explicar el concepto de una cosa en sí como una ficción, como el producto de una ilusión [11]. Asu-

[9] Comienza Maimon este artículo, *Ensayo de una nueva exposición del principio moral y deducción de su realidad (Versuch einer neuen Darstellung des Moralprinzips und Deduktion seiner Realität)* (1794) de modo muy similar a como lo hace Kant en la tercera nota a pie de página del «Prólogo» de la *KpV* (*AK*, V, p. 14). A partir de ahora nos referiremos a este artículo como *Ensayo (1794),* para diferenciarlo del libro citado en la nota 7.

[10] *Ensayo (1794),* VI, pp. 313-314.

[11] *Incursiones,* IV, pp. 291-294; *Diccionario filosófico,* III, pp. 60-73.

me entonces Maimon una tarea paralela a la que emprendió en el terreno de la filosofía teórica: «Por eso tenía que seguir un nuevo camino en la fundamentación del principio moral, basándola en un hecho en el que no pueda verificarse ninguna ilusión psicológica»[12]. Inmediatamente da algunos detalles más sobre su proceder, cuando se apresta a responder a la pregunta de cómo y por qué se debe obrar moralmente:

> «Soy consciente de un impulso a la suprema perfección (al máximo desarrollo posible de mis fuerzas). Tengo, por lo tanto, un impulso al desarrollo de mi facultad de conocimiento (que es una parte esencial de esa suprema perfección), es decir, al conocimiento de la verdad. Pero el carácter de la verdad es la validez universal; luego tengo un impulso a hacer válidas universalmente mis representaciones. Si ahora universalizo este impulso y lo hago extensivo no sólo a la facultad de conocimiento, sino también a la voluntad, entonces puede explicarse, aduciendo razones y sin incurrir en ilusión alguna, el juicio del entendimiento humano universal sobre la moralidad de las acciones. Por consiguiente, procedo aquí según un método científico si tomo este impulso en su universalidad, de donde se sigue la realidad del concepto de deber»[13].

Tras justificar su modo de proceder asociándolo con una curiosa modalidad del método inductivo, o mejor dicho, del razonamiento por analogía, caracteriza el conocimiento de la verdad como el bien supremo al que aspira todo ser racional[14], poniéndolo en relación a partir de este momento con otro impulso, a saber, el del cumplimiento de nuestro deber. Enseguida nos advierte del error de considerar el impulso cognoscitivo como un impulso natural. En primer lugar, mientras que el último es un medio para un fin determinado necesariamente por la naturaleza, el impulso cognoscitivo es un fin en sí mismo. En segundo lugar, si aquél está sujeto a las leyes del mundo sensible y sólo puede cumplir su cometido en un contexto temporal; éste se halla sometido a las leyes del mundo sensible sólo accidentalmente, pero en sí mismo está sujeto sólo a las leyes del mundo intelectual, y cumple su función sin ninguna relación con el tiempo[15].

Tampoco el impulso ético, es decir, el que exige el cumplimiento del deber, es un impulso natural, puesto que nos impone deberes que van en contra de nuestros impulsos e inclinaciones naturales. Pero a diferencia del impulso en pos de la verdad, de cuya existencia no duda ningún ser racional, aquél no puede ser reconocido como un hecho inmediato de la conciencia, ya que sus efectos, esto es, una acción por él determinada, no delatan con absoluta claridad su existen-

12 *Ensayo (1794),* VI, p. 276.
13 *Id.,* pp. 277-278.
14 *Id.,* pp. 279-285.
15 *Id.,* pp. 285-289.

cia (como sí ocurre en el caso de los efectos del impulso cognoscitivo), sino que dicha acción puede haber sido motivada por la influencia de otros impulsos e inclinaciones [16].

A continuación, presenta la demostración de la realidad del impulso que nos exige el cumplimiento del deber. El texto literal es como sigue:

> «Esto despierta la sospecha de que tal vez no exista en absoluto semejante exigencia, y que la conciencia que tenemos de ella descansa en una ''ilusión psicológica''. Luego en este caso no podemos hacer más que admitir *hipotéticamente* esa exigencia que se impone a nuestra conciencia (puesto que, no obstante, en sí no es imposible) y buscar el fundamento de posibilidad positiva. El *método para descubrirlo* requiere lo siguiente: 1) que, si nos son dadas, p. ej., dos proposiciones sintéticas: ''a es b'' y ''a es c'' con un sujeto común ''a'', y la posibilidad de la primera es explicable con fundadas razones, entonces también lo es consiguientemente su realidad, pero no lo es, en cambio, la posibilidad de la segunda; 2) que indaguemos (si no queremos proceder a ciegas en la búsqueda del fundamento de esta posibilidad) si estos dos predicados ''b'' y ''c'' contienen un concepto común ''d'', que es el predicado verdadero de ''a''. Una vez comprobado esto, hay que indagar si el predicado ''b'' en la primera proposición es atribuido a ''a'' sólo en virtud de que aquél también contiene en sí a ''d''. Si tenemos éxito en mostrar eso, entonces queda igualmente demostrada la realidad de la segunda proposición ''a es c'', al menos en tanto que ''c'' incluye el concepto ''d''. Sigamos ahora exactamente este método.
> En nuestro caso nos son dadas dos proposiciones sintéticas *a priori:* 1) ''Un ser racional se determina a sí mismo de un modo necesario a *pensar según las leyes de la verdad*''; 2) ''Un ser racional se determina a sí mismo de un modo necesario a *obrar según las exigencias del deber*''. La primera proposición nos es dada como un *hecho de la conciencia;* su *posibilidad* es demostrada de un modo incontestable por su *realidad*. En cambio, aunque la segunda también nos es dada como un *hecho de la conciencia en sí,* su *posibilidad* no puede ser demostrada por medio de su *uso real*, ya que este uso siempre puede ponerse en duda. Ahora debemos analizar si ambos predicados, *verdad* y *deber*, tienen *una característica común,* que es el predicado verdadero del sujeto (ser racional). La Lógica nos proporciona el conocimiento relativo al concepto de verdad. Sin embargo, hemos de desarrollar aquí el concepto de deber.
> Creo poder establecer la siguiente *definición: Deber* es la representación de la *limitación necesaria de la voluntad* de un ser racional por la *voluntad posible de cualquier otro ser racional.* De lo anterior resulta que verdad y deber tienen de hecho una característica esencial común, a saber, la *validez universal.* No puedo reconocer nada como verdadero que no sea considerado como verdadero por cualquier otro ser racional. No puedo querer hacer nada por deber que no lo quiera hacer cualquier otro ser racional. Por consiguiente, doy una mayor universalidad a ambas posiciones al hacer de su característica común el predicado de la siguiente proposición: ''Un ser racional puede determinarse, como tal ser racional, sólo por *modificaciones* reconocidas por él como *válidas universalmente*''. Ahora bien, como dicha proposición, por lo que respecta al conocimiento de la *verdad*, nos está dada como un hecho de la conciencia y su posibilidad está demostrada por

[16] *Id.*, p. 289.

su uso real, resulta que también tenemos que admitir su realidad por lo que respecta al *deber*'' [17].

Esta nueva deducción de una nueva fórmula del principio moral, ambas, según Maimon, diferentes de las kantianas, constituye la introducción a un escrito que, si nos atenemos a las propias palabras de Fichte [18], fue determinante para que éste reelaborase su Filosofía del Derecho y se desmarcase de los argumentos principales de sus *Escritos de Revolución* de 1793. El escrito aludido es *Sobre los primeros fundamentos del Derecho Natural*, publicado en 1795 en el *Philosophisches Journal* [19]. No obstante, aún no daremos el salto a este artículo, pues el procedimiento seguido por Maimon merece algunas observaciones. Para resumir el largo texto que acabamos de citar, lo mejor es recurrir a una breve síntesis que el autor judío propone:

> «Admito en el hombre, como un *hecho universal de la conciencia,* un *impulso al conocimiento de la verdad.* Pero, ahora bien, la esencia de la *verdad* consiste en la *validez universal de las representaciones.* El hombre, como ser racional (capaz de conocer la verdad), es, por lo tanto, consciente de un impulso dirigido a hacer válidas universalmente las representaciones. No puede demostrarse inmediatamente como un hecho de la conciencia si tiene también un impulso a hacer válida universalmente la voluntad (ya que la propia voluntad se opone continuamente a esta voluntad universal). Pero la *ley moral* está dada *a priori* como *un hecho de la conciencia.* Por consiguiente, para deducir su posibilidad según principios irrefutables, universalizamos este impulso y, ya que no se puede demostrar lo contrario, admitimos que el hombre no sólo tiene un impulso a hacer válido universalmente su *conocimiento*, sino también su *voluntad.* A partir de lo cual puede concebirse la ley moral» [20].

La disolución de la ética en la teoría del conocimiento, que parece ser la clave del método maimoniano, podría interpretarse como una paráfrasis de la falacia naturalista. Enseguida nos imaginamos a este desdichado judío enzarzado en una polémica con positivistas lógicos y emotivistas, empeñados éstos en negar a los juicios morales el *status* de proposiciones científicas, en expulsarlas del dominio de la categoría de verdad y falsedad o de sustraerles cualquier validez objetiva. Aunque ése sería un posible flanco para atacar la ingenuidad de nuestro autor, deberían complementarse entonces sus argumentos con sus intuiciones acerca de la Filosofía del lenguaje [21], y quizá nos re-

---

17 *Id.*, pp. 289-292.

18 En la «Introducción» a su *Fundamento del Derecho Natural (Grundlage des Naturrechts)* (1796), Fichte menciona a Maimon como un precursor de su teoría (J. G. Fichte, *Gesamtausgabe,* I, 3, p. 323).

19 *Philosophisches Journal,* Bd. I, 2. Heft, 1795, pp. 145-174 (reeditado en la arriba citada *Gesammelte Werke,* VI, pp. 327-360).

20 *Sobre los primeros fundamentos del Derecho Natural (Über die ersten Gründe des Naturrechts),* VI, pp. 327-328.

21 La Filosofía del lenguaje de Maimon sigue siendo un campo de estudio inexplo-

sulte más interesante pensar otro tipo de incursión. En efecto, aunque Hume tenía un peso considerable en el *Koalitionssystem* que caracterizaba al escepticismo de Maimon [22], no creo que se percatara de la alusión del empirista escocés al hiato lógico entre las fórmulas del «es» y el «debe». El litigio con los kantianos hay que buscarlo en otra cuestión. En el *Diccionario filosófico* (1791) y en *Incursiones en el territorio de la filosofía* (1793) había declarado ya de modo explícito sus hostilidades contra la moral crítica. En el primero, en las páginas que dedica a exponer el concepto de moral en los epicúreos, los estoicos, los wolffianos y los kantianos, acaba echando en falta en los últimos una demostración del «deber» y hace una observación muy relevante para nuestro tema:

> «Aun cuando la razón pueda ser una *causa formalis,* es decir, un fundamento de determinación de la acción, ¿cómo llega a ser *causa efficiens?* Ni siquiera puede valer este principio como idea, en tanto que una idea admite una aproximación al infinito; en cambio, los motivos externos que pueden presentarse en la intuición y la forma de la razón son tan heterogéneos, que aquéllos, por mucho que sean refinados o se hagan universales, no pueden aproximarse a ésta, sin embargo, ni un solo paso» [23].

Definirá después la noción de deber como «la necesidad objetiva *(objektive Notwendigkeit)* fundada en la forma de la razón (en el principio de identidad)», y, tras recordar la primera formulación del imperativo categórico en Kant [24], expone sus coincidencias y discrepancias:

> «He de reconocer, en primer lugar, que esta definición del deber es conforme al uso ordinario del lenguaje, en tanto que deber significa una coac-

rado. Diversos apartados de sus libros y artículos están dedicados a esa cuestión. Entre los primeros destacamos, además de *Sobre conocimiento simbólico y lenguaje filosófico (Über symbolische Erkenntniß und philosophische Sprache),* incluido en el *Ensayo sobre Filosofía trascendental* (II, pp. 263-332), su autobiografía (I, pp. 322 ss.) y su *Diccionario filosófico,* el tratado *Sobre las figuras filosóficas y retóricas (Über die philosophischen und rhetorischen Figuren)* en las *Incursiones* (IV, pp. 269-294) y el *Ensayo de una nueva Lógica o teoría del pensar (Versuch einer neuen Logik oder Theorie des Denkens)* (1794, V, pp. 122-166). Entre los segundos, *Influencia de la facultad de pensar sobre los órganos de fonación (Wirkung des Denkvermögens auf die Sprachwerkzeuge)* (1792), *La confusión del lenguaje filosófico (Die philosophische Sprachverwirrung)* (1797) y, con respecto al lenguaje moral, es importante *El escéptico moral (Der moralische Skeptiker)* (VII, pp. 533-554). S. Atlas le ha dedicado un artículo: «Solomon Maimon's Philosophy of language critically examined», en *Hebrew Union College Annual,* 28 (1957), pp. 253-288.

22 En su autobiografía, por ejemplo, caracteriza su doctrina como un sistema de coalición de varios filósofos: Leibniz, Spinoza, Hume y Kant (I, p. 557). A quienes habría que añadir Maimónides, de quien realiza un extenso comentario en el segundo volumen de esa misma obra.

23 *Diccionario filosófico,* III, p. 100.

24 «Debo obrar sólo de tal modo que también pueda querer que mi máxima deba tornarse una ley universal» (*Diccionario filosófico,* III, p. 116). La formulación de Kant en la *Fundamentación de la metafísica de las costumbres* es: «Obra sólo según una máxima tal que puedas querer al mismo tiempo que se torne ley universal» (*AK,* IV, p. 421).

ción *(Zwang)* para obrar contra las inclinaciones. Nadie dice que está obligado *(verpflichtet)* a seguir sus inclinaciones. Además de las inclinaciones, no hay nada excepto la razón, por medio de su forma necesaria, que pueda dar un fundamento para el deber. En segundo lugar, también hay que reconocer que tal modo de obrar es posible; cualquiera puede hacer la prueba fácilmente.

Pero, por otra parte, se podría objetar: 1) Que, en lo que concierne al uso ordinario del lenguaje, "deber" significa una acción contra determinada inclinación, pero no contra toda inclinación en general. En este sentido, por consiguiente, "deber" significará una acción que, si bien se realiza por inclinación, es opuesta a otra inclinación, y, por lo tanto, luchar contra ella ha de costar esfuerzo, aunque la inclinación que determina la acción es más fuerte que la otra. 2) Si bien una acción conforme a la forma de la razón es posible, no es por eso todavía necesaria, en tanto que su opuesto también es posible. Luego la razón es aquí mera *causa formalis*, pero de ningún modo *causa efficiens*» [25].

En la *Correspondencia filosófica* con Reinhold incluida en las *Incursiones en el territorio de la filosofía* (1793) vuelve a retomar estos argumentos:

«Dice usted en la segunda parte de sus Cartas [se refiere al libro de Reinhold *Cartas sobre la Filosofía kantiana*] que está completamente convencido de la realidad de la moral kantiana. Si entiende por ello solamente el principio moral, la ley moral como es derivada inmediatamente de la naturaleza de la razón, coincido plenamente con su opinión; del mismo modo estoy completamente convencido de la existencia de la ley moral en la razón. Pero si entiende por ello el impulso desinteresado determinado meramente por la representación de la ley moral, la causalidad de la razón (que, según mi convicción, puede admitirse sólo problemáticamente), entonces deseo saber a partir de dónde ha llegado usted a la convicción de su posible presentación, es decir, de la realidad objetiva de esta representación. Usted apela, por lo que respecta a la realidad del sentimiento moral, al sano entendimiento del hombre. Pero ¿no se debería preguntar cuál es el criterio de este sano entendimiento del hombre y cómo puede calificarse esa sentencia suya que la psicología explica como una ilusión? Dice usted que aquí no toma en consideración los fundamentos, el modo de surgir de ese sentimiento moral, sino que sólo lo considera como *hecho en sí (Faktum an sich)*. Pero ese hecho en sí es discutible. El hombre como un objeto de la naturaleza obra según leyes de la naturaleza. Esto es cierto; pero, si también puede obrar según leyes de la libertad, es y seguirá siendo siempre incierto» [26].

---

25 *Diccionario filosófico*, III, pp. 116-117.

26 *Incursiones*, IV, pp. 248-249. En su *Ensayo de una nueva teoría de la facultad humana de representación (Versuch einer neuen Theorie des menschlichen Vorstellungsvermögens)* (1789), Reinhold completa su teoría del conocimiento mediante una teoría de los impulsos. Para él los dos impulsos fundamentales son los dos impulsos que realizan la doble condición de la representación, su materia y su forma; el impulso a la materia es el impulso a ser afectado, a recibir impresiones, es el impulso sensible también llamado impulso egoísta o interesado *(eigennütziger Trieb)*, cuyo fin es el placer; el impulso a la forma es el impulso a la espontainedad, el impulso a la acción, el impulso intelectual también llamado altruista o desinteresado *(uneigennütziger Trieb)*; éste es el impulso puramente racional, tendente al deber, fuente de toda moralidad (*id.*, pp. 560-573).

Maimon reprocha a los filósofos coetáneos (Mendelsohn, Reinhold, Kant, Schmid) el fácil recurso del sano entendimiento o del sentido o entendimiento común *(der gesunde oder gemeine Verstand)*, que nunca definen explícitamente, para garantizar la efectividad de la ley moral, la causalidad eficiente de la razón. Si no se resuelve esta cuestión, la moral kantiana es una mera ciencia hipotética, sin influencia práctica sobre las acciones humanas. La duda no afecta a la razón como única autoridad en prescribir la ley moral, sino a su poder de hacerla efectiva, de imponerse indefectible e infaliblemente: «¿Por qué sigue la voluntad algunas veces el precepto de la razón y otras, en cambio, el impulso interesado y egoísta?» [27]. Este es el interrogante que

---

[27] *Id.*, p. 255. Respecto a la noción de sano entendimiento o sentido o entendimiento común en Mendelssohn y Jacobi, son muy interesantes las indicaciones de M. Guéroult en *La Philosophie transcendantale de Salomon Maimon*, París, 1929, pp. 151-152, n. 1, 2.

La alusión a Kant se refiere tanto al conocimiento moral común de la razón, su punto de partida en la *Fundamentación de la Metafísica de las costumbres* (1785), como a las ocurrencias de los términos «entendimiento o razón común del hombre» *(der gemeine Menschenverstand, die gemeine Menschenvernunft)* en la *Crítica de la razón práctica* (*AK*, V, pp. 35, 36, 70, 87, 91, 128, 134, 155, 163). En la mayor parte de estos textos, la apelación a los juicios del entendimiento o de la razón común tiene como fin confirmar el hecho de la razón; los juicios de los hombres sobre la rectitud de las acciones, esto es, en los que expresan que una acción es moralmente buena con independencia de las inclinaciones, constatan que tienen conciencia de la ley moral.

Otros kantianos emplearon también esas nociones en sus teorías éticas. Maimon cita a Reinhold y a Schmid. A ambos les reprocha la introducción *ad hoc* de este elemento para reforzar sus débiles e ineficaces doctrinas morales, sin que suministren al mismo tiempo una definición o criterio del mismo (*Incursiones,* IV, pp. 9, 249-252, 263). En contraposición a la ligereza conceptual de los anteriores, Maimon se preocupó por fijar los significados de esos términos y dar ejemplos de su uso. Ya en su *Diccionario filosófico* hizo un primer intento, y verificó que a veces se producen contradicciones entre el entendimiento común y el sano entendimiento, puesto que mientras que para el último el sistema copernicano del universo, el sistema de los idealistas o del escepticismo real y trascendental son consecuencias suyas, van contra el primero, o están basados en principios que le son desconocidos. Y al final añade: «No obstante, hay que observar que la diferencia entre el sano entendimiento y el que no lo es, tiene lugar sólo con respecto a los juicios prácticos, donde no están dados todos los datos necesarios para los juicios, sino que deben ser encontrados únicamente mediante analogías y similares, y de este modo deben ser determinados los juicios, lo que ciertamente depende mucho de la naturaleza *(Beschaffenheit)* del sujeto. En cambio, un juicio teórico, que ya está determinado de manera suficiente por las condiciones del mismo (los conceptos), es válido universalmente para cualquiera que compare estos conceptos entre sí (pudiendo estar, por lo demás, en el estado que él quiera), ya que entonces no puede tener lugar consiguientemente la diferencia pensada» (III, pp. 173-175). Retoma esta cuestión en las *Incursiones,* donde en directa polémica con la escuela crítica, propone una definición de esa facultad que ha de ir precedida por una elucidación del concepto de «ilusión» en general y de «ilusión filosófica» en particular. Dice allí: «Una ilusión en general resulta de confundir la representación de un objeto con el objeto mismo. La síntesis de todas las características de un objeto constituye la presentación completa del mismo. La síntesis de algunas características y su relación, en cuanto características, con el objeto (el pensamiento de las mismas en cuanto conectado en el

continuamente emerge en los artículos del judío y que constituye el prólogo a su propuesta alternativa de derivar el impulso ético del impulso cognitivo:

> «Si ahora pregunto a un kantiano: ¿Cómo debo obrar moralmente?, contesta: "Obra de tal modo que la máxima de tu voluntad pueda valer siempre al mismo tiempo como principio de una legislación universal". ¿Por qué debo obrar moralmente? "Por respeto a la ley moral". Si a esto replico: Aunque el sentimiento de respeto por la ley moral es un motivo para la determinación de la voluntad, no es, sin embargo, el único. ¿Por qué en los casos donde este motivo entra en colisión con otro debo seguir el primero más bien que el segundo? ¿Por qué debe determinarme a obrar este sentimiento artificial más bien que todos los demás sentimientos naturales?, tampoco entonces obtendré una respuesta satisfactoria» [28].

Luego el sentimiento moral es un mal sucedáneo de la causalidad eficiente de la razón; resulta de la ilusión psicológica propiciada por la propia impotencia de la racionalidad crítica que pretende hacer pasar una representación *(Vorstellung)* de la determinación de la voluntad, esto es, el sentimiento del respeto por la ley, la misma razón, por su completa presentación *(vollständige Darstellung)*. Pero aquélla siempre es parcial, nos muestra un motivo para obrar moralmente, pero no es el único, ni siquiera tiene la fuerza necesaria para acallar al resto de los posibles motivos, las inclinaciones. Olvidar esto es pecar de ilusos, incurrir en la ilusión que denuncia Maimon. No cuestiona la libertad trascendental, la posibilidad de obrar con independencia de los dictados de las leyes de la naturaleza y de liberarnos del influjo determinante de las inclinaciones, ni tampoco pone en suspenso la li-

---

objeto con las demás características) es su representación». La ilusión surge cuando se considera la mera representación como una presentación completa (IV, pp. 252-253).

Pero una ilusión, en su uso teórico o en el práctico, puede ser perjudicial o no perjudicial, e incluso de alguna manera puede ser beneficiosa. «La facultad de tomar como verdaderas aquellas ilusiones cuyas consecuencias no son sólo de la misma clase que las de las verdaderas representaciones, sino que ellas mismas también dan igualmente al entendimiento un *punctum fixum* y le proporcionan unidades positivas, en lugar de las meramente negativas, por medio de las cuales pone en armonía su conocimiento, constituye, según mi opinión, el sano entendimiento. Cualquier tipo de representación que declara la misma como meras unidades negativas, va contra el sano entendimiento. La óptica nos ofrece un curioso ejemplo de cómo una ilusión de este tipo puede ser usada incluso en beneficio de una ampliación de nuestro conocimiento. El *focus imaginarius,* aunque no es real, presta, sin embargo, el mismo servicio que si existiera.

De lo dicho resulta que el sano entendimiento o entendimiento común, incluso en aquellos casos donde es inferior al lógico en precisión a la hora de pensar, al tener, sin embargo, ambos las mismas consecuencias prácticas, puede ser preferido a este último a causa de su más sencilla intelección; así, p. ej., se prefiere el tipo de representación de los dualistas al de los idealistas, ya que ambos tienen las mismas consecuencias prácticas» (*id.,* pp. 254-255).

[28] *Ensayo (1794),* VI, p. 277.

bertad práctica, la autonomía de la voluntad, la índole intrínsecamente autolegisladora de la razón. En la polémica con Reinhold queda absolutamente claro que no es ni el concepto negativo de libertad ni el positivo, tomados en sentido kantiano, los que resultan problemáticos y deben amedrentarse ante el amenazante filo de la navaja escéptica, sino la ineptitud o, mejor dicho, la impotencia de esos conceptos para imponer incontestablemente en la realidad sus dictados. En definitiva, la duda recae sobre un tercer aspecto de la libertad, el que se refiere a la decisión del sujeto humano a asumir los productos de su razón legisladora, a la omisión deliberada por parte de su arbitrio de las tentaciones sensibles y empíricas. En pocas palabras, las observaciones de Maimon pueden interpretarse, y quiero recalcar que se trata sólo de una posible interpretación, como la exigencia de clarificar el mecanismo que relaciona el arbitrio y la voluntad, la *Willkür* y el *Wille* (en este contexto, como sinónimo de razón). Es necesario mostrar, caso de ser plausible el hacerlo, el proceso de conversión de las leyes prácticas en máximas subjetivas. Las fórmulas del imperativo categórico, como criterio metaético, discriminan cuáles de nuestras máximas son capaces de alcanzar el *status* de ley, pero ahora se nos insta a señalar el camino inverso, a saber: por qué la lcy deviene máxima subjetiva. Tras exponer su definición de principios morales y distinguir los materiales de los formales, afirma Maimon en el artículo que estamos comentando:

> «Por consiguiente, no comprendo por qué dice Kant (*Crítica de la razón práctica,* p. 36): "Si se admite que la razón pura puede contener en sí un fundamento práctico, esto es, suficiente para la determinación de la voluntad, entonces hay leyes prácticas" —según la definición de Kant, principios objetivos—, "pero, si no se admite, todos los principios prácticos serán meras máximas" —según su definición, principios subjetivos—. Precisamente por eso —puntualiza Maimon—, porque la razón *pura* no contiene en sí un fundamento suficiente para la determinación de la voluntad, no todos los *principios prácticos* serán meras *máximas*» [29].

A mi modo de ver, el planteamiento de nuestro autor pone de manifiesto algunos de los elementos aporéticos que juegan un papel relevante en la ética crítica, tales como el ya anteriormente mencionado del sentimiento moral, el de los intereses de la razón o el del hecho de la razón *(das Faktum der Vernunft)*, todos ellos en el caso de Kant, el del impulso desinteresado o altruista *(der uneigennützîger Trieb)* en el caso de Reinhold. Pero el propio Maimon deja irresuelta la cuestión «quid facti» en la esfera de la ética, lo que, al igual que ocurría en la esfera del conocimiento, le conducirá a un escepticismo, aunque se trate de un escepticismo no iluso, que trata de compensar, pero no

[29] *Id.*, pp. 299-300.

de superar, mediante lo que él mismo califica de un dogmatismo racional. Como podemos constatar, se mantiene fiel al planteamiento seguido en la filosofía teórica. En todas sus obras no deja de bascular entre esa actitud dual. Le dice a Reinhold:

> «Estoy convencido no menos que usted de la existencia de la ley moral en la razón, de la posibilidad de un impulso altruista, de la realidad de la relación de determinadas acciones mías con dicha ley moral. Pero sé todavía algo más de lo que usted quiere saber, que esta atribución de algunas de mis acciones al impulso altruista no es sino el efecto de una *ilusión* y no quiero fingir hipócritamente un impulso altruista a costa de la verdad» [30].

El escéptico confía en la posibilidad de la *ilusión* respecto del «hecho moral», «hecho» que el dogmático sitúa en la base de la ética. Nunca podemos probar que una acción dada no surja por motivos sensibles. En terminología kantiana, podemos decir que es posible *pensar* acciones morales, pero es imposible conocerlas, o mejor dicho, reconocerlas como tales [31]. Este doble punto de vista de Maimon reaparece constantemente en las *Investigaciones críticas sobre el espíritu humano* (1797), sobre todo en los apéndices titulados *Prolegomena a la Crítica de la razón pura* y *Prolegomena a la Crítica de la razón práctica*. En este último recuerda la que era una de sus puyas contra el criticismo desde sus primeros escritos, que la causalidad de la razón sólo puede ser considerada como problemática y es imposible probarla como un hecho. Asimismo, en el *Diccionario filosófico* afirma:

> «Admito que si se quiere tratar la moral como una ciencia *a priori,* que exprese necesidad y validez universal, no es posible asumir otro principio como su fundamento sino el kantiano, es decir, el de la voluntad libre positiva, no sólo independiente de las inclinaciones, sino dependiente al mismo tiempo de la razón, tal como queda enunciado en el imperativo categórico» [32].
> «Pero, por otro lado, también hemos de reconocer que, como la moral es una ciencia práctica, debemos demostrar ante todo que este principio es práctico y tiene influencia sobre las acciones humanas, lo que difícilmente podrá hacerse» [33].

Por eso, para Maimon la moral crítica es una ciencia hipotética [34], y su replanteamiento es urgente, pues, como afirma al final de una de sus cartas incluidas en *Incursiones en el terreno de la filosofía* de 1793, «la fundamentación de una moral necesaria y con validez uni-

---

30 *Incursiones*, IV, p. 263.
31 S. H. Bergman, *The Philosophy of Solomon Maimon,* Jerusalem, 1967, p. 202.
32 *Diccionario filosófico*, III, p. 94.
33 *Id.,* p. 96.
34 *Incursiones,* IV, pp. 251-252, 261.

versal es ciertamente el asunto más importante para cualquier investigador de la verdad»[35]. Este es el origen del artículo de 1794 *Ensayo de una nueva exposición del principio moral y deducción de su realidad,* del que nos ocupamos ampliamente al comienzo de esta ponencia y al que volvemos para añadir algunas observaciones finales. Recuerdo que aquí intenta probar el impulso al cumplimiento del deber sobre la base de un hecho de conciencia del que ningún hombre duda, el impulso al conocimiento de la verdad. También deslindamos la noción de impulso aquí empleada de la de impulso natural *(Naturtrieb).* Nuevas notas van añadiéndose a aquella noción, noción que creemos de ascendencia spinoziana. Definido el impulso genéricamente como el «desarrollo con conciencia de una facultad»[36], la conciencia conectada con el *impulso al conocimiento* propio de los seres dotados de facultad cognoscitiva es tanto una conciencia de este impulso en sí, como del estado del sujeto determinado inmediatamente por él, así como también del modo de operar de esta facultad o de las leyes según las cuales funciona. Pero este impulso no tiene como fin o meta un objeto determinado mediatamente por él, puesto que no queda satisfecho ni mediante la determinación de un objeto cualquiera ni mediante la consecución de un fin o meta, sino que siempre se esfuerza por alcanzar nuevos conocimientos[37]. Maimon distingue entre *impulso* y *deseo (Begierde).* El deseo está siempre dirigido hacia un objeto dado *a posteriori*; un impulso, en cambio, nunca está ligado a un objeto particular dado, sino que en su manifestación es determinado *a priori* mediante la disposición u organización fundamental de la facultad con cuyo desarrollo se relaciona[38]. La tarea de la moral consiste en determinar la voluntad sólo como impulso y nunca como deseo, y se define como la ciencia de la voluntad en general; sólo así deviene una ciencia *a priori* rigurosa, y no meramente hipotética[39].

---

35 *Id.,* p. 256; también en *Ensayo (1794),* VI, p. 276.

36 *Ensayo (1794),* VI, p. 294.

37 *Id.,* p. 295.

38 *Investigaciones críticas sobre el espíritu humano (Kritische Untersuchungen über den menschlichen Geist)* (1797), VII, pp. 236-237; *Ensayo (1794),* VI, pp. 292-297. Entre las definiciones de impulso, deseo y voluntad de ambas obras hay algunas diferencias.

39 *Investigaciones,* VII, p. 237; *Ensayo (1794),* VI, pp. 292-293. En las *Incursiones* presenta una división de las áreas de la Filosofía. Allí dice que la Filosofía considerada como ciencia puede dividirse, a semejanza de la Matemática, en tres áreas: pura, aplicada y práctica, precisando sus contenidos temáticos: «La ciencia *pura* trata de su *objeto en sí*, separada de todos los demás. La *aplicada* trata de un objeto *mixto*, pero estudiado bajo la cualidad del objeto de la ciencia pura. La *práctica* trata de un objeto *empírico* (real) bajo el presupuesto de esta cualidad» (IV, p. 33). Para localizar la Moral hemos de leer dos páginas después: «Ante la total indeterminación actual del concepto de *Filosofía*, ha de admitirse como cierto lo siguiente: 1) La Filosofía es una *ciencia rigurosa* que implica *necesidad* y *validez universal*. 2) La *Filosofía* es una *ciencia de todas las ciencias* sólo mediante la cual reciben ellas este nombre. Mientras que los ob-

La naturaleza de esa voluntad consiste en su independencia de las leyes naturales de los fenómenos, de la causalidad, esto es, en su libertad en su sentido trascendental. Su forma, como era de prever y apelando de nuevo a la analogía con la forma del conocimiento, radica en su validez universal. Una voluntad determinada por la facultad superior del deseo es libre y válida universalmente. Su formulación del principio de la razón práctica difiere de la kantiana. Según Kant, «la máxima de la voluntad de cualquier ser racional debe ser válida universalmente, debe servir como principio de una legislación en general, es decir, he de poder querer que también cualquier otro ser racional deba hacerse la máxima que yo me hago». La formulación de Maimon es como sigue: «He de querer aquella acción de la que cualquier ser racional pueda querer que yo la deba llevar a cabo». Los resultados de la aplicación de ambas fórmulas son los mismos, y lo que pretende Maimon es dotar a su alternativa de una mayor agilidad y rapidez, quiere evitar el rodeo que supone remitir a la ley e indicar un camino más directo y operativo, al mismo tiempo que enfatizar su utilidad social, defender la alteridad, esto es, mostrar la reciprocidad que implica el deber, que define como «la limitación de la propia voluntad a condición de su concordancia con la voluntad de otros seres racionales» [40].

Todavía hay una cuestión importante que merece ser considerada. Me refiero a la analogía entre verdad y deber. La mayoría de los autores que, aunque de puntillas, se han acercado a la Filosofía práctica de Maimon, han destacado una crucial discrepancia con Kant. Pues mientras que para éste resulta indiscutible la primacía de la razón práctica, la deducción del deber que aquél presenta a partir del impulso al conocimiento de la verdad, y la correspondiente deriva-

jetos de la naturaleza sean tratados únicamente desde el punto de vista *histórico*, no habrá ninguna *ciencia*. Por el contrario, si son ordenados bajo principios desde el punto de vista *filosófico* y sistematizados, entonces de ello resulta la *ciencia natural*. Creo poder establecer la siguiente definición de Filosofía:

La *Filosofía es una ciencia cuyo objeto es la forma de una ciencia en general*. Es una ciencia pura, aplicada y práctica. La *Lógica*, como la ciencia de las *formas del pensar* respecto a un *objeto en general*, y la *Filosofía Trascendental,* como la ciencia de las *formas del pensar* respecto a un *objeto de la experiencia en general,* pertenecen a la Filosofía pura. La *Moral* tiene como tema de estudio al hombre bajo la sola cualidad de la *razón*, con abstracción de todo el conjunto de los impulsos y es una ciencia aplicada; si es también *práctica*, es otra cuestión diferente. La *Psicología*, basada en leyes de asociación generalizadas por *inducción*, deriva y determina a partir de ellas casos particulares, y constituye una ciencia práctica» (*id.*, pp. 34-35).

40 *Ensayo (1794)*, VI, p. 309; *Investigaciones*, VII, pp. 238, 271. Entre las formulaciones de ambas hay algunas diferencias. En esta última es enunciado como sigue: «Obra de tal modo que tu voluntad pueda ser pensada como válida universalmente, que lo que es determinado por tu voluntad pueda ser pensado como la voluntad de todo ser racional». En el *Ensayo (1794)* expone dos posibles objeciones a su formulación y sus respectivas réplicas (VI, pp. 310-313).

ción de la facultad superior de deseo a partir de la facultad superior de conocimiento, parece subvertir la primacía de lo práctico en favor de lo teórico [41]. Creo que esa «aparente» primacía del interés teórico es susceptible de una exégesis mucho más fecunda que la que se conforma con marcar las distancias con el autor de las *Críticas*. Maimon termina su artículo de 1794, a modo de epitafio, con una sentencia latina que él pretende convertir, como ya nos confesaba apasionadamente en el *Epílogo* de su autobiografía [42], en el resumen de su existencia:

> «la *regla suprema de la moralidad, así como su objeto, el bien supremo,*... está contenida en las tres palabras siguientes: *Vitam impendere vero! (¡Consagrad la vida a la verdad!)*» [43].

También Kant compartía el ideal expresado en esa máxima, e incluso de manera muy próxima a Maimon. Deslindar el dominio de la verdad del correspondiente a la ilusión es precisamente una tarea

---

[41] Entre los autores que defienden la primacía de la razón teórica en Maimon destaca Francesco Moiso (*La Filosofia di Salomone Maimon,* Mursia, Milano, 1972, p. 191). Nuestro autor pretende haber realizado una derivación de la facultad superior del deseo a partir de la facultad superior del conocimiento. No obstante, la ambigüedad preside esta «peculiar» derivación, y es fácilmente impugnable, sobre todo, tal como la presenta en las *Investigaciones críticas* (VII, p. 236). Así lo hace, p. ej., Bergman, que denuncia la circularidad en la que incurre la prueba maimoniana (Bergman, pp. 185-186). Este autor se ha mostrado especialmente crítico con Maimon, y así, apropiándose de la terminología del último, le ha reprochado que no problematizase en su sistema, con la vehemencia con la que lo hizo con los sistemas de los demás, la cuestión «quid facti» respecto a la premisa de la prueba antes citada, en la que el *Trieb nach Erkenntnis* es dado como un *Faktum* (*id.,* pp. 181-182), y rebaja el *status* de la prueba al de una intuición (*id.,* pp. 184-185).

[42] En el prefacio a la segunda parte de su autobiografía, afirma: «Amo la verdad, y cuando de ella se trata, no retrocedo ni ante el mismo diablo. Habiendo abandonado mi nación, mi patria y mi familia a fin de consagrarme a la búsqueda de la verdad, no se me podría exigir que le diese la espalda aduciendo motivos insignificantes. No albergo animosidad personal hacia nadie, pero quienquiera que sea enemigo de la verdad y abuse de su buen nombre con intenciones viles para inducir a error al público, pasa a ser *eo ipso* mi enemigo, aunque, por lo demás, no mantuviese conmigo ninguna relación especial; por mi parte, no desaprovecharé una sola ocasión para poner de relieve ante el público su conducta, ya sea obispo de Roma, profesor de Universidad o sultán de Turquía» (I, p. 299).

Kant suele definir la noción de verdad como correspondencia, como concordancia del concepto con su objeto (R. Eisler, *Kant Lexikon,* Berlín, 1930, pp. 590 ss.); pero a menudo lo hace para mostrar sus defectos. Para establecer la concordancia se requiere conocer ambos polos, y entonces verdad sería el conocimiento que concuerda consigo mismo, esto es, la verdad como coherencia. Luego tener un conocimiento (concepto, juicio o razonamiento) exige saber discriminar aquellos casos concretos en que se usa y concuerda consigo mismo, y esto requiere, a su vez, que ha de poseer una validez regulativa para cualquier caso dado posible. En definitiva, la verdad depende de que nuestras representaciones sean universales, es decir, independientes de cualquier uso particular de ellas y de cualquier persona que las emplea.

[43] *Ensayo (1794)*, VI, pp. 324-325.

prioritaria, si no la más importante, de la *Crítica de la razón pura*, su cumplimiento sirve de frontera entre la *Analítica* y la *Dialéctica*[44]. Una feliz metáfora de Kant nos revela un propósito común y una actitud diversa a la hora de llevarlo a la práctica: uno se muestra temerario y aventurero; el otro, más reflexivo y calculador, prefiere el paso firme y seguro. Nos dice este último, refiriéndose al reino de la verdad:

> «Ese territorio es una isla que ha sido encerrada por la misma naturaleza entre límites invariables. Es el territorio de la verdad —un nombre atractivo— y está rodeado por un océano ancho y borrascoso, verdadera patria de la ilusión *(Scheins)*, donde algunas nieblas y algunos hielos que se deshacen prontamente producen la apariencia de nuevas tierras y engañan una y otra vez con vanas esperanzas al navegante ansioso de descubrimientos, llevándolo a aventuras que nunca es capaz de abandonar, pero que tampoco puede concluir jamás. Antes de aventurarnos a ese mar para explorarlo en detalle y asegurarnos de que podemos esperar algo, será conveniente echar un vistazo al mapa del territorio que queremos abandonar e indagar primero si no podríamos acaso contentarnos con lo que contiene, o bien si no tendremos que hacerlo por no encontrar tierra en la que establecernos»[45].

Si bien Maimon se asemeja más a ese navegante ansioso y aventurero que al prudente, mejor representado por el profesor de Königsberg, ambos persiguen un mismo fin: asentarse en el territorio de la verdad. Pero ¿se refieren a la misma verdad? ¿Coinciden las claves de sus respectivos mapas? En Kant, la búsqueda de la verdad se convierte en la búsqueda de lo universalizable. Pero esa búsqueda no es una empresa que sólo pueda llevarse a cabo dentro de los márgenes de la racionalidad práctica mediante el criterio que formula el imperativo categórico de universalizar nuestras máximas de acción, sino que es intrínseca a la racionalidad teórica, puesto que el conocimiento racional es definido como aquél máximamente universalizable[46].

---

[44] *KrV*, A57-63, B82-88.

[45] *KrV*, A235-236, B294-295.

[46] Nuestra interpretación es deudora de los trabajos que sobre la relación entre teoría y práctica en Kant expone J. L. Villacañas en *Racionalidad crítica*, Tecnos, Madrid, 1987, sobre todo pp. 166 ss.

Maimon se muestra muy severo con el concepto de verdad como correspondencia. Comentando en su autobiografía un artículo suyo [*Sobre la verdad (Über Wahrheit)* (1789), I. pp. 599-616, en el que sostiene la tesis de que la verdad no es una proposición, sino más bien una operación del pensar mediante la que es producida la proposición], afirma: «En dicho artículo es censurada la definición wolffiana de verdad lógica: "Concordancia de nuestro juicio con el objeto", ya que la lógica abstrae de todos los objetos particulares. La verdad lógica no puede consistir, por consiguiente, en la concordancia entre nuestro conocimiento y el objeto (particular), sino en su concordancia con un objeto en general o consigo mismo (en tanto que no contiene ninguna contradicción), puesto que lo que no concuerda consigo mismo desde un punto de vista formal, no puede ser pensado en un objeto desde el punto de vista material. *Verdad* debe significar meramente lo que es lógico (las formas de la identidad y de la contra-

Dos son las cuestiones que nos interesan, la equiparación de «verdad» con «validez universal» y el inmediato paralelismo entre los conceptos de «verdad» y «deber». Maimon explicitó ambas cuestiones, a menudo preteridas por los comentaristas kantianos. Nos dice:

> «Tengo, por lo tanto, un impulso... al conocimiento de la verdad. Pero el carácter de la verdad es la validez universal; luego tengo un impulso a hacer válidas universalmente mis representaciones» [47].

> «El carácter esencial de la verdad es la validez universal del conocimiento» [48].

> «Verdad y deber tienen de hecho una característica esencial común, a saber: *la validez universal*. No puedo reconocer nada como verdadero que no sea considerado como verdadero por cualquier otro ser racional. No puedo querer hacer nada por deber que no lo quiera hacer cualquier otro ser racional» [49].

Así pues, conocemos y obramos moralmente sólo en tanto regulamos nuestras representaciones y nuestros deseos e inclinaciones según el criterio de validez universal. Pero Kant se expresa del mismo modo, y aquí podemos encontrar el significado de la primacía de la práctica, esto es, en situar en la *Crítica de la razón práctica* el fundamento de la *Crítica de la razón pura*. Los juicios sintéticos *a priori* de la primera *Crítica* son las reglas de la legislación universal que impone la voluntad de universalización expresada en el imperativo categórico. La indagación de la verdad entendida como validez universal no es sino un aspecto de la actividad práctica. La diferencia entre los dos

---

dicción); en cambio, la objetividad (la relación a un objeto real) debe llamarse *realidad*». En respuesta a las objeciones de Tieftrunk, insistió Maimon en sus argumentos en *Carta a Tieftrunk* (II, pp. 469-498), y resume sus opiniones en el capítulo de la historia de su vida al que estamos aludiendo: «La explicación de la definición wolffiana de la verdad como "concordancia de nuestro juicio con el objeto" no podía significar otra cosa sino la concordancia con el objeto particular del juicio..., y que esta definición de la verdad lógica era incorrecta precisamente porque de hecho no es la explicación de la verdad *lógica*, sino de la verdad *metafísica*. Muestro también la diferencia entre las formas de la identidad y de la contradicción con las demás formas del pensar, puesto que aquéllas se refieren a un objeto en general, mientras que éstas, en cambio, se refieren a un objeto particular. Las primeras son, por eso, *válidas universalmente* (son la *conditio sine qua non* tanto de un objeto en general como de cualquier objeto particular). Las segundas, por el contrario, son puestas en duda. La explicación dada por Kant de la necesidad de los juicios objetivos a partir de la posibilidad de una síntesis en general es insuficiente en lo que concierne a los juicios que se relacionan con un objeto particular. Además, así como la verdad lógica consiste en en pensar *formal*, la metafísica consiste en el pensar real» (I, pp. 564-567).

[47] *Ensayo (1794)*, VI, p. 278.

[48] *Id.*, pp. 313, 324.

[49] *Id.*, pp. 291-292, 308. Ya en su autobiografía, había señalado esa equiparación: «Lo *verdadero* y el *bien* (absoluto) tienen como fundamento común el principio de identidad». Como vimos en la nota 46, este principio se caracteriza por ser válido universalmente (I, p. 565).

autores radica en que Maimon le exige una prueba de la efectividad de la razón, de que la libertad se manifieste como causalidad eficiente, de que la ley también sea motivo, y añade a la lista de ilusiones mencionadas por Kant, la trascendental, la lógica y la empírica, una nueva, la psicológica, en la que Kant precisamente incurre tanto en la primera como en la segunda *Crítica*. De este modo, explicita el doble cariz de la ética kantiana o, mejor dicho, de su principio. Por una parte, se presenta como una ley que indica los requisitos que ha de cumplir una acción para que sea considerada como un deber moral; en definitiva, asume aquí el papel de criterio metaético y formal. Por otra parte, reclama un móvil, un motivo dinamizador de esa ley, que en virtud de lo anterior se limita a representar como necesaria objetivamente la acción que debe tener lugar, esto es, un motivo que conecte subjetivamente el fundamento de determinación del arbitrio para llevar a cabo esa acción con la representación de la ley; en resumen, que la ley haga del deber el móvil del obrar moral. Maimon cree, como hemos visto, que Kant no ha acertado a la hora de exponer este segundo aspecto de su ética, y de ahí que sugiera en su artículo de 1794 (pues posteriormente variará en algunos puntos sus ideas al respecto) el camino que yo he tratado de mostrar. Ya casi al final de este escrito contesta de nuevo el interrogante omnipresente desde el comienzo:

> «Alguien podría todavía preguntar: Ya que el motivo para la moralidad no es sino el impulso al conocimiento de la verdad, ¿por qué se revela este último en nosotros como *un hecho indudable,* mientras que aquél siempre puede ser puesto *en duda?* A esto respondo: Ello se explica porque el impulso al conocimiento de la verdad produce tan pocos efectos similares a los efectos de otros impulsos como opuestos a los mismos. Este impulso, por consiguiente, puede ser conocido mediante su efecto, distinto de cualquier efecto de los demás impulsos. En cambio, el impulso a la moralidad produce o efectos similares a los de otros impulsos, u opuestos a ellos. En el primer caso, su efecto no le es atribuido a él, sino a los otros impulsos sensibles conocidos por nosotros. Pero, en el segundo, su efecto es reprimido y contrarrestado por los efectos más fuertes y opuestos de los demás impulsos. Luego en ambos casos permanece desconocido para nosotros» [50].

Es una nueva reformulación, ahora proyectada sobre el territorio de la moralidad, de las cuestiones «quid facti» y «quid juris». ¿De qué nos sirve preguntarnos por la fundamentación de los juicios sintéticos *a priori* en la moral si no estamos seguros de su realidad? ¿No resulta ocioso plantearnos la cuestión «quid juris», esto es, la de la posibilidad de la moralidad, cuando la duda alcanza de lleno a la cuestión «quid facti», es decir, a su presencia e incidencia efectivas? Pero si el hecho mismo de la moral es problemático, ¿acaso no se revela

[50] *Id.*, p. 319.

como absurdo su derecho y se muestra como vana la tarea de justificar lo que no existe o cuya existencia no está probada? La precedencia y prioridad de la cuestión «quid facti» sobre la «quid juris» parece lógica. Aplicando el método que mencionamos en la primera parte de nuestro trabajo, Maimon trata de salvar el hiato surgido en las propuestas de los filósofos kantianos ligando de modo inmediato e incontestable la posibilidad y la efectividad de la moralidad, sin apelar a los ambiguos testimonios del indefinido entendimiento común del hombre:

> «En nuestro caso nos son dadas dos proposiciones sintéticas *a priori:* 1) ''Un ser racional se determina a sí mismo de un modo necesario a *pensar según las leyes de la verdad''*; 2) ''Un ser racional se determina a sí mismo de un modo necesario a *obrar según las exigencias del deber''*. La primera proposición nos es dada como un *hecho de la conciencia;* su *posibilidad* es demostrada de un modo incontestable por su *realidad*. En cambio, aunque la segunda también nos es dada como un *hecho de la conciencia en sí*, su *posibilidad no puede ser demostrada por medio de su uso real,* ya que este uso siempre puede ponerse en duda» [51].

La analogía entre la verdad y el deber, entendidas ambas nociones como validez universal, como proyecto de universalización de nuestras representaciones y nuestras voluntades, y la garantía de poder discriminar con absoluta certeza los efectos del impulso al conocimiento de la verdad, de poder verificar su existencia como un hecho incontestable de la conciencia en las manifestaciones que nos remiten de manera unívoca e inequívoca a ese impulso como su origen, nos permiten inferir la realidad del impulso al cumplimiento del deber.

IV. LA FILOSOFIA DEL DERECHO DE MAIMON

Pero, al igual que en el ámbito teórico, también en el práctico profesara Maimon un escepticismo al que ya nos hemos referido y que más tarde volveremos a explicar. Ahora conviene concluir el apartado dedicado a la filosofía práctica maimoniana con una breve introducción en su también curiosa doctrina del Derecho Natural. Sus ideas al respecto están expuestas en dos artículos con el mismo título, *Sobre los primeros fundamentos del Derecho Natural,* y el mismo contenido. Ambos fueron publicados en 1795, uno en la *Berlinische Monatsschrift,* el otro en el *Philosophisches Journal.* Este último está mucho más elaborado que el primero; en algunos casos la formulación de un artículo es levemente distinta a la del otro, pero esa sutil distinción es útil para lograr una mejor comprensión [52]. En cualquier caso

[51] *Id.*, pp. 290-291.

[52] Hemos de lamentar que Valerio Verra, editor de las obras completas de Mai-

sí que hay una diferencia importante, aunque sólo sea de grado y de tono, entre ambas versiones; el aparecido en la *Berlinische Monatsschrift* destaca con mayor rotundidad el principal de sus interlocutores, su contrincante en la nueva polémica que se apresta a desencadenar. Se trata del autor del escrito anónimo *Contribuciones para rectificar el juicio del público sobre la Revolución francesa* (1793-1794), es decir, de J. G. Fichte.

Fichte figuraba todavía en 1793 en la lista de los más fieles y aventajados discípulos de la Filosofía crítica. El descubrimiento de la *Crítica de la razón práctica* tres años antes aviva su esperanza de ahuyentar definitivamente el espectro del determinismo que se imponía en sus trabajos más tempranos. Se traza entonces una doble tarea: por una parte, popularizar, difundir y explicar la doctrina de Kant, y para ello escribe sendos extractos de la *Crítica de la razón pura* y de la *Crítica del Juicio;* por otra parte, obtener sus consecuencias prácticas, proceder a su aplicación en ámbitos del saber todavía no acotados por el fundador de esa doctrina. Los frutos de esta última tarea serán el *Ensayo de una crítica de toda revelación* (1792-1793), donde pretende derivar a partir de la razón práctica el concepto de revelación, y los denominados *Escritos de Revolución*, que incluyen la *Reivindicación de la libertad de pensamiento* y las *Contribuciones para rectificar el juicio del público sobre la Revolución francesa* (1793), donde presenta una reflexión filosófica, jurídica y moral acerça de los derechos de la libertad de pensamiento y de revolución. Aunque hoy sabemos, gracias a su correspondencia y sobre todo a la reciente publicación de sus trabajos preparatorios de dichas obras, que en algún caso las escribió sin demasiada convicción *(Ensayo de una crítica de toda revelación* y la segunda parte de las *Contribuciones)* y que pronto expresó su insatisfacción por el modo como las había concebido, e incluso por su contenido (el mencionado *Ensayo* y las *Contribuciones*), lo cierto es que ambas le catapultaron a la fama, ya como el más digno sucesor de Kant, ya como un demoníaco jacobino. El sistema del que Fichte habla en sus obras de 1793 pretende, al menos en su intención, mantenerse dentro de los márgenes de la ortodoxia kantiana, aunque empieza a despuntar una terminología cada vez más propia y a crear una atmósfera propicia para el nacimiento de la *Doctrina de la Ciencia,* todo ello sin que haya tomado todavía conciencia de que se está alejando irremediablemente del autor de las *Críticas*.

---

mon, haya preferido incluir en éstas sólo la versión del *Philosophisches Journal,* sin indicar las variantes más significativas con respecto a la otra versión. Ello nos parece grave porque el cotejo de ambos artículos habría paliado en más de una ocasión la ambigüedad en la exposición de algunos temas, teniendo en cuenta además la dificultad de expresarse en alemán confesada por el propio Maimon y reiteradamente censurada por sus contemporáneos.

Uno de los objetivos de Fichte en los escritos políticos mencionados es deslegitimar las pretensiones y los fundamentos del paternalismo y su versión más degenerada, el despotismo [53]. Con este fin elabora una tabla de derechos inalienables y alienables que delimitan los contornos de las facultades del Estado y de los detentadores del poder. Precisamente a causa del método que sigue en la elaboración de dicha tabla, el margen de maniobra política asignado a la institución estatal queda tan menguado que su vigencia es una mera ficción. El principio que determina y dirige el sistema de derechos es la moralidad o, como lo caracteriza Paul Johann Anselm Feuerbach en su *Crítica del Derecho Natural* (1796), se alinea con aquella escuela jurídica kantiana (Hufeland, Schmalz...) que lleva a cabo una deducción absoluta del derecho a partir de la ley moral [54]. Esta dependencia absoluta de aquél con respecto a ésta desemboca en una interpretación individualista del imperativo categórico; la moral crítica se transforma en una moral heroica, la conciencia deviene un espíritu omnipotente (Geist, Selbst) y monádico incapaz de comprender y realizar la dimensión social que expresa la voluntad de universalización de las fórmulas éticas kantianas. El contrato es una convención extremadamente laxa y lábil, sin utilidad para organizar políticamente la sociedad; tal como es establecido, invita más a la desobediencia de sus cláusulas que a su cumplimiento. En consecuencia, la coacción se presenta como un elemento de irracionalidad, extraño y heterónomo, y tan inconcebible como su lógico depositario y activador, el Estado. Finalmente, y para no extendernos en las atrevidas tesis de estos escritos, no es posible distinguir como disciplinas la Moral y el Derecho Natural.

De modo inevitable, en Alemania, tan encorsetada políticamente y con una intelectualidad tan proclive a las querellas y las polémicas, la respuesta al desafío fichteano no se hizo esperar. Reacciones dispares y contrapuestas se sucedieron durante casi una década, desde una decidida admiración por el futuro sucesor de Reinhold en Jena, pasando por la tibia y razonable recriminación, y acabar (puesto que incluso acabó con la carrera académica de Fichte en esa Universidad)

[53] Un análisis más detallado de estos escritos puede encontrarse en mi «Estudio preliminar» a la edición que preparé en castellano de algunos textos de Fichte con el título de *Reivindicación de la libertad de pensamiento y otros escritos políticos* y en mi contribución «Los escritos de revolución de Fichte y la filosofía política de Jena», en *Eticidad y Estado en el Idealismo alemán,* Natán, Valencia, 1987, pp. 40-63. Muy interesante también al respecto es la contribución de J. L. Villacañas, «Contrato y revolución: la recepción por los ambientes clandestinos alemanes del escrito anónimo de Fichte sobre la Revolución francesa» (*id.*, pp. 65-87).

[54] *Crítica del Derecho Natural (Kritik des natürlichen Rechts)* (1796) (reeditado en Georg Olms Verlagsbuchhandlung, Hildesheim, 1963), pp. 95, 110 ss.

con la más furibunda animosidad de los grupos ultraconservadores germanos [55].

El artículo publicado por Maimon primero en la *Berlinische Monatsschrift,* después en el *Philosophisches Journal,* está directa, aunque no únicamente, relacionado con esas reacciones. El jacobino J. B. Erhard tomará en cuenta las ideas que ahí expone el judío para llevar a cabo una pormenorizada e inteligente crítica a Fichte en su reseña de las *Contribuciones sobre la Revolución francesa,* también aparecida en el *Philosophisches Journal* [56]. A ambos autores alude el profesor de Jena como los precedentes de su *Fundamento del Derecho Natural según los principios de la Doctrina de la Ciencia* (1796-1797) [57], donde revisará profundamente sus opiniones de tres años antes. Examinemos, por lo tanto, este escrito jurídico de Maimon.

Tras hacer un compendio de su teoría ética, se ocupa del Derecho Natural, separado tanto de la Moral como del Derecho positivo. Su definición es realmente original:

> «El *Derecho Natural* es la ciencia de las *excepciones aparentes,* necesarias y universales, a la ley moral, determinadas *a priori* por ésta.
> Estas *excepciones aparentes* son determinadas por la ley moral o bien como *condiciones de posibilidad de su uso* o bien como *consecuencias indirectas* de la ley. Las primeras son las leyes naturales (en sentido moral) pensadas *a priori* como *principios* del Derecho Natural; las segundas, sus *teoremas* derivados de esos principios. Lo que así se determina respecto a una persona constituye para ella un *derecho natural*» [58].

Maimon, como es su costumbre, reprocha a algunos teóricos del Derecho Natural la insuficiencia de su planteamiento de la cuestión «quid juris» en lo que respecta a esta disciplina, y lo hace en consonancia con su artículo sobre moral de un año antes:

> «Los nuevos teóricos del Derecho definen el *Derecho Natural* como la ciencia de los *derechos externos de coacción.* Pero esta definición es meramente una *definición nominal* y no una *definición real*, porque no se puede

---

55 Remito a los artículos citados en la nota 53.

56 La influencia de Maimon en Erhard se desprende del interés del último por reseñar el artículo del primero *(Denkwürdigkeiten des Philosophen und Arztes Johann Benjamin Erhard,* II, Leipzig, 1874, pp. 99-100); y las coincidencias entre ambos eran tan evidentes que en carta a Niethammer del 23 de octubre de 1795 reconoce que «Mi crítica a las *Contribuciones* de Fichte es atribuida por muchos a Maimon» (*id.*, p. 103). La reseña apareció en *Philosophisches Journal*, II. Bd., 1. Heft, 1795, pp. 47-84.

57 J. G. Fichte, *Gesamtausgabe,* I, 3, p. 323.

58 *Sobre los primeros fundamentos del Derecho Natural*, VI, pp. 328-329, publicado en *Philosophisches Journal,* I. Bd., 2.H., 1795, p. 141-174 (poco después de su primera versión en *Berlinische Monatsschrift,* XXV. Bd., pp. 310-341). Si no lo indico expresamente, me referiré siempre al artículo del *Philosophisches Journal* (mediante la abreviatura *Ph. J.*) incluido en las obras completas de Maimon *(Gesammelte Werke,* VI. Bd., pp. 327-360), y citaré, como he hecho hasta ahora, por esta edición.

> concebir a partir de ella *cómo surge* semejante derecho e incluso ni siquiera su *posibilidad*. La *coacción externa*, considerada en sí, es contraria a la ley moral. Esta exige la *validez universal de la voluntad*. Aquélla, en cambio, da a quien coacciona la facultad de ejecutar su propia voluntad en contra de la voluntad del coaccionado.
> Mi definición es, por el contrario, una *definición real*, pues muestra *cómo surge el Derecho Natural* a partir de la ley moral, ya como *condición de posibilidad de su uso*, ya como su *consecuencia indirecta*» [59].

Aludimos brevemente a la dificultad de incluir en los sistemas jurídicos kantianos el elemento coercitivo, la coacción (por supuesto, en el sentido de *Zwang* y no de *Nötigung*). Ella parecía irreconciliable con la conciencia moral; representaba la primera la heteronomía; la segunda, la autonomía. Maimon explicita esta antítesis, de la que ya había sido consciente Fichte en sus *Escritos de Revolución*, en los que había eliminado ese elemento extraño en favor de un sujeto omnipotente que impedía organizar estatalmente la sociedad. Estos dilemas también aparecerán, magistralmente expresados, en la *Nueva deducción del Derecho Natural* (1796) de Schelling [60].

Con la superación de los dualismos cosa en sí-fenómeno, materia-forma, objeto-sujeto, entendimiento finito-entendimiento infinito..., que preconizaba la filosofía de Maimon, el universo de la objetividad viene definido en clave idealista, es un aspecto del proceso formativo de la razón, la realidad coincide con la productividad lógico-sistemática del pensamiento. El paralelismo entre la verdad y el bien era el hilo conductor de su doctrina práctica, ambos se revelaban como dos caras de la identidad y unidad absolutas que deben regir en ese universo ideal. La moral, como una parte más de ese proyecto constructivista racional, se propone determinar acciones particulares en vista de la realización del único contenido de la razón, la validez universal, su identidad consigo misma [61]. La moral exige efectividad de esa unidad racional, y su fin último, el bien supremo, la verdad, implica la reconstrucción de la identidad por encima de la diversidad de sus determinaciones. El Derecho también debe encajar en el proceso descrito, pero ese acoplamiento parece chirriar en un principio, pues contradice la misma esencia del proceso racional, su unidad. Como hemos visto arriba, el Derecho se caracteriza por su excepcionalidad, adquiere vigencia tan sólo cuando ha de determinar las excepciones, las desviaciones en el movimiento hacia la unidad moral de la huma-

---

[59] *Ph. J.*, VI, p. 329.

[60] *Neue Deduktion des Naturrechts,* traducido por Margarita Vicedo y por mí mismo, y que, junto con *Sobre los primeros fundamentos del Derecho Natural* de Maimon, será publicado en la editorial Natán, Valencia.

[61] Aunque escasas, son muy interesantes las páginas que le dedica A. Negri a Maimon en *Alle origini del formalismo giuridico. Studio sul problema della forma in Kant e nei giuristi kantiani tra il 1789 e il 1802,* Cedam, Padova, 1962, pp. 225-233.

nidad. El Derecho, así pues, registra y sanciona las diferencias que de hecho se originan, aunque apunta siempre a aquella unidad como su más preciado ideal. El ejemplo que suministra Maimon apenas comenzado su artículo es el de la propiedad. Todos los hombres tienen moralmente derecho a la propiedad, puesto que la comunidad de las cosas concuerda con el ideal de la razón, pero esta aspiración moral es frustrada por el hecho de la ocupación, por la posesión; éstas son sancionadas positivamente por el Derecho, y la propiedad, mientras que antes constituía un derecho negativo de todos los hombres, se convierte ahora en positivo sólo para algunos. El derecho de necesidad es otro ejemplo que puede ilustrar su teoría [62].

En el terreno uniforme y firme de la moral se abre la sima del derecho; éste, con su carácter de excepcionalidad, parece hacer temblar la universalidad de la ley ética. Una diferencia en la perspectiva propia de cada una de estas disciplinas al abordar su objeto nos clarifica su interrelación:

> «La *Moral,* al igual que el *Derecho Natural,* tiene como objeto la voluntad de un ser racional-sensible. Sólo que la *Moral* toma en consideración meramente lo *racional* de la voluntad, es decir, lo común a todos los seres racionales; y, en cambio, el *Derecho Natural* lo individual sensible, que como *condición de la posible presentación* de lo racional, lo presupone, y tiene que ser subsumido bajo sus leyes» [63].

No podemos olvidar la definición que Maimon ofrece de la ciencia del Derecho, pues ella nos marca los márgenes de su ejercicio, es decir, nos indica los casos en que reclamamos sus servicios. El factor determinante es la posibilidad de realizar la ley ética; sin esta posibilidad, ni siquiera cabría hablar de la posibilidad de excepciones, ni, en consecuencia, de Derecho. Su relación es, ciertamente, paradójica. La ley moral condiciona el Derecho desde el punto de vista ideal, pero éste se convierte a su vez en la condición real del uso de aquélla, pues sólo con su mediación se inicia una primera función unitaria en el proceso de realización de la ley ética, esto es, la apelación al Derecho tiene como objetivo prioritario, y únicamente desde aquí se comprende su sentido, el uso efectivo del código moral, la máxima extensión en su aplicación, pues alcanza, a través de la incidencia del mecanismo jurídico, incluso aquellos casos que parecían escabullirse de sus dominios. Empleamos el verbo «parecer» en su significado de «aparentar», «tener la apariencia», tal como lo emplea Maimon, para quien esas excepciones son aparentes, esto es, expresan modos diversos de la realización jurídica de la moralidad; la excepción aparente viene exigida por la ley moral, es el resultado de la obligación de la maximi-

62 *Ph. J.,* VI, pp. 330-332.
63 *Id.,* p. 333.

zación de la voluntad, de la voluntad de universalización que constituye la raíz de la que brota la misma ley moral [64].

Lamentablemente, no podemos detenernos más en este interesante artículo. Obviamos las distintas especies y formas del Derecho y su teoría de la propiedad. La próxima aparición de la traducción al castellano del texto íntegro nos sirve de eximente y de excusa para no tratar con detalle estos asuntos. No obstante, antes de acabar, hemos de referirnos al ataque directo que emprendió Maimon contra el Fichte revolucionario. Al final de la versión publicada en la *Berlinische Monatsschrift,* concluye aludiendo al autor de las *Contribuciones sobre la Revolución francesa:*

> «Semejantes principios *crítico-cosmopolitas* son no sólo inadmisibles en sí, sino que incluso, mediante una filosofía mal entendida, tienen como fin la destrucción de todo orden e institución de la sociedad civil. ¡Esperemos, no obstante, que algún día se calme esa furia!» [65].

Ese juicio es la conclusión de una todavía tímida crítica a la teoría del contrato fichteana basada en una inconsecuencia en su mismo proceder. Pues, por una parte, Fichte identifica Derecho y Moral; por otra, mientras que afirma el deber de ser veraz, defiende el derecho a mentir o, al menos, a no cumplir lo prometido, con lo que infringe su primera premisa. Maimon, en la línea de la tesis del posterior opúsculo de Kant *Sobre un presunto derecho de mentir por filantropía* (1797), en el que se presenta la veracidad como un deber moral y jurídico, formal e incondicionado, denuncia la falacia que subyace en el argumento del futuro autor de la *Wissenschaftslehre,* e insinúa sus fatales resultados para la credibilidad y estabilidad de los contratos.

La omisión por parte de todos los intérpretes maimonianos, e incluso por el editor de sus obras completas, Valerio Verra, de las variantes de esta versión con respecto a la del *Philosophisches Journal,* impide considerar el siguiente hecho importante: que los epígrafes «Sobre la sociedad civil» e «Institución de la sociedad civil», que aparecen aquí en el lugar del escueto «Suplemento» incluido en la *Berlinische Monatsschrift,* esto es, el esbozo de su teoría del Estado, surge inducido por, y en confrontación con, la propuesta fichteana [66]. El

---

64 Además de Negri, también le han dedicado algunas páginas a la Filosofía del Derecho del judío: F. Kuntze, *Die Philosophie Salomon Maimons,* Heidelberg, 1912, pp. 454-463, R. Schottky, *Untersuchungen zur Geschichte der staatsphilosophischen Vertragstheorie im 17. und 18, Jahrhundert,* Munich, 1962, pp. 241-252, C. Goretti, *Il carattere formale della filosofia giuridica kantiana,* Milán, 1922, pp. 41-44, y X. Léon, *Fichte et son temps,* I, París, 1954, pp. 479-484. En un célebre artículo de 1797, aparecido en la *Allgemeine Literatur-Zeitung,* F. Schlegel critió varios aspectos de la teoría maimoniana (Friedrich Schlegel, «Kritische Ausgabe seiner Werke», VIII Bd., p. 20).

65 *B. M.,* pp. 340-341.

66 Verra se limita a indicar que el artículo de la *B. M.* presenta algunas pocas va-

principio de coacción es un elemento intrínseco al contrato y a la propia sociedad civil, pero ni el derecho queda reducido a este principio, ni tampoco está absolutamente separado de él, sino que se presenta como una condición de la convivencia humana, inevitable y necesaria a un cierto nivel, como un supuesto del movimiento del Derecho hacia el fin marcado por la Moral[67]. Luego, si bien hay una distinción entre ambas disciplinas, no se hallan en posiciones disjuntas, no se pretende su desencuentro ni se afirma su oposición, sino su mejor compenetración.

V. CONCLUSION

A finales de marzo de 1795 le escribe Fichte a su antecesor en Jena, Reinhold:

> «Frente al talento de *Maimon,* mi respeto no tiene límites. Creo firmemente, *y estoy dispuesto a demostrarlo,* que por él la Filosofía kantiana en su totalidad, tanto tomada en general, como en la forma en que usted la entendió, ha sido derribada desde su fundamento. El ha hecho todo esto sin que nadie se dé cuenta»[68].

Nuestro balance de lo tratado quiere tan sólo recordar los temas que han ido surgiendo al hilo de nuestra exposición, sugeridos todos por el talento heterodoxo de ese judío renegado. Maimon trasladó al terreno práctico el esquema general que había empleado en el teórico. El paralelismo en sus planteamientos y en sus resultados era fácil de detectar, aunque no siempre se expresaba de modo explícito. Su *metacrítica de la razón pura* parte de tres compromisos fundamentales: la necesidad de un principio único para fundar la filosofía como ciencia, la abolición de la cosa en sí y la reducción de los dualismos materia-forma, sensibilidad-entendimiento, *a posteriori-a priori,...* Hizo frente a estos compromisos mediante su nueva teoría del pensar basada en las nociones de entendimiento infinito, principio de determinabilidad, diferenciales de sensibilidad, método de ficciones, etc. Lo que más nos interesa en nuestro contexto es su distinción entre las cuestiones «quid facti» y «quid juris». Su esquema es como sigue:

---

riantes con respecto al aparecido en el *Ph. J. (Gesammelte Werke,* VII, p. 724), pero no incluye el texto de esas variantes. Maimon también alude en una nota del trabajo del *Ph. J.* al autor de las *Contribuciones* (VI,. pp. 341-342), pero aquí no se hace tan evidente lo que nosotros pretendemos destacar, a saber: que el añadido de dos epígrafes es en buena medida la respuesta constructiva a la teoría fichteana.

67 El derecho de coacción es tratado por Maimon en el *Ph. J.,* VI, pp. 336-337, y su relación con la sociedad civil en pp. 354-360; también en el «Suplemento» al final de la *B. M.,* pp. 339-341.

68 J. F. Fichte, *Gesamtausgabe,* III, 2, p. 282.

El primer presupuesto de la Filosofía kantiana afirma que es un hecho que tenemos un conocimiento universal y necesario de la experiencia y, consecuentemente, una ciencia universal y necesaria de la naturaleza, esto es, juicios sintéticos *a priori;* pero ese presupuesto es infundado y no ha sido demostrado, y es competencia de la Psicología explicar el fundamento de esa ilusión. Luego denuncia Maimon una asunción acrítica del hecho de las ciencias. Pero, negada la existencia del hecho que el kantismo pretende haber legitimado, resulta vano plantearse la cuestión «quid juris», es decir, de la fundamentación. Además, habría que dar un mayor alcance a esta última, y la deducción debería extenderse a otros *Fakta,* como el de la sensibilidad, el de la materia.

En el ámbito práctico, sugiere algo parecido. La apelación que los kantianos hacen al entendimiento ordinario para probar la existencia del hecho moral es dudosa desde el momento en que no ofrece ninguna definición ni criterio del mismo. La conformidad de su concepto de «deber» con el uso ordinario del lenguaje puede suministrar una definición nominal, pero en absoluto real. Ese pensamiento «débil» a nivel de «quid facti» refleja una debilidad pareja a nivel «quid juris», puesto que se limitan a mostrar la sola posibilidad negativa del «deber», y la razón se presenta como *causa formalis* y no como causa eficiente. El sujeto no encuentra en la ley razón alguna para adoptarla como máxima subjetiva de sus actuaciones. Por eso la ética crítica es una ciencia hipotética, sin influencia práctica sobre las acciones humanas. Precisamente, las variantes que Maimon introduce en la formulación del imperativo categórico van destinadas a dotarle de un menor formalismo y una mayor operatividad, sin menoscabar la dimensión social que enuncia. Si la teoría del entendimiento infinito lograba convertir lo dado, la cosa en sí, en el concepto límite de una serie infinita de grados en la que se extiende la conciencia, y de este modo mostraba la ilusión psicológica que nos induce a pasar de una representación parcial de un objeto al objeto completo, en la moral también hay que desvanecer una ilusión psicológica que nos lleva a apelar a los juicios del entendimiento común para suministrar eficacia y realidad efectiva a una razón que en sí se muestra impotente para realizarse indefectiblemente en las acciones humanas. Maimon opta por otro camino, que, aunque él no lo reconozca, está ya presente en Kant. La analogía entre los conceptos de «verdad» y «deber» a través de su común voluntad de universalización, de su vocación de validez universal, le sirve para derivar el impulso al cumplimiento del deber a partir del hecho de conciencia incontestable consistente en el impulso al conocimiento de la verdad. Esta teoría de los impulsos, en la que puede escucharse el eco de sus lecturas de Spinoza, parece destinada a dotar de efectividad a la moralidad; función que de un modo u otro también asume el Derecho Natural.

No soy partidario de acudir a explicaciones psicoanalíticas o biográficas de conceptos y afirmaciones filosóficas, pero creo que la propia experiencia vital de Maimon, un sincero y penoso peregrinaje en pos del saber, le dio un motivo de peso, no exento de ingenuidad, para insistir tanto en la especificidad de los efectos del impulso a la verdad. En todas sus obras repetirá hasta la saciedad que su búsqueda es el fin supremo del hombre. Para él, la actuación conforme al deber puede obedecer a diversos motivos, tanto morales como no morales; pero, en cambio, la actuación conforme a una presunta conducta dirigida a buscar la verdad únicamente puede originarse en el impulso a su conocimiento, su manifestación empírica es tan clara y distinta que sólo es susceptible de una interpretación unívoca. Desde luego, aquí somos más escépticos que el escéptico Maimon. No obstante, también jugó su papel la situación de la ciencia de su tiempo, pues ésta no era sino el resultado de la eficacia de la razón; las ciencias revelaban que la razón teórica sí podía adoptar la forma de *causa efficiens.* Además, en Maimon hay una tendencia a declarar la primacía del punto de vista del «conocer», incluso en la esfera práctica; en cambio, no resulta tan evidente que Kant esté interesado en conocer que los hombres cumplen su deber por deber. De ahí que el reproche maimoniano de la ineficacia de la libertad como causa sólo sería admisible si Kant no hubiera distinguido claramente entre causalidad fenoménica y nouménica.

Fichte seguía con atención los continuos retos que nuestro autor le lanzaba al Criticismo, y también convirtió en compromisos de su sistema los que aquél antes había adquirido. No sólo los incorporó a la misma raíz de su filosofía, sino que también fue sensible a las advertencias que a él le hizo directamente, y las recordó cuando hizo brotar las primeras ramas de su *Doctrina de la ciencia.* Espoleado por las ideas jurídicas del judío polaco, modificó las tesis de sus *Escritos de Revolución* y replanteó las relaciones entre el Derecho Natural y la Moral.

El equilibrio entre el dogmatismo racional y el escepticismo empírico que Maimon pretende establecer en el ámbito teórico se proyecta también sobre el práctico. El *hiatus* que allí subsistía entre el pensamiento *a priori* y el conocimiento *a posteriori* era salvado por su idea del entendimiento infinito que sólo lograba realizarse en la matemática. El dogmatismo de su ética admite la razón práctica, pero su escepticismo le impide creer, a pesar de sus intentos, en su realidad efectiva, en una «fenomenología» del imperativo categórico [69]. Ambas

[69] *Diccionario filosófico,* III, pp. 22-23; *Investigaciones,* VII, p. 239, 291; M. Guéroult, pp. 154-155; F. Moiso, p. 215; S. H. Bergman, pp. 202-203, 206-207. Un análisis más minucioso de la interpretación maimoniana del kantismo (repleta de fructíferos y sugerentes desatinos) y de su enorme presencia en la Filosofía práctica del Fichte

conclusiones calaron en un Fichte que de nuevo sentía cerca la amenaza del determinismo. Su tarea más perentoria será precisamente desembarazarse de todos los escepticismos que han ido surgiendo a partir de las *Críticas*. Es verdaderamente sintomático que las obras inmediatamente posteriores a sus *Escritos de Revolución* fueran reseñas de tres libros (de Creuzer, Gebhard y Enesidemo) que planteaban de modo directo estas cuestiones. Es en polémica con los mismos (Maimon está incluido en esta lista) como surge una filosofía que sabe que sólo aceptando el desafío de liberar al sistema de la opacidad de la cosa en sí y de desplazar a los *Fakta* de su prioridad principial conseguirá la máxima aspiración de la época: que al fin la filosofía se haga ciencia. La acción *(Tathandlug)* es la alternativa fichteana; una acción que produzca el hecho *(Tatsache)* en sus diversas formas (conciencia, sentimiento moral, sensibilidad, ...), que sea capaz de autolimitarse, de crear a partir de sí un coto de necesidad. Pero hemos de conformarnos con atisbar ese camino. Recorrerlo exigiría otro trabajo mucho más extenso que éste.

de Jena, lo llevé a cabo en el capítulo que le dediqué al autor judío («Maimon: un talento entre el Criticismo y el Idealismo») en mi tesis doctoral *Derecho Natural y Revolución: La polémica de la Filosofía política en la época de Fichte,* Valencia, 1988.

24. INTRODUCCION A LA FILOSOFIA POLITICA DE HEGEL EN JENA (1801-1803)

por JOSÉ MARÍA RIPALDA
(Universidad Nacional de Educación a Distancia)

«En mi formación científica, que comenzó por necesidades humanas más secundarias, tuve que ir siendo llevado hacia la Ciencia; y el ideal juvenil tuvo que transformarse a la vez en un sistema, adoptando la forma de la reflexión. Lo que ahora, cuando aún sigo elaborándolo, me pregunto, es cómo volver a intervenir en la vida de los hombres. De cuantos veo alrededor de mí, eres el único en quien querría encontrar un amigo, también por lo que toca a la proyección y la efectividad sobre el mundo».
(Carta de Hegel a Schelling el 2 de noviembre de 1800).

I. HISTORIA DE LA RECEPCION

En 1800 Jena se halla en el centro de la opinión pública alemana. Una gran revista ilustrada, la *Allgemeine Literatur-Zeitung* —leída por Hegel en sus años de colegio—, un kantiano prosaico e infiel, muy eficaz publicísticamente, Reinhold —Hegel le dedicará amplia atención en su primera obra publicada, el escrito sobre la *Diferencia*— [1], constituyen la base heredada, a que se enfrenta estentóreamente «el torbellino literario» [2] de los románticos jenenses, contrapuesto al clasicismo de la vecina Weimar; con él va a la par una poderosa floración científica y una ebullición política patente en el curso sobre la *Constitution* de G. Hufeland (1792-1793). Esta ebullición termina siendo demasiado para la casa ducal: la pérdida de profesores y alumnos se irá acelerando. Primero es expulsado Fichte, en 1799. Pero un año antes había llegado Schelling; y su filosofía de la naturaleza, y también la de Hegel desde 1801, serán vistas por la casa ducal como antí-

[1] *Differenz des Fichte'schen und Schelling'schen Systems der Philosophie* (1801). En los dos primeros números de la revista sevillana de filosofía *Er* (1985) se ha publicado una traducción, a cargo de Juan Antonio Rodríguez, que debe ser usada con precaución.

[2] La frase procede de la carta antes citada de Hegel: *Briefe von und an Hegel*, 4 vols., ed. J. Hoffmeister (y F. Nicolin), Meiner, Hamburgo, 3.ª ed., 1969-1981, 1, pp. 59 ss.

doto a la fichteana filosofía de la libertad, además de compartir con el influyente ministro Goethe el partido antinewtoniano [3]. De todos modos, la operación de saneamiento ambiental de la Universidad no alcanza éxito. Schelling se va en 1803, Hegel en 1807; la Universidad se hunde en la mediocridad, y será el poderoso rival prusiano, al frente de la rebelión «nacional», quien recogerá a ambos amigos: a Hegel, en la fase reformista de los Humboldt, Altenstein, Hardenberg; a Schelling, en plena amenaza revolucionaria de los años treinta.

1. Hegel es en Jena el titán, que se planta atrevidamente en pleno proscenio filosófico y plasma con brillantez y tenacidad su primer molde especulativo. Sólo tardíamente ha recibido atención este Hegel, debido a que el catedrático institucionalizado en Berlín fuera de mayor eficacia social que los oscuros treinta años del profesor contratado, sin sueldo —y previa demostración de que disponía de otros medios de vida— hasta 1805. Para contrarrestar esa eficacia será llamado Schelling a Berlín tras la muerte de su antiguo amigo (1831), y fracasará, a la vez que el discípulo querido Gans, con su actividad académica y reeditora de la *Filosofía del Derecho* del maestro (1833) —con apéndices recompuestos de sus clases—, tiende el puente hacia los «jóvenes hegelianos». Es este Hegel político y filósofo de la historia el que cala inmediatamente en las nuevas clases medias: fe en el progreso, racionalidad teologal de la historia, en la que se inscribe como sujeto privilegiado el Estado; pero este optimismo progresista consagrado con las bendiciones del pasado no es simplemente conformista, como no lo es la filosofía hegeliana del Estado [4] y ni siquiera el rechazo schellingiano del progreso [5].

Hegel se convierte enseguida en una referencia canónica, aunque parcial e inexacta, más bien una inspiración de fondo para la formación de opinión pública burguesa. Y, sin embargo, entre los «viejos hegelianos», que insisten en el esquema especulativo del maestro, Karl

---

[3] Este partido tenía apreciables connotaciones conservadoras en Schelling, Hegel y Goethe; cfr. Hegel, *Filosofía real,* ed. J. M.ª Ripalda, FCE, Madrid, 1984. A. v. Newton (pp. 479 ss., teniendo en cuenta los pasajes enumerados al fin de la voz) y Goethe (p. 477).

[4] El «joven hegeliano» David F. Strauss *(Tercer panfleto)* notó enseguida que en la *Filosofía del Derecho* «más de un elemento esencial está construido de muy otro modo que en el Estado prusiano. Se postulan jurados, que Prusia sólo tolera en una provincia; se hace de las corporaciones una columna de la vida política, cuando en Prusia están suprimidos; el sistema bicameral, de que Prusia carece, es ''lo verdadero''; se exige publicidad para las sesiones de las Cortes, cuando no la hay en Prusia; el poder del monarca es mucho más restringido que el que tiene en el Estado prusiano». La lista debería ser ampliada por de pronto a la supresión de las pruebas de sangre para entrar en la administración (¡abolidas por los aliados en 1947!). Vid. J. M.ª Ripalda, *Hegel,* UNED, Madrid (hect.), 1985, pp. 37 bis y ss.

[5] Vid. Hans Jorg Sandkühler, *F. W. J. Schelling - Philosophie als Seinsgeschichte und Anti-Politik,* 1988 (inédito, de próxima publicación en la revista sevillana de filosofía *Er*).

Rosenkranz publica en 1844 su insuperada biografía de Hegel[6], en la que se encuentran recogidos fragmentos de la fase jenense que aún hoy no han sido editados definitivamente. También la polémica liberal de Rudolf Haym contra Hegel responde a Karl Rosenkranz en 1857 con un proyecto alternativo de biografía, que asimismo pergeña un cuadro documentado de la fase de Jena[7]. Tal es el único acompañamiento para las publicaciones hegelianas, relativamente escasas, de esta fase: los escritos críticos de 1801-1803 y, sobre todo, la colosal *Fenomenología del Espíritu* (1807).

2. El Historicismo da nuevo impulso al estudio de un Hegel marginado en la segunda mitad del XIX, que en su último decenio pasa a prestigiosa pieza de la nueva identidad imperial del II Reich; hay que reencontrar al Hegel soterrado, genuinamente «teutón» y «espiritual», dar cuerpo, proyectar en la historia también a base de él la nueva identidad política. Y, aunque el gran descubrimiento promovido por este interés lo constituyen los escritos de juventud anteriores a la fase jenense, la filología historicista recupera asimismo del olvido importantes textos jenenses: especialmente el manuscrito conocido desde su primera edición parcial por Georg Mollat (1893) como *Sistema de la ética comunitaria*[8]; Lasson, que publica en 1913 el texto completo, edita asimismo, en 1923, la *Lógica, Metafísica y Filosofía de la Naturaleza,* que Hegel utilizó para sus clases de 1804-1805[9], reelaborando la edición que, bajo el engañoso título de *Primer sistema,* hicieran de este manuscrito Ehrenberg y Link (1915).

El título *Primer sistema* había obedecido a la (falsa) datación del manuscrito por Rosenkranz y Haym, que lo consideraban del 1800. Con ello se imposibilitaba una comprensión de la rápida evolución especulativa que caracteriza al Hegel jenense. El discípulo de Dilthey, Hermann Nohl, que desconfiaba de esta datación, esbozó una técnica grafológica[10] que, desarrollada en el marco de la edición crítica,

[6] Esta obra fundamental, concebida originariamente como suplemento a la edición de los «amigos del finado» (1832-1845), es accesible en reimpresión: *Georg Wilhelm Friedrich Hegels Leben*, Wiss. Buchges., Darmstadt, 1969.

[7] *Hegel und seine Zeit. Vorlesungen über Entstehung und Entwicklung, Wesen und Werth der Hegelschen Philosophie.*

[8] En alemán, *System der Sittlichkeit*. L. Gonzàlez Ontoria y D. Pavón, en su traducción de esta obra (Madrid, 1983) traducen *Sittlichkeit* por «eticidad». J. Taminiaux, en su versión francesa de la misma obra (París, 1976), dice «vie éthique». No he adoptado ninguna de las dos soluciones por razones expuestas en Hegel, *Filosofía real*, cit., pp. 390 ss. (a.v. «ética comunitaria»).

Mollat editó también en 1893 *La Constitución de Alemania*, trad. de D. Negro, Aguilar, Madrid, 1972.

[9] La importante actividad editora de Lasson comprende para la fase jenense, los *Schriften zur Politik und Rechtsphilosophie,* 2.ª ed., 1923 (1.ª ed., 1913) y los *Erste Druckschriften* de Hegel, 1928.

[10] H. Nohl (ed.), *Hegels theologische Jugendschriften,* Tübinga, 1907 (repr. Minerva, Franfort, 1966), pp. 402-405.

ha permitido establecer la historia evolutiva *(Entwicklungsgeschichte)* de Hegel conforme a una pauta historicista hoy problemática, pero que sin duda ha permitido ordenar el bosque textual de estos manuscritos y publicaciones breves [11]. La magnífica obra aún hoy estándar sobre la filosofía política de Hegel por Franz Rosenzweig, *Hegel und der Staat* (1920), se ve oscurecida, al tratar de la fase jenense, por la necesidad de hipótesis *ad hoc* para salvar las incongruencias introducidas por esa falsa cronología.

Se puede decir que, en conjunto, el neohegelianismo del primer tercio de este siglo estudia la fase jenense de Hegel como preparatoria de la obra de madurez, que comenzaría con la *Fenomenología del Espíritu*» (1807), último título de Jena. Los grandes estudios de Haering y Kroner pueden valer como representativos de este enfoque, que en el nacionalsocialismo se refuncionalizará hasta reducir Hegel a filósofo del Estado y de la historia [12]. Sin embargo, la veneración por el coloso lleva en el sucesor de Lasson, Johannes Hoffmeister, a la edición de los fragmentarios apuntes de clase de 1803-1804 bajo el título, hoy abandonado, de *Filosofía real I* (1932), y a la de los apuntes mucho más completos de 1805-1806, simultáneos a la redacción de la *Fenomenología,* bajo el título de *Filosofía real II* —actualmente *Filosofía real* a secas— (1931). Precisamente en estos textos descubre el revolucionario derrotado Gyorgy Lukács un Hegel bien opuesto al espiritual, especulativo y teutón de la *Hegelrenaissance*: el lector apasionado de los economistas políticos, inmerso en una terrible lucha existencial, desgreñado y anticanónico; será el comienzo de otras vías interpretativas para la posguerra venidera.

3. Nacionalsocialismo por medio, la segunda posguerra está marcada por una reconsideración interpretativa de la fase jenense. Cuando Lukács publica —al fin— en 1947 *El joven Hegel y los problemas de la economía capitalista* [13], descubre en una problemática muy poco «espiritual» el momento constitutivo para la matriz especulativa de Hegel. Pese a que la interpretación de Lukács está afectada por

[11] Vid. Heinz Kimmerle, «Das Problem der Abgeschlossenheit des Denkens», *Hegels «System der Philosophie» in den Jahren 1800-1804* (*Hegel-Studien,* Beiheft 8), 2.ª ed., Bonn: Bouvier, 1982. Apéndice. Cfr. algunos reparos de detalle a esta cronología en Hegel, *Filosofía real,* cit., pp. LVI ss.

[12] Richard Kroner, *Von Kant bis Hegel,* 2 vols., 1.ª ed., Tübinga, 1921-1924. Theodor Haering, *Hegel. Sein Wollen und sein Werk.* Eine chronologische Entwicklungsgeschichte der Gedanken und der Sprache Hegels, 2 vols., Leipzig, 1929-1938 (repr., Scientia, Aalen, 1963). Kroner está adscrito a la *Problemgeschichte;* Haering, a la *Entwicklungsgeschichte.*

[13] La traducción de Manuel Sacristán (Grijalbo, Barcelona, 1968) lleva por título *El joven Hegel y los problemas de la sociedad capitalista* debido a que está realizada sobre la base de la 2.ª edición (Aufbau, Berlín, 1954), que cambió el título con respecto a la 1.ª (Europa, Zürich/Viena, 1947).

las dificultades cronológicas indicadas y al atrevimiento de sus hipótesis concretas, representaba la irrupción del izquierdismo en la academia filosófica de posguerra, marcada no sólo por la derrota militar del nacionalsocialismo, sino por el desprestigio de los valores del espíritu y la tradición nacional que había invocado. La guerra fría y la restauración democrática en la Alemania dividida trae lo que considero una recepción inconfesada del impacto de Lukács, que en los cincuenta es reelaborado heideggerianamente por Joachim Ritter [14], y de los 65 a los 75 en los términos de una teoría del Estado democrático contemporáneo por Manfred Riedel expresamente para los textos de la fase jenense; Habermas, en un artículo del año 67 [15], utiliza la teoría hegeliana del trabajo en la *Filosofía real,* para instrumentar un intento de ideología progresista a la vez que crítica frente al marxismo, como aportación posfrancfortiana a la identidad de la República Federal Alemana. Filológicamente, el hecho más saliente de esta fase es el artículo de otro amigo de Heidegger como Ritter, Otto Pöggeler, que va a resultar programático para la investigación posterior: *Hegels Jenaer Systemkonzeption* [16]. Su propuesta de reconstrucción para el camino especulativo que recorriera Hegel en Jena guiará el trabajo de la edición crítica, que comienza precisamente por los escritos jenenses en 1968 [17].

4. En 1975 Eva Ziesche descubre manuscritos jenenses que se hallaban mal catalogados en los fondos de la Staatsbibliothek Berlin. Con ello se complica la edición del tomo 5.° de la edición crítica en lo referente a los inéditos de 1801-1802; el *Beiheft* 20 de los *Hegel-Studien,* dedicado a la evolución de Hegel en Jena [18], discute estos textos; pero la edición de los escritos jenenses se detiene, paralizando la progresión de la discusión filológica. Ese *Beiheft* muestra además

---

14 En *Hegel und die französische Revolution,* 1.ª ed., Opladen, Köln, 1957. Cfr. mi crítica a esta obra en *La nación dividida. Raíces de un pensador burgués: G. W. F. Hegel,* FCE, Madrid, 1978, pp. 22 ss.; en la bibliografía que cierra este último trabajo pueden encontrarse referencias a otras ediciones del libro de Ritter, así como algunos títulos importantes de Riedel, citado a continuación.

15 Publicado por primera vez en el homenaje a Karl Löwith *Natur und Geschichte,* eds. H. Baum y M. Riedel, Kohlhammer, Stuttgart, 1967, pp. 237-256, bajo el título «Arbeit und Interaktion. Bemerkungen zu Hegels Jenenser Philosophie des Geistes», accesible en castellano como primer artículo de Jürgen Habermas, *Ciencia y técnica como «ideología»,* Tecnos, Madrid, 1984.

16 En *Philosophisches Jahrbuch,* 71 (1963-1964), pp. 286-318. También accesible en Otto Pöggeler, *Hegels Idee einer Phänomenologie des Geistes,* Albers, Freiburg/Munich, 1973, pp. 110-169.

17 *Georg Wilhelm Friedrich Hegel. Gesammelte Werke.* El primer tomo publicado, el 4.° está dedicado a los *Jenaer kritische Schriften,* ed. H. Büchner y O. Pöggeler, Meiner, Hamburgo, 1968. Para el artículo sobre el *Derecho Natural* esta edición será citada HGW 4.

18 D. Henrich, K. Düsing (eds.), *Hegel in Jena. Die Entwicklung des Systems und die Zusammenarbeit mit Schelling,* Bouvier, Bonn, 1980.

ejemplarmente la dirección predominante a finales de los setenta en la interpretación de la filosofía política del Hegel jenense: su estructura y evolución especulativas [19]. ¿Afinidad matizada de la filología hegeliana de posguerra en Alemania Federal con la *Hegelrenaissance*? En cualquier caso, de los varios artículos dedicados a Schelling y Hegel ninguno entra en el cotejo de sus teorías y móviles políticos [20].

Hay que considerar esta última fase como la que ha aportado y discutido los datos filológicos fundamentales, pero sin acabar de dilucidarlos. En cuanto a los paradigmas interpretativos, el Hegel jenense sigue hallándose relativamente aislado del contexto cultural: la orientación predominante en el lugar de máximo esfuerzo filológico, la República Federal, parece acumular algo de Historicismo e Historia de los problemas en una hermenéutica circularizada por una academia en problemáticas —y poco tematizadas— relaciones con su presente y con un pasado entre otras cosas excesivamente poderoso.

II. PERIODIZACION DEL HEGEL DE JENA

Una posible ordenación de las publicaciones y manuscritos hegelianos en Jena se atendría a tres grupos:

a) 1801-1803, de la *Diferencia* al *Sistema de la ética comunitaria*.
b) 1803-1805, los dos primeros esbozos fragmentarios de sistema.
c) 1805-1807, *Filosofía real* y *Fenomenología*.

De ellos nos ocupará especialmente el primero, en que Hegel escribe tres obras de tema expresamente político: *La Constitución de Alemania* (1799-1802), *Sobre los tratamientos científicos del Derecho Natural, su lugar dentro de la filosofía práctica y su relación con las ciencias jurídicas positivas* (1802-1803) —la única de las tres publicada en vida— y el *Sistema de la ética comunitaria* (1803). La última obra del período, la *Fenomenología del Espíritu*, publicada después y dotada de magnitud propia frente al proceso evolutivo del período jenense, sólo será tocada en oblicuo.

[19] A este enfoque obedece asimismo en España José M.ª Artola, «Lógica y filosofía en el primer sistema hegeliano de Jena», en *Anales del Seminario de Metafísica*, Univ. Complutense, Madrid, 16 (1981), pp. 11-30. Semejante es, un decenio antes, el enfoque de Mariano Alvarez-Gómez, «Hegel o la libertad como principio», en *Ciudad de Dios*, 182 (1969), pp. 556-596.

[20] Isaac Alvarez (Universidad de La Laguna) me ha llamado la atención sobre el caso contrario en L. Hasler (ed.), *Schelling. Seine Bedeutung fur eine Philosophie der Natur und der Geschichte* (Referate und Kolloquien der Internationalen Schelling-Tagung, Zürich 1979), Holzboog, Stuttgart/Bad Cannstatt, 1981. En la parte III del tomo las intervenciones de Walther Ch. Zimmerli, Ludwig Siep y Claudio Cesa encierran varias observaciones comparativas sobre el pensamiento político de Hegel y Schelling en Jena.

a) Distintiva de esta fase es la «crítica», una típica performación ilustrada contra el *ancien règime*, que ahora, empero, se le aplica —y esto es decisivo— a la Ilustración misma; políticamente, ésta es acusada de vaguedad y autoritarismo, de falta de realismo en sus presupuestos y de contenido real en su teoría. La crítica se centra en la gran filosofía «crítica» de Kant y Fichte como exponentes de la máxima coherencia ilustrada; la Ilustración convencional queda atrás, los clásicos surgidos de ella son los únicos dignos de polémica; el espinozismo con que se los enfrenta pretende reconstruir una totalidad intuitiva, humanamente plena, pero a la vez heroica como la nueva consciencia, y por tanto trascendental a nivel teórico, como aquello que critica [21].

En Francfort los términos clave «vida», «amor», «ser», «unidad» indicaban un énfasis espinozista de referente extrateórico, formalmente al menos antagónico con la filosofía trascendental. En Jena los términos clave pasan a ser «muerte», «nada», «división» [22]; el cambio de experiencia prioritaria reconocido, la imposibilidad de un proyecto de cultura feliz, asume la desgraciada filosofía del momento desgarrado como destino histórico en su forma más depurada, más «racional».

La crítica de Hegel y de Schelling es progresiva y conservadora, heroica y angustiada, a la vez ilustrada, clásica y romántica. La concepción kantiana del matrimonio sería una infamia [23], la igualdad una abstracción sin realidad [24]. La idea de los derechos humanos, la república universal, la paz perpetua son acusadas de «protestantes» y «revolucionarias». No se podría ser más reaccionario, si Hegel no con-

---

21 La relativa identificación entre Kant y Fichte no tiene por qué ser aceptada; más bien delata una posición hegeliano-schellingiana, que aun así presenta más matices de los que muestra la polémica. El ideal de Ciencia y de reconstrucción de la política desde la especulación en el pasaje de la carta a Schelling antes citada indica una cercanía de Hegel a Fichte también patente en la prosecución del proyecto dialéctico. La correspondencia de Schelling con Fichte testimonia, a su vez, de la gran afinidad e inspiración que encuentran los primeros románticos en general y Schelling en particular en el heroísmo subjetual y constructivo de Fichte. Kant, desde luego, nunca aceptó ese talante pese a los rasgos contructivos que presenta su propia teoría social, jurídica y política, así como a las posibilidades constructivas esbozadas en la tercera *Crítica*. Vid., a este respecto, las contundentes observaciones de José L. Villacañas, «Criticismo e idealismo: ¿continuidad o ruptura?», en *Anales de Filosofía,* 4 (1986), pp. 113-134.

22 «Vida» y «vital» siguen siendo términos importantes en la teoría política hegeliana de Jena, especialmente en *La Constitución de Alemania;* pero luego pierden rápidamente función especulativa. En la *Fenomenología del Espíritu* esa función me parece circunscrita al comienzo del capítulo IV, en el momento de iniciarse el desarrollo de la consciencia de sí. Cfr. Hegel, *Filosofía real,* cit., p. 469, a.v. «vida».

23 Vid. G. W. F. Hegel. *Frühe politische Systeme,* ed. G. Göhler, Ullstein, Berlín, 1974, p. 44 (cit. de aquí en adelante *Göhler;* las citas de esta edición se refieren al *Sistema de la ética comunitaria*); *Filosofía real,* p. 194.

24 *Göhler,* p. 40; *Filosofía real,* p. 221.

siderara *además* los dos objetivos como su propio destino ineludible, aunque no por ello limitado a esas formas bastamente abstractas y vacías. Pese a la diferenciación posterior, ambos amigos van a mantener la ambivalencia de su filosofía política, marcada no sólo por el progresismo, sino por la angustia ante lo nuevo; Hegel resolverá más integrativamente la tensión, mientras que Schelling insistirá en la crítica de los aspectos destructivos de la Ilustración y su nuevo mundo.

La capacidad integradora de Hegel se deja perseguir bien en su evolución sistemática. En la *Diferencia* la reflexión es instrumento, la filosofía trascendental subalterna del espinozismo; un año después, en *Fe y Saber*, lo trascendental se halla inmanentizado dentro del espinozismo, aunque sólo en principio. En la *Diferencia* el Absoluto no *es* espíritu, sino que *tiene* saber; la referencia a la naturaleza, al seno materno, tiene prioridad sobre el espíritu; el sistema consta de cuatro partes, teniendo la cuarta la misión de unir naturaleza y espíritu; en *Fe y Saber* el sistema tiene tres partes y es el espíritu el encargado de realizar la síntesis cíclica. El artículo sobre el *Derecho Natural* representa junto con el *Sistema* la culminación de la (auto)crítica ilustrado-trascendental. Ahora bien, lo que se debate en los términos de esa crítica es, en realidad, el problema especulativo de Hegel y Schelling: la tensión entre ciencia e identidad absoluta [25]. En el escrito de la *Diferencia* Hegel intenta explicarlo recurriendo al mismo par sujeto-objeto de la filosofía trascendental; en el artículo sobre el *Derecho Natural* es la relacionalidad que los articula constitutivamente, y no ellos mismos, el *explanans;* con ello la contaminación trascendental de la sustancia espinozista alcanza un nivel crítico.

Ciertamente la sustancia espinozista campea arrasadora en la historia con Gengis Kan o Tamerlán, «escobas de Dios»; las grandes figuras éticas «Epaminondas, Aníbal, Julio César», además de generales (la muerte por oficio), son meras «figuras», no individuos [26]; la ciencia se halla a insalvable distancia de la identidad absoluta. Ella ha abandonado las antiguas leyes alemanas y se mueve a nivel bien superior al de la «economía política»; pero a la vez presta su solidez a la configuración estamental —que el Hegel anterior habría podido tachar de meramente dada, (im)puesta, «positiva» [27]—, que hace «real» todo lo que existe [28]. Este argumento, que Hegel matizará posteriormente estableciendo dos tipos de realidad, la *Wirklichkeit* —realidad sustantiva, dinámica, llena de Espíritu— y la *Realität* —algo así

25 Vid. HGW 4, pp. 417-421.
26 *Göhler,* p. 50; HGW 4, p. 469.
27 El término reaparece asimismo en el *Sistema de la ética comunitaria* (*Göhler,* p. 70) contaminado especulativamente.
28 *Göhler,* p. 48.

como los restos que va dejando el Espíritu a la obra demoledora de la historia—, se aparta del rechazo de la realidad con que Schelling consagrará *de facto* el Estado tradicionalista y jerárquico tras la caída de Napoleón. La crítica de Marx a la filosofía política de Hegel como santificadora de lo existente —especialmente la consagración «racional» de la institución del mayorazgo» [29]— ha captado más que una inconsistencia un rasgo constitutivo.

b) Pese a la profesión de schellingianismo metódico contenida en la asunción de la serie de «potencias», los juegos con signos aritméticos y la alternancia «constructiva» de subsunciones [30], pese a la devaluación del individuo, Hegel toma la relacionalidad constitutiva de la sustancia como una exigencia de rigor trascendental inmanente a ella misma. La sustancia se dinamiza poderosamente en pura relacionalidad; en los fragmentos de 1803-1804, «espíritu de un pueblo» es categoría sistemática, que desbanca a la de «ética comunitaria»; «espíritu» es una categoría subjetual, desde la que es reconstruible la estructura del Absoluto, no a la inversa. El tema de la realidad del Absoluto, la estructura absoluta en lo real, pasa a ser central, y la subjetual la realidad por excelencia. En el esbozo de 1804-1805, la naturaleza ha sufrido una devaluación sistemática, porque, como ya decía el final de la primera parte del artículo sobre el *Derecho Natural*, «el espíritu es superior a la naturaleza [31]. La «construcción», por la que la intuición se dota sistemáticamente de sus materiales según Schelling, es superada en los apuntes marginales de la *Lógica, Metafísica y Filosofía de la Naturaleza* hegeliana por la «demostración», que agita en los materiales la dinámica inmanente del Absoluto; la «Lógica» pierde virtualmente su carácter «crítico», para pasar ella misma a tener contenido metafísico [32].

c) *La Filosofía real* de 1805-1806 muestra un cambio decisivo. El individuo es el lugar privilegiado del Absoluto; estructurado como un «silogismo especulativo», en el que lo particular enlaza lo singular con

29 Vid. *Crítica de la filosofía del Estado de Hegel,* en Karl Marx, *Manuscritos de París, Escritos de los «Anuarios Francoalemanes» (1844),* trad. J. M.ª Ripalda (*Obras de Marx y Engels,* vol. 5), Crítica, Barcelona, 1978, pp. 116-125.

30 La «construcción» es un recurso metódico schellingiano; pero en cierto modo caracteriza a todo el Idealismo alemán, en cuanto constantemente está tratando de encontrar realidad para sus especulaciones conceptuales, bien tratando de deducirla a partir de ellas, bien —como es predominantemente el caso kantiano— tratando de atenerse a ella especulando un mínimo. Hegel no consiguió escapar a este destino, pese a haberlo intentado con la máxima intensidad; pero su ideal discursivo, al menos desde la fase jenense intermedia, es la demostración. Cfr. *Filosofía real,* p. XXIII, nota 18. Para el caso de su interesante construcción a base de «potencias» en el *Sistema de la ética comunitaria,* cfr. la discusión entre Ludwig Siep y Walter Ch. Zimmerli en L. Hasler (ed.), *op. cit.,* pp. 255-288.

31 HGW 4, pp. 464, cfr. 277-292.

32 Cfr. *Filosofía real,* pp. XXI-XXVII.

lo universal, anticipa toda la estructura a que aludirá la *Enciclopedia de las ciencias filosóficas* en sus últimos párrafos como «silogismo de silogismos». El tema criticado del «contrato social» es sustituido definitivamente por el de una «voluntad general» construida a partir de la misma dinámica que constituye las voluntades individuales y no de una ética sustancialista. El principio moderno de la subjetividad reencuentra así deductivamente la sustancialidad perdida en el propio surgimiento y meramente añorada, o representada a nivel inferior, por el ideal sustancialista de la «ética comunitaria» [33]. Hegel dispone de una teoría de la individualidad, definida en los términos r(el)acionales con que (se) explana el Absoluto. La individualidad, al condensar la teodicea, justifica *a través de sí* —de su acción, de su reflexión, de su libertad— la realidad, aunque no la genere simplemente.

III. ALGUNAS CONCLUSIONES

El hegelianismo se hace así capaz de servir como ideología progresista y moderada. La teoría de la positividad en los escritos de Hegel desde 1793 rechazaba todo aquello que fuera impuesto históricamente sin poder legitimarse racionalmente. El reconocimiento en la fase francfortiana de la al menos relativa razón histórica de lo existente encuentra al final de la fase de Jena una conexión especulativa flexible con la razón absoluta a través de la libertad racional del individuo, constituido silogísticamente con valor no sólo teórico, sino performativo. De todos modos la polémica metodológica de la dialéctica (hegeliana) con la construcción (schellingiana) tiene algo de engañoso. La definición especulativa del individuo se ve obligada a un *tour de force* tan tremendo para estructurar la realidad ética que su «demostración» [34] tiene mucho de aplicación de esquemas previos a la realidad y, por consiguiente, de «construcción» intuitiva. La *Filosofía real* se caracteriza incluso frente a los escritos y esbozos jenenses anteriores por una pérdida en material empírico y un encarecimiento

[33] La «ética comunitaria» termina siendo en Hegel el título general del ámbito superior al interés privado y a la conciencia meramente subjetiva, que abarca en la *Filosofía del Derecho* desde la familia hasta la Historia universal; pero no sirve para articularlo. Aquí aflora un punto de divergencia radical con el romanticismo, que tendía a englobar estéticamente la política. Cfr. *Filosofía real,* pp. 215 ss.: «En la Edad Antigua la *bella* vida pública era la costumbre de todos; la belleza constituía la unidad inmediata de lo general y lo individual, una obra de arte, en la que ninguna parte se separa del todo, sino que es esta unidad genial entre el saber de sí mismo y su explanación. Pero no se daba un saber de la individualidad absoluto para sí mismo.»

[34] Para el sentido que cobra «demostración» en la fase jenense intermedia, cfr. el apartado final de la Lógica dentro de la *Lógica, Metafísica y Filosofía de la Naturaleza* de 1804-1805 (HGW 7, pp. 112 ss.).

especulativo. Pero el principio de la inmanencia metódica del Absoluto en la realidad no sólo rechaza el normativismo de Kant y Fichte, sino también un anti-realismo conformista a lo Schelling, demasiado parecido en sus razones a las que esgrimiera Lutero para respetar el poder civil: su irrelevancia teologal. Precisamente Hegel será quien interprete el realismo en el sentido de interesarse por lo bajo y vil de la «economía nacional» como lugar —ciertamente subordinado— del Absoluto. Más significativo aún me parece el hecho de que el Hegel berlinés se ocupe con máxima intensidad de todas las realidades de su época. Especialmente interesante resulta un cotejo de la teoría constitucional de la *Filosofía real* con la que nos muestran tanto la *Filosofía del Derecho* como los textos correspondientes de clase y el último escrito de Hegel, dedicado —y no es casualidad— a un proyecto de reforma constitucional en Inglaterra. La Constitución recibe en el Hegel posterior un tratamiento mucho más detenido, y los poderes del Estado se constituyen en ámbito teórico propio. Da la impresión de que el marco teórico que Hegel se ha constituido en Jena no es un alfa y omega estricto. Más bien habría que interpretarlo como el camino teórico que Hegel ha recorrido desde la comunidad con Schelling, para realizar intenciones que se salían de esa comunidad y que, en parte, provenían de una socialización intelectual distinta, determinada, en mi opinión, sobre todo por el ambiente teórico de la Ilustración berlinesa.

Esta importante diferencia entre Hegel y Schelling no impide el que puedan ser considerados dióscuros, como lo mostraron espontáneamente un Feuerbach o un Ruge, cuando escribían reverentemente y enviaban sus tesis doctorales a ambos, o cuando remodulaban en otro contexto y con otro sentido la noción jenense de «crítica». Y la aceptación antiilustrada de las positividades «con sentido» —y encontrárselo es tarea principal de la filosofía política hegeliana— se parece en su raíz al romanticismo político más de lo que se suele decir, aunque sea claramente inconfundible con el restauracionismo de un Haller [35]. Sobre todo, no hay que olvidar que la cultura clásica alemana profesó una noción de individuo tan gloriosa como autoritaria. Si en Schelling el individuo político se halla definido por instancias superiores y aun jerárquicas, en el Hegel de la voluntad general las voluntades individuales tienen que ser formadas con violencia por grandes personalidades superiores, aristocráticas, sin las que el vulgo sigue siendo idiosincrático, meramente singular, no verdaderamente individual [36]. El clasicismo revolucionario del joven Hegel, cuya invo-

[35] Cfr., sobre todo, la enjundiosa polémica con su *Restauration der Staatswissenschaft* (6 vols., 1816-1834) en la larga nota al § 258 de la *Filosofía del Derecho*.
[36] Cfr. *Filosofía real*, pp. 211 ss.

cación constante era el «pueblo», su esperanza la revolución y su objetivo la destrucción del Estado, porque tiene que tratar a los hombres como engranajes [37], salva en su clasicismo jenense, tras haber pasado la crisis romántica, al individuo, reduciendo *de iure* el Estado a la estructura especulativa del individuo, postulando el desarrollo en vez de la revolución y sometiendo el pueblo a los ideales de «pureza», «sublimidad», etc., con que el clasicismo define a las grandes personalidades elitarias. Más que una conversión, ¿no será una consecuencia posible?

La creciente atención de Hegel, al menos desde Francfort, a la realidad contra la normatividad ilustrada no es sólo valoración romántica de lo real contra la abstracción, sino rechazo a la primacía romántica de lo estético en la política, y representa asimismo una oposición inmanentemente ilustrada entre empirismo y normatividad, que en la filosofía de Kant y Fichte estaba a punto de encubrirse ella misma como nuevo canon normativo. La actual tendencia en la teoría y práctica políticas de nuestras latitudes a considerar la realidad como es sin recurrir a deducciones normativas, o reduciendo éstas a invocaciones absolutamente genéricas, hereda directamente el talante de la «crítica» jenense contra la normatividad. El hecho de que el lugar de la Ciencia fichteana haya sido ocupado por las ciencias ha desplazado asimismo la posibilidad filosófica de aquella normatividad a otros lugares menos contundentes, a la vez que ha hecho imposible la reiteración de proyectos incluso como el hegeliano; pero éste queda cual venerable ancestro y referencia hierática para intentos más prosaicos.

El Hegel jenense es ilustrado antiilustrado como Herder, clásico como él y reaccionando contra él y contra el romanticismo, romántico él mismo o al menos con afinidades permanentes a este movimiento inextricablemente vinculado con la Ilustración y el Clasicismo alemán. El tema de la normatividad queda pendiente desde él como el de la indecidibilidad progresía-conservadurismo en la cultura burguesa.

[37] Cfr. G. W. F. Hegel, *Escritos de juventud,* ed. J. M.ª Ripalda, FCE, Madrid, 1978, pp. 219, 179; asimismo HGW 4, p. 58.

25. LA CRITICA DE LA TEORIA MORAL DE KANT EN LA ANTROPOLOGIA FEUERBACHIANA

por MANUEL CABADA CASTRO
(Universidad Complutense de Madrid)

Es más conocida la labor crítica de Feuerbach en relación con la religión o la filosofía en general que en relación con los problemas estrictamente éticos, crítica que realizó especialmente en su época tardía y, más concretamente, al calor de su primera lectura de algunas obras de Schopenhauer. Por otra parte, Feuerbach es, dentro del pensamiento tradicional alemán en general, un personaje atípico, en cuanto crítico de un estilo de pensar enmarcado en los cauces establecidos por los reconocidos grandes pensadores. En relación con la temática ética, decía ya irónicamente Feuerbach que «los alemanes tienen el honor de no poder contar entre los eudemonistas a ningún filósofo grande, famoso» [1]. De hecho ni siquiera el propio Feuerbach suele ser analizado suficientemente, como sería de esperar, en el contexto de la crítica a una teoría rigorista de la ética; a veces, ni siquiera es mencionado [2].

Pero a lo que nos vamos a ceñir estrictamente en los análisis que siguen es a la postura crítica que Feuerbach va a adoptar frente a las ideas básicas de la ética de Kant, tal como ésta es percibida por Feuerbach. Para ello es necesario aludir previamente, de manera sumaria, a los puntos más significativos del pensamiento kantiano, a los que Feuerbach va a referirse polémicamente.

---

[1] X, 243. Citamos las obras de Feuerbach por la edición siguiente: *Sämtliche Werke* (neu hrsg. von W. Bolin und F. Jodl), 13 vols., Frommann Verl. Günther Holzboog, Stuttgart/Bad Cannstatt, 1959. El primer número, romano, se refiere al tomo; el segundo, arábigo, a la página. La traducción es siempre nuestra.

[2] Véase, por ejemplo, Albert Plé, *Par devoir ou par plaisir?,* Cerf, París, 1980, p. 135. Plé cita como críticos de una moral que se basa primariamente en el deber, entre otros, al epicureísmo, John Stuart Mill o Jean-Marie Guyau. Feuerbach no es citado ni una sola vez en la obra de Plé.

I. LA MORAL AUTONOMA, UNIVERSAL Y PURA DEL DEBER EN KANT

1. AUTONOMÍA

La «autonomía», como carácter esencial de la voluntad moral kantiana, está en relación con la reducción, efectuada por Kant, de la religión a la moral. Según éste, la afirmación del deber moral no depende de la afirmación de la realidad de Dios. En la *Crítica del Juicio* (1790) afirma que, aun en el caso de que alguien llegase al convencimiento de la no-existencia de Dios, «sería ante sus propios ojos una persona indigna, si por eso considerase las leyes como meramente ilusorias, inválidas, no obligatorias y quisiera tomar la determinación de transgredirlas con la mayor tranquilidad» [3]. Porque, como explica Kant especialmente en la *Fundamentación de la metafísica de las costumbres* (1785), la voluntad es, ella misma, «legisladora» (cf. 6: 63, 67). Es decir: «la voluntad no sólo se somete a la ley, sino que se somete de tal manera, que ella [la voluntad] ha de ser también considerada como *legisladora de sí misma [selbstgesetzgebend]* y precisamente en virtud de esto mismo como sometida a la ley (de la cual ella misma se puede considerar como artífice)» (6, 64. Cf. 6: 28, 74). Según esto, para Kant, la autonomía de la voluntad es «el modo de ser de la voluntad, por el que ella misma es ley para sí misma (independientemente de cualquier cualidad de los objetos de la voluntad)» (6, 74). La moralidad de una acción depende, en este sentido, de su correcta relación con la autonomía de la voluntad: «una acción, que puede compaginarse con la autonomía de la voluntad, es lícita; la que no puede, es *ilícita*» (6, 74). De este modo el principio de autonomía se convierte para Kant en el «único principio de la moral» (6, 75) y viene a identificarse con el «imperativo categórico» (6, 75), en cuanto contrapuesto al «hipotético», es decir, al que depende de la materia, los objetos o intereses extrínsecos a la razón misma. Y —supuesta esta independencia de la voluntad moral con respecto a los objetos diversos de ella misma— el principio de la autonomía es: «elegir solamente de tal manera que las máximas de la elección en la misma voluntad sean concebidas al mismo tiempo como ley general» (6, 74 s.). Como se ve, en Kant autonomía, generalidad y aprioridad o pureza

[3] 8, 578. KU: § 87. Citamos las obras de Kant por la siguiente edición: *Werke in zehn Bänden* (hrsg. von Wilhelm Weischedel), Wissenschaftliche Buchgesellschaft, Darmstadt, 1968. El primer número, arábigo, se refiere al tomo; el siguiente (o siguientes), también arábigo, a la página. Añadimos en las citas de la *Crítica de la razón pura* la paginación original de la primera (A) y segunda (B) edición. Añadimos asimismo, en su caso, en las citas de la Dissertatio *De mundi sensibilis...* (Dis) y de la *Kritik der Urteilskraft* (KU) el número del párrafo correspondiente. La traducción es siempre nuestra.

de la moralidad son aspectos diferentes, íntimamente conexionados, de una misma realidad. Por ello, al hablar de uno de los aspectos, se está ya hablando, al menos implícitamente, de los demás.

2. Generalidad

En cuanto a la «generalidad» de la ley moral, propugna una ley moral, que se basa únicamente en las «ideas de la razón pura» y «sea conocida *a priori*» (cf. 4, 678: B 834, A 806), una ley que sea «totalmente *a priori* (sin atención a motivaciones empíricas)...», necesaria y válida para todo ser racional (cf. 4, 678: B 835, A 807). En Kant la moralidad no puede ser una moralidad meramente humana, sólo aplicable a los hombres, sino que debe ser, al identificarse con la razón, propia de todo ser racional, universal y general, por tanto. Ahora bien, para Kant, siguiendo en esto una tradición anterior (presente concretamente en Leibniz), la «generalidad» y la «necesidad» proceden, no de la experiencia, sino de la razón (cf. por ejemplo: 3, 56: B 14-15; 4, 543: B 640, A 612). La «razón» es, pues, en lo moral para Kant el ámbito de la «objetividad» y «generalidad», mientras que lo experiencial y sensitivo pertenece a una dimensión puramente «subjetiva» (cf. 6, 42). La experiencia no crea, pues, nunca «generalidad» (cf. 6, 63). «Los *principios empíricos* —escribe Kant— no sirven en ninguna parte para fundamentar sobre ellos las leyes morales. Porque la generalidad con la que han de ser válidas para todos los seres racionales sin distinción, la necesidad práctica incondicional, que por ello se les impone, desaparecen cuando el fundamento de las mismas se toma de la *estructura especial de la naturaleza humana* o de las circunstancias accidentales en que se encuentra» (6, 76; cf. 6: 133 ss., 148). Y, como se ha indicado ya, para Kant la ley moral ha de ser tal que «no sólo sea válida para los hombres, sino *para todos los seres racionales en general,* no solamente en circunstancias accidentales y con excepciones, sino *simplemente necesaria*» (6, 36). En consecuencia, el «imperativo categórico» o la «ley fundamental de la razón pura práctica» ha de tener como centro esta «generalidad»: «Procede de tal manera —formula Kant— que la máxima de tu voluntad pueda valer siempre al mismo tiempo como principio de una legislación general» (6, 140; cf. 6: 28, 51).

3. Pureza

Intimamente relacionada con la «autonomía» y «generalidad» o universalidad de la moralidad, postuladas por Kant, está su exigencia de apriorismo o «pureza» de la razón. En la Introducción de la *Críti-*

ca de la razón pura dice Kant que los principios y conceptos fundamentales de la moralidad, aunque son conocimientos *a priori* (es decir, «puros», no deducidos de lo empírico), no pertenecen, sin embargo, a la filosofía transcendental, por la relación en que están con otros conceptos de origen empírico, como el placer, la apetencia o la inclinación, aunque éstos no constituyen fundamento alguno de la moralidad (cf. 3, 65: B 28-29, A 14-15). Ya aquí queda claro, en todo caso, la «pureza» exigida por la moralidad. En sus obras directamente morales o prácticas habla Kant de la «razón pura» de su *Crítica de la razón práctica* (cf. 6, 16). Tanto la razón práctica como la razón especulativa tienen como base una misma facultad cognoscitiva, «en cuanto que ambas son *razón pura*» (cf. 6, 212 s.). El hecho de que, a pesar de todo, Kant no añada en el título de su obra, *Crítica de la razón práctica,* el adjetivo «pura» al término «razón» se explica porque —según expresa el propio Kant— éste no pretende una crítica de la razón *pura* práctica, sino únicamente de la *práctica.* Es decir, se pretende con ello poner de relieve el rechazo de «la razón condicionada empíricamente» como fundamento de la voluntad moral (cf. 6: 120 s., 107). Y, en este sentido, se podría decir que en la *Crítica de la razón práctica* se hace una crítica *por abajo,* en la dimensión de la «materia» o de los objetos empíricos que pretenden influir sobre la moralidad, mientras que, por el contrario, en la *Crítica de la razón pura* la crítica se hacía *por arriba,* en el ámbito de las «ideas», desconectadas de toda relación con el mundo fenoménico (cf. 6, 121). Kant parece aludir claramente a esta diversidad de su propia intención crítica, cuando en la *Crítica de la razón pura* habla de los efectos opuestos de la experiencia en la dimensión teorética y en la dimensión moral; según Kant, «la experiencia es, con respecto a la naturaleza, ... la fuente de la verdad; pero con respecto a las leyes morales es la experiencia (¡desgraciadamente!) la madre de la apariencia [Schein]» (4, 325: B 375, A 318). Y debido a esto último es por lo que Kant intenta la elaboración —según sus propias palabras— de «una Metafísica de las costumbres totalmente aislada, que no esté mezclada con ninguna antropología, ninguna teología, ninguna física o hiperfísica...» (6, 38). Kant se mantiene firme en este punto —tan directamente contrario al enfoque posterior, explícitamente antropológico, de Feuerbach—, a pesar de que el propio Kant se consideraba a sí mismo incapaz de poder explicar o aclarar cómo una razón pura y ajena a todo móvil empírico, a toda «materia», podía ser todavía «práctica». Es más, no sólo él, «ninguna razón humana» —dice Kant— es capaz de aclarar este punto (cf. 6, 99).

4. El Deber

La reconocida importancia que en el sistema moral de Kant posee el «deber», como móvil único de la acción moral, sólo se entiende desde los presupuestos analizados de la autonomía, generalidad y pureza del acto moral. La voluntad verdaderamente moral no puede ser impulsada por nada extrínseco a ella misma: «una acción por deber [aus Pflicht] tiene su valor moral, *no en el propósito,* que por medio de ella haya de ser conseguido, sino en la máxima, según la cual ella es decretada; no depende, por lo tanto, de la realidad del objeto de la acción, sino únicamente del *principio de la voluntad,* según el cual se ha realizado la acción, prescindiendo de todos los objetos de la facultad apetitiva» (6, 26). Según esto, el deber (concepto profundamente reverenciado por Kant; véase el párrafo de la *Crítica de la razón práctica,* en el que ensalza entusiásticamente el deber: «*¡Deber!* ¡Tú, nombre sublime y grandioso...!»: 6, 209) constituye para Kant el móvil único de la acción moral en cuanto tal. El deber es definido, en efecto, por él como «la necesidad de una acción por respeto a la ley» (6, 26) y este respeto por la ley moral es «el móvil moral único y, al mismo tiempo, indudable» (6, 199) de toda acción moral. Kant insiste todavía en que no es suficiente para la moralidad de una acción el que ésta se acomode de hecho a la ley moral, sino que es necesario que ella se realice en virtud o *por razón de la ley moral misma* (*«um desselben willen»,* subraya Kant: cf. 6, 14). Concretamente, por ejemplo, el cuidado por la conservación de la propia vida sólo tiene valor, según Kant, cuando la vida se hace una carga pesada y sin embargo se procura conservarla aun «sin amarla, no por inclinación o por miedo, sino por deber» (6, 23) y no cuando ello ocurre por simple inclinación natural: en este caso, se conserva la vida «debidamente [pflichtmässig], pero no *por deber* [aus Pflicht]» *(ibid.).* Esta distinción, que Kant introduce en la *Fundamentación de la metafísica de las costumbres* (1785), aparecerá de nuevo, tres años más tarde, en la *Crítica de la razón práctica,* como base de la distinción paralela entre «legalidad» y «moralidad» (cf. 6: 191, 203). La prevalencia o, mejor, la exclusividad del móvil del deber en relación con la acción moral es en el sistema de Kant tan poderosa que éste rechaza incluso el concepto clásico de «bien» como fundamento de la ley moral o de la moralidad en general. Kant insiste en que «el concepto del bien y del mal debe ser determinado, no con anterioridad a la ley moral (de la que al parecer debería incluso ser fundamento), sino únicamente ... con posterioridad a la misma y por medio de la misma» (6, 180). Por lo tanto, «no es el concepto del bien, en cuanto objeto, el que determina y hace posible la ley moral, sino al revés, la ley moral determina y hace posible el concepto del bien, en cuanto merece simplemente este nombre» (6, 182). Si se trata del «sumo bien», se puede hablar de él como del «objeto total» de la voluntad, pero no como del «fundamento» de la misma, que está constituido únicamente por la ley moral. De lo contrario se incurriría en la «heteronomía», que destruye la verdadera moralidad (cf. 6, 237).

5. La felicidad propia

En esta «heteronomía» se incurre siempre que una tendencia o inclinación subjetiva se coloca en el puesto que le corresponde al deber en toda acción moral. Es en este contexto donde Kant contrapone una y otra vez «inclinación» *(Neigung)* y «deber» *(Pflicht)*. Una verdadera moralidad «no ha de esperar nada de la inclinación [Neigung] del hombre, sino que ha de esperarlo todo de la primacía de la ley y del respeto debido para con la misma» (6, 57; cf. 6: 24 ss., 56 s.). Por la misma razón rechaza Kant como constitutivo o fundamento de la moralidad lo que él llama «el principio de la propia felicidad» (cf. 6, 77). Este principio destruye la «autonomía» de la voluntad moral, al hacerla depender de un objeto distinto de sí misma (cf. 6, 78 s.). Kant alude también a la «indeterminación» misma del concepto de felicidad (cf. 6: 25, 47) y al absurdo que implicaría la formalización de la búsqueda de la propia felicidad, cuando toda persona tiende ya inevitablemente hacia ella (cf. 6, 149). Para Kant es, además, la prosecución de la propia felicidad un impedimento u obstáculo, difícilmente superable, para la misma tendencia a la propia felicidad de los demás (cf. 6, 137). Sin embargo, Kant no pretende que el hombre «renuncie» a la felicidad, sino que, ante la presencia del deber, «haga abstracción» de ella (cf. 9, 131), para que la voluntad se deje guiar únicamente por el respeto a la ley moral. Kant sostiene, por tanto, la «diferencia» entre el principio de felicidad y la moralidad, pero no pretende establecer una «oposición» entre ambas (cf. 6, 217), porque «puede incluso, —indica Kant— en cierto sentido, ser deber el cuidar de la propia felicidad, por un lado, porque ella (al disponer de cualidades, salud y riqueza) contiene medios para el cumplimiento del deber, y por otro, porque la carencia de la misma (la pobreza, por ejemplo) lleva consigo tentaciones de infracción del deber» (6, 217. Cf. 6, 25). En todo caso —concluye Kant— «fomentar la propia felicidad no puede ser nunca deber inmediatamente y menos aún principio de todo deber» [4]. Nunca puede ser moral una búsqueda *directa* de la propia felicidad, aunque ésta sea la consecuencia de la correcta ac-

[4] 6, 217 s. Otros pasajes similares de Kant al respecto pueden leerse en nuestra obra *Feuerbach y Kant. Dos actitudes antropológicas,* Universidad Pontificia Comillas, Madrid, 1980, pp. 186 s.

ción moral. De aquí que Kant diga que la moral «no es propiamente la doctrina de cómo hacernos felices, sino de cómo hemos de hacernos *dignos* de la felicidad» (6, 261; cf. la misma formulación ya antes, en la *Crítica de la razón pura:* 4, 678 s.: B 834, A 806; B 836-837, A 808-809). La «virtud» junto con la «felicidad» constituyen el bien total y perfecto (cf. 6, 238), pero entre ellas no existe ni identidad ni equiparación: «la virtud es siempre, como condición, el bien superior, puesto que no tiene ninguna otra condición por encima de sí; la felicidad es siempre algo que es agradable para el que la posee, pero no es por sí sola sencilla y totalmente buena, sino que presupone siempre como condición el comportamiento moral de acuerdo con la ley» (6, 239; cf. 6, 248 s.). Y, en todo caso, no cabe esperar la realización de la adecuada «proporción» entre moralidad, como condición, y felicidad, como consecuencia, «en esta vida (en el mundo de los sentidos)» [5].

6. La felicidad ajena

Si Kant rechaza la «felicidad propia» como fundamento de la moral, otro tanto ocurre con respecto a la motivación moral de la felicidad «ajena», es decir, la procuración de la felicidad de los demás. Analicemos un poco este punto. El interés de Kant por el hombre y por su dignidad y valor irrenunciables se basan en el carácter «autónomo» del hombre, como «sujeto de la ley moral» (6, 120). Esto hace que el hombre, a diferencia del resto de los seres carentes de razón, no pueda ser nunca usado «como simple medio», ya que él es constitutivamente «fin en sí mismo» (cf.: 6, 210; 9, 21). La existencia del hombre tiene, de este modo, «en sí misma un valor absoluto» (6, 59) y sirve de fundamento para el imperativo categórico práctico siguiente: «Procede de tal manera que siempre utilices al mismo tiempo como fin, nunca sólo como medio, la humanidad, tanto en tu persona como en la persona de cualquier otro» (6, 61). En virtud de este imperativo categórico surge —según Kant— «una unión sistemática de seres racionales por medio de leyes objetivas comunes», que puede denominarse «reino de los fines» (cf. 6, 66). En este «reino de los fines» debe existir, en consecuencia, verdadero respeto y comunión entre sus miembros, ya que ninguno es «medio» para el otro. Por lo tanto, si la concepción de la humanidad o de los hombres como «fines en sí

[5] Cf. 6, 244. Kl. Düsing sostiene que hay en Kant una evolución en el sentido de una cada vez mayor radicalización (desde la *Crítica de la razón pura* hasta la *Crítica de la razón práctica*) del rechazo de la búsqueda de la felicidad en la acción moral. Cf. Klaus Düsing, «Das Problem des höchsten Gutes in Kants praktischer Philosophie», *Kant-Studien,* 62 (1971), pp. 5-42, esp. 15-30.

mismos» es asumida plenamente, entonces los fines de los demás «han de ser también, en lo posible, *mis* fines» (6, 63). Por esta misma razón la felicidad de los «otros» hombres ha de ser también preocupación «mía» (cf. 7, 518). De este modo la «felicidad ajena» viene a ser —en formulación de Kant— un «fin, que es, al mismo tiempo, deber» (cf. 7: 515, 524). Sin embargo Kant, fiel a su teoría de la «autonomía» de la voluntad moral, del cumplimiento del deber por respeto al mismo deber, se apresura a advertir que se ha de procurar la felicidad ajena por el deber mismo y «no como si a mí me importase algo la existencia de dicha felicidad (ya sea por una inclinación inmediata o por cualquier complacencia indirecta a través de la razón)» (6, 76). La felicidad ajena puede ser «objeto» de la voluntad de un ser racional, pero no —según Kant— «fundamento de la determinación de la máxima moral» (6, 145; cf. 6, 27).

7. El amor

En estrecha relación con la temática de la «felicidad ajena» se encuentra la concepción kantiana del amor. Kant tiende a ver el amor en la dimensión del mero sentimiento y como desligado de la voluntad, en la que reside la moralidad: «el amor —escribe Kant— es una cosa del *sentimiento [Empfindung],* no de la voluntad, y yo no puedo amar porque *quiero,* pero menos aún porque *debo* (ser obligado al amor); por consiguiente, un *deber de amar* es un absurdo» (7, 532 s.). La moral kantiana, cuyo centro esencial es el deber y el respeto al mismo, no deja lugar alguno para un amor distinto del deber o que no se reduzca al mismo. De aquí que Kant escriba: «todo deber es coerción, coacción, aun cuando se trate de una coacción propia según una ley. Ahora bien, lo que se hace por coacción *[Zwang]*, no sucede por amor» (7, 533). Si bien, para Kant, el amor en cuanto sentimiento apartado de la voluntad y, por lo tanto, de la moral, no puede pertenecer a ésta, sin embargo no deja de ser verdad para él que «es deber *hacer bien,* según nuestra posibilidad, a otros hombres, prescindiendo de si se les ama o no» (7, 533; cf. 7, 587). En esta realización del deber, el amor, reducido a sentimiento, viene a carecer de relevancia intrínseca. Unicamente concede Kant que la repetición de las buenas obras en favor de los demás puede producir, como consecuencia y como algo *posterior* a la misma acción moral, «amor» hacia los mismos, aunque este «amor» sea para él simple mayor facilidad o hábito en la acción de beneficencia: «*Hacer bien* es deber. Quien ejercita este deber con frecuencia y tiene éxito en su propósito benéfico llega al final a amar realmente a aquél, a quien él ha hecho bien. Por consiguiente, si se dice: debes *amar* a tu prójimo como a ti mismo, esto no quiere decir: debes amar inmediatamente (en primer lugar) y por medio de este amor (después) hacer bien, sino: *haz bien* a tu prójimo, y este hacer bien producirá en ti amor a los hombres (como facilidad de inclinación a hacer el bien en general)» (7, 533). Ya en este pasaje se puede observar la reducción kantiana del amor al deber, la inclusión y desaparición del primero en el ámbito del segundo y la conversión del lenguaje sobre el amor en lenguaje sobre el sentimiento o el gusto (cf. 7, 534). Si, a pesar de todo, se quiere hablar todavía de «amor al prójimo», éste no es para Kant más que «el deber de convertir en míos los *fines* de los demás» (7, 586), consecuencia inmediata del principio categórico práctico, anteriormente aludido, de no tomar nunca al hombre como simple «medio», sino como «fin». Es decir, toda la espontaneidad, amplitud y primordialidad del amor —como impulsor poderoso de la vida y de la existencia ética— se convierte en Kant en escueto y frío corolario de un principio categórico práctico, producto él mismo no de la experiencia interhumana, sino de la razón práctica autónoma.

Esta reducción kantiana del amor al deber puede también observarse con claridad en otros significativos textos kantianos. Aparte de su subordinación del «amor» al «respeto» (Achtung) (cf. 9, 187), que hace referencia a la relevancia kantiana del «por respeto a la ley» como única motivación lícita de la moralidad en general, Kant tiene especial interés por interpretar de manera concorde con su teoría los pasajes bíblicos relativos a los mandamientos de amar a Dios y amar al prójimo. En efecto, para Kant amar a Dios se reduce a cumplir el deber por el deber mismo: «cumple con tu deber —escribe Kant en su comentario bíblico de *La religión dentro de los límites de la sola razón* (1793)— impulsado por ninguna otra motivación que no sea el aprecio inmediato del mismo, es decir, ama a Dios (legislador de todos los deberes) sobre todas las cosas» (7, 830). Unos años antes, en la *Crítica de la razón práctica* (1788), interpretaba ya de manera similar el mandamiento general «ama a Dios sobre todas las cosas y a tu prójimo como a ti mismo», reduciéndolo al deber de procurar cumplir *gustosamente* (una vez más se convierte el amor en sentimiento o gusto) los deberes para con Dios y para con el prójimo. Kant razona así su hermenéutica del mandamiento bíblico: «Amor a Dios como inclinación (como patológico) es imposible; ya que El no es objeto de los sentidos. El mismo amor con respecto a los hombres es posible, ciertamente, pero no puede ser mandado, puesto que no entra dentro de la capacidad de persona ninguna amar a alguien por puro mandato. Es, por lo tanto, únicamente el *amor práctico* el que se entiende en aquella síntesis de todas las leyes. Amar a Dios quiere decir, en este sentido, realizar *gustosamente* sus mandamientos; amar al prójimo quiere decir, cumplir *gustosamente* todos los deberes con él» (6, 205). Este gusto o sentimiento de agrado, al que Kant reduce el amor bíblico, es por lo demás una meta o ideal inalcanzable para el hombre (cf. 6, 205 s.). De este modo Kant desconecta totalmente de la moralidad la dimensión del amor y de la espontaneidad vital en aras del sometimiento a la ley, como aparece en un pasaje inmediatamente anterior al comentario aludido del mandamiento del amor a Dios y al prójimo, en el que salta a la visa la no disimulada antipatía de Kant por todo lo que no sea el respeto a la ley: «Es muy hermoso hacer bien a los hombres por amor a los mismos y por benevolencia compasiva ..., pero ésta no es la máxima moral genuina de nuestro comportamiento tal como corresponde a nuestra condición de *hombres,* entre seres racionales, al pretender, a la manera de voluntarios, con mentalidad orgullosa, pasar por alto el pensamiento del deber y querer hacer, como no dependientes del precepto, por puro gusto propio, aquello para lo que no nos sería necesario precepto alguno. Estamos bajo una *disciplina* de la razón, y en todas nuestras máximas de sumisión a la misma no debemos olvidarnos de no sustraerle nada a la misma o de empequeñecer la autoridad de la ley ... con una ilusión egoísta, al poner el fundamento de la determinación de la voluntad, aun estando de acuerdo con la ley, en otra cosa distinta de la ley misma y del respeto por esta ley. Deber y obligación son las únicas denominaciones que hemos de dar a nuestra relación con la ley moral» [6].

II. LA MORAL HETERONOMA, HUMANA Y EXPERIENCIAL DEL AMOR EN FEUERBACH

1. EL HOMBRE

El análisis precedente de la moral kantiana va a servir ahora de necesario punto de referencia y, al mismo tiempo, de marco de comprensión de la incisiva crítica de Feuerbach a Kant. Ahora el valor fundamental a salvaguardar en la moral no será la razón o el deber, sino el hombre, que para Feuerbach es centro y síntesis de toda la realidad. El hombre es para él su «tercero y último pensamiento», mientras que Dios o la razón no son sino etapas o temáticas definitivamente superadas y abandonadas (cf. II, 388).

[6] 6, 204. El poco aprecio que tenía Kant del amor, del cariño, etc., se revela diáfanamente en varios de los pasajes del escrito kantiano *Sobre pedagogía* (1803). Kant considera que la mala educación de los hijos de la gente vulgar (a diferencia de los de los nobles) se debe a lo siguiente: «la gente vulgar juega con sus hijos, como los monos. Les cantan canciones, los acarician, besan y bailan con ellos...» (10, 717). Un poco más adelante critica Kant las «continuas caricias» («das... ununterbrochene Liebkosen»), que hacen «falso» al niño y revelan «debilidad» por parte de los padres (cf. 10, 723). La antropología y psicología actuales han constatado la importancia de la caricia humana en una dirección diametralmente opuesta a la de Kant. Cf. Ashley Montagu, *El sentido del tacto. Comunicación humana a través de la piel,* Aguilar, Madrid, 1981.

Al reducir Feuerbach teología y filosofía a antropología, su moral no puede tener otro origen que no sea el hombre mismo: «Si el principio de la moral cristiana es —dice— "haz el bien por amor de Dios" y el de la moral filosófica "haz el bien por amor del bien", el principio supremo de la moral que se fundamenta en el hombre es, por el contrario: "haz el bien *por amor del hombre*" *[um des Menschen willen]*» (VII, 334). De este modo el hombre se convierte en la motivación o punto de referencia único de la moralidad. En su autointerpretación y respuesta a la crítica que Max Stirner había vertido contra él en *El único y su propiedad* (1844), se reafirma en su visión de una moral centrada en el hombre: «Feuerbach [es él quien habla de sí mismo] coloca al hombre *sobre* la moral ... Feuerbach no hace, por tanto, de la moral la norma del hombre, sino que, al revés, convierte al hombre en norma de la moral: es bueno lo que está en conformidad con el hombre, lo que concuerda con él; es malo, rechazable, lo que le contradice. Son sagradas, por tanto, para él las relaciones éticas, no "por razón de sí mismas" —a no ser únicamente en contraposición con el cristianismo, con el "por amor de Dios"—, sino solamente por razón del hombre, porque y en cuanto son relaciones del hombre con el hombre, es decir, autoafirmaciones, autosatisfacciones de la esencia humana» (VII, 308 s.). Aunque la polémica feuerbachiana se dirija directamente contra Max Stirner, la moral kantiana es lo que está en la base de la concepción rechazada por Feuerbach, como lo demuestra el hecho de que éste aluda inmediatamente después al kantismo, para el que —según Feuerbach— «la esencia moral, es decir, la esencia de la moral ... es la *esencia religiosa,* o sea, *la esencia suprema*», mientras que para él la «*esencia humana* real, sensible e individual» es la verdadera esencia suprema (cf. VII, 309). Feuerbach ve a Kant, pese a su reducción de la religión a la moral, demasiado dependiente todavía de principios y normas pseudorreligiosas, que constituyen una estructura o dimensión superior al hombre mismo. Probablemente se refiere a esto Feuerbach cuando escribe en uno de sus esquemáticos apuntes póstumos e imitando por su parte la crítica que Max Stirner le hace al propio Feuerbach [7], de no haber hecho con su antropología sino cambiar a Dios de sitio, colocándolo ahora en el hombre: «Kant —dice— ha suprimido como objeto del conocimiento lo suprasensible que está fuera del hombre y por encima de él, pero en cambio ha colocado toda la estructura [Apparat] del mundo suprasensible *en* el hombre» (X, 317). Feuerbach por el contrario intenta echar abajo toda estructura que gravite sobre el hombre y construir así una «moral sana, sencilla, sincera y honra-

[7] Cf. Max Stirner, *El Unico y su propiedad,* Sempere y Cía., Madrid/Valencia, I, pp. 48 s., 67 s., 80 ss.

da, humana...» (X, 276; cf. X, 273), aunque no valga sino para los hombres y no para los «seres racionales, no existentes, meramente posibles» (X, 114) de la moral «general» kantiana.

2. La experiencia real

Centrar la moral en el hombre presupone en Feuerbach haber dado entrada amplia en la filosofía a la experiencia, a la «sensibilidad», a la intuición. En el plano teorético o cognoscitivo ya había puesto de relieve Feuerbach la escasa contrastación con la experiencia que conlleva todo estilo apriorista de pensamiento, concretamente el kantiano: «las recientes filosofías —constata Feuerbach— han empezado todas *consigo* mismas, no con su contrario. Han presupuesto inmediatamente como verdad la filosofía, es decir, la propia filosofía ... Kant fue crítico con la vieja metafísica, pero no consigo mismo» (II, 180; Cf. II, 184). En este sentido se pregunta Feuerbach —en uno de sus apuntes póstumos, comentando los *Prolegómenos* de Kant— si no sería mejor «renunciar al conocimiento apriórico y arrojarse en brazos de la mera experiencia, ya que ella nos muestra las cosas como son, en cuanto que las cosas nos determinan aquí por su presencia, no en su ausencia, y en cuanto que no son modeladas o determinadas por nosotros según nuestras ideas preconcebidas» (X, 323). Para ello es necesario, según Feuerbach, potenciar la «intuición» en el conocimiento humano, intuición que en Kant está restringida únicamente a la sensibilidad, ya que para Kant no existe una intuición «intelectual». En cambio, en Feuerbach la «intuición» es la función fundamental del conocimiento humano, en el que están íntimamente unidos entendimiento y sensibilidad. Por ello Feuerbach contrapone explícitamente su filosofía a la kantiana, al decir que su filosofía «pone la intuición en lugar del "concepto" (kantiano y del siglo XVIII en general)»[8]. Que Feuerbach ve a Kant demasiado apegado todavía a una sistemática conceptual y alejada de la realidad lo confirma un esquema de historia de la filosofía, que aparece entre sus apuntes póstumos: «Escolasticismo: pensamiento abstracto ... Filosofía moderna hasta Kant: realidad representada [vorgestellte]. La realidad sólo es concebida *mediatamente,* por medio de la representación [Vorstellung]; la representación está entre el hombre y el objeto. Tercer período —Fichte, Schelling, Hegel—: la idea, la representación, que tiene en sí el ser, pensada como *objeto.* Por fin mi propio período: intuición de

[8] Cf. K. Grün (ed.), *Ludwig Feuerbach in seinem Briefwechsel und Nachlass sowie in seiner philosophischen Charakterentwicklung dargestellt,* C. F. Winter, Leipzig/Heidelberg, 1874, I, p. 422.

la realidad, no a través de la representación o de la idea» (X, 316 s.). Para este «nuevo» estilo de pensar de Feuerbach, «el comienzo y el fin de la filosofía, no es filosofía, sino vida, intuición»[9].

Esta necesaria relación con la experiencia, con la vida, que exige el pensamiento feuerbachiano tiene una relevancia especial en la dimensión moral. En consonancia con lo dicho hasta aquí, para Feuerbach «la moral apartada del hombre, pensada para sí misma, la voluntad que no presupone nada, el imperativo categórico independiente, tiene tan poca realidad como la lógica que no presupone nada» (I, 193). Esto que escribía Feuerbach ya en 1847 lo mantiene de manera estricta veinte años después, al redactar su escrito *El eudemonismo:* «La voz de la experiencia es el primer imperativo categórico ... Para la razón simplemente pura, apartada de toda experiencia, no existe ni Dios ni demonio, ni lo bueno ni lo malo; sólo la razón basada en la experiencia y en beneficio de la misma hace y observa estas diferencias. *La moral es, lo mismo que la medicina, una ciencia empírica*» (X, 288). Nos encontramos, como es fácil ver, en los antípodas de la concepción moral de Kant, si se recuerda que para éste, la experiencia no es, en la dimensión moral, origen de la verdad, sino del error, «madre de la apariencia» (4, 325: B 375, A 318). De este modo Feuerbach mantiene la preocupación por la experiencia, por la «impureza» del pensamiento, en directo y explícito contraste con Kant, desde los años en que estaba preparando la edición de *La esencia del cristianismo* (1841), a la que él pretendía poner el título de «Crítica de la razón *impura*»[10], hasta su época más tardía de la redacción de *El eudemonismo,* en el que gráficamente escribe: «La filosofía kantiana, concretamente la moral kantiana, es una forma solterona [hagestolze] sin materia; hombre sin mujer y sin hijo. "Razón pura", intuición pura, virtud pura...» (X, 291). Y esto es, por lo demás, para Feuerbach tanto más extraño, cuanto que en la razón «teorética» de Kant sensibilidad y entendimiento eran mutuamente interdependientes, mientras que en la razón «práctica» se prescinde totalmente de la sensibilidad (cf. X, 107).

La falta de realismo, implicada en el rechazo de la experiencia como elemento fundamentante de la moralidad, se advierte, según Feuerbach, en la tendencia «generalizadora» o «universalizante» de la moralidad kantiana, ya que Kant, en vez de centrarse en la moralidad humana, «piensa únicamente en seres racionales meramente posibles, no existentes» (X, 114. Cf. X, 274). La individualidad concreta hu-

[9] X, 346. Análisis más minuciosos, a este respecto, tanto del talante intuitivo y experimental de Feuerbach como del pensamiento «apriórico» de Kant pueden verse en nuestra obra —citada en la anterior nota 4—, pp. 55-60, 67-71, 74 ss., 79 ss., 84 s.

[10] L. Feuerbach, *Gesammelte Werke* (hrsg. von W. Schuffenhauer), Bd. 9, *Kleinere Schriften,* II (1839-1846), Akademie Verl., Berlín, 1970, p. 81.

mana queda así postergada en la consideración de la razón práctica kantiana (cf. X, 142 s.). Y, de este modo, Kant no acierta a crear una moral que tenga en cuenta a sus verdaderos destinatarios: «Kant —dice en este sentido Feuerbach, de manera irónica y dramática a un tiempo— escribió una moral, no sólo para hombres, sino para todos los posibles seres racionales. ¡Ojalá hubiese él escrito más bien su moral además de para profesores de filosofía —que son exactamente esos otros seres existentes fuera de la humanidad—, para jornaleros y leñadores, para campesinos y obreros! ¡Qué principios totalmente diferentes le hubieran venido a la mente! ¡Qué amarga se les hace a estos hombres la vida! ¡Cómo se dirige su actividad únicamente hacia la propia alimentación! ¡Qué felices son, cuando pueden tener, ellos y los suyos, algo para comer y para vestirse! ¡Qué verdad es que para ellos su autonomía es la heteronomía y la ley de su moral el empirismo!» (X, 291). Una moral de la realidad concreta humana habría de tener más en cuenta que al hombre que lucha por su supervivencia, al hombre normal y real, le dice muy poco una moral que se basa en la distinción y separación entre «deber» y «tendencia a la felicidad», ya que «deber» y «tendencia a la felicidad» están en él natural e inevitablemente unidos. Esto es lo que viene a decir Feuerbach cuando critica el refinamiento del concepto kantiano de «tendencia a la felicidad», que de ese modo aparece desfigurado y ajeno a la vida real: «Kant —constata Feuerbach— no nos ofrece, por amor de su prima donna, el deber, una imagen fiel de la tendencia a la felicidad, sino una caricatura; nos la presenta en la persona de un repugnante aristócrata y no en la persona de un hombre sencillo del pueblo» (X, 119). Si se concibe la tendencia a la felicidad al estilo de «un hombre glotón, que se lanza hacia los manjares que le son agradables, que hacen cosquillas en el paladar, hacia las golosinas», entonces —comenta Feuerbach— tiene razón Kant al decir que cada uno tiene «su propia felicidad», sus propios manjares y golosinas preferidas (cf. X, 120); en lenguaje kantiano esto significa que faltaría entonces la «generalidad» exigida para la moralidad. Pero Feuerbach se pregunta entonces: «¿Es este sibaritismo [Leckerbissentrieb] la tendencia natural, legítima, democrática y popular a la felicidad? ¿No están de acuerdo todos los hombres en que lo que quieren es, ante todo, saciar el hambre? ¿Y no es también agradable la simple acción de saciar el hambre? ¿Es únicamente la pasta trufada o la tarta de almendras de la tendencia kantiana a la felicidad y no también el pan duro del deber una golosina, cuando se está hambriento? ¿No es el pan, tanto como la tarta, un objeto de la tendencia a la felicidad? ¿No existen innumerables personas que son felices si pueden tener su pan cada día y, por cierto, pan en su sentido más literal? ¿No es, por lo tanto, la tendencia a la felicidad, lo mismo que el deber, algo estoico, aunque de manera involuntaria? Y en estos hombres, que constituyen la mayoría de la raza humana, ¿no es el pan, objeto de su tendencia a la felicidad, al mismo tiempo objeto de su deber, de su actividad civil y moral? ¿Son por ello inmorales estos hombres? Si es así, entonces la moral es asunto únicamente de personas bien provistas y bien acomodadas, que, por haber nacido ricas y tener ya saciada su tendencia a la felicidad, tienen ocio suficiente para separar la moral de la tendencia a la felicidad y convertir de este modo en objeto de su pensamiento la moral en sí misma» (X, 120; cf. XIII, 325). En resumen, la moral kantiana, lejos de ser «general» —como pretende— se convierte de hecho en «particular», restringida a determinados individuos privilegiados y ajena al conjunto de la vida humana real.

3. Felicidad propia y ajena

En los últimos párrafos feuerbachianos se puede apreciar ya claramente el intento de Feuerbach de revalorizar y rescatar para la moral la tendencia fundamental del hombre a la felicidad, entendida como elemento irrenunciable de toda acción humana. Para Feuerbach, «no es el "pienso, luego existo", sino el "quiero *(Ich will)*, luego existo" lo que expresa la esencia íntima del hombre» (X, 291). Ahora bien, este «querer», que es expresión de la esencia misma del hombre, es en Feuerbach idéntico a querer o desear la felicidad. Esta identificación entre voluntad y deseo de felicidad es desarrollada por Feuerbach en su estudio *Sobre espiritualismo y materialismo, especialmente en relación con la libertad de la voluntad,* publicado en 1866. En 1863 escribe a W. Bolin sobre la temática de este escrito, que por entonces está redactando: «El pensamiento fundamental de mi trabajo sobre la voluntad es la unidad de la voluntad y de la tendencia a la felicidad: "*yo quiero* significa: yo no quiero padecer desgracia, —dicho concisamente— yo quiero ser feliz"» (XIII, 297 s.). Seguidamente añade que esta concepción es directamente contraria a la kantiana. Efectivamente, el capítulo tercero de este estudio lleva como título: «La unidad de voluntad y tendencia a la felicidad» (X, 106). Esta unidad es fundamentada en el hecho de que la voluntad sólo se da en unión intrínseca con el deseo o la tendencia; ahora bien, toda tendencia presupone la tendencia, fundamentante y omnipresente, a la felicidad. En consecuencia, la voluntad sólo existe en unidad con la tendencia a la felicidad. Dicho esquemáticamente: «allí donde no existe tendencia, no existe voluntad; ahora bien, donde no existe tendencia a la felicidad, no existe absolutamente ninguna tendencia. La tendencia a la felicidad es la tendencia de las tendencias» (X, 108). Luego —en formulación concisa— «donde no existe tendencia a la felicidad, no existe tampoco voluntad» (X, 110). Unos años después, en el estudio *Sobre la ética: el eudemonismo* (1867-1869) vuelve a insistir Feuerbach en esta misma idea: «Querer y ... querer ser feliz ... son inseparables entre sí, son esencialmente una misma cosa. Voluntad es voluntad de felicidad» (X, 230). Dicho más drásticamente: «si un ser *deja de querer la felicidad,* deja *absolutamente de querer* e incurre en la imbecilidad o idiotez» (X, 232).

Ahora bien, si, por una parte, hay estricta unidad entre «querer» y «querer ser feliz» y, por otra parte, como hemos visto más arriba, el «querer» del hombre constituye su esencia más profunda, entonces se puede decir que la tendencia a la felicidad es «la tendencia originaria y fundamental de todo aquello que vive y ama, que es y quiere» (X, 230 s.). Aun en aquellas situaciones, como el suicidio, en las que aparentemente prima sobre el deseo de felicidad la voluntad de autodestrucción, sigue siendo el deseo de felicidad el impulso fundamental. Aun entonces «procede el hombre movilizado únicamente por la tendencia a la felicidad; semejante acción contradictoria es, por lo tanto, únicamente posible allí donde el mal, por el que el hombre opta, en comparación con el otro mal que de esa manera quiere evitar o suprimir, aparece o es imaginado y sentido como un bien» (X, 235).

Todo esto supuesto y haciendo ya referencia explícita al problema de la moralidad, es lógico que la tendencia a la felicidad no pueda ser excluida de ella, según sostiene Feuerbach expresamente contra Kant (cf. X, 261). Feuerbach aboga por una moralidad, que sin negar la voluntad, el deber, tenga en cuenta la naturaleza del hombre (cf. X, 289). Vista así la moralidad, Feuerbach llega a decir que «moralidad sin felicidad es una palabra sin sentido» (IX, 78). Además, aun si se mira la moralidad desde el punto de vista de la «ley», ésta sólo llega a estar en contradicción con la tendencia a la felicidad, «cuando su finalidad y, por lo tanto, su sentido han desaparecido» (IX, 79), ya que, originaria y esencialmente, la ley no es, según Feuerbach, sino «el deseo de felicidad, restringido —es verdad—, pero, precisamente por ello, asegurado y protegido contra aberraciones y excesos perniciosos» *(ibid.),* de la misma manera que el «deber» no es sino la explicación o formulación de una tendencia humana fundamental, «que hace valer sus derechos frente al afán dominador de otra tendencia» (I, 196). En efecto, y en cuanto a esto último, Feuerbach sostiene que el «deber» tiene mucho que ver con la «inclinación» y no ve con buenos ojos el «divorcio», consagrado por Kant, entre los mismos [11]. Veamos esto algo más detenidamente.

[11] Cf. X, 257 ss. Como queda dicho más arriba, Kant con su contraposición entre «inclinación» *(Neigung)* y «deber» *(Pflicht)* (cf. 6: 24 ss., 56 ss.) aboga explícitamente por la «abstracción» de la tendencia a la felicidad (cf. 9, 131). La crítica de Feuerbach a la separación entre «deber» e «inclinación» en Kant será formulada posteriormente por Moritz Schlick, sin que éste haga referencia alguna a Feuerbach, en los siguientes términos: «El imperativo categórico de Kant, que exige que el hombre actúe de manera

Para Feuerbach, «el hecho de que Kant ponga al hombre como meta el deber por sí mismo, sin atención a la felicidad, tiene —es verdad— una correcta finalidad pedagógica moral, pero no expresa ningún punto de vista metafísico, es decir, relativo a la esencia del hombre» (X, 291). Por su parte Feuerbach formula una primera aproximación a su visión de la unidad o identidad primigenia entre deber e inclinación en el hombre, cuando —haciendo alusión explícita a uno de los pasajes kantianos, en los que se exige la realización de la acción «por deber» y no «por inclinación» (es el pasaje en: 6, 23 s.)— dice lo siguiente: «No existe deber ninguno, que no haya podido ser cumplido por inclinación o no haya sido cumplido de hecho así originariamente, con anterioridad a su conversión en ley» (X, 290). Con esto Feuerbach alude, en torno a los años 1867-1869, a su elaboración del carácter derivado y secundario del deber con respecto a la inclinación, realizada anteriormente (en los años 1847 y 1851). En efecto, en sus *Lecciones sobre la esencia de la religión* (1851) y en sus reflexiones de 1847 sobre su anterior obra anónima, *Pensamientos sobre la muerte y la inmortalidad* (1830), analiza Feuerbach la relación de dependencia que tiene el deber con los deseos primarios y fundamentales del hombre, que constituyen así el origen de aquél: «los deberes —escribe en sus *Lecciones sobre la esencia de la religión*— no son otra cosa que las tendencias, estructuras y deseos fundamentales del hombre, que la religión o Dios, en tiempos y situaciones de incultura, y la razón, la propia naturaleza del hombre, en épocas civilizadas, convierten en leyes, a las que el hombre ha de someter estos o aquellos deseos, apetencias o pasiones particulares» (VIII, 313). Las instituciones de carácter religioso, que han tenido verdadero influjo sobre la historia y cultura de la humanidad, han pretendido —según analiza seguidamente Feuerbach— el bien del hombre. Las obligaciones y deberes que imponían a sus fieles tenían sólo una función instrumental, de medio para conseguir el fin deseado, el bien y la felicidad del hombre. «Existen, es verdad —continúa en sus análisis Feuerbach— situaciones en la vida en las que se produce un conflicto en el hombre entre el deber y la tendencia a la felicidad, en las que hay que sacrificar la propia vida al deber; pero semejantes casos son casos trágicos, desgraciados, especiales y fuera de lo normal. No pueden ser aducidos como razón para constituir en ley, norma o principio la contradicción entre ley o moral y tendencia a la felicidad. Originaria y legítimamente no tiene el deber otra intención o pretensión sino el bien, la felicidad del hombre. Lo que el hombre desea por en-

totalmente independiente de sus inclinaciones, exige ... algo imposible. La construcción kantiana choca contra los hechos psicológicos ... La acción moral o no es posible o surge de las inclinaciones naturales» (M. Schlick, *Fragen der Ethik*, Suhrkamp, Frankfurt a. M., 1984) (Cf. también pp. 79 s., 86).

cima de todas las otras cosas, lo convierte en ley, en deber» *(ibid.)*. Esta conversión del deseo en ley viene a ser como una concretización o explicitación de los deseos profundos del hombre, a través de los cuales se manifiesta la propia esencia del hombre, a la que se ha de ser fiel: «lo que el hombre desea en el fondo de su corazón, eso es la norma única, el deber único de su vida y de su acción. El deber, la ley sólo transforma en objeto de la voluntad y de la conciencia [Bewusstseins] lo que la tendencia inconsciente del hombre desea» (VIII, 314). En sus reflexiones o acotaciones en torno a su escrito anterior, *Pensamientos sobre la muerte y la inmortalidad,* insiste Feuerbach en su rechazo de una concepción del deber como algo desconectado de los deseos del hombre, en los que tiene su único fundamento y su única razón de ser. El deber no pertenece por tanto a un «género» distinto del de los impulsos o inclinaciones del hombre (cf. I, 196). En este contexto polemiza Feuerbach contra Kant, al comentar uno de sus conocidos pasajes, en los que Kant ensalza el valor moral de una acción benéfica o caritativa realizada por una persona de inclinación natural menos altruista: «Es verdad —comenta Feuerbach—, yo no he de ser caritativo únicamente por inclinación, temperamento o sentimiento, sino al mismo tiempo por deber, por principio; pero ¿qué es el deber de caridad sino la tendencia a la caridad convertida en objeto de mi conciencia y de mi voluntad? El deber no existe en mí *a priori;* ha sido antes abstraído de la tendencia, del sentimiento. El deber es una manifestación, consecuencia o efecto de la naturaleza humana, que sólo después, según va avanzando la cultura, en la que el hombre olvida el origen de todas las cosas, se convierte en causa. Aquello hacia lo que el hombre se veía o sentía impulsado, lo que reconocía como necesidad de su naturaleza, lo ha elevado a ley, a deber, también para otros» (I, 197). En virtud de esta dependencia íntima del deber con respecto a su origen, los deseos profundos y primigenios del hombre, deduce consecuentemente Feuerbach: «El hombre no tiene deber ninguno con respecto a algo, hacia lo que no tiene tendencia ninguna; es decir, al hombre no se le puede imponer como deber lo que ni una sola persona realiza por pura inclinación o naturaleza, sino por deber» (I, 196). En definitiva, se puede decir que el deber no es comprensible en su esencia sino es en relación con la querencia humana, que por medio de él se expresa: «el deber es únicamente un nombre, una palabra, cuyo sentido originario es la inclinación, la tendencia» (I, 198).

Pero Feuerbach da un paso más todavía. La tendencia a la felicidad no solamente es un elemento indisociable del querer humano y base más o menos implícita del deber o de la ley, sino que la misma felicidad se convierte ahora en condición de posibilidad de la propia moralidad. De este modo Feuerbach se enfrenta evidentemente con Kant, que —según queda dicho— consideraba la virtud como condición previa de la felicidad y a ésta como consecuencia, no buscada o pretendida, de la virtud. El hombre —dice en su *Teogonía* (1857) Feuerbach— «ha de ser feliz, para ser bueno, porque no puede ser bueno, si no es dichoso o feliz. Ser bueno [Gutsein] depende del bienestar [Wohlsein]. La moral que se mueve únicamente en una dimensión conceptual puede hacer depender la felicidad de la virtud, pero la vida, donde no son los conceptos, sino seres llenos de sentimientos, necesidades y deseos los que deciden, hace depender la virtud de la felicidad y tiene razón ... El que quiera hacer, por lo tanto, mejores a los hombres, que los haga, sobre todo, más felices; si esto no es posible, que renuncie a aquello» (IX, 322; cf. II, 350). Estas ideas de la *Teogonía* las recoge de nuevo Feuerbach en su escrito posterior sobre *El eudemonismo* (1868-69) con ocasión de su lectura del primer tomo (publicado en 1867) de *El capital* de K. Marx. Si los «moralistas» tienen razón al decir que «no hay felicidad sin virtud», no menos verdad es para Feuerbach lo contrario: «tampoco existe virtud alguna sin felicidad, y con esto incide la moral en la dimensión de la economía privada o de la economía nacional. Donde no se dan las condiciones para la felicidad, tampoco existen las condiciones de la virtud. La virtud necesita, lo mismo que el cuerpo, alimento, vestido, luz, aire, espacio. Donde los hombres viven tan apiñados entre sí, como por ejemplo en las fábricas y viviendas de obreros inglesas, si se puede llamar viviendas lo que no son sino cuchitriles, en los que ni siquiera se dispone de oxígeno suficiente —confróntese sobre esto el escrito de K. Marx, *El capital,* que abunda al menos en hechos indiscutibles, interesantísimos, pero también no menos horripilantes—, allí no tiene la moral ninguna libertad de movimiento, allí la virtud es a lo sumo monopolio exclusivo de los señores propietarios de las fábricas, los capitalistas. Donde falta lo necesario para la vida, falta también el imperativo [Notwendigkeit] moral. El fundamento de la vida es también fundamento de la moral. Si por el hambre o la miseria no tienes nada en el cuerpo, no tienes tampoco en tu mente, en tu sentido o en tu corazón fundamento o elemento alguno para la moral» (X, 266 s.). La virtud se apoya, pues, en unos presupuestos materiales o «medios de vida necesarios» (X, 267), que originan en el hombre una «felicidad, no lujosa, ni aristocrática, sino común y ordinaria» *(ibid.).* Ahora bien, «todo lo que está en contradicción con esta felicidad necesaria e identificada con la vida humana misma, está también en oposición y contradicción con la virtud» (X, 268). Y, en consecuencia, «donde empieza la pobreza propiamente dicha, la necesidad, donde la tendencia a la felicidad ha descendido tanto, que se limita a la satisfacción de la necesidad de alimento, a saciar el hambre, allí enmudece también ... el imperativo categórico» *(ibid.).*

Dada la importancia que le concede Feuerbach a la felicidad, al «bienestar» como elemento inseparable de la voluntad moral humana, surge la pregunta de si Kant llega a expulsar de verdad la felicidad de la acción moral. Feuerbach, reafirmando así su exigencia de unidad entre felicidad y moralidad, va a responder que en la filosofía kantiana en realidad «no se niega el deseo de felicidad, sino que éste sólo es postergado, puesto al final, no al principio» (X, 289). La felicidad es, en efecto, para Kant una consecuencia, lógica y temporalmente (aunque no perteneciente a este mundo «temporal») posterior a la acción moral. Ahora bien, Feuerbach no deja de ver en esta colocación de la felicidad en el «más allá» de la acción moral una inconsecuencia sistemática o una contradicción real con los propios principios morales kantianos, que podría expresarse así: ¿por qué postular la posibilitación de la felicidad, si no se la debe buscar? Y, si se la postula para después, ¿por qué no poder desearla ahora? En formulación de Feuerbach: «¿Cuál es la recompensa de la virtud? La felicidad. Pero ¿qué es la felicidad? La vida en consonancia con mis inclinaciones y tendencias. La virtud ha de ser feliz, es decir, no ha de estar ya en contradicción con mis inclinaciones. Ahora bien, ¿por qué suprimes después la virtud y no ya al principio? Al principio respetas tu virtud y después, en el cielo, tu inclinación. ¡Qué error! Lo que en el cielo es válido, ha de ser válido ya ahora. Lo que esperas de arriba, puedes y debes procurarlo tú mismo para ti; pon tu virtud en consonancia con tu inclinación, con tu sensibilidad» [12].

El rechazo feuerbachiano de la exclusión kantiana de la felicidad de la dimensión estrictamente moral humana se observa concretamente en la conexión íntima, intentada por Feuerbach, entre lo agradable y sensible *(Wohl)* del bien y el bien *(Gut)* como categoría ética, aspectos que Kant disoció o separó abiertamente en su *Crítica de la razón práctica* (cf. 6, 174-180; especialmente: 6, 176 s.). Frente a Kant, pone de relieve Feuerbach que la diferencia y separación entre lo bueno moral *(Gut)* y lo agradable y placentero *(Wohl)* y, de manera similar, entre lo malo moral *(Böse)* y lo desagradable *(Uebel* o *Weh)* no tiene sentido alguno en una moral que se fundamente, no en el «yo» —como

[12] I, 198. Cf. X, 258 s. Aludiendo explícitamente a la crítica feuerbachiana a Kant, formula idénticas objeciones R. Larrañeta: «Dicho críticamente y contra Kant: parece que la ética puede prescindir de la felicidad en su arranque para no manchar la fuerza independiente, pura y sagrada de la voluntad, pero en la meta le juega una mala pasada, conduciéndole a fines no sólo exteriores a la voluntad autónoma, sino además claramente heterónomos al hombre y lejanos a los límites rigurosos del campo ético y de la razón humana ... Sin hacer concesiones a la felicidad como fundamento moral, Kant parece al final deseoso de hallar algún camino de conciliación con ella, pese a su hostilidad contra todo eudemonismo» (Rafael Larrañeta Olleta, *La preocupación ética,* Sígueme, Salamanca, 1986, pp. 185 s.). M.-B. Zeldin sostiene, sin embargo, que la referencia kantiana al *summum bonum* como meta de la moralidad no implica «heteronomía». Cf. Mary-Barbara Zeldin, «The Summum Bonum, the Moral Law, and the Existence of God», *Kant-Studien,* 62 (1971), pp. 43-54.

ocurre en Kant—, sino en el «tú», cuya necesidad, dolor, etc., piden o exigen del «yo» una entrega que necesariamente se traducirá en algo agradable o placentero *(Wohl)* en la persona del «tú». Para Feuerbach, por lo tanto, la «bondad» *(Gut)*, de la acción del «yo» está en relación directa con el bien *(Wohl)* del «tú» [13]; y viceversa: «la conciencia *(Bewusstsein)* del mal moral *(des Bösen)* procede de la conciencia del mal físico *(des Uebels)* (IX, 142). Para Feuerbach, en efecto, la moral ha de basarse fundamentalmente en el «tú», en el «otro». A la única motivación moral lícita en Kant, «el respeto por la ley», opone Feuerbach explícitamente su propio «por respeto al otro ..., por respeto al hombre» (X, 288); y a la «autonomía» kantiana, que Feuerbach califica como «coerción de sí mismo, violación propia [Selbstnothzucht] antinatural» *(ibid.)*, contrapone Feuerbach su «heteronomía», entendida como apertura al otro, a los demás: «El deseo del otro sea mi deseo; ya que el deseo del otro es mi propio deseo en su caso, en su lugar. *Heteronomía,* no *autonomía,* la heteronomía como autonomía del *héteros,* del *otro,* es mi ley» *(ibid.)*. Si se quiere, sin embargo, seguir hablando todavía de «autonomía», ésta no puede prescindir de su conexión con la «heteronomía», es decir, de la dependencia del «tú»: «La moral —escribe Feuerbach— no puede explicarse o deducirse del puro yo o de la mera razón sin los sentidos; sólo puede deducirse de la unión entre el yo y el tú, que, en contraposición con el yo que se piensa a sí mismo, sólo viene dada por los sentidos, sólo puede deducirse de la unión entre la "autonomía" kantiana y la "heteronomía", entre la legislación por uno mismo [Selbstgesetzgebung] y la legislación por el otro, distinto de uno mismo. Y este otro, este fundamento de la determinación del yo en orden al deber, es precisamente la tendencia a la felicidad del tú. La felicidad, pero no la reducida a una misma persona, sino la repartida entre distintas personas, la que abarca al yo y al tú, es decir, no la felicidad unilateral, sino la bilateral o universal, es el principio de la moral» [14]. Y, en todo caso, dada la primacía del «tú» sobre el «yo» en Feuerbach, se ha de tender incluso a ser *«idealista con uno mismo»* y *«materialista con los demás»*, «estoico con uno mismo y epicúreo con los otros» [15].

---

13 Cf. X, 114 ss. Feuerbach hace aquí (X, 115) referencia explícita al pasaje kantiano (6, 177) de la *Crítica de la razón práctica.*

14 X, 113. Cf. también: X, 108, 112-115, 273, 275, 292 s. En un esbozo de carta a Julius Duboc, en 1866, vuelve a insistir Feuerbach en la importancia del «tú» para la concepción y elaboración de la moral: «Mi punto de partida característico [de la moral] es el principio de que la moral no puede ser deducida, como en Kant, Schopenhauer, etc. únicamente del yo, sino solamente del yo y del tú, y —por cierto— no solamente de un tú existente en el pensamiento, como el que tiene o debe tener cada uno en la cabeza, porque de lo contrario desaparecería también el pensamiento de la moral y del deber, sino de un tú sensible, corporal, existente fuera de mi cabeza, que se encuentra personalmente ante mí...» (XIII, 323).

15 X, 291. Sobre la importancia, en general, de la relación yo-tú, de la comunica-

4. Amor a los otros y amor a sí mismo

Amor, por lo tanto, es la palabra clave de la moral feuerbachiana. Expresamente dice Feuerbach que él sustituye el «deber» kantiano por el amor [16]. Todo el peso que en la moral kantiana tiene el «deber», lo posee en la antropología feuerbachiana el «amor». Ya en *La esencia del cristianismo* hace referencia Feuerbach a unos textos de Kant, en los que éste parece identificar a Dios, como esencia moral, con la ley moral misma [17]. Aquí mismo critica Feuerbach la escisión que genera en el hombre la «ley», cuando ésta es considerada como lo primario y fundamental, y opina que dicha escisión queda suprimida cuando se considera, no a la «ley», sino al «amor» como «la verdad y el poder supremo y absoluto» (VI, 58) y cuando se mira a su vez a «la esencia divina, no solamente como ley, como esencia moral ..., sino, más bien, como esencia amorosa ..., humana» *(ibid.)*. La alusión a Kant y el rechazo de la prevalencia que en éste adquiere la connotación moral del deber es bien clara. Feuerbach opta decididamente por el amor: «la ley somete a sí misma al hombre, el amor lo hace libre» (VI, 59). Y es aquí precisamente, en este contexto kantiano, donde Feuerbach deja plasmado un encendido elogio al amor como la fuerza más sublime, poderosa y profunda de la realidad, como el verdadero poder democratizador de la vida y de la existencia (cf. VI, 59 s.), elogio que puede considerarse como paralelo o comparable al que Kant, por el contrario, hace del «deber» («*¡Deber!* Tú, nombre sublime y grandioso...!», etc.; cf. 6, 209). No se puede reducir, por tanto, la moral al «deber», como hace Kant, ya que de ese modo se distorsiona la esencia misma del hombre, que vive en el amor y del amor. Feuerbach alude específicamente al amor sexual, que para él es paradigma de todo otro tipo de amor o relación humana: «Una mujer —escribe— que se comporta en todo con su marido como lo pide el amor, pero no por amor, al menos no por amor verdadero ..., sino por deber, por propia abnegación religiosa y moral, mezcla veneno, aun sin saberlo ni pretenderlo, en todo bebedizo amatorio que ofrece a su marido. Actos de amor sin amor, sin inclinación, sin gusto, son actos de hipocresía» [18]. Feuerbach, atento siempre con in-

---

ción y comunitariedad, etc., en Feuerbach, véanse nuestras dos obras: *El humanismo premarxista de Ludwig Feuerbach,* B.A.C., Madrid, 1975, pp. 32 s., 38-41; *Feuerbach y Kant. Dos actitudes antropológicas,* Universidad Pontificia Comillas, Madrid, 1980, pp. 77 s., 151 ss.

[16] Cf. K. Grün (ed.), *op. cit.*, I, p. 422.

[17] Cf. VI, 57 s. Véase nuestra ya citada obra, *Feuerbach y Kant...*, p. 100.

[18] VII, 423. Cf. VII, 420 s. De manera similar escribía más tarde Feuerbach, en relación también con el amor sexual: «¿En qué consiste la moralidad del amor [sexual]? ¿En que hago abstracción de la tendencia a la felicidad, en que me hago creer a mí mismo que mis relaciones sexuales se realizan únicamente por deber, por respeto al

tencionado realismo a lo que es el funcionamiento de la vida humana, no tiene recelo alguno en aceptar y utilizar en servicio de la misma moralidad dimensiones humanas, tan opuestas —según Kant— a la misma, como la tendencia a la «propia felicidad», el «egoísmo», etc. Naturalmente, cuando Feuerbach habla de «egoísmo», se refiere a aquel «egoísmo sano, en conformidad con la naturaleza, necesario, inevitable e idéntico con la vida» (X, 257), al egoísmo, por tanto, que está basado en la esencia misma del hombre y sin el cual el hombre ni siquiera podría vivir (cf. VIII, 63 s.). Ahora bien, para Feuerbach una moral verdadera no puede basarse sobre un fundamento distinto de la vida misma: «Lo que es la norma o, más bien, la ley de la vida, es también la ley de la moral o debe serlo al menos, si ésta no quiere ser un mero ente de razón» (X, 117). Feuerbach alude en este contexto explícitamente a la exclusión kantiana de la moralidad del «principio de la felicidad propia». Esto significa poner la moralidad en contradicción con la vida, porque —añade Feuerbach— «yo no puedo vivir, si no hago de mi propio bien, mi utilidad o ventaja la razón determinante de mi voluntad» *(ibid.)*. Esta es la motivación normal del hombre corriente en su vida ordinaria *(ibid.)*. Prescindir de ella equivale a elaborar una moral que no entronca con las preocupaciones normales y existenciales del hombre. Pero, sobre todo, a Feuerbach le interesa poner de relieve la experiencia de la propia vida y de la propia felicidad en cuanto que ella es presupuesto del conocimiento y de la estimación del otro, hacia quien se dirige, en definitiva, la intención ética feuerbachiana: «La felicidad propia no es fin y meta de la moral, sino su fundamento y presupuesto. El que no le concede lugar ninguno en la moral y la expulsa de la misma, abre las puertas a una arbitrariedad diabólica; porque sólo por la experiencia de mi propia tendencia a la felicidad sé lo que es bueno o malo, lo que son la vida o la muerte, el amor o el odio en sí mismos y en sus efectos y por lo mismo no doy al hambriento una piedra en vez de pan o al sediento ácido nítrico en vez de agua potable» (X 275 s.). En este sentido hay que entender la expresión, un tanto incisiva, de Feuerbach en su *Teogonía* (1857): «Lo que no radica en el egoísmo del hombre carece de raíz, fundamento y base. Sólo se siente realmente lo que uno mismo ha experimentado o se representa como posible experiencia. Sentimientos que no proceden de la propia física experimental son frases vacías» (IX, 115). Y lo que aquí se dice de la tendencia a la propia felicidad, se aplica, por la misma razón, a la aversión personal

---

mandamiento divino o moral "¡Multiplicaos!"? ¡No! Sólo consiste en que, al hacerme a mí mismo feliz, hago feliz simultáneamente al otro yo, en que sólo quiero satisfacer mi tendencia a la felicidad en armonía con la tendencia a la felicidad del otro yo» (X, 116).

hacia el sufrimiento, que es la otra cara de la tendencia a la felicidad: «Sólo porque sé por propia experiencia lo que es el dolor, sólo por la misma razón por la que huyo del dolor puedo tomar conciencia del dolor producido a otros; sólo por la misma razón, por la que no quiero que se me haga daño puedo sentir arrepentimiento de los daños producidos a otros; sólo por la misma razón, por la que me molesta haber perdido en el juego puedo hacerme a mí mismo el reproche de infame, si he ganado con trampa, si con engaño he producido molestia al otro por haber perdido. La voluntad moral es la voluntad que no quiere hacer mal ninguno, porque no quiere padecer mal ninguno. Sólo la voluntad que no quiere padecer mal alguno, por tanto, sólo la tendencia a la felicidad es la ley y la conciencia moral, que aparta o debe apartar al hombre de hacer el mal» (X, 119). También aquí la referencia a Kant es bien clara, como aparece en la alusión de Feuerbach a la conciencia de culpabilidad que debe tener el que hace trampa en el juego, ejemplo que utiliza Kant en la *Crítica de la razón práctica* (cf. 6, 149 s.) para explicar su rechazo del principio de la felicidad propia y Feuerbach, a su vez, para poner aquí de manifiesto su propia opinión, directamente contraria a la de Kant [19]. Por todo lo dicho se puede comprender fácilmente la razón y el alcance de la conjunción e identificación entre virtud y felicidad en Feuerbach, cuando escribe: «la virtud es la propia felicidad, que sólo se siente feliz en unión con la felicidad ajena, que está dispuesta a sacrificarse a sí misma» (X, 287 s.) en aras de la felicidad ajena [20].

III. LUGAR HISTORICO-SISTEMATICO DE LA CRITICA DE FEUERBACH A KANT

Aunque Feuerbach se ocupó más explícitamente de los problemas éticos en su etapa intelectual más tardía, su visión sistemática al res-

[19] En cuanto al ejemplo aducido hay que decir que, mientras que Kant concibe la «felicidad propia» de manera parcial o unilateral, al referirla solamente a uno de los jugadores (el que gana), y por eso obviamente la rechaza, Feuerbach piensa siempre la «felicidad propia» en *todos* (en el ejemplo concreto, por tanto, en ambos jugadores). Aun prescindiendo de esto, mantiene Feuerbach que es la experiencia de mi propia tendencia a la felicidad (contra lo que cree Kant) la que abre mis ojos a la injusticia cometida con el otro, al representármela como cometida contra mí en el caso contrario: «¿Por qué me digo a mí mismo, como tramposo: "soy un infame"? —replica Feuerbach a Kant—. Sólo porque, si fuese yo el engañado en vez de ser el tramposo, haría al otro el reproche de infamia, es decir, sólo porque es deseo de mi propia tendencia a la felicidad no ser perjudicado o engañado» (X, 118). Por lo tanto, la norma —explícita o implícita— de no hacer trampas en el juego no es, según Feuerbach, sino consecuencia o efecto de la tendencia (de todos y cada uno de los jugadores) a la propia felicidad.

[20] Cf. todavía sobre el sentido universalista, no exclusivista, del «egoísmo» feuerbachiano nuestra obra, *Feuerbach y Kant...*, pp. 170 s.

pecto concuerda perfectamente con su propia temprana ruptura con la ideología hegeliana en 1839, con su reducción de la teología y filosofía a antropología, con su acentuación del hombre concreto, que sólo existe en relación con el otro, con los otros, etc. Pese a ello se encuentran en Feuerbach rápidas alusiones a determinados pensadores, que abordaron los problemas de la moral con una orientación similar a la que tomará posteriormente Feuerbach. Son obviamente pensadores que de alguna manera están en relación con la ética eudemonista y utilitarista inglesa del siglo XVIII. Ya en 1837, en su amplio estudio sobre Leibniz, comenta Feuerbach varios textos leibnizianos, en los que Leibniz pone de relieve la universalidad y necesidad de la voluntad de felicidad del hombre y la relación directa que tiene la propia felicidad con la felicidad de los otros. Uno de los pasajes aducidos por Feuerbach es un juicio positivo de Leibniz sobre Shaftesbury, que abunda en estas mismas ideas y suscita en Feuerbach su incondicional aprobación[21]. Ahora bien, a Shaftesbury había hecho ya referencia Kant en su *Dissertatio* de 1770 (cf. 5, 38-41; Dis.: § 9), criticando su inclusión de la felicidad en la moral. Algo parecido ocurre con Ch. Garve, que por su parte había puesto reparos (de manera similar a lo que haría posteriormente Feuerbach) a la separación kantiana entre «deber» y las diversas apetencias del hombre, como el deseo de felicidad, etc. Kant se reafirmará, sin embargo, en su propia concepción contra Garve (cf. 9, 130 s., especialmente 138 s.). Dada la semejanza fundamental de las objeciones de Garve a Kant con la crítica de Feuerbach al mismo Kant, no es improbable un influjo ideológico de aquél en Feuerbach, aunque Garve —como ocurre con otros autores— es citado parcamente por Feuerbach: una vez en 1835, en su *Crítica del «Antihegel»*, escrita contra C. Fr. Bachmann, aunque en un contexto ajeno a los problemas de la moralidad: cf. II, 38; la otra hacia 1866, en un contexto ya ético, que revela el conocimiento feuerbachiano de las ideas de Garve sobre la moralidad: cf. X, 153. Más directa es la alusión de Feuerbach a la obra *De l'Esprit* (1758) de Helvecio, precisamente en el contexto de las reflexiones feuerbachianas en torno a la importancia de la tendencia humana a la felicidad (cf. X, 232; ya en 1832 manifestaba Feuerbach su admiración por Helvecio: cf. XII, 256). Influjo menos explícto, pero no por ello menos profundo, es sin duda el que debió de recibir el joven Feuerbach de sus maestros, Hegel y Schleiermacher, durante su época de estudios en Berlín de 1824 a 1826. En efecto, en su *Glauben und Wissen* criticaba ya Hegel el «formalismo, sin vida ..., de la moral kantiana»[22], y más tarde, en sus *Vorlesungen über die Geschichte der Phi-*

---

21 Cf. IV, 20 s. Un año después, en 1838, vuelve Feuerbach a aludir al comentario de Leibniz sobre Shaftesbury (cf. V, 411).

22 Hegel, *Glauben und Wissen oder die Reflexionsphilosophie der Subjektivität in*

losophie, la «falta de contenido» de su ley moral [23], que se manifiesta en el hecho de que «la razón [práctica] desdeña toda materia dada, que en lo teorético le es necesaria» [24] y queda de ese modo «enfrentada con la sensibilidad práctica, las tendencias e inclinaciones» [25], contraste e incoherencia que tampoco le pasaron inadvertidos a Feuerbach (cf. X, 107). Algo similar se podría decir del influjo sobre Feuerbach de Schleiermacher, cuyas clases y sermones confiesa aquél haber escuchado con asiduidad y admiración (cf. II, 360), dado que Schleiermacher por su parte abogaba, contra Kant, por una ética del individuo concreto y, en coherencia con esto, por una armonización más plena entre espíritu y sensibilidad.

La crítica de Feuerbach a Kant en relación con la problemática moral no debe olvidar, por lo demás, que Feuerbach, pese a todo, pretende hacer su andadura, aunque utilizando con frecuencia atajos o variaciones importantes, por la ruta de Kant. Esto puede demostrarse de diversas formas. Señalaremos sólo algunos puntos más significativos.

Es bien conocida la importancia de lo «práctico» en Kant. Pues bien, Feuerbach —según confiesa en sus apuntes póstumos— intenta explícitamente entroncar su pensamiento con esta filosofía práctica de Kant: «Mi pensamiento comienza allí donde la filosofía kantiana concluye sus pensamientos al menos en su realización concreta. Las ideas prácticas, las cuestiones que preocupan y afectan al sentimiento, a la conciencia y al corazón ..., dicho brevemente, las cuestiones cuya respuesta tiene una importancia no solamente teorética, sino práctica: éstas son las cuestiones que desde el principio me han ocupado y han puesto mi pluma en movimiento» (X, 340). Por otra parte, si hay algo verdaderamente central o medular en la filosofía feuerbachiana, cuyo desarrollo ulterior quedará plasmado en su pensamiento moral, es su concepción del «género humano», como conjunto de los seres humanos en mutua relación y en progreso constante. Ahora bien, a este respecto señala Feuerbach en 1839 que fue precisamente Kant el que «propiamente introdujo por primera vez en la filosofía (en su *Idee zu einer allgemeinen Geschichte in weltbürgerlicher Absicht* y en su recensión de *Ideen zur Philosophie der Geschichte der Menschheit* de Herder)» (VII, 69) dicho «concepto genérico de la humanidad». En efecto, en polémica anónima con Herder, que insistía más en la singularidad irrepetible de los individuos y de los pueblos

der Vollständigkeit ihrer Formen als Kantische, Jacobische und Fichtesche Philosophie, Meiner, Hamburgo, 1962, pp. 91 s.

[23] Hegel, «Vorlesungen über die Geschichte der Philosophie», 3 Band, en *Sämtliche Werke* (Jubiläumsausgabe), Bd. 19, Stuttgart/Bad Cannstatt, 1965, p. 591.

[24] Hegel, *Vorlesungen...,* p. 589.

[25] Hegel, *op. cit.,* p. 593.

(aunque sin negar tampoco propiamente el «género» humano y la relacionalidad mutua entre los hombres en él implicada), Kant había destacado la importancia de una concepción del hombre inmerso en un «género» humano en pervivencia y progreso sin término. Para Kant, «género humano significa ... el *todo* de una serie de generaciones que van hasta el infinito (indeterminable)» (10, 805) y, por lo tanto, el «género» no es un simple concepto vacío, meramente deducido de las semejanzas de los individuos entre sí, sino una «idea» (cf. 10, 806), una meta, inalcanzable por los individuos particulares, pero movilizadora del progreso de la historia de la humanidad. La creencia de Feuerbach en el progreso de la historia y su rechazo del individualismo (especialmente en su polémica con Max Stirner) explican su simpatía por la concepción kantiana del «género humano», aunque posteriormente, en 1848, se haya sentido incluso obligado a declarar que su filosofía «coloca el *individuo* en el lugar del concepto de género» típico de Kant (y del siglo XVIII)[26], dado su creciente rechazo de todo modo de pensar abstracto, construido apriorísticamente y alejado de los seres humanos concretos[27].

Otra característica importante de la filosofía kantiana, que explica la atención que presta Kant a los problemas prácticos de la ética es su previa reducción de la religión a la moral[28]. Pues bien, las reflexiones éticas de Feuerbach tienen como presupuesto esta previa reducción efectuada por Kant. En efecto, ya en 1839, en su amplio estudio sobre P. Bayle, después de haber hecho explícita mención de Kant, analiza Feuerbach la superioridad de la ética sobre la religión y la disolución de ésta en aquélla de modo similar al kantiano: «Sólo la ética —escribe Feuerbach— es ... la verdadera religión; ella es el espíritu de la religión ... La teología, que se coloca sobre la ética, es tan perniciosa para los países, para la vida, como para las ciencias. El que valora algo por encima del deber, ha transgredido ya, en su interior, el deber ... Sólo para quien la ética misma es teología, para quien los deberes con la humanidad son los deberes para con Dios,

---

26 Cf. K. Grün (ed.), *op. cit.*, I, p. 422.

27 Análisis y detalles más concretos sobre el origen kantiano de la concepción feuerbachiana del «género humano» pueden verse en nuestra obra, *Feuerbach y Kant...*, pp. 154-164. Erich Thies ha indicado también que la distinción feuerbachiana entre «escuela» («filosofía») y «humanidad», que se manifiesta en el intento de Feuerbach de abolir *(aufheben)* la primera y convertirla en la segunda, refleja en realidad la previa distinción kantiana entre el «concepto escolar» *(Schulbegriff)* y el «mundano» *(Weltbegriff)* de la filosofía (cf. en la edición de Kant que manejamos: 4, 700; 10, 399), aunque «Feuerbach radicaliza esta idea, al querer convertir totalmente la filosofía en antropología». Cf. Erich Thies, «Philosophie und Wirklichkeit. Die Hegelkritik Ludwig Feuerbachs», en *Ludwig Feuerbach* (hrsg. v. E. Thies), Wissenschaftliche Buchgesellschaft, Darmstadt, 1976, pp. 463 s., n. 52.

28 Cf. nuestra obra, *Feuerbach y Kant...*, pp. 96 ss.

sólo para éste es el deber una necesidad divina ..., una verdad» (V, 214 ss.). Cuando más tarde, en 1848, se decida Feuerbach a replicar al periódico *Preussische Allgemeine Zeitung* por un artículo en el que se juzgaba desfavorablemente su «nueva» concepción de las relaciones entre teología y moral, Feuerbach no hace sino recordarle al autor de la crítica la concepción kantiana al respecto, tan similar a la suya propia: «Yo le pediría al *Preussische Zeitung* que, antes de hablar negativamente sobre las tendencias del siglo XIX, eche una mirada al siglo pasado y observe lo que decía ya Kant en el año 1793 en su *Religión dentro de los límites de la sola razón*»[29]. Cita Feuerbach a continuación un pasaje de esta obra kantiana. Es indudable, sin embargo, que la reducción feuerbachiana de la religión a la moral es decididamente más radical que en Kant, ya que, mientras éste postulaba la inmortalidad del alma y la existencia de Dios para hacer posible la plena acomodación entre la voluntad y la ley moral o para la conjunción entre la moralidad y la felicidad congruente (cf. 6: 252 s., 255 s.), Feuerbach, por el contrario, sostiene ya tempranamente en sus *Pensamientos sobre la muerte y la inmortalidad* (1830) la desaparición absoluta y definitiva del hombre individual al término de su existencia temporal. La creencia «práctica» kantiana en la existencia de Dios tiñe, por lo tanto, todavía de religiosidad a su moral, mientras que Feuerbach, al negar la inmortalidad, niega también el presupuesto kantiano y feuerbachiano de la misma, la divinidad y, por tanto, toda connotación «religiosa»: «tan *sin fundamento* es —constata Feuerbach— la creencia en la inmortalidad sin la creencia en la divinidad como *sin sentido* la creencia en Dios sin la creencia en la inmortalidad» (VIII, 340; cf. VIII, 336 s.). Por lo tanto, la reducción de la religión a la moral es en Feuerbach absoluta: «la única y verdadera religión es el amor incondicional, total del hombre al hombre, el amor que tiene en sí mismo su Dios y su cielo»[30].

Dada la importancia central que en las reflexiones éticas de Feuerbach tiene el hombre concreto como fundamento y meta de la moral, se podría preguntar también por qué Feuerbach no explota más ampliamente en su provecho la idea contenida en el principio categórico práctico kantiano de no utilizar jamás al hombre sólo como medio, sino siempre simultáneamente como fin, dado que este principio parece intentar centrar de hecho la ética en el hombre mismo. Creemos que esto puede encontrar su explicación en el hecho de que, incluso en la formulación «antropológica» de dicho principio, Kant no aban-

29 Cf. K. Grün (ed.), *op. cit.*, I, p. 422.

30 VII, 257. Tres años más tarde, en 1845, escribirá en este mismo sentido Feuerbach: «No tener religión, quiere decir: pensar sólo en sí mismo; tener religión: pensar en otros» (VII, 303).

dona jamás sus presupuestos morales principales de apriorismo, universalidad, pureza, etc., que, de ese modo, siguen recubriendo y desfigurando, según Feuerbach, la realidad misma, inmediata y directa, del hombre concreto. Pero aquí radica precisamente, a nuestro modo de ver, el problema principal que está implícito en la polémica de Feuerbach contra Kant. ¿Es posible —como piensa Feuerbach— una tal experiencia *inmediata*[31] del hombre, de sus necesidades y aspiraciones, de sus ansias de amor o de felicidad, sin la previa mediación de la «cultura» (en su más amplio sentido), que invade y polariza de formas muy diferentes nuestros modos mismos de ver, de experimentar, etc.? Con ello tampoco estamos intentando dar la razón a Kant, ya que la presunta «pureza» o el pretendido «apriorismo» de su moral también están «condicionados» por la misma creación cultural del hombre, que nunca vive de experiencias «puras», ni empíricas, ni tampoco estrictamente filosóficas o abstractas. Algo de esto fue bien percibido por Feuerbach, cuando intentó descubrir tras la máscara de la «ley» o el deber kantianos —como queda señalado— un rostro oculto, que no era otro sino el de las mismas apetencias fundamentales humanas[32], tan fustigadas o discriminadas por el austero Kant. Terciar sistemáticamente en esta polémica no es, por tanto, tarea fácil ni es tampoco la intención de estos análisis. En todo caso, desde un punto de vista estrictamente ético, pensamos que Feuerbach está más próximo a nuestro horizonte cultural contemporáneo, en el que prima una concepción del hombre más atenta a sus problemas concretos y cada vez más desconfiada de las grandes teorías globalizantes, aunque, por otra parte, no parece tampoco que el hombre contemporáneo pueda prescindir enteramente de ellas.

---

31 A este problema de la «mediación» de toda experiencia presuntamente inmediata, tal como lo puso de relieve Hegel, alude E. Thies, desde un punto de vista filosófico, en relación con las exigencias de inmediatez de Feuerbach. Cf. Erich Thies, «Zur Einführung in die Erlanger Vorlesungen», en Ludwig Feuerbach, *Vorlesungen über die Geschichte der neueren Philosophie* (Bearbeitet von C. Ascheri und E. Thies), Wissenschaftliche Buchgesellschaft, Darmstadt, 1974, pp. XLIII ss.

32 Moritz Schlick expresará también —sin hacer alusión a Feuerbach— esta misma idea, al escribir que «los preceptos morales no son sino la expresión de los deseos de la sociedad humana»: M. Schlick, *op. cit.*, p. 114 (cf. también pp. 109, 113 s.). Cf. Esperanza Guisán, *Razón y pasión en ética. Los dilemas de la ética contemporánea*, Anthropos, Barcelona, 1986, pp. 249 s.

26. NECESIDAD DE UNA CRITICA DE LA RAZON PURA PRACTICA

por Esperanza Guisán
(Universidad de Santiago de Compostela)

Como indicaré más adelante en este trabajo, existe una falta de paralelismo entre la *Crítica de la razón pura* (especulativa) (1781, 1787) y la *Crítica de la razón práctica* (empíricamente condicionada) (1788) de la que se cumple el segundo centenario.

Considero, precisamente, que uno de los retos con los que se enfrenta la filosofía moral contemporánea es el de la re-lectura, o tal vez re-escritura, de la *Crítica de la razón práctica* kantiana, complementando y matizando aquellos aspectos que Kant descuidó, de tal manera que se proceda a una revisión en profundidad del uso realizado por Kant de la razón *pura* práctica, lo que reclamaría, a mi modo de ver, el concurso de las aportaciones de las éticas teleológicas, en su versión contemporánea de éticas del bienestar, de tal suerte que la razón *pura* hubiera de estar siempre supeditada, tanto en el uso especulativo, como Kant admitió, como en el práctico, que rechazó, a los límites impuestos por la sensibilidad y la experiencia, lo que significaría en el caso del uso práctico de la razón pura su «sometimiento» a los deseos, sentimientos y necesidades humanos, rompiéndose así, adecuadamente, el improcedente hiato acentuado por Kant, como tendré ocasión de demostrar, entre ser/deber ser, razón/pasión, entendimiento/deseo.

Procederé en el presente trabajo a una confrontación, que espero fructífera y saludable, de las aportaciones de I. Kant y J. S. Mill con relación al concepto de «felicidad» en general, respecto al cual se oponen y difieren, y el de la «auto-estima» y «auto-respeto» que les acerca de forma insospechada, aspectos ambos que confío arrojarán luz sobre el interés de la aportación kantiana, sus deficiencias y aquellos aspectos en que su crítica de la razón práctica debe ser sustituida por una crítica de la razón *pura* práctica, o, lo que es igual, aquellos aspectos en los que la razón pura en su uso práctico no debe excederse en sus atribuciones y ha de proceder, por el contrario, a ser re-escrita en clave utilitarista.

Como se verá inmediatamente, la concepción de la naturaleza humana em ambos autores, totalmente dispar, así como sus condicionamientos ideológicos y religiosos, son factores desencadenantes de una valoración distinta del hedonismo psicológico que, curiosamente, Kant afirma con el mismo fervor con que niega el hedonismo ético y que Mill rechaza con la misma vehemencia con la que clama por un hedonismo ético cualificado, lo cual llevará a una muy distinta concepción por parte de ambos autores de las relaciones ser/deber ser, hacer/deber hacer, así como, lo que es más importante, las relaciones entre felicidad y virtud suficientemente bien tratadas en Mill, y decididamente mal paradas en Kant, como tendré ocasión de comentar, todo lo cual me llevará finalmente, a postular la introducción de elementos claramente consecuencialistas (especialmente de corte utilitarista) en la explicación de la razón práctica, a fin de dar sentido a la ética kantiana, en tantos sentidos ejemplar, y convertirla de este modo en una doctrina plausible, recomendable e incluso moral y prudencialmente atractiva.

I. EL HEDONISMO PSICOLOGICO DE KANT Y MILL

El papel de la «felicidad» en la ética kantiana es sumamente peculiar, y no estará de más adelantar, que constituye uno de los fallos más llamativos, desde mi punto de vista, de una ética que, por lo demás, presenta una estructura relativamente sólida.

Para empezar, mientras que Kant niega sistemáticamente el hedonismo ético, incluso en su versión universal, se adhiere con la misma fuerza a un exacerbado y desgarrador hedonismo psicológico egoísta [1] que a nivel fenoménico parece dominar totalmente la conducta humana, constituyendo una carga pesada de la que sólo podemos liberarnos por medio de la obediencia a los preceptos de la razón pura [2].

Mill, por el contrario, si bien acepta y defiende calurosamente un hedonismo ético universal, no parece tan inclinado a sostener incondicionalmente, si hemos de dar crédito a Berger, un hedonismo psicológico egoísta [3] sino que considera que entre las más importantes motivaciones humanas tienen cabida objetos totalmente dispares del bienestar puramente personal, hasta el punto de admitir no sólo la posibilidad, sino la deseabilidad de conductas totalmente altruistas, como los sacrificios personales, siempre que sean requeridos por el bien de los demás [4].

Nos encontramos así con la aparente paradoja de que Kant es un

---

[1] *Grundlegund,* BA 27; *KpV,* A 40, 46.

[2] *Ibíd.,* BA 112.

[3] Berger, *Happiness, Justice and Freedom-The Moral and Political Philosophy of John Stuart Mill,* University of California Press, Berkeley/Los Angeles, 1984, p. 13.

[4] Mill, *Utilitarianism;* versión cast. de E. Guisán, *El utilitarismo,* Alianza, Madrid, 1984, pp. 60-61.

creyente mucho más fervoroso en la inevitabilidad del hedonismo psicológico egoísta de lo que pueda serlo Mill, quien asume una concepción de la naturaleza humana mucho más optimista que la de Kant, en la que tienen su espontáneo y «natural» origen los movimientos e inclinaciones *simpáticos* que hacen que, de forma no compulsiva, nos sintamos atraídos hacia las acciones que promueven la felicidad ajena y garantizan un trato justo y equitativo a todo el mundo [5].

La *simpatía* hacia los semejantes así como sentimientos sociales ya presentes incluso en el hedonismo psicológico de Bentham distancian profundamente, pues, el punto de partida de Kant y Mill, a nivel de concepción antropológica de la moralidad. Todo lo cual redunda en una *concepción de la naturaleza humana* totalmente antagónica en Kant y Mill, que determinará, a su vez, los principales puntos de distanciamiento en sus postulados éticos.

Si convenimos como un punto de partida común entre todas las concepciones éticas, en que los principios de *imparcialidad* deben ser aceptados, de suerte que no consideramos sólo nuestra persona y sus necesidades sino, asimismo, las necesidades de todos los demás, como así fue postulado por Hobbes en sus muy sabias leyes de la naturaleza que se resumen en el precepto casi unánimemente aceptado por todos los credos y doctrinas morales y de otra índole: «No hagas a otro lo que no quieras para ti» *(Do not do to another, which thou wouldest not have done to thy selfe)* [6], que en su forma positiva se traduciría prácticamente en el imperativo categórico kantiano [7] o en la llamada regla de oro del cristianismo que Mill acata como el que más [8], llegaremos a la conclusión de que los sistemas éticos diversos, en el caso que nos ocupa los de Kant y Mill, han de ser esbozados de forma que incluyan refuerzos que estimulen el paso de lo que el hombre «hace» más o menos espontáneamente a lo que el hombre «debe» hacer (a saber tratar imparcialmente a sus semejantes).

La posición de Kant y Mill respecto a las conexiones entre el «hacer» y «deber hacer» es diametralmente opuesta como se verá en el apartado siguiente, a causa del distinto grado de adhesión, en uno y otro caso, al hedonismo psicológico egoísta.

En el caso kantiano puesto que la naturaleza humana parece de tal manera dominada por el impulso egoísta de buscar su propia felicidad, sin reparar en el modo y medios para conseguirla, aun a ex-

---

5 *Ibíd.*, p. 83.

6 Hobbes, *Leviathan,* Part I, Chapter 15, Pelican Classics, Middlesex (England), 1972, p. 214.

7 Las diversas formulaciones del imperativo categórico a lo largo de la dilatada obra de Kant son examinadas por Keith Ward en *The Development of Kant's View of Ethics,* Blackwell, Oxford, 1972, esp. pp. 41, 42, 99 ss., 109 ss. y 125 ss.

8 Mill, *op. cit.*, p. 62.

pensas de los legítimos derechos de los demás, es necesario y *exigible* un esfuerzo cuasi sobre-humano que, superando las debilidades connaturales al hombre[9] le capacite para convertirse en un ser moralmente adulto[10], es decir, un ser con capacidad para darse leyes a sí mismo (leyes que, por supuesto, implican la consideración igual de todos los seres racionales en el caso kantiano), tarea y esfuerzo éstos para los que la naturaleza «sensible» del hombre parece totalmente incapacitada, según el sentir de Kant[11].

Por el contrario, en el caso de Mill, en la medida en que rechaza la tesis del hedonismo psicológico egoísta, que implica que la gente, de hecho, sólo actúa movida por el deseo de su único y personal bienestar, se podrá confiar en gran medida a la propia naturaleza humana su auto-despliegue, en el sentido de que, una vez desarrollados los sentimientos sociales y solidarios, el sentido del *deber,* como consideración de los derechos e intereses de los demás seres humanos, se convierte en el sentimiento no compulsivo sino gratificante que domina las motivaciones humanas.

El *sentimiento trágico de la ética* presente en la obra kantiana, con su torturante renuncia al mundo de las emociones y sentimientos[12], está totalmente ausente en la ética de Mill, que no es tan candorosa e ingenua, sin embargo, como para no reconocer el antagonismo existente entre los diversos individuos en su convivencia social. Lo que ocurre es que, influido por los ilustrados, Mill considera que son las estructuras y las instituciones las que han generado conflictos intersubjetivos, distanciándose de Hobbes y las concepciones más pesimistas de la naturaleza humana[13].

II. SER/DEBER SER, HACER/DEBER HACER

Suele considerarse, erróneamente desde mi punto de vista, como he puesto de manifiesto reiteradamente, que Hume es el precursor de la formulación de la Falacia Naturalista denunciada por Moore[14], cuando, a mi modo de ver, Hume preconiza el mismo tipo de «natu-

---

9 Como Keith Ward ha observado se trata de una visión luterana de la naturaleza humana (*op. cit.,* p. 171).

10 *Grudlegung,* BA 75.

11 *KpV,* A 149.

12 Véase la retórica apelación al deber en *KpV,* A 154.

13 Sobre el particular ver *Utilitarianism,* versión cast. citada, p. 84, así como el comentario al respecto a cargo de Graeme Duncam en *Marx and Mill-Two Wiews of Social Conflict and Social Harmony,* Cambridge University Press, Cambridge, 1978, esp. pp. 238 ss.

14 E. Guisán, *Cómo ser un buen empirista en ética,* Secretariado de Publicaciones Universidad de Santiago de Compostela, 1985, cap. II, pp. 19-56.

ralismo» que, personalmente, considero vindicable, practicado por Mill, y que Moore ha denostado.

Estimo mucho más plausible la tesis de que Kant es el verdadero inspirador de Moore, hipótesis que no es del todo gratuita si tenemos en cuenta la influencia ejercida por Kant sobre el pensamiento de Moore, a pesar de no salvarse tampoco Kant de ser incluido por Moore entre los presuntos incursores en la Falacia Naturalista, si bien no en el sentido de confundir «bueno» con alguna cualidad o peculiaridad física, sino metafísica [15].

El origen de la tajante separación entre el *es* y el *debe* en Moore podríamos decir que, en buena medida, obedece a una filosofía del lenguaje peculiar y unos presupuestos ontológicos y epistemológicos que considero cuando menos discutibles. En el caso de Kant, entiendo que dicha separación viene determinada, como ya apunté, por su concepción antropológica, amén de sus prejuicios de tipo religioso que habían de considerar la naturaleza humana como «mala» [16], sólo redimible a través de un trasunto secularizado de dios cristiano, a saber, la *Razón pura no condicionada* [17].

Ocurre así que, como anticipé al comienzo de este trabajo y el propio Kant llama la atención sobre ello, se da una clara asimetría entre la *Crítica de la razón pura* (especulativa), en donde se intenta una demarcación y delimitación de las prerrogativas de la razón al margen de los condicionamientos de la sensibilidad, y la *Crítica de la razón práctica* (empíricamente condicionada), donde se proclama la soberanía absoluta e irrestringida de la *razón pura* por lo que a las cuestiones prácticas se refiere [18], de tal suerte que el mundo de los senti-

---

[15] G. E. Moore, *Principia Ethica,* Cambridge University Press, Cambridge 1982 (1.ª ed., 1903), par. 75 ss., pp. 126 ss.

[16] Véase Victor J. Seidler, *Kant, Respect and Injustice,* Routledge and Kegan Paul, Londres, 1986, pp. 20 ss. Cf. también Keith Ward, *op. cit.*, p. 146.

[17] Como el propio Kant afirma: «Dios es la razón ético-práctica auto-legisladora» (*Opus postumum,* XXI, 145).

[18] «Por qué esta crítica no lleva el título de Crítica de la razón *pura* práctica, sino solamente el de Crítica de la razón práctica en general, a pesar de que el paralelismo de ésta respecto a la especulativa parece exigir lo primero, es cosa que este trabajo explica suficientemente. El debe sólo establecer que hay *razón pura práctica* y critica con esa intención toda su *facultad práctica.* Si lo consigue, ya no necesita entonces criticar *la facutlad pura misma* para ver si la razón, con semejante facultad *no se excede* a sí misma, atribuyéndosela gratuitamente (como ello ocurre en la especulativa). Pues si, como razón pura, es ella realmente práctica, demuestra su propia realidad y la de sus conceptos por el hecho mismo y es vano todo disputar contra la posibilidad de serlo» (*KpV,* Vorrede, A 2).

Esta asimetría entre las dos primeras críticas no ha sido excesivamente resaltada, tal vez debido a la escasez de comentario en torno a *la Crítica de la razón práctica,* como L. W. Beck indica. Este autor, sin embargo, dedica algún espacio a analizar la carencia de paralelismo entre los títulos de las mencionadas obras de Kant, indicando que si bien la primera había sido anunciada por Kant como «crítica de la razón pura

dos, los sentimientos, los deseos humanos, etc., aparece como un mundo opaco a la racionalidad. Se deja traslucir un subyacente platonismo que clama por el mundo de las ideas [19], en contra del mundo sensible, un subyacente cristianismo que proclama la supremacía del mundo de lo espiritual cristiano frente al mundo de lo corporal pagano. Kant nos confunde, porque utilizando un lenguaje aparentemente ilustrado proclama tesis que se encuentran muy distantes de los ideales de la ilustración [20]. Su hombre *racional* no es el hombre ilustrado, sino el hombre sometido a una Ilustración-Razón que poco o nada tiene en cuenta los deseos del hombre. Muy lejos se encuentra Kant de la *Slave reason* humeana [21]. Por lo demás, como Seidler le ha criticado a Kant, el desestimar los deseos y los sentimientos de los individuos supone de algún modo negar lo que hay de *particular* (cursivas mías) en las vidas humanas [22], así como no reconocer que nuestros sentimientos, emociones y deseos poseen su propia racionalidad [23].

El yo escindido de Kant constituye uno de los puntos más vulnerables de su teoría antropológica y su teoría moral, e incluso su ontología y epistemología. La dicotomía y el discontinuo razón/pasión, parecen difícilmente vinculables o aceptables.

En cualquier caso, Kant es decididamente coherente con sus propios postulados. Puesto que el *hacer* espontáneo del hombre obedece a motivaciones *patológicas,* el *deber hacer* tiene que tener sus fuentes en otro tipo de motivación, a saber, el *respeto* por los preceptos de la ley de la razón práctica pura [24]. Dado también que la naturaleza

---

práctica», que seguiría a la segunda edición de la «crítica de la razón pura especulativa», Kant sin duda no tenía claro en aquel momento el contenido de su segunda crítica que habría de centrarse en la acepción negativa del vocablo *Kritik,* distinguiéndose, además, de la primera crítica en que mientras en aquélla su objetivo eran los límites de la razón *pura* especulativa, en el caso de la segunda la *Kritik* se dirigía a señalar los límites de la razón *empírica* práctica (L. W. Beck, *A Commentary on Kant's Critique of Practical Reason,* Midway Reprint, The University of Chicago Press, Chicago, 1984, pp. v-vi).

En el mundo hispánico el prof. Montero Moliner también ha comentado la desigual misión de las dos primeras Críticas: «Por lo tanto, la tarea de *La Crítica de la razón práctica* es, en cierta forma, la opuesta de *La Crítica de la razón pura:* No debe vigilar las pretensiones que la razón pudiera exhibir de operar por sí sola, prescindiendo de lo empírico, sino, por el contrario, debe cuidar de que no haga suyos los motivos empíricos, confundiendo sus leyes con máximas circunstanciales» (Fernando Montero Moliner, *El empirismo kantiano,* Universidad de Valencia, 1973, p. 269).

19 La influencia de Platón puede apreciarse claramente en *KrV,* B 370-375.

20 Véanse los comentarios sobre este punto en Keith Ward, *op. cit.,* pp. 167 y 174, y Seidler, *op. cit.,* p. 60, entre otros.

21 David Hume, *A Treatise of Human Nature,* Libro II, Parte III, sec. iii.

22 Seidler, *op. cit.,* p. 12.

23 *Ibíd.,* p. 126.

24 *Grundlegung,* BA 15.

humana está sujeta a inclinaciones y debilidades, habrá que basar el *deber* en un fundamento más estable que aquello que *es* como cuestión fáctica.

Como resultado de este punto de partida, la razón pura práctica postulará un cumplimiento puramente formal de los principios de la justicia (la universabilidad y prescriptividad, como serán reintroducidos en la ética de Hare [25]) que no tendrán que tener en cuenta en modo alguno las consecuencias, ni los logros a conseguir [26].

En este sentido el deontologismo puro de Kant, podría muy bien ser encuadrado dentro de lo que Seffler rotula como propuesta de restricciones centrada en los agentes *(agent-centered restrictions)* [27].

Cualesquiera que sean los méritos de la ética kantiana, el innegable valor de la defensa del «individuo como fin» [28], o el énfasis en la aplicación del principio de universalidad o imparcialidad, su deontologismo extremo precisa ser corregido y complementado con la aportación de Mill, muy especialmente en lo que atañe a su concepción dualista del hombre, su repudio de los sentimientos, deseos y necesidades, y como corolario su olvido de las consecuencias previstas o proyectadas de nuestras acciones.

Curiosamente, sin embargo, la «reconversión» kantiana en moldes utilitaristas, no constituye únicamente un intento contemporáneo. Aunque ha sido pasado muchas veces por alto, fue propuesta por el propio Mill en los capítulos 1 y 5 del *Utilitarianismo* [29].

Si bien Mill es impreciso y ha sido acusado, no sin cierta plausibilidad, de incurrir en la falacia naturalista por parte de G. E. Moore [30], tema que he tratado ampliamente en otros trabajos [31], al confundir de alguna manera o, para ser más explícitos, por no diferenciar suficientemente *deseado* (perteneciente al mundo de los hechos, al ámbito del *es*) y *deseable* (propio del mundo de los valores del mundo

---

[25] R. M. Hare, *Freedom and Reason,* Oxford University Press, Oxford, 1977, esp. pp. 1-67.

[26] Véanse, sin embargo, las interpretaciones más o menos teleológicas de autores como L. Goldmann, *Mensch, Gemeinschaft und Welt in Philosophie Immanuel Kant,* versión cast., *Introducción a la filosofía de Kant,* Amorrortu, Buenos Aires, 1974, pp. 171-173, o K. Ward, *op. cit.,* p. 85.

[27] S. Sheffler, *The Rejection of Consequentialism,* Clarendon Press, Oxford, 1987, pp. 115 ss.

[28] *Grundlegung,* BA 66-67. También conf. *KpV,* A 155-156, *KU,* par. 84, 398.

[29] *Utilitarianism,* versión cast. ya citada, pp. 41-42 y 116.

[30] G. E. Moore, *Principia Ethica,* par. 40, pp. 66 ss.

[31] E. Guisán, *Cómo ser un buen empirista en ética,* Secretariado de Publicaciones, Universidad de Santiago de Compostela, 1985, pp. 83 ss.

E. Guisán, «Contra Natura», *Revista de Filosofía,* 2ª Serie, VI, Madrid (julio-diciembre 1983), pp. 213 ss.

del *debe*)[32], resulta, a mi modo de ver, mucho más sugerente en este particular.

Es cierto que deseado y deseable *no siempre* apuntan a una misma cosa, pero también, como Brandt ha indicado, si bien todo lo deseado no es *ipso facto* deseable, todo lo deseable sí es en alguna medida y sentido deseado[33].

Propongo que consideremos para esclarecer este punto, la siguiente división tripartita entre *deseos* y búsqueda consiguiente de *placeres:*

I Nivel (correspondiente, en alguna medida al pre-convencional de Kohlber[34]). Abarcaría los deseos y placeres *solitarios,* propios de un individuo egoísta, o cuando menos egocéntrico, no socializado o apenas socializado, para quien las sanciones sociales son inoperantes, y que se encuentra desprovisto de todo sentimiento de *sympatheia,* o solamente lo posee en el sentido muy rudimentario de abarcar un muy reducido *in-group* (los suyos).

II Nivel (análogo al nivel convencional de Kohlberg). Abarcaría los deseos y placeres *gregarios,* propios del individuo que se ha integrado en el grupo, es ciudadano de la *polis,* cumple como «buen» ciudadano y procura no defraudar las expectativas propias de su *rol.* Es sensible al elogio, la buena acogida, la reprobación, la censura y el ostracismo. Vive como *se* vive y es feliz en el sentido no de disfrutar de la felicidad propugnada por Mill, sino en el de adaptarse al simple *content*[35].

III Nivel (paralelo al nivel post-convencional de Kohlberg). Englobaría los deseos y placeres *solidarios.* El individuo ha ensanchado sus capacidades en principio limitadas de *sympatheia* de modo que llega a ser feliz con la felicidad de los demás. No obra como *su* grupo le demanda, sino que aplica principios de imparcialidad y justicia en la distribución de los bienes. La búsqueda de la virtud y la felicidad se confunden.

Esta tripartita división entre deseos y placeres creo que será de utilidad tanto en el presente apartado, como en el siguiente, cuando examinemos las relaciones entre felicidad y virtud, satisfacción y autoestima.

De momento puede ayudarnos a explicar la confusión de Mill entre lo deseado y lo deseable así como su apresurado intento de fundir ambos conceptos.

---

32 El conocido paso de «deseado» a «deseable» en Mill se encuentra en *Utilitarianism,* versión cast. citada, p. 90.

33 Richard B. Brandt, *Ethical Theory,* versión cast. de E. Guisán, *Teoría ética,* Alianza, Madrid, 1982, p. 308.

34 Véase especialmente L. Kohlberg, *The Philosophy of Moral Development,* Harper and Row, Londres, 1981.

35 La distinción entre *happiness* y *content* puede verse en *Utilitarianism,* versión cast. citada, pp. 50-51.

Si tenemos en cuenta que Mill, dada su concepción del hombre como individuo en continuo progreso hacia la autonomía y la expansión de sus sentimientos de solidaridad, concibe los *deseos* genuinamente humanos (propios del ser humano maduro y desarrollado) como los deseos que he situado en el nivel III, podrá colegirse fácilmente, si aceptamos mi propuesta anterior de la imparcialidad como ingrediente distintivo de la «deseabilidad» y el «deber» moral, que ambas esferas se interconexionan de forma estrecha. Por supuesto que lo «deseable» no sólo no significa lo mismo sino que es cabalmente lo opuesto de lo «deseado» en los niveles I o II. Pero, de manera opuesta, en el nivel III «deseado» y «deseable» son como las dos caras de una misma moneda.

Ahora bien, podríamos legítimamente cuestionarnos si es lícito reducir todos los deseos *humanos* a los propios del nivel III. Se trataría por supuesto de una definición persuasiva de «humanos». Pues ¿por qué motivo habríamos de considerar menos «humanos» los deseos solitarios o gregarios que los deseos solidarios? Nuestra clasificación está abiertamente viciada por nuestra *valoración* de aquello que consideramos más deseable en el hombre. Siendo ello así, va de suyo que *deseado* y *deseable* son una y la misma cosa por cuanto «deseado» ha sido construido de acuerdo con nuestros *desiderata*.

En este sentido parece más realista la aproximación kantiana, como también lo es la hobbesiana, al tema de los sentimientos y deseos humanos que pudiera serlo la de Mill. Muchos, tal vez la mayoría de los hombres, no alcanzan en toda su vida la edad adulta, moralmente hablando. ¿Hemos de considerarlos *sub-hombres* sin caer en una definición nuevamente persuasiva?

Tal vez Mill tendría que aprender de Kant, que las relaciones humanas son más conflictivas de lo que él pretende y que el desgarramiento interior entre el «deber» y la «felicidad» es más profundo de lo que Mill quiere pensar.

Un punto intermedio entre la posición kantiana y la de Mill parece en este tema como en otros, lo más indicado desde el punto de vista de una *Crítica de la razón pura práctica* como aquí se propone.

El deber no es lo mismo que el ser, decididamente, pero también en contra del rigorismo kantiano, el «debe» no siempre es compulsión [36]. Algunas veces, por lo menos «deseable» coincide con «deseado». Mill exageró la nota pero no desafinó totalmente.

[36] *KpV,* A 58.

III. FELICIDAD Y VIRTUD / GRATIFICACION Y AUTO-ESTIMA

Nos acercamos ahora a un punto en que las coincidencias y discrepancias entre los posicionamientos de Mill y Kant son tan sorprendentes como espectaculares. El concepto de auto-estima *(Selbstzufriedenheit)* kantiano y el concepto de auto-respeto *(self-respect)* de Mill sirven como nexo para acercar a ambos autores a la vez que apuntan, paradójicamente, a los totalmente contradictorios supuestos de uno y otro autor respecto a las relaciones entre felicidad y virtud.

1. Consideraré diversos posibles puntos de vista respecto a las relaciones entre la vida buena y el bienestar psíquico y anímico *(eudemonía)* y la virtud, excelencia o *areté.*

a) *La posición indiferente,* de acuerdo con la cual podría considerarse que ambos conceptos apuntan a cualidades o notas completamente distintas y que simplemente no tienen nada en común. «Bueno es bueno y no hay nada más que discutir», como sería, en cierto sentido, la posición de Moore [37].

b) *La posición ascética,* criticada por Bentham, que mantiene que la virtud consiste precisamente en la búsqueda del sufrimiento y la evitación del placer.

c) *La posición coincidente,* ejemplificada por Epicuro que afirma que decir «placer» y decir «virtud» son una y la misma cosa.

d) *La posición optimista,* que sostiene que existen muchas maneras de ser feliz, pero que sólo los hombres más virtuosos o excelentes gozan de la felicidad más profunda, como es la postura defendida por Platón en la antigüedad.

e) *La posición pesimista,* que admite que aun cuando el Bien Supremo requiere la concertación de la virtud y la felicidad, esto no es habitualmente posible. La naturaleza humana no es tal que puedan reconciliarse a un tiempo las demandas de la excelencia moral y la bienaventuranza.

Por lo que a *Kant* se refiere diríamos que, en cierta medida, participa de dos posiciones. En primer lugar, comparte algunos presupuestos de la posición ascética, que trata vía renuncia y compulsión de hacernos dignos de la felicidad [38], que mediante la fe religiosa podemos esperar conseguir en otra vida [39]. Asimismo también es Kant uno de los más genuinos representantes de la posición *pesimista* que si bien

---

[37] G. E. Moore, *Principia Ethica,* par. 6, p. 6.

[38] «No es propiamente la moral la doctrina de cómo nos hacemos felices, sino de cómo debemos llegar a ser dignos de la felicidad» (*KpV*, Libro II, cap. II, par. V, A 234).

[39] *KpV,* A 234.

no puede menos que reconocer que el Supremo Bien habrá de reconciliar las expectativas de conjunción de virtud y felicidad [40], no lo considera posible a lo largo de nuestra existencia temporal.

Por supuesto que hay lugar para la esperanza de que la *virtud* tendrá su recompensa, ya que si bien no admite que la felicidad sea igual que la virtud, como hacen los epicúreos, acepta, de algún modo, la tesis estoica de que la virtud conduce a la felicidad, aunque nunca por supuesto a lo largo de nuestro *span* vital.

En cuanto a *Mill,* comparte la posición epicúrea de la identidad entre virtud y felicidad, pero de modo *cualificado,* acercándose más su distinción entre diferentes calidades de placer [41] a las tesis optimistas, de las que la teoría platónica es un excelente paradigma, relativas a que a mayor virtud corresponde mayor felicidad y a mayor felicidad corresponde mayor virtud, ya que, de modo estipulativo, se ha optado por la definición de «felicidad» como aquello que coincide con el cultivo de nuestra excelencia.

Prima facie, si bien tanto la teoría platónica como la de Mill contienen innegablemente elementos persuasivos que tratan de convencernos de que «vale la pena ser moral» ya que la *felicidad* es, venturosa y felizmente, valga la redundancia, precisamente eso: ser *moral,* resultan, en principio, teorías si no más verdaderas al menos más deseables que la sustentada por Kant que aplaza, inexplicablemente desde una perspectiva racional, el logro de la felicidad correlativa a la virtud a un mundo hipotéticamente trascendente [42].

Si aceptamos la división tripartita ofrecida en el apartado anterior con relación a los deseos y los placeres, no nos resultará tan difícil, quimérico ni utópico aceptar que en la medida en que los hombres se hacen más autónomos y solidarios, derivan especiales placeres y gratificaciones en la búsqueda de su perfeccionamiento y de la producción del mayor bien de la *polis,* tesis utilitarista que sirve de engarce entre el *Utilitarianism* y *On Liberty.*

Una de las diferencias más radicales entre Kant y Mill, se aprecia, precisamente, en este tema relativo a las relaciones entre virtud y felicidad, en que las distintas concepciones respecto al papel de la religión no parecen ser irrelevantes. *Mill* desea que los hombres sean aquí y ahora felices y para ello les anima a ser virtuosos. *Kant,* podríamos decir, nos apremia para que nos hagamos únicamente *dignos* de la felicidad mediante el ejercicio de la virtud. Es el enfrentamiento secular entre la filosofía intrínsecamente pagana y las concepciones sobrenaturales de la filosofía. Salvada esta diferencia, sin embargo, las po-

40 *KpV,* Libro II, Cap. II, A 198-199.
41 *Utilitarianism,* versión cast. citada, p. 48.
42 «Hasta más allá de esta vida» (*Über dieses Leben hinaus), KpV,* A 222.

siciones de Kant y Mill no resultan tan distintas. Los hombres que se hacen dignos de la felicidad, en ese mismo *hacerse dignos* disfrutan de la mayor felicidad imaginable, podría aseverar Mill. Con lo que, a la postre, la brecha entre Kant y Mill podría reducirse a una distinta concepción del significado del término «felicidad» en litigio.

2. Si bien puede resultar exagerado concluir que, en resumidas cuentas, las diferencias entre el *deontologismo* rigorista de Kant y el *teleologismo* optimista de Mill constituyen únicamente diferencias semánticas y verbales, no cabe duda de que, al menos en alguna medida, ello es así, al margen, por supuesto, de las diferencias en supuestos axiológicos, teológicos, etc., que puedan viciar, o al menos condicionar, los usos del término «felicidad» y del término «virtud» en ambos autores.

De hecho resulta palmario que las discusiones acerca de la «felicidad» en una hipotética controversia protagonizada por Kant y Mill resultarían infructuosas y carentes de sentido si no procedemos previamente a esclarecer las diferencias en el significado del término «felicidad» para ambos autores.

Consideraré un sugerente pasaje de la *Crítica de la razón práctica* en donde pudiera radicar la clave para desvelar las diferentes connotaciones que *felicidad* posee para Kant y para Mill. Este pasaje, a partir de ahora, *pasaje de la auto-estima,* constituye una de las más interesantes aportaciones kantianas a la determinación de lo moral y sus concomitancias o discrepancias con la felicidad, la satisfacción personal, etc.

En rigor, en la obra kantiana podríamos discernir entre dos conceptos paralelos y contrapuestos. Por una parte la *eigenen Glückseligkeit,* o felicidad propia, y por otra la *selbstzufriedenheit,* contento de sí mismo o auto-estima. Se trata de dos tipos distintos de *sentimientos* que poseen, sin embargo, connotaciones distintas. El primero de ellos sería lo que podríamos denominar un sentimiento puramente prudencial, de raigambre empírica. Al igual que todo lo que proceda de la experiencia no sirve, según los presupuestos kantianos, como fundamento de la moral ya que, de acuerdo con Kant: «La universalidad con que deben valer (las leyes morales) para todos los seres racionales sin distinción, la necesidad práctica incondicionada que por ello les es atribuida, desaparece cuando el fundamento de ella se deriva de la peculiar constitución de la naturaleza humana o de las circunstancias contingentes en que se coloca» [43].

Todavía más, no sólo es rechazable el principio referido, sino que es el *más* rechazable en la ética de Kant, no sólo por ser falso y caren-

---

[43] *Grundlegung,* BA 90.

te de valor fundamentante, sino porque socaba los propios cimientos de la moralidad, confundiendo los motores que mueven a la virtud con los que impulsan al vicio [44].

Por otra parte Kant, en contra de lo que pudiera esperarse, se ve obligado, a fin de evitar el racionalismo más absurdo, a admitir que las acciones éticas de algún modo se corresponden con motivaciones y sentimientos. De alguna manera ha de admitir, por reacio que sea a ello, un *sentimiento moral* que estaría constituido, precisamente, por el «sentimiento de satisfacción con uno mismo» [45]. Sentimiento decididamente curioso al ser producido por la sola razón [46], a fin de eximirle de elementos patológicos y que se asienta en el respeto *(Achtung)* hacia la ley [47], que si bien encierra compulsión *(Nötigung)* y no conlleva placer alguno, sino más bien dolor en la acción en sí, no obstante, al ser reconocido como producto de la razón suscita una suerte de «elevación» *(Erhebung)* [48], de modo que genera un sentimiento que podríamos, forzando la lectura de Kant, denominar *gratificante* por cuanto consiste en lo que Kant califica como «aprobación de uno mismo» *(Selbstbillingung)* [49].

El reconocimiento por parte de Kant de una suerte de sentimiento paralelo al del placer *patológico,* que tendría su origen en la pura razón y que conllevaría «gratificación» o «satisfacción» de un tipo peculiar, aparece más claramente en el pasaje al que antes me he referido como «pasaje de la auto-estima».

En el Libro II, cap. II, par. II, de *La crítica de la razón práctica* Kant se pregunta en un tono profundamente desgarrado: «¿es que no hay palabra alguna que señale no un goce como la palabra felicidad, pero sí una *satisfacción* (cursivas mías) en la existencia propia, un análogo de la felicidad que tiene necesariamente que acompañar la conciencia de la virtud?» [50]. Para responder seguidamente: «Sí, y esa palabra es el contento de uno consigo mismo» *(Selbstzufriedenheit)* [51].

Posiblemente este pasaje encierra el mensaje más sugerente de la ética kantiana, en el que subyacen también los presupuestos del hedonismo psicológico kantiano sumamente debatibles. Por una parte, se quiere decir que tiene que haber una distinción entre los placeres ordinarios, como el ganar en el juego haciendo trampas, y la satisfacción experimentada por haber sido respetuoso con las reglas de juego

[44] *Ibíd.,* BA 90.
[45] *KpV,* A 70.
[46] *Ibíd.,* A 135.
[47] *Ibíd.,* A 137-139.
[48] *Ibíd.,* A 143.
[49] *Ibíd.,* A 143.
[50] *Ibíd.,* A 212-213.
[51] *Ibíd.,* A 213.

aunque ello nos haya producido la bancarrota, ejemplo al que alude Kant en otro lugar en donde distingue de forma incisiva entre el *enfadarse consigo mismo* cuando se pierde por imprudencia y *despreciarse a uno mismo* cuando se gana haciendo trampa [52]. Por lo demás, como Kant añade con atino, tiene, efectivamente, que haber algún tipo de diferencia entre ambos tipos de reacciones y valoraciones. El sentirse *indigno* no puede ser parangonable al saberse astuto [53]. El sentimiento que produce la satisfacción del nivel que yo he denominado I, de deseos y placeres *solitarios,* no es, desde luego, equiparable al sentimiento que yo he incluido en el nivel III, de deseos y placeres *solidarios.* Sin embargo, Kant no quiere decir tanto (o tan poco) como lo que yo pretendo. Los sentimientos de placer y solidaridad no tienen cabida en su concepción moral. Su individualismo, a pesar de estar semetido a principios *formales* universales, realmente parece ir demasiado lejos.

Con todo, su apreciación es sensata y sus aseveraciones al respecto plausibles. Es preciso distinguir entre los diversos tipos de placeres, satisfacciones y gratificaciones. El sentimiento de *satisfacción con uno mismo* será el correlato de lo que en Mill entendemos como *felicidad moral,* propia de los seres que yo he colocado en el nivel III.

Por lo demás es, sin duda, mucho más profunda la percepción de esta satisfacción propia íntima, de este sentimiento de auto-aprobación moral, en Kant que pudiera serlo en Mill, aunque en otros aspectos la explicación de tal sentimiento por parte de Mill sea mucho más aceptable que la ofrecida por Kant.

Si bien Kant es especialmente sutil con relación a este concepto, como cuando alude a que es imposible gozar o disfrutar de este tipo especial de contento si uno previamente no es ya un individuo moral [54], o que es preciso ser ya por lo menos medianamente honrado para disfrutar ante la idea de serlo [55], yerra completamente, a mi modo de ver, en su empecinamiento en separar tajantemente la satisfacción moral, como sentimiento generado «por la sola razón», de los restantes sentimientos de raigambre empírica, o en su negativa a considerarla como motivo impulsor de la moralidad [56]. Pero el poco plausible y dicotómico enfoque de las reacciones humanas y las fuentes de gratificación y satisfacción, no debiera distraernos de lo que es justo reclamar como lo más importante de la contribución kantiana a la ética, solamente superada por su formulación del imperativo categórico, a saber, su reconocimiento de las fuentes morales de sa-

[52] *Ibíd.,* A 65.
[53] *Ibíd.,* A 65.
[54] *KpV,* A 67.
[55] *Ibíd.,* A 67.
[56] *MS, Tugendlehre,* 376.

tisfacción que revelan el grado más elevado de desarrollo que, según mis presupuestos personales, puede alcanzar un ser humano.

Por lo demás las coincidencias entre Kant y Mill a este respecto son llamativas, si bien parecen haber sido, hasta el presente, pasadas por alto. Se ha insistido por parte de muchos autores en la coincidencia respecto al elemento de *universalidad* tal como aparece expresado en las diversas formulaciones del imperativo categórico y el principio de *imparcialidad* inherente a la distribución de la felicidad dentro del hedonismo universalista de Mill [57]. Sin embargo, que yo sepa, dada la excesiva preocupación por los elementos *racionales* de la ética, tanto en los enfoques neoutilitaristas como neokantianos contemporáneos, no se han tenido en cuenta debidamente los paralelismos importantes en la concepción del *sentimiento moral* en Kant y Mill.

Por lo demás, también es cierto que si kant fue más sutil en el estudio de la caracterización de la auto-estima, Mill es, sin duda, mucho más agudo en la explicación y justificación de su génesis, así como del *sentimiento moral* en general. Dicho de otro modo, Mill responde de modo mucho más aceptable que Kant a la pregunta de por qué ser moral más bien que inmoral o simplemente amoral.

Kant, al haber establecido el hiato entre el hacer y el deber hacer, carece de enlace o eslabón entre el mundo de la praxis cotidiana y el mundo de la praxis ideal. Si los hombres obran de una manera espontáneamente, parece que resulta difícil explicar por qué *deben* obrar de otra manera distinta, contrariando sus tendencias naturales e infringiéndose dolor gratuitamente [58]. Las llamadas al supuesto atractivo del respeto producido por la pura razón [59] parecen más ingenuas todavía que la confianza milleana en el progreso de la humanidad.

Por lo demás, el individualismo kantiano, si bien tiene en cuenta los derechos de los demás, como exigencia emanada de la ley, no implica interés por los demás, como exigencia afectiva generada por sentimientos de solidaridad. En Kant, «yo tengo que ocuparme de los intereses de los demás, —podríamos parafrasear—, y ello no porque me importe en absoluto la felicidad ajena, sino porque viene exigido por la ley universal» [60], mientras que en Mill, también podría parafrasearse, «yo quiero (y por ello debo, o debo a causa de que *realmente* quiero) ocuparme de los demás».

El *sentimiento moral* en Mill tiene unas fuentes, origen y cometi-

57 Sobre estos aspectos en común entre Kant y Mill véase Hare, *Moral Thinking,* Clarendon Press, Oxford, 1981, esp. pp. 43 y 50.

58 Una crítica interesante a Kant en este sentido puede verse en P. Gardiner, «Freedom as an Aesthetic Idea», en Alan Ryan (ed.), *The Idea of Freedom,* Oxford University Press, Oxford, 1979.

59 *Grundlegung,* Cap. II, BA 33.

60 *Grundlegung,* BA 89.

do distintos que en Kant. Para empezar no es innato, sino adquirido, aunque ello no le impide ser tan «natural» como el que más, al igual que es adquirida y a la vez natural la facultad de hablar, pensar, etc.[61]. Para continuar, su origen no es racional, sino empírico y emocional. Se sustenta sobre la base de sentimientos naturales potentes, como son los «sentimientos sociales de la humanidad»[62]. Por añadidura, de acuerdo con Mill todo ser humano está llamado a ser libre y autónomo[63], así como a disfrutar de la auto-estima y el respeto propio, pero este respeto por uno mismo no es para Mill algo distinto de la felicidad humana, sino el ingrediente fundamental de la propia felicidad.

La relación entre la auto-estima y el sentimiento moral en Mill difiere, por consiguiente, de la diseñada por Kant. La auto-estima no es el único sentimiento moral, aunque es parte innegable del mismo. El sentimiento citado implica la estima propia y de los otros. La satisfacción con uno mismo, no obstante, no brota de la auto-complacencia ante la «pureza» de las intenciones personales o del asentimiento incondicional a la ley de la razón pura, sino que viene determinada por una complacencia con uno mismo como ser social que es capaz de colaborar en la transformación y mejora de las condiciones sociales.

Para Kant, por el contrario, el solo cumplimiento de la ley moral expresada mediante el imperativo categórico de la universalizabilidad, prescriptividad y respeto a los demás seres humanos como seres igualmente autónomos, es el que nos infunde el sentimiento de contento con nosotros mismos, *auto-estima* o *auto-estimación.*

Vemos así que mientras que en Kant el contento propio, o auto-estima, se liga con el reconocimiento de uno mismo como cumplidor de una ley que él mismo, en cuanto participante de la racionalidad universal, se ha dado, no en cuanto persona individual y «fenoménica», con intereses y deseos empíricos[64], para Mill el auto-respeto es un sentimiento moral propio de personas en las que se desarrollan los sentimientos sociales de solidaridad, que constituyen el genuino respeto, tan mermado en Kant, que lo aplica únicamente a la parte *racional* del hombre y nunca al hombre completo[65].

Por añadidura, y contrariamente a lo que es opinión común, la ética de Mill también da cuenta con más atino que la kantiana de la importancia de la salvaguarda de los elementos de libertad y autono-

[61] *Utilitarianism,* versión cast. citada, p. 82.

[62] *Ibíd.,* p. 83.

[63] *On Liberty,* versión cast. de Pablo Azcárate, *Sobre la libertad,* Alianza, Madrid, 1981, p. 130.

[64] Como Acton indica Kant se sorprendería y alarmaría ante la idea existencialista de que un hombre puede y debe construir su propia moralidad (Acton, *Kant's Moral Philosophy,* MacMillan, Londres, 1985, p. 39).

[65] Seidler, *op. cit.,* p. 40.

mía propios del hombre moral, elementos que aparecen considerablemente disminuidos en la ética kantiana, contra todo pronóstico.

Comparto, en este sentido, la crítica de Seidler al liberalismo deontológico contemporáneo, de raigambre kantiana (crítica que hago extensible al propio Kant), en el sentido de que en lugar de la concepción *atenuada* de la persona que dicho liberalismo deontológico hereda de Kant, precisamos contar con un sentido de la importancia moral de las personas como seres capaces de expresar sus potencias y habilidades en sus relaciones cotidianas, lo cual implica el reconocimiento de la individualidad de nuestras emociones, sentimientos y deseos [66].

Mill, por el contrario, considera la «individualidad como uno de los elementos del bienestar», tal como se expresa en el capítulo III de *On Liberty* [67], insistiendo al propio tiempo en la vinculación del concepto de auto-respeto con la idea del respeto al hombre total, abogando por una conjunción armónica del hombre racional y el hombre sensible. En tal sentido proclamará Mill que al igual que es deseable que el hombre adquiera una autonomía racional, es decir, una capacidad de pensar por sí mismo, es igualmente importante que adquiera asimismo carácter, que tenga personalidad, lo cual sólo es posible cuando sus deseos e impulsos son suyos propios [68].

Con este posicionamiento, como es obvio, Mill se enfrenta abiertamente al planteamiento kantiano. Según la interpretación de Seidler, que subscribo, si bien Kant nos ayuda a hacernos conscientes de nuestra dignidad y nuestra «auto-estima», ello es al precio de hacernos creer en nuestra insignificancia como hombres naturales [69], lo cual socava toda posible «estima» o «dignidad» que pudiéramos sentir cuando consideramos «estima» y «dignidad» desde parámetros no kantianos [70].

Más aún, y aunque ello también contravenga las valoraciones habituales de la ética kantiana, el planteamiento rigorista y religioso de Kant, que implica una cierta «maldad» natural en el hombre, resulta un atentado contra la propia individualidad y libertad humanas. Al desentenderse éticamente de nuestros intereses y preocupaciones personales desestima aquello que nos hace precisamente seres únicos, irremplazables y, por consiguiente, no intercambiables [71]. De esta manera, de forma irrefutable, se vuelven contra Kant los argumentos que sus supuestos seguidores contemporáneos de corte liberal deontológi-

---

66 *Ibíd,*. p. 204.

67 *On Liberty,* versión cast. citada, p. 130.

68 *Ibíd.,* p. 131.

69 Seidler, *op. cit.,* p. 40.

70 *Ibíd.,* p. 27.

71 Véase Oliver Letwin, *Ethics, Emotion and the Unity of the Self,* Croom Helm, Londres, 1987, p. 3.

co habían pretendido esgrimir contra un utilitarismo caricaturizado. Tanto Kant como sus defensores liberales se encuentran imposibilitados para ofrecernos un concepto no mutilado de naturaleza humana y, por tanto, para proporcionarnos un sentido de la dignidad y la autoestima que merezcan tal nombre. El individualismo racionalista extremo, paradójicamente, produce la «despersonalización» [72].

Un balance final, siempre *provisional,* acerca de las aportaciones de Kant y Mill al tema estudiado, nos llevaría a considerar, desde la postura que he adoptado, la necesidad de una re-lectura kantiana en clave más próxima al pensamiento de Mill.

De este modo sería factible la elaboración de una muy necesaria *Crítica de la razón pura práctica,* configurando los límites en los que la *razón pura* puede actuar a nivel práctico, convirtiéndose así en *medio* para lograr la concordia apetecida entre *felicidad* y *virtud,* vinculándose estrechamente a los deseos humanos cualificados, cuando se considera al hombre en su conjunto como una unidad psico-somática indisoluble.

---

72 Seidler, *op. cit.,* pp. 51-52.

27. KANT Y NIETZSCHE. CRITICA DE LA ONTOLOGIA MORAL

por JESÚS CONILL SANCHO
(Universidad de Valencia)

No es caprichoso releer a Kant en la conmemoración del segundo centenario de la publicación de la *Crítica de la razón práctica* teniendo presente a Federico Nietzsche, porque este autor es uno de los más influyentes en el horizonte cultural finisecular que nos ha tocado vivir. Baste señalar, a título de ejemplo, la controversia acerca de las virtualidades de lo moderno y lo postmoderno, cuya raíz se encuentra en la confrontación paradigmática entre Kant y Nietzsche. No en balde muchos que se reclaman todavía modernos e ilustrados recurren a Kant, a fin de rehabilitar la razón práctica, y, en cambio, otros muchos que se enfrentan al orden ilustrado moderno se inspiran en motivos de la filosofía nietzscheana.

En efecto, tanto Kant como Nietzsche representan dos enfoques muy significativos en el momento filosófico y cultural actual. Por una parte, Kant es un egregio representante de la Modernidad y de la Ilustración; y, por otra, Nietzsche no lo es menos de aquella crítica que tiende a considerar la Modernidad y la Ilustración como un rotundo fracaso. Pues las pretensiones universalistas de la razón moderna, deseosa de imponer su unidad y poder por todas partes, se ven hoy desacreditadas por doquier y enfrentadas a un pluralismo y fraccionamiento, con la consiguiente pérdida de fuerza y vigor. De este modo la razón moderna ya no ofrece la garantía de la ordenación satisfactoria de la realidad. El reino de la dispersión, de las discontinuidades y las diferencias ha quebrado las falsas seguridades de la razón. Y ésta ha entrado en una profunda crisis. Pues la denominada «muerte de Dios» no supone sólo el anuncio de la renuncia al Dios cristiano, sino también a su larga sombra, es decir, implica desembarazarse de toda instancia fundamentadora, unificadora y legitimadora, que se desenmascara como ficticia. El sujeto, la razón, la conciencia, la voluntad libre han fracasado; porque ninguno de ellos puede proporcionarnos una base firme e irrebasable. La renuncia a tales ficciones supondría el reconocimiento del «fin de la modernidad».

Por consiguiente, no es baladí en este contexto recuperar la tradición que relaciona a Kant y Nietzsche; especialmente en circunstancias en que nos preguntamos por el fin o fracaso de la Ilustración moderna, en que al hablar no sólo de postmetafísica sino de postfilosofía parece abocarse a un abismo cultural. Por un lado, encontramos a los neoilustrados que siguen confiando en los ideales universalistas de la Modernidad; aquellos que esperan convertir la razón en el órgano de la libertad y con tal poder racional transformar la realidad acomodando sus realizaciones a la libertad racional. Pero, por otro, los denominados postmodernos se enfrentan a los ideales modernos mediante una deconstrucción de aquellas instancias que, en esta nueva perspectiva, se han convertido en nuevas formas de opresión y represión de la libertad radical.

Así pues, la confrontación entre Kant y Nietzsche urge como necesidad vital para quienes se quieran enfrentar hoy en día seriamente a los interrogantes más radicales en que nos vemos envueltos y que de forma sintética —para orientar la exposición que sigue— voy a resumir en dos cuestiones:

1ª) La cuestión del *perpectivismo,* que pasa por preguntarse si existe una base fiable para *orientarnos* en la existencia, es decir, si en el fondo estamos abocados al caos, al sinsentido, al absurdo o si, aun enfrentados al abismo de la experiencia, al fraccionamiento, la dispersión y diseminación, es posible lograr algún orden de sentido, alguna *perspectiva ordenadora* básica que permita tal orientación vital; si hay algún orden en la realidad, en la razón o en cualquier otro lugar, desde donde podamos hacer frente a las oscuras y enigmáticas turbulencias del caos experiencial.

2ª) La cuestión de la *libertad* o de la autonomía individual; que, por un lado está vinculada a la cuestión anterior en la medida en que cabe preguntar si es posible la libertad radical contando con algún principio o instancia que sirva de orientación o si éstos impiden por principio la libertad: ¿es todo punto de referencia un peligro para la soberanía y autonomía del individuo? ¿De qué libertad se está hablando en tal caso? Creo que la cuestión de fondo en el enfrentamiento entre Kant y Nietzsche radica en la profundización en la libertad. ¿Es el giro copernicano el método más radical para instaurar la libertad o es posible una profundización, ampliación o «contragolpe» que nos abra a una nueva experiencia de la libertad?

Hasta aquí las consideraciones introductorias que sirven para justificar el tema que nos ocupa.

I. LA ACTITUD DE NIETZSCHE RESPECTO A KANT

La toma de postura de Nietzsche respecto de Kant parece que no se sustentó nunca en un estudio detenido de las obras de este último por parte de Nietzsche. Todos los indicios hacen suponer que nunca leyó una sola obra de Kant en el original, sino que tuvo un conocimiento de su filosofía a través de sus intérpretes y seguidores: Arthur Schopenhauer y Friedrich Albert, pero también Gustav Teichmüller, Otto Liebmann, Kuno Fischer. Todos ellos influyeron en Nietzsche como kantianos de un modo decisivo. Recuérdese, por ejemplo, la enorme influencia de F. A. Lange y su obra *Historia del materialismo,* y más anecdóticamente el hecho de que en 1868 quisiera hacer una tesis sobre el tema «El concepto de lo orgánico a partir de Kant», influido por la lectura del *Kant* de K. Fischer [1].

Si tenemos en cuenta las diversas obras que han estudiado las relaciones entre ambos autores [2], así como algunos de quienes aprovecharon ambos enfoques para configurar su propia filosofía (como es el caso de H. Vaihinger), se puede afirmar que Nietzsche tiene presente constantemente a Kant, estableciéndose una «viva relación» impregnada tanto de «admiración» como de «insatisfacción» [3].

Es imposible dar cuenta de todos los aspectos en que esta relación se encuentra a lo largo de los textos nietzscheanos. De ahí que tengamos que limitarnos a alguno de ellos; si bien se trata de un aspecto central para entender dicha relación. Porque, aunque Nietzsche no leyó las obras de Kant, sin embargo intentó desentrañar (desenmascarar) las intenciones fundamentales de su pensamiento y enfrentarse violentamente a ellas.

En principio, la filosofía de Nietzsche también pretende ser una *crítica,* pero ésta se lleva a cabo de una manera diferente a la kantiana. La nietzscheana es una crítica genealógica del pensamiento *(Entstehungsgeschichte des Denkens).* Es una transformación de la crítica kantiana, la cual buscaba una legitimación y fundamentación de la metafísica por algún nuevo método; ahora en Nietzsche la crítica radical ya no querrá seguir pensando los límites legítimos de la razón,

[1] Cfr. A. Sánchez Pascual, nota 113, pp. 275-276 de su traducción de *Más allá del bien y del mal,* Madrid, 4ª ed. 1978.

Sería de sumo interés el estudio de la relación de Nietzsche con todo el ambiente de neokantianos de su época, en el que se forjó su idea de la filosofía kantiana. Tal vez Nietzsche pueda considerarse un extremista del neokantismo de su época en versión psicofisiológica, capaz de llevar el giro copernicano no sólo a la perspectiva interesada por las condiciones de posibilidad de una razón formal-transcendental, sino también a las condiciones reales y valorativas que hacen posible la interpretación del mundo con sentido desde *perspectivas* latentes, pero accesibles a una *razón corporal y hermenéutica.* En el perspectivismo podrían unirse el transcendentalismo y la hermenéutica. Porque la perspectiva es la condición de posibilidad de una ordenación con sentido, sin la cual es imposible cualquier interpretación del mundo. Cfr. J. Conill, *El crepúsculo de la Metafísica,* Anthropos, Barcelona, 1988.

[2] W. Etterich, *Die Ethik F. Nietzsches im Grundriß,* im Verhältnis zur Kantschen Ethik betrachtet, diss., Dortmund, 1914; O. Ackermann, *Kant im Urteil Nietzsches,* Tübingen, 1939; B. Bueb, *Nietzsches Kritik der praktischen Vernunft,* Stuttgart, 1970; O. Reboul, *Nietzsche critique de Kant,* París, 1974; S. Kittmann, *Kant und Nietzsche,* Frankfurt M., 1984.

[3] Cfr. nota 1.

ya que esta empresa supone la confianza en las fuerzas de la razón y asimismo la fe en el hecho del conocimiento. Es decir, la filosofía kantiana es un *criticismo* que está basado en «la seguridad de los criterios valorativos» y en «el manejo consciente de una unidad de método»[4]. Por tanto, «el gran chino de Königsberg era únicamente un gran crítico». Pero los nuevos filósofos tendrán que reconocer que «¡los críticos son instrumentos del filósofo, y precisamente por eso, por ser instrumentos, no son aún, ni de lejos, filósofos!»[5].

El filósofo tendrá que «recorrer el círculo entero de los valores y de los sentimientos de valor del hombre y a fin de *poder* mirar con muchos ojos y conciencias, desde la altura toda lejanía, desde la profundidad (...) Pero todas estas cosas son únicamente condiciones previas de su tarea: esta misma quiere algo distinto, exige que él *cree valores*». En cambio, «aquellos obreros filosóficos modelados según el noble patrón de Kant y de Hegel tienen que establecer y que reducir a fórmulas cualquier gran hecho efectivo de valoraciones —es decir, de anteriores *posiciones* de valor, creaciones de valor que llegaron a ser dominantes y que durante algún tiempo fueron llamadas «verdades»— bien en el reino de lo *lógico,* bien en el de lo *político* (moral), bien en el de lo *artístico*»[6].

Para Nietzsche, Kant es sólo el crítico que señala los límites del saber, es decir, tiene como tarea la teoría del conocimiento; es crítico, pero no filósofo en sentido pleno. Pues para ello hace falta otro tipo de crítica, excavar más profundamente. Es decir, habrá que desvelar lo que *impulsa* a pensar de una determinada manera. La intención no es conservar el viejo ideal o la rehabilitación de tal tipo de pensamiento mediante su legitimación reflexiva, sino *rebasarlo realmente,* ir «más allá», sin recaer en ninguna nueva instancia legitimadora.

En definitiva, el criticismo kantiano es una ingenuidad, ya que cree alcanzar el «conocimiento del conocimiento» mediante su crítica transcendental; cuando lo único que encontramos es la *fe en un orden de la razón,* y «la confianza en la razón» —a juicio de Nietzsche— constituye un «fenómeno moral»[7]. Para Nietzsche, Kant pretende una ingenuidad, porque la pregunta por el conocimiento y su posibilidad sólo es posible si se sabe qué es conocimiento o si se cree en el conocimiento. De ahí que diga en este contexto la siguiente frase, en donde aparecen los términos que nos han servido de título:

---

[4] Las obras de Nietzsche se citarán por las ediciones castellanas accesibles o, en su caso, por la edición de G. Colli y M. Montinari, *Werke. Kritische Gesamtausgabe* (= *KGW*), Berlín, 1967 ss.

La cita corresponde a *Más allá del bien y del mal,* p. 153.

[5] *Ibíd.,* pp. 153-154.

[6] *Ibíd.,* p. 155.

[7] *Aurora,* Barcelona, 1981, p. 8.

> «La *legitimidad* de la fe en el conocimiento se presupone siempre: así como se presupone la legitimidad en el sentimiento del juicio de la conciencia. Aquí la *ontología moral* es el prejuicio *dominante*» [8].

A continuación expondremos el sentido que adquiere la nueva crítica de Nietzsche a la «ontología moral», que parece ser el prejuicio dominante hasta para poder llevar a cabo la propia crítica kantiana. Y como «el origen de una fe, es decir, de una firme convicción es un problema psicológico», se precisa una genealogía que explique los prejuicios que configuran la ontología predominante en Kant y también operante ya más o menos visiblemente en otros momentos cruciales del pensamiento occidental.

II. CRITICA DE LA ONTOLOGIA MORAL

La ontología moral constituye una interpretación desnaturalizadora de las cosas, porque presupone una «ordenación moral del mundo». Esta ordenación se ha introducido mediante la aplicación de una causalidad antinatural, que convierte la moral en antítesis de la vida. Dicha «ordenación moral del mundo» es el blanco de reiterados ataques por parte de Nietzsche.

La raíz de tal interpretación se remonta a Zaratustra, que advirtió que «la rueda que hace moverse a las cosas es la lucha entre el bien y el mal» *(Böse);* por tanto, a él debemos «la trasposición de la moral a lo metafísico, como fuerza, causa, fin en sí» [9]. De este modo Zaratustra creó el error más fatal de todos, la moral.

Y aunque «la historia entera constituye (...) la refutación experimental del principio de la denominada ''ordenación moral del mundo''», desde entonces arrastramos dicho error con sus funestas consecuencias. En todos los momentos cruciales del pensamiento se repite este prejuicio, esta fe en un orden del mundo (del ser, de la realidad, de la razón —y cabría añadir también: del lenguaje—), que constituye, pues, una «ontología moral». La crítica de la misma por parte de Nietzsche constituye un aspecto central de su enfrentamiento con Kant (que puede desarrollarse a través de las críticas más localizadas al imperativo categórico, a la libertad inteligible, la voluntad libre, etc.).

Si efectuamos un estudio psicológico de la ontología moral (una «psicología de la metafísica») descubriremos la causa por la que se ha producido tal idealización moralizadora. Tal operación ordenadora de la razón no hace más que formular el deseo de escapar del mundo

---

[8] *KGW,* VIII, 1, p. 273.
[9] *Ecce Homo,* Madrid, 8ª ed., 1984, p. 125.

del dolor. Se genera así un resentimiento contra lo real, un «odio hacia un mundo que hace sufrir», de donde surgen todas las construcciones de un mundo ordenado, que se considera más valioso. Incitado por la experiencia del sufrimiento y por los deseos de otro mundo, el ontólogo moral realiza inferencias falsas, como las siguientes:

> «Este mundo es aparente, *luego* hay un mundo verdadero; este mundo es condicionado, *luego* hay un mundo incondicionado; este mundo es contradictorio, *luego* hay un mundo exento de contradicción; este mundo está en devenir, *luego* hay un mundo que es» [10].

Estas inferencias se basan —a juicio de Nietzsche— en una confianza ciega en la capacidad de la razón como fuente reveladora de un ser-en-sí. Y las reglas por las que se cree proceder de este modo parecen estar acreditadas por la lógica, que se convierte así en criterio del ser-verdadero.

Por este camino puede llegarse a la hipóstasis de las categorías y principios de la razón. No obstante, la lógica, que contiene las reglas procedimentales del pensamiento, expresa meramente un *deber,* un «imperativo» [11]; por consiguiente, nos ofrece el conjunto de la fijación moral de la razón, ya que «el surgimiento de todo pensamiento es un acontecimiento *moral*» [12].

Así pues, lo que se abre al pensamiento se configura como un mundo arreglado conforme a imperativos morales: porque estamos preocupados por el dolor y porque confiamos en que la moral es una condición para eliminarlo.

El prejuicio de la ontología moral surge —como toda construcción metafísica— de la esfera práctica de la utilidad dentro de un largo proceso de la experiencia. El error de la ontología moral proviene del sufrimiento y del miedo a lo real, así como del resentimiento y del deseo de otro mundo más valioso y seguro [13].

El hombre proyecta un mundo exento de contradicción, engaño y cambio; ya que anhela un mundo de lo que permanece y confía en su verdad [14]. A ello nos mueve primordialmente la desconfianza ante lo que deviene; el menosprecio de este ámbito provoca la ficción de un mundo del «ser», de la «verdad», como expresión de lo permanente, duradero y fijo, es decir, de aquello que proporciona seguridad, certeza y se ajusta a nuestros deseos.

---

[10] *KGW,* VIII, 1, p. 337.

[11] *KGW,* VIII, 2, p. 53.

[12] F. Nietzsche, *Die Unschuld des Werdens.* Der Nachlaß (Hrsg. v. A. Baeumler), 2 Bde., Stuttgart, 1956, II, nº 30, p. 13.

[13] *KGW,* VIII, 3, pp. 336-337.

[14] *KGW,* VIII, 2, pp. 28 y 29, 48 y 49.

La instauración de este orden (ontológico-moral) se produce por un determinado tipo de hombre que está cansado de sufrir, pero que es incapaz de imponer su voluntad. La «voluntad de *verdad*» se debe a la *impotencia de la voluntad para crear*. Pues lo que constituye la *fe en la verdad* es la necesidad de tener un apoyo firme en algo creído verdadero [15].

Sin embargo, según Nietzsche, no hay un *mundo verdadero,* sino sólo un *aparecer perspectivista,* cuyo origen está en nosotros, en la medida en que necesitamos un mundo abreviado y simplificado [16]. La valoración en que consiste la verdad expresa las *condiciones de conservación* y *crecimiento* de una determinada forma de vida, es decir, la *utilidad,* pero no la verdad. Pues un presupuesto de lo vivo es que algo *tenga que* ser tenido por verdadero, pero *no* que algo sea verdadero. Por consiguiente, la oposición entre «mundo verdadero» y «mundo aparente» puede reducirse a *«relaciones de valor»;* porque hemos proyectado *«nuestras* condiciones de conservación» como si fueran *«predicados del ser»* [17].

Así pues, en el trasfondo de la construcción ontológico-moral late el mundo de los instintos, afectos y valoraciones, que reclaman —exigen— un modo de vida. La verdad, la lógica, la ontología moral y la metafísica son producto de un instinto, cuyo resultado son ilusiones, que sirven para sofocar las impresiones e intuiciones originarias. Este instinto, que se plasma en el prejuicio de la ontología moral, está en relación con el *ideal ascético,* que se ha adueñado de la filosofía y de la cultura, convirtiéndose en instancia suprema. Y de ese modo nos vemos impulsados a «*hacer* pensable todo lo que existe», buscando reducir y someter todo lo que hay: en esta voluntad de verdad encontramos voluntad de poder [18] y la «verdad» no es más que otra palabra para decir «ser».

Por otra parte, este ideal ascético, que constituye el motor de la ontología moral, nos introduce en «el terreno de la moral» [19]. Porque la fe en el ideal ascético mismo (en la forma de su imperativo inconsciente) equivale a una fe en el valor en sí de la verdad. Esta fe incondicional en la verdad sustenta incluso la ciencia, ofreciendo un sentido, un método, una *convicción predominante:* «nada es más necesario que la verdad». Pero esta voluntad no se origina por utilidad, ya que tan útil puede ser la verdad como la no-verdad. De modo que la creencia en la importancia de la verdad surge de la fe en la incondi-

---

[15] *KGW,* VIII, 2, p. 32.
[16] *Ibíd.,* p. 18.
[17] *Ibíd.,* pp. 16-17.
[18] *Así habló Zaratustra,* Madrid, 12ª ed., 1984, pp. 169 ss.
[19] *El gay saber,* Madrid, 1986, pp. 236-237.

cionalidad de la verdad; lo cual significa «no quiero engañar, ni siquiera a mí mismo». Y de este modo nos hemos introducido en «el terreno de la moral».

Por tanto, la crítica de la ontología moral implica una crítica de la voluntad de verdad, una crítica del valor de la verdad: hay que plantear la *verdad como problema* y la *moral como problema.* De este modo, a juicio de Nietzsche, se está planteando el problema del sentido de «*nuestro* ser todo», porque el planteamiento crítico de la pregunta «¿qué significa toda voluntad de verdad?», es decir, el hecho «de que la voluntad de verdad cobre conciencia de sí *hace perecer* de ahora en adelante (...) la moral» [20].

Y los que todavía *creen* en la verdad son «idealistas»; en cambio, para Nietzsche, «nada es verdadero». Con lo cual se abandona la firmeza e incondicionalidad de la «fe en la verdad», pues ésta se hace por fin radicalmente criticable, ya que lo que la sostenía era la fe en el ideal ascético. Pero ¿por qué la *verdad* y no más bien el error? ¿Por qué la *moral* y no más bien la inmoralidad?

No obstante, Nietzsche reconoce que la ontología moral, regida por el ideal ascético, ha servido de respuesta al vacío del hombre, que «no sabía justificarse». Este idealismo ha configurado la plataforma desde donde el hombre se ha representado el sentido frente al sufrimiento por la falta de sentido. Pues el ideal ascético ofreció «un sentido», ya que el problema del hombre «*no* era el sufrimiento mismo, sino el que faltase la respuesta al grito de la pregunta "¿para qué sufrir?"». De este modo habría una respuesta a la pregunta: «¿para qué en absoluto el hombre?»; y hasta ahora ha sido «el único sentido» y como «algún sentido es mejor que ningún sentido», el ideal ascético ha servido como mal menor, a fin de «salvar», «dar *un sentido*», al hombre, en vez de condenarlo al absurdo, al «sin-sentido» [21].

Ahora bien, la ontología moral, orientada por el ideal ascético, trae consigo un odio contra lo animal, contra lo material, una repugnancia ante los sentidos, el anhelo de apartarse de toda apariencia y una aversión contra la vida. De todos modos, seguía siendo una *voluntad;* e igual que «algún sentido es mejor que ningún sentido», el ideal ascético, inherente a la ontología moral, significa «una voluntad de nada», ya que «el hombre prefiere querer *la nada* a *no querer...*» [22]. De ahí la consecuencia del nihilismo.

Este ideal ascético de la verdad y de la moral finge un mundo mejor que va contra la realidad, a la que despoja de su valor, ya que prefiere —valora más— otro mundo ideal (fingido), el mundo «ver-

20 *La genealogía de la moral,* Madrid, 3ª ed., 1978, p. 184.
21 *Ibíd.,* p. 185.
22 *Ibíd.,* pp. 184-186.

dadero» frente al «aparente». Esta ficción de lo ideal se considera así más valiosa que la propia realidad, aun cuando no es más que la *inversión* de los instintos más básicos de la humanidad. Pues la idealización —moralización— es un error, en cuya base hay tan sólo una cobardía a enfrentarse de lleno con la realidad desbordante.

El error consiste en creer en el ideal; pues la moralización implica una desvaloración de lo real en pro de lo ideal. Pero ese falseamiento se debe a la cobardía por debilidad para soportar la realidad [23]. Pues el sufrimiento y la imperfección del mundo inducen a proyectar la ilusión de un «más allá» ideal:

> «sufrimiento fue, e incapacidad, lo que creó a todos los trasmundanos» [24].

La cobardía y la debilidad inducen a fingir un mundo ideal, es decir, a la mendacidad del idealismo o «contranaturaleza»; o dicho de otro modo: inducen a la moral que falsea lo real, puesto que ya no lo soportamos y queremos perderlo de vista en favor de los ideales (los «ídolos»).

Pero, para Nietzsche, el ideal ascético es un crimen contra la vida y la difamación del mundo [25]. Sólo la fatiga ha podido crear los dioses y trasmundanos; y para ello los ontólogos morales, los metafísicos, han desesperado de la tierra y pretenden atravesar los límites del mundo, dando un sentido ideal. De este modo se empeñan en lo imposible: «atravesar la pared con la cabeza» [26].

Cuando el sufrimiento es interpretado como «mal» en la relación valorativa moral entre «bueno» y «malo», sólo cabe escapar a dicho esquema traspasándolo o transmutándolo desde la propia fuente que origina los «sentimientos de valor». Si se ha caído en el idealismo ascético, que niega la realidad, justificándose desde un mundo ideal (verdadero y más valioso), dado que el real resultaba insoportable, se debe a que no hemos sido capaces de vivir en el mundo real con sentido. Y ha sido necesario crear ídolos o ideales, desde donde se ha apaciguado —justificado— el mundo del devenir, que tanto sufrimiento generaba.

Frente al sentido de los trasmundanos hay otra posibilidad que no se sustrae al cuerpo y a la tierra, que ya no es propia de «enfermos y moribundos» (despreciadores del cuerpo y de la tierra, es decir, de los inventores de ideales); para Nietzsche será posible una nueva libertad que «crea el sentido de la tierra»: «la voz del cuerpo sano (...) habla del sentido de la tierra» [27].

---

23 *Ecce Homo,* Prólogo, 1-3.
24 *Así habló Zaratustra,* p. 57.
25 *Ecce Homo,* pp. 129-130.
26 *Así habló Zaratustra,* nota 39, p. 438, comentario de Sánchez Pascual.
27 *Ibíd.,* p. 59; cfr. pp. 60 ss.

La última raíz del idealismo denunciado por Nietzsche se encuentra en el sufrimiento; sólo el que sufre la realidad tiene motivos para querer evadirse de ella. Pero quien sufre es porque fracasa. Y la preponderancia de los sentimientos de displacer, causados por el sufrimiento y el fracaso, provocan la ficción de realidad, en la cual se cifra la *«décadence»,* ya que se trata de un «instinto degenerativo». El instinto de resentimiento, que se genera así, constituye la base de las invenciones de *otro* mundo ideal (trasmundano), desde cuyos cánones la afirmación de la vida aparece como la antítesis mala [28].

La invención de ese otro mundo, distinto del de la vida, la naturaleza y la historia, surge de la cobardía idealista que huye de la realidad; pues para el débil es una necesidad la huida ante la realidad y el recurso a los refugios idealistas [29]. Así pues, el recurso a la «ordenación moral del mundo» es un síntoma de debilidad, una consecuencia de la moral de la *décadence,* que considera las situaciones de peligro como algo terrible que hay que eliminar; de modo que vale como condición de existencia de los débiles (buenos), pero cuya condición es la «mentira»: «el no-*querer*-ver (...) cómo está constituida en el fondo la realidad» [30].

En la ontología moral se pierde la relación natural, debido a la mendacidad que nos inclina a desnaturalizar los acontecimientos y recurrir a abstracciones antitéticas de la vida. Pues

> «la historia entera constituye (...) la refutación experimental del principio de la denominada ''ordenación moral del mundo''».

Pero, entonces,

> «*para qué moral en general,* si la vida, la naturaleza y la historia son ''amorales''?» [31].

A juicio de Nietzsche, la mentira del «orden moral del mundo» atraviesa toda la historia de la filosofía y ha servido para desvalorizar los valores naturales; constituye un falseamiento y deformación que atenta contra la posible liberación y grandeza del hombre, y proviene de los instintos cobardes, en definitiva, del miedo. Pues es la falta de fuerza para enfrentarse a la realidad «tal como ella es» la que genera el idealismo y la pérdida del auténtico centro de gravedad. En ella predomina la incapacidad de asumir la realidad y se impone el ideal de la verdad y de la moral, es decir, los dos errores más malig-

---

28 *Ecce Homo,* pp. 40 y 50.
29 *Ibíd.,* pp. 69-70.
30 *Ibíd.,* p. 126.
31 *Ibíd.,* p. 125.

nos que existen; por cuanto el mundo «verdadero» y «moral» aligera la realidad, desvalorizándola. Y, por consiguiente, se impone la contranaturaleza como instinto: la *décadence.*

Esta idealización moral constituye la «ontología moral», desde la que la negación de la realidad y el odio contra la vida desplazan el centro de gravedad en un «más allá» de la vida, es decir, en la nada; con lo cual se pierde el contacto con la realidad [32], por lo que se origina el nihilismo.

Todo ello tiene ya sus orígenes y precedentes en el comienzo de la filosofía occidental, a saber, en la identidad parmenídea entre pensamiento y ser; pues tal identidad consiste en realidad en un «imperativo», ya que pensar y ser no *son* idénticos, sino que *deben* ser idénticos. Ya en Parménides la ontología es normativa; pues no significa sin más la doctrina del ser, de manera que incluya también el devenir, sino sólo de un ser determinado: aquél que se atiene a los cánones del pensar al estilo exigido por Parménides [33]: lógico-normativo, identificador de lo desigual.

Asimismo la «ontología moral» es el prejuicio dominante en Kant. La moral aspira a la fijación, a la permanencia, al orden de la vida. Esta perspectiva que pretende una fijación incondicionada sigue siendo dominante. Y en este prejuicio se basa la legitimidad del conocimiento. Pues la ontología moral es el prejuicio que permite legitimar la fe en el conocimiento. Téngase, por lo demás, en cuenta que, según Nietzsche, el conocimiento es juicio, pero el juicio es una fe en que algo es de un modo determinado y en que hay casos iguales. Así pues, la ontología (el pensamiento del ser) consiste en una fijación del devenir en el pensamiento con pretensiones de validez universal, igualando lo desigual [34].

La pretensión de validez normativa de la ontología moral confía en la razón lógica; por tanto, cabría decir que se dedica al ser lógico-moral, verdadero, fijo y válido. Es decir, supone una fe que nos introduce en el ámbito de la moral y de la lógica. No por casualidad ha podido observar Josef Simon [35] que el origen de la teorización y la moralización coinciden. En la teoría lo individual está supeditado a lo universal. Y, por otra parte, la ontología moral es la absolutización de este tipo de pensamiento. En él la individualidad está referida a la ley universal; el caso individual es meramente un caso, de manera

[32] *El Anticristo,* Madrid, 11ª reimpr., 1986, pp. 54-55.

[33] Cfr. W. Stegmaier, «Ontologie und Nietzsche», en J. Simon (Hrsg.), *Nietzsche in der Diskussion,* I, Würzburg, 1985, pp. 46-61.

[34] *KGW,* VIII, 1, p. 273; cfr. pp. 272-274, y W. Stegmaier, art. cit., p. 53.

[35] J. Simon, «Moral oder Gerechtigkeit? Überlegungen zu einem Grundproblem der metaphysischen Ethik», en H. Nagl-Docekal (Hrsg.), *Überlieferung und Aufgabe,* Zweiter Teiband, Viena, 1982, pp. 195-211.

que no es juzgado en su individualidad, sino siempre desde criterios universales. Esta teoría del ser se mueve, por tanto, entre conceptos universales, contando con la apariencia de que hay casos iguales y que lo universal es la verdad de lo individual. Este es un tipo de pensamiento que considera teóricamente el mundo y cuyo resultado, desde el origen de la cultura europea, ha sido la teoretización de la vida mediante la razón lógica y su moralización por la razón moral.

Precisamente al desarrollo de esta *ontología moral* (la consideración teórico-lógico-moral del mundo) se opondrá la filosofía *trágica,* que introduce asimismo una trasmutación de la forma de vida teórica en una forma trágica de existencia.

La ontología moral ha corrompido la forma de vida y la razón, al hacer de la debilidad virtud; «corrupción» significa «*décadence*», una óptica enfermiza, propia de la forma idealista de la razón y cuyo *pathos* es la fe, es decir, cerrar los ojos.

Esta crítica vale también para el prejuicio ontológico-moral de la razón práctica kantiana, porque en ella encontramos un nuevo intento de evadirse de la realidad mediante criterios morales y confiando en la autonomía de un «orden moral del mundo». Aquí la razón está enferma porque vive de la fe; es una razón de esclavos, puesto que está determinada por la necesidad de fe, es decir, una coacción bajo la que pueden sobrevivir los débiles —los más— por debilidad [36].

Por consiguiente, se precisa una crítica de la razón lógico-moral y una psicología de la fe, que pongan al descubierto la enfermedad corruptora de la razón, la enfermdedad de la necesidad de fe, como antítesis del *instinto de realidad,* por el que se mira de frente a la realidad, a la que se le dice radicalmente sí, convirtiéndola en vida y provecho propio. Pero para ello hace falta superar el fideísmo racional-moral y el orden moral del mundo mediante la veracidad como virtud suprema: «La autosuperación de la moral por veracidad, la autosuperación del moralista en su antítesis»: el «*inmoralista*».

Pero esta contraposición de Nietzsche con Kant no debe oscurecer la íntima conexión de ambos en lo que respecta al *perspectivismo* y a la *libertad,* aspectos comunes a sus filosofías, provenientes del «giro copernicano» y decisivos para el sentido actual de la filosofía en la controversia modernidad/postmodernidad.

III. PERSPECTIVISMO Y LIBERTAD

El perspectivismo y la libertad son dos aspectos comunes de la filosofía crítica de Kant y Nietzsche, a partir del«giro copernicano» [37].

---

[36] *Ecce Homo,* p. 125.

[37] Para lo que sigue me he inspirado en F. Kaulbach, «Kant und Nietzsche im Zei-

La crítica kantiana del saber continúa en Nietzsche: ambos critican el optimismo del hombre teorético cuando amplía desmedidamente su perspectiva interpretadora del mundo, confiando en enfrentarse a todos los males de este mundo mediante justificaciones teóricas.

Kant y Nietzsche ponen límites a los saberes científico y técnico, porque pasan de largo ante los verdaderos abismos de este mundo y porque las cuestiones concernientes al sentido y valor de la vida requieren otro *modo de pensar*. Esta común crítica del teoreticismo del saber apunta hacia el uso de la razón más allá de los límites de la ciencia, que F. Kaulbach denomina *«Sinn-Vernunft»* [38]: la razón concerniente al sentido. Por ella proyectamos un mundo para poder justificar nuestra vida; nos procuramos el valor de la vida mediante una *perspectiva interpretadora* del mundo, que da sentido hasta al sufrimiento. Una razón donadora de sentido que permite la justificación de la existencia. Por consiguiente, Kant y Nietzsche coincidirían, cada cual a su modo, en el sentido crítico de aquella famosa frase del Prólogo a la 2ª edición de la *Crítica de la razón pura:* «Tuve pues que anular el *saber,* para reservar un sitio a la *fe*». Aun cuando para Nietzsche la fuente donadora de sentido no sea la fe (moral racional), como en Kant, sino el arte o la filosofía. No obstante, ambos concuerdan en que para la cultura moderna es vitalmente importante responder a la pregunta por el valor de la existencia y por el valor de la ciencia para la vida.

En este momento es de sumo interés percatarse del sentido que tuvo la interpretación kantiana del «giro copernicano». Pues, en último término, la orientación filosófica de Kant a partir del mismo se convierte en perspectivista: Copérnico, con su «modo de pensar» *(Denkart),* ofrece al hombre moderno el prototipo de una nueva actitud frente al mundo. Y Kant interpreta esta *forma de pensar* como una *inversión,* una «revolución del modo de pensar», que implica una conciencia de sí mismo y de la libertad; en definitiva, una emancipación del sujeto. Así pues, el giro copernicano significa en la interpretación kantiana un enfoque *perspectivista* y una defensa (fundamentación) de la *libertad.*

Nietzsche, por su parte, desenmascara la voluntad de poder que se encuentra en la voluntad de dominio sobre la naturaleza a partir del giro copernicano en la ciencia moderna, desde donde se ha creado la perspectiva predominante del mundo. Una perspectiva que interpreta el mundo de una determinada manera a partir de una voluntad que se plasma en el pensamiento y en el lenguaje. Así, p.e., cuando

---

chen der Kopernikanischen Wendung: Ein Beitrag zum Problem der Modernität», en *Zeitschrift für Philosophische Forschung,* 41/3 (1987), pp. 349-372.

[38] *Ibíd.,* p. 353.

se habla de causa y efecto, no se quiere decir nada sobre las cosas directamente, sino que estamos sólo ante una expresión de una perspectiva.

Por consiguiente, se revela aquí una conexión entre la filosofía perspectivista de Nietzsche y la filosofía transcendental de Kant. Pues una perspectiva es el «modo de pensar» por el que una voluntad interpreta creando un horizonte y, por tanto, haciendo el papel de condición de posibilidad de la comprensión (o del saber); y, por otra parte, recuérdese que Kant llama *«trascendental»* «todo conocimiento que se ocupa, no tanto de los objetos, cuanto de nuestro modo de conocerlos *(unsere Erkenntnisart)*».

El origen del perspectivismo nietzscheano, pues, lo encontramos en la interpretación kantiana del giro copernicano. La filosofía kantiana es perspectivista, ya que su distinción entre fenómeno y noúmeno es una *diferencia de perspectivas.* Y esta distinción misma es producida desde otra perspectiva o posición superior, la de la filosofía crítica-transcendental. A partir del giro copernicano encontramos en Kant un «perspectivismo crítico»[39]. Cada posición vale como «mera» perspectiva con valor relativo a un interés, que ha de ponerse a prueba en el experimento de la razón, y cuyo límite lo marca el alto tribunal de la autolegislación de la razón pura, capaz de regular el uso de las perspectivas del mundo.

En el juego de perspectivas Kant buscó una que fuera capaz de dar sentido a la existencia, donde el absurdo no fuera la última palabra. Este enfoque queda condensado en la famosa pregunta: ¿qué me es permitido esperar? Para dar sentido a mi existencia se requiere la *perspectiva de sentido* del «bien supremo»: garantizar la felicidad a los que se hayan hecho dignos de ella. Necesitamos esta proyección perspectivista («supuesto», «presupuesto», «postulado») para *dar sentido* a las acciones y esfuerzos de nuestra vida.

La filosofía perspectivista de Nietzsche debe entenderse en la dirección señalada por Kant. Acorde con el giro copernicano, Nietzsche niega a toda doctrina el derecho a expresar dogmáticamente la «verdad» del ser; antes bien, tiene que entenderse como *perspectiva interpretadora del mundo.* Esta proyección perspectivista del mundo tiene que ver en Nietzsche con la imaginación poética, desde la que no se pretende alcanzar la verdad científica, sino que —como señala F. Kaulbach[40]— es capaz de una cierta «verdad como sentido» *(Sinn-Wahrheit,* correlativa a la *Sinn-Vernunft),* es decir, aquella que es propia de una perspectiva, mediante cuya fuerza interpretadora nos procuramos un mundo que da sentido a nuestra existencia.

---

39 *Ibíd.,* p. 361.
40 *Ibíd.,* p. 362.

En Kant la crítica de la razón pura culminaba en la autolegislación de la razón, por la que se regula el uso de las perspectivas, de manera que pueda lograrse una cierta unidad en la pluralidad de perspectivas. Pero en Nietzsche, según F. Kaulbach, se produce un «contragiro»[41], que va a producir una profunda crisis de los fundamentos de la época moderna. Ahora se atacan las instancias triunfantes en la interpretación kantiana del giro copernicano (la «conciencia», el «yo pienso», el «yo quiero», la razón lógica y la razón moral»), ya que por tal camino abocamos al nihilismo. En cambio, se propone una radicalización del perspectivismo y de la libertad a partir de nuevas instancias: la «gran razón» del cuerpo, creadora de sentido. Pero para ello hay que liberarse de la óptica kantiana, que reconduce al «antiguo ideal» nihilista. Pues en Kant no hubo más remedio que postular el bien supremo, recurrir al ideal ascético, es decir, recaer en la nada. Por eso Nietzsche quiere radicalizar el perspectivismo y la libertad.

> «Existe *únicamente* un ver perspectivista, *únicamente* un 'conocer' perspectivista; y *cuanto mayor sea el número* de afectos a los que permitamos decir su palabra sobre una cosa, *cuanto mayor sea el número de ojos,* de ojos distintos que sepamos emplear para ver una misma cosa, tanto más completo será nuestro 'concepto' de ella, tanto más completa será nuestra 'objetividad'. Pero eliminar en absoluto la voluntad, dejar en suspenso la totalidad de los afectos, suponiendo que pudiéramos hacerlo: ¿cómo?, ¿es que no significaría eso *castrar* el intelecto?...»[42].
>
> «sepamos utilizar en provecho del conocimiento cabalmente la *diversidad* de las perspectivas y de las interpretaciones nacidas de los afectos. (...) guardémonos (...) de la peligrosa y vieja patraña conceptual que ha creado un "sujeto puro del conocimiento, sujeto ajeno a la voluntad, al dolor, al tiempo", (...) —aquí se nos pide siempre pensar en un ojo que de ninguna manera puede ser pensado, un ojo carente en absoluto de orientación, en el cual debieran estar entorpecidas y ausentes las fuerzas activas e interpretativas, que son, sin embargo, las que hacen que ver sea ver-algo...»[43].

Nietzsche abogará por un perspectivismo, donde la perspectiva ordenadora ya no constituye un orden moral del mundo. Su nuevo orden de sentido no es un orden moral, ya que éste requeriría un universalismo que Nietzsche no podría admitir. Pues, para hablar de universalidad es necesario admitir la existencia de «casos iguales»; pero esto es fruto de una coerción lógico-moral, que consiste en someter lo individual (lo no-idéntico, las diferencias) a lo universal (lo idéntico). Se trata de una lógica-moral, que produce unidad (orden) mediante la «igualación de lo desigual». Esta ficción conduce al nihilis-

[41] *Ibíd.*, pp. 366 ss.
[42] *La genealogía de la moral,* p. 139.
[43] *Ibíd.*, pp. 138-139.

mo. No será así el orden de sentido en el perspectivismo nietzscheano. Pues no hay casos iguales. Su nuevo orden de sentido será un perspectivismo que orienta hacia la libertad incondicional a partir de la capacidad creativa de la «gran razón» corporal. Sólo desde aquí se superará el dualismo de todo ideal ascético, incluso el kantiano (entre razón y naturaleza) así como la constante necesidad de dos mundos distintos; nos libraremos de los imperativos de la «conciencia» y ya no necesitaremos postular el bien supremo. No hará falta: se habrá superado la necesidad del bien supremo desde una razón que incluya la corporalidad y capaz de producir autónomamente sentido, regresando al cuerpo y a la tierra [44].

A juicio de Nietzsche, el giro copernicano, tanto en la ciencia como en la interpretación filosófica de Kant ha conducido de nuevo al ideal ascético y, por tanto, al nihilismo. Porque

> «¿es que acaso el hombre se ha vuelto *menos necesitado* de una solución allendista de su enigma del existir...?» [45]

Pues si sigue siendo necesaria una perspectiva allendista quiere decir que el giro copernicano sigue siendo nihilista: porque el hombre necesita una perspectiva del mundo del más allá si quiere dar valor a su existencia.

Sólo la autarquía de la gran razón del cuerpo podrá hacer frente al nihilismo mediante una nueva justificación (filosófico-poética) de la existencia. De ahí que Nietzsche considere necesario remover el giro copernicano por radicalización del perspectivismo y de la libertad: por «*libertad* de espíritu», «*instinto de la libertad* (dicho con mi vocabulario: la voluntad de poder)», del «individuo soberano» y «autónomo» [46].

---

[44] La tesis de Karl Löwith es que esto supone una recaída en una posición precopernicana; cfr. F. Kaulbach, art. cit., p. 372, n. 19.
[45] *La genealogía de la moral,* p. 177.
[46] *Ibíd.,* pp. 173, 99 y 67.

VI. EN DIALOGO CON KANT

28. LA HERENCIA DE KANT EN EL PENSAMIENTO DE MAX WEBER

por JOSÉ M.ª GONZÁLEZ GARCÍA
(Instituto de Filosofía del C.S.I.C.)

Quiero partir de dos hipótesis de trabajo para la interpretación de la sociología de Max Weber. La primera toma su punto de apoyo en la *filosofía* y afirma que sólo podemos entender correctamente a Weber si lo leemos con el trasfondo de la filosofía de Kant. La segunda se apoya en la *literatura* y sostiene que gran parte de los elementos teóricos que configuran los hallazgos fundamentales de la sociología weberiana son variaciones sobre temas de Goethe. Tanto la lectura de Weber en clave kantiana como la lectura goethiana pueden arrojar nuevas luces sobre la interpretación del fundador de la sociología comprensiva.

Creo que es plausible mantener que en el «núcleo teórico duro» de los sociólogos clásicos encontramos una filosofía y sólo desde la recepción, transformación e, incluso, inversión de dicha filosofía es posible entender su obra. Así, detrás de Marx encontramos la filosofía de Hegel y, tras Weber, Simmel e incluso Durkheim, la de Kant. Desde luego que las relaciones no son siempre fáciles sino más bien bastante problemáticas. El caso de Marx es bien conocido: ya casi al final de su vida se declara abiertamente discípulo de Hegel, reivindica su figura frente a los «gruñones, petulantes y mediocres epígonos que dictan hoy cátedra en la Alemania culta» y que arremeten contra el maestro tratándolo como a «perro muerto». Y afirma: «El hecho de que la dialéctica sufra en manos de Hegel una mistificación, no obsta para que este filósofo fuese el primero que supo exponer de un modo amplio y consciente sus formas generales de movimiento. Lo que ocurre es que la dialéctica aparece en él invertida, puesta de cabeza. No hay más que darle la vuelta, mejor dicho ponerla de pie, y enseguida se descubre bajo la corteza mística la semilla racional» [1].

A pesar de estas palabras de Marx, resulta bastante evidente que sus relaciones teóricas con Hegel son más complejas que las sugeridas por la imagen de la inversión, del poner de pie lo que se hallaba cabe-

[1] K. Marx, Postfacio a la 2.ª ed. del primer volumen de *El Capital*. Cito por la trad. de W. Roces, F.C.E., México, 1973, 8.ª reimp. de la 2.ª ed., p. XXIV.

za abajo. En el caso que aquí nos ocupa, la herencia de Kant en el pensamiento de Weber es también compleja: quisiera afirmar, de entrada, que hay continuidades, discontinuidades, rupturas, inversiones y, por expresarlo en clave goethiana, «afinidades electivas». Desde luego, no se puede decir que Weber sea un kantiano, ni un neokantiano, pero tal vez sí pueda afirmarse que desarrolla una sociología de cuño kantianizante. En muchos de sus escritos rezuman planteamientos kantianos, transformados jurídica, histórica o sociológicamente, pero el núcleo del pensamiento permanece. Después de la transformación, queda algo así como un «aire de familia» que emparenta a Weber con la filosofía kantiana. Quisiera mantener también la hipótesis o, mejor dicho, la sospecha de que el neokantismo del suroeste de Alemania juega un papel de intermediario en las relaciones Kant-Weber similar al jugado por Feuerbach en las relaciones entre Hegel y Marx. Si bien una parte importante del programa de investigación de Weber, y básicamente su metodología, se constituye en un diálogo crítico con Windelband, Lask y, especialmente, con Rickert, éstos no pueden sustituir una lectura directa de los textos de Kant, lectura que Weber realiza ya en sus años de estudiante en Heidelberg, donde asiste además a las clases de Kuno Fischer. Tampoco, en el campo de la sociología política y de la teoría del Estado, hay que olvidar la influencia ejercida por Jellinek, maestro y compañero de Weber en la Universidad de Heidelberg, y representante ilustre del neokantismo en la filosofía del derecho y del Estado [2].

Por otra parte, me parece obvio recordar que la filosofía de Kant no es la única fuente de la metodología weberiana. Su programa de investigación se constituye en enfrentamiento crítico con Marx y con

---

[2] De la ya larga bibliografía sobre el trasfondo neokantiano de la obra de Max Weber y, especialmente, sobre sus relaciones con Heinrich Rickert, destacan las siguientes obras: H. H. Bruun, *Science, Values and Politics in Max Weber's Methodology,* Munskgaard, Copenhagen, 1972; D. Henrich, *Die Einheit der Wissenschaftslehre Max Webers,* Mohr, Tübingen, 1952; F. Loos, *Zur Wert- und Rechtslehre Max Webers,* Mohr, Tübingen, 1970; R. Prewo, *Mas Webers Wissenschaftsprogramm,* Suhrkamp, Frankfurt, 1979; W. Schluchter, *«Die Entwicklung des okzidentalen Rationalismus,* Mohr, Tübingen, 1979.

Aunque casi todos los estudios se centran en la influencia de Rickert en Weber, también habría que analizar la influencia contraria, la de Weber en Rickert, reconocida por éste en su artículo «Max Weber und seine Stellung zur Wissenschaft», *Logos,* vol. XV (1926), pp. 222-237.

En segundo lugar, aunque se suele reconocer la influencia de Emil Lask sobre Weber, especialmente en la transmisión de la obra Fichte a través de su disertación *(Fichtes Idealismus und die Geschichte),* falta una monografía sobre dicha influencia. Algunos elementos, referidos especialmente a la teoría del derecho, pueden verse en la obra de Loos citada más arriba.

Por último, sobre Georg Jellinek y Max Weber puede verse el libro de R. Bendix y G. Roth, *Scholarship and Partisanship. Essays on Max Weber,* Berkeley, 1971.

las versiones vulgares del materialismo dialéctico, con las teorías de sus maestros Roscher y Knies, representantes de la escuela histórica alemana de economía, y con la escuela marginalista austríaca. Y, aunque en algunas expresiones y planteamientos resuenen ecos de Nietzsche, las soluciones que Weber aporta son radicalmente contrarias. Desde mi punto de vista, no puede mantenerse el intento de W. Hennis de releer de nuevo a Weber a la luz de Nietzsche [3]. Pero no es este el lugar apropiado para entrar más detalladamente a analizar las complejas relaciones de Weber con Marx o con Nietzsche.

Siguiendo el análisis de W. Schluchter, podemos afirmar que Weber se rebela contra el monismo naturalista que bloquea una nueva libertad al pensamiento y a la vida. «Por ello —afirma Schluchter— la vuelta al criticismo de Kant supone un acto de liberación, especialmente cuando esta vuelta, como en Rickert, se modifica con una forma de viraje axiológico y está ligada a un rechazo de la pretensión monopolizadora de las ciencias naturales» [4].

Esta vuelta a Kant supone, entre otras cosas, una vuelta a la concepción del *individuo* como ser radicalmente racional. Y Weber desarrolla esta idea en su exigencia de que el individuo llegue a convertirse en persona mediante una elección libre de los valores que han de articular su existencia como «hombre de cultura» y posibilitar una dirección consciente de su propia vida. Sólo a través de una elección responsable y libre de los valores últimos que dan sentido a la vida, de un control racional y consciente sobre sí mismo y de la honestidad

---

[3] Cfr. W. Hennis, *Max Webers Fragestellung,* Mohr, Tübingen, 1987, especialmente el cap. 4: «Die Spuren Nietzsches im Werk Max Webers». Esta obra ha removido de nuevo la polémica sobre las relaciones entre Nietzsche y Weber. En la amplia bibliografía sobre estas relaciones, destacan los siguientes libros y artículos: E. Fleischmann, «De Weber à Nietzsche», *Archives europ. sociologiques,* 5 (1964), pp. 190-238; W. Mommsen, «Universalgeschichtliches und politisches Denken bei Max Weber», *Historische Zeitschrift,* vol. 201 (1965), pp. 557-612. Recogido en la obra del mismo autor, *Max Weber: Gesellschaft, Politik und Geschichte,* Suhrkamp, Frankfurt, 1974 (hay trad. cast. en la edit. Alfa); D. J. K. Peukert, «Die ''letzten Menschen''. Beobachtungen zur Kulturkritik im Geschichtsbild Max Webers», *Geschichte und Gesellschaft,* 12 (1986), pp. 425-442; H. Baier, «Die Gesellschaft. Ein langer Schatten des toten Gottes. Friedrich Nietzsche und die Entstehung der Soziologie aus der Geist der Décadence», *Nietzsche Studien,* vol. 10-11 (1981-1982), pp. 6-33; R. Eden, *Political Leadership and Nihilismus. A Study of Weber and Nietzsche,* University Press of Florida, Tampa, 1984; R. Eden, «Bad Conscience for a Nietzschean Age: Weber's Calling for Science», *Rev. Polit. USA,* 45, n.° 3 (1983), pp. 366-392; B. S. Turner, «Nietzsche, Weber and the devaluation of politics: the problem of state legitimacy», *The Sociological Revue,* 30 (1982), pp. 367-391; G. Stauth y B. S. Turner, «Nietzsche in Weber oder die Geburt des modernen Genius im profesionellem Menschen», *Zeitschrift für Soziologie,* 15, n.° 2 (1986), pp. 81-94.

[4] W. Schluchter, *Religion und Lebensführung,* de próxima aparición en Suhrkamp. Cito por el manuscrito al que he tenido acceso gracias a la amabilidad del prof. Schluchter, p. 45.

intelectual se puede llegar a ser persona. Y esto es particularmente cierto en una situación social y política marcada por la desaparición del individuo y su subordinación a instituciones sociales como los partidos de masas, la maquinaria burocrática, el trabajo anónimo y anonimizante en la gran fábrica o la maquinaria de exterminio del ejército.

Desde este punto de vista, Weber no puede admitir el planteamiento científico de Marx, según el cual el individuo es considerado como una mera «personificación de categorías económicas», como un mero «representante de intereses y relaciones de clase». «Quien como yo —afirma Marx— concibe el *desarrollo de la formación económica de la sociedad* como un *proceso histórico-natural,* no puede hacer al individuo responsable de relaciones de que él es solamente criatura, aunque subjetivamente se considere muy por encima de ellas»[5].

Contra esta visión objetivista de la ciencia y del individuo reacciona Weber con el intento de crear una ciencia comprensiva que dé cuenta de la acción social de los individuos y del sentido que dichos individuos dan a su acción. Desde este rechazo hay que entender el individualismo —no sólo metodológico— de Weber. Y frente al monismo naturalista que concibe a la sociedad como un proceso histórico-natural, Weber desenterrará el hacha de guerra del dualismo, o de los dualismos. Así pues, su mentor filosófico no podrá ser nunca Hegel sino Kant. No hay reconciliación posible de opuestos, sino que las paradojas y contradicciones se mantienen y se llevan hasta el final.

Desde este punto de vista, cabría leer *La ética protestante* como el intento de desentrañar una de las características de la modernidad, la del *deber profesional* como una interpretación del imperativo categórico kantiano que provee al individuo de la carga motivacional necesaria para desarrollar el llamado «espíritu del capitalismo». Este no se basaría en un mero cálculo de utilidades como propondría la escuela de economía nacional, ni sería un mero reflejo superestructural en la conciencia de los individuos, como querrían hacer ver las interpretaciones marxistas, sino que descansaría en la percepción básica de un deber incondicionado que dará sentido a la actividad incesante y al trabajo del hombre.

Precisamente en este aspecto enlazaría con la otra hipótesis fundamental de mi interpretación: la *hipótesis literaria* que querría ver en la influencia de *Goethe* una de las claves fundamentales de la obra de Weber. Si, por un lado, la sociología clásica sólo se puede entender desde sus raíces filosóficas, por otro, todavía se encuentra una ligazón muy fuerte con la literatura, ligazón que irá perdiendo progresivamente en un proceso que Wolf Lepenies denomina «desliteraturización» *(Entliterarisierung):* «desde la mitad del siglo XVIII se deja

---

[5] K. Marx, *op. cit.*, p. XV.

observar un proceso, que describo como «desliteraturización». Entiendo por tal la separación respecto a las ciencias de tradiciones y programas teóricos que serán descalificados como literarios y por tanto acientíficos» [6]. Aunque en el momento en que Weber escribe su obra, el proceso de separación de literatura y sociología ha avanzado mucho, todavía quedan en él bastantes referencias a la literatura clásica alemana y, especialmente, al Goethe maduro. A mi juicio, estas referencias literarias no son meros adornos, sino que reflejan las tomas de postura personal del propio Weber dentro de un discurso sociológico que tiene pretensiones de cientificidad y de ausencia de juicios de valor.

Esto me parece especialmente válido para la interpretación de *La ética protestante,* donde Goethe aparece de una manera explícita en los puntos fundamentales de la argumentación. Así, por ejemplo, al intentar explicar las relaciones entre conocimiento y realidad social, Weber utiliza el concepto de «afinidades electivas», traduciendo sociológicamente la idea que Goethe había tomado prestada de la química de su tiempo para dar título y trama argumental a una de sus novelas [7].

También en las últimas páginas de *La ética protestante,* donde Weber expone de una manera más clara su propia postura personal, aparece de nuevo Goethe:

> «A decir verdad, la idea de que el trabajo profesional moderno posee carácter ascético no es nueva. Es lo mismo que quiso enseñarnos Goethe desde la cima de su profundo conocimiento de la vida, en los *Wanderjahre* y en la conclusión del Fausto, a saber: que la limitación al trabajo profesional, con la consiguiente renuncia a la universalidad fáustica de lo humano, es una condición del obrar valioso en el mundo actual, y que, por tanto,

---

[6] W. Lepenies, «Ueber den Krieg der Wissenschaften und die Literatur. Der Status der Soziologie seit der Aufklärung», *Merkur,* 40 Jg., Heft 6 (Juni 1986), p. 482. Un estudio más detallado de las relaciones entre sociología y literatura en Francia, Inglaterra y Alemania puede verse en el espléndido libro del mismo autor *Die drei Kulturen. Soziologie zwischen Literatur und Wissenschaft,* Hanser, Munich, 1985.

[7] Retomo aquí algunas reflexiones de mi artículo «Afinidades electivas entre sociología y literatura», *Estudios,* 11 (1987), pp. 41-51. Sobre el tema de las afinidades electivas en Weber pueden verse también los artículos de R. H. Howe, «Max Weber's Elective Affinities: Sociology within the Bounds of Pure Reason», *AJS,* vol. 84/2 (1978), pp. 366-385, y de S. A. Kent, «Weber, Goethe and the Nietzschean Allusion: Capturing the Source of the ''Iron Cage'' Metaphor», *Sociological Analysis,* 44/4 (1983), pp. 297-320.

Por otro lado, cabe recordar que el interés de Max Weber por Goethe comienza ya en la adolescencia cuando, para huir del aburrimiento de las clases en el Gimnasium, «leyó de cabo a rabo y en secreto una edición en cuarenta volúmenes de Goethe en su propio pupitre» (A. Mitzman, *La jaula de hierro. Una interpretación histórica de Max Weber,* Alianza, Madrid, 1969, p. 31). Sobre la influencia de Goethe y Kant en el joven Weber puede verse también la biografía escrita por Marianne Weber, *Max Weber. Ein Lebensbild,* Mohr, Tübingen, 3.ª ed., 1984.

> la «acción» y la «renuncia» se condicionan recíprocamente de modo inexorable; y esto no es otra cosa que el motivo radicalmente ascético del estilo de vida del burgués (supuesto que, efectivamente, constituya un estilo y no la negación de todo estilo de vida). Con esto expresaba Goethe su despedida, su renuncia a un período de humanidad integral y bella que ya no volverá a darse en la historia, del mismo modo que no ha vuelto a darse otra época de florecimiento ateniense clásico» [8].

Así pues, como el propio Weber reconoce, la idea central de *La ética protestante* tiene contraída una gran deuda con Goethe.

Pero no acaban aquí las afinidades. En 1810 y 1817 Goethe lee la autobiografía de Franklin, que deja una huella clara en sus *Wanderjahre.* Pues bien, son también las obras de Franklin *(Advertencias necesarias a los que quieren ser ricos, Consejos a un joven comerciante)* las que Weber toma como ejemplo del «espíritu del capitalismo», de esa «filosofía de la avaricia» cuyo ideal es el hombre honrado digno de crédito y, sobre todo, la idea de una obligación por parte del individuo frente al interés de aumentar su capital.

Las referencias a Goethe no se limitan, claro está, a *La ética protestante.* También aparecen en otros ensayos de *sociología de la religión* y abundan en los *escritos metodológicos.* En cuanto a la *sociología del poder,* se ha señalado frecuentemente (Winckelmann, Bobbio) que los tipos puros de dominación legítima —tradicional, legal y carismática— tienen su fuente de inspiración en el pensamiento de Goethe. Este señala en los *Wanderjahre* tres etapas de la cultura occidental que representan tres formas simbólicas: *Sitte, Vernunft, Glaube* (costumbre, razón, creencia). Y en los *escritos políticos* los temas goethianos del *daimon* y del pacto con el diablo resuenan también constantemente. La política es un lugar de lucha irreconciliable entre «demonios» contrapuestos, entre diversas cosmovisiones. «El mundo está regido por los demonios y quien se mete en política, es decir, quien accede a utilizar como medios el poder y la violencia, ha sellado un pacto con el diablo» [9].

Pero en el contexto de la presente intervención me interesa destacar la idea de que el individuo moderno se constituye en la *acción,* y la afirmación de la profunda *escisión* del ser humano. Dos temas del *Fausto* que serán retomados por Weber en su concepción de la personalidad. Así pues, la idea de individuo que, según vimos, emparentaba parcialmente a Weber con Kant, se complementa con aspectos que toma de Goethe.

---

[8] Max Weber, *Die Protestantische Ethik* (en adelante, *PE),* edición de J. Winckelmann en 2 vols., Gütersloher, Friburgo, 7.ª ed., 1984, pp. 187-188; cito por la trad. de L. Legaz Lacambra, Península, Barcelona, 1969, pp. 257-258.

[9] Max Weber, *La política como vocación;* cito por la trad. de F. Rubio Llorente, Alianza, Madrid, 8.ª ed., 1984, p. 168.

En primer lugar, pienso que hay una frase en la que Fausto se define a sí mismo y que podría aplicarse también para describir la atormentada, desgarrada y contradictoria personalidad de Max Weber, que intenta llevar el dualismo y la paradoja hasta el final. En diálogo con su criado Wagner, casi al comienzo de la obra, afirma Fausto: «Dos almas residen ¡ay! en mi pecho. Una de ellas pugna por separarse de la otra; la una, mediante órganos tenaces, se aferra al mundo en un rudo deleite amoroso; la otra se eleva violenta del polvo hacia las regiones de sublimes antepasados» [10].

En segundo lugar, algunos versos más adelante, ya en su gabinete de estudio, Fausto define la modernidad por la acción del individuo. Como un nuevo Lutero se plantea traducir el evangelio de San Juan, intentando —afirma— «verter con fiel sentido el original sagrado a mi amada lengua alemana».

> «Escrito está: «En el principio era la Palabra»... Aquí me detengo ya perplejo. ¿Quién me ayuda a proseguir? No quiero en manera alguna dar un valor tan elevado a la palabra; debo traducir esto de otro modo si estoy bien iluminado por el Espíritu. —Escrito está: «En el principio era el Sentido»... Medita bien la primera línea; que tu pluma no se precipite. ¿Es el pensamiento el que todo lo obra y crea?... Debiera estar así: «En el principio era la Fuerza»... Pero también esta vez, en tanto que esto consigno por escrito, algo me advierte ya que no me atenga a ello. El Espíritu acude en mi auxilio. De improviso veo la solución, y escribo confiado: «En el principio era la Acción» [11].

Weber acepta que la principal característica del hombre moderno es la *acción,* y al comienzo de *«Economía y Sociedad»* define la sociología como la ciencia que pretende entender, interpretándola, la *acción social,* para de esta manera explicarla causalmente en su desarrollo y efectos. El hombre desarrolla su personalidad dando sentido a su acción, y en el intento de comprender dicho sentido reside el posible valor de la sociología como ciencia.

Así pues, según mi hipótesis, la sociología de Weber surge en diálogo con los mundos de Kant y Goethe. Estos dos autores estuvieron también en el centro de las discusiones intelectuales de la época dorada de la Universidad de Heidelberg a comienzos de este siglo. Hoy, que los sociólogos han olvidado ya sus orígenes filosóficos y literarios, y los filósofos también han olvidado a Goethe, la memoria de una época que no puede ser calificada de feliz, pervive sólo en las bibliotecas y en la cabeza de los bibliotecarios. Pues no puede ser una

---

[10] Goethe, *Fausto;* cito por la trad. de J. Roviralta, en la ed. de M. J. González y M. A. Vega, Cátedra, Madrid, 1987, p. 139.

[11] *Ibíd.,* pp. 141-142. Dicho sea de pasada, todas las citas del *Fausto* se refieren a la primera parte, pues el Fausto II es, en último término, hegeliano ya que las contradicciones acaban en la superación y reconciliación.

mera casualidad sino un símbolo del pasado, el hecho de que las obras de Kant y Goethe continúen estando juntas en una de las pequeñas habitaciones que forman la biblioteca del Seminario de Filosofía de la Universidad de Heidelberg. Creo que no es necesario apelar ni a Umberto Eco ni a Borges para que nos solucionen el enigma.

En lo que sigue voy a dejar en un segundo plano lo que podríamos llamar la *«hipótesis goethiana»,* para centrarme, si bien no exhaustivamente, en algunos elementos de la *«hipótesis kantiana».* En este intento de leer a Weber desde Kant voy a destacar tres elementos: en primer lugar, hablaré de la *continuidad* entre la filosofía kantiana y algunos conceptos clave de Max Weber, para fundamentar mi afirmación de la «sociología kantianizante». En segundo lugar, hablaré de las consecuencias de la *inversión del «apotegma liberal»* sobre las virtudes y los vicios o sobre el bien y el mal. Y por último, me referiré a las «afinidades electivas» entre Kant y Weber en lo que se podría llamar *incoherencia liberal entre ética y modelo político.*

I. UNA SOCIOLOGIA KANTIANIZANTE

Hace ya más de treinta y cinco años, Dieter Henrich, en su valioso estudio *Die Einheit der Wissenschaftslehre Max Webers* [12], señalaba que el volumen donde se recogían los ensayos de Weber sobre teoría de la ciencia contenía, junto a la metodología, sus reflexiones sobre ética. Y además, los principios de dicha teoría de la ciencia eran, al mismo tiempo, los principios de una antropología: se trata de un concepto de hombre como ser racional, que dirige racionalmente su propia vida de acuerdo con unos principios elegidos con libertad. Henrich afirmaba las raíces kantianas tanto de la metodología como de la ética de Weber e indicaba la ironía de que los mismos ensayos que han sido leídos desde la óptica de la sociología libre de valores, contengan los elementos fundamentales de una teoría ética emparentada con Kant.

En los últimos años, la revisión de Max Weber en Alemania está sacando a luz, desde diversos planteamientos, las conexiones con Kant tanto en la teoría de la ciencia como en la ética. Las obras de Brugger y de Schluchter son fundamentales en esta línea interpretativa.

Schluchter insiste, en sus últimas obras, en las relaciones de Weber con el neokantismo y, por encima de éste, con la obra de Kant [13].

---

[12] D. Henrich divide esta obra en dos partes dedicadas, respectivamente, al análisis de los fundamentos de la metodología y de la ética weberianas.

[13] W. Schluchter, *Religion und Lebensführung,* ya citado, y *Gesinnungsethik und Verantwortungsethik. Probleme einer Unterscheidung,* de próxima aparición.

Así, por ejemplo, afirma la raíz kantiana de una de las dicotomías que recorren toda la sociología weberiana: la separación y tensión entre la búsqueda de la felicidad (riqueza, salud, larga vida, etc.), en una palabra, la *acción orientada hacia el éxito* por un lado, frente a la *acción orientada por valores* que supone la obediencia incondicionada del individuo a valores, bien sean morales o religiosos. Es posible encontrar esta dicotomía en los *escritos metodológicos* (por ejemplo, en el ensayo sobre Stammler en la contraposición entre *Zweck-maximen* y *Norm-maximen);* en la *teoría de la acción social* (la distinción entre acción racional respecto a fines y acción racional respecto a valores, *Zweckrationalität/Wertrationalität)* y, por consiguiente, en el análisis de los *procesos de racionalización* en dos esferas contrapuestas y correspondientes a las dos formas de racionalidad; en la *sociología política* (la contraposición de la dominación mediante intereses y la dominación basada en la autoridad legítima); y, por fin, en la *sociología de la religión* (en los intentos de explicar la conducta económica de los individuos en función de los intereses propios o en función de un imperativo moral de orden religioso).

Según la tesis de Schluchter, esta dicotomía corresponde a la distinción kantiana entre imperativos hipotéticos y categóricos, distinción modelada y transformada ahora en tipologías adecuadas para la investigación histórica y sociológica [14].

También la separación kantiana entre el reino de la naturaleza y el de la libertad constituye el trasfondo de la tesis weberiana de la heterogeneidad entre razón teórica y razón práctica, entre *Zweckrationalität* o racionalidad cuya misión consiste en elegir los medios más adecuados para lograr unos fines prefijados de antemano y *Wertrationalität* o racionalidad valorativa, cuya misión radicaría en elegir ponderadamente entre diversos fines en litigio. Pues bien, en esta dicotomía repite Weber la separación kantiana entre la esfera del conocimiento racional y empírico y la esfera de la moralidad o de los valores.

Fritz Loos ha seguido paso a paso la historia de este dualismo entre ser y deber ser desde Kant a Weber pasando por Simmel, Windelband y Rickert [15]. No puedo entrar aquí en más detalles sobre esta separación radical entre ciencia y ética. Sólo quisiera señalar que la intención de Weber al separar la ciencia empírica y la ética normativa radica en la voluntad de «preservar la específica dignidad de cada una de ellas» [16]. La imposibilidad de responder científicamente a la pre-

---

14 W. Schluchter, *Gesinnungsethik und Verantwortungsethik...*, p. 39. (cito por el manuscrito que amablemente me ha cedido el propio prof. Schluchter).

15 Cfr. F. Loos, *op. cit.*, pp. 36-42.

16 Weber, *Gesammelte Aufsätze zur Wissenschaftslehre* (en adelante, *WL)*, 6.ª ed. a cargo de J. Winckelmann, J. C. B. Mohr, Tübingen, 1985, p. 501.

gunta de qué debemos hacer es la traducción weberiana de la dicotomía entre razón teórica y razón práctica postulada por Kant [17]. Pero esto no significa para Weber la desvalorización de la ética, sino más bien una *teoría de los límites de la ciencia:* la ciencia no puede crear valores, ni decidir tampoco entre ellos. No puede traspasar la barrera de la constatación de los hechos hacia la respuesta por el sentido de la vida, el valor de la cultura, o la determinación de cuál debe ser el comportamiento del individuo en la comunidad cultural o en las asociaciones políticas [18]. Debido al proceso de intelectualización y racionalización creciente, la ciencia no puede ser ya concebida como el camino hacia el verdadero ser de la realidad (Grecia), ni hacia el arte verdadero o la verdadera naturaleza (renacimiento), ni tampoco hacia el verdadero Dios (como en los comienzos de la ciencia moderna influida por el protestantismo y puritanismo). Y también se muestra como una ilusión o una reliquia del pasado la concepción de la ciencia como el camino hacia la «verdadera felicidad» [19].

La ciencia responde a un interés técnico diferente a las preguntas fundamentales de la razón práctica: «Todas las ciencias de la naturaleza —afirma Weber— responden a la pregunta de qué debemos hacer *si* queremos dominar *técnicamente* la vida. Las cuestiones previas de si debemos y, en el fondo, queremos conseguir este dominio y si tal dominio tiene verdaderamente sentido son dejadas de lado o, simplemente, son respondidas afirmativamente de antemano» [20].

Y esta dicotomía entre ciencia y ética se resuelve también en Weber en una *primacía de la razón práctica.* Pues en esta dirección hay que entender las palabras de Tolstoi que Weber hace suyas en la respuesta a la pregunta por el sentido de la ciencia contemporánea: «La ciencia carece de sentido puesto que no tiene respuesta para las únicas cuestiones que nos importan, las de qué debemos hacer y cómo debemos vivir» [21].

II. INVERSION DEL APOTEGMA LIBERAL

Es ya un lugar común de los comentaristas e intérpretes de los escritos de Kant sobre filosofía política y filosofía de la historia, seña-

[17] Cfr. W. Brugger, *Menschenrechtsethos und Verantwortungspolitik. Max Webers Beitrag zur Analyse und Bergründung der Menschenrechte,* Alber, Friburgo/Munich, 1980, pp. 168-175 y 309-315.

[18] Cfr. Weber, *WL*, pp. 601-602; cito por la ed. cast., *Ciencia como vocación,* Alianza, Madrid, 1984, pp. 212-213.

[19] Cfr. *ibíd.,* pp. 595-598 (ed. cast., pp. 202-207).

[20] *Ibíd.,* pp. 599-600 (ed. cast., p. 209).

[21] *Ibíd.,* p. 598 (ed. cast., p. 207).

lar el parentesco de la «insociable sociabilidad» kantiana con el lema de Mandeville «vicios privados, beneficios públicos» o con la idea de la «mano invisible» de Adam Smith [22]. Ciertamente, Kant es heredero de la idea liberal según la cual el bien común o el interés de la colectividad sólo es posible a través de la búsqueda individual del propio interés o beneficio. Entre las diferentes formulaciones de esta idea en Kant, destaca la siguiente:

> «Poco imaginan los hombres (en tanto que individuos e incluso como pueblos) que, al perseguir cada cual su propia intención según su parecer y a menudo en contra de los otros, siguen sin advertirlo —como un hilo conductor— la intención de la Naturaleza, que les es desconocida, y trabajan en pro de la misma, siendo así que, de conocerla, les importaría bien poco» [23].

Kant generaliza el lema liberal aplicándolo en general a todos los frutos de la cultura que, según él, sólo pueden conseguirse mediante la insolidaridad, la competencia y la discordia entre los individuos. Y además, lo generaliza a un segundo nivel: el de las relaciones de las naciones entre sí, de manera que el ideal de la paz perpetua y la formación de un estado cosmopolita es fruto no querido de las relaciones competitivas entre los pueblos.

Me interesa destacar las tres variantes de esta idea en Kant. En la variante que, a falta de mejor nombre, podemos llamar *profana,* la fuerza que resuelve el problema de la composición de los intereses privados en un bien colectivo, se denomina *Naturaleza.* En la variante religiosa, dicha fuerza es la *Providencia.* Y en una tercera variante, la *estoica,* es el *Destino,* según la conocida máxima de Séneca: *Fata volentem ducunt, nolentem trahunt* («El Destino conduce a quien se somete y arrastra a quien se resiste») [24].

---

22 Esta conexión la ha señalado, por ejemplo, Habermas *(Historia y crítica de la opinión pública,* Gustavo Gili, Barcelona, 1981, pp. 142 y 149). Y, dentro del panorama filosófico español, han insistido en ella, entre otros, R. Rodríguez Aramayo («El "utopismo ucrónico" de la reflexión kantiana sobre la historia», Estudio preliminar de Kant, *Ideas para una historia universal en clave cosmopolita,* Tecnos, Madrid, 1987, pp. XXVII ss.), E. M. Ureña (*La crítica kantiana de la sociedad y de la religión. Kant predecesor de Marx y de Freud,* Tecnos, Madrid, 1979, pp. 23-24) y J. Muguerza [«Un contrapunto ético: la moral ciudadana en los ochenta», *Arbor,* 503-504, t. CXXVIII (nov.-dic. 1987), pp. 242-243].

23 Kant: *Idee zu einer allgemeinen Geschichte in weltbürgerlichen Absicht,* XI, 34 (para las obras de Kant utilizo la edición de W. Weischedel en 12 vols., Suhrkamp, Frankfurt, 1977; la primera cifra, en romanos, corresponde al volumen, y la segunda, a la página). Sigo la versión castellana de C. Roldán Panadero y R. Rodríguez Aramayo, Tecnos, Madrid, 1987, p. 4).

24 La máxima estoica aparece tanto al final de *La paz perpetua* (XI, 233) como de *En torno al tópico: «tal vez eso sea correcto en teoría, pero no sirve para la práctica»* (XI, 172).

Naturaleza, Providencia y Destino son identificados por el propio Kant en el suplemento sobre la garantía de la paz perpetua:

> «Quien suministra esta garantía es, nada menos, que la gran artista de la *naturaleza (natura daedala rerum),* en cuyo curso mecánico brilla visiblemente una finalidad: que a través del antagonismo de los hombres surja la armonía, incluso contra su voluntad. Por esta razón se la llama indistintamente *destino,* como causa necesaria de los efectos producidos según sus leyes, desconocidas para nosotros, o *providencia* por referencia a la finalidad del curso del mundo, como la sabiduría profunda de una causa más elevada que se guía por el fin último objetivo del género humano y que predetermina el devenir del mundo» [25].

Las tres versiones tienen, a fin de cuentas, el mismo resultado: producir el bien a partir del mal, ya que hasta «el malvado moral tiene la propiedad inseparable de su naturaleza de destruirse a sí mismo y deshacer sus propios propósitos (sobre todo en relación con otros malvados), y así, aunque lentamente, abre paso al principio moral del bien» [26].

De nuevo aparece aquí Goethe en mi argumentación. Pues esta y otras formulaciones similares de Kant tienen su expresión literaria en las palabras de Mefistófeles. En efecto, la primera vez que Mefistófeles se presenta ante Fausto, se define a sí mismo como «una parte de aquella fuerza que siempre quiere el mal y siempre crea el bien» [27]. En Goethe, como en Kant, hasta el diablo, gracias al plan de la Providencia, acaba produciendo el bien aun en contra de su voluntad.

Me interesa la frase de Mefistófeles porque es la misma que aparece invertida en Weber. En clara referencia a Goethe —las palabras aparecen entrecomilladas— afirma en *La ética protestante* que el ascetismo actuaba como la fuerza «que siempre quiere el bien y siempre crea el mal» *(die Kraft, die stets das Gute will und stets das Böse schaft)* [28]. Esta es la fórmula condensada de un tema que Weber desarrollará ampliamente y que germinará en la sociología posterior ya sin referencias literarias: la paradoja de las consecuencias imprevistas —o no queridas— de la acción de los individuos, consecuencias que acaban imponiéndose sobre sus intenciones originales. De esta forma, por ejemplo, el «espíritu del capitalismo» es el fruto no querido de la predicación protestante, la burocracia que surge como servido-

---

25 Kant, *La paz perpetua,* XI, 217; trad. de J. Abellán, Tecnos, Madrid, 1985, p. 31.

26 *Ibíd.,* XI, 242. Expresiones similares de las relaciones entre el bien y el mal pueden encontrarse en la *Anthropologie,* XII, 684 y 690.

27 Goethe, *Faust,* 1, v. 1337.

28 Weber, *PE,* 180. La misma frase invertida de Goethe, aunque en un contexto diferente, la utiliza también Weber en *WL,* p. 33.

ra se convierte en dueña y señora, y el proceso de racionalización acaba conduciendo a resultados irracionales.

De las tres variantes de Kant —Naturaleza, Providencia y Destino— sólo este último pervive en Weber. Pero, claro está, en una versión mucho más desesperada, pues el destino ya no arrastra hacia el bien a quienes se le resisten, sino que el final feliz no está determinado de antemano. Las referencias al destino del individuo, de la época o de la cultura son constantes en Weber, especialmente en sus diagnósticos más personales sobre el tiempo que le tocó vivir. Pero se trata ya de un destino desencantado y secularizado en donde las referencias a la naturaleza o a la providencia han desaparecido.

Esta inversión weberiana del apotegma liberal tiene su continuación en la *inversión del optimismo ilustrado.* Weber convierte el optimismo de la Ilustración en un pesimismo postilustrado. Pues si Kant podía afirmar que todavía no vivía en una época ilustrada, pero sí en una época de ilustración en la que tendían a desaparecer los obstáculos para salir de la minoría de edad y utilizar la propia razón, Weber escribe al final de *La ética protestante:* «También parece haber muerto definitivamente la rosada mentalidad de la riente sucesora del puritanismo: la Ilustración»[29]. Y, sin embargo, Weber continúa siendo un ilustrado partidario del *sapere aude!,* transformándolo en ¡ten el valor de elegir responsable y personalmente los valores que dan sentido a tu existencia! Los valores no son fruto de la ciencia; ni son otorgados por una divinidad providente, ni se encuentran impresos en la naturaleza del individuo, sino que éste tiene que crearlos. Dura tarea, como el mismo Weber afirma, tener que sacar los valores del propio pecho en un tiempo sin cultura subjetiva. Pero éste es el destino de nuestra época, una época que ha comido del árbol de la ciencia y donde la naturaleza y la providencia han desaparecido.

III. AFINIDADES ELECTIVAS EN LA INCOHERENCIA LIBERAL

En este último apartado quiero señalar una incoherencia común a todo el pensamiento liberal desde Kant hasta Rawls, pasando, claro está, por Weber. Me refiero a la doble caracterización del individuo. Cuando los liberales hablan de ética, conciben al individuo como persona moral, como un ser autónomo y libre, mientras que cuando se trata de establecer un modelo político, el individuo es conceptuado como calculador racional (Rawls), objeto de protección de la ley pero no sujeto elaborador de ella (Kant), y mero sujeto votante y elector

---

29 Weber, *PE,* p. 188.

de un líder a cuya voluntad hay que plegarse y obedecer (Weber). En esta caracterización doble del individuo como sujeto moral y como sujeto político consiste lo que denomino la «incoherencia liberal». En lo que sigue voy a tratar de exponer las afinidades electivas entre Kant y Weber en el tratamiento de esta incoherencia que, claro está, se plantea de manera diferente en cada uno de ellos debido al cambio de las circunstancias históricas y al desarrollo del propio liberalismo. Kant es un representante del primer liberalismo alemán en lucha contra los supuestos básicos del absolutismo ilustrado. Concibe un Estado cuya tarea fundamental es la conservación de la paz y el derecho, dejando a la economía en la esfera privada de la competencia de los propietarios entre sí, y defendiendo el *laissez faire* gracias a una concepción de la sociedad burguesa como un «orden natural», donde las fuerzas económicas dejadas a su libre competencia terminan convirtiendo los vicios privados en beneficios públicos [30].

Weber, por su parte, como representante del final del liberalismo clásico, ha sido definido certeramente como un «liberal en una situación desesperada» [31]. Pues sigue defendiendo la causa del individualismo (no sólo económico, sino también político frente a las grandes organizaciones de masas), en una situación marcada por la intervención creciente del Estado en la economía y en la organización general de la sociedad, tras la crisis económica de 1873. Esta fecha marca el final de los sueños del primer liberalismo acerca de la separación de la economía y la política, de la sociedad civil y el Estado, de la esfera privada y la pública [32].

Así pues, comienzo y final del liberalismo clásico, pero la incoherencia entre el individuo como sujeto moral y como sujeto político permanece.

No es éste el lugar para hacer una exposición detallada de la ética de Kant. Sólo quiero destacar su concepción de la dignidad moral del individuo y su autonomía, la idea de que todo individuo ha de ser considerado como fin y nunca como medio y la postulación de un «reino de los fines» donde todos los sujetos morales son colegisladores. Pues bien, el paso de la ética a la construcción de un modelo político po-

[30] Véase el análisis de F. González Vicén, «La filosofía del Estado en Kant», recogido ahora como primer capítulo de su libro *De Kant a Marx. Estudios de historia de las ideas,* F. Torres, Valencia, 1984.

[31] Cfr. la caracterización que Mommsen hace de Weber en *Max Weber: Gesellschaft, Politik und Geschichte,* Suhrkamp, Frankfurt, 1974 (hay trad. de E. Garzón Valdés en la edit. Alfa). Ver especialmente el primer cap. titulado «Ein Liberaler in der Grenzsituation». Véase también el libro de Mommsen *The Age of Bureaucracy. Perspectives on the Political Sociology of Max Weber,* Blackwell, Oxford, 1974.

[32] Cfr. los cap. IV y V de J. Habermas, *Strukturwandel der Oeffentlichkeit,* Luchterhand, Darmstad/Neuwied, 1962 (hay trad. de A. Doménech con el título de *Historia y crítica de la opinión pública,* Gustavo Gili, Barcelona, 1981).

dría definirse para una mayoría de la población como el paso de la autonomía a la dependencia: el «*Reino de los fines*» parece no ser de este mundo y, quizá por ello, adopta Kant criterios mucho más restrictivos cuando habla de la *República* terrenal. En efecto, aquí ya no son colegisladores todos los individuos, sino única y exclusivamente la élite de los propietarios.

En *Über den Gemeinspruch...* Kant diseña un modelo político basado en los principios de la *libertad* de cada miembro de la sociedad en cuanto hombre, la *igualdad* de todos en cuanto súbditos y la *independencia* de cada miembro de la comunidad en cuanto ciudadano, es decir, colegislador. Todos los individuos son libres e iguales, pero no todos son ciudadanos, es decir, no todos son iguales en cuanto al derecho de acceso al raciocinio político, al sufragio y al derecho de colaborar en la elaboración de las leyes. En este sentido afirma Kant:

> «Ahora bien: aquel que tiene derecho a voto en esta legislación se llama *ciudadano (citoyen,* esto es, *ciudadano del Estado,* no ciudadano de la ciudad, *bourgeois).* La única cualidad exigida para ello, aparte de la cualidad *natural* (no ser niño ni mujer), es ésta: que uno sea *su propio señor (sui iuris)* y, por tanto, que tenga alguna *propiedad* (incluyendo en este concepto toda habilidad, oficio, arte o ciencia) que le mantenga; es decir, que en los casos en que haya de ganarse la vida gracias a otros lo haga sólo por *venta* de lo que es *suyo,* no por consentir que otros utilicen sus fuerzas; en consecuencia, se exige que no *esté al servicio* —en el sentido estricto de la palabra— de nadie más que de la comunidad. En este orden de cosas los pertenecientes al artesanado y los grandes o pequeños propietarios son todos iguales entre sí, a saber, cada uno sólo tiene derecho a un voto» [33].

Obsérvese que, para el acceso a la categoría de *ciudadano* hay dos tipos de limitaciones: unas, definidas como sociales o económicas —ser propietario— y otras, definidas como naturales: no ser mujer o niño. Aun en el supuesto de que se cumpliese la idea liberal de igualdad de oportunidades en el acceso a la propiedad, y todos los varones pudieran ser ciudadanos, siempre quedaría la otra limitación, llamada natural, que deja fuera del derecho de ciudadanía a las mujeres. Pues, si bien los niños podrían atravesar la barrera natural al hacerse adultos, las niñas y las mujeres estarían condenadas a ser mero objeto de protección de la ley y nunca sujeto elaborador de ella.

El propio Kant reconoce las dificultades para determinar con precisión en algunos casos quién es propietario de sí mismo («es algo difícil, lo confieso, determinar los requisitos que ha de satisfacer quien pretenda la posición de un hombre que sea su propio señor»), pero, como señala Habermas, «llega, sin embargo, a una adecuada delimitación frente a lo que más tarde se llamará libre trabajo asalaria-

---

[33] Kant, *Ueber den Gemeinspruch...*, XI, 151. Sigo la trad. de R. Rodríguez Aramayo en Kant, *Teoría y práctica,* Tecnos, Madrid, 1986, pp. 34-35.

do»[34]. El trabajador por cuenta ajena, aquel que tiene como única propiedad su trabajo, queda excluido de la categoría de ciudadano.

Cuatro años más tarde, en 1797, la distinción entre «ciudadano» y «coprotegido» se transforma ligeramente, pero la idea de fondo permanece. En la *Metafísica de las costumbres,* al hablar del derecho de ciudadanía, Kant distingue entre ciudadanos activos y pasivos. Y sólo los primeros, es decir, los propietarios y los funcionarios del Estado, tienen personalidad civil y por lo tanto derecho de sufragio. En último término, sólo ellos pueden ser considerados propiamente ciudadanos *(Staatsbürger)* y no meros «asociados civiles» *(Staatsgenossen)*[35]. Todo el que trabaja para otro que no sea el Estado y no es propietario más que de su fuerza de trabajo, debe ser mandado y protegido por otro individuo, no goza de independencia civil, no tiene derecho de sufragio y no puede contribuir a la discusión y elaboración de las leyes; carece de personalidad civil y su existencia no es más que un accesorio de la de otro. Estas expresiones, que son del propio Kant, están muy lejos de la autonomía y la universalidad del sujeto moral; quien cuenta en política es el propietario y la idea de individuo se transforma en algo bastante parecido al «individualismo posesivo» en la conocida acepción que Macpherson hace del término[36].

Este modelo de sufragio censitario y ciudadanía limitada, versión ilustrada del modelo griego, va a ser ampliado en el proceso histórico. La extensión del derecho de sufragio es fruto, entre otros factores, de la articulación política de la clase obrera, de la irrupción de las masas en la política y de la lucha feminista. Weber, al final del período clásico del liberalismo alemán, construye un modelo político democrático basado en el sufragio universal. En su teoría se vislumbran ya los problemas de la personalización del poder, la transformación de la opinión pública en objeto de la propaganda electoral y del *marketing* político, y el peso de la maquinaria de los partidos, problemas que alcanzarán su pleno desarrollo con las democracias de masas posteriores a la segunda guerra mundial.

No pretendo tanto comparar la ética (desarrollada) de Kant con la ética (en ciernes, en gran medida) de Weber, cuanto comparar el esquema de pensamiento y la «incoherencia liberal» entre una ética de la autonomía de todos y cada uno de los individuos y un modelo político que niega tal autonomía generalizada, reservándola a unos pocos: el modelo ilustrado de sufragio censitario en Kant y la «democracia plebiscitaria del líder» en Weber.

---

[34] Habermas, *op. cit.,* versión castellana, p. 143.

[35] Kant, *Die Metaphysik der Sitten,* VIII, 432-433.

[36] Cfr. Macpherson, *The Political Theory of Possesive Individualism,* Oxford University Press, Oxford, 1962 (hay trad. de J. R. Capella en Fontanella, Barcelona, 1970).

Tal vez influido por Simmel y por sus discusiones con él sobre Goethe y Kant, desarrolla Max Weber una idea del individualismo ético llevada hasta el final[37]. El núcleo básico de esta teoría radica en la exigencia hecha al individuo —a todos y cada uno de los individuos— para que se desarrolle como persona, mediante la dirección consciente de su propia vida basada en la elección libre, autónoma y responsable de los valores últimos que la guían y dan sentido.

Dieter Henrich ha resumido la ética de Weber, contenida en la *Wissenschaftslehre,* con las siguientes palabras:

> «La consciente orientación valorativa es la esencia de la personalidad y, por tanto, el fin del ser humano. La realización de la esencia del hombre es la más alta tarea ética. Así pues, el primer imperativo de la moral es el siguiente: intenta llegar a ser persona *(Persönnlichkeit),* consigue claridad sobre los significados de tu acción y permanece fiel a ti mismo cuando hayas elegido un ideal razonable *(ein vernünftiges Ideal),* actuando consecuentemente con lo elegido»[38].

Los valores no pueden ser producto de la ciencia, ni están inscritos en la naturaleza humana, ni son revelados por una divinidad, ni son decididos por esa especial versión de la divinidad que, según los lamas tibetanos, traídos a colación por Kant en una nota de *La paz perpetua,* equivale a la reunión o comunión de los santos *(Versammlung aller Heiligen)*[39].

Sólo queda el individuo, abandonado a sus propias fuerzas. «Libertad de elección, obligación de elegir, dicho brevemente: *autodeterminación,* es el lema decisivo de Weber. Y esta autodeterminación debe ser *consciente* y, por tanto, *ilustrada*»[40].

---

[37] Doy por conocidas las relaciones de amistad entre Max Weber y Simmel, y la influencia de éste sobre aquél señalada frecuentemente en torno a la recepción de Nietzsche. Se suele recordar que Weber leyó y anotó cuidadosamente el libro de Simmel *Schopenhauer und Nietzsche.* Lo que ya no está tan estudiada es la influencia de Simmel en la recepción de Kant y Goethe. A comienzos de siglo, Simmel dedica varias monografías y artículos a estos dos autores, conjuntamente (*Kant und Goethe,* Marquardt, Berlín, 1906) y por separado. Sobre Kant puede verse su *Kant. 16 Vorlesungen gehalten an der Berliner Universität,* Dritte, erweitere Auflage. Munich/Leipzig, 1913. Y sobre Goethe, los artículos «Die Wahrheit und das Individuum. Aus einem Goethe Buch» [*Logos,* 3 (1912), pp. 15-28], «Goethes Individualismus» [*Logos,* 3 (1912), pp. 251-274], y especialmente su libro *Goethe,* dedicado, por cierto, a Marianne, la mujer de Max Weber (Klinkhardt und Biermann, Leipzig, 1913). La discusión de la ética kantiana puede verse también en su artículo «Das individuelle Gesetz. Ein Versuch über das Prinzip der Ethik» [*Logos,* IV (1913), pp. 117-160]. En el presente contexto, lo que podríamos llamar la *hipótesis Simmel* (es decir, la influencia de Simmel en Weber) confluye, en último término, en las otras dos ya señaladas: la *hipótesis Kant* y la *hipótesis Goethe.* Un estudio más detallado de las relaciones intelectuales entre los dos sociólogos excede los límites de este artículo.

[38] D. Henrich, *op. cit.,* p. 113.

[39] Kant, *Zum ewigen Frieden,* XI, 215.

[40] W. Schluchter, *Gesinnungsethik und Verantwortungsethik...,* cit.., p. 104.

Como elementos de ilustración pueden ser útiles la *filosofía* (que en este sentido puede ir más lejos que la ciencia) y el *diálogo racional* sobre los valores [41]. Y, sin embargo, un resto decisionista es insalvable. La ciencia, la filosofía o el diálogo racional pueden ayudar a esclarecer la decisión, pero no pueden suplantarla.

No puedo exponer aquí con más detalle la postura ética de Weber: sólo quiero señalar que no es partidario de un *decisionismo* ciego e irracional en las cuestiones morales (aunque un resto decisionista es insalvable), ni tampoco defiende un *relativismo* radical en el que da lo mismo elegir un valor u otro. El pluralismo valorativo y la *Wertkollision* no tienen que confundirse con el relativismo. Y, por otro lado, cabría entender toda su sociología de la religión como una inmensa contribución a un diálogo entre los valores de las distintas religiones y culturas, diálogo que puede ayudar al individuo a elegir el sentido de su vida, desarrollando su personalidad como antes he indicado. Pero este diálogo no termina en ningún tipo de consenso como los postulados por la ética contemporánea, sino en el *disenso,* en el *politeísmo de los valores (Polytheismus der Werte)* y en la colisión entre los dioses y demonios que pueblan el campo de la razón práctica, pues «los distintos sistemas de valores existentes libran entre sí una batalla sin solución posible» [42].

Así pues, como señala Schluchter, la discusión sobre los valores tampoco es una instancia superior que decida sobre las luchas de los dioses *(Kampf der Götter)* [43]. Es sólo una instancia que puede contribuir a hacer más racional la elección, pero ni puede suplantar la decisión de los individuos, ni puede tampoco conseguir un compromiso definitivo que apacigüe a los dioses. «La vida es trágica en un determinado sentido, tanto en el encantado mundo griego como en el desencantado mundo moderno. No es tanto el sentimiento del escepticismo, sino más bien el de la tragedia el que atraviesa toda la obra de Weber» [44].

En cuanto al *modelo político,* creo que hay que destacar la lucha apasionada de Weber, al menos desde 1906, por la parlamentarización real de Alemania frente al régimen autocrático y semiconstitucional de Guillermo II. En este sentido, sus artículos políticos obtuvieron una gran resonancia durante la primera guerra mundial. La defensa del Parlamento frente al poder del monarca y, especialmente, de la burocracia, está acompañada por el intento de la integración de la clase obrera en el sistema político a través de una extensión del de-

---

[41] Cfr. Weber, *WL,* pp. 507-508.
[42] Weber, *WL,* pp. 603-604.
[43] Cfr. Schluchter, *ibíd.,* p. 129.
[44] *Ibíd.,* p. 130.

recho de voto a toda la población. Y sin embargo, «la idea del antiguo liberalismo, en el sentido de que una élite de personalidades económica y socialmente independientes, a diferencia del «ciego» dominio del principio de la mayoría, es la más adecuada para hablar en representación de toda la nación, encuentra su continuación en el pensamiento de Max Weber» [45].

La idea del liderazgo obtiene un protagonismo importante en el modelo: los partidos políticos asumen el papel de organizar, canalizar y crear las demandas de un electorado fundamentalmente pasivo. Y los partidos, para ser eficaces en la lucha por los votos, generan una estructura férrea en torno a un líder que tiene éxito en la venta de su propia imagen. La democracia se convierte en un sistema de selección de líderes.

Como he señalado en otro lugar [46], Weber da dos soluciones, históricamente sucesivas, a la cuestión del procedimiento de selección del líder político. Primero, al abogar en 1917 por la parlamentarización de Alemania, defiende la importancia del Parlamento como lugar de selección de líderes a través de la lucha política. Pero más tarde, decepcionado de la actividad parlamentaria, propugna la elección presidencial directa a través de la participación popular.

En esta *«democracia plebiscitaria del líder» (plebiszitäre Führerdemokratie),* basada en el líder y en la maquinaria de los partidos, ya no cabe aquella posible extensión del concepto de personalidad *(Persönlichkeitsbegriff)* a todos y cada uno de los ciudadanos. Más bien, parece que lo único que le queda al común de los mortales es elegir al líder (que sí puede ser una personalidad en el sentido weberiano) y obedecer, plegándose a su voluntad.

De nuevo aquí llegamos a una solución política elitista en incoherencia con planteamientos éticos que tenían pretensión de universalidad. Pero tal vez sea ésta una inconsecuencia común a todo el pensamiento liberal que nosotros, como herederos de dicho pensamiento, seguimos sin resolver.

Quisiera terminar con una cita del final de *Wissenschaft als Beruf.* Allí señalaba Weber que la honestidad intelectual le hacía constatar que la situación de todos los que en aquel invierno de 1918-1919 esperaban nuevos profetas y salvadores, era la misma que resonaba en la canción del centinela edomita, de la época del exilio, recogida en las profecías de Isaías:

---

45 W. Mommsen, *Max Weber: sociedad, política e historia,* cit., p. 52.

46 Véase el primer apartado de mi artículo «Crítica de la teoría económica de la democracia», en el libro editado por F. Quesada y por mí, *Teorías de la democracia,* Anthropos, Barcelona, 1988.

«Una voz me llega de Seir, en Edom:
"Centinela, ¿cuánto durará la noche aún?"
El centinela responde:
"La mañana ha de venir, pero es noche aún.
Si queréis preguntar, volved otra vez."

»El pueblo a quien esto fue dicho ha preguntado y esperado durante más de dos mil años y todos conocemos su estremecedor destino. Saquemos de este ejemplo la lección de que no basta con esperar y anhelar. Hay que hacer algo más. Hay que ponerse al trabajo y responder, como hombre y como profesional, a las "exigencias de cada día". Esto es simple y sencillo si cada cual encuentra el demonio que maneja los hilos de *su* vida y le presta obediencia» [47].

Todo el final de la conferencia de Weber está lleno de referencias al *destino,* a ese destino al que se reducía la herencia de Kant cuando desparecían la providencia y la naturaleza. Por otro lado, en el texto que acabo de citar aparece entrecomillada una referencia a Goethe: «las exigencias de cada día» *(die Forderung des Tages).* Se trata de una especie de *leit motiv* que, al igual que otras referencias goethianas, Weber repite en diferentes contextos [48], dando por supuesto que el lector conoce el contenido de la máxima aludida. Y, a pesar de que Goethe afirmase que carecía de un sentido especial para la filosofía, hay que entender dicha máxima a la luz del pensamiento del viejo de Königsberg, que es como el propio Goethe llamaba a Kant. Acción, deber y conocimiento de uno mismo se encadenan en la reflexión de Goethe que, entera, rezaría así:

«¿Cómo puede uno conocerse a sí mismo? Nunca mediante la introspección, sino más bien a través de la acción. Intenta cumplir con tu deber e inmediatamente sabrás qué es lo que hay en ti.
Pero, ¿cuál es tu deber? Las exigencias de cada día *(die Forderung des Tages)»* [49].

---

[47] Weber, *WL,* p. 613; cito por la trad. castellana de *La ciencia como vocación,* cit., p. 231.

[48] Así en *WL,* pp. 494 y 613, *Gesammelte Politische Schriften* (editados por J. Winckelmann, Mohr, Tübingen, 2.ª ed., 1958), pp. 145, 286, 295 y 330, y en *Gesammelte Aufsätze zur Religionssoziologie,* vol. II, Mohr, Tübingen, 3.ª ed., 1963, pp. 193-194. Sobre este tema véase el libro ya citado de Brugger, pp. 270-271.

[49] Goethe, Aforismos 2 y 3 de «Betrachtungen im Sinne der Wanderer», en *Sprüche,* vol. 6 de la edición de Insel Verlag, p. 451.

29. RAZON Y *BERUF:* EL PROBLEMA DE LA ETICIDAD EN KANT Y WEBER

por José L. Villacañas
(Universidad de Murcia)

I. INTRODUCCION

1. ¿Cómo se pueden comparar universos autónomos? Kant y Weber lo son. Sus órbitas teóricas giran alrededor de diversos núcleos centrales: las expectativas de la Razón Ilustrada y el desenlace de esta misma razón, ya sin energías para cristalizar en utopía. En Kant, un universo ordenado alrededor de un sol central, y en Weber un universo ordenado alrededor de un inmenso agujero negro, opaco y atrayente con la fuerza irresistible de la Necesidad. Una luz todavía radiante y una cárcel de hierro donde queda radicalmente cuestionada la aventura de algún viajero platónico que traiga la clara noticia de las ideas. ¿Cómo comparar ambos universos, evitando el prolijo y pesado recuento de detalles en que acaba desgranándose un análisis que pretenda perseguir todos los niveles del pensamiento de nuestros autores? No se trata de poner de manifiesto aquellas dimensiones del pensamiento kantiano que ya preludian la contradicción de la propia ilustración, sus déficit insalvables. Se trata por el contrario de preguntar de esta forma: ¿Hay todavía un terreno común entre esta razón carismática [1], dotada de legitimación y de autoridad sobre la praxis y el

[1] Razón Carismática aparece en el último capítulo de *Wirtschaft un Gesellschaft,* B. 2, p. 726 (ed. castellana, *Economía y Sociedad,* 1937-1938) . Weber sostiene en este texto que todos los derechos que van conformando la modernidad, frente a la vida de la Edad Media y la Edad Antigua (derecho de conciencia, del hombre, del ciudadano, de propiedad, de libertad personal frente al Estado, etc.), «encuentran su última justificación en la creencia propia de la época de la Ilustración, según la cual la razón del individuo, siempre que se le concede vía libre, conducirá al mejor mundo posible en virtud de la divina providencia y a causa de que el individuo es el que mejor conoce sus propios intereses. La glorificación carismática de la razón (que encuentra su expresión característica en la apoteosis de Robespierre) es la última forma que ha adaptado el carisma dentro de las múltiples posibilidades». Repárese en dos detalles: que el pensamiento de Weber viene determinado siempre, como todo el pensamiento alemán moderno, por la conciencia de que la Revolución francesa rompe con una época confiada y religiosa de la razón. Segundo, que su análisis sigue —por sus propios caminos, claro está— el análisis hegeliano de la modernidad como expresión del destino del individualismo, desde el que la razón carismática misma tenía que devenir vana (cf. «La vani-

pensamiento humano, y la razón del siglo XX, que ya no puede encontrar el camino para mantener la ilusión de que sirve a su propio fin, y que ha quedado paralizada por la pretendida evidencia meridiana de que sólo puede desangrarse en la alternativa entre servir como mero instrumento técnico o arañar impotente la subjetividad absoluta del politeísmo de los valores, pero que en todo caso ya no puede imponerse a sí misma como valor objetivo? Por lo tanto, debemos preguntarnos por la legitimidad del intento que ya apuntamos en el título de esta conferencia. Y por las condiciones de posibilidad de que esta discusión entre Kant y Weber rinda algo sustancial.

2. Weber no es filósofo. Lo ha dicho muchas veces. Tampoco cita a Kant casi nunca. En el homenaje de su esposa, esa natural y admirable biografía intelectual de Weber, Kant apenas es citado un par de veces [2] para informarnos de su inicial aprendizaje juvenil en aquella moralidad estricta y puritana con que acabó imponiéndose la interpretación de la moral kantiana. Pero nada más. Sólo una vez aparece Kant en *Economía y Sociedad,* en el capítulo sobre las propiedades del Derecho moderno, respecto de la cuestión del formalismo [3]. En los artículos sobre *Doctrina de la Ciencia,* Kant aparece algunas veces en el contexto de la Crítica al Romanticismo Cultural, pero no de una manera central [4]. En cierta medida se puede decir que Weber

---

dad de la cultura y el lenguaje», en la *Phaenomenologie des Geistes,* Ed. Hofmesiter, pp. 362 ss.

[2] Cf. Marianne Weber, *Max Weber, Ein Lebensbild,* 3.ª ed., 1984, p. 48 (confiesa el estudio de Spinoza, Schopenhauer y sobre todo Kant desde sus años de adolescencia), p. 63 (donde se nos informa que leyó la *Lebens Jesu* de Strauss y a Kant junto con su hermano Alfred, cuatro años menor que él); p. 93 (donde se nos explica la íntima vinculación vivida por Weber entre religión y libertad (las palabras de confirmación) que dejaron honda huella sobre él, decían: «El señor es el espíritu, pero donde está el espíritu de Dios, allí está la libertad»). Marianne Weber reconoce que esta concepción fue muy reforzada por el estudio de Kant, y por otras lecturas de W. E. Channing, teólogo norteamericano que murió en 1840. En la p. 165 se nos informa que incluso en el tiempo de la lectura de Goethe, 1887, nuestro autor estaba influido por la concepción del mundo de Kant. Curiosamente, en este pasaje se nos informa de que la influencia de Kant, cuyos conceptos afloraban de vez en cuando en el joven Weber, se centraba en la noción de responsabilidad de las acciones. Como se podría demostrar, este concepto, aunque con muchas alteraciones, es la sustancia de la propuesta ética de Weber.

[3] Cf. *E. y S.,* p. 653, *WG,* 507, donde se discuten los límites del formalismo del derecho, y el problema de lo que debería considerarse prioritario, si las sentencias concretas del legislador o las normas abstractas del código. Weber defiende, frente a lo que pudiera parecer más evidente, que lo consecuente con «las conocidas formulaciones kantianas» es justo que el legislador racional, al dictar una sentencia tal que pudiera universalizarse, es la base del derecho establecido en código posteriormente de una manera formal. Este problema es de una importancia decisiva para cualquier filosofía del derecho, y limita naturalmente otra fuente de racionalidad jurídica señalada por Weber con mucha fuerza: el principio de coherencia del código o las necesidades de lógica interna y formal de sus principios.

[4] Kant es mucho más usado que mencionado en los trabajos sobre metodología

no es consciente de la íntima conexión de su metodología con la metodología crítica. Pero es que no le interesa ir más allá de Rickert, su mentor más constante[5]. Y cuando en las últimas conferencias de Munich tiene que citar a algún filósofo es el nombre de Fichte el escuchado. Sin duda será muy importante estudiar la relación de Weber con Fichte, sobre todo en el concepto clave de *Beruf*. Lo intento en una monografía que dedico a Fichte en la actualidad, y que anuncio con el título de *Herramientas de la Razón*[6]. Y será importante saber cómo los círculos neokantianos de Heidelberg progresan hacia Fich-

---

de Weber. Su uso marca dos líneas fundamentales: primera, la aceptación de la distinción entre Forma y Realidad, que obliga a una crítica de toda metafísica, y a una defensa del carácter instrumental de todos los conceptos, frente a las diferentes concepciones hermenéuticas, románticas y subjetivistas (cf. *El problema de Irracionalidad en las Ciencias Sociales,* Tecnos, Madrid, pp. 133 ss., 143, 150, 156. Segunda, Weber parece aceptar el acierto del paradigma transcendental kantiano, que da por sentado aquello que quiere investigar como hipótesis para hallar las condiciones necesarias que la hacen posible. Lukács es mencionado como un desarrollo de esta concepción transcendental, en el campo de la estética (cf. *La ciencia como vocación, WB,* p. 34), Cf., para confirmar la opinión de Weber, Lukács, *Heildeber Philosophie der Kunst,* Luchterhand, 1974, primer volumen de *Frühe Schriften zur Aesthetik,* p. 9). El tercer uso de Kant es de un extremo interés y también demuestra una vez más la penetración de Weber. Se trata de un juicio de alcance en la historia de la ideas, según el cual «la causalidad a través de la libertad de Kant, con las diversas ramificaciones de este concepto que han germinado en el desarrollo posterior del pensamiento filosófico, es el arquetipo filosófico de todas las teorías metafísicas de la cultura y de la personalidad de este género» (cf. *Irracionalidad,* p. 75). Para ser exactos, habría que decir que es la teoría del carácter nouménico la que, vía Schopenhauer, da base filosófica a las teorías tardorománticas, sobre todo las más cercanas a Weber: la de Simmel y de Lukács, enraizadas siempre en el problema del Destino. Cf. Simmel, *El Individuo y la Libertad. Ensayos de crítica de la Cultura. El problema del Destino,* p. 35, Península, Barcelona, 1986. Ni que decir que esta problemática y esta 'filosofía de la cultura' llegan a Heidegger, quien sin duda se situaría en el blanco de la crítica de Weber de haber vivido éste. Esta crítica es una tarea pendiente de cualquier pensamiento que se base en Weber.

[5] Las relaciones de Rickert y Weber siempre están en la boca de todos los estudiosos de Weber. Habermas usa esta relación como un *chibollet* para entrar a saco en los 'defectos neokantianos' de Weber (cf. *Lógica de las Ciencias Sociales,* p. 97, Tecnos, Madrid, 1988). En el mismo informe, Habermas comenzaba haciendo un estudio de las posiciones neokantianas, tanto de Rickert como de Cassirer. Sin embargo, sobre Rickert hay pocos estudios, sin duda porque la obra central de este autor, *Die grenzen der naturwissenschaftlichen Begriffsbildung,* Tübingen, 1912-1913, es realmente compleja y extensa. Hay traducción castellana de obras menores, como su *Tesis sobre la definición* (Unam, México, 1960), *Introducción a los problemas de la Filosofía de la Historia,* Nova, Buenos Aires, 1961, y *Ciencia natural y Ciencia cultural,* Espasa Calpe, Madrid, 1965.

[6] Esta monografía llevará por título *Herramientas de la Razón. Sobre los orígenes de la Razón totalitaria en la Modernidad.* Y defiende la tesis central que desde siempre la interpretación de la razón por parte de Fichte rompe el equilibrio ilustrado kantiano entre instancias individuales y sociales, para adoptar una posición en la que el individuo debe plegarse al uso que la razón debe hacer de él. Esta posición será la sustancia de la posición de Fichte y lo único que unirá las dos etapas de su pensamiento: la de Jena y la de Berlín.

te, hasta convertirlo en centro de algunas posiciones sobre Filosofía de la Historia, siempre deseando cerrar el paso a la recaída hegeliana. La obra de Lask y los artículos de Lukács sobre *Táctica y Etica* y el *Bolchevismo como problema moral* hay que entenderlas en este contexto [7]. Pero, con ser todo esto muy interesante, no es la cuestión. Lo que nos interesa es confrontar dos paradigmas, el de Kant y el de Weber, y saber lo que esto nos rinde. Y para eso debemos volver al hecho: Weber no es filósofo. Es sociólogo. Aunque la manera de definir la sociología como Ciencia de lo real [8] ya es casi una pretensión ontológica.

3. Tenemos que interrogarnos entonces por qué la ontología de la Razón kantiana se torna Sociología en el siglo XX. Una cuestión ulterior sería investigar qué ha de significar sociología en este contexto. Reparar en aquel cambio es una condición trascendental para evitar toda huida hacia adelante y he de decir que su olvido está en la base de esa discusión en el vacío sobre la que tanto se insiste, ya sea desde las premisas de la Postmodernidad como desde el intento habermasiano de conformar una nueva noción de razón. El proceso por el que la razón carismática se convierte en Ciencia de lo Real entendida como sociología, eso es lo que nos interesa. Y la cuestión es: este cambio, ¿significa sólo la primacía de los hechos obstinados frente a los ideales, la primacía de que la época condena a la razón kantiana, volcada al mero análisis categorial de lo que es la razón como deber ser? ¿Significa el paso, por decirlo de manera escéptica, el mero paso de la cuestión *quid juris* —como se puede legitimar las pretensiones de universalidad de una razón— a la cuestión *quid facti* —qué es de hecho la razón—? ¿Es el olvido, meramente el olvido de la investigación que busca los principios? ¿O la transformación mecionada es más bien una transformación de la propia estructura categorial y, por tanto, del *quid juris* de la razón? El giro sociológico de la ontología clásica que se da en Weber, ¿significa un mero desplante frente al ideal carente de fuerza real o es más bien una voluntad de profundizar en el análisis categorial del hecho de la *Vernunft,* un episodio más de su historia que exige elevarse a categoría? ¿Se puede reducir la sentencia de Weber a este juicio: la razón kantiana, perfecta en su discurso fundamental, se ha demostrado meramente una ilusión inexistente? ¿O conviene mejor decir que el resultado reside en que

[7] Cf., para todos estos temas, el reciente estudio de Miguel Corella en su tesis de Licenciatura —de la que fui director—, *Weber y el joven Lukács,* Universidad de Valencia, 1988.

[8] El concepto de Weber es *Wircklichkeitwissenschaft* y se encuentra en *Wissenschaftslehre,* p. 170, Morh, Tübingen, 6ª ed., 1985. Para un análisis de este concepto, cf. K. H. Nusser, *Kausale Preocesse und sinnerfassende Vernunft,* Alber, Friburgo, 1986.

Kant no ha llegado a definir bien la noción de Razón y que justo por eso «su razón» nos habla de una ilusión? Lo que nos interesa no es que la razón de Kant haya fracasado en su ímpetu ilustrado. Eso sería, a fin de cuentas, un enunciado sociológico trivial. La cuestión es si el fracaso del hecho de la Razón implica alguna diferencia sustancial en su propia caracterización categorial y en su propio reconocimiento filosófico. Todo el mundo estaría dispuesto a reconocer que Weber forma parte ya de la cultura de la cosificación —Kant todavía no o, más exacto, no totalmente—. Pues bien, entonces la pregunta que debemos hacernos no sólo es si la cosificación forma parte intrínseca de la razón, ya trivialmente contestada, sino la siguiente: ¿tiene algún sentido la razón en la época de la conciencia de su cosificación? No deben extrañarse entonces de que haga valer la cuestión que planteamos como idéntica a la que se plantearon Adorno y Horkheimer en la *Dialéctica del Iluminismo,* la misma que se plantea Habermas en su *Teoría de la Acción Comunicativa* [9]. La peculiar problemática de Habermas reside en que desea encontrar lugar para esa razón en la época de la cosificación justo luchando contra Weber.

4. Contestar a estas preguntas posee una importancia decisiva para reformular el problema de la racionalidad. Sucede que este problema ocupa a importantes filósofos actuales cuyas propuestas valoro de excesivamente débiles. El caso de Habermas es paradigmático. El sincretismo casi perfecto de su pensamiento —que a veces parece hecho a la medida de exorcizar los fantasmas weberianos— bloquea la posibilidad de formular y asumir con fuerza las anteriores preguntas. El recurso último de Habermas, una curiosa mezcla de sociología del aprendizaje y de los procesos de socialización, una filosofía de la historia como evolución filogenética en la que se sustancian los mismos procesos que en la evolución ontogenética y una mística del lenguaje y su valor comunicativo —curiosamente prehegeliano y prehamanniano—, pivota sobre un planteamiento concreto: que es preciso avanzar hacia una forma de socialización y de comunicación lingüística no-tradicional. Es lo que Habermas llama una forma de ejercer la razón dentro del contexto del mundo de la vida regido todavía en alguna medida por la ética discursiva [10]. Desde mi punto de vista, es-

---

[9] En la actualidad se prepara un monográfico sobre Habermas en la Universidad de Murcia en el que se tratará de esta problemática. En mi contribución espero mostrar cómo Weber es coherente con el proceso inacabado de la Modernidad que el propio Habermas ha identificado (cf. *Ensayos políticos,* Península, Barcelona, 1988. p. 265), y que paradójicamente, y por las deficiencias de su recepción de Weber, Habermas traiciona la propia estructura del pensamiento moderno del que se considera sucesor. Indudablemente ello tiene que ver con la simplificación de los retos de la tradición tal y como se registran en su *Teoría de la Acción comunicativa.* Clave en esta simplificación es la aceptación del dualismo entre Orden sistémico y Mundo de la Vida.

[10] El mundo de la vida de Habermas es un cruce de paradojas. Por una parte, registra todo el avance de la tradición europeo-ilustrada, y se convierte en un ámbito donde

tas propuestas se cargan de problemas cuando se ven a la luz de la transformación de la noción de Razón por parte de Weber, transformación en la que Habermas no repara, ciego como está ante su propio esfuerzo para evitar la tesis del politeísmo de los valores y las connotaciones que sigue proyectando sobre Weber [11]. Y si en España no se ha querido ver esto, sin duda se debe al hecho de que seguimos siendo un país —filosóficamente hablando— de monoteístas [12]. Pero es preciso reparar en lo siguiente: el politeísmo de los valores no es una tesis que niegue la noción de la Razón única, aunque sí algunos detalles de su comprensión tradicional. Cuando descubrimos este hecho, vemos con claridad que Habermas debía elevar sus propuestas en debate con esta noción de Razón única y no contra el politeísmo secundario. Y entonces debería hacer valer su ética de la acción comunicativa contra la propia propuesta ética de Weber, enunciada en las dos conferencias de Munich [13], en la *Zwischenbetrachtung* [14], en los *Es-*

---

puede regir la etapa de evolución definida por Habermas como post-tradicional, la única que permite la efectuación de la ética comunicativa. Por otra parte, está colonizado por los imperativos sistémicos del dinero y del poder, que bloquean toda posibilidad de diálogo libre de coacción y que generan procesos de interacción automáticos donde no es preciso el entendimiento. La consecuencia real de éste sería decidirse por alguna de estas dos opciones: o bien esta colonización reduce el carácter dialógico del mundo de la vida hasta el punto de que atenta contra toda posibilidad de acción comunicativa, o bien esta colonización sistémica no impide la existencia de ese ámbito de acción comunicativa. En cualquier caso, este dualismo resulta resquebrajado. Pero además en este último caso, habría que empezar a preguntarse qué tipo de relación real existe entre la interiorización básica de imperativos de dinero y poder (lo que la tradición ilustrada reconocía como el ámbito del interés privado) en el mundo de la vida y la posibilidad de una relación dialógica post-tradicional. La hipótesis ilustrada tradicional es que sólo se accede a la autonomía moral —condición básica de la situación post-tradicional y comunicativa— cuando se tiene un lugar real e interesado en la sociedad civil. Quizás esta hipótesis no deba ser desechada con prisas. Porque la consecuencia que lleva consigo es replantearse al mismo tiempo la noción de sistema, el otro polo del pensamiento habermasiano.

[11] En un pequeño trabajo recogido en la nueva edición de *La Lógica de las Ciencias Sociales,* Habermas sigue haciendo de Weber el padre de la teoría autoritaria alemana, personificada en Carl Schmitt. Cf. el trabajo de 1964, *Notas para una discusión: Neutralidad valorativa y objetividad,* ed. cit., p. 77. Sin duda la recepción de Weber por parte del Habermas anterior a la *Teoría de la Acción comunicativa* —incluyendo las referencias de *Problemas de legitimidad del capitalismo tardío*— posee fuentes muy anticuadas, básicamente coincidentes con Lukács, Adorno y Primera escuela de Francfort.

[12] Usando de la ironía habría que decir que incluso ha recibido mejor a Apel, cuya ética material de solidaridad cuadra muy bien con el hecho de que todos seamos hijos de Dios. Apel tiene ya monografías en castellano —creo que es el único idioma en que las tiene—, mientras que Habermas las tiene en todos los idiomas cultos, pero no en castellano.

[13] Me refiero naturalmente a *Wissenschaft als Beruf (WB)* y *Politik als Beruf (PB)* citadas por la edición de Dunker & Humblot, Berlín, 7ª ed., 1984, y 8ª ed., 1987. De estas dos conferencias hay incontables traducciones, pero difícilmente se encuentra una radicalmente fiel al texto weberiano.

[14] La *Zwischenbetrachtung* —*Excursus*— es naturalmente el famosísimo con que

critos metodológicos [15]. Schluchter [16] ha hecho mucho por este asunto, lo que ha permitido a Habermas matizar algunas de sus posiciones sobre Weber [17]. Pero no se ha ido suficientemente lejos en este camino, al no plantearse el problema con la radicalidad filosófica con que hemos comenzado este ensayo. Porque nuestro asunto es la transformación de la misma idea de razón.

---

acaba el primer volumen de los *Ensayos sobre Sociología de la Religión,* Taurus, Madrid, 1983. Es aquí donde Max Weber expone la famosa separación de las esferas. El título completo es *Teoría de los estadios y direcciones del rechazo religioso del Mundo,* cit., pp. 436 ss. En esta edición se traducen una vez más los ensayos sobre *La ética protestante y el principio del capitalismo.* Sin embargo, se ha perdido la ocasión de editar completa la obra, con las críticas y contracríticas que recibió Weber. Una cuidada edición de J. Winckelmann se encontrará en el segundo tomo de *Die Protestantische Ethik,* Gütersloher Verlag Gerd Mohr, 5ª ed., 1978. La obra incluye un último capítulo de R. Wendix, donde expone toda una panorámica de la cuestión. Una monografía recientemente traducida es la de Gordon Marshall, *En busca del Espíritu del capitalismo.* Breviarios, México, 1986.

15 Los escritos metodológicos de Weber también esperan una edición reunida y completa. La versiones se multiplican, siendo la más importante todavía la de Amorrortu, basada en el modelo italiano de M. Rossi para Einaldi (Buenos Aires, 1973). La única que ha introducido algo nuevo en castellano es la reciente edición de Tecnos, de los dos artículos sobre *Irracionalidad y las relaciones entre Psicología y Sociología.* Faltan todas las críticas a la concepción energética de la cultura, y las críticas a Stammler (pp. 400-426, y 291-359, 360-383 respectivamente) de la *Wissenschaftlehre,* título explícitamente fichteano con que Marianne Weber recogió los trabajos de su marido. Realmente, la edición de *Irracionalidad* en castellano es un acontencimiento que debió saludarse con alegría. Sin duda nos aparece un Weber crítico de la hermenéutica filosófica y romántica, que deberá usarse para la crítica de esta filosofía hoy. En cierto sentido se puede decir que aparece otro Weber desde estos ensayos. Así lo ha visto la Filosofía de la Ciencia Social norteamericana, que al poco de la edición inglesa de este ensayo, le ha dedicado una monografía expresa. Cf. Toby, E. Huff, *Max Weber and the Methodology of Social Science,* Trasaction Book, Londres, 1984.

16 Se puede decir que la recepción de Weber en Alemania conoce una época pre y post-schluchteriana. En muy pocos años el autor ha publicado una serie de monografías que permiten recuperar a Max Weber como teórico de la Modernidad a gran escala, más allá de las interpretaciones nacionalistas, liberales o nietzscheanas de la tradición de Winckelmann, Momsen, Baumgarten, etc. Los principales títulos son *Die Entwicklung des okzidentalen Rationalismus,* Mohr, Tübingen, 1979, y *Rationalismus der Weltbeherrschung,* Suhrkamp, Francfort, 1980.

17 Habermas fue desde siempre sensible a una seria ambigüedad de Max Weber. Esa ambigüedad la cifraba Habermas, en su informe sobre la *Lógica de las Ciencias Sociales,* en que Weber a veces subordinó la hermenéutica a la explicación causal y a veces hizo lo contrario: esto es, no definió una primacía para la actitud objetivista de la ciencia, que no permite una reflexión crítica, y la actitud hermenéutica que da entrada a una reflexión sobre los intereses conductores del conocimiento (cf. *op. cit.,* pp. 94-95) Como es sabido, Habermas resuelve el problema estableciendo que Weber es suficientemente postkantiano para ser postivista y suficientemente nietzscheano para resolver el problema de la reflexión de los intereses de conocimiento desde un decisionismo brutal. Tras la obra de Schluchter, no se puede mantener este Weber, que sólo posee un rival como teórico de la Modernidad: Hegel. Habermas se hace eco de ese nuevo Weber en *Teoría de la Acción comunicativa,* pero al final acaba siéndole imposible salir del Weber teórico de la acción instrumental y del teórico de la *Gesinnung.* El Weber teórico de la ética de la responsabilidad es opaco a Habermas.

5. Si no se ha ido suficientemente lejos en este problema creo que se debe a este hecho: no se ha entendido correctamente el formalismo kantiano ni se ha relacionado como problema con la noción weberiana de pluralismo de los valores, relación sin duda muy compleja y que no podemos desbrozar aquí. Este hecho determina que ahora vayamos hacia un neoformalismo lingüístico que resulta estrecho de miras y carente de toda posibilidad de contestar a los problemas heredados de la tradición, tradición que, no se olvide, no es otra cosa que el cúmulo de efectos cosificados de la acción histórica pretendidamente racional. Por ello al menos cabe enunciar nuestras sospechas de que colocar la ética en un nivel de evolución postradicional sea el mejor expediente para eliminar de ella toda posibilidad de actuación y de intervención en el mundo de los problemas heredados y tradicionales. La distinción habermasiana entre mundo sistémico y mundo de la vida permite asentar esta sospecha. Y, sin embargo, el formalismo kantiano es compatible con los resultados de la sociología de Weber en un cierto sentido, pero incompatible en otros. En todo caso, desde este equilibrio se puede introducir una dimensión crítica decisiva en la filosofía de Habermas, y estoy en condiciones de afirmar que, desde un ajuste del diálogo Kant-Weber, Habermas puede ser objeto de una seria crítica. Desde toda esta introducción, que amenaza ser más larga que la propia conferencia, y que se me excusará por su carácter programático, creo que el orden más conveniente será el siguiente: ante todo veremos el paralelismo de las categorías centrales de Kant y Weber para mostrar el punto en el que se separan. Luego veremos la solución nueva de Weber. Dejaremos para otro lugar las consecuencias inevitablemente críticas respecto de Habermas. Es hora de replegar esta introducción. Debemos ahora desplegar este esquema.

II. DEL HECHO DE LA RAZON AL DESTINO DE LA RAZON

1. ¿Qué es el *Faktum der Vernunft?* Interesa hacerse esa pregunta [18] porque descubriremos al final que no es sólo un *Faktum,* sino un ideal, y además un ideal de cierto tipo. El primer momento de ese *Faktum* es su despliegue en *Fakta,* en la ciencia, en la moralidad, en el arte, en la política y en esa forma larvada de racionalidad que es la religión, la teodicea, tan estudiada por Weber, respecto de sus exigencias racionales. Pero, si éstas son hijas de una única razón, debe-

[18] Para todos estos problemas y para bibliografía respecto de Kant, cf. mis trabajos «Sobre los Problemas de la Metacrítica de la Razón Pura», en *Estudios sobre Kant y Hegel,* Salamanca, 1982, y «Metakritik der Vernunf versus geschichte der Vernunft», en *Actas del VI Congreso Internacional sobre Kant,* Penn State Press., en prensa.

rán referirse a los intereses de esta razón. Esto sucede cuando sus intereses respectivos se refieren a una totalidad del interés racional [19]. Vayamos primero con los *Fakta* de la razón teórica. La *Crítica de la razón pura,* de hecho, invoca [20] y reposa en una especie de Historia de la Razón, en la medida en que parte de la consideración de la Matemática y de la Física como ciencias perfectamente fundadas. La relación textual explícita que tienen estas ciencias con el *Faktum* de la razón en tanto imperativo categórico [21] es más bien débil, pero quizás sea muy fuerte desde el punto de vista filosófico. Por una parte, como tales, las ciencias no son productos naturales, sino culturales, y en esta misma medida tienen en su base una dinámica de universalización de la conciencia que responde a la forma de conducta que impone el imperativo categórico. Pero, ciertamente, el motivo real para la extensión de la universalización de una conciencia teórica no reside en la voluntad de universalización propiamente dicha, sino sobre todo en lo apropiado de la ciencia para la racionalización técnico-práctica, esto es, la que sólo sabe de imperativos hipotéticos [22]. La razón encar-

---

19 Es curioso que Habermas, que parte en su *Conocimiento e Interés* de un problema inequívocamente kantiano, no haya visto como problema el de sintetizar los intereses de conocimiento en un solo interés racional. En su obra, los intereses técnicos, los intereses de comunicación y los intereses de autoilustración no reciben ninguna influencia recíproca ni tienen exigencia alguna de ponerse en relación desde una única teoría de la razón. Técnica, Hermenéutica y Autoilustración del psicoanálisis no describen jamás, ni siquiera como tensión, la posibilidad de un discurso que los vincule a todos. Es curioso que una vez más la noción de Etica de Responsabilidad los incluya y que por eso pueda generar desde sí una teoría de los Intereses racionales. Esta era naturalmente una exigencia kantiana.

20 Esta invocación a la Historia de la razón como una disciplina filosófica que es necesaria al sistema de la razón pura se produce exactamente en la última página de la *KRV*. Pero hay aproximaciones ulteriores a este problema desde otro muy cercano: el de la evolución de la metafísica. Félix Duque ha podido mostrarlo en su edición de *Los progresos de la Metafísica desde los tiempos de Leibniz y Wolff,* Tecnos, Madrid, 1986. El problema tratado en los *Lose Blätter* de este libro es el de una Historia filosófica de la filosofía.

21 Cf. sobre todo los textos de *Kant Werke,* ed. Akademie, V, 29, 31, 21, 26, 48. Para este problema, cf. el trabajo de L. W. Beck, «The Fact of reason: an essay on justification in Ethics», en *Studies in the Philosophy of Kant,* The Bobbs Merril, Nueva York, 1965.

22 Esta distinción entre condicionantes transcendentales y motivos es de importancia para analizar el problema de la relación entre la técnica y la ciencia. Primero, porque origina el propio problema de la relación como algo no evidente. Unos condicionantes ofrecen un resultado, la ciencia, que por ciertos motivos se desarrolla. Resulta obvio que esos motivos pueden acabar limitando las potencialidades de la propia ciencia, o que una cierta comprensión de la técnica acaba arruinando otras. Por ejemplo, una comprensión weberiana de técnica incluiría la racionalización de la teología pitagórica y de cualquier concepción del mundo que pretende dominar su propio sentido. La ciencia estaría mucho más relacionada con esta noción de técnica que con la que Habermas tiene en cuenta —técnica en el sentido instrumental—, al proponerla como *a priori* de la ciencia en su *Conocimiento e Interés.* La primera noción explica el surgimiento de

nada en la ciencia no se expande por un respeto a la propia razón, esto es, desde el imperativo categórico, sino sobre todo por sus servicios a imperativos hipotéticos o técnicos. Estos, sin embargo, no están dirigidos a un mero dominio de la naturaleza exterior, como pretende Habermas, sino a la consecución de una idea mucho más compleja —que incluye también dominio de la naturaleza interior y de la sociedad—, que es la de Felicidad. Tenemos así en Kant la tesis de Weber: a efectos de análisis histórico, la primera noción precisa de Razón es la *Zweckrationalität,* pero no debemos prejuzgar que esta racionalidad de medios tiene las connotaciones reducidas con que actualmente la comprendemos, sino que, antes bien, su propio juego, dentro del interés pragmático de una noción de felicidad muy amplia, permite hacer de la ciencia algo más que un mero soporte de la técnica en sentido material. Baste precisar que la noción de felicidad incluye la interiorización de una relación con la naturaleza y con el mundo externo (el cielo estrellado sobre mí del final de *KpV*) tal, que incluye en Kant componentes de índole metafísica con los que se amplía la noción de razón teórica de una manera actualmente no técnica, pero sí interna a una teoría de la genuina felicidad. Por esto no se puede reducir la razón teórica de la *Crítica de la razón pura* ni la Categoría de ciencia a mera técnica, o mejor, no se puede reducir la noción de «Medios de felicidad» a «Medios técnicos», aunque la primera sí se puede reducir a razón teórica, ahora ya desplegada como *Klugheit,* esto es, habilidad que también alberga el sentido de prudencia. En este juego dentro de la teoría de la Felicidad es donde alcanza la noción de ciencia una relación muy interna con la conducta moral, y ambas se compenetran como hijas del imperativo categórico en síntesis con la experiencia estética. La categorización que por esta síntesis regida por el imperativo alcanza la razón sitúa el centro de las divergencias con Weber.

La Primera Introducción de la *KU* propone esta tesis con absoluta rotundidad: «Todas las prescripciones relativas a la Habilidad —*Klugheit*— pertenecen a la técnica y, por consiguiente, al conocimiento teórico de la naturaleza como consecuencia de éste». Y a modo de explicación proponía una nota siguiente: «Este es el lugar para corregir un error que cometí en la *Fundamentación de la Metafísica de las Costumbres.* Porque después de haber dicho de los imperativos de la Habilidad que ordenaban sólo de un modo condicional, a saber, bajo la condición de los fines posibles, llamé a tales prescripciones prácticas imperativos problemáticos, expresión que por cierto contiene una contradicción. Hubiera debido llamarlos técnicos, es decir,

la ciencia como teoría, cosa que no permite la comprensión instrumentalista de la técnica que posee Habermas.

imperativos del arte. Las reglas pragmáticas, o reglas de la prudencia, que sólo ordenan bajo la condición de un fin real y hasta subjetivamente necesario, corresponde por cierto también a las (reglas) técnicas (...). Sólo que el fin que ponemos en la base de nosotros mismos y de los demás, a saber, la felicidad propia, no pertenece a los fines meramente arbitrarios, y autoriza a una denominación particular de estos imperativos técnicos, porque la tarea no es meramente como en los técnicos, una forma de cumplimiento de un fin, sino que exige también la determinación de esto que constituye este fin mismo, la felicidad, que tiene que suponerse conocido por todos los imperativos técnicos generales»[23]. No conozco ningún sitio donde quede explicado este texto kantiano. Dicho sea de paso, porque se insiste en la estupidez —sagrada durante dos siglos— de que Kant no tiene una teoría de la Felicidad[24]. Pero, por lo que respecta a nuestro tema, la cita significa que más allá de la técnica —en sentido amplio o en sentido corto— tiene que haber una reflexión sobre los fines que sean *subjetivamente* necesarios, su relación con la felicidad, su forma de cumplimiento y la especialización de imperativos técnicos que impone. Tenemos, por tanto, que Kant también deja una puerta para establecer la categoría de la *Wertrationalität,* la definición de valores subjetivamente necesarios para poner en marcha el mecanismo de la racionalidad técnica y, por tanto, la racionalidad teórica.

2. En conclusión, la técnica es un trascendental invisible de la filosofía teórica tanto como su consecuencia. Y aunque Kant no diga que la consecuencia técnica acaba siendo el motivo para desplegar la razón teórica, parece claro que es así. Por eso en un texto muy importante de la *Fundamentación* Kant dice: «El interés lógico de la razón (promocionar sus ideas *—ihre Einsichten befördern—)* no es nunca inmediato, sino que presupone intenciones de su uso»[25]. Repárese que estamos hablando de teoría de la acción. Esto significa que siempre tenemos presente una dimensión teleológica de los procesos activos. En este tipo de consideraciones, el efecto o la consecuencia que se quiere conseguir es la causa última de la efectividad del propio proceso. Así, decir que la habilidad técnica es la consecuencia de la racionalidad teórica equivale a decir que como proceso orientado teleológicamente, esto es, como proceso activo, ese efecto determina el propio *Faktum* de la razón teórica. Pero desde aquí podemos decir: al-

---

23 *Werke, WW,* X, 14.

24 Afortunadamente se comienza a cambiar esta comprensión de las cosas. Así, en un coloquio organizado por la Facultad de Filosofía de Barcelona-Central, en conmemoración del Segundo centenario de la *KpV,* el prof. Navarro Cordón nos propuso un análisis de este tópico. Yo mismo hice algunos comentarios en mi ponencia dedicada a la «Unidad de la Vida ética en Kant».

25 Kant, *Werke, WW,* VII, 97.

gunas ideas que siempre se suponen básicas sobre la felicidad —algunos *Werte*—, están en la base del despliegue histórico de la razón teórica.

3. Se debe reparar en que en los textos citados hay un desajuste: mientras que en el primero aparece la felicidad como motivo «necesariamente subjetivo supuesto» de toda definición de habilidad técnica, de toda racionalidad técnica, en los segundos se apela al interés. Felicidad e interés, ¿son categorías semejantes? No lo creo. Hemos dicho que la ciencia puede tener como motivo o interés algo que juega dentro de la teoría amplia de felicidad. ¿Corresponden estas categorías a los Valores de Weber? Sí. ¿Puede verse desde el criticismo la posibilidad de un discurso sobre ellos que sea racional en el sentido en que es racional una disposición técnica, esto es, que tendría que ser aceptado universalmente, y no desde una mera opción vital radicalmente subjetiva y caprichosa, no universalizable ni por tanto objetivamente racional? Vamos a verlo, porque la teoría es delicada. Si hubiera tal discurso, filosofía sería un discurso acerca de los intereses racionales y de la bondad de los fines, de la idea de felicidad, del genuino valor, etc. Weber se negó a este tipo de reflexión porque la entendía propia de filósofos. Pero ¿a qué se negaba propiamente? Desde luego a entrar en la guerra de los dioses plurales, en la disputa sobre formas de vida, primacía de valores estéticos, políticos, religiosos, sexuales, morales, de toda índole. Esto es, se negó a contestarla porque la daba por resuelta en una dirección: la pluralista. Pero ¿se negó a entrar en lo que entendía que eran CONDICIONES DE LA EXISTENCIA PLENA DE VALOR en ese mundo plural? En modo alguno. Kant también se negó a entrar en el conflicto de las máximas acerca de los valores concretos y en la disputa sobre la felicidad. Se negó a pensar de lo que debía ser un valor concreto, pero reflexionó mucho y bien sobre las condiciones formales de lo que debería ser una existencia con VALOR y sobre las condiciones que debería cumplir una FORMA DE LLEVAR ADELANTE UNA EXISTENCIA PLENA DE VALOR RACIONAL. En este caso, tanto Kant como Weber repararon en la divergencia inevitable de los valores concretos y por eso se refugiaron en reflexionar sobre las condiciones formales de ''existir con valor''. Aquí son convergentes ambos. Sólo que Kant desplegó una tesis radicalmente opuesta a la de Weber, a pesar de esta convergencia. Veamos un poco a Kant sobre las órdenes de valor y las condiciones de una existencia valiosa.

4. Veamos esta cita del *Nachlass* de Kant[26]:

> «La existencia de un ser meramente feliz tiene valor para este ser, pero no para un mero espectador. La existencia de un mero ser moral sin felicidad

[26] Cf. Kant, Refl. 6280.

tiene el máximo valor para un espectador, pero no para el sujeto mismo. El valor de la existencia tiene que ser cierto y determinado tanto objetiva como subjetivamente.»

Con este texto tenemos las claves para efectuar la traducción entre felicidad y valor. Una vida feliz meramente tiene un valor subjetivo. Una vida moral meramente tiene un valor objetivo. Pero ninguno de estos dos valores son EL VALOR DE LA EXISTENCIA. Este valor es la reunión sintética de la felicidad y la moralidad, esto es, del valor subjetivo y el valor objetivo. El valor es objetivo porque se supone que la acción que lo conquista se puede universalizar. El valor de la existencia se experimenta en su totalidad cuando la acción por la que podemos ser felices se puede universalizar y objetivar. Tenemos así algunas de las condiciones de la existencia con Valor. Pero para poder profundizar en ello necesitamos una aproximación más estrecha a lo que sea felicidad.

5. Generalmente se supone que felicidad es un estado de sensibilidad caracterizado como agrado, placer, entrega o cesión a las inclinaciones sensibles, ruptura del ascetismo. No comprendo cómo una doctrina puede permanecer dos siglos sin ser entendida en este punto. Felicidad, dice Kant, «es la conciencia que posee un ser racional de la aceptabilidad de la vida que acompaña ininterrumpidamente la existencia completa» [27]. La moral tiene que ver con las condiciones racionales de la aceptabilidad de la vida en la totalidad de la existencia, y, por tanto, supone la aceptación que el fin final es la felicidad: «todos los principios materiales del actuar pertenecen al principio universal del auto-amor o de la propia felicidad» [28] y, por tanto, las condiciones racionales no hacen referencia a los principios materiales del actuar, sino con las formas del actuar, de tal manera que puedan ser universalizables.

6. Esto supone que todo valor material concreto, todo acto de bienestar concreto, poseerá valor subjetivo y objetivo en la medida en que sea universalizable sin alterar la aceptabilidad de la vida en su completud, en la medida en que sea un camino públicamente mostrable y compartible hacia la felicidad. Obviamente, en ese camino hacia la felicidad se sustancia la felicidad: ésta no es un estado material, sino la aceptación de nuestra propia existencia como algo que busca realmente una afirmación completa del valor de la vida [29]. Pues bien, esto significa que todo valor concreto, incluso todo momento de disfrute que no rompe la aceptabilidad total de la existencia, posee valor relativo a esta consecuencia. Esta consecuencia dice en el fondo

27 Kant, *Werke, WW,* VII, 129.
28 *Idem,* p. 128.
29 Kant, *Nachlass,* ed. Riecke, VIII, 298.

que nuestra forma de conquistar la felicidad puede objetivarse, confesarse explícitamente sin vergüenza, universalizarse, potenciar la felicidad de los demás, etc. Y esto y no otra cosa es cumplir el imperativo categórico: actuar de tal manera que nuestra máxima de conducta —material por tanto, y por tanto a la busqueda de la felicidad— pueda convertirse en ley universal. Pues bien, a una persona dotada de máximas universales de conducta material le llamamos personalidad ética, y esto significa que posee un carácter como forma personal de encarnar la felicidad [30]. Esto significa que todo valor concreto es relativo a la consecuencia de mantener nuestra dignidad moral, nuestra personalidad ética —ética, que no moral—, lo cual es un auto-fin, el de aceptar objetiva y subjetivamente el valor de la vida.

7. Con ello tenemos que el único valor absoluto es el Hombre natural racional y que todo valor subjetivo y objetivo queda condicionado por esto. «Moralidad —*gute Gessinung*— constituye el valor absoluto del hombre» [31]. Con ello podemos decir que el valor del hombre es el transcendental de todo valor, que da valor a todas las cosas [32] y a sí mismo como libertad. Pero no dejemos atrás nuestras consecuencias: el hombre debe desplegarse como Personalidad ética, esto es, como voluntad y buena convicción interior que consigue la felicidad desde un procedimiento universalizable, y que entiende como felicidad una aceptabilidad de la existencia completa. Esto es tener un *sittliche Persönnlichkeit.* Pero tenemos que seguir preguntando por las condiciones de buscar la felicidad de tal manera que lleguemos a ser *sittliche Persönnlichkeit.*

8. Si analizamos a Kant desde la premisa de la identificación inicial de felicidad y Valor subjetivo, entonces inmediatamente reparamos en otra noción íntimamente vinculada con la primera: la de Autonomía. Y con otro campo de acción humana: la política. No se ha tenido suficientemente en cuenta que Autonomía —*Selbständigkeit*— [33] para Kant es el estado en que se encuentra el individuo, tal que puede materialmente establecer el proyecto de felicidad que crea conveniente para desplegar sus *Anlagen,* sus disposiciones, y establecerlas sólidamente como capacidades *(Vermögen).* No se debe olvidar que *Vermögen* también tiene el sentido de Bienes de toda índole. Autonomía siempre es un estado de bienes, de posibles, de capacidades idóneas a lo que cada uno entiende por su felicidad. Desde este

---

[30] Cf. para todo esto mi «Unidad de la Vida ética en Kant», 1988, en el *Homenaje de los Becarios de S. Juan de Ribera a D. Ignacio Valls,* en prensa.

[31] Kant, *Werke, WW,* VII, 60-61. Cf. también *Die Religión,* VIII, 729, *KpV,* VII, 282-283, vii, 245.

[32] Kant, *K.U.,* 87.

[33] Para el análisis más detallado de estos tópicos, cf. mi *Racionalidad crítica,* Tecnos, cap. V.

planteamiento Kant no desea hacer el despliegue infinito de estos proyectos de felicidad, sino únicamente analizar dos cosas: las condiciones de la autonomía y las condiciones de la felicidad de tal manera que una y otra puedan llegar a ser universales. Que puedan llegar a ser universales no dice sino que alguien realmente comprometido con la autonomía propia y con la felicidad propia las exigirá. Pero las exigirá de tal manera que tengan valor para el espectador de su acción. En este sentido, las condiciones universales de acceso a la felicidad y a la autonomía son condiciones objetivas racionales, pero en modo alguno mecánicas. Todo dependerá en último extremo de la salud de la voluntad [34]. Por eso las condiciones de alcanzar la autonomía humana describe el modo de actuar racionalmente en la política.

En este sentido las condiciones de autonomía y felicidad no son medios de alcanzar la autonomía y la felicidad [35]. Estos medios se llevan a cabo en la acción política propiamente dicha, cuyas condiciones se deberán estudiar en alguna parte de la razón teórica, por peculiar que sea [36]. Pero en todo caso se exige un último reducto donde la personalidad muestre su fuerza en la voluntad de llegar a exigir que se reconozca como tal. Ese reconocimiento tiene un lugar muy concreto que se puede destacar cuando asistimos de cerca a algunos detalles de la noción kantiana de autonomía.

9. Desde otra perspectiva, Kant define la autonomía como el estado en el que un hombre dispone de sus fuerzas de trabajo para los fines que desee y está en condiciones de contratar la venta de los productos de su trabajo con otros hombres [37]. Esta contratación también

---

34 *Idem.*

35 Kant, *Werke, WW,* VII, 262 ss.

36 Cf. mi ensayo «Política y Moral en Kant y Weber», conferencia pronunciada en la Universidad de La Laguna. En relación con esto se precisa reparar en un hecho obvio, pero de repercusión central: que tanto el derecho como la historia —incluso la historia cosmopolita— son ámbitos de racionalidad propios en algún sentido de la racionalidad teórica. Un kantiano tan cercano a Kant como Erhard lo mantuvo de una manera explícita: «El concepto de derecho es dependiente de la moral en cuanto a su posibilidad, pero sus características son enteramente determinables por la razón teórica. ... La deducción del derecho ya no tiene lugar a partir de la moral, sino a partir de la posibilidad de la compatibilidad recíproca de los impulsos egoístas de los hombres» («Apologie des Teufels», *Philosophisches Journal,* Ib.2H.135-136) (cf. para esto Faustino Oncina, Ed. de la *Apología del Diablo, ER,* Sevilla, en prensa). En Kant, para este problema, cf. F. Kaulbach, *Studien zur späten Rechtphilosophie Kants und ihrer tranzendentalen Methode,* Königshausen/Neumann 1982. Quizás el texto más claro sea el de *Werke*, VIII, 323. Justo porque la única posibilidad de composición de un derecho material depende de la razón teórica, precisa de una disciplina que procure el conocimiento fiel de los intereses egoístas que requiere ordenar. Este conocimiento lo brinda la Historia, que, aunque tiene un interés moral, sin embargo se ordena en categorías teóricas bien definidas y mediante procedimientos científicos perfectamente definidos (cf. *Ideas para una Historia Universal,* noveno principio, ed. Rodríguez Aramayo, Tecnos, Madrid, 1987, pp. 20-23).

37 Cf. mi *Racionalidad crítica,* penúltimo capítulo.

debe llevarse a cabo siguiendo una norma de racionalidad. Lo cual supone que sólo cabe pensar una autonomía dentro de un orden social en que cada uno posee un trabajo socialmente reconocido tal que sus productos le permitan adquirir los medios para su felicidad. Ello supone una distribución racional de la propiedad. Y esto naturalmente es una cláusula de la constitución perfecta, esto es, del contrato social cuya idea debe mover todas las voluntades políticamente orientadas [38], de tal forma que se transforme la constitución vigente en la medida en que se aproxime a esta situación ideal. Se supone que la adquisición de medios de consecución de la felicidad no debe incluir la adquisición de aquellos medios que inevitablemente atentan contra la personalidad ética, esto es, que no redundan en la aceptabilidad de la vida tal y como podría llevarse a cabo desde una máxima universal de juicio. Y Kant reconoce que en esta adquisición de la felicidad se debe entrar en contratos sexuales, así como en algo que no es un contrato porque no necesita serlo: la participación en los goces estéticos comunes.

10. Podemos recapitular: la ciencia se pone siempre al servicio de la felicidad como móvil que supone una aceptabilidad de la existencia completa, en la cual debe poderse albergar contratos acerca de los bienes que potencian nuestra felicidad de tal manera que no sean obstáculo sino redunden —como un deber, que es igualmente un fin material [39]— en la felicidad de los demás. Este deber se lleva a cabo en la acción política, que tiene como meta la universalización del estado de autonomía humana y en el que hay que contar siempre una dimensión estética. Ciencia, política, estética son instrumentos para la aceptabilidad de la existencia si y sólo si se suponen valores relativos respecto de la personalidad ética, esto es, respecto de la personalidad que integra la moral en el mundo sensible. Pero personalidad ética tiene una significación dual: es aquella que no es obstáculo para otra personalidad moral ni ética, y aquella además que al luchar por la aceptabilidad general de la vida incluye en sí todos los valores relativos de la ciencia, de la política y de la estética en una especie de organismo, desarrollando así todas las capacidades humanas, tal y como ordena el segundo deber material en sí de la Doctrina de la Virtud. Universalidad es aquí sinónimo de forma de conducta que permite la proliferación de la personalidad en el sentido de sujetos que aceptan la totalidad de la existencia desplegada en estas dimensiones

[38] Para la correcta comprensión de la idea de contacto en Kant, cf. *Werke, WW,* 143, correspondiente a *Ueber den Gemeinspruch: das mag in der theorie richtig sein, taugt aber nicht für die Praxis* (hay traducción española, R. R. Aramayo, *Teoría y Práctica,* Tecnos, Madrid, 1986).

[39] *Metaphysik der Sitten, Einleitung zur Tugendlehre,* III y IV, *Werke, WW,* VIII, 514 ss.

racionales, siendo consciente de que al hacerlo realizan su mejor *Gesinnung,* su mejor convicción racional.

11. Esta es la existencia racional, porque cumple las condiciones de la moralidad —universalización de conducta— aplicada a todos los órdenes de la vida. Razón es así sinónimo de razón práctica. Con ello vemos la primacía de la razón práctica kantiana como razón que forma la personalidad y además como razón que forma una personalidad sintética. La primacía de la moral en Kant permite la síntesis de tres esferas: ciencia, política y estética. Y esta síntesis, que es tanto la razón moral como la razón a secas, es el valor supremo, el interés supremo. En efecto, ahora podemos reconocer la diferencia entre felicidad e interés. Un interés es la causa que determina a la voluntad. Pero, en un ser racional, el interés tiene que incorporar algún principio, pues sólo así es posible pensar que la razón devenga práctica [40]. Lo que sucede es que se puede actuar desde el interés y entonces la racionalidad del mismo es la de los meros medios, que se acomodan a la racionalidad científica —lo que correspondería a la *Zweckrationalität* de Weber— o se puede actuar con él, pero no desde él, y entonces la racionalidad es la de la propia acción por sí misma —lo que correspondería a la *Wertrationalität*—. En todo caso, los intereses que determinan racionalmente la estructura composible de la felicidad y de la dignidad se pueden reunir sintéticamente en el Interés superior de la razón que dignifica y hace posible la felicidad, esto es, en el principio que permite que la razón sea pura práctica, porque el interés que se pone en práctica en ella es la de una forma de actuar que garantiza la existencia de personalidades que aceptan una norma universal como norma de actuación, norma en la que está encarnada la forma de la razón propiamente dicha. Este interés común y sintético, interés puro, interés moral, es para Kant simplemente el interés de la razón:

> «A cualquier capacidad del *Gemüth* se puede atribuir un interés, esto es, un principio que contiene la condición sólo bajo la cual se promocionará el ejercicio del mismo. La razón, como capacidad de los principios, determina el interés de todas las fuerzas del espíritu y a sí misma al suyo» [41].

Y cuando Kant, en un pasaje ya celebre, define los intereses de la razón, diferencia entre qué puedo conocer, qué debo hacer y qué me está permitido esperar, esto es, qué racionalidad técnica tengo a mi disposición, qué racionalidad ética de deberes tengo que poner en práctica con la esperanza de ser feliz, y qué me está permitido esperar de la actuación política que tengo que llevar a cabo para conseguirlo

---

[40] Kant, *Werke, WW,* VII, 84.
[41] *Idem,* p. 249.

de una manera digna. No conozco otra forma más actual de traducir el sentido de aquella cita, naturalmente obviando la inactual y siempre confusa apelación de Kant a la Teología —el concepto de providencia es no sólo un concepto teológico, sino un concepto político—. Pero es sabido que Kant da un paso más allá y dice: todos estos intereses se concentran en Uno: que es el hombre, de la misma manera que antes ha dicho que todos los intereses se reúnen en la capacidad de los principios como única forma de obtener un valor objetivo en la existencia. Hombre, Razón, son términos abstractos que significan reunión de ciencia, de política y de despliegue feliz y digno de la existencia ética, en la que resulta fundamental la dimensión estética que permite la aceptabilidad total de la vida, pues sin esa dimensión sintética de la razón, la vida no sería aceptable nunca en su totalidad. Esta unidad abstracta queda simbolizada por la Dignidad, por la personalidad ética. La condición de posibilidad de esta reunificación se concentra y se atribuye a la existencia de una Razón pura como voluntad de universalidad o como capacidad de los principios. Ese es el diagnóstico de la Razón para Kant, o el momento carismático de la razón. Aquí la razón, consciente de ser una *gute Gessinung,* muestra como posible al hombre la dignidad de una existencia plena que le separe de la naturaleza al tiempo que le reconcilie con ella. Sólo hay una categoría en este sentido: la razón salva al hombre, es su herramienta de salvación. Contra este momento reacciona Weber poderosamente. Pero la consecuencia fundamental de esa negación de la razón como *Gesinnung* y como estructura de salvación no es una caída en el politeísmo de los valores en el sentido inmediato en que se supone ya una irracionalidad plena. El resultado es muy diferente.

III. TEORIA DE LA RAZON Y LAS ESFERAS DE LA ETICIDAD EN WEBER

1. Este punto propone una discusión filosófica sobre los supuestos diferentes de Weber y Kant. Naturalmente, el supuesto implícito de toda la posición de Weber consiste en el rechazo de la premisa del planteamiento kantiano: la existencia de una razón y de un Hombre abstractos que reúnan y sinteticen todos los intereses «racionales» y «éticos». La repercusión de esta tesis sobre la teoría de la felicidad es obvia, y está en la base de esa noción disminuida que albergamos hoy y que hace posible la noción reducida de técnica a técnica material. Tenemos aquí dos aspectos de la tesis de Kant que merece la pena distinguir: por una parte, el criterio metalógico del formalismo encarnado en el imperativo permite reconocer cuál es la forma racional en que se deben presentar los aspectos de la praxis humana —formalismo que equivale a la necesidad de universalización—, pero apenas

se puede ocultar que ese formalismo no es sino una regla metalógica que quiere representar el carácter *composibile a priori* de las formas de actuación racionales, la identidad de principio de todas ellas y la imbricación de sus fines racionales. Y este segundo punto es mucho más vital a la construcción kantiana, pues establece que los fines de la política deben ser *composibiles* con los fines de la eticidad, los fines de la eticidad con los de la ciencia, los de la ciencia con los de la política *composibile* con la eticidad. Esto es lo que significa la tesis de la razón como salvación. Porque afirmar meramente el imperativo como criterio de discriminación de racionalidad —sin el axioma de la composibilidad— no implica, a su vez, que los fines racionales de una acción política, teórica o estética sean compatible en una sola personalidad, que resulte así salvada en su integridad. El criterio metalógico —identificación de razón y universalidad— no impone en modo alguno la racionalidad sustancial, pues no permite determinar que lo universalizable desde el punto de vista de la política tenga que ser aquello que potencia lo universalizable desde el punto de vista del conocimiento, de la estética o de la erótica. Sin este axioma de la composibilidad, la universalidad de la razón debe reducirse a las reglas propias de cada una de las esferas separadas, reglas que siempre tendrían que establecerse desde análisis internos a dichos campos. Esta misma ambigüedad del imperativo resulta de sus diferentes formulaciones: desde aquella que expresa universalidad de conducta a aquella que exige respeto por el hombre como fin en sí mismo, en el que se requiere atender todas sus capacidades y dimensiones. Entendido como mera exigencia de universalidad resulta una mera abstracción, entendido desde la composibilidad de las acciones racionales establece una noción de salvación humana y una imagen más precisa del Deber ser racional.

2. Pues bien, Weber recoge de una manera implícita la noción de universalidad como esencia de racionalidad, pero rechazando el axioma de la composibilidad de las manifestaciones de la racionalidad —afirmando el nuevo axioma de la separación de las esferas tradicionales de conducta— fuerza a cada una de las esferas a desplegar su propia universalidad, vale decir, su propia racionalidad. ¿Qué razones tiene Kant para su axioma y qué razón tiene Weber para el suyo? Esta es una pregunta que deberá ser contestada si queremos entender hasta qué punto Weber establece una nueva ontología o una nueva teoría de la razón, adecuada a la época del capitalismo tardío, esto es, basada en una noción diferente de Historia del Racionalismo. Porque el que ahora sean valoradas como contradictorias es una profundización en el *Faktum der Vernunf,* que deja caer la ilusión de un deber ser sustancial de la razón. Y, sin embargo, este juicio reductivo sólo es posible desde la autocomprensión que poseemos de herederos de la razón kantiana, en comparación con ella como mode-

lo ideal previo que ahora tenemos que deshacer. Pues lo que en todo caso Weber estaría dispuesto a defender desde su axioma es que las esferas de universalización son contradictorias en sus desarrollos históricos, que el despliegue histórico de una racionalidad y universalización política no implica la felicidad, ni el fortalecimiento de las personalidades morales, y que lo mismo le sucede a la actividad artística, o a la actividad científica o la erótica. Lo que estamos mostrando entonces es una continuidad de la Historia de la Razón que Kant no pudo tener en cuenta para la categorización de la misma. Esta es la tesis de la *Zwischenbetrachtung.*

3. No podemos atender con toda la exigencia debida este complejo excursus de los *Ensayos de Religión,* en estrecha relación con la Introducción a los mismos. Solamente podemos vincularlo a nuestro tema. Para ello nada mejor que comprender el sentido general del trabajo. Se trata aquí de mostrar las tensiones inevitables que se generan entre el mundo y cualquier convicción religiosa de salvación a lo largo de la historia, y en particular las que se generan en el estadio evolutivo de la moderna sociedad capitalista. Este es el sentido de la conclusión: «Bajo las formas técnicas y sociales de una cultura racional, llevar la vida de Buda, de Jesús o de Francisco de Asís parece estar condenado al fracaso por razones puramente externas». Pero ¿qué tiene que ver Buda, Cristo o el de Asís con la racionalidad kantiana, en el sentido definido, esto es, como voluntad de universalización en todas las dimensiones de la praxis humana y guía para la conquista de la personalidad ética integradora? Indudablemente tienen algo en común, independientemente de sus contenidos concretos: todos estos casos describen una convicción de índole salvadora, esto es, una conducta como fin en sí basada en la pureza de intención. Todas ellas son formas de la vida carismática que proponen los ideales de salvación. Por supuesto hay que dejar ahora a un lado hasta qué punto el propio ideal de racionalidad kantiano no constituye sino una hermenéutica del cristianismo, pues lo importante son las similitudes en cuanto a la estructura. La conclusión de Weber alcanza a la razón carismática de Kant: estas formas de vida se muestran imposibles de realizar desde la historia de la razón.

Pero el caso de la razón fuerte kantiana es paradigmático y extremo. En todas las religiones carismáticas se produce una racionalización interna que en la medida en que se basa en convicciones, esto es, en la medida en que «se subliman pasando del ritualismo a la religiosidad de la convicción» y se orientan «hacia valores internos religiosos como medios de salvación» [42], se imponen como tarea el dominio del mundo en todas sus facetas. Ahora bien, para llevar a efec-

[42] *Ensayos sobre Religión,* Taurus, Madrid, 1983, p. 441.

to este dominio del mundo deben introducir de manera inevitable la racionalidad de los medios administrativa y burocrática, dando lugar a los fenómenos estudiados por el joven Hegel: a la positivización de la religión. La tensión era evidente porque los principios de la convicción se consideraban de naturaleza radicalmente diferente a la naturaleza de los medios de dominio, lo que explica el rebrote del carisma religioso de manera continua y rebelde frente a la religión institucionalizada. Pero en el caso de la razón carismática y salvadora, la diferencia reside en que ella comprende que los medios para su dominio del mundo son de la misma naturaleza que los fines. La positivización que tiene lugar cuando emergen institucionalmente dichos medios no es entonces algo ajena a la razón misma, sino su propia cosificación, que deja sin energías para el rebrote racional, al mostrarse que esos medios acaban imponiéndose por sí mismos opacos a toda la estructura de intenciones racionales. La razón carismática kantiana representa el último acto de tensión sólida entre carisma y mundo, la que va desde los ideales racionales a la cosificación de la razón en técnica, burocracia y capitalismo en tanto estructuras de medios que se han convertido en estructura de dominación. Y la grave cuestión reside en que siendo el propio sujeto, la razón, la que se corrompe en su positivización, ¿cómo se puede suponer una función para ella en la cultura técnica?

La clave de la posición de Weber reside en la noción de intervención en el mundo por parte de una ética de la convicción —y la kantiana lo es, aunque albergue connotaciones peculiares—. La razón ha querido salvar al hombre, dominando el mundo, pues ésa resultaba la única manera de sustituir la comprensión religiosa del mundo. En este sentido, su actitud venía impuesta por el propio proceso de secularización que deseaba impulsar. Lo que sucede cuando la convicción de una razón globalizante choca con el mundo no es diferente a lo que siempre sucedió cuando una religión globalizante entra en tensión con él. En este sentido se debe entender la sentencia de Weber según la cual «la sociología de la religión es sociología del racionalismo en sí» [43]. ¿Qué sucede en ese choque entre razón y mundo? Que éste reacciona con violencia mostrando sus realidades tal y como son, opacas a la razón. Esta reacción muestra conflictos de la razón con los diferentes ámbitos del mundo. De estas reacciones peculiares emergen «específicas legalidades internas que antes habían pasado inadvertidas a la ingenua relación originaria con el mundo exterior» [44]. Cuando la razón quiere poner su mano sobre el mundo, éste muestra sus esferas. En el lenguaje con que comencé este ensayo, cuando la

[43] *Idem,* p. 438.
[44] *Idem,* p. 441.

razón se constituye en ontología general, el mundo se encarga de destruirla en sus pretensiones de racionalidad salvadora y carismática y aparece una nueva ontología: la de las esferas del mundo que han brotado a la conciencia de esa tensión, mostrando su legalidad interna y opaca. La economía, la política, la estética, el erotismo: ésas son ahora los objetos a los que le es inmanente una forma de racionalidad propia y exclusiva [45], dejando para la esfera metafísica intelectual un agujero negro donde experimentar la carencia de sentido: el nihilismo [46], que intenta racionalizar la teoría de la cosificación. Pero resulta clave entender que esta elevación de los medios técnicos a estructura de dominación no es sino la respuesta iracunda de la esferas del mundo a una voluntad de racionalización abstracta y carente de atención a la realidad peculiar interna de estos ámbitos (dinero, poder, individuo y *eros)* [47], al estar apegada en exceso a los procesos de intención plenamente subjetivos [48]. En este sentido el aspecto sombrío de la obra de Weber incorpora un elemento optimista en tanto que no sólo describe la cosificación de la razón, sino la razón de este hecho. Como toda genealogía, lleva consigo un aporte de ilustración optimista.

La cuestión importante es, primero, que al intentar dominar el mundo la razón produjo una racionalidad económica que no puede hacerse compatible con la política, ni ésta con la estética, ni éstas con la erótica, ni éstas en general permiten una reflexión sobre el sentido del mundo. Y, segundo, que sin embargo se creyó que era posible que la misma razón dominara cada esfera en un todo *composibile,* e incluso a veces se pensó que de hecho así era, sacralizando todas las consecuencias que desde esa racionalización salvaje se derivaban, como si vinieran impuestas todavía por la razón carismática [49]. A la salida de ese espejismo se vio que era la razón ciertamente, en un sentido de conducta universalizable, la que operaba en esas esferas, pero de tal manera que no cabía hablar de la misma razón como estructura integrada de personalidad y de salvación. Pero frente a esta decepción, ¿cómo seguir vinculando racionalidad y eticidad, racionalidad y valor, racionalidad y dignidad, racionalidad y salvación? ¿Cómo seguir conservando, si bien destruido por el duro golpe del fin de la ilusión, algún carisma por la razón? Veamos de contestar esta cuestión afirmando la necesidad de una ética de la responsabilidad que, sin ánimo

---

45 *Idem,* p. 437.

46 *Idem,* pp. 459, 456.

47 Repárese hasta qué punto desde aquí se puede dar una alternativa al funcionalismo y su teoría de los medios.

48 Aquí, y no en el aspecto teórico, es donde creo que hay que cuestionar la tradición de la conciencia. Cf. Habermas, final de *TAC* y muchos otros sitios.

49 Este es el estadio donde se enquista el positivismo.

de allanar en todas sus dificultades, voy a esbozar sólo en sus fundamentos desde un diagnóstico de la historia de la razón.

IV. LAS RAZONES DE UNA ETICA DE LA RESPONSABILIDAD

1. Las dos conferencias de Munich se levantan sobre todas las conclusiones que venimos estableciendo. Pero repárese en esto: no se trata de que accidentalmente tenga lugar la separación de las esferas. No se trata de que sociológicamente suceda así, sino que es necesario que así sea desde la propia esencia lógico-material de estas esferas y de los objetos que tratan. La tesis dice: no es posible una personalidad ética integrada por la composibilidad de cada una de estas esferas de actuación. Pero dentro de cada una de estas esferas puede haber naturalmente una y sólo una forma de conducta universalizable y, por tanto, una y sólo una forma de conducta racional y un deber, una forma de obtener personalidad ética, de dotar de valor a la existencia. Una consecuencia de ello es la imposibilidad de ser feliz, porque nadie puede bendecir de manera global la existencia. De ahí la inevitable dimensión trágica de todo deber. Pero sigue existiendo una vinculación fuerte entre racionalidad y dignidad: porque, aunque parcial, sólo dentro de una esfera cabe tener una existencia coherente y, ha de aceptarse, una pasión cumplida.

2. En el fondo Kant ya había afirmado que la división de capacidades en el individuo representa un progreso desde el punto de vista de la especie. La premisa entonces es que Kant da por supuesto el juego sociológico de la razón en una dirección en que Weber encuentra suficientes argumentos para la refutación. Kant supone, desde la premisa fuerte del organismo de la razón, que los efectos de la misma serán igualmente composibles desde el punto de vista de la totalidad de la SOCIEDAD y de la especie humana. Repárese en que la posición weberiana no significa, como la kantiana, la inevitable división subjetiva del trabajo y de la actividad en cada una de estas esferas, la formación de tipos de hombre que no puedan dominar las restantes esferas de conducta. Weber no dice eso: lo que dice es que alguien que se entregue a la eticidad en la esfera del arte tiene inevitablemente que repudiar, rechazar, destruir la ciencia. Lo mismo le sucede a quien se entregue a la política, la ciencia o la vida erótica. No es, por tanto, una complementariedad sociológica, sino una contradicción sociológica y lógica lo que Weber descubre. Esta contradicción lógica es más profunda y es la causa del fenómeno sociológico, pues posee alcance ontológico en la medida en que refiere a esferas del mundo, de la realidad, que inevitablemente entran en juego siempre, y no sólo en la sociedad burguesa, aunque en ésta lo haga de la forma descrita. Eso

es lo que permite que su sociología sustituya a la teoría kantiana de la razón con éxito, lo que permite decir que han pasado los tiempos de la razón carismática.

3. Pero esto no quiere decir que exista una pluralidad absoluta de valores: no hay más que estas formas de vida universalizable, estas formas de vida alrededor de valores, estas formas de eticidad, pero por eso mismo no hay una forma de Eticidad sintética. El ideal del clasicismo que subyace en Kant y en su razón es lo negado por Weber. Pero ¿acaso Kant reconocía aquel carácter *composibile* de la razón como un *Faktum?* Ciertamente que no. Hace de él un ideal regulativo, lo que significa que lo eleva a un Deber. La noción de razón en Kant es siempre la noción de un deber ser que debemos buscar. Kant es consciente de que hay muchos elementos en la realidad de la naturaleza que se oponen al deber, pero cree que debemos realizar ese deber. Weber lo que establece es que como tal deber de "composibilidad" es irracional y no tiene en cuenta la lógica de los objetos a los que se enfrenta. Ignorancia que ha dado lugar a los productos que el capitalismo tardío ha acabado haciendo de cada una de las esferas clásicas de la racionalidad, carente de una teoría ética capaz de controlar sus propias esferas. Es la propia noción de deber racional lo que resulta alterado en Weber y sólo por eso resulta alterada su noción de Razón.

4. Al reconocer todo ello Weber funda la cultura de la alienación como *Faktum* inseparable del *Faktum der Vernunft* en su comprensión más contemporánea, en esencia más penetrante que la marxista. Kant queda lejos. Esto significa que mientras que Kant aprecia la propia obra de la razón como un futuro abierto y libre, todavía ingenuo respecto de sus propios resultados, Weber considera que esos resultados de la razón ya han constituido un destino. El deber ser de la razón de Kant adquiere ya consistencia ontológica, Ser, si bien muy diferente al que debía. La razón no puede operar ya como un deber abstracto o formal, sino que tiene que seguir su destino concreto y material que se ha sustanciado en el capitalismo avanzado —su obra—. La forma de realizar la ciencia que ya es un destino en el capitalismo no permite sueños de formación de personalidad ética completa desde su práctica. La forma de realizar la política en el capitalismo que ya ha devenido destino no permite ni siquiera plantearse como un deber la formación de una personalidad moral, so pena de caer en mayores aberraciones todavía. La forma de ejercer el arte en la sociedad capitalista, y que ya ha devenido destino, no permite en modo alguno la formación de una personalidad ética social del artista en el sentido del kantismo, compatible a su vez con la política y con la ciencia, sino que condena al artista a ser fiel con su poder disolvente, diabólico, antifuncional para la sociedad, la política, la ciencia y el erotis-

mo. El sentido del erotismo como potencia libre no admite componendas con ningún otro destino.

5. La razón ha abandonado su estudio de "Deber ser" para convertirse en Destino. Su lógica ha dejado de ser la lógica de una proyección hacia el futuro, para convertirse en un pesado fardo ante el que no se puede cerrar los ojos. Cuando llegamos aquí vemos que Weber tiene una profunda y no reconocida Filosofía de la Historia como destino de la Razón carismática que se autodestruye, premisa de toda la Teoría Crítica y de toda la cultura de los años veinte. Esta Filosofía de la Historia no entiende ya las cosas a la manera de Fichte, tal y como lo había definido Lask en su decisiva interpretación, a saber, como una tendencia universal hacia la concordancia moral del género humano consigo mismo, en cuyo proyecto general debían emplearse todos los hombres como herramientas de la razón. Y, sin embargo, usa también a Fichte, al retomar su categoría de «época de la maldad consumada». Hasta el propio concepto de destino es fichteano en su más profundo sentido, aunque no puedo detenerme ahora en ello [50]. Pero este concepto no significa en modo alguno que no se pueda intervenir en la Historia. Justamente Weber define la ética como el análisis que «determina la categoría de hombre que se requiere ser para merecer el derecho del poner la mano en la rueda de la Historia» [51]. Por todo lo dicho no puede significar que se hayan agotado los aspectos de la formación de la eticidad, ni que deje de tener sentido la noción de deber. Tampoco significa que no tenga sentido la noción de racionalidad material ni que no exista una noción de universalidad. La razón debe sobrevivir, siquiera para controlar los propios efectos realizados por ella en su época de razón carismática. No creyendo en sí de una manera inocente y positivista vulgar, pero sí aceptándose como condena y solución a un tiempo. Mas todo eso a condición de que se acepte cargar con el destino de la razón en la época del capitalismo avanzado. A condición de que se esté a la altura de las circunstancias, a condición de que se derroche valentía y virilidad. En todos estos casos se tiene eticidad y se tiene valor. Se siguen conservando

[50] La problemática del Destino es el mecanismo por el que Fichte considera que debe superar la moralidad formal de Kant, en el sentido de que debo encontrar en la línea del tiempo la tarea absolutamente necesaria para que el proceso de liberación del hombre se realice. Naturalmente Fichte traza la cuestión de tal forma que sólo puede generar un misticismo de la ética de la Convicción. Cf. *Sittenlehre* de 1789. Como el propio Weber reconocerá, un cierto componente de convicción recae en toda ética de responsabilidad, a saber, el que él considera propio de una *Beruf,* de una *Vocatio* o entrega apasionada a la cosa misma. Pero el principio de objetividad tan acendrado en Weber le impide desarrollar el misticismo que de otra manera sería imparable, ya que la *Beruf* es algo formal, para sólo la esfera de mi personalidad, pero la tarea la marca la objetividad del proceso de evolución histórica. Se podría decir que Fichte cae en el misticismo desde el momento en que la apelación al destino no está mediada por el correspondiente análisis de la evolución histórica en su concreción sociológica.

[51] *Politik als Beruf,* ed. Humbolt (en adelante *PB*), p. 46.

las categorías kantianas, pero olvidando el sueño de la racionalidad integrada. Beber el trago amargo de ese destino es encontrar en cada uno el demonio —la esfera— al que debe obedecer, no el deber formal que ya carece de cuerpo en todo el ámbito de occidente capitalista. *Beruf* ahora tiene un sentido que nos coloca justamente en las antípodas de Fichte. Siempre alude a ser instrumento de la razón, ser llamado por ella, pero no para adorarla, sino para controlarla en sus efectos. Nuestra relación con ella, nuestra entrega, es la de evitar ser devorados, no la de ser salvados por ella.

6. De hecho también existe en Weber una teoría de la personalidad ética como condición trascendental de la racionalidad material, y por tanto de la noción de existencia humana valiosa. Esto significa que el politeísmo de los valores al menos se concentra en un valor trascendental: ser personalidad. Sólo que ya no personalidad sintética en Kant, sino personalidad en el sentido de aquella forma de subjetividad que puede ejercer la acción adecuada al destino de la época en alguna de las esferas de conducta. Su carácter básico es la pasión, el entusiasmo [52], vehemente entrega a una causa. Los tintes románticos de esta concepción de la personalidad son visibles en la conferencia sobre la «Ciencia como Vocación». Aquí hace depender la noción de dignidad respecto de la pasión [53], que también es condición trascendental de inspiración, verdadera categoría antropológica que implica creatividad. De hecho parece claro que esta creatividad entregada a alguna de las esferas de conducta es la única forma de desplegar la personalidad básica que en otras épocas ha producido los tipos carismáticos [54]. Las referencias a la Manía Platónica, a la inspiración, a las dotes, etc., ponen de manifiesto [55] que ciertamente lo que Weber desea es paralizar la posibilidad de la irrupción de un carisma globalizante en la época en que ya no se puede creer en la razón carismática abstracta. Con ello cree caminos para una energía saludable de acción ética.

7. La crítica a la personalidad romántica, tan de moda hoy, se efectúa por este objetivismo de la actividad creativa que nunca viene dictado por un hipotético yo sustancial, sino por la dimensión objetiva de la tarea a cumplir en el Mundo. Creatividad es entregarse al servicio puro de la cosa [56] en alguna de estas esferas, no a la experiencia vital subjetiva y acumulativa de momentos puntuales de disfrute. Esto es así porque se reconoce una dignidad a la cosa: en este caso

---

[52] *PB,* 54.

[53] *Wissenschaft als Beruf,* ed. Humblot, 12.

[54] *Idem,* p. 14: en este sentido, la clave de Weber es cómo levantar energías heroicas no autopresentadas como carismáticas. Se trataría de entrar en un autodominio responsable del entusiasmo.

[55] *Idem,* pp. 169 ss.

[56] *WB,* 14.

a la acción racional objetiva dentro de las esferas del arte, de la ciencia y de la política o del erotismo, en tanto único camino para hacer habitable la vida en el capitalismo avanzado. Naturalmente la dignidad de estas esferas no es cuestionable: su reconocimiento conforma el destino de la época. Cuando Weber analiza la ciencia como vocación presupone que lo conocido es *Wissenswert,* mas esto, a su vez, no es demostrable científicamente. Pero la demostración científica no es la única manera de aceptar algo como componente que exige una respuesta ética. Su valor no es demostrable de manera racional científica, sino por el hecho de que no hay otra posibilidad de proceder en «la comunidad de los hombres civilizados» [57]. Por tanto, el valor propio de estas esferas depende de que se quiera o no intervenir en la comunidad de los hombres civilizados. Esto significa que en todo caso tiene valor en la medida en que esta intervención tiene valor. La ciencia, la política, el arte, el derecho tienen valor ético justo por eso: «porque es la forma en que se debe actuar en la comunidad cultural» [58], porque responde a «exigencia de comunicación humana —*menschlichen Gemeinschaftbeziehung*» [59]. Parece entonces evidente que el valor ético de las formas de actuación depende de su carácter de medios para actuar en la comunidad cultural, y que sólo respecto de esta comunidad —lo que he venido llamando destino de la época— puede definirse como deber, pero ya como condenado deber *(Verdammte Pflicht),* la acción que sigue las reglas internas a cada una de estas esferas. Cuando se ejercitan estas reglas, se alcanza una *sittliche Leistung,* una realización ética [60].

8. Cierto que esta entrega a la causa es la fuente de todos los pluralismos de valores previstos por Weber. Esta es la tesis del politeísmo en conflicto irreconciliable [61]. Pero recordemos que estos dioses plurales surgen como reacción frente a las religiones totalizadoras, una de las cuales es la razón kantiana. Y, sin embargo, el politeísmo es una forma de religión. Weber habla de la necesidad de la fe en algo [62], sea lo que sea. Pero resulta del todo claro que las opciones están perfectamente limitadas a las instituciones sociales donde acaban cristalizando las esferas y organizándose la sustancia ética de nuestro mundo: fe en el mercado, fe en la política, fe en el arte, fe en el amor, y en las diferentes concepciones con que se imponen estas esferas, fruto de la diferente sensibilidad a las contradicciones que padecen en su trato recíproco. En todo caso cuando Weber analiza la lógica concreta de la ética política, económica, estética o erótica, descubre aún una

57 *WB,* 24.
58 *WB,* 25.
59 *WB,* 35.
60 *WB,* 62.
61 *WB,* 27.
62 *PB,* 48.

serie de reglas racionales internas, perfectamente universalizables, que no pueden ocultársele al hombre que esté a la altura de las circunstancias y en este sentido reduce bastante el politeísmo de los valores.

Naturalmente que no hay en Weber ninguna consideración histórico-filosófico-universal por la que se pueda justificar racionalmente la necesidad y el valor de estas conductas que constituyen para nosotros el condenado deber, esto es, que son formas inevitables de intervenir en la comunidad de los hombres. Por eso no vamos a ensayarla aquí. Pero repárese en que el análisis sigue siendo insuficiente por parte de Weber: el pluralismo, ¿es infinito o más bien sucede que las escasas posiciones que se disputan la época no permiten una solución racional entre ellas? Cierto que lo segundo ¿Qué ha permitido entonces hablar de la pluralidad de los valores en Weber como relativismo cultural, olvidando que está describiendo estructuras generales de la acción ética del hombre? El hecho de que él habla de ellos en el sentido de la imposibilidad de una Filosofía de la Historia Universal que eleve a suprema una de estas tendencias mismas de la acción histórica humana, no en el sentido de que en Occidente ya no puedan existir otros dioses que ésos y de que *cualquier* conciencia honesta tenga que reconocerlos a todos ellos como dioses, esto es, como lógicas irreductibles. Este es el reto que se nos ofrece en esta cita, donde una vez más Weber comprende nuestra época como una tensión entre monoteísmo y politeísmo, como una respuesta de la realidad ante los intentos de una razón carismática:

> «Los dioses antiguos plurales y desencantados, y por eso en la forma de poderes impersonales, se levantan de sus tumbas, empujan con fuerza sobre nuestra vida y comienzan de nuevo su eterna lucha entre sí. Pero lo que resulta penoso al hombre moderno e insoportable a la generación más joven es estar madura para una tal cotidianidad. Todos los cazadores de "vivencias" proceden de esta debilidad. Pues debilidad es no poder mirar en su duro brillo al destino del tiempo. Pero éste es el destino de nuestra cultura, del que de nuevo somos conscientes de una manera más evidente tras haber mantenido por más de un milenio los ojos cegados por la orientación, supuesta o falsamente aceptada como exclusiva, del formidable *pathos* de la ética cristiana» [63].

9. El dios, el diablo, el demonio. Toda esta terminología simboliza una genuina patología de la razón ya consciente de su destino cosificado. En el fondo estamos ante un descubrimiento de la ineficacia de los planteamientos de la astucia de la razón. Hegel sabía en cierto sentido que la razón se tenía que imponer mediante medios que en sí mismos no eran racionales. Sólo mediante este engaño podía imponerse en el mundo. Pero ésta no es la clave del pensamiento weberia-

[63] *WB*, 28.

no. No es que la conducta racional en el fondo se imponga mediante motivos no racionales. Es que la conducta racional productora de ciencia, de política, de arte y de derecho, son por sí mismo, en tanto que se han mostrado contradictorios, poderes internamente diabólicos que precisan tanto de despliegue como de control racional [64]. Y sin embargo, como representantes del mal, deben exigirnos poner en marcha poderes éticos [65] a fin de dominarlos [66]. Aquí, en el enfrentamiento fáustico con el propio Mefistófeles se encuentra la eticidad propia de Weber: es preciso invocar al diablo, llevarlo al lado, mirarlo cara a cara, y saber que «es alto y fuerte y tienes que llegar a viejo para entenderlo» [67]. Es preciso «atisbar sus caminos hasta el final para ver su poder y sus límites» *(idem),* nos dice Weber de una manera no exenta de contenido épico. Porque una estructura politeísta de la divinidad convierte a todos los dioses en diablos contradictorios para el hombre, a los que hay que adorar tanto como dominar, controlando perfectamente sus consecuencias. Este sería el sentido de una ética de la responsablidad, cuyos problemas tendríamos que analizar en otra ocasión. Pero resulta fácil no despreciar la otra alternativa: la otra posibilidad sería salir fuera de nuestra situación histórica y dejar de ser fieles a nosotros mismos [68].

64 *WB,* 32.
65 *WB,* 32.
66 *WB,* 33.
67 *WB,* 33.
68 *Idem,* p. 33.

30. LO POSIBLE POR LIBERTAD EN LA *CRITICA DE LA RAZON PRACTICA* (BLOCH ANTE HEGEL Y KANT)

por ANTONIO PÉREZ QUINTANA
(Universidad de La Laguna)

Suelo tomar, como referencia orientadora para el estudio de las teorías de la modalidad de Kant y de Hegel, el concepto blochiano de posibilidad. Este concepto contiene, entre otras, dos exigencias fundamentales:

1.ª) La posibilidad ha de estar fundada en condiciones y tendencias objetivas: ha de ser una «posibilidad real».

2.ª) Lo posible, en contraposición a lo real, envuelve las connotaciones de novedad, diferencia y aún-no-ser.

La consideración del carácter de *real* de la posibilidad me ha llevado a tomar partido por la ontología realista de Hegel. Posible es, de acuerdo con la concepción de la modalidad de *Ciencia de la Lógica,* lo que descansa sobre lo real y sobre condiciones objetivas. Si se lo compara con este posible objetivo, el «posible por libertad» de *KpV*[1]resulta manifiestamente abstracto y formal. La universalizabilidad sin contradicción, señalada por Kant como criterio de posibilidad en el dominio de lo práctico, determina, a juicio de Hegel, un concepto formal de posibilidad que no va más allá de la definición leibniziana de lo posible por la ausencia de contradicción, y que no cumple siquiera los requisitos del concepto de «posibilidad real» que el mismo Kant había establecido en *KpV.*

La consideración de la segunda característica de la posibilidad (no-

---

[1] Algunas obras de Kant, Hegel y Bloch serán citadas entre paréntesis, en el mismo texto, con las siguientes siglas:

KrV: Crítica de la razón pura

KpV: Crítica de la razón práctica, Espasa-Calpe, Madrid, 1984.

KU: Crítica del Juicio, Espasa-Calpe, Madrid, 1977.

FMC: Fundamentación de la Metafísica de las costumbres, Espasa-Calpe, Madrid, 1980.

Rel: La religión dentro de los límites de la mera razón, Alianza, Madrid, 1981.

FE: Fenomenología del Espíritu, F.C.E., México, 1966.

CL: Ciencia de la Lógica, Solar-Hachette, Buenos Aires, 1968.

E: Enciclopedia de las Ciencias Filosóficas.

PE: El Principio Esperanza, Aguilar, Madrid, 1977-1980.

vedad, diferencia, aún-no-ser) me ha llevado a inclinarme, en cambio, por el Kant del ideal y del «posible por libertad», pues el realismo hegeliano aproxima hasta tal punto la posibilidad a la realidad sobre la que se sostiene lo posible, que compromete seriamente la diferencia de la posibilidad respecto de la realidad y de lo dado.

Voy a ocuparme aquí exclusivamente del segundo de los aspectos indicados de la cuestión de la posibilidad y, para precisar un poco más el objetivo de esta ponencia, diré que me propongo llamar la atención sobre el interés que, en contraposición al realismo presentista y antiutópico de Hegel, tiene el concepto kantiano «posible por libertad» para la filosofía de la esperanza de Bloch.

Es bien sabido que Bloch los critica y los reivindica a ambos; pero también es notorio que, a la hora del balance final, ante Bloch pesan más el realismo y la dialéctica hegeliana que el ideal kantiano. Hegel es, a juicio de Bloch, «el maestro inmenso sin el que no hay filosofía posible», y que, si se lo compara con Kant, tiene consigo todo lo importante, con la excepción del deber ser. Hegel tiene la mediación, la dialéctica objetiva, el proceso, el contenido. Su herencia, dice Bloch, apunta hacia Marx, mientras que Kant, con su libertad y deber ser abstractos, sólo apuntaría hacia el neokantismo y hacia algunos trasnochados revisionistas de Marx [2].

Tales apreciaciones permiten vislumbrar que el entusiasmo de Bloch por Hegel se halla en estrecha relación con una manifiesta proximidad de la concepción de la posibilidad del mismo Bloch a los presupuestos objetivistas del pensamiento hegeliano. Es indudablemente voluntad de realismo lo que determina que, cuando Bloch se ocupa de Kant, sea dominante la denuncia de la posibilidad abstracta, y que, en los textos dedicados a Hegel, en cambio, tienda más bien a subrayar con aprobación la atención que presta el idealismo absoluto a la dialéctica de la cosa y al dinamismo del curso del mundo. Si la preocupación por dar cuenta del anclaje de lo posible en lo real lleva a Hegel a reducir la posibilidad a realidad y a deslegitimar al sujeto finito como fundamento de lo posible, la voluntad de alejar del utopismo abstracto a la filosofía de la esperanza inclina a Bloch a cargar el acento casi unilateralmente en la conceptuación de lo posible como dimensión del mundo objetivo, relegando al olvido el papel del sujeto en tanto *fundamento constituyente* de posibilidades en el mundo. La hegeliana filosofía del Espíritu objetivo no reconoce al sujeto humano en la historia más funciones que las consistentes en expresar y elevar a conciencia la potencialidad que opera en las tendencias del curso mundano. Creo que Bloch se hace eco abiertamente de esta posición cuando concibe la posibilidad real como posibilidad ya consti-

[2] *Sujeto-Objeto,* F.C.E., Madrid, 1982, pp. 452, 480, 454.

tuida en el ámbito de lo real-objetivo —con anterioridad a la intervención del sujeto— o cuando reduce la imaginación subjetiva al papel de reflejo —«correlato»— de esa posibilidad objetiva.

Semejante concepción tiene como telón de fondo presupuestos que constituyen la parte, tal vez, más discutible de la ontología blochiana. Me refiero especialmente a lo que suponen conceptos como dialéctica de la materia, «materia utópica», «sujeto de la naturaleza», «principio-esperanza objetivo», «fantasía objetiva»... Aun reconociendo que la obra de Bloch representa una de las contribuciones más notables que ha hecho el pensamiento contemporáneo al tratamiento de la cuestión de la posibilidad a la luz de la dialéctica sujeto-objeto, creo que, en ella, el papel del factor subjetivo es valorado como decisivo *solamente* en tanto motor de la *realización* de la posibilidad, y no en tanto fundamento de la *constitución* de lo posible como posible. Para contribuir a llenar este vacío, y para compensar la fuerte presencia de objetivismo hegeliano en la ontología blochiana, reivindico para ésta el concepto kantiano «posible por libertad».

El posible por libertad es un posible cuya posibilidad descansa en la libertad. No es un posible que la libertad encuentre ya constituido y que sólo necesitara de la libertad para ser realizado. Se trata de una posibilidad que recibe de la libertad su ser de posibilidad, ya que la causalidad de la libertad no se limita a reflejar lo objetivamente posible ni a sintonizar con una posibilidad ya dada, sino que: *a)* funda la posibilidad de lo posible, *b)* trasciende creativamente las posibilidades dadas, ampliando el campo de lo posible, *c)* funda posibilidades de máxima excelencia que son ideales.

La posibilidad, entendida como ideal, es la expresión más propia del elemento novedad en lo posible y del trascendimiento del frente de posibilidades dadas en el mundo. Lo ideal no es aún, es diferente de lo que es y recibe su posibilidad del poder de la libertad, esto es, de esa causalidad de naturaleza singular de la que Kant afirma que es, en su posibilitar, espontaneidad independiente de toda condición, capacidad de autodeterminarse a fines y posibilidades que ella misma se da, poder independiente de lo que es y, en consecuencia, fundamento de «acciones originarias», en virtud de las cuales es producida una «novedad que antes no existía» (*KrV,* A 572). Por eso, y a pesar del desarraigo que caracteriza a la libertad inteligible kantiana, podemos ver en ella, como lo hace Adorno, una «posibilidad del sujeto» y una afirmación de lo diferente: «la posibilidad de ser diferente de lo que se es» [3].

Adelantando en síntesis lo que me propongo poner de relieve, señalaré que el concepto posible por libertad *—durch Freiheit möglich—*

---

[3] *Dialéctica negativa,* Taurus, Madrid, 1975, pp. 288, 295.

envuelve las siguientes connotaciones: 1) diferencia y novedad respecto de lo que es, 2) todavía -no-ser: lo nuevo aún no es, 3) la cualidad de la excelencia: la diferencia no sólo *puede* ser, sino que también *debe* ser (es un ideal), 4) la libertad como fundamento: lo posible es posible por medio de la libertad. Y dado que libertad y «posible por libertad» tienen su dominio propio en el ámbito de lo práctico-moral —«práctico, dice Kant, es todo lo que es posible por medio de la libertad» (*KrV,* A 800)—, voy a tratar el tema ocupándome de las siguientes dimensiones de lo práctico a las que Kant conceptúa como posible por libertad: deber ser, ideal o perfección, objeto de la razón práctica, reino de los fines, bien supremo.

I. LO POSIBLE POR LIBERTAD COMO DEBER SER Y COMO LEY

El «deber ser» *(Sollen)* es una posibilidad: si debe ser, no es aún. Su ser es, como dice H. Cohen comentando a Kant, un «ser del futuro», una tarea *(Aufgabe),* un ser que debe llegar a ser, un *Seinsollen*[4]. Lo que debe ser no es todavía; solamente puede ser, debe llegar a ser, y puede incluso no llegar a ser. Tiene ser de posibilidad. Tal es el supuesto, esencial al concepto de deber ser, que choca directamente con opiniones como la de Schopenhauer cuando afirma que la necesidad implicada en el deber ser kantiano convierte a la acción que lo realiza en un acaecer inevitable[5]. Schopenhauer no toma en consideración que la necesidad —práctica— del deber moral no es la necesidad del *Müssen* (tener que ser), sino la necesidad del *Sollen* (deber ser), compatible con la apertura de lo posible por libertad. Kant ha señalado muy claramente que, mientras lo que sucede en los procesos de la naturaleza es una «consecuencia necesaria» de lo ya acontecido y no puede dejar de suceder, lo que «debe ser» dice relación a la necesidad (moral) de acciones futuras que «no han sucedido y que tal vez no sucedan nunca» (*KrV,* A 548). El poder ser que le corresponde en tanto deber ser no descansa en condiciones de la naturaleza ni puede ser derivado del ser; su fundamento sólo puede ser buscado en la libertad y en la razón subjetiva. Es lo que indica Kant cuando dice que el deber ser «expresa un acto posible cuyo fundamento no es otra cosa que un mero concepto» (*KrV,* A 547). Por eso, puede ser realizado o no y constituye una posibilidad que depende de la libertad, no sólo para ser realizada, sino también para adquirir su ser de posibilidad.

---

4 *Kants Begründung der Ethik,* Berlín, 1910, p. 48.

5 *El fundamento de la moral,* Aguilar, Buenos Aires, 1965, p. 48.

Pero el deber ser es una posibilidad de índole particular. Expresa el estado de posibilidad de la excelencia. Kant dice que se trata de una «idea», de un modelo que la razón forma con total independencia de lo dado (*FMC,* p. 53), y que sirve «como prototipo de la perfección práctica», de «guía de la conducta» y de «medida de comparación» para lo real (*KpV,* p. 179). Es un tipo de posibilidad que sólo puede ser objeto de la libertad, pues ser libre implica que el deber ser, «que nunca ha ocurrido aún», determina la actividad del hombre (*Prolegómenos,* parág. 53). La libertad constituye un poder capaz *(Vermögen)* de sustraerse a las incitaciones del presente, para orientar la conducta de acuerdo con exigencias del futuro y determinar, según ideas puras, un orden totalmente original respecto del existente.

Este orden posible tiene su expresión más propia en las leyes de la libertad. Si las leyes de la naturaleza se caracterizan por ser expresión de «lo que es», las leyes de la libertad son aquellas mediante las cuales el hombre se representa lo que debe ser. Por eso el deber ser constituye el dominio de lo «posible según leyes de la libertad». La libertad es inferida, a partir del hecho de la ley, como condición de posibilidad de la ley, de una ley que expresa ella misma una posibilidad. La libertad de la voluntad que «da leyes» hace posibles las leyes; legislando, pone ideales y abre un horizonte de nuevas posibilidades. De ahí que podamos considerarnos miembros legisladores «de un reino de la moralidad, posible por libertad, propuesto por la razón pura a nuestro respeto» (*KpV,* p. 121).

La conciencia de que el hombre debe *(soll)* hacer algo permite juzgar que hacerlo «es posible» (*KpV,* p. 50), que él dispone de un poder que hace posible lo que debe ser, así como de la capacidad de trascender el ámbito de posibilidades del curso de lo real, para darse fines y proyectarse hacia las más altas posibilidades. Estas posibilidades se presentan como leyes que «no expresan nada más que la libertad» (*KpV,* pp. 54-55); que expresan los ideales que la libre voluntad legisladora propone a la libertad del albedrío *(Willkür)* para que los haga suyos como modelos de la conducta, ya que el hombre no se limita, como las cosas en la naturaleza, a actuar según *(nach)* leyes, sino que, por ser racional, tiene la facultad de obrar «por *(nach)* la representanción de las leyes» (*FMC,* p. 59).

En tanto forman parte del mundo de la representación, las leyes anticipan una realidad mejor que la del presente, «representan una acción posible como buena», me indican qué acción «posible por mí» es buena (*FMC,* pp. 61-62). Tras la hosca apariencia de su formulación, la ley contiene la expresión de un proyecto de la libertad. Kant dice que la razón «proyecta» *(entwirft) a priori* una «idea» de la perfección a la que «enlaza inseparablemente con el concepto de una voluntad libre» (*FMC,* p. 53): la ley formula esa posibilidad ideal hacia la que se proyecta la libertad. Por eso puede considerarse rigurosamente exacto el comentario que hace Heidegger de *KpV* cuando dice que la esencia de la razón práctica consiste en «el proyectarse sobre la posibilidad total y fundamental del existir propio, posibilidad que da la ley» [6].

Estas implicaciones del concepto «posible por libertad», tal como se ponen de manifiesto en la consideración de la unidad de libertad y ley, se hallan indicadas de modo particularmente preciso en la determinación de la naturaleza suprasensible de seres racionales como *natura archetypa,* que es una naturaleza determinable según leyes de la libertad, según leyes que pueden fundar *(gründen)* una naturaleza. La ley moral, dice Kant, «es una ley de la causalidad por libertad y, por tanto, de la posibilidad de una naturaleza suprasensible» (*KpV,* p. 74): una naturaleza que no es, por tanto, una realidad (como lo es la naturaleza sensible), sino un «posible efecto» de la voluntad, una idea de la razón, un modelo *(urbildliche Natur).* Ante una razón, que «es práctica y ley de un orden natural posible», la naturaleza arquetípica representa la «idea» de algo «no dado empíricamente, pero, sin embargo, posible por la libertad», una naturaleza «que sólo por nuestra voluntad sería posible según leyes prácticas» (*KpV,* p. 69).

Esta posibilidad vinculada al arquetipo puede ser determinada, de modo más preciso, como posibilidad de conformar a la *natura ectypa* o naturaleza copiada *(nachgebildete)* —la naturaleza sensible de seres racionales— de acuerdo con el modelo: la naturaleza arquetípica sirve de modelo a la voluntad en su tarea de dar forma a la copia y es, así, fundamento de «efectos posibles» en la naturaleza-copia.

Nos hallamos ante uno de los aspectos más interesantes de la concepción kantiana del posible práctico: el que se refiere a la eficacia que ejerce sobre la voluntad la anticipación de lo posible por la razón. Kant habla de «efecto posible de la idea» de la naturaleza arquetípica, en tanto determina a la voluntad, en la naturaleza-copia. La representación del modelo determina a la voluntad a conformar la copia de acuerdo con él, de modo que el «concepto de la posibilidad» de la naturaleza arquetípica puede ser considerado «fundamento de la realidad de la misma por nuestra libre voluntad» (*KpV,* p. 71). Tal es la formulación que encuentra en Kant uno de los principios claves de la explicación del papel del factor subjetivo en relación a lo posible: la subjetividad funda posibilidades y se determina a sí misma, mediante la anticipación de esas posibilidades en la representación, a realizarlas.

Este protagonismo del sujeto en una filosofía de la posibilidad fue puesto de relieve muy perspicazmente por Hegel. La coimplicación de libertad subjetiva y deber ser —concebido éste como posibilidad— constituye el blanco preferido de su crítica de la moralidad kantiana.

---

[6] *Kant y el problema de la Metafísica,* F.C.E., México, 1954, p. 136.

Hegel asocia la *Moralität* kantiana a subjetividad, a interioridad, a posibilidad, y la *Sittlichkeit* a objetividad, a substancia, a realidad. Si el hombre que vive de la Eticidad, dice Hegel, cumple el deber como algo que es *(Seiendes),* sin valerse de la reflexión que elige entre posibilidades (*E,* parág. 514), el hombre de la moral rechaza la realidad dada y se vuelve a su interioridad para determinar desde ella lo justo, que de ese modo queda convertido en posibilidad. La conciencia moral, a juicio de Hegel, vive de la interioridad y, por tanto, de la posibilidad; es ella misma la posibilidad de convertirse en principio de realizarla o no.

Ahora bien, determinar el deber ser como posibilidad referida en última instancia a la razón subjetiva, equivale, cree Hegel, a reducirlo a mera cosa del pensamiento. El bien que no es, sino que simplemente «debe» ser, no posee más realidad que la que le proporciona la representación. Hegel repite en todos los textos en que se ocupa de la posibilidad de *KpV* el mismo veredicto: es una posibilidad vacía, una mera *(blosse)* posibilidad, algo meramente pensado, simple teoría. En *Sobre el tópico: lo que es correcto en la teoría puede no ser verdadero para la práctica,* defiende Kant los derechos de la teoría vinculada al interés práctico, porque piensa que una tal teoría mantiene la «idea» del deber ser en toda su exigente pureza, sin acomodarla a los dictados de la experiencia o de lo real. Es el tipo de teoría del que dice Hegel que constituye una simple «teoría abstracta sin realidad». Hegel piensa que el «en sí» —lo posible— de la conciencia moral no es sino «un simple modo de ver», cuya diferencia con el ser «reside solamente en las palabras» (*FE,* pp. 229-230).

Lo indicado puede ser suficiente para mostrar que Hegel no se limita a denunciar la abstracción del deber ser kantiano. Hegel califica de abstracta la idea misma de deber ser en tanto ésta se refiere a algo que aún no es y a una posibilidad del sujeto. Es este el punto de la crítica hegeliana que revela tras ella una verdadera ceguera para lo posible. Personalmente me inclino a pensar que, aunque *KpV* vincula la afirmación de la libertad y de lo posible al establecimiento de la forma como fundamento de determinación de la voluntad, es posible mantener esa afirmación de la posibilidad y de la vinculación de la misma a la libertad sin que se asuman los supuestos formalistas de la moral kantiana. Hegel, sin embargo, sostiene que esta moral constituye un formalismo vacío, no sólo por razón del papel que en ella se atribuye a la forma de la ley, sino también porque la misma concede un notable protagonismo a la libertad y a la posibilidad. De este modo, liga la suerte de la posibilidad kantiana a la del formalismo, presentando la justificada apelación al contenido como inseparable de la injustificable determinación del mismo como real.

Ahora bien, no sorprenderá que Hegel asimile el autodeterminarse de la libertad por el ideal a una huída al vacío de la nada, si se tiene en cuenta que su crítica a Kant se inspira en un supuesto diametralmente opuesto a los principios de *KpV:* la concepción de la razón como unidad de realidad y posibilidad, de ser y deber ser. Es claro que ese supuesto elimina el espacio del elemento exigencia, esencial al *Sollen* kantiano, y de la función crítica ligada al anticipar del sujeto de la «Moralidad».

II. LO POSIBLE POR LIBERTAD COMO IDEAL: ¿UNA POSIBILIDAD IMPOSIBLE?

Según Kant, para un ser finito, en el que la razón se halla unida a la sensibilidad, la perfección no es un ser, sino un deber ser y un ideal al que sólo cabe aproximarse en un proceso infinito.

La dificultad que plantea la comprensión de esta concepción proviene de que la misma presenta la armonía completa de la voluntad con la razón como perfección que debe ser alcanzada y, a la vez, como un ideal inalcanzable para el hombre. Puede mostrarse el elemento nuclear de la dificultad sometiendo a consideración conjuntamente las dos afirmaciones sobre las que descansa el postulado de la inmortalidad:

1.ª) La adecuación completa de la voluntad a la razón es objeto de mandato. «Ella, pues, tiene que ser posible».

2.ª) Ningún ser racional sensible es capaz de una tal adecuación de la voluntad a las leyes de la razón.

Si se atiende solamente a estas dos premisas, parece que el argumento de Kant presenta la perfección como posible y como imposible a la vez. Hegel dice que tal argumento es contradictorio. Si el ideal es objeto de una «tarea infinita», no puede ser realizado plenamente, y un ideal no realizable nunca plenamente es un imposible (*FE,* p. 355).

Ahora bien, la contradicción entre las dos afirmaciones mencionadas es tan obvia, que uno se resiste a admitir que la misma pueda tener el significado que le dan los críticos de Kant. En tal sentido, cabe advertir, ante todo, que es precisamente la contradicción a que darían lugar esas dos tesis —la perfección es posible, la perfección es inalcanzable—, si se las une sin más, lo que lleva a Kant a precisar en una tercera tesis, en qué términos debe entenderse que la perfección es posible para el hombre. Si la perfección es objeto de mandato y no puede ser alcanzada nunca plenamente, sólo será posible realizarla, advierte Kant, en un proceso que va al infinito.

Esta es la aseveración más decisiva que se hace en la argumentación. Ella lleva a la conclusión que postula la inmortalidad, y a la luz de la misma han de ser comprendidas las dos primeras afirmaciones. La caracterización de lo posible —significativa para el interés práctico del sujeto moral— que se desprende del conjunto de las tres tesis mencionadas es la siguiente: lo verdaderamente posible es la aproximación a la perfección. Para un ser racional finito «es posible sólo el progreso al infinito», y este progreso es el «objeto real» de la voluntad. «Marcha ininterrumpida hacia adelante» es lo único y lo más alto que la razón finita puede realizar (*KpV*, pp. 54, 173).

La crítica hegeliana que identifica el deber ser kantiano con una posibilidad imposible aparece también en *Ciencia de la Lógica*. Situada en el contexto de la dialéctica finito/infinito, la realización del deber ser es entendida, en esta obra, como movimiento que persigue superar lo finito. El *Sollen* entra en la dialéctica lógica como determinación de lo finito y como momento emparentado con la posibilidad y con la destinación. De ésta (la *Bestimmung* del idealismo subjetivo de Kant y Fichte) parte la exposición de la dialéctica finito/infinito para mostrar que el destino de lo finito es superarse y pasar a lo infinito.

Hegel sostiene que la realización del deber ser constituye un momento de la superación de la finitud, pero advierte igualmente que tal superación de lo finito es ella misma finita y deja subsistir a lo finito en su finitud, lo que evidencia, a su juicio, la necesidad de que el deber ser sea superado él mismo también. Según Hegel, constituye una flagrante contradicción mantener como inamovible el punto de vista del deber ser. Las filosofías que se aferran a la creencia en que la realización del deber ser en su integridad excede las capacidades del poder humano no serían otra cosa que una vacía teorización de la «abstracción del poder» o, lo que es lo mismo, de la impotencia. Su lema no es el «Tú puedes porque tú debes» de Kant, sino este otro: «Tú no puedes precisamente porque tú debes» (*CL*, p. 119).

Por lo indicado puede apreciarse que esta crítica del deber ser kantiano está estrechamente ligada al supuesto, del todo inaceptable para Kant, de una «destinación» de lo finito a ser superado. Kant permanece siempre fiel al punto de vista de la humanidad finita porque cree que la voluntad humana no puede llegar a ser nunca una voluntad santa (una voluntad para la cual el acuerdo total con la razón no fuera un deber ser sino un ser). En *KpV* la infinitud no pasa nunca de ser un carácter del proceso, al que se califica de infinito, precisamente, porque es proceso de un ser finito, porque no tiene final. Hegel, por el contrario, que no ve en lo finito otra cosa que un episodio de la mediación de lo infinito consigo mismo, considera que la categoría «deber ser» cumple en la dialéctica de la Idea absoluta la función de indicar la exigencia de ir más allá del límite para superar lo finito.

La kantiana toma de partido por una posición firmemente asentada en el suelo de la finitud constituye una de las claves que más eficazmente dan cuenta de la distancia que separa a *KpV* de *CL*. Como puede apreciarse en el parágrafo 76 de la *Crítica del Juicio*, Kant establece muy nítidamente una decisiva distinción entre, de una parte, la peculiar constitución de las facultades de un sujeto *finito,* para las que resultan significativos la posibilidad y el deber ser, y, de otra parte, una razón infinita para la que no tendría sentido alguno la diferencia entre deber ser *(Sollen)* y hacer *(Tun),* «entre una ley práctica de lo que es posible por medio de nosotros y la ley teórica de lo que es real por medio de nosotros». El hombre es, según Kant, el ser para el que lo posible y lo ideal tienen un significado. Y un mundo en el que todo fuera real «sólo porque —como algo bueno— es posible» no corresponde, según *KU,* a ninguna de las realidades de las que el hombre tiene experiencia. Es ese mundo, sin embargo, lo que el idealismo absoluto hegeliano convierte en realidad, en la realidad única infinita, en razón absoluta que penetra a toda realidad mundana, en entendimiento intuitivo —inmanente al mundo— para el que todo es real y como debe ser. Por ello contrapone Hegel, ya desde la época de *Fe y Saber,* a la kantiana «liberación diferida en el proceso infinito» una liberación «real y presente» en el verdadero infinito, el cual reconcilia dentro de sí a lo posible con la realidad y a la subjetividad con la divinidad [7].

De acuerdo con los supuestos básicos de *KpV,* el hombre es un ser ineludiblemente finito, dotado de una razón unida a la sensibilidad; un ser, por tanto, para el cual tiene valor la diferencia entre lo que es y un deber ser que se le presenta como meta ideal hacia la que ha de procurar aproximarse incesantemente. Este concepto de una aproximación progresiva al ideal connota exigencia de autosuperación, instancia crítica —a la luz de la cual es juzgado lo real—, acicate que impide al inconformista detenerse en ninguna meta alcanzada. En tanto envuelve tales connotaciones, constituye una verdadera idea-fuerza, que, según creo, casa mejor con el pensamiento utópico de Bloch que la desmesura hegeliana de una Razón que se identifica con lo real. Bloch, sin embargo, rechaza contundentemente la kantiana aproximación infinita al ideal, en la que no ve más que el «fantasma» de una «utopía sin final». Es cierto que, también en este punto, *El Principio Esperanza* los reivindica y los censura a los dos: reivindica el proyecto hegeliano de mediar el deber ser con el ser, pero deplora la «ceguera para lo posible» que hay detrás de la mitología de un final alcanzado; acepta la dimensión utópica del deber ser kantiano, pero se opone a que ésta sea identificada con una profundidad hacia adelante sin final. No obstante, tengo la impresión de que las anteriores precisiones no impiden que el equilibrio crítico se rompa, una vez más, inclinando el fiel de la balanza del lado de Hegel. Para conceptuar su deber ser final, Bloch no tiene reparo en echar mano de la hegelia-

7 *Glauben und Wissen,* F. Meiner, Hamburgo, 1962, p. 116.

na fórmula de la identidad: la patria es la reconciliación del sujeto con el objeto [8].

III. LO POSIBLE POR LIBERTAD COMO OBJETO

Que el objeto no sea fundamento de determinación de la voluntad no implica que ésta no pueda tener un objeto. Ciertamente, lo que determina a la voluntad es la ley, pero ha de advertirse que ésta determina a la voluntad a «hacer de algo su objeto». Y este objeto es un bien posible que puede llegar a ser real por medio de la acción.

Kant entiende por «concepto de un objeto» de la razón práctica la representación de un objeto que no es aún y que puede ser realizado, «la representación de un objeto como de un objeto posible por libertad» (*KpV*, p. 87). Se indica con ello que tal objeto es anticipado como posible en la representación y que la realización del mismo es un efecto de la representación.

Hegel ha hecho, sobre la definición kantiana de objeto de la razón práctica, unas consideraciones que ponen de relieve de forma muy precisa la relación que establece el idealismo subjetivo entre afirmación de la subjetividad y apertura al dominio de la posibilidad. En la esfera de lo práctico, dice Hegel, la reflexión subjetiva concibe lo que es mejor que ella como un «más allá» de ella misma y lo coloca por encima de sí, en el futuro, como tarea a realizar, viendo así en el objeto de la razón practica una «intención y fin del sujeto», una realidad ideal que sólo deviene real por medio de la acción. El autodeterminarse de la libertad, dice Hegel, es libre proyección *(entwerfen)* de fines de y por el yo, autodeterminación a una acción en la que surge para el hombre «el concepto de un futuro que se seguirá» de la misma [9].

He dicho que el objeto de la razón práctica forma parte del mundo de lo posible por libertad. Es la conclusión que se desprende de una lectura atenta del segundo capítulo de la «Analítica» de *KpV*. Aunque la expresión «objeto como efecto posible por libertad», al igual que otras expresiones parecidas que se encuentran en el mencionado texto, se refiere más bien a la realizabilidad del objeto, el conjunto de las tesis expuestas en él exige que se ponga en relación con el fundamentar de la libertad, no sólo la realizabilidad, sino también la misma posibilidad del objeto.

Supone la concepción kantiana de lo práctico que la libertad no puede ser determinada ni por un objeto real ni por un objeto posible

---

[8] En relación con lo indicado sobre la posición de Bloch ante el deber ser, veáse *Sujeto-Objeto,* pp. 411, 413, 472, 478.

[9] *Glauben und Wissen,* p. 109.

propuesto a la misma independientemente del determinar de la ley. Se indica con esto que sin ley no hay objeto de una voluntad libre. Es la ley, en efecto, la que, al determinar a la voluntad, convierte a un objeto en objeto de la voluntad. La ley de la libertad es «fundamento de determinación de los objetos de la acción bajo el nombre del bien y del mal», «hace posible el concepto del bien», y proporciona así a la voluntad un objeto, un objetivo, un fin y una posibilidad a realizar.

Para mostrar que la concepción kantiana de lo moral exige referir el posibilitar de la libertad, antes al objeto en tanto posibilidad que a la realizabilidad del mismo, debe añadirse a lo anterior otra consideración: Kant sostiene que la ley de la libertad funda la posibilidad de que podamos querer el objeto —hace posible moralmente el objeto— sin que ello suponga la realizabilidad física del mismo. Nos hallamos ante la distinción entre posibilidad moral y posibilidad física del objeto, en la que están imbricados aspectos muy importantes del concepto «posible por libertad».

Un objeto es posible físicamente, si podemos *(können)* realizarlo. La posibilidad física del objeto supone condiciones objetivas, medios y capacidad física, todo lo cual forma parte, al igual que el objeto y la acción que lo realiza, del proceso necesario de la naturaleza. Nada de esto es requerido, en cambio, para la posibilidad moral del objeto, pues un objeto es posible moralmente si podemos *(dürfen)* quererlo, esto es, si nos está permitido quererlo o querer la acción que podría producirlo, en el caso de que dispusiéramos de la capacidad física suficiente para ello.

Se sigue de lo anterior, y es lo notable del asunto, que la posibilidad moral del objeto no presupone la posibilidad física del mismo. Para que algo sea objeto de una voluntad determinada por leyes, dice Kant, basta que exista «la posibilidad de querer la acción por la cual, si tuviéramos la facultad para ello, un cierto objeto sería realizado». Es esto lo que lleva a sostener que, incluso cuando, por carecer de la capacidad física suficiente, no hemos realizado el objeto, nos hemos realizado moralmente, si hemos querido el objeto de acuerdo con la ley. De ahí se deriva también el principio que valora como dato suficiente para inferir la posibilidad de algo del hecho de que sea un deber. El idealista subjetivo Fichte lo defenderá con la máxima energía en su réplica a la crítica de Schulze a Kant. Para juzgar que algo es un deber, dice Fichte, no es necesario saber previamente que es posible realizarlo [10].

No puede aplicarse, pues, en el dominio de lo práctico-moral el criterio de valoración de posibilidades del orden de la felicidad. Si se

10 *Reseña de «Enesidemo»*, Hyperión, Madrid, 1982, pp. 84-85.

busca la felicidad y es el objeto lo que determina a la voluntad, entonces es la posibilidad física del objeto lo que importa por encima de toda otra consideración; pero si nos guía un interés moral y es la ley la que determina a la voluntad, entonces lo relevante será que el objeto pueda ser querido. Cuando actuamos moralmente, la voluntad es determinada inmediatamente por la ley y sólo mediatamente por el objeto; es la ley la que determina a la voluntad en relación con el objeto, y en tal caso lo decisivo no es ni la realización ni la realizabilidad del objeto, sino la conformidad de la voluntad con la ley de la razón. Cuando actuamos moralmente, lo decisivo es el querer: un querer que quiere el objeto, pero que no deja de realizar el valor moral por el hecho de que no pueda prolongarse en una acción coronada con el éxito de la realización.

La moral kantiana no sitúa la base última del valor en el resultado, ni en el «acto sensible» dado en el tiempo y orientado a realizar el objeto, sino en el «acto inteligible» por el que la voluntad adopta la ley como máxima [11]. «Cuando se trata de valor moral, dice Kant, no importan las acciones, que se ven, sino aquellos íntimos principios de las mismas, que no se ven» (*FMC,* p. 50). El «valor absoluto y moral» es realizado en el querer de la voluntad, no en la acción —externa— ni en los efectos de la acción. Por eso la investigación relativa a la posibilidad física del objeto no pertenece a la filosofía práctica. En ésta sólo se trata «del fundamento de determinación de la voluntad libre, mas no del éxito». «De las máximas de una naturaleza posible puede ésta surgir realmente o no; de ello no se preocupa la crítica, que investiga si y cómo la razón pura puede ser práctica, es decir, inmediatamente determinante de la voluntad» (*KpV,* p. 71).

Ante una formulación tan contundente de la moral de la intención, no debe extrañar que incluso el estudioso más o menos identificado con las ideas de Kant no pueda dejar de prestar atención a la crítica hegeliana que denuncia falta de mediaciones y cultivo unilateral de la interioridad en la moral kantiana. Pero paso por alto este asunto, porque no es el objetivo de mi ponencia tratar la cuestión de las mediaciones y de la realización de lo posible. Me he propuesto limitarme, en este Seminario conmemorativo del bicentenario de *KpV,* a llamar la atención sobre lo que considero reivindicable del concepto kantiano «posible por libertad». A ese objetivo responden las observaciones siguientes, con las que acabo el tratamiento de este punto:

1.ª) La posibilidad moral se refiere a una dimensión de excelencia máxima del ser humano. Realizarla supone, entre cosas, adecuar cada vez más la voluntad a las exigencias de la razón, potenciar la virtud en nosotros, hacernos más libres, realizar lo absolutamente bue-

[11] Para la distinción entre «acto sensible» y «acto inteligible», ver *Rel,* p. 40.

no, aumentar el valor de la propia persona. Realizar todo esto no es, desde luego, cosa de pequeña monta.

Como ejemplo destacable de posibilidad relativa a la interioridad, y cuya realización supone nada menos que una revolución de lo más valioso del ser íntimo del hombre, puede ser mencionada aquí la posibilidad de la conversión. Aunque se sostiene también sobre la disposición *(Anlage)* al bien —que es un elemento de la destinación *(Bestimmung)* de la naturaleza humana—, y tal vez también sobre un suplemento —en forma de auxilio divino— del débil poder humano, la posibilidad de la conversión debe ser situada en el ámbito de lo posible por libertad. El mal radical es un efecto de la libertad, lo que permite pensar, dice Kant, que la victoria sobre el mismo es posible por medio de la libertad. Por otra parte, la posibilidad de la conversión es inferida del hecho de que constituye un deber, y esto implica igualmente que se trata de un objetivo posible por libertad. Ahora bien, la realización de esa posibilidad no es una reforma relativa a las acciones, sino una revolución que transforma radicalmente la intención, el querer y el fundamento subjetivo de la adopción de máximas. Kant dice que se trata de una creación y de un nuevo nacimiento del hombre (*Rel.,* pp. 54-59).

2.ª) La posibilidad relativa al máximo valor humano es una posibilidad de *todo* hombre y puede ser realizada por *cualquier* hombre.

Queda indicado aquí otro de los rasgos que distinguen al régimen de la moral del régimen de lo técnico y de lo pragmático. El imperativo hipotético determina a la voluntad en consideración de su suficiencia para producir un efecto; manda medios para realizar un fin y supone que el objeto es realizable. «Lo que sólo es posible mediante las fuerzas de algún ser racional», dice Kant, puede ser considerado un propósito *(Absicht)* o fin «posible para nosotros» y, en tal caso, el imperativo determina qué «acción posible» es necesaria como medio para realizarlo (*FMC,* pp. 62-63). Cumplir un imperativo de esa naturaleza supone condiciones objetivas, capacidad física, etc. Por eso, resolver ciertos problemas técnicos, o dar cumplimiento a las máximas de la felicidad, es algo que no está al alcance de todos.

Algo totalmente diferente sucede con el imperativo categórico, que determina a la voluntad en consideración de ella misma, con independencia de que esto sea suficiente o no para producir un objeto. El imperativo perteneciente al orden de lo moral se refiere a la bondad que se realiza en el querer, a lo práctico en sentido estricto, que, justamente por ello, puede ser caracterizado como «posible por libertad» en su acepción más propia. Cumplirlo, y realizar la posibilidad que le corresponde, está en poder de todo hombre. De ahí que A. Heller haya podido afirmar que la ética kantiana «es y sigue siendo la posibilidad óptima de la sociedad burguesa»: una posibilidad que «lo es para cualquiera»[12], y que no puede ser realizada, desde luego, más que superando esa sociedad.

3.ª) No se atiene ni siquiera a la letra de *KpV* quien sostiene que la moral kantiana propicia el cultivo de una interioridad indiferente a la realización de posibilidades que incide eficazmente en la transformación de lo real. Sería injusto, desde luego, que se siguiera viendo en la buena voluntad kantiana, de acuerdo con el conocido veredicto de Marx, la expresión de la impotencia, la opresión y la miseria del pequeño burgués alemán[13].

La voluntad del hombre moral kantiano, si bien posee valor en sí misma —con independencia de su capacidad de producir ciertos efectos—, no por ello deja de ser una «voluntad seria» (*KU,* p. 369) que se esfuerza en cuanto está en su poder por realizar el fin perseguido —en este texto de *KU,* el fin final—. La buena voluntad, dice Kant en un importante texto de *FMC,* no puede ser confundida con «un mero deseo», pues comporta el «acopio de todos los medios que están en nuestro poder» (*FMC,* p. 29).

Puede inferirse de lo anterior que forma parte de la coherencia del hombre moral kantiano aplicarse resueltamente a la tarea de poner los medios y condiciones que conviertan en físicamente posible lo que todavía sólo es moralmente posible. Tal tarea constituye la expresión más alta de lo que puede ser considerado una ampliación del espacio de lo posible en el mundo por medio de la libertad. El ámbito del posible moral constituye un frente de posibilidad que trasciende la altura alcanzada por lo posible mundano, que hace avanzar el frente de lo posible en el mundo. Se trata de una dimensión de lo posible con la que no es posible comprometerse sin imponerse el deber de poner los medios que hagan *realmente* posible realizar el fin implicado en ella; se trata de posibilidades últimas —ideales— que ningún oportunismo reformista puede relegar al olvido.

Una posibilidad de esa naturaleza es la paz perpetua. Para hacerla posible es necesario poner ciertos medios y quemar determinadas etapas. Kant dice que se debe permanecer siempre en el esfuerzo por aproximarse cada vez más a ella. Puede considerarse que, en tanto elementos de esta estrategia de aproximación —reforma gradual— al ideal, los denominados por Kant «artículos definitivos para la paz perpetua» contienen la indicación precisa de las condiciones que es necesario poner para hacer posible ese ideal[14].

---

[12] «La primera y la segunda ética de Kant», en *Crítica de la Ilustración,* Península, Barcelona, 1984, p. 38.

[13] *Die deutsche Ideologie,* en K. Marx y F. Engels, *Werke,* III, Dietz Verlag, Berlín, 1969, p. 177.

[14] Ver *La paz perpetua,* Tecnos, Madrid, 1985, pp. 14 ss.

IV. LO POSIBLE POR LIBERTAD COMO REINO DE LOS FINES

El reino de los fines encarna el aspecto más atrayente de lo posible por libertad. En su dimensión utópica, «reino de los fines» hace referencia a la situación ideal en la que todo hombre fuera plenamente un fin en sí mismo y fuera tratado como tal: no es una realidad, sino una «idea práctica» (*FMC,* 95), una posibilidad de la libertad. Schopenhauer dice que la idea de un reino de los fines constituye la «utopía moral» de Kant.

Hay ciertamente elementos del reino de los fines que no deben ser considerados como ideales, pues pertenecen ya a la realidad actual. Tal es el caso, desde luego, de la humanidad, la cual constituye un dato real en todo hombre y hace de todo hombre un ser personal, un ser que posee dignidad. Todo hombre, por ser racional, es un fin en sí mismo. Aunque su conducta no sea conforme con su personalidad, ésta le pone ante los ojos la sublimidad de su naturaleza, pues personalidad y humanidad constituyen, aun en el hombre inmoral, una realidad, que debe ser respetada y «conservada en su dignidad» (*KpV,* p. 128).

Pero la realidad de la razón y de la humanidad en el hombre no agota el significado de la dignidad y del ser fin en sí mismo. El hombre puede hacerse más digno, aumentar el «valor personal» (*KpV,* p. 128), fomentar el fin en sí mismo que se es —desarrollando las disposiciones que se refieren a la humanidad— (*FMC,* p. 86), y esto constituye la dimensión utópica del reino de los fines.

Es esta dimensión lo que hace aparecer al reino de los fines como un ideal todavía por realizar, como una tarea esencialmente vinculada a la práctica moral. El reconocimiento de la realidad de una dignidad básica aun en el hombre inmoral no es óbice para que Kant se refiera frecuentemente a otra dimensión de la dignidad que se sostiene exclusivamente sobre la virtud. Son numerosos los textos kantianos que ponen en relación con la práctica de la ley la elevación de la autoestima moral y la realidad de esa dimensión del valor que sólo los hombres «pueden darse a sí mismos» (*KpV,* p. 116). Lo que hace al hombre digno de respeto, dice Kant, es la honradez en tanto ejemplo de la ley en su persona (*FMC,* nota de p. 40; *KpV,* p. 120). Transformándose en una encarnación viviente de la ley y aumentando el propio valor, el hombre se hace más intensamente un fin en sí mismo. Por ello concibe Kant el reino de los fines como el «magnífico ideal» al que sólo podemos pertenecer como miembros, «cuando nos conducimos cuidadosamente según máximas de la libertad» (*FMC,* p. 136).

Debe señalarse que la conceptuación del reino de los fines como posibilidad ideal estrechamente ligada a la moralidad queda poderosamente resaltada por el contexto en el que la exposición de la misma se halla inserta en *FMC*. El concepto «reino de los fines» es inferido inmediatamente, en el capítulo segundo de *FMC*, de las fórmulas del imperativo categórico, especialmente de la fórmula de los fines en sí y, según lo advierte expresamente Kant, de la fórmula de la autonomía (*FMC*, p. 90). El concepto «reino de los fines» es determinado a partir de lo prescrito en las fórmulas del imperativo categórico; en su realidad consumada, reino de los fines sería lo que resultara de la realización de lo mandado por ese imperativo (*FMC*, 98). Las fórmulas del imperativo mandan ser autónomo, fomentar el fin en sí mismo que se es, tratar a todo hombre como fin en sí mismo: esto, que es mandado, determina la esencia del reino de los fines, y, en tanto es objeto de mandato, no puede ser considerado más que como un ideal y una posibilidad. La teoría del reino de los fines es inseparable de la teoría del imperativo, y ésta determina a aquel como posibilidad. Kant dice del mismo que «es posible según los principios» contenidos en las fórmulas del imperativo (*FMC*, p. 91).

En tanto es determinada a partir de la fórmula de la autonomía la idea de un reino de los fines envuelve la exigencia de que todo hombre sea un fin en sí mismo. El principio de la autonomía, que es el principio supremo de la moral, no manda otra cosa que la autonomía, la cual es el fundamento de la dignidad humana y hace de todo hombre un fin en sí mismo. Que la autonomía sea objeto de mandato significa que se debe legislar universalmente y actuar de acuerdo con máximas de una legislación universal. Ahora bien, una voluntad que legislara universalmente y se sometiera a su propia legislación, «esa voluntad posible para nosotros en la idea», es el objeto propio del respeto (*FMC*, p. 101), es un fin en sí.

Además de potenciar el fin en sí que todo hombre es, el legislar universalmente crea entre los fines en sí una red de relaciones que convierte al conjunto de los mismos en lo que propiamente constituye un *reino* de los fines. Kant entiende por «reino» el «enlace sistemático de distintos seres racionales por leyes comunes» (*FMC*, p. 90). Ese enlace *(Verbindung)* —que agrupa a los fines en sí en una comunidad racionalmente organizada— pertenece al dominio de lo ideal aún no real y es un efecto de la legislación autónoma. Que los fines en sí formen reino es una posibilidad, una posibilidad que no tiene otro fundamento que la legislación de los hombres libres.

La fórmula de la autonomía manda actuar según máximas de un «miembro legislador universal en un posible reino de los fines», esto es, según máximas que permitan considerar a todo hombre como legislador respecto de las mismas y, en consecuencia, como un fin en sí mismo. El legislar universalmente es, por tanto, el principio articulador del reino de los fines: la autolegislación de las voluntades autónomas establece lazos entre los fines en sí y crea comunidad. Kant dice que una tal legislación de todos los seres racionales hace posible «un mundo de seres racionales como reino de los fines» (*FMC,* p. 98). Ahora bien, la libertad es la única condición bajo la cual puede darse esa legislación universal (*KpV,* Teorema IV) sobre la que descansa la posibilidad del reino de los fines, el cual debe ser pensado, por ello, como «posible por la libertad».

Dice la definición kantiana de reino que éste presupone un «enlace sistemático» —de sus miembros— por *(durch)* leyes. Son las leyes y el actuar según leyes lo que hace posible ese enlace que une a las personas en un reino. Mandando que todo hombre sea tratado como un fin y nunca como un medio, la fórmula de los fines en sí deja ver que debe ser referido a la misma ley suprema de la moralidad —el imperativo categórico— el enlace que relaciona a los hombres unos a otros como medios y fines para formar el «todo de todos los fines».

El conocido texto de *KrV* sobre el «mundo moral» precisa que este enlace «por leyes» comporta conformidad con las leyes éticas. Kant entiende por mundo moral el *corpus mysticum* de los seres racionales «en la medida en que la voluntad libre de tales seres posee en sí, *bajo leyes morales,* una completa unidad sistemática, tanto consigo misma como respecto de la libertad de los demás» (*KrV,* A 808). Un mundo de esa naturaleza no es una realidad, sino una «idea práctica» de acuerdo con la cual debe ser conformado el mundo sensible. Aproximarse a ese ideal supone promover la unificación progresiva de los hombres, y la unidad de los seres libres no puede lograrse más que mediante el ejercicio de la autonomía. Sólo una legislación universal y el sometimiento libre a las leyes de la autolegislación conforman el principio que hace avanzar a los hombres hacia el ideal del reino de los fines. Legislar universalmente y someterse a leyes universales de la libertad (autonomía) es lo mismo que tratar a todo hombre como fin en sí mismo. Ambas cosas excluyen el interés particular que separa a los hombres, a la vez que fomentan lo que les es común y los une. Se indica con esto que la fórmula de los fines en sí y la fórmula de la autonomía dicen lo mismo. Cada una se refiere a un aspecto de la esencia de la moralidad, a la que Kant define como la relación de las acciones con la legislación «por la cual es posible un reino de los fines» (*FMC,* p. 91). Una tal legislación, al igual que el libre sometimiento a ella, ha de ser retrotraído a la voluntad libre, que legisla universalmente y actúa según las leyes que ella se da a sí misma. Esa voluntad libre es el fundamento que hace posible el «enlace sistemático» al que Kant vincula la unión de los fines en un reino.

El reino de los fines es, pues, una posibilidad, y una posibilidad que descansa en la libertad. Según se indica en el texto de *KrV* sobre el «mundo moral», tal denominación sólo conviene al mundo en la medida en que es conforme a las leyes éticas, como *debe* serlo en virtud de esas leyes y «como *puede* serlo gracias a la libertad de los seres racionales» (*KrV,* A 808). La libertad hace posible la conformidad a leyes y, mediante ésta, la unidad sistemática de los hombres entre sí.

Más claro es aun, a este respecto, el tantas veces citado capítulo segundo de *FMC,* en el que la expresión «posible por libertad» es referida en varias ocasiones al reino de los fines. En este texto Kant advierte además que el «todo» del reino de los fines comporta que el enlace sistemático ha de alcanzar no sólo a los fines en sí que son los seres personales, sino también a los fines que esos seres pueden proponerse (*FMC,* pp. 90-91). Ahora bien, estos fines que los seres autónomos se proponen son fines que la libertad se da a sí misma, son fines o posibilidades que se sostienen sobre el poder de la libertad. Por otra parte, ser autónomo implica tratar a todo hombre como autónomo o, lo que es lo mismo, no someterlo a ningún fin o propósito *(Absicht)* que «no sea posible según una ley que pueda originarse en la voluntad de ese hombre» (*FMC,* 127).

Unos y otros fines —las personas y los fines que éstas se proponen— conforman el todo del reino de los fines en tanto «idea práctica» cuya posibilidad se funda en la libertad. De ahí que signifiquen cosas tan diferentes la consideración de la naturaleza como reino de los fines y la consideración de «un *posible* reino de los fines como un reino de la naturaleza». Si en la teoría de la naturaleza reino de los fines es una «idea teórica para explicar *lo que es*», en la moral «es una idea práctica para realizar *lo que no es, pero puede ser real por muchas acciones y omisiones*» *(FMC,* nota de p. 95). En *KU* Kant advertirá expresamente que, mientras unos fines son posibles en virtud de condiciones naturales, los otros —los fines de los que se ocupa la moral— sólo tienen como condición de posibilidad a la libertad.

Se consigna, ante todo, en el importante «Apéndice» con el que concluye la *Crítica del Juicio,* que sólo el hombre en tanto ser moral puede ser fin final *(Endzweck).* Ahora bien, por hombre en tanto ser moral entiende Kant solamente el hombre bajo *(unter)* leyes morales. Kant no exige que sea el hombre según *(nach)* leyes morales (el hombre que actúa de acuerdo con ellas) el ser moral que constituye un fin final (*KU,* nota de p. 367). Ello no es óbice, sin embargo, para que señale que el hombre «ha de hacer» determinadas cosas «para ser fin final» (*KU,* p. 347). Se da a entender con ello que, aunque el hombre bajo leyes es un fin final, puede todavía elevar a una intensidad mayor, mediante el cumplimiento de las leyes, esa prerrogativa de ser un fin final. Pero tanto una cosa como otra —existencia bajo leyes y existencia según leyes— sólo son posibles por la libertad. «Fin final» es una posibilidad que Kant contrapone tajantemente a «fin último» *(letzter Zweck),* el cual es posible en virtud de condiciones naturales. A diferencia de los fines posibles por naturaleza *(durch die Natur mögliche Zwecke),* el fin final es «absolutamente imposible por medio de causas naturales» (*KU,* p. 347).

«Fin final» remite a una dimensión de lo posible que tiene su fundamento en el factor subjetivo y que trasciende la esfera de lo «posible por naturaleza». Este es el supuesto de la teoría kantiana de la teleología que proponemos incorporar a la ontología de *El Principio Esperanza*. Bloch sostiene ciertamente que el imperativo kantiano encierra un importante contenido utópico y apunta hacia el futuro. Al referirse a la fórmula de los fines en sí, el autor de *PE* vuelve una vez más sobre la crítica que ve en el ideal moral kantiano una «idealización del reino de la burguesía», y que denuncia la abstracción, formalismo y falta de mediaciones de ese ideal; pero la posición crítica no impide a Bloch reconocer, no sólo que la exigencia de que todo hombre sea tratado como fin y nunca sólo como medio no puede ser cumplida nunca en una sociedad burguesa, sino también que tal exigencia anticipa la posibilidad de una solidaridad sin clases (*PE,* II, pp. 453 ss.). Sin embargo, el horror al subjetivismo kantiano sí impide a Bloch ver el resto recuperable de «excedente utópico» en la concepción del sujeto como fundamento que hace posible esa posibilidad del reino de los fines. Incluso cuando se ocupa del «fin final de un reino de los seres racionales», pasa a ser objeto prioritario del interés de Bloch averiguar en qué medida la finalidad introducida por Kant en *KU* permite suponer la existencia de un «sujeto de la naturaleza» entendido como *natura naturans (PE,* II, p. 244).

V. EL BIEN SUPREMO, POSIBLE POR LIBERTAD

El bien supremo no es, en *KpV,* una realidad dada, sino un bien del futuro y un objeto de esperanza. La teoría que se ocupa del mismo responde a la pregunta «¿qué me cabe esperar?» Por eso, no podía dejar de atraer la atención de Bloch este aspecto de lo posible por libertad. En el capítulo que le dedica, casi al final de *El Principio Esperanza,* llega a decir que se trata de «la forma de existencia más cualificada del ser posible» (*PE,* III, p. 477), y, refiriéndose expresamente a Kant, le reconoce el mérito de haber sido quien, «por última vez, se ha detenido en el concepto venerable del bien supremo, colocándolo en el lugar que la estrella polar ocupa para el navegante» (*PE,* III, p. 441).

Debe indicarse, ante todo, que el bien supremo es una posibilidad que tiene en la libertad una de sus condiciones de posibilidad. En verdad, éste es un punto dominante en la parte dialéctica de *KpV.* Ya desde las primeras páginas se plantea en ella la cuestión del bien supremo en términos de su posibilidad o imposibilidad. La antinomia de la razón práctica se basa en que el bien supremo aparece a la vez como posible y como imposible. Por eso, la «Dialéctica» de *KpV* se propone como tarea mostrar que el bien supremo es posible, señalando las condiciones que lo hacen posible. Tal es la función que cumplen los postulados. A la disposición de ánimo que promueve el bien supremo ha de constarle que «éste es posible», y los postulados muestran cuál es el fundamento de su posibilidad. El deber de fomentar el bien supremo, dice Kant, «presupone la posibilidad del mismo y, por consiguiente, también las condiciones de esa posibilidad» (*KpV*, p. 198).

Esas condiciones de posibilidad del bien supremo son la inmortalidad del alma, la libertad y Dios. Podemos limitarnos aquí, en atención a nuestro objetivo, a la consideración de las dos últimas: la libertad como poder humano y un poder infinito que no es humano, en tanto constituyen el fundamento que hace posible al bien supremo. Para expresarlo en términos del mismo Kant, diría que la dialéctica expone «los fundamentos de aquella posibilidad, primero con respecto a lo que está inmediatamente en nuestro poder, y luego en lo que nos ofrece la razón como complemento de nuestra incapacidad para la posibilidad del bien supremo... y que no está en nuestro poder» (*KpV*, p. 169).

La libertad es, pues, uno de los fundamentos de la posibilidad del bien supremo. Kant dice que este es un «bien práctico», un bien «prácticamente posible», «posible por la acción», y que su posibilidad es una «posibilidad práctica» (*KpV*, p. 161). El bien supremo es posible por medio de la libertad.

Esto se pone de relieve con especial énfasis en los textos de *KU* que se ocupan del bien supremo como fin final. En ellos establece Kant una clara distinción entre fin último *(letzter Zweck)* de la naturaleza, cuya posibilidad descansa en el mecanismo de la naturaleza, y fin final *(Endzweck)* de la existencia del mundo, cuya posibilidad descansa en una causalidad inteligible (libertad y omnipotencia divina). La posibilidad del fin último puede ser explicada a partir de la teleología natural: el fin último es posible por la naturaleza; la posibilidad del fin final, en cambio, o, para expresarlo con términos del mismo Kant, el fin final «según su posibilidad objetiva», no puede ser buscado en condiciones de la naturaleza, sino solamente en seres racionales (*KU*, p. 372): el fin final es posible por la libertad.

Ahora bien, lo señalado hasta ahora deja al descubierto una característica particular del bien supremo en tanto posible: el fundamento de su posibilidad no es sólo la libertad. Esta necesita un suplemento de poder, que es la omnipotencia divina. Debo hacer, en relación con esa peculiaridad de la posibilidad del bien supremo, algunas observaciones que han de contribuir a evidenciar que el radicalismo humanista de Kant conserva íntegramente su bien definido relieve, incluso cuando Dios entra en escena para desempeñar un papel importante.

1ª) En el bien supremo el elemento condicionante e incondicionado —bien en y por sí mismo— es la virtud, y la virtud es el elemento que tiene su condición de posibilidad en la libertad. Es el enlace de virtud y felicidad lo que exige postular como fundamento de su posibilidad un poder infinito, pero un tal enlace presupone que el hombre se ha hecho digno de la felicidad por medio de la virtud. Puede afirmarse, en consecuencia, que el hombre ha de proceder como si todo dependiera de su libertad.

2ª) Aunque supone también un poder divino como fundamento de su posibilidad, el bien supremo es una posibilidad del hombre. Aun en su teología —«teología moral»— es un bien del hombre lo que centra la atención de Kant. La revolución anticopernicana es llevada a sus últimas consecuencias: Dios encuentra lugar en *KpV* en tanto fundamento que hace posible el «objeto total» de la voluntad humana. Hegel, que va a invertir la posición kantiana (desplazando a la libertad humana del lugar de privilegio en que la había situado Kant y tomando como referencia originaria para la determinación de lo posible al Espíritu absoluto), lamentará la fidelidad de Kant a la «humanidad bien amada» y que *KpV* determinara al bien supremo solamente como nuestro bien (*E,* 60).

3ª) Dios es condición de posibilidad del bien supremo, el cual constituye el «objeto total» de la voluntad humana, pero no es el fundamento de las leyes, que constituyen el «fundamento de determinación» de esa voluntad. Las leyes son previas a la entrada en escena de Dios, y no tienen otro fundamento que la libertad humana. Las posibilidades expresadas en esas leyes tienen, por tanto, en la libertad su único fundamento de posibilidad. Quiero resaltar con esto, en contra de lo que opinan Schopenhauer y otros intérpretes, que la prueba moral de la existencia de Dios no cuestiona en lo más mínimo el principio de la «autonomía» establecido en la parte analítica de *KpV.* En verdad, no puede proponerse nada más contrario al pensamiento de Kant que la doctrina hegeliana que hace descansar a la moral en la religión y que sitúa en el Espíritu absoluto el fundamento último de la verdadera posibilidad.

Destaco estos datos para poner de relieve el protagonismo que Kant concede al factor subjetivo humano en relación con el bien supremo como posibilidad. Aceptando la propuesta blochiana de ontologizar el bien supremo, para entenderlo como «posibilidad real» enraizada en el proceso del mundo (*PE,* III, p. 445), creo que debe resaltarse convenientemente que también el factor subjetivo desempeña un papel decisivo en la constitución de esa posibilidad. Si es necesario tomar precauciones ante la posición kantiana, que agudiza el elemento utópico del bien supremo a costa de desvincularlo totalmente de condiciones objetivas (*PE,* III, p. 441), también habrá que evitar llevar a cabo la ontologización de los postulados en los términos en que lo hace Hegel, el cual aproxima tanto el bien supremo al curso del mundo objetivo, que convierte en realidad del presente lo que en Kant es objeto de esperanza. Nunca debe perderse de vista, en efecto, que Hegel, al denunciar el subjetivismo de la concepción kantiana del bien supremo, condena que la reconciliación sea proyectada en un «más allá de la realidad» (*FE,* p. 359) y que el «fin final» sea comprendido como algo que «sólo debe ser, que no tiene realidad» (*E,* 55, 60).

VI. CONCLUSION

Lo que hemos expuesto no agota el tratamiento de los problemas que plantea el concepto kantiano «posible por libertad». Queda aún por explicar, desde luego, el tipo de relación que pueda haber entre lo posible por libertad y lo posible por condiciones objetivas, o entre el factor subjetivo y el factor objetivo en tanto ambos, sumando cada uno su poder al poder del otro, componen el fundamento completo del conjunto de lo posible en el mundo. Pero sólo me había propuesto como objetivo de esta ponencia mostrar que la filosofía de lo posible tiene razones poderosas para atribuir al factor subjetivo la función de fundamento constituyente de un espacio de posibilidad que no puede ser totalmente explicado a partir de la potencialidad mundana.

Para dar el último toque a mi exposición, diré que la relación entre lo posible por libertad y lo posible por condiciones objetivas puede ser entendida de dos formas diferentes:

1ª) Una de ellas es la que encontramos, además de en muchos otros lugares de la obra de Kant, en las primeras páginas de *FMC.* En este conocido texto dice Kant lo siguiente: los talentos que da la naturaleza y los dones de la fortuna pueden ser buenos o malos, pero ello depende de que una buena voluntad los acomode o no a los fines que ella libremente se da a sí misma. Talentos, dones y capacidades son neutros moralmente, y reclaman, por ello, la intervención subjetiva que dé sentido, mediante fines y posibilidades alumbrados por la libertad, a la potencialidad contenida en aquellos. Kant reconoce incluso que estos principios «pueden facilitar la obra» de la buena voluntad, pero advierte inmediatamente que los mismos nunca llegan a tener un valor absoluto y siempre presuponen la buena voluntad.

Otro tanto debe decirse de cualquier principio que pertenezca a la naturaleza. Disposiciones, tendencias, inclinaciones e impulsos (la naturaleza en el hombre), o la teleología natural en general, pueden favorecer las acciones de la voluntad, pero la libertad, al darse fines que son ideas de la razón, trasciende siempre la potencialidad fundada en el poder de esos elementos de la naturaleza. La libertad supone una causalidad independiente de condiciones naturales; de ahí que el hombre pueda pensar «como posibles... por medio de la voluntad acciones tales que sólo pueden suceder despreciando» los apetitos e inclinaciones (*FMC,* p. 128). Por estar dotado de razón y voluntad, el hombre está destinado *(bestimmt)* a un fin diferente y «mucho más digno» que el fin de las inclinaciones (*FMC,* pp. 32-33). Kant habla de una destinación práctica *(praktische Bestimmung)* de la razón: tal destinación apunta hacia un fin supremo que tiene por fundamento de su posibilidad a la voluntad libre y que trasciende radicalmente el frente de los fines y posibilidades que dependen de la naturaleza.

2ª) La segunda forma de entender la relación entre fines del sujeto y potencialidad objetiva puede ser ilustrada por medio de unas páginas de la *Fenomenología del Espíritu* que probablemente fueron escritas teniendo como referencia el citado texto de *FMC.* Me refiero a las páginas de *FE* en las que Hegel expone la dialéctica virtud/curso del mundo. Del rico y complejo contenido que estas páginas nos ofrecen destacaría, como más relevante para mi propósito, lo siguiente: según Hegel, tanto los talentos y disposiciones del hombre, como los fines de la virtud, sólo son medios de la manifestación de la potencia infinita que impulsa al curso del mundo. Si el proceso mundano tiene un sentido, éste solamente puede provenir del Espíritu y de las potencialidades del Espíritu. Por eso, aun los fines y posibilidades del hombre de la virtud sólo merecen ser considerados como relevantes si expresan las tendencias de la época y las potencialidades del curso del mundo que manifiesta al Espíritu (ver *FE,* pp. 224 ss.).

Teniendo a la vista estas dos explicaciones del fundamento de lo posible, he de decir que, en mi opinión, la concepción blochiana de la dialéctica sujeto/objeto se aproxima mucho más al modelo hegeliano que al kantiano. Creo asimismo que esta proximidad de la filosofía de la esperanza al objetivismo hegeliano depende, en buena medida, de la confianza que Bloch tenía en las virtualidades de la naturaleza, de la materia y de la dialéctica objetiva. Por mi parte he de confesar que no puedo compartir esa confianza en el factor objetivo. Por eso reivindico el concepto kantiano «posible por libertad» para la filosofía del aún-no-ser.

Adorno dijo que la obra de Bloch era el resultado de hacer trabajar a Hegel sobre Kant y a Kant sobre Hegel. Al decidir presentar esta ponencia, me señalé como uno de los objetivos de la misma mostrar que puede ser tarea no exenta de interés prolongar la reflexión blochiana dando alguna ventaja a lo segundo —hacer trabajar a Kant sobre Hegel— de modo que en ella puede serle más claramente reconocida al factor subjetivo, no sólo la capacidad de realizar lo posible, sino también el poder de fundar nuevas posibilidades.

31. CRITICAS A LA ETICA KANTIANA EN LOS ESCRITOS POSTUMOS DE J. P. SARTRE

por CELIA AMORÓS
(Universidad Complutense de Madrid)

I. CUESTIONES DE METODO

Con el mismo título con que Sartre preludió su *Crítica de la razón dialéctica,* vamos a introducir aquí algunas observaciones previas respecto al sentido —filosófico, naturalmente— que puede tener la reconstrucción-construcción de un diálogo entre quienes no dialogaron, de un diálogo contrafáctico, por decirlo así. No querríamos que el cultivo del género *Diálogos de los muertos,* del buen Luciano de Samosata, fuera a su vez un diálogo muerto y menos todavía un diálogo para besugos. Puesto que no nos es posible liberarnos de él en la medida que quisiéramos en el reino de los vivos, revelaría perversos gustos necrófilos cultivarlo además en el de los muertos.

Si toda interpretación corre el riesgo de ser malinterpretación, aquí se trata de dos interpretaciones de segundo grado: la que viene implicada por poner a Sartre a recoger guantes kantianos que el filósofo de Könisberg le habría incoactivamente lanzado, sin que él se diera por aludido —los filósofos en eso no suelen ser «caballeros»—, y la que se deriva de hacer hablar a Kant a veces en lenguaje sartreano, lo que supone una cierta audacia. Pero no veo el modo de ponerlos a dialogar sin introducir en buena medida esta doble operación, de manera que hay que asumir —sartreanamente— el riesgo de malinterpretación de segundo grado por partida doble. Si algo nos alivia, no obstante, de nuestra responsabilidad en lo concerniente al «montaje» (se trata, además, de reconstruir las críticas de Sartre fundamentalmente desde las notas, más o menos elaboradas y dispersas, de sus escritos póstumos, redactadas al hilo de sus propias obsesiones) es lo que podríamos llamar la intrínseca pertinencia dialógica de los problemas filosóficos —algo distinto, obviamente, de la eternidad o la perennidad de los problemas—. Si es cierto, como dice Heidegger, que cada *pensador piensa* un solo problema, la recíproca no es del todo cierta: cada problema es de algún modo pensado por más de un pensador. Al menos, que ello sea así es condición de posibilidad *sine qua non* de una historia filosófica de la filosofía, la única que quienes no somos filólogos, y aunque sólo sea por eso, podemos y nos interesa hacer.

II. ANTINOMIA DE LA RAZON PURA *VERSUS* TRASTORNO ONTOLOGICO

Al final de la «Analítica transcendental» de la *KrV,* todo parece suceder como si para encontrar al sujeto autónomo de la Ilustración nos tuviéramos que ir «con la música a otra parte»: el conocimiento científico objetivo que este sujeto fundamenta *lo sujeta* a las series causales y lo convierte por ello mismo en heterónomo. Fenoménicamente, en las series causales no podemos encontrar ninguna fisura; sin embargo, los efectos de la problemática y presunta fisura se inscriben en el registro de las secuencias causales. Es como si la admisión de un reino dentro de otro reino sólo de extranjis le fuera posible a la razón teórica: se acepta la mera posibilidad de un estado de excepción, pero sin reconocer a la excepción estatuto alguno como estado. En la *Crítica de la razón práctica,* el sujeto ilustrado se verá llevado, de forma un tanto paradójica, a restaurar el mundo del *Ancien Régime* para recrear y fundar desde su autonomía las condiciones últimas de posibilidad de esta misma autonomía. La autonomía del sujeto se ha visto comprometida en tanto que, en el ámbito fenoménico del conocimiento objetivo —ámbito del progreso científico positivamente objetivable—, ha resultado que el sujeto cuyo entendimiento da leyes a la naturaleza *—formaliter spectata—* es el mismo que, como parte de esta naturaleza, está sujeto a las leyes que la hacen posible como objeto de su representación —en sentido heideggeriano—. Así pues, si este sujeto no ha de agotarse en estar sujeto a la legalidad fenoménica que él mismo como sujeto trascendental instituye, ¿dónde se producirá la apertura?

Si tomamos la vía de explotar «la unidad sintética de la apercepción», las habas están contadas. O, si se quiere, todas las habas empíricas están transcendentalmente controladas en la misma medida en que los controles transcendentales se traducen en habas empíricas. En eso es contundente el primer paralogismo de la razón pura: por razones distintas a las que sirven de blanco en Spinoza a las críticas de Hegel, no puede probarse que el sujeto sea sustancia, ni podemos saber si es persona... El sofisma resultante de la inferencia falaz en un silogismo de cuatro términos nos bloquea para acceder a la otra problemática cara del sujeto, al envés del haz que nos es dado en la unidad sintética de la apercepción. Y el sujeto se queda aquí desarmado y condenado a la resignación, porque el haz y el envés se encuentran en planos diferentes e incomunicados para el conocimiento humano.

Sin embargo, no ocurre así en la antinomia de la razón pura, en que el trasiego entre el plano del mundo sensible —fenoménico— y el inteligible —nouménico— viene implicado por el hecho de que el mismo sujeto racional, que puede actuar como causa autonormándose por la razón en el plano nouménico, se ve sujeto a la inserción de los efectos de esta causalidad nouménica en las secuencias causales fenoménicas, empíricas. En la *KrV* bastará con dejar la puerta abierta para que este paradójico incondicionado —nouménico condicionado— fenoménico establezca su juego en otro espacio; se deja sentado de este modo que «no causa ningún perjuicio al entendimiento el admitir, aunque sólo fuera implícitamente, que algunas de las causas naturales posean una facultad que sea sólo inteligible, en el sentido de que su determinación a la acción nunca se base en condiciones empíricas, sino en meros fundamentos del entendimiento, pero de suerte que la acción de esa causa en la esfera del fenómeno sea conforme a todas las leyes de la causalidad empírica. En efecto, de esta manera el sujeto agente se hallaría, como *causa phaenomenon,* ligado a la naturaleza, y todas sus acciones dependerían estrechamente de ella. Sólo el *noumenon* de este sujeto (con toda su causalidad en la esfera del fenómeno) contendría ciertas condiciones que deberían ser consideradas como meramente inteligibles cuando se quisiera ascender desde el objeto empírico al objeto transcendental» (*KrV,* A 545, B 573).

En la *Crítica de la razón práctica* se nos explicitará cuáles son estas condiciones: el irreductible *factum* de la libertad no me es dado fenoménicamente aquí en mayor medida que en la *KrV,* sino en tanto que viene implicado por mi conocimiento de la ley moral, presupuesto en mi capacidad de formular máximas morales. Es, pues, en tanto que *estoy sujeto* a la ley moral como me descubro a mí mismo *siendo sujeto* de una voluntad libre. «La unión de la causalidad, como libertad, con la causalidad como mecanismo natural afirmándose aquélla por medio de la ley moral y ésta por medio de la ley natural, en uno y el mismo sujeto, el hombre, es imposible sin representar a éste como ser en sí mismo en relación con la primera y como fenómeno en relación con la segunda, en el primer caso, en la conciencia *pura* y en el segundo caso en la conciencia *empírica.* Sin esto es inevitable la contradicción de la razón consigo misma» (Kant, *Crítica de la razón práctica,* Prólogo, nota 3). Hay que pagar, pues, el precio de doblar el mundo y escindir al sujeto para evitar que se contradiga la razón. Antes tales costes, Sartre estimará que «el pensamiento moderno ha realizado un progreso considerable al... suprimir cierto número de dualismos que causaban embarazo a la filosofía» [1]. Fundamentalmente, el del fenómeno y el *noúmenon.* Se instala en la sobriedad ontológica de los paisajes desérticos caros a los nominalistas de todos los tiempos, como diría Quine, y lo prefiere al panorama, *malgré tout* un tanto barroco ofrecido por el criticismo. En contrapartida, habrá que asumir el conflictivo encuentro de causas-fines en el meollo del ser mismo.

[1] *El Ser y la Nada,* Introducción, I.

Es aquí, desde este punto de vista, donde cobraría sentido su concepción de la libertad: contra el dualismo del mundo sensible y el inteligible, sometido el primero a la categorización causal mientras en el segundo se admite la libertad a título de lo incondicionado, Sartre parte de la libertad, como estructura ontológica inferida de sus análisis fenomenológicos, en tanto que pro-yecto: el existente humano es aquel que no puede verse afectado por las causas *sin* trascenderlas hacia fines. El proyecto viene a ser de este modo un convertidor teleológico de la eficacia causal misma de nuestros condicionamientos —la facticidad— a la suspensión-desplazamiento, por mínima que sea, operada sobre ellos al descifrarlos y redefinirlos en nuestras opciones, que son, por ello mismo, necesariamente libres. La libertad no es de este modo un reino sobre otro reino, ni siquiera otro estatuto del ser dentro del ser: es la nada misma que hace posible la distancia permanente del hombre con respecto a sí mismo, la estructura ex-stática que es condición de posibilidad de un consistir en el proyectarse hacia fines, propio de la existencia humana, y en suspender y reorientar la eficiencia causal en función de nuestros movimientos mismos de proyección.

No descubrimos pues, como en Kant, nuestra —de otro modo problemática— libertad en función de la no problemática constatación de la ley moral, sino que el problema de la moral se plantea, al contrario, por la imposibilidad de eludir nuestra propia estructura ontológica, es decir, no ya la libertad que tenemos sino que somos. Una libertad tal no puede ser asumida sino como trastorno ontológico: no poder sufrir la determinación por las causas a no ser en la autodeterminación por y hacia fines es asumir la inserción de la realidad humana en el ser como capacidad nihilizadora. Provoca por ello en la —de otro modo, idéntica a sí misma— secuencia de las causas y los efectos una permanente conmoción que es, a su vez, apertura e instauración del sentido. El reino de los fines no planea de este modo sobre las series causales insinuándose mediante el paradójico entreveramiento de otra legalidad: el sujeto que puede dar leyes a la naturaleza *no es* una parte de la naturaleza ni puede serlo; el legislador del sentido no sólo hace de sí mismo una excepción de otra legalidad, sino que se hace consistir en su propia suspensión con respecto a la eficacia de la causalidad natural, e instituye así la teleología y, con ella, el imperativo de la realización —ex-stática, como veremos— del reino de los fines. No se puede decretar, pues, el estado de excepción sin autoconstituirse en excepción del estado: curiosa y paradójica manera sartreana de evitar, como quería Spinoza, la implantación de un reino dentro de otro reino. Lo cual no es de extrañar si se tiene en cuenta la impronta ontológica de la ética sartreana —o, si se quiere, el sentido ético de su ontología, pues no sé en última instancia cómo se podrían distinguir—, que se remonta a la vinculación a Spinoza del Sartre de los *Carnets de la drôle de guerre.* «Siempre he sido constructivo... Buscaba una moral al mismo tiempo que una metafísica y he de decir que, espinozista en esto, la moral nunca se ha distinguido para mí de la metafísica. La moral del deber no me ha interesado nunca... (expuse las razones de ello el 5 de noviembre: cuaderno perdido)... Por mucho que me dijeran que el imperativo categórico era la expresión de la autonomía de mi voluntad, yo no creía en él. Siempre quise que mi libertad estuviera más allá de la moral y no más acá... La moral del deber equivale a separar la moral de la metafísica, y para mí eso era privarla de su atractivo mayor. Veo ahora con claridad que la actitud moral tenía para mí, desde los veinte años, el privilegio de conferir al hombre una dignidad metafísica más elevada, que Nizan y yo, hacia 1925, engalanamos con el término spinozista de *salvación*» [2]. Sartre hace referencia a las resonancias estoicas de esta idea del logro de una «plusvalía existencial», que puede encontrarse en Spinoza y, bien mirado, en el propio Kant. ¿No recaeremos acaso, proponiendo una ética ontológica, en la falacia naturalista? Sartre no ha dejado de tenerlo en cuenta: «para determinar las prescripciones de esta moral el único método consiste en determinar la naturaleza [Sartre habla aquí todavía de «naturaleza»] de la realidad humana. Aquí hemos de tener cuidado de no caer en el error que consiste en derivar el valor del hecho. Pues la realidad humana no es un hecho».

Para el Sartre de la etapa de su movilización [3], «la característica de la realidad humana... es que se motiva a sí misma sin ser su propio fundamento, lo que llamamos su libertad es que nunca es nada sin que se motive a serlo. Nunca puede pasarle nada desde fuera. Ello proviene de que la realidad humana es ante todo conciencia, es decir, que no es nada que no sea conciencia de ser. Motiva su propia reacción al acontecimiento externo y el acontecimiento en ella es esta reacción. Sólo descubre, por otra parte, el mundo a través de sus propias reacciones. Es, pues, libre en el sentido de que sus reacciones y la manera como el mundo le aparece le son íntegramente imputables. «La conciencia es aquello en cuya virtud la realidad humana no es efecto de las causas ni tampoco *causa sui,* si bien tendiendo permanentemente a ello. Un ser que se nos da sin que lo podamos tomar como dado implica un no ser. Así pues, «la estructura propia de la conciencia consiste en lanzarse hacia adelante en el mundo para escapar a esta gratuidad. Pero ella se lanza por voluntad propia *(à dessein de soi)* para ser en el porvenir su propio fundamento. Es decir, proyecta más allá del mundo, en el horizonte, cierto futuro de sí misma, con la ilusión de que cuando ella sea ese futuro, lo será en tanto que su propio

---

[2] Carnet III (nov. dic. 1939), Gallimard, París, 1983, p. 107.
[3] Es decir, antes de haber acuñado la terminología de *L'Être et le Néant.*

fundamento». Sartre ontologiza de este modo, en la estructura de la conciencia, la función de la Idea transcendental kantiana como unificación ilusoria de los objetos del entendimiento mediante el «uso natural» y no legítimo de la razón. Asimismo, la idea de legitimación pasará, de Kant a Sartre, del registro epistemológico al ontológico: si en Kant las Ideas de la metafísica son no-objetos de conocimiento, objetos expósitos (en cuanto puestos fuera del ámbito en que se puede hacer un uso legítimo del entendimiento y, en esa misma medida, no objetos, sino correlatos ilusorios de las funciones de unificación de la conciencia), en Sartre será expósita la conciencia misma en su ser, o mejor, en su no-ser, en cuanto permanente búsqueda frustrada de la unificación legitimadora de su facticidad y su transcendencia. «Esta ilusión [de la conciencia, dirá Sartre, en lenguaje kantiano] es transcendental [en *El Ser y la Nada* le dará el nombre de «espejismo ontológico del Sí»] y proviene de que la conciencia, libre fundamento de sus posibilidades, es fundamento de su ser futuro sin poder serlo de su ser presente».

En la medida, pues, en que el proyecto mismo es búsqueda del fundamento, la búsqueda del fundamento no puede ser sino pro-yecto. El espejismo de la imposible *causa sui* no proviene de los enredos del conocimiento sino del nudo mismo del ser.

III. SUJETO TRANSCENDENTAL Y TOTALIDAD DESTOTALIZADA

Ahora bien, hemos hablado hasta ahora de *la* conciencia como si pudiera tratarse, en paralelo con la concepción kantiana del sujeto, del pro-yecto en general, de las condiciones generales de posibilidad de que fuera transcendido por *la* libertad el ámbito de las secuencias causales. Pero resulta no ser así. Hay pluralidad de conciencias. La conciencia se da a sí misma su propio principio de individuación. Y no se ve cómo podría ser de otro modo, pues, como lo dirá Sartre en *El Ser y la Nada:* «si la realidad humana fuera pura concienca (de) ser negación sincrética e indiferenciada, no podría determinarse a sí misma ni, por consiguiente, ser totalidad concreta aunque destotalizada por sus determinaciones». De este modo, aquella doble negatividad —radical y de fondo, y concreta y de forma—, que Hegel echaba de menos en Spinoza para que la sustancia pudiera llegar a ser sujeto, constituirá precisamente en Sartre —en este caso contra Hegel y de acuerdo con Kierkegaard— al espíritu subjetivo como irreductible individualidad. Encontramos de nuevo el poder hegeliano de lo negativo como poder de determinación, pero volviéndose en Sartre spinozísticamente consciente de su limitación: no puede prender en la totalidad de la sustancia como ser en sí *—natura naturans—* que se haría coextensiva al para sí en la operación del repliegue reflexivo; dicho de otro modo, no es posible una conciencia infinita: la sustancia no puede ser sujeto y, correlativamente, el sujeto no puede ser sustancia. De ahí no se derivaría, en rigor, la pluralidad de los sujetos: no sería para Sartre inconcebible *a priori* la existencia de una sola conciencia que operara en el ser su propio recorte nihilizador; ahora bien, en cuanto que el prójimo existe de hecho, su existencia para mí no puede darse como problemática, tal como lo afirma en *El Ser y la Nada* al comienzo de la exposición de su teoría del *pour-autrui*.

Una hipotética conciencia solitaria no se captaría a sí misma como transcendencia transcendida a falta de ser convertida en objeto bajo la mirada del prójimo, que se vuelve a su vez transcendencia transcendida bajo la mía. Habremos de volver sobre la teoría sartreana del prójimo, que, en mi opinión, tiene un profundo interés desde el punto de vista de la ética. Ahora nos interesa centrarnos en las críticas que Sartre dirige a Kant por estimar su concepción del sujeto transcental inadecuada e insatisfactoria como teoría del prójimo y de mi relación con él.

La preocupación de Kant era «en efecto... establecer las leyes universales de la subjetividad, que son las mismas para todos, (y) no ha abordado —se refiere aquí fundamentalmente a la *Crítica de la razón pura*— la cuestión de las *personas*. El sujeto es solamente la esencia común de esas personas[4], y no podría permitirnos determinar su multiplicidad... (Cfr. Tercer Paralogismo: de la personalidad). Parece, pues, que Kant habría situado el problema del prójimo entre los problemas ajenos a su crítica». La intersubjetividad viene a ser sinónimo de objetividad en el kantismo, y ello por definición en la medida en que el carácter necesario —y *a fortiori* común— de la función transcendental de la apercepción para cualquier entendimiento dotado solamente de intuición empírica ha sido demostrado *de iure* en la deducción transcendental de las categorías. El prójimo, desde el punto de vista crítico, entra así en las condiciones transcendentales de posibilidad de la constitución de una experiencia a título de conocimiento objetivo. Pero Sartre insiste en que «el prójimo, como tal, es dado en nuestra experiencia; es un objeto, y un objeto particular». Y así «es necesario, en la propia perspectiva de un kantismo riguroso, preguntarse cómo es posible el conocimiento del prójimo, es decir, establecer las condiciones de posibilidad de la experiencia de los otros». El prójimo se nos da como fenómeno: el problema del prójimo no es, desde luego, para cada uno de nosotros —sino en tanto que nos planteemos la existencia inteligible de cada cual— homologable al de las realidades nouménicas.

[4] El profesor Montero Moliner se ha referido de forma muy pertinente al «averroísmo de la ética kantiana».

El prójimo se presenta fenoménicamente a nuestra experiencia mediante «formas organizadas, tales como la mímica y la expresión, los actos y las conductas. Estas formas organizadas remiten a una unidad organizadora que se sitúa por principio fuera de nuestra experiencia. (...) El prójimo, en cuanto unidad sintética de sus experiencias y en cuanto voluntad lo mismo que como pasión, viene a organizar *mi* experiencia. (...) Se trata de la constitución, en el campo de mi experiencia, por un ser que no soy yo, de grupos conectados de fenómenos». Los cuales (*malgré* Ryle) «no remiten a experiencias posibles sino a experiencias que, por principio, están fuera de mi experiencia...» Si la experiencia ha de constituir un sistema organizado, ¿cómo organizo yo, a mi vez, en mi experiencia estos centros organizadores de sus experiencias en los que yo, como organizadora de la mía aparezco, a su vez, organizada? ¿Y cómo se articulan entre sí las diferentes determinaciones en cada síntesis aperceptiva de la forma del sentido interno? «La universalidad de los tiempos en Kant —dirá Sartre— no es sino la universalidad de un concepto, significa sólo que cada temporalidad debe poseer una estructura definida; que las condiciones de posibilidad de una experiencia temporal son válidas para todas las temporalidades. Pero esta identidad de la esencia temporal no impide la diversidad incomunicable de los tiempos, así como la identidad de la esencia hombre no impide la diversidad incomunicable de las conciencias humanas».

La interpelación sartreana no puede por menos de llevarnos a la «Crítica del tercer paralogismo de la psicología transcendental»: «yo soy un objeto del sentido interno, y todo tiempo no es más que la forma de tal sentido. Consiguientemente, refiero todas y cada una de mis determinaciones sucesivas al yo numéricamente idéntico en todo tiempo, es decir, en la forma de la intuición interna de mí mismo. Desde esta base, no deberíamos considerar la personalidad del alma ni siquiera como inferida, sino como una proposición enteramente idéntica de la autoconciencia en el tiempo... En efecto, lo único que esta proposición afirma es que en todo tiempo en el cual soy consciente de mí mismo, soy consciente de que este tiempo pertenece a la unidad de mi yo, y tanto da si digo que todo este tiempo está en mí en cuanto unidad individual, como si digo que yo me encuentro, con identidad numérica, en todo este tiempo.

»Consiguientemente, la identidad de la persona debe hallarse indefectiblemente en *mi propia conciencia.* Si me contemplo a *mí* mismo *desde el punto de vista de otro* (en cuanto objeto de *su* intuición externa), ese observador externo comienza por considerar*me en el tiempo*[5], ya que en la apercepción el tiempo, en su sentido propio, sólo

[5] Subrayado del propio Kant.

se halla representado *en mí*[6]. En consecuencia, del yo que, con plena identidad, acompaña en todo tiempo las representaciones de *mi*[7] conciencia, el observador no inferirá todavía, aunque la admita, la permanencia objetiva del propio yo. En efecto, dado que *el tiempo en que me sitúa el observador no es el de mi sensibilidad, sino el de la suya, la identidad que va necesariamente ligada a mi conciencia no por ello va ligada a la suya, es decir, a la intuición externa de mi sujeto*»[8] (*KrV,* A 362-363; ed. Pedro Ribas).

En el texto que acabamos de citar se pone de manifiesto que a Kant no le pasó desapercibido el problema de la pluralidad de los centros de apercepción ni la irreductibilidad del *pour-soi* y el *pour-autrui,* por decirlo en el propio lenguaje sartreano.

Ahora bien, a Kant, en función de sus intereses críticos, sólo le preocupa poner de manifiesto el sentido paralogístico que tendría derivar de ahí la multiplicidad numérica de las sustancias pensantes, el mismo que la inferencia de la sustancialidad del alma —problema previo para Kant, planteado en el paralogismo de la sustancialidad— a partir de la función de la unidad transcendental de la apercepción. Para Sartre, como para Kant y a diferencia de Hegel, el sujeto no es sustancia[9]. O, mejor dicho, el sujeto sartreano se define precisamente por no poder serlo, mientras para Kant no puede probarse especulativamente que lo sea y, de ese modo, tanto el concepto del yo nouménico como el de personalidad se reservarán para el uso práctico. Pero, así como en Kant la imposible prueba de la sustancialidad del sujeto condiciona la imposible inferencia de la multiplicidad numérica de los *supposita,* para Sartre el hecho de que el sujeto no pueda ser sustancia condiciona precisamente que no pueda ser transcendentalmente transcendida, por así decirlo, la multiplicidad numérica de los sujetos no-sustanciales. No porque pueda probarse *a priori* que un sujeto no sustancial haya de ser múltiple, sino porque, en la medida en que se constata que es múltiple —pues respecto al hecho de que existen otras conciencias fuera de mí, nadie puede tener el derecho ni la pretensión de endosarme la carga de la prueba—, se hace patente que esta misma multiplicidad es irreductible. O, dicho de otro modo, cada *pour-soi* es para cada *pour autrui* transcendencia transcendida en la misma medida en que cada *pour-autrui* lo es para cada *pour-soi,* pero sin que exista la posibilidad de una síntesis de ambos epicentros en ningún hipercentro transcendente: la reciprocidad es giratoria... Ciertamente, la reciprocidad binaria puede ser abarcada sintéticamente desde la perspectiva de lo que Sartre llamará «el Tercero» —más adelante

---

6 Subrayado del propio Kant.

7 Subrayado del propio Kant.

8 Subrayado mío.

9 Si bien por razones diferentes y, fundamentalmente, ontológicas: la conciencia

veremos las implicaciones éticas de este Tercero al que llamará en la *CRD* «mediador»—, pero entonces es anulada como reciprocidad y se convierte en Nos-objeto. La situación es giratoria, pudiendo cada miembro de una díada volverse Tercero en cualquier momento, y a la inversa. Las relaciones humanas, en este nivel, no pueden ser sino diaspóricas, «seriales» las llamará Sartre en la *CRD:* cada cual es para cada cual y a través de todos los otros un horizonte de fuga en regresión al infinito. Hay, sin embargo, experiencias que sugerirían la existencia asimismo de un «Nosotros-sujeto». Pero, advierte Sartre, «mientras que, en la experiencia del ser-para-otro, el surgimiento de una dimensión de ser concreta y real es la condición del experimentar mismo, la experiencia del nosotros-sujeto es un puro acontecimiento psicológico y subjetivo en una conciencia singular, que corresponde a una modificación íntima de la estructura de esa conciencia pero no aparece sobre el fundamento de una relación ontológica concreta con los otros y no realiza ningún *mit-Sein.* Se trata solamente de una manera de sentirme en medio de los otros. Sin duda, esta experiencia podrá ser buscada como símbolo de una unidad absoluta y metafísica de todas las transcendencias; parece, en efecto, que suprime el conflicto originario de las transcendencias haciéndolas converger hacia el mundo; en este sentido, el nosotros-sujeto ideal sería el nosotros de una humanidad que se hiciera señora de la tierra. Pero la experiencia del nosotros permanece en el terreno de la psicología individual y queda como un simple símbolo de la unidad deseable de las transcendencias; no es, en efecto, en modo alguno, aprehensión lateral y real de las subjetividades en tanto que tales por una subjetividad singular; las subjetividades siguen estando fuera de alcance y radicalmente separadas. Pero las cosas y los cuerpos, las canalizaciones materiales de mi transcendencia me disponen para captarla como prolongada y apoyada por las demás transcendencias, sin que yo salga de mí ni los otros de sí; por el mundo aprendo que formo parte de un *nosotros.* Por eso mi experiencia del nosotros-sujeto no implica en modo alguno una experiencia semejante y correlativa en los otros (de ahí tantos malentendidos y desengaños, podríamos añadir); por eso, también, es tan inestable, pues supone organizaciones particulares en medio del mundo y desaparece con ellas» [10]. Curiosamente, en este texto sartreano se encuentran resonancias de la kantiana «insociable sociabilidad del hombre». Resonancias que recurrirán cuando Sartre reelabore en la *Crítica de la razón dialéctica* su teoría del *pour-*

---

es conciencia de algo y de algo que no es la conciencia, luego a partir del *cogito* prerreflexivo, no más que a partir de la unidad sintética de la apercepción, puede inferirse la sustancialidad del sujeto; es más, se radicaliza su no-sustancialidad como no-algo, es decir, nada.

[10] *El Ser y la Nada,* p. 449.

autrui como «teoría de los conjuntos prácticos» y el Nos-sujeto se convierta en la precaria tensión sintética que las distintas praxis totalizadoras logran en el grupo en fusión, momento prometeico y apocalíptico de la historia ejemplificado por la toma de la Bastilla... a la vez que ejemplifica, de nuevo, la imposibilidad para el sujeto de transcender el irreductible estatuto de unidad de su organismo práctico individual, totalizador del medio, hacia ninguna hiperorganicidad posible: el Apocalipsis vuelve a la diáspora. El sujeto, por una vez colectivo en posición de sujeto, no tiene estabilidad ontológica posible; no puede ser sustancia. Para hacerse sustancia se habrá de juramentar, es decir, constituir el grupo como tal mediante la mímesis de la imposible unidad ontológica por cierta unidad práctica que solamente existe en la tensión de cada una de las praxis juramentadas, es decir, las de los individuos que asumen tal unidad como la *exis* de su propia praxis, haciendo de ella su esquema regulador. Pero tampoco aquí la intersubjetividad logra transcender de forma estable la tensión práctica de cada uno de los miembros del grupo juramentado cuya estructura, precisamente por eso, es la de Fraternidad-Terror. Volveremos sobre ello. «En vano —concluía melancólicamente Sartre en *El Ser y la Nada*— se deseará un nosotros humano en el cual la totalidad intersubjetiva tomaría conciencia de sí misma como subjetividad unificada». La totalidad de lo humano es inevitablemente «totalidad destotalizada».

La consecuencia radical del nominalismo sartreano es una puesta en jaque del nivel de la intersubjetividad transcendental entre la diáspora y el Apocalipsis. En Kant, la totalización de cada función aperceptiva por la unidad sintética de otra función en ejercicio no es, por definición, intersubjetivizable; luego ni esta totalización giratoria ni la irreductibilidad de los sujetos que implicaría pueden ser objeto de conocimiento, como se desprende de la «Crítica del Tercer Paralogismo». Yo no puedo, ciertamente, formular —a título intersubjetivo, lo que es redundante—, el juicio: «Soy el mismo mientras ejerzo mi síntesis aperceptiva». Luego es irrelevante a los efectos de la *Crítica de la razón pura*. ¿Podrá, sin embargo, mantenerse su irrelevancia en la *Crítica de la razón práctica,* teniendo en cuenta que el concepto de personalidad se ha reservado expresamente para el uso práctico de la razón?

IV. LIBERTAD EN SITUACION *VERSUS* ETICA SIN HERMENEUTICA

La concepción sartreana de «la totalidad destotalizada» que hemos tratado de exponer, y que se encuentra en la base de sus críticas a la ética kantiana, no es nombrada como tal ni se extraen temáticamente sus implicaciones para la moral hasta los escritos publicados, póstumamente con el título de *Cahiers pour une morale,* redactados, según A. Elkaïm-Sartre, en 1947-1948. En estos escritos aparece la crítica de Sartre a la concepción kantiana del imperativo categórico en el contexto de un análisis de «la exigencia» como forma de relación interhumana. Se trata, ante todo, de esclarecer de dónde procede la exigencia: ¿tiene su raíz en el deber como universal e incondicionado, o, por el contrario, es el deber lo que se origina a partir de la exigencia de una *persona* frente a otra? La estructura de obligación e imperativo implicada en la exigencia supone que el objetivo propuesto lo es al margen de toda consideración referente a la situación o al mundo mismo. Si «no hay que mentir», no se puede hacerlo en ninguna situación, lo que significa que el mundo, mi vida, mis proyectos, mis deseos son inesenciales en relación con el carácter incondicionado del imperativo, y se convierten en medios para servirlo. El imperativo categórico ni contiene en sí mismo indicación alguna acerca de los medios por los cuales lo he de poner en práctica ni excluye tampoco ningún medio. Sólo podría ser limitado por otros imperativos, por ejemplo, el que ordena «tratar en ti mismo y en otro la libertad como fin» —versión sartreana un tanto libre de la formulación kantiana que hace, como es sabido, referencia a «la humanidad»—. Puedo concebir situaciones en las que mentir se revele como necesario para llevar a cabo empresas humanas que tienen como su ideal regulador el reino de los fines —en el sentido ex-stático sartreano que, como veremos, no coincide exactamente con lo que parece ser la idea kantiana acerca del mismo—. «Ninguna síntesis es posible, ningún acomodo, ninguna *apreciación* en cada caso, pues los dos imperativos son externos el uno respecto al otro... El imperativo no se ve modificado desde el interior y por la propia situación (por tanto, por los medios), sino desde el exterior, por un límite que no llega a penetrarlo». Aquí cabría observar que Sartre mezcla dos críticas al kantismo, una de las cuales parece pertinente y la otra no. Plantea, por una parte, una falta de organicidad entre los dos imperativos kantianos que no parece, realmente, echarse de menos en *el propio Kant*. Pues, si el carácter formalmente ético de la máxima viene dado por la voluntad de su universalización, eso mismo podría formularse de otro modo diciendo que la voluntad buena es aquella que se autodetermina por algo que tiene un valor absoluto, y, *a fortiori,* universal y necesario: la sustantividad del ser racional dondequiera que éste pueda ser ejemplificado —ése sería otro problema— en cuanto que, a título de sujeto que quiere autonormarse por la razón universalizando la máxima de sus acciones, un ser tal es asimismo legislador. Tampoco puede decirse que el ejemplo aquí elegido sea afortunado, pues el precepto de no mentir, casuística aparte, tiene en principio bastante que ver con el de no instrumentalizar la libertad ajena, o, dicho en lenguaje sartreano, no desfigurarle al prójimo los datos de la situación que ha de transcender. La segunda crítica nos parece, en cambio, importante en la medida en que apunta a la noción misma de la autonomía del sujeto moral: un sujeto autónomo no es sólo el que se da a sí mismo la ley, sino que ha de ser, fundamentalmente y además, *su* intérprete. Ahora bien, interpretar significa algo distinto de tener que ingeniárselas para ejecutar el mandato, pintando si es preciso la leña y el carnero en el monte Moriah... Eso es, justamente, lo que hace el siervo para ejecutar la orden del Señor Absoluto, que no puede ser puesta en cuestión. «Debes, luego puedes». Sartre celebra que Kant libere de este modo al hombre de la cadena del determinismo, suponiéndole una libertad como condición *sine qua non* de que pueda siquiera concebir la exigencia. Pero esta libertad, a la que se le otorga omnipotencia instrumental sobre los medios —siempre que, a la luz de tal contrastación, no se le ocurra siquiera problematizar el carácter de incondicionado del fin—, no es la de un ser humano libre, sino, paradójicamente, la de Dios y la del esclavo a la vez. Pues el esclavo, precisamente, es Señor absoluto del mundo —como Dios, para quien nada es imposible— para servir a un amo cuya voluntad es tomada en última instancia como dato. Las modulaciones sartreanas de la dialéctica del amo y el esclavo vienen de este modo a concluir que «la exigencia... hace saltar la situación y establece la libertad pura sobre las ruinas del mundo real». Es el *Fiat iustitia et pereat mundus,* que para Sartre, en última instancia, sería un lema de mala fe: la libertad existe como nihilización de una facticidad que implica el desciframiento de la misma, desciframiento que constituye una situación como totalidad de sentido en cuya superación la libertad cobra, a su vez, sentido. En la destrucción pura y simple de la facticidad que la libertad lleva a cabo —en el límite— al ejecutar un mandato incondicionado, la propia libertad se destruye a su vez, en la medida misma en que se toma por la facticidad que no asume. Asumir la facticidad significa descifrarla en un sentido radical, lo que implica cuestionar el fin mismo si es preciso a la luz de la situación interpretada. «La moral es la ley que regula a través del mundo la relación de la realidad humana consigo misma», decía Sartre en sus *Carnets de la drôle de guerre.* La moral es, pues, constitutivamente mundana en tanto que humana, y a la inversa. La renegación de la facticidad —lo que podríamos llamar la actitud anti-hermenéutica, que pretende no estar-en-situación— implica la de la propia libertad, pues esta última sólo se constituye —y se reasume, por tanto, de buena fe— en la nihilización descifradora del ser que intenta fundar (el ser, y no su propia nada: esto último es lo propio de la violencia, como comportamiento de impotencia y actitud de mala fe, tema prolijamente tratado por Sartre en sus *Cahiers).*

Así pues, «toda tentativa de fundamentar la obligación (el deber) únicamente sobre la libertad del sujeto habrá de estar necesariamente abocada al fracaso. En efecto, una *libertad individual* (mía) se propone sus fines teniendo en cuenta la situación. Es más, los fines le vienen inspirados por la situación misma que transcienden, y los medios están tan estrechamente ligados a los fines que son estos últimos los que los indican».

La libertad es «proyecto de una distribución distinta del ser por el que soy investido... Yo soy la superación de *este* (mío) ser (la faz del mundo que me rodea), y soy precisamente *esta* transcendencia porque transciendo *este* ser». Y lo transciendo hacia un porvenir que, en la medida en que se me revela como mi posibilidad, se plantea asimismo «como estado posible de las cosas». Cuando el hombre y el mundo son concebidos, «de manera ontológica y analítica», como totalidades cerradas, los fines son derivados *a priori* de la naturaleza de la humanidad, que «se pone en relación con el mundo para realizarlos». De este modo, «el realismo analítico conduce al idealismo moral». Si se parte, por el contrario, del ser-en-el-mundo, el mundo no es un medio inesencial para una humanidad que coincidiría *a priori* consigo misma, sino la mediación humana para unas libertades que son, con respecto a sí mismas, «su propio aplazamiento». La concepción kantiana del reino de los fines habrá de ser replanteada de acuerdo con este análisis.

La obligación de cuño kantiano no es para Sartre algo que yo descubra en mi propia empresa, ni que se revele necesariamente a mi espontaneidad. Se me da como independiente de mí, viniendo de fuera al modo de un límite insuperable. A diferencia del valor, que tiende a reunirme conmigo misma en la prosecución de mis fines, la obligación siempre está a distancia de mí, inmutable, «fija como una mirada». Es para mí una *«transcendencia transcendente»,* que «*me* transciende hacia su propio fin, atravesándome. Tiene una relación extática con un fin y yo estoy en el circuito, atravesado como una corriente eléctrica atraviesa un filamento de carbono. Así, el fin no obligatorio es horizonte, ideal y mío, de mi operación, es la unidad del acto de habilitar los medios, así como su sentido. El fin de la obligación es un tope *real* y extraño con el que tropiezo» [11]. Tiene siempre una dimensión «en el centro del otro», de tal manera que es «como si alguien por mí se fundiera con el fin». Es «alienación de mí mismo: si debo decir la Verdad, no es porque la Verdad venga al mundo por mí, sino por la Verdad misma». En la obligación, fines cuyo contenido puede ser humano, se vuelven inhumanos, pues el hombre se convierte en su instrumento inesencial. «La Verdad, la Virtud han de ser el sentido del mundo. Las relaciones del Mundo con la Virtud son primero, y el hombre debe negarse a las necesidades para que el *Rei-*

[11] *Ibid.*, p. 262.

no de la moral advenga. El problema consiste en saber cómo se opera esta mistificación: la alienación del hombre por sus propios fines. Basta plantearlo así para comprender que la obligación no puede venir a la persona por la persona misma. Las estructuras de la finalidad, de la operación y del proyecto son tales que excluyen la posibilidad de esta inversión; no puede ser extraída de ellas». Tiene que ver, pues, con *l'esprit de sérieux,* que no le viene a la persona sólo por ella. La obligación, como relación íntima y activa con la persona de un fin que constituye a ésta como inesencial, «no aparece por delante sino por detrás», pues no es el fin que he de realizar sino una pretensión sobre mi decisión de realizar el fin. Se encuentra, pues, tras la raíz misma de mi libertad, en la emergencia de mi decisión libre, pero se distingue de esta misma libertad por estar, como obligación, en la dimensión del ser. Es una conciencia *para mí* que no es, sin embargo, mi conciencia, pues, si me rebelo contra ella, ella permanece». Es una intención «cuyo ser consciente de sí no me es dado como conciencia que yo haya de ser. Hay aquí no un esbozo de dualidad como en el *pour-soi,* sino una dualidad propiamente dicha, pues el *percipi* de la obligación es distinto de su *esse.* Esta característica de venir hacia mí por destrás es lo que Kant ha explicado con su teoría de la elección inteligible. Hay en la libertad kantiana una dualidad de lo intemporal y lo temporal que da muy bien cuenta de la estructura de la obligación. En efecto, la obligación como testimonio de mi elección temporalizante está más allá de toda temporalidad. Vuelve inesencial la temporalidad, como todas mis estructuras, en cuanto relación inmediata e intemporal del proyecto con su fin. ¿Por qué esta pretensión sobre mi libertad? Tiene el carácter paradójico de que mi libertad y ella son todo uno, pero, por otra parte, se distingue de mi libertad. Yo no me niego de ella, pero ella «se niega de mí»... «exactamente como el Otro que me transforma en transcendencia transcendida por su mirada». Con la diferencia de que *yo no soy* el otro que me mira; es, pues, una cuasi-mirada, lanzada por detrás sobre mi conciencia, a la que yo no puedo, a mi vez, mirar. En resumen, es «la presencia en mí de *la* libertad. No tal como la existo, sino tal como *es:* la libertad como elección hecha ya al margen de toda situación. Lo que define la elección libre no es ya la libertad, sino que una elección es libre cuando tiene la característica de ser incondicionada; lo incondicionado es la garantía de la libertad; la libertad queda fijada de ese modo en la eternidad en el preciso instante en que elige; es la elección concreta con todas sus estructuras aunque intemporal, es decir, inexorable, inalterable e inmediata; rasgos, todos ellos, de la elección realizada en la violencia. El deber es así la interiorización de la violencia de otro. El único derecho de la libertad a exigir de *mi* libertad es, justamente, que es libertad». Mi libertad sólo podría quererse y saberse libertad por desadherencia —*sit venia verbo*— de todo aquello en que consiste precisamente su estructura ex-stática, como la estatua de Hércules del escultor leibniziano emerge por desprendimiento de los desechos empíricos como Minerva toda armada, y *la* libertad, «como piedra de toque para distinguir la libertad de la no-libertad», haría aquí la función de cincel y de estatua a la vez. La libertad surgida de esta operación es, así, soberana de los medios para hacerse sierva de la incondicionalidad de los fines. Abdica de su verdadero imperio, el de los fines, para ser nombrada agente plenipotenciario sobre los medios. No elige donde se elige para elegir donde no se elige. Se le reconoce, por una parte, a la libertad un carácter absoluto y, por otra, se jerarquizan virtualmente las libertades en relación con una libertad paradigmática que se instituye analogado supremo: se es así, desde el punto de vista moral, más o menos libre según se sea más o menos autónomo, es decir, según la voluntad se quiera en mayor o menor grado autonormada por su propio paradigma. ¿Se desprende así la forma pura de la moralidad, por paso al arquetipo, en la operación misma por la que la libertad se autoconstituye como constitución del espacio mismo de lo universal?, podríamos preguntarnos al hilo de las observaciones sartreanas. Pues, para Sartre, en este doblarse la libertad de su propio paradigma «afirma su autonomía en el momento de la *heteronomía total.* Hay que invertir los términos del problema kantiano y decir que jamás hay heteronomía mientras nos mantenemos en el plano del determinismo psicológico. Si ese determinismo existiera, no habría ni autonomía ni heteronomía, sino tan sólo la necesaria unidad del entrelazamiento de los procesos». La heteronomía solamente puede venirle a una libertad por otra libertad, y consiste precisamente «en que una libertad elija la elección de otra porque la otra ha hecho libremente su elección, creyendo identificarse así con el movimiento puro de la elección». Según Sartre, ésta es la razón por la cual «la persona que obra por deber *no se reconoce en su obra*[12]. «Y no ya por haber violentado o no las inclinaciones, sino por la dualidad en el seno de la libertad o, si se quiere, la negativa *a priori* del *Deber* de ser *mi* fin (objetivo) para volverse la elección pura y libre de *la* libertad en tanto que tal, y la mentira que hace que la libertad de otro se dé como la estructura *a priori* de la libertad». Todo remite, en suma, a la ambigüedad del «cosismo de la libertad». Así como a un artilugio más de la mala fe para liberarse de la angustia: «mi libertad deja de ser constituyente y creadora y se vuelve ejecutante». Cuya ejecución no es hermenéutica, podríamos decir, pues la violencia no es sino anti-hermeneusis. Y así, «no tiene como tarea hacer aparecer el mundo de la ética sino mantenerlo».

La exigencia, la obligación y el deber no son, pues, dimensiones

[12] Modelo de reconocimiento: el del artista en la obra de arte.

del para-sí en tanto que tal, sino que le vienen por el Otro: son categorías vivientes del *pour-autrui,* y sus estructuras esenciales provienen en último análisis de la estructura de «totalidad destotalizada» del yo y los otros. La exigencia, como relación directa de la libertad del otro con la mía, es primero (lógicamente al menos). En un grado de abstracción más elevado y de mala fe mayor, encontramos el deber cuando la persona concreta es reemplazada por el *On:* me descargo de mi existencia en el otro que, a su vez, lo hace en el otro y así sucesivamente; hay una alienación permanente sin primer alienante. Encontramos aquí, todavía muy pegado a Heidegger, un esbozo de lo que llamará Sartre «la serialidad» en la *CRD:* la disposición recurrente de la alteridad de cada cual en función de la del Otro, recurrencia que produce efectos pseudosintéticos, no en virtud de una praxis concertada, sino, precisamente, por la separación alienada de todos con respecto a todos por mediación de los «objetos colectivos».

El carácter incondicionado y, podríamos decir, anti-hermenéutico del imperativo con respecto a los medios se deriva, precisamente, de su procedencia del Otro: para él, por ser el objetivo su objetivo, se descubre interpretativamente en relación con su situación en el mundo como una unidad orgánica e inextricable con el sistema de los medios que lo posibilitan y a los que, a su vez, confiere su sentido; para mí, al margen de esa situación y de su génesis, se da como una consigna ciega, segada de los medios y de los caminos, simplificada y plana, que yo transporto al mundo. Para el subalterno, el mundo se dobla de un sentido secreto del cual no es intérprete: no puede decidir en qué medida los medios que ha elegido para realizar el fin prescrito son o no destructores del fin, pues el sentido último del objetivo no se le alcanza. Es bien sabido cómo todo subalterno es siempre más papista que el Papa: la voluntad del amo es flexible, mientras que, para él, se coagula como siempre-ya-pasada; hay toda una literatura de cuentos de siervos: han cometido desafueros para ejecutar la orden del amo y, cuando vuelven con su botín, el objeto ya no sirve o el amo ya no lo quiere; el amo sabe cuándo hay que hacer excepciones (quien hace la ley...), el siervo no: «mete la pata», y deja fuera del banquete al amigo íntimo del amo por haber olvidado la tarjeta de invitación. La hipóstasis de la racionalidad se vuelve de ese modo, paradójicamente, comportamiento no sólo impropio, sino, podríamos decir, indigno de un ser racional. «La moral del deber —afirma Sartre con peculiares resonancias nietzscheanas —es la moral de los esclavos». Moral de esclavos, añadiríamos empleando retrospectivamente la terminología de la *Crítica de la razón dialéctica,* en cuanto moral serial, propia del colectivo atomizado de los siervos que obedecen juntos, no tanto porque cada cual quiera hacerlo, como porque nadie está seguro de que su vecino no quiera obedecer. (La dialéctica del amo y el esclavo para Sartre no resulta verdaderamente inteligible si no se introducen, a su vez, las relaciones de los siervos entre sí: se reconoce al amo en tanto que siempre otros lo han reconocido ya. En este condicionamiento en serie, «la moral incondicionada se vuelve abstracta y cada cual, en tanto que niega su situación concreta para obedecer, se constituye en impersonal: cada cual exige a cada cual la obediencia en nombre del Amo». Por otra parte, esta moral representaría —las resonancias ahora son comteanas— el paso al estado metafísico de la moral teológica. Los deberes no están como en una sociedad feudal, personalizados, diversificados y jerarquizados; con la unificación de la pluralidad feudal bajo el poder del soberano y luego la absorción del rey por la nación y la aparición del Estado como burocracia abstracta, la autonomía incondicional instalada en mí tiende a convertirse en un carácter formal, y el orden se vuelve pura autonomía de la voluntad. Pero, más allá de este análisis un tanto historicista, el plato crítico fuerte consiste en algo que Sartre no explicitará con claridad hasta la *CRD:* la imposibilidad de la constitución de la voluntad general rousseauniana, con sus virtualidades sintéticas y legitimadoras, desde su concepción de «la totalidad destotalizada». La voluntad general, transpuesta en clave ética en el kantismo, vendría a ser el Nos-sujeto de *E. et N.* o el «grupo en fusión» de la *CRD* como momento de la pura praxis común, es decir, lo que no tiene estabilización ni estatuto ontológico posible: si así fuera, tendríamos una versión de la imposible síntesis del en-sí y el para-sí o del sujeto-sustancia fundamento de su propia facticidad. Ciertamente, en el grupo en fusión la libertad se da la ley a sí misma, pero, justamente, no como ley, pues en estos momentos prometeicos es como si la praxis constituyente de cada organismo individual y la praxis constituida del grupo se fundieran en el mismo movimiento de tensión hacia el objetivo común: vamos a tomar la Bastilla. Pero, una vez tomada, el Apocalipsis se ve muy pronto roído de nuevo por la diáspora, y si quiere estabilizarse como grupo ha de constituirse como grupo juramentado, al que ya nos referimos. Los pares juramentados, cuya estructura es la Fraternidad-Terror (la praxis de cada cual se vuelve *exis* para todos ellos —en la medida en que todos son depositarios y testigos ante todos de la palabra dada—) son los terceros reguladores para el Sartre de la *CRD,* en cuanto sujetos que reciben su propia libertad, entregada a los otros, como necesidad de realizar y mantener, en la pura tensión ética de su propia acción, la inexistente unidad macroorgánica de la praxis del grupo, so pena de poner en peligro al grupo en ellos y convertirse así en traidores. Pero el grupo juramentado así constituido es una fratría que se constituye siempre contra alguien: no puede ser coextensivo a una humanidad que se entregaría a sí misma su propia libertad como un todo para devolvérsela en forma de obligación de realizar la consigna universal de la libertad así entregada. En realidad, para Sartre no se transfiere el poder a una instancia sintética superior, sino la impotencia. Mientras el grupo en fusión pueda mantenerse como tal no delega: lo hace por déficit sintético, por diáspora.

La exigencia supone siempre de este modo alteración de la libertad misma para volverse idéntica a otra libertad que, a su vez, se altera en la serialidad o en el juramento por defecto o por exceso, respectivamente, de tensión totalizadora. En el grupo en fusión no hay alteración ni exigencia, y sería para Sartre por ello el momento puro de la eticidad, del hombre reinando sobre sí mismo por mediación de su propio control del mundo humano. El drama es que es tan precario como un cuerpo místico: se institucionalizará y resolverá así la imposibilidad de mantener paroxísticamente la tensión sintética permanente en la praxis juramentada, delegando en el organismo de un Jefe —que se volverá por ello representativo, precisamente, de la imposible unidad hiperorgánica—. «Todo sería, pues, perfecto —dice Sartre en los *Cahiers*— si, como lo pretende la doctrina democrática, mi voluntad me fuera devuelta realmente intacta por el soberano. Pero..., en último término, esa voluntad (serialmente alterada) no es la de nadie. La moral del deber es en realidad un tipo de relaciones humanas y sociales: el de la alienación giratoria (de los momentos sisíficos frente a los prometeicos), la esclavitud sin amo, el sacrificio del hombre *a lo humano*. La razón de ello es la estructura de la humanidad como totalidad destotalizada. Si fuera una totalidad, sería para sí misma su propia ley en la autonomía de la decisión libre. Como es una totalidad destotalizada, que sueña la totalización en la libertad, ésta se le frustra siempre porque siempre alguien está fuera y ese alguien es siempre *sí* mismo, sea quien fuere. A mi vez, o bien trato de realizar *en mí* la voluntad del Otro y hacerla mía, o bien me constituyo para los otros en voluntad soberana. La sociedad del deber *o bien* pone la unidad en Dios, o bien en el Otro, que la pone a su vez en Otro, etc., sin que haya jamás ninguna justificación posible».

V. *FINIS SUNT SERVANDA*

Sartre es, pues, crítico del imperativo categórico entendido como exigencia incondicionada en la medida en que haría que cada libertad concreta se doblara de la forma pura de «la verdadera libertad». Sería, en último término, la versión ética del despotismo ilustrado: pretendo dirigirme —definiéndolo yo en última instancia— a lo más elevado que hay en el Otro, pero a lo mejor lo que de más elevado hay en él no es él. El Otro no es para mí fin incondicionado en cuanto ejemplificación de la naturaleza racional misma que se instituye en legisladora del ámbito de la moral, pues la naturaleza racional carece *qua tale* de referente. No puedo, pues, querer al otro como fin —ni siquiera a mí misma—, sino en los fines siempre concretos que proyecta en su estructura ex-stática. No puede quererse pues, como fin en sí a aquel ser en el cual está en cuestión su ser y sólo lo tiene por ello en cuanto ser-fuera-de-sí. Y como ese ser-fuera-de-sí son sus fines, los fines son buenos en sí. Desde este punto de vista podría decirse que Sartre invierte radicalmente la vieja idea escolástica: *Bonum est qui omnia appetunt;* en realidad, podría decirse *qui omnia appetunt est bonum.* Es una secularización radical del voluntarismo teológico. Para Kant, el bien no estaría ni en lo que la voluntad quiere ni en el hecho de que quiera, sino en el querer bien, en la formalidad buena del querer. Para Sartre, lo bueno es que las voluntades quieran y propongan libremente sus fines, es decir, que fieles a su estructura ontológica de libertades quieran, en la buena fe, lo que quieren. Porque, de ese modo, lo que quieren es un mundo poblado de fines, y es el hecho mismo de que el mundo esté poblado de fines lo valioso. Y, en este mismo sentido, lo universalizable. Pues para Sartre puede decirse que la universalización no está, como en Kant, en el ámbito del deber ser, sino en el del ser; yo elijo el mundo en mi elección de mí misma a través de mis elecciones; por tanto, universalizar no es tanto lo que debemos hacer como lo que hacemos. Y no realizaremos la ciudad kantiana de los fines tratando «al hombre» como incondicionado, sino promocionando, en la persecución de nuestros fines, un mundo de fines, lo que implica, a su vez, una actitud de disponibilidad y ayuda a los fines del prójimo. Ahora bien, ¿por qué habría yo de servir los fines de mi prójimo, en la medida misma en que quiero hacerme servir en los míos? La respuesta de Sartre en los *Cahiers* sería que la libertad de cada cual en la buena fe es en sí misma una convocatoria a la reciprocidad: su fin es un don [13] que se propone como tal a las voluntades ajenas para ser secundado por ellas en tanto que yo estoy libremente dispuesta a hacer de la mía un instrumento de sus posibles propuestas, que interpretaré y valoraré siempre en situación. Como ellos. Aquí la ética, en última instancia, es hermenéutica, es decir, anti-violencia en cuanto la violencia es una de las figuras paradigmáticas de la mala fe: se niega a interpretar, esa simple y compleja actividad que todos realizamos consistente en absolutizar relativizando en la medida misma en que relativizamos absolutizando. Lo cual no es un juego de palabras, sino la descripción misma del movimiento de vaivén en que consiste el esclarecimiento de los fines por sus medios —sólo por ellos los conoceréis— y el desciframiento de los medios a la luz de los fines, es decir, lo que llama Sartre la comprensión preontológica de la libertad del otro por la mía en cuanto viene implicada en la estructura ex-stática de la relación fines-medios.

[13] El modelo, de nuevo, sigue siendo la obra de arte como don y llamada de la libertad a la libertad que Sartre desarrolla en *¿Qué es la literatura?*

De este modo, podría decirse que la vieja y tradicional casuística no sería sino una hermenéutica esclerotizada y coagulada.

Lo único que merece, pues, para Sartre, respeto *a priori* es la voluntad, individual y personal, del otro, no como facultad sustancializada, sino en sus quereres concretos. «Considero que lo que quiere una libertad debe ser aceptado como tal por las otras libertades, simplemente porque una voluntad lo quiere. De este modo, tomo como punto de partida el reconocimiento pleno de la destotalización de la totalidad». El fundamento de este reconocimiento sería el valor concebido como lugar de encuentro de la libertad con su proyecto concreto (encuentro que no realiza la fundación de la facticidad a que la libertad tiende sino de forma meramente reguladora: ahora bien, en cuanto que realiza la libertad en su frustración ontológica misma, es de buena fe). Así pues, es valioso que haya fines, pero los valores existen en función de los fines y no a la inversa. La concepción sartreana es en este punto tributaria en buena medida de Scheler: el valor no es querido de forma directa, sino que se realiza, por así decirlo, lateralmente en la realización de fines extraéticos, siempre que se respeta entre ellos una jerarquía que en Scheler es objetiva. En Sartre no puede haber nada entre la libertad y sus fines que fundamente una jerarquía *a priori*. De este modo, tomará como punto de arranque para sus inferencias éticas (que son siempre ético-ontológicas) una fenomenología del comportamiento de ayuda, del comportamiento servicial. «Tendemos *en principio* a ayudar a alguien a perseguir y realizar su fin, sea cual fuere. Es un prejuicio favorable. Luego, pero sólo luego, aparece la idea de que este fin pueda ser incompatible con los míos o con un sistema de valores al que me adhiero. Es la servicialidad, infinitamente más extendida de lo que parece (como el *bon sens* cartesiano) cuyo principio sería: todo fin es bueno, en cuanto realización futura de valor, mientras no se demuestre lo contrario». Yo le indico a un viandante la calle por la que me pregunta sin plantearme en principio si sus fines son *morales*. Habría así, más acá del bien y del mal, una presunción de inocencia de los fines. A esta actitud sana con respecto a los fines ajenos podríamos contraponer por nuestra parte las actitudes del «maquinador», que se pregunta permanentemente qué «tramará» el otro cuando parece proponerse un fin. Adoptaría una especie de recelo teleológico sistemático, donde la maquinación sería a la vez el *ersatz* y la degeneración de la teleología, lo que podríamos llamar la teleofobia como enfermedad o síndrome carencial de fines propios. En ese sentido, la fenomenología sartreana podría contrastarse *a sensu contrario* con el análisis de la patología de los saboteadores de fines ajenos, que no suelen ser, precisamente, quienes quieren hacer prevalecer los propios, sino quienes padecen crisis de fines. Análogamente —con todos los límites de la analogía— podría quizás decirse que cuando se habla de crisis de valores en la sociedad se está diagnosticando en realidad la incapacidad de esa sociedad para proponerse y proponer fines. Así, una persona —como una sociedad— anémica de fines es una persona desmoralizada. A veces llama la atención la irritación de quien pregunta, ante alguna manifestación reivindicativa: «¿Qué quieren los obreros?» (o, en su caso, los estudiantes, las mujeres...). Cuando no se quiere tratar como sujeto a una persona o a un colectivo, fastidia no tanto *lo* que quieren (lo pregunta quien no se ve directamente concernido por estas peticiones y proyectos, y su sorpresa enojada no parece provocarla el no tener las claves, o tenerlas incompletas, acerca del contenido o el sentido de las eventuales reivindicaciones —no es la pregunta de la curiosidad—, ni tampoco una particular impugnación elaborada al respecto: el patrono interesado sabe muy bien de qué se trata y no formula la pregunta del teleofóbico), como el hecho mismo de que quieran cosas. ¡Qué desfachatez... querer! El teleofóbico se vuelve paranoico respecto a los fines ajenos, adopta respecto a ellos la actitud de la incompresión preontológica y, en su caso, se vuelve un maquinador, por falta de engrasamiento ex-stático del operador teleológico en que él mismo consiste. El ámbito de la maquinación sería así la perversión del reino de los fines.

El reino de los fines se construye, pues, no proclamando «al hombre como valor supremo», sino inventando y proponiendo fines para los hombres. Y sirviendo los fines de los otros hombres [14]. ¿Podría esto llamarse, como lo diría Victoria Camps, un ejercicio de la imaginación ética? Teleologicémonos *(sit venia verbo)* recíprocamente. Así podría quizás resumirse la versión sartreana, en clave nominalista, del reino de los fines. «La base de mi elección de ayudar —dirá Sartre— está clara...: que en el mundo haya una infinidad de futuros libres y finitos cada uno de los cuales sea directamente proyectado por un querer libre e indirectamente sostenido por el querer de todos los demás, en tanto que cada cual quiere la libertad concreta del otro, es decir, la quiere no en forma abstracta de universalidad, sino, por el contrario, en su finalidad concreta y limitada: ésa es la máxima de mi acción. Querer que un valor se realice no porque sea mío, ni porque sea valor, sino porque es valor para alguien sobre la tierra; querer que los otros hagan existir ser en el mundo aun si por principio el develamiento existencial así realizado me es robado, hacer que un porvenir multidimensional venga permanentemente al mundo, sustituir la totalidad cerrada y subjetiva como ideal de unidad por una diversidad abierta de escapes apuntalándose los unos a los otros, es afirmar que en cualquier caso la libertad vale más que la no-libertad» [15].

---

[14] No podemos entrar aquí en la problemática que plantea el conflicto con fines que no puedo reconocer ni menos secundar.

[15] *Cahiers,* cit., p. 292.

32. LA CONSTRUCCION DE LA ALTERIDAD EN KANT Y LEVINAS

por GABRIEL BELLO REGUERA
(Universidad de La Laguna)

I. CUESTIONES METODICAS

Intentaré seguir la orientación metodológica de H. G. Gadamer, claramente enfrentada a la hermenéutica romántica en la interpretación de los textos históricos, en este caso los de Kant y Levinas. Y lo haré ateniéndome a tres reglas básicas, a saber:

a) La primera establece que todo sujeto hermenéutico está condicionado por su propio contexto cultural; éste opera de horizonte hermenéutico, constituido por sus propias creencias y valores, a los que no se puede dar de lado a riesgo de perder la comprensión misma. Es la necesidad o inevitabilidad metodológica del *prejuicio* como principio hermenéutico. Esta regla contradice la de la hermenéutica romántica según la cual el sujeto hermenéutico debe liberarse metódicamente de su propio contexto cultural y sumergirse empáticamente (a través de la comprensión filológica) en el del objeto hermenéutico (en nuestro caso los textos de Kant y Levinas).

b) La segunda prescribe la *continuidad* de la tradición entre el sujeto y el objeto hermenéuticos. Permite esta regla dos operaciones esenciales en la comprensión: i) por un lado, la selección del tipo apropiado o correcto de prejuicios y el abandono de los incorrectos, según que los compartamos o no con el objeto hermenéutico; ii) por otro, la fusión de horizontes o de contextos, subsumiendo el interpretado en el interpretante, lo cual vuelve posible el hecho mismo de la comprensión.

c) La tercera es la del círculo hermenéutico según el cual la comprensión de las partes depende de la del todo y la de éste progresa con la de sus partes [1].

Creo que estas reglas son imprescindibles si se quiere evitar la dis-

[1] H. Gadamer, *Verdad y método,* II.II.9.1-4. Una exposición de J. C. Winsheimer, *Gadamer's Hermeneutics,* Yale University Press, New Haven/Londres, pp. 164-184. Visiones críticas en T. K. Seung, *Structuralism and Hermeneutics,* Columbia University Press, 1982, pp. 199-212, y en R. J. Bernstein, *Beyond Objectivism and relativism,* Philadelphia, Univ. of Pensilvania Press, 1983, Parte III, esp. pp. 131-150.

torsión de la comunicación que se establece con un texto y su época al intentar interpretarlos: ocultar el tiempo contextual del intérprete es ocultar su papel de interlocutor en la relación hermenéutica y, por tanto, propiciar el malentendido que la relación hermenéutica trata precisamente de evitar [2]. Para eso, para evitar el malentendido con la relación hermenéutica que voy a establecer con Kant y Levinas, voy a tratar de seguir en lo posible las reglas anteriores.

«En lo posible» quiere decir aquí algo muy concreto: que deberé prescindir (por razones contextuales obvias) de las dos primeras reglas, cuya aplicación se reserva para un trabajo autónomo [3]. Procederé, pues, a un intento de comprensión de las partes (Kant y Levinas sobre la alteridad) para después confrontarlos en un intento de visión global. No antes, cuando menos, de mencionar lo que creo que constituye el elemento específico de nuestro presente cultural, ya que, a la vez, garantiza la continuidad de la tradición entre Levinas y Kant. Se trata, naturalmente, de la *relación de alteridad,* que inaugura el pensamiento moderno con Hobbes y Rousseau, en cuyas órbitas agresivo-compasivas aún seguimos (después de Kant, Marx, la Revolución, el Totalitarismo y el Imperialismo), y que hoy, a diferencia de épocas y contextos culturales anteriores, se teoriza como *relación de comunicación.*

II. LA CONSTRUCCION DE LA ALTERIDAD DE KANT

Abordaré la cuestión de la alteridad en Kant a partir de los capítulos segundo y tercero del Libro I de la *Crítica de la razón práctica.* Lo que me interesa del primero de estos dos capítulos («Del concepto de un objeto de la razón pura práctica») es una doble circunstancia: *a)* que las categorías de la libertad poseen un *status* independiente de la sensibilidad, al ser formas puras de autodeterminación de la voluntad, y *b)* que producen ellas mismas la realidad del objeto al que se refieren, en la medida en que su motivo determinante consiste en la representación racional de ese objeto: la ley. Por esta circunstancia, Kant sostiene que las categorías de la libertad son formas de una única categoría: la causalidad [4].

---

2 Sobre el papel del «malentendido» en la génesis de la hermenéutica de Schleiermacher, cfr. Gadamer, *op. cit.,* p. 238.

3 Las dos primeras reglas serán tenidas en cuenta en un trabajo («Levinas y la continuidad de la tradición», *Revista Canaria de Filosofía y Ciencias Social,* n.º 3, en prensa) que, aunque elaborado y publicado de forma independiente, forma una unidad sistemática con este ensayo.

4 I. Kant, *Crítica de la razón práctica,* vers. cast., Espasa Calpe, Madrid, 1981, pp. 97-100. También, L. W. Bech, *A Commentary on Kant's Critique of practical reason,* University of Chicago Press, Chicago, 1966, pp. IX-XII.

Del segundo de los capítulos («De los móviles —o motores— de la razón práctica pura») me interesa la construcción conceptual de la relación de alteridad misma en conexión con la ley moral, y comenzaré con un texto, a saber:

> «Mas lo que infiere daño a nuestra presunción en nuestro juicio propio, humilla. Así pues, la ley moral humilla inevitablemente a todo hombre al comparar éste la tendencia sensible de su naturaleza con aquella ley. Aquello cuya representación *como fundamento de nuestra propia voluntad* nos humilla en nuestra propia conciencia de sí mismo, despierta, en cuanto es positivo y fundamento de determinación, por sí, *respeto*. Así pues, la ley moral es, también subjetivamente, un fundamento de respeto» (p. 111).

Si aduzco aquí este texto es para llamar la atención sobre la doble posibilidad de sentido de la relación de alteridad, por mediación de la ley moral: intercambiando con el otro humillación o respeto, según los casos. Y esto vale para la relación de alteridad propiamente tal, con un otro distinto del yo, que es la que me interesa aquí, cuanto para la relación de alteridad transferida a la relación autorreflexiva que el yo establece consigo mismo como si fuera un otro. Convendría insistir en el hecho de que, según el propio Kant, la humillación es algo patológico, entendiendo por tal un efecto negativo sobre el sentimiento (p. 111); y en que la humillación y el respeto son dos formas del mismo sentimiento, derivadas de la relación de la voluntad libre con su móvil o motor a través de la representación. En la medida en que la voluntad se representa a la ley como su móvil, *a)* esto ocurre en contra de la sensibilidad egoísta, la vanidad, y la humilla; pero *b)* eso mismo es objeto de respeto pues contituye la moralidad de un querer. Si las cosas son así para una voluntad que no sólo cumple objetivamente la ley (legalidad), sino que la acata (moralidad), un voluntad que ni cumple ni acata, una voluntad puramente egoísta, estará siempre en posición de humillación tanto por sí misma, si llegara a acatar la ley como su móvil, como por cualquier otra que ya lo haya (o crea haberlo) hecho.

Viniendo ya más directamente al problema de la alteridad, me interesa plantear dos hipótesis hermenéuticas. La primera es que, como efecto de la conmensuración con la ley y su efecto de humillación de la sensibilidad, la moralidad kantiana tiende a reducir, progresivamente, las diferencias de sensibilidad, y a instaurar, también progresivamente, un ámbito de equiparación o uniformidad morales. En este ámbito, el otro se parece cada vez más al yo, y la relación de alteridad o diferencia tiende a difuminarse ante la mismidad legal y moral. Esta es una de las divergencias esenciales con el tratamiento levinasiano de la alteridad, cuya diferencia se trata de salvar en todo momento.

La segunda hipótesis —que marca otra diferencia esencial con Levinas— propone que la moralidad kantiana tiende a privilegiar el componente de humillación por sobre el componente de respeto en la relación con el otro. Esta hipótesis, por tanto, vendría a relativizar lo suyo la expresión kantiana que pasa por una de las formulaciones del imperativo categórico, que prescribe tratar al otro como un fin en sí mismo y nunca como un medio, y que recoge la valoración de los seres humanos como seres dignos en la *Fundamentación de la metafísica de las costumbres*[5]. Lo decisivo es que esta idea de autofinalidad deriva de la condición de ser racional o portador de humanidad. Es decir, deriva de lo que en el otro es *común* o *mismo* con el yo y el resto potencial de los seres humanos, y no de lo que en él es diferente, singular o propio: su sensibilidad. De donde debemos concluir que deriva no de la condición de *alter* sino de la condición de *idem,* esto es, de perteneciente a una *totalidad,* a saber, la humanidad, definida por un concepto o por una constelación conceptual. Y si esto es así, resulta que estaríamos en la situación que Levinas califica de violencia conceptual al ente singular. La relación de respeto y de finalidad en sí podría ser, en su propia entraña conceptual, una relación de violencia, en la medida en que supone una violentación de la peculiaridad singular por parte de la generalidad conceptual. Si es imprescindible que esto ocurra con cualquier entidad singular, para que entre en algún tipo de relación racional, en el caso del ente singular humano, o definimos la racionalidad de forma que pueda integrar las peculiaridades singulares, o bien, si éste no es el caso, la racionalidad es, de hecho, una forma de violencia moral. No sólo de la racionalidad contra el yo, sino del yo contra el otro, en nombre de la racionalidad o moralidad. Aquí reside otro de los focos de diferencia entre Kant y Levinas[6].

Creo que ese tipo de violencia ocurre en la moralidad kantiana, pero con una peculiaridad que la incrementa. La clave de la racionalidad kantiana es la «humanidad» en la medida en que sus portadores son, en tanto tales, fines en sí y objetos de respeto. El problema estriba en que la idea de humanidad está, kantianamente, abierta o vacía. Parto aquí del dato de que Kant no llegó a elaborar una respuesta a la pregunta «¿qué es el hombre?», limitándose su antropología a

---

[5] Vers. cast., Espasa Calpe, Madrid. Allí se dice (p. 84): «Obra de tal modo que uses a la humanidad, tanto en tu persona como en la persona de cualquier otro, siempre como un fin al mismo tiempo y nunca como un medio».

[6] Mi expresión parece no albergar dudas sobre la conexión de la violencia conceptual con las nociones de «respeto» y «finalidad en sí», de tanta solera moral. Creo que el problema merecería atención aparte. Pues hay momentos en que Levinas deja entrever esta conexión («Freedom and Command», en *Collected Philosophical Papers,* Martinus Nijhoff, La Haya, 1987, pp. 20-21) y otro donde integra el concepto de respeto en su propio discurso sin mayores problemas («The Ego and the Totality», en v.c., p. 43); pero aun aquí habría que dilucidar si el *concepto* de respeto levinasiano es idéntico al kantiano.

serlo desde el punto de vista pragmático, esto es, una antropología del burgués y no del hombre.

Pues bien, esta situación de vacío o apertura del concepto de humanidad es ambigua y, por tanto, un arma de dos filos: por un lado, deja la puerta abierta a que cada cual elija la idea de humanidad según su libertad, pero, por otro, nos remite, nuevamente, a la moralidad y su ley. Si tomamos la vía de la opción libre por la idea de humanidad, o bien todos coincidimos en la misma (con la cual tendríamos la antropología de que Kant nos dejó faltos), o bien, en su defecto, cada uno elige una idea de humanidad diferente. Es lo que propuso Sartre en *El existencialismo es un humanismo,* y practica Felipe González Vicén en el trabajo que dio origen a la polémica sobre la desobediencia al derecho [7]. Lo que ocurre es que esta opción, o no es kantiana en términos de rigurosa universalidad no contradictoria o, si lo pretende ser (por ejemplo, interpretando como no contradicción la propia autocoherencia), aun así no podremos evitar una zona de ambigüedad extremadamente peligrosa.

El hecho de que no exista en Kant una antropología no implica en modo alguno que nos haya dejado sin respuestas sobre la humanidad. Tenemos su idea *normativa* del hombre moral enfrentada a la idea *descriptiva* del hombre natural, formando un díptico trágico en el que Kant nos deja avocados a aceptar la humillación de nuestra naturaleza sensible, por el supuesto valor moral que se sigue, en forma de auto o heterorrespeto, de esa humillación misma. Pero este reenvío a la imagen moral del hombre puede conllevar consecuencias nefastas para la moralidad misma. Pues nos deja en una situación en la que con el término «humanidad» podemos referirnos tanto a la moral-normativa, origen del respeto, como a la natural-descriptiva, merecedora de humillación. Jugando, así, con esos dos sentidos, es posible hacer trampas semánticas, tomando o haciendo tomar lo descriptivo por normativo (expresando, por ejemplo, una motivación sensible y egoísta como si fuera moral). Al fin, podemos hacer trampas morales autoengañándonos sobre nuestros motivos o ideas de huminidad motivadoras y, finalmente, mintiendo a los demás, acaso sin saberlo. Esta es la situación que aparece de modo flagrante en *La re-*

---

[7] Sartre: «Así soy responsable para mí mismo y para todos, y creo cierta imagen del hombre que yo elijo; eligiéndome elijo al hombre: («El existencialismo es un humanismo», en el vol. conjunto Sartre/Heidegger, *El existencialismo es un humanismo* y *Carta sobre el humanismo,* Ediciones del 80, Buenos Aires, 1985, p. 18. F. González Vicén, «La obediencia al Derecho», en *Estudios de Filosofía del Derecho,* Facultad de Derecho, Universidad de La Laguna, 1979, pp. 388 ss. La aproximación de la posición del prof. González Vicén al existencialismo la sugirió A. Cortina en *Etica mínima,* Tecnos, Madrid, 1986, p. 182. Puedo compartir que existe tal aproximación, si bien estoy lejos de compartir el contexto crítico en que la autora lo menciona.

ligión dentro de los límites de la mera razón, donde Kant le da el nombre de *mal radical*[8].

La problemática del mal radical puede ser reducida a los tres aspectos siguientes:

i) Cada uno construye sus propias motivaciones (por ejemplo, una idea de humanidad) a partir de sus propias tendencias egoístas, pero las disfraza con la apariencia de la imagen normativa: eso las vuelve moralmente respetables.

ii) Es imposible, por naturaleza, que el individuo pueda proceder de otro modo (en eso consiste la radicalidad de la corrupción o mal) y, además, que pueda salir de esa condición por sus propios medios.

iii) Para salir de ello es necesaria una revolución interior en el contexto de una comunidad moral o Iglesia racional.

Esta versión, supuestamente religiosa, de la humanidad supone un golpe duro para el optimismo moral de la *Crítica de la razón práctica.* De hecho, oscurece la claridad de la conciencia individual en su relación motivacional y, por tanto, moral, con una ley respecto de la cual siempre se estaría autoengañando y, desde luego, nos da del individuo solitario una imagen de impotencia frente a las exigencias morales de libertad.

El problema se agrava en la relación con el otro. Pues si unimos, como premisas, los mensajes centrales de la filosofía moral y de la filosofía de la religión, a saber, i) que la relación de respeto o humillación depende de si el otro es o no es portador de humanidad según su relación con la ley, y ii) que en la representación tanto de la ley como de la humanidad el motivo moral se subordina (a falta de una revolución interior en el seno de una Iglesia racional) al sensible, obtenemos una doble conclusión: *a)* nuestros intercambios de respeto y humillación, lejos de ocurrir según el estricto criterio de la legalidad moral, lo hacen según el arbitrio de nuestro egoísmo, y *b)* el recurso a las representaciones bajo la forma del lenguaje moral constituye, en sí mismo, un procedimiento de simulación o mentira, con que disfrazamos de legitimación y respetabilidad morales (en nombre de la

---

[8] I. Kant, *La religión dentro de los límites de la mera razón,* Alianza, Madrid, 1969, pp. 41-49. No debo dejar de citar algunos textos: «Esta culpa *innata...* tiene por carácter una cierta *perfidia* del corazón humano *(dolus malus),* consiste éste en engañarse a sí mismo acerca de las intenciones propias buenas o malas... Esta deshonestidad consiste en mostrarse a sí mismo fantasmagorías, que impiden el establecimiento con una genuina intención moral en nosotros, se amplía al exterior en falsedad y engaño a otros...» (p. 48). Para los puntos que se establecen en la continuación del texto, cfr. i) para el tema de la casi-impotencia, pp. 60 y 64-65; ii) para el tema de la revolución interior, pp. 56-57, y para el tema de la «Iglesia racional» o comunidad ética, pp. 95-138 (Sección primera de la Tercera parte). Sobre estos tres temas puede verse J. L. Bruch, *La Philosophie religieuse de Kant,* Aubier, París, 1986, caps. II, III, VI, respectivamente.

ley) nuestra voluntad de poder, bajo la forma de placer de humillar.

Esta es, en esencia, la situación que hubo de enfrentar la escuela de la sospecha: el descubrimiento, en el subsuelo de la conciencia moral kantiana, del submundo corrupto de un intercambio de humillaciones bajo el disfraz de intercambio moral. No otro sería el significado de la alienación de Marx y, más a las claras, del resentimiento de Nietzsche y de la represión de Freud. Quizá por eso, en todos ellos, el problema de la libertad se transforma en problema de la liberación, y Marx y Nietzsche, cada uno a su estilo y manera, ven a la moralidad cristiano-burguesa (cuyo fundido kantiano es paradigmático) esencialmente mentirosa. Aquí estaría la raíz de la crítica de la ideología. J. Lacan ha llegado más lejos. Lacan ve en esta tendencia soterrada en la moralidad kantiana al autoengaño con la humillación y el respeto (que puede acabar, a veces, en la pretensión de respetabilidad para la humillación) una forma perversa de reintroducir el placer prescrito conceptualmente de la moralidad kantiana, lo cual implica una identificación profunda del universo kantiano con el universo sadiano [9].

---

[9] Una valoración adecuada de la relación de Marx con la ética kantiana es imposible aquí. Parece, en cualquier caso, que debería moverse entre dos tendencias: *a)* la expresada en el texto de que la moral abstracta es o puede ser ideológica o engañosa —cosa que hubiera aceptado el propio Kant de la filosofía de la religión—, y *b)* la que trata de concretar la ética subyacente en el marxismo con la ética kantiana, al estilo de algunos austromarxistas. Sobre todo ello, Ch. Guigon, «Marxism, Morality and Moral Philosophy», en J. P. De Marco y Richard M. Fox (eds.), *New Directions in ethics,* Routledge, Londres, 1986. La conexión Marx-Kant la mantiene E. Kamenka, *Marxism and Ethics,* Routledge, Londres, 1969, p. 10.

Con Nietzsche parece ocurrir algo parecido: *a)* hay un Nietzsche acervo crítico del Kant moralista, por ejemplo, en el Prólogo de *Aurora* (Calamus Scriptoris, Barcelona, 1978), donde Nietzsche escribe: «A Kant le había picado también aquella tarántula moral que se llamó Rousseau; pesaba sobre su alma el fanatismo moral, del que otro discípulo de Rousseau se creía y pregonaba ejecutor; aludo a Robespierre...» (p. 7). Pero *b)* parece haber un Nietzsche esteticista, heredero de la *Crítica del Juicio* (al respecto: A. Megil, *op. cit.* en nota 15, Introducción y parte primera).

Igualmente ocurre con Freud: *a)* por un lado, Freud parece acometer el trabajo de «liberación» a que alude Kant (en *La religión...,* p. 93) como condición para devenir moral; todo el proceso terapéutico va en ese sentido. Más aún, Freud parece compartir la visión pesimista de Kant sobre la naturaleza humana (*El malestar en la cultura,* Alianza, Madrid, 1973; también en «Más allá del principio del placer», en *Psicología de las masas,* Alianza, Madrid, 1972). Aquí, por la radicalidad de «Tanatos» contra «Eros», que implica, allí, el carácter represor de la cultura. *b)* Por otro lado, una cierta lectura psicoanalítica de la moral kantiana trata de conectarla, justamente, con el principio thanático y su carácter represor y aun sádico. Lo primero, en P. Ricoeur, «Demithytiser l'acussation», en *Le conflit des interpretations,* Seuil, París, 1969; lo segundo, en J. Lacan, «Kant avec Sade», en *Ecrits,* Seuil, París, 1966. Un análisis esclarecedor en J. Flower MacCannell, *Figuring Lacan, Criticism and the Cultural Unconscious,* Croom Helm, Londres, 1986, pp. 138-151.

III. LA CONSTRUCCION DE LA ALTERIDAD EN LEVINAS

Naturalmente, en este espacio tan sólo podré esbozar un intento de aproximación al problema de la alteridad en Levinas, puesto que constituye el núcleo de una filosofía, la suya, de cuya solidez parece ser difícil dudar al menos si tenemos en cuenta el tipo de interlocutores críticos que ha elegido para hacerla despegar como diferente.

Lo que está en primer plano es la relación de alteridad o relación cara a cara, en la que dos rostros se miran frente a frente. Una interpretación negativa debe cuidarse de no identificar la relación cara a cara de Levinas, ni con la relación homónima que aparece en la génesis de la relación social, elaborada por M. Weber y A. Schutz como una situación de intercambio significativo, al margen de cualquier connotación moral [10], ni con la retórica de la respetabilidad que elaboró D. Ball siguiendo las investigaciones de Goffman sobre cómo presentar el propio yo en los rituales de interacción, manteniendo la cara [11]. Este formalismo hipócrita goffmaniano está justo al otro lado de la posición de Levinas, cuya versión de la relación cara a cara da lugar a una metafísica moral o una ética metafísica. Abordaremos por separado los dos aspectos de la doble expresión: el metafísico y el ético.

Si miramos la relación con el otro en clave metafísica, enfatizamos los rasgos de transcendencia e infinitud. Infinitud en la medida en que el yo y el otro jamás podrán ser reducidos a la misma totalidad conceptual que pudiera englobarlos. No importa que tal totalidad conceptual proceda del yo, del otro o de un tercero. Esta inconmensurabilidad es denominada por Levinas «Infinito», tomando prestada la idea de Descartes, y queriendo dar a entender que no se trata de que el yo sea incapaz de comprender o aprehender conceptualmente al otro, sino que «el otro no se deja integrar» (*TI,* p. 103). Por eso mismo, el otro es trascendente al yo. Pero la transcendencia significa, además, que la relación de alteridad va o viene de más allá de lo dado en ella: dos rostros frente a frente y todos los datos que nos puedan brindar. La fisiología es el punto de partida, pero la intención de Levinas apunta hacia la corriente viva de la relación de expresión: allí donde se produce el intercambio sobre lo que un rostro *dice* al otro.

Otros dos predicados relacionados con los anteriores son los de *anarquía* y *pre-originalidad.* Por lo primero parece que debe entenderse que esta relación carece de una *arjé* o principio anterior (como

---

[10] Cfr. A. Schutz, *Fenomenología del mundo social,* Paidós, Buenos Aires, 1972, pp. 192-201.

[11] D. W. Ball, «The Problematics of Respectability», en J. Douglas (ed.), *Deviance and Respectability. The social construction of Moral Meanings,* Basic Books, Nueva York, 1970.

lo era en Kant la legalidad moral), tanto en el orden del ser como en el orden de la conciencia: ni Heidegger ni Kant. Pero tampoco ella, la relación de alteridad, va a actuar como un principio fundador. Estamos ante una relación absuelta de toda vinculación fundamentalista. En ese sentido es pre-original: en el de constituir un momento intersubjetivo, anterior al origen de la conciencia y de la libertad, cuyo único rasgo es la responsabilidad (de uno por otro) anterior a todo compromiso libre. Levinas la nombra a veces como pasividad, en el sentido de no poder no ser herido por la presencia del otro: herida que se traduce para el yo en la imposibilidad de no dar al otro una respuesta, una vez afectado por su presencia (*HOH,* pp. 97-99).

Un comienzo como el anterior plantea un problema metódico de envergadura que no se puede soslayar. Es lo que Charles William Reed ha llamado la «Levinas's Question», la pregunta por el modo de expresión de Levinas que dé razón de la capacidad de reunir las dos condiciones siguientes: *a)* ser un lenguaje significativo y serlo de tal modo que *b)* rehúya las claves ontológicas y epistemológicas a no ser como punto de referencia negativa. S. G. Smith, aprovechando una sugerencia de Levinas, apunta una clave de lectura según la que se vería obligado a moverse en un doble lenguaje. Uno próximo al de la vieja teología negativa en el que trata de decirnos lo que *no* es la relación ética originaria o relación de alteridad, y donde intenta tomar distancias de la ontología; y otro, retóricamente efusivo, único capaz de transmitirnos, siempre indirectamente, la diferencia absoluta de la moralidad introducida por la relación de alteridad. Dicho de otro modo más próximo a nuestros hábitos lingüísticos: Levinas habría intentado desarrollar un argumento moral, según el criterio de justicia, al margen de la contaminación de cualquier argumento teórico-racional que pudiera tener por clave la verdad [12]. Aquí, Levinas se acerca al Apel de la primacía de las reglas morales, en tanto que reglas pragmáticas cuya normatividad es anterior a la normatividad lógica y metódica, pero sólo se acerca; pues a Levinas no le interesan para nada las reglas pragmáticas, aunque quizá él mismo esté implicado en alguna versión de la pragmática.

Lyotard profundiza esta separación radical de Levinas entre el argumento moral y el argumento teórico, en un trabajo que, bajo el título «Levinas's Logic», pretende marcar distancias respecto a Kant en cuanto a la radicalidad de la autonomía de la moral, mediante un complejo razonamiento llevado adelante con recursos de la pragmática formal de Kalinovski y Von Wright, donde tampoco faltan refe-

[12] El trabajo de Ch. W. Reed a que me refiero es «Levinas's Questions», y el de Smith «Reason as one for Another: Moral and Theorical Argument in the Philosophy of Levinas», en R. A. Cohen (ed.), *Face to face with Levinas,* State University of New York Press, Albany, esp. pp. 60-61.

rencias a Austin y Wittgenstein [13]. Para Lyotard, lo que está en juego es la propiedad pragmática de la inconmensurabilidad entre los enunciados prescriptivos y los descriptivos. Mientras Levinas es absolutamente celoso de la autonomía de la prescriptividad, hasta el límite de exponerse a la incomprensión de un lenguaje raramente original, próximo a veces al transporte místico (lo cual le acerca a Heidegger), Kant habría sido víctima de un excesivo respeto a la estructura de la racionalidad teórica, hasta el punto de haberla tomado como modelo en el trazado de la práctica. Lyotard concreta este *quid pro quo* en el doble uso que Kant hace de la categoría de causalidad. Mientras que, por un lado, el axioma de la causalidad funciona en la razón teórica como regulador de los denotativos, en la razón práctica son los prescriptivos mismos o prescripciones los que funcionan como causas de los actos que engendran. Pero eso quiere decir que la causalidad prescriptiva puede ser descrita en términos del axioma de la causalidad que regula los denotativos. Como concluye Lyotard, el poder moral del sujeto pretendidamente autónomo de un enunciado práctico es descrito por Kant con la misma categoría que permite a la razón teórica construir los denotativos. En otros términos, la razón prescriptiva queda identificada con y reducida a causalidad descriptiva (p. 143). O aun en otros, la «causalidad inteligible» de la *Crítica de la razón práctica,* causalidad por representación o imaginación anticipadora (en la medida en que la representación es causa de la realización de su objeto en la acción), puede ser reducida a ontología y epistemología; a psicología cognitiva o de la fantasía, que vendría a ser, así, el fundamento empírico de la moralidad (algo así como la psicología moral de Kohlberg, que parece haber atrapado a Habermas con su falibilismo) [14].

Lo que Lyotard pretende enfatizar, sin embargo, es, justamente, la pretensión de Levinas de plantear la relación de alteridad como *anterior* al origen mismo de la representación imaginaria, que en el Heidegger de *Kant y el problema de la metafísica* aparece como la facultad originariamente formadora [15]. El mensaje de Levinas parece ser: «hay un sentido, anterior a nuestra originación del sentido, que viene dado en la relación de alteridad». En términos levinasianos, hay una

[13] J. F. Lyotard, «Levinas's Logic», en R. A. Cohen (ed.), *op. cit.,* p. 143.

[14] La idea de «causalidad autónoma» aparece varias veces en la «Deducción de los principios de la razón pura práctica» y en «De los motores de la razón pura práctica», concretamente en las pp. 70, 77, 97 y 110.

Probablemente es este tipo de «causalidad» kantiana la que Habermas convierte en objeto de la ciencias reconstructivas sustrayéndola del «análisis transcendental» que Apel quiere defender a toda costa; véase «What is Universal Pragmatics», en J. Habermas, *Communication and the Evolution of Society,* Bacon Press, Boston, 1979.

[15] M. Heidegger, *Kant y el problema de la metafísica,* Fondo de Cultura Económica, 1981, Parte Tercera.

razón para pensar así: salvar a cualquier precio la autonomía o anterioridad de la relación de alteridad. Si hacemos concesiones a la representación como intermediaria entre yo y el otro, introducimos al otro en lo mismo, damos lugar a la alienación conceptual. De ahí la insistencia de Levinas en la transcendencia y la infinitud, la preoriginalidad y la anarquía. Bien sabe Levinas, como cualquiera al tanto de la filosofía de la sospecha, que toda representación surge de un impulso, pasión o interés que la mayor parte de las veces tiene por objeto la captura y el dominio del otro.

Aquí entra en juego, justamente, la dimensión ética de la relación de alteridad.

Esta relación significa preoriginalidad y an-arquía pero, a la vez, también la imposibilidad de que, por tales an-arquía y preoriginalidad, degenere en el ser neutro de Heidegger, o en el estallido postmoderno de la representación. Desde esta perspectiva, la condición postmoderna significaría la condición postmoral, tomando aquí por moralidad la kantiana, puesto que con la representación estalla su sujeto: aquella conciencia cuya constitución moral pasaba, justamente, por la representación de la ley como su motivo.

Aquí comienza la ética levinasiana: en la descentración de la subjetividad kantiana. Si tomamos a Nietzsche y su desplazamiento de la conciencia del centro de la subjetividad en favor de las pasiones y su juego de fuerzas, que las constituyen genealógicamente, como punto de partida; y si continuamos ese desplazamiento con el operado por Foucault y Derrida de la intencionalidad, constituyente del sentido, del centro de la conciencia, en favor del juego de las figuras retóricas que entretejen la trama de la intertextualidad, o bien de los mecanismos y procedimientos discursivos, es fácil concluir en el descentramiento de la subjetividad del centro de iniciativa en favor del Ser. Es la operación heideggeriana. Pues bien, en Levinas opera, asimismo, una descentración de la subjetividad kantiana y de su conciencia, pero ésta corre a cargo del *otro:* y, lejos de suponer la muerte de la subjetividad, lo que implica es, más bien, su reconstitución, así como la de la moral en su conjunto.

Lo que debemos examinar ahora es, justamente, a este *otro* que, desde su alteridad radical, reconstituye la trama ética como esencialmente intersubjetiva. Y nuevamente nos encontramos con el problema de su expresión. Pues ¿cómo significar a un otro cuya alteridad es infinitamente exterior y transcendente, que torea la representación y, por tanto, el lenguaje representativo? Sería demasiado fácil contestar: «pues en un lenguaje presentativo». Y, sin embargo, así es, si por presentativo entendemos un lenguaje que trate de referirse a la presencia del otro sin violentarla con esquemas representacionales. El recurso de Levinas consiste en evitar sistemáticamente la construcción de la referencia al otro en sentido semántico-denotativo o literal, y en recurrir, no menos sistemáticamente, a la *referencia metafórica.* Esta, en tanto pragmática y, por tanto, no prioritariamente denotativa, atiende al criterio de justicia al ser del otro antes que a su verdad, a no ser que la verdad pudiera consistir, precisamente, en hacer justicia.

Porque nos movemos en un ámbito de significación ética y no epistémica, es preciso abandonar toda pretensión denotativista o referencialista del lenguaje, y movernos decididamente en un lenguaje translaticio. Cuidando de entender por esta *translatio* el desplazamiento desde la creencia en un lenguaje referencial o literal de base, al que habría que retornar para reducir a elementos semánticos básicos las figuraciones metafóricas, a la creencia en que la *translatio* es *instaurativa* de un universo de significación irreductible a ningún tipo de lenguaje básico, literalmente referencial. Finalmente, en este desplazamiento de la creencia en lo referencial a la creencia en lo metafórico irreductible al primero habría que ver el desplazamiento de la ontología por la ética metafísica. Pues no se trata de referirnos al ser del otro con un lenguaje veritativo (ciencias humanas), sino de escucharle en su decir. Es este *decir* vivo y activo el que no se puede representar sin suplantar, ni suplantar sin violentar: sin ser injustos. Siendo radicales, está más allá de la pragmática y sus intentos de reconducir el decir a sus condiciones de posibilidad.

La figuración central de este universo ético es el Rostro. Al referirme al Rostro adjetivándolo de figuración, conviene que añada que eso no es infravalorarlo respecto a otras expresiones que la filosofía ha acuñado para referirse al ser humano, como la de «cuerpo», «mente», «conciencia», «razón», «código genético», «cerebro», etc. En la medida en que todas ellas seleccionan un aspecto parcial de la realidad humana para significar metonímicamente el conjunto, lo que la filosofía viene haciendo desde siempre es metaforizando de un modo u otro el ser entero o total de la realidad humana. Pues bien, se trata, ahora, de una metáfora, que lo que pretende enfatizar es el significado antropológico profundo del giro lingüístico-pragmático: la condición expresivo-comunicacional. Este significado es, según Levinas, originalmente ético. Nos encontramos con el cruce de la reflexión moral con el giro lingüístico, pero en un tercer nivel, diferente no ya del lógico-semántico de la primera metaética analítica, o del pragmático de la segunda analítica o de la pragmática transcendental o universal, sino centrado en el rostro como categoría expresivo-comunicativa. Pero tampoco habría que pensar en la «comunicación no verbal» ni en algo así como una semiótica de la estética facial siguiendo a un cierto Baudrillard [16].

---

16 Me refiero al Baudrillard de *El intercambio simbólico y la muerte,* Monteávila,

Al tratarse de una figuración expresivo-comunicacional, el rostro puede ser descrito en relación analógica con el signo lingüístico. Levinas escribe que «el rostro es presencia viva, es expresión, la manifestación del rostro es discurso» (*TI,* 89). Procede, pues, que tratemos de explicitar la metáfora del rostro a partir de los dos aspectos del signo: el significante y el significado.

Lo que en o del rostro aparece como significante es su *desnudez* de cualquier forma. De toda forma gestual en o con la que pudiera quedar identificado: eso es caricatura. El rostro de Levinas es más la corriente expresiva que cada una de sus expresiones o que éstas en conjunto. Pero también de toda forma cultural y la variabilidad que implica para la estética facial. El rostro ético se abstrae de las variaciones culturales para centrarse, una vez más, en la *corriente viva de expresión* que lo anima más allá o más acá de sus objetivaciones culturales. Levinas nombra este rostro mediante los símbolos bíblicos de la viuda, el huérfano y el extranjero (quizá hoy, fuera mejor emplear la del habitante del Tercer Mundo, emigrante o no, y la del parado, etc.). Todas son figuras de la desnudez de la soledad, pero también de un interlocutor que es incapaz de mentir sobre su miseria: sobre la desnudez de su humanidad vulnerable (*TI,* 89-97). Por eso Levinas concreta la analogía del Rostro con el signo, al decir que el rostro significa como una *huella,* cuya diferencia respecto del signo es que ella significa sin intención de significar. Lo cual es tanto como decir: la desnudez del rostro significa an-árquica y pre-originalmente, antes o al margen de la intencionalidad significativa de la conciencia libre que puede elegir entre la veracidad y la simulación [17].

¿Qué es, entonces, lo que el rostro significa? ¿Cuál es el significado que ofrece al ofrecerse como significante? Ante todo, el significado del rostro debe ser visto en una relación de significación que viene de dentro y va hacia afuera de su propia piel. Al venir de adentro, esta relación es *expresión* (podemos recordar aquí el emotivismo ético), y lo que expresa ya lo había mencionado hace un poco: la vulnerabilidad absoluta del rostro en su desnudez, expuesto en su propia piel sin ningún otro tipo de defensa: puede ser herido por cualquiera y de cualquier modo. Pero, a la vez, la miseria y la vulnerabilidad absolutas del rostro significan la altura axiológica de un ser que, al ser único y singular en su desnudez, es completamente otro en su alteridad. Y lo único que yo puedo hacer, si no le destruyo, es escucharle y recibir su lección: una lección que continúa aún en la huida, pues no podré desprenderme de la huella de su aparición y, por lo tanto,

---

Caracas, 1980, donde habla de los simulacros, de los códigos, de la moda y del cuerpo como un «osario de signos».

[17] Sobre la huella y su modo de significar, E. Levinas, *HOH,* pp. 72-83.

de su significado. Por último, el rostro significa también a la humanidad igualada en la miseria y la vulnerabilidad. En la desnudez del rostro del otro brilla la desnudez y la vulnerabilidad de infinitos rostros: de todos aquellos a los que cubren de simbolicidad el huérfano, la viuda o el extranjero [18].

Pero la relación de significación que, al venir de adentro nos dice todo eso, va hacia afuera y allí se transfigura en prescripción o mandato (recordemos aquí, ahora, a Hare). Pues, desde su desnudez, el rostro del otro me manda varias cosas: En primer lugar, «no matarás». No sólo en el sentido literal o técnico del asesinato o demás formas activas o pasivas de tomar parte en el proceso causal que lleva la muerte al otro o al otro a la muerte, sino también el metafórico de «no reducirás mi alteridad desnuda y, por tanto, vulnerable, a la mismidad segura y confortable de tus esquemas mentales: no matarás mi singularidad ni mi diferencia; no me reducirás a contenido (representativo) de tu conciencia». Por eso un segundo mensaje del mismo imperativo es «Eres responsable ante mí; y lo eres infinitamente, pues mi exigencia y mi demanda son infinitas o absolutas. No hay medias tintas: o me matas, pues soy en mi desnudez, absolutamente vulnerable, o me escuchas y me respondes sin violencia, pues soy único y singular y, si simbolizo la vulnerabilidad, también la exigencia infinita de responsabilidad de la humanidad desnuda». Pues bien, Levinas ve en esta demanda infinita de responsabilidad por parte del otro la *herida ética incurable* que constituye al yo en sujeto moral, ya que la demanda de responsabilidad lo es de una respuesta singular: aquella que nadie puede ofrecer al otro en mi lugar. Ser yo es, en términos levinasianos «no poder dejar de ser responsable», o «ser intransferiblemente responsable». Además, al constituirme como responsable, el otro me constituye como libre: yo siempre podré elegir negarme a responder y, eventualmente, matar para hacer desaparecer la infinita demanda de responsabilidad (aquí ve Finkielkraut la explicación de la solución industrial que los nazis dieron al genocidio judío: no sólo eliminar al otro, sino hacerlo de forma que no tengamos que mirar su rostro) [19]. En este sentido, la responsabilidad por el otro es anterior al odio y al amor; por eso es anterior a la agresividad hobbesiana y a la compasión rousseauniana. Por lo mismo, nada tiene que ver con la corriente del *moral sense* pues, como sugiere el varias veces citado Finkielkraut, «en cierto modo, nada hay más molesto que el prójimo».

Por fin, esta idea de «molestia ética» nos lleva a un rasgo de la relación de alteridad, aparentemente contradictorio con su transcen-

---

18 Ver TI, 1, II, y 3, II.

19 A. Finkielkraut, *La sabiduría del amor,* pp. 121-127.

dencia e infinitud: es la proximidad. Porque si la exigencia de responsabilidad del otro es infinita, y yo respondo a esa infinitud, el otro me es tan absolutamente próximo que esa proximidad recibe de Levinas el nombre de «obsesión». A la que no hay que entender en el sentido de la patología de la neurosis, sino en el de una cercanía radical de dos presencias, en cuya virtud una es el significado de la otra (como en los dos términos de una metáfora). A esta situación significativa, finalmente, Levinas la nombra *sustitución* (no olvidemos que la esencia del signo y, por tanto, de la significación es instaurar una relación de sustitución de aquello de lo que un signo es signo).

El concepto de sustitución nos remite, por su parte, hacia una zona densa de la filosofía de Levinas, en la que se entra a través de su segunda obra mayor *De otro modo que ser o más allá de la esencia,* en la que, por el momento, no voy a entrar. Creo que el presente ensayo tiene entidad relativa sin ella. En su lugar, voy a intentar un ensayo de interpretación del significado de la confrontación Kant-Levinas sobre el fondo del pensamiento contemporáneo.

IV. LEVINAS Y LA RECONSTRUCCION DE LA RACIONALIDAD PRACTICA

En este epígrafe se trata de reconducir las partes al todo de tal manera que éste quede transformado al mismo tiempo que proporciona un nuevo marco de comprensión para aquéllas. Completamos así el círculo hermenéutico. Las visiones kantiana y levinasiana de la alteridad deben quedar mutuamente referidas sobre el fondo general de la racionalidad práctica. Me referiré a dos modos de enfocar la confrontación Kant-Levinas sobre el problema que nos ha ocupado. El primero, seguido por Alain David en su trabajo «Le nom de la finitude. De Levinas a Kant» [20], pretende conectar una noción de alteridad próxima a la de Levinas con la teoría estética kantiana. El segundo, sugerido por el traductor e introductor de Levinas al castellano, Daniel Enrique Guillot, en su Introducción a *Totalidad e Infinito,* me parece más fecundo hermenéuticamente y trataré de desarrollarlo en el sentido de una transformación radical de la racionalidad práctica kantiana.

1. La hipótesis de una sensibilidad común

Tomando pie de un texto de «Levinas sobre Kant en el que reivindica la felicidad («milagrosamente rescatada —dice— del naufragio de

[20] A. David, «Le nom de la finitude. De Levinas a Kant», J. Rolland (recop.), *Les cahiers de la nuit surveillé. Emmanuel Levinas,* Verdier, París, 1984.

la naturaleza sensible») como principio de individuación, contra los efectos alienantes de la racionalidad legalista, Alain David propone una relectura de Kant. Consiste ésta en transformar la perspectiva de la *Erkennistheorie,* que subyace en la estructura misma de la razón práctica, aunque no en su contenido, en la de una reflexión sobre la comunicación; pero entendida de forma tal que, en ella, la verdad ontológica importa menos que la justicia y el cuidado por el otro que habla. Es una visión de la comunicaión levinasiana, a la que David pretende encontrar una clave kantiana en la noción de *sensus communis* que aparece en el párrafo 40 de la *Crítica del Juicio.* Después de que en el 39 hubiera hablado de la comunicabilidad de una sensación, ahora Kant presenta el gusto como «la facultad de juzgar *a priori* la comunicabilidad de los sentimientos asociados a una representación dada (sin la mediación de un concepto)[21].

David cita a Philonenko, quien habría distinguido en Kant tres formas de comunicación. Dos indirectas, por intermediación de los conceptos y objetos de la experiencia y de la ley moral, respectivamente (la objetiva y la moral), y otra directa, la estética, en la que el hombre encuentra al hombre sin la mediación de concepto alguno, ni objetivo ni moral, sino en el sentimiento mediado por un juicio estético. En esta última es donde tendría lugar la verdadera intersubjetividad humana y, por tanto, la verdadera comunicación[22]. Lo que añade David, por su parte, es la justificación de dicha comunicación inmediata en la estructura del juicio reflexionante kantiano. El lo interpreta como relación entre singulares, ya que el singular es, de suyo, incomparable y transcendente a cualquier forma abstrata, conceptual o legal. Para David, la singularidad no se presenta como fenómeno (analizable en términos de intuición sensible y concepto), sino como signo primario que se da libremente al otro como símbolo de la significación misma (pp. 280-281). Y si esta significación es, levinasianamente, moral, estamos muy próximos a la visión kantiana del (objeto bello) singular como símbolo de moralidad.

La interpretación de David proporciona, sin duda, una noción de sensibilidad común o con-sentimiento muy enraizada en la tradición filosófica del *moral sense*, constituye la base de la estética kantiana, es el alma de la hermenéutica romántica de Dilthey y revive, en nuestra época, bajo la forma de una cierta sensibilidad ecológica común al mundo vivo en su conjunto. Podría constituir, por otro lado, una respuesta, al margen de la racionalidad procedimental, a la demanda de consenso tan presente en la filosofía moral y política contemporá-

---

21 I. Kant, *Crítica del Juicio,* Losada, Buenos Aires, 1961, p. 140.

22 La cita de Philonenko es de *L'oeuvre de Kant,* Vrin, París, II, p. 191, en A. David, *op. cit.,* p. 280.

neas. Pero creo que David fuerza un poco las cosas no sólo en la consideración de la comunicación estética como la forma verdadera de comunicación, sino en la identificación que establece con la comunicación ética de Levinas. Hay dos tipos de consideraciones que problematizan la línea hermenéutica de David.

Comenzando con la identificación Kant-Levinas (y dejando ahora a un lado la pertinencia de una interpretación levinasiana del juicio reflexionante por parte de David)[23], creo que choca con la autorizada opinión de Gadamer, quien diferencia nítidamente, en la noción de *sensus communis,* un significado ético-político y otro estético, anterior a Kant el primero y kantiano el segundo. Es verdad que Gadamer opina que el juicio de gusto puede ser, de hecho, bajo la forma de «buen gusto», la variedad más elevada de juicio moral. Pero no lo es menos, también según Gadamer, que esa identificación debe ser retrotraída a Aristóteles y a la ética griega en general, y alejada de Kant, quien con su estética del genio, por otro lado, subjetiviza y hasta privatiza la sensibilidad. Todo esto es válido aun cuando haya de admitirse la relación de simbolicidad, que Kant establece entre el lenguaje de la belleza y la moralidad[24].

El asunto es complejo, sin embargo, y reaparece en el segundo tipo de dificultades de la interpretación de David. Por un lado, si se trata de subir a Kant al tren de la comunicación de un modo no tan ocasional como el de David, hoy es imprescindible volver la vista hacia Apel y su forma de hacerlo dando un rodeo por la pragmática semiótica de Peirce y su retranscendentalización. Y eso ocurre desde la filosofía moral, no desde la estética kantiana. Por esta línea, aparecerá una noción de consenso, con-sentimiento o sensibilidad común, mediatizada por conceptos o reglas de procedimiento —la pragmática transcendental— que se aleja del *sensus communis* estético producido por representaciones sin concepto. Todo esto no lo tiene en cuenta David. Pero, por otro lado, la versión estética de la comunicación que él propicia podría confluir, precisamente, con las carencias que, según opinión unánime de los críticos, aqueja a la pragmática transcendental o a la menos exigente pragmática universal de Habermas: la carencia de la dimensión estética o, en otras palabras, de la perspecti-

[23] Según F. Martínez Marzoa, el juicio reflexionante es «la operación de *producir el universal* para un particular dado, esto es: encontrar el universal bajo el cual lo dado se subsume»; por lo cual es lo que presupone el juicio determinante cuando aplica el universal al singular (*Desconocida raíz común,* Visor, Madrid, 1987, p. 18). Por eso la interpretación de David como «relación entre singulares» me parece una proyección de la relación de alteridad levinasiana.

[24] Gadamer, *Verdad y método,* I.I.1.2. Para lo que importa aquí, pp. 50-52, 62-64 y 66-74. Sobre la relación de la belleza con la moralidad, se pronuncia Kant en *Crítica del Juicio,* parágrafo 59.

va de la felicidad[25], que es la que, a partir de una mención de Levinas, pone en marcha la interpretación de David. De todos modos, una cosa es llamar la atención, aunque sea de modo indirecto, sobre la dimensión estética, en el problema de la comunicación, pero muy otra identificar la relación estética kantiana con la relación ética levinasiana, por más que en ambos casos se trate de una relación entre singulares. Lo que singulariza —valga la redundancia— a Levinas es el intento de transformar en la raíz la razón práctica de Kant, pero no en el terreno de la estética, sino en el de la moralidad, allí donde Apel y Habermas siguen, a pesar de su giro pragmático, siendo kantianos.

2. Alteridad, legalidad, moralidad

Se trata, pues, ahora de explotar las sugerencias de Daniel Enrique Guillot sobre el encuentro de Levinas con la racionalidad práctica kantiana. Habría tenido que ver con el intento de Levinas, al comienzo de los años cincuenta, de distanciarse de la ontología de Heidegger —a quien admira como filósofo pero a quien no podrá perdonar su compromiso político: Levinas es judío y fue prisionero de los nazis—. Pero por esta distancia Levinas no quiere pagar el precio de adoptar una filosofía regresiva como el existencialismo francés de la época, de fuertes acentos psicologistas y patéticos. Suponía perderse en el ente y olvidarse del ser, y lo que Levinas pretendía era no volver a olvidar

---

25 Este es un punto normalmente admitido no sólo por la crítica, sino por el propio Habermas, quien escribe: «Con la fundamentación de "U" la ética discursiva se enfrenta a los supuestos básicos de las *éticas materiales,* que se ocupan de las cuestiones de la felicidad...» (*Conciencia moral...,* p. 145). Pero esta reserva metódica de Habermas no resulta suficiente a la crítica desde una consideración completa de la moralidad. Así, por ejemplo, A. Heller ha señalado la insuficiencia de la no consideración de la felicidad en su reciente *Beyound Justice,* Basil Blackwell, Oxford, 1986, cap. 6, donde desarrolla el argumento de que «un procedimiento justo es la *condición de la vida buena* pero *no es suficiente* para la buena vida» (p. 273). También Sh. Benhabid, *Critique, Norm and Utopia. A Study of The Foundations of Critical Theory,* Columbia Univ. Press, Nueva York, pp. 237 ss. En un sentido similar se pronuncia S. Lukes en «On Goods and Demons: Habermas and Practical Reason», en J. B. Thomhson y D. Held (eds.), *Habermas: Critical Debates,* MacMillan, Londres, 1982. Otra línea crítica en ese sentido subraya la carencia de una «dimensión estética» en la obra de Habermas. Así, por ejemplo, J. Whitebook, «Reason and Happiness: Some Psychoanalytic Thems in Critical Theory», en R. J. Bernstein (ed.), *Habermas and Modernity,* Basil Blackwell, Oxford, 1986. También A. Ferrara, «A Critique of Habermas's *Diskursethik*», *Telos,* n° 64 (verano 1985).

En España la discusión sobre el tema es corriente. Me remito al trabajo de mi compañero V. Hernández Pedrero, «Justicia y felicidad como argumentos de la ética», *Revista Canaria de Filosofía y Ciencia Social,* n° 3 (en prensa), donde se hace una revisión del tema.

el ser, sino transformar nuestra relación con él desde una perspectiva ética [26].

Siguiendo aún por un momento a Guillot, el pensamiento de Levinas trazaría el siguiente movimiento:

1. Vuelta a Kant desde Heidegger para recuperar una visión filosóficamente enérgica de la autonomía (moral) frente al ser. En ello ve Levinas el significado profundo de la racionalidad práctica: la revolución copernicana de Kant.

2. Necesidad de diferenciar claramente la autonomía moral de su versión kantiana. Esta es insuficiente y no se sostiene ante las críticas hegeliana y posthegeliana de la libertad abstracta.

3. La radicalización de la crítica hegeliana acaba en el totalitarismo estatal de Marx o en el totalitarismo ontológico de Heidegger.

4. Es preciso romper la línea crítica de Kant a Heidegger, vía Hegel. Ello obligará a Levinas a una transformación radical de la razón práctica de Kant con independencia de la crítica seguida por Hegel y el posthegelianismo.

La vuelta de Heidegger a Kant tiene que ver con el intento de aclarar la idea de violencia que Levinas acaba viendo, de acuerdo con Eric Weil, no tanto en la irracionalidad del discurso individual por su disidencia del discurso universal, supuestamente razonable, cuanto en la negación del ente concreto por parte del discurso universal, cuyo paradigma ve Levinas en la comprensión ontológica heideggeriana que somete el ente al ser. He tratado, por mi parte, de ver un ejemplo de lo mismo en la subordinación kantiana del sujeto empírico a la legalidad transcendental. Y un levinasiano como Finkielkraut verá otros ejemplos en los discursos revolucionarios y racistas que dieron lugar a los totalitarismos de ayer, y en el nacionalismo étnico romántico que genera la xenofobia de hoy [27]. No se puede superar el solipsismo irracionalista mediante el saber universal sin caer en la alienación conceptual.

Este es el contexto donde entra en juego la autonomía de la racionalidad práctica en el pensamiento de Levinas. En un texto posterior, de 1972, escribiría:

> «Si tuviera el derecho de retener de un sistema filosófico un rasgo, dejando a un lado los detalles de su arquitectura... evocaríamos aquí el kantismo: encontrar un sentido a lo humano sin medirlo por la ontología, sin saber y sin preguntarse «qué hay de...» fuera de la mortalidad y la inmortalidad» (*HOH,* p. 110).

¿Cuáles son los detalles de la arquitectura kantiana que no se tie-

---

[26] D. E. Guillot, «Introducción» a *TI,* pp. 20-21.

[27] Por este punto, ver Finkielkraut, los dos libros citados en la nota 4.

ne el derecho a dar de lado? Los que afectan al núcleo conceptual de su moralidad. El subjetivismo solipsista de la conciencia, la ausencia de garantías de respeto al otro concreto y singular, humillado y violentado por el transcendental (aún cuando se le relacione con la idea de finalidad en sí), y la ingenua inconsciencia de las determinaciones histórico-psicológicas con que postula la libertad. Estos tres detalles de arquitectura dan lugar a tres obstáculos que, en conjunto, bloquean la conexión directa de la conciencia individual con la moralidad. La crítica hegeliana y posthegeliana cuestionó la conexión de la conciencia con la libertad, y transformó, como ya lo había hecho Spinoza, el problema de la libertad en problema de la liberación, finalmente frustrada. El movimiento contemporáneo de la dialógica cuestiona la conexión directa de la conciencia con la legalidad transcendental e impone el rodeo por la comunicación. Pues bien, Levinas arranca de la primera línea crítica, y reelabora por su cuenta la segunda, pero de modo diferente a Apel y Habermas. Mientras que éstos lo hacen mediante la transformación de la relación de legalidad, sustituyendo la regla de la universalidad lógica kantiana por reglas pragmáticas, Levinas lo hará *(a)* modificando la relación de alteridad en el sentido que hemos visto más atrás, y *(b)* haciendo que la relación de alteridad sustituya a la de legalidad en la génesis de la racionalidad moral. Pero antes de llegar aquí es preciso atar algunos cabos.

Levinas es consciente de la pertinencia crítica de la distinción hegeliana entre moralidad y eticidad, clave de la denuncia del solipsismo y de la abstracción moral kantianas. Y de que no menos pertinentes son las críticas marxista y nietzscheana de la eticidad hegeliana en el sentido de mostrarla organizada en torno a una pasión dominante, que, como interés en el máximo beneficio o como voluntad de poder, expresa el instinto de supervivencia bien teorizado por Hobbes y Darwin. La misma pasión que, en la visión de Heidegger, dispone técnicamente al mundo como totalidad en que culmina el despliegue de la metafísica. Por último, Levinas es consciente de la cura de realismo psicológico que representó el psicoanálisis para una moral separada de la sensibilidad como la propuesta en la *Crítica de la razón práctica*. Pero quizá lo que mejor defina su conciencia crítica es el saber que piensa en una situación de angustia postrevolucionaria, de la que hace responsable no sólo a Marx, sino a la filosofía transcendental. Al primero, por ser el inspirador directo de la «alienación de la alienación», el proceso por el que se ha pretendido vender como revolución la caída en la burocracia, la represión y el totalitarismo. Aquí Levinas se aproxima a las tesis de algunos «nuevos filósofos» franceses que trazaron una línea directa entre el «socialismo real» y Marx, frente a quienes todavía defienden un Marx incontaminado por el marxismo. Pero Levinas va aún más lejos, y acusa a la filosofía transcendental de haber generado la ilusión marxista de la reapropiación de la conciencia (alienada) al situar a ésta en la génesis de la racionalidad práctica. Al respecto, Levinas no deja duda alguna:

> «la recurrencia a sí, la idea de un yo que se identifica al volver a encontrarse, muestra el fracaso, o al menos denuncia la empresa revolucionaria que, a pesar de realizarse con extrema conciencia, engaña a la intención vigilante que la desea, en la acción que se escapa a la mano fuerte —mano de hierro— que la guía» (*HOH,* 116).

Esta opinión de Levinas viene a confluir con la de Gianni Vattimo de que la reapropiación que intenta el marxismo humanista como final de la alienación no sólo no se ha realizado en ningún caso, sino que, después de Nietzsche, ya debíamos haber sabido que no había nada de que volver a apropiarse (pues la conciencia había sido descentrada en favor de las pasiones)[28]. Pero, a diferencia de Vattimo, Levinas no puede hacer suyo ningún rincón de la filosofía de la sospecha. Esta, a lo mejor, conduce a la soledad de Zaratustra que, no por más lúcida y libre, mejora las cosas respecto al solipsismo kantiano; y, a lo peor, que es lo que Levinas tiene en cuenta, al totalitarismo estatal cuyas raíces llegan a Hegel, o al totalitarismo ontológico en que Heidegger hizo derivar a Hegel y Nietzsche. La revisión de Kant desde Hegel es una vía moralmente muerta: o regresa al solipsismo kantiano (Nietzsche y el existencialismo) o acaba con la autonomía y la libertad al disolver la subjetividad en el ser (del Estado, de la técnica o del lenguaje). Este es el mensaje del postmodernismo, en lo cual no le falta razón. Como tampoco le falta cuando sostiene que volver a empezar (por la moralidad kantiana tal cual, o por alguna variante leve) sería iniciar el retorno de lo mismo[29].

¿Cuál es, entonces, la vía emprendida por Levinas? Se puede describir de forma bastante sintética. El primer paso consiste (como si Levinas tomara literalmente el dicho popular de que «la cara es el espejo del alma») en sustituir sistemáticamente las referencias a la conciencia en la ética kantiana por referencias al rostro. El segundo paso es la

---

[28] G. Vattimo, «Apología del nihilismo», en *El fin de la modernidad...,* p. 27: «La perspectiva de la reapropiación... ha sufrido un deterioro no sólo en cuanto a fracasos prácticos, que nada le quitarían su dimensión ideal y normativa, sino que... perdió precisamente su significación de norma ideal. Lo mismo que el Dios de Nietzsche, esta perspectiva terminó por revelarse como superflua».

[29] Vattimo plantea esta idea en un triple registro: *a)* como ingenuidad de la creencia en que el hipotético retorno a un supuesto punto (de origen) puede dar lugar a «salidas» diferentes de las que ya generó, históricamente. Es el caso de una vuelta a los presocráticos «supuestamente» apadrinada por Heidegger *(El fin de la modernidad,* p. 13); *b)* como disolución de la categoría de «lo nuevo» (como «superador» de lo viejo), *op. cit.,* pp. 10-12; y *c)* como disolución de la idea de 'fundamento' (u origen): no hay nada a donde retornar —ilusión del origen— pues el ser es tiempo y el tiempo son «eventos» diferentes e irreversibles *(Las aventuras de la diferencia,* Introducción).

sustitución de las referencias a Dios por referencias al rostro del otro. En el tercer paso tiene lugar la identificación del rostro con «lo que es», con el ser, pues «quizá el hombre es la única sustancia y, por eso mismo, un rostro»[30]. A partir de aquí, es fácil para Levinas proceder a una reescenificación de la trama filosófica esencial. Primero es el desplazamiento de la relación moral básica en la ética kantiana, la del alma libre e inmortal con Dios, por la relación con el rostro del otro: la relación cara-a-cara o relación de alteridad. Lo que Levinas consigue con eso es fenomenalizar el *noumeno* kantiano, desplazándolo de su identificación con la relación alma-Dios, a su identificación con la relación de alteridad. Lo segundo, el desplazamiento de la identificación hegeliana y heideggeriana del ser con el Absoluto o con lo Neutro por su identificación con el rostro. El rostro pasa, limpiamente, a ocupar el centro de la trama filosófica, convirtiéndose en la categoría central de la ética metafísica o de la metafísica moral de Levinas, después de absorber el núcleo categorial de la onto-teología cristiano-kantiano-hegeliano-heideggeriana.

Esta cadena de desplazamientos tiene lugar en sendos artículos publicados entre 1953 y 1954 en la *Revue de Metaphisique et de Morale*[31], y constituye una operación de largo alcance filosófico. Por un lado, sustrae la ontología del absolutismo hegeliano y del fundamentalismo heideggeriano y la desplaza a la zona de influencia de la metafísica kantiana de la moral, lo que supone sustraer a la moralidad de su dependencia de cualquier tipo de ontología, y situar la ontología en un lugar subordinado a la metafísica moral. Por otro lado, reconstruye radicalmente la estructura racional de la moralidad kantiana sustituyendo sistemáticamente la relación alma-Dios por la relación cara-a-cara, emplazándola en el lugar de los viejos postulados de la moralidad kantiana. Subsistirá, no obstante, un foco de ambigüedad que afecta a la categoría central del *otro*.

Resulta que otro no es, solamente, el que se presenta a la relación cara-a-cara con su rostro visible: el otro humano. Sino que también lo es Dios, el otro del alma en la moralidad kantiana, y el Otro con mayúsculas de Levinas. Es cierto que no se trata del Dios cristiano, sino del Dios bíblico. Pero aun así se puede decir que, si bien Levinas libera la ética de la tiranía del absoluto hegeliano o del ser fundamen-

---

30 E. Levinas, «Freedom and Command», *op. cit.*, p. 21. En este mismo lugar Levinas enfatiza, sobre todo, la relación de *expresión:* el rostro sería, más que cualquier otra cosa, la forma que la expresión adopta en un lugar y momento determinados.

31 Me refiero al citado en la nota anterior y a «The ego and the Totality». A ellos habría que añadir, asimismo, «Philosophy and the Idea of Infinity» y «Phenomenon and enigma», aparecidos en la misma revista en 1957, reimpresos en 1967 en *En decuvrant l'existence avec Husserl et Heidegger,* Vrin, París, 1967, y recogidos en los *Collected Philosophical Papers,* citados.

tal heideggeriano, la mantiene pendiente aún de la teología judaica. Este rasgo desafía uno de los hábitos de pensamiento ético más arraigados desde la Ilustración: el de valorar la autonomía de la moral y la de su sujeto por encima de cualquier otra cosa. Pero hasta en eso pretende Levinas revisar al Kant ilustrado (menos al teólogo moral); pues Levinas, como veremos enseguida, también sustituye el valor de la autonomía por el de la heteromonía, vinculada a la tesis de la primacía moral del otro sobre el yo y a la superación del Narcisismo que alienta debajo del individualismo ilustrado [32].

Viniendo ya a la reestructuración concreta de la racionalidad kantiana, tomaré como hilo conductor la doble relación que la conciencia moral establece con la ley: la de cumplimiento o relación de *legalidad,* y la de asentimiento, acatamiento o respecto o relación de *moralidad* [33].

a) El elemento básico de la reestructuración es la *sustitución de la ley por el otro* y, por tanto, de la relación de la conciencia con la ley (sustituto abstracto de Dios en el mismo Kant) por la relación cara-a-cara o relación de alteridad. Lo esencial de esta sustitución son las consecuencias que conlleva tanto para la relación de legalidad o cumplimiento, como para la de moralidad o acatamiento.

b) La primera, la sustitución sistemática de la relación de legalidad por la relación de alteridad, modifica la definición de racionalidad. Para Levinas, «racionalidad» ya no es más un cálculo ni, lo que nos interesa aquí, un universo autocontrolado por reglas de procedimiento. «Racionalidad» es la *experiencia de lo nuevo,* que no tiene nada que ver con algo *a priori,* y que se realiza en el encuentro con la presencia del otro a través de su rostro [34]. Esta redefinición de racio-

---

[32] Sobre este punto es imprescindible «Philosophy and the Idea of Infinity», citado en nota anterior.

[33] I. Kant, *Crítica de la razón práctica,* cit., p. 118: «El concepto de deber exige, pues, a la acción, *objetivamente,* la concordancia con la ley, pero a la máxima de la acción, *subjetivamente,* el respeto hacia la ley, como el único modo de determinación de la voluntad por la ley. Y en esto descansa la diferencia entre la conciencia de haber obrado *conforme al deber por deber,* es decir, por respeto hacia la ley, siendo lo primero (la legalidad) posible, aun cuando sólo las inclinaciones hubiesen sido fundamentos de determinación de la voluntad; lo segundo, empero (la moralidad), el valor moral, tiene que ser puesto exclusivamente en que la acción ocurra por el deber, es decir, sólo por la ley».

[34] E. Levinas, *Totalidad e infinito,* p. 232: «En *el recibimiento del rostro la voluntad se abre a la razón.* El lenguaje no se limita al sueño mayéutico de pensamientos comunes a los seres. No acelera la maduración de una razón común a todos. Enseña e introduce lo nuevo en un pensamiento; la introducción de lo nuevo en un pensamiento, la idea de lo Infinito: he aquí la obra misma de la razón. Lo absolutamente nuevo es el Otro. Lo racional no se opone a lo experimentado. La experiencia absoluta, la experiencia de lo que en ningún modo es *a priori,* es la razón misma». Esta idea de razón la desarrolla sistemáticamente Steven G. Smith, citado en la nota 27.

nalidad se aproxima a la propuesta por la ética del discurso en términos de comunicación, o por la ética de Rawls en términos de «juego de la negociación». Pero la diferencia de Levinas va más a la raíz. Apel, Habermas o Rawls se limitan a redefinir la racionalidad sustituyendo la regla monológica de la universalización sin contradicción, por las reglas dialógicas de la pragmática o bien de la elección colectiva, pero permaneciendo los tres, en cualquier caso, dentro de la relación de legalidad: por eso y en eso siguen siendo tan kantianos como Kant. La redefinición de Levinas, en cambio, es más profunda, al afectar a la relación de legalidad misma, y su primacía en el ámbito de la racionalidad.

Lo curioso de este asunto es que el sentido de la redefinición de Levinas viene a coincidir con el de algunas críticas a las posiciones de los procedimentalistas dialógicos: que todo el patrimonio de la racionalidad puede reducirse a un único argumento intersubjetivamente compartido, en el que podrían quedar subsumidas todas las singularidades individuales[35]. Distanciándose de una visión así, Levinas sostiene que, si bien es cierto que la razón humana hace posible la sociedad, una sociedad cuyos miembros no fueran más que razones desaparecería como sociedad, pues «¿de qué podría hablar un ser enteramente razonable a otro ser enteramente razonable?» (*TI,* 138).

La segunda, la sustitución de la relación de acatamiento o relación de moralidad por la relación de alteridad, conlleva la redefinición del significado del término «moralidad». Si viene dado en Kant, hablando estrictamente, por la relación de asentimiento a la ley, en Levinas la ley es sustituida por *el otro,* cuya vinculación con él es, ahora, la fuente y el origen del significado del término «ética»: el asentimiento a la ley es sustituido por la responsabilidad por el otro, lo cual conlleva dos nuevas sustituciones.

i) La sustitución de la relación de autonomía por la de heteronomía. Lo que en Kant pasa por autonomía es, antes que otra cosa, la relación de moralidad o asentimiento a la ley. Pero, de entrada, la autonomía del acto de acatamiento es ya relativa por una doble circunstancia: *a)* se trata de un acto moral y no sensible, cuya motivación debe, asimismo, ser moral y no sensible. Pero, de un lado, nunca podemos estar seguros de nuestros motivos, es decir, de si actuamos por moralidad y, de otro, aun haciéndolo, la autonomía se ve afectada, *b)* porque el objeto del acto de autonomía consiste, justa-

[35] M. G. Singer, «The Methods of Justice: Reflections on Rawls», *The Journal of Value Inquiry,* vol. X, nº 4 (invierno 1974), p. 112. S. Behabid atribuye, en el caso de Habermas, este rasgo (que es, justamente, el que ataca frontalmente la ética de Levinas) al hecho de proscribir los otros concretos en favor del «otro generalizado de Mead» (*op. cit.,* en nota 39, pp. 340-341). Sobre lo mismo, A. Heller, *op. cit.* en la misma nota.

mente, en sustituir el arbitrio de nuestra sensibilidad por el mandato de la ley. Con lo que el significado profundo de la autonomía kantiana consiste en querer, justamente, la subordinación de la autonomía de la propia sensibilidad a la heteronomía de la ley. Y, si bien al ser una ley cuya determinación me incumbe implica que la heteronomía a la que me vinculo es autogestionada, no por ello deja de ser, conceptualmente, menos heteronomía. Pues bien, en el caso de Levinas, si el otro sustituye a la ley en la definición de moralidad, y la moralidad consiste en esa relación de heteronomía querida con la ley, la moralidad es, ahora, relación inevitablemente heterónoma con el otro. Pues es la relación de responsabilidad por el otro la que engendra mi libertad.

ii) La última es la sustitución del otro kantiano por el otro levinasiano. En este punto nos podríamos preguntar: ¿no es el otro kantiano, portador de dignidad y fin en sí mismo, el otro de que Levinas nos está hablando casi todo el tiempo? Con esta pregunta nos encontramos en el clímax de la confrontación entre Kant y Levinas, y la respuesta es decisiva. Si el otro levinasiano fuera el otro kantiano, habríamos vuelto a la ortodoxia legalista kantiana. Creo, sin embargo, que el otro de que habla Levinas no es el otro de que habla Kant.

Es lo que he intentado argumentar a lo largo de este ensayo y pretendo condensar en las conclusiones que siguen:

V. CONCLUSIONES CRITICO-POLEMICAS

Si mi argumentación fuera plausible (como, desde luego, yo creo que lo es), debería desprenderse que, en efecto, el otro y la otredad levinasianas *no son* el otro y la otredad kantianas en dos sentidos principales: uno *conceptual* y otro *teórico-sistemático*.

Conceptualmente, el otro kantiano ha sido presentado como escindido entre su modo de apariencia empírica y su forma moral transcendental. Esto es propedéutica kantiana. A partir de aquí, ha sido sometido a dos hipótesis hermenéuticas. La primera propone que el otro kantiano tiende a ser reducido a *lo mismo:* primero, por la intermediación de la formalidad legal-moral y, después, en la medida en que aquella formalidad recibe materialidad por parte de un yo moral que tiende a subordinar el motivo moral al sensible, el ámbito de la mismidad legal tiende a identificarse con el campo del yo: el otro vendría, tendencialmente, a ser reducido a lo mismo que el yo autogeneralizado. En consecuencia, la segunda hipótesis propone que la trama conceptual de la moralidad kantiana tiende a sesgar la relación con el otro hacia la humillación a expensas del respeto.

Desde este punto de vista, acaso pueda hablarse en Kant de contradicción pragmática (al estilo de las de Apel), pues si bien el otro es afirmado como tal en el *sentimiento* de respeto (en tanto que digno y fin en sí), si las dos hipótesis anteriores son hermenéuticamente plausibles, el otro es negado en la construcción del *concepto* de ese sentimiento. Si fuera así, la forma en que Kant construye la relación de alteridad conllevaría el efecto perverso de negarla, puesto que en la trama conceptual de la moralidad kantiana se cumple la negación de la singularidad del otro y su alteridad.

Todo el empeño filosófico de Levinas, por el contrario, se centra en los tres puntos siguientes: i) salvar la ética de sus reducciones ontológicas, salvando la anterioridad o primacía absoluta de la relación de alteridad. Esto exige: ii) la salvación del otro y su singularidad, lo cual implica, ante todo, ponerle a salvo del linchamiento o muerte moral, para que ésta no pueda ser usada como excusa o coartada del asesinato o el genocidio practicados en forma de ejecuciones o sacrificios de chivos expiatorios. Pero ello exige, aún, a Levinas un último paso: iii) salvar al otro y su singularidad diferente y única de la muerte por violencia de la generalidad conceptual.

La diferencia teórica entre Kant y Levinas alude a la posición diferencial que reservan para el otro y la alteridad en: i) la trama de la racionalidad práctica, y ii) la racionalidad filosófica globalmente considerada, en la cual se hace adoptar a la primera una posición de primacía.

La posición del otro y la alteridad en la trama de la racionalidad práctica se ve sensiblemente modificada de Kant a Levinas. En Kant el otro aparece como objeto de la relación imperativa que la voluntad se da a sí misma como una de las formas de la ley: objeto de respeto, finalidad en sí. Pero así el otro aparece doblemente subordinado en la trama de la racionalidad práctica kantiana: primero, a la *idea* de humanidad que, al ser encarnada por él como sujeto moral, le vuelve digno; segundo, al postulado general de la racionalidad práctica, la relación del alma libre e inmortal con Dios, garantía de que la dignidad (de ser feliz) alcanzará (en la otra vida) el bien supremo[36]. El otro y la relación de alteridad quedan, pues, subordinados a o subsumidos en una *idea,* la de humanidad, y una *relación,* la de la humanidad moral con Dios.

Levinas, por el contrario, coloca al otro y a la alteridad en el lugar de los postulados kantianos, más allá o más acá de la idea de humanidad y de la legalidad imperativa: como clave de la moralidad y

---

36 Kant establece el siguiente intercambio funcional entre los postulados, el imperativo y el Bien supremo: 1) el imperativo/ley da *realidad objetiva* a los postulados mediante el Bien supremo que se propone como objeto; 2) los postulados son *condiciones necesarias* de posibilidad del Bien supremo. Los postulados son, pues, condición de posibilidad de la realización del imperativo en el Bien supremo (*Crítica de la razón práctica,* p. 188).

de la racionalidad práctica. Más allá de toda subordinación: no sólo de aquella en la que el otro y su alteridad serían el o lo subordinado, sino también de aquella en la que ellos fueran los subordinantes. El otro y su alteridad quedan más allá de toda idea de humanidad, siempre comprometida co la *mismidad* cerrada de algún campo conceptual determinado. Y más allá de toda relación que haga al otro disolverse en la mismidad del Ser (de Dios, de la Historia devenida Estado, de la Técnica, del Lenguaje...).

Mediante este distanciamiento respecto de Kant, Levinas pretende no sólo i) salvar a cualquier precio la autonomía de la moral respecto a toda suerte de ontología, en lo cual estaría codo con codo con Kant, sino ii) dejar claro *a)* que la forma en que Kant construye la moralidad no garantiza su autonomía, como muestra suficientemente la crítica postkantiana de la conciencia y de su autonomía de Hegel a Heidegger, y *b)* que es preciso salirse de la dialéctica Kant-Hegel si se quiere reconstruir con éxito una moralidad autónoma. Para ello, nada mejor que hacerlo en el ámbito propio de la racionalidad práctica kantiana, pero reconstruyendo desde los mismos cimientos.

Subsisten, empero, algunos problemas. Por el momento no puedo saber si se trata de problemas objetivos, conceptuales, en la trama mental de Levinas, o no pasan de ser problemas subjetivos del intérprete, relativos al estado actual de mi investigación de aquella trama mental. En cualquiera de los dos casos no vendrá mal dejar constancia de ellos. El primero afecta a la hipótesis hermenéutica que propone la reducción kantiana del otro y su alteridad a la mismidad de la ley moral y del yo. Esta hipótesis debería ser contrastada, ulteriormente, con la posición del sujeto moral kantiano ante el problema de la felicidad, puesto que el mismo Levinas le reconoce el valor de principio de individuación, y, asimismo, con la posición de ese mismo sujeto moral en el reino de los fines [37]. Pero, mientras eso no ocurra, el grado de plausibilidad alcanzado para la hipótesis en cuestión en el presente ensayo debe ser mantenido y afirmado.

El segundo es el problema de Dios. Levinas desplaza al Dios kantiano y lo sustituye por el rostro del otro. Pero este «otro» no acaba

[37] Habría que confrontar la posición de Levinas mantenida aquí con textos suyos como el siguiente: «¿Cómo sería posible el reino de los fines kantianos si los seres razonables que lo componen no hubiesen conservado, como principio de individuación, su exigencia de felicidad, milagrosamente rescatada del naufragio de la naturaleza sensible?» (*TI,* p. 139). Esta confrontación debería inevitablemente incluir la tensa y profunda discusión de J. Muguerza («Habermas en el reino de los fines. Variaciones sobre un tema kantiano», en E. Guisan (coord.), *Esplendor y miseria de la ética kantiana,* Anthrophos, Barcelona, 1988) donde se mantiene, desde la revalorización kantiana de Kolakowski [«Warum branchen wir Kant?», *Merkur,* 9-10 (1981), pp. 915-24], una posición que invalida buena parte de la argumentación del presente ensayo. Pero esta discusión ya no cabe aquí.

de desprenderse del Otro en su absoluta exterioridad, transcendencia e Infinitud que recuerda no ya la absoluta transcendencia del Creador respecto de sus criaturas de la teología cristiana, sino la absoluta imposibilidad de que el Dios judaico pueda ser representado en imágenes (o ideas). Es verdad que cierta presencia de Dios en Filosofía posee una connotación preilustrada y reaccionaria que hoy vuelve a emerger con fuerza [38]. Pero no lo es menos que otra cierta presencia de Dios en Filosofía posee justamente la connotación contraria, sobre todo a partir de Feuerbach, por no remontarnos a Spinoza y Epicuro. Lo importante de esta segunda forma de presencia no está tanto en que su connotación sea *crítica.* Lo interesante estriba en esto otro: en la filiación no tanto ilustrada cuanto judaica del tipo de crítica que inaugura Feuerbach, a saber, una crítica *ateológica* que M. Hess y K. Marx habrían de aplicar a la crítica del *fetichismo de la mercancía* [39]. No puedo seguir aquí esta pista, pero es preciso hacerlo para esclarecer, entre los dos anteriores, el sentido de la presencia de Dios, tan acusada, en la filosofía de Levinas.

El tercer problema tiene mucho que ver con el anterior. Se trata de si, efectivamente, Levinas consigue liberar la ética de tener que estrellarse una y otra vez, entre la Scilla kantiana y el Caribdis hegeliano [40]; de si es posible una reconstrucción crítica de Kant sin pasar por Hegel, el posthegelianismo y sus inconvenientes. Todo esto requiere, claro está, un trabajo ingente. Pero para empezar por algún lado, mencionaré un par de pistas posibles. A. Peperzak cree necesario, para alguien formado como él, en la filosofía occidental, griega y alemana, un esfuerzo de integración con las aportaciones indudables de Levinas desde la tradición judaica [41]. Pues bien, este esfuerzo podría co-

---

38 Cfr., al respecto, J. Casanova, «The Politics of Religious Revival», *Telos,* nº 59 (primavera 1984), pp. 3-34. En el mismo sentido, E. U. Wilson, *Sobre la naturaleza humana,* FCE, México, 1980, pp. 238 ss. Wilson registra como una paradoja incomprensible la «colisión entre el irresistible materialismo científico y la fe religiosa inamovible» (p. 242).

39 Al respecto es extraordinariamente iluminador el trabajo en J. J. Gounx, «Le temple d'Utopie», en *Les iconoclastes,* Seuil, París, 1977,

40 Amelia Valcárcel lo ha expresado con contundencia hace muy poco: «En otras palabras, la oposición Kant-Hegel suele entenderse para abreviar, en términos similares a éstos: la moral es o subjetiva u objetiva. Si es subjetiva, su metro es el imperativo categórico kantiano o alguna de sus reformulaciones. Si es objetiva, su modelo es el espíritu objetivo de Hegel o las traducciones que quepa buscarles. En este primer caso, esperamos encontrar una filosofía moral autónoma y pretendidamente independiente de la ontología. En el segundo, la moral formará parte de un sistema más amplio de pensamiento en el que simplemente ocupará su lugar» *(Hegel y la ética. Sobre la superación de la «nueva moral»,* Anthrophos, Barcelona, 1988, p. 35). La pretensión de Levinas es, nada menos, romper esta alternativa que pudiera ser menos férrea de lo que aparece en la acerada disyunción de A. Valcárcel.

41 A. Peperzark mantiene: i) Levinas realiza «grandes descubrimientos que obligan a la filosofía a recomenzar», a saber, la no fenomenalidad del rostro, la diferencia

menzar por dilucidar la relación de Levinas y su crítica de la moralidad moderna —burguesa— con el tipo de crítica inaugurado por Feuerbach. Siendo más concreto: se trataría de verificar si con Levinas lo que está en juego no es la continuidad de la crítica del fetichismo: no ya del fetichismo de la mercancía de Hess y Marx, que continúa la del fetichismo religioso de Feuerbach, sino del fetichismo de la imagen moral del hombre que subyace en la tradición cristiano-burguesa [42]. Pues si es cierto que la crítica ateológica, inaugurada por Feuerbach y proseguida por Marx, trataba de *liberar* las relaciones entre los hombres de «poderes extraños» —el otro teológico o el otro económico—, acaso pueda serlo que lo que Levinas pretenda es liberar esas mismas relaciones del «poder extraño» del «otro» de la moral cristiano-burguesa.

---

de su discurso respecto a los métodos acostumbrados en filosofía, y la irreductibilidad del decir a lo dicho»; ii) desde esa perpectiva deben ser «recapturados elementos clásicos de la tradición moderna y transformados en partes de un texto que niega el derecho a funcionar como la perspectiva más alta, no sólo a ellos sino a sí mismo» [«Some Remarks on Hegel, Kant and Levinas», en R. A. Cohen (ed.), *op. cit.,* p. 216].

42 Una indicación de por dónde podrían ir los tiros podría verse en lo que podrían ser los gérmenes de una «ética feminista» (con todas las cautelas críticas que se quieran, sobre todo cuando quien habla/escribe no es, precisamente, uno de sus sujetos). En ese sentido, me parece que el reciente trabajo de A. Moreno Sardá, *La «otra» política de Aristóteles (Cultura de masas y divulgación del arquetipo viril),* Icaria, Barcelona, 1988, ataca con su crítica no-androcéntrica del «arquetipo viril» la imagen-fetiche de la moral no sólo burguesa sino antigua. Aunque desde otros registros teóricos, la colección de estudios de C. Amorós, agrupados en el volumen *Crítica de la razón patriarcal,* Anthropos, Barcelona, 1985, ofrece, indudablemente, pistas y materiales en el mismo sentido. Menos interesante (y hasta un poco oportunista) me parece el trabajo de E. Guisán «Immanuel Kant: una visión masculina de la ética», en E. Guisán (coord.), *op. cit.* en nota 37).

No pretendo decir que Levinas haya de ser considerado un representante de una ética «femenina» al estilo de la que E. Guisán ata, con el pelo de la ocasión, a Hume y a Mill en el trabajo citado (p. 167). Sugiero, sólo, que su trabajo de crítica de una cierta «Imagen moral» del hombre acaso pudiera ir hacia un punto convergente con la «desconstrucción feminista» de la *ética* del «arquetipo viril» de la «razón patriarcal». Una consecuencia lateral de esta problemática sería la cuestión de si la «humanidad-individuos» de Kant, Kolakowski y Muguerza son o no ejemplificación paradigmática del «arquetipo viril» o de la «razón patriarcal».

33. LAS RENOVADAS OBJECIONES HEGELIANAS A LA MORALIDAD KANTIANA (EL PRISMA DE LA ETICA DISCURSIVA)

por JOSÉ ANTONIO GIMBERNAT
(Instituto de Filosofía del C.S.I.C.)

Una valoración crítica actual de la filosofía práctica de Kant debe atender a cómo ha renovado la tradición hegeliana sus clásicas objeciones. Hegel representó en su época la crítica más contundente a la filosofía de Kant. Sin embargo, la actualización de la antigua confrontación en otros contextos filosóficos no lleva hoy ineludiblemente al dilema Hegel o Kant, ni tampoco a una disyuntiva entre neohegelianos y neokantianos. Son las mismas corrientes de pensamiento contemporáneo que se reclaman inspiradas en supuestos kantianos las que, a la vez que recuperan aspectos de la crítica hegelianos, aparecen a veces también como intentos de una nueva síntesis.

No es mi propósito entrar en el difícil debate de si las renovadas críticas a la filosofía moral de Kant, desde ópticas neohegelianas *sensu lato,* hacen justicia a sus textos o si se apoyan en interpretaciones sesgadas de las intenciones y las tesis kantianas. Lo que es cierto es que esta confrontación se lleva a cabo con la recepción más extendida —aunque pueda no ser la más exacta— de la filosofía de Kant.

Voy a referir las críticas que me parecen más serias y pertinentes. Las ofrezco a la consideración porque juzgo que deben ser tenidas en cuenta en una reflexión general sobre el valor actual de la herencia kantiana. No puedo pretender dirimir ahora analíticamente el grado de acierto de estas posiciones, que llamaremos genéricamente neohegelianas, pero juzgo que son objeciones de gran calado.

I. MORALIDAD Y ETICIDAD

El gran capítulo de esta crítica queda expresado por la tensión y también la oposición entre *Moralität* (moralidad) y *Sittlichkeit* (eticidad). Como es sabido su origen es el propio Hegel. Se le reprocha a la moralidad kantiana que se encuentra orientada por principios formales de obligación, abstractos y ahistóricos. A aquella se le opone la «eticidad», que representa el *ethos* fáctico de los sistemas sociales, históricamente activos. Estos sistemas son estimados como superiores cuando se los contrasta con una reflexión moral vacía de contenidos. En las *costumbres* que determinan los comportamientos realmente existentes, la moral obtiene una referencia concreta, que actúa como apoyo de la reflexión normativa y que posibilita sustraerse a la arbitrariedad o ilusión del razonamiento privado. No se puede negar que la referencia a la eticidad está cargada de ambivalencia en Hegel y en muchos de sus epígonos. Y es manifiesto que es susceptible —y de hecho así lo ha sido— de una interpretación reaccionaria e inmoral. Este camino lo han transitado todos los intentos de legitimación ética de los intereses triunfantes. Su aforismo suena aproximadamente así: «Lo real es racional y además justo». La razón de Estado es su mayor perversión. Pero a la vez la eticidad denuncia un olvido, en general propio del pensamiento de cuño kantiano, recordando que una teoría de la obligación normativa debe culminar en una teoría de las instituciones [1]. Estas, correctamente establecidas, democráticamente controladas, logran que sean socialmente verosímiles determinados comportamientos moralmente valiosos, a la vez que favorecen la reprobación de determinadas conductas antisociales y dificultan su ejercicio. Su realidad y las actitudes que promueven no garantizan la moralidad social, pero ciertamente fundan su plausibilidad.

Mientras las éticas clásicas se habían orientado hacia el proyecto de la «vida buena», las éticas de origen kantiano resaltan la consideració de la recta acción o de la acción justa; son éticas deontológicas. En ellos el imperativo categórico realiza el papel de un principio de justificación de las normas de acción, susceptibles de ser generalizadas. Ante ellas el concepto de eticidad representa una crítica a las que se juzgan orientaciones unilaterales, tanto de la perspectiva moral clásica como de las kantianas. Rechaza el universalismo abstracto de las exigencias de justicia en la versión kantiana, y a la vez se opone a los particularismos a los que —se piensa— han quedado reducidas las éticas del bien común [2].

Habermas resume en cuatro capítulos principales las objeciones que desde posiciones hegelianas y neohegelianas se hacen a las morales que se sitúan en la tradición kantiana:

1) el formalismo del principio moral,
2) el universalismo abstracto del juicio moral,
3) la impotencia del deber,
4) el hiato entre juicio moral y praxis [3].

[1] Vittorio Hösle, «Eine unsittliche Sittlichkeit», en *Moralität und Sittlichkeit,* edit. por Wolfgang Kuhlmann, Frankfurt, 1986, p. 142.

[2] Jürgen Habermas, «Moralität und Sittlichkeit. Treffen Hegels Einwände gegen Kant auch auf Diskursethik zu?», en *Moralität und Sittlichkeit,* p. 17.

[3] *Ibíd.,* p. 17.

1) El imperativo categórico cuando formula sus máximas de acción requiere la abstracción de los contenidos. La consecuencia de ello es la tautología de los juicios morales. Toda ética con acentuado énfasis procedimental, como lo es la kantiana, se ve obligada a realizar la separación entre estructura y el contenido de los juicios morales. La abstracción profundiza la diferenciación entre acciones estimadas como justas y los valores que se viven en las culturas particulares. La filosofía moral pierde así capacidad para afrontar en concreto las cuestiones valorativas relevantes que inquietan en la sociedad y que urgen compromisos morales. En este contexto surge la fundamental pregunta de si es posible lograr un concepto de justicia universal, independiente de las formas de vida alcanzadas; esto es, haciendo precisión en el concepto de las concreciones históricas. Al formalismo moral le es más accesible la obtención de un criterio negativo de lo que no debe ser, pero difícilmente se logra afirmar qué es lo que debe ser. Permanecen en pie, sin resolver, las dimensiones de las que se ocupa la «eticidad», pues la identidad de la razón consigo misma, buscada por los planteamientos de la «moralidad», no produce formas de vida. Aquí todo el esfuerzo de fundamentación se agota en basar el procedimiento formal adecuado. En cambio, la tarea de encontrar las concretas formas materiales que configuren el quehacer moral se relega a otro tipo de discurso, que desde esta perspectiva parece condenado al fracaso. En esta línea de argumentación se concluye que las éticas que se limitan a fundar su método implican una renuncia apresurada de la razón a lo que de hecho son sus reales posibilidades indagatorias [4].

2) La ética kantiana adolecería de un universalismo abstracto. Puesto que el imperativo categórico exige separar lo general de lo particular, los juicios elaborados son insuficientes para afrontar los problemas morales particulares y se muestran indigentes para abordar los contextos históricos que los ocasionan. En esta crítica, se recuerda la objeción hegeliana al rigorismo de una ética que se hace inflexible en su universalidad; ello agravado por su carácter monológico. En su soledad se hace impermeable a las consecuencias y efectos que se derivan del seguimiento obligado y general de una norma, que ha sido justificada en este tipo de discurso filosófico. La percepción de esta disociación es la raíz de la distinción que efectúa Max Weber entre una ética de las convicciones y una ética de la responsabilidad; esta última trata de subsanar la potencial intrasigencia de aquella. La exclusión metódica de la intersubjetividad en la acotación filosófica del espacio moral, motiva, según los neohegelianos, el reduccionismo kantiano. Esta exclusión no es una opción aleatoria, sino que es un resultado exigido por las categorías fundamentales de la filosofía del dere-

[4] Vittorio Hösle, *op. cit.*, p. 138.

cho y moral de Kant. De ello se infiere que un planteamiento moral, fijado unilateralmente dentro del marco de la ética de las convicciones, puede degradarse en un egoísmo intelectual, pues el supremo fin se desvirtúa en la farisaica autosatisfacción de sentirse bueno. La parcialidad de esta posición se revela en la inmoralidad de la propuesta kantiana de prohibir incondicionalmente la mentira, también en el caso de que tenga como consecuencia la muerte de un inocente, y así Hegel concluye:

«Esta igualdad conmigo mismo que alcanzo mediante decir la verdad no sería nada más que una arrogante y trivial confianza en esta coincidencia consigo mismo». Las «almas bellas» se consideran impolutas frente a los individuos que asumen la compleja responsabilidad de sus acciones[5]. De manera diferente una razón práctica, que no aspira exclusivamente a enfatizar su purismo, debe mediarse con la realidad mundana. Ello obliga a que la definición de bien moral no quede solamente limitada a la constatación de la autenticidad de los motivos. Tampoco la moralidad puede estar formulada solo por imperativos dirigidos a los individuos. En definitiva, un mejor conocimiento de lo que significa racionalidad no implica haber hecho más racional el mundo, ni por sí mismo conduce a los sujetos de la acción a cumplir sus fines ni se transforman con ello sus condiciones de hombre. Permanece irresuelto el enigma de la «eticidad», pues la identidad de la razón consigo misma no segrega formas de vida[6]. Y aunque es pertinente aducir que la tarea de definir la racionalidad moral es un requisito necesario de toda conducta responsable, sin embargo permanece la objeción de que ello no puede hacerse sin atender simultáneamente a las cuestiones que ocupan a la filosofía de la eticidad.

3) Una ética que separa categorialmente el deber y la inclinación, la razón y la sensibilidad, que traza nítidas divisiones entre los dominios de las facultades espirituales, tiene también que afrontar el reproche de resultar inoperante en la práctica; de quedar entregada a la impotencia del deber. En el discurso práctico, las éticas kantianas diferencian las acciones y normas de los contextos de vida propios de la eticidad. Somenten a estos a un enjuiciamiento hipotético, sin tener en cuenta las motivaciones operativas, ni las instituciones reales. Su gran tarea consiste en cómo hacer reversible la desmundanización de las normas, proceso que ha de llevarse a cabo para efectuar su fundamentación. Las intenciones morales resultan inoperantes si no son capaces de apoyarse en las motivaciones, expectativas, afectos individuales y colectivos. Están necesitadas de una operatividad que solo

---

5 *Ibíd.*, p. 141.

6 Rüdiger Bubner, «Moralität und Sittlichkeit, die Herkunft eines Gegensatzes», en *Moralität und Sittlichkeit*, p. 78.

es posible mediante la solidez de instituciones que gocen de reconocimiento social. No es viable una moral universalista sin sus correspondientes formas de vida. Es el progresivo logro institucional lo que ha hecho plausible en las sociedades democráticas el creciente respeto a derechos de la persona, juzgados hoy inalienables. Aunque fragmentariamente, estas instituciones propician intuiciones morales que son la base de toda filosofía moral, que no puede pretender partir de cero. Son el fruto histórico de los costosos sacrificios de los movimientos sociales emancipatorios.

4) Las exigencias del imperativo categórico producen una separación entre las demandas de la razón práctica y las perspectivas de las concreciones históricas de la conciencia moral: también entre aquellas y las instituciones vigentes. Este hecho puede convertir a los principios morales en pura ilusión o provocar desde ellos una coacción a la realidad de una conciencia moral real que no se les adecua. Se constata así un hiato entre juicio moral y praxis. Hegel, en esta dirección, diferenciaba entre actuar bajo leyes morales y la práctica que se propone hacer reales en la sociedad las leyes morales. Actuar bajo leyes morales no ofrece garantías de que el efecto de la acción del sujeto sea moral; sólo atiende a la rectitud de la conciencia, a la honestidad de los motivos. La fundamentación de la norma de comportamiento no es garantía de que se realicen las intenciones morales. De hecho la moral de pretensión universal kantiana sólo era posible como reflexión, en una sociedad, cuyo desarrollo institucional hacía verosímiles tales propuestas.

II. LA ETICA DISCURSIVA

Los patrocinadores de la ética discursiva, Apel y Habermas, se muestran sensibles a las objeciones que de las éticas kantianas hacen los nuevos hegelianos. En gran medida las comparten y pretenden ofrecer una teoría alternativa. En cierto modo puede decirse que aspiran a una síntesis. Habermas afirma que su propuesta busca asumir la intención fundamental de Hegel en su crítica a Kant, a la vez que pretende resolver esta antinomia con procedimientos kantianos [7]. Su discurso ético afronta como hipótesis problemática las pretensiones de validez universal de las propuestas morales, invocando un procedimiento reflexivo de acción comunicativo [8]. Similarmente Apel se esfuerza en integrar el movimiento hegeliano en su concepción de la fi-

7 Jürgen Habermas, *op. cit.*, p. 22.

8 Cfr. Jürgen Habermas, *Moralbewusstsein und kommunikatives Handeln,* Frankfurt, 1983.

losofía práctica. Programáticamente enuncia su tarea como el proyecto de lograr «una mediación crítica entre la ética trascendental y la hermenéutica histórica» [9]. Aspira a ocupar un espacio propio entre el formalismo kantiano y el historicismo especulativo de Hegel. Por lo tanto en la intención, según su propuesta, es atinado conceder que la ética discursiva supone la aceptación en principio del núcleo de la crítica de Hegel a Kant. Esto aparece ya en la determinación de tres características fundamentales y a la vez contrapuestas a la ética kantiana [10].

a) El abandono de la doctrina de los dos reinos: Esto es, la renuncia a la diferenciación categorial entre el reino de lo inteligible (al que pertenecen el deber y la libre voluntad) y el reino del fenómeno (las inclinaciones, los motivos puramente subjetivos, las instituciones del Estado y de la sociedad). La escisión entre lo inteligible y lo empírico, en esta perspectiva, queda limitada a una tensión.

b) La ética discursiva propone superar el método monológico de la filosofía moral kantiana. Esta implicaba que cada sujeto, en el fuero interno, verificaba la comprobación del carácter universal de la máxima de acción. Es en la singularidad de la conciencia trascendental donde se armonizan las rectas normas de los múltiples yoes empíricos. Por el contrario, ahora se afirma que el acuerdo sobre la capacidad de generalizar los intereses sólo puede ser la consecuencia de un discurso intersubjetivo, entablado públicamente. Consecuentemente Habermas aporta una reformulación del imperativo categórico kantiano en los siguientes términos: «En lugar de prescribir a todos una máxima, debo proponer mi máxima a todos para comprobar discursivamente su pretensión de universalidad» [11].

c) Según Apel, la ética discursiva, afirmando el principio kantiano de universalización, libera al particular de la tarea de anticipar los posibles intereses de los implicados en el discurso ético; también elude anticipar las consecuencias que se seguirían de la aplicación de las normas. Se obvia así metodológicamente cargar a la fantasía de los particulares con la ardua tarea de pensar por sí solos universalmente. Esta labor queda ahora trasladada a la tarea de configurar discursivamente, dialógicamente, un consenso sobre normas universales. El procedimiento cuenta con la ventaja de soslayar que el sujeto particular, aplicando el principio de universalización, quede influido por la interpretación convencional de la norma [12].

---

[9] Karl-Otto Apel, «Kant, Hegel und das aktuelle Problem der normativen Grundlagen von Moral und Recht», en *Kant oder Hegel? Über Formen der Begründung in der Philosophie,* edit. por D. Henrig, Stuttgart, 1983, p. 624.
[10] Jürgen Habermas, «Moralität und Sittlichkeit», p. 30.
[11] Jürgen Habermas, *Moralbewusstsein und kommunikatives Handeln,* p. 77.
[12] Karl-Otto Apel, «Kann der postkantische Standpunkt der Moralität noch ein-

Pero a pesar de la preocupación temática de la ética discursiva por atender a la crítica hegeliana acerca de las carencias institucionales del procedimiento kantiano, últimamente, como señala Schnädelbach, acaba abandonando la cuestión de las instituciones a los institucionalistas [13]. Desde esta óptica, la pragmática trascendental muestra sus carencias precisamente en lo que pretende ser, filosofía de la intersubjetividad. No ha logrado diseñar el medio que proporcione estabilidad y calidad a las relaciones intersubjetivas. Es la debilidad de su faz kantiana. El mismo Habermas es sensible a este déficit y señala la impotencia del discurso ético para cumplir las condiciones que hagan verosímil la argumentación libre de los iguales en el debate moral. Requisito que es señalado como ideal —posiblemente como utopía— en el empeño por dar sentido a la ética discursiva. Pues es evidente la ausencia de instituciones que hagan verosímil la realidad del discurso moral, en condiciones de simetría de los implicados, con vistas a lograr el acuerdo normativo. No son tampoco eficazmente operativos los procesos de socialización, capaces de favorecer suficientemente las condiciones que se requieren para la participación igualitaria en la discusión moral. En todos los ámbitos sociales en los que las relaciones de poder y dominación existentes desmienten en la práctica los objetivos de una moral de carácter universal, las cuestiones morales reclaman los exigibles resultados de una ética política. Para preservar esta dimensión pública del discurso moral son indispensables proyectos políticos que actúen con vistas a transformar las formas de vida existentes, guiados por una intención moral práctica. Habermas reconoce los límites políticos de la ética discursiva, situándose a la defensiva, cuando concede que la filosofía no pretende sustituir la responsabilidad práctica. A ello deben contribuir más adecuadamente que la filosofía, las ciencias históricas y sociales, y aduciendo una cita de Horkheimer, al menos retóricamente, parece cerrar de nuevo el círculo de su discurso filosófico: «Para superar el carácter utópico del pensamiento kantiano, necesitamos de una teoría materialista de la sociedad» [14]. Una afirmación tan propia de la izquierda hegeliana, en su recepción marxista, no deja de ser una novedad en el último Habermas, pero la interpelación que representa esta cita no puede ser entendida en una sola dirección; también una teoría de la sociedad necesita de una filosofía ética.

---

mal in substantielle Sittlichkeit aufhegoben werden?», en *Moralität und Sittlichkeit,* p. 229.

13 Herbert Schnädelbach, «Was ist Neoreristotelismus?», en *Moralität und Sittlichtkeit,* p. 57.

14 Jürgen Habermas, «Moralität und Sittlichkeit», p. 33.

34. ¿POR QUE Y COMO TODAVIA KANT? (ALGUNAS CONSIDERACIONES TENTATIVAS SOBRE LAS RELECTURAS Y CRITICAS CONTEMPORANEAS DEL CRITICISMO KANTIANO EN LAS TRADICIONES ANALITICA, NEOARISTOTELICA Y MARXISTA, CON ESPECIAL DETENIMIENTO EN LA PRIMERA)

por CARLOS THIEBAUT
(Instituto de Filosofía del C.S.I.C.)

Se ha dicho que no hay interpretación del presente que no sea, a la vez, una relectura de la historia que hasta él nos ha conducido. Igualmente, no habría recorrido de ese camino que no fuera, por su parte, un diagnóstico del momento histórico que se vive. Las recuperaciones del tiempo pasado tendrían que ver, entonces, con necesidades de enfoque del tiempo presente y, por ello, serían como momentos privilegiados en los que se está reajustando la definición de la contemporaneidad. Sin necesidad de suscribir la tesis escandalosa de que toda razón es memoria y recuerdo, podemos coincidir con uno de sus corolarios: al discutir el pasado definimos adecuadamente el presente. Pero, por eso mismo, pretender que esa definición se puede llevar a cabo en la forma de la mera recuperación, de la mera reiteración, del mero *revival,* es confundir la forma de la pregunta con el contenido de lo interrogado. Hacer de la inquietud presente por Kant una vuelta a él, su reposición, es achatar la inquietud de la contemporaneidad que se pregunta por sí misma al intentar la relectura del ciudadano monterrealino, y es achatarle también a él.

Al formular la pregunta —ciertamente retórica y probablemente pretenciosa— que da título a esta intervención, estoy sugiriendo que las razones a las que pudiéramos acudir para proseguir impenitentemente en la onda kantiana han de esgrimirse, en cierto sentido, a la contra. Supondré que la vigencia del pensamiento kantiano no es ni inmediata ni puede darse académicamente por sentada. En estos dos siglos se han acumulado infortunios, fracasos y desencuentros que, si bien no cabe achacar a Kant ni a los avatares de los usos de la razón por él criticados, sí se elevan como un testimonio de un panorama modificado en el que han surgido nuevas formas de plantear los problemas, otras se han hecho obsoletas y algunas cuestiones, en fin, parecen olvidadas definitivamente. Así, si hay buenas razones para abandonar el paradigma kantiano, quizá sea necesario indagar cuáles puede haber mejores para volverlo a recorrer. A la consideración de esas razones quisiera dedicar estas líneas que parten de lo que cabría denominar la *verdad* de las tres grandes críticas o rechazos de la filosofía kantiana en la filosofía contemporánea: *a)* las que ha realizado la filosofía analítica, *b)* las críticas morales y políticas del neoaristotelismo y el neohegelianismo, y *c)* la que ha realizado alguno de los momentos más articulados filosóficamente del pensamiento marxista. Esa verdad, espero, mostrará sus efectos en la reinterpretación de Kant que se está realizando últimamente y que aquí sólo se testimonia. Entiendo que de entrada se me reproche la ausencia de *otras* críticas a Kant: las críticas históricas (la de Herder, la de Hegel, la de Nietzsche, la de Schopenhauer, etc.) y las críticas contemporáneas desde el rechazo de la modernidad (como las de algunos momentos del postestructuralismo, las reiteradoras de planteamientos ontológicos, o las que —desde posiciones políticas de signo radicalmente opuesto a estas últimas— reclaman un enfrentamiento a la contemporaneidad desde una no-contemporaneidad antiburguesa). Esas ausencias pueden tener una razón: las críticas que son pertinentes en la definición no académica del presente (como las reiteradas por el neorromanticismo como conjunto de perspectivas cargadas de dimensión política) pudieran confrontarse en el recorrido de las tres críticas que he mencionado y que son las que conforman el armazón lógico de una crítica u oposición global al paradigma kantiano y fuerzan a su defensa y a su reconsideración.

Las cuestiones que se ponen en juego con la filosofía analítica —entendida en sentido amplio—, con los neoaristotelismos y con algunos momentos del marxismo son las que surgen del ataque a lo que nos aparece ahora como el núcleo central del criticismo kantiano y de su configuración ética: la articulación indisoluble y simultánea de las ideas de moral y de razón. Esas dos ideas —en forma de Ideal de la Razón, en forma de Ley Moral— se articulaban en un sutil equilibrio arquitectónico y en virtud del cual una no puede ser pensada en prioridad o en distancia con la otra; ese equilibrio específico se constituye, en la obra de Kant, como la forma de fundación de la ética moderna en filosofía. La razón está prácticamente interesada y este interés forma su mismo núcleo. La ética no puede sino aparecer sólo como dimensión de la razón, y como dimensión de la sola razón, si es que ha de ser —como no puede por menos si es ética moderna— ética autónoma. Pero esa articulación de racionalidad y moralidad, quizá frágil como proyecto históricamente debatible, se ha roto en tres direcciones posibles. De esta forma, y en primer lugar, ha cabido alterar la síntesis kantiana dando prioridad a una de esas ideas: así, la filosofía analítica (en los casos paradigmáticos de Quine y Davidson) sitúa la noción de racionalidad, en diversos modos y maneras, con debatidos acentos empiristas, como punto de partida previo, anterior, y de él derivará la posible comprensión de la dimensión moral. Las condiciones de inteligibilidad preceden a las condiciones de ejercicio de lo moral. Mas las críticas internas de la misma filosofía analítica —como las que ha realizado Hilary Putnam— tienden a invertir dinámicamente esa dependencia y desequilibran en sentido contrario la articulación arquitectónica kantiana situando como prioritaria, y como punto de partida o como supuesto incuestionado, una noción de bien de la que habrá de depender cualquier concepción de la razón. Esta inversión del desequilibrio que planteó la filosofía analítica quineana entre racionalidad y moralidad conduce a posiciones cercanas —ya que no equivalentes— al neoaristotelismo: se trata, en efecto, de dar prioridad a un ámbito valorativo comunitario y de hacer pivotar sobre él la definición de lo racional.

El curioso argumento aristotélico, más que wittgensteiniano, en favor de Kant que Putnam realiza permite comprender el segundo paso y la segunda crítica, las del neoaristotelismo y el neohegelianismo. Los contenidos de la moral concreta pueden ahora convertirse en jueces de la forma de la ley moral y de su racionalidad. Si la filosofía analítica debe responder, prioritariamente, a los cargos de empirismo y acriticismo, las recuperaciones neoaristotélicas deben defenderse, por su parte, de las acusaciones más fuertes de relativismo e historicismo. Pero ellas, a su vez, no bajarán la guardia y exigirán de cualquier kantismo que reitere las razones de su separación de las formas materiales de constitución de la vida moral.

La tercera de las posiciones críticas es más radical que las anteriores. Señala que podemos concebir que el análisis de lo racional y de lo moral obedece a momentos distintos del pensar, y ello hasta el grado en que cabe disolver aquella unidad arquitectónica postulada por Kant y afirmar que racionalidad y moralidad pertenecen a mundos distintos. No es de sorprender que esta crítica se haya realizado en el seno del heredero más inmediato de la modernidad ética, el pensamiento marxista. Schnädelbach ha señalado de qué forma ello ha tenido lugar en la primera Teoría Crítica pues, en ella, la dimensión moral se ha refugiado en las formas no obsoletas de un sentimiento de compasión y en el afán político que no se resigna a los avatares de la aplastante, formal y vacía racionalidad de la burguesía. Cabe recordar, por otra parte, la contradicción que, en diversas formas, atravesó la médula de los marxismos entre la autocomprensión hegeliana de su relación con su tiempo histórico y la matriz kantiana de la postulación ética de una sociedad emancipada.

De esta manera las tres críticas al planteamiento de Kant agotan, por así decirlo, el campo de la lógica de las formas de disolución del nudo gordiano de la dimensión moral que construye en él críticamente la modernidad. Pero cabe añadir con pasión que esas críticas poseen no sólo la fuerza que les presta su mera lógica; quizá, más que nada, están transidas de vigencia política y en torno a ellas se dibujan las imágenes de nuestro tiempo, sus problemas y sus soluciones; definen el carácter de las cuestiones que han de ser abordadas y la forma de hacerlo. Cada vez se hace más urgente, si cabe formular una urgencia mayor o creciente en tales cuestiones, la propuesta no sólo ensoñada de una forma de humanidad que se realice en torno a ideas ellas mismas también kantianas, como las de dignidad, autonomía, igualdad o emancipación. No cabe —en nuestro tiempo menos que en ningún otro— aducir neutralidad o inocencia alguna al definir las formas de la racionalidad y su alcance, al acuñar sistemas excluyentes o de privilegio de algunas de esas formas, o al consagrar formas de vida material cargadas de valoraciones, transidas de desigualdad o explotación o, por último, al postular ideales moral-políticos cuya formulación conduce a la impotencia. Y, por nuestra parte, tampoco debiéramos disfrazar de inocencia o de implacable necesidad esa postulación de una forma más digna y más autónoma, es decir, más humana, del empeño de la humanidad.

Por todo ello, la rehabilitación de la razón práctica debiera, en rigor, afrontar prioritariamente esas tres formas de crítica y de disolución para pensarse no sólo como teóricamente posible, sino, sobre todo, para concebirse en sus dimensiones prácticas, morales y políticas. Pues cada uno de esos tres momentos de crítica plantea la necesidad de reentender el criticismo moral kantiano, y las lecciones que, así, se extraerán constituirán los rasgos principales de la nueva lectura de Kant que puede hacerse o que ya se está haciendo.

Cabe resumir, aunque sea programáticamente, en los siguientes enunciados el resultado que las críticas y su verdad pueden efectuar sobre la asunción crítica de la modernidad en espíritu kantiano: en primer lugar, y como efecto de las críticas analíticas, que cabe pensar una racionalidad práctica que no se articule a partir de una idea de sistema o de fundamento último y que, por decirlo en frase de Putnam, «se constituya como un camino estrecho entre el pantano de la metafísica y las arenas movedizas del relativismo cultural y del historicismo». En segundo lugar, y como efecto de las cuestiones que ponen sobre el tapete las reflexiones neoaristotélicas, que esa racionalidad está ligada, obviamente en el proceso de su constitución, y, lo que es más importante, en la forma misma de su inteligibilidad como razón, a las condiciones materiales —psicológicas y culturales, individuales y sociales— de constitución del punto de vista moral y que, por lo tanto, no puede resignarse a una interpretación sólo procedimental y cognitivista de ese punto de vista. En tercer lugar, y como efecto de las críticas y de las aportaciones del marxismo, esa racionalidad no puede entenderse sin el concepto de una realización histórica de la emancipación del género humano y de sus dimensiones políticas en el presente.

En esta intervención me limitaré sólo a la primera de esas críticas y, consiguientemente, al primero de los efectos que pudiera tener sobre la recomposición de una nueva lectura de Kant. No me resisto a decir que entiendo que el contenido político —práctico moral— de la tarea aparece, más bien, en las otras dos críticas y en sus respectivos efectos. Sólo a partir de ellas pudiera entenderse lo que, quizá con más dosis de buena fe en el presente que con rigor de definición, pudiéramos llamar la construcción de una veta kantiana de izquierdas en nuestra cultura. Pero esas críticas nos llevarían hoy demasiado lejos —basta con haberlas enunciado— y poseemos la magnífica excusa de que han sido objeto de tratamientos extensos y completos en este seminario.

* * *

Me centraré, pues, en la disolución de la arquitectónica kantiana de racionalidad y moralidad y en los efectos y modulaciones de esa disolución tal como aparece en algunos debates de la filosofía analítica. Quede claro, por lo tanto, que prescindo también de la historia de desencuentros entre la filosofía anglosajona y el criticismo kantiano. Ni siquiera me detendré en ese ejemplo de lectura cruzada que es *Los límites del sentido* de Strawson, a pesar de que, como ha señalado Richard Rorty, en esa obra se intenta andar con Kant un camino de oposición al atomismo psicológico de Hume. Que Kant pueda valer, así, de instrumento corrector a las tesis más burdas del positivismo lógico (o, para el caso, de la ontología quineana) no es expediente para negar la inconmensurabilidad de los intereses filosóficos de Kant y de Strawson, como demuestra el tratamiento que éste hace de la Dialéctica Trascendental, por no mencionar el del Canon, de la *Crítica de la razón pura*.

A los efectos de mi planteamiento, prefiero acudir a la formulación de una tesis de fondo en la última filosofía analítica: la afirmación de Quine según la cual no puede aceptarse la distinción neta entre lo analítico y lo sintético. Las razones de esa tesis, su nacimiento en el seno de una comprensión de las relaciones entre lógica y significado lingüístico, y su discusión han tenido efectos, sobre todo, en el campo de la filosofía de la matemática y es en ese terreno donde constituye un *locus* de análisis y debate. (No entraré a discutir aquí las formulaciones de Kripke sobre analiticidad y aprioridad, pues creo que nos llevarían a otros problemas algo lejanos.) Mas cabe situar esa tesis y su crítica en el centro de alguna cuestión de la filosofía moral: si la distinción entre proposiciones analíticas y sintéticas se hace borrosa, quedará alterado el carácter normativo que se supone en su funcionamiento en el lenguaje, la aprioricidad quedará en mala situación y no podrá, obviamente, predicarse de los juicios sintéticos, y el kantiano encontrará que, al ceder bajo sus pies la posibilidad de concebir los juicios sintéticos *a priori,* no podrá pensar los mandatos de la razón práctica y hallará graves problemas para formularlos con la necesaria fuerza imperativa, con la necesaria categoricidad. La tesis de Quine tiene, pues, un amplio alcance: si, por una parte, se impone la solución empirista, a lo Quine, la categoricidad de esos mandatos quedará reducida a los nexos causales que quepa formular en la comprensión del comportamiento humano. Si, por otra parte, la aprioricidad y trascendentalidad de los mandatos de la razón práctica quiebra en la vía de alguna forma de convencionalismo, las «arenas movedizas del relativismo» de las que nos hablaba Putnam se tragarán la posibilidad de la crítica moral desde eso que se ha denominado el «punto de vista arquimédico». Conviene que partamos, pues, de esa tesis de Quine y de los tratamientos que ha recibido en los análisis de Davidson, Dummett y Putnam. Al hacerlo tendremos que situar en primer plano esa discusión sobre la racionalidad (en forma de una discusión sobre las nociones de verdad y de significado) que antecede y es la condición para la consideración del bien o de lo moral.

Como es sabido, las dudas que Quine planteó en *Desde un punto de vista lógico* a la distinción entre analiticidad y sinteticidad se encaminaban, más bien, a mostrar la contaminación empírica («sintética») de las proposiciones analíticas. Algunas de éstas, argüía Quine en primer lugar, se basan en el empleo de sinónimos (como acontece en el conocido y aburrido caso del «soltero» como «no-casado») y cabe elevar serias dudas sobre la necesidad analítica de la sinonimia lingüística. Esta definición lingüística de la analiticidad, como la ha llamado Putnam, deja a salvo las verdades lógicas (en la forma de «no hay ningún p que sea no-p»), pero muestra que los enunciados analíticos no tautológicos están en continuidad directa con los enunciados empíricos. Y si no hay muralla china alguna entre proposiciones analíticas y sintéticas, cabe decir que la aprioricidad que revestían aquéllas no puede ser pensada sino en continuidad, también, con el carácter necesariamente *a posteriori* de los enunciados empíricamente verificables. Esta ausencia de límites precisos entre lo analítico y lo sintético (y, consiguientemente, entre lo *a priori* y lo *a posteriori*) supone, ciertamente, una concepción tendencialmente empirista del conocimiento y de las relaciones entre el lenguaje (sea éste el ordinario o el de la ciencia) y la realidad. Y digo «tendencialmente» para acentuar, como veremos, que no es una concepción positivista y que, más bien, se plantea como oposición al positivismo lógico y que el empirismo al que aboca lo es sólo desde posiciones militantemente antirrealistas. Así, la segunda de las razones esgrimidas por Quine para hacer borrosa la distinción analítico/sintético tiene que ver con que no existen enunciados totalmente válidos o inválidos, verdaderos o falsos, de una vez por todas, y que, consiguientemente, y por emplear sus propias palabras, «cualquier enunciado puede concebirse como verdad, a pesar de todo, si hacemos ajustes lo suficientemente drásticos en otras partes del sistema». El problema no es, por lo tanto, el de la verdad de un enunciado particular, sino el carácter verdadero del «todo de la ciencia» en el que tiene lugar ese enunciado, y no cabe pensar, sugiere Quine, que haya enunciados o teorías no revisables por definición. Así, no habría enunciado analítico (o *a priori,* para el caso) que pudiera considerarse inmune a la comprobación, contrastación o falsación.

Evidentemente, cabe concluir de ello que no sólo esa distinción entre enunciados analíticos y sintéticos es borrosa, sino que, consiguientemente, no hay, correctamente hablando, aprioricidad alguna. Esa conclusión quineana ha suscitado, como es comprensible, amplio debate, sobre todo por sus consecuencias en el campo de la matemática. No obstante, parece haber alcanzado en parte sus objetivos, pues, como ha señalado Putnam, aunque Quine fuese demasiado lejos en su crítica a lo *a priori* (ya que no cabe deducir del hecho de que ningún enunciado sea inmune a la revisión el que haya de hecho circunstancias para que todo enunciado sea racionalmente rechazable), parece haber dado en un blanco esencial: el poner en cuestión el andamiaje básico sobre el que se construía el criticismo kantiano. Por decirlo en los propios términos de Putnam, parecemos abocados a reconocer que «nuestras nociones de racionalidad y de revisibilidad racional no están fijadas de antemano en un libro de reglas, ni están escritas en nuestras naturalezas trascendentales, como Kant pensaba, por la buenísima razón de que carece de sentido la idea misma de naturaleza trascendental, una naturaleza que poseemos *nouménicamente,* al margen de cómo nos podamos concebir histórica o biológicamente» [1].

Como vemos, el problema de la analiticidad condujo al de la aprioricidad, y éste, lógicamente, al de la distinción fenómeno/*noúmeno.* El argumento de Putnam, no obstante, tiene más miga de la que aparenta, pues sugiere que lo que tenemos que dejar de lado como carente de sentido, lo que realmente es criticado y destrozado por Quine, es la idea de una naturaleza nouménica, pero que no sería necesario abdicar —y sería ciertamente suicida hacerlo— de la idea de algo *de algún modo a priori.* La sugerencia de Putnam es, por consiguiente, que no es necesario el supuesto de la distinción fenómeno/*noúmeno* para mantener la posibilidad de una concepción no empirista ni relativista del conocimiento. Esta nueva «trascendentalidad sin *noúmeno*», o al menos sin ontología noumenal, puede dar cuenta, argüirá Putnam, de las formas de nuestro conocimiento científico y de la radicalidad antirrelativista de nuestras postulaciones morales. Conviene detenernos en ello.

---

[1] *Reason, Truth and History,* Cambridge University Press, Cambridge, 1981, p. 83. Hay traducción en castellano: *Razón, verdad e historia,* Tecnos, Madrid, 1988.

La tesis de Quine tiene, *prima facie,* un sentido básicamente antianalítico. Es la aprioricidad de lo analítico la que es puesta en cuestión. Pero, de ello no se sigue —ni lógicamente, ni en el funcionamiento de las teorías científicas— que no existan otras formas de aprioricidad. Hay enunciados de la ciencia que no pueden ser negados sino sólo por una nueva teoría, y no por la mera observación. Ello no debería extrañarnos si «la unidad de significación empírica es el todo de la ciencia», por decirlo en términos del propio Quine. Esos enunciados científicos que dependen de la teoría en la que se alojan, argumenta Putnam, «tienen una *cierta* aprioricidad antes de la invención de la nueva teoría que los rete o los sustituya: son *contextualmente a priori.* Abandonar absolutamente la idea de que hay enunciados *a priori* nos exige abandonar también la idea correlativa (o que era correlativa para los empiristas) de que los enunciados *a posteriori* (y para los empiristas esto quería decir todos los enunciados revisables y todos los enunciados sintéticos, todos los enunciados «sobre el mundo») son siempre y en todo momento «empíricos» en el sentido de que hay experiencias específicas que los confirman y experiencias específicas que los desconfirman» [2]. El rechazo de lo *a priori* sería así insostenible metodológicamente y —a los efectos de la crítica de Quine— innecesario. Pero ¿qué posible *status* tendría esa aprioricidad contextual y qué podría resolver? En primer lugar, al segregar la discusión de lo *a priori* de la de lo analítico, y al dejar abierta la posibilidad de conectar esto último con lo *nouménico* para poderlos rechazar conjuntamente sin que lo *a priori* tenga que correr igual suerte, Putnam pretende entender el funcionamiento del lenguaje y de la ciencia desde una perspectiva en cierto sentido «trascendental» o, si se prefiere, militantemente antipositivista: es decir, pretende señalar que la existencia de componentes teóricos (no referidos inmediatamente a hechos empíricos) no implica la asunción de hipótesis de largo alcance sobre un mundo diferente al que la ciencia y el lenguaje nos muestran, como sería el caso de una naturaleza *noumenal.* En segundo lugar, la discusión sobre la analiticidad en los años cincuenta y sesenta está ligada a la búsqueda de un fundamento incontrovertido de las argumentaciones filosóficas. «La ''analiticidad'', es decir, la doctrina de la verdad a partir del solo significado *(meaning),* fue atacada porque había sido (así) *hiperempleada* por los filósofos», arguye Putnam [3]. Así, podríamos entender en sus términos adecuados las mencionadas críticas a la analiticidad si pudiéramos formular una teoría alternativa dejando al margen esa sobredimensionada ansia de fundamentación. En tercer lugar, argüirá Putnam como propuesta constructiva que cabe formular una teoría de la verdad que evite la Scilla

2 *Realism and Reason,* Cambridge University Press, Cambridge, 1983, p. 95.
3 *Reason, Truth and History,* cit., p. 109.

de las posiciones realistas de una concepción de la verdad como correspondencia sin caer, por ello, en el Caribdis de un trascendentalismo *noumenal* e idealista.

Mas esto último es, precisamente, lo problemático. Formular una tal teoría de la verdad sería solventar la posibilidad de interpretación del conocimiento científico en términos no relativistas ni empiristas a la vez que articularía una concepción no metafísica de la racionalidad y de las tareas de la filosofía.

He esquematizado al mínimo, de esta forma, la caracterización de la tarea propuesta para acentuar el parecido que pudiera tener con la coyuntura teórica de hace doscientos años, cuando el nacimiento del criticismo kantiano. Las diferentes posiciones que se han avanzado en los últimos diez o quince años en la formulación de la teoría de la verdad a partir de la discusión de las tesis quineanas (a las que hay que añadir, directamente, la de las de Frege, por no mencionar las reinterpretaciones del mismo Wittgenstein) partían, creo, de la conciencia de ese doble obstáculo a evitar. Así, las utilizaciones de Davidson de una teoría de la verdad a partir de la teoría de Tarski se encaminaban directamente al rechazo de lo que denominaba «el tercer dogma del empirismo» y pretendían construir un programa de trabajo cuyos rasgos centrales podrían inscribirse en la coyuntura que he señalado. Veámoslo brevemente.

Podemos presentar la propuesta de Davidson a partir de la idea quineana, que hemos mencionado, de la significación empírica del todo de la ciencia como forma de analizar el significado cambiante de un enunciado científico. Según esa tesis, los cambios de significado que puede sufrir un enunciado advienen, en los cambios y modificaciones de las teorías científicas, porque ese enunciado acaba por pertenecer a un nuevo lenguaje. Pero ¿en qué forma sabemos si se ha producido ese nuevo lenguaje? ¿Qué criterios empleamos o podemos emplear para saber si un enunciado empírico permanece con idéntico significado, si nosotros estamos ya en un lenguaje y no podemos definir si éste es equivalente a otro nuevo, distinto? Idénticamente, y en otro orden de cuestiones, ¿cómo podríamos saber si alguien, que emplea los mismos términos que nosotros, está entendiendo exactamente lo mismo que nosotros? Ese problema, el de la ausencia de criterios antirrelativistas, señala Davidson, no ha sido obviado por la anulación de la distinción analítico/sintético. Permanecemos, sospechamos, no sólo proclives, por una parte, al rechazo empirista del *a priori,* sino también susceptibles, por otra, al galimatías relativista si carecemos de criterios de conmensurabilidad lingüística, criterios que no nos suministra la anulación quineana de lo analítico y lo sintético.

Ante tal coyuntura un empecinado empirista, viendo su oportunidad, podría argumentar y contrargüir que quizá la distinción entre lo analítico y lo sintético pueda explicarse, precisamente, en términos de algo que valiese para oponerse a ese relativismo: su idea, la del empirista, de contenido empírico. El contenido empírico de un enunciado podría constituir, así, la mejor y casi la única defensa contra ese relativismo, dado que podemos dar por concluida la distinción de lo analítico y lo sintético en el sentido de abandonar la noción de significado que estaba implicada en ella, pero ello no tiene por qué conducirnos a abandonar la idea de contenido empírico. Así, el empirista puede pensar sin rebozo ni contención que cabe abandonar la distinción entre lo analítico y lo sintético en la dirección de señalar que todos los enunciados tienen contenido empírico, es decir, se refieren a los hechos, al mundo, etc.

Davidson señala que con esta estrategia el empirista ha sustituido la vieja distinción analítico/sintético por una nueva, la de esquema conceptual y contenido empírico. «El nuevo dualismo es el fundamento de un empirismo al que se le han esquilado los viejos dogmas de la distinción analítico/sintético y del reduccionismo —es decir, esquilado de la idea insostenible de que sólo podemos asignar contenido empírico proposición a proposición—. Quisiera plantear —sigue Davidson— que este segundo dualismo de esquema y contenido, de sistema organizador y de algo que aguarda ser organizado, no puede hacerse inteligible y defensible. Es un dogma del empirismo, el tercer dogma. El tercero —concluye— y quizá el último, pues no está claro a qué pudiéramos seguirle llamando empirismo si lo abandonamos» [4]. La estrategia antiempirista —mal que le pese a Putnam— está clara: la reformulación del significado de un enunciado no puede hacerse vía la referencia empírica del mismo, sino vía su ubicación en un lenguaje. La cuestión pasa, entonces, a ser la cuestión de la verdad de una teoría; y, de esta forma, el significado pende y pivota de una teoría de la verdad. Si el significado está contaminado de teoría, por emplear sus mismas palabras [5], podemos pensar en una afirmación verdadera sin referencias, y «podemos compensar la escasez de evidencias referidas a enunciados individuales no por el camino de tratar de suministrárselas al significado de las palabras, sino tomando en consideración, más bien, la evidencia a favor de una teoría del lenguaje al que pertenece el enunciado. Las palabras y una u otra forma de conectarlas con los objetos son constructos que necesitamos para implementar la teoría» [6]. De esta forma, Davidson pretende reformular la teoría de Quine («lo que he añadido a la intuición básica de Quine es que la teoría debería adoptar la forma de una teoría de la verdad absoluta», señala) en un doble aspecto: ni necesita entenderla en tér-

4 *Inquiries into Truth and Interpretation,* Clarendon Press, Oxford, 1985, p. 189.
5 *Op. cit.,* p. 187.
6 *Op. cit.,* p. 225.

minos empiristas ni tampoco en términos relativistas. La estrategia adoptada por Davidson para evitar el escollo metafísico y los bajíos relativistas será construir la noción de verdad de un lenguaje como la aplicación recursiva de la definición de verdad de Tarski: aprendiendo, según lo que éste denominaba la Convención T (no sabemos si también con algún grado de criptonarcisismo), que «El rey es un Borbón» es verdad si y sólo si el Rey es un Borbón, aprendemos la noción de verdad e iterativamente —en todos los enunciados de ese lenguaje— sabemos el significado de ese lenguaje —su teoría de la verdad—. Así, como ha señalado Putnam, la teoría de la verdad como la ausencia de comillas (la teoría «descomilladora» —*disquotationalist*— de la verdad) es de nuevo una teoría de la verdad como correspondencia, «correctamente entendida», es decir, en la totalidad de un lenguaje.

Si ello es así —y no hago sino enunciarlo—, conviene aclarar de qué forma esta nueva concepción no-empirista de la verdad y del significado puede obviar el piélago del relativismo que era, como recordaremos, la cuestión de partida. Señala Davidson que una tal concepción de los mecanismos de significación puede entenderse como una teoría que es capaz de interpretar el sistema de actitudes y creencias de aquel con quien hablamos. Dado que la convención T encarna nuestra mejor intuición de cómo funciona el concepto de verdad, no parece que pueda mantenerse la idea de que un esquema conceptual es radicalmente diferente al nuestro —totalmente intraducible— si somos capaces de entender la forma en que esa convención es empleada por nuestro interlocutor, aunque hable un lenguaje aparentemente incomprensible. En palabras de Davidson: «Si todo lo que sabemos es qué frases considera verdaderas un hablante, y no podemos suponer que su lengua es también la nuestra, entonces no podemos dar el primer paso hacia la interpretación de lo que dice sin saber o asumir un montón de cosas sobre sus creencias. Dado que el conocimiento de las creencias sólo se adquiere con la habilidad de interpretar palabras, la única posibilidad es suponer un acuerdo generalizado sobre las creencias como punto de partida» [7]. Obviados así los piélagos relativistas (y habiéndose superado anteriormente las tentaciones empiristas), cabe dar por sentenciada la distinción analítico/sintético sin tener que abdicar, por ello, de la racionalidad científica ni de la posibilidad de la comprensión de los hombres y entre los hombres.

Las formulaciones de Davidson dejan en mal lugar la cotización de las acciones del criticismo kantiano. No tanto por defender éste, sino por motivos más de filiación wittgensteiniana, Michael Dummett criticó —o, mejor, complementó críticamente— la propuesta davidsoniana desde otra teoría de la verdad —la verdad como justificación—

[7] *Op. cit.*, p. 196.

que pretendía, también, evitar los peligros mencionados de la roca Scilla y el remolino Caribdis. El antirrealismo de Dummett tiene, como intento mostrar, mucho que ver con los efectos de la crítica analítica sobre el criticismo kantiano: es un primer paso, creo que central, hacia la recuperación contemporánea de éste.

Para Dummett, las teorías «descomilladoras» de la verdad incurren en un déficit: no aclaran qué significa, precisamente, la noción de verdad *de* un lenguaje, aunque puedan aclarar —vía la convención T— qué es verdad *en* un lenguaje. La verdad de un enunciado en un lenguaje no es sino aquello que aprendemos como condición de afirmación de ese enunciado (a saber, que es verdad que «p» si y sólo si p) en un lenguaje. Así, nuestra capacidad de aprender un lenguaje será la capacidad que tenemos de aprender sus condiciones de asertabilidad. Para Dummett, eso no puede ser aprender un conjunto de correspondencias del lenguaje, una tabla de verdad o un diccionario, sino el conjunto de prácticas que constituyen ese lenguaje. En parte reiterando argumentos de conocida raigambre wittgensteiniana, señalará, así, que la propuesta davidsoniana de una teoría del significado para los lenguajes naturales como una definición recursiva de la verdad según Tarski es insuficiente por reduccionista, dado que una teoría completa del significado debería, en primer lugar, dar cuenta de las diferentes maneras de ejercicio de la fuerza ilocutiva; y, en segundo lugar, los teoremas en los que se construye el significado no deberían limitarse a los mismos enunciados cuyo significado se analiza. Y por último, y por decirlo con Crispin Wright, «Dummett ha criticado la elección que Davidson ha hecho de la verdad como noción central en base a la cual suministrar una explicación del significado: si lo que la teoría dice acerca de un enunciado concreto aspira a ser lo que sabría cualquier persona que estuviese familiarizada con ese enunciado, hay importantes argumentos «antirealistas» en virtud de los cuales queda claro que no es suficiente para la teoría el asignarle condiciones de verdad a los enunciados» [8]. Se trata, por lo tanto, de reinterpretar el propósito davidsoniano de una teoría del significado con dos alteraciones estratégicas fuertes: en primer lugar, sacar la teoría de la verdad del contexto extensional en el que había sido formulada —y emplear, por así decirlo, estrategias intensionales en las que la idea de sentido pudiera recuperar su lugar— y, en segundo lugar, acentuar el carácter «pragmático» de la justificación a la hora de definir esa verdad. Es decir, se trata de identificar las condiciones en las que un enunciado es afirmable con el conocimiento de las condiciones en las que ese enunciado estaría justificado [9].

[8] *Realism, Meaning and Truth,* Basil Blackwell, Oxford, 1987, p. 205.
[9] *Realism and Reason,* cit., p. xvi.

Probablemente sea en exceso interesado, aunque no incoherente o deformador, entender la propuesta de Dummett como una reivindicación directa del apriorismo y la analiticidad. Dummett se opondría a la recuperación de la teoría de la verdad como correspondencia que se supone en la teoría davidsoniana porque consideraría que, más que poseer el conocimiento implícito de la definición de verdad en ella supuesta, la filosofía del lenguaje debería reconocer, más bien, *dos nociones de verdad*. En primer lugar, habría un sentido interno (y tarskiano) de verdad: el que opera cuando desde un metalenguaje definimos como verdadero un enunciado del lenguaje objeto; es decir, el que empleamos cuando decimos: «Es *verdad* que "el rey es un Borbón" si y sólo si el rey es un borbotón». Pero, señala Dummett, la cuestión filosófica importante es saber qué se entiende por ese enunciado, es decir, qué quiere decir que es *verdad*. Así, Dummett entiende que es este sentido de verdad por el que nos preguntamos —lo que será la noción externa de verdad— el que queda aclarado en la noción epistémica de justificación [10].

Pero esta noción —reflexiva, reduplicativa— de verdad es, en cierto sentido, no sólo *a priori* con respecto a la primera noción interna de verdad, sino también en cierta forma trascendental. Conocer las condiciones de afirmabilidad como justificación de un enunciado —tener dominio de las prácticas de justificación y ejercitarlas— implica el reconocimiento de un elemento normativo previo a la formulación de ese enunciado. Esta capacidad normativa —el uso de un criterio, tal como aparece en la última filosofía de Wittgenstein— no es, ciertamente, la deducción trascendental de las categorías, pero se halla, creo, también lejana de la noción de analiticidad que Davidson se encontraba dispuesto a reivindicar frente al empirismo.

El giro kantiano se acentúa, no obstante, cuando Putnam recoge la propuesta de Dummett y formula, sin descaro, que la verdad es directamente la asertabilidad *ideal* de los enunciados. No se trata, por lo tanto, de entender la verdad de un enunciado como su justificación en base a las evidencias a la mano, sino como su justificación idealizada. Para Putnam, si bien es cierto que las condiciones de verdad de un enunciado dependen de las condiciones de verdad de la teoría científica en la que tal enunciado se aloja y éstas son, obviamente, condiciones contingentes, la fuerza regulativa de ese enunciado no se resuelve en su posible validez empírica o en la posible validez de esa teoría. Decir que «es verdad que p» quiere decir algo más que la remisión a la posible validez empírica de la teoría. Decir que «es verdad que p» es, en suma, decir que «es "idealmente justificable" que p». Tal es el «realismo interno» de Putnam: algo así como una afirma-

[10] Cfr. *Realism and Reason*, cit., p. 83.

ción directa de la trascendentalidad de la verdad, una vez que han sido destruidas en pedazos las nociones de significado tal como habían sido formuladas en el relativismo ontológico de Quine o en las teorías «descomilladoras» de la verdad y la referencia. El salto hacia adelante de Putnam no significa, no obstante, salir del marco marcado desde el inicio de esta discusión: no puede recuperarse una teoría de la verdad como coherencia una vez que la teoría de la verdad como correspondencia se ha visto imposible, aunque se reconozca que algún paso en ese sentido debe darse y aunque lo que ahora pueda entenderse por «coherencia» no tenga mucho que ver con lo que la metafísica clásica —o, para el caso, el mismo Hempel— suponía. El neokantismo apuntado por Putnam refuerza el carácter regulativo trascendental de la noción de verdad —pues ésta no se limita a la verdad de p en las condiciones c— y refuerza, también, el carácter no *noumenal* de esa regulación.

En efecto, Putnam reitera el carácter falibilista de su concepción. «¿Es coherente preguntarse, por una parte —arguye—, que algunas cosas son *a priori,* es decir, que es racional creer en ellas en todos los mundos epistemológicamente posibles, y que, por otra, la metateoría de la racionalidad en la que basamos esa creencia se encuentra en un proceso de incesante cambio y revisión? En otras palabras, ¿es coherente decir que cualquier esquema de una teoría de la racionalidad o de las partes de una teoría de la racionalidad ha de aceptarse con el espíritu abierto y tentativo que Peirce denominaba «falibilismo»? La respuesta es que sí es coherente» [11]. Lo único que el falibilismo requiere, en efecto, es que nunca estemos totalmente seguros de que un enunciado es verdad (aunque pensemos que es *a priori),* pues, si el falibilismo nos requiriera estar seguros de que todo enunciado que aceptásemos implica que existe un mundo epistémicamente posible en el que sería racional negar ese enunciado, el falibilismo sería idéntico al rechazo de la verdad *a priori.* Así, la racionalidad y la aprioricidad no son, no necesitan ser —y sería altamente problemático que fueran—, fundamentalidad, seguridad o indubitabilidad radical.

Podemos, para concluir, retornar al punto de partida, al de las relaciones entre racionalidad y moralidad o, si se prefiere, al del estatuto que cabe, tras lo dicho, concederle al criticismo moral. La posición adoptada por Putnam en su teoría de la verdad se opone directamente, como veremos, a la tesis de la derivación de lo moral o lo concebido como bueno a partir de lo racional, pues concibe la esfera valorativa como supuesto de la racionalidad. Desde las posiciones de Davidson sería, por el contrario, coherente plantear la prioridad de un marco racional, y en concreto causal, a la hora de interpretar la

---

11 *Realism and Reason,* cit., p. 36.

intencionalidad de las acciones y cuando interpretamos valores. En efecto, si es la racionalidad de un sistema de creencias lo que nos aparece en primer plano cuando nos hacemos inteligible un lenguaje, hemos de asumir que tiene que ser válida una de esas creencias, y podríamos interpretarla como causa de la acción realizada por quien la sostiene en el lenguaje que interpretamos. El punto clave del argumento se encuentra, precisamente, en que es esa inteligibilidad de la creencia, es decir, su racionalidad en tanto verdad que se supone en ese lenguaje, la que opera como supuesto de la comprensión, incluso causal, de la acción y de su marco normativo. De esta manera habríamos de suponer no tanto una identidad de contextos normativos entre nosotros y aquel cuya acción interpretamos, cuanto sólo una traducibilidad de la forma en la que él entiende y asume su creencia. Así las cosas, la inteligibilidad de las creencias precedería a la normatividad de las mismas en la comunicación —a su, por así decirlo, internormatividad— y ésta pendería de la posibilidad de aquélla.

Quizá no sean de extrañar estos rasgos de preeminencia cognitivista en una teoría de la verdad (ni que reaparezcan en *otras* teorías de la verdad que se presentan como teorías de la validación de normas) y quizá tampoco sean fácilmente evitables. Pero, frente a esas posiciones, Putnam argüirá, por el contrario, que la «elección de un esquema conceptual supone valores y que la elección de un esquema para describir relaciones interpersonales y hechos sociales, por no mencionar el pensar sobre el propio plan de vida, implica, entre otras cosas, los propios valores *morales.* No se puede elegir un esquema que meramente «copie» los hechos, porque ningún esquema conceptual es una mera «copia» del mundo. La misma noción de verdad depende en su contenido de nuestros estándares de aceptabilidad racional, y éstos, por su parte, descansan y presuponen nuestros valores. Por decirlo esquemáticamente —concluye Putnam—, la teoría de la verdad presupone una teoría de la racionalidad que, a su vez, presupone nuestra teoría del bien» [12].

Esta postura de Putnam es, precisamente, la que al comienzo señalaba como «argumento aristotélico» en defensa de una posición kantiana: se trata de justificar (falibilistamente, no lo olvidemos) una concepción de la racionalidad en base a una concepción (social, histórica) del bien y de sus formas. Ese argumento «aristotélico» —en un sentido que es necesario diferenciar de las propuestas neoaristotélicas— queda aún más claro cuando Putnam articula su teoría de la verdad a partir de las reflexiones de Nelson Goodman. Este, en *Ways of Worldmaking,* señaló que la verdad debiera entenderse como corrección, adecuación *(rightness of fit).* Según Goodman, es verdad aquello que es adecuado a nuestros estándares y al objeto en cuestión. Quizá sea

[12] *Reason, Truth and History,* cit., p. 215.

excesivo entender esta propuesta antirrealista como lo que subyacía en la noción aristotélica de *phrónesis* o lo que operaba como reproducción adecuada tras la idea de *mímesis*, pero creo que tanto la propuesta de Putnam como la de Goodman se acercan —en otro contexto, en otro lenguaje— a la formulación de una relación de sujeto y objeto, de conocimiento y realidad, de esquemas de interpretación del mundo y aquello que es interpretado, que es equivalente a lo que se esconde bajo esa noción clásica de correcta adecuación. Si ello fuera así, el argumento trascendental de Putnam —la básica adecuación del conocimiento humano, en tanto integralmente humano, al mundo— tendría en su base un argumento aristotélico: así somos ahora, así nos tenemos que pensar. Pero, a su vez, esa formulación pudiera encontrarse ante un posible déficit de fundamentación, el que la filosofía moderna achaca a las propuestas aristotelizantes: una vez alcanzada la conciencia de la esfera valorativa sobre la que descansa la racionalidad, ¿qué es, en último término, lo que puede hacer inteligible —y, consiguientemente, criticable, corregible, cambiable— esa esfera? ¿Qué puede hacerla justificable?

Quizá esta formulación, indudablemente débil, de la radicalidad con la que se imponen, categóricamente, los mandatos de la razón, sea ciertamente insuficiente si se quiere reproducir la filosofía criticista y si se quieren reiterar los logros, a lo mejor irrenunciables, que alcanzó otrora. Pero, probablemente, esa posición sea lo máximo que puede pensarse si no se suscribe la diferenciación de lo *nouménico* y lo fenoménico y si no se quiere, a su vez, abdicar de la trascendentalidad de los mandatos de la modernidad normativa. Tal es, quizá, la única reformulación posible del *Faktum* en el contexto que hemos venido señalando —y quizá tal tuviera que ser la interpretación de ese hecho desde el momento en que pretendieran aceptarse algunas de las reformulaciones de la idea y la realidad de la racionalidad científica tal como la vamos conociendo—.

Mas un kantiano de observancia más estricta podría negarse a aceptar este falibilismo. Ciertamente, podría negarse; pero se vería, entonces, forzado a suscribir una fundamentación sistemática de la distinción entre fenómeno y *noúmeno* que olvidara la Analítica Trascendental de la *Crítica de la razón pura* y prescindiera de los límites que los argumentos que hemos referido suministran a las nociones de *a priori* y analiticidad. Debería ser plenamente kantiano en la *Crítica de la razón práctica* sin poderlo ser en la *Crítica de la razón pura*. Mas quizá nuestro impenitente kantiano piense (y no le faltan kantianos argumentos para ello) que es precisamente la dimensión moral la que exige y explica la teoría de las dos esferas —el *noúmeno* y lo que aparece, la realidad-en-sí y lo empírico—, como señala el mismo Kant en la *Deducción de los principios de la razón pura práctica*. Si ello fuera así, habríamos, ciertamente, dado kantiana prioridad al uso práctico de la razón —y al Ideal que así y ahí aparece— pero ello habría sido a costa de la coherencia de la totalidad de la razón humana tal como aparece en el proyecto moderno del criticismo. Y si, por su parte, tal fuera el caso inevitable, habríamos reconocido, por salvar *esta* primacía de lo ético, que el uso teórico de la razón y, tras él, el uso instrumental, poco o nada tienen que ver con el ámbito moral en el que se juega el sentido y la dirección de la acción de los hombres y, tal como van andando las cosas, el mismo destino de la especie humana.

Permítaseme concluir expresando una posición más personal. Algunos pensamos que abdicar de un proyecto integral de reconstrucción de la racionalidad moderna es tal vez un precio excesivo por un afán de fundamentación y seguridad de la perspectiva ética que tal vez esté sobredimensionado y es, creemos, innecesario. En efecto, por apoyar una noción de justificación de normas sobre un supuesto nouménico podemos dar al traste con la misma idea de justificación racional en tanto referida a la totalidad del programa de la modernidad. Por otra parte, y como he querido argumentar, el rebajar exigencias de fundamentación no debiera hacernos recaer en los piélagos o ciénagas del empirismo y del relativismo. Se nos puede argüir que eso nos conduce directa y necesariamente a posiciones pragmatistas. Ciertamente nos acerca más a ellas que a las que ocupan los herederos fundamentalistas de la metafísica continental, y ello para bien y para mal.

Es decir, parecemos conducidos a entender el trabajo de la razón en términos más bien anti- o a-fundamentalistas; términos que diseñan un programa que no es ahora el momento de desarrollar, aunque sí pueda presentarse esquemáticamente su sentido. He querido sugerir que tal vez no fuera excesivamente aventurado, y sí estaría motivado, por contra, el afanarse en encontrarle a la idea de autonomía y a la categoricidad con la que se nos presentan las máximas que la cumplen y la ejercitan un nuevo alojamiento que no esté en contradicción con el que puede caracterizar una comprensión contemporánea del trabajo de la razón. En efecto, si algunas de las propuestas aquí esbozadas son, al menos, tentativamente acertadas, deberíamos reformular el programa normativo y racional de la modernidad (el proyecto de una re-interpretación de las ideas de razón, de bien y de sus nexos) y ello, precisamente, a fuer de modernos, a fuer de kantianos. Tras lo dicho, quizá pueda argumentarse que ese nuevo alojamiento, ya lejano del que se definía en las distinciones fenómeno/*noúmeno,* aun en términos prácticos (y más allá, por lo tanto, de la consiguiente distinción entre inclinación y razón o libertad, entre libertad negativa y positiva), no tiene que ser impotente ante lo real, pues puede guardar sus distancias críticas ante ello.

Es a la luz de ese proyecto de reformulación del proyecto racional y normativo de la modernidad donde hay que ubicar los debates de la filosofía y de la política del presente que reiteran, a su vez, discusiones no desconocidas en la historia de los tiempos modernos: las críticas a las diversas versiones del programa crítico que ejercitan hoy neoaristotélicos y neohegelianos (incluyendo, entre ellos, a no pocos herederos de esa forma de modernidad ética que es el pensamiento marxista) ejercen, desde las posiciones teórico-políticas opuestas del neoconservadurismo y de la crítica, los contrapuntos de una recomprensión del proyecto normativo y racionalista de la modernidad que en Kant encontró una de sus configuraciones más cristalinas e inevitables.

35. LAS RAZONES DE KANT
(EN TORNO A LA INTERPRETACION DE LA ETICA KANTIANA POR JOSE GOMEZ CAFFARENA)

por JAVIER MUGUERZA
(Instituto de Filosofía del C.S.I.C.)

Alguien ha escrito en nuestros días que la filosofía contemporánea —en la medida en que aspire a ser una «filosofía crítica»— se reduce a una serie de notas al pie de las páginas de las obras de Kant. Como todas las exageraciones de tan grueso calibre, ya sea que se refieran a Kant o a Platón, la anterior afirmación es presumiblemente falsa. Y aún podría servir para algo peor que la evidentemente innecesaria consolidación de una nueva escolástica kantiana, como lo es la reducción de la obra de Kant a una serie de notas al pie de las páginas de las de tal o cual autor contemporáneo, que encontraría así en ella el discutible amparo con que todos los escolásticos se hacen pagar por sus no menos discutibles servicios al maestro de turno. Lo que se acaba de decir corre el peligro de ser particularmente cierto en el caso de la ética, en que asistimos hoy a la enésima «vuelta de Kant» acontecida en los apenas dos siglos transcurridos tras la muerte del gran filósofo de Königsberg. Pero, frente a cualquier escolasticismo, hay que advertir que la terca recurrencia de ese reencuentro con Kant no prueba tanto la perennidad de las respuestas kantianas cuanto la rigurosa actualidad de las preguntas que las tales respuestas pretendían acallar. Preguntas y respuestas filosóficas se hallan con toda probabilidad condicionadas por las circunstancias históricas en que fueron objeto de formulación. Mas, por lo que hace a las preguntas que Kant se formulara, ni tan siquiera es menester que recordemos que son sin duda muy capaces de trascender aquellos condicionamientos, pues se trata de los interrogantes más cruciales que podría el hombre plantearse. Eso es verdad, pero también lo es que, aun cuando nuestro tiempo no es ya el de Kant, todavía nos seguimos debatiendo en los problemas irresueltos de la modernidad —o, como acaso fuera más apropiado expresarlo, en los problemas de una «modernidad irresuelta»—, modernidad a la que el pensamiento kantiano supo ser eminentemente fiel en su momento.

Al replantearnos una vez y otra la pregunta «¿qué debo hacer?», pongamos por ejemplo, estaremos proclamando nuestra deuda con Kant, independientemente de que nos satisfaga o no el modo como Kant diera en responderla. Es muy importante, sin embargo, saber cómo la respondía Kant de hecho, y ello no sólo en razón de su obvio interés histórico, sino porque es de suponer que el sentido de su respuesta guardase estrecha conexión con el que tenía para él la pregunta misma. Y únicamente por comparación con este último estaremos en situación de averiguar qué es lo que un hombre contemporáneo se pregunta al preguntarse «¿qué debo hacer?».

El libro que ahora quiero comentar se ocupa de todo ello de manera realmente ejemplar. Es decir, constituye un intento, tan honesto como competente, de «exponer a Kant por Kant». Por lo demás, su objeto propio no es exactamente la ética de Kant, sino su «teología moral» [1]. Pese a lo cual, está muy lejos de ser «un libro para curas», remoquete que me consta que sirvió un día para descalificarlo editorialmente y que da idea del grado de barbarie que nuestra vida cultural puede alcanzar a veces. Sucede, simplemente, que su autor se muestra convencido de que la ética y la teología moral kantianas tienen bastante más que ver una con otra de lo que se concede de ordinario, ofreciéndonos con su exposición una lectura de Kant que los lectores de este libro decidirán después si encuentran convincente.

Que la encuentren o no la encuentren convincente es cosa un tanto al margen de los méritos intrínsecos del trabajo de Caffarena. En punto a competencia, cualquiera ha de pensárselo dos veces antes de medir sus fuerzas con Caffarena, que pasa con entera justicia por ser uno de los mejores conocedores del pensamiento kantiano con que contamos entre nosotros. Ahora bien, toda lectura de un pensador consiste en una interpretación de ese su pensamiento, y la hermenéutica no es, ni podría serlo, una ciencia exacta. Entre otras razones, porque la interpretación no descansa exclusivamente sobre lo que el citado pensador dijo o quiso decir de veras en su obra, sino también, y de manera especialísima, sobre lo que esta obra diga o deje de decir a quienesquiera que acometan la tarea de leerla y por lo tanto interpretarla. El reconocimiento de tales límites hermenéuticos no es ya tanto asunto de la competencia cuanto de la honestidad del intérprete. Y, como adelantaba hace un instante, la interpretación del pensamiento kantiano por parte de Caffarena brilla en este segundo aspecto no menos que en el primero. El estilo de Caffarena es, con frecuencia, más sugerente que asertivo, sus hipótesis son presentadas como hipótesis y no bajo la forma de tesis irrecusables que zanjasen definitivamente la cuestión, e incluso sus conclusiones saben dejar en ocasiones, sin detrimento de su firmeza, la puerta abierta a conclusiones alternativas, que hasta llegan a ser insinuadas en un esfuerzo por propiciar el diálogo filosófico francamente inusitado en estos pagos.

---

[1] José Gómez Caffarena, *El teísmo moral de kant,* Ediciones Cristiandad, Madrid, 1984.

He aquí cómo el propio Caffarena compendia la más básica de aquellas hipótesis de su libro: «Si una hipótesis subyace al conjunto, es la de que el teísmo moral es una postura filosófica coherente —discutible como toda postura filosófica— y que Kant mantuvo con seriedad y continuidad. No fue para él un recurso ni una componenda. Fue algo largamente madurado y mantenido hasta el final de su vida (aunque no sin una crisis en los últimos años). Y es algo en lo que Kant se reflejó al vivo en su personalidad: ilustrado, moralista, sobriamente religioso, siempre crítico y autocrítico. Es algo sin lo que dudosamente podrá mantenerse un pensamiento que se llame "kantiano". Algo, finalmente, que puede resultar interesante incluso como posibilidad actual; al menos como base para reflexionar sobre el problema, tan actual, de la relación de moral y esperanza».

Pero antes de entrar de lleno en las vicisitudes de la disquisición teológica de Kant, de la que el teísmo moral emergería como su producto más original y acabado, Caffarena considera oportuno ofrecernos un diseño de las líneas maestras de la filosofía kantiana en que se inscribe aquella disquisición. Bajo el título de «Algunas claves de la metafísica kantiana», dicho diseño ocupará el primero de los cuatro grandes capítulos de que consta su libro. Su punto de partida, sumamente adecuado para los propósitos que en éste se persiguen, es la aclaración del sentido de la celebérrima «revolución copernicana» que según Kant habría supuesto su propia aportación a la historia de la filosofía. La «filosofía crítica» es entendida como una reflexión del *sujeto* humano sobre lo que le es dado conocer, lo que debe hacer y lo que le cabe esperar. Y no es casual que Kant pudiera resumir las preguntas relativas a nuestras posibilidades y capacidades en cada uno de esos tres dominios mediante la ulterior pregunta «¿qué es el hombre?». Al criticismo kantiano le cuadra bien, en efecto, la calificación de «humanista», y todavía mejor la de *antropocéntrico*. Pero ¿no contradice semejante calificación su sedicente «copernicanismo»? Después de todo, la auténtica *revolución copernicana* —esto es, la de Copérnico y no la metafórica de Kant— contribuyó lo suyo a desplazar al hombre del «centro» del universo, precisamente lo contrario de lo que parece pretender la exaltación criticista de las prerrogativas del sujeto frente al objeto del conocimiento, la acción o la esperanza. Y es archiconocida la denominación de «contrarrevolución ptolemaica» con que gustaba Bertrand Russell de aludir irónicamente a la posición kantiana, que no habría hecho otra cosa, en su opinión, que devolver al hombre la centralidad de la que Copérnico le había despojado. Caffarena, no obstante, reivindica la oportunidad de la metáfora kantiana, comenzando por su aplicación en el terreno del conocimiento que constituye el blanco de la crítica de Russell: «El sujeto humano, al aceptar que confiere a la realidad por él conocida la forma específicamente humana, tiene que aceptar también que queda para siempre distanciado de la *realidad-en-sí* y de los modos diversos del humano por los que esta realidad pueda ser conocida». La misma *Crítica de la razón pura* toma en consideración esta última posibilidad de que el conocimiento de otros seres pensantes no se halle sometido a las limitaciones a las que se halla sometido el nuestro, como sería por excelencia el caso del Entendimiento Arquetípico desde el cual se definía la misma realidad en sí ya desde la *Dissertatio* de 1770. El antropocentrismo kantiano, viene a decirnos Caffarena, no excluye ni siquiera la posibilidad de un descentramiento de esa supuestamente central perspectiva humana en torno a la que se articula: «El hombre no es "centro" (relativo) *de su mundo,* sino al precio de subrayar su distancia del único "centro absoluto" (si es que lo hay) *del mundo como tal*». La imagen que Caffarena nos propone del hombre kantiano como un «centro descentrado» es decididamente sugestiva. Como lo es su comentario al pasaje de la Conclusión de la segunda *Crítica* en que menciona Kant «el cielo estrellado sobre mí y la ley moral en mí». El primer espectáculo «aniquila» según Kant la importancia del hombre como criatura animal, en tanto que el segundo la eleva «a lo infinito» al descubrir en él una vida independiente de la animalidad. Y, como apunta Caffarena, el acento del pasaje se dirige a destacar la *contraposición* de ambas instancias. El hombre pertenece en realidad a esos dos mundos, que le hacen, en su centro, sentirse «a la vez pequeño y grande». Desgarrado ante una «doble solicitación», la situación del hombre podría ser descrita, sin traicionar a Kant, como una *tensión insuperable* entre la llamada de un mundo y la del otro, llamadas antagónicas allí donde las haya. Aun si el pasaje comentado es, pues, «radicalmente antropocéntrico», Caffarena ve en él al hombre como no menos radicalmente abocado a realidades que le trascienden. Y a este nivel tal «trascendencia» no necesita revestir, como Caffarena admite sin vacilación, un sentido primariamente teológico, como el que con toda seguridad revestirá en la pregunta kantiana sobre lo que le quepa esperar al hombre. También se puede hablar, más o menos copernicanamente, de una trascendencia intramundana en el orden cognoscitivo o en el orden moral sobre que versan las otras dos preguntas que Kant resume con aquélla en la pregunta por el hombre.

En esa idea abunda, por lo pronto, la interpretación que Caffarena asigna al *Yo* kantiano de la «pura apercepción». Frente a su interpretación psicologista o logicista, Caffarena opta en principio por la interpretación «existencial» de la autoconciencia: el Yo del *cogito* no es el «yo» psicológico o fenoménico; tampoco es reducible, al uso neokantiano, a una pura función lógica; sino se trata del *sum cogitans,* esto es, del «yo real», al que convendría incluso caracterizar —para servirnos de la orteguiana expresión de que echa mano Caffarena— como «realidad radical». Ahora bien, la realidad del «yo» no empece, antes al contrario, a su individualidad, lo que plantea el arduo problema de cómo transitar de la subjetividad del «conocimiento» individual a la presunción de objetividad llamada a permitir, de acuerdo con el designio de la primera *Crítica,* adjetivar a ese conocimiento de «científico». Dicho tránsito no es posible sino por la vía de la intersubjetividad, mas, como Caffarena señala agudamente, es éste un punto en el que «lo moral aclara lo teórico». El «yo» se hace «nosotros», por ejemplo, en el «reino de los fines» de la *Fundamentación de la metafísica de las costumbres,* concebido por Kant como una asociación de seres racionales regidos por «leyes objetivas comunitarias». Pero la intersubjetividad moral nos proporciona ahora el modelo de la intersubjetividad epistémica, pues también el «yo pienso» puede y debe reconocerse como «colegiado». Naturalmente, tal dilucidación del estatuto del Yo kantiano no ha disipado todas las dificultades, pues queda en pie, entre otras, la de su condición «nouménica». El «yo real» es un *noúmeno* aunque sea en un sentido «negativo», esto es, se trata de algo inasequible mediante la intuición sensible y de lo que tampoco tenemos intuición intelectual, por más que, sin embargo, contemos con un auténtico acceso a él y estemos plenamente autorizados a afirmar «yo existo pensando». Ahora bien, la *autoconciencia* es para Kant indesligable de la conciencia de la propia *libertad,* lo que revela un aspecto más «positivo» de esa su condición nouménica, condición que emparenta, sin menoscabo de su radical diversidad, al hombre libre y a Dios, «el otro gran noúmeno kantiano».

Para dejar a Caffarena hacer balance de «la compleja contraposición de fenómeno y noúmeno», concepto este último que cuida de distinguir del de «cosa en sí» o, como prefiere llamarlo, «realidad en sí»: «La diversidad radical del *noúmeno* ''Dios'' con el *noúmeno* ''hombre libre'' está en que en éste todo se apoya en una coincidencia inmediata de realidad y conciencia, un cierto acceso a *realidad en sí...* Por el contrario, no hay tal coincidencia en el acceso humano al *noúmeno* ''Dios''; es sólo por la ''fe racional'' como tal acceso puede darse y ''Dios'' será... un ''concepto límite'' *(Grenzbegriff).* Dios, que, por otra parte, es necesariamente *pensado* como aquel *noúmeno* que, al definirse como entendimiento arquetípico (hipótesis que se hace afirmación para la fe racional), define el estatuto de más estricto *noúmeno* (''positivo'') para el más estricto concepto de ''realidad en sí''. La complejidad de la contraposición buscada por Kant aparece así en su aspecto casi paradójico». A lo que Caffarena añade en nota que, extremando las cosas, «casi cabría decir que la afirmación humana del sumo *noúmeno* por la fe racional ''lo fenomeniza'' de algún modo, haciéndolo relativo al hombre: aquello (en sí absoluto) a lo que el hombre llegue será siempre sólo un ''Dios-desde-el-hombre'' (aunque no un mero ''Dios-para-el-hombre'', que no sería absoluto)».

Pero con esto pasamos a los dos capítulos centrales del libro, que respectivamente se dedican a estudiar la génesis y el contenido del teísmo moral.

«La "teología trascendental" y su crisis» es el título que acoge la evolución de las ideas teológicas de Kant en el período comprendido entre el opúsculo de 1763 sobre *El único posible fundamento de prueba para una demostración de la existencia de Dios* y la «Dialéctica de la Razón Pura» de la *Crítica* de 1781. Por lo que escribió sobre Dios en este período, nos recuerda Caffarena, Kant se ganó —además de la inclusión de la última obra en el *Indice de libros prohibidos* del Santo Oficio Romano, según decreto de 11 de junio de 1827, inmediatamente posterior a la aparición de la traducción italiana de la misma— el ser tenido por agnóstico, cuando no por velado ateo y padre de ateos: «El rechazo del valor teórico (de pretensión científica) para unas "pruebas de la existencia de Dios" que se habían hecho clásicas se sintió como atentatorio al conjunto espiritual de la fe cristiana. Pero Kant pensaba otra cosa. Pensaba hacer, más bien, "un lugar a la fe" y cerrar el camino a la incredulidad, como pretensión demostrativa de la no existencia de Dios»; y, por más pintoresco que nos resulte hoy todo aquel drama inquisitorial alrededor de la teología trascendental, sería inapropiado —«de una lamentable superficialidad»— extender ese pintoresquismo a las consideraciones kantianas relativas a la teología trascendental, como si no se tratase de otra cosa que un tributo pagado por Kant a su época: «No sólo para la filosofía del Kant integral —que asigna el primado a la Razón Práctica y busca con el máximo interés una respuesta al "qué debo hacer" y "qué me cabe esperar" acuciantemente humanos—, sino para su misma filosofía *teórica* —para la respuesta al "qué puedo saber"— es esencial tener en cuenta el papel de la Razón *(Vernunft)* más puramente tal, cual se muestra en la búsqueda de lo Absoluto. Naturalmente, cualquiera que sabe algo de Kant sabe algo de eso. La Razón produce ideas, que, sin embargo, no dan propiamente conocimientos, sino que son simples principios regulativos. De acuerdo, ahí está dicho todo. Pero está dicho en una fórmula excesivamente vaga, susceptible de más de una interpretación». Para Caffarena, por tanto, es fundamental precisar esa formulación si se desea comprender cabalmente el resultado de la *Crítica de la razón pura,* y sostiene que semejante precisión pasa por el estudio de «la estructura conceptual y argumentativa» de lo que Kant bautizaría como *teología trascendental.*

Con todo, aquí no nos podemos detener en el interesante repaso que lleva a cabo Caffarena de los conceptos clave (Dios como «infinito», «necesario», «único») y los diversos argumentos demostrativos de la existencia de Dios (desde el «cosmológico» al «ontológico» o, como hoy se diría, con terminología forjada por el mismo Kant, «ontoteológico») que la teología trascendental —identificada por Kant con el «deísmo», a diferencia de la «teísta» teología «física» o «natural»— tomaba en cuenta. Diremos sólo, pues, que es esa trama conceptual la que informa la idea de Dios como «Ideal de la Razón Pura» en la Dialéctica de 1781. Y que es en el seno de esa trama donde se suscitarán las devastadoras objeciones kantianas a los argumentos probatorios de los que se hace eco la teología trascendental. Ahora bien, la *Dialéctica trascendental* de la primera *Crítica* no habría añadido nada a la *Analítica trascendental* de la misma obra si se hubiese limitado a negar que quepa un conocimiento capaz de rebasar el ámbito de la experiencia posible y, por ende, un «uso constitutivo» de las ideas de la razón pura especulativa que convierta a los presuntos objetos de esas ideas en objetivamente conocidos. Como sabemos, la Dialéctica añade de su cosecha, por lo pronto, el expreso reconocimiento de la posibilidad de un «uso regulativo» de dichas ideas. Pero Caffarena reproduce aún un texto —«la última palabra de Kant en 1781»— en que el Kant de la Dialéctica, para quien el ser supremo ha quedado reducido a un mero ideal («aunque un ideal pefecto») del uso meramente especulativo de la razón, considera a la propia teología trascendental como una premisa de lo que años más tarde vendrá a ser el teísmo moral, pues «si tiene que haber una teología moral capaz de suplir aquella deficiencia, la antes meramente problemática teología trascendental se revela indispensable debido a que determina su concepto y censura permanentemente a una razón que a menudo es engañada por la sensibilidad y que no siempre está en armonía con sus propias ideas».

Y así llegamos al capítulo titulado «El teísmo moral: fe racional y existencia de Dios». Caffarena aborda en él, para empezar, el proceso de afianzamiento de la noción de «fe racional» *(Vernunftglaube)* en el pensamiento de Kant. Este, que ya en 1763 había escrito que «es necesario que uno se persuada de la existencia de Dios, mas no igualmente necesario que la demuestre», comienza a hablar poco después de «fe moral», entendiendo por tal aquella que funda la creencia en una vida futura y en la existencia de Dios sobre la base de nuestra experiencia moral más bien que sobre la de argumentos puramente teóricos. Tenemos ya ahí el embrión de la doctrina de los «postulados de la Razón Práctica» que se expondrá en la *Crítica* de 1788. Concentrándonos en la postulación de Dios y la inmortalidad —postulados de la posibilidad del objeto del deber moral, a saber, el bien supremo, que incluye la felicidad—, pues la *Crítica de la razón práctica* separa expresamente aquellos postulados del de la libertad —postulado de la posibilidad misma del deber o ley moral—, es bien sabido que ninguno de los dos —como tampoco, por lo tanto, la búsqueda de la felicidad— interviene para nada en la definición kantiana del *Faktum* de la moralidad. La pregunta «¿qué debo hacer?» no se responde para Kant diciendo «haz aquello que te haga feliz», sino que su respuesta es «haz aquello que te haga digno de ser feliz». Pero mientras que para Kant es falso que la felicidad produzca moralidad, no lo es, en cambio, que la moralidad produzca felicidad, puesto que según él es posible creer en un Dios que haga efectiva, en otra vida si no en ésta, la felicidad de la que la moralidad hace digno al hombre. Esta es, al menos, su solución a la «antinomia» de deber y felicidad *(die Antinomie der praktischen Vernunft),* que conlleva, en la argumentación kantiana, la presuposición del más arriba mencionado «primado de la razón pura práctica en su enlace con la especulativa».

Aquella «solución», en cualquier caso, no resta virulencia a la antinomia, como no se le escapa a Caffarena: «Por decirlo sumariamente y usando un término muy del gusto de Kant, resulta muy real la antinomia entre una moral del puro deber y otra del supremo bien». La presencia en esta última de la felicidad complica, desde luego, las cosas, además de llevar a Kant al borde de la contradicción consigo mismo. «¿Cómo es posible unir ambas morales?» —se pregunta Caffarena—. «¿Es legítima la superposición de las dos?». Caffarena, y nosotros con él, pospone de momento la cuestión. Mas no sin antes prevenirnos contra la tentación de arrojar por la borda la segunda moral para quedarnos sólo con la primera: «Por difícil que sea encontrar una solución satisfactoria, lo que no cabe en ninguna hipótesis es decalificar como no kantiana la moral del bien supremo y con ella el teísmo moral».

Volviendo a la *fe racional,* nuestra noción no acabaría de afianzarse en la obra de Kant sino tras haber sido esclarecido su «estatuto epistemológico». Un texto decisivo a este respecto es el escrito *¿Qué significa orientarse en el pensar?,* de 1786, que representa la intervención de Kant en la polémica que por esas fechas enfrentaba al racionalismo ilustrado (Moses Mendelssohn) y al fideísmo antirracionalista (Friedrich Heinrich Jacobi). La posición de Kant frente a uno y otro contendiente se dejaría expresar por medio de la fórmula: fe sí, pero racional. «Orientarse en el pensar» significa que, allí donde nos encontremos «ante la insuficiencia de los principios objetivos de la razón», reconozcamos la posibilidad de «determinarse al asentimiento según un principio subjetivo de la misma». Tal determinación es el único recurso de que el hombre dispone para «orientarse en el espacio de lo suprasensible, para nosotros impenetrable y lleno de espesa noche». Y ese recurso cobra cuerpo en la fe racional, «brújula con que pueden orientarse tanto el pensador teórico como el hombre de razón común pero moralmente sana» al margen y con independencia de cualquier revelación —la cual, por el contrario, ha de presuponerla—, de suerte que su rechazo nos sumiría en «un penoso estado del espíritu humano» y podría conducirnos tanto al ateísmo cuanto al visionarismo fanático. Hasta aquí, Kant. En la ponderación de la postura kantiana por parte de Caffarena se resalta la conexión entre fe racional y «argumento moral» postulatorio de la existencia de Dios, «Supremo Bien Originario» del que deriva todo otro bien tenido por supremo. Un argumento que en la *Crítica del juicio* de 1790, que trata de lograr una visión unitaria del mundo natural y el mundo moral, pudiera en ocasiones dar la sensación de recoger, transfigurándolos, algunos de los viejos argumentos considerados por la teología trascendental y ahora adaptados al clima peculiar —¿cabría calificarlo de *ontoteleológico?*— de dicha obra.

Pero el teísmo moral no dejó de experimentar a su vez, ya al final de la vida de Kant, una crisis sin duda menos espectacular —aun sí tal vez no menos profunda— que la experimentada por la teología trascendental. Uno de los aspectos más llamativos de esa crisis es la obsesión del viejo Kant del *Opus postumum,* bajo la influencia al parecer de Georg Lichtenberg, por Spinoza, quien de todos modos había estado presente en el trasfondo de la aludida polémica *(Pantheismusstreit)* entre Mendelssohn y Jacobi. Además del «cambio de actitud» ante Spinoza, mirado ahora con menos recelo que en el pasado, Caffarena registra como novedades de esta última etapa «el empleo de la preposición *en* para expresar la fundamental relación del hombre a Dios» y —la más notable de todas para nuestros efectos— «la aparición de un nuevo modo de argumentar, más directo, desde la conciencia moral humana a la existencia de Dios (sólo por cuanto es conciencia absoluta del deber, sin recurso al «supremo bien» como fin último impuesto por el deber a la acción humana)». Examinémoslas por este orden y con distinto grado de detenimiento. Por lo que se refiere a la primera, Caffarena rechaza con buenas razones que el Dios de Kant se identifique ahora con «el Dios de Spinoza». Cierto es que no faltan afirmaciones de Kant un tanto equívocas, como cuando éste escribe que «el espíritu del hombre es el Dios de Spinoza», pero el contexto de esas frases las torna comúnmente inofensivas. En el ejemplo que acabamos de citar, Kant se limitaría a afirmar que la filosofía trascendental atribuye al espíritu humano algunas de las características —como la de «ver en sí todas las cosas»— que Spinoza atribuía a su Dios. Algo por el estilo es lo que ocurre, en segundo lugar, con la expresión «Dios en nosotros». En la tradición mística cristiana, la expresión suele ser correlativa de la expresión «nosotros en Dios». Lejos de atisbar en ella indicio alguno de panteísmo, Caffarena se inclina, por lo tanto, a hablar de «panenteísmo», lo que convierte a Kant curiosamente en precursor de Krause. Queda, por último, la novedad consistente en el acceso a Dios desde la realidad del «imperativo moral» en la conciencia humana. Kant, que reiteradamente había definido a la religión como «la asunción del imperativo de la conciencia como mandamiento divino», tiende a tomar ahora al imperativo de la conciencia como base para acceder desde él a Dios, «Supremo Legislador», si es que no como base para la instauración de la inmanencia en el hombre de una Suprema Razón Legisladora. Comoquiera que sea, Caffarena no acepta la hipótesis de que Kant haya abandonado el teísmo del Dios trascendente para «reabsorber» a Dios en la Razón, finalmente identificada con el hombre. En resumidas cuentas, y para decirlo con sus mismas palabras: «No hay hombre sin mundo y Dios. Pero eso es así *porque no hay* (desde el único punto de vista realmente posible al hombre) *Dios ni mundo sin el hombre.* El criticismo sigue siendo una audaz Antropología-del-Sujeto-Humano».

Por lo que a mí respecta, no querría abandonar el tema sin llamar la atención sobre un hecho que me parece significativo en relación con el tercero de esos puntos. Como recordaremos, el argumento kantiano que dimos en llamar «argumento moral» o postulatorio de la existencia de Dios involucraba tanto la moral del deber como la del bien supremo. En los últimos planteamientos kantianos del *Opus postumum* a que acabamos de referirnos, la moral del bien supremo ha desaparecido, en cambio, de toda cuenta. Y el propio Caffarena prefiere ahora aplicar al argumento kantiano la más austera denominación —neoescolástica en su origen pero, por una vez, afortunada— de «argumento deontológico». Ignoro en qué medida pueda afectar aquel recorte a la supervivencia del teísmo moral en Kant, pero no faltará quien piense, desde luego, que la ética de Kant gana en coherencia al quedar reducida a una ética del deber.

Caffarena, sin embargo, no piensa de ese modo. En su opinión, la ética de Kant —y *no sólo* la teología moral kantiana— quedaría lamentablemente mutilada con semejante reducción. Así lo arguye con detalle en el capítulo «La visión del mundo del teísta moral» con que cierra su libro. Una visión del mundo que *mutatis mutandis* —como en alguna parte del libro se señala, Kant no pudo prever lo que Marx y Freud tendrían que decir acerca de la condición humana— es también la visión del mundo que hace apasionadamente suya Caffarena. Vayamos, pues, con ella.

Al hablar de «visión del mundo», Caffarena está mirando a Kant con una óptica diltheyana. Una visión del mundo, para Dilthey, «es algo propiamente anterior a la filosofía como explícita formulación de un conjunto de hipótesis teóricas y de valoraciones». Al defender el primado de la razón práctica, Kant «no sólo justificó su explícita adopción de una teoría epistemológica revolucionaria que permitía ''un lugar a la fe'', sino que invitó a buscar las raíces de su filosofar incluso más hondo de lo que él mismo podía percibirlas». Dilthey veía en Kant, como se sabe, a un típico representante del «idealismo de la libertad». Y Caffarena, kantianamente, se sirve del vocablo «libertad» para aludir a «todo el ámbito moral», que desea ahora someter a «un cierto análisis en profundidad».

Lo problemático de la cosmovisión del teísmo moral estriba, como aquí ya ha sido insinuado, en que «una moral para la que se reivindica ardorosamente la pureza de la *autonomía* no parece que tendría que necesitar el suplemento religioso». Con mayor explicitud que en ningún otro escrito de Kant, en la *Crítica de la razón práctica* se aprecia una «fisura» dentro de la construcción kantiana del ámbito moral: «tal fisura es la que media entre el sobrio y austero discurso de la Analítica, todo él centrado en el *deber* y el *respeto,* y el audaz intento de la Dialéctica, que pivota sobre un concepto altamente utópico, el del *supremo bien*». Si este segundo elemento no ha de quedar reducido a un postizo artificio, consideración que desmiente «su abundante y constante presencia en los escritos kantianos», se impone otra manera de abordar el estudio de dicho «utopema»; y Caffarena, fiel nuevamente al método genético, inicia el abordaje tratando de «reconstruir el *proceso* de Kant en el tema moral».

Caffarena alude, en primer término, al influjo de Rousseau, que indujo en Kant un despertar —en 1762— notablemente más relevante que el «despertar del sueño dogmático» debido a Hume. La afirmación del origen rousseauniano del pensamiento moral de Kant es un lugar común, pero no es ocioso insistir en él. En particular, no es ocioso recordar que la misma idea kantiana de una moral autónoma resulta ser «una interiorización y esencialización del más básico pensamiento político de Rousseau». La impronta de Rousseau es claramente perceptible en el «Canon de la Razón Pura» de 1781, en que Kant describe el «mundo moral» como un mundo de seres racionales que, en cuanto tales, constituyen un *corpus mysticum* que los destaca del resto de los seres de este mundo, idea que retorna en la doctrina del *reino de los fines* de la *Fundamentación* de 1785. Ahora bien, en el «Canon» la idea del mundo moral aparece acompañada, de una parte, de la afirmación de que existen «leyes morales puras que determinan *a priori*... el empleo de la libertad de un ser racional en general» (es decir, lo determinan con independencia de motivos empíricos, como el ansia de felicidad); de otra parte, de la sugerencia de que «prescindiendo de Dios y de un mundo que, de momento, no podemos ver, pero que esperamos, las excelentes ideas de la moralidad son indudablemente objetos de admiración, pero no resortes del propósito y de la práctica, ya que no colman enteramente el fin natural de todos y cada uno de los seres racionales» (es decir, la necesidad de encontrar un motivo eficaz de la acción moral, que no es otro que la felicidad, impone el recurso a Dios). Dios, en resumen, será el vínculo que permita enlazar deber y felicidad.

La docena de años que transcurre entre 1785 *(Fundamentación)* y 1797 *(Metafísica de las costumbres)* marca la plenitud del desarrollo de la filosofía moral de Kant. Y Caffarena no puede por menos de reconocer que es justamente en esta etapa cuando se acentúa la «difracción» —acaso un eufemismo para lo que en rigor vendría a ser una creciente conciencia de la «incompatibilidad»— de aquellos ingredientes dispares y aun disparatados: «En efecto, el que el deber (con el conocido nombre de "imperativo categórico") se imponga como "absoluto" no es muy conciliable con que no tenga efectividad sobre la voluntad de no ser mediante la adición de un aliciente que, al ser invocado como tal, reintroduce la dependencia respecto de la "propia *felicidad"* (del dinamismo natural de la voluntad que se propone *fines* concretos subordinados al fin que ella es para sí misma)». Pero, puesto que la disparidad —o el contraste— entre los ingredientes permanece, al igual que permanecen los ingredientes mismos contrastados, Caffarena se ve obligado a esbozar una *hipótesis explicativa* de la situación.

Caffarena admite que «Kant no mantendrá en adelante para el "supremo bien" un papel como motivo *(Bewegungsgrund)* en la fundamentación del deber». Descontado su papel como tal motivo, el «supremo bien» pasará a ser considerado «la *totalidad del objeto* de la voluntad moral movida por el imperativo»; mientras que, dentro del complejo semántico «supremo bien» —que puede designar, según recordaremos, ya sea al supremo bien originario, ya sea al supremo bien derivado—, «el aspecto felicidad irá siendo visto desde el ángulo en que es felicidad *universal*» más bien que desde el ángulo de la *«propia* felicidad». «En definitiva» —concluye el esbozo de explicación sugerido por Caffarena— «no puede decirse que cambie muy sustancialmente el conjunto de la idea kantiana de lo moral... si bien el acentuado de la categoricidad hace desarrollarse *todo un factor dotado de lógica propia* (que, por su novedad, quedará como el más "kantiano")».

Lo que interesa en este punto no es argumentar en pro o en contra de semejante hipótesis explicativa. O, por lo menos, sería más interesante esforzarse por comprender cómo la argumenta Caffarena. Además de decirnos no poco sobre Kant, a la luz de la hipótesis en juego, esa argumentación también nos dirá algo sobre cómo ve el mundo quien explica lo que es para él la cosmovisión kantiana.

Caffarena parte a estos efectos del concepto «dignidad de ser feliz» *(Würdigkeit glücklich zu sein),* que se podría pensar que expresa la fórmula más genérica de *lo moral,* a saber, el *imperativo* de actuar de modo que uno se haga digno de ser feliz, preludio de lo que luego habrían de ser los imperativos categóricos kantianos. Pero ¿por qué ha de merecerse la felicidad, y precisamente por medio de la acción moral? Mientras no se responda a esa pregunta, nos advierte Caffarena, lo moral restará «infundado». ¿Cabrá buscar tal fundamentación, de modo suficiente, en el sistema kantiano de la «categoricidad» del deber? Presumiendo que no, Caffarena se embarca en un examen minucioso y concienzudo de este último «sistema». El Kant de la *Fundamentación,* que sostenía que «nada en el mundo ni fuera de él puede ser llamado "bueno" sin restricción sino la buena voluntad», define «buena voluntad» como aquélla que actúa «por el deber (y no sólo conforme al deber)», definiendo a continuación «deber» como «la necesidad de una acción por respeto a la ley». La *primera* formulación del imperativo categórico en aquella obra se limita, en rigor, a resumir tal actitud mediante la invitación a actuar de modo que «pueda querer que mi máxima (subjetiva) deba convertirse en ley universal». Mas semejante fórmula está lejos de proporcionarnos el deseado fundamento de lo moral, como lo reconoce el propio Kant al preguntarse: «¿Es una ley necesaria para todos los seres racionales juzgar siempre sus acciones según máximas tales que puedan ellos querer que deban servir de leyes universales?» Caffarena no se alinea con quienes piensan que la ética kantiana se agota en la anterior versión del imperativo categórico. Kant tampoco, a decir verdad. Y de ahí que propusiera otras versiones del mismo. A partir de la idea del hombre como «fin en sí mismo», la *segunda* de esas versiones rezará: «Obra de tal modo que tomes a la humanidad, tanto en tu persona como en la de cualquier otro, siempre como un fin al mismo tiempo y nunca meramente como un medio». Lo que Kant andaba buscando, recordemos, es un «principio práctico supremo». Y cree hallarlo en el «valor absoluto» o carácter de fin-en-sí del hombre en cuanto ser racional. O, para ser exactos, en el recíproco reconocimiento que convierte en fines en sí a todos los seres racionales: «La moralidad» —afirma Kant— «consiste, pues, en la relación de toda acción con la legislación por la cual es posible el reino de los fines. Mas esa legislación debe hallarse en todo ser racional y poder originarse de su voluntad, cuyo principio es, pues, no hacer ninguna acción por otra máxima que ésta, a saber: que pueda ser tal máxima una ley universal y, por tanto, que la voluntad, por su máxima, pueda considerarse al mismo tiempo como universalmente legisladora». Pero con esto tenemos ya una *tercera* formulación del imperativo categórico, que «sintetiza» de algún modo las dos anteriores y según Caffarena encierra «la verdadera clave de la categoricidad kantiana del deber». Para algunos intérpretes de Kant, la única fórmula del imperativo que se recoge en la *Crítica de la razón práctica* —«obra de tal modo que la máxima de tu voluntad pueda valer siempre, al mismo tiempo, como principio de una legislación universal *(als Prinzip einer allgemeinen Gesetzgebung)*»— vendría a consistir en una variante de la primera de aquellas formulaciones. Caffarena opina, muy atinadamente, que lo es más bien de la tercera, según parece desprenderse de la caracterización de la voluntad como «universalmente legisladora *(allgemein gesetzgebend)*». Y, lo que es más, subraya que esa tercera formulación «implica un *primado fundamentador* de la segunda y de su noción de fin en sí». Ahora bien, con ello no hemos alcanzado todavía un fundamento suficiente de lo moral, pues siempre nos será dado preguntarnos por qué los seres racionales habrían de regirse de acuerdo con aquella legislación. Puesto que la legislación de que se habla no es otra que la legislación de la voluntad, Kant acaba acudiendo a la noción de *libertad*. En su significación positiva, esta noción remite a la de «autonomía», que para Kant no es nunca la arbitrariedad de la voluntad individual, sino la más o menos rousseauniana «voluntad común», que cada uno percibe y promulga desde sí. Pero ¿no es circular cualquier intento de fundamentación de la moralidad en la libertad? ¿Cómo sabemos, en efecto, que somos libres? ¿No es precisamente porque somos morales? Kant tratará de matizar en la segunda *Crítica* que, mientras la libertad es *ratio essendi* de la ley moral, la ley moral es *ratio cognoscendi* de la libertad. Pero no está del todo claro que aquella circularidad, que se había adelantado Kant a denunciar al final de la *Fundamentación,* se desvanezca sin residuo con esta matización. Y lo cierto es que Kant renuncia expresamente a una fundamentación en sentido estricto cuando procede a caracterizar a la conciencia moral como un «hecho de la razón» *(Faktum der Vernunft).* Mas, ¿qué hay, a todo esto, del «supremo bien»? El supremo bien entra en juego en este punto, sin que ello entrañe tanto un abandono del sistema de la categoricidad del deber cuanto un complemento suyo, si bien un complemento capaz de erigirse en un nuevo sistema. Sólo por razón del deber, y no de la felicidad incluida en el concepto «supremo bien», merecerá el supremo bien la consideración de «fundamento de determinación» *(Bestimmungsgrund)* de la voluntad. El fin de esta última no es sólo el ser racional en sí mismo —objeto, en cualquier caso, de respeto—, sino su plena realización, que incluye el logro de la felicidad proporcionada a su honestidad. Pero, como sabemos ya, la felicidad decisiva a este respecto no es la propia, sino la ajena y, en el límite, la felicidad universal. La universalidad, por tanto, no es privativa del sistema de la categoricidad del deber, como cuando se dice que una máxima moral ha de aspirar a ser tenida por ley universal. La aspiración a la universalidad se halla también inscrita en el ingrediente «felicidad» de lo que bien podría llamarse el «sistema» del supremo bien. Retrotrayéndose por un momento, sin embargo, a la ley moral, Caffarena recalca que la «universalidad» reclamada por las leyes morales es, en definitiva, lo único que podría emparejar a su «legalidad» con la legalidad de las leyes naturales, dando sentido, así, a una *cuarta* formulación del imperativo, que la *Fundamentación* registra más bien como una reformulación de la primera fórmula: «Obra como si la máxima de tu acción debiera tornarse, por tu voluntad, ley universal de la naturaleza». Caffarena previene aquí contra toda interpretación «naturalista» de la ley moral kantiana, en la línea, por ejemplo, de la posible «armonización teleológica» de libertad y naturaleza tan fuertemente sugerida por la *Crítica del juicio.* Aun si entre el mundo de la naturaleza y el de la libertad se abre para Kant «un abismo infranqueable», de suerte que «del primero al segundo (por medio del uso teórico de la razón) ningún tránsito es posible», sin embargo «debe éste tener un influjo sobre aquél»: a saber, la libertad debe poder realizar en la naturaleza «el fin propuesto por sus leyes»; y la naturaleza debe poder ser pensada de modo que «la conformidad a leyes de su forma concuerde con la posibilidad de los fines, según leyes de libertad, que se han de realizar en ella». La clave de la posibilidad de esta armonía reside en la noción de «finalidad». Mas, como Caffarena apunta, una argumentación que constituyese al hombre en el «último fin» *(letzter Zweck)* de la realidad empíricamente conocida no iría, en rigor, muy lejos. Como el mismo Kant observa con cierta sorna, la introducción de una causalidad final en la naturaleza regida por la causalidad eficiente no basta a revelarnos «para qué» está el hombre en este mundo, pues la cadena teleológica de la realidad natural siempre podría ser recorrida en una doble dirección: ¿por qué habrían de existir los vegetales para que existan los herbívoros, y éstos para que existan los carnívoros, y éstos para que exista el hombre, y no más bien el hombre para evitar la excesiva proliferación de los carnívoros, y éstos la de los herbívoros, y éstos la de los vegetales? El hombre, en cualquier caso, no es tanto —o no es sólo— el último fin de la creación cuanto, o también, su «fin final» *(Endzweck),* y ello en virtud de su condición de ser moral y libre, pues únicamente el hombre «obra, no como miembro de la naturaleza, sino en la libertad de su facultad de desear» y su buena voluntad «es lo único que puede dar a su existencia un valor absoluto y, con relación a ella, a la existencia del mundo un fin final». Algo más tarde, Kant escribiría: «No puede serle indiferente a la moral el que forme, o no, el concepto de un fin final de todas las cosas..., porque sólo así puede ser dada realidad objetiva práctica a la concordancia de la finalidad por libertad con la finalidad de la naturaleza, de la que no podemos prescindir. Poned a un hombre que venera la ley moral y se pone a pensar (cosa que difícilmente podrá evitar) qué mundo crearía él, guiado por la razón práctica, si estuviera en su poder, y de modo que él se insertara en ese mundo como miembro; no sólo lo elegiría de acuerdo con la idea del supremo bien... sino que querría también que en todo caso existiera un mundo, porque la ley moral quiere que sea hecho por nosotros el supremo bien posible». Un texto éste de *La religión dentro de los límites de la mera razón* que podría dejarse condensar en el por Kant llamado «juicio sintético *a priori*» —¿un *quinto* imperativo?— «Haz del supremo bien posible en el mundo tu fin final».

El título de un trabajo de Caffarena, anterior al libro que estamos comentando, nos ofrece la mejor cifra de su hipótesis: «Respeto y Utopía: ¿dos fuentes de la moral kantiana?». Además de la «fuente» de la moral kantiana que todo el mundo, Caffarena incluido, reconoce en el sentimiento de «respeto» *(Achtung),* se argüía allí «que bajo los desarrollos relativos al ''supremo bien'' *(höchtes Gut)* subyace una ''segunda fuente'', que me permití denominar ''utopía'' y describir como ''sentimiento de solidaridad desbordante (y esperanzada)'', que se expresaría en teoría filosófica como valoración suprema del bien integral de todos los sujetos morales». La resonancia bergsoniana de esta alusión a las *dos fuentes* es innegable, y Caffarena se detiene a pormenorizar la posible relación existente entre las fuentes atribuidas a Kant y las dos fuentes de la moral (y de la religión) consignadas en su día por Bergson: para nuestros efectos, y pasando un tanto por alto los pormenores del autor, bastará con decir que la «moral cerrada» (primera fuente) de Bergson tiene poco o nada que ver con la ética kantiana del respeto y el deber, mientras que su «moral abierta» (segunda fuente) no deja de guardar *alguna* analogía con esta última pieza de la filosofía moral de Kant , presenta una semejanza *todavía más estrecha* con la ética kantiana de la utopía y el supremo bien y tiene, desde luego, que ver *mucho* —siquiera como «fuente de inspiración»— con la interpretación que de ella nos ofrece Caffarena. La interpretación en cuestión discurre, en cualquier caso, por otros derroteros, a saber, los marcados por la doctrina del reino de los fines *(Reich der Zwecke),* asociada en Kant a la segunda fórmula del imperativo categórico que prescribía tomar a la humanidad siempre a la vez como fin en sí y nunca sólo como medio, ambigüedad de la que Caffarena dará cuenta haciendo notar que «si el acento cae sobre el ''no sólo como medio'', la fórmula se mueve aún en el ámbito del respeto...; si el acento cae sobre el ''fin en sí'', la fórmula revela más bien ya el clima utópico del ''supremo bien''...: soy requerido a hacer mío en la medida en que me sea posible el ''fin'' de todos, el que cada uno es y el que cada uno se propone (este último, como es obvio, condicionado a la compatibilidad mutua)». Para expresarlo con el título de otro trabajo de Caffarena, que tuvimos presente ya al comienzo de nuestro comentario, la utopía consuma el paso «Del Yo trascendental al Nosotros del Reino de los Fines».

Esa utopía kantiana, de clara ascendencia rousseauniana, tiene no poco, como es lógico, de *utopía secular* y preferentemente atiende al bien supremo «derivado», pero hay que conceder a Caffarena que su última entraña es religiosa para Kant y remite al bien supremo «originario», esto es, a un Dios cuyo reinado sobre la Tierra tendría que cimentarse en la propia ética, como lo patentiza este pasaje de *La Religión:* «Por lo tanto, sólo puede ser pensado como legislador supremo de una comunidad un ser con respecto al cual todos los *verdaderos deberes,* por lo tanto también los éticos, han de ser *a la vez* representados como mandamientos suyos... Pero éste es el concepto de Dios como soberano moral del mundo... Así pues, una comunidad ética sólo puede pensarse como un pueblo bajo mandamientos divinos, esto es, como un *pueblo de Dios* y ciertamente bajo *leyes de virtud*».

¿Fueron éstas *las* auténticas razones que movieron a Kant a pensar como lo hizo? En cualquier caso, eran *razones* de Kant y nos ayudan a explicarnos su pensamiento ético, aun cuando muy probablemente se hallen lejos de explicarlo de manera exhaustiva. No hay que olvidar que su ética del puro deber —prevaleciente sobre la del supremo bien, al menos biográficamente hablando— constituiría «todo un factor dotado de lógica propia» en palabras de Caffarena y quedaría, lo que nunca acaece de modo enteramente fortuito ni en vano, como la ética «kantiana» por excelencia. Tras este libro, sin embargo, nadie podrá dejar de prestar la atención que merece al componente «utópico» de la filosofía moral de Kant. Caffarena nos descubre cuál es, en realidad, su más radical fuente de inspiración en este punto cuando atribuye a la visión kantiana del mundo la blochiana tonalidad de «un optimismo militante». Y de ahí también que la filosofía de Kant sea para él una filosofía de la «esperanza». Kant mismo hubiera estado muy de acuerdo, a juzgar por estas palabras de sus *Sueños de un visionario* que Bloch gustaba de citar: «La balanza de la razón no es, en efecto, del todo imparcial, y uno de sus brazos —el que ostenta la inscripción "esperanza de futuro"— se beneficia de una ventaja mecánica que determina que aun ligeras consideraciones depositadas en el platillo correspondiente consigan remontar las especulaciones de mayor peso intrínseco depositadas en el otro. Esta es la única inexactitud que no creo me sea dado corregir y que, a decir verdad, tampoco quiero en ningún caso corregir». Ahora bien, la esperanza blochiana —cualquier cosa que sea lo que suceda con la *esperanza de futuro* de Kant— podría no ir más allá de un simple «trascender sin trascendencia», que evidentemente no es el único que interesa a Caffarena. El intento de éste parece querer ser el de hacerla ir «más allá», al tiempo que se esfuerza por traer «más acá» la trascendencia, digamos, trascendente de la esperanza religiosa. Cuando se habla, por ejemplo, de «las razones» de Kant, se habla ante todo de una razón práctica cuyo primado contribuiría a poner en su lugar a la razón teórica, haciendo un sitio, de pasada, a la fe racional. Pero si el Dios de Kant se halla, como veíamos, en el hombre, esa fe racional será también «fe en el hombre». ¿Y por qué la esperanza no podría, de análoga manera, orientarse en la *doble dirección* de la utopía secular y de la religiosa?

La *filosofía de la historia* kantiana exhibe testimonios abundantes de esa esperanza, que por lo pronto es, a su vez, «esperanza en el hombre». Kant cree posible «un intento filosófico de elaborar la historia universal del mundo según un plan de la naturaleza que tienda a la perfecta unificación ciudadana del género humano». Y su confianza en el progreso da a trechos la sensación de ser la de un ilustrado típico. Kant admite, así, «que, puesto que el género humano está en continuo avance respecto a la cultura, en la que consiste su fin natural, está por lo mismo también en progreso hacia lo mejor respecto del fin moral de su existencia». Mas, junto a todo ello, Kant escribió asimismo que el hombre es «un leño retorcido, del cual es casi imposible sacar nada derecho», en la línea de su bien conocida tesis sobre el *mal radical* en la naturaleza humana.

Caffarena no oculta ni soslaya este último aspecto del pensamiento de Kant, que le lleva a recordar la calificación de «trágico» con que lo denominaría Lucien Goldmann. «Pero no, ciertamente, en el sentido» —puntualiza— «en que hoy podríamos dar ese título a un Max Horkheimer. Desde planteamientos muy similares a los de éste, Kant mantiene aún una prevalente confianza en el hombre, que impone finalmente un pronunciamiento esperanzado. A pesar del mal». Y se pregunta, aunque rehuye sabiamente la tentación de responder: «¿Arriaría hoy Kant su bandera, o la mantendría enhiesta?»

En rigor, una pregunta así no se refiere obviamente a Kant, sino a sus lectores contemporáneos, perplejos ante lo que llamamos más arriba la «irresolución de la modernidad»: mientras que para Caffarena la gran cuestión continúa siendo «¿Qué nos cabe esperar?», no faltará hoy quien se cuestione si aún cabe esperar algo.

Y todavía cabría que un obstinado «*e pur si deve!*» nos devuelva —con o sin esperanza, e incluso contra toda esperanza— a la *anterior* cuestión «¿Que debemos hacer?».

Caffarena no niega que ésta sea la aportación primera y más básica del mensaje de Kant, pero sostiene «la inseparabilidad de la actitud moral y del problema de la esperanza» dentro de sus planteamientos. Por mi parte, me inclinaría a pensar más bien que la última cuestión traza una divisoria —no siempre nítida, es cierto, además de frecuentemente fluctuante— entre la estricta ética y el teísmo moral kantianos, que Caffarena tiene por inseparables. En un párrafo de su «Conclusión», en que no puedo por menos de sentirme interpelado y hasta cariñosamente reconvenido, nuestro autor se expresa a este respecto con alguna mayor rotundidad que la habitual: «El hombre moral ha de estar dispuesto a serlo incluso cuando se vaya sintiendo puro defensor de causas perdidas. Pero no es un masoquista que busque ese fracaso. La realización de sus proyectos de bien le concierne, la búsqueda de esa realización pertenece a la seriedad de los mismos proyectos». Naturalmente que la ética nada tiene que ver con el masoquismo, ni está obligada a resignarse ante el fracaso, no digo ya a complacerse en él. Pero si ha de sobrevivir en estos tiempos, opino que hará bien en afirmarse al margen de cualquier perspectiva de éxito, incluidas las siempre respetables ilusiones teológicas relativas a una recompensa final tras nuestros sufrimientos en un mundo y una historia sin probables alternativas trascendentes. Después de todo, y aun cuando se las apañaba para que su apuesta por Dios arrojase invariablemente un saldo favorable al apostante, fue Pascal quien dejó dicho, con una frase que Kant habría suscrito sin reservas, que «no es necesario esperar algo para comprometerse a actuar, así como tampoco tener éxito para perseverar en nuestra acción».

Pero con esto hemos traspasado ese límite en el que la interpretación de la filosofía de Kant, o cualquier otra, comienza a depender de la clase de hombre que se sea. Por lo que a Caffarena se refiere, su opción es bien explícita: «en su secular esfuerzo moral, y pese a sus fracasos, la Humanidad se merece que no sea fallida su esperanza; *se merece que exista Dios*». Solemne proclamación de fe humanista que, desde luego, dice tanto o más acerca del intérprete que acerca de la propia filosofía interpretada.

Alguien más propendiente al pesimismo antropológico que Caffarena sostendría acaso que, a juzgar por sus actos, lo que los hombres se merecen es que exista el infierno. Por lo que a mí respecta, tengo tan poco claro que nos merezcamos tal cosa como que nos merezcamos su contraria; y he de confesar que la discusión en torno al humanismo ha sido siempre una de las que más perplejidades me suscita. Pero, después de leer una proclamación de fe como aquélla, me atrevería a decir que quien de veras se merece que exista Dios es ese hombre excelente, además de finísimo intérprete de la filosofía de Kant y cumplido filósofo él mismo, que es José Gómez Caffarena.

36. LA POLEMICA ACTUAL SOBRE LA OBEDIENCIA AL DERECHO DESDE UNA PERSPECTIVA KANTIANA

por EUSEBIO FERNÁNDEZ GARCÍA
(Universidad de Cantabria)

Voy a introducirme en el tema que me corresponde dentro de este seminario sobre Kant con un mal comienzo, ya que tengo que pedirles que me disculpen por mi falta de fidelidad al enunciado que encabeza este escrito. Me explico. En el presente trabajo se habla más de la libertad «de los contemporáneos» (distinguiéndola de «la libertad de los antiguos» y de «la libertad de los modernos» en la versión que de ellas dio B. Constant) y de la mejor forma de organizar política y jurídicamente, a la altura de nuestro tiempo, una sociedad que aspira a ser justa, que de la obra de Kant. No obstante, la falta de fidelidad al enunciado no se torna en ningún caso en ausencia de lealtad al filósofo, pues quiero señalar, lo antes posible, que no creo que se pueda hoy tratar asuntos tan complejos y delicados como los anteriormente citados sin un profundo reconocimiento y recuerdo a sus escritos.

En bastantes de las ideas que aquí aparecen no es muy difícil tomar nota de la deuda que tienen con Kant. Así, las referencias a las nociones de dignidad humana, de autonomía moral y de libertad, como también los requisitos del Estado de Derecho, el contrato social como principio regulativo de la legitimidad de los sistemas políticos, los derechos naturales como principios morales, etc. En las propuestas que aquí se hacen se asume la herencia kantiana pero se va mucho más allá, ya que ser solamente kantiano implica aceptar las insuficiencias de unos trabajos elaborados en un contexto histórico bastante diferente al nuestro y vivir de espaldas a los hechos acaecidos en los dos últimos siglos. De esta manera, y por poner algunos ejemplos, la idea de libertad política hoy es mucho más amplia que la acariciada por Kant [1]; en el caso de la igualdad ocurre algo similar, ya que a las reivindicaciones de la igualdad ante la ley se añaden hoy las de

[1] Pueden consultarse: Charles Taylor, «Kant's Theory of Freedom», en *Conceptions of Liberty in Political Philosophy,* ed. Zbigniew Pelczynski y John Gray, The Athlone Press, Londres, 1984, pp. 100 ss., y Simone Goyard-Fabre, *Philosophie politique (XVI-XX siècles,* Presses Universitaires de France, París, 1987, pp. 384 ss.

contenido político, social y económico para todos los hombres y mujeres. Otro punto que me parece importante para asumir hoy es el del interés de Kant por «dignificar» la conexión entre individuo-persona moral y ciudadano-sujeto a las leyes, posibilitando que la obediencia al Derecho se convierta en un acto moral, lejana a una actuación exclusivamente motivada en el miedo a la sanción jurídica. La necesidad de un orden social gobernado por leyes coactivas se construye sobre un dato tan evidente para Kant, y estoy seguro que también para nosotros, como el enunciado por él en el cuarto principio de sus *Ideas para una historia universal en clave cosmopolita,* que reza así: «El medio del que se sirve la Naturaleza para llevar a cabo el desarrollo de todas sus disposiciones es el antagonismo de las mismas dentro de la sociedad, en la medida en que ese antagonismo acaba por convertirse en la causa de un orden legal de aquellas disposiciones», y explica a renglón seguido: «Entiendo aquí por antagonismo la insociable sociabilidad de los hombres, esto es, el que su inclinación a vivir en sociedad sea inseparable de una hostilidad que amenaza constantemente con disolver esa sociedad» [2].

Sin embargo, considero que la postura de Kant en torno al Derecho de resistencia y a la rebelión [3] es moralmente incorrecta, ya que el mismo respeto por el Derecho también puede llegar a plantearnos la necesidad de sacrificar la legalidad en aras de la justicia.

Además quiero agregar que, en las páginas que siguen, que se extienden sobre temas tan serios como los requisitos políticos, jurídicos y económicos de una sociedad justa y sobre las diversas actitudes morales de los ciudadanos en relación con el Derecho, me he dejado guiar también por un talante deudor de Kant, o así me lo parece, donde se hace sitio tanto a la esperanza como al escepticismo. Por ello, no tendría inconveniente en suscribir el siguiente texto suyo, extraído de una nota a pie de página de su escrito *Replanteamiento de la cuestión sobre si el género humano se halla en continuo progreso hacia lo mejor* (1797):

> «Aunque sea grato imaginarse constituciones políticas que satisfagan las exigencias de la razón (especialmente en lo que atañe a la equidad), resulta temerario —y punible— el proponerles e incitar al pueblo a derogar la constitución vigente.
>
> La Atlántida de Platón, la Utopia de Moro, la Oceanía de Harrington

[2] I. Kant, *Ideas para una historia universal en clave cosmopolita* (1784). Utilizo la traducción de Concha Roldán Panadero y Roberto Rodríguez Aramayo en I. Kant, *Ideas para una historia universal en clave cosmopolita y otros escritos sobre Filosofía de la Historia,* con estudio preliminar de Roberto Rodríguez Aramayo, Tecnos, Madrid, 1987, pp. 8-9.

[3] Ver José L. Villacañas Berlanga, *Racionalidad crítica. Introducción a la filosofía de Kant,* Tecnos, Madrid, 1987, pp. 285 ss.

y la Sevenambia de Allais fueron saliendo sucesivamente a escena, pero nunca (exceptuando el malogrado intento de Cromwell por implantar una república despótica) se han ensayado. Con tales creaciones políticas sucede lo mismo que con la creación del mundo: ningún hombre estaba presente, ni podía estarlo, pues en este caso tendría que haber sido su propio creador. Esperar que un constructo político como los reseñados aquí llegue a materializarse algún día —por remoto que sea— es un dulce sueño, pero aproximarse constantemente a ese horizonte utópico no sólo es algo imaginable, sino que, en cuanto puede compadecerse con la ley moral, constituye un deber, y no de los ciudadanos, sino del soberano» [4].

I. JUSTICIA Y OBEDIENCIA AL DERECHO

En un libro mío, publicado recientemente, he intentado responder a la pregunta de si se puede mantener con cierta coherencia la idea de que existe algo parecido a una obligación moral de obedecer al Derecho. Es evidente que, si logramos encontrar razones morales a favor de un ordenamiento jurídico, nos encontramos en el camino adecuado para dar una respuesta afirmativa a dicha pregunta, aunque esta respuesta afirmativa siempre deberá ser objeto de matizaciones.

La tesis allí mantenida es expresada de la siguiente forma:

> «Las ideas elementales de las que parte el presente trabajo insisten en que los destinatarios del Derecho son, al mismo tiempo, agentes morales, y que un determinado sistema jurídico puede contar con razones morales a su favor. Su tesis central es que hay una obligación moral de obedecer al Derecho justo y a las disposiciones jurídicas justas, derivada de la obligación moral más general que tienen los hombres de ser justos. Se entenderá que un sistema jurídico es suficientemente justo cuando ha sido elaborado contractualmente y, además, reconoce, respeta y garantiza el ejercicio de los derechos humanos fundamentales» [5].

Deseo señalar especialmente que los dos criterios anteriormente citados deben darse combinados, ya que cada uno de ellos, por separado, sería insuficiente como justificación de la obligación moral de obedecer al Derecho.

Paso ahora a describir cuáles serían las características y los contenidos materiales de una organización política y jurídica de la convivencia humana que intenta ser justa. Más tarde enunciaré los requisitos de una teoría contractualista de la justicia.

---

[4] En *Ideas para una historia universal en clave cosmopolita y otros escritos sobre Filosofía de la Historia,* cit., p. 97.

[5] Eusebio Fernández, *La obediencia al Derecho,* Cívitas, Madrid, 1987, p. 21, también pp. 71 y ss.

Ver la reciente obra de Kent Greenawalt, *Conflicts of Law and Morality,* Clarendon Law Series, Oxford University Press, Nueva York, 1987.

II. LOS CONTENIDOS DE LA JUSTICIA: LA RELACION CORRECTA ENTRE LIBERTAD E IGUALDAD

Siempre que he pretendido reflexionar sobre lo que podría ser la justicia o lo que debería ser calificado como «justo» me vienen a la memoria las palabras finales de la conferencia de despedida de Hans Kelsen como miembro de la Universidad de California, pronunciada el 27 de mayo de 1952 en Berkeley. Dicen así:

> «He empezado este ensayo preguntándome qué es la Justicia. Ahora, al concluirlo, sé que no he respondido a la pregunta. La único que puede aquí salvarme es la compañía. Hubiera sido vano por mi parte pretender que yo iba a triunfar allí donde los más ilustres pensadores han fracasado. Verdaderamente, no sé si puedo afirmar qué es la Justicia, la Justicia absoluta que la humanidad ansía alcanzar. Sólo puedo estar de acuerdo en que existe una Justicia relativa y puedo afirmar qué es la Justicia para mí. Dado que la Ciencia es mi profesión y, por tanto, lo más importante en mi vida, la Justicia, para mí, se da en aquel orden social bajo cuya protección puede progresar la búsqueda de la verdad. Mi Justicia, en definitiva, es la de la libertad, la de la paz; la Justicia de la democracia, la de la tolerancia» [6].

A pesar de no coincidir con el relativismo de H. Kelsen y con su escepticismo sobre las posibilidades de la racionalidad práctica [7], creo que puedo sacar provecho de las ideas expresadas en el texto citado anteriormente. Tampoco aquí intento definir qué es la Justicia absoluta, sino exponer unos criterios mínimos de Justicia capaces de convertir a ésta en un ideal intersubjetivo y universalizable en contextos históricos determinados. La justicia de la libertad, de la paz, de la democracia y de la tolerancia y un orden social «bajo cuya protección puede progresar la búsqueda de la verdad» permiten elaborar esos criterios mínimos. Si es posible encontrar buenas razones a favor de los valores de la libertad, paz, tolerancia y democracia, si su aplicación a casos concretos puede ser objeto de una discusión racional, imparcial, libre e informada, si cabe la posibilidad de comparar sistemas morales, sociedades e instituciones políticas y jurídicas y enunciar juicios de valor argumentados sobre su justicia o injusticia, habremos salido de la trampa de considerar que la justicia es siempre

---

[6] Hans Kelsen, *¿Qué es la Justicia?,* Ariel, Barcelona, 1982, edición, traducción y estudio preliminar de Albert Calsamiglia, p. 63. Sobre este punto, ver Elías Díaz, *Sociología y Filosofía del Derecho,* Taurus, Madrid, 1980, pp. 337 ss.; Gregorio Peces-Barba, *Los valores superiores,* Tecnos, Madrid, 1984, pp. 142 ss., y el estudio preliminar citado de Albert Calsamiglia, pp. 9 ss.

[7] Ver mis trabajos «Filosofía del Derecho, teoría de la Justicia y racionalidad práctica» y «Las relaciones entre el Derecho y la moral en H. Kelsen y H. L. A. Hart», incluidos en *Teoría de la Justicia y derechos humanos,* Debate, Madrid, 1984, pp. 32 ss. y 56 ss.

relativa y de que la validez de mis juicios de valor está limitada necesariamente al marco de «mis» juicios de valor.

El nexo entre justicia y libertad[8] facilita mucho las cosas, hasta el punto de que estaría dispuesto a mantener que la justicia consiste en el desarrollo de la libertad si no fuera porque existe otro valor equiparable en importancia y que es la igualdad. Podríamos, por tanto, partir de la idea de que la justicia consiste en la síntesis correcta de libertad e igualdad[9].

Pero ¿qué libertad? Creo que aquí se hace obligada una referencia a la tradición del pensamiento liberal, pues considero que la concepción liberal de la libertad es la más adecuada, al menos, como necesario punto de partida. El liberalismo, ha señalado Ralf Dahrendorf, es el resultado de la suma de la misantropía y la esperanza, de la fe en la fuerza y en el derecho del individuo y la duda ante la perfección de las cosas humanas, de un «poquito de moral y un poquito de teoría del conocimiento»[10]. De ahí que la concepción liberal de la libertad sea deudora de una teoría del conocimiento sobre la condición humana, sus necesidades, límites y esperanzas, y de una teoría moral que tiene como núcleo fundamental el individualismo ético, es decir, la dignidad, la inviolabilidad y la autonomía de los seres humanos. Así, la libertad debe compatibilizarse con la existencia de la autoridad; mientras «los hombres sean como son, cualquier sociedad precisará ciertas normas, y éstas habrán de ser protegidas por medio de

---

[8] Sobre el concepto de libertad pueden consultarse los trabajos de Francisco Javier Laporta, «Sobre el uso del término "libertad" en el lenguaje político», *Sistema*, n.° 52, Madrid (enero 1983), pp. 23 ss.; Alfonso Ruiz Miguel, «Sobre los conceptos de la libertad», *Anuario de Derechos Humanos*, n.° 2, Instituto de Derechos Humanos de la Universidad Complutense, Madrid (marzo 1983), pp. 513 ss., y Javier Muguerza, «Entre el liberalismo y el libertarismo (Reflexiones desde la ética)», *Zona Abierta*, Madrid (enero-marzo 1984), pp. 1 ss.

[9] Sobre estos puntos ver las obras de Kai Nielsen, *Equality and Liberty. A Defense of Radical Egalitarianism*, Rowman Allanhels Publishers, U.S.A., 1985; Thomas Nagel, *The View from Nowhere*, Oxford University Press, Nueva York, 1986, pp. 110 ss., y *What Does It All Mean? A Very Short Introduction to Philosophy*, Oxford University Press, Nueva York, 1987, cap. 8.

Comparto en este punto la interpretación que ha hecho Gregorio Peces-Barba de la inclusión de estos valores en el artículo 1.°1 de nuestra Constitución. Ver *Los valores superiores*, ya citado, pp. 117 ss. Ver también el trabajo de Luis Prieto Sanchís, «Los valores superiores del ordenamiento jurídico y el Tribunal Constitucional», *Poder Judicial*, n.° 11, Madrid, pp. 83 ss. De este último, ver su reciente e interesante libro *Ideología e interpretación jurídica*, Tecnos, Madrid, 1987.

Ver también el número del *Anuario de Filosofía del Derecho* correspondiente a 1987, en parte dedicado al tema «El principio de igualdad a fines del siglo XX», principalmente los trabajos de Esperanza Guisán, Carlos Alarcón, J. I. Martínez García, Francisco Puy, J. A. García Amado, A. E. Pérez Luño, Manuel Escamilla y Damián Salcedo (Instituto de Estudios Jurídicos, Madrid, nueva época, t. IV).

[10] Ralf Dahrendorf, *Oportunidades vitales. Notas para una teoría social y política*, Espasa-Calpe, Madrid, 1983, trad. del alemán de Ramón García Cotarelo, pp. 131-132.

sanciones. Por lo menos un "Estado mínimo" es imprescindible». Pero también debe tenerse en cuenta, y ello es importante, que «mientras los hombres sean como son es posible que estas normas y las instancias que se han inventado para su protección resulten erróneas y, en consecuencia, tienen que se transformadas» [11]. Necesidad, por tanto, de una autoridad que limitará la libertad; esto es irremediable. Pero también necesidad de transformación de la autoridad, de revisión, de control, pues, si lo más importante es el individuo, todo el sistema debe descansar sobre la protección de su integridad, de sus necesidades, de sus derechos morales, de sus planes de vida y opciones personales compatibles con la libertad de los otros individuos y con un orden estatal regulador de los conflictos sociales. Las organizaciones sociales y las instituciones jurídico-políticas no tienen autonomía, porque no son fines, sino medios al servicio de los fines de los individuos.

La libertad se convierte en el primer aliado de la autonomía moral, en la posibilidad de su actuación. De ahí se deduce la necesidad, junto a la protección que la autoridad debe llevar a cabo de la vida e integridad física y moral de las personas frente a las agresiones externas y la arbitrariedad, de garantizar la discusión libre, la elección, la revisión de las formas de organización de la convivencia, en definitiva, los derechos a la libertad de conciencia, de pensamiento, de opinión, de expresión, de participación política en situaciones de igualdad. Como ha apuntado Ralf Dahrendorf,

> «el individualismo de los liberales alcanza su pleno sentido únicamente en relación con el supuesto epistemológico de que ningún ser humano sabe todas las respuestas, de que, cuando menos, no existe certidumbre alguna de que la respuesta correspondiente sea correcta o no. Vivimos en un horizonte de incertidumbre fundamental. Una tal duda frente a lo absoluto conduce a la exigencia de que se establezcan circunstancias que permitan dar en cada momento respuestas distintas y que, además, cambien con el tiempo; a la exigencia de que se establezca una sociedad abierta. Aquí es donde tiene su razón de ser el interés de los liberales por la libertad de opinión y, también, por las instituciones políticas que hacen del cambio un principio; el interés por la democracia así entendida» [12].

La concepción liberal de la libertad se levanta sobre dos pilares que la hacen factible: la defensa de los derechos individuales fundamentales y la existencia de un Estado de Derecho. En cuanto al Estado de Derecho, su existencia es siempre una garantía para la autonomía, la seguridad y la libertad de los individuos. La subordinación del poder político a normas jurídicas de carácter general y públicas,

---

[11] *Op. cit.*, p. 131.
[12] *Op. cit.*, pp. 132-133.

que nos permiten conocer las competencias, marco y límites de su actuación, da confianza y seguridad al ciudadano en el ejercicio de sus libertades. La experiencia nos muestra que el Estado (algunas instituciones, funcionarios, etc.) puede actuar arbitrariamente, incluso violando la propia legalidad por él creada; por ello son necesarias normas jurídicas que protejan nuestra libertad frente a las posibles violaciones del poder político, cuando éste va más allá de los límites legales de su competencia; por ello son necesarias también instituciones políticas y judiciales que controlen su actuación. Conviene no caer en la trampa de llegar a admitir supuestas razones de Estado al margen de su auténtica razón de ser: los derechos humanos fundamentales. Por otro lado, el Estado de Derecho debe posibilitar el cambio pacífico a través de modificaciones institucionales y constitucionales, que, garantizando la crítica y la disidencia, dejen sin argumentos a los partidarios de la ruptura de la legalidad y de las soluciones revolucionarias. La violencia terrorista no tiene cabida en un sistema donde se protege el diálogo y la contrastación de opiniones y formas de vida; es un ataque a la libertad de los ciudadanos, un acto totalitario contra la soberanía moral de los individuos que un sistema democrático no puede permitirse el lujo de tolerar en lo más mínimo.

Con lo anterior creo que han quedado definidas las características suficientes de un orden social regido por el ejercicio de las libertades. Sin embargo, dado que el objetivo planteado es también la justicia (sociedad justa, derecho justo, etc.), la libertad, aun siendo imprescindible, resulta insuficiente si no va acompañada de la igualdad. Es aquí donde las respuestas del liberalismo clásico y de las posturas neoliberales agotan su imaginación para estructurar un modelo de sociedad justo. De la misma forma que la libertad exige la igualdad (una igualdad no impuesta, sino elegida libremente), un liberalismo a la altura de nuestro tiempo no puede mantenerse impermeable a las reivindicaciones de los grupos sociales por una sociedad más igualitaria en el terreno social y económico. Incluso los liberales más sensibles a estas reivindicaciones, como R. Dahrendorf, no han pasado de plantear tímidos intentos de una supuesta convergencia que les cuesta mucho creer y poco negar. Sin embargo, voy a partir de la idea de que un liberal contemporáneo puede mantener posturas que podríamos denominar liberal-socialistas sin abdicar del «credo» liberal en lo que tiene de más esencial y que es la lucha por la libertad de los seres humanos. También me atrevería a decir que no es posible ser liberal hoy, y mantener por tanto la defensa de ese objetivo, sin defender un liberalismo igualitario. El argumento que voy a utilizar a favor de esta tesis es inequívocamente liberal, no en vano lleva la firma de uno de los representantes actuales más lúcidos de dicha corriente de pensamiento. Se trata de la respuesta de R. Dahrendorf a la pregunta sobre la definición del liberalismo.

> «A mi modo de ver —contesta— el liberalismo contiene dos elementos fundamentales; ambos se refieren a la esfera individual y los definiré como las *life chances* del individuo. El primero de estos elementos se refiere a la protección del individuo y de sus oportunidades con respecto a cualquier limitación arbitraria. Este es el aspecto negativo o pasivo del liberalismo, aunque es precisamente éste el que frecuentemente anima a los hombres a actuar y, sobre todo, los incita a la protesta. El segundo elemento del liberalismo, igualmente importante, está en el esfuerzo incesante por ampliar las oportunidades de la vida de los individuos: es decir, el esfuerzo de cambiar las condiciones de la sociedad en la cual viven los individuos, de modo que un número siempre mayor de personas goce de oportunidades de vida siempre mejores. Este es el elemento activo del liberalismo, y quisiera subrayar que es indispensable. El liberalismo no es de ninguna manera la teoría política del *statu quo*» [13].

El primero de los elementos ya ha sido visto en la concepción liberal de los derechos individuales. Según ésta, y como ha apuntado R. Dworkin, «los derechos individuales son triunfos políticos en manos de los individuos» [14].

Sin embargo, creo que el segundo de los elementos no puede ser conseguido dentro del marco del liberalismo tradicional. La explicación es que el ejercicio de la libertad a través de los derechos individuales se muestra insuficiente para lograr un cambio de las condiciones sociales de los individuos que amplíe a más y mejor sus oportunidades de vida, pues la libertad así entendida puede convivir con desigualdades notables en el aspecto económico y social, e incluso puede aumentarlas. Si la elección de las oportunidades vitales son actos derivados de la dignidad y autonomía de las personas, toda limitación de carácter externo, social o económica a la posibilidad de modelar planes de vida es un atentado a la dignidad y a la autonomía, y, por tanto, a la libertad de los individuos. De ahí que ni el desarrollo de la autonomía ni el de la libertad puedan ser reales si no existe una suficiente igualdad de oportunidades sociales y económicas y un marco mínimamente igualitario. Ello precisa y justifica acciones sociales y de política gubernamental para remover obstáculos, para intervenir positivamente en la reducción de las situaciones de desigualdad y en el estímulo de las que favorecen la igualdad y, en general, para cambiar las condiciones socioeconómicas con la finalidad de universalizar las oportunidades de elegir planes de vida adecuados. La única actuación social y política ilegítima será aquella que atente contra los

---

[13] Ralf Dahrendorf, *El nuevo liberalismo,* Tecnos, Madrid, 1982, trad. del italiano de José M. Tortosa, p. 34.

[14] «Los individuos tienen derechos cuando, por alguna razón, una meta colectiva no es justificación suficiente para negarles lo que, en cuanto a individuos, desean tener o hacer, o cuando no justifica suficientemente que se les imponga alguna pérdida o perjuicio», en *Los derechos en serio,* Ariel, Barcelona, 1984, trad. de Marta Guastavino y ensayo introductorio de Albert Calsamiglia, p. 37; ver también el cap. 12 del libro.

derechos individuales. Son, por tanto, razones de autonomía, de libertad y de justicia las que exigen un liberalismo igualitario [15], tan lejos del liberalismo conservador como de un socialismo de raíz marxista. Liberalismo igualitario que es compatible con una economía de mercado no absoluta, con el derecho de propiedad mínimo para el desarrollo individual y con una desigualdad en los resultados que pueda servir para, reconducida, compensar la suerte de los menos favorecidos. Este objetivo hacia una mayor nivelación social y económica es realizable con el reconocimiento constitucional, no retórico sino eficaz, de los derechos económicos y sociales.

No creo que un liberal verdaderamente empeñado en la realización de una sociedad libre y justa estime improcedente este mínimo compromiso con la igualdad social y económica. Ese sería el caso de Ronald Dworkin, quien, en su exposición de la lista de las posiciones políticas liberales, ha incluido algunas referentes a la política económica:

> «En la política económica —ha escrito— los liberales piden que las desigualdades de las riquezas se disminuyan por medio de obras de beneficio social y de otras formas de redistribución financiadas por impuestos progresivos. Creen que el gobierno debe intervenir en la economía para favorecer la estabilidad económica, controlar la inflación, reducir el desempleo y proporcionar servicios que no se podrían dar de otro modo, pero prefieren una intervención selectiva y pragmática a que se produzca un cambio dramático de la libre empresa a la toma de decisiones enteramente colectiva sobre inversiones, producción, precios y salarios» [16].

Finalmente, quiero añadir que, frente a la crítica radical de izquierdas al sistema liberal-democrático y a la defensa del retorno al Estado liberal clásico por parte de los neoliberales, caben aún buenas y oportunas razones a favor del Estado social de Derecho.

III. LA TEORIA CONTRACTUALISTA DE LA JUSTICIA

El resultado a que hemos llegado permite enunciar una regla de carácter general que vendría a decir que la justicia es la síntesis y relación correcta entre la libertad y la igualdad. La libertad justifica la existencia de los derechos individuales básicos, mientras que la igualdad permite una mayor generalización a la hora de elegir planes de vida y de distribuir oportunidades, ventajas y recursos. También la

---

15 Ver Carlos Santiago Nino, *Etica y derechos humanos. Un ensayo de fundamentación,* Paidós, Buenos Aires, 1984, pp. 187 ss.

16 Ronald Dworkin, «El liberalismo», en *Moral pública y privada,* compilado por Stuard Hampshire, Fondo de Cultura Económica, México, 1983, trad. de Mercedes Córdoba, pp. 142-143.

igualdad justifica la intervención de la sociedad y del poder político con el fin de destruir los obstáculos que impiden su realización, siempre con las limitaciones propias derivadas de los derechos individuales, que son siempre prioritarios, y de las instituciones de un Estado de Derecho.

Las mismas razones que se abogan a favor de la libertad valen para la igualdad: la dignidad humana, la autonomía moral y el derecho igual de todas las personas a ser tratados de forma semejante y con el mismo respeto. De aquí podríamos también derivar que, si son los mismos principios los que fundamentan los derechos individuales y la concepción liberal de la libertad y, por otra parte, los derechos a la igualdad y la concepción de la justicia propia de un liberalismo igualitario, entonces no existen razones especiales para reconocer unos y no los otros o para garantizar plenamente los primeros y conceder menos garantías a los segundos. En caso de conflicto entre las exigencias de la libertad y las de la igualdad, se admitiría la solución liberal de dar prioridad al ejercicio de las libertades.

Si se me preguntara con qué nombre bautizar esta teoría de la justicia, contestaría que el de una teoría contractual de la justicia, distinguiéndola tanto de una teoría de lo justo por naturaleza como de una teoría de lo justo por convención. La búsqueda de la justicia natural o de lo justo por naturaleza ha sido el gran y noble objetivo de todas las teorías iusnaturalistas, empresa importante porque han sido notables sus aportaciones históricas, pero también empresa llena de frustraciones que se ha reducido a determinar como natural lo que ya de antemano cada pensador, cada corriente de pensamiento o cada época histórica tenían como bueno y justo. En cuanto a lo justo por convención, su máxima expresión se logra cuando lo justo es el resultado de la soberanía popular y, por tanto, del criterio de las mayorías. Este criterio cuenta con la importante razón a su favor de que garantizar la autonomía y la libertad de muchos es una regla más justa que dar prioridad a los derechos de las minorías [17], pero la legitimidad democrática como puro criterio casi cuantitativo es escasa e insuficiente. La teoría contractual de la justicia es un principio de legitimidad democrático mucho más exigente. Según éste, para hablar de una sociedad, un sistema político o un ordenamiento jurídico suficientemente justos es preciso cumplir dos requisitos: el primero, que podría denominarse de legitimidad de origen, enuncia que las instituciones sociales y políticas deben construirse tal como si se estuviera llevando a cabo un contrato entre individuos autónomos, libres y en situación de igualdad; el segundo añade que el contenido y marco del

[17] Sobre este punto puede consultarse el libro del profesor Elías Díaz *De la maldad estatal y la soberanía popular,* Debate, Madrid, 1984.

contrato es la mejor forma de hacer efectivos los derechos morales de los individuos (derechos personales, cívico-políticos y económicos, sociales y culturales) y contaría como legitimidad de ejercicio [18]. Queda, por tanto, claro que los derechos morales son previos al contrato y que se ejercen «a través» de éste.

Parece ser, por todo lo que se ha señalado anteriormente, que el núcleo fundamental en torno al cual gira tanto una sociedad que pretenda crear y mantener instituciones justas como la elaboración de un principio de legitimidad también justo, se encuentra desarrollado en la idea de una teoría contractualista de la justicia o, más concretamente, en los dos requisitos expresados más arriba. Cabe ahora preguntarse acerca del asunto de si la obra de Kant, en ciertos puntos de su filosofía moral, política y jurídica aboga por estos requisitos y características, arroja nueva luz sobre ellos o existen elementos radicalmente opuestos. Una respuesta posible, la que creo que cuenta con razones más convincentes y objetivas, es que, en general, estos dos requisitos de una teoría contractualista de la justicia pueden presentarse como legítimos herederos de la aportación kantiana. Desarrollados los dos requisitos en la actualidad, nos encontramos con el hecho de que las características y condiciones exigibles para hablar de sociedad justa van mucho más, en profundidad y extensión, que lo que puede obtenerse de la obra kantiana. Esto parece obvio, y una referencia a las diferencias de contexto histórico sirve como elemento explicativo suficiente.

Vayamos ahora a la postura de Kant en relación con esos dos requisitos. La proximidad, como punto de partida y no como meta, es clara.

En cuanto al primero de los requisitos que han de cumplirse, el de legitimidad de origen, que «enuncia que las instituciones sociales y políticas deben construirse tal como si se estuviera llevando a cabo un contrato entre individuos autónomos, libres y en situación de igualdad», me parece que la deuda con la teoría kantiana del contrato social es bastante grande. Valga como ejemplo el siguiente texto, tomado de su trabajo *En torno al tópico: «Tal vez eso sea correcto en teoría, pero no sirve para la práctica»* (1793).

> «Pero respecto de este contrato (llamado *contractus originarius* o *pactum sociale),* en tanto que coalición de cada voluntad particular y privada, dentro de un pueblo, para constituir una voluntad comunitaria y pública (con el fin de establecer una legislación, sin más, legítima), en modo alguno es preciso suponer que se trata de un *hecho* (incluso no es posible suponer tal cosa); poco más o menos como si, para considerarnos ligados a una cons-

[18] Ver mi trabajo «Neocontractualismo, Estado y derechos humanos», en *Teoría de la Justicia y derechos humanos,* cit., pp. 175 ss.

titución civil ya existente, ante todo hubiera que probar primero, partiendo de la Historia, que un pueblo, en cuyos derechos y obligaciones hemos ingresado como descendientes, tuvo que verificar realmente alguna vez un acto semejante y legarnos a él, sea de palabra o por escrito, una información segura o cualquier documento. Por el contrario, se trata de una *mera idea* de la razón que tiene, sin embargo, su indudable realidad (práctica), a saber, la de obligar a todo legislador a que dicte sus leyes como si éstas *pudieran* haber emanado de la voluntad unida de todo un pueblo, y a que considere a cada súbdito, en la medida en que éste quiera ser ciudadano, como si hubiera expresado su acuerdo con una voluntad tal. Pues allí se halla la piedra de toque de toda ley pública» [19].

Pues bien, mi idea del principio de legitimidad contractualista como principio de legitimidad de origen se asemeja a la teoría kantiana en cuanto que el contrato social no es un concepto empírico sino racional (una idea *a priori* de la razón práctica de Kant), una idea normativa de la razón práctica que sirve como «criterio último para juzgar la legitimidad del derecho positivo», que responde «al reconocimiento recíproco de los hombres como personas, como sujetos del derecho» y que además de ser un concepto racional, normativo y práctico lo es también crítico [20].

En cuanto al segundo de los requisitos, a añadir necesariamente al primero, que reza «que el contenido y marco del contrato es la mejor forma de hacer efectivos los derechos morales de los individuos (derechos personales, cívico-políticos y económicos, sociales y culturales) y contaría como legitimidad de ejercicio», opino que también es deudor de Kant, aunque habría que tener muy en cuenta que, en su caso, no entran en consideración como derechos muchos de lo que hoy son derechos cívico-políticos consagrados ni los denominados derechos económicos, sociales y culturales. También en este caso podemos echar mano de otro texto sacado de su trabajo *En torno al tópico: «Tal vez eso sea correcto en teoría, pero no sirve para la práctica»,* cuando señala:

«Por tanto, el Estado civil, considerado simplemente como Estado jurídico: se funda en los siguientes principios *a priori:*
1. La *libertad* de cada miembro de la sociedad, en cuanto *hombre.*
2. La *igualdad* de éste con cualquier otro, en cuanto *súbdito.*
3. La *independencia* de cada miembro de una comunidad, en cuanto ciudadano».

De la misma forma, la idea de que «los derechos morales son pre-

[19] Utilizo la versión castellana de Francisco Pérez López y Roberto Rodríguez Aramayo, aparecida en Tecnos, Madrid, 1986, pp. 36-37.
[20] Ver el trabajo de Otfried Höffe «Acerca de la fundamentación contractualista de la justicia política: una comparación entre Hobbes, Kant y Rawls», incluido en *Estudios sobre teoría del Derecho y la Justicia,* traducción de Jorge M. Seña, Alfa, Barcelona, 1988, pp. 20, 24 y 26.

vios al contrato y que se ejercen a través de éste» se encuentra avalada por Kant cuando añade:

> «Estos principios no son leyes que dicta el Estado ya constituido, sino más bien las únicas leyes con arreglo a las cuales es posible el establecimiento de un Estado en conformidad con los principios racionales puros del derecho humano externo en general» [21].

IV. ¿SOLO CABE OBEDECER?

Considero que, dada una forma de organización jurídica y política de la convivencia humana que haya sido construida según los requisitos de la teoría contractualista de la justicia y en la que funcionen los principios, normas e instituciones derivadas de los contenidos materiales de la justicia (relación correcta entre libertad e igualdad), de su existencia y efectividad se desprende la obligación moral que tienen los ciudadanos de obedecer al Derecho justo en general y a sus disposiciones jurídicas justas en particular.

¿Qué aportaría I. Kant en este punto de la obligación moral de obedecer al Derecho? Creo que existen varios motivos en la obra kantiana para responder afirmativamente a la tesis de La obediencia, por razones morales, al Derecho. En mi libro *La obediencia al Derecho* he desarrollado este aspecto, entrando en polémica con una interpretación del prof. Javier Muguerza en sentido contrario [22]. La distinción kantiana entre la moral y el Derecho, fundamentada en la autonomía de la primera y la heteronomía del segundo, no puede ser tomada como distinción tajante, al menos por lo que se refiere a este tema, si se tiene en cuenta textos como el que sigue:

> «... la legislación ética no puede ser una legislación externa, ni siquiera la de una voluntad divina, aunque sí puede insertar en su legislación como motivos del obrar obligaciones procedentes de otra legislación, incluso de una legislación externa» [23].

Sin embargo, creo que aún no hemos agotado todas las posibilidades de actuación que plantean los problemas más fundamentales relacionados con las distintas perspectivas que aporta el tema de la obligación política. Me pregunto al respecto: ¿sólo cabe, desde el punto de vista moral, obedecer, más o menos sumisamente?

Valga como respuesta lo señalado en otro momento del desarrollo de mi libro, acerca de esa obligación moral de obedecer:

---

21 Traducción antes citada, p. 27.

22 Eusebio Fernández, *La obediencia al Derecho,* cit., pp. 109 ss.

23 I. Kant, *Introducción a la teoría del Derecho,* Introducción y traducción de Felipe González Vicén, Centro de Estudios Constitucionales, Madrid, 1978, pp. 54-55.

«Soy consciente de que esta obligación es derivada o indirecta y, por tanto, de que es distinta de la obligación moral en un sentido fuerte, que sería la que tiene como origen la autonomía de los individuos. También es evidente que caben otras posturas menos ''comprometidas'' en relación con el Derecho, como son la fidelidad, lealtad o respeto, pero respecto del Derecho justo ésta me parece la moralmente más adecuada. Todo esto es perfectamente compatible con la defensa de la postura de que también existen, en algunas circunstancias, razones morales a favor de la obligación moral de desobedecer al Derecho injusto o a las disposiciones jurídicas injustas, razones morales para no obedecerlas u otras obligaciones morales más fuertes, en conflicto con ella, que invalidan la obligación moral de obedecer a un Derecho justo y a las disposiciones jurídicas justas» [24].

Deseo aquí insistir, como se deduce de lo anterior, que no considero a la obligación moral de obedecer al Derecho justo y a las disposiciones jurídicas justas como una obligación moral absoluta, sino como una obligación moral derivada, ni como una obligación automática, sino *prima facie.*

Dentro del panorama de la actual filosofía moral y jurídica española ha tenido lugar una interesante polémica sobre este asunto, iniciada y estimulada por un trabajo del prof. Felipe González Vicén, que lleva por título «La obediencia al Derecho», y desarrollada por los profesores Manuel Atienza, Elías Díaz, Javier Muguerza, el propio González Vicén, Adela Cortina y quien esto escribe [25]. Aquí me voy a referir exclusivamente a la tesis defendida por el prof. González Vicén y solamente en los aspectos que me interesan en este momento.

Creo que del análisis pormenorizado de la postura del prof. González Vicén, expuesta en tres sitios distintos, se puede obtener la posible conclusión de que se mantienen dos tesis diferenciables: a la primera la voy a llamar «tesis radical», a la segunda voy a presentarla como «tesis moderada». Esta distinción es importante a los efectos que aquí quiero destacar.

La tesis radical se encuentra en el trabajo sobre «La obediencia al Derecho» y en la contestación a las críticas de que fue objeto por parte del prof. Elías Díaz y que lleva por título «La obediencia al Derecho. Una anticrítica» [26]. En el primero de los trabajos se escribe:

---

[24] Eusebio Fernández, *La obediencia al Derecho,* cit., pp. 21-22.

[25] Ver Eusebio Fernández, *La obediencia al Derecho,* cit., pp. 91 ss. En estas páginas se omite la interesante aportación de la prof. Adela Cortina, dado que tuve conocimiento de ella con posterioridad a la redacción del libro. En otro sitio y momento deseo responder a la postura defendida por mi querida compañera y colega. Ver Adela Cortina, «La justificación ética del Derecho como tarea prioritaria de la filosofía política. Una discusión desde John Rawls», *Doxa,* n.° 2, Cuadernos de Filosofía del Derecho, Alicante (1985), pp. 129-147, y «La calidad moral del principio ético de universalización», *Sistema,* n.° 77, Madrid (marzo 1987), pp. 111 ss.

[26] Felipe González Vicén, «La obediencia al Derecho», en *Estudios de Filosofía del Derecho,* Facultad de Derecho de la Universidad de La Laguna, 1979, p. 388.

«No hay obligación en sentido ético de obediencia al Derecho. Ni por su estructura formal ni por sus contenidos materiales el Derecho puede fundamentar éticamente la exigencia de su cumplimiento... O dicho con otras palabras: mientras que no hay un fundamento ético para la obediencia al Derecho, sí hay un fundamento ético absoluto para su desobediencia».

En el segundo trabajo nos encontramos párrafos como el que sigue:

«La obligación ética no puede basarse en la heteronomía de razones o motivos de índole práctica, sino sólo en los imperativos de la conciencia individual».

La tesis moderada puede deducirse de una de las contestaciones a la entrevista que le hicieron los profesores Manuel Atienza y Juan Ruiz Manero [27]. A la pregunta de los entrevistadores sobre si considera que su tesis sobre la obediencia al Derecho debiera ser modificada en algún sentido, responde:

«Sigo fiel a mi tesis de que no hay un fundamento ético absoluto para la obediencia al Derecho, y sí, en cambio, para su desobediencia... Sí creo, en cambio, que hay un fundamento ético absoluto para desobedecer en algunos casos al Derecho, a saber, siempre que el cumplimiento de una norma jurídica contradiga los imperativos de la conciencia individual. Esta conciencia ética es lo que hace al hombre hombre, lo que presta valor a su personalidad individual y frente a ella no prevalece ninguna realidad normativa... Como se ve, no ha variado en nada mi posición inicial, que es la de una fe inquebrantable en la personalidad y autonomía ética del individuo. Entre todos los argumentos acumulados contra mi tesis no he encontrado, hasta ahora, ninguno que me haya hecho vacilar en mi posición» (pp. 320-321).

Coincidiendo con el prof. González Vicén en una misma fe inquebrantable en la personalidad y autonomía ética del individuo, sí creo que de la lectura de esta contestación se puede derivar que existe una variación en torno a la obediencia al Derecho (en el punto de las razones para la desobediencia estoy totalmente de acuerdo), aun a riesgo de malinterpretar sus ideas. La variación, o, si se quiere, matización, estriba en el calificativo «absoluto» añadido al «fundamento ético». Considero que es distinto hablar de fundamento ético para obedecer al Derecho que de fundamento ético «absoluto» para obedecer al Derecho, salvo que se considere que todo fundamento ético debe ser un fundamento absoluto, lo cual es difícilmente justificable.

Pues bien, esta distinción abre la posibilidad de interpretar que, aun no existiendo un fundamento ético absoluto de obedecer al Derecho, sí podríamos contar con un fundamento ético relativo, posibili-

«La obediencia al Derecho. Una anticrítica», *Sistema,* n.° 65, Madrid (marzo 1985), pp. 101 ss.

[27] Aparecida en la revista *Doxa,* n.° 3, Alicante (1987).

dad que no se encuentra expuesta por parte del prof. González Vicén, pero que daría sentido a la tesis moderada o matizada.

Comparada esta postura con la mantenida por mí, se pueden derivar las siguientes conclusiones:

1. Mi tesis se encuentra enfrentada fundamentalmente a la tesis suya que he denominado «radical».

2. Mi tesis no es fundamentalmente muy distinta a la que he interpretado como tesis moderada o matizada, ya que no se me ha pasado nunca por la imaginación que el fundamento ético de obediencia al Derecho sea un fundamento absoluto. Solamente en un Estado cuyos poderes legislativo, ejecutivo y judicial estuvieran en manos de ángeles se podría defender esto con un mínimo de coherencia.

¿Por qué mi tesis no es muy distinta a la tesis moderada o matizada? Por dos razones:

1. Porque la obligación moral de obedecer al Derecho justo y a las disposiciones jurídicas justas es una obligación secundaria o derivada de la obligación moral de ser justos (se trata, sobre todo, de crear, mantener, apoyar y defender instituciones jurídicas justas), mientras que la obligación moral de no obedecer (desobediencia ética en determinados casos de clara injusticia) es una obligación moral primaria (que obviamente debe justificarse moralmente para que no sea una decisión arbitraria). Se trata de dos planos distintos, pues no es la conciencia moral la que crea directamente la obligación moral de obedecer al Derecho, ya que éste es heterónomo (matizadamente heterónomo en un sistema democrático), en cambio sí es ella la que crea directamente la obligación moral de desobedecer o razones morales para la desobediencia.

2. Por la radicalidad con la que se han de cumplir las dos exigencias necesarias, en mi tesis, para hablar de Derecho justo y de disposiciones jurídicas justas: origen contractual y respeto y garantía de los derechos fundamentales. ¿Las cumple cotidianamente un ordenamiento jurídico suficientemente justo en todas o en la mayor parte de sus disposiciones? La desconfianza en una respuesta afirmativa tajante es lo que abre la puerta al papel insustituible que aquí ejerce la conciencia moral, autónoma, crítica y libre.

Por todo lo anterior, mi propuesta, que matizaría la tesis del prof. González Vicén, rezaría así:

> «Existe un fundamento ético relativo para la obediencia al Derecho y a las disposiciones jurídicas (lo relativo se refiere a que tanto el derecho como sus disposiciones deben ser justas), al mismo tiempo que puede haber un fundamento ético absoluto y justificado para su desobediencia».

CONFERENCIA DE CLAUSURA

37. SOBRE LA ETICA DE KANT

por JOSÉ LUIS L. ARANGUREN
(Instituto de Filosofía del C.S.I.C.)

Naturalmente que ante todo, ni que decir tiene, tengo que expresar mi respeto y admiración por Kant, quien es sin lugar a dudas el filósofo por antonomasia de la Ilustración, el que lleva la Ilustración —como él mismo dijo— a la mayoría de edad o —más estrictamente— la saca de la minoría de edad. Hasta Kant lo que había eran *philosophes,* en el sentido dieciochesco de la palabra, siendo Kant el único «filósofo» de toda esa época. Esto es algo que me parece indiscutible. En el siglo XVII había filósofos, en el siglo XIX volverá a haber filósofos, pero en el siglo XVIII no hay filósofos, hay *philosophes,* que son otra cosa, y Kant es el que eleva eso, ese género de los *philosophes,* a auténtica filosofía. Ahí es donde reside buena parte de su grandeza racional, que también se puede tildar de racionalista si se quiere, a condición de no poner ningún acento peyorativo en el «ismo». Yo reconozco que no tengo ninguna simpatía por los «ismos» en general y que por eso mismo me gusta mucho la lengua inglesa, donde al cristianismo no se le llama "cristianismo" sino *christianity.* A mi modo de ver, cualquier «ismo» es una especie de reducción al revés a la que da pie más de una vez la mera redundancia, pero es que los extremos se tocan; la redundancia a veces se parece mucho al reduccionismo, y debo confesar que no tengo mucha simpatía por ese tipo de redundancia reduccionista. Y quizás en Kant haya una pizca de redundancia o reduccionismo en su racionalidad, que raya con el racionalismo. En cualquier caso, lo que sí me parece indudable es que Kant resulta netamente discernible, netamente disociable, de los neokantianos.

Es obvio que, si no creo mucho en los «ismos», menos aún habré de confiar en los «neoísmos», de los que ha habido tantas muestras en el caso de Kant. La historia nos ha dado muchos ejemplos de neokantismos e incluso yo diría que nuestra época es otra época de neokantismo. Sin duda se trata de un neokantismo distinto del neokantismo del siglo pasado y de la primera parte de nuestro siglo, pero no por eso deja de ser nuestra época una época de cierto neokantismo. Y de la misma manera que Marx no fue marxista, se puede y se debe decir que Kant no fue kantista o kantiano, ni mucho menos neokantista o neokantiano, cosa que no ocurre con nuestra filosofía actual, que sí admite el apellido de neokantiana o neokantista, como se prefiera.

Como estoy seguro de que a lo largo de este seminario se habrán hecho grandes elogios de Kant y del kantismo, voy simplemente a poner de manifiesto algunas reservas, expresando ciertas advertencias que acaso debieran tener en cuenta quienes se aventuren a navegar por el proceloso mar de la filosofía kantiana. Yo diría, para empezar (pero no me hagan ustedes mucho caso, porque voy a exagerar en el sentido opuesto, precisamente porque me imagino que un seminario dedicado a Kant ha tenido que ser muy kantiano, kantista y, por supuesto, neokantista; de modo que tomen ustedes lo que yo voy a decir *cum grano salis),* que Kant es el último representante de una psicología de facultades, de la clásica psicología de facultades, de la clásica psicología de facultades separadas que da lugar a considerar una razón separada, una razón abstracta. Es verdad que él habló de distintos usos de la razón o de un uso público de la razón y de un uso privado de la razón, pero ese uso privado de la razón no parece que sea un buen uso de la razón, ya que da pie a una razón mecanizada o a una razón burocratizada y, en todo caso, a una razón sumisa. También es verdad que él subrayó el hecho de que no se pueden separar los conceptos de las intuiciones, porque quedarían vacíos los unos y ciegas las otras, pero no sé si insistió tanto como creo que debería haber insistido en los distintos usos de la razón. Kant parece no haber advertido que, aparte del uso privado y del uso público, cabe un uso intuitivo de la razón, un uso científico de la razón, un uso hermenéutico, un uso narrativo o histórico, un uso lingüístico, un uso predictivo —la futurología— e incluso un uso utópico a cargo de la razón utópica. Kant en la *Crítica de la razón práctica,* mucho más que en la *Crítica de la razón pura* y que en la misma *Crítica del Juicio,* lleva a cabo una reflexión de razón pura, absolutamente pura, es decir, separada de todo lo demás. En la *Crítica de la razón pura* toma en consideración, en gran consideración, la ciencia de la época y elabora sus conceptos partiendo de esta toma en consideración. En la *Crítica de la razón práctica,* por el contrario, se diría que no, que no tiene nada que ver con lo que se hace o se ha hecho ni menos aún, claro está, con lo que se va hacer, llevando a cabo una especie de moralismo a ultranza, una suerte de prescriptivismo, de eticismo normativista, lo cual representa toda una ruptura con la clásica analogía del concepto de bien (eudemonista por un lado, estético por el otro), que, sin embargo, respeta de algún modo en la *Crítica del Juicio.* Y, por otra parte, tampoco advierte (por lo mismo que no hace uso de una razón lingüística, es decir, de una filosofía lingüística *avant la lettre)* que, en definitiva, su asunción del concepto de bien como deber parte de un uso lingüístico que le proporciona su propia lengua —he hablado de esto en mi libro sobre el catolicismo y el protestantismo—, ya que su ruptura con la clásica analogía del concepto de bien se sustenta en última instancia en la neta escisión consagrada por la lengua alemana entre los conceptos de *Gut* y de *Wohl*: ahí es donde radica su plena identificación del concepto de bien con el deber. Sin embargo, el deber no es sino la otra cara del derecho, uno de los componentes del inseparable binomio derechos-deberes, deberes-derechos. Resulta paradójica —creo yo— la relación kantiana, pero sobre todo neokantiana, entre ética y derecho, porque por una parte el derecho es sin duda, en mayor o menor medida, heterónomo, en tanto que somos constreñidos, en tanto que nos vemos sometidos coactivamente a las normas del derecho, que, por definición, no se acatan sino bajo una coacción legal, y, sin embargo, el neokantismo —esto no es un problema tanto de Kant como del neokantismo actual— tiende a dar primacia en la ética a lo jurídico, en el sentido formal, claro está, es decir, a lo procesal, a lo procedimental, viéndose inclinado a entender el orden entero de la ética como reducido a justicia. Sin duda la justicia es muy importante en la ética, pero se diría que el ámbito de la ética abarca algo más que el de la justicia. Por tanto, nos encontramos con la paradoja de que en una ética tan autónoma como la kantiana y la neokantiana se da esta relación demasiado estrecha —a mi juicio— con el derecho y con el procedimentalismo o procesalismo propio del derecho. Cuando la verdad —creo yo— es que, junto a los deberes, hay otros tipos de regulación de nuestras acciones.

Nuestra conducta es regulada, es las más de las veces regulada, pero no se regula siempre conforme al deber, sino que tiene otros tipos de regulación, los llamados por un filósofo-teólogo islámico, Ibn Paqüda, un judío que escribía en árabe (cuya obra ha sido traducida al castellano por nuestro colega el profesor Joaquín Lomba, quien me pidió prologar su trabajo), *Deberes del corazón*. Son estos otros deberes distintos, muy alejados de los de corte kantiano. Está entre nosotros Carlos Thiebaut, quien tiene muy presente que existe el libro de Robert Bellah y sus colaboradores, cuyo título —tomado, si no me equivoco, de Tocqueville— es el de *Habits of the Heart,* es decir, hábitos del corazón. Estos ejemplos apuntan, como se ve, en una dirección distinta de los deberes en sentido estricto, aunque supongan también regulaciones de nuestro comportamiento, situándonos, en definitiva, ante las virtudes en el sentido etimológico de la palabra, lo mismo en griego que en latín, es decir, ante las inclinaciones. Pensemos que, junto a esa analogía del concepto de bien, de bien tomado pura y simplemente como bien moral, existe también otra posible analogía que no se ha visto suficientemente subrayada por la tradición, que es la analogía del concepto de moral, y es que «moral» significa, por una parte, lo moral en el sentido estricto de la palabra, pero, en cambio, modernamente viene a cobrar un nuevo significado, el de la fuerza de la inclinación, como cabe apreciar, por ejemplo, en el uso que se le concede al término dentro del terreno deportivo, donde se habla de una moral elevada o de una moral baja. Cabe advertir así una insuficiencia dentro del pensamiento kantiano, por cuanto deja fuera de la moral ese otro mundo que no es el mundo del deber, sino el mundo de la fuerza moral, es decir, el mundo de las inclinaciones y en el límite, claro está, de las pasiones. Yo diría que esto es algo así como un *factum* para todos nosotros, aun antes de ser filósofos; me parece que es un *factum* insoslayable el hecho de que todos nosotros consideramos que el obrar por inclinación es superior al obrar por deber. Tan pronto como adquirimos la conciencia, justa o errónea, de que alguien obra por deber, nos parece que su obrar es artificial, que no es verdadero, que no es auténtico, que no sale de lo profundo de sí mismo; en cambio, cuando vemos que alguien obra por inclinación, o nos parece que obra por inclinación, entonces nos parece mucho más verdadero, mucho más bueno en el sentido plenario de la palabra «bueno». Este dato se me antoja un *factum* al que podemos apelar, porque creo que es absolutamente normal que todo el mundo reconozca que las cosas son así, que preferimos a quien obra por inclinación, que a quien obra por deber. Ahora bien, esto es un mentís bastante rotundo a la toma de posición de Kant, toma de posición que probablemente adolece de que su ética es poco antropológica.

Se diría que después de esta ola de neokantismo que nos invade —como en su momento se decía que lo hizo la ola del erotismo— habrá que volver a un tipo de ética que sea más antropológica y que advierta que lo que importa es hacer razonable la vida, esto es, que sea una verdadera razón práctica. A mí me gusta mucho la expresión «razón práctica», pero no tanto el sentido reductivo que le da Kant a esta expresión, de modo que, en definitiva, la razón práctica tal y como la estoy entendiendo se parecería mucho a la prudencia, es decir, a una virtud que tiene un pie en el lado intelectual y otro en el lado estrictamente moral. Acaso este punto de vista no sea profundamente original y no signifique sino volver los ojos hacia la vieja doctrina aristotélica, donde la virtud es, a la vez, intelectual y moral. Es verdad que tanto la palabra «prudencia» como el concepto de prudencia han quedado muy desprestigiados por una tradición que se inicia precisamente en España con Baltasar Gracián. Gracián entiende por prudencia —aunque no lo diga *expressis verbis*— algo así como egoísmo racional, y los ingleses, o mejor dicho los escoceces, se encargarán de decirlo abiertamente y sin la menor reserva. El mismo Kant habla de *Weltklugheit,* es decir, de prudencia mundana, la vieja prudencia mundana, la prudencia de la carne de la escolástica, lo cual supone evidentemente una reducción de lo que en principio habría de ser la prudencia, es decir, la razón práctica entendida en un sentido algo más amplio de como la entiende Kant.

Por otra parte, una moral puramente formal, en el plano de la praxis, cual es el caso de Kant, tiende a aceptar sin crítica alguna un contenido, que es el contenido de la moral establecida, y normalmente eso es lo que acaba por hacer todo formalista en sentido ético. Al no entrar en los contenidos de la moral, suscribe de algún modo la moral establecida, que en el caso de Kant —como es obvio— era la moral de la Ilustración, cuyos contenidos Kant parece asumir sin grandes reparos, pese a la criba que hubiera debido suponer su planteamiento. Desde el punto de vista del reformador moral, Kant no reforma absolutamente nada. Es verdad que un filósofo moral no tiene por qué ser un reformador moral; ciertamente no tiene por qué serlo, pero una cosa es que no tenga que ser un reformador moral y otra muy distinta que no tenga que hacerse cuestión de los contenidos de la moral, cosa que Kant no hace casi nunca. Alguien podría invocar en este punto los denominados escritos menores, pero no es ése el Kant que nos está ocupando aquí. Si admitimos que la filosofía debe hacerse cuestión de esos contenidos, cuando menos formalmente, para dar cuenta de ellos, de su modificación, de cómo son cambiantes y en qué forma evolucionan, cómo se reciben y cómo se abandonan, etc., todo esto constituye algo que sería inútil buscar en Kant. En definitiva, todo eso, esa dimensión de la moral que no es la moral de la subjetividad, que no es todavía tampoco —como en el neokantismo actual— la dimensión de la moral intersubjetiva, sino que es la moral social, es algo que se echa en falta por completo en la ética kantiana, absolutamente impermeable a todo cuanto ataña al *ethos* social o histórico.

Aunque no empalman directamente con este discurso, hay otro par de observaciones que me parece importante hacer. Una de ellas es la controvertida cuestión de si Kant era principalmente pesimista o, por el contrario, predominaba en él el optimismo. Es bien conocida la influencia que tuvo en este aspecto, como en tantos otros, la figura de Rousseau, pero no debe olvidarse la decisiva influencia luterana —que he tratado ampliamente en otras ocasiones— sobre el tema del mal radical. La cosmovisión kantiana oscila inevitablemente entre estos dos polos: la tradición cristiana protestante de la naturaleza caída y el revulsivo rousseauniano de la fe en la bondad natural del hombre. Otro punto extraño y paradójico es el del humanismo protestante de Kant, tan empeñado en que se tome siempre al hombre como fin en sí mismo y no sólo como mero medio instrumental. La pregunta que se impone es cómo toma él mismo no ya al hombre, sino a Dios. Porque yo diría que más bien lo toma como un mero medio de nuestro pleno cumplimiento del deber, de nuestra propia felicitación (no sé si Rafael Sánchez Ferlosio —aquí presente— estará conforme con este uso neologístico de la palabra «felicitación»), es decir, del hacernos felices, como un medio de nuestra propia inmortalización, considerando a Dios, hasta cierto punto un poco como Unamuno, como el garantizador de nuestra inmortalidad. Pero semejante papel sabe a demasiado poco. Para eso hubiera sido preferible prescindir de Dios, como pocos decenios más tarde haría Feuerbach, instalándonos en el pleno humanismo (otro reductista «ismo»). Si nos hemos de liberar de una utilización del hombre como medio, parece que, en el supuesto de que admitamos la existencia de Dios, más grave que utilizar al hombre como medio es utilizar a Dios pura y simplemente como tal.

Estas dos paradojas (me refiero a la tensión entre los polos del optimismo/pesimismo y a la del humanismo que tomaría a Dios como medio) no dejan de dejarle a uno un poco sorprendido, por no decir insatisfecho. En definitiva —y con esto termino ya—, yo creo que Kant ha sido el más grande filósofo puro, pero empleando la palabra «puro» en un sentido que no es absolutamente meliorativo, aunque tampoco diría que es absolutamente peyorativo: «puro», en tanto que hay un reduccionismo en esa pureza, entrañaría algo así como un distanciamiento de la filosofía (lo que no ocurre, como dije al principio, en la *Crítica de la razón pura* y hasta cierto punto en la *Crítica del Juicio)* respecto de todos los demás saberes, una filosofía separada. Al principio hablaba de la razón abstracta o separada; ahora estoy hablando de la filosofía abstracta o separada, es decir, de una filosofía que no toma en consideración desde este punto de vista la ciencia, que no toma en consideración —como hemos visto— el lenguaje, que no toma en consideración —como acabamos de ver— la antropología ni el *ethos* histórico o social, es decir, una metafísica pura; en definitiva, el eticismo kantiano es un eticismo metafísico puro en el sentido más absoluto de la palabra, pero, a la vez, también en el sentido más formal del término. Parece que en nuestra época la filosofía tiende a ser como todas las demás disciplinas y los demás saberes: interdisciplinar. En la *Crítica de la razón práctica* la filosofía kantiana es muy poco interdisciplinar y esto constituye —a mi modo de ver— uno de sus más graves defectos.

Por descontado, todo esto que yo he dicho no obsta a que Kant sea una figura no solamente venerable, sino absolutamente respetable, una figura sumamente importante en la historia de la filosofía, el pensador que nos introduce filosóficamente en la modernidad y todo lo que ustedes quieran. De todos modos, yo pensé que aquí tenía que venir a hacer un poco de Pepito Grillo, es decir, a llevar un poco la contraria y rebajar los grandes elogios del pensamiento kantiano que, a buen seguro, se le habrán prodigado en este seminario. Así que tomen ustedes esto a beneficio de inventario y, en fin, como una especie de juego que estaría más en la línea de la *Crítica del Juicio* y de la razón estética que en el de la razón pura práctica de Kant.

APENDICE

38. LA FILOSOFIA DE KANT EN LA ESPAÑA DEL SIGLO XIX*

Por JUAN MIGUEL PALACIOS
(Universidad Complutense de Madrid)

Señoras y señores:

Pocos meses después de la publicación de la *Crítica de la razón pura,* salían en París los dos tomos de *Geografía Moderna* de la *Nueva Enciclopedia,* en cuyo artículo sobre España podía leerse lo siguiente:

> «*L'Espagnol a de l'aptitude pour les sciences, il a beaucoup de livres, et cependant, c'est peut-être la nation la plus ignorante de l'Europe. Que peut-on espérer d'un peuple qui attend d'un moine la liberté de lire et de penser? Le livre d'un Protestant est proscrit de droit, qu'importe quelle matière il traite, parce que l'auteur est Protestant! Tout ouvrage étranger est arrêté; on lui fait son procès, il est jugé; s'il est plat et ridicule, comme il ne doit gâter que l'esprit on le laisse entrer dans le royaume, et on peut débiter cette espèce de poison littéraire partout: si, au contraire, c'est un ouvrage savant, hardi, pensé, il est brulé comme attentatoire à la religion, aux moeurs et au bien de l'état*» [1].

¿Cuál podía ser, pues, en tales circunstancias, la suerte previsible de una obra filosófica tan pensada, innovadora y profunda como la del autor de la primera *Crítica,* por lo demás protestante, en la tierra de España? El propósito de mi conferencia es referir a ustedes algunos hechos históricos sobre las vicisitudes de la filosofía de Kant en la España del siglo XIX, para que así, a su luz, puedan ustedes mismos estimar el valor de previsiones tan desfavorables.

Comencemos por recordar dos hechos elocuentes, que pueden servirnos a modo de paréntesis que encierren el espacio de tiempo de nuestra historia.

El jueves 28 de noviembre de 1799, pocos días antes de que diese comienzo lo que llamamos el siglo XIX, Wilhelm von Humboldt escribía desde Madrid a su amigo Johann Wolfgang von Goethe acerca

---

* Conferencia pronunciada por el autor en la Universidad de Colonia.

1 Cf. el artículo «Espagne» incluido en la *Géographie Moderne,* t. I, pp. 554-568, de la *Encyclopédie Méthodique ou par ordre des matières par une société de gens de lettres,* Paris, 1782, p. 565.

de la filosofía de Kant: *auch in Madrid ist wenigstens ihr Name bekannt*[2].

Dejemos pasar ese nuevo siglo. La revista filosófica *Kant-Studien*, que había sido fundada en 1896 por Hans Vaihinger con la colaboración de los más conocidos estudiosos alemanes y extranjeros del pensamiento de Kant, se propone, entre otros cometidos, el de investigar la difusión e influencia de la filosofía de Kant extramuros de Alemania, y, para su primer número, encarga al filósofo polaco Wincenty Lutoslawski un trabajo sobre Kant en España. Se daba la circunstancia favorable de que Lutoslawski estaba casado con la escritora española Sofía Casanova, dominaba el castellano, conocía España desde hacía diez años y se disponía a pasar entonces unos meses en Madrid, donde se hallaba ya introducido en diversos círculos literarios. El trabajo encargado apareció, en efecto, en 1897 en el primer número de los *Kant-Studien*[3] y constituye sin duda uno de los documentos más vergonzosos de la historia moderna de la cultura española.

Lutoslawski empieza por buscar lo que se ha escrito en España sobre Kant desde la aparición de la filosofía crítica hasta la fecha y pretende recurrir para encontrarlo a los repertorios bibliográficos españoles, pero descubre que en España tales repertorios no existen. Decide entonces valerse de los simples catálogos editoriales, pero ello tampoco da resultado, pues, según explica en su artículo, en España la mayoría de los autores habían de publicar sus libros a sus propias expensas y no figuraban, por tanto, en catálogo editorial alguno. No le quedaba, pues, sino acudir en persona a las bibliotecas públicas de la capital del reino, mas tampoco este camino le lleva a ninguna parte: ni en la biblioteca de la Universidad, ni en la del Ateneo, puede encontrar edición alguna de las obras de Kant. (Digamos entre paréntesis que todavía en agosto de 1908 Ortega y Gasset puede escribir lo siguiente: «Actualmente no existen en ninguna biblioteca pública de Madrid —casi pudiera añadir ni privada— las obras de Fichte. Hasta hace pocos días no existían tampoco las de Kant: hoy las ha adquirido el modesto Museo Pedagógico en una edición popular»[4]. En cuanto a la Biblioteca Nacional, Lutoslawski no halla en ésta sino una única obra original del pensador prusiano, y ello en un ejemplar de la cuarta edición de la *Crítica de la razón pura*. Lo demás son sólo algunas traducciones recientes del francés de cuatro o cinco obras más del filósofo.

Lutoslawski decide ir a ver, entonces, como representantes vivos de la filosofía en Madrid, a dos conocidos catedráticos de filosofía

---

[2] Cf. Wilhelm von Humboldt, *Briefe*, Carl Hanser Verlag, Munich, 1952, p. 220.
[3] Cf. W. Lutoslawski, «Kant in Spanien», *Kant-Studien*, 1 (1897), pp. 217-231.
[4] Cf. José Ortega y Gasset, *Obras Completas*, I, p. 108.

de la Universidad Central, de signo ciertamente muy contrario: don José Manuel Ortí y Lara y don Nicolás Salmerón. El primero es un filósofo tomista de estricta observancia, al que describe como «un señor viejo y simpático que da la impresión de ser un clérigo». Lutoslawski le visita en su casa y, después de exponerle el objeto de su investigación, le ruega su ayuda para realizarla. Pero Ortí y Lara se la niega rotundamente aduciendo dos motivos para ello: primero, que considera que buscar traducciones y comentarios de la filosofía de un autor es una bibliomanía que se alimenta de «vana curiosidad»; y, segundo, que además no quiere contribuir a que prosperen los *Kant-Studien,* pues considera que la filosofía de Kant es de todo punto rechazable y nociva y está fundada, como toda la filosofía moderna, en el error y el pecado.

Inasequible al desaliento, Lutoslawski se encamina entonces a casa del otro profesor, don Nicolás Salmerón, orador famoso, ex presidente de la República y filósofo krausista, que ejerce a la sazón al mismo tiempo como abogado, diputado y catedrático de la Universidad. La narración que Lutoslawski hace de esta segunda visita resulta no menos elocuente. Salmerón le dice que ha leído a Kant fundamentalmente en francés y que duda mucho de que pueda encontrar en España alguien que lo haya leído en alemán. Que considera que la obra de Kant ha ejercido una decisiva influencia en el campo de la filosofía, pero que él personalmente rechaza la distinción kantiana entre fenómeno y cosa en sí, porque considera que el fenómeno es la verdadera realidad. Lutoslawski se aventura entonces a calificar tal posición de positivista y ello levanta las más vivas protestas del tribuno krausista contra el afán clasificatorio de los hombres de ciencia alemanes. Salmerón le dice que él prefiere llamarse monista, pero declina toda definición de dicha posición filosófica, sosteniendo que, en realidad, la filosofía no es una ciencia que pueda enseñarse, sino que ha de nacer *ex novo* en cada filósofo.

Su accidentada investigación había de llevar luego inevitablemente a Lutoslawski al abigarrado despacho de nuestro gran polígrafo don Marcelino Menéndez y Pelayo en la Real Academia de la Historia. Este, en su inmensa erudición, le proporciona algunos datos interesantes sobre el particular, si bien lo que revelan es de muy escasa entidad. Pues, como escribe Lutoslawski, *wo nichts ist, kann man schwerlich etwas finden*[5].

El tenaz rastreo de las huellas de la filosofía de Kant en España termina conduciendo a Lutoslawski hasta la única persona que en 1897 se tenía en Madrid por kantiana: el Dr. don Matías Nieto Serrano, marqués de Guadalerzas, presidente de la Real Academia de Medici-

[5] Cf. art. cit., p. 221.

na y autor de numerosos libros, entre los que destacaba su *Bosquejo de la ciencia viviente.* Tras una conversación con él y a instancias del filósofo polaco, éste accede a exponerle brevemente por escrito su personal interpretación de la filosofía de Kant; y esa breve exposición, que Lutoslawski no consiguió traducir al alemán, fue reproducida en castellano como apéndice del trabajo que comentamos, bajo el título de *Kant vom Standpunkt eines spanischen Kantianers*[6]. No hubiera podido imaginarse un estrambote satírico más cruel al trabajo de Lutoslawski, cuya conclusión contradice textualmente la mencionada afirmación hecha por Humboldt casi cien años antes. Lutoslawski escribe, en efecto: *Kant ist in Spanien so gut wie gänzlich unbekannt*[7].

¿Qué ha pasado, pues, entre las dos estancias en Madrid de Humboldt y Lutoslawski? Ha pasado nuestro agitado y decadente siglo XIX. ¿Y qué ha sido de la filosofía de Kant en la España del siglo XIX? En realidad no tenemos todavía de ello un auténtico saber histórico. Es éste uno de los innumerables temas de la historia de la filosofía en España que aún no ha sido debidamente estudiado y cuya investigación merecería la pena. Valga sólo como un mero exordio a ella la presente conferencia, en que trataré de exponer ordenados cronológicamente los datos que de esa historia he podido recoger hasta la fecha.

Dividiré mi exposición en cuatro partes, que corresponden a los cuatro períodos históricos del siglo XIX en que se hace manifiesta una cierta presencia del pensamiento de Kant en el ámbito de la vida española. El primero de esos períodos comienza con el siglo y termina en 1820, año del pronunciamiento de Riego que da lugar al llamado trienio constitucional. El segundo, más largo, abarca de 1833 a 1868 y corresponde al reinado de Isabel II. El tercero, muy breve, va de 1875 a 1885 y coincide prácticamente con la primera época de la restauración. Y, finalmente, el cuarto transcurre desde el año 1885, en que comienza la regencia, hasta el fin de siglo.

En el primer período mencionado, que es el de la invasión napoleónica, la guerra de la Independencia, la Constitución de Cádiz y el retorno del absolutismo, sólo cabe encontrar en España meras alusiones a la existencia de la persona y de la obra filosófica de Kant, procedentes en su totalidad de fuentes francesas, de las que la cultura española era entonces casi exclusivamente tributaria.

Ahora bien, como es sabido, el conocimiento del pensamiento de Kant en el medio francés no se produjo hasta 1801, año en que apareció en Amsterdam el librito del holandés Kinker sobre el pensamiento

[6] Cf. art. cit., pp. 229-231.
[7] Cf. art. cit., p. 218.

del filósofo [8], y al mismo tiempo en Metz la obra de Charles Villers titulada *Philosophie de Kant, ou Principes fondamentaux de la philosophie transcendentale,* que fueron estudiados, discutidos y así difundidos en Francia sobre todo por Desttut de Tracy.

Sin embargo, en la mencionada conversación de Lutoslawski con Menéndez y Pelayo, éste dijo al filósofo polaco que, ya antes del año 1800, podía encontrarse algo sobre Kant en un *Memorial Literario* que se publicaba en Madrid desde 1784. Menéndez y Pelayo no pudo darle de ello la referencia exacta y Lutoslawski lo buscó denodadamente en la Biblioteca Nacional de Madrid, donde halló a su disposición los números de ese periódico aparecidos hasta 1797, en los que, sin embargo, no pudo encontrarlo por ninguna parte.

No hace aún muchos años, recordando este fracaso bibliográfico, un filósofo español preguntaba: «Algún curioso erudito, ¿ha investigado después este asunto?» [9]. Pues bien, me complace anunciar aquí que, movido por esta interrogación, yo mismo he proseguido la búsqueda de Lutoslawski, pero con mejor fortuna, y he podido dar por fin con lo indicado por Menéndez y Pelayo, si bien no en el *Memorial Literario, Instructivo y Curioso de la Corte de Madrid,* que publicó en efecto la Imprenta Real entre 1784 y 1797, donde lo buscó Lutoslawski, sino en otro periódico posterior de nombre muy semejante: el *Mirador Literario o Biblioteca Periódica de Ciencias y Artes,* publicado así mismo en Madrid a partir de octubre de 1801. Tenía, pues, razón Lutoslawski cuando escribía que Menéndez y Pelayo no solía equivocarse en estas cosas: se equivocó tan sólo en remitirle a unos pocos años antes, cuando en la propia Francia todavía no habían sonado las voces cuyos ecos habían de llevar a los españoles la noticia de la filosofía kantiana.

En efecto, en el número XX de ese periódico, correspondiente al mes de diciembre de 1802, y en el marco de una noticia de los trabajos de la clase de ciencias morales y políticas del Instituto de Francia, se reseña la lectura de una memoria de Mercier sobre las filosofías de Kant y de Fichte en los siguientes términos:

> «El C. Mercier, ha leido en quatro sesiones, una memoria dividida en quatro partes que trata de *la filosofia de Kant;* y despues ha leido un paralelo de esta misma filosofia, y la de su competidor, mas bien que su adversario, el profesor Fichtey, residente en Jena, en Saxonia. Dá á conocer los descubrimientos mas recientes de la metafisica, y los maravillosos progresos que hace esta ciencia en Alemania, donde las qüestiones pertenecientes á ella se ventilan con el interés mas vivo.

[8] J. Kinker, *Essai d'une exposition succincte de la Critique de la Raison Pure,* traduit du hollandais par J. le F., Amsterdam, 1801.

[9] Cf. Leopoldo-Eulogio Palacios, «Kant en España» en L.-E. P., *El Juicio y el Ingenio y otros ensayos,* Prensa Española, Madrid, 1967, pp. 155-165.

El C. Mercier, que no reconoce por jueces de estas grandes é importantes qüestiones, mas que la Europa entera y la posteridad, que por otra parte desconfia en un extracto tan corto, reunir baxo un punto de vista toda la doctrina de estos infatigables y sutiles metafisicos, que han llevado esta ciencia á su mayor perfeccion, se limita tan solo en la noticia á poner los ánimos de todos en tal conformidad, que se hallen dispuestos al exâmen y meditacion tranquila.

Da formalmente palabra de publicar estas memorias, quando estén con el órden y método de que son capaces. El empeño es arduo, y el asunto tan profundo, que no se le puede mirar con indiferencia. Lo que se intenta probar en estas memorias, es la independencia del hombre moral, el valor pleno y absoluto de las leyes imperativas de su conciencia; demostrar que la ley de la casualidad *(sic)* no exîste en las cosas observadas, sino en el observador; que no es obgetiva, es decir recibida, sino subjetiva imperativa. Estas memorias manifiestan también que el hombre es libre en todas sus sensaciones, la reversion y triunfo de las ideas inatas, el dogma consolador de que la vida humana no es otra cosa que el desenvolvimiento de un estado anterior, y el aprendizage de otro futuro. Manifiestan tambien que si la filosofia de Kant no estuviese intimamente ligada con nuestra felicidad, su autor no la hubiera publicado; pero que estándolo, tiene ánimo de hablar muy detenidamente, pues esta filosofía le parece ser pura, sublíme, consoladora, y muy opuesta en todo á las monstruosidades horrorosas del ateismo; en fin, la disposición de todos nosotros á juzgar de las cosas de metafisica. Segun el C. Mercier, todos hemos nacido para ser metafisicos, pues que estando tan próxîmos de nuestra alma y entendimiento, tenemos proporción para observarnos continuamente. La naturaleza nace y se forma para nosotros; las leyes no son otra cosa que nuestras propias leyes cognitivas; el universo es un lienzo que continuamente estamos pintando; el espacio es nuestro modo de ver, y la duración dépende de nosotros. El conocimiento de Dios resalta todavia mas en nosotros mismos, que en el órden y magestad del universo. Los contrarios de Kant, han dado un sentido siniestro á este pasage; pero en el exámen que haremos de él, se verá que es muy conforme á la doctrina del sabio Fenelon, y al argumento de las causas finales».

Asimismo, en el número XXVIII de dicho periódico, que corresponde al mes de septiembre de 1803, e igualmente en el marco de una nueva noticia de los trabajos de la clase de ciencias morales y políticas del Instituto de Francia, se alude a una memoria leída por Desttut de Tracy sobre la mencionada obra del holandés Kinker acerca de Kant y a otra del mismo Mercier, favorable a esa nueva filosofía, de esta manera:

«Por largo tiempo se ha mirado en Francia con mucha indiferencia la filosofia de Kant, que se llevaba la atención de toda la Alemania. Algunas obras reprehendiendo agriamente esta indiferencia han obligado á los franceses á salir de ella; pudiéndose asegurar que la doctrina del filósofo de Koenisberg no gana mucho en el exâmen que se empieza á hacer.

Nadie hasta ahora la ha explicado en francés con mayor claridad que el C. Kinker, profesor bátavo, que en un tomo muy pequeño ha expuesto todo lo esencial que contiene la parte de la filosofia de Kant, conocida baxo el título de *Crítica de la razón pura.* Esta exposicion ha sido el objeto de una memoria que el C. *Destu-Tracy* leyó á la clase.

En esta memoria después de tributar los mayores elogios al ingenio y a

los vastos conocimientos del filósofo aleman, y del bátavo instruido que tomó á su cargo ser su intérprete, combate su sistema de *ideología,* deteniéndose sobre todo en probar que no puede exîstir en nuestra mente nada que se parezca á lo que se llama *razon pura, entendimiento puro, sensibilidad pura, locucion pura,* y que no podemos tener ningunos *conocimientos puros* en el sentido que Kant quiere dar á estas palabras.
Mientras que el C. Tracy exâmina la doctrina de Kant, el C. Mercier se declara por una parte de esta doctrina en una memoria llena de sutilezas metafisicas que ha leido á la clase, y que intitula *Del Acto de mi*».

He querido reproducir íntegros estos dos textos porque constituyen, a mi entender, las dos noticias más antiguas habidas en España sobre la filosofía de Kant, aparecidas ambas aún en vida del filósofo de Königsberg.

La tercera la dio a conocer en 1956 el P. Ceñal, eminente historiador de la filosofía española, que la había descubierto en el tomo tercero de la revista madrileña *Variedades de Ciencias, Literatura y Artes,* publicado en 1804, el año mismo de la muerte de nuestro filósofo [10]. En dicho tomo de esa revista se traduce una recensión alemana de la *Histoire comparée des systèmes de philosophie* (3 vols., París, 1804), de De Gérando, y la mención que en tal recensión se hace del nombre de Kant obliga a los redactores de la revista a poner la siguiente nota:

> «Filósofo alemán que acaba de morir, después de haber formado un gran partido en Alemania y en mucha parte del Norte. Degerando, y generalmente los filósofos de Francia, pretenden que su sistema no está apoyado en la experiencia, sino que es ideal y fundado en puras abstracciones realizadas».

Así, por orden cronológico, vendría sólo en cuarto lugar la alusión que don Marcelino Menéndez y Pelayo ofrecía como más antigua en su discurso de ingreso en la Real Academia de Ciencias Morales y Políticas, pronunciado en mayo de 1891, un lustro antes de su conversación con Lutoslawski. En efecto, en una nota de este discurso, del que luego hablaremos, Menéndez y Pelayo sostiene que la primera mención de Kant hecha en España la hizo don Bernardino Fernández de Velasco, duque de Frías, en su «Oda a Pestalozzi», que escribió en 1807, a la que pertenecen los versos siguientes:

Newton, Locke, Condillac, el ardua senda
También hollaron con gloriosa planta;
Y Vives, Herder, Kant, y aquel que sabio
Cual ninguno, en la Helvecia se levanta,
Al mortal ignorante
Le enseñan a pensar.

---

10 Cf. Ramón Ceñal S.J., «La filosofía española en la segunda mitad del siglo XIX», *Revista de Filosofía,* año XV, n.os 58-59, (julio-diciembre 1956), pp. 403-444.

Tal alusión a Kant no es, ciertamente, la primera; mas no por ello es menos sorprendente y meritoria en una época en la que todo parece indicar que en España se desconocía casi completamente su existencia. Puede hallarse, por ejemplo, buen testimonio de ello consultando el *Ensayo sobre la Historia de la Filosofía desde el principio del mundo hasta nuestros días* del canónigo burgalés don Tomás Lapeña, publicado en tres tomos en Burgos en 1806 y 1807, obra de la que Menéndez y Pelayo opina que «es casi traducción de la *Enciclopedia*». Pues bien, en el último volumen de esa obra, que aparece el mismo año que la mencionada «Oda a Pestalozzi», su autor, después de Newton, no trata más que a Thomasius; y en el «catálogo de los hombres célebres en la Filosofía» que inserta al final de ella no figura tampoco el nombre de Kant.

De ahí también la importancia que cabe conceder a otra mención bastante posterior de la filosofía de Kant, sobre la que también supo llamar la atención don Marcelino Menéndez y Pelayo. Es la incluida en un libro de don Toribio Núñez, bibliotecario de la Universidad de Salamanca, que fue el gran difusor del utilitarismo benthamiano en España. Según parece, en 1807, algún militar del ejército napoleónico, que atravesaba España para perpetrar la invasión de Portugal decidida en el tratado de Fontainebleau, debió de poner en sus manos el *Traité de législation civile et pénale* de Jeremy Bentham, compuesto por Dumont. Entusiasmado con las doctrinas de aquél, pero descontento con la exposición que de ellas habían hecho James Mill, Bowring y Dumont, don Toribio Núñez decidió hacer una nueva, dando a la estampa en Salamanca en 1820 una obra titulada *Sistema de la Ciencia Social, arreglado a los principios de Jeremías Bentham,* que, según se dice, fue alabada por el propio fundador del benthamismo. Pues bien, en la página 139 de ese libro, puede leerse lo siguiente:

> «Apreciando sólo del sistema de Locke cuanto dice relación con el análisis y mecanismo del lenguaje, es menester abandonar su sensualismo, y más aún el de Condillac y Desttut-Tracy. Por el sistema de estos sabios podrá indagarse, como se han indagado aceleradamente y sin tropiezo alguno, las leyes de los cuerpos físicos, y aun de la economía popular o industria popular, en una palabra, todo el saber objetivo; pero aplicado aquel sistema a la ciencia del hombre, es decir, a su saber subjetivo, no pudo menos de retrasar, como ha retrasado, la averiguación del origen de nuestras ideas morales, de los fundamentos en que todas se apoyan y de que todas se deducen, de la piedra de toque que las distingue y que las califica, y del grado de exactitud y evidencia de que eran susceptibles. El sistema de Kant conduce más seguramente en esta investigación».

Y esta elocuente alusión de don Toribio Núñez al imperativo categórico de Kant, contenida en un libro que aparece en el año de la primera quiebra del absolutismo fernandino y del inicio del trienio constitucional, representa, a mi entender, el colofón de este primer período de la influencia del pensamiento de Kant en la España decimonónica, durante el cual puede decirse que su obra no se conoce en España apenas más que de oídas.

No es extraño que hayamos de esperar a la muerte del monarca que acuñó la expresión de «la funesta manía de pensar» para hallar nuevas huellas de la filosofía de Kant en España, que pasamos así a considerar en su segundo período. Justo en el mismo año en que asciende al trono la reina Isabel II, pronuncia Juan Donoso Cortés en el Ateneo de Madrid sus célebres *Lecciones de Derecho Político,* en la última de las cuales encontramos este elocuente elogio del filósofo alemán y la siguiente manera de ver su relación con el eclecticismo francés entonces en boga:

> «En un breve espacio de tiempo la Alemania había producido a Leibnitz, a Lessing, a Kant, a Fichte, a Schelling y a Hegel, y la historia de la filosofía no encierra nombres más bellos en sus páginas. Pero entre todos, el que más se distingue como metafísico es Kant, con quien no puede compararse ningún filósofo moderno.
> Kant, señores, ha hecho una revolución en los sistemas filosóficos que se han disputado el dominio del mundo; y no ha hecho una revolución porque haya inventado nada, sino porque ha elevado a la región de las verdades, principios que pertenecían a la región de los *problemas.* Kant ha demostrado: 1.°, que el idealismo racional o el examen psicológico del entendimiento humano es la base de toda filosofía; y 2.°, que podían trazarse los límites de ese idealismo racional analizando las leyes de la inteligencia. Con efecto, señores, Kant ha procedido a ese análisis, y la razón del hombre no tiene un solo secreto íntimo y profundo que no le haya sido revelado.
> Madama Staël, Cousin y Benjamin Constant fueron los que principalmente hicieron conocer a la Francia los sistemas filosóficos de la Alemania. El segundo, discípulo de Royer-Collard, adoptó como base de la metafísica el idealismo racional del filósofo de Koenisberg; pero adoptando esta base como dogma, declaró que la misión del siglo XIX era proceder, por medio del examen de todos los sistemas filosóficos, a la reunión en un cuerpo de doctrina de todas las verdades exageradas o incompletas que encerraban en su seno; ved ahí, señores, lo que constituye el eclecticismo» [11].

Es, efectivamente, la exposición de la filosofía de Kant incluida en el *Cours de l'histoire de la philosophie moderne* (5 vols., Paris, 1841), de Victor Cousin, la que, junto a la ofrecida por J. Willm en su *Histoire de la philosophie allemande depuis Kant jusqu'à Hegel* (4 vols., Paris, 1846-1849), viene a convertirse desde ahora en la fuente principal del conocimiento que de esta filosofía tienen también la mayoría de los filósofos españoles de la época isabelina. Así, por ejemplo, según confesó él mismo a Lutoslawski durante su estancia en Ma-

[11] Cf. la IX lección, pronunciada el 14 de febrero de 1837, en Juan Donoso Cortés, *Obras Completas de...*, ed. Carlos Valverde, B.A.C., Madrid, 1970, 2 vols., vol. I, pp. 425-426.

drid, fue valiéndose de las obras de Cousin y Jouffroi como Francisco Cárdenas, entre los años 1837 y 1839, dio lecciones en la Universidad de Sevilla sobre la Etica de Kant. Y, según parece, tanto éste como Nicolás María Rivero, futuro jefe del partido demócrata, protagonizaron por ello un conflicto con los teólogos de aquella Universidad.

Mas, llegados a este punto de la historia de la influencia de Kant en la filosofía española, sería preciso detenerse ante todo en la consideración de la obra filosófica de Jaime Balmes y de su relación con el pensamiento kantiano. Balmes es, ciertamente, el filósofo español más conocido e influyente de todo el siglo XIX en España y su diálogo con la filosofía de Kant es demasiado explícito y profundo como para que pueda pasársele por alto a este respecto, como hizo extrañamente Lutoslawski. Sin embargo, un estudio detenido de este diálogo exige indudablemente consideración aparte. Baste decir aquí que, tanto en su *Filosofía fundamental* cuanto en otras obras suyas, Balmes se refiere en su discusión con Kant casi exclusivamente a las tesis sostenidas por éste en la *Crítica de la razón pura,* que Balmes ha estudiado sin duda directamente, si bien, a mi entender, no en su lengua original, sino en francés, probablemente en la traducción de Tissot, cuya primera edición es de 1836. Lo cual no quiere decir que en su interpretación de esa primera *Crítica* no deba nada a los eclécticos franceses, cuyas obras conocía muy de cerca. Así, discutiendo en sus obras las tesis mantenidas por Kant sobre los juicios sintéticos *a priori,* el espacio y el tiempo, la causalidad o los llamados paralogismos de la psicología racional, Balmes difundió de hecho entre los españoles en los años cuarenta una parte muy importante del pensamiento de Kant. En este sentido tiene razón Bonilla y San Martín cuando afirma sin titubeos que «Balmes fue el primero en dar a conocer en España el pensamiento de Kant con algún detenimiento» [12].

Por lo demás, a finales de los años cuarenta, aparecen ya en España algunas sucintas exposiciones generales del pensamiento de Kant incluidas en los nuevos libros de texto de filosofía para el curso de ampliación de la segunda enseñanza, nacido del llamado «plan Pidal», que se introdujo en 1845. Valgan como ejemplo de ellos el *Curso de Filosofía elemental* del propio Balmes, el *Manual de Historia de la Filosofía* de don Tomás García Luna y el *Compendio de Historia de la Filosofía* de don Víctor Arnau y Lambea, los tres aparecidos en Madrid en 1847. La exposición de Balmes se circunscribe a la *Crítica de la razón pura,* de la que cita directamente varios pasajes, y se cen-

[12] Cf. Jaime Balmes, *Filosofía fundamental,* nueva edición, conforme a la 1.ª de 1846 con introducción y notas de Adolfo Bonilla y San Martín, Reus, Madrid, 1922, p. XVI.

tra en la caracterización del idealismo transcendental, cuyas consecuencias filosóficas expone y censura. Pero es, con mucho, la más valiosa. La de García Luna se refiere además a la *Crítica de la razón práctica* y a la *Crítica del Juicio,* pero da la impresión de ser de segunda mano. En cuanto a la de Arnau, catedrático de Soria, como él mismo declara en la «Advertencia» que antecede a la obra, procede «casi a la letra de la Historia de la Filosofía de los Sres. Salinis y Seorbiac, directores del colegio de Juilly» [13].

En esos años, la conciencia de la necesidad de abrir la cultura —y, con ello, también la filosofía— española a ámbitos de influencia más amplios que los de Francia comienza ya a hacerse sentir poderosamente. Es en 1843 cuando don Pedro Gómez de la Serna, ministro de Instrucción Pública, crea para el doctorado la cátedra de Historia de la Filosofía de la Universidad Central, nombra a Julián Sanz del Río catedrático interino de ella y le pide que se vaya dos años a formarse al extranjero para mejor poder desempeñarla. Sanz del Río irá, como es sabido, a estudiar a Heidelberg y beberá allí de dos de sus discípulos la filosofía de Krause, que luego trasplantará a su propia patria con sorprendente fortuna. Pues bien, acaso a consecuencia de ese viaje, fue el propio Sanz del Río el primero en publicar en España, cincuenta años después de la muerte del filósofo, un trabajo sobre Kant procedente, al menos en parte, de fuentes germánicas. Tal es el caso del estudio biográfico que publicó en 1854 en la *Revista Española de Ambos Mundos* bajo el título de «Biografías comparadas. Kant-Krause» [14]. Como puede comprobarse leyéndolo, en lo referente a Kant, las fuentes de que procede son, por una parte, la *Histoire de la philosophie et de la vie de Kant* de Armand Saintes (Paris, 1844), más, por otra, los célebres relatos biográficos sobre Kant escritos por sus contemporáneos Borowski, Jachmann y Wasianski, que aparecieron en el año mismo de su muerte [15]. Por lo demás, el trabajo de Sanz del Río no tiene más interés que el de ofrecer, junto a unos datos biográficos ya tópicos, una bibliografía traducida muy completa de los escritos de nuestro filósofo.

Más sustanciosa se muestra la influencia de Kant en una obra filosófica surgida en la misma época, que Menéndez y Pelayo señaló varias veces como obra de filiación claramente kantiana. Me refiero a los *Elementos filosóficos de la Literatura. Esthetica,* del catedrático de la Universidad Central don Isaac Núñez Arenas, que apareció en

---

13 Cf. Víctor Arnau y Lambea, «Compendio de Historia de la Filosofía», en *Curso completo de Filosofía, para la enseñanza de ampliación,* Madrid, 1847, 3 vols., t. III.

14 Cf. *Revista Española de Ambos Mundos,* 2 (1854), pp. 5-21 y 129-148.

15 Cf. *Immanuel Kant. Sein Leben in Darstellungen von Zeitgenossen,* Wissenschaftliche Buchgesellschaft, Darmstadt, 1968.

Madrid en 1858. Con todo, recorriendo sus páginas, apenas se encuentra cita alguna del nombre de Kant, si bien su autor hace en ella la distinción de lo bello y lo sublime, así como de lo sublime matemático y lo sublime dinámico, en sentido inequívocamente kantiano.

Es preciso esperar a la publicación de la magna *Exposición histórico-crítica de los sistemas filosóficos modernos* de don Patricio de Azcárate, aparecida en Madrid en cuatro volúmenes en 1861, para encontrar por fin una exposición amplia, completa y correcta de la filosofía de Kant en el ámbito de la cultura española. En efecto, en la parte segunda de dicha obra, consagrada al estudio del sistema idealista, Azcárate cuenta a Kant entre los representantes de lo que él llama el panteísmo teológico-racionalista y trata acerca de él, primero en las páginas 234 a 242 del tomo II y, luego, muy por extenso, en las páginas 5 a 117 del tomo III, donde inserta una larga exposición de su sistema seguida de una crítica de éste. Tal exposición depende ciertamente en gran medida de la que hacen De Gérando y Barchou de Penhoen en su *Histoire de la philosophie allemande depuis Leibniz jusqu'à nos jours* (Paris, 1838), pero es difícil afirmar tajantemente, como hizo Lutoslawski, que sólo depende de ella, y negar su relación con otras fuentes francesas —no alemanas— indirectas o directas. En cualquier caso, no deja de ser elocuente que, ochenta años después de la publicación de la *Crítica de la razón pura,* el propio Azcárate, al empezar su juicio general del pensamiento de Kant, pueda escribir lo siguiente:

> «Si consigo despertar el estudio de la filosofía crítica, no conocida en nuestro país, habré conseguido mi objetivo» [16].

Seguramente ignoraba Azcárate que, mientras él escribía, cerraba sus ojos en Córdoba el primer pensador español que puede considerarse propiamente como un pensador kantiano. En realidad, sólo podría saberlo unos años después, con la aparición póstuma de su obra principal, a la que muy pronto nos referiremos.

Tampoco debía de ser fácil identificar en el Madrid isabelino de 1864 al autor de unos *Estudios sobre la filosofía de Santo Tomás* en tres volúmenes que llegaban ese año desde Manila a los escaparates de las librerías de la capital del reino. Y, sin embargo, fray Zeferino González, que escribía en un lugar tan lejano, mostraba en esa obra un conocimiento del pensamiento moderno nada frecuente en España.

Por lo que a Kant respecta, ya en el primer volumen de esa obra el P. González trata de mostrar la relación del pensamiento del filósofo de Königsberg con la tradicional posición nominalista relativa al problema de los universales, discute su fórmula del principio de con-

---

[16] *Op. cit.*, vol. III, p. 113.

tradicción y hace responsable a su doctrina de la incognoscibilidad de la cosa en sí del panteísmo ulterior del siglo XIX. Pero es sólo en su último volumen donde dedica todo un capítulo a comparar la filosofía de Kant con aquella que él pretende restaurar: el capítulo en cuestión lleva por título «Kant y Santo Tomás». Leyéndolo se echa de ver, sin embargo, que el conocimiento que el joven fraile dominico tenía de la filosofía del segundo de estos autores es muy superior al que tenía de la del primero, del que, con todo, da varias citas directas en castellano. La comparación que intenta hacer entre ambos acerca del valor objetivo de las ideas y del problema de la intuición intelectual resulta, cuando menos, un tanto forzada. Quince años después, siendo ya obispo de Córdoba, el mismo P. González publicará una *Historia de la Filosofía* (3 vols., Madrid, 1879), en cuyo último tomo inserta una exposición completa de la filosofía especulativa y la filosofía moral de Kant, seguidas de una crítica. Todas las citas de éste que aquí brinda son dadas en francés, y algunos términos y expresiones alemanes se intercalan en el texto puestos entre paréntesis. La interpretación y la crítica de esta filosofía que aquí ofrece son ahora más extensas y matizadas que en la primera y anticipan ya la crítica del pensamiento de Kant que harán tópica el neoescolasticismo alemán e italiano del último tercio del siglo. Pero su estudio no me parece que ofrezca particular interés.

Sí me parece, en cambio, que lo tiene, y muy grande, la aparición en Madrid, en el año 1865, de la *Teoría transcendental de las cantidades imaginarias,* una de las más notables obras que ha producido la matemática en España, cuyo autor había muerto cuatro años antes en Córdoba sin haber podido verla publicada. Se trata de don José María Rey y Heredia, nacido en la capital califal en 1818 y fallecido en esa misma ciudad en 1861.

Rey y Heredia, que se había formado en el seminario de Córdoba, llegó a ser en 1844 catedrático de Lógica del Instituto de Ciudad Real y pasó a serlo cuatro años después en el Instituto del Noviciado de Madrid, anejo a la Universidad Central.

Durante su corta vida fue conocido ante todo por sus *Elementos de Lógica,* publicados en Madrid en 1849, y sus *Elementos de Etica,* aparecidos en la misma ciudad en 1853, que durante muchos años sirvieron de libro de texto en la mayoría de los Institutos de España. Aunque —según cuenta Lutoslawski— la orientación de estos libros era considerada por muchos como kantiana, su lectura directa no revela sino muy pálidamente la influencia sobre su autor de la filosofía de Kant, al que no cita en ellos nunca.

Muy otra cosa sucede con su obra de mayor empeño, titulada *Teoría transcendental de las cantidades imaginarias,* que comenzó a escribir en 1855 y que, como hemos dicho, no llegó a ver publicada. Se trata de una importante investigación filosófico-matemática, que fue impresa en Madrid por la Imprenta Nacional en 1865, cuatro años después de su muerte, a instancia del Real Consejo de Instrucción Pública y precedida de un prólogo biográfico de su colega y amigo don Pedro Felipe Monlau.

En la Introducción a esa obra puede hallarse, en cambio, declarada muy abiertamente la posición kantiana de su autor. En efecto, éste, refiriéndose al carácter universal y necesario de las verdades matemáticas, escribe lo siguiente:

> «Cuando la Filosofía transcendental intenta explicar ese singular carácter de los conocimientos matemáticos, se ve forzada a reconocer la naturaleza subjetiva y puramente formal del *espacio* y del *tiempo,* en que verifican su evolución clarísima y necesaria las intuiciones geométricas y aritméticas *(theoremata).*
> El espacio y el tiempo son las formas indefectibles e inmanentes de toda intuición empírica de los fenómenos del mundo exterior e interior. En el espacio, y por el espacio, vemos los objetos como fuera de nosotros, y unos fuera de otros: en él son determinadas en figura, en magnitud y en posición, las cosas que llamamos *exteriores.* En el tiempo, y por el tiempo, vemos sucederse las modificaciones de nuestro espíritu, y en el tiempo están determinados como anteriores o posteriores todos los fenómenos de la vida *interna.* Ambas intuiciones son primordiales y coetáneas con nuestra vida, y tan tenazmente adheridas están a nuestra sensibilidad, que de todos los cuerpos del universo podemos prescindir y todos borrarlos del espacio, pero el espacio en que ellos están nunca puede ser borrado; todos los hechos de conciencia pueden cesar, y nunca cesará el tiempo en que suceden.
> Las intuiciones de espacio y de tiempo no se derivan de la experiencia, sino que la preceden, y son condiciones transcendentales de su posibilidad» [17].

Sólo esta filosofía le parece que puede explicar adecuadamente la naturaleza del saber matemático:

> «A la pura sensibilidad, que no nos daría más que intuiciones ciegas e ininteligibles, se unen los conceptos que por sí mismos serían formas vacías sin el contenido de la intuición. De manera, que ni la Geometría, ni la Aritmética, podrían desenvolverse como ramas de la ciencia matemática, si en las nociones de la extensión y del número no fuesen ya embebidos los conceptos de cantidad, de cualidad, de relación y de modalidad, que allí pone nuestro entendimiento por una espontaneidad que le es esencial. Lo diverso, que es dado en la intuición pura de espacio o de tiempo, y que está confundido en la receptividad pasiva de la sensibilidad, es ligado, ordenado y reducido a unidad de concepto, por el entendimiento activo y espontáneo» [18].

Pero es sólo al final de esta Introducción cuando el pensador cordobés revela el nombre de su inspirador y hace, sin ningún rebozo, la apología de su filosofía:

[17] Cf. *op. cit.*, pp. 10-11.
[18] Cf. *op. cit.*, p. 12.

«¿Quién no sabe que KANT fue primero matemático que crítico, y que por eso apenas se encuentra una página de su inmortal *Crítica de la razón pura* en que no salte a los ojos alguna profunda referencia a este género de conocimientos, que los poseía muy superiores? Y cuando enseña en ese libro que *la tabla de las categorías contiene como en proyecto los lineamientos de la organización interior, y hasta la ordenanza, de toda ciencia formada,* ¿quién no se lo representa con la mirada penetrante de su alto espíritu fija en la ciencia matemática como en un original del que era trasunto fidelísimo el cuadro que bosquejaba con mano tan maestra?

La crítica kantiana es un admirable trabajo matemático.

¡Ojalá que todas las impugnaciones y censuras que de ella se hacen, sin lograr conmoverla, en lugar de consistir en apasionadas declamaciones, sugeridas tan sólo por la preocupación en favor de sistemas de falsa Metafísica, amenazados de ruina por su irresistible influjo, se redujeran solamente a esa confrontación con las verdades matemáticas, pues esto bastaría para que se viese la doctrina transcendental participando de toda la evidencia demostrativa que es propia de verdades tan superiores, y no vacilaríamos en aplicarla con seguridad de acierto al examen de todos los demás ramos de la filosofía especulativa!» [19].

Esta singular obra de filosofía de la matemática, nacida oscuramente en el Madrid de la época isabelina, concluye con un apéndice que contiene la traducción de un fragmento de la *Crítica de la razón pura* que corresponde al primer capítulo del libro primero de la Analítica transcendental (A 65 / B 90-B 113). La versión de estas páginas, que en mi opinión es una retraducción de la versión francesa de Tissot, puede considerarse históricamente, sin embargo, como la primera traducción aparecida en castellano de un texto escrito por Kant, ochenta y cuatro años después de su publicación.

En noviembre de 1866, un año después de la aparición del libro de Rey y Heredia y en un ambiente exasperado de nuevo por la llamada «cuestión universitaria», ve la luz en Madrid un trabajo sobre Kant escrito por una de las víctimas de aquella. Su autor es, en efecto, el joven profesor destituido don Nicolás Salmerón y su título *La Filosofía Novísima en Alemania* [20]. El trabajo en cuestión parece formar parte del proyecto más amplio, que su autor no llegó a realizar, de exponer los principales sistemas filosóficos surgidos en Alemania desde Kant hasta Hegel. Y, para comenzar, éste contiene una exposición bastante extensa y ordenada del sistema de Kant.

La exposición de Salmerón resulta un tanto seca y esquemática y abarca el contenido de las tres *Críticas,* la *Metafísica de las costumbres* y *La Religión en los límites de la mera razón.* Nada parece justificar en ella la encendida alabanza que a la pericia hermenéutica de su autor dedicará más adelante uno de sus discípulos institucionistas, cuando escribe:

---

[19] Cf. *op. cit.,* p. 22.

[20] Recogido en Antonio Llopis y Pérez, *Historia política y parlamentaria de D. Nicolás Salmerón y Alonso.* Madrid, 1915, pp. 603-832.

> «Y era Salmerón asombroso en la exposición de cátedra, y sus clases voluntarias de lectura, interpretación y crítica de Kant eran una maravilla» [21].

Las cuatro o cinco páginas finales del trabajo contienen un resumen de la crítica del joven profesor a la filosofía kantiana, que tampoco resulta original, pues en nada difiere de la que la filosofía krausista había hecho ya tópica en España. Lo que, a mi parecer, es de más importancia en este artículo, salido ya en el umbral de la revolución septembrina, es que constituye la primera exposición del pensamiento propiamente filosófico de Kant que no parece tomada de una obra extranjera de historia de la filosofía, sino elaborada personalmente por el estudio directo de las obras del pensador de Königsberg, cuya *Crítica de la razón pura* parece leída y, en cualquier caso, es citada en su lengua original. Lo demás, todavía en francés.

Digamos, finalmente, que, dejando aparte el caso excepcional de Rey y Heredia, es ante todo la recta exposición y adecuada intelección del pensamiento de Kant lo que constituye el principal objetivo de los filósofos españoles que se interesan por él durante los siete largos lustros del reinado de doña Isabel II.

El comienzo del tercer período del siglo XIX en que se hace sentir una cierta influencia de la filosofía de Kant en España coincide con el de la Restauración, y este período dura aproximadamente los mismos años que el reinado de Alfonso XII, es decir, de 1875 a 1885.

Lo que en el campo de la filosofía en España viene a hacer crisis entonces es la avasalladora preponderancia de la filosofía de Krause, importada de Alemania treinta años antes por Sanz del Río. La agrupación de los krausistas en la «Institución Libre de Enseñanza», que funda en 1876 don Francisco Giner de los Ríos, es, entre otras cosas, un recurso de resistencia ante esa crisis inevitable.

Es sabido que el combate contra el krausismo se produce, en primer lugar, desde el frente del pensamiento tradicional, por obra de pensadores católicos allegados a la neoescolástica naciente, del género de Ortí y Lara. Pero nace asimismo en esos años otro frente antikrausista formado por algunos jóvenes pensadores agnósticos y abiertos a las nuevas corrientes de la filosofía y de la ciencia europeas, que, cansados de la preponderancia de aquella extraña filosofía que no tiene vigencia alguna fuera de España, pretenden acabar con ella y sustituirla por el positivismo de la época. Incluso algunos jóvenes krausistas de entonces, como González Serrano, adoptan una posición intermedia y dan en lo que luego se ha llamado el «krausopositivismo». Pues bien, es del brazo de los positivistas españoles como llega hasta

[21] Cf. J. Juncal, «El maestro y su obra», *Boletín de la Institución Libre de Enseñanza* (1915), p. 71.

nosotros el renuevo de la filosofía de Kant que Alemania conoce en esos mismos años: me refiero al pensamiento neokantiano. Menéndez y Pelayo, buen testigo del momento, lo notifica así en su carta-prólogo de 1876 a *La ciencia española:* «ahora andan de moda el *neokantismo* y el *positivismo,* estrechamente aliados». El nuevo período de la influencia de Kant en España que ahora hemos de abordar es, pues, el del neokantismo en España, cuyo estudio es, acaso, el que hoy merezca mayor atención. El campo de esta batalla es, en muy amplia medida, el Ateneo de Madrid, del que, como recuerda Unamuno, Cánovas hizo entonces «un asilo para todas las rebeldías verbales» [22].

El introductor del neokantismo en España fue el joven cubano don José del Perojo y Figueras, nacido en Santiago de Cuba en 1852 de familia oriunda de Santander, adonde regresó en su juventud y en cuyo Instituto cursó el bachillerato. Posteriormente, de 1873 a 1875, hizo estudios de filosofía en la Universidad de Heidelberg, donde fue discípulo de Kuno Fischer, el gran promotor de lo que luego sería el movimiento neokantiano. Y es a su maestro Fischer, al que califica unas veces de ex hegeliano y otras de semikantiano, a quien habrá de dedicar la obra que publica en el año de su regreso a España: los *Ensayos sobre el movimiento intelectual en Alemania,* aparecida en Madrid en 1875.

La obra en cuestión contiene siete ensayos, de los que sólo cuatro son de tema propiamente filosófico: «Kant y los filósofos contemporáneos», «A. Schopenhauer», «La Antropología y el naturalismo» y «Objeto de la filosofía en nuestros tiempos». Pero es en el primero y en el último de éstos en los que puede hallarse lo más interesante en relación con nuestro asunto.

En efecto, en su ensayo sobre «Kant y los filósofos contemporáneos», Perojo reseña con sorprendente información cuáles son las grandes direcciones de la filosofía alemana de entonces, citando ya entre los pensadores propiamente kantianos a Friedrich Albert Lange, Hermann Cohen y Otto Liepmann, y señala que todas ellas poseen en común el tener como filosofía de referencia la filosofía de Kant. Y el ensayo concluye diciendo de ésta:

> «En una palabra, es su estudio tan importante, cuanto que de Kant proceden todas las creaciones ulteriores que conocemos; y esto de tal suerte, que para concluir diremos con K. Fischer: ''Toda la filosofía posterior a Kant es, en el más amplio sentido de la palabra, la Escuela de Kant''» [23].

---

[22] Cf. Miguel de Unamuno, *Los delfines de Santa Brígida,* en Obras Completas, Escelicer, Madrid, 1966, 9 vols., I, p. 580; *id., La evolución del Ateneo de Madrid,* en Obras Completas, VIII, pp. 367-373.

[23] Cf. *op. cit.,* pp. 16-17.

Pero es, sobre todo, su ensayo titulado «Objeto de la filosofía en nuestros tiempos. Guillermo Wundt» el que presenta más explícitamente su pensamiento y puede realmente considerarse como el manifiesto del neokantismo en España. En él glosa Perojo un discurso pronunciado por Wundt un año antes, en 1874, en la Universidad de Zurich, *Über die Aufgabe der Philosophie in der Gegenwart,* del que extracta y traduce una buena parte. Y es en la introducción y en la glosa ulterior de sus afirmaciones donde Perojo ofrece su propio pensamiento, de cuño inequívocamente neokantiano, como pueden mostrar los pasajes siguientes:

> «Kant dio un objeto a la Filosofía, al reconocer que era necesario hubiera una ciencia que a su vez explicara la efectividad de las otras ciencias. El objeto de esa ciencia debían ser las mismas ciencias, la Física, las Matemáticas, la Experiencia. Estas ciencias particulares explicaban y estudiaban los objetos que les pertenecían, sin explicar y estudiar la explicación que ellas mismas daban. El objeto de la Filosofía dejó de ser, como antes, una explicación de las cosas, y fue una explicación del conocimiento de las cosas. El objeto de las experiencias eran las cosas; el objeto de la Filosofía fue la misma experiencia. La Filosofía tuvo con Kant un verdadero objeto; por eso empezó a ser Ciencia» [24].
>
> «En estos momentos de ebullición en que nos encontramos, y en que todo tiende a justificar la verdad de la empresa kantiana, en que se ve la insuficiencia del objeto que los filósofos posteriores señalaron, todos se esfuerzan en despertar el problema kantiano, por largo tiempo desconocido y olvidado, y encauzar de nuevo a la Filosofía en el camino de la Ciencia. Existe, es verdad, esta dirección; pero no significa esto que se quiera hacer una renovación absoluta del *sistema* kantiano para que venga a regenerar nuestro pensamiento; sus principales principios vuelven a dominar, y dominarán, en efecto, pero no en tono de sistema, porque los sistemas ya han concluido y porque hoy no podemos encerrarnos exclusivamente en Kant, ni en ningún otro. Nos basta su indicación y su método. La tendencia que existe es la de hacer con él en la filosofía lo que las ciencias naturales con Bacon. Tampoco deseó él otra cosa» [25].

Volver a Kant es, pues, para Perojo, volver sólo a su manera de concebir la filosofía, mas no encerrarse en el sistema kantiano, ni tampoco en ningún otro sistema filosófico. Así llega a escribir:

> «Creemos más bien, por nuestra parte, que los sistemas son muy perjudiciales para el pensamiento, y que la Filosofía alcanzará su apogeo cuando no exista ninguno. Repetimos con Gruppe: han concluido los sistemas y empieza la Filosofía; el sistema es la infancia de la filosofía, la libre investigación su virilidad» [26].

En esta medida Perojo se hace eco del *zurück zu Kant* de Otto Liepmann, interpretándolo de manera progresista:

---

[24] Cf. *op. cit.,* pp. 170-171.
[25] Cf. *op. cit.,* pp. 173-174.
[26] Cf. *op. cit.,* p. 197.

«Podemos decir —escribe— que volvemos a Kant, realizando un progreso. No retrocedemos a él, le hemos encontrado en nuestro camino»[27].

Con todo, en la última parte de este ensayo, no duda el propio Perojo en hacer profesión de monismo, si bien presenta esta posición filosófica como estando más allá de todo sistema:

> «Así, no hacemos al *Monismo* idealista o materialista, sino simplemente lo que es, y consideramos al idealismo y al materialismo como formas subjetivas de nuestro entendimiento. Por esa razón son sistemas, y sistemas que atan y amarran al espíritu, mientras que el Monismo está por encima de todos ellos. No admitimos hoy ni podemos admitir ninguno de estos sistemas, pues todos son exclusivos, y consideramos lo mismo a unos que a otros. No somos, pues, espiritualistas ni materialistas, idealistas ni realistas, y todos esos dualismos los atribuimos al color del cristal con que las miramos, no a la naturaleza de las cosas. Hay, por ejemplo, en la naturaleza humana un principio único, que, observado por el lente de la observación interna, le llamamos *Espíritu,* y por el de la externa, *Cuerpo.*
> La amplitud que tiene el *Monismo* corresponde mejor al estado de nuestra ciencia; es la forma que más le conviene, no su sistema, si por esto se entiende lo que hasta ahora se nos ha explicado»[28].

Al final del ensayo comentado, propone Perojo en tono de manifiesto la actitud humana aneja a esta posición filosófica, caracterizando con ello el gesto espiritual del nuevo grupo que habrá de irrumpir en los círculos intelectuales de la España alfonsina:

> «Nosotros queremos ser filósofos en el sentido de Pitágoras; queremos ser espectadores de las cosas, estudiándolas e investigándolas, sin convertirlas en medios utilitarios para la vida. Reconocemos la independencia absoluta de la Ciencia y encontramos todo nuestro premio, premio superior a todos los de la vida, en el goce, mejor dicho, en el sin igual deleite que nos produce la adquisición de un conocimiento.
> »Está muy arraigada la idea de que la Ciencia es maestra de la vida; pero esta convicción, falsa por una parte —porque la vida es mucho más que lo que la Ciencia puede abarcar—, e inconveniente por otra —porque se le da un valor condicional—, irá poco a poco desapareciendo y entrará en su lugar el amor desinteresado que merece. El Ideal moderno de la Ciencia no puede ser ése, pues del mismo modo que el Ideal moderno de la Moral es el amor del bien porque es bien, y no por temor o por recompensa; hoy, nuestro ideal en la Ciencia es el amor al saber, a la verdad, porque es verdad, y no por utilidad o conveniencia. Todos los intereses secundarios son y deben ser rechazados en nuestra época, que sólo quiere amor por la cosa y no por el interés. Todos los ideales se han transformado; hasta el mismo ideal estético no es tampoco aquel que exigía que lo bello fuera clásico, romántico o cristiano, sino el amor de lo bello porque es bello»[29].

Ninguna de estas ni de las demás afirmaciones contenidas en el

---

27 Cf. *op. cit.*, p. 192.
28 Cf. *op. cit.*, pp. 202-203.
29 Cf. *op. cit.*, pp. 205-206.

libro de Perojo parece justificar su inclusión en el *Index librorum prohibitorum,* que, sin embargo —ignoro por qué razón—, se produjo efectivamente por decreto de 24 de marzo de 1877. Acaso pueda verse como respuesta a ella su artículo publicado en la *Revista Contemporánea* el día 15 de abril del mismo año bajo el título de «La ciencia española bajo la Inquisición», en que tercia en la polémica de la ciencia española.

Su afán de una profunda regeneración de la cultura española abriéndola sobre todo a la influencia del nuevo pensamiento germánico y británico, llevó también a José del Perojo a fundar a sus propias expensas la *Revista Contemporánea,* periódico quincenal cuyo primer número apareció en Madrid el 15 de diciembre de 1875. Refiriéndose a ella, escribía unos meses después el castizo Menéndez y Pelayo:

> «Como no sé alemán, ni he estudiado en Heidelberg, ni oído a Kuno Fischer, no me explico la razón de que en una revista (al parecer) en español y para españoles, sea extranjero todo: los artículos doctrinales, las novelas, las poesías y hasta los anuncios de la cubierta. Dios nos tenga de su mano» [30].

Ella fue realmente el principal vehículo de la difusión en España del espíritu neokantiano y en sus páginas colaboraron también pensadores positivistas como Pompeyo Gener, Simarro o Estassen, junto a consagrados filósofos extranjeros del momento, como von Hartmann, Fischer, Wundt, Spencer, Darwin o Stuart Mill. En los cuatro años en que Perojo la tuvo de su mano, fue acaso el mejor órgano de información científica y cultural de la España de entonces, hasta el punto de que un historiador reciente ha comparado exageradamente su importancia con la que había de tener cincuenta años después la orteguiana *Revista de Occidente* [31]. Los gastos de su publicación arruinaron, sin embargo, a su fundador, que a mediados de 1879 se vio obligado a venderla y a marcharse a París como corredor de anuncios internacionales.

En la contracubierta de sus *Ensayos,* prometía ya Perojo unas *Obras de Kant* traducidas directamente del alemán y anunciaba la inminente aparición de la *Crítica de la razón pura* en tres tomos en cuarto español. Sin embargo, fue sólo a su regreso a España en 1883 cuando publicó en Madrid esa traducción, según el «texto de las dos ediciones precedido de la vida de Kant y de la historia de los orígenes de

[30] Cf. Marcelino Menéndez y Pelayo, «Mr. Masson redivivo», *Revista Europea,* t. 8.°, n.° 127 (30 julio 1876), recogido en M. M. y P., *La ciencia española,* C.S.I.C., Madrid, 1953-1954, 3 vols., I, p. 94.

[31] Cf. Juan López-Morillas, *El krausismo español,* Fondo de Cultura Económica, Madrid, 1980, 2.ª ed., p. 104.

la filosofía crítica de Kuno Fischer» [32]. En una «Advertencia del traductor» explica éste que la versión en cuestión se hallaba impresa desde hacía más de siete años, pero que, por una parte, la falta de traducciones al castellano de los filósofos precursores de Kant y, por otra, la preponderancia del krausismo fueron las dos razones que le aconsejaron retrasar su publicación. Para obviar la primera fundó primero Perojo una biblioteca de filósofos modernos —la «Biblioteca Perojo»—, que publicó traducciones de Descartes y Spinoza; y a acabar con la segunda había encaminado sobre todo los esfuerzos de la *Revista Contemporánea.*

Así, en 1883, más de cien años después de su aparición en Riga, a Perojo le parece llegado el momento propicio de que se lea en España la *Crítica de la razón pura,* «cuyos profundos análisis —escribe— son, por decir así, el crisol por que todo el conocimiento ha de pasar si pretende el título de positivo o científico» [33]. La traducción de esta obra quedó, con todo, incompleta, pues no alcanza más que a la Observación general del sistema de los principios (B 294), mas no es nada desdeñable.

Entre los presuntos seguidores españoles del neokantismo de Perojo suele contarse a menudo a Rafael Montoro, redactor asiduo de unos «Análisis y Ensayos» en la *Revista Contemporánea* y al que Perojo llama, al dedicarle su mencionada traducción de la primera *Crítica* de Kant, «distinguido filósofo cubano». Montoro había nacido, efectivamente, en La Habana en el mismo año que aquél y sólo a los quince años vino a España, donde pronto se daría a conocer como literato, crítico, hombre culto y polemista brillante. Era ciertamente amigo de José del Perojo y su vida habría de ser luego, como la de aquél, la de un político de prestigio. Sin embargo, si se estudia la amplia e interesante recensión que dedicó a los *Ensayos* de Perojo en la *Revista Europea* [34] a pocos meses de su aparición, se echa de ver enseguida que Montoro no comparte en modo alguno el neokantismo de aquél, sino que más bien se declara abiertamente hegeliano. Son sólo su común admiración por las creaciones del espíritu alemán y su idéntico deseo renovador de la cultura española los que pueden vincular las posiciones de uno y otro.

Mucho más difícil resulta definir la identidad filosófica de otro de los hombres más conocidos de la época alfonsina que suelen alinearse junto a Perojo en las filas del neokantismo: me refiero a don Manuel de la Revilla. Este se había dado a conocer muy joven como orador, político y poeta, y había ganado a los treinta años la cátedra

---

32 *Obras de Kant. Crítica de la razón pura,* Gaspar, Madrid, 1883.

33 Cf. *op. cit.,* p. XI.

34 Cf. Rafael Montoro, «El movimiento intelectual en Alemania», *Revista Europea,* n.° 86 (17 octubre 1875), pp. 630-639.

de Literatura general de la Universidad Central. Más crítico literario que filósofo, Revilla vio pronto perturbadas por el trabajo sus facultades mentales y murió prematuramente en El Escorial a los treinta y cinco años. Hijo de un hombre que había alentado de muy cerca la empresa filosófica de Sanz del Río, Revilla fue primero, ciertamente, adicto al krausismo, pero parece que luego fue seducido, más o menos veleidosamente, por el neokantismo de Perojo, en cuya revista firmaba cada quincena una «revista crítica». Su amigo González Serrano, afecto, por su parte, al pensamiento de Krause, en el discurso que leyó el 17 de diciembre de 1881 en el Ateneo de Madrid en la velada dedicada a su memoria, parece pensarlo así cuando dice:

> «No olvidaré nunca que allá por el año 77 gustaba Revilla poner en moda un *neo-kantismo* y un *positivismo crítico* que había traído, cual encargo de última hora, de Alemania, un insustancial *amateur*. En una de las discusiones de aquel curso se riñeron duras batallas contra el positivismo dogmático, y al intervenir Revilla se mostró acérrimo partidario del *neo-kantismo* cuya defensa hizo maravillando al auditorio con la copia de doctrina y erudición que había revelado. Estaba yo en el secreto, según se dice vulgarmente, y me constaba que conocía, al menos de la literatura histórica de dicha doctrina, un artículo de Wundt, que habíamos leído juntos, y el índice de un libro de Fechner, sin traducir aún» [35].

No produce, sin embargo, esa misma impresión la lectura del trabajo de Revilla titulado «El neo-kantismo en España», aparecido en 1875 en la *Revista de España* como recensión de los *Ensayos* de Perojo [36]. En él su autor se muestra igualmente distante del krausismo que del neokantismo y mantiene una postura filosófica realmente muy poco definida. Tampoco su polémico artículo en la *Revista Contemporánea* sobre «La Filosofía española», publicado un año después [37], permite reconocer su filiación neokantiana. Y, sin embargo, respondiendo a ese artículo en septiembre de 1876, escribe Menéndez y Pelayo:

> «El señor de la Revilla dice que nunca ha pertenecido a la escuela hegeliana. En hora buena: me interesan poco sus transformaciones filosóficas. Hoy pasa por *neo-kantiano,* pero no niega sus tendencias al positivismo» [38].

Quizá la asidua colaboración de Manuel de la Revilla en la revista

[35] Cf. Urbano González Serrano, «Manuel de la Revilla», recogido como discurso preliminar en *Obras de D. Manuel de la Revilla,* con pról. de A. Cánovas del Castillo, Madrid, 1883, pp. 11-12.

[36] Cf. Manuel de la Revilla «El neokantismo en España», *Revista de España,* XLVII (1875), pp. 145-157.

[37] Cf. Manuel de la Revilla, «La filosofía española», *Revista Contemporánea,* V (15 septiembre 1876), pp. 111-115.

[38] Cf. Marcelino Menéndez y Pelayo, «La Filosofía española», *Revista Contemporánea,* t. 8.°, n.° 135 (24 septiembre 1876), recogido en M.M. y P., *La ciencia española,* C.S.I.C., Madrid, 1953-1954, 3 vols., I, p. 201.

fundada por Perojo o, incluso, su actividad verbal pública puedan explicar su general adscripción a esta filosofía. En cualquier caso, no me parece posible justificar tal adscripción a partir de su obra escrita.

No sabemos, por lo demás, de ningún otro presunto pensador neokantiano español de la época que consideramos. Y todo ello nos muestra lo impropio y exagerado que habría de ser hablar, como ya entonces se hizo [39], de una escuela neokantiana en España. Como tantas otras filosofías importadas de allende los Pirineos, el neokantismo alemán retoñó tempranamente en el páramo español, pero fue como un árbol solitario de existencia efímera, pues vivió realmente en un solo hombre, cuya efectiva influencia sobre sus contemporáneos resulta muy difícil de estimar.

Con todo, aun extramuros del neokantismo e incluso frente a él, no faltan otras figuras de esta época cuyo pensamiento acusa de manera interesante la noticia y la discusión explícita de la filosofía de Kant. Y estas figuras pueden encontrarse tanto en el campo del pensamiento católico, cuanto entre los pensadores de tendencia hegeliana. De los situados en aquél, ofrecen particular interés a este respecto José Moreno Nieto y Francisco Caminero; de entre los situados en éste, ante todo Indalecio Armesto.

En un discurso sobre *El problema filosófico* pronunciado en noviembre de 1876 en el Ateneo de Madrid por quien entonces era su presidente [40], Moreno Nieto acusa a la filosofía de Kant de dos grandes errores que la hacen abocar, con fatal consecuencia, al escepticismo. Creo que lo esencial de su pensamiento se hace patente en los siguientes párrafos:

> «Uno de los más grandes y capitales errores que se han proclamado en la época moderna es el que consiste en negar la realidad objetiva de los conceptos y principios racionales, o si decimos de lo inteligible, de lo que en sí constituye lo verdadero, y aquel otro de que los conocimientos que se refieren a la experiencia sensible nos ofrecen sólo una sombra, un reflejo de la realidad, en las cuales no son dadas las cosas y los seres como en sí son, sino como aparecen al hombre por su faz exterior, al mirarlos desde sí mismo con los vidrios o cristales de sus sentidos y sus facultades. Esta es la doctrina que expuso Kant en su conocida *Crítica de la razón pura,* que bien puede llamarse la expresión más hábil e ingeniosa, y el programa más claro y más terrible del escepticismo que se hiciera jamás» [41].

> «El primero de estos dos grandes errores parte en Kant de la idea y supuesto de que lo que es racional puede ser cosa ociosa y arbitraria, cuando no se concibe que ello aparezca en la razón humana sino porque es racio-

[39] Cf. A. Gérard, «Les tendences critiques en Allemagne», *Revue Philosophique de la France et de l'Étranger,* 3ème année, V, pp. 64-78.

[40] Cf. José Moreno Nieto, *Discursos académicos,* precedidos de un discurso sobre su vida y obras del Excmo. Sr. D. Antonio Cánovas del Castillo, Madrid, 1882, pp. 1-33.

[41] Cf. *op. cit.,* p. 5.

nal, es decir, porque es exigido por toda razón, es decir además, porque nada puede existir que sea inteligible y adecuado sin que a ello se someta y por ello se gobierne: de donde se deduce que ello es real, o lo que equivale a esto, que todo lo que existe en el mundo realiza ese racional puro, o todavía mejor, en ello se encarna y se expresa» [42].

«En cuanto al segundo error, que niega la verdad del conocimiento experimental, la doctrina de Kant y la de los positivistas peca de un defecto análogo, es decir, de no saber traspasar el punto de vista subjetivo y de no comprender lo que es en sí el conocimiento. Supone Kant que el mundo exterior y aun el interior son mera apariencia; mas esta apariencia o es todo ello fantasmagoría y conjunto de figuras o hechos arbirarios, o presenta un inteligible y cierto orden y belleza. Si lo presentan, ¿no ofrece esto una prueba, por un lado, de que ese mundo que se nos aparece es una realidad y, por otro, que él es como es dado; pues que pensar lo contrario es irracional y a veces imposible? Irracional decimos y a veces imposible, y en esto que indico se halla la refutacion trascendental de este sistema que se presenta con aires de gran profundidad y que yo no puedo llamar sino ingenioso» [43].

Cuatro años después —en 1880— se escucha igualmente en Madrid la voz del presbítero don Francisco Caminero acusando a la filosofía kantiana de haber promovido de hecho las doctrinas que ella misma pretendía combatir. En efecto, en su discurso de ingreso en la Real Academia de Ciencias Morales y Políticas [44], el nuevo académico carga inmisericorde sobre los hombros de Kant la responsabilidad del positivismo y el escepticismo posteriores, e incluso del materialismo imperante en Alemania, «porque —según dice— las bacanales idealistas a que se entregaron sus discípulos, siguiendo la evolución natural de su doctrina, trajeron por reacción el descrédito de la metafísica, y dieron motivo para que en una nación tan idealista como la alemana renaciera el materialismo que estaba ya vencido y casi olvidado en virtud de la filosofía cristiana y espiritualista, y en ella tomara la extensión y empuje formidable que alcanza hoy, con evidente riesgo para la civilización del mundo» [45].

Caminero ve la publicacion de la segunda *Crítica* kantiana como un intento de enmendar los daños causados por la primera, empresa que, sin embargo, reputa por imposible. Las consideraciones que ofrece, a este respecto, acerca del valor que tiene para ello el llamado hecho de la razón práctica no carecen, sin embargo, de interés. Son éstas:

«Es muy cierto que Kant, como asustado ante el abismo abierto por su *Crítica de la razón pura,* parece que quiere colmarle con su *Crítica de la razón práctica,* en la cual viene a reconocer, como postulados suyos, la per-

---

[42] Cf. *op. cit.,* p. 6.
[43] Cf. *op. cit.,* pp. 6-7.
[44] Cf. *Discursos leídos ante la Real Academia de Ciencias Morales y Políticas en la pública recepción del presbítero D. Francisco Caminero,* Madrid, 1880.
[45] Cf. *op. cit.,* p. 24.

sonalidad sustancial del yo, la libertad, la inmortalidad del alma y la existencia de Dios. Pero ¿con qué derecho? ¿Cómo su moral ha de tener fuerza alguna para imponerse a ningún entendimiento humano, cuando está basada en la más flagrante y grosera contradicción? La conciencia de la ley ética fundamental, nos dice, expresada en el imperativo categórico: *Obra de manera que la máxima de tu voluntad pueda tomarse como principio de legislación universal,* es un hecho primitivo de la razón pura, no empírica, o sea, como ser-razón perteneciente al mundo inteligible. Mas, según su doctrina, no conocemos sino lo fenomenal; todo lo demás, y por consiguiente, la voluntad y la razón pura, ni siquiera sabemos si existe, cuando menos si tiene tales o cuales propiedades, si es o puede ser legisladora, independiente y autónoma o subordinada, o bien mera denunciadora de la ley por otro más alto ser impuesta: sentimos fenómenos, no conocemos seres, no podemos afirmarlos ni negarlos, ni siquiera el substractum de lo fenomenal, porque no lo es él, y si se quiere llegar hasta admitirle, en virtud del principio universal: lo fenoménico se da en lo nouménico o real objetivo, este principio, como universal, es una mera categoría del entendimiento, la cual nada tiene de objetivo y real. Si el imperativo categórico, como expresión de la ley moral que radica en la autonomía de la voluntad, exige la libertad como causalidad primitiva e independiente de lo fenomenal y sensible, ¿por qué lo exige? ¿No es en virtud de un juicio necesario y universal, que dice que no se da ley moral sino a seres libres? Pues lo universal y necesario son formas subjetivas del entendimiento que nada pueden enseñarnos respecto de la realidad. Si la armonía entre el bien moral y la felicidad, que no siempre se encuentra en esta vida, exige otra donde se cumpla, y un Ser Supremo que la realice; esta exigencia es otro juicio universal y necesario, y lo universal y necesario son condiciones subjetivas del entendimiento, que nada nos permiten deducir en orden a la realidad. Por consiguiente, todas las bases de la moral kantiana, o sea, de la razón práctica, están minadas y destruidas por la razón especulativa o teórica, y carecen absolutamente de valor» [46].

La exposición de Caminero concluye distinguiendo la intención del resultado de la filosofía kantiana y, considerando realmente desastroso este último, deplora grandemente el retorno a ella que promueve en su tiempo el neokantismo.

Es, ante todo, el problema de la posibilidad de la Metafísica como ciencia el que enfrenta, por su parte, en esos mismos años al pensador hegeliano Indalecio Armesto con la filosofía de Kant. Tal es, en efecto, el tema de las *Discusiones sobre Metafísica* que publica en Pontevedra en 1878. En esa obra, Armesto, polemizando con los partidos del positivismo, el krausismo y el criticismo modernos, pretende demostrar que la Metafísica, definida como ciencia del ser universal, puede ser una ciencia racional. Su libro tiene una introducción y tres partes, que tratan respectivamente sobre el hombre, el mundo y Dios. Y es en el tercer parágrafo de la primera donde éste se enfrenta en particular con la Antinomia de la razón pura de Kant, reproduciendo textualmente, si bien resumidas, las tesis y las antítesis, con sus correspondientes demostraciones, de las cuatro oposiciones de las ideas

---

46 Cf. *op. cit.*, pp. 25-26.

trascendentales, para luego mostrar su desacuerdo con la conclusión que de tal Antinomia infiere nuestro filósofo. Oigamos polemizar hace un siglo en Galicia a la filosofía dialéctica con Kant:

> «Y bien: la contradicción existe, es inevitable, como dice Kant, y aparece en todas las esferas de la actividad intelectual; pero... ¿en qué se funda el filósofo alemán para considerarla como signo infalible del error? ¿Por qué la antinomia existirá en la inteligencia y no en el ser mismo que se pretende declarar exento de toda contradicción? La antinomia existe en la inteligencia porque existe en el objeto o, mejor dicho, existe en el objeto porque es una ley primitiva de la inteligencia; y la prueba más concluyente que puede darse de esta verdad innegable nos la ofrece el mismo Kant al suprimir la antinomia negando la metafísica, siendo así que la antinomia se presenta triunfante dentro de los límites de su propia doctrina.
> El principio de contradicción en que Kant se apoya para rechazar la antinomia en esta esfera del conocimiento se opone a la experiencia misma, y es completamente falso, como Schelling y Hegel lo han demostrado. La antinomia existe, pues, en los problemas metafísicos, porque resulta necesariamente, no de una aplicación ilegítima de los principios racionales, como dice Kant, sino de la naturaleza misma de la inteligencia y del Ser» [47].

No podemos terminar nuestra consideración de este período de la influencia del pensamiento de Kant en España sin hacer alusión a un pequeño libro publicado también en una ciudad del norte, cuyo título, comparado con su realidad, resulta acaso excesivo. Se trata del *Ensayo crítico sobre los sistemas filosóficos de Kant, Fichte, Schelling y Hegel,* de Miguel Rodríguez Juan, aparecido en Oviedo en 1885.

Su autor, profesor auxiliar del Instituto de aquella ciudad, considera que la empresa filosófica de Kant consiste sencillamente en sacar las consecuencia del *cogito ergo sum* cartesiano y aboca a una posición que él caracteriza recurriendo al manido símil del giro copernicano. De aquello que se revela como el sol del sistema del conocimiento humano escribe confusamente el profesor asturiano —crean que la cita es fiel— que Kant

> «asegurando que su yo pensante, contenido de infinitudes, como en un mar sin fondo ni límites, en la afirmación unitaria y transcendental, *yo pienso,* compréndense todos los fenómenos producidos por los objetos exteriores con realidad subjetiva en su yo pensante, mediante los dos aspectos en que pueden verse los objetos de materia y forma, que responden a los conceptos, para él indispensables, de espacio y tiempo, concebible solamente por el espíritu en quien radica su existencia, al modo que los objetos exteriores generadores de los dos conceptos tiempo y espacio. Esta es la idea capital propuesta por Kant, y la madre de los absurdos, que detalladamente se irán anotando en el desarrollo de sus ideas, expuestas principalmente en las formas que, según él, afecta el razonamiento» [48].

De esa extraña idea capital de Kant, progenitora de absurdos, ofre-

[47] Cf. *op. cit.,* p. 92.
[48] Cf. *op. cit.,* pp. 20-21.

ce luego Rodríguez una refutación muy singular *more geometrico demonstrata,* que no me resisto a someter aquí íntegramente a su consideración:

> «No advirtió el pensador de que nos ocupamos —escribe Rodríguez— que con su misma dialéctica le hubiera podido argüir cualquier dialectiquillo, diciendo: El mundo es causa y efecto por sí en sentido absoluto, al modo que el yo de Kant que lo contiene; luego yo pensante de Kant igual causa y efecto del mundo; pero causa y efecto absoluta del mundo puede oponerse a causa y efecto del pensamiento de Kant, luego las dos causalidades y efectividades estarán en perpetua lucha hasta destruirse una u otra de las dos. Contéstese si hay efectividad en el término a que se la niega y siga entretanto dando existencia a los seres, noúmenos para él. Todavía puede ultimarse más la consecuencia. La serie de fenómenos causados en el mundo puede ser una serie de causalidades también contenidas en el *yo pensante,* de donde cada una de ellas se encontrará con potencia absoluta, o infinita, que tanto vale el un término como el otro: luego yo p^{te}. de Kant = m (caus^{d}. y efectv^{d}.); pero m (caus^{d}. y efectiv^{d}.) = a S^{e}. de fenómen^{s}. del m^{do}. y S^{e}. de fenómenos del mundo están comprendidos en el pensamiento de Kant luego *yo pensante* de Kant = S^{e}. de fenómenos del mundo: el número de la serie de fenómenos del mundo puede prolongarse al infinito, luego la conclusión última que justamente puede deducirse de sus principios tanto valdrá como causalidad y efectividad serie de fenómenos por éstas producidos en infinito número = *yo pensante de Kant.* Ahora bien: si *yo pensante* de Kant = ∞, haciendo a su pensamiento puro noúmeno incognoscible para él y por consiguiente sin existencia real, tendremos: *yo pensante* de Kant = ∞-∞; pero esto equivale a la nada, luego *yo pensante* de Kant = 0; siguiendo la argumentación causalidad y efectividad del mundo = *yo pensante* de Kant, luego causalidad y efectividad en el mundo = ∞-∞; mas esta igualdad equivale, como la anterior a 0; luego causalidad y efectividad en el mundo = 0.
>
> Del mismo modo puede ponerse término al razonamiento en las igualdades establecidas en la infinitud del yo e infinitud del mundo —como causalidad y efectividad—, demostrando el mismo error, puesto que lo mismo puede generarse la existencia de dos infinitos que el infinito de infinitos, y como esto conduce a la destrucción de fuerzas contrarias e iguales, verdad que también se demuestra en geometría, siendo infinitos en número habría infinitas luchas e infinitas destrucciones; que tanto vale como afirmar la consecuencia lógica y final, expresada en la fórmula siguiente: Yo p^{te}. de K. = causalidad y efectividad + causalidad y efectividad + causalidad y efectividad + causalidad y efectividad... + ∞— (menos) causalidad y efectividad — causalidad y efectividad — causalidad y efectividad...— ∞: que da el resultado de un ∞ positivo contrario a otro ∞ negativo representado por + ∞—∞ = 0. Cero es, pues, el fruto de la investigación kantiana en la cuestión propuesta, a la cual añadiendo el razonamiento que se deduce de la serie de fenómenos verificados en el mundo y uniendo las fuerzas de la razón, siendo el yo = s^{e}. de f^{s}. + s^{e}. de f^{s}. + s^{e}. de f^{s} + s^{e}. de f^{s}... + ∞, bien podremos afirmar que el *yo pensante* de Kant será igual al un ∞ + ∞ + ∞... + ∞; pero como a estos pueden desde luego oponerse otros tantos infinitos negativos obtendremos: + ∞ + ∞... + ∞ — ∞ —... — ∞ = 0. De cuya consecuencia última no puede evadirse en manera alguna ante quien atentamente examine los términos todos que integran el sistema de su filosofía» [49].

---

[49] Cf. *op. cit.,* pp. 36-41.

Así ponía su cero a la filosofía de Kant este genio provinciano español de hace menos de cien años.

En conclusión, cabe decir que este tercer período de influencia de la filosofía kantiana en la España decimonónica puede caracterizarse, a diferencia del anterior, por una preocupación, más que expositiva, propiamente polémica respecto al pensamiento de nuestro filósofo. Lo que de él interesa, ante todo, averiguar entonces en España es si es o no capaz de dar respuesta efectiva a los problemas de la filosofía. El diálogo del pensamiento español con la filosofía de Kant se vuelve, así, en estos años más asiduo y sostenido, lo cual se hace patente en un fenómeno en el que acaso no se haya reparado todavía: en sólo diez años, que coinciden prácticamente con los de este período, aparecen todas las traducciones de Kant al español que ha producido nuestro siglo XIX [50]. En 1873, la de los *Principios metafísicos del derecho;* en el 75, la de la *Lógica;* en el 76, las de la *Crítica de la razón práctica,* la *Crítica del Juicio,* la *Fundamentación de la metafísica de las costumbres* y las *Observaciones sobre el sentimiento de lo bello y lo sublime;* en el 77, la de las lecciones de *Metafísica* de Pölitz; en el 81, otra de la *Fundamentación;* y, por fin, en el 83, la de la *Crítica de la razón pura,* debida a Perojo. Sólo esta última se hace del alemán; las demás son meras retraducciones de versiones francesas. Y, desde entonces, habrá que esperar treinta años para que se produzca una nueva.

El último período del siglo XIX en que se hizo sentir en alguna medida la influencia de la filosofía de Kant en España va de 1885 hasta el final del siglo y transcurre durante la regencia de la reina María Cristina. Durante ese tiempo, que en España concluye con el simbólico «desastre» del 98, en el mundo del pensamiento europeo se realiza, como es sabido, la honda y ambiciosa labor que hará posible la gran renovación filosófica del primer tercio de nuestro siglo. El panorama de la filosofía en España es, por el contrario, de una aridez desoladora y sigue dominado por las figuras de los viejos maestros krausistas o neoescolásticos, sin más alternativa posible a su actitud que la de un cientificismo positivista o materialista no menos caduco y de vía estrecha. Basta leer lo que cuenta Unamuno de sus años de estudiante en Madrid para cerciorarse de ello.

Respecto a la filosofía de Kant, la única verdadera novedad que se produce en esta época en España son los estudios a ella dedicados por Marcelino Menéndez y Pelayo. La importancia de tales estudios no ha sido, a mi entender, reconocida suficientemente y, sin embar-

[50] Cf. Juan Miguel Palacios, «Kant en español», *Anales del Seminario de Metafísica,* IX (1974), pp. 195-202.

go, presentan un nivel de exigencia científica realmente inédito hasta entonces entre los españoles.

El primero de ellos apareció en 1887 en el marco de su *Historia de las ideas estéticas en España* y lleva por título «Kant y los estéticos kantianos» [51]. Basta comenzar su lectura para advertir en su autor una actitud reverente y admirativa ante la obra de Kant, raramente compartida por los pensadores españoles católicos de su tiempo, que coloca indudablemente a Menéndez y Pelayo en una posición mucho más adecuada que la de aquéllos para entenderla y criticarla de manera propiamente filosófica.

El trabajo en cuestión comienza resumiendo brevemente la temática de la *Crítica de la razón pura,* para luego centrarse en el estudio del pensamiento estético de Kant, de cuyo opúsculo *Sobre el sentimiento de lo bello y lo sublime* hace una estimación bastante desfavorable. Pero es su exposición del tema general de la *Crítica del Juicio,* y luego, en particular, de la crítica del juicio estético, la que ocupa la mayor parte de este interesante estudio, que concluye con unas consideraciones eruditas acerca de los seguidores alemanes de la Estética de Kant.

La exposición que de ésta ofrece Menéndez y Pelayo es muy clara y atenida al verdadero sentido del pensamiento kantiano acerca del juicio estético, al que nuestro autor termina haciendo la siguiente objeción general:

> «El vicio interior de la *Crítica del Juicio* es el mismo pecado capital de todo el pensamiento kantiano, quiero decir, el haberse encerrado en una fenomenología, el haber tapiado todas las ventanas que dan a la realidad, considerándola como pernicioso enemigo; el haber prestado atención únicamente a las formas subjetivas de la conciencia, y aun ésta no íntegramente estudiada. Su obra es un puro *intelectualismo,* con todas las limitaciones de esta preocupación exclusiva. Así, limitándonos a la doctrina de lo bello, es evidente que en ella no se nos da otra cosa que el análisis del gusto, es decir, la *psicología estética.* En cuanto a las demás partes de la ciencia, Kant no sólo las omite, sino que implícitamente niega su existencia. Mal puede existir *física estética,* cuando no se da fin estético en la naturaleza; ni *filosofía del arte,* cuando el arte no tiene conceptos determinados en que fundarse; ni *metafísica de lo Bello,* cuando en realidad toda la metafísica se reduce a la hipótesis gratuita y laboriosa de un noúmeno» [52].

Es muy curioso observar, por otra parte, que, para escribir este estudio, Menéndez y Pelayo suplió su confesado desconocimiento de la lengua de Kant con su gran pericia en la de Horacio, y estudió así en latín las principales obras del filósofo de Königsberg, valiéndose

---

[51] Cf. Marcelino Menéndez y Pelayo, *Historia de las ideas estéticas en España,* Madrid, 1883-1891, 8 vols., t. IV, vol. 1.°, Madrid, 1887, pp. 7-64.

[52] Cf. *op. cit.,* pp. 55-56.

para ello de la traducción en cuatro volúmenes de Friedrich Gottlob Born, aparecida en Leipzig de 1796 a 1798 bajo el título de *Immanuelis Kantii Opera ad Philosophiam Criticam*. De esa traducción latina opina el erudito cántabro que «aunque sumamente bárbara, es un calco exactísimo del texto alemán, y, por consiguiente, muy cómoda para lectores españoles» [53], y de ella están tomadas todas las citas en latín de la *Crítica del Juicio* que el sorprendido lector encuentra a pie de página.

El otro trabajo de Menéndez y Pelayo al que hemos de referirnos es el titulado *De los orígenes del criticismo y del escepticismo y especialmente de los precursores españoles de Kant*, publicado en 1891, que fue su discurso de ingreso en la Real Academia de Ciencias Morales y Políticas [54]. Precisando el sentido de su investigación, éste declara al comienzo:

> «al hablar de precursores de Kant, no lo entiendo en el pueril sentido de que Kant robase o se apropiase sus ideas, que probablemente no conoció, sino que encuentro y hago notar una coincidencia de pensamiento, derivada no de conceptos accidentales, sino de una general tendencia filosófica, y aun de la semejanza profunda que media entre los dos grandes períodos *críticos* del pensamiento moderno: el período del Renacimiento, que entierra la filosofía de la Edad Media y abre la puerta a Bacon, a Descartes y a Leibniz, y el de los últimos años del siglo XVIII en que, agotado aquel ciclo filosófico, así en su manifestación empírica como en su manifestación onto-psicológica, vuelve a ponerse en tela de juicio el valor y la legitimidad del conocimiento, y nace de entre las ruinas amontonadas por la filosofía crítica una nueva forma de pensar y un nuevo dogmatismo, más audaz y temerario que otro ninguno» [55].

En lo referente a Kant, lo esencial de este trabajo está, pues, en el intento de comprender el verdadero sentido de su tesis criticista mediante la consideración histórica de otras formas más antiguas —algunas de ellas surgidas en España— de semejante posición filosófica. Esta pretensión hermenéutica supone en Menéndez y Pelayo la convicción de que no hay, en el fondo, más que un reducido repertorio de tesis filosóficas que, en el transcurso del tiempo, cobran formas renovadas, y que la historia de la filosofía se halla, así, como regida por una cierta legalidad inmanente.

«No hay —escribe nuestro autor— historia que presente en su desenvolvimiento tan conciliadas la unidad y la variedad, como la historia de la filosofía, ni hay otra donde pueda seguirse más claramente la genealogía de las ideas y de los hechos, que jamás aparecen como

---

53 Cf. *op. cit.*, p. 24, nota 1.

54 Recogido en Marcelino Menéndez y Pelayo, *Ensayos de crítica filosófica*, C.S.I.C., Madrid, 1948, pp. 117-216.

55 Cf. *op. cit.*, pp. 133-134.

fortuitos y vagos, sino como enlazados por ley superior y sujetos a cierto ritmo dialéctico»[56].

En el curso de este ambicioso estudio, que contiene de hecho una historia completa de la filosofía escéptica, Menéndez y Pelayo se ve llevado también a exponer el contenido esencial de la *Crítica de la razón pura* de Kant, obra que, según dice, «ha sido expuesta innumerables veces y en todas formas, aunque no siempre con entera fidelidad»[57]. Mas la breve exposición que aquí brinda de ella reproduce en gran medida la que ofreciera cuatro años antes en su primer trabajo comentado y apenas difiere de aquélla. Lo que es aquí verdaderamente nuevo es el método propuesto para descifrar su mensaje filosófico, que no le parece otro que el de todo escepticismo universal. Y, salvadas sus señaladas discrepancias, la propia posición filosófica de Menéndez y Pelayo —adicto, como es sabido, al pensamiento de Vives— no resulta realmente tan distante de éste como pudiera pensarse, y él mismo acaba escribiendo:

> «¿Y quién se atreve a dogmatizar en medio de la actual crisis filosófica? La Metafísica nada tiene de ciencia exacta, y en este punto, queriéndolo o sin quererlo, todos somos más o menos escépticos, por supuesto, en el buen sentido de la palabra. ¿Qué ha de enseñar la Filosofía, si no enseña a ignorar a tiempo y a confesar razonadamente esta docta ignorancia? Por eso el gran filósofo de Valencia la definía *ars nesciendi*»[58].

Sin embargo, en lo que respecta a la filosofía de Kant, no todo es docta ignorancia en el despoblado paisaje filosófico español de los años de la regencia. En una época que conoce en toda Europa un renovado interés por esta filosofía, el pensamiento español permanece fundamentalmente al margen de esta general tendencia: acaso porque no cabe volver a donde nunca se ha ido. Tan sólo alguna que otra excepción contradice esta actitud. Una de las más notables es la del pensador extremeño Urbano González Serrano, catedrático del Instituto de San Isidro en Madrid, cuya posición filosófica suele hoy calificarse de krausopositivista.

En efecto, en 1894 publica este autor su obra titulada *En pro y en contra,* en cuyo primer trabajo presenta el problema crítico, en los términos en que fue propuesto por Kant, como el problema cuya investigación da sentido a toda la filosofía contemporánea, de la que ofrece también un interesante panorama[59]. Con todo, lo que en él dice acerca del pensamiento de Kant ofrece poco interés y es mera re-

---

[56] Cf. *op. cit.,* p. 144.
[57] Cf. *op. cit.,* p. 139.
[58] Cf. *op. cit.,* p. 213.
[59] Cf. «La Filosofía contemporánea», en U. González Serrano, *En pro y en contra (Críticas),* Madrid, 1894, pp. 1-63.

producción de lo ya inserto años antes en el cuerpo del artículo «Filosofía» que compuso para el *Diccionario enciclopédico hispano-americano de Literatura, Ciencias y Artes*[60]. Si hubiera que hallar la razón de la importancia que González Serrano concede a la empresa filosófica de Kant, cabría ya encontrarla formulada en un trabajo muy anterior sobre «La Filosofía de la Historia», con el que se abren sus *Ensayos de crítica y de filosofía*[61]:

> «El carácter general de la Filosofía moderna —escribe en aquél— es el de que esta Filosofía es y debe ser principalmente *crítica,* según declaran hoy todos los pensadores, lo mismo los que esperan de ella la resolución de todo enigma, que los que sólo la creen útil para implantar por tiempo en el mundo el imperio de las tinieblas.
> Y este *carácter crítico,* que no se reduce sólo a negaciones *ab irato* o a eliminaciones prudentes, se debe más que nada al gran pensador de los tiempos modernos, al que los alemanes llaman, con cierta veneración que raya en idolatría, *der Vater Kant,* el padre Kant. En efecto: desde que toda indagación del pensamiento humano procede de una ley necesaria de los principios asentados por Kant en su obra imperecedera *Crítica de la razón pura;* desde que este gran pensador emancipó por completo el pensamiento de todo elemento extraño a su naturaleza, señalando con suma discreción las condiciones de la verdad filosófica y consignando dónde reside la dificultad cuya solución exige la ciencia humana, ha alcanzado una importancia innegable el estudio del *pensamiento mismo* y el examen de todas las condiciones requeridas para alcanzar la verdad»[62].

Llegamos así, por fin, al año en que Lutoslawski hace su viaje a Madrid con el propósito de estudiar la influencia de la filosofía de Kant en España, empresa que culminó, como antes recordábamos, en el hallazgo en la capital del reino de un único y singular ejemplar de filósofo kantiano: don Matías Nieto Serrano.

Tanto la biografía de este hombre de ciencia —que pasa de ser un segundo ayudante cirujano del cuerpo de Sanidad militar a sentarse en el Senado, presidir la Academia de Medicina y obtener un marquesado— cuanto su bibliografía —que va de unos *Elementos del arte de los apósitos* a una *Biología del pensamiento*— resultan ya sorprendentes. Pero, para quien se acerca a sus escritos, no lo resulta menos la confesada adhesión de este singular galeno al pensamiento kantiano. «La lectura de las obras de algunos filósofos —escribe él mismo—, y sobre todo las de Kant, fue para mí un rayo de luz»[63].

---

[60] Cf. *Diccionario enciclopédico hispano-americano de Literatura, Ciencias y Artes,* t. 8, Barcelona, 1891, p. 400.

[61] Cf. Urbano González Serrano, *Ensayos de crítica y de filosofía,* Madrid, 1881, pp. 1-53.

[62] Cf. *op. cit.,* pp. 49-50.

[63] Cf. Matías Nieto Serrano, *Biología del pensamiento,* Madrid, 1891, p. VIII.

Y un crítico de su tiempo no duda ya en presentarlo como un «sobresaliente discípulo del filósofo de Königsberg» [64].

No vamos a entrar ahora en la caracterización de su confuso pensamiento filosófico, henchido de metáforas biológicas, que parece deber más al neocriticismo de Renouvier que a la filosofía crítica de Kant. Es tan sólo su personal visión de esta última la que aquí nos interesa, y ella se encuentra expuesta sobre todo en el segundo tomo de su *Historica crítica de los sistemas filosóficos,* que aparece en el año desgraciado de 1898 [65].

La exposición del pensamiento de Kant que se ofrece en esa obra consta de tres partes. Las dos primeras describen el contenido de la *Crítica de la razón pura* y la *Crítica de la razón práctica* y resultan por entero tributarias de la ya citada historia de la filosofía alemana de J. Willm, de la que reproduce sin recato un párrafo tras otro, «para exponernos lo menos posible —reconoce su autor— a adulteraciones, procedentes de nuestro pensamiento filosófico especial» [66]. Mas la tercera parte, bajo el rótulo de «Examen de la doctrina», se debe ya a la minerva del Dr. Nieto Serrano.

En más de cincuenta páginas discute éste, en efecto, los principales filosofemas del pensamiento de Kant. Su doctrina de los juicios sintéticos *a priori,* su distinción del fenomeno y la cosa en sí, su concepción del espacio y el tiempo como formas *a priori* de la sensibilidad, su teoría del juicio, su deducción de las categorías, sus tesis acerca de la naturaleza y la función de las ideas de la razón, acerca de la realidad de la libertad, de la objetividad de la ley moral, los postulados de la razón práctica, etc., pasan bajo el escalpelo de este médico filósofo, que revela tener un conocimiento de esta filosofía muy superior, desde luego, al que deja suponer el trabajo de Lutoslawski. El aprecio que aquí muestra por la Crítica de Kant es, sin duda, extraordinario: «La Crítica de Kant —dice—, así de la razón teórica como de la práctica es un análisis superior del Pensamiento, tan profunda y bien sentida, cual no hay otro ejemplo en la historia de la Filosofía, desde Aristóteles» [67].
Pero su posición respecto a ella no parece, con todo, la de un discípulo, sino más bien la de un juez de sus insuficiencias, reveladas por su propia filosofía de la ciencia viviente.

---

64 Cf. F. Romero Blanco, «La filosofía del Sr. Nieto Serrano. Bosquejo de la ciencia viviente», *Revista Contemporánea,* V (30 septiembre 1876), pp. 427-443; VI (30 diciembre 1876), pp. 691-707, y XI (15 septiembre 1877), pp. 66-91.

65 Cf. Matías Nieto Serrano, *Historia crítica de los sistemas filosóficos,* Madrid, 2 vols., 1897-1898.

66 Cf. *op. cit.,* vol. II, p. 1, nota. 1.

67 Cf. *op. cit.,* vol. II, p. 74.

> «Lo que faltó... a la crítica de Kant —escribe éste— fue concebir como viviente la ley concebida en abstracto como cuerpo inmóvil y desprovisto de su espíritu formador; relacionar la ciencia adquirida con el elemento (insciencia), que dejaba fuera de ella al disecar su pensamiento, y abstenerse de considerar el fenómeno indefinido (númeno) como algo absoluto y superior por sí solo, y fuera de toda relación, a los fenómenos y a las leyes, a cuya formación contribuye precisamente en virtud de esa misma relación, excluida teoréticamente del código legislativo. Redújose a distinguir sin identificar: 1.°, la relación teórica y la relación práctica, y 2.°, los dos miembros, definido e indefinido, de la relación teóricamente constituida. Como era de temer, estos vicios de la doctrina se corrigieron en época posterior, incurriendo en el vicio opuesto de identificar sin distinguir. Renouvier, continuador de Kant, perfeccionó la ciencia de su maestro, pero sin pasar en el sentido de la síntesis suprema de la teoría con la práctica, más allá del punto en que éste se había detenido» [68].

¿Qué le falta, en definitiva, a la empresa analítica de Kant para satisfacer las exigencias filosóficas del doctor Nieto Serrano? Le falta, a su entender, la síntesis orgánica correspondiente, que nace de la propia vida, como él mismo señala:

> «No se sintetiza la vida sino viviendo, y Kant no sintió bastante la vida propia de su inteligencia como tipo fundamental de los elementos vivientes que examinaba» [69].

¡Extraña deficiencia! Un curioso símil mecánico, inserto ya al final de las páginas que comentamos, alcanzará quizá a explicárnosla mejor:

> «Figurémonos a Kant —dice nuestro filósofo— como un reloj dotado, por un prodigio, de la facultad de construir maravillosamente todas las piezas de relojería. Para hacerlo, se estudia a sí propio, pieza por pieza; pero, ¡caso raro!, después de construidas las piezas, después de acopladas convenientemente, no acierta a funcionar como reloj. Para hacerlo, le hubiera sido necesario sentir el ejercicio de sus órganos como siente su *estructura.* Sueña con un *reloj en sí,* absoluto, aunque este absoluto sea nada para él, y no advierte que, entretanto, el verdadero y positivo reloj en sí es él mismo, y las partes son sus propias partes, y que otras partes, en iguales relaciones, serán otros tantos relojes en sí. A los relojes positivos en sí se opondrá siempre el reloj negativo, imaginario, irrealizable bajo otra forma que la parcial y determinada de echar a andar por sí propio, como anda por sí propio el pensamiento del filósofo. Esto, que sería *milagro* en un reloj, es una realidad muy natural en la función cotidiana de la inteligencia» [70].

De esta sublime y singular gnomónica kantiana daba en hablarse en la España de 1898, cuando sonaba en los relojes empíricos la hora final de su ambiciosa empresa ultramarina.

Tras esta fatigosa correría rastreando las huellas de la filosofía de

---

[68] Cf. *op. cit.,* vol. II, p. 2.
[69] Cf. *op. cit.,* vol. II, p. 74.
[70] Cf. *op. cit.,* vol. II, p. 75.

Kant en la España decimonónica, nos hallamos acaso en mejores condiciones que Humboldt y Lutoslawski para evaluar la magnitud de su influencia sobre los españoles del pasado siglo, aunque aún de manera insuficiente, pues ello exigiría ciertamente una labor que sólo pueden hacer quienes cultivan la historia de la filosofía en España. Su importancia, en cualquier caso, no parece desdeñable, si bien en nada puede compararse con la que en el mismo siglo cobró en otras naciones europeas, como Francia, Inglaterra o Italia. Examinar las causas de esta tenaz diferencia ha interesado siempre a los españoles, que no acabamos nunca de explicárnosla. No hubiera, desde luego, sorprendido al propio Kant, que en su *Antropología,* hablando del lado malo del carácter del pueblo español, escribe severamente: *er lernt nicht von Fremden, reiset nicht, um andere Völker kennen zu lernen; bleibt in Wissenschaften wohl Jahrhunderte zurück*[71]. Espero que las investigaciones de la *Forschungsstelle für Ibero-Amerikanische Philosophie,* que ahora nace en esta Universidad de Colonia, contribuyan a renovar en nosotros la conciencia y a avivar la contrición de este secular pecado, del que hoy los españoles queremos sinceramente enmendarnos. Permítanme, con todo, que, *stolz wie ein Spanier,* ponga fin a esta conferencia sin pedirles por él ningún género de absolución.

[71] Cf. Immanuel Kant, *Anthropologie in pragmatischer Hinsicht,* Ak VII, 316.

SERIE DE FILOSOFIA Y ENSAYO
Dirigida por Manuel Garrido

Alston, W. P.; Edwards, P.; Malcom, N.; Nelson, J. O., y Prior, A.: *Los orígenes de la filosofía analítica. Moore, Russell, Wittgenstein.*
Austin, J. L.: *Sentido y percepción.*
Boden, M. A.: *Inteligencia artificial y hombre natural.*
Bottomore, T.; Harris, L.; Kiernan, V. G.; Miliband, R.; con la colaboración de Kolakowski, L.: *Diccionario del pensamiento marxista.*
Brown, H. I.: *La nueva filosofía de la ciencia* (2.ª ed.)
Bunge, M.: *El problema mente-cerebro* (2.ª ed.).
Couturat, L.: *El álgebra de la lógica.*
Chisholm, R. M.: *Teoría del conocimiento.*
Dampier, W. C.: *Historia de la ciencia y sus relaciones con la filosofía y la religión.*
Díaz, E.: *Revisión de Unamuno.* Análisis crítico de su pensamiento político.
Doop, J.: *Nociones de lógica formal.*
Eccles, J. C.: *La psique humana.*
Edelman, B.: *La práctica ideológica del Derecho.*
Fann, K. T.: *El concepto de filosofía en Wittgenstein.*
Ferrater Mora, J., y otros: *Filosofía y ciencia en el pensamiento español contemporáneo (1960-1970).*
Feyerabend, P.: *Tratado contra el método.*
García Suárez, A.: *La lógica de la experiencia.*
Garrido, M.: *Lógica simbólica.*
Gómez García, P.: *La antropología estructural de Claude Lévi-Strauss.*
Gurméndez, C.: *Ser para no ser.* Ensayo de una dialéctica subjetiva.
Habermas, J.: *La lógica de las ciencias sociales.*
Habermas, J.: *Teoría y praxis.*
Hierro, J. S.-P.: *Problemas del análisis del lenguaje moral.*
Hintikka, J.: *Lógica, juegos de lenguaje e información.*
Hintikka, J.: *Saber y crecer.* Una introducción a la lógica de las dos nociones.
Kuhn, T. S.: *Segundos pensamientos sobre paradigmas.*
Lakatos, I., y otros: *Historia de la ciencia y sus reconstrucciones racionales* (2.ª ed.).
Lindsay, P. H., y Norman, D. A.: *Introducción a la psicología cognitiva* (2.ª ed.).
Lorenzen, P.: *Metamatemática.*
Lorenzo, J. de: *El método axiomático y sus creencias.*
Lorenzo, J. de: *La filosofía de la matemática de Jules Henri Poincaré.*
Martín Santos, L., y otros: *Ensayos de filosofía de la ciencia.*
Mates, B.: *Lógica matemática elemental.*
McCarthy, Th.; *La teoría crítica de Jürgen Habermas.*
París, C.: *Hombre y naturaleza.*
Popper, K. R.: *Búsqueda sin término.* Una autobiografía intelectual.
Popper, K. R.: *Realismo y el objetivo de la ciencia.* Post Scriptum a la Lógica de la investigación científica, vol. I.
Popper, K. R.: *El universo abierto.* Post Scriptum a la Lógica de la investigación científica, vol. II.
Popper, K. R.: *Teoría científica y el cisma en física.* Post Scriptum a la Lógica de la investigación científica, vol. III.
Prior, A. N.: *Historia de la lógica.*
Putnam, H.: *Razón, verdad e historia.*
Quine, W. V.: *La relatividad ontológica y otros ensayos.*
Quintanilla, M. A.: *Idealismo y filosofía de la ciencia.*
Rama, C. M.: *Teoría de la historia.* Introducción a los estudios históricos (3.ª ed.).
Rescher, N.: *La primacía en la práctica.*
Rivadulla, A.: *Filosofía actual de la ciencia.*
Robinet, A.: *Mitología, filosofía y cibernética.*
Rodríguez Paniagua, J. M.ª: *¿Derecho natural o axiología jurídica?*
Rodríguez Paniagua, J. M.ª: *Marx y el problema de la ideología.*
Sahakian, W. S.: *Historia y sistemas de la psicología.*
Smart, J. J. C., y Williams, B.: *Utilitarismo: pro y contra.*
Sotelo, I.: *Sartre y la razón dialéctica.*
Strawson, P. F.: *Ensayos lógico-lingüísticos.*
Vargas Machuca, R.: *El poder moral de la razón.* La filosofía de Gramsci.
Veldman, D. J.: *Programación de computadoras en ciencias de la conducta.*
Villacañas, J. L.: *Racionalidad crítica. Introducción a la filosofía de Kant.*
Wellman, C.: *Morales y éticas.*

